# 정 책 학

## - 정부패러다임과 거버넌스패러다임 -

배 봉 준

法 文 社

# Policy Sciences

- Government Paradigm and Governance Paradigm -

Bong-Jun Bae

2023

Bobmunsa

Pajubookcity, Korea

# 서 문

　지구상에 인류가 살기 시작하면서 유수같이 세월이 흘러 21세기 제4차 산업혁명 시대에 접어든 오늘날까지 다양한 문명과 국가들이 흥망성쇠의 길을 걸어왔다. 작금의 세계화 시대에 지구상에는 180여 개 이상의 크고 작은 국가들이 존재한다. 그러나 이들 국가의 면면을 보면 미국이나 중국처럼 세계를 지배하는 강대국이 있는가 하면 이름도 잘 모르는 태평양의 망망대해의 섬나라 국가도 있다. 또한, 이들 국가의 면적과 인구는 물론이고 경제규모와 국민의 삶 수준에서도 커다란 차이가 있다. 이러한 국가 간의 격차는 결국 "한 국가를 어떻게 통치하느냐?"의 문제로 귀결된다. 이런 문제는 다름 아닌 한 국가의 통치 또는 살림살이 문제라고 할 수 있다.

　국가통치에서 공공정책연구는 매우 복잡한 주제이다. 시대환경변화 속에서 나타나는 공공문제는 단순한 문제에서 복잡하고 해결이 어려운 이른바 '사악한 문제(wicked problems)'로 진화하여 왔기 때문이다. 이에 공공정책을 접근하는 전통적 방법은 국방, 조세, 건강과 같은 정부활동의 다양한 영역을 분석하였다. 1960년대와 70년대에 대부분의 서구국가들은 공공부문을 확대하는 국가주도적 통치를 하였다. 그러나 1980년대와 90년대에 와서는 이런 공공영역의 확대를 비판하는 현상이 나타났는데, 소위 '정부로부터 거버넌스로의 이동'이 일어났다. 국가주도적 통치모형이 정책과정에서 공공부문(정부)과 공식행위자(행정부와 의회)의 역할을 강조하였다면, 뉴거버넌스적 통치모형은 공공정책을 결정하고 집행하는데 정책네트워크나 조합주의가 암시하듯이, 정부와 시장 그리고 시민사회 간의 연계와 조화를 강조하고 있다. 이런 현상은 공공정책의 범위와 영역을 재정의하고 공공정책이 의존하는 정책이론(모형)을 재형성할 필요성을 제기하고 있다(Peters & Pierre, 2006: 1−6).

작금의 제4차 산업혁명과 세계화 시대에 국가통치패러다임이 '정부(government)에서 거버넌스(governance)로' 이동하고 있는 맥락에서 정책학(policy sciences)의 학문체계와 내용도 적응하거나 창조를 할 필요가 있다. 국내외의 학계와 실무계에서 거버넌스라는 용어를 사용하는 빈도가 증가하고 있고, 각국의 중앙정부와 지방정부는 이른바 구거버넌스라고 부르는 정부관료제뿐만 아니라 뉴거버넌스라고 부르는 시장이나 파트너십, 네트워크, 그리고 협치나 숙의 등의 다양한 거버넌스이론들을 실무에 적용하고 있다. 거버넌스는 현실의 정치, 행정, 경제, 사회적 세계에 대한 이해와 설명 및 처방을 하는 데 도전적 차원을 제공하고 있다(배봉준 외, 2019: 서문). 그러나 그동안 출판되어 온 국내의 정책학 교재들은 국가통치패러다임의 변화를 수용하지 못하는 경우가 대부분이다. 이것은 학자들의 학문연구와 실무자들의 업무수행 그리고 학부나 대학원 학생들의 교육에서 심각한 이론과 실제의 부조화문제를 초래한다. 이러한 인식 하에 저자는 국가통치패러다임의 양대 산맥이라고 할 수 있는 정부통치와 거버넌스통치를 아우르는 차원에서 정책학을 저술할 생각을 하게 되었다.

이렇게 진화하는 정책학패러다임에서, 한 국가의 통치는 정부패러다임의 통치와 거버넌스패러다임의 통치의 조화가 요구된다. 이러한 통치에서 중요한 방법은 국민의 대표로 선출된 지도자(대통령이나 수상 및 지방단체장)가 국가나 지방정부의 비전과 목표를 세우고 이를 성취하기 위한 정책(사업)과 재정(예산)을 설계하여 실행하는 것이다. 여기서 정책(사업)에는 국가지도자의 국정철학과 비전 그리고 목표 및 전략이 표현되어 있고, 정책의 뒷면에는 돈이라는 재정(예산)이 존재한다. 이에 한 국가의 통치나 살림살이는 학문적 용어로 정책과 재정(예산)으로 표현된다. 그동안 정치행정학에서는 정책을 연구대상으로 하는 학문을 정책학으로, 그리고 재정(예산)을 다루는 학문을 재정학이나 재무행정학으로 분리하여 학습이 이루어지고 있으나 정책과 예산은 동전의 양면관계에 있다.

따라서 본서의 저술은 정책학분야에 초점을 두고 국가통치패러다임이 '정부에서 거버넌스로' 이동하면서 등장하여 온 정책학문의 이론적 논의와 현실적용사례 측면, 즉 이론과 실제를 조화시키는 차원에서 접근하고자 한다. 왜냐하면 정책연구가 직면하는 주요과제는 정책탐구영역에 학문적 그리고 실제적 측면을 함께 위치시키는 것이기 때문이다. 특히 정책현상을 기술하고 설명하는 데는 이것의 숫자적 표현인 재정(예산)현상도 같이 논의를 하였다. 이러한 국가통치의 정책학 저술체계는 크게 국가통치로서 정책연구부분과 정책순환부분으로 나누어 총 14장으로 전개를 한다. 우선, 정책연구부분에서는 정책학의 학문적 토대와 영역, 가치, 그리고 이론진화와 접근방법을 논의한다. 이 부분의 내용으로는 제1장에서 공공부문과 공공정책 그리고 정책학의 필요성, 제2장에서 정책학의 의미와 목적 및 특성, 제3장에서 정책학의 영역, 제4장에서 정책학의 가치, 제5장에서 정책학의 환경과 진화, 제6장에서 정책학의 접근방법을 제시하였다. 다음으로, 정책순환부분에서는 정책학의 통치모형을 토대로 정책환경, 정책체제, 그리고 정책과정으로 나누어 논의를 한다. 이 부분의 내용으로는 제7장에서 정치체제모형과 정책체제모형 및 예산체제모형(정치과정과 정책과정 및 예산과정), 제8장에서 정책환경의 범주(일반적 환경과 과업환경), 제9장에서 정책체제의 구성(제도와 행위자), 제10장에서 정책문제의 발생(정책의제설정), 제11장에서 정책의제해결책의 선택(정책결정), 제12장에서 정책의제해결책의 실행(정책집행), 제13장에서 정책결과의 검증(정책평가), 제14장에서 정책평가결과의 환류(정책학습과 정책변동)를 다루었다.

　특히 저자가 국가통치의 정책학을 저술하는 데 중점을 둔 것은 지금까지 출판된 정책학 교과서들이 주로 외국의 이론과 개념 소개에 초점을 둠으로써 정책현실과 분리되어 있는 한계를 극복하려는 것이다. 이를 위하여 정책학이 1950년대 태동되어 2000년대까지의 시대환경흐름 속에서 진화하여 온 정부패러다임과 거버넌스패러다임의 정책이론을 체계적으로 기술하고 설명을 함과 동시에 정책학의 이론과 개념을 논의한 후에는 이에 적실한 현실사례를 접목하는 작업을 하였다. 이를테면, 국가통치로서 정책연구부분과 정책순환부분에서는 이론과 개념을 설명한 후에, 신문에 나온 사례와 그동안 진행된 저자와 학자들의 학문연구를 제시하였다. 이러한 이론과 현실의 연결은 학부와 대학원의 학생들과 전문가나 실무가들 그리고 일반시민이 한 국가의 통치 또는 살림살이의 핵심인 정책현상을 이해하고 설명하여 예측을 하는 데 도움을 줄 수 있다고 본다. 이 책의 활용방안은 '이 책의 활용' 부분에서 상술한다.

　마지막으로, 저자의 조그마한 학문적 결실인 본 저술이 출판되도록 도움을 주신 법문사 사장님에게 감사를 드립니다. 특히 학문적으로나 현실적으로 사용할 수 있게 좋은 책이 나올 수 있도록 도움을 주신 영업부 김성주 과장님과 편집부 관계자분들께 감사드립니다. 또한, 세월이 흘러 늦게 시작한 대학원 석박사과정에서 학문적 성숙을 하도록 이끌어주신 고려대학교 행정학과 염재호 교수님(전 고려대 총장)과 평소에 교류를 하며 도움을 주고 있는 강동대학교 김주환 교수님, 그리고 본 저술을 실무자입장에서 읽고 조언을 주신 행정안전부 한치흠 박사님에게도 감사를 드립니다. 아울러, 학문을 하면서 많은 위로와 격려를 하여 주신 부모님 그리고 가족들에게도 고마운 마음을 전합니다.

2023년 2월 15일

저자 배봉준(구명: 배응환) 씀

## 이 책의 활용

본 저서는 전국의 대학과 대학원 과정의 행정학과와 정치학과 및 정책학과나 사회복지학과 등의 여러 사회과학분야에서 학부와 대학원의 학습교재로 그리고 전문가와 실무자 및 일반시민의 이론과 현실(실제)의 지침서로 사용할 수 있을 것이다.

### 학부생과 일반시민의 활용

본서는 학부에서 정책현상을 이해하고 설명하는 학습교재로 그리고 일반시민이 정책현상을 이해하는 일반서적으로 활용할 수 있다고 본다. 대학교의 학부생과 일반시민은 제1부 국가통치로서 정책연구부분과 제2부 국가통치로서 정책순환부분에서 정책현상을 이해하고 설명하는 개관, 개념, 사례에 초점을 두고, 이 개념이 현실(사례)에 어떻게 적용되고 있는가를 학습한다. 특히 학부에서 한 학기의 학습내용은 제1부와 제2부의 총 12장으로 다음과 같은 순서로 진행하면 된다.

우선, 국가통치로서 정책연구부분에서는 정책학의 학문적 토대와 영역, 가치, 그리고 이론진화와 접근방법을 논의한다. 이 부분 중에서 이론진화와 접근방법은 제외하고 학습할 내용으로는 다음과 같다.

제 1 장   공공부문과 공공정책 그리고 정책학의 필요성
제 2 장   정책학의 의미와 목적 및 특성
제 3 장   정책학의 영역
제 4 장   정책학의 가치

다음으로, 국가통치로서 정책순환부분에서는 정책학의 통치모형을 토대로 정책환경, 정책체제, 그리고 정책과정으로 나누어 논의를 한다. 이 부분 중에서 정책현상

을 분석하는 이론이나 모형을 제외하고 학습할 내용으로는 다음과 같다.

제 7 장  정치체제모형과 정책체제모형 및 예산체제모형(정치과정과 정책과정 및 예산과정)

제 8 장  정책환경의 범주(일반적 환경과 과업환경)

제 9 장  정책체제의 구성(제도와 행위자)

제10장  정책문제의 발생(정책의제설정)

제11장  정책의제해결책의 선택(정책결정)

제12장  정책의제해결책의 실행(정책집행)

제13장  정책결과의 검증(정책평가)

제14장  정책평가결과의 환류(정책학습과 정책변동)

다만, 각 장의 부분에서 정책현상을 분석하는 이론이나 모형에 대한 논의는 제외를 한다. 예컨대, 제5장 정책학의 환경과 진화, 제6장 정책학의 접근방법, 그리고 제10장 정책의제설정, 제11장 정책결정, 제12장 정책집행, 제13장 정책평가, 제14장 정책학습과 정책변동에서 기술한 이론(모형)은 대학원과정이나 전문가 및 실무자가 학습할 내용이다.

## 대학원과 전문가 및 실무자의 활용

대학교의 대학원생과 전문가 및 실무자는 위에서 제시한 학부생의 학습내용에 덧붙여 정책현상을 분석하도록 구체적으로 기술하고 논의한 여러 정책이론(정책모형)과 사례에 중점을 두고 심화된 학습을 하는 것이 요구된다. 왜냐하면 대학원생과 전문가는 학위논문과 학술논문을 그리고 실무자는 정책보고서를 작성해야 하기 때문이다. 특히 대학생과 전문가 및 실무자가 학습할 내용은 다음과 같다.

제 5 장  정책학의 환경과 진화

제 6 장  정책학의 접근방법

제10장  정책의제설정(제5절 정책의제설정과정모형, 6절 정책의제설정의 사례연구)

제11장   정책결정(제5절 정책결정과정모형, 7절 정책결정의 사례연구)

제12장   정책집행(제6절 정책집행과정모형, 8절 정책집행의 사례연구)

제13장   정책평가(제6절 정책평가과정모형, 7절 정책평가방법, 9절 정책평가의 사
          례연구)

제14장   정책학습과 정책변동(제4절 정책변동모형, 5절 정책변동의 사례연구)

이상에서 본 저술의 활용방법을 다양한 고객이나 독자로 범주화하여 제시하였다.
아무쪼록 이 책을 학습하는 독자들은 한 국가의 통치나 살림살이가 어떻게 구성되어
운영되고 있는가를 이해하고 설명할 수 있고 그리고 학문을 하거나 실무를 담당하고
있는 학생이나 전문가 및 실무자는 추구하는 연구성과와 과업성과를 산출했으면 하
는 바람이다.

# 차 례

## 제1부

## 국가통치로서 정책연구

― 학문토대, 영역, 가치, 그리고 이론진화와 접근방법 ―

### 제1장 | 공공부문과 공공정책 그리고 정책학의 필요성

제 2 장 ┃ 정책학의 의미와 목적 및 특성

## 제 3 장 │ 정책학의 영역

## 제 4 장 | 정책학의 가치

## 제 5 장 | 정책학의 환경과 진화

## 제 6 장 │ 정책학의 접근방법

# 제 2 부
# 국가통치로서 정책순환
## ─ 체제모형, 환경, 체제, 그리고 과정 ─

## 제 7 장 | 정치체제모형과 정책체제모형 및 예산체제모형

---

## 제 8 장 │ 정책환경의 범주: 일반적 환경과 과업환경

## 제 9 장 | 정책체제의 구성: 제도와 행위자

제10장 | 정책문제의 발생: 정책의제설정

제11장 | 정책의제해결책의 선택: 정책결정

## 제13장 | 정책결과의 검증: 정책평가

## 제14장 | 정책평가결과의 환류: 정책학습과 정책변동

# 제 1 부

# 국가통치로서 정책연구

## − 학문토대, 영역, 가치, 그리고 이론진화와 접근방법 −

**제1장**에서는 공공부문의 의미와 활동을 살펴본 후에 공공정책의 영역과 정책연구의 필요성을 제시한다. **제2장**에서는 정책학이란 어떤 학문이고 그것이 추구하는 목적과 가지고 있는 특성을 살펴본다. **제3장**에서는 정책학의 학문적 영역을 정책내용, 정책과정, 정책산출과 결과, 그리고 정책유형 측면에서 살펴본다. **제4장**에서는 정책학이 학문적 목적을 달성하는데 지배하는 가치를 논의한다. **제5장**에서는 정책학이 대두한 환경을 토대로 정책학의 학문적 발전과정을 전개한다. **제6장**에서는 정책학의 접근방법을 가치사실적 접근, 양적 질적 접근, 그리고 정책이론(정책모형)적 접근으로 나누어 살펴본다.

# 제1장 | 공공부문과 공공정책 그리고 정책학의 필요성

## 제1절 | 공공부문의 의미와 활동

일반적으로 정책(policy)이라는 용어는 순수공공부문의 정부뿐 아니라 준공공부문의 공기업이나 정부산하기관 그리고 민간부문의 기업에서도 사용되고 있다. 그러나 정책학자와 정책실무가들이 관심을 갖고 있는 영역은 공공부문인 정부가 민간부문인 사회를 통치하는 공공정책(public policy)이다.

따라서 공공정책은 넓게는 공공부문, 좁게는 정부가 수행하는 여러 가지 통치활동이라고 할 수 있다. 정부는 환경에서 발생하는 사회문제의 해결과 환경에 대한 새로운 사회기회를 창조하기 위하여 다양한 통치활동(정치활동이나 정책활동)을 하게 되고, 이러한 통치활동의 도구로 정책을 만들어 집행하고 평가를 하게 된다. 그러면 공공부문과 정부란 무엇이고 어떠한 활동(기능, 역할)을 수행하는지가 의문으로 등장한다.

### 1. 공공부문의 의미

#### 1) 공공부문의 개념

학자와 실무가들은 공공(公共, the public)이라는 접두어를 다양한 대상과 주체 또는 영역에 붙여서 자주 사용한다. 예컨대, 공익(public interests), 공공재(public goods),

〈표 1-1〉 공공부문개념의 자유주의계보

| 보호적 모델 | 발전적 모델 |
|---|---|
| • 로마시대의 보호주의적 공화정 | • 그리스 아테네의 직접민주주의<br>• 로마시대의 발전주의적 공화정 |
| • 공리주의, 개인주의 | • 마르크스주의, 참여민주주의 |
| • 개인주의모델 | • 유기체모델 |
| • 아담스미스의 정치경제학<br>• 신고전주의 경제학<br>• 공공선택론의 정치경제 | • 네오마르크스주의의 정치경제<br>• 사회민주주의의 정치경제 |

자료: 안병영 외(2007: 48).

공적 문제(public affairs, public problems), 공공정책(public policy), 그리고 공공부문 (public sector) 등이 그것이다. 특히 공공부문은 이러한 다양한 공공영역에서의 대상과 주체 및 영역을 포괄할 수 있는 용어라고 할 수 있다. 이하에서는 공공부문이란 어떠한 의미를 가지고 있고 어느 범위까지 포함하는가를 설명하고자 한다.

공공부문의 개념을 논의하기 위해서는 공적 영역과 사적 영역의 구분이 필요하다. Bobbio(1989)는 공적·사적 영역을 구분하는 것이 우리의 사회생활을 명확하게 구분해주는 이분법(grand dichotomies)이라고 보았다. 두 영역의 구분은 추상적 수준에서의 도덕적·철학적 논쟁으로부터 현실적인 정치·경제·사회현상의 분석에 가장 기초적인 개념이 된다. 다시 말해서 '공적인 것(the public)'과 '사적인 것(the private)'의 구분은 그 경계선을 어디에 정하느냐와 그 내용을 무엇으로 규정하느냐에 따라 달라지고, 그 구분에 따라 국가의 경제나 사회영역에서의 역할과 기능, 그리고 사회에서 개인과 집단의 자율성과 책임이 정해지게 된다(안병영 외, 2007: 43). 이러한 공적 영역과 사적 영역의 개념을 보다 명확하게 이해하기 위해서는 공공부문의 이론들을 살펴볼 필요가 있다.

오늘날 정치학과 경제학 및 행정학에서 가장 지배적으로 적용되고 있는 공공부문의 개념과 이론들은 자유주의이론을 기반으로 하고 있다. Held(1996)에 의하면, 정치철학분야에서 자유주의의 계보는 보호적 모델과 발전적 모델로 구분할 수 있다 (표 1-1). 위 표에서 공공부문의 자유주의계보 중 보호적 모델은 오늘날 자유민주주의이론의 주류를 형성하는 것으로서 공리주의철학을 기반으로 Adam Smith의 정치경제학(고전파 경제학), 신고전주의 경제학, 그리고 공공선택이론으로 발전하여 왔다. 공리주의와 개인주의 시각에서 사회는 자기이익(self-interest)을 극대화하는 개인으로 구성되어 있다고 보고, 개인 사이의 자발적인 계약관계가 이루어지는 영역을 사적 영역 또는 민간부문으로, 개인이 사적 이익을 극대화할 수 있게 불가피하게 정부가 개입하는 영역을 공적 영역 도는 공공부문으로 인식하였다(Benn & Gaus, 1983). 이 관점에서 사적 영역의 핵심은 시장(market)이다. 시장은 합리적인 개인들이 자기의 효용을 극대화하기 위하여 자율적으로 거래하고 계약하는 공간이다. 반면에, 공적 영역은 사적 영역에서 개인들의 자발적인 거래활동과 계약관계를 보호하기 위한 국가의 권력과 권위가 적용되는 제한된 영역으로 인식한다(안병영 외, 2007: 50). 이와 같이 공리주의와 개인주의 철학에 기초한 공공부문개념은 사적 영역의 시장과 공적 영역의 국가로 구분된다.

그러나 Benn & Gaus(1983: 32-42)는 사적 영역과 공적 영역을 구분하는데 단순히 시장과 국가 관계의 이분법적 구분을 개인적, 집합적, 제도적 부문 등의 세 가지 차원으로 확대시켜 논의하였다(표 1-2). 첫째, 가장 기초적인 개인적 수준에서 개인적으로 할당할 수 있는 것은 사적인 것으로, 그렇지 못한 것은 공적인 것으로 본다. 즉 특정개인에게 관련된 것은 사적 영역이고 특정하게 구별될 수 없는 일반적인 사람들의 집합의 한 구성원으로 관계된 것은 공적 영역이다. 둘째, 개인들의 집합적 수준에서 가정, 우정, 사적 파티, 사적 모임 등과 같이 특정개인들과 관련된 개인들의 집합을 사적 영역으로, 관련된 집합에서 특정하지 않은 것, 즉 누구에게나 또는 모두에게 같은 이익이나 같은 방법으로 연계될 때를 공적 영역으로 본다. 셋째, 개인들의 집단이 제도화되어 법인격적인 자격을 갖춘 제도적 수준에서는 개인의 사적 이익을 추구하는 기관(기업, 노동조합)은 사적 영역으로, 개인의 이익이 아니라 모든

〈표 1-2〉 Benn & Gaus(1983)의 사적 영역과 공적 영역 구별

| 구 분 | 사적 영역 | 공적 영역 |
|---|---|---|
| 개인적 수준 | 특정개인에게 배타적인 것<br>(할당가능한 개인) | 특정하지 않은 사람들에 관한 것<br>(할당할 수 없는 개인) |
| 집합적 수준 | 개인들의 집합으로 사적 이익 | 비할당적인, 비특정적인 개인들의 다수 이익 |
| 제도적 수준 | 사적 이익을 추구하는 법인조직들<br>(기업, 노동조합) | 공적 이익을 추구하는 조직들<br>(국가, 정부) |

자료: 안병영 외(2007: 59) 정리.

사람의 이익을 추구하는 기관(국가, 정부)을 공적 영역이라고 한다.

그러나 20세기 후반 이후에는 공공부문의 범주에 공적 영역과 사적 영역이 애매모호하게 되는 공사혼합영역(mixed sphere of the public and the private)이 증가하고 있다. 자본주의의 발전으로 인하여 다양한 사회경제적 문제가 등장함으로써 이를 해결하기 위한 국가기능의 확대로 공사혼합조직이 나타나게 된 것이다. 예컨대, 국가기관에 속하면서도 공적 기능을 수행하는 조직들과 기본적으로 사적 영역에서 속하면서도 정부를 대신하여 공공서비스를 제공하는 것과 같은 공적 기능을 수행하는 조직들이 성장하고 있다. 이러한 조직들은 준공공부문(quasi-public sector), 준정부부문(quasi-governmental sector), 또는 준정부조직(quasi-government organizations, Quangos)이라고 부른다. 이에 따라 공공부문과 민간부문의 구별은 모호해지고 혼합적 특성을 가지게 됨으로써 공적 영역 또는 공공부문의 복잡화와 확대현상이 나타나게 되었다.

이러한 현상을 반영하여 학자들은 공공부문의 범위를 일정한 기준에 따라 재분류하고 있다. 안병영 외(2007: 128-132)는 공공부문의 하위범주를 제도적·조직적 특성에 따라 정부부문, 준정부부문, 비영리자발적 부문, 순수영리부문, 그리고 가족과 가정 등 다섯 가지 영역으로 나누었다. 첫째, 정부부문은 대통령제이든 의원내각제이든 행정수반(대통령 또는 수상)을 정점으로 정부의 주요기능을 수행하는 정부조직으로 중앙정부조직과 지방정부조직을 포함한다. 둘째, 준정부부문은 정부부처 아래에서 다양한 공적 기능을 수행하는 준정부조직이나 정부산하기관을 말한다. 셋째, 비영리자발적 부문은 사적 영역 또는 민간부문에 속하지만 공공서비스를 제공하거나 시민의 권익을 보호하는 것과 같은 공적 기능을 수행하는 준비정부조직으로서 NGO라고도 한다. 넷째, 순수비영리부문은 민간부문에 속하는 것으로 사적 거래가 이루어지는 사적 기능을 수행하는 시장이나 기업을 말한다. 다섯째, 가족과 가정은 가장 순수한 개인영역이다.

한편, 최병선(1993: 201-211)은 공공성과 영리성을 기준으로 크게 공공부문과 민간부문으로 나누고, 다시 공공부문을 순수정부부문과 준정부부문으로, 그리고 민간부문을 순수민간부문과 준민간부문으로 구분하고 있다. 첫째, 공공부문(public or governmental sector)은 공적 기능을 수행하는 조직으로서 공익을 추구하는 순수정부부문(예: 정부조직)과 특수법인적 성격을 가지고 있는 준정부부문(예: 공기업과 공단, 정부산하기관)을 포괄한다. 둘째, 민간부문(private or nongovernmental sector)은 사적

〈표 1-3〉 공공부문의 개념적 범위

| 개념범주 | 공공부문 | | 민간부문 | |
|---|---|---|---|---|
| | 순수정부부문 | 준정부부문 | 준민간부문 | 순수민간부문 |
| 조직예시 | 정부조직<br>(중앙정부, 지방정부) | 공기업<br>(국가공기업,<br>지방공기업),<br>정부산하기관 | 공익단체,<br>시민단체,<br>비영리단체,<br>이익집단 | 기업,<br>시민,<br>가정 |

인 기능을 수행하는 조직으로서 영리를 추구하는 순수민간부문(예: 기업과 시민)과 기본적으로 민간부문에 속하지만 공공성을 가지고 있는 준민간부문(예: 공익재단, 비영리법인)을 말한다. 셋째, 준공공부문(quasi-autonomus, non-governmental sector)은 순수한 의미의 공공부문이나 민간부문 그 어느 것에도 속하지 않고 양자가 중첩되어 이중적 성격을 갖는 제3부문(third sector)으로서 준정부부문과 준민간부문을 포함하게 된다(표 1-3).

## 2) 공공부문의 범위

한국가에서 공공부문의 범위는 위에서 정의한 공공부문의 개념에 따라 순수정부부문의 정부조직과 준정부부문의 준정부조직으로 나누어 살펴볼 수 있다. 왜냐하면 정부패러다임시대의 공공정책의 결정과 집행은 정부조직이 담당하였으나, 오늘날 거버넌스패러다임시대의 공공정책의 결정과 집행에는 전통적인 정부조직뿐만 아니라 준정부조직 및 민간조직 등이 관여하고 있기 때문이다.

일반적으로 정부조직과 준정부조직의 범위는 조직과 인력 및 재정(예산)의 규모로 측정할 수 있다. 이러한 제 측면의 규모파악은 한나라의 통치나 살림살이를 논의하는 출발점이 된다.

### (1) 정부조직의 규모
### ① 정부조직
#### (i) 정부조직의 의미

일반적으로 정부조직 또는 정부를 논의할 때는 국가와 같은 개념으로 사용하는 경우가 많은데, 과연 국가와 정부는 같은 개념인가? 라는 의문이 제기된다. 그러나 학문적으로나 실제적으로 국가와 정부는 다른 개념이라고 할 수 있다. 이를테면, 국

가(state)는 일정한 영토 내에서 국민으로 구성된 최고의 통치단체이며, 정부
(government)는 국가의 통치권을 행사하는 통치기구이다.

　이런 정부개념은 보다 구체적으로 제도적 관점이나 기능적 관점에서 살펴볼 수
있다. 우선, 제도적 관점에서 정부개념을 보면 가장 넓게는 입법기능, 행정기능, 사
법기능을 수행하는 모든 국가기구를 의미하나, 넓게는 행정부와 의회를 합한 개념으
로, 가장 좁게는 정부의 행정기능을 수행하는 행정부만을 의미하는 것으로 정의된
다. 이러한 정부의 범주에는 중앙정부와 지방정부(지방자치단체)를 포함한다. 제도로
서의 정부는 무생물체이므로 그것이 작동하기 위해서는 생물체로서의 인력(정부공무
원)과 과업으로서의 정책 및 이를 뒷받침하는 재정(예산)이 필요하다.

　다음으로, 기능적 관점에서 정부개념은 자신에게 부여된 과업을 수행하기 위하
여 다양한 기능을 하는 것을 말한다. 정부의 기능과 역할은 시대환경에 따라 변화되
어 왔다. 19세기 근대국가시대에는 정치와 경제에서 자유주의사상이 지배하여 개인
의 자유활동이 중시되고 시장의 역할이 중시됨에 따라 정부는 치안유지나 안보와
같은 소극적 기능에 치중하였다. 그러나 산업혁명으로 자본주의가 발전하고 복지국
가가 등장함에 따라 정부는 경제성장과 사회복지 등에서 적극적인 기능을 수행하도
록 확대되었다. 19세기 이후 오늘날의 정부는 국방, 외교, 치안, 교육, 산업, 과학기
술, 사회복지, 환경, 노동, 여성, 다문화 등 다양한 영역이나 분야에서 기능이나 활동
을 하고 있다. 이러한 정부의 기능은 다양한 영역의 정책으로 구체화되고 이를 수행
하기 위해 재정(예산)이 투입된다.

　(ii) 정부조직의 내용

　그러면 우리나라의 정부조직은 시대환경변화에 따라 어떻게 변화되어 왔는가를
살펴보자.

　(a) 중앙정부조직: 중앙정부조직의 변화를 보면, 대한민국이 일제로부터 해방된
시기는 1945년이었지만, 3년간의 미군정을 거쳐 1948년에 정부가 수립되어 이승만
정부, 장면 정부, 박정희 정부, 전두환 정부, 노태우 정부, 김영삼 정부, 김대중 정부,
노무현 정부, 이명박 정부, 박근혜 정부, 문재인 정부까지 역사적 궤적을 그리면서
이어져 왔다(표 1-4, 표 1-5).

　따라서 한국의 중앙정부조직은 1948년 정부수립 당시 설계되었는데, 출범 당시
에는 미국식 구조를 모방해서 11부 4처 3위원회의 18개 부서로 구성되었다. 그후
한국전쟁을 거친 1995년 정부조직개편부터는 독자적인 정부조직을 구성하였는데,

〈표 1-4〉  중앙정부조직의 변화

| 역대정부 | 연 도 | 원 | 부 | 처 | 청 | 위원회 | 총 계 |
|---|---|---|---|---|---|---|---|
| 이승만 정부<br>(1948.8－1960.1.7) | 1948. 8 | 0 | 11 | 4 | 0 | 3 | 18 |
| | 1949. 3 | 0 | 12 | 5 | 1 | 3 | 21 |
| | 1955. 2 | 0 | 12 | 3 | 3 | 1 | 19 |
| 장면 정부<br>(1960.8－1961.4) | 1960. 7 | 1 | 12 | 1 | 3 | 3 | 19 |
| 박정희 정부<br>(1961.5－1979.10) | 1961. 5 | 3 | 12 | 2 | 4 | 1 | 22 |
| | 1968. 7 | 2 | 13 | 4 | 10 | 7 | 33 |
| | 1970. 8 | 2 | 13 | 4 | 12 | 7 | 35 |
| | 1973. 1 | 2 | 13 | 4 | 13 | 5 | 37 |
| | 1979.12 | 2 | 14 | 4 | 15 | 3 | 38 |
| 전두환 정부<br>(1980.8－1988.2) | 1980. 9 | 2 | 14 | 4 | 15 | 3 | 38 |
| | 1981. 4 | 2 | 15 | 4 | 14 | 1 | 36 |
| | 1986. 3 | 2 | 16 | 4 | 14 | 1 | 37 |
| 노태우 정부<br>(1988.2－1993.2) | 1989. 2 | 2 | 16 | 6 | 12 | 0 | 36 |
| | 1990.12 | 2 | 16 | 6 | 14 | 2 | 40 |
| 김영삼 정부<br>(1993.2－1998.2) | 1993. 3 | 2 | 14 | 6 | 15 | 2 | 39 |
| | 1994.12 | 2 | 13 | 5 | 15 | 2 | 37 |
| | 1996. 2 | 2 | 14 | 5 | 14 | 0 | 35 |
| 김대중 정부<br>(1998.2－2003.2) | 1998. 2 | 0 | 17 | 2 | 16 | 0 | 35 |
| | 2001. 1 | 0 | 18 | 4 | 16 | 0 | 38 |
| 노무현 정부<br>(2003.2－2008.2) | 2004. 3 | 0 | 18 | 4 | 16 | 2 | 40 |
| | 2006. 1 | 0 | 18 | 4 | 17 | 2 | 41 |
| 이명박 정부<br>(2008.2－2013.2) | 2008. 2 | 0 | 15 | 2 | 18 | 3 | 36 |
| | 2011.10 | 0 | 15 | 2 | 18 | 4 | 37 |
| 박근혜 정부<br>(2013.2－2018.2) | 2013. 2 | 0 | 17 | 3 | 18 | 4 | 42 |
| | 2014.11 | 0 | 17 | 5 | 16 | 4 | 42 |
| 문재인 정부<br>(2017.5－2021.2) | 2017. 7 | 0 | 18 | 4 | 17 | 6 | 45 |
| | 2018. 6 | 0 | 18 | 4 | 17 | 6 | 45 |
| | 2019. | 0 | 18 | 4 | 17 | 6 | 45 |
| | 2021. | 0 | 18 | 5 | 18 | 7 | 48 |

자료: 행정안전부(2022: 9; 2021: 9; 2019: 10－13) 정리.

〈표 1-5〉 이명박 정부와 박근혜 정부 및 문재인 정부의 정부조직 현황

| 구 분 | 이명박 정부(2008) | 박근혜 정부(2014) | 문재인 정부(2017) |
|---|---|---|---|
| 총 계 | 2원 15부 2처 8청 3실 5위원회 | 2원 17부 3처 17청 5실 6위원회 | 2월 18부 4처 17청 4실 6위원회 |
| 원 | 감사원, 국가정보원 | 감사원, 국가정보원 | 감사원, 국가정보원 |
| 실 | **대통령실, 국무총리실, 특임장관실** | **대통령비서실,대통령경호실, 국가안보실,국무조정실,국무 총리비서실** | 대통령비서실,**대통령경 호처**,국가안보실,국무조 정실,국무총리비서실 |
| 부 | **기획재정부,교육과학기술부,** 외교통상부,통일부,법무부, 국방부,**행정안전부,문화체육 관광부,농림수산식품부,**지식 경제부,**보건복지가족부,**환경 부,노동부,여성부,**국토해양 부** | 기획재정부,교육부,**미래창조 과학부,**외교부,통일부,법무 부,국방부,행정자치부,문화체 육관광부,농림축산식품부,**산 업통상자원부,**보건복지부.환 경부,고용노동부,여성가족부, **국토교통부,해양수산부** | 기획재정부,교육부,**과학 기술정보통신부,**외교부, 통일부,법무부,국방부,행 정안전부,문화체육관광 부,농림축산식품부,산업 통상자원부,보건복지부. 환경부,고용노동부,여성 가족부,국토교통부,해양 수산부,**중소벤처기업부** |
| 처 | 법제처,국가보훈처 | 법제처,국가보훈처,**식품의약 품안전처,국민안전처,인사혁 신처** | 법제처,국가보훈처,식품 의약품안전처,인사혁신 처 |
| 청 | 기획재정부-국세청,관세청, 조달청,통계청<br>법무부-검찰청<br>국방부-병무청,방위사업청<br>행정안전부-경찰청,소방방 재청<br>문화체육관광부-문화재청<br>농림수산식품부-농촌진흥 청,산림청<br>지식경제부-**중소기업청,**특 허청<br>보건복지가족부-식품의약 품안전청<br>환경부-기상청<br>국토해양부-해양경찰청,행 정중심복합도시건설청 | 기획재정부-국세청,관세청, 조달청,통계청<br>법무부-검찰청<br>국방부-병무청,방위사업청<br>안전행정부-경찰청,소방방 재청<br>문화체육관광부-문화재청<br>농림축산식품부-농촌진흥 청,산림청<br>산업통상자원부-**중소기업 청,**특허청<br>보건복지부-식품의약품안 전청<br>환경부-기상청<br>국토교통부-행정중심복합 도시건설청<br>해양수산부-해양경찰청 | 기획재정부-국세청,관 세청,조달청,통계청<br>법무부-검찰청<br>국방부-병무청,방위사 업청<br>안전행정부-경찰청,**소 방청**<br>문화체육관광부-문화재 청<br>농림축산식품부-농촌진 흥청,산림청<br>산업통상자원부-특허청<br>보건복지부-식품의약품 안전청<br>환경부-기상청<br>국토교통부-행정중심복 합도시건설청,**새만금 개발청**<br>해양수산부-해양경찰청 |

| 위원회 | 방송통신위원회,국가인권위원회,공정거래위원회,금융위원회,국민권익위원회 | 방송통신위원회,국가인권위원회,공정거래위원회,금융위원회,국민권익위원회,원자력안전위원회 | 방송통신위원회,국가인권위원회,공정거래위원회,금융위원회,국민권익위원회,원자력안전위원회 |
|---|---|---|---|
| 신설 | 대통령실,방송통신위원회,국민권익위원회,국무총리실,특임장관실,기획재정부,교육과학기술부,행정안전부,문화체육관광부,농림수산식품부,국토해양부,보건복지가족부,중소기업청 | 대통령비서실,대통령경호실,국가안보실,국무조정실,국무총리비서실,미래창조과학부,산업통상자원부,국토교통부,해양수산부,국민안전처,인사혁신처,원자력안전위원회 | 과학기술정보통신부,중소벤처기업부(-중소기업청),새만금개발청 |
| 기능명칭변경 | 대통령실,금융위원회,지식경제부,여성부 | 교육부,외교부,행정자치부,농림축산식품부,보건복지부.고용노동부,여성가족부 | 대통령경호처,국가보훈처(장관), 행정안전부,소방청 |

1950년대까지는 주로 국가고유기능을 수행하는 조직들이었다. 그러나 5.16 군사쿠데타로 등장한 박정희 정부에서 1960년대 이후 국가경제발전을 위한 산업화를 추진하고 복지와 환경 등 새로운 기능을 수행하면서 중앙정부조직이 급속하게 성장하였는데, 대체로 1980년대까지는 중앙정부조직의 수가 40개를 조금 넘는 수준에서 정점을 이루었다. 김영삼 정부가 들어선 1990년 이후에는 작은정부론이 제기되어 약간 감소하여 30개 후반을 유지하다가 다시 2000년대의 노무현 정부 이후부터는 40개 이상으로 확대되고 있는데, 노무현 정부 2006년 41개, 이명박 정부 2011년 37개, 박근혜 정부 2014년 42개, 그리고 문재인 정부 2020년 47개로 점증하고 있다.

　(b) 지방정부조직: 자치행정시대의 지방정부조직의 변화를 보면, 노무현 정부부터 문재인 정부까지 행정구역개편이 크게 없어서 시도와 시군구의 수에서는 큰 변화가 없었다. 그러나 시도의 보조보좌기관에서 실국과 본부 및 국장급의 직위에서는 변동이 크게 없고 담당관과 과의 점진적인 증가가 있다. 시군구에서는 실국과 과와 담당관의 수가 점증하고 있는 것을 관찰할 수 있다(표 1-6).

〈표 1-6〉  지방정부조직의 변화

| 역대 정부 | 시도, 시군구 | 특별시, 광역시, 도 | | | | | | 시, 군, 구 | | | |
|---|---|---|---|---|---|---|---|---|---|---|---|
| | | 보조 보좌기관 | | | | 직속 기관 | 사업소 | 보조보좌기관 | | 직속 기관 | 사업소 |
| | | 실국 | 본부 | 국장급 | 담당관 | | | 실국 | 과, 담당관 | | |
| 노무현 정부 (2007) | 특별시(1) | 12 | 1 | 10 | 78 | 30 | 29 | | | | |
| | 광역시(6) | 58 | 7 | 22 | 256 | 58 | 112 | | | | |
| | 도(9) | 82 | 16 | 28 | 394 | 149 | 104 | | | | |
| | 시(75) | | | | | | | 259 | 1595 | 157 | 425 |
| | 군(86) | | | | | | | 7 | 1079 | 181 | 185 |
| | 자치구(69) | | | | | | | 263 | 1357 | 69 | 29 |
| | 시의구(26) | | | | | | | 0 | 194 | 0 | 0 |
| 박근혜 정부 (2016) | 특별시(1) | 9 | 8 | 14 | 140 | 31 | 31 | | | | |
| | 광역시(6) | 61 | 12 | 16 | 381 | 62 | 103 | | | | |
| | 특별자치시(1) | 6 | 1 | 1 | 33 | 4 | 2 | | | | |
| | 도(8) | 83 | 12 | 20 | 476 | 170 | 85 | | | | |
| | 특별자치도(1) | 11 | 1 | 1 | 46 | 9 | 13 | | | | |
| | 시(75) | | | | | | | 274 | 1983 | 160 | 336 |
| | 군(83) | | | | | | | 18 | 1087 | 163 | 193 |
| | 자치구(69) | | | | | | | 258 | 1691 | 69 | 36 |
| | 시의구(33) | | | | | | | 0 | 296 | 0 | 0 |
| 문재인 정부 (2020) | 특별시(1) | 16 | 4 | 14 | 157 | 32 | 34 | | | | |
| | 광역시(6) | 79 | 14 | 15 | 483 | 64 | 104 | | | | |
| | 특별자치시(1) | 8 | 1 | 1 | 42 | 5 | 3 | | | | |
| | 도(8) | 101 | 13 | 20 | 561 | 184 | 87 | | | | |
| | 특별자치도(1) | 14 | 1 | 1 | 59 | 9 | 12 | | | | |
| | 시(75) | | | | | | | 361 | 2361 | 164 | 343 |
| | 군(82) | | | | | | | 132 | 1295 | 163 | 214 |
| | 자치구(69) | | | | | | | 325 | 1947 | 69 | 31 |
| | 시의구(32) | | | | | | | 0 | 304 | 0 | 0 |

자료: 행정안전부(2021: 149; 2019: 121: 150: 207: 155: 186). 행정자치부(2007: 152: 160).

② 정부인력

(i) 정부인력의 의미

앞에서 논의한 정부조직을 움직이기 위해서는 생물체인 인력(사람)이 필요하다고 하였다. 정부인력이란 정부조직의 일반적 기능을 수행하기 위하여 공직에 들어온 구성원(공무원)을 말한다. 한국의 정부인력은 국가공무원과 지방공무원으로 구분되고 이것은 다시 경력직 공무원과 특수경력직 공무원으로 범주화하는데, 이를 상술하면 다음과 같다(강성철 외, 2008: 151-159).

첫째, 임용주체에 따라 국가공무원은 국가공무원법에 의하여 중앙정부가 국가사무를 담당하도록 임용된 공무원이고, 지방공무원은 지방공무원법에 의하여 지방정부가 지방사무를 담당하도록 임용하는 공무원을 의미한다.

둘째, 국가공무원과 지방공무원은 다시 실적주의와 직업공무원제도의 적용을 받느냐 여부에 따라 경력직 공무원과 특수경력직 공무원으로 나누어진다. 경력직 공무원은 실적과 자격에 의하여 임용되고 그 신분이 보장되며 평생동안(근무기관을 임용되는 공무원의 경우에는 그 기간 동안) 공무원으로 근무할 것이 예정되는 공무원을 말하는 것으로서 다시 일반직과 특정직 및 기능직으로 나눈다. 여기서 일반직은 기술연구 또는 행정일반에 대한 업무를 담당하는 직군과 직렬로 분류되는 공무원으로 그 계급은 1급에서 9급으로 구분한다. 단, 고위공무원단에 속한 공무원은 그러하지 아니하다. 특정직은 일반직과 달리, 특수분야의 업무를 수행하기 위하여 임용된 공무원을 말하는 것으로 법관 검사 외무공무원 경찰공무원 소방공무원 교육공무원 군인 군무원 헌법재판소 재판연구관 국가정보원의 직원 등이 포함된다. 기능직은 정보통신현업, 토목건축, 전신, 기계, 화공, 선박, 농림, 보건위생, 사무, 방호업무 등의 기능적 업무에 종사하는 공무원으로 그 계급을 1급에서 10급으로 구분하고 있다.

한편, 특수경력직 공무원은 경력직 이외에 속하는 정치적이거나 특수한 직무를 수행하기 위하여 임용되고 직업공무원제의 적용을 받지 않는 공무원으로서 정무직과 별정직 및 계약직 그리고 고용직으로 구분한다. 여기서 정무직은 고도의 정치적 판단이나 정책결정을 담당하는 최상위 고위공무원이다. 예컨대, 중앙정부의 차관이나 장관급 이상의 공무원과 특별시의 행정부시장과 정무부시장이 포함된다. 별정직은 정무직의 업무를 보좌하거나 특정한 업무수행을 담당하기 위하여 임용하는 공무원이다(비서관이나 비서, 중앙행정기관의 차관보나 담당관 및 국장과 부장, 광역시도의 정무직 단체장이 그 예이다). 계약직은 중앙정부나 지방정부와 채용계약에 의하여 일정기간동안 전무지식과 기술이 요구되거나 임용에 있어서 신축성 등이 요구되는 업무에 종사하는 공무원으로서 일반계약직 공무원과 전문계약직 공무원 및 시간계약직 공무원으로 구분한다. 그리고 고용직은 단순한 노무에 종사하는 공무원으로서 국가고용직 공무원과 지방고용직 공무원으로 구분하고 직종은 1종과 2종으로 구분한다. 그 예로는 보선원, 건축보조원, 통신보조원, 교환원, 조리원. 경비원 등이 포함된다.

### (ii) 정부인력의 내용

지금까지 논의한 정부인력(공무원인력)의 변화는 조직개편의 흐름과 같은 방향으로 움직이므로 조직규모가 증가함에 따라 공무원인력도 증가하는 것이 보편적인 경향이다. 단, 조직증가와 다른 점은 조직규모는 조직개편이 있을 때만 확대나 축소가 이루어지지만, 공무원인력은 파킨슨법칙(parkin's law)에 따라 점증적으로 증가를 하

〈표 1-7〉  정부인력(공무원인력)의 변화

| 역대정부 | 연 도 | 중앙공무원정원 | 연 도 | 지방공무원정원 |
|---|---|---|---|---|
| 전두환 정부<br>(1980.8 – 1988.2) | 1986 | 691,670 | | |
| | 1987 | 705,053 | | |
| 노태우 정부<br>(1988.2 – 1993.2) | 1988 | 737,225 | 1990 | 264,375 |
| | 1992 | 880,179 | 1992 | 306,295 |
| 김영삼 정부<br>(1993.2 – 1998.2) | 1993 | 899,826 | 1993 | 316,415 |
| | 1997 | 935,759 | 1997 | 357,202 |
| 김대중 정부<br>(1998.2 – 2003.2) | 1998 | 888,334 | 1998 | 315,386 |
| | 2002 | 889,993 | 2002 | 308,693 |
| 노무현 정부<br>(2003.2 – 2008.2) | 2003 | 915,945 | 2003 | 317,131 |
| | 2006 | 957,208 | 2006 | 345,869 |
| 이명박 정부<br>(2008.2 – 2012.2) | 2008 | 968,281 | 2008 | 274,546 |
| | 2012 | 990,520 | 2012 | 287,635 |
| 박근혜 정부<br>(2013.2 – 2018.2) | 2013 | 999,137 | 2013 | 291,080 |
| | 2014 | 1,010,503 | 2014 | 295,344 |
| | 2016 | 1,029,471 | 2016 | 307,313 |
| 문재인 정부<br>(2017.5 – 2022.2) | 2017 | 1,049,030 | 2017 | 316,853 |
| | 2018 | 1,074,842 | 2018 | 330,641 |
| | 2019 | 1,104,508 | 2019 | 345,992 |
| | 2020 | 1,131,796 | 2020 | 399,588 |

자료: 행정안전부(2021: 32: 136; 2019: 30: 137). 행정자치부(2007: 77: 81).

〈표 1-8〉  정부인력(공무원인력)의 기관별 정원 현황(2020년)  (단위: 명)

| 기 관 | 계 | 정무직 | 별정직 | 특정직 | 일반직 |
|---|---|---|---|---|---|
| 총 계 | 1,131,796 | 170 | 3,858 | 576,739 | 551,029 |
| 입법부 | 4.131 | 7 | 2,222 | – | 1,903 |
| 사법부 | 17,880 | 2 | 328 | 3,280 | 14,290 |
| 헌법재판소 | 330 | 11 | 2 | 68 | 249 |
| 선거관리위원회 | 2,903 | 3 | – | – | 2,900 |
| 행정부 | 1,106,552 | 147 | 1,326 | 573,391 | 531,688 |
| 국가공무원 | 735,909 | 142 | 358 | 566,900 | 188,509 |
| 지방공무원 | 370,643 | 5 | 968 | 5,491 | 363,179 |

자료: 행정안전부(2021: 33-36).

고 있는 것이 세계적인 현상이다.

우리나라에서 정부조직이 만들어진 이후 역대정부의 중앙정부와 지방정부의 공무원인력 변화 추이는 파킨슨법칙을 입증하고 있다. 특이한 점은 역대정부에서 보수주의정부보다는 진보주의정부라고 하는 노무현 정부와 문재인 정부에서 공무원수가 크게 증가하고 있다는 것을 발견할 수 있다(표 1-7, 표 1-8).

예컨대, 중앙정부조직의 경우 노태우 정부시기 1992년에 880,179명에서 1997년 935,759명으로 증가하였다가, 김대중 정부시기에는 정부혁신으로 2002년에 889,993명으로 감소하였다. 그러나 노무현 정부에 들어와 2006년에 957,208명으로 증가세로 돌아서서 이명박 정부 2012년 990,520명, 박근혜 정부 2012년에 1,029,471명으로, 그리고 문재인 정부 2020년에 1,131,796명으로 증가하는 추세를 보이고 있다.

또한, 지방정부의 경우를 보면, 지방자치가 실시되기 이전인 노태우 정부의 1988년에 264,375명에서 출발하여 지방자치가 실시되어 민선지방정부가 들어서면서 김영삼 정부 1997년에 357,202명, 김대중 정부 2003년 308,693명, 노무현 정부 2006년 345,869명으로 점증하고 있다. 그러나 이명박 정부에 들어와서 2012년 287,635명으로 감소를 하다가 박근혜 정부 2016년 307,313명으로 그리고 문재인 정부 2012년 399,588명으로 증가세로 돌아섰다.

③ 정부재정(정부예산)

(i) 정부재정(정부예산)의 의미

앞에서 기술한 정부를 구성하는 조직과 인력을 운영할 때 관련되는 개념으로는 정부재정(정부예산)이 있다. 특히 정부재정이란 정부조직의 구성원들의 과업인 정책을 수행하는 금전적 도구이기 때문에 매우 중요하다.

IMF나 OECD 등 국제기구는 공공부문재정, 구체적으로는 정부재정의 범위를 파악할 때 중앙정부와 지방정부를 합해서 **정부 또는 일반정부**라고 한다. 여기서 중앙정부에는 중앙행정기관뿐만 아니라 중앙행정기관 산하의 공공기관(공기업 제외)도 포함하고, 지방정부에는 지방자치단체(지방교육 포함)뿐만 아니라 지자체 산하의 공공기관(공기업 제외)도 포함한다. 산하 공공기관은 중앙정부와 지방정부가 설립하여 운영하는 기관이다. 또한, 국제기구는 중앙정부와 지방정부 및 공기업과 같은 공공기관도 재정범위에 포함시킬 것을 권고하고 있다. 공공부문 전체가 국민경제에 미치는 영향을 체계적으로 분석하여 정책에 반영하기 위해서이다. 이때 공기업은 비금융공기업(한국전력공사, 한국도로공사 등)과 금융공기업(산업은행, 한국자산관리공사 등)으로 구분할 수 있으며, 공공부문의 중요한 구성요소이지만 일방정부에는 속하지 않는다(그림 1-1).

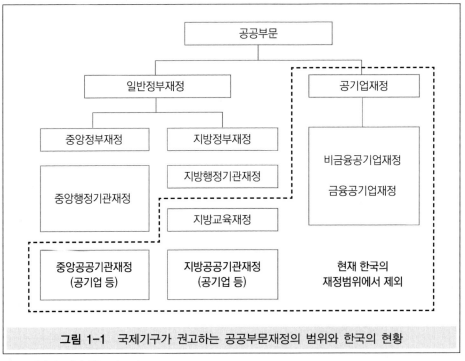

**그림 1-1  국제기구가 권고하는 공공부문재정의 범위와 한국의 현황**

자료: 배득종·유승원(2014: 22).

그러나 **우리나라는 공공부문재정의 범위를 국제기준의 권고와 달리 다소 협소하게 잡고 공기업재정을 제외하고 일반정부재정을 논의하고 있다.** 그리고 **정부재정을 논할 때** 중앙정부재정과 지방정부재정을 합하여 일반정부재정을 논하는 것이 아니라 **중앙정부와 지방정부를 별도로 다루고 있다. 이를테면, 중앙정부가 운용하는 재정은 중앙재정, 지방정부가 운용하는 재정은 지방재정이라고 한다.**

그러면 구체적으로 정부재정 또는 정책예산이란 무엇인가?를 살펴보자. **정부재정**(government finance)이란 정부, 구체적으로 일반정부가 공공욕구를 충족시키기 위해 필요한 재원을 조달하고 지출 및 관리를 하는 경제활동을 의미하고, **정부예산**(government budget)은 정부가 매년(회계연도) 공공욕구를 충족시키기 위하여 재원(세입)을 조달하고 지출(세출)하는 계획의 과정과 결과를 말한다. 따라서 정부재정이 정부예산보다 넓은 개념이지만, 현실적으로는 재정과 예산을 구분하지 않고 같은 용어로 사용하고 있다. 이러한 정부재정(정부예산)이 추구하는 최종목표는 Lasswell이 정책학의 궁극목표로 제시한 인간의 존엄성을 실현하는 국민행복증진으로서 Musgrave(1980)가 말하는 재정의 3대기능(자원배분, 소득재분배, 경제안정화)를 수행하는 것이다.

(ii) 정부재정(정부예산)의 내용

**정부재정 또는 정부예산의 내용**을 이해하기 위해서는 거시적 재정(예산)과 미시적 재정(예산)을 이해할 필요가 있다(표 1-9). **거시적 재정(예산)**이란 정부재정(정부예산)의 총량규모와 관련된 통합재정, 총지출규모, 재정수지, 국가채무, 조세부담률과 국민부담률, 일반정부와 공기업의 재정규모 등의 총체적인 재정개념을 말하고,

〈표 1-9〉 정부재정(정부예산)의 내용

| 재정(예산) 구분 | 구성 내용 |
|---|---|
| 거시적 재정(예산) | • 통합재정<br>• 총지출규모<br>• 재정수지<br>• 국가채무<br>• 조세부담률과 국민부담률 |
| 미시적 재정(예산) | • 본예산과 추가경정예산<br>• 일반회계예산과 특별회계예산 및 기금<br>• 세입예산과 세출예산<br>• 프로그램예산 |

**미시적 재정(예산)**이란 정부재정(정부예산)의 구체적 내용을 알려주는 것으로 본예산과 추가경정예산, 일반회계예산과 특별회계예산, 기금, 세입예산과 세출예산 등을 포함된다(윤영진, 2021: 52).

### (iii) 거시적 재정(예산)

우리나라 중앙정부와 지방정부의 거시적 재정(예산)현황을 살펴보면, 다음 표와 같이 요약할 수 있다(표 1-10, 표 1-11).

〈표 1-10〉 역대정부에서 중앙정부의 재정규모(예산규모)와 재정수지와 국가채무 그리고
조세부담률과 국민부담률 현황                                (단위: 조원, %)

| 역대정부 | 연도 | 총수입 (A) | 총지출 (B) | 통합 재정수지 (C=A-B) (GDP 대비, %) | 사회보장 성기금 (D) (GDP 대비, %) | 관리 재정수지 (E=C-D) (GDP 대비, %) | 국가채무 (GDP 대비, %) | 조세 부담률 (GDP 대비, %) | 국민 부담률 (GDP 대비, %) |
|---|---|---|---|---|---|---|---|---|---|
| 노무현 정부 (2003.2- 2008.2) | 2003 | | | | | | 165.8 (20.1) | 20.4 | |
| | 2004 | | | | | | 204.5 (26.2) | 19.5 | |
| | 2005 | 222.4 | 209.6 | 12.8 (1.5) | 23.6 (2.3) | △10.8 (△1.2) | 242.3 (28.8) | 20.3 | |
| | 2006 | 235.3 | 224.1 | 11.2 (1.2) | 26.4 (2.3) | △15.2 (△1.7) | | 21.2 | |
| | 2007 | 250.6 | 237.1 | 13.5 (1.4) | 30.2 (3.1) | △16.7 (△1.7) | 298.9 (30.7) | 21.0 | 26.5 |
| 이명박 정부 (2008.2- 2013.2) | 2008 | 274.2 | 262.8 | 11.4 (1.1) | 27.5 (2.7) | △16.1 (△1.6) | 309.0 (30.2) | 20.7 | 26.5 |
| | 2009 | 279.8 | 301.8 | △22.0 (△2.1) | 25.6 (2.4) | △47.6 (△4.5) | 349.7 (34.1) | 19.7 | 25.5 |
| | 2010 | 290.8 | 292.8 | △2.0 (△0.2) | 29.7 (2.5) | △31.7 (△2.7) | 392.2 (33.4) | 19.3 | 25.1 |
| | 2011 | 314.4 | 309.1 | 5.3 (0.4) | 30.3 (2.4) | △25.0 (△2.0) | 420.5 (34.0) | 18.4 | 23.2 |
| | 2012 | 343.5 | 325.4 | 18.1 (1.4) | 32.4 (2.4) | △14.3 (△1.1) | 445.9 (34.8) | 18.7 | 23.7 |
| | 2013 | 360.8 | 349.0 | 11.8 (0.9) | 35.2 (2.7) | △23.4 (△1.8) | 480.5 (36.2) | 17.9 | 23.1 |

| 정부 | 연도 | | | | | | | | |
|---|---|---|---|---|---|---|---|---|---|
| 박근혜 정부 (2013.2 – 2017.4) | 2014 | 369.3 | 355.8 | 13.5 (1.0) | 39.0 (3.6) | △25.5 (△1.8) | 533.2 (35.9) | 18.0 | 23.4 |
| | 2015 | 382.4 | 375.4 | 7.0 (0.4) | 40.4 (3.7) | △33.4 (△2.1) | 595.1 (38.5) | 18.5 | 23.7 |
| | **2016** | **391.2** | **386.4** | **4.8 (0.3)** | **41.8 (3.7)** | **△36.9 (△2.3)** | **644.9 (40.1)** | **19.4** | **24.7** |
| 문재인 정부 (2017.5 – 2022.2) | 2017 | 414.3 | 400.5 | 13.8 (0.8) | 42.1 (3.7) | △28.3 (△1.7) | 660.2 (38.2) | **19.9** | 25.4 |
| | 2018 | 447.2 | 428.8 | 18.4 (1.0) | 46.9 (3.8) | △28.5 (△1.6) | 708.2 (39.5) | **21.2** | 26.7 |
| | 2019 | 476.1 | 469.1 | 7.8 (0.3) | 44.0 (3.8) | △37.0 (△2.0) | 740.8 (39.4) | **20.0** | 27.3 |
| | **2020** | **481.8** | **512.3** | **△30.5 (△1.5)** | **41.0 (3.9)** | **△112.5 (△5.6)** | **846.3 (43.9)** | **20.4** | 28.1 |
| | **2021** | **482.6** | **558.0** | **△75.4 (△3.7)** | **37.1 (3.9)** | **△38.3 (△2.0)** | **956.0 (47.3)** | 22.1 | 28.6 |
| | **2022** | **553.6** | **607.7** | **△54.1 (△2.5)** | **40.0 (3.9)** | **△94.1 (△4.4)** | **1,064.4 (50.0)** | 23.3 | 31.1 |

자료: 기획재정부(2003 – 2022, 각 연도 나라살림예산개요).
행정안전부(2003 – 2022, 각 연도 행정안전통계연보).

〈표 1–11〉 역대정부에서 지방정부의 재정규모(예산규모)와 재정수지 및 지방채무 현황

(단위: 조원)

| 역대정부 | 연 도 | 총수입 (A) | 총지출 (B) | 통합재정수지 (C=A-B) | 지방채무 |
|---|---|---|---|---|---|
| 노무현 정부 (2003.2~2008.2) | 2003 | | | | 16.5 |
| | 2004 | | | | 16.9 |
| | 2005 | | | | 17.4 |
| | 2006 | | 115.4 | | 17.4 |
| | 2007 | | 128.0 | | 18.2 |
| 이명박 정부 (2008.3~2013.2) | 2008 | | | | 19.0 |
| | 2009 | | | | 25.5 |
| | 2010 | | 149.7 | | 28.9 |
| | 2011 | | 156.2 | | 28.1 |
| | 2012 | | 167.0 | | 27.1 |

| | 2013 | 145.4 | 154.4 | △9.0 | 28.5 |
|---|---|---|---|---|---|
| 박근혜 정부<br>(2013.2~2017.4) | 2014 | | | | 28.0 |
| | 2015 | | | | 27.9 |
| | 2016 | 182.2 | 206.8 | △21.8 | 26.4 |
| | 2017 | 175.8 | 190.1 | △14.3 | 25.2 |
| 문재인 정부<br>(2017.5~2022.2) | 2018 | 208.4 | 230.7 | △22.7 | 24.5 |
| | 2019 | 209.1 | 239.1 | △15.7 | 25.1 |
| | 2020 | 229.5 | 252.2 | △49.1 | 30.0 |
| | 2021 | 240.1 | 259.3 | △34.0 | 36.0 |

자료: 행정안전부(2022: 216; 2021: 204: 210; 2019: 202; 2018: 307; 2012: 283: 278; 2007: 193).
　　안전행정부(2014: 316: 320; 2013, 320: 326).

(a) 통합재정과 총지출규모: **정부재정 또는 정부예산의 총량규모는 수입(세입)과 지출(세출) 측면을 산정하는 국가재정 또는 국가예산의 크기라고 할 수 있다. 이러한 측면에서 거시적 재정(예산)의 출발은 통합재정과 총지출규모다.** 통합재정(unified finance) 또는 통합예산(unified budget)은 일반회계와 특별회계 및 기금을 포함하는 정부의 재정활동(예산활동)을 체계적으로 분류함으로써 재정(예산)이 국민경제에 미치는 효과를 체계적으로 파악하는 제도로서 우리나라는 IMF의 권고로 1979년에 도입하여 사용하고 있다.

그리고 **총지출규모**(total expenditure)는 예산과 기금의 총체적 지출규모예산(총계개념)를 말하기도 하지만, 예산과 기금의 예산총계에서 회계, 기금, 계정간 내부거래 및 보전지출을 제외하고 산출하는 지출규모(예산순계개념)를 의미하기도 한다. 통상 한국가의 재정규모 또는 예산규모라고 할 때에는 총지출(세출)측면을 말한다. 현재 중앙정부는 예산총계개념인 총지출을 주로 지표로 사용하지만, 지방정부는 예산총계와 예산순계를 지표로 사용하고 있다.

앞의 <표 1-10>에서 우리나라의 중앙정부의 **총예산규모**를 총지출규모 측면에서 보면, 해방 이후 2000년대 현재까지 지속적인 증가를 하여 왔다. 예컨대, 2000년대 초반의 노무현 정부시기인 2005년 총지출예산이 209조6천억원에서 이명박 정부시기인 2009년에 301조8천억원으로 증가를 하였고, 박근혜 정부시기인 2016년에 386조4천억원으로 증가를 하였다. 그리고 문재인 정부에 들어와서는 2017년에 400조5천억원에서 시작을 하여 2020년 512조3천억원, 그리고 2022년 607조7천억원으

〈표 1-12〉 역대정부별 총예산 증가폭 (단위: 조원)

| 역대정부 구분 | 총예산 증가액수 |
|---|---|
| 노무현 정부(2003 – 2008) | |
| 이명박 정부(2008 – 2013) | 86.2 |
| 박근혜 정부(2013 – 2017) | 51.5 |
| 문재인 정부(2017 – 2022) | 207.2 |

로 대폭적인 증가를 하고 있다. 위 <표 1-12>에서 총예산 증가규모를 보면, 이명박 정부에서 86조2천억원, 박근혜 정부에서 51조5천억원이었으나, 문재인 정부에서 들어와서는 207조2천억원으로 앞의 두 정부를 합한 액수보다 증가규모가 크다. 이는 문재인 정부가 확장예산을 편성하고 있음을 암시한다.

또한, 앞의 <표 1-11>에서 우리나라 지방정부의 총지출규모를 보면, 노무현 정부시기인 2006년 115조4천억원에서 이명박 정부시기인 2010년 149조7천억원으로 증가를 하였고, 박근혜 정부시기인 2016년 206조8천억원으로, 그리고 문재인 정부시기엔 2020년 252조2천억원으로 증가를 하였다.

이러한 한국가의 **재정규모**는 정부의 크기와 기능을 파악하는 지표로서 수입 측면(총수입, 조세부담과 국민부담)과 지출 측면(총세출)에서 파악할 수 있다. 재정규모가 크다는 것은 정부가 국민과 기업의 복지와 성장을 위하여 많은 일(정책)을 할 수 있다는 것을 말하고, 재정규모가 작다는 것은 정부가 상대적으로 일(정책)을 덜하고 민간부문(시장)이 스스로 일을 하고 있음을 의미한다. 그렇다면 한국은 재정 측면에서 큰정부인가 아니면 작은정부인가? 이에 대한 분석은 다양하게 이루어질 수 있지만, 여기서는 OECD국가와의 비교를 통하여 한국의 위치를 진단하여 본다(표 1-13).

먼저, 재정규모를 지출 측면(총세출-일반정부 재정지출)을 기준으로 한국은 외국과 비교하였을 때 어떤 수준인가? 스칸디나비아국가들인 스웨덴과 핀란드 등과 서유럽의 프랑스 등은 일반정부의 총지출규모가 GDP 대비 50% 수준이고, 서유럽이나 남유럽의 국가들은 40%에서 49% 사이에 위치한다. 이들 국가들을 포함하는 OECD국가의 평균은 40% 수준이고, 한국은 매년 점증을 하여 36% 수준에 근접하고 있다. 여기서 발견되는 특징은 그동안 사회복지국가를 추진하여 온 유럽국가들은 총지출수준을 확대하기 보다는 축소하는 경향이 나타나고 있는데 비하여 우리나라는 총지출수준을 확대하는 방향으로 나타나고 있다. 이러한 경향은 보수정권인 이명박 정부

〈표 1-13〉 한국과 OECD국가의 일반정부 재정지출(총지출)규모 비교

(단위: GDP 대비 %)

| 국가범주 | | 2018 | 2019 | 2020 | 2021 |
|---|---|---|---|---|---|
| 스칸디나비아 | 스웨덴 | 49.8 | 49.8 | 49.8 | 49.7 |
| | 덴마크 | 50.2 | 50.2 | 50.8 | 50.9 |
| | 핀란드 | 53.1 | 52.6 | 53.1 | 52.9 |
| 서유럽 | 영국 | 40.9 | 41.3 | 41.8 | 42.1 |
| | 프랑스 | 56.0 | 55.6 | 54.5 | 53.9 |
| | 독일 | 44.5 | 45.1 | 45.6 | 45.8 |
| | 오스트리아 | 48.0 | 48.2 | 48.0 | 47.9 |
| 남유럽 | 이탈리아 | 48.4 | 48.8 | 49.2 | 49.3 |
| | 스페인 | 41.7 | 41.5 | 41.5 | 41.4 |
| | 그리스 | 47.1 | 47.0 | 46.9 | 46.5 |
| 미주 | 미국 | 37.9 | 38.3 | 38.4 | 38.5 |
| 아시아 | 일본 | 37.9 | 38.0 | 38.3 | 37.8 |
| | 한국 | 31.5 | 33.8 | 35.5 | 35.8 |
| OECD국가 평균 | | 40.2 | 40.5 | 40.6 | 40.6 |

자료: OECD(2019, 11), 윤영진(2021: 70).

나 박근혜 정부보다는 진보정권인 문재인 정부에서 두드러지게 발견되고 있다.

다음으로, 재정규모를 지출 측면(재정지출)과 수입 측면(국민부담)을 결합하여 살펴보면, 보통 재정지출규모와 국민부담 간에는 비례적 관계가 존재한다(그림 1-2). 재정지출규모가 증가하면 조세부담률뿐 아니라 국민부담률도 증가를 하게 된다. 이러한 현상은 한국에서도 발견되고 있다. 매우 큰 정부-초고부담의 국가군에는 덴마크, 스웨덴, 핀란드 등의 스칸디나비아국가들과 프랑스나 이탈리아 등이 있다. 비교적 큰 정부-고부담의 국가군에는 네덜란드, 독일, 영국 등이 있다. 그리고 비교적 작은 정부-중부담의 국가군에는 뉴질랜드나 캐나다가 있고, 작은 정부-저부담의 국가군에는 스위스, 호주, 한국 등이 포함된다. 한편, 비례관계를 보여주는 국가군의 오른편에 있는 국가들은 상대적으로 국민부담에 비해 재정지출규모가 큰 국가들이다. 예컨대, 재정적자로 골치를 썩고 있는 일본이나 미국뿐 아니라 재정위기를 경험한 아일랜드, 그리스, 스페인, 포르투갈 등이 여기에 포함된다. 이러한 현상이 암시하는 바는 국가가 국민부담에 비하여 지나치게 총지출을 증가시키는 포퓰리즘

| | | | |
|---|---|---|---|
| 〈국민부담〉<br>초고부담<br>(40%내) | | | 노르웨이 | 덴마크, 스웨덴<br>핀란드, 오스트리아<br>벨기에, 이탈리아 |
| 고부담<br>(평균이상<br>30%대) | | 룩셈부르크 | 헝가리, 네덜란드,<br>슬로베니아,<br>독일, 체코, 영국 | 아이슬란드 |
| OECD평균<br>(34.2%)<br>중부담<br>(평균이하<br>30%대) | | 에스토니아<br>뉴질랜드<br>캐나다 | 폴란드<br>이스라엘<br>스페인<br>포르투갈 | 그리스 |
| 저부담<br>(20%대) | 스위스, 슬로바키아<br>호주, 한국, 터키,<br>칠레, 멕시코 | 일본<br>미국 | | 아일랜드 |
| | 작은 정부<br>(30%대) | 비교적      OECD<br>작은 정부 평균<br>(평균이하 (43.6%)<br>40%대) | 비교적<br>큰 정부<br>(평균이상<br>40%대) | 큰정부<br>(50%대)<br><br>〈재정지출〉 |

**그림 1-2**  한국과 OECD국가의 재정지출규모와 국민부담 간의 관계

자료: 윤영진(2012). 배득종·유승원(2014).

(populism)정책은 재정위험을 가져와 나라의 위기를 초래할 수 있음을 경고하는 것이다.

(b) 재정수지와 국가채무 그리고 조세부담률과 국민부담률: **정부재정의 건전성과 지속가능성을 판단해주는 지표로서 재정수지와 국가채무가 있다.** 재정수지(finance revenue and expenditure)는 해당연도의 재정지출에서 재정수입을 차감한 금액으로서 재정흑자와 재정적자 상태를 보여준다. 재정수입이 재정지출보다 커서 0을 초과하면 재정수지가 흑자가 되고, 그 반대의 경우에는 재정수지가 적자가 된다.

중앙정부는 2002년부터 두 가지 방식으로 재정수지를 산정하고 있다. 첫째, 통합재정수지는 일반회계와 특별회계 및 기금을 포괄하는 총수입과 총지출을 사용한 재정수지로서 총수입에서 총지출을 차감한 것이다. 둘째, 관리재정수지는 통합재정수지에서 사회보장성기금을 제외한 수지로서, 여기서 사회보장성기금은 국민연금기금, 사학연금기금, 산업재해보상보험 및 예방기금, 고용보험기금 등을 포함하지만,

단 공무원연금과 군인연금은 제외한 것이다. 사회보장성기금은 장래의 지출을 위해 현재 대비하는 기금의 성격으로서, 정부의 다른 일반적인 재정지출과 상이한 측면이 있어 재정수지 산출 시 이를 조정해 주기 위해 정부가 관리재정수지를 별도로 산정하고 있다. 보통 통합재정수지는 흑자를 보이지만 사회보장성기금을 제외한 관리재정수지는 매년 적자를 보이고 있다.

통합재정수지 = 총수입 - 총지출
관리재정수지 = 통합재정수지 - 사회보장성기금

이러한 재정수지가 정부운영에 주는 함의를 보면, 통합재정수지는 재정의 경기대응 측면에서 중요한 지표이다. 흑자재정의 경우 수요진작 측면에서 부정적 효과가 있으며 경기불황에 대응하기 위해서는 적자재정을 편성하기도 한다. 그리고 재정위험관리 측면에서는 관리재정수지가 유용한 지표이다. 이것은 국채발행이나 국가채무증가 등에 직접적인 영향을 미치기 때문에 재정위험도나 지속가능성의 판단과 관리에 중요한 정보를 재공한다(윤영진, 2021: 79).

한편, 재정수지가 적자로 나타나면 국가는 채무를 가지게 된다. 국가채무는 재정적자(부의 재정수지)의 누적금액이다. 국가의 재정수입이 충분하면 채무를 질 일이 없겠지만 재정수입은 한정되어 있는 상태에서 경제성장이나 국민복지를 위해 많은 돈을 지출하기 때문이다. 재정적자가 크게 발생하는 나라는 자동으로 국가채무도 커지게 마련이다. 가계가 은행으로부터 대출을 받듯이, 국가도 국내외의 은행이나 다른 나라로부터 돈을 빌리게 된다(배득종·유승원, 2014: 34).

따라서 **국가채무(state debt)**는 국가재정법 제91조에 의하면 국가의 회계나 기금이 부담하는 금전채무를 말한다. 이것은 국가가 민간부문이나 해외로부터 빌린 돈으로서 그 유형으로는 국가의 회계 또는 기금이 발행한 채권(국채), 차입금, 국고채무부담행위, 그리고 국가가 보증한 채무 중 대지급이행이 확정된 채무를 말한다. 단, 지방채무는 국가채무의 범위에서 제외된다. 이러한 국가채무는 미래세대에게 그 부담을 넘기는 금액이다. 국가채무를 미래세대가 부담한다는 것은 세금이 증가할 수 있음을 암시한다. 국가채무와 조세부담률(국민부담률)은 보통의 경우 정(+)의 상관관계를 보이는 경우가 많다.

이처럼, 재정지출이 증가하면 국가채무와 조세부담도 늘어나게 된다. 여기서 국민이 정부재정에 부담하는 지표로는 조세부담률과 국민부담률이 있다. **조세부담률 (tax burden rate)**은 국민이 정부(중앙정부, 지방정부)에 납부하는 세금이 국내총생산 (GDP)에서 차지하는 비중, 즉 국민의 소득에서 세금이 차지하는 정도를 나타내는 지표를 말하고, **국민부담률(national burden rate)**은 국민의 조세부담에 사회보장관 련부담을 합한 액수가 GDP에서 차지하는 비중으로 총조세부담률이라고도 한다.

국가채무 = 재정적자(부의 재정수지)의 누적금액
조세부담률(%) = 국세 + 지방세/국내총생산
국민부담율(총조세부담률)(%) = 국세 + 지방세 + 사회보장성기금/국내총생산

따라서 국가채무를 관리하기 위해서는 기존의 국가채무를 상환하여 국가채무규 모를 축소하거나 긴축재정을 통해 재정수지를 균형 또는 흑자로 전환하면서 점진적 으로 축소해야 한다.

**앞의 <표 1-10>에서 중앙정부의 재정수지와 국가채무 및 조세부담률과 국민 부담률 현황을 살펴보면 다음과 같다.** 우선, **재정수지**의 경우를 보면 통합재정수지 는 2019년까지 흑자를 보이다가 2020년 이후 적자를 보이고 있고, 관리재정수지도 사회보장기금이 증가함에 따라 점점 더 적자폭이 증가를 하고 있는데 GNP 대비 2~3% 수준이다. 단, 관리재정수지를 산정할 때 사회보장성기금 중에서 공무원연금 과 군인연금을 제외하므로 이를 첨가한다면 관리재정수지의 적자폭은 대폭 상승할 것이다.

다음으로, **국가채무**가 GDP에서 차지하는 비중은 노무현 정부 때 2003년 165조8 천억원(20.7%)에서 2007년 298조9천억원(30.7%)으로 점증하였고, 이명박 정부 시기 에 2008년 309조1천억원으로, 박근혜 정부 시기에는 2013년 480조5천억원으로 증 가하여 왔고, 그리고 문재인 정부에 와서 2017년 660조2천억원(38.2%), 2018년 708 조2천억원(39.5%), 2020년에 805조3천억원(39.8%)으로 40%에 근접하고, 2021년에 956조원(47.3%)으로, 2022년에는 1,064조4천억원(50.0%)으로 50%에 진입하고 있다. 이러한 추세치를 정리하면, 문재인 정부가 5년간 낸 국가채무는 이전 정부인 이명박 정부와 박근혜 정부의 국가채무를 합한 액수보다 크게 나타나서 국가채무금액은 매 우 가파른 상승을 하고 있는 것을 발견할 수 있다. 이처럼, 정부의 채무가 급격하게 증가함에 따라 1인당 국가채무도 대폭 증가하고 있다. 1인당 나라빚은 박근혜 정부

〈표 1-14〉  1인당 국가채무 현황                                          (단위: 만원)

| 연 도 | 1인당 국가채무 |
|:---:|:---:|
| 2017 | 1,275 |
| 2018 | 1,313 |
| 2019 | 1,395 |
| 2020 | 1,633 |
| 2021 | 1,869 |
| 2022 | 2,081 |

시기인 2017년에 1,275만원이었으나, 문재인 정부 시기인 2021년에 1,869만원으로 껑충 뛰었고 2022년에는 2,081만원에 도달할 것으로 예측되고 있다(표 1-14).

　마지막으로, 우리나라는 1970년대 산업화의 진전으로 국민소득이 증가를 하여 조세부담능력이 확대되고, 국가채무가 증가함에 따라 **조세부담률**이 점증하여 2019년 GDP 대비 20% 정도에 도달하였다. 예컨대, 앞의 <표 1-10>에서 보는 바와 같이, 조세부담률은 진보정권인 노무현 정부가 시작되던 2003년에 20.1%에서 2007년 21%로 증가하였다가, 보수정권인 이명박 정부와 박근혜 정부에서 20% 이하인 17%에서 19% 사이에 있다가 다시 진보정권인 문재인 정부에 들어와 20% 이상으로 증가하는 추세를 보이고 있다.

　또한, 1970년대와 1980년대의 산업화로 인하여 증가하는 사회적 욕구를 반영한 사회보장제도의 도입과 확대에 따른 사회보장기금의 증가가 있게 되어 **국민부담률**은 조세부담률보다 빠르게 증가를 하여 왔는데, 노무현 정부시기인 2007년 26.5%에서 이명박 정부와 박근혜 정부에서 23%~25% 사이를 유지하다가 문재인 정부에 들어와서 2019년에 27.3%(그리고 2022년에 31.1%)가 되었다. 이처럼, 국민부담률도 보수정권보다는 진보정권에서 증가하고 있음을 관찰할 수 있다.

　또한, 앞의 **<표 1-11>에서 지방정부의 재정수지와 지방채무 현황을 살펴보면 다음과 같다.** 첫째, 통합재정수지는 박근혜 정부 시기인 2013년 9%의 적자를 보이다가 문재인 정부가 들어선 2017년에 14.3%의 적자로, 그리고 2021년에 34.0%의 적자를 보이고 있어 재정수지적자폭이 증가함을 알 수가 있다.

　둘째, 지방채무는 노무현 정부 시기인 2003년 16조5천억원에서 이명박 정부 시기인 2009년 25조5천억원으로, 그리고 박근혜 정부 시기인 2014년에는 28조원으로 서서히 증가를 하고 있다. 그리고 문재인 정부 시기인 2019년에는 25조1천억원을 채무를 가지고 있다. 이처럼, 역대지방정부에서 지방채무가 증가를 하지 않는 것은 지방정부의 재정자립도에 따라 중앙정부가 지방교부세로 보전을 하여 주기 때문이다.

**(iv) 미시적 재정(예산)**

지금까지 거시적 관점에서 총체적 측면의 재정구조와 규모를 살펴보았는데, 여기서는 거시적인 총계재정(예산)을 분해하여 예산의 세부내용을 살펴본다. 원칙적으로 정부예산은 그 전체를 용이하게 파악하기 위하여 모든 정책을 위하여 필요한 세입과 세출을 하나로 통일하여 계상하는 예산단일주의가 적용된다. 따라서 정부의 본예산은 원칙적으로 일반회계에서 계리되어야 하고 이를 보완해주는 것으로 추가경정예산과 특별회계 및 기금이 운용된다. 그리고 정부는 일반회계예산과 특별회계예산 및 기금의 세출예산을 편성할 때에는 프로그램예산을 사용하고 있다. 따라서 **미시적 측면에서 정부재정(정부예산)은 본예산과 추가경정예산, 일반회계예산과 특별회계예산 및 기금, 세입예산과 세출예산, 및 프로그램예산으로 편성된다.**

(a) 본예산과 추가경정예산: 본예산(main budget)은 행정부가 다음 회계연도에서 사용할 예산안(정책안)을 국회에 제출하고 이를 심의 의결하여 확정한 예산(정책)을 말하는 것으로, 최초에 성립한 예산이라고 하여 당초예산이라고도 한다. 예산단일성의 원칙에 의하면, 예산은 본예산에 의해서만 집행되어야 하지만, 불가피한 사유로 예산을 수정 또는 변경할 필요가 있는데 이를 위한 예산이 추가경정예산이다.

추가경정예산(supplementary budget)은 예산이 성립한 후에 발생한 사유로 인하여 변경을 가할 필요가 있을 때 행정부가 편성하여 국회의 의결을 받은 예산이다. 국가재정법 제89조는 추가경정예산이 가능한 사유를 세 가지로 한정하고 있다. ① 전쟁이나 재해(자연재난과 사회재난으로 인한 피해)가 발생한 경우, ② 경기침체, 대량실업, 남북관계변화, 경제협력과 같은 대내외 경제여건에 중대한 변화가 발생하였거나 발생할 우려가 있는 경우, ③ 법령에 따라 국가가 지급해야 할 지출이 발생하거나 증가하는 경우가 그 그것이다.

이러한 추가경정예산을 편성하기 위한 재원은 전년도 세제잉여금, 당해년도 세수증가분, 공기업주식매각수입, 한국은행잉여금, 국채발행으로 조달한다. 추가경정예산은 본예산과 별개로 성립하지만, 일단 성립하면 본예산과 추경예산은 하나로 통합하여 운영된다. 따라서 특정회계연도의 예산총액을 파악하려면 본예산과 추가경정예산의 액수를 합산해야 한다.

**우리나라 역대정부의 본예산 현황은 앞에서 살펴본 총지출규모를 통하여 파악할**

**수 있다.** 이러한 본예산에 변경을 가할 필요가 있을 때 편성하는 추가경정예산은 집권기간이 길었던 이승만 정부의 총 30회에서 출발하여 박정희 정부 32회에서, 대통령임기가 5년이 된 이후에 노무현 정부 5회, 이명박 정부 2회, 박근혜 정부 3회로 감소하다가 문재인 정부에 들어와서 10회로 크게 증가를 하였다(표 1-15). 예컨대, 노무현 정부는 총5회에 걸쳐 태풍 매미와 에위니아 재해대책 지원 및 서민과 중산층

〈표 1-15〉 역대정부의 추가경정예산 현황

| 역대정부 | 연도 | 횟수 | 총횟수 | 액수<br>(원) | 총액수<br>(원) |
|---|---|---|---|---|---|
| 이승만 정부(1948.9-1960.1) | | | 30 | | |
| 장면 정부(1960.8-1964.4) | | | 4 | | |
| 박정희 정부(1961.5-1979.10) | | | 32 | | |
| 전두환 정부(1980.8-1988.2) | | | 6 | | |
| 노태우 정부(1988.2-1993.2) | | | 7 | | |
| 김영삼 정부(1993.2-1998.2) | | | 4 | | |
| 김대중 정부(1998.2-2003.2) | | | 8 | | |
| 노무현 정부(2003.2-2008.2) | | | 5 | | 17조1천억 |
| 이명박 정부(2008.2-2012.2) | 2008 | 1 | 2 | | 28조3천억 |
| | 2009 | 1 | | | |
| | 2010 | 0 | | | |
| | 2011 | 0 | | | |
| | 2012 | 0 | | | |
| 박근혜 정부(2013.2-2017.4) | 2013 | 1 | 3 | | 39조4천억 |
| | 2014 | 0 | | | |
| | 2015 | 1 | | | |
| | 2016 | 1 | | | |
| 문재인 정부(2017.5-2022.2) | 2017 | 1 | 10 | 11조 | 151조3천억 |
| | 2018 | 1 | | 3조 9천억 | |
| | 2019 | 1 | | 5조 8천억 | |
| | 2020 | 4 | | 66조 8천억 | |
| | 2021 | 2 | | 49조 8천억 | |
| | 2022 | 1 | | 14조 | |

자료: 윤영진(2021: 113), 한국경제(2021.1.17.) 혼합.

지원을 위해 17조1천억원을 편성하였고, 이명박 정부는 글로벌 금융위기 대응과정에서 총 2회에 28조4천억원을 추경을 편성하였고, 박근혜 정부는 메르스추경을 포함해서 총 3회에 34조4천억원을 추경으로 편성하였으나, 문재인 정부는 총 10회에 151조3천억원의 추경을 편성하여 지출하였다. 추경편성내용을 보면, 취임 첫해인 2017년에는 일자리 창출과 평창올림픽 개최 지원 등을 위해 11조원을, 2018년에는 청년일자리 지원을 강화하는 내용으로 3조9천억원을, 2019년에는 미세먼지대책 등에 5조8천억원을 편성했다. 코로나19 이후엔 여섯 차례 추경이 있었는데, 2020년에는 4월 전 국민재난지원금을 위한 12조2천억원의 2차 추경을 포함해 네 차례 추경을 통해 66조8천억원을 사용하였다. 2021년엔 3월과 7월 소상공인 지원과 1인당 25만원의 국민 88% 재난지원금을 위해 각각 14조9천억원과 34조9천억원을 편성하였다. 문재인 정부가 편성한 추경액수는 노무현 정부부터 이명박 정부와 박근혜 정부까지 3개 정부가 약 15년에 걸쳐 편성한 추경액수보다도 규모가 컸다. 이러한 문재인 정부의 확장재정은 미래세대에 큰 부담을 던진 것이란 게 전문가들의 지적이다.

(b) 일반회계예산과 특별회계예산 및 기금: 일반회계예산(general account budget)은 국가의 모든 기능과 활동을 위하여 사용할 수 있는 세입예산과 세출예산을 말하고, 세입은 국세나 지방세 등의 조세수입이 대부분을 차지하고 세출은 정부의 기능을 수행하는 정책(사업)에 배분된다.

이런 일반회계예산의 예외로는 특별회계예산과 기금이 있다. 특별회계예산(specific account budget)은 말 그대로 국가재정법 제4조에서 규정하는 특별한 사유로 설치하는 예산으로서 특정한 목적을 위하여 특정한 세입으로 제출하는 예산이다. 특별회계의 설치요건으로는 국가에서 특정한 사업을 운영하거나, 특정한 자금을 보유하여 운영하거나, 특정한 세입으로 특정한 세출에 충당함으로써 일반회계와 분리하여 경리할 필요가 있을 것 등 세 가지이다. 세입의 원천은 주로 자체수입이나 일반회계나 특별회계로부터 전입금 등이고 세출은 특정한 목적을 위한 사업이다.

그리고 기금(fund)은 정부가 세입과 세출 이외로 특정한 목적을 위하여 특정한 자금을 운영할 필요가 있을 때 편성하는 돈이다. 국가재정법 제5조 1항에 의하면, 기금은 국가가 특정한 목적을 위해 특정한 자금을 신축적으로 운영할 필요가 있을 때 법률로서 설치한다고 하고, 동법 제5조 2항은 기금은 세입세출예산에 의하지 아니하고 운용할 수 있다고 규정하고 있다. 이러한 규정에 의하면, 기금은 예산외(off budget)의 자금이다. 기금을 예산외로 운용하는 이유는 특정분야의 사업에 지속적이고 안정적인 자금지원이 필요하거나 사업추진에 탄력적인 집행이 필요한 경우에 제약이 많은 예산보다 기금 설치 운용이 보다 자율적이고 신축적이기 때문이다. 예컨대, 각종 연금사업의 경우 지출수요의 변화를 정확하게 예측하기가 어렵기 때문에 수립된 기금운용계획의 집행 도중에 수시로 수정할 필요성이 제기된다. 이를 예산으로 운용한다면 예산이 갖는 제약으로 사업목적을 효과적으로 달성하기 어렵다(윤영진, 2021: 56). 이러한 기금은 회계연도 내에 세입을 모두 지출하는 것을 원칙으로 하는 예산과 달리, 회계연도 내에 운용하다 남은 기금은 계속 적립할 수 있고, 당해년도의 수입(성질별로 구분)과 지출(성질별 또는 사업별로 주요예산항목으로 구분)로 구성되는 기금운영계획에 따라 운영한다.

우리나라 역대정부에서 추진된 일반회계예산 현황은 다음의 <표 1-22>, <표 1-23>, <표 1-25>, <표 1-26>의 세입예산과 세출예산에서 살펴보고, 여기서는 일반회계예산을 보완해주는 특별회계예산과 기금의 변화를 살펴본다.

우선, 특별회계는 1948년 2개에서 출발하여 1962년에 17개(0.08조원)로, 1970년에는 29개(0.5조원)로 증가를 하였다. 그 이후에는 감소하기 시작하여 1980년에서 1990년까지 18개를 유지하였으나 예산액수는 증가를 하였다(1980: 4.2조원, 1990: 11.0조원). 그러나 1990년대에 다시 증가추세를 보여 2000년에 23개(64.8조원)가 되었다가 2010년부터 2015년까지 18개(2010년: 52.3조원, 2015년: 61.5조원), 2020년 20개(68.6조원), 그리고 2022년에 20개(78.2조원)에 머물고 있다. 단, 특별회계의 수는 감소하였지만 예산액수는 점증적으로 증가하고 있는 것을 관찰할 수 있다(표 1-16, 표 1-17).

〈표 1-16〉 특별회계수의 변화 (단위: 수, 조원)

| 연도 | 1948 | 1950 | 1955 | 1962 | 1970 | 1980 |
|---|---|---|---|---|---|---|
| 개수<br>(액수: 조원) | 2 | 11 | 17 | 13<br>(0.08) | 29<br>(0.5) | 18<br>(4.2) |
| 연도 | 1990 | 2000 | 2010 | 2015 | 2020 | 2022 |
| 개수<br>(액수: 조원) | 18<br>(11.0)) | 23<br>(64.8) | 18<br>(52.3) | 18<br>(61.5) | 20<br>(68.6) | 20<br>(78.2) |

자료: 국가예산정책(2022: 10).

〈표 1-17〉  특별회계의 현황예시(2022년, 총20개)

| 특별회계사업 | 소관부처 | 근거법률 | 세출예산 (단위: 억원) |
|---|---|---|---|
| 양곡관리 | 농림축산식품부 | 정부기업예산법 | 22,428 |
| 우체국예금 | 과학기술정보통신부 | 정부기업예산법 | 34,081 |
| 우편사업 | 과학기술정보통신부 | 정부기업예산법 | 46,448 |
| 조달 | 조달청 | 정부기업예산법 | 4,930 |
| 책임운영기관 | 기획재정부, 각소관부처 | 책임운영기관의 설치운영에 관한법률 | 12,259 |
| 교도작업 | 법무부 | 교도작업의 운영 및 특별회계에 관한 법률 | 1,216 |
| 국가균형발전 | 기획재정부, 각소관부처 | 국가균형발전특별법 | 114,087 |
| 농어촌구조개선 | 농림축산식품부 | 농어촌구조개선특별회계법 | 152,503 |
| 등기 | 대법원 | 등기특별회계법 | 3,054 |
| 행정중심복합도시건설 | 행정중심복합도시건설청 | 행정중심복합도시건설특별법 | 4,054 |
| 아시아문화중심도시조성 | 문화체육관광부 | 아시아문화중심도서조성에 관한 특별법 | 1,429 |
| 에너지 및 자원사업 | 산업통상자원부 | 에너지및자원사업특별설치법 | 53,300 |
| 우체국보험 | 과학기술정보통신부 | 우체국보험특별회계법 | 10,284 |
| 주한미군기지이전 | 국방부 | 주한미군기지이전에 따른 평택시 등의 지원에 관한 특별법 | 7,716 |
| 환경개선 | 환경부 | 환경정책기본법 | 69,002 |
| 국방군사시설이전 | 국방부 | 국방군사시설이전특별회계법 | 7,665 |
| 혁신도시건설 | 국토교통부 | 혁신시도조성 및 발전에 관한특별법 | 437 |
| 교통시설 | 국토교통부 | 교통도시특별회계법 | 173,458 |
| 유아교육지원 | 교육부 | 유아교육지원특별회계법 | 36,290 |
| 소재부품정비경쟁력강화 | 산업통상자원부 | 소재부품정비경쟁력강화를 위한 특별조치법 | 24,830 |
| 총계: 20개 | | | 781,531 |

자료: 국회예산정책처(2022: 11).

　　다음으로, **정부기금**의 수는 1961년 3개가 설립된 이후 매년 증가를 하다가 1993년 114개를 기록한 후에 점차 감소하기 시작하여 2002년 58개로 되었다가 다시 2021년 67개로 증가를 하였다(표 1-18, 표 1-19).

〈표 1-18〉  정부기금수의 변화

| 연도 | 1961 | 1970 | 1980 | 1990 | 1993 | 1999 | 2002 | 2008 | 2014 | 2021 | 2022 |
|------|------|------|------|------|------|------|------|------|------|------|------|
| 개수 | 3 | 13 | 45 | 98 | 114 | 75 | 58 | 60 | 64 | 67 | 68 |

자료: 국회예산정책처(2022: 14).

〈표 1-19〉  정부기금의 현황예시(2022년, 총 68개)

| 소관부처 | 기금 명칭 |
|----------|-----------|
| 국가보훈처(2개) | 보훈기금, 순국선열애국지사사업기금 |
| 금융위원회(6개) | 공적자금상환기금, 농림수산업자산신용보증기금, 농어가목돈마련저축장려기금, 신용보증기금, 예금보험기금채권상환기금, 주택금융신용보증기금 |
| 기획재정부(7개) | 공적자금관리기금, 대외경제협력기금, 복권기금, 산업기반신용보증기금, 외국환평형기금, 국유재산관리기금, 기후대응기금 |
| 외교부(2개) | 국제교류기금, 국제질병퇴치기금 |
| 통일부(1개) | 남북협력기금 |
| 국방부(2개) | **군인연금기금**, 군인복지기금 |
| 행정안전부(1개) | **공무원연금기금** |
| 교육부(2개) | **사립학교직원연금기금**, 사학진흥기금 |
| 과학기술정보통신부(4개) | 과학기술진흥기금, 정보통신진흥기금, 방송통신발전기금, 원자력연기금 |
| 문화체육관광부(7개) | 관광진흥개발기금, 국민체육진흥기금, 문화예술진흥기금, 언론진흥기금, 영화발전기금, 지역신문발전기금, 문화재보호기금 |
| 법무부(1개) | 범죄피해자보호기금 |
| 대법원(1개) | 사업서비스진흥기금 |
| 농림수산식품부(7개) | 농산물가격안전기금, 농어업재해재보험기금, 농지관리기금, 농업농촌공익기능증진직접지불기금, 양곡증권관리기금, 자유무역협정이행지원기금, 축산발전기금 |
| 산업통상자원부(4개) | 방사성폐기물관리기금, 무역보험기금, 전력산업기반기금, 산업기술진흥 및 사업화촉진기금 |
| 중소벤처기업부(3개) | 중소벤처기업창업및진흥기금, 소상공인시장진흥기금, 기술보증기금 |
| 보건복지부(3개) | 국민건강증진기금, **국민연금기금**, 응급의료기금 |
| 환경부(5개) | 금강, 낙동강, 영산강, 한강 수계관리기금, 석면피해구제기금 |
| 고용노동부(5개) | **고용보험기금**, 근로복지진흥기금, **산업재해보상보험 및 예방기금**, 임금채권보장기금, 장애인고용촉진 및 직업재활기금 |

| 국토교통부(2개) | 주택도시기금, 자동차사고피해지원금 |
|---|---|
| 해양수산부(1개) | 수산발전기금 |
| 여성가족부(2개) | 양성평등기금, 청소년육성기금 |

자료: 국회예산정책처(2022: 147).

(c) 세입예산과 세출예산: 본예산의 세부구성요소인 일반회계예산과 특별회계예산은 세입예산과 세출예산으로 구성된다. 여기서 세입예산(revenue budget)은 정부의 재원동원(수입)을 말하는 것으로서 그 원천은 조세수입(국민에게 강제로 부과 징수하는 세금), 세외수입(조세 이외의 모든 수입), 사회보장기여금(사회보장 차원에서 특정 목적으로 사용하기 위해 대상자들에게 부과하는 금액)으로 연금기여금(예컨대, 국민연금, 사학연금, 공무원연금, 군인연금 등)과 보험료(예컨대, 고용보험과 산업재해보상보험 및 예방기금), 그리고 보전재원(재정수지차를 보전해주는 국채발행이나 차입금)이 있다.

또한, 세출예산(expenditure budget)은 정부의 기능을 수행하는데 필요한 재원배분(지출)을 말하는 것으로서 그 지출원천은 정책이나 사업 및 공공서비스에 사용한

〈표 1-20〉 한국의 조세체계

| 과세주체 | 대분류 | 중분류 | 세분류 |
|---|---|---|---|
| 중앙정부 | 국세 | 내국세 | ● 직접세<br>　- 소득세, 법인세, 상속세, 증여세, 종합부동산세 |
| | | | ● 간접세<br>　- 부가가치세, 개별소비세, 주세 |
| | | | ● 유통세<br>　- 인지세, 증권거래세 |
| | | | ● 목적세<br>　- 교통에너지환경세(2022년부터 개별소비세 통합),<br>　　교육세, 농어촌특별세 |
| | 관세 | | ● 관세 |
| 지방정부 | 지방세 | 도세 | ● 보통세<br>　- 취득세, 등록면허세, 레저세, 지방소비세 |
| | | | ● 목적세<br>　- 지역자원시설세, 지방교육세 |
| | | 시군세 | ● 보통세<br>　- 주민세, 재산세, 자동차세, 담배소비세, 지방소득세 |

자료: 배득종·유승원(2014: 31).

다. 이러한 세입예산과 세출예산의 총규모는 동일한 수치로 표시된다. 세입예산의
수치는 경제적 재정적 여건을 고려한 수입의 추정치로서 임의적 성격을 갖는다. 반
면에, 세출예산의 수치는 의회의 심의를 거쳐 확정된 것으로서 강제적 성격, 즉 구속
력을 갖는다.

  **우리나라의 일반회계예산은 세입예산과 세출예산으로 구성되는데, 세입예산의
추이는 주로 조세수입을 통하여 살펴볼 수 있다.** 정부의 재정수입의 핵심원천은 조
세 또는 세금(tax)이다. 조세는 과세주체에 따라 국세와 지방세로 구분된다(표 1-20).
국세는 일반세법에 근거하여 중앙정부가 부과 징수하는 세금으로서 14개의 세목이
있는데, 단, 2022년부터 교통에너지환경세가 개발소비세에 통합되어 13개 세목이 된
다. 지방세는 지방세법에 따라 지방정부가 부과 징수하는 세금으로서 11개의 세목이
있다.

〈표 1-21〉  정부세입규모: 국가재정과 지방재정의 비교          (단위: 조원, %)

| 연도 | 일반회계 | | | | 재정비율 | |
|---|---|---|---|---|---|---|
| | 국가재정(A) | 국세(C) | 지방재정(B) | 지방세(D) | 국가재정비율<br>(A/A+B) | 지방재정비율<br>(B/A+B) |
| 1990 | 27.4 | 26.8 | 15.4 | 6.3 | 64 | 36 |
| 1995 | 51.4 | 56.7 | 36.6 | 15.3 | 58 | 42 |
| 2000 | 92.6 | 92.9 | 57.6 | 20.6 | 62 | 38 |
| 2005 | 136.4 | 127.4 | 99.7 | 35.9 | 58 | 42 |
| 2006 | 147.6 | 138.0 | 109.9 | 41.2 | 58 | 42 |
| 2010 | 204.9 | 177.7 | 135.0 | 49.1 | 60 | 40 |
| 2011 | 214.8 | 192.3 | 140.7 | 52.3 | 60 | 40 |
| 2015 | 261.9 | 217.8 | 186.0 | 70.9 | 58 | 42 |
| 2016 | 281.6 | 242.5 | 203.0 | 75.5 | 58 | 42 |
| 2017 | 292.9 | 265.3 | 221.4 | 80.4 | 57 | 43 |
| 2018 | 316.2 | 260.8 | 236.7 | 84.3 | 57 | 43 |
| 2019 | 332.2 | 293.4 | 265.7 | 90.4 | 56 | 43 |
| 2020 | 389.1 | 279.7 | 264.2 | 92.1 | 60 | 40 |
| 2021 | 380.8 | 282.7 | 226.9 | 92.6 | 63 | 37 |

주: 2019년도까지는 결산액, 2020년도는 최종예산액, 2021년도는 당초예산액.
자료: 행정안전부(2021: 201-202).

　　이러한 조세체계를 기반으로 정부세입규모에서 국가재정과 지방재정을 비교하면, 국가재정이 지방재정에 비하여 비중이 크다(표 1 – 21). 이것은 중앙정부와 지방정부가 부과하는 조세원천의 차이에 기인한다고 볼 수 있다.

　　한편, 중앙재정과 지방재정의 중요한 수입원인 국세와 지방세의 수입전망치를 보면 다음과 같다. <표 1 – 22>를 보면, 총국세 중에서 소득세, 법인세, 부가가치세 등 3개의 세목이 전체 국세비중의 75% 정도를 차지하고 있고 종합부동산세의 비중이 증가하고 있다. 국세 중에서 12개 세목은 일반회계재원이지만, 4개 세목은 특별회계재원에 전입된다. 이를테면, 주세는 국가균형발전특별회계에, 농어촌특별세는 농어촌구조특별회계에 전입되고, 그리고 종합부동산세는 부동산교부세로 전액 지방재정에 교부되고, 교육세는 지방교육재정교부금으로 지방교육재정에 교부된다. 참고로 중앙정부가 지방정부에 지원하는 교부세 비중은 시간이 흐름에 따라 점증하여 왔다(표 1 – 23). 이것은 지방정부의 재정자립도가 약하여 지방재정이 열악함을 암시한다.

　　그리고 다음의 <표 1 – 24>에서 지방세의 비중을 보면, 도세 중에서 취득세와

**〈표 1-22〉** 세목별 국세수입 전망 (단위: 조원)

| 세목구분 | | 2019 | 2020 | 2021 |
|---|---|---|---|---|
| 총 계 | | 293.5 | 285.5 | 282.7 |
| 직접세 | 1. 소득세 | 83.6 | 93.1 | 84.8 |
| | 2. 법인세 | 72.2 | 55.5 | 53.3 |
| | 3. 상속증여세 | 8.3 | 10.4 | 9.1 |
| | 4. 종합부동산세 | 2.7 | 3.6 | 5.1 |
| 간접세 | 5. 부가가치세 | 70.8 | 64.9 | 66.7 |
| | 6. 개별소비세 | 9.7 | 9.2 | 10.1 |
| | 7. 주세 | 3.5 | 3.0 | 3.2 |
| | 8. 인지세 | 0.8 | 1.0 | 0.9 |
| | 9. 증권거래세 | 4.5 | 8.8 | 5.1 |
| 목적세 | 10. 교통·에너지·환경세 | 14.6 | 14.0 | 15.7 |
| | 11. 교육세 | 5.1 | 4.7 | 5.3 |
| | 12. 농어촌특별세 | 3.9 | 6.3 | 5.5 |
| 과년도 수입 | | 5.9 | 4.2 | 4.6 |

자료: 국회예산정책처(2021), 윤영진(2021: 109).

〈표 1-23〉 중앙정부의 지방정부에 대한 교부세 현황　　　　　(단위: 조원)

| 연 도 | 총 계 | 정률분 | | | 부동산교부세 | 소방안전교부세 |
|---|---|---|---|---|---|---|
| | | 보통교부세 | 특별교부세 | 분권교부세 | | |
| 2010 | 28.0 | 24.6 | 0.9 | 1.4 | 1.0 | - |
| 2011 | 30.8 | 27.2 | 1.1 | 1.6 | 1.0 | - |
| 2012 | 34.1 | 30.1 | 1.2 | 1.6 | 1.1 | - |
| 2013 | 35.7 | 31.5 | 1.3 | 1.6 | 1.1 | - |
| 2014 | 35.6 | 31.8 | 0.9 | - | 1.1 | - |
| 2015 | 34.8 | 31.1 | 0.9 | - | 1.4 | 0.3 |
| 2016 | 37.9 | 35.0 | 1.0 | - | 1.4 | 0.4 |
| 2017 | 44.3 | 41.0 | 1.2 | - | 1.5 | 0.5 |
| 2018 | 49.0 | 45.2 | 1.3 | - | 2.0 | 0.4 |
| 2019 | 57.7 | 52.6 | 1.6 | - | 2.9 | 0.5 |
| 2020 | 50.3 | 44.9 | 1.3 | - | 3.3 | 0.6 |

주1: 지방교부세 정률분은 내국세(목적세 및 담배개별소비세 45% 제외)의 19.24%에 전년도 정산분을 반영, 부동산교부세는 종합부동산세, 소방안전교부세는 담배개별소비세의 45%를 재원으로 함.
주2: 2015년부터 분권교부세가 폐지되고 소방안전교부세가 신설됨.
주3: 불교부단체: 시도(-서울, 경기), 시군(-성남, 화성). 이들 지방정부는 기준재정수입액이 기준재정수요액을 초과하는 단체임.
자료: 행정안전부(2021: 211).

〈표 1-24〉 세목별 지방세수입 전망　　　　　(단위: 조원)

| 세목구분 | | | 2014 | 2015 | 2016 | 2017 | 2019 | 2020 | 2021 |
|---|---|---|---|---|---|---|---|---|---|
| 총 계 | | | 61.7 | 70.9 | 75.5 | 80.4 | 84.3 | 90.4 | 102.0 |
| 도세 | 보통세 | 1. 취득세 | 16.3 | 20.8 | 21.7 | 23.4 | 23.8 | 23.9 | 29.5 |
| | | 2. 등록면허세 | 1.4 | 1.8 | 1.7 | 1.6 | 1.7 | 1.8 | 2.0 |
| | | 3. 레저세 | 1.0 | 1.0 | 1.0 | 1.0 | 1.0 | 0.9 | 0.1 |
| | | 4. 지방소비세 | 5.8 | 6.0 | 6.4 | 7.2 | 7.4 | 11.3 | 16.5 |
| | 목적세 | 5. 지역자원시설세 | 1.1 | 1.3 | 1.4 | 1.5 | 1.6 | 1.6 | 1.7 |
| | | 6. 지방교육세 | 5.4 | 5.8 | 6.2 | 6.4 | 6.5 | 6.6 | 7.1 |
| 시군세 | 보통세 | 7. 주민세 | 1.3 | 1.5 | 1.7 | 1.8 | 1.9 | 2.1 | 2.1 |
| | | 8. 재산세 | 8.7 | 9.7 | 9.9 | 10.6 | 11.5 | 12.6 | 13.7 |
| | | 9. 자동차세 | 6.9 | 7.0 | 7.5 | 7.7 | 7.8 | 7.7 | 8.1 |
| | | 10. 담배소비세 | 2.9 | 3.0 | 3.7 | 3.6 | 3.4 | 3.3 | 3.5 |
| | | 11. 지방소득세 | 9.7 | 12.7 | 13.0 | 14.4 | 16.7 | 17.4 | 16.9 |
| 과년도 수입 | | | 0.5 | 0.3 | 0.8 | 0.7 | 0.5 | 0.7 | 0.7 |

자료: 행정안전부(2021: 217).

지방소비세가 점증하고 있고, 시군세에서는 재산세와 지방소득세가 크게 증가하고 있음을 알 수가 있다.

그리고 **세출예산의 변화**는 거시적으로는 총지출규모를 가지고 이해할 수 있고, 미시적으로는 정부가 수행하는 기능에 따라 기능별 예산배분으로 살펴볼 수 있다. 정부예산은 정부의 기능 또는 활동을 수행하기 위한 정책이나 사업을 숫자로 전환한 것으로서, 중앙정부나 지방정부의 활동내역과 그 우선순위를 묘사하는 지표라고 할 수 있다. 특히 정부지출의 기능별 구성은 시간과 환경 변화에 따라 국가정책의 우선순위가 어떻게 변화되어 왔는가를 이해하고 설명할 수 있게 한다.

우선, 중앙정부의 세출예산 변화를 기능별로 살펴보면(표 1-25), 국가의 체제유지를 위하여 일반공공행정, 공공질서안전, 외교통일, 국방 등의 분야에서는 미세하게 점증적인 변화를 하고 있고, 경제와 과학기술 및 사회간접자본 등의 분야에서는

〈표 1-25〉 중앙정부의 세출예산 변화 (단위: 조원)

| 구 분 | 이명박 정부 (2008.2-2013.2) | | | | 박근혜 정부 (2013.2-2017.4) | | | | 문재인 정부 (2017.5-2022.4) | | | | | |
|---|---|---|---|---|---|---|---|---|---|---|---|---|---|---|
| 연도 | 2009 | 2010 | 2011 | 2012 | 2013 | 2014 | 2015 | 2016 | 2017 | 2018 | 2019 | 2020 | 2021 | 2022 |
| 총지출(계) | 284.5 | 292.8 | 309.1 | 325.4 | 342.0 | 355.8 | 375.4 | 386.4 | 400.5 | 428.8 | 469.6 | 512.3 | 558.0 | 607.7 |
| 일반공공행정 | 48.6 | 48.7 | 52.4 | 55.1 | 55.8 | 57.2 | 58.0 | 59.5 | 63.3 | 69.0 | 76.6 | 79.0 | 84.7 | 98.1 |
| 공공질서안전 | 12.3 | 12.9 | 13.7 | 14.5 | 15.0 | 15.8 | 16.9 | 17.5 | 18.1 | 19.1 | 20.1 | 20.8 | 22.3 | 22.4 |
| 외교통일 | 3.0 | 3.3 | 3.7 | 3.9 | 4.1 | 4.1 | 4.5 | 4.7 | 4.6 | 4.7 | 5.1 | 5.5 | 5.7 | 6.0 |
| 국방 | 28.5 | 29.6 | 31.4 | 33.0 | 34.3 | 35.7 | 37.5 | 38.8 | 40.3 | 43.2 | 46.7 | 50.2 | 52.8 | 54.6 |
| 교육 | 38.2 | 38.3 | 41.2 | 45.5 | 49.8 | 50.7 | 52.9 | 53.2 | 57.4 | 64.2 | 70.3 | 72.6 | 71.2 | 84.2 |
| 산업중소기업에너지 | 16.2 | 15.1 | 15.2 | 15.1 | 15.5 | 15.4 | 16.4 | 16.3 | 16.0 | 16.3 | 18.8 | 23.7 | 28.6 | 31.3 |
| R&D | 12.3 | 13.7 | 14.9 | 16.0 | 16.9 | 17.1 | 16.9 | 19.1 | 19.5 | 19.7 | 20.5 | 24.2 | 27.4 | 29.8 |
| SOC | 24.7 | 25.1 | 24.4 | 25.1 | 24.3 | 23.7 | 24.8 | 23.7 | 22.1 | 19.0 | 19.8 | 23.2 | 26.5 | 28.0 |
| 농림수산식품 | 16.9 | 17.3 | 19.6 | 18.1 | 18.4 | 18.9 | 19.3 | 19.4 | 19.6 | 19.7 | 20.0 | 21.5 | 22.7 | 23.4 |
| 환경 | 5.1 | 5.4 | 5.8 | 6.0 | 6.3 | 6.5 | 6.8 | 6.9 | 6.9 | 6.9 | 7.4 | 9.0 | 10.6 | 11.9 |
| 보건복지노동 | 74.6 | 81.2 | 96.4 | 92.6 | 97.4 | 106.6 | 115.7 | 123.4 | 129.5 | 144.7 | 161.0 | 180.5 | 199.7 | 217.7 |
| 문화체육관광 | 3.5 | 3.9 | 4.2 | 4.0 | 5.0 | 5.4 | 6.1 | 6.6 | 6.9 | 6.5 | 7.2 | 8.0 | 8.5 | 9.1 |

주: 총지출=예산(일반회계+특별회계)+기금. 예산총계기준
자료: 기획재정부(2020: 107; 2019: 108; 2018: 99; 2016: 97; 2014: 88; 2012: 87; 2010: 64).
　　　기획재정부(2021.12.3. 보도자료).

미세한 증가를 하다가 감소도 되는 불규칙한 변화를 보이고 있다. 반면에, 교육, 환경, 보건복지노동, 문화체육관광 등 교육정책, 환경정책, 사회정책 및 문화체육정책 등에서는 점진적인 증가를 지속하여 왔는데, 특히 보건복지노동영역에서 급속히 증가하는 현상이 나타나고 있다. 이처럼, 나라살림살이의 중앙정부의 기능별 지출 변화는 일반공공행정이나 국방 및 교육보다는 보건복지분야가 최대의 지출 분야로 급부상하고 있다.

위에 대비하여 지방정부의 세출예산 변화를 기능별로 보면(표 1-26), 중앙정부의 기능별 지출추이와 유사한 패턴을 보이고 있다. 일반공공행정(인력비와 기본경비 등)과 공공관리 및 안전분야에서는 미세하게 점증적인 변화를 하고 있고, 농림해양수산, 산업중소기업, 과학기술, 수송 및 교통, 국토 및 지역개발 등의 분야에서도 점

〈표 1-26〉  지방정부의 세출예산 변화                                    (단위: 조원)

| 구 분 | 이명박 정부<br>(2008.2-2013.2) | | | | 박근혜 정부<br>(2013.2-2017.4) | | | 문재인 정부<br>(2017.5-2002.4) | | | | |
|---|---|---|---|---|---|---|---|---|---|---|---|---|
| 연도 | 2010 | 2011 | 2012 | 2013 | 2014 | 2015 | 2016 | 2017 | 2018 | 2019 | 2020 | 2021 |
| 총지출(계) | 139.8 | 141.0 | 151.0 | 156.3 | 163.5 | 173.3 | 184.5 | 193.1 | 210.6 | 231.0 | 253.2 | 263.0 |
| 일반공공행정 | 11.9 | 12.5 | 12.8 | 12.9 | 13.8 | 14.2 | 15.4 | 11.8 | 12.6 | 12.5 | 13.3 | 13.4 |
| 공공질서안전 | 2.1 | 2.3 | 2.7 | 2.8 | 2.6 | 3.0 | 3.4 | 3.4 | 3.7 | 4.0 | 4.3 | 5.2 |
| 교육 | 8.1 | 9.0 | 9.8 | 10.0 | 9.6 | 10.1 | 10.6 | 11.6 | 12.9 | 13.4 | 13.9 | 14.0 |
| 문화관광 | 7.7 | 6.9 | 7.4 | 7.8 | 7.9 | 8.6 | 9.0 | 9.8 | 10.2 | 11.0 | 12.1 | 11.9 |
| 환경 | 14.9 | 15.0 | 15.4 | 15.7 | 16.2 | 17.0 | 18.1 | 19.1 | 20.8 | 22.6 | 25.7 | 26.3 |
| 사회복지 | 26.5 | 28.4 | 30.9 | 34.9 | 40.0 | 44.0 | 46.6 | 49.4 | 57.1 | 66.1 | 75.1 | 80.4 |
| 보건 | 2.2 | 2.0 | 2.0 | 2.3 | 2.4 | 2.6 | 2.9 | 3.1 | 3.5 | 3.7 | 4.0 | 4.4 |
| 농림해양수산 | 9.7 | 9.7 | 10.4 | 10.8 | 11.1 | 11.4 | 11.7 | 12.2 | 13.2 | 14.1 | 15.7 | 17.2 |
| 산업중소기업 | 3.0 | 3.0 | 3.2 | 3.2 | 3.0 | 3.2 | 3.5 | 3.9 | 4.5 | 4.8 | 6.2 | 7.2 |
| 국토 및<br>지역개발 | 12.4 | 11.6 | 12.5 | 12.2 | 11.4 | 11.4 | 12.3 | 13.1 | 14.1 | 16.5 | 17.4 | 20.9 |
| 과학기술 | 0.4 | 0.3 | 0.5 | 0.6 | 0.6 | 0.5 | 0.4 | 0.4 | 0.4 | 0.5 | 0.3 | 0.3 |
| 예비비 | 2.1 | 2.0 | 3.0 | 3.1 | 3.0 | 3.4 | 4.4 | 4.9 | 5.0 | 5.6 | 4.5 | 3.9 |
| 기타 | 21.4 | 22.4 | 24.2 | 24.5 | 26.0 | 27.6 | 29.2 | 32.4 | 33.8 | 35.6 | 39.5 | 41.1 |

주: 예산규모는 일반회계＋특별회계, 예산순계기준.
자료: 행정안전부(2021: 203; 2020: 179; 2019: 201; 2018: 229).

진적인 변화가 이루어지고 있다. 반면에, 교육과 환경 및 문화관광분야에서는 강한 점진적인 증가가 이루어지고, 사회복지보건영역에서는 대폭적인 증가가 나타나고 있다. 이처럼, 나라살림살이에서 지방정부의 세출예산의 기능별 변화를 보면 중앙정부의 기능별 지출 변화와 같이 사회복지분야가 최대의 지출 분야로 급격하게 부상하고 있음을 알 수가 있다.

(d) 프로그램(사업)예산: 미시적 예산에 포함되는 일반회계와 특별회계 및 기금은 프로그램예산을 기반으로 하는 예산과목으로 세분화된다. 프로그램예산(program budget)은 프로그램(사업)을 중심으로 예산을 편성하는 제도이다. 여기서 사업은 정부의 기능을 수행하는 하위조직에서 동일한 목적을 가지는 단위사업(projects/activities)의 묶음을 말한다.

프로그램예산의 사업구조는 정부의 기능 → 정책 → 사업 → 단위사업/활동의 계층구조를 갖고 있다. 따라서 정부의 기능체계를 정점으로 그 밑에 다수의 정책과 사업이 위치하고 각 사업 밑에 복수의 단위사업이나 활동이 위치한다. 기능은 '분야-부문'의 2단계로 분류되며, 프로그램은 부문의 하위기능의 성격을 갖게 직접 연결하여 분류한다. 이에 기능과 프로그램의 관계는 1 : n의 관계를 가진다. 그리고 조직단의(중앙정부: 실 국/지방정부: 과)와 프로그램단위가 직접 연계되는데, 중앙정부의 경우 프로그램은 실국단위로 연계되고 실국은 한개 이상의 프로그램을 수행한다.

또한, 모든 재정자원(일반회계와 특별회계 및 기금)을 포괄적으로 관리운용하기 위하여, 유사한 목적의 재원은 동일한 프로그램으로 구성된다. 이를 위하여 '프로그램-단위사업'과 '회계/기능'을 연계하여 하나의 예산서에 동시에 표시를 한다. 예컨대, 동일 또는 유사한 목적의 사업이 다양한 회계와 기금에 걸쳐 있는 경우에 '조직단위-프로그램-회계/기금-단위사업'의 순서로 표시되며, 회계/기금은 일반회계, 특별회계, 기금 등의 명칭을 표기한다(윤영진, 2021: 90-91).

이러한 프로그램예산은 중앙정부는 2007년에, 지방정부는 2008년부터 공식적으

〈표 1-27〉 프로그램예산의 사업구조

| 사업구조 | 분야 | 부문 | (실/국) | 프로그램 | (회계/기금) | 단위사업 | 세부사업 | 편성비목 | 통계비목 |
|---|---|---|---|---|---|---|---|---|---|
| 예산과목 | 장 | 관 | | 항 | | 세항 | 세세항 | 목 | 세목 |
| | 기능 | | 조직 | | 회계분류 | | | 품목 | |
| 예산분류 | 기능별 분류 | | 사업별 분류 | | | | | 품목별 분류 | |

로 도입하였다. 현재 정부는 프로그램예산서를 작성하는데, 프로그램 → 단위사업 →
세부사업 등의 분류체계를 사용하고 있다. 프로그램예산서는 기능별분류에서 16개
분야 68개 부문으로 분류하는 것에 기초해서, 부문의 하위단위로 프로그램 – 단위사
업 – 세부사업을 제시하여 각각에 대해 사업설명과 예산배분을 한 것이다(신무섭,
2010: 75)(표 1 – 27).

다음은 보건복지부의 프로그램예산체계를 예시적으로 보여준다(표 1 – 28).

〈표 1-28〉  보건복지부의 프로그램예산체계 예시

| 분 야 | 부 문 | 프로그램 | 단위사업 | 세부사업 |
|---|---|---|---|---|
| 사회복지<br>(080) | 기초생활보장<br>(081) | 기초생활보장<br>(1100) | 기초생활급여 | 생계급여, 해산장제급여,<br>기초생활보장관리, 교육<br>급여, 주거급여, 복지급여 |
| | | | 의료급여 | 의료생활급여관리, 의료<br>급여경상보조 |
| | 취약계층지원<br>(082) | 장애인생활안<br>정 및 재활지원<br>(1500) | 장애인 소득보장<br>장애인 선택적 복지<br>장애인 복지시설지원<br>장애인단체 지원<br>장애인 일자리지원<br>장애인 직업재활지원<br>장애인 의료재활지원<br>(국민건강증진기금) | 이하 생략 |
| | | 노숙인<br>의사상자지원<br>(1900) | 노숙인 등 지원<br>의사상자 예우 | |
| | 아동교육<br>(085) | 아동보호 및<br>복지강화<br>(1300) | 아동자립지원<br>가정입양 및 위탁지원<br>아동발달지원<br>아동청소년 참여와 인<br>권증진<br>방과후 돌봄지원 | |
| | | 저출산대응 및<br>인구정책지원<br>(2500) | 저출산대응인구정책<br>모자보건사업<br>(국민건강증진기금) | |

### (2) 준정부조직의 규모

앞의 공공부문의 개념적 범위를 논의하면서 기술한 바와 같이, 공공부문은 좁게는 순수공공부문(정부조직)과 기본적으로 공공부문의 조직이지만 법적으로 민간조직형태로 특수법인적 성격을 지니고 있는 준공공부문(준정부조직－공기업, 공단, 정부산하기관 등)으로 범위가 제한되지만, 넓게는 이들 부문 외에 기본적으로 민간부문에 속하지만 공공성을 지니는 준민간부문(준민간조직－공익재단, 비영리법인 등)을 포함시킬 수 있다. 따라서 준공공부문조직 또는 준정부조직은 순수공공부문과 순수민간부문이 혼합되어 있는 중간영역으로서 정부부문에 준하는 공적인 기능을 수행하는 제3부문조직들(Third Sector Organizations) 또는 제3자정부(Third Governments)로 정의할 수 있다.

이러한 준공공부문과 준민간부문의 조직들은 정부조직의 그림자조직(shadow organization)이라고 하듯이 정부의 과업을 보완하는 역할을 수행한다(Salamon, 1981; 임학순, 1993: 92: 99－103; 조석준·임도빈, 2010: 463－464). 준정부조직은 정부와 시장만으로는 다양한 유형의 공공서비스 수요를 효율적으로 제공하는데 한계를 가지고 있어서 등장한 것이다. 첫째, 준정부조직이 공공서비스를 제공하는 제도로 선호되는 이유는 시장실패 때문이다. 시장은 공공서비스를 전달하는데 있어서 무임승차와 계약실패의 문제가 있다. 자기이익을 추구하고 효용을 극대화하려는 사람은 공공서비스에 대한 대가를 지불하지 않고 서비스를 이용할 수 있다면 무임승차를 선호할 수 있다. 계약실패란 일반소비자들이 상품이나 서비스의 양과 질에 대하여 정확한 정보를 가지고 있지 않으므로 민간기업들이 소비자들과 계약한 것보다 더 적은 서비스를 제공할 수 있다는 것이다. 둘째, 준정부조직은 정부실패를 극복하는 수단으로 선호된다. 정부는 정부목적을 효율적으로 달성하기 위하여 새로운 조직을 만들거나 기존의 민간조직을 공공서비스 활동에 참여시킨다. 이 경우에 준정부조직은 정부의 새로운 행정수단으로 업무를 보조 또는 분담하는 역할을 수행한다. 셋째, 준정부조직은 사회의 다원화에 따른 공공서비스 수요를 충족시키기 위한 것이다. 이것은 정부가 급증하는 다양한 유형의 공공서비스를 효율적으로 공급하기 위하여 새로운 대안을 모색한 것이다.

이와 같이, 오늘날의 행정은 공공서비스를 제공하는데 정부뿐만 아니라 다양한 유형의 준정부조직들과의 정책네트워크를 형성하는 현상이 증가를 하고 있다. 이런 준정부조직의 형태는 중앙정부와 지방정부에서 다양하게 존재하고 있다. 여기서는

준정부조직의 대표적인 형태로 중앙정부 차원의 공공기관과 지방정부 차원의 지방
공기업을 살펴본다.

### ① 중앙정부 산하의 준공공기관

중앙정부 산하의 준공공기관은 해방 이후 2000년대까지 정부조직을 도와주기 위
하여 설립된 국가공기업과 정부산하기관 등으로 다양하게 존속하여 왔지만, 노무현
정부에서 2007년에 제정된 '공공기관의 운영에 관한 법률'에 의하여 다양한 준정부
조직을 공공기관의 범주에 포함시켰다. 동 법률에 의하면, 공공기관(public agency)
은 정부의 투자와 출자 및 정부의 재정 지원 등으로 설립 운영되는 기관으로서 상업
성과 공공성을 기준으로 공기업(시장형, 준시장형), 준정부기관(기금관리형, 위탁집행
형) 그리고 기타 공공기관으로 분류하였다(표 1-29).

해방 이후 1950년대 말까지 우리나라는 경제기반이 거의 전무하여 경성전기, 대
한중석, 충주비료 등 주로 일본인으로부터 이양받은 귀속사업체를 공공기관으로 전
환하여 운영하였다. 그러나 1960년대 이후 경제개발과 함께 본격적으로 설립되기
시작한 공공기관은 그동안 고도경제성장을 위해 필요한 도로, 철도, 항만, 수자원
등 핵심인프라를 확충하고 기술개발과 인력양성 등의 산업경쟁력 제고에 기여하여
왔다. 예를 들면, 박정희 정부는 민간자본이 부족한 상황에서 신속한 경제개발을 이
룩하기 위하여 수자원공사(1966), 포항제철(1968), 도로공사(1969) 등 국가공기업을

**〈표 1-29〉 공공기관의 유형**

| 유 형 | 분류기준 |
|---|---|
| ● 공기업(상업성 > 공공성) | 직원정원이 50인 이상이고 자체수입비율이 50% 이상인 공공기관 중에서 정부기 지정한 기관 |
| ㅡ 시장형 | 자산규모가 2조원 이상이고 자체수입비율이 80% 이상인 공기업 |
| ㅡ 준시장형 | 시장형 공기업이 아닌 공기업 |
| ● 준정부기관(상업성 < 공공성) | 공기업이 아닌 공공기관 중 정부가 지정한 기관 |
| ㅡ 기금관리형 | 국가재정법에 따라 기금을 관리하거나 기금의 관리를 위탁받은 준정부기관, 즉 중앙정부의 기금을 관리하는 기관 |
| ㅡ 위탁집행형 | 기금관리형이 아닌 준정부기관 |
| ● 기타 공공기관 | 공기업 또는 준정부기관 이외의 공공기관 |

자료: 기획예산처(2007: 108).
기획재정부, 한국조세재정연구원(2020: 18-23).

적극적으로 설립하여 활용하였다. 또한, 1970년대 이후에는 고용보험, 산업안전, 건 강보험, 국민연금 등 국민들의 안전과 복지증진에도 많은 기여를 하여 왔다. 예컨대, 복지와 환경 등의 사회분야에서도 공공서비스 기능을 확대하여 국민연금관리공단 (1987), 환경관리공단(1987) 등을 신설하였다(기획예산처, 2007: 8−9: 12−13).

이와 같이, 다양하게 신설되어 운영되고 있는 공공기관은 우리나라의 경제사회 발전을 뒷받침하는 든든한 버팀목 역할을 수행하여 왔다. 공공기관은 사회경제적으 로 중요한 역할을 수행함과 동시에 국민경제에서 차지하는 비중이 크기 때문에 효율 성과 책임성 및 투명성을 확보하여야 하고 민간기업 수준 못지않은 고품질의 공공재 화와 서비스를 제공할 필요성이 커지고 있다. 그러나 공공기관의 속성상 이런 목적 을 달성하기란 쉽지 않다. 공공기관은 법률에 의하여 설립되고 정부로부터 재정 지 원을 받거나 핵심사업에 대해 독점적 지위를 보장받지만, 민간기업과 달리 시장의 치열한 생존경쟁에 노출되지 않기 때문에 비효율적 경영이 될 소지가 항상 존재한다 (기획예산처, 2007: 10).

그러므로 자본주의국가에서 공공기관실패에 대한 비판이 존재하여 왔다. 이런 공공기관의 비판에 대해서 정부가 선택할 수 있는 정책대안은 크게 두 가지로 민영 화와 경영혁신을 통한 효율성의 증대이다(조석준·임도빈, 2010: 468). 실제적으로 정 권이 바뀔 때마다 공기업의 축소와 민영화는 가장 중요한 개혁목표로 등장을 하였 다. 1997년 IMF 외환위기라는 외부의 경제적 충격은 준정부기관의 경영부실로 인한 비효율문제가 나타나면서, 김대중 정부와 노무현 정부 및 이명박 정부에서 신공공관 리론의 시장주의와 관리주의의 논리에 의하여 공공부문개혁의 핵심과제의 하나로 정부산하기관의 혁신을 추진하였다.

이를테면, 김대중 정부에서는 '작지만 효율적으로 봉사하는 정부구현'이라는 목 표아래 준정부기관의 인력감축과 민영화, 자회사 정리, 산하기관의 폐지와 통합, 그 리고 과다한 복지제도를 축소하는 혁신을 단행하였다. 노무현 정부에 들어와서는 공 공기관이 변화하는 시대환경에 적극 대응할 수 있고 주인이 있는 책임경영을 정착시 켜, 주인(국민)의 이익을 극대화하기 위한 공공기관혁신관리정책을 추진하였는데, 마침내 '공공기관 운영에 관한 법률(2007. 4.1. 시행)'을 제정하여 정부 산하의 공공기 관을 종합관리하게 되었다. 동법에 의하여 지정된 공공기관은 전기, 가스, 도로, 의 료, 사회복지, 4대 보험, 안전관련 검사, R&D 등의 공공활동을 수행한다.

이런 공공기관의 수는 2007년에 298개에서 출발하여 2013년 295개로 변동이 없었으나, 2014년 304개로 된 이후에 2016년 321개, 2018년 338개, 그리고 2020년 340
개, 2021년 351개로 점증하여 왔는데, 이에 비례하여 공공기관의 구성원수는 증가를
하고 있다. 그런데 문제는 공공기관의 총부채가 증가하고 있다. 예컨대, 이명박 정부
초기시기인 2008년에 290조원이었는데, 박근혜 정부 말기인 2016년에 500조3천억
원으로 크게 증가를 하였고, 문재인 정부에 들어와서도 2020년 544조8천억원으로
커다한 증가추세에 있다. 특히 공공기관 중에서 공기업의 부채가 크게 증가하고 있
는 점이 문제이다. 예컨대, 2008년에 200조8천억원에서 2016년 363조원으로, 2020
년 397조9천억원으로 가파른 상승세를 보이고 있다(표 1−30, 표 1−31).

〈표 1−30〉 공공기관의 규모와 재무(자산, 부채) 현황

| 역대정부 | 연 도 | 총계<br>인원(명)<br>자산(조원)<br>부채(조원) | 공기업<br>인원(명)<br>자산(조원)<br>부채(조원) | 준정부기관<br>인원(명)<br>자산(조원)<br>부채(조원) | 기타공공기관<br>인원(명)<br>자산(조원)<br>부채(조원) |
|---|---|---|---|---|---|
| 노무현 정부<br>(2003.2~2008.2) | 2007 | 298.0<br>249.3 | 24.0<br>104.4 | 77.0<br>71.3 | 197.0<br>73.0 |
| 이명박 정부<br>(2008.2~2013.2) | 2008 | 305.0<br>253.0<br>507.9<br>290.0 | 24.0<br>104.2<br>359.3<br>200.8 | 77.0<br>71.9<br>128.8<br>81.0 | 204.0<br>76.8<br>19.8<br>8.2 |
| | 2009 | 297.0<br>234.5<br>586.8<br>336.8 | 24.0<br>90.9<br>404.4<br>238.7 | 80.0<br>68.9<br>159.4<br>88.8 | 193.0<br>74.6<br>22.9<br>9.3 |
| | 2010 | 285.0<br>239.7<br>640.7<br>397.0 | 22.0<br>92.6<br>459.9<br>292.0 | 79.0<br>68.9<br>158.8<br>96.1 | 185.0<br>74.6<br>21.9<br>8.9 |
| | 2011 | 286.0<br>246.2<br>695.9<br>459.0 | 27.0<br>93.7<br>500.0<br>329.1 | 83.0<br>71.4<br>171.9<br>120.2 | 176.0<br>80.2<br>24.1<br>9.7 |
| | 2012 | 286.0<br>263.7<br>721.7<br>496.1 | 28.0<br>108.2<br>523.5<br>353.2 | 82.0<br>72.5<br>170.4<br>120.2 | 176.0<br>82.9<br>22.8<br>11.7 |

| | | | | |
|---|---|---|---|---|
| 박근혜 정부<br>(2013.2~2017.4) | 2013 | 295.0<br>272.3<br>760.7<br>520.4 | 30.0<br>111.1<br>548.3<br>373.7 | 87.0<br>74.7<br>182.9<br>135.1 | 187.0<br>86.5<br>29.5<br>11.6 |
| | 2014 | 304.0<br>279.9<br>778.5<br>519.4 | 30.0<br>113.6<br>559.2<br>377.1 | 87.0<br>77.4<br>187.6<br>130.4 | 187.0<br>88.7<br>31.6<br>12.4 |
| | 2015 | 316.0<br>287.4<br>781.3<br>504.8 | 30.0<br>115.6<br>553.2<br>365.0 | 88.0<br>79.3<br>193.3<br>125.1 | 200.0<br>92.9<br>34.8<br>14.7 |
| | 2016 | 321.0<br>328.4<br>799.5<br>500.3 | 30.0<br>126.9<br>563.0<br>363.0 | 89.0<br>93.7<br>203.2<br>123.6 | 202.0<br>114.2<br>33.4<br>13.0 |
| 문재인 정부<br>(2017.5~2022.2) | 2017 | 330.0<br>345.9<br>809.9<br>495.1 | 35.0<br>132.7<br>569.0<br>364.1 | 88.0<br>107.7<br>207.1<br>118.1 | 207.0<br>112.4<br>33.4<br>13.0 |
| | 2018 | 338.0<br>383.3<br>828.2<br>503.4 | 35.0<br>139.8<br>579.3<br>379.1 | 93.0<br>114.3<br>209.6<br>118.2 | 210.0<br>129.02<br>39.3<br>14.0 |
| | 2019 | 339.0<br>420.3<br>860.8<br>526.9 | 36.0<br>147.0<br>600.1<br>388.1 | 93.0<br>121.0<br>218.4<br>122.3 | 210.0<br>152.2<br>42.3<br>16.5 |
| | 2020 | 340.0<br>435.7<br>902.4<br>544.8 | 36.0<br>150.0<br>615.7<br>397.9 | 95.0<br>123.9<br>235.9<br>125.7 | 209.10<br>161.6<br>50.8<br>21.2 |

자료: 기획재정부, 한국조세재정연구원, 각 년도 공공기관 현황편람

〈표 1-31〉  정부 산하의 공공기관 현황예시(2009년)

| 주무부처 | 시장형<br>공기업<br>(6) | 준시장형<br>공기업<br>(18) | 기금관리형<br>준정부기관<br>(16) | 위탁집행형<br>준정부기관<br>(64) | 기타 공공기관<br>(193) |
|---|---|---|---|---|---|
| 기획재정부(3) | | 한국조폐공사 | | | 한국수출입은행, 한국투자공사 |
| 교육과학기술부(40) | | | 사학연금공단 | 한국학술진흥재단 등 5개 | 한국과학기술원 등 34개 |
| 외교통상부(3) | | | | | 재외동포재단 등 3개 |
| 법무부(3) | | | | | 대한법률구조공단 등 3개 |
| 국방부(3) | | | | | 한국국방연구원 등 3개 |
| 행정안전부(5) | | | 공무원연금관리공단 | 한국정보문화진흥원 등 2개 | 민주화운동기념사업회 |
| 문화체육관광부(31) | | 한국관광공사, 한국방송광고공사 | 국민체육진흥공단 등 3개 | 한국방송영상산업진흥원 등 3개 | 대한체육회, 한국언론재단 등 23개 |
| 농림수산식품부(8) | | 한국마사회 | | 농산물유통공사, 한국농어촌공사 등 3개 | 한국농림수산정보센터 등 4개 |
| 지식경제부(66) | 한국가스공사, 한국전력공사 | 한국광물자원공사, 대한석탄공사, 한국석유공사, 한국지역난방공사 | 한국수출보험공사 등 3개 | 에너지관리공단, 한국전기안전공사 등 19개 | 강원랜드, 한국전자통신연구원 등 38개 |
| 방송통신위원회(4) | | | | 한국인터넷진흥원 등 3개 | 정보통신국제협력진흥원 |
| 보건복지가족부(17) | | | 국민연금공단 | 건강보험심사평가원 등 5개 | 국립암센터, 대한결핵협회 등 11개 |
| 환경부(6) | | | | 국립공원관리공단, 한국환경관리공단 등 4개 | 수도권매립지관리공단 등 2개 |
| 노동부(10) | | 한국산재의료원 | 근로복지공단 | 한국고용정보원 등 4개 | 한국폴리텍 등 4개 |

| | | | | | |
|---|---|---|---|---|---|
| 국토해양부(38) | 인천국제공항공사, 한국공항공사, 부산항만공사, 인천항만공사 | 대한주택공사,한국감정원,한국도로공사,한국사자원공사.한국철도공사,한국토지공사, | | 교통안전공단, 대한지적공사 등 7개 | 코레일개발(주),주택관리공단(주) 등 18개 |
| 국무총리실(24) | | | | | 경제인문사회연구회 등 24개 |
| 국가보훈처(3) | | | | 독립기념관 등 2개 | 88관광개발(주) |
| 문화재청(1) | | | | | 한국문화재보호재단 |
| 산림청(1) | | | | | 녹색사업단 |
| 중소기업청(16) | | | 중소기업진흥공단 | 중소기업기술정보진흥원 | 시장경영자원센터 등 4개 |
| 특허청(2) | | | | | 한국발명진흥회,한국특허정보원 |
| 금융위원회(18) | | | 한국자산관리공사 등 5개 | 한국예탁결제원 등 2개 | 코스콤,한국산업은행 등 11개 |
| 방위업청(2) | | | | | 국방과학연구소 등 2개 |
| 공정거래위원회(1) | | | | 한국소비자원 | |
| 경찰청(1) | | | | 도로교통공단 | |
| 소방청(1) | | | | 한국소방산업기술원 | |

자료: 신무섭(2010: 69).

## ② 지방정부 산하의 준공공기관

지방정부 산하 준공공기관의 대표적 형태로는 지방공기업이 있다. 지방공기업법 제1조(목적)에 의하면, 지방공기업은 지방정부 또는 지방자치단체가 주민의 복리증진을 목적으로 직접 기업을 설치경영하거나 법인을 설립하여 경영하는 기업을 의미

〈표 1-32〉  지방공기업의 유형

| 유 형 | 분류기준 |
|---|---|
| 지방직영기업 | 지방자치단체가 필수 주민생활서비스를 제공하기 위한 공공성을 목적으로 직접 수행하는 조직(상수도, 하수도, 공영개발, 지역개발기금 등) |
| 지방공사·공단 | 지방공사는 지방자치단체가 공공성과 수익성의 조화를 목적으로 50% 이상 출자한 독립법인을 말하고, 지방공단은 지방자치단체가 공공성과 수익성의 조화를 목적으로 단독으로 출자하여 설립한 법인을 의미함 |
| 민관공동출자법인 | 지방자치단체가 공공성보다는 수익성을 목적으로 50% 미만을 출자하고 민간이 50% 이상을 출자하는 독립법인 |

〈표 1-33〉  지방공기업의 사업범위

| 사업구분 | 적용대상사업 및 사업규모 |
|---|---|
| 의무적용사업 | • 대통령이 정하는 일정규모이상이면 의무적으로 적용가능<br>  -상수도사업(간이상수도사업 제외); 1일 생산능력 1만5천톤 이상<br>  -공업용수도사업: 1일 생산능력 1만톤 이상<br>  -궤도사업(도시철도사업 포함): 보유차령 50량 이상<br>  -자동차운송사업: 보유차량 30대 이상<br>  -지방도로사업(유료도로사업만 해당): 도로관리연장 50km이상 또는 유로터 널, 교량 3개 이상<br>  -하수도사업: 1일처리능력 1만5천톤 이상(하수초리시설 구비)<br>  -주택사업: 주택관리연면적 또는 주택건설면적 10만m2 이상<br>  -토지개발사업: 조성면적 10m2 이상 |
| 임의적용사업 | • 경상경비의 50% 이상을 경상수입으로 충당할 수 있는 아래사업을 지방직 영기업과 지방공사공단이 경영하는 경우 조례에 의해 사업가능<br>  -민간인의 경영참여가 어려운 사업으로서 주민복지증진기여, 지역경제활성화 와 지역개발촉진에 이바지할 수 있다고 인정하는 사업<br>  -의무적용대상사업 중 당연적용사업기준에 미달하는 사업<br>  -'체육시설의 설치이용에 관한 법률'에 의한 체육시설사업 및 '관광진흥법'에 의한 관광사업(여행업 및 카지노업 제외) |

하는 것으로, 그 형태는 지방직영기업과 지방공사공단 및 민관합동공동출자법인으로 분류할 수 있다(표 1-32). 이러한 지방공기업이 수행할 수 있는 사업의 범위는 다음과 같이 지방공기업법에 규정되어 있다(표 1-33)(행정자치부 공기업과, 2016: 5).

우리나라에서 지방자치가 부활된 1990년대 이후, 지방정부는 지방자치의 목적을 달성하기 위하여 지방공기업을 설립 운영하여 왔는데, 세월이 흐름에 따라 지방공기업의 수가 급속도로 증가하고 있음을 알 수가 있다. 예컨대, 1990년 131개에서 2000

년 234개, 2006년 322개, 2010년 378개, 2015년, 400개, 2016년 410개로 나타나고 있다(표 1-34, 표 1-35).

그리고 지방공기업의 부채는 노무현 정부 시기인 2005년 23조8천억원에서 2007년 42조3천억원으로 증가하고 있고, 이명박 정부 시기인 2008년 47조3천억원에서 2012년 72조5천억원으로 크게 증가하였다. 박근혜 정부에 들어와서 2013년 73조9천억원으로 증가하다가 2016년 68조1천억원으로 감소를 하고 있고, 그리고 문재인 정부에 들어와서는 2017년에 52조5천억원으로 감소하다가 2020년 54조4천억원으로 다시 증가세로 돌아섰다(표 1-36).

〈표 1-34〉 지방공기업의 변화

| 역대정부 | 연도 | 총계 | 직영기업 | | | | | 공사공단 | | | | |
|---|---|---|---|---|---|---|---|---|---|---|---|---|
| | | | 소계 | 상수도 | 하수도 | 공영개발 | 지여개발기금 | 소계 | 도시철도 | 도시개발 | 시설환경경륜 등 | 기타 |
| 노태우 정부 | 1990 | 131 | 128 | 73 | 8 | 34 | 13 | 3 | 1 | 1 | − | 1 |
| 김대중 정부 | 2000 | 234 | 175 | 94 | 22 | 44 | 15 | 59 | 4 | 11 | 30 | 14 |
| 노무현 정부 | 2006 | 322 | 222 | 105 | 63 | 38 | 16 | 100 | 7 | 14 | 62 | 17 |
| | 2007 | 339 | 228 | 108 | 68 | 36 | 16 | 111 | 7 | 16 | 69 | 19 |
| 이명박 정부 | 2008 | 359 | 234 | 111 | 73 | 34 | 16 | 125 | 7 | 16 | 76 | 26 |
| | 2009 | 371 | 239 | 112 | 75 | 36 | 16 | 132 | 7 | 16 | 81 | 28 |
| | 2010 | 378 | 241 | 113 | 79 | 33 | 16 | 137 | 7 | 16 | 82 | 32 |
| | 2011 | 379 | 246 | 115 | 82 | 33 | 16 | 133 | 7 | 16 | 79 | 31 |
| | 2012 | 388 | 251 | 115 | 85 | 33 | 18 | 137 | 7 | 16 | 78 | 36 |
| 박근혜 정부 | 2013 | 391 | 254 | 116 | 87 | 33 | 18 | 137 | 7 | 16 | 78 | 36 |
| | 2014 | 394 | 254 | 117 | 87 | 32 | 18 | 140 | 7 | 16 | 80 | 37 |
| | 2015 | 400 | 257 | 116 | 90 | 33 | 18 | 143 | 7 | 16 | 82 | 38 |
| | 2016 | 400 | 257 | 120 | 99 | 32 | 0 | 149 | 7 | 16 | 88 | 38 |
| 문재인 정부 | 2017 | 399 | 248 | 120 | 99 | 29 | 0 | 151 | 7 | 16 | 89 | 40 |
| | 2018 | 401 | 250 | 120 | 100 | 29 | 0 | 151 | 7 | 16 | 89 | 40 |
| | 2019 | 405 | 254 | 122 | 102 | 29 | 0 | 151 | 7 | 16 | 86 | 43 |
| | 2020 | 408 | 254 | 122 | 103 | 28 | 0 | 154 | 7 | 16 | 87 | 45 |

자료: 행정자치부 공기업과(2016: 11), 행정안전부(2021: 223).

〈표 1-35〉 지방공기업의 현황예시(2016년)

| 시 도 | 유 형 | | 수 | 기관명칭 |
|---|---|---|---|---|
| 총 계 | | | 410 | |
| 서울<br>특별시 | 광역(7) | 직영 | 2 | 상수도, 지역개발기금 |
| | | 공사 | 4 | 서울메트로, 서울도시철도공사, SH공사, 서울농수산식품공사 |
| | | 공단 | 1 | 서울시설공단 |
| | 기초(24) | 공단 | 24 | 종로구, 중구, 용산구, ----관악구, 강남구 시설관리공단 |
| 인천<br>광역시 | 광역(7) | 직영 | 5 | 상수도, 하수도, 지역개발기금,<br>공영개발(인천경제유구역사업, 인천도시개발사업) |
| | | 공사 | 3 | 인천교통공사, 인천도시공사. 인천관광공사 |
| | | 공단 | 2 | 인천시설공단, 인천환경공단 |
| | 기초(7) | 공단 | 7 | 중구, 남구, 부평구, 계양구, 서구, 강화군 시설관리공단<br>남동구도시공단 |
| 충청북도 | 광역(2) | 직영 | 1 | 지역개발기금 |
| | | 공사 | 1 | 충북도시개발공사 |
| | 기초(19) | 직영 | 17 | 상수도, 하수도: 청주, 충주, 제천, 옥천, 영동, 진천, 음성,<br>단양, 증평<br>공영개발: 충주, 음성 |
| | | 공단 | 2 | 청주시설공단, 단양관광공단 |
| 제주도 | 광역 | 직영 | 3 | 상수도, 하수도, 지역개발기금 |
| | | 공사 | 3 | 제주개발공사, 제주관광공사, 제주에너지공사 |

〈표 1-36〉 지방공기업의 재무(자산 부채 자산) 현황　　　　　　(단위: 조원)

| 역대정부 | 연 도 | 자 산 | 부 채 | 자 본 |
|---|---|---|---|---|
| 노무현 정부<br>(2003.2-<br>2008.2) | 2004 | | | |
| | 2005 | 74.4 | 23.8 | 50.6 |
| | 2006 | 95.3 | 35.7 | 59.6 |
| | **2007** | **107.3** | **41.3** | **66.0** |
| 이명박 정부<br>(2008.2-<br>2013.2) | 2008 | 119.5 | 47.3 | 72.2 |
| | 2009 | 136.9 | 58.2 | 78.7 |
| | 2010 | 147.2 | 62.9 | 84.3 |
| | 2011 | 158.7 | 67.8 | 90.9 |
| | **2012** | **166.6** | **72.5** | **94.1** |

| | 2013 | 174.2 | 73.9 | 100.3 |
|---|---|---|---|---|
| 박근혜 정부 (2013.2 - 2017.4) | 2014 | 177.9 | 73.6 | 104.3 |
| | 2015 | 182.9 | 72.2 | 110.7 |
| | **2016** | **185.8** | **68.1** | **117.6** |
| 문재인 정부 (2017.5 - 2022.4.) | 2017 | 187.9 | 52.5 | 125.6 |
| | 2018 | 193.4 | 52.5 | 146.8 |
| | 2019 | 204.9 | 52.5 | 152.4 |
| | **2020** | **210.0** | **54.4** | **155.6** |

자료: 행정안전부(2012: 287; 2017: 264; 2021: 224).

---

### 🌡️ 사례연구  나라살림과 국가재정 현상

#### ⌛ 사례1: 재정전쟁

영국 경제주간지 이코노미스트는 2021년 11월 '큰정부의 시대가 열리고 있다'고 진단했다. 전주성 이화여대 경제학과 교수가 쓴 '**재정전쟁(2022)**'은 이러한 전망에 동의한다. 이 책은 지난 40년과 달리 **정부의 적극적 역할이 강조되고 있다**며 앞으로의 국가경쟁력은 재정의 힘이 좌우할 것이라고 보았다. **문제는 '어떻게(how)'**이다. 무작정 정부지출을 늘린다고 나라가 발전하고 사람들의 삶이 나아지는 게 아니라 복지포퓰리즘에 의존하다 보면 더 큰 위기가 올 수 있다고 하면서 정부의 비효율과 낭비를 줄여야 한다고 강조한다.

**정부가 지출(세출예산)을 늘리려면 재원을 마련해야 하는데,** 두 가지 방법이 있다. 하나는 빚을 내는 것(**적자재정－국가채무**)과 국민에게 돈을 걷는 것(**흑자재정－증세**)이다. 적자재정보다는 증세가 낫다. 일시적인 경기변동 충격을 완화하기 위한 적자재정은 자연스럽고 바람직하다. 하지만 구조적 지출증가를 적자재정으로 충당하는 것은 득보다 실이 크다. 지나친 나라빚은 경제안정을 해치고 미래세대의 부담을 증가시키기 때문이다. 그런데 **증세도 쉬운 것이 아니다.** 왜 한국납세자들은 증세를 받아들이기 어려울까? 저자는 '정부신뢰'에서 원인을 찾는다. 스웨덴정부는 투명하고 생산성(효율성)이 높기로 정평이 나 있다. 월드 캡 폴 조사에서 정부를 신뢰하는가에 대한 질문에 한국은 45%로 OECD평균 50.7%와 스웨덴 67%에 비해 낮다. 국제투명성기구의 부패인식지수에서도 한국(61)은 스웨덴(85)과 일본(74)은 물론 OECD평균(66.9)보다 낮았다. 따라서 **증세를 위해서는 정부의 신뢰도와 효율성 제고**가 선행되어야 한다.

또한, **증세를 위해서는 조세의 전가나 회피 및 저항을 고려**해야 한다. 재산세와 종합부동산세를 대폭 인상한 뒤 벌어진 혼란이 이를 잘 보여준다. 정부는 기대 이상의 세입을 얻었지만 집값안정이란 목표에 실패를 하였고, 조세전가로 서민세입자들이 피해를 보았다. 부자과세도 마찬가지이다. 막연히 부자이니까 세금을 더 내야 한다는 식으로는 사회적 합의에 이르거나 조세저항을 피하기 어렵다.

**이 책은 증세를 불가피한 것으로 보고 현실적인 증세방안을 논의하지만, 최선의 복지정책은 경제성장이라고 한다.** 안정적으로 성장하지 못한 나라는 공공복지수준과 관계없이 소득분배가 악화되었다. 이는 그리스나 베네수엘라 및 아르헨티나가 입증을 한다. 아르헨티나는 GDP 대비 복지지출 비중이 2010년기준 21.1%로 한국 7.9%보다 높지만 소득분배수준을 나타내는 지니계수가 한국보다 현저히 나빴다(한국경제 2022.2.25.).

### ⌛ 사례2: 재정중독과 재정악화

한국의 2022년도 **정부예산이** 처음으로 600조원을 넘어선다. 문재인 정부가 출범한 2017년 407조원에서 5년 만에 607조원으로 급증한다. 문대통령이 '채무비율 40%를 유지해야 할 근거가 뭐냐' 던진 한마디에 재정원칙은 휴지조각이 되었고 국가채무도 1,000조원을 돌파하여 국가채무비율이 50%를 넘어설 전망이다. **한국이 심각한 재정중독에 빠졌다. 그 이유는 첫째, 문재인 정부에서 연이은 팽창예산편성으로 국가채무가 가파르게 증가하여 5년간 400조원 이상 증가하고 있다.** 국제통화기금(IMF)은 한국의 국가채무비율이 2026년 69.7%까지 상승할 것으로 예측하였다. 특히 국민세금으로 상환해야 하는 적자성 채무가 빠르게 증가하여 2017년 56.8%에서 2020년 60.6%로 되었다.

**둘째, 공공기관의 방만경영이 도를 넘어섰다.** 자산 2조원 이상인 40개 주요공공기관의 부채가 연말 550조원에 달한다. 이와 대조적으로 당기순이익은 올해 7,000억원에 불과하다. 경쟁제한과 진입규제, 낙하산인사로 공공기관의 효율성과 책임성은 바닥수준으로 추락하였다. 외화내빈경영과 도덕적 해이가 심각하다.

**셋째, 지속적인 공무원 증원으로 올해 인건비가 처음으로 40조원을 돌파했다.** 현 정부 출범 이후 작년 말까지 10만4,000명이 증원됐다. 이명박, 박근혜 정부의 증원규모보다 훨씬 크다. **지난해 공공기관을 포함한 공공부문의 전체 인건비는 90조원에 육박한다.** 그러나 정부의 경제성적표는 초라하다. 스위스 국제경영개발원(IMD) 국가경쟁력평가에서 정부효율성 34위, 조세정책 25위, 제도여건 30위로 전년보다 하락했다. 그리스와 아르헨티나와 같은 재정위기에 빠진 나라는 한결같이 과도한 공무원 증원과 공공부문 비대화 현상을 경험했다.

**넷째, 고용보험과 건강보험 등 4대 사회보험의 재정상황이 갈수록 악화되고 있다.** 고용보험료가 2019년에 이어 또 올랐다. 최저임금 과속인상으로 고용절벽이 심화되면서 재정투입이 크게 늘어났다. 실업급여가 최저임금보다 많은 비정상적 운용이 상황을 악화시켰다. 직접 관련성이 적은 청년고용장려금을 편입해 적자를 더욱 키웠다. 또한, 공무원연금과 군인연금의 적자가 누적되어 국민부담이 증가를 하게 되었다. 4대 공적

연금 가운데 가장 적자가 심각한 것은 군인연금(1973년부터 적자)과 공무원연금(1993년부터 적자)이다. 적자가 발생한 금액만큼 정부재정이 투입되어야 한다.

**이처럼, 가파르게 늘어나는 재정을 통제하기 위한 제도적 장치가 본래의 기능을 하지 못하고 있다.** 지출증가가 세수증가를 압도하면서 '악어의 입'이 점점 벌어지는 양상이다. 예산낭비를 줄이기 위한 예비타당성제도가 유명무실해졌다. 예타면제사업이 지속적으로 늘어났다. 공공자원 사용의 검증장치가 실종됐다. 예타가 고도의 정치가 됐다. 재정준칙의 실효성도 의문시된다. 국가채무와 재정적자비율을 국내총생산의 60%와 3% 이내로 관리하겠다는 정부방침이 발표되었지만 각종 예외규정 등으로 그 실효성이 의문시된다. 정부는 아직도 선진국의 부채수준과 비교하면 여력이 충분하다고 강변하지만, 여기서 이창용 국제통화기금 아태국장의 경고를 새겨들을 필요가 있다(한국경제 2021.9.13.).

결론적으로, **국가의 위기는 빚(국가채무)에서 비롯된다는 것을 알 수가 있다.** 부채가 일정수준을 넘어서면 빚이 빚을 부르는 '부채의 함정'에 빠진다. 투자자들이 국채를 외면하면서 이자가 급등하고 국가신용등급이 떨어지면서 화폐가치가 급락하는 경제위기패턴이 역사에 반복되어 왔다. 구소련은 재정파탄국가가 어떤 상황을 맞는지를 잘 보여준다. 1992년 공식 인플레이션율이 2,000%를 넘었고 자동차를 살 돈이 2년 뒤엔 초콜릿 살 돈밖에 안됐다. **1970년대 베네수엘라 등 남미국가와 2010년 그리스도 비슷한 국가부채위기를 겪었다.**

**유럽중앙은행연구에선 정부의 재정적자가 국가부채 증가의 주요원인이고, 국가부채 비율이 70−80%부터 경제성장을 둔화시킨다고 하였다.** 경제학계원로인 서울대 김인준 명예교수는 '한국경제 위기인가, 기회인가?'의 2022년 2월 10일 한국경제학회 기조연설에서 '대선정국이 치열해지는 가운데 정치권이 선심성 공약을 남발하고 있다'며 포퓰리즘정책이 현실화되면 우리경제는 빠른 속도로 나빠지거나 일본의 '잃어버린 30년'과 같은 장기침체에 빠질 수 있다고 지적했다(한국경제 2022.2.11.).

세계 3대 신용평가사 중 하나인 피치는 '한국정부가 재정건전성을 지키지 못한다면 신용등급 하락으로 이어질 것이라고 경고했다. 지난 2월 보고서에서 한국의 국가채무 비율이 오는 2023년 46%까지 높아질 경우 국가신용등급에 하방압력으로 작용할 수 있다고 경고한 바 있다. 그리고 재정지출의 효율성을 강조하여 국가신용등급 관점에서 국가채무비율은 낮으면 낮을수록 좋다고 하였다(조선일보 2020.6.9.).

### ⌛ 사례3: 세금폭탄과 국민저항 그리고 정부지출

#### – 세금폭탄: 너무 쉽게 국민 주머니 털어가는 정부

**재정학에서 동의하는 과세의 출발점은 '넓은 세원, 낮은 세율'이다.** 그런데 문재인 정부는 디지털기업에 대한 새로운 과세방안을 비롯한 세원을 넓히려는 노력은 보이지 않고, **고소득과 고액자산가 등의 부자증세에 집착**하고 있다. 소득세율은 이전정부의 38%에서 2017년 40%, 2018년 42%, 2020년 45%로 급격히 오르고 있다. 30.50클럽(소득 3만 달러, 인구 5,000만명) 7국 중 4국의 최고세율이 45%라는 것이 근거이다. 그러나 이 근거를 포용한다고 하더라도 지방소득세를 포함한 최고세율은 49.5%로 독일, 이탈리아, 영국, 미국보다 높다. 대폭 오른 종합부동산세는 유주택자들의 억장을 무너뜨린다. 집값이 급등한 지역에 3년간 아파트를 보유한 1가구 1주택자는 내년에 올해보다 1,000만원 더 내는 경우도 생긴다. 납세의무는 강화하면서도 도리어 주거자유권은 침해하고 있다. 무주택자는 집값이 올라 어렵고 강화된 임대차법으로 전세가 사라져 전세를 구하기도 어렵다. 자영업자들을 돕겠다는 취지로 부가가치세 간이과세자와 면세자 매출액기준을 대폭 올린 건 국세청이 추진해온 자영업자 과표양성화 노력에 역행하는 처사이다.

**현재 근로소득세 대상자 중 면세자는 40%에 달하는데**(예컨대, 근로소득세 대상 1,949만5,359명 중 실제로 세액이 부과된 사람은 1,224만163명이고, 전체의 37.2%인 약 725만명은 근로소득이 있으나 세금을 내지 않고 있다), 이는 모두가 세금을 내도록 한다는 세법의 기본원칙 '개세주의'에 위배된다. 이렇게 많은 사람에게 납세의무를 면세시켜 준 나라는 드물 것이다. **소득세 납부 상위 10%가 전체 소득세의 80%를 낸다.** 2021년 국세통계연보에 의하면, 지난해 근로소득세 결정세액 44조1,641억원 중 32조2,706억원을 상위 10% 근로소득자가 낸 것으로 전체 세액의 73.1%에 해당한다. 문재인 정부 출범 첫해인 2017년 25조8,199억원에 비해선 25.0%가 증가하였다. 2021년부터는 소득세 최고세율이 45%로 상향되어 상위 10% 비중은 더 커졌다. 종합소득세는 근로소득세보다 상위 10% 쏠림현상이 더 심한 것으로 파악됐다. 지난해 종소세대상자 785만913명 중 10%인 78만5,091명이 낸 소득세는 32조1,150억원 이었다. 전체 결정세액 37조1,050억원의 86.6%에 해당한다. 두 가지 세금의 상위 10% 납세자가 부담한 세액은 총 64조3,856억원으로 전체 결정세액의 79.2%를 차지하였다. **그리고 법인세 역시 상위 10%가 전체의 96%를 낸다.**

결국, 부가가치세를 제외하면 대부분의 세금이 이럴 것이다. **전체 국민 중 많아야 20~30%가 돈을 벌어 세금을 내고, 나머지 70~80%가 세금을 쓰는 구조이다.** 소수에게 집중되는 세금은 증세에 따른 정치적 부담을 줄이고, 세금을 내지 않는 다수에게 표를 얻는 수단이 된다. 이를테면, 어떤 정치인이나 정당이든 국민 20~30%가 아니라 70~80%를 향해 구애할 수밖에 없다. 서민정당, 복지정당이란 간판은 '세금 쓰는 사람들을 위한 당'이란 뜻이다.

그런데 **지속가능한 재정을 고민하는 정부라면 새 소득원을 찾아 과세하는 노력을 기울여야 하고, 특정계층에게 부과한 세금이 주는 효율성 손실을 가볍게 여겨서는 안 되고, 모든 국민에게 자신의 능력에 따라 세금을 내도록 과세의 형평성을 높여야 한다**(조선일보 2020.9.15.; 한국경제 2021.12.24.).

**- 가렴주구정부와 국민저항**

전문가들은 **고소득자에 대한 과도한 세금쏠림현상은 '조세(租稅)저항(抵抗)'을 불러오기 쉽다**고 하였다. 이정미 전 헌법재판소 권한대행은 노무현 정부가 도입하고 문재인 정부가 확대한 종합부동산세는 수많은 위헌내용으로 국민들에게 감내할 수 없는 고통을 주고 있는 상황으로 잘못된 것이라고 하면서 **종부세법위헌소송**을 내기로 하였다. 현행 종부세법의 문제점으로는, 첫째 다주택자와 법인에 대한 과도한 세율적용에 따른 조세평등원칙 위반, 둘째 재산세와 양도소득세를 넘어 과도한 종부세까지 3중 조세부담에 따른 재산권 침해, 셋째 일시적 2주택에 대한 규정이 없고 무조건 2주택으로 과세함으로 인한 조세평등원칙과 재산권 침해, 넷째 세목과 세율에 관한 조세법률주의의 실질적 위배 등이다(조선일보 2022.1.21.).

**자고로 왕조의 몰락, 정권의 침몰은 가혹하게 세금을 거두고 백성들의 재물을 억지로 빼앗은 가렴주구(苛斂誅求)에서 시작된다.** 가렴주구가 만연하면 백성이 등을 돌린다. 백성이 등을 돌리면 뒤집어진다. 작금의 문재인 정부가 그 지경에 와 있다. 문재인 정부가 집값 잡겠다고 이리저리 남발한 스물 몇 가지나 된다는 그간의 조치는 '정책'의 메스가 아니라 '정치'의 칼춤이었다. 그 탓에 집을 가진 자 안가진 자를 막론하고 범법자와 피해자로 만드는 엉망진창의 결과를 초래했다. 특히 부동산 관련 세금은 세금이 아니라 벌금이고 징수가 아니라 강탈이다. 집 가진 게 죄인가? 집 가진 이들이 의도적으로 집값을 올렸나? 문재인 정부의 부동산정치가 팔지도 사지도 못하게 틀어막아 제멋대로 치솟은 집값이 아닌가? 양도세 때문에 팔 수도 없는 비현실의 가상소득이다. 거기에 몇 곱절 오른 재산세와 종부세로 사실상의 이중과세를 하니 미치고 팔짝 뛸 노릇이다. 주택임대차3법은 집값 폭등에 이은 전세값 폭등을 이끌어 결국 집 가진 사람보다도 집 없는 세입자를 목 조르고 압박하는 괴물이 되고 말았다.

예기(禮記) 단궁편(檀弓篇)에 이런 이야기가 있다. 어느 날 공자가 태산 인근동네를 지나다가 새 무덤 앞에서 곡을 하고 있는 여인을 발견하고 제자 자로에게 그 연유를 묻게 하였더니, 여인이 말하기를 탐관오리의 수탈을 참지 못해 이곳 태산으로 거처를 옮겼으나 몇 년 전 아버님이, 몇 달 전에는 남편이, 그리고 며칠 전에는 아들마저 호랑이에게 물려 죽었다고 한다. 이에 공자가 세 번이나 호환(虎患)을 당하고도 왜 이곳을 떠나지 않느냐고 되묻자, 그 여인이 말하기를, 그래도 이곳에는 가렴주구가 없기 때문이라고 했다. 이에 공자가 탄식하듯 뱉은 말이 '가정(苛政)맹어(猛於)호(虎)'다. 그렇다. 가렴주구의 정치가 호랑이보다 무서운 법이다(조선일보 2020.7.22.).

**- '정부지출: 버는 사람이 아닌 쓰는 사람이 먼저'인 공화국의 쇠고기 파티**

위에서 본 바와 같이, **세금은 소수계층이 부담하고 사용은 세금을 내지 않는 다수에게 혜택을 주고 있다.** 현재 국민 1,200만명이 현금형태로 나랏돈(누군가 낸 세금)을 지

**원받고 있다.** 저소득층은 일에서 번 돈보다 나라에서 지원받는 돈이 더 많게 됐다. 전국 시군구까지 다 합쳐 현금복지종류가 2,000종에 달한다. 건강보험, 실업급여, 기초생활보장, 기초노령연금, 무상교육, 세금알바 등 수많은 복지제도와 긴급재난지원금까지 모두가 '버는 사람'들이 낸 세금과 보험료로 주는 것이다.

그런데 **많은 '쓰는 사람'들은 대통령, 시장, 도지사가 주는 것으로 인식한다.** 대통령은 돈을 주면서 단 한번도 '이 돈은 많은 세금을 내시는 분들이 주시는 겁니다'라고 말하지 않는다. 재난지원금도 '사상 최초로 정부가 국민에게 지원했다'고 했다. 그 돈의 출처는 말하지 않는다. 미국 대통령들은 진심이든 형식적이든 때만 되면 납세자들에게 헌사를 바치지만 한국 대통령은 재정과 같은 어려운 말을 쓴다. 재정이라는 말에서는 '돈을 벌어서 낸 사람들의 얼굴'이 아니라 대통령과 장관들의 얼굴이 떠오른다.

**쓰는 사람 먼저인 공화국에서는 나라 곳간에 돈이 남아 있느냐는 중요하지 않다.** 문정권 5년 동안 튼튼하던 20조원의 건강보험기금이 급격히 소진되어 4년 되면 탕진된다. 10조원이 넘던 고용보험기금은 올해 완전히 탕진된다. 탕진도 모자라 전 국민 고용보험을 한다고 한다. 공기업들은 적자경쟁을 하고 있다. 적자를 냈는데도 보너스를 준다. 몇 조원 지역사업을 하면서 최소한의 예비타당성조사조차 하지 않는다. 돈이 없으면 빚을 내면 된다고 한다. 채무를 걱정하지 않는 것은 버는 것보다 쓰는 게 먼저인 사람들의 특징이다.

**'쓰는 사람 먼저 공화국'에서는 국민세금을 어디에 쓰느냐 역시 중요하지 않다. 중요한 것은 '얼마나 많은 사람이 좋아하느냐'이다.** 코로나 재난지원금은 14조원을 무차별로 전 국민에게 준다. 문재인 대통령은 '한우와 삼겹살 매출이 급증했다'며 가슴이 뭉클했다고 했다. **그러면 정부가 부의 창출이 아니라 오로지 쓰고 나눠 먹는 데만 정신이 팔려 있어도 되느냐는 것이다**(조선일보 2020.7.9.).

### ⌛ 사례4: 한국의 세금정책, OECD와 역주행

'세금을 깎아 경제활력을 불어넣겠다던' 이명박 정부의 감세정책이 증세로 돌아선 것은 2012년으로 소득세 최고세율 인상(35%→38%)이었다. 박근혜 정부에서 문재인 정부를 거치면서 소득세 최고세율 추가인상(38%→42%→45%), 종합부동산세율 인상(2%→4%), 법인세 최고세율 인상(22%→25%), 주식양도소득세 부과대상 확대(주식보유액 15억원→3억원), 상속세 신고세액공제율 축소(10%→3%), 근로소득공제액 한도 설정(2,000만원)이 있었다. **이른바,** 문재인 정부가 2020년 발표한 세법개정안은 부자증세에 초점을 둔 것으로서 소득세 최고세율 45%로 상향, 법인세 인상, 종합부동산세 인상, 양도소득세 인상, 주식매매차익과세 등을 들 수 있다. **타깃은 두 개, 부유층과 대기업이었다.** 보수정권이든 진보정권이든 넉넉하다는 이유로, 조세저항이 적다는 이유로 이들에게만 청구서를 내밀었다. 한국의 고소득층과 대기업의 조세부담비율은 그렇게

**8년 만에 세계최고수준이 되었다.**

한국의 세금정책이 글로벌 트렌드에 역행하는 것은 몇몇 숫자만 살펴봐도 알 수 있다. 2011년까지 지방세(소득세의 10%)를 포함한 소득세 최고세율은 38.5%였으나 2018년 46.2%로 7.7% 올랐다. 같은 기간 선진국클럽인 OECD평균은 40.5%에서 42.5%로 2.2% 오르는 데 그쳤다. 이로 인해 한국은 OECD평균보다 소득세가 낮은 나라에서 높은 나라로 바뀌었다.

법인세는 '세계 역주행'의 대표적인 사례이다. 기업투자를 늘리고 해외유출을 막기 위해 주요국이 앞다퉈 법인세를 내리는 마당에 우리만 정반대의 길을 선택했다. 법인세 최고세율 역시 2011년만 해도 한국(24.2%, 지방세 포함)이 OECD평균보다 낮았지만 2018년은 한국(27.5%)이 OECD평균(23.7%)보다 높아졌다.

상속세도 마찬가지이다. 36개 OECD국가 중 캐나다. 호주, 스웨덴 등 13개국이 상속세를 없앴지만, 한국은 상속세가 있는 OECD국가 평균(26.6%)의 두 배에 달하는 세계최고수준의 상속세율(50%, 최대주주 지분상속 시 60%)를 유지하고 있다. '가업승계를 막고 부자들의 이민을 부추기는 징벌적인 세부담을 낮추어야 한다'는 기업인들의 하소연은 '부의 세습을 막아야 한다'는 목소리에 언제나 밀린다. 한국에만 존재하는 종합부동산세는 2016년 2%에서 2020년 4%로 인상하고 과표구간을 조정하여 부자만이 아니라 일반국민들에게도 부담을 주고 있다.

반면에, 특정한 타깃 없이 전 국민에게 영향을 주는 부가가치세(10%)는 1977년 도입 이후 단 한 번도 인상하지 않았다. 상당수 전문가가 인상 필요성에 공감하지만, '저소득층 부담이 상대적으로 커진다', '조세저항이 크다' 등의 이유로 어느 정권도 손대지 못했다. 부가세 인상을 통해 늘어나는 재정수요를 충당하는 2018년 OECD평균 19.3%와는 다른 행보를 보인다.

〈글로벌 트렌드에 역주행하는 한국조세제도〉　　　(단위: %)

| 조세 | 국가 | 이명박 정부 (2008.2-2012.2) | | | | 박근혜 정부 (2013.2-2017.4) | | | | 문재인 정부 (2017.5-2022.5) | | | |
|---|---|---|---|---|---|---|---|---|---|---|---|---|---|
| | | 2009 | 2010 | 2011 | **2012** | 2013 | 2014 | 2015 | **2016** | 2017 | 2018 | 2019 | **2020** |
| 소득세 | 한국 | 38.5 | 38.5 | 38.5 | **41.8** | 41.8 | 41.8 | 41.9 | **42.3** | 44.0 | 46.2 | 46.2 | **46.2** |
| | OECD | 40.1 | 40.4 | 40.3 | **40.8** | 41.7 | 41.8 | 41.8 | **41.8** | 42.1 | 42.2 | 42.5 | **42.6** |
| 법인세 | 한국 | 24.2 | 24.2 | 24.2 | **24.2** | 24.2 | 24.2 | 24.2 | **24.2** | 24.2 | 27.6 | 27.6 | **27.5** |
| | OECD | 25.3 | 25.4 | 25.3 | **25.2** | 25.3 | 25.2 | 25.1 | **24.8** | 24.6 | 24.0 | 23.7 | **23.5** |
| 부가가치세 | 한국 | 10.0 | 10.0 | 10.0 | **10.0** | 10.0 | 10.0 | 10.0 | **10.0** | 10.0 | 10.0 | 10.0 | **10.0** |
| | OECD | 17.8 | 14.4 | 14.8 | **14.9** | 14.9 | 15.2 | 15.7 | **15.7** | 15.7 | 15.7 | 15.7 | **16.0** |

주: 소득세와 법인세는 지방세 포함 최고세율, 부가가치세는 법정세율.
자료: OECD조세통계(2021.4.30.), 국회예산정책처(2021: 13).

〈주요국가 소득세 최고세율과 근로소득세 면세율(2020년)〉    (단위: %)

| 조 세 | 미국 | 캐나다 | 영국 | 프랑스 | 독일 | 이탈리아 | OECD | 일본 | 한국 |
|---|---|---|---|---|---|---|---|---|---|
| 소득세 최고세율 | 37 | 33 | 45 | 45 | 45 | 43 | 35.9 | 45 | 45 |
| 소득세 최고세율 (지방세포함) | 43.7 | 53.5 | 45 | 55.4 | 47.5 | 47.2 | 42.5 | 55.9 | 46.2 |
| 근로소득세 면세율 | 3.7 | 18.7 | 2.1 | | | | | 15.5 | 38.9 |

주: 소득세 최고세율은 2018년, 면세자비율은 한국은 2018년, 그 외 국가는 2014년.
자료: OECD조세통계(2021.4.30.), 국회예산정책처(2021: 13).

2018년 기준 근로소득세 면세자는 722만명이고 근로자의 38.9%가 세금을 내지 않는다. 근로소득 면세율은 영국이 2.1%, 일본 15.5%, 미국 3.7%와 비교하면 한국의 소득세면세율은 지나치게 높은 편이다. 근로소득자 10명 중 4명이 소득세를 전혀 부담하지 않으면서 소수 특정계층의 조세부담률을 세계 최고수준으로 올리는 것은 과세형평성에 맞지 않고 사회적 연대 강화에도 도움이 되지 않는다.

이처럼, **거꾸로 가는 조세정책은 조세경쟁력 하락과 경제성장에 역효과를 가져온다.** 미국 조세재단(Tax Foundation)이 OECD회원국을 대상으로 평가한 조세국제경쟁력지수를 보면, 한국은 2016년 12위에서 217년 15위, 2018년 17위로 계속 추락하고 있다. 미국 레이건 정부의 경제정책이론이었던 래퍼곡선에 의하면, 정부의 조세수입을 극대화하는 적정세율수준보다 세율이 낮을 때에는 세율증가가 조세수입을 증가시키지만, 적정세율을 초과해 세율을 계속 높일 경우 경제주체들이 일할 동기가 줄어들어 생산활동이 위축될 뿐만 아니라 탈세에 대한 유인이 커지므로 세율이 상승함에도 불구하고 조세수입은 감소한다고 한다.

예컨대, 전문가들은 '부자증세'의 부작용을 우려하고 있다. 고소득층의 일할 의욕과 경제적 인센티브를 꺾을 수 있기 때문이다. '더 열심히 일해 봤자 국가가 절반을 가져간다'는 것이다. 김소영 서울대 경제학부 교수는 '부자증세는 고소득자들이 나름대로의 판단으로 소비나 투자에 사용할 돈을 정부가 거둬들여 대신 쓴다는 의미'라며 '민간이 100%로 쓰면 후생이 생길 것도 비효율인 큰정부가 쓰면 50도 못하는 경우가 허다하다'고 말했다. 안상훈 서울대 사회복지학과 교수는 '소수 고소득자에 대한 세율만 높여서 복지비용을 충당하는 복지국가는 없다'며 '대다수 국민이 세금을 내서 재정을 튼튼하게 한 뒤 어려운 계층에게 복지혜택을 더 많이 늘려주는 것이 사회적 연대의 취지에 부합하는 것이라고 하였다. 그는 복지국가모델인 스웨덴 등 북유럽국가들의 면세자 비율이 높지 않은 것도 이런 이유라고 설명했다. 지출에 비해 세수가 부족하면 결국 정부는 국채를 발행하고 이는 재정건전성 악화로 이어진다. **'넓은 세원, 낮은 세율'이란 조세의 기본원칙을 지켜야 한다.** 김상봉 한성대 경제학과 교수는 '최근 몇 년간 조세정책을 보면 세원을 넓히려는 노력보다는 소수의 고소득층과 대기업을 겨냥해 손

쉽게 거둬들이는 경향이 짙어지고 있다'고 설명했다(한국경제 2020.1.13; 조선일보 2020.7.23.).

### ⧗ 사례5: 건전재정포럼: 8가지 정책제언

건전재정포럼은 전직 경제관료와 재정학자 등 120명이 회원으로서 지난 5년간 악화된 재정건전성 회복을 위한 8가지 정책제언을 발표하였다(조선일보 2022.4.1.).

첫째, **공공일자리를 줄여라**─기업이 일자리를 만들어야 하는데, 문재인 정부에서는 정부가 일자리 숫자를 유지하는데 급급해 공공일자리를 만드는 과정에서 막대한 재정을 투입하려 재정악화로 이어졌다.

둘째, **끝없이 증가하는 지방교부금 축소**─학생은 줄어드는데 계속 늘어나는 초중등교육의 예산이 과다하므로 지방교육재정교부금의 개혁이 필요하다. 예컨대, 초중등교육의 학생 1인당 공교육비는 OECD평균을 상회하지만, 고등교육은 평균에 미달한다며 초중등교육 과잉지원문제를 풀어야 한다.

셋째, **세수확충 위해 부가가치세율 인상**─고령화로 늘어나는 복지비 지출을 감당하려면 지출구조조정뿐 아니라 세수확충방안도 찾아야 한다. 3대 세목(소득세, 법인세, 부가가치세) 중 소득세와 법인세는 박근혜 정부 이후 지속적인 세율인상이 이루어졌으나, 부가가치세는 1977년 도입 이후 10%로 고정되어 있다. 부가가치세를 운영하는 36개 OECD 회원국의 평균세율 19.3%의 절반수준이므로 세율을 15%수준으로 단계적으로 인상해야 한다.

넷째, **국민연금보험료 인상**─국민연금 고갈을 막기 위해 소득 대비 보험료율을 현재 9%에서 17%로 단계적으로 인상하고, 연금지급개시연령을 현행 65세에서 68세로 5년마다 한 살씩 인상하는 안을 제시했다.

다섯째, **공약비용추계하는 기구 설립**─대선 등에서 주요정당의 공약비용을 추계할 전문기관을 만들어 재정규모를 객관적으로 분석해 발표해야 포퓰리즘공약을 막을 수 있다. 네덜란드(CPB), 아일랜드(재무부), 호주(의회예산국)는 전문기관을 통해 주요정당의 공약비용추계를 제도화하고 있다.

여섯째, **공공기관의 민간시장 침범 막아야(공공기관 부채증가 제동)**─공공기관의 민간시장 잠식은 주무부처와 예산당국의 방치 하에 계속 확산 중인데 이를 중단시켜야 한다. 즉 공공기관이 민간역할까지 떠맡아 비대해진 공공기관의 부채증가에도 제동을 걸어야 한다. 공공기관 중 부채가 많은 39개 기관을 보면, 2020년 521조6,000억원 이었던 부채가 2024년에 615조8,000억원으로 급증할 전망이다.

일곱째, **나라빚 한도 재정준칙 제정을**─재정준칙이란 법률로 재장적자와 국가채무 등 재정총량에 대한 한도를 설정하는 것인데, 제대로 지켜지지 않고 있다. 핵심인 한도 설정을 시행령에 위임했는데, 이를 법률로 규정하여 구속력을 높여야 한다.

여덟째, **정부개혁전담기구 설치** – 역대정부가 재정지출조정이나 공기업 개혁을 추진했으면서도 성과는 미흡했다며 기존제도로 혜택을 받고 있는 기득권층의 반발이 컸기 때문인데, 강력한 추진을 위해서는 한시적인 정부개혁기구가 필요하다. 외환위기 당시 김대중 정부가 기획예산처에 '정부개혁실'을 설치하고 공기업과 정부산하기관 개혁을 추진한 것을 대표적 사례로 꼽았다.

### ⧗ 사례6: 건전재정 비판: 재정확대론

#### – 증세 통한 재정확대로 '소득분배 악화' 대응해야

소득불평등문제를 시장에서 해결할 수 있다면 가장 바람직할 것이다. 제 힘대로 일하고 제 몫을 찾아가는 것만큼 떳떳하고 지속가능한 분배방식은 없을 것이기 때문이다. 이른바 1차 분배다. 하지만 시장의 속성은 한번 굳어진 빈부격차를 더 벌리기 일쑤다. 대기업과 중소기업 간 불공정거래, 정규직과 비정규직 사이의 차별에서 비롯되는 구조적인 문제를 시장에서 해결하는 건 불가능에 가깝다.

올해 1분기에 1분위(하위 20%) 가구소득이 급감하고 지난 5월 하위층을 중심으로 고용사정이 나빠진 것을 계기로, 소득불평등문제가 긴급현안으로 떠올랐다. 이를 1차 분배로는 풀기 어렵다는 사정을 최저임금 인상논란에서 확인할 수 있다. 정부의 적극적 개입에 따른 2차 분배(재분배)의 역할을 높여야 하는 이유다. 이는 전반적인 경제 활성화를 위해서도 필요하다.

경제협력개발기구(OECD) 회원국 중 재분배기능이 낮은 나라로 한국이 선두에 꼽힌다는 사실은 새삼스럽지 않다. 2016년 기준 세전소득과 처분가능소득을 기준으로 한 지니계수(0~1 사이) 변화폭(재정기여도)이 0.046%로 34개 회원국 중 31위에 그친 게 한 예다. 정부의 2차 분배로 불평등도를 낮추는 기능이 약하다는 뜻으로, 개선해야 할 부분이다.

**나라살림을 조심스럽게 운영해야 한다는 경고는 새겨들어야 한다. 하지만 빈부격차를 방치하는 건 위험을 키우는 일이다. 더욱이, 한국의 재정에는 적극적인 역할의 여지가 있다.** 국내총생산(GDP) 대비 재정지출(기금을 포함한 일반정부예산)비중은 32% (OECD 회원국 중 32위)로 낮은 편이다. 정부는 올가을 정기국회에 제출할 내년도 예산·세제 개편안을 마련 중이다. 예산안의 경우 올해보다 6.8% 늘어난 각 부처의 요구안을 받아 조정 중이고, 보유세 인상을 비롯한 세제개편안도 마련하고 있다. 예산·세제 개편안 마련 때 증세논란에 움츠러들지 말고 적극적인 자세로 임할 필요가 있다. **지금의 경제사정과 재정형편을 고려할 때 '증세를 통해 정부지출을 확대해야 한다'는 국내외 전문가들의 정책권고를 성장을 촉진하기 위해서라도 새겨들어야 한다**(한겨레 2016.10.19.).

- 경직적인 재정준칙 법제화, 복지예산 축소 우려된다.

윤석열 정부가 13일 관리재정수지 적자폭을 국내총생산(GDP)의 3% 이내로 제한하고, 국가채무비율이 60%를 넘길 때는 적자한도를 2%로 억제하는 내용의 재정준칙을 도입하겠다고 밝혔다. 이런 내용을 담은 국가재정법 개정을 올해 안에 마무리하겠다는 것이다. 이렇게 경직되게 재정을 운용하면 결국 사회복지예산이 희생양이 될 가능성이 높다. 고령화 대응, 사회양극화 해소를 위한 재정운용을 매우 어렵게 할 것으로 우려된다.

추경호 부총리 겸 기획재정부 장관은 이날 비상경제장관회의에서 재정준칙 도입방침을 두고 "방만한 재정운용 여지를 차단하겠다"고 했다. 최근 3년간 관리재정수지 적자가 연간 100조원 안팎에 이른 것을 두고 한 말이다. 재정준칙 도입은 논의할 때가 되었다. 앞서 문재인 정부에서도 국가채무와 통합재정수지 간의 곱셈식을 준칙으로 시행령에 규정하는 법안을 발의해 현재 국회에 계류 중이다. 그런데 이번 정부안의 경우 통합재정수지가 아닌 관리재정수지를 기준으로 재정적자를 관리하겠다고 밝히고 있어, 정부지출 억제에만 초점을 맞추고 있다. 재정수입 확대는 고려에 없다. 그 결과는 예상하기 어렵지 않다.

8월 말 정부가 관리재정수지 적자폭을 2.6%로 하여 짠 내년 예산안을 보면, 코로나 방역과 관련한 보건부문을 뺀 사회복지예산이 올해보다 5.6% 증가에 머물렀다. 이명박 정부(7.5%), 박근혜 정부(7.7%), 문재인 정부(10.4%) 기간의 연평균증가율을 크게 밑돈다. 그나마도 법률에 따라 의무적으로 지출해야 하는 부분이 11% 늘어난 것이고, 정책의지를 담아 편성하는 예산은 5.4% 줄어들었다. **정부가 대기업 법인세 인하 등 감세를 단행해 늘어날 조세수입을 줄임으로써, 사회복지예산이 받은 타격은 훨씬 커졌다.** 이런 방향으로 국가가 해야 할 일을 줄여선 나라경제가 건전한 성장을 이어가기 어렵다. 재정적자비율과 국가채무비율이 낮은 것만으로 나라살림을 잘 운영한다고 하는 것은 낡고 좁은 사고다. **필요할 때는 나랏돈으로 먼저 '늪을 메우고 디딤돌을 놓아' 미래를 준비하는 것이 재정의 지속가능성을 높이는 길이다. 이런 점을 고려해 재정준칙을 마련해야 한다**(한겨레 2022.9.13.).

## 2. 공공부문의 활동

공공정책은 공공부문, 특히 정부가 사회를 위해 무엇을 하기로 또는 하지 않기로 결정하는 활동, 즉 정부가 개입하여 사회에 영향을 미치는 활동의 총체를 말한다. 그러면 공공부문은 사회를 위하여 무엇을 얼마만큼 해야 하는가, 이것을 다른 말로 표현하면, 우리시민은 공공부문이 얼마나 큰 활동이나 작은 활동을 원하는가, 그리고 우리시민은 공공부문이 제공하는 개인적이거나 집단적 편익에 대해 얼마만큼 부담(비용)을 할 것인가의 문제이다(Simon, 2010: 1-2).

이와 같은 공공부문의 활동 또는 기능이나 역할에 관한 문제는 역사적으로 지속되어온 공공부문과 공공정책의 중요한 연구과제이면서 실무과제라고 할 수 있다. 이러한 과제를 해결하기 위하여 학문적으로는 국가 대 사회, 또는 정부와 시장 및 시민사회 간의 기능이나 역할에 대한 논쟁이 지속되어 왔는데, 그동안의 논의를 살펴보면 다음과 같다.

## 1) 시장실패와 정책개입

### (1) 시장실패의 개념과 유형

경제학자들은 시장실패로 언급되는 여러 가지 상황들을 인식하고 이런 시장실패를 해결하기 위하여 정부개입을 정당화하는 정부의 역할, 즉 공공정책의 합리성을 수용하고 있다(Weimer & Vining, 1992: 31).

시장실패(market failure)는 정부가 공공정책의 형태로 시장에 개입하는 정당한 이유로 인정되고 있다. 시장에 대한 정부개입의 논리를 제시하는 학문은 후생경제학(welfare economics)이다. 후생경제학자인 A. C. Pigou(1932)는 저서 "The Economics of Welfare"에서 1920년대 사회적 편익시설을 공급하는데 시장의 성과가 만족스럽지 못하다는 점을 지적하였다. 피구의 주장은 W. Baumol(1952)의 저서 'Welfare Economics and the Theory of the State'에서 구체화되어 시장실패연구의 기준이 되었고, 시장을 개선하기 위한 정부프로그램설계의 지적인 기준을 제공하였다.

후생경제학자들은 시장(market)을 자원배분의 가장 효율적 기구로 인식하였다. 시장은 각 경제주체가 자발적으로 재화와 서비스를 교환하는 장소를 말한다. 시장에서 모든 유형의 자원들이 효율적으로 배분된다면 파레토효율성(pareto efficiency)이 달성된다. 기본적인 시장경쟁모델은 자원배분의 파레토효율을 산출하는 것이다. 파레토효율이란 다른 경제주체의 후생을 손상시키지 않고서는 한 경제주체의 후생을 증가시킬 수 없는 상태로서 매우 제한된 가치기준이다. 이 기준은 사회전체의 총량적 측면에서 자원배분의 효율성을 파악하는 것이므로 한정된 자원이 사회 내에서 누구에게 얼마만큼 분배되느냐 하는 소득분배를 배제하고 있다. 그러나 경제적 현실은 기본적인 경쟁모델의 가정과 완전히 일치하지 않으므로, 완전경쟁모형에서 이탈은 다양한 문제를 발생시키게 되고 그리고 시장에 의한 분배결과는 사회적으로 바람직하지 않은 시장실패를 초래하고 있다. 이에 따라 Wolf와 같은 경제학자들은 소득

〈표 1-37〉 시장실패의 유형

| 유형구분 | 유형사례 |
|---|---|
| 시장의 기능장애 | 독과점시장, 경기침체(불황), 실업문제 |
| 시장의 내재적 결함 | 공공재, 외부효과, 불확실성(불완전정보) |
| 시장의 외재적 결함 | 소득분배문제 |

분배문제를 시장실패의 범주에 포함시키고 있다.

따라서 시장실패(market failure)는 이상적인 경쟁적 경제의 기본가정을 벗어나서 시장이 자원의 효율적이고 공정한 배분을 실현하지 못하는 상태를 의미하는 것으로서 시장실패의 유형은 크게 세 가지로 나눌 수 있다(Weimer & Vining, 1992: 30-77; 전상경, 2005: 19-38). 첫째 유형의 시장실패는 시장의 기능장애(시장의 구조적 전제가 파괴되는 경우)로서 독과점시장과 불황이나 실업문제 등이 포함된다. 둘째 유형의 시장실패는 시장의 내재적 결함(시장이 효율적으로 작동되게 하는 제반가정이 무너지는 경우)으로서 공공재와 외부효과 및 불확실성이 여기에 속한다. 셋째 유형의 시장실패는 시장의 외재적 결함(시장이 비정상적으로 작동되더라도 해결되지 못하는 경우)으로서 소득분배문제가 이 부류에 속한다(표 1-37).

### (2) 시장의 기능장애로 인한 시장실패와 정책개입

#### ① 독과점시장

시장에서 효율적인 자원배분이 이루어지려면 보이지 않는 손(가격)에 의해 생산자와 소비자 간의 경쟁이 필요하다. 완전경쟁은 아니지만 독점적 경쟁시장에서는 경쟁이 제대로 작동하게 되어 어느 정도 자원의 효율적인 배분이 이루어진다. 그러므로 과점이나 독점시장은 생산자와 소비자 간의 효율적 경쟁이 파괴되어 생산자는 높은 가격의 재화를 생산하여 시장에 제공하게 되므로 소비자는 후생감소를 가져온다. 예컨대, 자연독점을 포함한 독점과 과점은 모두 높은 가격을 얻기 위해서 산출물을 제한하게 되고 이것은 결과적으로 소비자의 후생감소뿐 아니라 그것으로 인한 분배문제까지 초래한다. Leibenstein(1976)은 독과점 때문에 재화와 서비스의 생산에서 기술적으로 가능한 최소비용을 달성하지 못하는 것을 'X-비효율성'이라고 하였다. Tullock(1967)에 의하면, 독점은 필연적으로 지대(초과이득, rent)를 발생시키게 되어 사회후생손실을 가져온다고 하였다.

이러한 독과점이 초래하는 비효율적 문제를 해결하기 위하여 정부는 독과점금지법이나 공정거래법을 제정하여 공정한 경쟁을 유도하거나 자연독점산업을 국유화하여 정부가 직접경영하려고 한다.

**🌡️ 사례연구    시장경제 현상**

### - 정의로운 가격의 함정

현대경제는 시장에서의 거래를 통해서 돌아간다. 사람들은 자신이 생산한 물건만을 소비하기보다는 자신이 생산한 물건과 다른 사람이 생산한 물건을 시장에서 교환해 재화를 소비하고 그로부터 훨씬 더 행복해진다. 거래에서 가장 중요한 요소는 물건의 가격이다. 가격은 여러 물건 사이의 상대적 가치에 대한 정보를 사람들에게 알려준다. 예를 들어, 강남집값과 지방집값의 비교는 사람들이 어느 지역의 집을 더 가치 있다고 생각하는지를 알려준다.

요즘 우리경제에서 몇 가지 가격이 사회적 관심의 대상이다. 부동산가격과 임금이 그 예이다. 부동산가격은 너무 높아서 문제이고, 임금은 너무 낮아서 문제이다. 현 정부는 부동산가격 안정과 최저임금 인상을 정책목표로 삼고 있다. 이러한 목표를 설정한 배후에는 시장에서의 약자를 보호하는 것이 정의로운 정책이라는 생각이 깔린 것 같다. 그런데 가격을 억지로 정의로운(?) 수준으로 정하는 것이 약자를 돕지 않는다. 만약 정부가 가격을 약자에게 유리한 쪽으로 정하면 시장에서 약자들 간의 경쟁이 치열해진다. 부동산가격을 강제로 낮추면 집을 낮은 가격에 사서 이익을 누리려는 사람들이 늘어나 수요는 더욱 증가하게 되고 수요자 간 경쟁도 치열해진다. 억지로 싸게 정해진 집값에 집을 사게 된 사람들은 복권에 당첨된 듯한 이익을 누리고 나머지 사람들은 자신도 복권에 당첨되기 위해 시장으로 몰려든다. 이런 수요의 증가는 원래 시행된 집값억제 정책목표를 무력화시킨다. 또한, 최저임금을 너무 올리면 비숙련노동자를 고용하려는 사업장이 줄어들어 노동자 간 경쟁이 더욱 치열해진다. 더욱이, 임금이 싸면 노동시장에 나오지 않을 사람들도 높은 최저임금을 노리고 노동시장에 나온다면, 정말 최저임금을 받고 일해야 하는 저소득층은 구직이 어려워지고 인상된 임금 때문에 더 불행해진다.

시장의 가격은 사람들이 물건에 대해 얼마의 가치를 두는지를 알려주는데, 그 정보를 이용하면 사람들이 좋아하는 물건이 무엇인지를 알게 되므로 그것을 생산해 이윤을 남길 수 있다. 이런 잠재적 이윤의 존재는 사람들이 그런 재화에 대한 공급을 늘리도록 유인해 가격을 안정화시키는 원리가 작동한다. 그 목적이 어떻든 이 원리를 거스르는 가격억제정책은 시장에 참가하는 사람들의 이윤추구를 바꾸지는 못한다. 사람들의 유인과 충돌하는 정책은 오히려 원래의 정의롭지 못한 상황을 더 악화시키고 시장의 약자들을 더 약하게 만들뿐이다. 시장은 나름대로 약자를 보호하고 강자를 약하게 만드는 경로를 가지고 있으므로 그를 이용하는 것이 정의를 구현하는데 효과적이다(한국경제 2020.11.13.).

---

### 사례연구  **새로운 독과점 현상**

---

**– 디지털혁명시대의 플랫폼기업들**

**디지털혁명을 주도하고 있는 플랫폼사업자들의 경쟁력은 기본적으로 내수시장에 비례한다.** 미국의 구글, 아마존 메타, 우버, 에어비앤비, 중국의 알리바바, 텐센트, 위챗 등도 마찬가지이다. 이들의 성공요인은 기술혁신 그 자체보다는 '발상의 전환'을 통해 새로운 사업영역을 발굴하고 선점한 데서 찾을 수 있다. **플랫폼사업의 가장 큰 특징은 수요중심기업이다.** 먼저 한계생산비용이 거의 제로(0)에 가까워 극단적인 규모의 경제가 발생한다. 더 나아가, 새로운 고객이 참여할 경우 기존고객 역시 이득을 보는 네트워크효과가 발생해 다른 플랫폼으로 갈아탈 때 발생하는 비용이 높고 따라서 고객을 묶어두는 잠금효과(lock-in effect)가 강하다. 전통적인 제조업에서 기술과 자본력이 주요한 경쟁요소였다면, 이들에게는 기술과 고객수가 더 중요한 경쟁요소이다.

기업입장에서 잠금효과를 활용하는 방식은 두 가지이다. 하나는 깊이(depth)를 확장하는 방식이다. 일찍이 볼 수 없었던 혁신기술을 통해 과거에 없던 새로운 서비스영역을 끊임없이 발굴해 가치를 창출하는 것이다. 자신이 만들어낼 수 없으면 기업인수를 통해서라도 혁신기술과 아이디어를 끊임없이 만들어간다. 페이스북이나 애플이 메타버스에 총력을 기울이고 유튜브를 인수한 구글이 실리콘밸리의 큰손으로 인수시장을 주도하는 것도 이 때문이다.

다른 하나는 폭(breath)을 확장하는 방식이다. 잡힌 고기인 고객에게 변형된 형태의 묶음판매(bundling)로 범위의 경제를 극대화한다. 완전히 새로운 개념의 서비스일 필요가 없다. 약간의 차별화를 통해 고객에게 편의성을 제공하지만 궁극적으로는 기존고객을 기반으로 수요독과점을 통해 영역을 확장하는 것이다. 이렇게 폭의 확장에 주력하는 **플랫폼기업들은 국내시장에서 수요독과점 지배력을 통하여 초과이윤을 누릴 수 있다.**

과거 재벌들이 '문어발식 경영'으로 중소기업에 피해를 준다고 비판했는데, 이들 플랫폼기업들은 '지네발식 경영'으로 중소기업뿐 아니라 골목상권까지 닥치는 대로 침범하고 있다(조선일보 2022.1.25.).

### - 플랫폼만능시대의 역설과 플랫폼규제

정보통신기술사회에 전 국민이 사용하는 포털과 메신저를 보유한 **네이버와 카카오는** **최근 10년간 결제, 쇼핑, 금융, 여가 등으로 서비스영역을 확장해온 독과점 플랫폼기업이다. 특히 카카오는 계열사를 136개나 거느린 시가금액 22조원의 공룡 플랫폼기업이다.**

이처럼, **우리생활의 모든 영역에서 플랫폼서비스가 보편화되면서, 소비자들은 편리함을 누리는 대신 '비싸진 물가'를 체감하고 있다.** 지난달 30일 서울 충무로 한 모텔에 전화로 문의한 숙박요금은 3만6,500원(1인실)이었으나, 숙박앱에 뜬 가격은 그보다 18% 비싼 4만3,000원이었다. '같은 서비스, 다른 가격'은 외식시장도 마찬가지이다. 서울 송파구 한 중국집은 배달앱용 메뉴판이 가게 메뉴판보다 2,000원 비싸다. 앱수수료와 배달료 탓이다. 수수료라는 연결비용 외에 광고비, 배달비, 결제수수료라는 추가비용이 증가하기 때문이다. 그 결과 음식점은 배달가격을 수천원씩 올리고 숙박업체는 투숙료를 수만원씩 비싸게 앱에 올린다. 콜택시앱이 장악한 거리에선 비용이 추가로 붙는 빠른 배차서비스를 외면하기 쉽지 않다.

예컨대, 택시업계를 혁신하겠다며 2015년 택시시장에 뛰어든 카카오는 국내 택시시장을 '호출중심'으로 바꾸었다. 처음에는 손님과 기사 모두에게 무료였다. 그 덕에 현재 전 국민의 절반 이상(일반 2,800만명, 택시기사 23만명)을 가입자로 확보했다. 하지만 시장(市場)과점(寡占)에 성공한 카카오가 2019년부터 조금씩 유료화에 나서면서, 공공요금인 택시요금체계가 사실상 무너졌다. 소비자는 택시기본요금이 3,800원이지만, 이젠 택시를 빨리 타려면 최대 3,000원의 웃돈을 더 내야 한다. 또한, 2015년 초 가입택시를 확보하려는 카카오택시의 '지원금'을 받아가며 무료로 승객목적지를 보고 골라태우기를 했던 택시업계는 카카오의 유료화 역풍을 맞고 있다. 카카오는 2019년 매출의 20%를 가져가는 '카카오T블루'를 시작했고, 지난 3월에는 월 9만9,000원짜리 '프로멤버십'을 추가로 내놨다. 두 서비스의 골자는 '손님의 택시호출을 우선적, 독점적으로 준다'는 것이다. 콜 하나하나에 생계가 좌우되는 택시기사들 입장에선 남보다 먼저 콜을 잡으려고 '울며 겨자 먹기'식으로 유료서비스에 가입할 수밖에 없게 됐다. 20년차 택시기사 홍모씨는 최근에 길거리에서 손님잡기가 하늘의 별따기라며 신청하면서 한숨도 나왔지만 카카오가 콜승객을 과점한 상황에서 살아남으려면 어쩔 수 없다고 하였다.

**현재 카카오는 소비자와 택시기사 사이에서 양쪽을 상대로 수익을 내는 과점기업이다.** 소비자 대상으로는 '쾌적, 친절하고 자동배차되는 택시'라는 명분으로 3,000원의 웃돈을 받는 '블루'와 배차성공률이 높다는 이유로 1,000원을 더받는 '스마트호출'이 대표적이다. 택시업계의 불만도 많다. 전국택시노조연맹 사무처장은 이제 '배회영업'으로는 손님을 못 태운다는 인식이 생겼고, 결국 배차우위를 점하는 수수료상품에 가입할 수밖에 없게 됐다고 한다.

**이처럼, 카카오가 시장과점을 무기로 본격적인 수익화에 나서면서, 공적 협의를 거쳐**

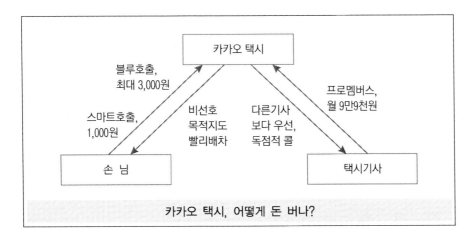

책정된 택시요금체계를 흔들고 있고, 택시기사와 이용자 모두가 기존에 없던 비용을 추가로 내게 되었다.

카카오는 문어발식 사업확장에 대한 비판여론과 정부와 정치권의 플랫폼기업규제 강화움직임에 사실상 백기를 들고, 골목상권 침해논란을 빚고 있는 사업에서 철수하고 소상공인 상생기금을 조성하기로 하였다. 예를 들어, 꽃 간식 샐러드 배달중개사업에서 철수를 하고, 카카오택시 이용자에게 콜비를 받는 스마트호출서비스를 폐지하고 택시기사 유료멤버십가격을 9만9,000원에서 3만9,000원으로 내리기로 하였다(조선일보 2021.6.14.; 8.2.; 9.15.).

문제는 플랫폼기업들의 영향력이 커지면서 소비자들은 사실상 선택의 자유가 없어지고 있다는 점이다. 전문가들이 '플랫폼만능시대의 역설'이라고 부르는 부작용이다. 해외에선 플랫폼에 대한 규제움직임이 시작됐다. 미국이나 유럽연합 및 일본 등은 주로 플랫폼기업의 독과점과 불공정계약을 방지하는데 초점을 두고 법안을 추진 중이다. 예컨대, 미국 하원은 IT공룡규제법으로 '플랫폼독점금지법안'을 발의하였다. 한편, 우리나라의 플랫폼규제는 여러 부처에 분산되어 있다. 예컨대, 공정거래위원회(독점규제 및 공정거래에 관한 법률, 전자상거래 등에서의 소비자보호에 관란 법률), 과학기술정보통신부(전기통신사업법), 문화체육관광부(콘텐츠산업진흥법), 방송통신위원회(정보통신망 이용촉진 및 정보보호 등에 관한 법률)이다.

## ② 경기침체(불황)와 실업

거시적 차원의 시장실패로는 경기침체나 불황과 그로 인한 대규모 실업을 들 수가 있다. 경기침체가 지속되고 높은 불완전고용이 나타나고 있다는 것은 시장이 제대로 작동되지 않는다는 것을 말한다. 그렇지만 시장이 경기조정과 완전고용을 하지 못하고 있다는 것이 정부가 해야 할 역할을 의미하는 것이 아니지만, 국가나 사회가 견딜 수 있는 한계를 넘어서면 정부개입이 요구된다.

Keynes는 그의 저서 'General Theory of Employment, Interest, and Money (1936)'에서 시장은 자기교정능력이 없으므로 정부의 개입이 필요하다고 하였다. 그는 경제침체와 실업문제를 해결하려면 정부가 소비나 투자 등을 확충하는 경제정책을 추진하여야 한다고 보았다. 역사적으로 2차 대전 이후에는 케인스 경제이론에 의하여 경기침체나 불황을 잘 조정하여 왔다.

### (3) 시장의 내재적 결함으로 인한 시장실패와 정책개입

### ① 공공재

공공재(public goods)라는 용어는 경제학과 정책분석 학문에서 빈번하게 나타난다. 이 용어의 사용은 시장실패 측면에서 공공재의 다양성과 적절한 공공정책의 개입여부와 관련된다. 그러면 시장은 왜 이러한 공공재를 효율적으로 배분하지 못하는가? 이에 대한 대답(접근)은 공공재와 민간재의 비교와 관련된다.

모든 재화와 서비스는 배제성과 경합성의 정도에 따라 스펙트럼상의 양극단에 순수민간재와 순수공공재가 존재하고, 둘 사이에 위치하는 혼합재 또는 준공공재로

〈표 1-38〉 재화와 서비스의 유형분류

| | | 배제성 | |
|---|---|---|---|
| | | 배제가능 | 배제불가능 |
| 경합성 | 경합<br>가능 | • 순수민간재<br>– 배제 가능하고 높은 경합<br>– 민간기업이 생산<br>– 시장에 의한 배분<br>– 예: 화장품, 옷, 구두, 식품 | • 공유재(공동소유재)<br>– 배제가 가능하지만 경합불가능<br>– 민간기업이나 공공부문이 생산<br>– 시장이나 정부예산에 의한 배분<br>– 판매나 조세로 재원조달<br>– 예: 공원, 공공수영장, 어장, 목초지, 산림 |
| | 경합<br>불가능 | • 요금재<br>– 배제는 가능하지만 낮은 경합<br>– 민간기업이나 공기업이 생산<br>– 판매로 재원조달<br>– 예: 전기, 가스, 유선tv, 고속도로 | • 순수공공재<br>– 배제가 불가능하고 낮은 경합<br>– 정부나 계약을 통한 생산<br>– 정부예산으로 배분<br>– 조세를 통한 재원조달<br>– 예: 국방, 치안, 소방, 등대 |

서 공유재와 요금재가 존재한다. 여기서 배제성(excludability)은 어떤 특정사람을 재화와 서비스의 소비(사용)로부터 배제할 수 있다는 것이고, 경합성(rivality)은 사람들 간에 재화와 서비스를 사용하는데 방해를 받지 않는 것을 말한다(표 1-38).

첫째, 순수민간재(private goods)는 배제나 경합이 모두 가능한 것으로, 민간부문인 기업이 이익(사익)을 획득하기 위하여 생산하여 시장에 제공하는 재화로서 시장에서 가격기구를 통하여 배분이 이루어진다. 화장품, 구두, 옷, 식품, 자동차, 핸드폰 등은 자본주의사회에서 인간이나 조직의 경제생활에 필수적인 재화라고 할 수 있다. 이러한 사적 재화와 관련된 재산권 보호는 자본주의와 민주주의 발전의 필요조건이다. 따라서 정부는 재화와 서비스의 생산과 관련된 재산권을 보호하고 시장질서가 원활히 작동하도록 최소한의 개입을 요구한다.

둘째, 순수공공재(public goods)는 배제와 경합이 모두 불가능한 것으로, 원칙적으로 공공부문인 정부가 생산하지만 예외적으로 계약을 통해 제3자가 공익을 목적으로 생산하여 제공하는 재화로서 정치기구가 결정하여 배분이 이루어진다. 이것은 국방, 치안, 소방, 등대, 방역, 홍수관리 등과 같은 모든 공중이 이용할 수 있는 물건이나 시설을 말한다. 이러한 공공재는 시장가격이 존재하지 않고, 그 공급은 시장에 맡길 경우 공급이 전혀 이루어지지 않거나 과소공급이 이루어지고, 비용을 부담하지 않으므로 무임승차자(free-riders)의 문제가 발생한다. Paul Samuelson(1954)에 의하면, 공공재는 시장메카니즘에서 사회적으로 최적수준의 공급을 하지 못한다. 왜냐하면 합리적 개인이라면 공공재에 대한 자신의 선호를 속여 무임승차자로서 행동하는 것이 기대되고 다른 사람들도 똑같은 행태를 보일 것으로 예측되기 때문이다. 따라서 공공재의 공급은 정치적 과정에 의존할 수밖에 없다. 이러한 논리에 의하여 정부는 공공재 생산에 필요한 재원을 국민으로부터 세금을 통해 조달하여 재화를 제공하게 된다.

셋째, 공유재(공동소유재, common pool goods)는 배제가 불가능하지만 경합이 가능한 것으로, 다수의 개인이나 조직이 공동으로 사용하는 재화로서 어장, 목초지, 산림, 공원, 공공수영장, 교통도로 등이 그 예이다. 이러한 재화에 대해서 개인의 이익(효용극대화)을 추구하는 사람들은 가능한 많이 사용하려고 하고, 한정된 자원수량으로 인하여 사람들이 경쟁적으로 사용할수록 자원이 고갈되게 된다. 예컨대, 공동목초지는 누구나 이용할 수 있으므로 사람들은 더 많은 이익을 위하여 많은 양이나 소들을 방목하면, 결국에는 공동목초지가 고갈되어 공멸하는 비극을 가져온다. 이러한 상황을 Hardin(1968)은 '공유재의 비극(tragedy of commons)'이라고 한다. 개인들이 자신들의 이익만을 추구한다면 사회전체의 공유재를 고갈시켜 버리는 딜레마가 존재하게 되는 것이다. 공유재문제는 결국 정부의 개입을 정당화시키게 된다. 공유재를 효율적으로 관리하려면 적정수준 이상의 공유재 사용은 제한하여야 한다. 예컨대, 바다나 강의 어업자원인 경우 최대 어획량을 제한한다거나 산림자원의 경우 산림환경을 보호하기 위한 산림안식년제를 시행하는 것 그리고 공원을 보호하기 위하여 일정한 행동규제 등을 들 수가 있다. 그러나 Ostrom(1990)이 공유자원의 관리실태를 조사한 바에 의하면, 국가개입이나 민간시장에 맡기지 않고 자율적으로 관리하는 사례가 존재한다고 한다.

넷째, 요금재(tool goods)는 배제가 가능하지만 경합이 불가능한 것으로, 가격이라는 메카니즘을 통하여 다수의 사람이나 조직이 이용할 수 있는 재화로서 전기, 가스, 유선TV, 고속도로 등이 그 예이다. 전기나 가스는 가정이나 기업에서 요금을 내야 사용할 수 있고, 고속도로는 출입구에 요금소를 설치하여 도로요금을 내야 진입할 수 있고, 무임승차자를 배제할 수 있다. 유선TV회사는 원하는 시청자에게만 요금을 받고 TV채널을 이용할 수 있게 한다. 그러나 이런 요금재화를 이용하는 데는 서로 경합을 하지 않아서 이용자가 많은 경우 혼잡이 발생할 수 있다. 그리고 요금재화는 가격을 토대로 배제가 가능하기 때문에 민간기업이 재화를 생산하여 제공할 수 있으나 그 재화가 높은 가격으로 과소공급될 가능성이 크고 규모의 경제(economy of scale)의 달성할 수 없는 한계가 있으므로 정부개입이 필요하게 된다. 따라서 요금재는 민간기업의 한계를 보완하기 위하여 정부가 출자한 공기업이 제공하는 경우가 많이 있다. 예컨대, 한국전력공사, 한국가스공사, 한국도로공사 등이 그 예이다.

---

**🌡️ 사례연구   새로운 공공재 현상**

**- 코로나백신: 사적재인가 아니면 공공재인가?**

코로나19가 전 세계 인류를 위협하고 있는 상황이다. 우리나라를 비롯해 세계 각국의 제약·바이오 기업들이 백신 및 치료제 개발에 몰두하고 있다. 이와 관련하여 조만간 코로나19 백신 및 치료제 개발이 예측되면서 백신 및 치료제와 관련한 지식재산권의 공공재논쟁이 화두로 떠오르고 있다. 즉 코로나19가 인류를 위협하는 상황에서 누구나 치료제나 백신의 제조나 이용을 독점하지 않도록 공공재로 인정해야 한다는 문제가 제기되고 있다.

세계보건기구(WHO)는 올해 총회에서 코로나19 백신과 치료제가 개발되면 공공재처럼 누구나 이용할 수 있도록 하자는 결의안을 채택했다. 결의안에는 코로나19 백신 및 치료제의 특허권이나 임상시험자료 등을 한 업체가 독점하지 않고 WHO에 맡기는 내용이 포함되었고, 이날 WHO 194개 회원국 중 100여개 나라가 서명했다. 그러나 서명한 100여개 나라 중 백신 및 치료제를 개발할 수 있는 제약바이오기업이 속한 나라는 사실상 거의 없어 무임승차결의라는 비난도 있었다.

중국은 백신 및 치료제 개발 시 공공재로 공유하겠다는 입장이고, 우리나라는 전 세계에 공평하게 보급할 수 있도록 해야 한다는 입장이다. 미국은 결의안에 서명하면서도 특허권은 보호되어야 한다는 입장을 밝혔으나 WHO가 미국이 제시한 개혁안을 거부하고 코로나19 대응실패와 중국 편향적이라는 이유로 탈퇴했다. 정상적인 국가라면 자국민이나 자국기업의 지적재산권을 보호함이 당연하다는 점에서 자국기업이 개발 중인 백신과 치료제에 대해 미리 공공재로 내놓겠다는 제안을 얼마나 믿을 수 있을지 의문이다.

결국, 국가가 아닌 개인이나 기업이 개발한 백신 및 치료제라 할지라도 국경이나 빈부 등 사회계급에 상관없이 생명에 직결된 요소를 공공재로 하자는 대의는 누구도 부정할 수 없다. 그러나 개인이나 기업이 자신의 비용과 갖은 노력으로 일궈낸 지적재산권 자체를 무력화시키거나 무조건적인 공동선(공익)만을 강요한다면 아무도 힘들여 백신 및 치료제 개발에 나서지 않게 될 것이라는 걱정도 필요하다.

### ② 외부효과

외부효과(external effects)는 어떤 경제주체(생산자, 소비자)의 경제행위가 가격기구를 매개하지 않고 다른 경제주체(생산자, 소비자)나 환경(사회)에 영향을 미치는 것, 즉 생산이든 소비이든 어떤 행동으로부터 초래되는 가치화된 영향(비용이나 편익)을 말하는 것(Weimer & Vining, 1992: 57)으로서 외부성(externality)이라고도 한다. 여기서 긍정적 영향이나 편익을 주는 것을 외부경제 또는 긍정적 외부성이라고 하고, 부정적 영향이나 편익을 초래하는 것을 외부불경제 또는 부정적 외부성이라고 한다.

이러한 외부성은 한 경제주체와 다른 경제주체 및 환경(사회) 간에 다양하게 발생하게 된다. 예컨대, 생산자와 생산자 간에, 생산자와 소비자 간에, 생산자와 환경 간에, 그리고 소비자와 소비자 간에, 소비자와 생산자 간에, 소비자와 환경 간에 등

〈표 1-39〉  외부효과(외부성)의 유형

| 경제주체 | 외부경제(정의 외부성) | 외부불경제(부의 외부성) |
|---|---|---|
| 생산자 대 생산자(환경) | 하류어부들에 의해 사용된 원자력발전소의 온수 | 하류어부들에 해로운 공장의 독성화학물질 |
| 생산자 대 소비자(환경) | 자연애호가에게 경관편익을 제공하는 민관목재회사 산림 | 인근주민들의 건강을 해치는 공장의 대기오염 |
| 소비자 대 소비자(환경) | 다른 사람들을 보호하는데 도움을 주는 전염병에 대응하는 사람들의 방역 | 다른 사람의 식사즐거움을 방해하는 어떤 사람의 흡연 |
| 소비자 대 생산자(환경) | 제품물질에 대한 정보를 제공하는 소비자의 자발적 편지 | 게임사냥꾼에 의한 가사동물의 불안감 |

자료: Weimer & Vining(1992: 59).

과 같이, 다양한 범주의 편익이나 비용을 발생시키고 있다. 이러한 차원에서 외부효과(외부성)의 유형을 범주화하면 <표 1-39>와 같다.

외부경제의 예로는 하류지역의 어부들에 의해 사용되는 원자력발전소에서 배출되는 온수나 자연애호가에게 아름다운 경관을 제공하는 목재회사의 산림을 들 수 있다. 이러한 긍정적 외부성은 편익을 유발하는 주체가 자신의 개인적 편익 외에 추가적인 외부편익을 고려하지 않으려고 하므로 개인적 한계편익과 사회적 한계편익 간에 격차가 발생하여 사회적으로 바람직하지 못한 수준인 OQs보다 OQe로 작게 되어 QsQe만큼 과소공급되어 외부편익(external benefit)이 발생한다(그림 1-3).

그리고 외부불경제의 예로는 하류지역 어부들에게 공장의 해로운 공장의 독성물질배출과 인근 주민들의 건강을 해치는 공장에서 배출되는 대기오염이 있다. 이러한 부정적 외부성은 비용을 유발하는 주체가 자신의 개인적 비용 외에 추가적인 외부비용을 지불하지 않으려고 하므로 개인적 한계비용과 사회적 한계비용의 격차가 생겨서 사회적으로 바람직한 수준인 OQe보다 OQs로 많게 되어 QeQs만큼 과잉공급되어 외부비용(external cost)이 발생한다(그림 1-4).

따라서 외부성이 존재할 때에는 가격기구의 작동영역 밖에 존재하여 발생하는 것이므로, 이러한 외부성의 과잉공급과 과소공급 문제를 해결하기 위하여는 외부성을 가격기구 안으로 들어오게 하는 '내부화(internalize)'를 통해 사회적 수준의 산출물을 공급하게 하는 정책개입이 요구된다. 긍정적 외부성이 나타날 경우는 세금혜택이나 보조금을 주는 유인정책을 쓰고, 부정적 외부성을 해결하기 위하여는 부담금이

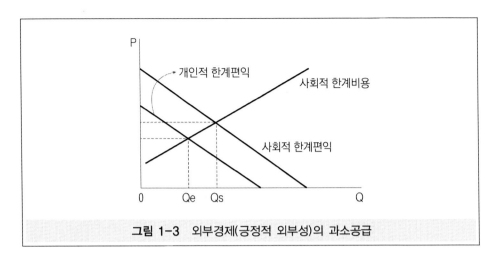

**그림 1-3  외부경제(긍정적 외부성)의 과소공급**

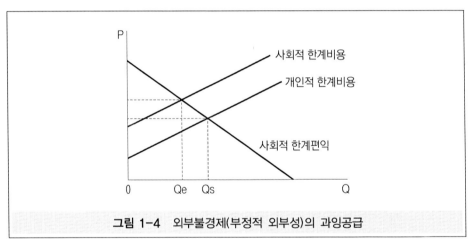

**그림 1-4  외부불경제(부정적 외부성)의 과잉공급**

나 벌금을 부과하는 규제정책을 도입하는 것이다. 그러나 Coase(1960)은 외부성의 문제를 해결하는데 정책개입보다 외부성에 관련되는 주체들 간에 자발적인 협상과 계약에 의해 이루어질 수 있다(협상을 통한 문제해결)는 '코즈정리(Coase Theorem)'을 제안하였다.

---

### 🌐 사례연구    **외부경제와 외부불경제 현상**

– 꿀벌이 사라진다면?... 식량자원의 3분의 1이 줄어요 –

– 꿀벌이 사라지면 수박, 호박, 아몬드도 못 먹을 수 있어요 –

미국과 유럽에선 2006년부터 꿀벌이 집단실종되고 있다고 하고, 지난 1월 아르헨티나 연구진이 2015년 기준 전 세계에서 목격되는 야생꿀벌종류가 1990년보다 25%나 감소했다는 결과를 발표하였다. 2017년 유엔은 전 세계 벌의 3분의 1이 멸종위기라고 발표했다. 이렇게 꿀벌이 사라지는 이유는 기후온난화 등 환경오염, 과다농약(살충제) 살포. 전염병, 야생화 서식지 감소 등이 원인이다. 최근 산업화와 기후변화 등으로 벌을 둘러싼 환경이 지나치게 급변하여 생존이 위협받고 있다. 우리나라 토종벌도 서양꿀벌이 들어오며 수가 서서히 줄어들고 있다. 꿀벌이 사라지면 꿀벌에 의존하며 살아가는 인류의 삶 역시 영향을 받는다. **'꿀벌이 사라지면 4년 안에 인류도 사라진다'라는 말이 국제과학계에서의 가설이다.**

꿀벌은 세계적인 환경단체 '어스워치'가 꼽은 **지구상에서 절대 사라져서는 안 될 5종 (꿀벌, 플랑크톤, 박쥐, 균류, 영장류)** 가운데 1위로 꼽혔다. 2019년 런던 왕립지리학회는 **벌을 '살아있는 가장 중요한 생명체'**라고 선언하였다. 벌의 종류는 8,000–2만종에 이르고, 꿀벌과에 속하는 벌만 해도 5,700여종에 달한다. 벌은 자손의 성별을 조절할 수 있는 대표적 생물이다. 여왕벌은 수벌과 짝짓기 중에 받은 정자를 몸속에 저장해두고 조금씩 꺼내 사용하는데, 이때 자신의 난자와 수벌의 정자를 결합해 수정란을 만들기도 하고 정자는 사용하지 않고 난자만으로 알을 낳기도 한다. 전자의 방법으로 만들어진 알에선 암컷이, 후자에선 수컷이 태어난다. 암컷꿀벌의 애벌레 대다수는 생식력이 없는 일벌이 되지만, 일부는 생식력을 갖춘 여왕벌로 자란다. 그들의 운명을 가르는 것은 먹이차이다. 갓 태어난 애벌레는 모두 첫 3일은 로열젤리를 먹고 자라지만, 3일 이후에는 특정 애벌레에만 공급되어 이 애벌레가 여왕벌이 된다.

이러한 꿀벌의 일생은 '효율성'이라는 슬로건아래 꽉 짜여 있다. 일벌은 6일간 짧은 애벌레 생활을 마치고 12일 동안 번데기로만 지내다가 일벌이 되어 벌집 속 자기가 머물던 육각방에서 나온다. 이후 며칠 동안은 벌집 안에 머물며 청소하고 쓰레기를 치우고 관리하고 몸속에 독액을 축적한다. 5–15일 까지는 머리에서 로열젤리를 분비해 동생 애벌레들을 먹인다. 그러다 로열젤리 분비선이 막히면 집 밖으로 나가 주변을 날아다니며 경계를 서고, 집 안팎을 순찰하며 부서진 곳이 있으면 밀랍을 분비해 수선하거나 새로운 방을 만든다. 생후 18–21일 즈음 본격적인 바깥일을 시작한다. 일벌이 한번 일하러 나가면 평균 꽃 50–100송이에 날아들어 꿀 0.02–0.04g을 가져온다. 날씨가 좋고 꽃이 많이 피는 계절엔 하루에 8–16회까지 꿀을 따러 나간다. 노동강도가 높은 한여름에 태어난 일벌은 겨우 두 달밖에 못 살지만, 겨울에 태어난 벌은 6개월까지 수명이 늘어난다.

**꿀벌이 인간의 삶에 미치는 영향은 어마어마하다.** 바로 꿀벌들이 꿀과 꽃가루를 먹으려 이 꽃 저 꽃 날아다니면서 꽃의 수분(受粉)을 돕기 때문이다. 수분은 꽃가루가 암술에 붙는 것으로, 수분이 되어야 수정이 이루어지고 열매를 맺을 수 있다. 2006년 독일 연구진 연구에 의하면, 사과와 배 등 인간이 기르는 주요농작물종류의 70%가 나비나 새, 꿀벌과 같은 동물이 수분활동을 도와주어야 한다고 한다. 이들 농작물의 생산량은 전체 농산물 생산량의 3분의 1을 차지한다. 환경단체 그린피스는 꿀벌이 식량재배에 기여하는 경제적 가치가 373조원에 이른다고 추산하였다. 예컨대, 인간이 재배하는 1,500종의 작물 중 40%는 곤충을 통한 꽃가루받이가 이루어지는데 그 중 80%가 꿀벌이 역할을 한다. 세계 식량의 90%를 차지하는 100종의 주요농작물 중 수박, 호박, 양파, 아몬드, 사과 등 70종이 꿀벌의 꽃가루받이로 생산된다. 꿀벌이 사라지면 이런 농작물을 못먹어 식량난이 심각해진다. 게다가, 먹이사슬까지 영향을 미쳐 지구생태계의 균형이 파괴될 수 있다. 그러면 초식동물이 대규모로 멸종될 수 있다. 벌을 먹는 새들도 사라지고, 초식동물을 먹고사는 고등동물도 사라진다. 미국 하버드대 새무얼 마이어 교수는 국제학술지 랜싯에서 '꿀벌이 사라지면 식량난과 영양실조로 인해 한 해 142만명이 사망할 것'이라고 예상했다(조선일보 2021.5.11.; 2022.3.29.).

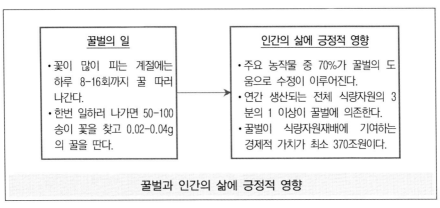

꿀벌과 인간의 삶에 긍정적 영향

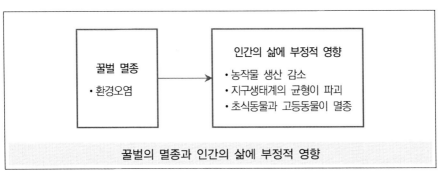

꿀벌의 멸종과 인간의 삶에 부정적 영향

이처럼, **꿀벌이 우리인간에 미치는 긍정적 영향을 외부경제라고 하고, 꿀벌이 사라질 때 인간이나 환경에 미치는 부정적 영향을 외부불경제라고 한다.**

### ③ 불확실성(불완전정보)

완전경쟁시장에 위한 자원의 효율적 배분은 확실한 환경상황에서 완전정보를 가정한다. 그러나 불확실성이 지배하는 현실에서는 불완전정보나 비대칭적 정보가 지배한다.

불완전정보(imperfect information)나 비대칭적 정보(asymmetric information)란 공급자와 소비자가 합리적으로 결정하여 행동하는데 필요한 정보가 부족한 것을 말한다. 이러한 정보가 시장실패에 관련되는 이유는 두 가지 측면 때문이다(Wiemer & Vining, 1992: 69). 첫째, 정보 자체는 공공재 특성을 가지고 있다. 정보의 소비는 비경쟁적, 즉 한 사람의 정보이용이 다른 사람에 관여하지 않는다. 둘째, 재화의 특성에 대한 정보양은 사람에 따라 다양하다. 시장거래에서 판매자와 소비자는 거래되는 재화의 질에 대한 상이한 정보를 가지고 있다. 똑같은 제품이 전통시장이나 홈쇼핑에서 보다 백화점에서 높은 가격에 팔리는 것은 정보의 불완전성 때문이다. 또한, 정보가 불완전하므로 가짜약품이나 불량식품이 시장에서 판매되기도 한다.

이처럼, 시장에서 제품에 대한 정보가 충분하게 공급되지 못하는 이유는 생산자(공급자)와 수요자(소비자) 양측에서 발견된다(최병선, 1993: 71-73). 먼저, 정보의 공급 측면에서 비귀속성(inappropriability)의 문제가 있다. 이것은 생산자가 자기의 정보제공으로 인하여 발생하는 이득을 전부 흡수할 수 없다는 것을 말하는 것으로, 이때 공급자는 시장에 정보를 충분히 제공할 유인을 갖지 못한다. 다음으로, 시장정보가 불충분하게 되는 원인은 정보의 수요자 측면에도 있다. 소비자는 어떤 객관적인 자료나 연구에 의한 도움을 받지 않고서는 필요한 정보를 획득할 수가 없다. 예를 들면, 어떤 소비자가 자동차를 사려고 할 경우에 가격이나 성능, 연비, 안전성 등의 완전한 정보를 갖고 있지 못하다. 이러한 생산자와 소비자의 정보의 불완전성은 생산자의 의사결정뿐 아니라 소비자의 의사결정도 왜곡시키게 된다.

따라서 시장에서 불완전정보가 존재하는 상황에서는 경제주체들 간의 역선택(adverse selection)과 도덕적 해이(moral hazard)와 같은 시장실패가 발생함으로써 사회 전체적으로 효율적인 결정과 자원배분이 이루어지지 않게 된다. 비대칭적 상황에서 역선택과 도덕적 해이 문제를 처음 연구한 Akerlof(1970)은 '레몬시장: 품질의 불확실성과 시장메카니즘'을 발표하였다. 레몬시장은 미국에서 질이 좋지 않은 상품을 거래하는 시장을 말하며, 중고차시장모형을 가지고 이들 문제를 설명하였다. 중고차 시장모형에서는 중고차 판매자가 개별차량에 대한 정확한 정보를 알고 있으나 구매자는 개별차량의 정확하게 알 수 없다고 가정한다. 즉 판매자와 구매자 간에 정보비대칭성이 존재한다. 이러한 상황에서 중고차 판매자는 높은 가격을 그리고 구매자는 적정한 평균가격을 지불하려고 한다면, 시장에서 품질이 떨어지는 중고차만이 거래되어 경제적 비효율이 발생한다.

요컨대, 시장에서 거래를 할 때에는 경제주체 간에 정보비대칭성으로 인하여 부족한 정보를 가지고 있는 쪽이 불리한 선택을 하게 되어 경제적으로 비효율이 발생하는데, 거래발생 이전과 이후로 나누어 역선택과 도덕적 해이로 구분할 수 있다. 여기서 역선택이란 거래발생 이전에 한쪽 당사자의 '감추어진 특성(hidden characteristics)'으로 인하여 바람직하지 않은 행위자를 선택하는 것이다. 예컨대, 자동차보험에 가입자로 사고위험이 높은 사람이 들어오거나, 대리인이론에서 위임자(주주)가 자질이 부족한 대리인(경영자)를 선택하여 보수를 많이 주는 것이다.

그리고 도덕적 해이란 거래가 발생한 후에 한쪽 당사자가 '감추어진 행동(hidden action)'으로 바람직하지 않은 행동을 하게 되는 것, 즉 자기가 해야 할 일을 최선으로 하기보다 게을리 하는 것이다. 예컨대, 자동차보험에 가입한 사람이 보험에 가입하기 전보다 사고예방에 덜 노력을 기울이는 것과 의료보험 가입자가 필요이상으로 의료서비스를 이용하거나 그리고 기업주와 경영진 사이에 발생하는 대리인비용이 이와 관련이 있다.

정보의 불충분성으로 인하여 발생하는 역선택이나 도덕적 해이로 인한 사회경제적문제는 매우 심각한 것이기 때문에 이를 해결하기 위한 정책개입이 필요하다. 정부가 정보의 불완전성으로 인한 문제를 해결하는 방법은 여러 가지가 있다(최병선, 1993: 75-76). 첫째, 정부는 소비자가 필요로 하는 정보를 생산하여 제공할 수 있다. 각종 시험검사 등을 통하여 얻어진 정보를 제공하거나 교육을 통하여 정보를 제공하는 것이다. 둘째, 정부는 생산자인 기업이 정보를 제공하도록 의무화하여 소비자가 부담해야 할 정보비용(information cost)을 낮추어 준다. 정보비용이란 정보를 필요로 하는 사람이 정보의 획득에 투입하는 비용이다. 예를 들어, 표시규제를 통해 제품의 내용물, 가격, 성능, 효과 등에 대한 정보를 기업 스스로 공개하게 한다. 셋째, 정부는 생산자나 소비자의 행동에 대한 규제정책을 시행할 수 있다. 예를 들면, 자동차보험가입을 모든 자동차 소유자에게 의무화시키고, 난폭운전을 방지하기 위한 벌칙제도를 도입한다. 그리고 소비자를 위해 제품에 정부품질인증제도를 도입하고 결함있는 제품의 강제리콜제도를 실시한다(남궁근, 2021: 57).

### 🔬 사례연구　정보비대칭성과 도덕적 해이 현상

#### – 과잉진료와 보험료

정보비대칭으로 인한 도덕적 해이 현상은 보험영역에서 계약자가 보험금을 목적으로 일부러 사고를 일으키거나 보험금을 더 받으려 손해를 확대하는 행동으로 나타나기도 한다. 예컨대, 자동차보험을 들은 경상환자(나이롱환자)나 실손보험을 들은 환자에 대한 과잉진료가 대표적인 사례이다.

건강보험심사평가원(심평원)이 지난 10년간 자동차보험 진료비 심사를 한 결과, 일부 한의원들의 도덕적 해이가 심각한 상황인 것으로 드러났다. 지난 2014년부터 자동차보험 진료심사는 심평원 자동차보험심사센터(자보센터)에서 담당하고 있다. 심평원 자보센터 이연봉 센터장은 4일 강원도 원주 심평원 본원에서 열린 브리핑에서 10년간 심사결과를 공개하며, 이번 발표는 자보센터를 거친 심평원 직원들이 고민해왔던 내용이고, 자동차보험을 둘러싼 이해관계자들 모두 고민해야 할 사항"이라며 "지난 10년간 진료비 증가원인을 살펴보면, 한의원을 중심으로 입원진료가 증가하고 있다"고 밝혔다. 이 센터장은 자동차보험 관련 진료비 증가원인을 첫째, 경미한 환자의 입원진료 증가, 둘째 첩약과 약침 등 비급여진료의 일률적 조제와 처치, 셋째 진료사실이 없거나 다르게 높은 비용으로 청구하는 각종 침술 등을 꼽았다. 2019년 1월부터 2022년 6월까지 최근 3년간 자동차보험에 상급병실료를 청구한 한의원은 급증했다. 연도별 상급병실료 청구현황에 따르면 2019년 63개 기관, 14억원에 불과했던 한의원 상급병실료는 2020년 149개 기관, 90억원으로, 2021년 350기관, 325억원으로, 그리고 2022년 상반기 295개 기관, 111억원으로 급증하는 추세이다. 심평원은 자동차보험 한의과 입원료가 급증함에 따라 2021년부터 2022년 상반기까지 입원실을 운영 중인 한의원 등 88개소에 대한 현지확인 심사결과, 74억원을 환수했다(현대건강신문 2022.10.5.).

과잉진료의 대표적인 사례인 의료쇼핑은 실손의료보험 가입자가 병원을 전전하며 과잉진료를 받는 것으로, 도수치료나 다초점렌즈 백내장수술, 비타민영양주사 등 비급여진료들이 대표적이다. '도수치료'는 신체불균형이나 근골격계질환의 증상개선을 위해 치료사가 통증부위를 손으로 진단해 척추와 관절 등 몸의 균형을 맞춰 통증을 줄이는 치료법이다. 수술에 비해 환자의 위험부담이 적고, 전연령대에서 적용 가능한 치료다. 백내장수술 시 삽입되는 인공수정체 중 단초점렌즈의 경우 건강보험이 적용되기에 수술비가 저렴하다. 그러나 근거리와 원거리 초점을 다 맞추는 다초점렌즈의 경우 비급여 항목으로, 의료기관별 진료비용이 최대 60배가량 차이가 난다. 또한, 피로해소나 미용목적의 비급여주사제도 주요의료쇼핑항목이다. 지난해 말 국내 비급여주사제 처방규모는 2,000억원으로, 2017년(1,000억원)의 2배로 증가했다. 피로해소, 영양공급, 노화방지 등을 목적으로 한 영양제와 비타민주사 등의 경우는 원칙적으로 식약처 허가사항에 따라 '치료받은 경우에만' 보험금이 지급되도록 관련 규정도 바꿨다.

이런 방법으로 2021년에 보험금을 1,000만원 넘게 받아간 실손가입자가 76만명이고 이 중 9만명은 5,000만원을 받았다. 반면에, 가입자의 3분의 1이 넘는 1,313만명은 실손보험금을 한번도 이용하지 않았다. 손해보험협회는 2021년 9월 말까지 실손손실액이 1조9,696억원으로 잠정집계되었다고 밝혔다. 실손을 이대로 두면 적자확대에 따른 보험료 상승이 되풀이 될 수밖에 없다. 이런 의료쇼핑으로 이익을 보는 사람들은 소수의 얌체 실손보험 가입자와 병원이고 다수의 선량한 가입자에게 피해를 준다.

따라서 과잉진료나 의료쇼핑 등의 도덕적 해이는 보험사 경영악화를 유발하고 보험소비자에게 큰 피해를 줄 수 있다. 2020년 보험연구원이 발표한 '실손의료보험 청구특징과 과제' 보고서에 따르면, 일부 이용자의 과도한 의료이용행태 때문에 의료를 전혀 이용하지 않거나 꼭 필요한 의료이용을 하는 대다수 가입자에게 보험료 부담이 전가되고 있다. 또한, 과잉진료나 의료쇼핑은 과도한 의료이용이 건강보험재정에도 악영향을 미치고 있다.

## (4) 시장의 외재적 결함으로 인한 시장실패와 정책개입 − 소득분배문제 −

시장의 외재적 결함으로 인한 시장실패사례로는 소득분배문제가 있다. 파레토최적배분이 달성되는 경우에도 소득분배의 문제는 해결되지 않는다. 시장기구에 대한 가장 중대한 도전은 시장실패의 결과로 나타나는 소득분배의 불평등(distributional inequality)이다.

소득분배의 공평성문제가 중요하다는 점에서는 모두가 동의할지라도 어떤 기준에 의해 판단하느냐 여부는 명확한 해답이 존재하지 않는다. 공평성의 기준을 보면, 기회의 평등과 결과의 평등, 수평적 공평성과 수직적 공평성, Rawls의 정의론 등이 있다(최병선, 1993: 94−97).

### ① 기회의 평등과 결과의 평등

기회의 평등(equality of opportunity)은 어떤 사람이든 그가 소망하는 목적을 추구함에 있어 그가 갖고 있는 능력을 아무런 제약 없이 사용하는 것을 말한다. 이것은 그가 가지고 있는 능력 외에는 그의 성별, 국적, 피부색, 종교, 신체적 장애 등 어떤 요인도 부당하게 인생의 목적을 제약하거나 방해해서는 안된다는 것으로, 결국 개인의 평등을 좀 더 구체적으로 표현한 것이라고 할 수 있다. 이러한 의미에서 기회의 평등은 인간의 자유(liberty)를 신장시키기 위한 필요조건으로 볼 수 있다.

그리고 복지국가의 대두와 더불어 기회의 평등과 전혀 다른 차원에서 새롭게 등장한 개념이 결과의 평등(equality of outcome)이다. 이것은 누구나 동일한 생활수준이나 소득을 가져야 한다는 것으로서 기회의 평등과 대조적으로 명백하게 자유의 개념과 갈등을 일으킨다. 결과의 평등개념은 궁극적으로 정부의 보다 많은 정책개입을 초래하게 되어 보다 큰정부(big government)를 필요로 하게 되며, 그 결과로 인기영합주의(populism)가 야기되고 인간의 자유를 제약하며 민주주의를 위협하게 된다.

### ② 수평적 공평성과 수직적 공평성

수평적 공평성(horizontal equity)은 동일한 것은 동일하게 취급하여야 함(equals should be treated equally)을 말하는 것으로서 중요한 평등기준개념으로 사용하여 왔다. 예컨대, 같은 직장에서 일하고 있는 남자와 여자는 동일하게 취급하여야 하고, 능력이 동일하다면 학력에 관계없이 동일한 임금과 승진기회를 가져야 한다.

반면에, 수직적 공평성(vertical equity)은 다른 것은 다르게 취급하여야 함(unequals should be treated unequally)을 말한다. 역사적으로 가장 중요하게 다른 것으로 취급되어 온 것은 부자(the rich)와 빈자(the poor)이다. 실제로 소득재분배정책은 바로 이 기준, 즉 부자보다는 가난한 자나 서민을 보호하거나 대기업보다는 중소기업이나 소상공인을 보호하는 측면에서 이루어져 왔다.

### ③ Rawls의 정의론

Rawls(1971)는 어느 누구도 자신의 기초나 능력 등을 알지 못하고 장래의 사회에 있어서 자신이 어떠한 위치를 차지하게 될지를 모르는 가상적인 '원초적 상황(original position)'에서 사회의 가장 기본적 원칙으로 사회정의가 되어야 한다고 하면서, 정의의 두 가지 원칙을 제시하였다.

첫째 원칙은 자유와 평등의 원리로서 사람은 동등한 만큼의 기본적 자유(basic liberty)에 대한 사전적 권리를 가져야 한다. 이것은 자유가 모든 경제적, 사회적 가치에 우선하여야 함을 의미한다.

둘째 원칙은 최소극대화원리(maximin principle)로서 사회적, 경제적 불평등은 가장 불리한 위치에 있는 사람의 후생(the well-being of the least advantaged)을 극대화시킬 때 인정된다는 것이다. 이 주장은 한 사회에서 가장 못사는 사람들의 지위를 향상시키는 것이 평등의 실현수단이라는 것을 강조하고 있다.

이러한 롤스의 정의관은 사회적으로 가지지 못한 자의 사회복지 향상을 위한 목적에서의 정책개입을 옹호하는 논리로 이용되어 왔다.

이상에서 논의한 공평성기준에 의하여 시장기능에서 발생한 소득분배문제를 해결하기 위하여 정책개입을 한다는 것은 반드시 소득분배의 공평성을 증진시키라는 보장이 없다. 오히려 정부개입으로 인한 새로운 불평등문제가 발생할 수도 있다. 그런가 하면 정책개입을 통하여 소득분배의 공평성을 추구한다고 할 때 그것이 불가피하게 자원배분의 효율을 침해하는 현상이 야기된다.

**사례연구   수직적 형평성 현상**

### – 청년희망적금, 사회초년생은 가입 못해

금융위원회는 지난 11개 은행(국민, 신한, 하나, 우리, 농협, 기업, 부산, 대구, 광주, 전북, 제주)에서 젊은 층의 자산증식을 돕기 위해 청년희망적금을 21일 정식 출시했다. 가입일 기준 19세 이상 만 34세 이하 청년 가운데 총급여 3,600만원(2021년 기준 종합소득금액 2,600만원)이하 요건을 충족하면 가입할 수 있다. 만기 2년, 매달 520만원 한도로 자유롭게 저축할 수 있고, 오는 25일까지 닷새에 걸쳐 5부제 방식(출생년도 기준)으로 선착순 신청을 받는다. 이 적금의 최고장점은 연 10%에 달하는 높은 금리효과이다. 월 최고한도인 50만원을 넣는다고 가정하면, 은행의 기본이자(연 5%, 62만 5,000원)가 추가로 붙는다. 이자소득세 및 농어촌특별세 비과세혜택까지 받을 수 있어 일반적금기준으로는 연 최고 10.14–10.49%의 금리효과를 볼 수 있다.

〈청년희망적금 개요〉

| 가입대상 | 만 18세 이상 만 34세 이하 |
|---|---|
| 가입조건 | 총급여 3,600만원 이하 |
| 납입액 | 매달 50만원 내 |
| 만기 | 2년 |
| 지원내용 | 일반적금 최고 연 10%대<br>금리효과(은행이자 연 5%＋저축장려금＋이자소득비과세) |
| 가입방식 | 출시 첫 주 출생년도 5부제 방식 |

요즘 보기 드문 고금리상품이라 MZ세대 가입자가 대거 몰려들었다. 국민은행 스타

뱅킹앱은 오전 9시 30분 신청페이지가 열리자마자 1시간가량 접속이 중단됐다. 신한 쏠뱅킹과 농협의 NH스마트뱅킹 등에서도 전산처리가 마비됐다. 첫날부터 가입대란이 일어나자 하루만인 22일 가입자를 대폭 늘리기로 했지만, 땜질식 처방이라는 불만이 나왔다. 이날 금융위원회는 오늘 3월 4일까지 신청자는 요건이 맞으면 전원가입할 수 있도록 하겠다고 발표했다.

금융위원회는 연말까지 신청을 받고 지원예산이 소진되면 접수를 마감한다고 밝혔었다. 하지만 연중가입이 가능하다고 했던 기존입장을 변경하면서 소득증명 등의 문제로 기한 내 가입이 어려운 청년들이 '공정하지 않다'고 목소리를 높이고 있다. 취업준비생 커뮤니티와 재테크 블로그 등에서는 청년희망적금의 기준에 대한 불만이 나왔다. 작년에 소득이 3,600만원 이하면 가입할 수 있는 반면에 아무런 소득이 없으면 가입할 수 없는 것이 부당하다고 한다. 취업준배생 임모씨는 '돈을 적게 버는 청년보다 아예 벌이가 없는 청년을 지원하는 게 우선순위가 아니냐'고 했다. 아르바이트를 했지만 국세청 소득증명이 안돼 탈락했다는 대학생은 '이게 공정이냐'고 하였다. 가입대상에서 제외된 40대와 50대는 '세금퍼주기'라고 불편한 심기를 보이고 있다(조선일보 2022.2.22.).

## 2) 정책개입과 정부실패

### (1) 정부실패의 개념과 유형

앞에서 시장이 효율적으로 작동하지 못하면, 정부가 공공정책을 통한 개입의 근거가 된다. 그러나 정부가 시장에 개입한다면 바람직한 결과가 나오는가, 아니면 바람직하지 않은 결과가 도출되는가가 문제로 등장한다.

정부가 시장에 개입하여 자원의 효율적 배분과 소득분배 개선 등 시장실패를 잘 치유하는 것이 바람직하지만, 오히려 정부의 정책개입으로 의도하지 않은 결과를 가져오거나 기존의 상태를 오히려 악화시키는 상태가 나타날 수 있다. 이를 정부실패라고 하는데, 구체적으로는 정부가 바람직한 목표를 달성하기 위하여 만들은 정책의 집행으로 인하여 발생한 것으로서 관료실패(bureaucratic failure) 또는 정책실패(policy failure)로 나타난다. 요약하면 정부실패(government failure)는 정부가 사회문제를 해결하거나 사회기회를 창조하기 위하여 만들은 정책산출이 환경에 실행되었으나 의도하는 효과(결과)를 가져오지 못하는 상태를 말한다.

Rand연구소의 Wolf교수는 비시장실패(nonmarket failure)를 체계화한 학자로서, 비시장실패이론을 정부실패이론과 같은 의미로 사용하였다. 그가 정부실패 대신에

〈표 1-40〉  정부실패의 원인과 유형

| 원 인 | 유 형 |
|---|---|
| 정부수요특성 | • 비용과 수입의 절연(비용의 중복과 상승) |
| 정부공급특성 | • 내부성<br>• 파생적 외부성<br>• 정책불공평성 |

비시장실패라는 용어를 사용한 것은 시장실패를 고찰한 논리적 시각을 응용하여 정부실패를 설명하려고 하였기 때문이다(전상경, 2005: 39). 그는 자신의 접근방법이 공공선택이론보다 폭넓은 것이고 자신의 이론은 시장실패이론에 상응하는 이론체계를 구축하기 위한 것이라고 하였다. Wolf(1989)는 정부실패 또는 비시장실패의 유형을 수요와 공급에 내재하는 특성에 따라 비용과 수입의 절연, 내부성, 파생적 외부성, 그리고 정책불공평성으로 구분하였다(최병선, 1993: 164 – 185; 전상경, 2005: 39 – 55).

### (2) 비용과 수입의 절연(비용의 중복과 상승)과 정부실패

시장에서 생산비용과 수입은 가격을 매개로 연관되어 있다. 생산자는 상품을 판매하여 얻은 수입으로 생산비용을 충당하고, 소비자는 노동의 대가인 소득으로 상품이나 서비스를 구매하는 비용을 지불한다. 이처럼, 시장에서 생산자와 소비자는 수입으로 지불을 충당하게 된다.

그러나 정부의 활동에는 이러한 원칙이 적용되지 않는다. 정부활동은 그것에 소요되는 비용(정부지출)과 그것의 세입(정부수입)이 연계되지 않는데, 이를 비용과 수입의 절연이라고 한다. 왜냐하면 정부활동을 유지하는 수입은 비가격적 원천(세금이나 세외수입)으로부터 나오기 때문이다. 정부가 정책활동을 위해 필요한 비용은 주로 국민이나 기업이 부담하는 세금이다. 국민이나 기업이 의무적으로 세금을 납부한다는 것은 정부입장에서 볼 때 그냥 앉아서 돈을 받는 것이다. 정부의 수입은 항상 보장되기 때문에 효율적인 정책활동보다는 방만한 정책확대나 예산낭비를 가져올 수 있다. 이를테면, 수입과 지출의 연결고리의 결여로 인하여 정부산출물의 적정성 및 가치는 그 생산비용과 분리되어서 일정한 산출물을 생산하는데 필요이상의 자원이 소모되거나 또는 시장실패 때문에 정당화되는 수준보다 더 많은 정책활동이 발생하게 됨으로써 비용의 중복과 상승이라는 정부비효율성이 나타난다.

이러한 정부비효율성이 나타나는 원인은 첫째, 시장문제에 대한 사회인식의 증

가로 정부개입에 대한 요구가 커지고 있다. 둘째, 정치사회의 민주화로 등장한 각종
사회경제적 단체들이 자신들의 이익을 표출하고 정부에 압력을 행사하고 있다. 셋
째, 시장실패나 사회문제에 대한 시민이나 집단의 요구는 정책과정에서 정치인이나
관료들의 정책활동을 증가시킨다. 넷째, 정치인이나 관료는 근시안(mypoia)적 사고
로 인하여 미래의 편익이나 비용보다는 현재나 가까운 장래의 편익과 비용에 집착하
는 경향이 있어 국가전체적으로 합리성을 확보할 수 있는 정책들이 비효율적으로
결정되고 집행된다. 다섯째, 정부정책으로 인하여 편익을 얻는 집단과 비용을 부담
하는 집단이 서로 다른 것을 비용과 편익의 분리(절연, decoupling)라고 한다. 이러한
분리상태에서 잠재적 수혜자집단은 정치적 조직화와 로비를 통하여 정부수요를 창
출하려고 한다. 이렇게 창출된 수요는 정치적으로는 효과적일지 몰라도 경제적으로
비효율적이다.

### (3) 내부성과 정부실패

모든 기관들은 자신들의 행동지침으로 사용할 수 있는 내부기준, 즉 내부성을
설정한다. 이러한 내부기준은 기관이 달성하려는 목표를 말하는데, 사적인 조직목표
나 공적인 조직목표가 있다.

시장에서 기업은 분명한 사적목표(경영목표)가 있고, 이러한 목표달성정도를 평
가할 수 있는 외부성과기준, 즉 소비자반응, 시장점유율, 손익분기점 등이 존재한다.
이에 따라 기업에서는 시장의 압력으로 내부기준이 외부의 성과체계와 연결되므로
효율적인 경제활동이 작동된다.

그러나 정부조직의 경우 그 기관에 내세우는 공식적이고 표면적인(ostensible) 목
표와 상이한 내부목표를 설정하게 되는데, 이를 내부성(internality)이라고 한다. 즉
내부성이란 정부조직이 공식적인 목표(국익이나 공익)와 관계가 없는 비공식적인 내
부목표(부서나 개인 이익)를 만드는 것으로서 조직구성원이 극대화하려는 효용함수
이다. 조직에 내부성이 존재하게 되면 관료들의 의사결정을 지배하게 되고 공익보다
는 자신들의 이익을 위해 행동을 하게 한다. 예컨대, 공공기관이 자신의 조직을 위해
예산이나 인력 확대를 시도하거나 관료가 자기조직이나 자신의 이익을 우선시하여
정책활동을 하는 것이다. 이처럼, 정부의 활동이 공식목표보다 내부성에 의해 이루
어진다면 정책수단이 종종 정책목표가 되어 수단-목표 간의 구분이 모호해지는 목
표대치(organizational displacement)가 발생하여 공식적 목표가 달성되지 못하고, 그

조직의 비용을 기술적으로 가능한 수준보다 부풀림으로서 정부의 비효율성을 야기할 수 있다.

이러한 내부성이 발생하는 원인은 첫째, 정부산출물의 정의나 측정이 어렵다. 예컨대, 교육이나 국방 및 각종 규제사업들이 10년 전의 그것과 비교해서 얼마나 개선되었는가 아니면 악화되었는가를 파악하기가 쉽지 않다. 둘째, 정부산출물은 대부분 정부에 의해 독점적으로 생산되어 경쟁이 존재하지 않으므로 공급에서 비능률이 나타날 수 있다. 셋째, 정부산출물의 생산기술은 알려져 있지 않는 것이 보통이며 설령 알려져 있다고 하더라도 상당히 불확실하고 애매하다. 즉. 정부가 산출물을 통하여 달성하고자 하는 정책목표와 그 수단 사이의 인과관계가 분명하지 않다. 이러한 이유로 관료들은 비효율적인 생산방법을 채택함으로서 산출이 목표에 빗나가기도 한다.

### (4) 파생된 외부성과 정부실패

파생적 외부성(derived externality)이란 시장실패를 교정하려는 정부개입이 초래하는 예기치 않은 또는 의도하지 않는 결과나 부산물, 또는 정부활동의 결과로서 나타나는 잠재적, 비의도적인 파급효과나 부작용을 의미하는 것으로, 파생적 외부효과라고도 한다. 이것은 원래 정책이 해결하고자 의도했던 효과와 전혀 다른 효과가 나타나는 것을 말한다. 정부활동은 환경이나 정책대상집단에게 광범위하게 단기와 중기 및 장기의 정책효과를 초래하는데, 의도된 효과도 있고 의도하지 않은 효과도 있게 된다. 이것은 시장에서의 외부성(외부효과)과 유사한 속성을 가지고 있다.

시장에서 어떤 행위자가 자신의 생산활동이나 소비활동과 관련하여 다른 행위자에게 아무런 대가의 교환 없이 편익이나 손해를 초래하는 것과 마찬가지로, 정부도 자신의 정책활동에 의하여 환경이나 대상집단에게 예기치 못한 또는 비의도적인 편익이나 손해를 가져올 수 있다. 이러한 파급효과는 정부가 초래한 것임에도 그 자신은 인식하지 못하기 때문에 그 기관의 계산이나 행동에 영향을 주지 못하게 된다.

정부의 파생적 외부성은 대체로 시간이 흐른 후에 나타난다. 정치인이나 임기가 보장되지 않은 관료는 그들의 좁은 시야(단기적 안목)와 높은 시간적 할인율 때문에 잠재적인 부작용을 경시하는 경향이 있다. 더구나, 정부산출물의 양과 질을 정의하고 측정하기가 어렵기 때문에 그것의 잠재적·의도적 부작용을 정확하게 파악하기가 쉽지 않다. 또한, 정부부문에서는 성과평가를 위한 기준이 없고 활동이 부진하고 효과성이 부진한 정책을 중단할 수 있는 종결메카니즘이 없다. 즉 일단 한번 정부정책으로 반영되면 그 정책은 부작용이 있다고 하더라도 존속하는 경향이 있다.

이러한 정부공급특성으로 발생하는 파생적 외부효과의 예를 들면 다음과 같다. 문재인 정부에서 추진한 임대차사업은 세입자 보호를 위해 주택이나 아파트의 임대차기간을 4년에서 6년으로 연장할 때 전월세의 인상을 가져와 영세민의 부담을 가중시키는 결과를 가져왔다. 그리고 최저임금제도의 시행은 저임금근로자의 보호가 목적이지만 결과적으로 근로자들이나 알바생의 취업을 어렵게 만드는 부작용이 나타나고 있다. 이러한 예들은 시장실패를 교정하기 위한 목적에서 정책개입이 또 다른 문제를 초래함을 보여준다.

---

### 🌡️ 사례연구  파생적 외부성과 정부실패 현상

**- 치솟는 집값, 고용악화…시장실패 아닌 정책실패**

남덕우기념사업회가 주관하고 한국경제신문사가 후원한 세미나에서 이승훈 서울대 경제학부 명예교수는 **'정의로운 시장경쟁과 정부의 역할'**을 주제로 한 기조발제에서 '정부는 시장경제원칙이 아니라 분노를 기초로 부동산대책을 짰다. **부동산과 고용시장 등에서 드러나는 문제들은 시장실패가 아니라 정책실패이다'**라고 하면서 잘못된 정부의 시장개입을 꼬집었다. 정의로운 경쟁은 똑같이 나눠 갖는 것이 아니라 가져야 할 사람이 갖는 것이라고 하며 정부가 일방의 정의를 내세워 개입하면 결과적으로 사회문제를 일으킨다고 한다. 대표적으로 부동산정책을 꼽았다. 아파트값이 고공행진을 하자 정부는 분양가상한제, 재개발 억제, 종합부동산세 인상 등의 정책을 폈다. 가격이 오르는 건 공급을 확대하라는 시장신호인데, 이를 무시하고 시장에 맞서는 꼴이라고 한다. 아파트에 투자해도 얻는 게 없으면 투기수요는 자연히 꺾인다며 투기꾼을 향한 화풀이가 아니라 수요와 공급이라는 시장원칙에 근거해 정책을 세워야 한다고 강조했다. 고용보호문제도 마찬가지이다. 비정규직 근로자를 살리는 근본적인 방법은 투자자가 시장에 많이 들어와 비정규직을 고용하도록 하는 것이라며 정부가 고용보호정책을 강하게 펴면 투자자 아예 안 들어온다고 했다.

토론자들은 '시장실패가 아니라 정부실패에 주목해야 한다'고 입을 모았다. 한국경제학회회장인 이인실 경제학과 교수는 **'지금은 정부의 역할이 너무 과도해 시장실패보다 정부실패가 더 커지고 있다'**며 정부가 지혜로운 아버지처럼 모든 걸 해줄 것이라고 보는 건 잘못된 생각이다'라고 하였다(한국경제 2018.10.17.).

## (5) 정책불공평성과 정부실패

시장활동은 소득분배의 불공평(distributional inequity)을 초래한다. 이런 시장활동에서의 불공평문제는 개인들의 소득과 부에 관련된 측면에서 제기되는데, 정부가 시장에 개입하는 요인 가운데 하나가 시장경제에서 나타나는 소득분배의 불공평을 시정하려는 것이다

그러나 정부의 활동이나 정책은 또한 분배의 불공평문제를 야기할 수 있다. 정책불공평성(policy inequity)이란 정부정책으로 인하여 정책대상집단에 초래되는 분배불공평을 말하는 것으로, 권력과 특혜(power and privilege) 측면에서 나타난다. 즉 정부활동으로 인한 개인소득이나 부의 차이, 기업규모의 차이, 지역차이, 그리고 권력에 접근가능성차이에 따라 이득을 보는 사람과 손해를 보는 사람이 발생한다.

예를 들면, 정부가 명시적으로 소득재분배를 목적으로 하는 경우에 발생하는 불공평의 문제로서, 생활보호대상자의 지정과정에서나 각종 누진세금의 평가와 부과과정에서 자의적 판단이 개입되는 것을 막기 어렵다. 이러한 경우에 있어서는 정부개입으로 인해 새롭게 야기되는 불공평문제가 당초의 불공평문제만큼 심각하지 않은 경우가 많을 것이다. 그러나 다른 경우에 있어서는 정부개입의 결과로 인하여 새롭게 불공평의 문제가 야기되는 경우가 많다. 예를 들면, 그린벨트 내에 건설되는 호화별장과 러브호텔에 대한 허가나 상수원 근처에 성업 중인 음식점의 허가는 그러한 자연환경으로부터 잠재적 편익을 누리고 있는 대다수 사람들의 희생 위에 이루어진다. 또한, 수입규제로 인해 소득이 일반소비자로부터 국내기업이나 주주에게 이전되거나, 직업면허로 인해 특정의 전문직종(변호사, 변리사, 회계사 등)의 수입이 높아지고 소비자는 보다 많은 경제적 부담을 지게 된다.

정부개입으로 인해 초래되는 불공평문제는 그것이 보다 강력한 영향력을 지닌 집단의 요구와 압력에 의해 그들에 유리한 방향으로 정책을 전개하는 과정에서 야기된다는 점에서 더욱 문제가 된다. 시장경제에서 발생하는 불공평문제에 대해서는 보통 적개심을 가지지 않지만, 정부개입의 결과로 발생하는 불공평문제에 대해 많은 적개심을 가지는 것은 정책개입으로 권력의 재분배가 이루어지고 여기에서 소득과 부의 불공평이 심화되는 속성을 보이기 때문이다.

**사례연구   정책불공평성과 정책실패 현상**

**– 국민연금과 기초연금의 역차별**

정부의 기초연금 40만원 인상정책이 고령층 사이에서 역차별 논란이 되고 있다. 기초연금은 만 65세 이상인 소득하위 70% 고령자에게 월 30만7,500원(올해 기준)을 지급하고 있다. 지난 2014년 박근혜 정부에서 월 20만원으로 도입됐는데, 문재인 정부에서 30만원으로 높였다. 윤석열 대통령은 대선공약에서 40만원으로 올리겠다고 했다.

공약이 현실화되면 부부가 공짜로 받는 기초연금이 국민연금 평균금액보다 많아지는 역전현상이 발생한다. 이를테면, 65세 이상 부부는 기초연금으로 64만원(부부 20% 감액)을 받는다. 국민연금 월평균 지급액(57만원)보다 많다. 올해기준 65세 이상 고령층 인구는 989만명이고, 소득하위 70%에 속하는 기초연금을 받는 고령자는 628만명이다. 기초연금예산은 올해 20조원으로 2014년 도입초기와 비교하면 3배 가까이 늘어났다. 기초연금이 40만원으로 인상되면 재정부담은 2060년 236조원으로 급증한다.

이런 상황이 벌어지면서 65세 이상 가운데 기초연금대상이 아닌 270만명은 "월급에서 꼬박꼬박 떼서 보험료 내고 국민연금 받는 사람이 바보가 된 것 같다"고 불만을 보인다. 국민연금을 받지만, 기초연금대상인 고령층도 불만이다. 국민연금을 많이 받으면 기초연금을 깎는 국민연금연계감액제도가 독소조항이라고 주장한다. "국민연금을 많이 받으면 최대 50% 감액하는 독소조항을 없애야 한다"는 주장도 있고, "아동수당(월 10만원)은 전부 다 주면서 왜 기초연금은 30%를 제외하느냐"는 목소리도 나온다. 국민연금무용론까지 번질 수 있어 문제라는 지적도 나온다. 2년 전 국민연금연구원이 전국 성인남녀 1,000명을 대상으로 실시한 조사에서 응답자 33.4%가 '기초연금이 40만원이 되면 국민연금가입을 중단하겠다'고 답했다.

윤석명 보건사회연구원 연구위원은 "연금은 수급자가 급증해서 문제가 터지는 시점이 20~30년 뒤다 보니 정치인들의 매표(買票) 수단으로 이용하기 쉽다"면서 "내는 돈은 없고 받기만 하는 기초연금은 선거 때마다 액수가 불어나니 이런 상황이 벌어지는 것"이라고 했다(조선일보 2022.6.1.).

## 3) 공공부문의 활동논쟁: 확대 대 축소

지금까지 논의한 바와 같이, 공공부문의 활동은 확대할 것이냐 아니면 축소할 것이냐의 이론적 논쟁으로 시장 대 정부의 이론을 살펴보았다.

자유민주주의 정치체제와 자본주의 시장경제체제가 발전하는 과정에서, 고전파 경제학과 후생경제학에서는 자원배분기구로 시장이 가장 효율적이라고 전제하고 시장이 효율적 자원배분과 공평한 소득분배를 하지 못하는 시장실패가 발생하면 정부가 공공정책으로 개입하는 것이 정당화된다고 하였다. 특히 19세기 후반 이후 산업화의 진행으로 여러 가지 사회문제가 발생하고 제2차 세계대전과 세계 대공황의 발생으로 Keynes경제학과 복지국가논리에 의해 국가의 적극적 활동을 요구하는 정부성장(government growth)으로 인하여 '큰정부' 현상이 나타났다. 그러나 시장실패와 여러 가지 사회문제를 해결하려는 정부개입 또는 정책개입은 정부실패나 정책실패를 초래하여 국가나 정부의 활동에 대한 비판이 제기되면서 '작은정부' 현상이 나타났다.

1980년대에 들어와서는 정부관료제의 한계와 대안에 대한 논의가 이루어지게 되었고, 정부가 지속적인 통치활동을 할 것인가 하는 정부패러다임으로부터 시장이나 시민사회가 정부의 통치활동을 보완 또는 대신할 것인가 하는 거버넌스패러다임의 논의가 부상하게 되었다. 따라서 오늘날 공공정책패러다임은 구거버넌스(old governance)인 정부관료제 외에 뉴거버넌스(new governance)에 해당하는 시장거버넌스와 네트워크거버넌스로 확산되어 정책학의 이론적 논의와 실제 통치에서 적용되고 있다(배봉준·윤영채·한치흠, 2019: 33). 공공정책패러다임이 '정부에서 거버넌스'로 이동하는 시대에서, 정부와 시장 및 시민사회 중에 어떠한 통치방법이 현실의 사회문제를 해결하고 사회기회를 창조하는데 효율적이고 민주적인가를 고민해야 한다. 이하에서는 공공부문의 활동과 관련된 논의를 살펴본다.

### (1) 큰정부 대 작은정부
#### ① 큰정부와 작은정부의 이론적 논쟁

20세기 이후 오늘날까지 정치학과 경제학에서 가장 논쟁적 주제는 정부의 규모와 기능(역할) 그리고 권력에 관한 문제라고 할 수 있다. 정부의 기능과 역할이 무엇이냐 하는지에 대해서는 오래전부터 논의가 있어 왔지만, 사실 큰정부와 작은정부의 논쟁 자체는 그 역사가 오래되지 않는다. 최근까지 계속 논의되고 있는 쟁점으로는 현재의 정부규모가 너무 비대한가 아닌가? 뿐만 아니라 정부가 특정사안에 대해 어느 정도 간섭을 해야 하는가 아닌가? 등을 들 수가 있다. 이러한 쟁점과 관련되는 큰정부 대 작은정부 논쟁은 보수우파와 진보좌파 간의 모든 정책논쟁의 핵심에 자리하고 있다. 보수우파는 자연법적 자유주의사상을 바탕으로 정부실패를 강조하며 작은정부를 주장하는데 비하여, 진보좌파는 사회주의사상을 바탕으로 시장실패를 강조하며 큰정부를 주창한다(최광, 2012: 59). 이러한 이론적 논쟁을 부연설명하면 다음과 같다.

　어떤 개인의 생각이나 정당이나 정부의 정책을 보고 그 개인과 정당 및 정부가 우파인지 좌파인지를 어떻게 구분할 수 있을까? 개인이나 정당 및 정부의 가치나 이념의 토대인 존재론 인간론 사회론 인식론 등이 복잡하고, 개념적 대상에는 정치 공동체 시민권 사회구조 권력소유자 정부권위 등에 이르기까지 다양하므로 우파와 좌파를 명확히 구분하기는 불가능에 가깝다. 학자들은 보수우파와 진보좌파의 이념적 범주에 다양한 유형을 제시하고 있지만, 가치와 이념의 성향을 판단하는 기준은 국가(정부)와 집단 및 공동체 속에서 개인을 어떻게 자리매김하느냐에 따라 설정할 수 있다. 이를테면, 보수우파는 개인을 강조하는 자유주의사상에 토대를 두고 정치적으로 자유민주주의체제와 경제적으로 자본주의 자유시장경제체제를 신봉하는 가치체제이다. 반면에, 진보좌파는 집단이나 공동체를 강조하는 사회주의사상에 토대를 두고 정치적으로 사회주의 또는 사회민주주의체제와 경제적으로 공산주의 계획경제체제를 신봉하는 가치체제이다.

　이렇게 범주화되는 보수우파와 진보좌파는 정부의 기능과 역할에 대해 상이한 관점을 가지고 있다(최광, 2012: 84–89). 우선, 보수우파는 개인의 자유와 시장원리를 존중하여 사회와 시장에 대한 정부역할을 제한하는 작은정부론을 주장한다. 고전적 자유주의는 공공의 목적을 위해 물리적이고 사회적인 인프라가 어느 정도 필요하다고 인정하지만 개인의 자유를 강조하여 사회구성원의 재산과 생명을 보호하는 제한된 정부가 최선의 정부라고 하였다. 이를테면, 정부는 개인의 사상과 표현의 자유를 침해해서는 안 된다. 시민이 자신과 관련된 일을 자기 마음대로 행할 때 쓸데없이 간섭해서는 안 된다. 자유시장의 효과적인 작동에 필요한 정도 이상으로 경제활동에 대한 규제를 해서는 안 된다. 빈곤층의 필요를 충족시키기 위하여 부자들의 재산을 몰수하거나 과중한 세금을 부과해 부의 재분배를 시행해서는 안 된다(폴 슈메이커, 2010: 597–598).

〈표 1-41〉　보수우파와 진보좌파 이념의 스펙트럼

| 이념 | 보수우파 | 진보좌파 |
|---|---|---|
| 범주 | 고전적 자유주의, 전통적 보수주의,<br>신자유주의, 신보수주의,<br>자본주의, 시장경제 | 사회주의, 진보주의,<br>현대자유주의(사회민주주의),<br>공산주의, 계획경제 |

그리고 전통적 보수주의는 개인에 역점을 두면서도 공동체에 상당한 의미를 부여하여 정부의 어느 정도 역할을 요구한다. 정부는 전통적 규범과 시민의 권리를 보호하고 극심한 불평등과 노동자의 열악한 처우를 개선하기 위하여 정부가 개입해야 한다는 것이다. 신자유주의와 신보수주의는 전통적 자유주의를 계승하여 개인의 자유와 민간의 경재활동상의 자유를 보장하기 위하여 정부가 민간활동에 개입하지 말아야 하고 국가안보를 지키고 국내질서를 유지하는 것이 정부의 가장 중요한 임무라고 보고 있다.

이상의 보수우파의 이념들은 개인의 자유와 역할을 강조하는데 초점을 두어 사회문제의 해결에도 관료보다 시장기구의 활동을 선호하고, 시장실패를 부분적으로 인정하여 공공재나 외부효과 및 소득분배 등의 문제해결에 어느 정도 정부의 적극적인 조치를 수용한다. 예를 들면, 자녀교육을 하는데 학부모의 선택권을 주려고 하고, 빈곤을 개인의 문제로 보아 사회주의가 만들은 대규모 복지국가를 찬성하지 않는다. 일부 우파는 일부 좌파들이 지지하는 공공복지, 적극적인 차별시정조치, 낙태, 총기규제 등에 대해 정부가 개입하지 말 것을 주장한다.

다음으로, 진보좌파는 사회와 시장경제의 결합과 모순을 지적하고 사회와 시장에 대한 정부의 적극적인 역할을 강조하는 큰정부론을 주장한다. 공산주의와 사회주의는 모든 사회경제적 문제가 생산수단의 사적 소유에서 근원하고 시장경제가 무질서하므로 국가의 공적 계획과 관리를 통해 공익을 추구해야 한다고 본다. 고전적 자유주의나 보수주의와 대척점에 있는 현대자유주의(사회민주주의)와 진보주의는 정부가 전지전능하다고 믿으며 국민의 복리가 정부에 의해 증진될 수 있다고 믿는다. 특히 정부는 지속적이고 높은 경제성장을 달성하기 위해 정부가 경제에 적극개입해야 한다. 현대자유주의 전통은 Keynes에 이어 Krugman, Stiglitz 등 영미의 대표적인 경제학자들로 이어져 엄청난 세력을 형성하고 있다.

이러한 진보좌파의 이념들은 현대사회의 대다수 사회경제적 문제들에 정부의 개입이 필요한 것으로 본다. 예컨대, 빈곤문제는 자본주의에 내재되어 있다고 믿기에 빈곤문제해결에 정부가 적극개입한다. 더 나아가 교육, 직업훈련, 공공보건, 공공안전 등에 대한 정부투자는 물론 대중교통, 쓰레기처리시설, 기타 사회안전망에 대한 정부지출 그리고 다방면의 산업과 과학기술 발전을 위한 정부지원은 사회에 크게 도움이 된다. 하나의 대표적인 사례가 복지국가이다. 우파에서는 복지국가 개념자체를 전적으로 부인하는 것은 아니지만, 좌파는 복지국가를 강조한다. 좌파복지국가는 우파복지국가와 두 가지 측면에서 차이가 있다. 첫째, 사람들이 필요로 하는 최저한의 수준을 두고 좌파가 생각하는 수준은 우파가 생각하는 수준보다 훨씬 넓고 크다. 둘째, 우파는 빈곤층 또는 도움을 필요로 하는 특정계층에 초점을 두는데 비해, 좌파는 모든 사람에게 보편적 복지를 충족시켜야 한다고 본다.

### ② 큰정부와 작은정부의 개념과 구성요소

#### (i) 개념적 쟁점

위의 큰정부와 작은정부의 이론적 논쟁에서 살펴본 바에 의하면, 큰정부란 무엇이고 작은정부란 어떤 개념인가를 유출할 수 있다. 사람들이 정부에 대해 기대하는 기능이나 역할은 시대에 따라 다르고 또한 다양한 정치적·경제적 이념에 따라 다양함을 알 수가 있다.

그러나 큰정부와 작은정부를 어떻게 개념정의를 할 것인가는 정부의 크기와 활동범위를 어떻게 설정할 것인가와 직접적으로 연관되어 있다. 정부의 크기와 활동범위를 설정하는데 공통적인 차원이 존재하지 않는 상태이지만, 큰정부와 작은정부의 개념정의를 할 때 두 가지 차원에서 논의가 가능하다(박동서 외, 1990: 40−41).

첫째, 전체적인 국가수준을 포괄적으로 포함시킬 때 이것은 구체적인 정부의 규모를 지칭하기보다는 국가라는 추상체가 행사하는 권력과 영향력의 크기라고 보아야 한다. 정부부문의 경우에는 광의이건 협의이건 구체적인 정부의 기능과 역할 그리고 이를 수행하는 과정에서 동원되는 영향력과 자원의 크기를 의미한다. 이것은 정부가 '크냐 작냐'의 문제가 조직·인력·예산과 같은 숫자상의 문제라기보다는 태도와 기대의 변수와 관련되어 있음을 나타낸다.

둘째, 정부의 범위와 기능 측면에서 접근하거나 동일규모나 효율성(생산성)을 보장하는 정부의 기구나 조직 확대를 억제하는 측면에서 접근할 수 있다. 이것은 국가의 기능으로 남겨져야 할 분야와 민간이양분야, 그리고 규모의 측면에서의 정부조직의 검토와 생산성 측면을 검토하는 것이다.

따라서 큰정부와 작은정부의 개념정의는 정부의 명목적 크기(조직 인력 예산)와 함께 실질적인 크기(권력행사의 범위와 방법)뿐 아니라 행정의 효율성(생산성) 차원에서 이루어져야 한다는 것을 보여주고 있다.

#### (ii) 큰정부

우선, 큰정부(big government)란 정부의 규모(영역, 기능, 조직, 인력, 예산)를 확대하고 정부의 민간에 대한 간섭을 확대하는 정부를 말한다. 이 정부는 국민의 삶에 적극적으로 개입하므로 개인의 자유를 제한하게 되고, 정부가 하는 일이 많아서 지출이 증가를 하여 국민들이 세금을 더 많이 내야 한다는 특징을 가지고 있다. 이를테면, 정부의 규모와 기능의 확대는 권력의 비대화와 정부의 비효율성을 가져오고 그에 반비례하는 국민의 기본권 위축을 가져온다. 큰정부의 운영에는 예산이 많이 들고 정부가 지출한 돈은 모두 세금이라는 국민부담으로 돌아온다. 큰정부는 자유로운 경제활동에 불필요한 규제를 만들고 그 규제를 핑계로 여러 기구를 신설하여 정부조직을 늘리게 되고 정부예산이 함께 증가하는 악순환이 발생한다.

기본적으로 큰정부는 20세기 이후 시장경제의 문제점, 이른바 시장실패(market failure)를 극복하기 위하여 정부가 시장경제에 개입하면서 등장한 개념이다. 초기 자본주의국가에서는 외적의 침입을 막는 국방과 사회질서를 지키는 치안과 공공토목사업 등 최소한의 정부역할에 한정하고 민간부문의 자유와 시장경제가 보장되는 야경국가(夜警國家)였다. 19세기의 야경국가에서 정부는 개인과 개인의 재산을 보호하는 것이 존재이유가 되고 최소한의 정부가 최적의 정부라고 하였다. 그러나 자본주의 시장경제가 발달하면서 독과점기업이 나타나 초과이윤을 얻기 위해 가격을 올리고 경쟁에서 탈락한 소외계층이 나타나는 등 시장실패가 발생하였다.

이처럼, 20세기에 들어와서 민간과 시장의 자연적이고 자주적인 노력만으로 해결할 수 없는 다수의 사회경제적 문제가 대두하였다. 이에 따라 행정국가와 복지국가라는 큰정부시대가 도래한 것이다. 특히 1929년의 세계경제 대공황은 정부의 사회경제에 대한 적극적 개입을 가져왔다. 미국 루즈벨트 대통령의 뉴딜정책은 불경기를 극복하기 위하여 재정자금으로 토목사업 등 대규모 공공사업을 추진하여 실업을 구제하는 등의 케인즈안 경제개입논리를 적용하였다. 이 정책이 성공을 거두면서 정부가 경제에 개입하는 선례와 정당성을 부여하여 행정국가로의 변화를 시작하였다. 또한, 제2차 세계대전은 정부의 경제에 대한 개입 등 정부의 기능을 더욱 확대시켰고 큰정부가 불가피하다는 생각을 하게 하였다. 1930년대부터 1940년대와 50년대에 이르기까지 행정이 주도하는 행정국가현상이 지배하게 되었다(정정길, 2000: 58). 이러한 행정국가현상과 더불어, 진보주의와 사회주의 정치이념에 기초하여 복지국가개념이 적극 도입되면서, 정부의 역할은 시장실패를 보정하는 것뿐 아니라 국민의 삶의 질을 향상시키기 위한 교육 의료 보건 복지 주택 환경 등과 같은 사회서비스 증대까지로 확대되고 있다. 이러한 복지국가 관점에서는 최대의 봉사가 최선의 정부라는 적극적 행정국가를 주장한다.

이러한 큰정부론은 주요한 행정가치로 능률성을 추구하는 정부관료제모형이 대표적이다. 정부관료제모형은 Weber가 통치이념으로 제시한 법과 합리성에 기초하여 계층제구조를 가지고 통치하는 대규모 정부조직을 말하는 것으로서 다음과 같은 특징을 가지고 있다. 이를테면, 능률성, 계층제, 법규에 의한 지배, 분업과 전문화, 기술적 자격에 의한 인사관리, 문서주의, 항구성 등이 그것이다. 베버는 관료제가 능률적이라고 본 것은 직원들이 봉건적인 주종관계보다는 몰인격적으로 과업을 수행하여 조직목표 달성에 기능하기 때문이라고 하고, 관료제의 등장과 팽창은 국가행정사무의 양적 질적 팽창에 기인한다고 하였다.

지난 20세기까지 거의 모든 국가에서는 정부관료제모형을 정부통치의 이상형으로 간주하고 그것을 제도화하려고 노력을 하였다. 그러나 나라에 따라 제도화된 관료제는 베버의 이상형과 다른 모습을 띠고 있다(정용덕, 2001: 739). 정부부문의 지속적인 증가현상을 관찰한 사람은 19세기 독일의 경제학자 Wagner이다. 그는 정부부문의 규모가 국민소득에서 차지하는 상대적인 비중이 컨지는 현상을 바그너법칙(Wagner's law)라고 하였다. 그는 정부규모가 커지는 원인으로 시장실패를 보정하려는 것과 정부가 개입하는 교육 복지 문화 등에 대한 수요가 증가하고 있는 것이다. 또한, 공공선택이론가인 Niskanen(1971)에 의하면, 관료들은 자신이 속한 조직의 예산을 극대화하려는 존재라고 하였고, Buchanan(1975)은 현대 대의민주주의체제가 본질적으로 정부부문의 과도한 팽창을 유발하는 특성을 가지고 있다는 리바이던가설(Levithan hypothesis)을 제시하였다. 그리고 우파와 좌파 학자들 사이에도 정부규모에 대한 논란이 지속되고 있는데, Buchanan이나 Tullock과 같은 보수우파경제학자들은 현재 선진국가의 공공규모가 적정선을 넘어 위험수위에 도달하고 있다고 한다. 반면에, Galbraith와 Downs와 같은 진보좌파경제학자들은 아직도 공공부문의 활동범위를 더욱 확대시켜야 한다고 주장한다(최광, 2012: 76-80).

이와 같이, 정부관료제모형은 각국의 지배적인 통치모형으로 적용되어 왔지만, 1930년대 이후 오늘날까지 비판을 받아오고 있고 대안적인 거버넌스모형을 제시하려는 시도가 있어 왔다. 이를테면, Peters(1996)는 전통적인 정부관료제의 대안모형으로 시장모형(market model), 참여정부모형(participatory state model), 유연정부모형(flexible government model), 탈규제정부모형(deregulated government model)을 제시하였다.

### (iii) 작은정부

다음으로, 작은정부(small government)란 정부의 규모(영역, 기능, 조직, 인력, 예산)를 축소하고 정부의 민간에 대한 간섭을 축소하여 민간의 자율성을 보장하려는 정부를 말한다. 이 정부는 국민의 삶에 간섭하지 않고 최소한의 역할만을 하므로 개인의 자유를 보장하게 되고, 정부가 하는 일을 줄이려고 하여 지출이 축소되므로 국민들의 세금부담을 줄일 수 있다는 특징을 가지고 있다.

기본적으로 작은정부는 신보수주의자들이 주장하는 정부실패(government failure)를 극복하기 위하여 등장한 개념이다. 이 개념은 정부실패의 인식을 통해 정부부문의 영역이 축소되고 민간부문의 영역과 기능이 확대되는 과정에서 나타난 것이라고 할 수 있다(박동서 외, 1992: 40). 앞에서 기술한 바와 같이, 서구 선진국가에서 정부개입의 급속한 확대가 초래된 것은 1929년의 세계대공황과 2차 세계대전의 수행 및 전후의 높은 인플레이션 등 경제사회문제를 효과적으로 해결하려는 목적을 가지고 있었다. 하지만 이러한 국가역할범위의 확대는 공공부문의 비대화와 비능률 및 재정위기와 민간부문 자율성의 위축 등 많은 구조적 문제와 정부실패를 내포하게 되었다. 1970년대의 1차와 2차 석유파동 이후 세계적인 자원난과 인플레이션 심화 및 정부규모의 팽창으로 인한 국민의 경제적 부담의 가중에 대한 반성으로 팽창주의 정부에 제동을 가하려는 압력이 생기고 있었다(박동서 외, 1992: 4445).

1980년대에 들어와서는 영국과 미국 등의 선진국가에서 경제적인 어려움과 재정적자가 가중되고 있었다(정정길, 2000: 427428). 영국은 이미 1970년대부터 영국병 또는 복지병으로 알려진 복지비 부담의 과중으로 재정적자가 누적되고 민간기업의 투자를 감축시킨다는 비판이 있었다. 1976년에 IMF 구제금융을 신청하면서 반복지주의 극우보수주의정권인 대처(Tacher)정부가 등장하였다. 정도는 약하지만 상황은 미국도 비슷하였다. 미국은 1960년대에 민주당 존슨행정부에서 '위대한 사회건설'이라는 구호아래 흑인 등 저소득층의 생활향상을 여러 복지사업들의 집행과정에 무수한 문제들을 발생시키고 재정적자를 누적시키자, 반복지주의 이념과 조세저항이 확산되고 조세를 축소시켜 민간투자를 활성화시켜야 한다는 주장이 설득력을 가지게 되었다. 이리하여 1980년대에 극우보수주의로 알려진 레이건(Regan)정부가 출범하였다. 또한, 1990년대에 들어와 동서독의 통일과 소련연방의 붕괴 및 동구권의 몰락으로 냉전체제가 종식되자, 세계화라는 이름으로 국가 간의 경제대결이 격렬하게 전개되었다. 기업의 경쟁력이 국가의 운명을 좌우한다는 논리 하에, 기업의 활성화를 위해서 조세감축과 규제완화 및 민간부문에 대한 정부개입의 축소를 강조하게 되었다.

이와 같이, 1980년대는 20세기의 역사적 대전환을 하는 시기였다. 이른바 세계화라는 이름 하에 각 국가들은 시장경쟁을 하는 자본주의 시장경제체제가 지배를 하게 되었고, 미국과 영국의 선진국에서 진보주의정부가 보수주의정부로 전환하면서, 큰 정부에 대한 비판과 불신으로 작은정부운동이 확산하게 되었다. 이러한 작은정부운동의 지배적인 이론으로는 정부에 대한 시장주의적 개혁과 기업의 경영방식을 모방하라는 신공공관리론(New Public Management)이다. 신공공관리론은 공공선택론자들이 주장하는 정부실패를 시장원리의 도입에 의해 극복하려는 시도라고 할 수 있다. 작은정부는 시장주의적 경쟁원리와 관리주의의 두 가지 측면을 동시에 가진다. 왜냐하면 작은정부의 다양한 방법 중 정부기능을 감소시키고 존속시켜야 할 기능을 민간에게 이양시키는 것은 시장주의적 경쟁원리를 도입하려는 것이고, 중복과 낭비를 제거하고 내부관리혁신을 통해 경비를 절감하는 것은 성과위주의 행정운영(관리주의)를 시도하려는 것이기 때문이다.

따라서 작은정부 논의는 주로 경제학적 관점에서 민영화와 규제완화 및 경제활성화에 초점을 두고 전개되었다. 이것은 케인스경제학의 정부주도경제정책에 반기를 들고 나온 신자유주의 관점의 공급경제학의 대두와 맥을 같이 한다. 신자유주의는 민간의 경제활동의 자유를 보장하기 위해 민간경제활동에 개입하지 않아야 한다는 주장이다. 신우파의 정치경제학인 공급경제학은 케인즈경제학이 내세우는 시장실패를 보정하기 위해 정부가 개입한다는 논리에 대한 비판으로서 경제에 관련된 조세정책과 규제정책에 초점을 두고 조세감축과 규제완화와 같은 정부개입범위 축소와 시장의 자율성을 주장한다.

또한, 작은정부 논의는 1960년대와 1970년대 초의 신좌파와 진보주의정부인 존슨행정부의 대규모 복지정책에 대한 반발로 나타난 신우익운동 또는 신보수주의와 연결된다. 신보수주의는 저소득층 등의 사회적 약자를 위한 복지주의를 진보주의라고 하고 이들을 축소하려는 이념이다(정정길, 2000: 426). 예컨대, 레이건행정부는 신연방주의정책을 표방하면서 연방정부의 많은 사회정책을 주정부와 지방정부의 관할로 일부 이양시켰다. 이것은 비대한 정부를 축소시키기 위한 일환이지만 사실상 복지분야와 관련된 연방정부의 지출을 줄이기 위한 것이다. 영국의 대처정부도 조세감면과 복지정책에 대한 정부지출을 축소시키려고 하였다. 개발도상국은 선진국의 정책실험을 모방하여 작은정부운동에 동참하고 있다. 한국의 경우 작은정부개념은 제5

공화국에서 본격적으로 도입하여 노무현 정부를 제외하고 국정운영과 정부혁신의 방향으로 추진하여 왔다.

이러한 작은정부론은 주요한 행정가치로 효율성을 추구하는 거버넌스모형인 시장모형(market model)이 대표적이다. 시장모형은 민간부문의 시장지향적인 기제가 관료제모형보다 우월하다고 가정한다. 이 모형은 공공선택이론 등을 기반으로 하는 신공공관리론에 지적 뿌리를 두고 시장경쟁의 우월성과 교환 및 유인기제를 강조한다. 공공선택론자들은 공공부문을 확대하고 독점적 행정조직을 통한 공공서비스 제공과 관료의 사익추구가 정부의 비효율성과 정부실패의 주된 원인이라고 한다. 이와 같은 공공조직의 문제점을 해결하기 위해서는 대규모 부서를 작은 부서로 분할하여 권한과 기능을 이양하고, 공공서비스 제공에 민간부문을 이용하는 민영화가 요구된다. 그리고 공공관리와 사적관리가 동일하다는 가정을 토대로 실적주의에 의한 성과급을 도입하고 대중을 고객으로 인식하는 등의 성과위주의 관리를 주장한다.

### (iv) 큰정부와 작은정부의 개념틀

지금까지 큰정부와 작은정부의 개념과 구성요소를 살펴보았는데, 이러한 논의를 토대로 개념틀을 설계하면 다음과 같다(표 1-42)(박동서 외, 1992: 53-54).

정부를 구성하는 제요소들은 행정수요변수, 공급변수, 그리고 주요사업(기능)을 중심으로 구성할 수 있다. 첫째, 행정수요변수는 인구변수와 경제변수로 나눌 수 있다. 인구변수는 사회를 구성하는 국민이 갖고 있는 정치이념, 정부관, 수 등이며, 경제변수는 한 사회의 경제발전도와 GNP 등이다. 정치이념은 행정수요와 공급변수를 기본적으로 결정하는 중요한 요인으로서 민주주의와 자본주의의 형태냐 아니면 사회주의와 계획주의의 형태냐 그리고 혼합형을 취하느냐에 따라 크게 달라진다. 이와 함께 국민의 정부관(행정관)과 경제발전도는 행정수요를 결정한다.

둘째, 공급변수는 양적 변수와 질적 변수로 구분할 수 있다. 양적 변수는 정부의 규모(조직, 인력, 예산)이고, 질적 변수는 정부의 개입정도(권력의 양)이다. 정부의 규모는 어느 정도 가시적이지만, 정부의 권력크기는 비가시적이어서 이를 둘러싸고 많은 논쟁이 있다. 이들 변수가 한사회의 행정서비스 공급수준을 결정한다.

셋째, 사업(기능)변수란 정부부문의 주요사업(기능)으로서 민주화(분권), 경제발전(사회간접자본, 산업지원, 기술개발), 복지와 사회보장(환경, 교육), 민생치안(생명과 재산보호), 통일(북방정책) 등이다. 민주화(분권) 차원에서의 지방자치제의 발전, 지속적인 경제발전을 위한 정책적 지원, 복지국가를 위한 사회보장 확대, 개인의 생명

**〈표 1-42〉** 큰정부와 작은정부의 개념틀

| 수요변수 | • 인구(국민) – 정치이념(민주자본주의/사회계획주의), 정부관(국가/사회관), 수<br>• 경제발전도<br>• GNP |
|---|---|
| 공급변수 | • 양적 변수 – 정부의 규모(조직, 인력, 예산)<br>• 질적 변수 – 정부의 개입정도(권력의 양) |
| 사업(기능)<br>변수 | • 민주화(분권)<br>• 경제발전(사회간접자본, 산업지원, 기술개발)<br>• 복지와 사회보장(환경, 교육)<br>• 민생치안(생명과 재산보호)<br>• 통일(북방정책) |

자료: 박동서 외(1992: 54).

과 재산보호를 위한 민생치안문제의 해결, 통일을 위한 북방정책이 앞으로의 중요한 정책과제이다.

### (2) 시장기능의 개선과 확장을 위한 정부의 역할

시장기능의 개선과 확장을 위한 정부의 역할은 시장실패를 초래하는 여러 가지 원인들을 파악하여 그것을 제거하는데서 찾을 수 있다. 우리는 앞에서 시장실패를 초래하는 여러 가지 유형들을 살펴보았는데, 이와 같은 여러 유형에 따라 시장기능의 촉진을 위한 정부역할은 다를 것이다.

Wolf는 그의 저서 '시장과 정부: 불완전한 선택대안(1989)'에서 정부개입을 통하여 시장기능을 개선할 수 있는 여러 가지 미국의 사례들을 들고 있고, '두 번째판 저서(1993: 170–176)'에서 그것에 덧붙여 1980년대 말과 1990년대 초의 동구유럽과 러시아의 경험을 예로 통제경제체제가 시장경제체제로 전환하는 과정에서의 정부역할에 대해 설명하고 있다.

1980년대 말 이전까지 구소련과 동구공산권 국가들 및 중국은 거의 전적으로 정부메카니즘에 의해 자원을 배분하는 통제경제체제하에 있었다. 그러나 1990년대 이후 러시아와 중국의 개혁과 개방으로 이들 국가에서 통제경제체제는 서서히 붕괴되기 시작하였고, 각국은 시장경제체제로의 전환을 용이하게 하는 여러 가지 정책들을 모색하였는데, 다음과 같다. 첫째, 통화공급 및 신용의 통제를 보증할 수 있는 금융개혁. 둘째, 균형예산을 보증하고 만약 예산적자가 발생할 경우 그것을 보전하기 위한 목적의 화폐발행을 제한시키는 재정통제. 셋째, 가격과 임금을 비용과 생산성에 연계시키기 위한 가격과 임금의 규제철폐. 넷째, 민영화, 재산권의 법적 보호, 경쟁유발을 위한 국가독점기업들의 분할과 해체. 다섯째, 체제전환과정 중에 발생하는 산업들을 보호하기 위한 사회안전망(safety net) 설치. 여섯째, 경제체제를 세계경제에서의 경쟁에 연계시킬 수 있는 통화전환성이 그들이다.

이처럼, 시장기능을 개선하고 활성화하는 과정에서 정부의 역할은 결정적인데, 정부가 주도하고 있는 이러한 제반 과정들은 정부의 역할 자체를 축소하고 정부의 과도한 기능을 대체하여 그 절대적 규모를 축소하려는 의도를 가지고 있다. 시장기능을 개선하기 위한 정부의 역설적 노력 그 자체는 공공정책의 주요한 과제가 된다.

### (3) 정부기능의 개선을 위한 시장의 역할

정부의 새로운 정책이 시장기능의 개선에 기여할 수 있는 것처럼, 여러 가지의 시장적인 과정이나 유인들 또한 정부기능의 개선에 기여할 수 있다. 즉 정부의 여러 가지 활동영역에 시장력(market forces)의 요소들을 주입시킴으로써 정부실패의 가능성을 상당히 감소시킬 수 있다.

Schultze는 그의 저서 '사적 이익과 공공활용(1977)'에서 지금까지는 공공영역이 민간영역에 개입하는 것만을 생각해 봤지 그 반대의 경우는 생각하지 않았다고 하면서, 그와 같은 선입관을 바꾸면 상당한 잠재적 이점이 실현될 수 있다고 주장하였다. 정부부문에 시장적 요소를 투입하면 정부실패를 개선할 수 있는 매우 효과적인 개혁 방안이 될 수 있다는 것이다. 이를테면, 사회전반에 걸쳐 행해지는 정부의 강제적 개입과 관료화로부터 초래되는 비효율성을 감소시킬 수 있고, 정부규제를 정당화하는데 필요한 비용편익분석이나 그 밖의 여러 가지 정보생산에 소요되는 비용을 감소시킬 수 있으며, 환경오염의 통제나 교통체증의 완화 등과 같은 여러 분야에서 민간부문의 기술진보가 사회적으로 바람직한 방향으로 일어날 수 있게끔 유인을 제공할 수 있다.

1980년대 이후에는 공공부문에 시장메카니즘을 도입함으로써 정부실패의 요인을 제거하려는 시장지향적 대안이 '정부혁신'이나 '정부재창조' 또는 '민영화'나 '작고 효율적인 정부'라는 기치아래 급속히 확산되고 있다. 이러한 움직임은 '신공공관리론(New Public Management. NPM)'이라는 이름아래 정부부문 자체의 시장화와 민간부문에 대한 불필요한 정부개입을 감소시키자는 규제완화 등의 민영화가 강조되고 있다. 특히 서국 선진국들은 정부행정 전반에 걸쳐 소위 시장성평가(market testing)를 통하여 경쟁을 통한 효율성 증대를 모색하고 있다.

시장성평가제도는 1991년 영국정부가 '품질을 위한 경쟁(competing for quality)' 이라는 정책백서를 통해 구체화된 중앙정부혁신프로그램으로서 주요한 내용은 다음과 같다. 지금까지 정부의 당연한 과업으로 간주되어 온 행정의 여러 업무에 대하여 첫째, 그것이 반드시 필요한 업무인가? 둘째, 정부가 반드시 그 업무를 맡아야만 하는가? 셋째, 정부가 맡을 경우 정부가 직접 생산해야 하는가? 넷째, 정부가 수행할 경우 효율성의 증대방안은 무엇인가? 등의 질문을 한다. 이와 같은 시장성평가의 결과에 따라 정부서비스의 계약제로 전환, 기업화, 민영화, 구조조정 등과 같은 다양한 방식의 해결방안이 도출된다(이계식·문형표, 1995: 28).

## (4) 시장실패와 정부실패 및 시민사회의 역할

지금까지 우리는 가격과 자발적 교환으로 특징되는 시장메카니즘이 효율적으로 작동되지 못하는 시장실패와 그 잠재적 해결방안을 살펴보았고, 또한 계층제와 강제적 제재로 특징지어지는 정부가 효율적으로 작동하지 못하는 정부실패와 그 대안을 살펴보았다.

그러나 현실의 통치과정에서는 시장실패도 발생하고 또한 정부실패도 발생하기 때문에, 이러한 두 가지 실패를 시정하기 위하여 시민사회의 정책개입이 증가하고 있다. 이러한 결과는 국가와 시장 및 시민사회의 3분법적 관계로부터 벗어나 국가 (정부), 시장, 시민사회(NGO, 이익집단 등)의 삼자 간에 유기체적 관계의 필요성이 대두되어 이른바 네트워크거버넌스(network governance)가 이론적으로 논의되고 실제에 적용되고 있다.

오늘날 이와 같은 시민사회를 대표하는 하나의 축이 소위 비정부조직(Non-Governmental Organization, NGO)이라고 할 수 있다. 제2차 세계대전 이후부터 급속히 확산되기 시작한 NGO는 입법, 행정, 사법, 언론에 이어 '제5의 권력'이라고 하고, 또한 정부와 시장(기업, 소비자)에 맞서는 '제3의 영역'이라고도 한다. NGO는 넓게 보면 비정부범주에 속하는 시장이나 이익집단 및 시민단체 등을 포함하지만, 보편적으로는 시장이나 이익집단을 제외하고 비영리조직(Non-Profit Organization, NPO), 제3섹터(Third Sector), 자발적 조직(Voluntary Organization, VO), 시민사회단체(Civil Society Organization, CSO) 등과 유사한 용어로 사용되고 있는 것으로서 자발성

(voluntarism)에 입각하여 공익(public interest)을 추구하는 시민결사체(civic associa-tion)라고 정의할 수 있다.

이러한 성격을 가지는 NGO는 국가권력과 시장횡포에 대한 견제와 비판을 통해서 사회정의와 시민권리를 강화시키고, 사회문제를 해결하며 사회기회를 창조하는 역할을 수행한다. 그러나 NGO가 곧 시장실패와 정부실패를 치유할 수 있는 만병통치약은 아니며, 자발적 조직 그 자체도 실패할 수 있다. 예컨대, 한국의 시민단체는 권력추구와 사적 이익의 추구과정에서 비리발생이 나타나고 있다. Salamon(1987)에 의하면, 자발적 조직의 실패는 정부개입이나 정부지원을 정당화시켜 준다고 한다.

---

### 📊 사례연구　　국가(정부)의 길과 역할: 포퓰리즘과 큰정부 그리고 작은정부 현상

---

#### ⏳ 사례1: 국가(정부)의 길: 포퓰리즘이냐 반포퓰리즘이냐

국가는 국리민복(國利民福)의 공동체이다. 국가는 온 국민을 잘 먹고 잘 살고 행복하게 해주기 위해 존재한다. 이러한 비전과 목표를 위해 정부정책이 존재한다. 아시아의 네 마리 용이었던 한국은 남미(南美)국가의 길을 걷고 있는 유일한 나라이다. 문재인 정권은 현금을 뿌리며 국민을 베네수엘라 방식으로 사육(飼育)하고 있다. 권력을 더 오래 잡겠다고 랑치차오가 100년 전 지적했던 국민을 '나라 망치는 인민'으로 퇴보시키고 있다. 그러면 과연 한국가의 길은 포퓰리즘이냐 아니면 반포퓰리즘으로 갈 것이냐의 기로에 서 있다.

#### ■ 유럽의 포퓰리즘

##### - 그리스의 포퓰리즘통치: 나라돈 퍼주는 정부

그리스는 1980년대 초까지만 해도 유럽에서 재정이 건실한 나라로 꼽혔다. 국가부채비율이 20%대로 영국, 네덜란드, 노르웨이 등의 절반수준이었다. **1974년 집권한 중도우파성향의 신민주주의당**은 국가재건을 위한 공공투자부문을 제외하고는 재정적자가 나지 않아야 한다는 '**황금률(golden rule)**'를 **적용**하였다.

하지만 **1981년 총선에서 중도좌파성향의 사회당이 승리하고 파판드레우 총리가 취임하며 황금률은 폐기**되었다. 그는 하버드대 경제학박사 출신으로 '범그리스 사회주의운동당(PASOK)'을 출범시켜 그리스 첫 좌파정부를 세운 마르크스주의자이다. 집권(1981-1989; 1993-1996)기간 동안 '**국민이 원하는 것은 다줘라**'라는 **구호 아래** 재정과 국채발행을 통한 정부개입 확대, 공공부문 확대, 보편적 복지 강화 등 **국가주의적**

〈안드레아스 파판드레우 총리시절 포퓰리즘정책〉

- 재임기간: 1981–1989년, 1993–1996년(총 11년)
- 정부지출은 공공투자부문만 적자 허용한다는 '황금률' 폐기
- 소득재분배를 이유로 재정지출 확대
- 공무원 및 공공기관 직원수 늘리기
- 전계층 무상의료
- 최저임금 인상

〈포퓰리즘의 그리스 국가부채 비율〉 (단위: %)

| 1980 | 1985 | 1990 | 1995 | 2000 | 2005 | 2010 | 2015 | 2017 |
|------|------|------|------|------|------|------|------|------|
| 22.5 | 46.6 | 73.2 | 99.0 | 104.9 | 107.4 | 146.2 | 177.8 | 179.3 |

**포퓰리즘정책**을 밀어붙였다.

대표적인 게 공무원 증원이었다. 최임 1년 만인 1982년 정부의 공공부문 임금지급액은 전년 대비 33.4% 증가했다. 선별적 복지는 보편적 복지로 전환하여 소득과 상관없이 전계층에 무상의료와 무상교육을 시행했다. 국내총생산 대비 사회복지지출규모는 1980년 9.9%에서 5년 뒤 15.4%로 증가하였다. 건실했던 국가채무비율이 상승하는 것도 이 시기이다. GNP 대비 국가채무비율은 1980년 22.5%에서 1983년 33.6%, 1985년 46.6%를 기록했고, 그로부터 불과 10년 만인 1993년에는 100.3%로 증가하였고, 2017년에는 179.3%로 크게 증가하였다.

재정이 성장동력 확충보다 복지에 과도하게 흘러들어가며 그리스 제조업은 빠르게 쇠퇴했다. 그리스는 제2차 세계대전 이후 마셜플랜(미국의 유럽 16개국 원조제공) 수혜국으로 1970년대까지 조선, 석유화학, 석유정제, 자동차산업 등이 발달했다. 하지만 파판드레우 총리가 최저임금을 올리고 노동해고를 어렵게 하는 정책을 펴며 기업들은 경쟁력을 잃었다. 그는 취임 1년 만인 1982년 최저임금을 전년 대비 45.9% 인상했다. 1973년 그리스 최초의 자동차공장을 설립했던 남코는 1982년 노조가 35%의 임금인상을 요구하며 장기파업에 들어가자 공장을 폐쇄하였다. 남코는 프랑스 시트로엥과 합작하여 생산기지를 중국 등으로 옮겼다.

**신민주주의당는 정권을 되찾기 위해 포퓰리즘경쟁에 뛰어들었다.** 신민당은 사회당이 해왔던 방식대로 공무원수를 늘리는 공약을 발표하고 직능별 노조와 손잡고 지지의 대가로 직능별 연금공단을 허용했고 적자는 모두 세금으로 메웠다. 양당의 경쟁으로 그리스에는 한때 150개가 넘는 연금공단이 생겼다. 신민당은 2004년 재집권에 성공했으나 국가재정은 허약해진 뒤였다. 2008년 글로벌 금융위기의 여파로 국채발행으로 재정사업비용을 충당했지만 금융시장이 얼어붙자 재정불량국가의 채권은 아무도 거

들떠보지 않았다.

**재정이 거덜난 상황에서도 국민은 복지축소에 반대했다.** 2009년 신민당이 긴축재정 정책을 펴자 국민의 극렬한 반대로 조기총선이 열렸다. **사회당이 압승했고 총리에 오른 건 파판드레우 총리의 아들 게오르게 였다.** 게오르게는 확정재정정책을 통한 내수부양을 경제정책으로 제시하며 구제금융을 받을 필요가 없다고 하였다. 그리스의 국가부채비율은 2010년에 146.2%로, 2015년에 177.8%로 급증하고 있다.

하지만 **그리스는 결국 2010년 5월 IMF와 EU에 손을 벌릴 수밖에 없었다.** 게오르게는 취임 2년 만에 물러났다. 그리스는 2015년까지 세 차례에 걸쳐 총 2,600억 유로를 지원받았는데, 이는 세계역사상 최대규모의 구제금융이었다. 성태윤 연세대 경제학과 교수는 '선거승리를 위해 재정을 무분별하게 늘리면 부담은 후손이 진다는 게 그리스사태의 교훈'이라고 했다.

이러한 그리스의 파판드레우의 포퓰리즘은 스페인 포데모스, 이탈리아 오성운동, 프랑스 국민연합 등 유럽포퓰리즘의 원조가 되었다. 이들은 엘리트들을 부패세력으로 몰고 대중을 '고귀한 집합체'로 결집시켜 성공한 파판드레우의 배제와 편가르기 전략을 벤치마킹하고 있다. 이를테면, 스페인은 2008년 부채비율이 39.4%였지만 6년만인 2014년 100.4%가 되었다. 지역별로 중소규모의 금융회사가 많은 스페인은 2008년 글로벌 금융위기가 터지자 이들의 부채상당부분을 지방정부가 떠앉았다.

**좌파의 포퓰리즘정책의 가장 큰 무서움은 포퓰리즘이 악순환을 부른다는 점이다.** 포퓰리즘은 '재정 둑 허물기'로 재정확장과 국가채무를 가져온다. 정권을 되찾은 그리스 우파 신민당이 보다 더 사회주의정책을 쏟아내며 국가부도를 재촉한 데서 드러난다.

재정이 파탄 난 **남유럽 4국(PIGS−이탈리아, 그리스, 스페인, 포르투갈: 돼지(PIG)를 연상시키는 어감에서 드러나듯이 나랏돈을 흥청망청 써서 망친 나라)**과 달리, 건전재정을 지켜온 **재정모범 4국(Frugal 4)**인 스웨덴, 덴마크, 네덜란드, 오스트리아 총리는 공공기고문을 통해 모든 나라가 코로나19 위기에 대응하는 데는 중요한 원칙들을 준수하며 재정지출을 해야 한다고 하고, 북유럽 복지국가모델 연구권위자인 스웨덴의 스벤 호르트 린네대 명예교수는 복지지출 증대와 증세와의 관계에 대해 '공짜 점심 같은 것은 없다'고 하였다. 그는 스웨덴이 높은 수준의 복지혜택을 누리면서도 재정건전성을 유지하는 비결은 젊은이와 노인, 일을 하는 사람과 일을 하지 않는 사람 모두가 세금을 내서 복지비용을 분담한다고 하고 복지천국 스웨덴도 복지지출을 줄이고 세금을 늘려 국가채무비율을 30% 낮추었다고 하였다(한국경제 2019.6.10.).

### − 이탈리아의 포퓰리즘 통치: EU 리더국 이탈리아는 왜 유럽의 문제아됐나

이탈리아의 경제규모는 지난 10여 년간 1조8,000억과 2조2,000억달러 사이를 오가며 정체되어 있다. 이런 와중에 정부의 빚은 계속 늘어나 벌써 여러 차례 국가부도위기를 겪었다. 지난해 국내총생산(GDP) 대비 정부부채비율은 150%로 유럽에서 그리스 다음으로 높다. 원금은 커녕 이자만 갚는 데 GDP의 3.7%, 총세수의 14%가 투입되고 있다. 국가신용등급은 투기등급보다 겨우 두 단계 높은 'BBB' 수준이다. 그런데도 복지지출은 GDP 대비 28.2%로 덴마크와 스웨덴 등 북유럽국가를 뛰어넘는다.

이처럼, 이탈리아의 추락은 **포퓰리즘 복지정책과 경직된 노동시장, 정부부채가 꼬리에 꼬리를 무는 악순환을 통해 이탈리아 경제의 발목을 잡은 탓이다.** 미국 월스트리트 저널(WSJ)과 영국 더타임스 등은 "1~2년마다 정권이 바뀌는 극심한 정치적 혼란 속에 기본소득과 연금혜택, 사회보장 확대 등의 정책은 좌우를 안가리고 계속 늘어났다"고 분석했다. 이로 인해 GDP 대비 복지지출은 경제협력개발기구(OECD) 평균(20%)의 1.4배, 한국(12.2%)의 2.3배. 이 중 절반 이상(GDP의 약 17%)이 노령층을 위한 연금지원에 들어갔다. **이탈리아가 그저 손 놓고 있었던 것은 아니다.** 2012년 포르투갈과 이탈리아, 그리스, 스페인 등 이른바 'PIGS' 국가들이 과도한 국가부채로 신용등급이 급락하고 부도위기에 몰린 '남유럽 재정위기' 이후, **수차례 연금개혁과 복지축소를 시도했다. 하지만 높은 수준의 복지에 익숙해진 국민의 저항으로 실패하거나 제자리로 돌아가는 일이 계속 발생했다.** 연금수령연령(정년)의 경우 기존 60세였던 것이 2007년 65세로, 또 남유럽 재정위기 이후 67세로 늦춰졌지만, 2018년 좌파포퓰리즘정당 오성운동(M5S)이 극우동맹(Lega)과 손잡고 이를 2021년 말까지 62세로 환원시켰다. 다시 총선이 다가오자, 표에 눈먼 좌우 정당들은 일제히 정년을 다시 영구적으로 앞당기는 방안을 거론하고 있다.

**복지에 들어가는 돈은 결국 국민에게 걷을 수밖에 없다.** 이탈리아경제인연합회(Confindustria)에 따르면, 일반정규직 근로자월급의 60%가량이 연금과 각종 사회보험료 및 세금으로 나간다. 실제로 손에 쥐는 돈은 40%에 불과한 것이다. 근로자는 턱없이 부족한 소득에 불만이 쌓이고, 기업은 높은 인건비로 인해 양쪽 모두 고통받는 구조가 만들어졌다. 이는 바로 이탈리아경제의 국제경쟁력 악화로 이어졌다. 독일경제지 한델스블라트는 "**대기업들은 계속 (인건비가 싼) 동유럽 EU국가로 빠져나가고, 노조는 일자리를 지키려 더욱 경직된 노동시장정책을 요구했다**"며 "**결국 이탈리아의 정규직 일자리는 계속 줄어드는 현상이 나타났다**"고 분석했다(조선일보 2022.8.16.).

### ■ 남미의 포퓰리즘

#### - 베네수엘라의 포퓰리즘 통치: 세계 4위 경제대국서 빈곤국 추락

10년 전 국내에서는 '베네수엘라 바람'이 거셌다. 좌파진영에서는 베네수엘라가 인류를 다른 세상으로 인도하고 있다. 노무현 대통령, 차베스에게 배워야 한다는 찬사가 넘쳤다. 진보매체들은 한국에도 차베스와 같은 지도자 필요, '베네수엘라 모델로 신자유주의에 맞서자'는 주장이 쏟아졌다. 그로부터 불과 몇 년 뒤 베네수엘라는 초유의 경제사회적 파국을 맞았다. 지도자의 오판과 위선 및 포퓰리즘정책, 그리고 국민의 이기심과 무지가 빚어낸 '국가의 자살'이었다. 이른바 차베스주의(어쩌자고 망한 차비즘)라고 부르는 차베스의 망령은 현재 한국에서도 진보좌파의 정치인들이 선거에 구호로 내세우고 있다.

차베스도 집권초기에는 '가능한 많은 시장, 필요한 만큼 충분한 국가'라는 슬로건 아래 온건노선을 펼쳤다. 그러나 1999년부터 14년간 통치한 차베스는 '서민생활 향상'을 최우선과제로 무상복지 확대에 올인했다. '미션'이라는 대규모 서민복지프로그램을 도입해 석유산업 국유화로 얻은 수입을 퍼부었다. 차베스 집권 전(1986–1998년) 연평균 36%이던 예산 대비 사회지출 비중이 집권 후(1999–2011년) 동안 평균 61%로 증가하였다. 국가조세재정시스템이 붕괴되어 복지재원은 바닥나고 국내총생산(GDP) 대비 재정수지 적자가 −31.8%(2017년)로 치솟았다.

그는 고용, 의료, 주거를 '국가책무'로 명시한 '사회주의헌법'을 만들고 '부의 재분배'에 집중했다. 2000년 144볼리바르이던 최저임금이 2010년 1,224볼리바르로 12.4배 인상되었다. 노동계층을 우군으로 삼기 위한 조치들도 줄을 이었다. '신노동법'을 공포하여 주간 노동시간을 40시간으로 줄였고, 최고노동위원회라는 대통령 자문기구를 만들어 친차베스인사를 포진시켰다. '기업은 착취의 근원'이라며 대안으로 협동조합형 기업을 장려해 26만개가 설립되었다. 법인세 인상 등 세금폭탄까지 떠안기자 기업인들은 국외로 빠져나갔고, 직장이 위태로워진 100여만명의 전문가들도 해외로 탈출했다. 반시장정책도 쏟아냈다. 가격을 올린 기업의 자산을 정부가 몰수할 수 있게 하는 '소비자보호법'이 등장했다. 가격인상 시 정부에 보고토록 의무화하는 법안도 만들었다. 2010년부터 '국유화정책'을 추진하여 경제적·생산적 혁명 추진을 위해 불가피하다며 기업을 국유화한 뒤 노동참여경영제를 도입했다. 민간기업에도 인센티브를 제시하며 노동참여경영을 독려했다. 그리고 복지집행에 필요하다며 공무원 숫자도 증가시켰다. 2014년 공공부문 근로자가 노동인구의 29%에 달했다. 토지는 개인 것이 아니라 국가자산이라고 선언하고 토지공개념을 골자로 하는 '토지개혁법'을 통과시켰고, 서민에게 주택 2,000만 가구를 무상으로 지어주었지만 부동산시장은 극도로 혼란스러웠다. 국민이 한 해 연봉을 전부 저축하여 집을 사는 데까지 소요되는 기간이 무려 151.48년(2019년)으로 압도적인 세계 1위이다. 토지가 국가소유인 중국이 39.29년이고, 자유시장경제체제인 미국은 3.54년, 호주는 7.68년, 독일 9.42년 일본 12.83년 등이다.

암으로 사망한 차베스를 이어 2013년 집권한 차베스주의자 니콜라스 마두로 대통령도 포퓰리즘복지정책을 지속하였다. 저유가로 돈이 말랐지만 차베스에게 배운 대로 돈을 찍어내고 국채를 남발하다 예정된 '초인플레이션'을 맞고 말았다. 고장난 경제는 상상을 초월하는 하이퍼인플레이션으로 이어져서 2018년 물가상승률은 169만8,488%에 달했다.

불과 반세기 전 '세계 4위 경제대국'으로 꼽혔던 베네수엘라의 추락은 사회주의 포퓰리즘통치로 비극적이다. 1960년 1인당 국내총생산(GDP) 1만3,000달러로 미국(1만

〈차베스집권 시 급등한 베네수엘라 최저임금〉    (단위: 볼리바르)

| 2000 | 2001 | 2002 | 2003 | 2004 | 2005 | 2006 | 2007 | 2008 | 2009 | 2010 |
|---|---|---|---|---|---|---|---|---|---|---|
| 144.00 | 158.40 | 190.08 | 247.10 | 321.24 | 405.00 | 512.33 | 614.79 | 799.23 | 967.50 | 1223.89 |

〈주요국의 연봉 대비 집값(2019년 기준)〉    (단위: 연)

| 미국 | 호주 | 캐나다 | 독일 | 영국 | 일본 | 프랑스 | 한국 | 중국 | 홍콩 | 베네수엘라 |
|---|---|---|---|---|---|---|---|---|---|---|
| 3.54 | 7.68 | 7.88 | 9.42 | 9.82 | 12.83 | 13.67 | 16.23 | 30.29 | 49.38 | 151.48 |

〈베네수엘라의 하이퍼인플레이션〉    (단위: %)

| 2016 | 2017 | 2018 | 2019 |
|---|---|---|---|
| 550 | 2,683 | 169만8,488 | 7,374 |

8,000달러)과 경쟁하던 선진국에서 최악의 빈곤국으로 광속추락한 나라이다. GDP는 2011년 3,340억달러에서 2018년 980억달러로 뒷걸음질치고, 그리고 10년 전 1만달러를 웃돌던 1인당 GDP도 2019년 2,547달러로 반의 반토막이 났다. 빈곤층비율도 2014년 48.4%에서 2017년 87%(61.2%는 극빈층)로 껑충 뛰었다. 인구의 17%인 530만명이 살길을 찾아 국외로 탈출해 난민을 선택했다.

　이처럼, 베네수엘라는 망하고 있는데도 주역인 차베스주의자들은 22년째 집권하고 있다. **차베스주의는 21세기 사회주의를 표방하고 권력의 독점과 재생산을 위한 체제이다. 이들은 권력을 독점한 뒤 시민, 특히 약자에게 혜택을 베풀며 지지(표)를 호소하는 온정주의적 관계를 유지하고 있다**는 게 차비즘에 대한 미국 카터센터의 혹평이다(한국경제 2020.9.19.).

### – 칠레의 포퓰리즘 통치: 베네수엘라의 후발주자

　한때 **칠레는 남미에서 가장 부유하고 자유로운 국가였다.** '남미의 오아시스'라고 별칭으로 불릴 정도였다. 한국의 첫 자유무역협정(FTA) 상대국이 칠레일 만큼 개방된 경제였고, 국제사회의 신뢰도 대단했다. 국제신용평가기관인 무디스는 칠레가 한국보다 외국인투자에 더 친화적이고 각종 정보나 통계가 훨씬 투명하다고 한다. 여기에 자원마저 풍부하다. 전 세계 구리매장량의 35%를 보유하고, 농축산물생산량의 90% 이상을 수출했다. 칠레는 성장의 꽃길을 걷는 남미의 모범국가였다.

　그러던 **칠레가 2008년 글로벌 금융위기 이후 주저앉기 시작했다.** 많은 전문가들은 **좌파정부의 복지포퓰리즘을 주요원인으로 꼽는다. 좌파정부인 미첼 바첼레트 전 대통령**은 2006－2010년, 2014－2018년 정부주도로 **대규모 공공서비스 확대정책**을 시행했다. 초중고는 물론 대학 교육까지 무상교육하고 의료나 주거 보조금도 대폭 증가시켰다.

당시 공공지출증가율이 경제성장률의 세 배가 넘었으니 재정이 버틸 재간이 없었다. 천문학적인 복지비용은 법인세율 20%에서 27% 인상으로 충당하려 했다. 친노동정책이 추진되었다. 파업 중 대체근로를 금지하고 해고요건은 대폭 강화했다. 최저임금을 급격히 올려 실질임금상승률은 50%까지 치솟았다. 이러한 **반기업 친노동 정책**은 외국인 직접투자가 2014년 238억달러에서 2017년 58억달러로 4분의 1로 감소하였고, 경제성장률도 연평균 5.3%에서 1.7%로 급락했다. 반세기 동안 자유시장경제를 통해 번성하던 칠레의 경제는 순식간에 무너졌다.

더욱 암울한 것은 **포퓰리즘병이 거의 불치병수준**이라는 점이다. 2018년 칠레판 트럼프라고 불리던 피녜라가 집권하면서 이 병을 고쳐보려고 하였으나 허사였다. 칠레는 기업과 중산층이 붕괴되고 빈부격차와 불평등이 커지며 무너지고 있지만, 이젠 어떤 치료제로도 쓸 수 없는 안타까운 상태이다.

**칠레의 사례는 과연 남의 일일까? 칠레의 과거는 우리의 현재와 놀랄 만큼 닮아 있다.** 문재인 정부의 선심성 복지 급증과 이에 따른 근로의욕 감소, 무리한 재정확대, 급격한 최저임금 인상, 재정적자를 메우기 위한 세금 인상, 외국인투자와 경제성장률 감소 등 지금의 한국과 너무나 똑같다. 이대로 포퓰리즘늪에서 헤어나오지 못한다면 경제가 무너지는 것은 순식간이다. 올해 우리나라 재정수지 적자는 선진국에서 권고하는 건전재정기준인 국내총생산 대비 3%를 넘을 것이고 나라빚은 700조원을 넘었다. 하지만 정부는 '곳간에 작물을 쌓아두면 썩는다'고 개선할 생각조차 하지 않는다(한국경제 2020.2.3.).

■ **한국의 포퓰리즘**

– 이재명과 윤석열, 누가 포퓰리스트인가?

2022년 대선의 쟁점 가운데 하나는 포퓰리즘이다. 포퓰리즘(populism)은 대중이나 민중을 의미하는 라틴어 '포퓰루스(populus)'에서 유래했다. 이 용어는 엘리트주의에 대한 대안으로 제시된 것으로 엘리트와 대중을 이분법으로 나누고 소수의 엘리트에 맞서는 대중(민중)을 위한 정치라는 대중주의와 민중주의를 의미하였다. 그러나 오늘날은 대중의 인기만을 쫓아 선심성정책을 내세우는, 즉 일반대중의 인기에 영합하는 정치행태를 의미하는 대중영합주의로 번역되어 부정적 의미가 기승을 부리고 있다. 이런 **포퓰리즘은 좌파와 우파 또는 진보나 보수를 가리지 않고 정치나 선거에서 표출되고 있다.**

그러면 이재명은 포퓰리스트일까? 아니면 윤석열이 포퓰리스트일까? 대답은 끝에 가서 보자. 아무튼 분명한 건 두 사람이 요즘 포퓰리즘소리를 가장 많이 듣는 한국인일 뿐 아니라, 상대방을 포퓰리스트로 보증해준다는 사실이다. 이재명 더불어민주당 대선후보가 제시한 임플란트와 탈모약 건강보험 적용공약, 연 120만원 장년수당 공약, 기본소득정책 등이 그 반대자한테서 포퓰리즘이라는 비난을 샀다. 그런 공세의 선두에 윤석열 국민의힘 대선후보가 있지만, 포퓰리즘으로 비난받는 건 윤 후보도 마찬가지다. 윤 후보가 온실가스감축목표의 하향조정을 주장하자 이 후보는 '무지한 망국적 포퓰리즘'이라고 비난했다. 주적은 북한 선제타격 등 대북 강경메시지는 '안보포퓰리즘'으로, 이대남을 호명하는 안티페미니즘정치는 '우익포퓰리즘'으로 규정했다. 포퓰리즘은 한국정치에서 중요한 전투용어가 되고 있다.  여기서 중요한 포인트는 상대방이 주도하면 대중영합포퓰리즘이고, 내가 주도하면 다수를 위한 좋은 정책이다.

**1920년부터 2020년까지 100년 동안 국내언론에 포퓰리즘이 언급된 빈도를 분석해봤더니 민주화 직후인 1989년 처음으로 한국정치에 대한 논평에 이 단어가 등장했다. 그후 2010년은 역사상 최초로 포퓰리즘담론이 폭증한 해였다.** 이 시점에 포퓰리즘공방이 일어난 직접적 계기는 복지이슈였다. 2009–2010년 보편복지와 무상급식정책을 놓고 격론이 일어났고, 2011년에는 민주당이 무상급식, 무상의료, 무상보육, 반값등록금정책을 포함하는 '3무1반' 정책을 표방했다. 일련의 복지정치는 독재시절보다 훨씬 많은 국민의 지지를 받았고, 복지정치를 아직 거부하던 당시 집권당 한나라당은 이들을 포퓰리즘이라고 맹비난했다.

그러나 보수정치 역시 변하고 있었다. 반값등록금정책은 2007년 대선을 앞두고 한나라당에서 처음 나왔고, 이명박 후보의 모토는 국민성공시대였다. 2012년 대선에서 박근혜 후보는 복지경제민주화와 반값등록금 완성을 내걸었다. 말하자면, 여야 할 것 없이 다수국민의 필요와 요구에 호응하는 정치를 표방했다. 이것은 분명 민주화의 결과다. 포퓰리즘은 민주주의의 일부로서 민주주의를 혁신하기도 위협하기도 한다.

이처럼, 포퓰리즘이라는 정치적 수사의 증가는 실제정치에서 피플의 중요성 증대와 관련된다. 정치가 피플에 호소하기 때문에 정적(政敵)의 포퓰리즘에 대한 비난도 많아진다. 그래서 포퓰리즘은 피플에 호소하는 특정정치현상을 지칭하는 개념으로 사용되기도 한다. 카스 무데는 반엘리트주의, 반제도주의, 서민주의, 리더와 대중의 직접 소통 등을 포퓰리즘정치의 핵심 특성으로 본다. 이런 의미의 포퓰리즘정치는 오늘날 세계적으로 큰 성공을 거두고 있고, 그에 따라 학계를 비롯한 사회각계에서 지대한 관심을 받고 있다. 포퓰리즘에 관한 토론은 1960년대부터 있었고 1980년대에도 중요한 논쟁이 있었지만, 지금처럼 포퓰리즘얘기가 무성해진 것은 최근 일이다. 이는 점점 더 많은 시민이 정기적인 투표권 행사에 만족하지 않고 직접 정치행동에 참여하며 제도정치와 상호작용하는 과정과 관련이 있다(한겨레21 2022.2.1.).

## ⚜ 사례2: 정부의 역할: 큰정부냐 작은정부냐

### ■ 정부가 해야 할 일과 하지 말아야 할 일

– 정부는 해야 할 일을 제대로 하고 있는가?

정부는 '해야 할 일'이 있고, '하지 말아야 할 일'이 있다. 정부가 해야 할 일은 하지 않고 하지 말아야 할 일만 벌였을 때, 어떤 결과를 초래하는지는 그리스나 이탈리아, 베네수엘라, 및 칠레 등 포퓰리즘정치라는 정부실패사례가 잘 보여준다.

이른바 정부만능주의는 '발전국가'의 신화에서 비롯된다. 전후 일본에 이어 한국과 싱가포르, 대만, 홍콩 등 아시아의 작은 호랑이들까지 경이로운 발전을 이룩하자, 경제 발전에서 국가의 역할을 강조하는 이론이 풍미한 적이 있다. 특히 국가가 주도하는 산업정책이 경제발전의 견인차 역할을 하였다. 이처럼, 정부주도의 발전이 생생한 국가에서는 정부가 민간부문보다 앞서고 정부가 무엇이든지 할 수 있다는 사고가 사라지지 않고 있다. **정부의 선의를 의심할 이유는 없지만, 지옥으로 가는 길도 선의로 포장되어 있다.** 포퓰리즘정책이 대표적이다. 정부만능주의의 치명적인 자만에서 벗어나 시장에 순응하는 방향으로 선회해야 한다. 특정한 산업의 발전을 꾀한다면 어설프게 개입할 것이 아니라 시장의 활력을 살리도록 과감하게 정부의 간섭을 줄여야 한다. 정부는 과거에도 그랬지만 전지전능한 신이 아니다.

그렇지 않아도 저출산과 고령화, 경쟁력을 저해하는 규제와 노동시장의 경직성, 점차 복잡해지는 외교안보, 여러 가지 사회갈등 등 국가적 난제가 수없이 나타나고 있다. 이와 같이, **정부가 해야 할 일은 너무 많지만, 제한된 자원으로 인해 모든 문제를 해결하기란 사실상 불가능하다.** 국민의 생활문제에 적극적으로 관여하여 해결하고자 하는 '큰정부'의 유혹은 언제나 크고, 큰정부가 해결할 수 있는 성취도 절대 작지 않다. 하지만 정부정책에는 비용이라는 위험부담이 필연적으로 수반된다. 그럼 국가적 난제는 누가 풀 수 있을까? 한국사회의 문제는 강력한 정부가 풀기에는 너무 복잡하다. **수많은 복잡한 문제를 푸는 방법은 시민과 시장의 역량을 강화하고 시민과 정부가 협력하여 문제를 풀어나가야 한다.** 문제를 해결하기 위하야 강력한 정부를 강조하다 보면 어느 순간 시민의 문제해결능력은 사라지기 때문이다(한국경제 2019.11.9.).

– 국민 삶 전체를 책임지는 나라는 어디에도 없다

**국가의 기능과 역할에 대해서는 동서양을 통해 다양한 주장과 해석이 존재한다.** 국방과 안전 등을 책임지는 게 국가의 기본임무라는 사실에는 이의가 없다. 현대민주국가는 취약소외계층에 집중지원을 하면서 국민에게 다양한 기회를 제공하는 공정한 심판자역할을 해야 한다는 점도 광범위한 동의를 얻고 있다. 세제를 비롯해 복지, 서민주거, 다양한 돌봄제도 등이 해마다 강화되는 것도 그런 배경에서이다. **정부는 '꼭 해야**

할 것'과 '할 수 있는 것'에 집중하라는 주문이다.

여기서 주목할 **핵심문제는 정부가 개인의 삶에 어느 정도 개입하고 사적 영역에 어떤 방식으로 관여할 수 있는가이다.** 파시즘의 전체주의나 좌편향 정부만능주의에서 비롯된 대표적인 구호가 '국가가 개인의 삶과 행복을 책임져준다'는 것이다. 하지만 이에 근접한 나라는 세상 어디에도 없다. 북한과 같은 극좌공산국가를 포함해 좌파가 집권한 포퓰리즘국가에서도 현란한 구호만 넘쳤을 뿐이다. 국가의 지원은 지원에 그치지 않고 감시와 관여, 감독과 규제로 이어지는 게 국가권력의 속성이요, 외국과 한국의 행정역사가 입증하는 바이다.

**근래 한국에서는 포퓰리즘과 국가개입주의 경향이 농후해졌다.** 보수우파를 내세웠던 이명박과 박근혜 정부에서조차 포퓰리즘공약이 난무했다. 상생과 공정 아젠다부터 사회복지 등의 정책은 좌우파 간 차별점이 거의 없었다. 문재인 정부의 엇나간 소득주도성장정책이나 집값과 백신 대책의 헛발질도 모두를 국가가 다 책임지겠다는 오만한 신념과 과욕에 근본원인이 있다. 국가가 무엇이든 할 수 있고 그렇게 해야 한다는 잘못된 신념은 나라살림에 악영향을 주게 된다. 무책임한 확장재정지출로 세대착취라는 비판을 받아 온 빚더미 재정부터 규제위주의 기업과 노동 정책이 그렇다.

**이러한 국가의 기능과 역할에 대한 논쟁은 큰정부 대 작은정부, 정부개입과 국유화 등을 통한 공공성 강화냐 아니면 시장논리와 민영화를 통한 공공의 효율화 등의 무수한 쟁점에 관련된다**(한국경제 2021.8.13.).

### ■ 큰정부의 팽창본능과 작은정부 시도

큰정부는 정부를 구성하는 입법, 사법, 행정, 공공, 준공공부문을 팽창하는 데 관심을 갖는다. 일이 생기면 조직을 키우는 것은 자신들의 예산과 권한이 늘어나기 때문이다. 이것은 관료조직의 무한확장본능(파킨슨법칙)을 확인해주고 있다. 그러나 작은정부는 큰정부를 비판하면서 효율적인 통치를 추구한다. 작은정부란 공무원수나 재정규모가 작은 것만을 의미하지 않는다. 정부가 하는 일이 적어서 민간의 활동영역이 넓은 것을 의미한다.

정부의 크고 작음에 관한 명시적 기준은 없다. 국제적으로 국내총생산(GNP) 대비 재정규모, 공무원비중, 정부권한범위, 자원배분주체(정부나 시장이냐) 등의 차이로 판단한다. 대개 효율성을 중시하는 우파정부는 작은정부를, 형평성을 내건 좌파정부는 큰정부를 지향한다. 1980년대 영국 대처 정부와 미국 레이건 정부가 작은정부의 전형이라면, 북유럽국가나 사회주의국가 및 포퓰리즘국가는 큰정부 모습을 띤다. 우리나라의 경우도 문재인 정부가 큰정부를 시도하였다면 윤석열 정부는 작은정부를 표방한다.

**– 역대 한국의 큰정부 대 작은정부**

**우리나라의 경우 민주화 이후에도 정부역할은 부단히 확대되어 왔다.** 이명박 정부 초기에 작은정부를 지향했지만 후반기엔 개입과 간섭을 대폭 늘렸다. 작은정부가 좋다는 맹목적 믿음을 버려라. **전임 문재인 정부는 민주화 이후 역대정부 중 가장 '큰 정부'를 지향했다.** '한 번도 경험하지 못한 나라'란 슬로건이 그 전조였다. 5년 단임정권이 새 나라를 건국하려는 오만한 발상이 필연적으로 국가개입지상주의를 불렀다. 문재인 정부는 큰정부의 팽창과 폐해를 보여주고 있다. 이를테면, 행정부처는 18부 5처 18청이고, 정부위원회가 574개, 지방정부위원회는 2만3,695개에 달한다. 공공기관 350개, 지방공기업 412개 등도 해마다 증가일로이다. 정부입김이 미치는 각종 단체나 협회도 광의의 정부에 속한다. 이전 4개 정권을 합친 것보다 더 늘린 113만명으로 공무원이 증가를 하고 있다. 재정도 마찬가지이다. 올해 예산(본예산+추경)이 600조원을 웃도는데, 공공기관예산은 이보다 더 큰 724조원(2020년)에 달한다. 이를 합치면 GNP 대비 재장규모가 60%대로 세계 상위수준이다. 이게 모두 국민세금이나 국가채무이다. 국가채무는 1,000조원에 달한다. 예컨대, 소득주도성장론을 내걸고 해마다 슈퍼예산을 짜고도 모자라 추경도 10차례나 편성했다. 물론, 문정부가 코로나19 사태 등 불가피하게 재정지출을 늘려야 할 요인도 있었다. 다만, 정부 '기능' 확대보다 '몸집'을 불린 게 더 큰 문제였다. 공무원수를 무려 10만명 가까이 늘렸으니…. 동·면사무소에 민원인보다 공무원이 더 많다는 말이 나올 정도로 그 결과는 참담했다. 특히 일자리정책이 그랬다. 청와대 일자리상황판이 당근마켓에 내놔도 안 팔린다는 시중의 농담이 왜 나왔겠나. 혈세를 쏟아부어 공공부문 단기알바만 양산했을 뿐 양질의 민간일자리는 되레 줄어들었기 때문이다.

**큰정부의 폐해란 조직과 인력 및 예산의 고비용과 저효율만을 의미하지 않는다. 정부가 커질수록 정치인과 관료권력이 강화되어 국민의 기본권과 시장을 위축시킨다.** 그 밑에 국민은 세금폭탄에 허덕이고, 교육선택의 자유(특목고·자사고 폐지), 일할 자유(주52시간 강제), 사업할 자유(타다금지법) 등을 제약받는다. 최저임금 인상이 1,000만 소상공인의 삶에 중대한 타격을 주고 있지 않는가. **정부가 할 일과 안할 일을 구분 못하는 중상도 심각하다.** 국민의 생명과 재산을 지키는 국방과 치안, 시장공급에 한계가 있는 환경, 복지, 의무교육 등에서는 정부역할이 있다. 그러나 정부가 우월적 지위를 이용하여 시장영역까지 침투하고(배달앱, 상품권 등), 기득권을 온존시키고(친노조 정책), 기업 손발을 묶고(기업규제3법), 민간부문을 질식시킬 판이다. 이처럼, 큰정부를 추구하여 정부실패를 거듭하면서도 반성을 하지 않고 교훈을 얻으려고 하지도 않는다. 정책실패가 정부실패를 넘어 국가실패로 귀착되는 경로이다. 이런 문재인 정부에서 '큰정부'의 부정적 유산은 이제 새 정부가 뒤집어써야 할 판이다. 당장 국가부채 '천조국'의 명에를 윤석열 정부가 짊어지게 됐다. 더욱이, 덩치를 키운 관료조직이 기업을 옥죄는 규제만 쏟아낼 경우 경제활력은 떨어질 수밖에 없다.

　　윤석열 정부 첫 내각이 20일 가까스로 공식 첫걸음을 내디뎠다. **윤 대통령은 선거때 '작지만 효율적 정부'를 천명했다.** 이 모토에 걸맞게 출발선의 대통령실은 슬림한편이다. 문재인 정부의 3실(비서실·정책실·국가안보실), 8수석(정무·국민소통·민정·시민사회·인사·일자리·경제·사회)체제보다  단출한  2실(비서실·국가안보실), 5수석(경제·사회·정무·홍보·시민사회) 구조다. 하지만 윤석열표 '작은정부'는 아직 불완전체다. 의석수 167석 거야의 반대로 여성가족부 폐지 등을 포함한 정부조직법조차 고치지 못하면서다. 작은정부론은 애덤 스미스나 리카도 등 고전경제학파가 주창했다. 정부규모를 줄이되 민간의 자율성을 높이는 게 요체다. 신정부의 6대 국정목표 중 '민간이 끌고 정부가 미는 역동적 경제'가 바로 그런 취지다.

　　**'작은정부'든 '큰정부'든 그 자체로 절대 선, 절대 악은 아니다. 시대상황에 따라 효용이 다르기 때문이다. 경제대공황 때 미국 루스벨트 대통령은 '큰정부'를 택했다. 시장의실패를 바로잡고 정부역할을 키우면서다. 반면, 1980년대 로널드 레이건과 1990년대 빌클린턴 행정부는 '작은정부'로 침체된 미국경제를 살렸다.** 그렇다면 현상황에서 작은정부론이 방향은 옳다. 국가가 미주알고주알 간섭하기보다 민간의 창의와 역동성을 살리는 게 맞다는 뜻이다(한국경제 2021.7.15.; 파이낸셜뉴스 2022.5.23.).

### – 작은정부의 함정

　　국민의힘과 그 전신인 보수정당들은 선거 때마다 거의 모두(박정희 대통령의 공화당만 빼고) '작은정부' '작은청와대'를 들고 나왔다. 예컨대, 이명박 대통령은 '작은정부, 큰시장'을 국정기조로 내걸고 청와대와 정부 규모를 줄이겠다고 약속했다. 청와대비서실 직원수는 줄었지만, 정부 고위공무원단과 청와대 수석비서관·비서관 수는 오히려 늘었다. 이명박 청와대에서 정무수석을 지낸 박형준 현 부산시장은 나중에 "정권마다 집권초기엔 '제왕적 대통령제'에 대한 국민불신 탓에 슬림화한 비서실, 정원과예산의 감축을 추구한다. 하지만 정확한 정책의 판단과 역량 강화를 위해선 대통령실의 정원과 예산의 확대가 필요하다"고 솔직하게 밝혔다.

　　작은정부를 규모가 아니라 기능으로 보더라도 상황은 다르지 않다. 박근혜 대통령시절의 청와대 비서실규모는 전과 비슷했지만, 수석비서관과 실세비서관의 권한은 훨씬 막강했다. 장관이 대통령 만나기가 하늘의 별 따기였다는 사실은, 국정농단사건이터지고서야 국민에게 알려졌다.

　　작은정부의 성공사례로 꼽히는 1980년대 미국의 레이건 행정부는 교육·복지 예산을 삭감하고 인건비 등 경상비지출을 줄였다. 그러나 국방예산은 큰 폭으로 늘려, 집권기간 중 전체 정부예산규모는 두 배 가까이 커졌다. 레이건의 군비확장이 경제난에 봉착한 소련을 압박해서 1991년 소비에트연방 붕괴로 이어지는 데 일조한 건 사실이다. 그렇다면 전략적으로 국방예산을 늘린 레이건 행정부는 작은정부가 맞는가. 국방 대신에 교육과 복지·환경 예산을 늘리면 그건 큰정부인가.

**작은정부를 보수의 정체성으로 여기는 건 시대 흐름에 맞지 않고, 한국현실에 조응하지도 않는다.** 개인주의전통이 강한 서구와 달리, 한국사회엔 공공안전과 서비스에 대한 요구가 훨씬 강력하다는 점을 인정할 필요가 있다. 지난 4년간 무슨 일이 일어나든 정부탓이라고 보수언론이 공격해도 여론에 어느 정도 받아들여진 건 이런 배경이 크다. 왜 매번 보수정권들이 '작은정부'를 내걸고 출범해도 결국은 '큰정부'로 돌아올 수밖에 없는지 그 이유도 여기에 있다. 지금 우리가 당면한 가장 큰 과제는 무엇이고 어떻게 해결할 것인가, 팬데믹극복이든 경제부흥이든 또는 사회안전망 확대나 탈원전 같은 갈등사안의 해결이든, 차기정부는 이걸 성공적으로 넘어서야 한다. 그러기 위해선 **규모가 문제가 아니라 '할 일을 제대로 하는 강력한 정부'가 필요하다. 문제해결을 위해 정부부처를 통폐합할 수도 있고 새로운 거대한 융합부처를 만들 수도 있다. 먼저 '작은정부'라는 덫에서 벗어나야 한다**(한겨레 2021.7.21.).

### ⌛ 사례3: 강한 국가의 굴레를 넘어서, 국가권력의 축소가 진정한 개혁이다

지금까지 국가의 역할에 대한 논의는 큰정부 대 작은정부와 관련된 것이다. 진보는 큰정부, 보수는 작은정부를 선호한다는 식이다. 그러나 이분법은 의미가 없다.

그동안 우리나라는 언제나 '강한 국가'만이 존재하였다. 해방 후 남겨놓은 일제의 통치구조가 폭력적이었고, 그 위에 권위주의체제를 위한 강압적 통치기제가 더해졌다. 공안조직 등 강화된 억압기구는 전쟁과 뒤이은 냉전을 거치면서 반공이데올로기를 통해 정당화되었다. 또한, 국가가 경제개발을 계획하고 추진한 발전국가의 시기를 겪으면서 국가는 사회 전영역을 압도했다. 그 당시에는 민간보다 공공영역이 더 효율적이기도 하였다. 군대나 공공관료제가 효율적으로 통치를 하였다. **그러나 이제는 사정이 달라졌다. 민간영역이 국가보다 더 유능하고 효율적이 되었다.** 세계적으로 인기를 끄는 기업들의 각종 상품이나 서비스, K문화 등은 민간영역의 창의력과 노력의 산물이다. 외국이나 국내에서도 신기술이나 신산업 등 세상의 변화를 이끄는 혁신은 민간영역에서 주도하고 있다.

상황은 이렇게 변했지만 제왕적이라는 대통령의 그늘 속에 관료집단은 민간영역을 통제하고 압도하는 강한 국가로 여전히 남아있다. 우리는 민주화 이후에도 국가우위, 국가주도라는 '옛날식 발전국가'에서 벗어나지 못하고 있다. 집값을 때려잡겠다는 부동산정책이야말로 규제와 강압이라는 강한 국가적 사고를 잘 보여주는 사례이다. 이 정책의 참담한 실패가 보여주듯이, 오늘날 국가는 전지전능하지 않고 과거만큼 유능하거나 효율적이지도 않다(한국경제 2020.3.26.).

따라서 **변화된 세상에 맞게 국가의 구조와 역할을 재설정해야 한다.** 예컨대, 교육자치로 교육청이 해당지역의 초중등교육을 담당하게 되고 국가교육위원회까지 만든 상황에 교육부가 지금 그대로의 권한과 기능을 유지해야 하는지를 들여다볼 필요가 있다. 수도권에 인구의 절반이 모여 있는 상황에서 국토부가 수도권에 신도시를 만들어야 하는지, 공기업이나 공공기관은 설립되었을 때의 역할을 제대로 하고 있는지도 살펴보아야 한다. 이런 상황에서 다음질문을 제시한다. **국가권력의 확대나 분산이 진정한 개혁인가? 진정한 개혁은 국가권력의 축소에서 출발한다.** 줄인 권력은 온전하게 국민에게 돌려주는 것이 그 완성이다. **이는 크게 세 가지 방향으로 이루어져야 한다.** 첫째, 국가권력의 총량을 덜어내고 감축분을 국민에게 돌려주는 것이다. 둘째, 국가기구를 대폭 줄이고 국가간섭을 최소화하는 것이다. 셋째, 국가예산을 축소하고 세금을 줄여 국민재산권에 대한 자유를 보장하는 것이다(조선일보 2021.8.9.).

## 제2절 | 공공정책과 정책학의 필요성

### 1. 공공정책의 영역과 과제

#### 1) 공공정책의 영역

앞에서 기술한 바와 같이, 공공부문, 특히 정부가 특정한 분야나 영역에서 어떤 목표를 달성고자 수행하는 활동의 총체를 공공정책(public policy)라고 할 수 있다. 따라서 공공정책은 정부가 다양한 영역에서 사회문제를 해결하거나 사회기회를 창조하는 광범위한 활동을 포함하고 있다. 이것은 가장 전통적인 정책분류방법인 정책의 실질적 내용분류나 정부조직이 담당하는 기능별 분류를 보면 알 수 있다.

예컨대, 정책영역에 대하여 정정길 외(2010: 54)는 국방, 외교, 교육, 산업, 농업, 교통, 보건, 노동정책 등을, Dye(2005)는 사법정책, 건강과 복지정책, 교육정책, 경제정책, 조세정책, 환경정책, 무역정책, 국방정책 등으로, 그리고 Peters & Pierre(2006)는 법과 인권정책, 사회정책, 건강정책, 교육정책, 환경정책, 문화정책, 조세정책, 산업정책, 농업정책, 수송과 사회기반정책, 외교정책 등으로 분류하고 있다. 이러한 정책의 영역별 또는 기능별 분류는 정부부처나 국회 상임위원회의 활동을 파악하는데 도움을 줄 수가 있다.

그런데, 공공정책영역에서 정부가 활동을 수행하기 위하여는 정부예산이 요구된다. 공공정책을 숫자로 표현한 것이 정부예산이기 때문이다. 따라서 정부예산은 정부의 기능이나 활동의 공통적인 지표라고 할 수 있다. 미국이나 한국의 중앙정부나 지방정부는 다양한 공공정책영역에서 기능과 예산활동을 하고 있는데, 그것의 예시를 보면 다음과 같다(표 1-43).

〈표 1-43〉 공공정책영역: 정부가 하는 일(기능)과 예산

| 중앙정부의 공공정책영역 | 중앙정부가 하는 일(기능) | 중앙정부예산 |
|---|---|---|
| 지방정부의 공공정책영역 | 지방정부가 하는 일(기능) | 지방정부예산 |

미국의 경우 연방정부(federal government)는 어떤 다른 기능보다도 국방과 복지를 포함한 사회안전과 보건에 보다 많은 예산을 지출하고 있고, 주정부(state government)와 지방정부(local government)는 교육에 가장 많은 예산을 지출하고 있다(표 1-44).

〈표 1-44〉 미국의 공공정책영역(2004년 세출예산: %)

| 연방정부 | 주정부와 지방정부 |
|---|---|
| 국방(20) | 교육(33) |
| 사회안전과 보건(33) | 건강과 병원(10) |
| 국가채무이자(8) | 복지(4) |
| 건강(10) | 고속철(7) |
| 복지(14) | 경찰과 소방(5) |
| 수송(3) | 위생(3) |
| 교육(4) | 연금(3) |
| 국유자원과 환경(1) | 국유자원과 환경(1) |
| 법집행(2) | 기타(4) |
| 기타(5) | |

자료: Dye(2005: 3)

한편, 한국의 경우 중앙정부와 지방정부의 공공정책영역은 앞의 공공부문의 규모에서 살펴본 중앙정부와 지방정부의 세출예산에서 살펴볼 수 있다(표 1-45). 예컨대, 2019년도 중앙정부의 세출예산은 469조6천억원이고, 기능별로는 보건복지노동 161조원, 일반공공행정 76조6천억원, 교육 70조6천억원, 국방 46조7천억원 순으로 나타나고 있다. 그리고 2019년도 지방정부의 세출예산은 231조원이고, 기능별로는

〈표 1-45〉 한국의 공공정책영역(2019년도 세출예산: 조원)

| 중앙정부 | 지방정부 |
|---|---|
| 총계: 469.6조원 | 총계: 231.0조원 |
| 일반공공행정(76.6)<br>공공질서 및 안전(20.1)<br>외교통일(5.1)<br>국방(46.7)<br>교육(70.6)<br>산업중소기업에너지(18.8)<br>R&D(20.5)<br>SOC(19.8)<br>농림수산식품(20.0)<br>환경(7.4)<br>보건복지노동(161.0)<br>문화체육관광(7.2) | 일반공공행정(12.5)<br>공공질서 및 안전(4.0)<br>교육(13.4)<br>문화관광(11.0)<br>환경(22.6)<br>사회복지(66.1)<br>보건(3.7)<br>농림해양수산(14.1)<br>산업중소기업(94.8)<br>수송 및 교통(19.0)<br>국토 및 지역개발(16.5)<br>과학기술(0.5)<br>예비비(5.6)<br>인력운영비(29.8)<br>기본경비 등(6.8) |

자료: 기획재정부((2019: 108), 행정안전부(2019: 201).

사회복지 66조1천억원, 인력운영비 29조8천억원, 환경 22조6천억원, 수송 및 교통 19
조원, 국토 및 지역개발 16조5천억원, 농림해양수산 14조1천억원의 순으로 지출되고
있다.

## 2) 공공정책의 과제

앞의 공공정책영역에서 보는 바와 같이, 중앙정부와 지방정부는 다양한 공공정
책영역에서 기능을 수행하고 있음을 알 수가 있다. 그러면 현실의 공공정책영역별
사례들로는 무엇이 있는가? 이러한 사례들은 신문이나 인터넷 등을 통하여 쟁점으로
등장하고 있는 것을 통하여 발견할 수 있다. 예컨대, 외교국방정책, 교육정책, 산업
정책, 과학기술정책, 노동정책, 환경정책, 사회복지정책, 그리고 지방정책 등이 그것
이다.

> 🔬 **사례연구** **국가정책과 지방정책 현상**

### ⏳ 사례1: 외교국방정책-다극화정글로 가는 세계외교안보질서

우크라이나는 1991년 독립했다. 나라가 사라진 지 700년, 독립운동을 시작한 지 350년 만의 독립이었다. 20세기에도 5번이나 독립선언을 했으나 그때마다 좌절되었다. 그래서 우크라이나역사 속엔 나라 없는 민족이 살아가는 모습이 담겨 있다. 독립 30년 만에 우크라이나 국민은 또다시 그렇게 연명(延命)할 수밖에 없는 운명과 맞닥트리고 있다.

**정글과 같은 국제정치에서 무슨 조약, 합의, 선언 등은 휴지와 같고, 평화호소는 나를 공격하라는 것과 같다.** 우크라이나는 1994년 러시아, 미국, 영국이 안보와 경제를 지원한다는 **'부다페스트 양해각서'** 한 장만 믿었다. 코미디언 출신 우크라이나 젤렌스키 대통령은 러시아를 행해 '평화를 원한다'고 호소했다. 러시아의 침공에도 미국 등 국제사

〈한 뿌리에서 나온 우크라이나와 러시아〉

| | |
|---|---|
| 879-1240년 | 키예프 루스 건립 – 멸망: 러시아, 벨라루스, 우크라이나의 기원 |
| 1569년 | 폴란드가 현 우크라이나지역 지배 |
| 1654년 | 페레야슬라프협정 – 우크라이나가 러시아에 보호요청<br>• 페레야슬라프협정: 우크라이나 민족지도자 흐멜니츠키가 1654년 페레야슬라프에서 폴란드와 싸우기 위해 러시아(모스크바공국)와 동맹을 맺은 조약. 우크라이나는 단기적 군사동맹에 대한 내용이이 담겨져 있다고 주장한다. 반면에 러시아는 '우크라이나인은 차르에게 충성을 맹세한다'는 내용이 있다며 이를 빌미로 우크라이나역사를 자국역사에 편입시키고자 한다. |
| 1667년 | 드네프르강 좌안은 폴란드, 우안은 러시아가 점령 |
| 1917년 | 1차 대전 중 우크라이나 독립선포, 러시아 진압에 무산 |
| 1922년 | 소비에트연방 편입 |
| 1991년 | 우크라이나, 소련으로부터 독립 |

자료: 조선일보(2021.3.1.).

〈부다페스트 양해각서〉

> 소련 해체 3년 뒤인 1994년 12월 헝가리 부다페스트에서 우크라이나, 카자흐스탄, 벨라루스와 러시아, 미국, 영국이 체결한 핵폐기각서. 구소련시절에 개발·생산되어 우크라이나 등 옛 소련연방국가에 남은 핵무기를 안보위협요소로 판단해 강대국들이 폐기대가로 이들 나라의 안보와 경제를 지원한다는 내용이다.

회는 경제제재 외엔 대응하지 못하고 있다.

**러시아의 우크라이나 침공은 '제2차 냉전'을 알리는 신호탄이 되고 있다.** 미국 뉴욕타임스는 '푸틴이 시작한 냉전의 속편은 제2차 세계대전 후 미소 간 냉전보다 더 위험할 수 있다'고 경고했다. **향후 국제질서가 '강 대 강'의 첨예한 대결구도로 격화될 것이라는 전망이 지배적이다.** 미 국가정보원회에서 러시아담당정보관을 지낸 앙겔라 스텐트 조지타운대 교수는 **푸틴의 역사관과 세계관을 '푸틴독트린'**으로 규정했다. 푸틴은 러시아, 중국, 인도, 미국과 같은 소수의 강대국만 어떤 동맹을 맺고 끊을지 선택할 자유가 있는 절대적 주권을 누릴 수 있다고 말해왔다며, 우크라이나나 조지아와 같은 작은 나라들은 완전히 주권적이지 않으며 러시아의 제약을 따라야 한다는 것이다. 이런 푸틴독트린의 궁극적인 목적은 유럽, 일본, 미국이 촉진해온 냉전 이후의 자유롭고 규범에 기반한 국제질서의 폐기라고 분석했다. 푸틴독트린은 '미국이 돌았다'는 슬로건으로 미국의 국제적 리더십 회복을 천명한 바이든과 정면충돌하는 상황이다. 그는 현재 세계가 '민주주의와 독재와의 싸움' 중이라며 '어떤 희생을 치르더라도 민주주의를 지켜내야 한다'고 주장해 왔는데, 이것은 **'바이든독트린'**이라고 한다(한국경제 2022.2.26.).

### ⧗ 사례2: 교육정책-국가교육과정의 설계

교육부가 지난주 **'2022년 개정교육과정 총론'**의 주요사항을 발표했다. 2024년 초등학교 1-2학년, 2025년 중고교 1학년부터 순차적으로 적용될 국가교육과정의 큰 틀을 제시한 것이다. 이번 교육과정이 학교교육을 통해 길러내고자 하는 인간상은 '포용성과 창의성을 갖춘 주도적인 사람'인데, 고등학교 일반선택과목에서 '경제'가 빠졌다. 수능범위에 속하는 일반선택 과목수를 현재 9개에서 4개로 줄이면서 정치, 경제 등의 과목을 '진로선택'과목으로 돌린 것이다. 수능에서 제외되면 이들 과목은 교육현장에서 완전히 외면당할 우려가 나온다. 경제는 초중고교 사회과목에 일부단원으로 들어가 있을 뿐이다. 고등학교의 경우 2학년부터 경제과목을 선택할 수 있지만 개설조차 안 돼 있는 학교가 대다수이다. 한국개발연구원(KDI)이 지난해 초중고교 학생 1만 5,788명을 대상으로 경제이해력조사를 한 결과는 평균점수가 53점에 불과했다.

그러나 이번 교육과정이 강조하는 민주시민이 되기 위해서는 세금이 제대로 쓰이는지, 정치인들의 주장이 조삼모사(朝三暮四)가 아닌지를 판단할 수 있는 정치경제능력을 갖추어야 한다. 이런 중요성을 알기에 영국, 미국, 캐나다 등 선진국들은 금융교육을 의무화하거나 표준교육과정에 경제교육을 포함하고 있다. 정치경제를 이해한다는 것은 세상 돌아가는 이치를 익히는 것이다. 어려서부터 정치경제를 배워야 하는 이유이다. **4차 산업혁명 시대적 전환기에 공교육은 '시대적 역량'을 어떻게 기를 것인지에 대한 정책이어야 한다.** 미래교육비전을 제시하고 제대로 실행하기 위해서는 교육과정의 혁신이 요구된다(한국경제 2021.11.30.).

## ▨ 사례3: 산업정책-제4차 산업혁명시대와 산업정책

과거 20년간 산업정책이란 용어를 쓰는 것 자체를 냉소적으로 보는 기류가 정부와 학계에 존재하여 왔다. 그럼에도 외환위기 때에는 김대중 정부에서 소위 '빅딜'이라는 산업정책이 시행되었다. 문재인 정부에서도 일각에서 산업정책은 구시대적인 답답한 프레임으로 보는 강한 비판이 있었는데, 그 논거는 정부가 기업보다 산업을 알지 못하는데 무슨 산업정책이냐는 것이다. 산업의 경쟁력은 시장에서 정해지는 것이고, 시장은 항상 공정하기에 기업의 생존전략은 시장이라는 정글 속에서 각자도생으로 찾아야 하는데, **정부차원의 산업정책이 왜 필요한가 하는 것이 신자유주의자의 주장이다.**

그러나 지금의 세계적 추세는 **국가가 산업과 기술 영역에 적극개입하는 '신중상주의적 산업정책'의 시대**이다. 아베 일본총리가 '로봇산업5개년계획'을 직접 발표해 챙기고, 시진핑 국가주석의 '제조업 2025', 메르켈 독일총리의 '인더스트리4.0', 그리고 문재인 정부의 '한국판 뉴딜프로젝트' 등이 그것이다.

**복잡하고 글로벌한 4차 산업혁명시대에는** 기존의 법과 제도가 상상하지 못하는 수많은 다양한 변종이 튀어나와 서로 경쟁하면서도 아무도 모르는 새로운 지배적인 표준을 찾아가야 한다. **진화경제학자들은 발견과 발명이 넘쳐나는 '과학기술공간', 새로운 기업가와 사업모델이 쏟아지는 '산업공간', 그리고 혁신에 친화적인 '법과 제도공간'이 맞아떨어질 때 산업혁명이 꽃을 피운다고 말한다.** 결국, 개인과 기업이 주체가 되어 헤쳐 나갈 수밖에 없다. 정부의 역할은 리세팅해야 한다. **시장이 전능(全能)한 것도 아니고 정부가 만능(萬能)인 것도 더더욱 아니다. 정부와 시장이 조화를 이루어 상생에너지를 만들어 내는 것이 산업정책이 설 공간이다.**

이러한 측면에서 새로운 정부의 윤석열 당선인이 경제6단체장을 만나 이야기한 다음과 같은 내용은 의미가 있다. **"기업이 자유롭게 투자하고 성장할 수 있도록 제도적 방해요소를 제거하는 것이 정부가 할 일이다. 정부는 인프라를 만들어 뒤에서 돕고 기업이 앞장서서 커가는 게 나라가 커지는 것이다. 경제가 정부주도에서 민간주도로 탈바꿈해야 한다."** 민간주도경제로 가는 법과 제도개혁의 핵심은 정부에서 시장으로 권력의 이동이다. 시장에서도 기득권세력이 아니라 혁신세력에 힘이 실려야 한다(조선일보 2019.1.17.; 2022.3.29.).

## ▨ 사례4: 과학기술정책-과학기술트렌드와 제조업 그리고 바이오산업

위의 산업정책에서 논의한 바와 같이, 4차 산업혁명과 미래성장동력 발굴 등 산업에 던져진 과제들은 과학기술이 해결의 실마리를 주고 있다. 불확실한 상황에서 지속가능한 국가와 산업의 생존전략을 수립하려면 과학기술 G5국가(미국, 일본, 독일, 프랑스, 영국)진입에 대한 명확한 비전을 제시하고 세계를 선도할 첨단기술확보정책을 수

립해야 한다. 이것은 한국가의 산업이 발전하려면 변화하는 과학기술의 트렌드에 적
응하고 창조해야 한다는 것을 말한다.

4차 산업혁명시대 과학기술트렌드는 세계최대 모바일전시회를 보면 알 수가 있다.
세계최대 이동통신박람회 '모바일월드콩그레스(MWC)'가 2022년 2월 28일부터 다음
달 3일까지 스페인 바르셀로나에서 열린다. 3년 만에 제대로 열리는 올해 MWC의 주
제는 연결성의 촉발(connectivity unleashed), 빨라지고 촘촘해진 5G(5세대 이동통신)
를 기반으로 한 AI(인공지능), 클라우드, 핀테크, IoT(사물인터넷) 등의 기술트렌드를
선보인다.

### – 스마트공장의 제조업

인공지능(AI)과 사물인터넷(IoT) 등 첨단 정보통신기술이 적용되는 스마트공장이
대기업은 물론 중소기업의 제조혁신해법으로 주목받고 있다. 기업의 노동생산성은 생
산자동화를 통해 끌어올리는게 핵심이다.

콘덴서 케이스 전문기업인 스피폭스는 지난달 모든 임직원을 대상으로 주4일 근무
제를 도입했다. 최근 5년 동안에 제조공정의 약 70%를 스마트공장으로 대체한 덕분에
공장가동을 줄여도 납기를 맞추는데 문제가 없었다. 이 업체가 보유한 콘덴서 케이스
품목은 600여종, 생산량은 4,000만개에 달한다. 단순반복직업에 종사하는 외국인력 고
용은 그동안 30%가량 줄었다. 스피폭스는 스마트공장 도입 5년 만에 세계시장점유율
1위 기업으로 도약했다. 자율화와 무인화된 생산라인에서 다품종 대량생산이 가능해
진 덕이다. 생산량이 늘어난 데다 스마트공장 운영인력이 필요하게 되면서 임직원은
89명에서 103명으로 증가하였다. 양질의 일자리를 창출한 좋은 예이다.

이처럼, 스마트공장 운영을 위한 전문인력수요가 늘면서 중소제조업은 3D업종이라
는 편견을 뒤집는 기업들이 등장하고 있다. 산업연구원에 의하면, 2014–2018년 스마
트공장 도입업체에서 업체당 평균 2.6명의 고용효과가 나타난 것으로 조사되었다. 예
컨대, 임직원 90명 규모의 자동차부품 측정장비업체 텔스타는 중소벤처기업부 지원으
로 2019년 스마트시범공장을 구축하여 청년 6명을 새로이 고용했다. 제주제이엠프드

〈스마트공장 구축 후 고용변화〉

| 고용변화 | 비율(%) | 평균증감(명) |
|---|---|---|
| 증 가 | 15.1 | 42.4 → 51.5 |
| 영향없음 | 81.7 | |
| 감 소 | 3.2 | 6.39 → 3.2 |

주: 2021년 11월 중기부 상생형 스마트공장구축사업 345개업체 조사
자료: 중소기업중앙회.

는 스마트공장의 초기단계인 제조실행시스템을 도입해 재고확인 소요시간을 1시간에서 10분으로 줄이는 등 업무효율을 30% 이상 높이고 근무환경이 개선되면서 청년 4명을 신규채용했다(한국경제 2022.3.4.).

– 회춘(回春) 드림팀, 바이오산업

**평생 건강하게 살다가 마지막 날 편안하게 생을 마감하거나 영구히 늙지 않는 인류의 꿈은 실현될 수 있을까? 이것은 인간이 직면하는 가장 중요한 화두하고 할 수 있다.**

지난 1월 19일 미국 샌프란시스코에서 항(抗)노화(老化) 바이오 기업인 앨토스랩이 공식 출범했다. 이 회사의 목표는 세포와 장기의 생체시계를 거꾸로 돌려 인체를 회춘(回春)시킨다는 것이다. 앨토스랩은 2020년 10월 캘리포니아의 로스 앨토스 힐에 있는 유리 밀러의 집에서 열린 항노화 콘퍼런스를 계기로 설립되었고, 세계 최고부자인 아마존 창업자 제프 베이조스와 실리콘밸리 노벨상인 '브레이크스루상'을 만든 억만장자 유리 밀러는 30억달러(약 3조6,000억원)을 투자하기로 했다.

5월부터 영국 케임브리지와 미국 샌디에이고와 샌프란시스코 연구소에서 본격 연구가 시작된다. 공동창업자는 릭 클라우스너 미국 암연구소 전소장과 한스 비숍 주노세러퓨틱스 전대표이다. 여기서 쥬노세러퓨틱스는 미국 프레드 허치슨 암연구소와 메모리얼 슬로언 케터링 암병원이 세운 바이오기업으로, 2018년 미국 제약사 셀진이 90억달러(약 10조8,000억원)에 인수했다. 그리고 최고경영자는 글로벌 제약사 영국 글락소

〈앨토스랩의 회춘드림팀 구성현황〉

| 투자자 | ● 제프 베이조스–아마존 창업자<br>● 유리 밀러–실리콘밸리 노벨상 만든 억만장자 |
|---|---|
| 공공창업자 | ● 릭 클라우스너–미국 암연구소 전소장<br>● 한스 비숍–주노세러퓨틱스 전대표 |
| 최고경영자 | ● 할 배런–영국 글락소스미스클라인(GSK)에서 연구담당사장 |
| 연구진 | ● 미국 소크연구소의 벨몬테 교수–조로증 걸린 생쥐에게 역분화 시도해 수명의 3분의 1 연장<br>● 샌프란시스코 캘리포니아대(UCSF) 월터 교수–늙은 쥐의 스트레스 반응조절해 인지능력 향상<br>● 로스앤젤레스 캘리포니아대(UCLA) 호바스 교수–세포의 나이를 판단하는 생체시계 개발<br>● 영국 브라함연구소 레익 소장–피부세포 역분화로 25년 젊게 하는데 성공<br>● 스페인 생의학연구소 세라노 박사–쥐 전체의 역분화 시도 |
| 자문과학자 | ● 일본 교토대의 야마나카 신야 교수–세포 역분화 성공시켜 노벨생리의학상 |

스미스클라인(GSK)에서 연구담당사장을 지낸 할 배런이다. 그는 2013년 구글이 인간의 수명을 연장시키겠다고 만든 칼리코에서 대표를 지냈다. 구글은 글로벌 제약사 애브비와 함께 칼리코의 노화연구에 15억달러(약 1조8,000억원)를 투자했다.

연구진에는 노벨상 수상자를 비롯해 세계 각국 항노화 석학들이 참여한다. 미국 소크연구소의 후안 카롤로스 이즈피수아 벨몬테 교수와 샌프란시스코 캘리포니아대(UCSF) 피터 월터 교수, 로스앤젤레스 캘리포니아대(UCLA) 시티브 호바스 교수, 영국 브라함연구소 볼프 레익 소장, 스페인 생의학연구소 마누엘 세라노 박사, 그리고 2012년 노벨상 수상자인 일본 교토대의 야마나카 신야 교수가 참여한다. 이들은 노화연구에서 세계적 명성을 가진 학자들이다.

시장조사기관인 P&S인텔리전스에 의하면, 글로벌 항노화시장은 2020년 1,944억달러(약 234조원)에서 매년 8.6%씩 성장하여 2030년에는 4,228억달러(약 508조원)규모에 이를 전망이다. 항노화기술은 질병치료뿐 아니라 미용과 화장품 산업에서 엄청난 매출을 올릴 수 있기 때문이다(조선일보 2022.3.2.).

## ⧖ 사례5: 노동정책-노동개혁과 한국경제

2019년 **세계경제포럼(WEF) 국가경쟁력평가에서 한국 노동시장은** 전년 대비 3단계 하락하여 **141개국 중 51위**를 차지했다. 정리해고비용 116위, 고용해고 102위, 임금결정유연성 84위로 나타났고, 노사협력은 130위로 바닥수준이다. 대립적 노사관계와 경직적 노동시장이 국가경쟁력을 갉아먹고 있다. **노동개혁에 한국경제의 미래가 달려있다.**

**글로벌 경제와 4차 산업혁명으로 인한 인공지능(AI), 긱(Gig)경제 발전으로 향후 노동시장의 급격한 패러다임변화가 불가피하다.** 미국 인디애나주 볼주립대 연구에 의하면, 2006－2013년 미국에서 사라진 일자리 중 88%가 자동화와 관련 요인 때문이다. 글로벌 컨설팅사 맥킨지는 2030년이 되면 미국 근로자의 3분의 1이 자동화로 실직될 가능성이 크다고 주장한다. 세계은행은 자동화와 AI화로 77%의 일자리가 위태로울 수 있다고 경고한다. 예컨대, 이미 무인점포 아마존고(Amazon Go)와 같은 신형 일터가 출현하고, 신한은행은 로봇기반 업무자동화, 핸디로봇, 비정형문서 자동인식시스템 등을 도입하고 있다. 전기차 생산이 본격화되면 부품이 줄고 생산모듈화로 작업시간이 감소하고 생산직 인력수요도 줄어든다. 현대자동차 외부자문위원은 노사양측에 '인력 40%를 줄이지 않으면 공멸한다'고 경고했다.

**세계화로 인하여 기업의 해외투자는 증가하는 반면, 국내투자는 감소하고 있다.** 예컨대, 한국에는 1997년 이후 25년이 지나도록 단 한 곳의 자동차공장도 지어지지 않았다. 반면에, 해외에는 10개국에 18개 공장이 세워졌다. **그동안 현대와 기아차가 해외공장 건설에만 주력한 데는 여러 가지 요인이 있지만, 강성노조의 폐해와 고비용구조를 빼놓을 수 없다.** 한국자동차산업협회에 의하면, 5개 완성차의 인건비비율은 도요타,

폭스바겐, 포드 등 경쟁사보다 훨씬 높다. 도요타나 폭스바겐보다 임금은 높으면서 1년에 노조의 20차례 넘는 파업, 근로자 마음대로 일을 당겨서 해치우고 퇴근하는 '야리끼리문화' 등이 스스로 일감을 해외로 넘겼다. 작년 현대차의 국내생산량은 고작 0.1% 증가(162만대)한데 비해, 해외(중국 제외)에선 1,852만대로 15.4%가 급증했다. 그와중에 노조는 내연기관차보다 부품수가 적어 생산에 투입하는 인력이 줄어드는 전기차 생산에도 내연차와 똑같은 인력을 투입하라고 요구한다.

해외설비투자로 눈을 돌리는 현상은 문재인 정부 들어와 중견중소기업의 투자가 늘어나고 있다. 2020년에 국내 설비투자액이 14조5,000억원에 비해, 해외투자액은 16조7,461억원으로 '투자역전현상'이 일어났다. 베트남 등이 국내에 비해 임금 대비 생산성이 높을뿐 아니라 주52시간제에 따른 납기문제에서 벗어날 수 있는 점이 작용했다. 획일적인 노동시장규제와 중대재해처벌법과 같은 규제법령이 활개를 치고 정부와 공권력이 거대노조의 불법과 폭주를 용인하는 여건에선 나가려는 기업들을 말릴 재간이 없다. 코로나사태 이후 미국 등 선진국에서는 기업들이 국내로 공장을 재이전하는 리쇼어링붐이 일고 있는데 우리나라는 반대현상이 일어났다.

**이처럼, 세계화와 자동화가 글로벌 제조업 일자리를 위협하는 요소가 되고 있다.** 2019년도 OECD 구조개혁 연례보고서는 '한국이 근로시간은 회원국 중 최고수준이지만, 생산성은 최고 선진국의 절반에 미치지 못한다'고 지적하고 있다. 이것은 노동생산성 향상을 위한 노동개혁에 방점을 두어야 한다는 의미이다. 여기서 **선진국의 노동개혁은 우리경제에 시사하는 바가 크다.** 영국의 대처 수상은 탄광노조와 일전을 불사한 개혁으로 고질적인 영국병 치유에 성공했다. 독일도 하르츠개혁으로 견실한 성장을 회복했다. 프랑스도 마크롱 대통령이 노조의 반발을 넘어 노동개혁을 함으로써 유럽의 병자에서 회복되고 있다. 개혁의 골자는 산별노조 대신 기업노조와 협상, 경영악화 시 해고요건 완화, 부당해고 시 기업책임 범위제한 등 노동유연화조치이다. 노동시장이 유연하게 작동하지 못하면 저성장의 늪에서 벗어날 수 없다는 냉혹한 현실인식이 개혁의 배경이다. 3,300쪽이 넘는 경직적 노동법 개정을 통해 일자리 창출과 경제성장의 계기를 마련했다. 10년 만에 최저수준의 실업률, 정규직비율 상승, 36만7,000개 신규 일자리가 성적표이다. 이러한 개혁이 암시하는 바는 노동유연성 없이 주력산업의 경쟁력 확보는 언감생심이라고 할 수 있다(한국경제 2022.3.26.).

### ⌛ 사례6: 환경정책-기후변화와 온실가스감축정책

전 세계적으로 기후온난화로 인하여 지구가 망하고 있는 상황에서, 온실가스감축문제는 국제적인 이슈로 등장하였다. 이에 우리나라도 이에 대응하기 위하여 온실가스 감축을 위한 법을 제정하였다. 이명박 정부는 2009년 '녹색성장법'을 제정하여 2020년까지 온실가스 연간배출량을 아무런 조치를 하지 않았을 때의 전망치에 비해 30%를 줄이겠다고 시행령에 명시했다. 2015년 파리협정이 체결된 해에 박근혜 정부가 유엔에 제출한 목표는 2030년까지 배출전망치 대비 37% 줄이는 것이었다. 온실가스배출이 계속 증가했기 때문에 달성시기를 10년 연장하면서도 감축목표는 7%만 늘린 것이다.

그 후에, 문재인 정부는 2017년 대비 24.4%감축이라고 하는 기준점만 바꾸고 배출량은 박근혜 정부와 비슷한 목표를 작년 유엔에 제출했다. 지난 9월 31일에 국회를 통과하여 제정된 '탄소중립기본법'은 2030년 온실가스배출량을 2018년 대비 35% 이상 감축하도록 명시했다. 불과 12년 동안 온 나라가 내뿜는 온실가스를 3분의 1 넘게 줄여야 한다. 이 목표는 단순히 국내법안에 머무르지 않는다. NDC라고도 부르는 '2030년 국가온실가스감축목표'는 기후변화에 대한 파리협정에 근거해 한국을 포함한 유엔 기후변화협약 당사국들이 국제적으로 이행을 약속하는 것이다.

세계각국의 탄소배출량을 추적하는 국제과학자그룹 '글로벌카본프로젝트'가 공개한 자료에 의하면, 2020년 기준 한국은 배출량이 세계 8위지만 배출량비중은 전체의 1.9%에 지나지 않는다. 중국, 미국, 인도 등의 배출량이 워낙 많기 때문이다.

그러나 다음과 같은 '아메리칸 러스트'의 암울한 상황은 우리나라에서 일어날 것이라는 예상은 지극히 현실적이다. 한국의 수출과 경제성장의 상당부분은 엄청난 화석에너지 사용에 의존하고 있다. NDC를 이행하자면 철강을 위시한 금속산업, 시멘트를 비롯한 비금속산업, 정유 및 석유화학과 플라스틱 등 관련 제조업 대부분이 사실상 붕괴될 것이기 때문이다. 다음 글은 미국 문학의 희망으로 떠오른 2009년의 데뷔작 '아메리칸 러스트'의 한 부분이다. 이 책은 미국 제조업의 몰락과 더불어 황폐화된 펜실베이니아의 가상마을을 배경으로, 제조업의 쇠퇴가 불러일으킨 사회적 여파를 기술한 것이다.

"그 자체로 작은 도시같이 보였던 제철소는 2026년에 문을 닫았고, 5년 뒤에는 일부가 해체됐다. 이제 제철소는 고대의 폐허처럼 보였고, 건물은 웃자란 등나무에 파묻혔다. 땅에는 버려져서 들짐승이 된 개와 고양이의 발자국이 어지러이 나 있고, 사람이라고는 이따금 보이는 부랑자들이 전부였다. 도시의 어떤 구역들은 여전히 쓰레기를 수거하는 시늉이라도 했지만, 완전히 버려둔 채 방치된 구역들도 있다." (한국경제 2021. 9.10.).

### ⌛ 사례7: 사회복지정책-연금개혁과 정치 그리고 OECD 권고

#### ― 어느 정부든 연금개혁 반드시 해야

'연금개혁은 어느 정당이든 선거공약으로 들고 나오면 지게 되어 있습니다. 하지만 반드시 해야 하는 문제입니다.' 윤석열 당선인이 작년 12월 관훈클럽 토론회에서 연금개혁에 관한 질문을 받고 답한 말이다. **연금수술은 인기 없는 이슈이지만, 어떤 방식으**

로든 연금운용구조에 변화가 있을 수밖에 없는 상황이다.

공무원연금과 군인연금은 이미 적립금이 고갈되어 국민세금으로 보전해주는 것이 오래되었다. 올해부터 2030년까지 10년간 공무원연금은 61조원, 군인연금은 33조원의 적자가 예상된다. 국회예산정책처에 의하면, 이대로 가면 국민연금은 2039년 연간수지가 적자로 돌아서고 2055년에 기금이 완전소진된다. 지금 20−30대가 노년에 연금을 받지 못할 수도 있다는 얘기이다. 국민연금은 1988년 도입됐고, 10년 이상 보험료를 내면 만 62세부터 연금을 받는다. 보험료는 월소득의 9%다. 직장가입자라면 회사와 반반(각각 4.5%)이다. 40년을 냈다면 받는 연금은 평균소득의 40% 수준이다. 모두가 국민이 떠안아야 할 큰 짐이다. 문재인 정부에 들어와서 공무원이 10만명 넘게 급증했고, 가파른 고령화를 감안하면 미래세대 부담은 더 커질 수밖에 없다. 이렇게 된 데에는 무엇보다도 정부의 책임이 크다(한국경제 2021.12.16.).

〈4대 연금 장기적립금〉 (단위: 조원)

| 연 도 | 공무원연금 | 군인연금 | 사학연금 | 국민연금 |
|---|---|---|---|---|
| 2020 | 12.4 | 1.3 | 21.9 | 740 |
| 2030 | 14.9 | 1.4 | 24.5 | 1,027.7 |
| 2040 | 17.5 | 1.5 | 15.1 | 1,019.9 |
| 2050 | 20.3 | 1.6 | − | 416.4 |
| 2060 | 23.3 | 1.7 | − | − |
| 2070 | 26.5 | 1.9 | − | − |

주: 사학연금과 국민연금 적립금은 각각 2048년, 2055년 소진(그 이후는 −로 표기)
자료: 국회예산정책처.

〈4대 연금 장기재정수지〉 (단위: 조원)

| 연 도 | 공무원연금 | 군인연금 | 사학연금 | 국민연금 |
|---|---|---|---|---|
| 2020 | −2.1 | −1.7 | 1.1 | 3.3 |
| 2030 | −6.8 | −2.5 | 0.1 | 30.1 |
| 2040 | −12.2 | −3.4 | −1.3 | −14.1 |
| 2050 | −17.2 | −4.2 | −2.5 | −80.1 |
| 2060 | −21.4 | −5.0 | −4.3 | −145.5 |
| 2070 | −25.0 | −5.8 | −7.2 | −179.9 |

자료: 국회예산정책처.

〈4대 공적연금 종류별 적자발생시기〉

| 1973년 | 1993년 | 2020년 | 2041년 |
|---|---|---|---|
| 군인연금 | 공무원연금 | 사학연금 | 국민연금 |

자료: 기획재정부, 국회예산정책처.

〈밑 빠진 독 4대 공적연금지출과 부담전망〉   (단위: 억원)

| 연 도 | 연금지출액 | 정부(조세)부담금 |
|---|---|---|
| 2020 | 51조6,644 | 7조3,902 |
| 2021 | 55조8,236 | 8조577 |
| 2022 | 59조2,869 | 8조7,106 |
| 2023 | 65조1,174 | 9조2,750 |
| 2024 | 70조614 | 9조8,114 |
| 2025 | 75조3,616 | 10조4,381 |

자료: 기획재정부.

한편, **공무원연금, 군인연금, 사학연금, 국민연금 등 4대 공적연금**의 적자와 지출액이 빠르게 늘고 있다. 그 이유는 고령화 때문이다. 하지만 늘어나는 지출을 충당할 만큼 연금수입은 들어오지 않고 있다. **문제는 연금적자가 누적되고 있고 거두어들이는 돈보다 나눠주는 돈이 훨씬 더 많고 더 빨리 증가하는 데 있다. 그 차이를 메우기 위해서 투입되는 세금은 증가를 하게 된다.**

**4대 공적연금 가운데 적자문제가 가장 심각한 것은 공무원연금과 군인연금이다.** 공무원연금은 1993년부터 적자가 발생하기 시작하였고, 정부가 몇 차례 개혁을 시도하였지만 적자폭은 줄어들지 않았다. 내년 발생할 것으로 예상되는 5조6,013억원의 적자 중 54.8%인 3조730억원이 공무원연금적자다. 공무원연금은 앞으로도 적자폭이 커져 2023년 5조204억원, 2024년 6조132억원, 2025년엔 7조750억원으로 늘어난다.

군인연금적자는 공무원연금보다 20년 이른 1973년 시작되었다. 군인은 연령계급정년제도로 45−56세에 전역하는 사례가 많은데, 이때부터 퇴직연금을 수령한다. 이후 본인이 사망하더라도 유족연금으로 승계되는 구조이다. 이로 인해 군인연금적립금은 이미 고갈되었다. 적자가 발생한 금액만큼 곧바로 재정이 투입되어야 하는 구조이다. 내년에 군인연금에 정부가 지원하는 금액은 2조9,220억원으로 적자액 2조9,077억원과 비슷한 구조이다. 2025년엔 적자가 3조2,763억원으로 늘어날 것으로 전망되었다.

**현재 흑자를 기록하고 있는 사학연금과 국민연금도 전망은 밝지 않다.** 사학연금은 2023년부터 적자로 전환할 것으로 예상된다. 내년엔 3,794억원의 흑자가 발생하지만 2023년엔 8,662억원의 적자가 전망된다. 이는 기재부가 지난해 발표한 장기재정전망의 적자전환시기(2029년)보다 6년 앞당겨진 것이다.

국민연금은 올해 적립금이 908조원 쌓여 있으나, 흑자규모는 매년 축소될 것으로 전망됐다. 내년 41조9,520억원 흑자에서 2023년 39조3,531억원, 2024년 34조6,653억원으로 감소될 것으로 예상되고 있다. 적자로 예상되는 시점은 보건복지부의 2019년 전망에서는 2042년부터, 2020년 기재부의 전망은 2041년으로 보았다. 현재도가 유지될 경우 적자발생 후 16년이 지난 2057년부터 누적된 적립금이 완전히 고갈될 것이라는 게 정부와 연금재정전문가들의 추산이다.

이와 같이, 공적연금에서 적자가 지속되고 있지만, 정부는 공적연금개혁에 손을 놓고 있다. 과거정부는 그래도 해법을 찾는 노력은 했다. 2015년 박근혜 정부는 공무원월급에서 보험료 내는 비율을 7%에서 9%로 올리고 지급받는 연금액은 단계적으로 내리는 개혁을 단행하였다. 잠시 효과를 보긴 했지만 결국 적자폭은 커지고 있다. 문재인 정부는 지난 4년간 공무원을 무려 10만명이나 늘렸다. 그로 인해 공무원과 군인에게 지급해야 할 연금액을 현재가치로 환산한 부채(연금충당부채)가 1,000조원으로 4년 만에 300조원이나 증가하였다. 연금전문가들이 공무원연금부담률을 월급의 15% 이상으로 올리고 지급률은 낮추어야 한고 조언해도 문정부는 들은 척도 않는다. 또한, **문재인 정부 출범 이후 정부 차원의 국민연금개혁안이 나오긴 했지만 청와대에서 퇴짜를 맞았고 이후 모든 논의는 중단되었다.** 전문가들은 국민연금개혁에 제때 이루어지지 않으면 미래세대에 엄청난 부담을 지울 것이라고 우려했다.

역대 정부는 미흡하나마 연금을 개혁했지만, 문재인 정부는 손을 놓았다. 국민연금개혁안의 시나리오를 던져 놓고 결정은 국회로 넘겨버렸다. 논의가 지지부진하자 아예 개편작업을 멈춰버렸다(조선일보 2022.3.15.).

### - OECD, 한국연금개혁 권고

20일 OECD(경제협력개발기구) 고용노동사회위원회가 '한국연금제도 검토보고서'에서 제안하는 연금개혁방안은 **'최대한 빨리 보험료율을 올리고, 공적연금을 통합 운영해야 한다'**는 것이다. 주요핵심골자를 보면 첫째, **국민연금보험료율을 올리고 동시에 기준소득월액 상한 역시 올려야 한다.** 현재 국민연금보험료율은 소득의 9%로 20년 넘게 변화가 없다. 하지만 일본(17.8%), 영국(25.8%), 미국(13.0%) 등과 비교하면 낮은 수준이고 저출산추세를 고려하면 대폭 올려야 한다는 의견이 많다.

둘째, **국민연금과 공무원연금 등 공적연금 운영을 통합해야 한다.** 국민연금과 공무원연금 등 직역(職域)연금의 보험료율과 지급률을 맞추고 함께 '지급액을 덜 받는 구조'로 바꿔야 한다는 내용이다. 다만, 공무원연금 등 직역연금적자를 국민연금적립금으로 메워서는 안된다고 명시했다.

셋째, **사적연금제도 역시 보완을 요구했다.** 직원이 회사를 그만둘 때 일시로 '퇴직금'을 주기보다는 이를 '퇴직연금'으로 전환해야 한다는 것이다. 이를 위해 1년 미만 근로자나 주15시간미만 근로자 등 '퇴직연금가입예외' 대상을 최대한 줄이고 퇴직연금에 대한 세제혜택을 강화하라고 권고했다.

**넷째, 기초연금제도 역시 지급대상을 줄이는 등 손질이 필요하다.** 65세 이상 노인 중 소득하위 70%를 대상으로 최대 월 30만7,500원 기초연금을 지급하고 있는데, 개인별 지급액은 늘리되 지급대상자는 줄여야 효과가 있을 것이라는 것이다.

### ⌛ 사례8: 지방정책-줄어드는 인구, 소멸하는 지방

충남 부여군 세도면 귀덕리에 있는 옛 인세초등학교. 지난 11일 찾은 이곳에선 초등학생들의 왁자지껄한 소리 대신 트로트가락이 울려 퍼졌다. 교실에서는 머리가 희끗희끗한 노(老)학생 수십 명이 강사의 선창에 따라 노래를 흥얼거렸다. 세도노인대는 늙고 쪼그라드는 대한민국의 현실을 보여주는 사례다. **한국경제신문 취재진이 충남 부여, 경북 군위, 전남 고흥, 부산 영도구 등 '인구소멸우려지역'을 둘러본 결과, 곳곳에서 '인구재앙'의 전조가 뚜렷했다.** 군위군 삼국유사면에선 지난 2년간 10여명의 노인이 사망했지만 신생아는 다문화가정에서 태어난 한 명뿐이었다. 고흥군 소영마을 주민은 1990년 649명에서 현재 163명으로 75%나 줄었다.

인구문제는 도시도 예외가 아니다. 부산시는 지난해 전국 특별시 및 광역시 중 처음으로 초고령사회(인구 중 65세 이상이 20% 이상)에 진입했다. 특히 영도구는 지난 10년(2011~2020년)간 인구감소율이 20.9%로 전국 228개 기초자치단체 중 가장 높았다. 서울 잠실여고는 학력인구 감소에 대비해 같은 재단 일신여중과 통합을 추진하고 있다.

**한국고용정보원은 228개 기초지자체 중 약 50%인 113곳을 소멸위험지역으로 분류했다. 소멸위험지역은 2010년 61곳에서 12년 새 거의 두 배가 됐다.** 특히, 소멸고위험지역은 경기도(강화), 충청남도(태안, 청양, 부여, 서천, 금산), 충청북도(단양, 괴산, 보은, 영동), 전라북도(무주, 진안, 장수, 임실, 부안, 고창), 전라남도(함평, 곡성, 신안, 진도, 해남, 강진, 완도, 장흥, 보성, 고흥), 경상북도(봉화, 영양, 영덕, 청송, 의성, 군위, 성주, 고령, 청도), 경상남도(함양, 산청, 의령, 창녕, 하동, 구례, 통영, 남해) 등이 있다.

**소멸위기지역에선 교육과 출산 및 건강 등 삶에 필요한 인프라도 빠르게 무너지고 있다.** 인구감소에 따른 현상이지만 이 때문에 새로운 인구유입이 가로막히는 악순환도 우려되고 있다. 충남의 대표적 취약지역인 부여군은 임신부가 아이를 낳는 것 자체가 어렵다. 분만실을 갖춘 병원이 없기 때문이다. 그나마 보건복지부의 분만취약지지원사업에 따라 2015년 건양대부여병원에 산부인과가 생겼지만 외래진료만 가능하다. 복지부의 작년 말 조사를 보면, 전국 250개 시·군·구 중 산부인과가 없거나 산부인과가 있어도 분만이 어려운 지역이 63개에 이른다. 아이를 낳은 이후도 문제다. 어린이를 집중적으로 돌보는 소아청소년과가 없는 지역도 59개나 된다.

고령자들의 건강관리 역시 문제다. 인근에 종합병원이 없는 경우가 많기 때문이다. 고흥군 소영마을의 곽 이장은 "종합진료를 받기 위해선 30km 떨어진 읍내까지 나가야 한다"며 "60대까지는 자가용을 이용해 이동할 수 있지만 그 연령대 이상의 어르신이 갑자기 아프면 병원에 가는 게 사실상 불가능하다"고 말했다.

교육인프라도 위기다. 군위군의 한 초등학교는 폐교돼 천공소가 들이와 있나. 부여에서는 마정초가 올해 신입생을 한 명도 받지 못했다. 학생이 6명인데, 교직원도 6명이다.

이들 지역의 위기는 수치로도 확인된다. 군위와 고흥, 부여는 한국고용정보원이 분석한 지역소멸위험등급 중 '고위험'을 뜻하는 5등급으로 분류됐다. 고령인구비중이 높은 반면 20~39세 가임여성의 수가 적어서다. 이 중 군위군은 5등급을 받은 45개 기초지자체 중에서도 최하위를 기록했다. 상황이 이렇다 보니 군위군은 아예 주변대도시인 대구에 편입하기를 원하고 있다. 군위군 관계자는 "오죽하면 소음피해가 극심한 대구의 K2 군공항을 받으려고 나섰겠느냐"며 "살아남으려는 몸부림"이라고 말했다 (한국경제 2022.8.16.).

우리는 이상에서 제시한 중앙과 지방의 다양한 정책영역의 사례들로부터 다음과 같은 연구 또는 정책 과제를 제시할 수 있다.

[정책사례의 연구과제]

첫째, 왜 사회문제는 대두하는가? 즉 사회문제는 어떠한 환경 또는 맥락에서 발생하고 있으며 누가 관여하고 쟁점은 무엇인가?
둘째, 정부는 사회문제를 어떻게 인식하는가?
셋째, 정부는 사회문제를 해결하기 위한 정책결정을 어떻게 하고 있는가?
넷째, 정부정책은 사회문제를 해결하는데 제대로 집행되고 있는가?
다섯째, 정부정책의 집행으로 나타나는 효과나 영향은 어떠한가?
여섯째, 정부정책은 지속되어야 하는가 아니면 종결하여야 하는가?

종합하면, 우리의 삶과 번영에 직결되는 다양한 공공정책영역은 결국 정부의 정책활동문제로 귀결되는데, 이에 대한 연구를 하고 실무에 적용하며 학습을 하려는 것이 정책연구 또는 정책학의 학문적 과제라고 할 수 있다. 본 저서에서는 정책학을 접근하는데 이론적 측면과 현실(실제)적 측면을 연계하여 그 해답을 찾고자 한다.

## 2. 공공정책의 연관용어

### 1) 공공정책과 정치

앞에서 기술한 바에 의하면, 공공부문, 구체적으로는 정부가 환경(사회)과의 관계에서 다양한 정책활동을 수행하고 있다. 공공정책은 인간이나 국가가 존재하고 성장하는 환경 속에서 발생하는 사회문제해결과 사회기회창조를 위하여 결정이 이루어지고 집행이 되어 일정한 효과가 나타나게 하는데, 이러한 정책과정에서는 정치가 개입되어 왔다. 그러면 정책과 정치는 어떤 개념인가?

#### (1) 정치와 정책의 어원

정치(politics)와 정책(policy)과의 어원은 고대 그리스어 police(도시국가), 라틴어 politia(국가), 그리고 policie(공공사건에 대한 행동, 정부의 통치)를 의미하는 것으로서 같은 뿌리로부터 발생하였으나, 차츰 분리된 개념으로 사용되고 있다. 이를테면, 정치학자와 정책학자는 역사적 상황변화에 따라 제각기 다른 문제의식을 갖고 정치와 정책에 대한 개념을 정의하여 왔다.

#### (2) 정 치

우선, 정치가 무엇이냐 하는 문제는 Aristoteles의 '인간은 정치적 존재이다'라고 말한 바와 같이, 고대 희랍시대의 철인들까지 거슬러 올라갈 수 있으나, 서구 자유주의적 정치관에서는 정치란 국가의 목적과 기능 및 존재양식과 관련된 모든 것으로 보는 국가현상설이 지배적이었다. 그러나 모든 국가현상을 정치로 보아야 하는 것에 대해 의문이 생긴다. 정부는 정치가와 행정가로 양분되는 일종의 집단에 의해 운영된다. 정치가가 하는 일은 대체로 최종적인 정책결정과 관계가 있으며, 행정가가 하는 일은 정치가가 결정한 정책을 집행하는 일과 관계된다는 정치행정이원론이 있다. 정치와 행정을 구별할 경우에 국가와 정부에 관계되는 모든 일을 정치라고 하는 것은 수정되어야 한다. 국가현상설을 비판하는 학자들은 정치를 모든 사회에 공통된 지배와 피지배 관계로 보려는 권력현상설을 주장하였다. 이러한 학설에 의하면, 정치현상은 권력현상이며 정치는 권력의 획득과 유지 및 확대와 관계를 갖는 모든 인간활동을 의미하게 된다.

그러나 정치라는 것은 국가현상과 권력현상의 두 가지 측면을 함께 갖고 있다고 할 수 있다. 이러한 맥락에서 David Easton(1953)은 그의 저서 '정치체제: 정치학의 상태탐구'에서 국가나 권력 개념을 중심으로 정치현상을 설명하는 종래의 접근법에 비판을 하고 정치의 개념을 새로운 시각에서 논의하였다. 그는 정치현상을 보다 포괄적으로 적실성 있게 연구하기 위해서 국가나 권력 개념을 버릴 것을 역설하고 그 대신에 확대된 정치적 상황의 지평을 함축하고 있는 정치체제(political system) 개념을 주장하였다. 정치현상이란 한 사회의 권위적인 정책의 수립이나 그 집행에 영향을 미치는 모든 종류의 활동이라고 보고, 정치를 '한 사회의 가치들을 권위적으로 배분하는 것(the authoritative allocation of value for a society)'으로, 그리고 정책을 권위적 배분의 산출물(the output of the authoritative allocation)'로 정의하였다(서울대 정치학과 교수 공저, 2002: 3-8).

### (3) 정치로부터 정책의 분화

정책학이 독립된 학문으로 발전하면서 정치의 개념 속에 포함되어 있던 정책개념은 정치로부터 분리되기 시작하였다. Lasswell(1951)은 1950년대 당시 미국 정치학을 휩쓸고 있던 행태주의혁명 속에서 정책학과 정책의 독립 필요성을 제기하였고, 그 이후 1960년대 대두한 미국의 다양한 사회문제해결을 위하여 정책학은 새로운 (국가통치) 학문으로 등장하게 되었고, 정책학에 관심을 갖는 학자들은 정치와 상이한 정책을 개념화 하였다.

예컨대, 대표적인 정책학자인 Lasswell & Kaplan(1970: 71)은 정책을 목적 및 가치와 실행을 반영하는 사업계획으로, Dror(1968: 12)는 정책을 정부기관에 의하며 결정되는 미래를 지향하는 행동의 주요지침이며, 최선의 수단에 의하여 공익을 달성할 것을 공식적 목표로 하는 것으로 정의하였다. 이외에 여러 학자들의 정책개념은 다음에 구체적으로 논의를 한다.

이상의 논의를 종합하면, 정치란 통치자(임금, 대통령, 수상, 정치인)가 정책과 법을 만들어 나라를 다스리는 활동이라고 할 수 있고, 정책이란 통치자가 정치적 목적을 실현하기 위하여 만들은 방책이나 행동계획이라고 할 수 있다.

**🔬 사례연구   정치와 정책 현상**

### - 선거와 포퓰리즘 정책경쟁: 여야 대선후보의 정책공약

**정치는 특정정당이 권력을 획득하여 통치를 하기 위한 경쟁의 장소이다. 이러한 정치 경쟁을 하는 데는 정당과 대선후보들이 내세우는 정책공약들이 필요하다.** 2022년 20대 대선에서 여야 4당 후보는 국가의 비전과 공약을 발표했다. 비전과 공약은 현실성 있는 정책과 실행계획이 수반되어야 하는데, 여야 모두 총론과 각론이 제각각이다. 현란한 장미빛 청사진을 늘어 놨지만 앞뒤가 안맞는 게 허다했고 포퓰리즘공약도 다수 포함되어 있다.

예컨대, 민주당 A후보와 국민의 힘 B후보는 현금성 복지, 대출규제 완화, 재정고려 없는 증세를 축으로 하는 선심성 정책공약을 경쟁적으로 내놓고 있다. "신용대사면을 통해 코로나 때문에 빚진 부분을 국가가 인수하겠습니다. 전 국민 기본소득을 주고 병사월급 200만원을 주며 기초생활보장 등을 확대하겠습니다"(A후보). "코로나로 무너진 자영업자와 소상공인을 위해 손실보상으로 50조원을 지원하고 병사월급 200만원을 주고 출산과 양육을 국가가 책임지겠습니다"(B후보).

한국매니페스트실천본부에 의하면, A후보는 자신의 공약이행에 300조원 이상, B후보는 266조원, C후보는 201조원이 들어갈 것으로 추산했다. 이들 공약의 상당부분은 물가에 직접 영향을 미칠 수 있는 현금성 복지정책이다. 후보들의 선심성 공약 이행을 위한 재정부담은 국가와 국민에게 돌아온다. 증세 없이 200조원이 드는 공약을 모두 실현하려면 적자국채 발행이 불가피하기 때문이다. 적자국채의 증가는 국가의 재정건전성을 위협하고 국가신용도를 떨어뜨릴 수 있다. 이는 그리스나 스페인의 재정위기와 같은 경제위기의 뇌관이 될 수 있다.

### - 정당의 포퓰리즘 정책발의와 비판

**기초연금 인상**은 지난 대선 때 민주당과 정의당은 물론 국민의힘도 공약한 사안이다. 윤석열 정부는 내년도 예산안에서 올해 30만원이던 기초연금을 32만원으로 인상하는 안을 제시했다. 단계적 인상으로 가야 한다는 것이다.

민주당은 앞서 현행 30만원인 기초연금을 40만원으로 늘리는 법안, 65세 이상 소득 하위 70%에게만 주는 기초연금지급대상을 100%로 확대하는 법안을 각각 발의했다. 한달 30만원으로는 생활이 되지 않고, 소득하위 70%라는 지급기준이 모호하다는 이유를 댔다. 민주당은 이런 내용의 기초연금확대법을 정기국회 7대 입법과제 중 첫째로 선정했다.

정의당은 21일 민주당이 이번 정기국회에서 밀어붙이는 기초연금 40만원 확대법안에 대해 재원마련은 어떻게 하겠다는 것이냐, 대선 때처럼 표 좀 얻자고 막 던지고 보는 정책이어서는 안 된다고 했다. 평소 복지확대를 주장해온 정의당이지만 민주당 추진법안은 국가재정여력을 무시해 현실성이 떨어진다는 것이다. 재원조달방안이 없으면 포퓰리즘에 불과하다는 비판이다.

학계에서는 재정여력을 감안하지 않은 기초연금 확대는 후손에게 재앙이 될 것이라고 경고하고 있다. 국회예산정책처가 발행한 공적연금재정전망과 연금개혁논의 동향 보고서에 따르면, 기초연금을 현행 30만원으로 유지할 경우 2030년 37조원, 2050년 120조원, 2070년엔 240조원이 든다. 기초연금을 40만원으로 인상할 경우 2030년엔 49조원, 2050년엔 160조원, 2070년엔 320조원으로 늘어난다. 더 필요한 돈이 각각 12조원, 40조원, 80조원으로 눈덩이처럼 불어나는 것이다.

한편, **반값교통비지원법도 재정부담과 효과가 논란이 되고 있다.** 여야가 2022년 하반기 포퓰리즘법안이라고 할 수 있는 국민의 대중교통비 부담을 줄여주는 방안을 놓고 합의에 이르지 못하고 있다. 정부와 여당이 3,000억원 규모지원을 추진하고 있는 데 반해, 더불어민주당은 그 10배에 육박하는 3조원 안팎의 반값교통비지원을 주장하고 있어서다. 2022년 7월 더불당 김성환 정책위의장 명의로 대표발의하고, 이번 정기국회에서 통과시킬 22개 민생입법과제 가운데 하나로 선정한 반값교통비지원법안은 국민이 올해 8월 1일부터 12월 31일까지 5개월간 버스나 지하철을 이용하면서 낸 요금의 절반을 국민에게 돌려주는 것을 골자로 한다. 민주당은 이 같은 내용을 담은 대중교통법 개정안을 했다. 국회예산정책처는 올 8월부터 연말까지 국민이 버스나 지하철을 타면서 낼 요금이 5조3,478억원에 달할 것으로 예상했다. 그 절반을 돌려준다면 2조6,739억원이 들어간다는 얘기다. 정부는 민주당 방안에 대해 국민 개개인에게 돌아가는 혜택은 작은 데 재정부담은 굉장히 크다며 난색을 표하고 있다. 정부는 여야의 방안을 논의하는 지난 14일 국회 민생경제안정특별위원회 자리에서 반값교통비법안에 대해 반대입장을 밝혔다. 어명소 국토부 2차관은 재정은 많이 드는데 개인별 혜택이 월 3만3,000원으로 크지 않다고 했다. 방기선 기재부 1차관은 2020년에 추가경정예산을 편성해 통신비 2만원을 전 국민한테 드린 적이 있었는데, 그때도 작은 규모로 돌아가는 혜택을 위해 굉장히 많은 재정을 썼다는 비판이 있었다고 하면서 전 국민을 대상으로 하는 교통비 환급시스템을 새로 갖추는 데도 상상초월의 비용이 들어갈 수 있다고 했다.

## 2) 정부와 거버넌스

위에서 공공정책과 정치의 개념을 살펴보았는데, 이러한 정책이나 정치와 밀접한 관련이 있는 또 다른 개념으로는 정부(government)와 거버넌스(governance)가 있다. 정부와 거버넌스의 개념은 공공정책과 정치의 논의에서 공통적으로 사용되어 왔지만, 그 용어의 의미는 역사적으로 변화되어 왔다(배봉준·윤영채·한치흠, 2019: 31-33).

### (1) 정부와 거버넌스의 어원과 변화

우선, 정부와 거버넌스의 어원 또는 기원을 추적하여 보면, 그리스어로 조종을 의미하는 'Kubernan(to pilot or steer: 항공기나 배를 목적지로 인도하다)'에서 유래한다. 이후, 조종이라는 동일한 의미를 가지는 라틴어 'Gubernare'로, 그리고 영어 'Governance'로 변천을 하여 왔다. 여기서 '거버넌스(governance)'는 옥스퍼드 영어사전정의가 암시하는 '정부(government)'와 동일어로 사용되어 왔다. 정부 또는 거버넌스는 통치하는 행동이나 방법, 즉 통치제도(구조, 조직)와 통치과정(통치기능)을 말한다. 여기서 통치하는 것은 권위를 가지고 지배하거나 통제하는 것을 의미한다(Kjer, 2004: 3).

이처럼, 정부와 거버넌스는 동일한 어원에서 기원을 하고 있으며 같은 개념이었다는 것을 알 수가 있다. 이런 거버넌스를 직역하면 '통치', '통치양식', '통치방법'이 된다. 최근에 공사부문의 실무가들이나 경영학에서는 이 용어를 '국가경영'으로 번역한다. 그러나 행정학에서는 '국정관리', '국정운영', '네트워크관리', '網(망)治(치)', '共(공)治(치)', 혹은 '協(협)治(치)'로 번역하여 사용하고 있다(정용덕, 2001: 722-723).

그러나 시대환경변화에 따라 정부와 거버넌스 개념은 분리되기 시작하였고 거버넌스도 다의적인 의미로 정의되고 있다. 예컨대, Rhodes(1996)는 거버넌스이론을 최소국가, 기업거버넌스, 신공공관리, 좋은거버넌스, 사회사이버네틱거버넌스, 자기조직적 네트워크로 구분하고 상이한 개념정의를 하고 있다. 여기서는 정부와 거버넌스의 개념변화를 공공행정시기의 정부와 그리고 신공공관리와 신공공거버넌스시기의 거버넌스로 나누어 살펴본다(Osborne, 2010: 1-11).

### (2) 공공행정시기와 정부

공공행정시기는 19세기 후반부터 1970년대 후반 또는 1980년대 초반까지 공공부문에서 정부주도의 통치가 이루어졌다. 19세기 후반과 20세기 초반에 공공행정(public administration)은 미국과 영국에서 행정이론과 정치연구학문으로 등장하였다. 그 당시에 영향력있는 정치학자들인 미국의 Wilson(1887)의 '행정의 연구'와 영국의 Robson(1928)의 '정의와 행정법'은 정책결정과 집행을 폐쇄적인 정부시스템 하에서 수직적으로 통합된 단일국가에 의해 수행되는 것으로 보았다. 이런 정부시스템에서 효과적인 공공행정은 민주적으로 선출된 정치인에 의해 결정된 정책을 공무원에 의해 성공적으로 집행하는 것이라고 하였고, 그리고 공공정책과 공공서비스 전달에서 정부주도를 가정하고 있다. Hood(1991)에 의하면, 공공행정의 중요한 요소는 다음을 포함한다. 법의 규칙의 지배, 규칙과 행동방침에 의한 행정, 정책을 결정하고 집행하는데 관료제의 중심역할, 정치체제 내의 정치와 행정 분리, 점증주의예산 강조, 공공서비스 전달에서 전문가주도 등이다. 이에 Gaus는 '우리시대의 공공행정이론은 정치이론을 의미한다'고 하였을 정도다(Kettl, 2002: 119). 그리고 실무분야에서 공공행정은 1945년부터 1979년의 복지국가시대에 최고정점에 도달하였다. 국가는 '요람에서 무덤까지'라는 말처럼, 시민의 모든 사회적 경제적 요구에 대응한다고 보아서 공공행정은 이런 통치의 도구가 되었다. 그러나 공공욕구는 막대한 예산이 들어감으로써 정부실패를 가져왔고 학문적 비판의 대상이 되었다.

따라서 공공행정시기에는 거버넌스보다 정부라는 용어를 많이 사용하였는데, Finer(1970: 3-4)는 정부개념을 다음과 같이 정의하고 있다. 첫째 통치하는 활동이나 과정 또는 거버넌스, 둘째 체계화된 규칙패턴, 셋째 통치의무에 책임을 지는 사람들 또는 통치자, 넷째 특정한 사회를 통치하는 방법이나 체계 등이 그들이다. 이처럼, 산업사회시대의 1970년대까지는 정부와 거버넌스가 동일한 개념으로 인식되었지만, 거버넌스보다는 정부라는 용어를 보다 많이 사용하였다.

그러나 정부개념은 새로운 시대환경변화에 적응하지 못하면서 비판의 대상이 되었다. 시간적·공간적으로 우리가 살고 있는 환경은 복잡하고 소용돌이 시대라고 하듯이, 급변하고 복잡화되어 이른바 사악한 문제(wicked problems)가 등장하고 있다. 이러한 환경변화들은 정부와 사회관계, 특히 정부를 어떻게 구성하고 역할을 수행하게 할 것인지에 대한 문제를 제기하였다. 대개 1980년 이전까지 정치행정은 큰정부라고 표현하듯이, 정부가 모든 사회문제를 해결하는데 만능활동을 수행하려고 하였다. 그러나 정부는 정책·조직·인력·재무·정보 등 여러 측면에서 능력의 한계가 있는 것이고, 이는 정부실패를 초래함으로써 정부의 구성과 역할에 대한 재정립을 요구하게 되었다. 따라서 세계 각국의 화두는 '정부에서 거버넌스로' 이행하는 현상에 대한 연구와 실무적용으로 나타나고 있다(Pierre, 2000; 배응환, 2001: 259).

### (3) 신공공관리 및 신공공거버넌스시기와 거버넌스

우선, 1970년대 후반 이후 1980년대에 들어와서 신공공관리(new pubic man-agement)의 확산은 공공정책집행과 공공서비스 전달의 새로운 이론으로 보았다. 이 이론은 신고전경제학과 합리적 공공선택이론에 뿌리를 둔 것으로, 공공행정의 정부 주도보다는 민간부문관리기술의 우월성을 주장한다. 신공공관리의 주요요소들은 다음과 같이 요약할 수 있다. 민간부문관리의 도입, 공공서비스조직에서 기업가적 리더십 강조, 투입과 산출의 통제와 평가. 성과관리의 강조, 공공서비스의 자원배분과 전달을 위해 시장과 경쟁 및 계약의 사용 등이다. 이것은 공공행정에 반대되는 공공관리, 즉 공공서비스관리에 초점을 두고 있고 공공정책집행과 공공서비스 전달의 새로운 도구로 인식되었다.

이처럼, 신공공관리가 공공정책집행과 공공서비스 전달에서 공공행정과 경쟁을 하여 왔지만, 그것의 본질과 성공에 대해 의문이 제기되어 왔다. 신공공관리는 공공정책집행과 공공서비스 전달에 진부한 민간부문기술을 적용하려는 집착이 있고, 그것이 적용될 수 없는 영역이 존재하며, 그리고 점점 다원화된 세계에서 조직간 관계가 중시됨에 따라 비판을 받게 되었다(Metcalfe & Richards, 1991).

한편, 신공공거버넌스(new public governance)는 공공행정과 신공공관리를 대체하는 것이 아니라 다양한 거버넌스를 포용하고 있다. 이를테면, 기업거버넌스(corporate governance, 조직의 목적과 책임성을 제공하는 내부체제와 과정), 좋은거버넌스(good govwernance, 조직의 사회적, 정치적, 그리고 행정적 규범), 사회정치적 거버넌스(socic-political governance, 공공정책의 창조와 집행에서 정부와 사회의 제도적 관계), 공공정책거버넌스(public policy governance, 공공정책과정에서 다양한 행위자들의 정책네트워크), 행정거버넌스(administrative governance, 현대국가의 복잡성을 포용하도록 공공행정의 효과적 적용), 계약거버넌스(contract governance, 신공공관리의 내부작동으로 공공서비스 전달), 그리고 네트워크거버넌스(network governance, 공공정책과정의 자기조직적 네트워크) 등이 그것이다.

거버넌스에 대한 이들 이론적 시각은 공공정책과정, 즉 공공정책의 결정과 집행 및 공공서비스 전달에 대한 이해를 하는데 중요한 기여를 하였다. 그러나 여기서 강조하는 신공공거버넌스는 공공행정과 신공공관리를 통합하는 것이 아니라, 제도주의이론과 네트워크이론에 뿌리를 두는 대안적 담론이라고 할 수 있다. 그것은 1990년대 이후 다원적이고 다원주의의 복잡성맥락에서 공공정책의 발달과 집행 그리고 공공서비스 전달을 포용하는 이론으로, 정부조직과 그것의 환경과의 상호작용에 의존하고 정책과 공공서비스의 효과성과 결과를 강조하는 조직간 관계와 통치과정이다. 따라서 이것은 조직간 관계와 정책과정의 거버넌스에서 작동하므로 사회정치적 거버넌스와 공공정책거버넌스 및 네트워크거버넌스에 초점을 두는 이론이라고 할 수 있다. 이에 따라 신공공관리와 신공공거버넌스를 강조하는 거버넌스학자들의 주장을 보면, '우리시대의 공공행정과 공공정책이론은 거버넌스이론을 의미한다'고 이야기 하고 있다.

따라서 신공공관리와 신공공거버넌스 시기에는 거버넌스를 정부와 구별되는 개념으로 인식하기 시작하였다. 거버넌스개념은 정부보다 넓은 어떤 것을 언급하는 새로운 의미로 다시 등장하였다고 한다(Kjer, 2004: 1−3). 대표적인 거버넌스학자인 Rhodes(1996: 652−653)에 의하면, 오늘날 정부와 거버넌스를 동일한 개념으로 인식하는 것은 적절하지 않다고 하면서, 차라리 거버넌스개념은 정부의 의미변화, 즉, 새로운 통치과정, 체계화된 규칙의 변화된 조건, 사회를 통치하는 새로운 방법으로 보는 것이 타당하다고 하였다. 거버넌스개념에 대하여 Rhodes(1997: 15)는 상호의존성, 자원교환, 게임규칙, 국가로부터 자율성을 가진 자기조직화된 조직간 네트워크로, Stoker(1998: 18)는 사회경제적 쟁점에 관련되는 정부 내와 정부 외의 제도들과 행위자들의 집합으로, 그리고 Kooiman(1999: 70)은 통치활동이 발생하는 제도적 맥락 속에서 공공행위자뿐 아니라 민간행위자들이 사회문제를 해결하거나 사회기회를 창조하기 위하여 참여하는 모든 상호작용배열이라고 하였고, 이와 유사하게 Meuleman(2009: 50)은 사회문제를 해결하거나 사회기회를 창조하기 위해 자원을 할당하고 통제하며 조종하는 통치방법이라고 하였다.

결론적으로 Pierre & Peters(2000: 7)가 말한 바와 같이, 거버넌스용어는 그것의 개념화에 혼란이 존재하는 매우 애매모호한 것이라고 하였다. 거버넌스의 이론유형에 따라 거버넌스의 의미는 달라지기 때문이다. Peters(1996)의 주장처럼, 구거버넌스(old governance)의 정부관료제모형과 뉴거버넌스(new governance)의 신공공관리론이나 네트워크거버넌스이론에서 바라보는 거버넌스의 개념과 내용은 상이하다. 따라서 거버넌스이론은 우리가 살고 있는 시대환경에서 '무엇이 존재하는가(what is)'와 '무엇을 해야 할 것인가(what might be)'에 관심을 갖고 일정한 거버넌스체제(정치체제나 정책체제) 하에서 집합적인 정치나 정책활동을 이해하고 설명하는 이론적 또는 개념적 틀이라고 할 수 있다.

**사례연구**  **정책거버넌스 현상**

## ■ 산업정책거버넌스: 용인반도체클러스터 착공지연

삼성전자가 미국 텍사스주 테일러시에 짓기로 한 파운드리(반도체 수탁생산)공장이 들어설 500만m² 부지에는 지난달 철제펜스가 설치됐다. 지난해 11월말 공장설립방침을 발표한 지 3개월여 만에 부지확보가 끝났다. 기초공사와 함께 용수와 전력공급이 진행될 예정이다. 계획대로라면 2년 6개월 후에는 3나노수준의 최첨단공정의 반도체가 양산에 들어간다. 때맞춰 미국하원은 '미국경쟁법안(America Competes Act)'을 통과시켰다. 자국 반도체산업에 520억달러(약 62조원)을 투자하는 것이 골자로, 세계 반도체패권을 잡겠다는 의지를 보여줬다. 유럽연합(EU)도 'EU반도체법'을 통해 430억유로(약 59조원)를 반도체 공급확대를 위해 쏟아붓겠다는 계획을 발표했다.

이처럼, 세계 주요국가들은 반도체 생산자급력을 높이기 위해 정부와 기업 및 지역사회 등의 모든 이해관계자들이 발벗고 나서고 있다. 그런데 우리한국만 이런 흐름에 뒤처지고 있다. 과거 삼성전자 평택반도체공장이 그물망 규제와 지역이기주의에 발목잡혀 인허가승인부터 준공까지 무려 10년이 걸렸다. 그리고 SK하이닉스가 추진하고 있는 용인반도체클러스터는 착공이 지연되고 있다. 2019년 2월 정부와 합동으로 클러스터조성계획을 밝혔고 2026년 공장가동이 문제없을 것이라고 공언하지만 실제상황은 녹록하지 않다.

〈SK하이닉스 용인반도체클러스터계획 현황〉

| 위 치 | 원삼면 일대 415만m²(약 126만평) |
|---|---|
| 내 용 | 반도체공장 4곳, 협력사 50곳 이상 입주 |
| 사업비 | 총 120조원 |
| 준 공 | 2026년 예상 |
| 기대효과 | 2만5,000명 신규고용, 공장 1곳당 부가가치 47조원 |

자료: 산업통상자원부, SK하이닉스.

**용인반도체클러스터는 SK하이닉스와 협력사들이 총 120조원을 투자해 415만m²(약 126만평)부지에 차세대 메모리생산기지를 짓겠다는 계획을 말하는데, 그동안 용인반도체클러스터의 추진현황은 한국판 규제의 현실을 보여준다.** 이 계획은 번번이 규제에 발목이 잡혀 착공이 다섯 차례나 연기됐다. 이것을 수도권공장총량제의 예외사례로 인정하는 정부심의에만 2년이 걸렸고, 인근지자체에서 환경영향을 등을 이유로 문제를 제기했고, 원주민 반발에 토지보상도 더뎠다. 현지주민들이 더 비싼 값을 받기 위해 토지수용을 거부하면서 진척률이 30%에 불과하다. 최소 50%가 넘어야 착공을 할 수 있다. 그리고 인근지방자치단체와의 인허가 협의도 어려움을 겪고 있는데, 취수장설치 및 용수관로공사에 대한 지역민원으로 당초계획보다 인허가가 5개월 지연되고 있다. 외부에서 전력을 끌어오기 위해 진행 중인 지하 30m의 지중선로공사 역시 민원으로 보상협의가 늦어지고 있다. 또한, 복잡한 행정규제와 지역이기주의를 해결하기 위해 발벗고 나서는 정부가 보이질 않는다. 이런 상황은 용인반도체클러스터가 기업하기 힘든 나라를 보여주는 대표적인 실패사례로 남을 수 있다(한국경제 2022.2.10; 조선일보 2022.4.14.).

### ■ 지방정책거버넌스: 지방연합인가 지방통합인가

#### - 인구 800만, 1시간 생활권, 부산울산경남특별연합 출범

**지방연합의 핵심논점은 지역살리기이다. 저출산 등으로 인한 지방인구 격감으로 권역통합안이 나왔지만 진척이 되지 않고 있다.** 광역연합형태의 부울경메가시티 구축움직임은 2012년 경남도의회가 관련 특위를 만들고 이후 부산시에 제안하면서 본격시작됐다. 마침내 정부는 이날 정부서울청사에서 부산·울산·경남 3개 시도 단체장과 전해철 행정안전부 장관 등이 참석한 가운데 부울경특별연합(특별지자체) 지원협약식을 개최했다. 지방자치법 개정으로 도입된 **특별지자체는 2개 이상의 지자체가 특정한 목적을 위해 광역사무를 처리할 필요가 있을 경우 선택할 수 있는 행정제도이다.** 부울경특별연합은 작년 10월 정부가 관계부처합동으로 초광역협력지원전략을 발표한 후 가장 먼저 설치된 특별지자체다.

부울경특별연합은 총인구 800만명에 달하는 3개 시도의 광역견제권의 통합으로서 기업·인구 유출로 지역경쟁력을 잃어 가고 있는 3개 시도가 머리를 맞대 마련한 정책카드다. 3개 지자체를 한 권역으로 묶어 교통·물류망을 짜고, 기존산업 인프라를 활용한 신산업 공동생태계를 조성해 기업과 사람을 다시 불러모으겠다는 구상이다. 구체적으로 기존 3개 시도가 보유했던 철도, 도로, 대중교통망 구축권한이 특별연합으로 넘어간다. 현재 3개 시도 간 최대 2시간 넘게 걸리는 이동시간을 1시간 이내로 단축해 단일생활경제권을 구축하는 게 목표다.

자동차, 조선, 항공 등 지역 3대 주력산업을 기본토대로 한 산업발전전략도 마련됐다. 내년도 예산안 반영을 추진하는 1단계 산업발전전략에는 3대 주력산업에 수소산업, 디지털 신산업, 연구개발(R&D) 혁신산업을 더한 6대 전략산업, 15개 세부추진과제가 선정됐다. 세부추진과제에는 재사용 배터리를 활용한 모빌리티산업 생태계조성, 항공과 정보통신기술(ICT)융합클러스터 조성 등이 포함돼 있다.

이같은 지역발전전략의 이행을 통해 2040년까지 우리나라 수도권, 중국 베이징·상하이, 일본 도쿄·오사카·나고야, 홍콩과 함께 동북아 8대 메가시티에 진입하는 걸

목표로 삼았다. **메가시티는 핵심도시를 중심으로 일일생활이 가능하고 행정기능이 연결된 인구 1,000만명 이상의 광역경제권을 뜻한다.** 작년기준 275조원인 지역내총생산(GRDP)도 같은 기간 491조원으로 끌어올릴 계획이다.

부울경특별연합을 대표할 특별연합단체장과 특별연합의회의장은 3개 시도 의회의원들로 구성된 특별연합의회에서 선출한다. 특별연합의원은 3개 시도 소속의원 중 9명(총 27명)이 2년씩 맡는다. 특별연합단체장은 각 자치단체장이 1년4개월씩 돌아가며 맡는다. 부울경특별연합은 연말까지 청사위치 선정, 조례·규칙 제정, 특별연합 단체장 및 의장 선출 등을 거쳐 내년 1월 1일부터 공식업무를 시작한다.

내년 공식업무 개시까지 풀어야 할 숙제도 산적해 있다. 부울경특별연합이 구상하고 있는 지역 내 인프라 조성, 특화산업전략의 효율적인 추진을 위해선 각 정부기관이 가진 사무권한을 넘겨받아야 한다. 특별연합이 자체적으로 추진하길 희망하는 공공사업 공모, 예비사업타당성조사 면제 등이 대표적이다. 지역 간 이기주의도 극복해야 할 문제다. 당장 특별연합청사 위치를 놓고 3개 시도가 수개월째 신경전만 벌이며 결론을 내리지 못하고 있다(한국경제 2002.4.20.).

### - 부울경메가시티 판깬 경남도

부산과 울산·경남이 인구 1,000만명 규모의 메가시티를 향해 내딛던 발걸음을 일단 멈췄다. 경남도가 부울경메가시티 추진기구성격인 '부산울산경남특별연합'(이하 부울경특별연합)에 대해 "실익이 없다"며 사실상 판을 깼기 때문이다.

경남도는 19일 민선 8기 출범과 함께 7월부터 정책과제로 추진한 부울경특별연합의 실효성 등에 대한 연구용역결과를 발표했다. 경남도는 부울경특별연합 추진에 부정적 입장을 보이던 박완수 도지사가 6·1 지방선거 당선으로 취임한 후 이 용역을 진행해 왔다. **하종목 경남도 기획조정실장은 이 자리에서 용역을 진행한 결과 부울경특별연합은 옥상옥으로 비용만 낭비하고 (경남입장에서는) 실익이 없다며 진정한 메가시티를 달성하는 길은 행정통합이라고 생각한다고 밝혔다.** 그러면서 부울경특별연합은 독자적 권한부재를 비롯한 제도의 한계, 책임소재 불분명 등 공동업무처리방식 등의 적지 않은 한계가 있다고 이유를 들었다. 경남도는 또한, 경남입장에서 부울경 교통망 확충 등 일부 순기능은 있지만 부산중심의 빨대효과 우려, 경남 4차 산업 자생력·경쟁력 저하문제, 서부경남 소외, 특별연합 운영 재정지출과 인력파견 부담 등 역기능이 우려된다고 밝혔다.

**대신, 경남도는 3개 시·도 행정을 하나로 통합하는 특별자치도 추진을 역제안했다.** 경남도는 이날 행정통합을 동남권대표 지자체 건설을 위한 최선의 방안이라고 제시했다. 경남도는 2023년까지 3개 시·도 조례를 제정하고 추진위를 구성한 뒤 2025년까지 주민투표와 특별법 제정을 거쳐 2026년 지방선거에서 통합단체장을 뽑자는 로드맵까지 내놨다. 박 지사는 부산과 울산이 동의하면 가칭 부울경특별자치도 설치를 위한 특별법 제정 등 통합절차를 추진하겠다고 밝혔다. **그러나 지금껏 추진해 온 광역연합 형식보다 더 복잡하고 이해관계가 얽힌 형태인 행정통합단계로 나아가자는 것이어서 법적·행정적으로 더욱 어려운 과제라는 지적이 나온다.** 국내에 2개 이상 광역지자체가 모든 행정을 통합해 하나의 자치단체를 만든 전례가 없고 부울경에서도 20년 이상 행정통합 논의가 진행된 끝에 특별연합이 추진된 것이어서 전문가들도 과연 실현 가능성이 있느냐는 의구심을 보인다.

이에 대해, 부산시 송경주 기획조정실장은 이날 부산시도 모든 가능성을 열어 놓고 적극 협의할 생각이며, 행정통합이 가능하다면 적극 수용하겠다고 밝혔다. 김두겸 울산시장은 용역결과가 나오는 이달 26일께 회견을 통해 구체적 입장을 밝히겠다며 말을 아꼈다(동아일보, 부산일보 2022.9.19.).

### - 경쟁하는 특별자치도

**여야(與野)가 최근 특별자치도 선정 관련 입법을 경쟁적으로 쏟아내고 있다.** 전북특별자치도법안은 최근 국회 행정안전위원회 전체회의 안건으로 상정되는 등 논의가 빠르게 진행되고 있다. 민주당 안호영 의원이 지난 4월 대표발의한 법안이고, 국민의힘 정운천 의원과 민주당 한병도 의원도 이와 비슷한 취지의 전북특별자치도 설치 등에 관한 특별법 제정안을 지난달 각각 대표발의한 바 있다.

여야는 지난 6월엔 강원특별자치도특별법을 통과시켰다. 특별자치도는 도단위로 제주도에 이어 전국에서 두 번째고, 세종시(2012년)를 포함하면 세 번째다. 민주당이 발의한 부산·울산·경남 초광역특별지방자치단체 설치 등에 관한 특별법안도 유사한 내용을 담고 있다. 김영환 충북지사와 국민의힘 정우택 의원은 가칭 바다 없는 충청북도 지원에 관한 특별법 제정을 촉구하고 있다.

**특별자치도는 관련 특별법에 근거해 일정한 자치권을 부여받는다. 자치권은 행정과 재정 부문에서 중앙정부가 갖고 있던 권한과 기능 중 일부를 부여받는 것이다. 해당 지자체는 중앙정부로부터 다양한 재정지원도 받을 수 있다. 특별자치도로 승격되면 자치권 강화를 기반으로 정부재정 지원확대와 자율행정, 규제특례 신설 및 규제완화 등 다양한 이점이 있다.** 문제는 재정이 한정적이기 때문에 특별자치도가 아닌 나머지 지자체에 돌아갈 지원금은 그만큼 줄어들 수밖에 없다는 점이다. 대표적인 예가 2006년 특별자치도로 승격한 제주도다. 특별법에 따라 보통교부세 총액의 3%를 받으면서 제주시가 거두는 지방세 규모는 특별자치도 출범 당시인 2006년 4,337억원에서 2019년 기준 1조5,195억원으로 약 3.5배 증가했다. 또한, 제주도는 특별법에 따라 복권기금 법정배분액 가운데 일부를 매년 개발사업특별회계로 받는데, 내년엔 역대 최고치인 1,868억원을 수령한다(조선일보 2022.9.17.).

## 3. 정책학의 필요성

위에서 살펴본 공공정책의 연관용어들을 유추하여 보면, 공공정책의 연구는 정치(politics)나 정부(government), 그리고 거버넌스(governance)의 연구로부터 출발하였다고 볼 수 있다(Birkland, 2001: 3-5).

정치이론의 현대적 시기는 14세기 마키아벨리의 통치로 거슬러 올라가는데, 그는 우리가 정치적 목표를 달성하기 위하여 정치적 행동을 이해하고 기획하려면 정치생활의 규범적 과정을 파악해야 한다고 하였다. 이러한 사고는 환경에서 정치의 기본요소인 권력작용에 관심을 두게 하였다. 그들은 개인, 가족, 집단, 공동체와 다양한 정부수준 간의 권력실행에 초점을 두었다. 이러한 관점은 정부와 사회 간의 관계에 대한 역사적이고 현대적인 사고방법을 이해하는데 도움을 주었다. 정치연구(the study of politics)란 권력이 현실세계에 실행되고 어떤 사람이나 집단에 자원과 편익 및 비용을 배분하는 다양한 방법을 설명하려는 연구이다.

이처럼, 정치의 연구는 오랜 역사를 가지고 있지만, 공공정책의 연구는 20세기에 들어와서부터이다. McCool(1995)에 의하면, 공공정책연구는 1922년 정치학자 Charles Merriam이 공공정책, 특히 정부의 실질적 활동을 이해하기 위하여 정책의 이론과 실제를 연결시키려는 것이 기원이라고 하면서 갑자기 1950년대와 1960년대에 출현한 것이 아니라고 하였다. 이후에, 정책학 창시자인 Harold Lasswell이 1951년 '정책정향'이라는 논문에서 공공정책이 인류장래에 커다란 영향을 미치고 있는 맥락을 인식하고 이전과 구별되는 정책연구의 필요성과 연구를 주장하게 되어 새로운 학문분야로 주목을 받게된 것이다. 학문적 쟁점은 우리가 공공정책이라고 하는 부분에 대한 연구와 이해를 지배하는 응집력 있는 원리나 이론이 있는가이다. 공공정책연구(the study of public policy)는 정부가 사회문제를 해결하거나 사회기회를 창조하기 위하여 무엇을 하거나 하지 말아야 하는가를 결정하고 실행하는 것을 연구한다.

그런데 정책연구를 하는데 과거에는 정부(government)를 중심으로 논의를 하였는데 비하여, 1980년대 이후에는 정부뿐만 아니라 시장이나 네트워크를 포함하는 거버넌스(governance)를 중심으로 논의가 확대되어 왔다. 따라서 우리는 공공정책의 결정과 집행을 통하여 우리의 삶(lives)에 좋게 또는 나쁘게 영향을 주는 정부활동(governmental activities)이나 거버넌스활동(governance activities)에 관심을 갖게 되는 것이다.

이처럼, 공공정책이 현대사회에서 중요한 것이라면, 공공정책의 본질과 가치 및 활동에 대한 학문적 관심과 연구이 필요성은 크다고 할 수 있다. 그렇다면 우리가 살면서 직면하는 사회문제를 해결하고 사회기회를 창조하기 위해서는 어떤 정책활동이 요구되는가? 좋은 정책이란 무엇인가? 정책은 어떤 가치 속에서 작동되어야 하는가? 왜 정책은 잘못 결정되어 집행되고 의도하지 않은 효과를 가져오는가? 이를 극복할 수 있는 통치방법은 존재하는가? 등의 화두가 대두된다. 이러한 공공정책과 관련된 질문들은 정책연구 또는 정책학이 해결해야 할 과제로서 이들에 대한 정책지식을 제공하기 위하여 정책학이 등장하여 연구하게 된 것이다.

그리고 정책의 지식과 현실에 대한 학자와 실무가 및 시민과 학생의 관심도 증가하게 되었다. 첫째, 학자들은 정부의 정책활동에 대한 학문적 연구를 통하여 지식의 창출자와 제공자로서의 역할이 요구된다. 학자들은 다양한 정책현상에 대한 의문과 과제에 대하여 과학적이고 경험적인 방법을 가지고 분석을 하여 과학적인 정책지식을 생산하고 이를 토대로 학문적 발전과 현실문제해결과 사회기회창조에 기여를 해야 한다. 이것은 행태주의의 객관적인 지식산출과 후기행태주의의 현실적합성을 충족시키는 것을 암시한다.

둘째, 실무자들은 공공정책을 결정하여 집행하는 주요한 공사행위자로서 사회문제를 해결하거나 사회기회를 창조하기 위한 정책지식을 사용하는 지식적용자로서의 역할을 하게 된다. 공공정책의 성패는 정치인과 공무원 등 정책결정자들과 실무자들이 가지고 있는 정책지식의 함수라고 할 수 있다.

셋째, 시민과 학생은 공공정책의 적용을 받는 정책대상자이기도 하지만 정책활동에 참여할 수 있는 행위자이기도 하므로, 자신들에게 영향을 주거나 이해관계가 있는 정책활동에 대하여 이해와 설명을 하고 학습하는 것이 중요하다. 예컨대, 시민은 자신에 적용되는 보건복지정책이나 교육정책 및 경제정책에서 어떠한 세입(얼마를 세금으로 부담하고 있는가)으로 어떻게 지출(어떠한 혜택이나 불이익이 있는가)을 하는가를 아는 것이 매우 중요하다. 또한, 현재에 정책의 적용대상이면서 학자나 실무자가 될 수도 있고 미래의 납세자가 되는 학생들도 마찬가지이다. 그래서 학생들에게는 정책학이 중요하고 이것을 공부해야 하는 것이다.

# 제2장 | 정책학의 의미와 목적 및 특성

## 제1절 | 정책학의 의미

앞에서 공공정책을 이해하기 위한 전제로 공공부문의 규모와 활동을 살펴보았다. 정부는 정책과 예산을 가지고 경제와 사회에 영향을 준다. 공공부문, 특히 정부는 다양한 비전과 목표를 수행하기 위하여 조직과 인력 및 정책과 재정(예산)의 크기와 활동을 확대하여 왔음을 알 수가 있다. 시대환경흐름 속에서 한국정부는 비록 작은 정부에 대한 논의와 개혁의 시도가 있었지만, 다양한 기능과 과업을 수행하기 위하여 큰정부를 지속하여 왔다고 볼 수가 있다. 이런 과업활동은 단일국가에 한정하는 것이 아니라, 중앙정부와 지방정부 등 모든 수준의 정부는 정책을 만들고 세금을 거두고 공공지출과 공공서비스를 전달한다. 그리고 변화하는 시대환경은 한 국가 또는 정부에게 기존의 과업 외에 다양한 정책과제를 제시하고 해결을 요구하고 있다. 이러한 정책활동이나 정책과제는 왜 공공정책연구 또는 정책학이 중요한가를 암시하고 있다. 그것은 한 국가에서 무엇이 진행되고 있고 그리고 정부는 왜 정책과 예산을 통해 그런 일을 하는가를 이해하고 설명할 필요성을 제시하고 있는 것이다.

그러면 구체적으로 정책학이란 어떤 학문이고 왜 연구나 분석을 하는가? 하는 의문을 규명해야 한다. 이러한 정책학이라는 학문은 제2차 세계대전 이후에 미국과 유럽에서 정부와 시민과의 관계에 대한 새로운 이해를 탐색하기 위하여 출현하였다. 이 학문은 공공정책과 공공정책결정에 초점을 둔 접근으로서 정부의 구조와 정책행위자의 행동뿐 아니라 정부가 무엇을 해야 하고 무엇을 실제로 하고 있는 것을 탐색하는 것이었다. 미국과 영국에서 Lasswell과 여러 학자들에 의해 개발된 정책학은 정부의 규범적 차원과 특정제도의 작동에 초점을 두는 전통적인 정치연구를 대체하여 정치이론과 실제정치의 연구를 통합하려고 하였다(Howlett & Ramesh, 1995: 2-3).

정책학의 창시자인 Lasswell이 정책학이라는 용어를 사용하면서 정책연구의 필요성을 제기한 후에, 정책에 관심을 갖고 연구를 하여 온 정치학자들은 정책학과 정책연구 그리고 정책분석과 같은 용어에 대한 개념화작업을 시도하면서, 그것의 연구대상과 연구특성 및 접근방법에 대한 다양한 논의와 체계화를 시도하여 왔다.

## 1. 정책학의 개념

우선, 정책학(policy sciences)에 대한 개념정의를 보면, 정책학 또는 정책연구의 창시자인 Lasswell(1951: 3-4: 14)은 '정책지향'이라는 논문에서 그 당시 국가안전위기와 같은 사회문제에 대응하기 위해서는 정책결정흐름을 개선하도록 정책과정을 연구해야 한다고 보고, 정책과정과 정책에 대한 지적 욕구를 충족시키는 정책의 과학적 탐구를 제안하였다. 그리고 정책학(policy sciences)이라는 용어를 사용하면서 이 용어는 정책과정을 탐구하는 방법과 정책연구의 결과 및 그 시대의 지적 요구에 기여하는 학문으로서 사회과학의 적정한 영역에 들어오는 많은 문제들의 해결에 필요한 지식을 제공하는 목적을 가지고 있다고 하였다(p.3-4). 정책학은 정책결정과 정책집행 등 정책과정을 설명하고 특정시기의 정책문제에 관련이 있는 자료를 수집하여 해석을 제공하는 과학적 학문으로 정의를 하였다(p.14). 이후에, Lasswell(1971: 1)은 '정책학'이라는 저술에서 정책학을 공공과 시민질서를 위한 정책결정의 그리고 정책결정과정에 대한 지식(knowledge of and in the decision process)을 탐구하는 학문으로 보다 구체적인 정의를 하였다.

Lasswell 이후에 정책학을 연구하기 시작한 여러 학자들은 정책학의 다양한 개념정의를 시도하여 왔다. 이를테면, 정책학에 대하여 Dror(1971: 14-15)는 보다 나은 정책결정을 위하여 그 방법과 지식 및 체계를 다루는 학문으로, Dye(1972: 1)는 공공정책을 기술하고 분석하며 설명하는 학문체계로 정의하고 있다. 또한, 정책학을 Brewer & deLeon(1983: 9)은 인간편익을 개선하기 위하여 이론(정책과정의 지식)과 실제(정책과정에 대한 지식)를 통합한 학문으로, deLeon(1988: 7)은 사회적으로 중요한 문제들을 검토하기 위하여 응용되는 광범위한 지적 접근을 기술하는 우산용어로 정의하였다.

그리고 국내학자들의 정책학개념을 보면, 안해균(2000: 14)은 정책의 결정과 집행 및 평가와 통제에 관한 학문으로, 정정길 외(2010: 18)는 정책을 핵심적 대상으로 하되 이와 직접 관련되는 정책과정의 제 측면 등을 연구대상으로 하는 학문으로 정의하고 있다. 허범(2002: 293 – 294)에 의하면, 정책학이란 Lasswell과 그의 동료들, Lerner, Dror 등이 주도하여 발전시켜온 하나의 독특한 학문체계로서 인간의 존엄성을 실현하기 위하여 정책의 과정과 내용 연구에 문제지향적이고 맥락지향적이며 연합학문적 접근을 적용하는 학문을 의미한다고 하면서, 정책학의 개념화에 직결되는 근본적인 질문으로 정책학의 이상은 과연 무엇인가? 그 이상을 실현시키기 위한 정책학의 패러다임은 무엇인가?를 제기하였다.

## 2. 정책연구의 개념

다음으로, 정책연구(policy studies)에 대한 개념을 보면, Palumbo(1987: 25)은 공공이익에 관계된 또는 공공이익을 증진시키기 위한 모든 종류의 연구로, Nagel(1987: 219)은 사회적 문제들을 해결하기 위하여 그 문제의 성격과 원인 및 효과를 연구하는 것으로 정의하였다. 그리고 Nagel(1988: 4 – 5)은 '정책연구'라는 책에서 정책분석과 동일한 의미로 사용되는 개념들로 정책평가, 정책연구, 정책학을 포함시키고 이들 개념들 간의 구별을 하였다. 정책평가는 정책을 기술하고 그것이 왜 존재하는가를 설명하는 것과 달리 대안적 공공정책을 평가하는 것을 강조하고, 정책연구는 정책을 기술하고 그것의 존재를 설명하며 평가하는 것이며, 정책분석은 양적 또는 질적인 분석방법을 강조하고, 정책학은 양적 방법을 강조한다고 보았다.

Sabatier(1995: 10)에 의하면, Lasswell이래 수십 년 동안 정치학자들의 정책연구는 네 가지 영역에 초점을 두어 왔다고 한다(Theodoulou & Kahn, 1995: 10 – 11). 첫째, 실질적 영역연구 – 이것은 건강, 교육, 수송, 자연자원, 외교정책 등과 같은 특정 정책의 정치를 이해하려고 한다. 이러한 연구는 이들 영역에서 실무가와 정책활동가에게 유용할 뿐만 아니라 이론형성을 위한 유용한 정보를 제공할 수 있다. 둘째, 평가와 영향 연구 – 대부분의 평가연구는 다른 학문, 특히 후생경제학에 기반을 두고 있다. 그들은 전통적인 사회복지기능으로부터 효과적인 시민참여를 위한 기회와 같은 과정기준을 포함하도록 평가기준을 넓혀 왔고 정책과정연구에 평가연구를 통합하여 왔다. 셋째, 정책과정 – 정치학자들은 공공정책을 연구하는데 정책과정, 예컨대 정책형성과 정책집행뿐 아니라 집행 후의 정책효과에 초점을 두고 있다. 정책과정연구는 다양한 제도적 환경에서 정치적 행동에 관련한 학문의 축적된 지식을 적용하고 통합할 기회를 제공할 수 있다. 넷째, 정책설계 – 정치학은 최근에 정책도구의 상이한 유형의 효능성과 같은 주제에 초점을 두고 있는데, 이런 경향은 행태과학으로부터 출발하여 정책지향적인 정책학자들에 의해 시도되었다.

한편, Dye(2008: 4)는 정치학을 정치의 연구 또는 공공정책의 연구라고 전제하고, 정치연구는 누가 무엇을 언제 어떻게 얻는가를 연구하는 것이며, 공공정책연구는 정부활동의 원인과 결과를 기술하고 설명하는 것이라고 정의하였다. 이 연구의 초점에는 공공정책의 내용기술, 공공정책의 내용에 대한 사회적 경제적 정치적 요인의 영향분석, 공공정책에 대한 다양한 제도적 배열과 정치과정(정책과정)의 효과탐색, 그리고 의도하거나 의도하지 않은 사회에 대한 공공정책의 결과평가가 포함된다.

## 3. 정책분석의 개념

마지막으로, 정책분석(policy analysis)에 대한 개념을 보면, Dye(1972, 1984: 7)은 사회과학이 사회문제에 보다 관련되도록 요구하는 것에 대한 과학자의 반응으로서, 처방책보다는 설명에 기본적 관심을 가지고 공공정책의 원인과 결과에 대한 일반적 명제를 설정하고 검증을 하여 일반적으로 적실성이 있고 신뢰할 수 있는 연구발전을 축적하려는 노력이라고 보았고, Quade(1975: 4; 1985: 5)는 정책결정자가 그들의 판단을 실행할 수 있는 기반을 개선하기 위하여 정보를 산출하고 제시하는 분과학문으로 정의하였다.

Dunn(1981)에 의하면, 정책분석이란 가장 넓은 의미에서는 Lasswell이 정의한 정책학과 같은 의미로 정책과정의 지식과 정책과정에 대한 지식을 생산하는 학문으로(p.7, 30), 좁게는 정책문제를 해결하기 위하여 정치환경에서 이용할 수 있는 정책관련정보를 생산하여 전환하도록 탐구와 논증의 다양한 방법을 사용하는 응용사회과학학문(p.35)으로 정의하면서 다음과 같은 세 가지 질문에 대한 주장과 정보를 산출해야 한다고 보았다. 첫째, 문제의 해결여부를 판단하게 해주는 가치(values), 둘째, 가치의 달성을 제약하거나 증진시켜주는 사실(facts), 셋째, 가치의 달성이나 문제해결을 위한 행동(actions)이 그것이다(p.6).

그리고 국내정책학자인 남궁근(2021: 561-563)은 정책분석을 넓은 의미로는 모든 정책과정에서 정책에 관련된 이론과 방법 및 기법을 연구하고 이들을 구체적인 정책사례에 적용하여 자료와 정보를 생산하고 조언을 제공하는 지적이고 분석적인 활동으로 정의하면서, 좁게는 정책과정 중 정책이 채택되기 이전까지 정책에 관한 지적 분석활동으로 보아 사후적 분석인 정책평가를 제외하였다.

## 4. 정책학과 정책연구 및 정책분석의 개념종합

지금까지 국내외 학자들의 정책학과 이와 관련되는 정책연구나 정책분석에 대한 용어 또는 개념들을 살펴보았는데, 어떤 학자들은 세 가지 용어를 같은 의미로 사용하는 경우도 있지만(Hogwood & Gunn, 1984; 유훈, 2002; 노화준, 2012), 대부분의 학자들은 분리된 개념으로 사용하고 있다. 예컨대, Hogwood & Gunn(1984: 26)은 정책학과 정책연구 및 정책분석이라는 용어가 때로는 상호교환적으로 때로는 특정한 용어나 특정한 의미를 가지고 있는 것으로 사용하고 있다고 한다. 유훈(2002: 3)은 정책학과 정책연구 및 정책분석의 정의가 매우 다양하지만 정책과정 전반을 포괄하는 것으로 같은 뜻으로 사용한다고 하고 있고, 노화준(2012: 3)은 넓은 의미의 정책분석은 정책학이나 정책연구와 동일한 의미를 가지고 있다고 한다.

그러나 본 저술에서는 정책학과 정책연구 및 정책분석의 개념을 구분하여 정의한다. 첫째, 정책학은 가장 넓은 개념으로 정책현상에 대한 규범적 실증적 처방적 연구를 통하여 정책지식을 산출하여 활용하는 과학적 학문으로 정책연구와 정책분석을 포함한다. 둘째, 정책연구는 정책을 중심으로 전개되는 다양한 현상(가치와 사실)을 실증주의 관점의 경험적 방법을 통하여 기술하고 설명하거나 아니면 반실증주의적 관점의 해석학이나 비판이론 등을 통하여 해석 비판 실천을 위한 과학적 연구를 말한다. 셋째, 정책분석은 좁은 의미에서 정책결정과정에 필요한 정보나 지식을 산출하여 제공한 분석적 활동으로 볼 수 있다.

〈표 2-1〉 정책학과 정책연구 및 정책분석의 개념종합

| 용 어 | 학 자 | 개념정의 |
|---|---|---|
| 정책학 | Lasswell (1951: 14) | 정책과정을 탐구하는 방법과 정책연구의 결과 및 그 시대의 지적 요구에 기여하는 학문 |
| | Lasswell (1971: 1) | 공공과 시민질서를 위한 정책결정의 그리고 정책결정과정에 대한 지식(knowledge of and in the decision process)을 탐구하는 학문 |
| | Dror (1971: 14−15) | 보다 나은 정책결정을 위하여 그 방법과 지식 및 체계를 다루는 학문 |
| | Dye(1972: 1) | 공공정책을 기술하고 분석하며 설명하는 학문체계 |
| | Brewer & deLeon (1983: 9) | 인간편익을 개선하기 위하여 이론(정책과정의 지식)과 실제(정책과정에 대한 지식)를 통합한 학문으로 |
| | deLeon (1988: 7) | 사회적으로 중요한 문제들을 검토하기 위하여 응용되는 광범위한 지적 접근을 기술하는 우산용어 |
| | 안해균 (2000: 14) | 정책의 결정과 집행 및 평가와 통제에 관한, 즉 정책과정에 관한 학문 |
| | 정정길 외 (2010: 18) | 정책을 핵심적 대상으로 하되 이와 직접 관련되는 정책과정의 제 측면 등을 연구대상으로 하는 학문 |
| | 허범 (2002: 293) | Lasswell과 Dror 등이 주도하여 발전시켜온 학문체계로서 인간의 존엄성 실현을 위하여 정책의 과정과 내용 연구에 문제지향적이고 맥락지향적이며 연합학문적 접근을 적용하는 학문 |
| 정책연구 | Palumbo (1987: 25) | 공공이익에 관계된 또는 공공이익을 증진시키기 위한 모든 종류의 연구 |
| | Nagel (1987: 219) | 사회적 문제들을 해결하기 위하여 그 문제의 성격과 원인 및 효과를 연구하는 것 |
| | Dye(2008: 4) | 정부활동의 원인과 결과를 기술하고 설명하는 것 |
| 정책분석 | Dye (1972: 7) | 공공정책의 원인과 결과에 대한 일반적 명제를 설정하고 검증을 하여 일반적으로 적실성이 있고 신뢰할 수 있는 연구발전을 축적하려는 노력 |
| | Quade (1975: 4) | 정책결정자가 그들의 판단을 실행할 수 있는 기반을 개선하기 위하여 정보를 산출하고 제시하는 분과학문 |
| | Dunn (1981: 7, 30, 35) | 가장 넓은 의미에서는 Lasswell이 정의한 정책학과 같은 의미로 정책과정의 지식과 정책과정에 대한 지식을 생산하는 학문, 좁게는 정책문제를 해결하기 위하여 정치환경에서 이용할 수 있는 정책관련정보를 생산하여 전환하도록 탐구와 논증의 다양한 방법을 사용하는 응용사회과학학문 |

| 남궁근<br>(2021:<br>561–563) | 넓은 의미로는 모든 정책과정에서 정책에 관련된 이론과 방법 및 기법을 연구하고 이들을 구체적인 정책사례에 적용하여 자료와 정보를 생산하고 조언을 제공하는 지적이고 분석적인 활동, 좁게는 정책과정 중 정책이 채택되기 이전까지 정책에 관한 지적 분석활동 |
|---|---|

## 제2절 ㅣ 정책학의 목적

그러면 정책학은 어떤 목적을 가지고 있는가? 이것은 왜 정책학의 연구대상인 공공정책을 연구하는가? 또는 왜 정책을 분석하는가?와 관련되는 문제이다. 이에 대하여 Lasswell과 Dye의 견해를 살펴보고 종합적인 논의를 한다.

### 1. Lasswell의 견해

Lasswell(1951: 10)은 정책학 또는 정책연구의 궁극적 목적으로 사회에서 인간의 사회문제를 해결하여 인간의 존엄성을 실현한다는 '민주주의 정책학(policy sciences of democracy)'을 제시하였다.

정책학의 궁극적 차원의 목적은 인간존엄성의 보다 충실한 실현이다. 이 목적을 성취하기 위하여 인간이 사회 속에서 직면하는 근본적 문제의 해결에 초점을 둔다. 이를테면, 문명사적 갈등을 일으키는 문제(p.8), 시대사적 사회변동 또는 세계적 혁명추세(p.11) 등이다. 이러한 목적을 달성하고 문제를 해결하기 위하여 정책결정흐름의 합리성을 개선하기 위한 정책과정을 연구해야 되고, 이를 통해 정책활동에 필요한 정책지식을 산출해야 한다.

### 2. Dye의 견해

Dye(1984: 4–5; 2008: 4)는 공공정책을 연구하는 하위목적이나 이유로 정책과정의 합리성과 민주성을 제고하기 위한 이론적 이유와 실제적 이유 및 정책적 이유

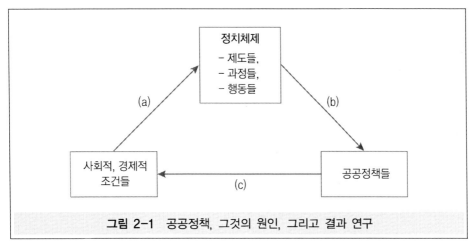

**그림 2-1  공공정책, 그것의 원인, 그리고 결과 연구**

자료: Dye (1984: 6; 2008: 6).

등의 세 가지를 제시하였다.

첫째, 이론적 이유(과학적 이해와 설명) – 정책연구는 공공정책에 대한 과학적 지식을 얻기 위해 이루어진다. 정책결정의 원인과 결과를 이해하는 것은 사회의 지식을 개선한다. 정책연구는 [그림 2-1]에서 보는 바와 같이, 사회에서의 사회적 경제적 조건들, 이들 조건에 대한 정치체제의 반응(a), 이들 조건을 위한 정부활동의 산출(b), 그리고 공공정책의 조건들에 대한 효과(c)를 이해하고 설명하는데 도움을 준다. 이러한 인과관계를 이해하면 사회과학의 폭이나 중요성 및 신뢰성이 증진되고 이론적 발달이 이루어질 수 있다. 이러한 정책연구는 정치나 정책의 본질을 형성하는 많은 이슈들의 검증을 통하여 이론의 일반화를 가능하게 한다.

둘째, 실제적 이유(전문가 자문) – 정책연구는 또한 전문가적 지식을 얻기 위해 시도한다. 공공정책의 원인과 결과를 이해하면 실제적인 문제들을 해결하기 위해 사회과학지식을 적용할 수 있다. 사실적 지식과 가치적 지식은 사회의 질병을 치유하기 위한 전제조건으로 요구된다. 이러한 지식을 산출하는 정책연구는 정부가 소망스러운 정책목표를 달성하기 위하여 어떻게 해야 하는가에 대한 전문적인 자문(조언)을 제공할 수 있게 한다. 예컨대, 현존정책을 연구하는 것에 의해서 미래문제를 보다 효율적이고 합리적인 방법으로 다룰 수 있게 한다.

셋째, 정치적 이유(정책추천) – 정책연구는 정치적인 목적, 즉 국가가 올바른 목표를 달성하기 위하여 올바른 정책을 선택할 수 있도록 도와주기 위해서 이루어질 수 있다. 정치학은 중대한 사회적 경제적 위기에 직면하여 구체적인 공공정책을 개선하기 위한 도덕적 책무를 가지고 있다. 정치학자들의 목표는 올바른 목표를 성취하기 위한 정책의 채택에 도움을 주는 것이다.

## 3. 정책학의 목적체계

이상의 Lasswell과 Dye의 논의를 결합하면, 정책학의 목적을 다음과 같이 체계화할 수 있다. 정책학의 궁극적 목적은 인간의 존엄성 실현이라는 민주주의 정책학이고, 이를 달성하기 위한 하위목적으로는 정책과정의 합리성과 민주성 제고를 위한 이론적 이해와 설명, 전문가 자문, 및 정책추천이라고 할 수 있다.

그리고 이러한 정책학의 목적을 달성하기 위하여는 정책의 지적 욕구(intelligence needs of policy)로서 정책활동에 필요한 정책지식을 제공해야 한다. Lasswell은 1971년의 '정책학'이라는 저술에서 정책지식을 정책과정에 관한 지식과 정책과정에 필요한 지식(knowledge of and in the policy process)으로 구분하였다(p.1-4).

첫째, 정책과정에 관한 지식은 이론적 관점에서 정책과정에 대해 과학적 방법을 적용하여 실증적 연구결과로 얻은 지식이다. 이것은 실제의 정책과정이 어떻게 전개되고 있는가, 즉 정책이 어떻게 결정되고 집행되며 결과를 가져와서 평가되는지에 대한 사실(fact)에 대해 체계적이고 경험적으로 분석하여 밝혀낸 경험적 이론으로서 정책의제설정론, 정책결정론, 정책집행론, 정책평가론 등을 말한다. 이러한 이론적 지식이 필요한 이유는 정책과정자체의 제약요인을 파악하고 바람직한 개선을 위해서이다.

둘째, 정책과정에 필요한 지식은 실제적 관점에서 정책과정을 개선하고 좋은 정책을 결정하여 집행하는데 필요한 지식과 정보를 말하는 것으로서 하나는 정책과정을 개선하기 위하여 필요한 이론적 지식으로, 이것은 바람직한 정책과정은 어떠해야 하고 좋은 정책이란 무엇인가 하는 규범적이고 처방적인 지식이다. 다른 하나는 구체적인 정책분야에 적용하는 실질적 지식으로, 이것은 정책의 실질적인 내용을 뒷받침하는 여러 분야의 이론이나 모델을 말한다. 이러한 실질적 지식은 정책의 종류에 따라 달라지는데, 경제정책의 경우 경제이론이, 교육정책의 경우 교육에 관한 지식이 요구된다.

이처럼, 다양한 정책문제의 해결에 여러 학문분야의 지식이 필요하므로 정책학

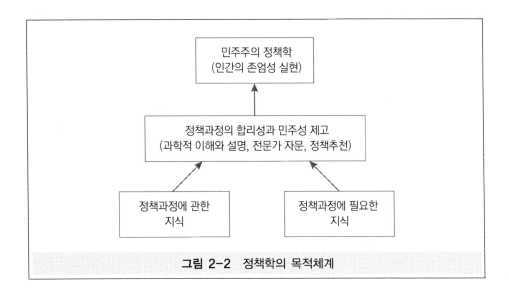

그림 2-2  정책학의 목적체계

은 범학문적이라고 하는 이유가 여기에 있다.

따라서 정책학 또는 정책연구의 궁극적인 목표와 지식을 결합하면 다음과 같은 정책학의 목적체계를 구성할 수가 있다(그림 2-2).

## 제 3 절 | 정책학의 특성

정책학의 특성이나 성격은 앞에서 논의한 정책학의 개념과 목적에서 유추할 수 있다. 여기서는 대표적인 외국의 정치학자이면서 정책학자들인 Lasswell, Dror, deLeon, deLeon & Vogenbeck 등과 국내정책학자들인 허범과 정정길 외 및 노화준의 견해를 중심으로 정책학의 특성을 살펴보고자 한다.

# 1. 외국 정책학자들의 정책학 특성

## 1) Lasswell의 견해

Lasswell은 1951년 '정책정향'이라는 논문에서 정책학이라는 용어를 사용하고 정책연구의 틀을 제시하면서 또한 그것의 학문적 특성에 대해서도 암시를 주었다.

첫째, 방법의 강조－정부와 통치과정의 연구와 실제를 위해서는 보다 지적이고 과학적인 방법으로 다학문적 연구(interdisiplinary research)를 연구하여야 한다(p.6). 이는 정책연구의 연합학문성이라고 할 수 있다.

둘째, 근본문제 선택－정책접근은 사회에서 인간의 근본문제를 해결하여야 한다(p.8). 이는 정책연구의 문제지향성이라고 할 수 있다.

셋째, 가치목표의 설명－정책접근은 근본문제를 강조할 뿐만 아니라 정책에 관련되는 가치목표에 대해서도 설명을 해야 한다. 가치(value)라는 용어는 전쟁보다 평화, 대량실업보다 높은 수준의 고용, 독재보다는 민주주의와 같은 선호된 사건들의 범주를 말한다. 정치학은 인간의 존엄성을 이론과 실제에서 실현하기 위하여 목적가치에 주목해야 한다. 이러한 인간의 존엄성의 완전한 실현을 '민주주의 정책학(policy sciences of democracy)'의 진화라고 한다(p.9－10). 이것은 정책연구의 가치지향성이라고 한다.

넷째, 시공간관－정책연구는 시간관점에서 수행한다. 우리는 가치정향을 탐색하기 위하여 과거와 현재의 경향을 탐색하고 미래를 추론하게 된다. 그리고 정책연구는 공간을 포함한다. 세상의 사람들은 공동체를 구성하기 때문에 서로 운명에 영향을 준다. 그러므로 기본적인 목적의 미래는 전체로서 세계라는 환경에 의존한다. 이에 정책정향의 특성으로 정책은 역사적 과정(historical process) 속에서 전개된다고 본다(p.10－12). 이는 정책연구의 맥락지향성이라고 한다.

다섯째, 관찰규범 형성－정치학자들은 가치가 파생한 높은 추상적 관념에 대한 추론보다는 사회의 실제(practices)를 평가하고 재구성하는데 훨씬 더 관심이 있다. 이러한 선택은 형이상학이나 이데올로기를 덜 강조하면서 John Dewey와 같은 실용주의(pragmatism) 철학자들의 연구인 실험적 운동으로 이동시켰다. 이러한 정치학자들의 연구경향은 Carnap의 논리실증주의(logical positivism)로 연결되어 실증주의 관점의 정책연구를 하게 하였다. 실증주의에서 관찰 관점(observational standpoint)은 정책현상에 대한 자료수집과 분석을 하는데 사용되는 절차를 말한다. 경험적 관찰을 위한 포괄적 규범은 정책대안의 평가에 도움을 주는데 사용된다(p.12 – 13). 이는 정책연구의 연구방법지향성이라고 한다.

이후에, Lasswell은 1971년에 저술한 '정책학'이라는 책에서, 앞에서 제시한 정책학의 조작적 정의(p.1)를 한 후에, 정책학의 특성으로 맥락지향성, 문제지향성, 방법론적 다양성을 제시하였다.

첫째, 맥락지향성(contextuality) – 라스웰은 시간과 공간 및 사회적 차원에 따라 역사적 경향과 세계적 시각 및 사회과정 등의 세 가지를 제시하였다. 여기서 역사적 경향은 과거와 현재 및 미래의 시간흐름이고, 세계적 시각이란 환경적 요소를 말하고, 사회과정은 의사결정 측면을 말한다. 의사결정은 보다 큰 사회적 과정맥락(social process context)의 일부분이다. 사회적 과정의 구성요소는 참여자(행위자), 상호작용의 흐름, 자원환경을 들 수 있다(p.15). 이러한 시간적, 공간적, 사회적 맥락에서 정책, 구체적으로는 정책문제를 이해하고 설명해야 한다.

둘째, 문제지향성(problem orientation) – 정치학자들은 정책문제해결을 위해 목표(목표의 명시), 경향(경향의 파악), 여건(자원의 분포), 투사(미래예측), 대안(대안의 발견, 평가, 및 선택)을 설명하는데 관련되는 지적 활동을 시도한다. 이것은 환경에서 발생하는 문제들을 해결하기 위해 가치목표를 실행하기 위한 정책을 탐색할 것을 요구받고 있다(p.34).

셋째, 방법론적 다양성(diversity of methods) – 정치학자들은 맥락에서 발생하는 문제를 해결하기 위하여 다양한 방법론을 사용한다. 정책학은 정책과정 자체를 분석하고 개선하거나 특정정책에 적절한 지식의 동원을 탐색하는 두 가지 책임을 부여받고 있다. 정치학자는 정부의 구조적 문제로부터 시작하여 특정정책이슈에 대한 전문성을 획득해야 한다. 정책과정의 복잡성과 다양성이라는 맥락에서 그것을 완전하게 탐색하려면 연구분야에서 최소한 관찰자들에게 필요한 관찰방법(method of observation)을 고용할 필요가 있다. 이러한 과학적 방법의 역할은 공식정부체제에 도움을 주는 자료의 수집과 처리를 하는 기술 및 설명을 강조한다(p.58 – 59). 또한, 경험세계의 정책분석을 하는 데는 후기실증주의 관점의 논증과 참여라는 해석적 방법을 고려해야 한다.

## 2) Dror의 견해

Dror(1971: 49-54)은 기존 사회과학연구의 한계를 지적하고 새로운 정책지식을 개발하는 정책연구를 주장하면서 패러다임혁신 차원에서 정책학의 학문적 특성을 다양하게 제시하였다.

첫째, 정책결정체제-정책학이나 정책연구의 주된 관심사는 정책결정체제(policy making system)이다. 정치학자들은 정책의 실질적 내용보다는 보다 좋은 정책결정을 위한 방법과 지식 및 체계에 초점을 두어야 한다.

둘째, 상위학문(학문경계 초월)-정책학은 학문 사이에 존재하는 전통적 경계를 초월하여 상위학문(supradiscipline)을 구축해야 한다. 특히 정책학은 행정학 정치학 사회학 사회심리학 등과 같은 행태과학(이른바 사회과학)과 관리과학의 경계를 무너뜨리고 여려 다양한 학문분야로부터 정책지식을 받아들여 정책결정에 활용하는 통합지향적인 연합학문이다.

셋째, 순수연구와 응용연구의 결합-정책학은 정책결정의 개선이라는 궁극적 목표를 달성하기 위하여 순수연구와 응용연구를 융합시키려고 한다. 따라서 이 학문은 현실세계를 정책연구의 중요한 실험실이라고 하고, 정책학의 추상적이거나 일반적인 이론의 타당성을 검증하여 정책결정의 개선에 기여했는가를 판단한다.

넷째, 가치지향적 정책과학-정책학은 절대가치의 추구보다는 중간목표나 수단을 추구하므로 가치중립적이지 않다. 이것은 완전히 가치중립적인 과학이란 불가능하다고 보고 가치의 의미와 득실 등을 탐색함으로써 가치선택(value choice)에 기여하려고 한다. 따라서 정책학은 윤리학이나 가치철학과의 명확한 구분에 반대를 하고 현실적합성을 지닌 가치이론(operational theory of value)을 주장한다.

다섯째, 시공간적 맥락-정책학은 시공간적 요소를 중요시하고 이것을 현재와 과거를 미래와 연결시키는 고리로 인식한다. 이는 관리과학이나 행태과학의 초역사적인 접근방법을 거부하고 정책결정과정에서 정책문제를 접근하는데 그 문제의 역사적 전개와 미래 차원을 고려해야 한다고 한다.

여섯째, 초합리적, 비합리적 정책과정-정책학은 정책결정을 개선하는데 합리모형이나 점증모형의 합리적 과정도 중요하다는 것을 인정하면서도, 창조성과 직관 및 카리스마와 같은 초월적이거나 비합리적인 과정도 중요하다고 본다. 왜냐하면 창조성은 새롭고 보다 나은 정책대안들을 개발하기 위한 방법이기 때문이다. 따라서 혁

신적인 정책대안들이 요구될 경우 가장 좋은 의사결정방법은 개인의 초합리적 능력
을 활용하는 것이다. 이처럼, 정책결정에서 초합리적이거나 비합리적인 정책과정을
도입하는 것은 중요하다고 볼 수 있다.

일곱째, 동태적이고 혁신적인 정책접근 — 정책학은 변동과정이나 동태적 상황에
매우 민감하며 이러한 상황이 정책결정에서 적용되는 측면을 강조한다. 이를 위하여
정책학은 기존의 모형이나 개념 및 방법론 등을 수정하여 새로운 모형이나 개념 및
방법론의 도입을 시도해야 한다.

### 3) deLeon과 deLeon & Vogenbeck의 견해

deLeon(2006: 40 − 41)과 deLeon & Vogenbeck(2007: 4 − 5)은 Lasswell의 정책학
특성을 벤치마킹하여, 그것의 특성으로 문제지향성, 연합학문성, 규범(가치)지향성
의 세 가지를 제시하였다.

첫째, 문제지향성(problem oriented) — 정책학은 공공정책이슈들을 드러내면서 그
들의 해결을 위한 처방(추천)을 하는 것으로서 문제지향적이다. 정책문제는 특정한
맥락에서 발생하는 것이므로, 문제가 발생하는 맥락은 분석과 방법론 및 추천 측면
에서 주의스럽게 고려해야 한다.

둘째, 연합학문성(muliti − disciplinary) — 정책학은 지적이거나 실제적 접근에서
다학문적이다. 이것은 맥락에서 발생하는 사회문제가 어떤 학문의 배타적 영역에 관
련되는 것이 아니라 다양한 학문적 규율에 연결되는 다양한 요소들을 가지고 있기
때문이다. 그러므로 현상의 완전한 이해를 위하여는 모든 관련된 학문정향들을 이용
하고 통합해야 한다.

셋째, 규범적 또는 가치지향성(normative or value oriented) — 많은 사례에서 정책
학의 주제는 민주적인 이념과 인간존엄성을 다룬다. 이러한 가치정향은 객관주의 등
과 같은 행태주의에 대한 반발이었고, 사회문제나 방법론적 접근은 가치자유적일 수
없다는 것을 암시한다. 이처럼, 사회문제를 이해하기 위해서는 그것의 가치요인들을
인식해야 한다. 이러한 주제는 정책학의 후기실증주의 정향운동에서 중심적인 역할
을 하였다(Dryzek, 1990; Fischer, 2003).

## 2. 국내 정책학자들의 정책학 특성

### 1) 허범의 견해

허범(2002: 297 – 302)은 정책학의 특성으로 Lasswell(1951, 1971)이 제안한 정책학의 패러다임인 문제지향성과 맥락지향성 그리고 연합방법지향성을 제시하였다.

첫째, 문제지향성(problem orientation)은 Lasswell(1951: 9)이 제시한 바와 같이, 정책학의 목적인 인간의 존엄성 실현을 위하여 인간이 사회 속에서 직면하는 근본적인 문제의 해결에 초점을 맞추어야 함을 의미한다. 정책학이 인간에게 근본적으로 중요한 문제를 해결하기 위해서는 근본적 문제에 적합한 정책지향성이 요구된다. 이러한 정책지향성의 본성은 정책과정에 관한 지식과 정책내용지식의 발전이 요구된다. 이에 Lasswell(1970)은 실질적인 문제해결을 지향하기 위하여 필수적인 다섯 가지 지식활동을 제안하였다. 그것들은 목표의 명시(clarification of goals), 경향의 파악(description of trends), 여건의 분석(analysis of conditions), 미래의 예측(projection of future development), 그리고 대안의 발명과 평가 및 선택(invention, evaluation and selection of alternatives) 등이다.

둘째, 맥락지향성(contextuality)은 정책문제를 실제의 상황맥락에 적합하게 정의하고 해결하려는 것을 의미한다. 여기서 가장 중요한 것은 사회적 적합성이다. 모든 정책상황에 타당한 보편적 정답으로서의 문제의 정의와 해결은 부인된다. 그러므로 정책문제를 상황맥락에 넣고 맥락적 의미를 파악할 것을 요구한다. Lasswell(1971)은 시간과 공간 및 사회 차원에 걸쳐 역사적 경향(historical trend), 세계적 안목(global perspective), 그리고 사회과정모형(social process model) 등 세 가지 맥락을 제시한다. 여기서 역사적 경향은 과거, 현재, 미래의 통합적 시간틀이다. 모든 정책문제는 통합적 시간의 틀에 넣고 보아야 한다는 것을 의미한다. 세계적 안목은 모든 문제를 세계적 관계성 안에서 검토할 것을 권고한다. 라스웰이 평생에 걸쳐 가장 중점을 두고 연구한 것은 사회과정모형이다. 이 모형은 복수의 참여자, 참여자들이 추구하는 가치(권력 지식 재산 부 복지 기술 애정 존경 정직), 참여통로로서의 제도와 기관, 그리고 환경의 변화(결과나 효과) 등을 포함한다. 이와 같은 인식틀을 통하여 우리는 시간적 공간적 사회적 차원에서 정책문제의 역사적, 세계적, 사회적 의미를 이해하고 설명할 수 있다.

셋째, 연합방법지향성(multi-methods)은 그것의 개념적 전제에 따라서 문제지향성과 맥락지향성을 실제로 확보할 수 있는 새로운 차원의 접근방법을 조직하고 운용하는 것을 말한다. 여기서 가장 중요한 것은 실증주의가 요구하는 방법론상의 분할주의를 극복하는 것이다. 이를 위해서 Lasswell(1971)은 다원방법의 종합(synthesis of multi-methods)을 권고한다. 이것은 어떤 정책문제의 해결을 위해서 복수의 다양한 방법과 지식을 적용하는 것을 의미한다. 이것은 문제해결을 위해서 여러 학문을 화학적으로 종합하는 연합학문접근(interdisciplinary approach)을 요구한다.

## 2) 정정길 외의 견해

정정길 외(2010: 12)는 Lasswell과 Dror의 주장을 토대로 정책학의 특성을 다음과 같이 제시하였다.

첫째, 정책학은 정책문제해결이라는 실천적 목표를 지니고 있으므로 문제지향적(problem-oriented)이다.

둘째, 문제해결에 필요한 이론 논리 기법 등을 여러 학문분야로부터 받아들이고 이를 활용하므로 범학문적(interdisciplinary)이고, 방법론적 다양성(diversity of methods)을 지니며, 시간적 공간적 상황이나 역사성을 강조하는 맥락성(contextuality)을 가진다.

셋째, 가치판단을 위한 규범적(normative)접근과 사실판단을 위한 실증적(positive)접근을 융합하여 처방적(prescriptive)접근을 시도한다. 따라서 순수과학과 응용과학의 논리를 융합하려고 한다.

## 3) 노화준의 견해

노화준(2012: 21-25)은 Lasswell과 Dror의 주장 중 일부 특성을 토대로 정책학의 특성을 기술하고 있다.

첫째, 다학문적·초학문적 접근-정책학의 첫 번째 특성은 다학문적이고 초학문적 접근을 한다. 정부가 직면하는 사회문제들을 효과적으로 다루기 위해서는 여러 학문의 지식과 정보가 필요하다는 인식은 1920년대 유럽의 사회학자들 사이에 널리 퍼져 있었고, Mannheim(1936: 99)은 역사학, 통계학, 정치학, 사회학, 사회심리학 등을 포함한 여러 학문분야의 지식이 정치지도자들에게 매우 중요하다는 것을 지적하였다. 미국의 정치학자 Merriam(1926: 1-23)은 사회문제를 분석하고 해석하기 위해서는 경제학, 정치학, 역사학, 사회학 등 각각 독립된 개별분야의 지식뿐 아니라 이들 여러 학문분야의 종합적 관점과 분석이 필요하다고 보았는데, 이러한 흐름이 정책학의 학제적 성격의 토대가 되었다.

정책학의 창시자인 Lasswell(1951: 6)은 그의 논문 '정책정향'에서 정책연구의 다학문적 접근을 주장하였다. 여기서 학제적 성격이란 정치제도에 한정된 좁은 의미의 연구에서 벗어나 사회학, 경제학, 법학 및 정치학 등 여러 분야의 연구와 연구결과 등을 포용하는 것을 의미한다. Dror(1971: 50)도 정책학은 이른바 사회과학이라 할 수 있는 행태과학과 체제분석이나 후생경제학에 기초를 두는 비용편익분석 등 관리과학의 경계를 허물어 여러 학문분야로부터 지식을 받아들여 정책결정에 활용하는 상위학문(supra discipline)을 지향해야 한다고 주장하였다. Wildavsky(1979: 15)에 의하면, 정책학이나 정책분석은 그 내용이 학문적 경계에 의해 결정되지 않고 시공간적 상황과 문제의 본질에 의하여 결정되는 응용적 하위분야(applied sub-field)라고 한다.

둘째, 규범적·처방적 접근ー정책학의 두 번째 특성은 규범적 접근을 가지고 있다. 여기서 규범적이란 정부의 행위에서 목적이나 수단 또는 가치와 사실이 분리될 수 없다는 것을 말한다. 정책을 구성하는 목표와 수단에는 가치가 내재되어 있기 때문이다. 정책을 결정하는 행동은 가치를 결정하고 판단하는 작업을 내포하고 있다. Lasswell(1951)이 정책학의 최고의 목표로 내세우는 인간의 존엄성을 실현하기 위한 정책목표와 수단의 결정은 가치판단을 하는 것이라고 할 수 있다.

셋째, 문제지향적 접근ー정책학의 세 번째 특성은 문제지향적이라는 것이다. 정책학은 규범적 성격인 인간의 존엄성이라는 궁극적 가치를 실현하기 위하여 인간의 사회문제를 해결하는데 초점을 둔다.

## 3. 정책학의 특성종합

지금까지 외국과 국내의 정책학자들에 의하여 논의되어 온 정책학의 학문적 특성들을 설명하였는데, 이들을 종합정리하면 다음과 같다(표 2-2).

〈표 2-2〉 정책학의 특성

| 학 자 | 학문적 특성 |
|---|---|
| Lasswell (1951) | 방법강조(연합학문성), 근본문제선택(문제지향성), 목표설명(가치지향성), 시공간관(맥락지향성), 관칠규범형성(연구방법지향성) |
| Lasswell (1971) | 맥락지향성, 문제지향성, 방법론적 다양성 |
| Dror (1971) | 정칙결정체제, 상위학문, 순수연구와 응용연구의 결합, 가치지향성(정책철학), 시공간적 맥락, 초합리적·비합리적 정책결정, 동태적이고 혁신적인 정책접근 |
| deLeon (2006) | 문제지향성, 연합학문성, 규범적 또는 가치지향성 |
| 허범 (2002) | 문제지향성, 맥락지향성, 연합방법지향성 |
| 정정길 외 (2010) | 문제지향적, 범학문적, 방법론적 다양성, 맥락성, 규범적 실증적 처방적 접근, 순수과학과 응용과학의 융합 |
| 노화준 (2012) | 다학문적·초학문적 접근, 규범적·처방적 접근, 문제지향적 접근 |

위의 표에서 보는 바와 같이, 외국학자와 국내학자들은 정책학의 학문적 특성을 다양하게 제시하고 있는데, 공통적으로 제시하는 특성으로는 맥락지향성, 가치지향성, 문제지향성, 그리고 연구방법지향성 등이다.

첫째, 맥락지향성 – 정책학은 시대환경, 즉 시간과 공간 및 사회적 차원이라는 역사적 맥락 속에서 존재하고 발전하는 환경학문이다.

둘째, 가치지향성 – 정책학은 역사적 맥락으로 진행되는 환경 속에서 특정한 철학이나 규범, 즉, 비전과 목표를 추구하는 규범학문이다.

셋째, 문제처방지향성 – 정책학은 역사적인 시대환경에서 발생하는 사회문제를 해결하고 상황기회를 참조하기 위하여 처방책을 제시하는 현실학문이다.

넷째, 연구방법지향성 – 정책학은 시대환경흐름에서 발생하는 사회문제를 해결하고 사회기회를 창조하기 위하여 다양한 학문의 지식과 방법론을 활용하는 연합학문이다.

# 제3장 | 정책학의 영역

## 제1절 | 정책학의 영역개관

　　Lasswell(1951: 3-5)은 그의 논문 '정책정향'에서 제2차 세계대전 이후 지속되는 국가안보위기와 같은 현실적인 정책문제에 대응하기 위하여 과학적 지식이 요구되므로 국가정책의 학문적 연구를 주장하고, 정책연구를 위한 다음과 같은 문제제기를 하였다. 우리의 정책요구에 도움이 되려면 어떤 연구주제가 가장 추구할 가치가 있는가? 정책연구를 위하여 사실에 대한 자료를 수집하고 그 중요성을 해석할 수 있는 가장 전도유망한 방법은 무엇인가? 사실과 해석은 의사결정과정에서 어떻게 가장 효과적으로 할 수 있는가? 등이다. 그는 의사결정흐름의 합리성을 개선하기 위하여 정책과정과 정책 자체를 가장 적합한 연구대상으로 인식하고 정책연구의 두 가지 방향을 제안하였다. 첫 번째는 정책과정(policy process)에 관한 것이며, 두 번째는 정책의 지적 요구(intelligent needs of policy)에 대한 것이다. 첫째 과업인 정책의 형성과 집행을 위한 과학적 발전을 위해서는 사회과학과 심리학의 탐구방법을 사용한다. 둘째 과업인 정책결정자들이 이용할 수 있는 지식(정보)의 구체적인 내용과 해석을 위해서는 사회과학이나 심리학의 경계를 초월해야 한다. 그러므로 정책정향은 정책의 과학적 연구에 초점을 두게 되었고, 정책정향의 내용을 명료화하기 위하여 정책학(policy sciences)이라는 용어를 사용할 수 있다고 하였다. 정책학은 정책과정을 탐색하는 방법과 정책연구의 결과 그리고 특정시기의 지적 요구에 가장 중요한 학문의 발견을 포함한다.

   그 이후에 Lasswell(1971: 1-2)은 그의 저서 '정책학'에서 정책학은 정책과정에 관한 지식과 정책과정에 필요한 지식(knowledge of and in policy processes)을 연구해야 한다고 주장하였다. 정책과정에 대한 지식은 정책이 어떻게 결정되어 집행되는가에 대한 체계적이고 경험적인 연구를 말하고, 정책과정에 필요한 지식은 정책결정과정을 개선하고 보다 좋은 정책을 결정하기 위한 지식을 제공하는 규범적이고 처방적 연구를 말한다.

   이처럼, Lasswell(1951, 1971)에 의하여 정책학은 정책과정에 관한 지식과 그것에 필요한 지식을 다루는 학문이라고 하여 정책연구의 영역에 대한 발제가 이루어진 후에, 정책을 연구하는 학자들은 공공정책연구영역에 대한 논의를 확대하여 왔다. 정책연구의 경험적·실증적 측면을 강조하는 학자들인 Dye(1972, 1984: 7)은 정책연구를 공공정책의 원인과 결과를 체계적으로 과학적 추론방법을 적용하여 연구함으로써 과학적 지식을 산출하는 기술적·경험적 연구에 한정하여야 한다고 하였고, Nagel(1980: 27)은 정책학연구를 여러 정책의 원인과 효과를 규명하려는 문제와 관련된 연구라고 정의하였다. 반면에, 정책연구의 규범적·처방적 측면을 강조하는 학자들인 Dror(1968, 1971: 14-15)는 정책연구를 보다 좋은 정책결정을 위한 방법과 지식 및 체계로서 문제해결을 위한 대안의 탐색과 개발 및 최선의 대안을 선택하는데 도움이 되는 방법론이라고 보았고, Quade(1982: 5)는 정책연구를 정책결정자들이 판단을 하는데 그 기초를 향상시킬 수 있도록 정보를 산출하여 제공하는 방법으로 보았다.

   정책학자들 사이에 정책연구영역에 대하여 논란이 있는 상태에서, 공공정책연구영역을 체계화한 학자로는 Hogwood & Gunn(1984: 26-29)이 있다. 이들은 정책연구영역을 크게 정책연구와 정책분석으로 나누고 있다. 정책연구는 정책과 정책과정에 관한 지식을 제공하기 위한 경험적 연구영역으로서 정책내용연구, 정책과정연구, 정책산출연구, 평가연구가 포함되고, 정책분석은 정책과정에서 사용되는 지식을 제공하기 위한 규범적·처방적 연구영역으로 정책결정을 위한 정보, 과정창도, 정책창도, 평가연구를 포함한다(그림 3-1).

   보다 구체적인 내용을 살펴보면, 정책내용연구(studies of policy content)는 주택 건강 교육 사회서비스와 같은 특정한 정책의 기원과 의도 및 작동을 기술하고 설명하는데 초점을 둔다. 예컨대, 정책이 왜 발생하였으며 어떻게 결정되어 집행되었고 그 결과물은 어떠했는가를 추적한다. 정책과정연구(studies of policy process)는 정책

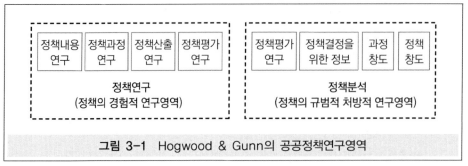

그림 3-1   Hogwood & Gunn의 공공정책연구영역

자료: Hogwood & Gunn(1984: 29).

이 각 단계에서 다양한 행위자들에 의하여 결정되고 집행되는 등의 행동을 분석한다. 정책산출연구(studies of policy output)는 정책산출의 지출분포나 다른 지표들의 결정요인을 밝히려는 것으로서 Dye(1966: 51)가 말하는 정책결정요인연구가 이에 해당한다. 평가연구(evaluation studies)는 특정정책의 결과가 그것의 목표를 달성했는가를 검증하는 것으로서 정책을 구성하는 요인들을 이해하고 개선하기 위한 목적을 수행할 뿐 아니라 미래정책결정에 활용할 수 있는 정보를 제공할 수 있다. 그리고 정책결정을 위한 정보(information for policy making)는 정책결정과정에서 정책결정자를 도와주기 위한 자료를 수집하고 분석하는 것이고, 과정창도(process advocacy)는 정책과정의 변화나 개선을 위한 것이고, 정책창도(policy advocacy)는 특정한 정책에 대한 논증을 결정하기 위한 정치적 활동가나 분석가의 분석에 관련된다.

   이하에서는 정책학의 연구영역을 구체화하기 위하여 Hogwood & Gunn(1984)의 공공정책의 연구영역에 포함된 구성요소들을 토대로 정책내용, 정책과정, 정책산출과 결과, 그리고 정책유형으로 구분하여 살펴본다.


## 제 2 절 │ 정책내용: 정책과 예산


   어떤 사회현상을 연구할 때 가장 기본이 되는 작업은 그 현상(가치나 사실)에 대한 구체적인 개념을 정의하고 내용을 파악하여야 한다. 공공정책을 연구할 때에도 정책이란 무엇인가? 을 규명하는 것으로부터 출발한다. 그러면 정책학자들은 정책이란 개념을 어떻게 정의하고 있는가를 기술하고, 정책의 숨은 개념인 예산이란 무엇인가?에 대해서도 살펴본다.

## 1. 정책의 개념과 체계

### 1) 정책의 개념

미국에서 1950년대 이후에 학문적으로나 실제적으로 관심이 증가한 공공정책의 연구는 정책의 개념정의의 필요성을 부각시키고 있다. 학문적인 정책연구에서 연구자는 그가 연구하려고 하는 분야를 이해하기 위하여 공공정책의 정의를 제공해야 한다(Birkland, 2001: 17).

하지만 정책이 무엇인가? 에 대하여는 정책학자들의 동일한 관점이 없다고 해도 과언이 아니다. 학자나 실무가들은 정책이라는 용어를 다양한 차원에서 유사하게 사용하고 있다. 사업, 시책, 대책, 정부방침, 정부지침뿐만 아니라 법률, 규칙, 계획, 기획 등은 정책과 혼용되고 있다. 예컨대, 사업, 시책, 대책 등은 정책의 하위정책으로 사용되고 있다. 목표와 수단의 계층제에서 정책(policy)을 구체화하면 사업(program)이 되고, 사업은 세부사업(project)로 구체화된다. 또한, 국가의 중요한 정책은 반드시 국회의 의결을 거쳐야 하므로 법(law)은 곧 정책이라고 할 수 있다. 하지만 모든 정책이 법률의 형태를 취하는 것은 아니다. 그리고 정책과 계획(plan)을 같은 개념으로 보는 견해와 정책 속에 계획이나 기획이 포함되는 것으로 보는 견해가 있다. 계획은 의사결정의 방법을 말하는 것으로 정책과 거의 같은 뜻으로 사용되고 계획을 수립하는 행위나 과정을 기획(planning)이라고 한다.

이처럼, 다의적인 용어로 사용되고 있는 정책개념에 대하여 정책학의 창시자인 Lasswell이 정책의 개념정의를 시도한 후에, 많은 정책학자들은 정책에 대하여 다양한 개념정의를 시도하여 왔다. 예컨대, Lasswell(1951: 11–13)은 정책의 본질을 사회문제해결이라는 측면에서 목표와 가치 및 실행을 투사한 계획이라고 정의하였다. 이후의 정책학자들의 정책개념을 보면, Friedrich(1963: 79)은 어떤 목표를 달성하기 위한 장애(제약)와 기회를 제공하는 주어진 환경 속에서 개인이나 집단 또는 정부의 제안된 행동경로로, Easton(1965: 158)은 정치체계가 사회전체를 위한 가치를 권위적

**〈표 3-1〉  정책의 개념**

| 정책학자 | 개념정의 |
|---|---|
| Lasswell<br>(1951: 11-13) | 목표와 가치 및 실행을 투사한 계획 |
| Friedrich<br>(1963: 79) | 어떤 목표를 달성하기 위한 장애(제약)와 기회를 제공하는 주어진 환경 속에서 개인이나 집단 또는 정부의 제안된 행동경로 |
| Easton<br>(1965: 158) | 정치체계가 사회전체를 위한 가치를 권위적으로 배분하는 산출물 |
| Dror<br>(1968: 12;<br>1983: 12) | 주로 정부기관에 의해 결정한 미래를 지향하는 행동지침으로 최선의 수단에 의하여 공익을 달성할 것을 공식목표로 하는 것 |
| Dye<br>(1972: 1;<br>1984: 1) | 정부가 행하거나 하지 않기로 선택한 모든 것들 |
| Anderson<br>(1984: 3:<br>2000: 4-5) | 어떤 문제나 관심사를 다루는데 있어서 정부에 의해 추진될 상대적으로 안정적이고 목적지향적인 행동경로 |
| Peters<br>(2013: 4) | 시민의 생활에 영향을 미치는 정부활동의 총체 |

으로 배분하는 산출물로, Dror(1968: 12; 1983: 12)는 주로 정부기관에 의해 결정한 미래를 지향하는 행동지침으로 최선의 수단에 의하여 공익을 달성할 것을 공식목표로 하는 것으로 정의하였다.

또한, 정책개념에 대하여 Dye(1972: 1; 1984: 1)은 정부가 행하거나 하지 않기로 선택한 모든 것들로, Anderson(1984: 3; 2000: 4-5)은 어떤 문제나 관심사를 다루는데 있어서 정부에 의해 추진될 상대적으로 안정적이고 목적지향적인 행동경로로, Peters(2013: 4)는 시민의 생활에 영향을 미치는 정부활동의 총체로 정의하였다.

그리고 가장 넓은 의미에서 정책개념을 바라보는 Hogwood & Gunn(1984: 13-19)에 의하면, 정책이라는 용어는 10가지의 의미로 사용하고 있다고 한다.

첫째, 정책은 경제정책, 사회정책, 외교정책 등과 같은 정부의 활동과 관여 영역(fields of governmental activity and involvement), 즉 정책공간(policy space)을 지칭한다.

둘째, 정책은 일정한 영역에서 정부활동의 일반적인 목적(general purposes)이나 바람직한 상태(desired state of affairs)를 표현한다.

셋째, 정책은 이익집단이나 정당 및 내각과 같은 정치조직이 정부가 착수해야 한다고 보는 구체적인 제안(specific proposals)이나 구체적인 행동진술(statement of specific actions)이다.

넷째, 정책은 정부의 결정(decisions of government)이다.

다섯째, 정책은 어떤 활동을 허락하거나 요구하는 공식적인 법률(formal author‐ization)이다.

여섯째, 정책은 정부활동의 구체적인 영역에 관련되는 사업(programme)이다.

일곱째, 정책은 정부가 법률을 통하여 권위화한 산출물(output)이다.

여덟째, 정책은 정부가 산출물을 집행하여 달성한 결과(outcome)이다.

아홉째, 정책은 장기간에 걸친 과정(process)이다.

마지막으로, 정책은 이론(theory)이나 모델(model)이다. 모든 정책은 정부가 무엇을 할 수 있고 그들의 행동결과가 무엇인가에 대한 가정에 관련되기 때문이다.

위에서 논의한 바와 같이, 정책학자들이 정의하는 정책개념은 다양하게 나타나고 있다. 이것은 정책현상을 바라보는데 어떤 관점과 초점에 관심을 두는가에 따라 정책개념정의가 상이할 수 있다는 것을 암시한다. 그런데 학자들이 정의한 정책개념의 공통적 요소는 환경에서 발생하는 사회문제를 해결하기 위하여 해결책을 탐색하여 선택하는 것으로 나타나고 있다. 그러나 본 저술에서는 정책개념을 환경에서 발생하는 사회문제를 해결하거나 사회기회를 창조하기 위하여 권위 있는 기관(공공기관과 민간부문의 행위자)이 설계한 잠정적인 해결책(가설)로 정의하고자 한다.

그러면 정부가 만들은 정책은 완벽한 것인가? Landau(1977: 422)는 정책의 인식론적 지위를 가설(hypothesis)이라고 하였다. 모든 정책들은 보편화된 명제들의 범주에 속한다. 정책이라는 개념은 애매모호한 특성을 가지고 있고 정책제안은 위험과 불확실성을 동반하기 때문이다. 정책은 현존하는 환경을 변화시키기 위한 개입을 제안한다. 그것은 소망스러운 상태(조건)와 그 조건을 실현시키기 위한 일련의 목표와 수단을 포함한다. 어떤 정책제안의 목적은 미래의 행동경로를 통제하고 인도하기 위한 것이다. 그러므로 모든 정책은 오차(error)의 가능성을 가지고 있고 선험적으로 옳은 것으로 받아들일 수 없다. 정책분석의 기본적인 과업은 정책오차를 예방하고 제거하는 것이라고 할 수 있다.

이를테면, 모든 정책은 그 결과를 알기 전에 결정되어야 한다는 의미에서 '가설적'이다. 정책의 가설적 지위를 분명히 하는 요소는 정책문제에 관련되어 있는 복잡성과 모호성 및 불확실성이다. 정책문제가 어렵다는 것은 이러한 복잡성과 모호성 및 불확실성을 해결하기가 어렵다는 것과 거의 같은 뜻이다. 정책결정의 어려움은 결국 불확실성의 문제로 환원된다. 문제의 복잡성과 모호성이 클수록 인간의 이해와 해석의 여지는 광범위하고 어려우며 따라서 선택의 불확실성은 증대되고 정책결정에 오차가 개재할 가능성을 동반한다(김영평, 1993: 10-11).

만일 정책과 정책결정이 가설적일 수밖에 없다면, 우리는 어떤 근거 하에서 정책대안을 선택하고 실행해야 하는 문제에 직면한다. 이러한 질문에 대답을 주기 위해서 다양한 정책이론들(policy theories)이 등장하여 적용되어 왔다.

### 🌡️ 사례연구 **사회문제의 해결 현상**

**- 기득권 반발과 규제장벽문제**

**기득권 반발과 규제장벽이 신산업의 성장을 짓누르고 있는 사례가 현실이다.** 전국 대도시에서 밤마다 택시대란으로 시민이 고통을 받고 있다. 중국과 같이 우버나 타다 같은 차량공유서비스가 활성화됐다면 지금의 문제는 피할 수 있었을 것이다. 선거표 숫자가 어느 쪽이 많으냐만 따지는 정치권의 포퓰리즘이 한국을 모빌리티혁신의 무덤으로 만들고 그 피해는 소비자들에게 돌아가고 있다. 2013년 우버가 한국서비스를 시작했지만 택시업계가 반발하자 검찰이 불법영업으로 기소했다. 우버는 한국에서 철수했고 한국은 세계 82국에서 이용할 수 있는 우버서비스의 불모지대가 됐다. 2018년엔 렌터카를 이용한 차량호출서비스 타다가 나와 1년 만에 회원수가 170만명을 넘어설 만큼 호응을 받았다. 하지만, 역시 택시업계가 반발하자 정치권이 타다금지법을 만들어 사업모델을 원천봉쇄했다. 또한, 선진국은 물론 중국에서도 보편화된 원격의료는 의사단체의 저항에 발목이 잡혀 있고, 변호사와 사건의뢰인을 인터넷으로 연결해주는 서비스는 변호사단체가 숨통을 죄고 있다. 환자가 스마트폰앱을 통해 필요한 의약품을 고르면 의사가 전화를 통해 처방전을 발행해주는 비대면진료플랫폼은 약사단체, 반값 부동산수수료를 앞세운 부동산중개플랫폼은 공인중개사단체에 의해 저지되고 있다. **타다금지법이나 원격의료에서 보듯이, 정치권과 정부는 이해관계자 간 갈등을 조정하고 중재를 통해 혁신산업의 돌파구를 열어주기는커녕 표가 되는 기득권 편에 서서 혁신의 발목을 잡아왔다.** 그 결과 글로벌 100대 스타트업 사업모델 중 57개가 한국에선 아예 창업이 불가능한 황당한 규제환경을 갖기에 이르렀다. 혁신역주행은 산업적 자해로서 쇠퇴로 가는 지름길이다.

**사례연구**   **사회기회의 창조 현상**

– '미래 먹거리' 바이오산업 창조

경제협력개발기구(OECD)는 제4차 산업혁명시대에 바이오기술이 정보통신기술처럼 세계경제에 대규모 변화를 가져올 것이라며 **'2030년 바이오경제시대가 찾아올 것이다'**라고 예측했다.

**바이오기술은 생명체와 관련된 모든 기술을 아우르는 말로서, 바이오산업은 산업별 특성에 따라 색깔별로 이름이 붙여졌다.** 이를테면, 의약품과 헬스케어 등 인간의 생명연장과 질병치료를 포함하는 부문을 '레드바이오', 농업과 환경 부문에서 발생하는 어렵고 다양한 문제를 해결하는 부문을 '그린바이오'라고 하고, 지구온난화 등 기후변화와 화석연료고갈에 대비하는 영역을 '화이트바이오'라고 한다.

지난해 세계 바이오산업규모는 3,414억달러에 달했다. 매년 평균적으로 7.2%씩 성장하고 있다. 이 중에 의료와 헬스케어 분야가 차지하는 비중이 59.1%에 이른다. 영향상태가 전 세계적으로 좋아지고 수명이 연장되어 고령화가 진행되면서 건강 관련 산업이 급성장하고 있다. **제약과 바이오 시장은 미국과 유럽 등 선진국 기업의 독무대였다.** 제2차 세계대전 이후 노바티스, 화이자, 로슈, 머크 등 다국적 제약사는 인수합병(M&A)을 통해 규모를 키워왔다. 세계 상위 제약기업 가운데 테바(이스라엘)를 제외하고 미국과 유럽 기업들이 차지하고 있다. 세계에서 가장 큰 제약사인 스위스 노바티스의 매출(2014년)은 518억달러로 60조원에 이른다. 미국 화이자(449억달러), 스위스 로슈(376억달러), 미국 머크(365억달러) 순이다.

〈세계 바이오 시장규모〉   (단위: 억달러)

| 2015년 | 3,414 |
|---|---|
| 2016년 | 3,611 |
| 2017년 | 3,823 |
| 2018년 | 4,042 |
| 2019년 | 4,273 |

〈바이오산업별 분류〉   (단위: %)

| 의료 헬스케어 | 59.1 |
|---|---|
| 농식품 | 12.8 |
| 의료서비스 | 11.4 |
| 환경 및 산업공정 | 8.6 |
| 기술서비스 | 8.2 |

<세계 10대 제약기업(2014년 기준)>          (단위: 억달러)

| 순위 | 기업명 | 국가 | 매출액 |
|---|---|---|---|
| 1 | 노바티스 | 스위스 | 513 |
| 2 | 화이자 | 미국 | 449 |
| 3 | 사노피 | 프랑스 | 400 |
| 4 | 로슈 | 스위스 | 376 |
| 5 | 머크 | 미국 | 365 |
| 6 | 존슨앤드존슨 | 미국 | 364 |
| 7 | 아스트라제네카 | 영국 | 333 |
| 8 | 글락소스미스클라인 | 영국 | 314 |
| 9 | 테바 | 이스라엘 | 260 |
| 10 | 길리어드사이언스 | 미국 | 236 |

자료: IMS 헬스.

**세계 각국 정부는 제약·바이오산업 육성정책을 펼치고 있다.** 경제불황이 장기화되고 있지만 제약·바이오산업의 성장성은 국가부를 좌우한다는 판단 아래 산업주도권을 가지기 위해 경쟁하고 있다. 민간기업의 혁신과 함께 선진국 정부의 의지도 매우 크다. 미국정부는 2012년 '국가 바이오경제 청사진'을 발표하고 연구개발 역량강화 등 5대 목표를 제시하고, 기술이 우수하고 성장가능성이 높은 바이오벤처기업 발굴에도 적극 나서고 있다. 미국은 전체 벤처투자 가운데 19%(112억달러)를 바이오의료분야에 투입한다. 일본은 지난해 '재생의학법'을 제정하고 줄기세포와 유전자 등 새로운 형태의 첨단 치료제개발을 독려하고 있다. 후발주자인 중국도 선진국을 따라 잡기 위해 바이오산업을 미래 7대 산업으로 지정하고 혁신적인 기술개발을 추진하고 있다. 중국의 바이오시장은 연평균 15.7%씩 성장하여 2017년 275억달러로 예측되고 있다. 그리고, 한국에서도 최근 복제약을 만든데 집중하는 국내 제약·바이오기업들은 혁신적인 신약개발에 도전하고 있다. 국내의 바이오기업들인 셀트리온을 필두로 삼성바이오에픽스와 한미약품 등은 혁신적인 바이오개발을 위하여 대규모의 연구개발투자를 하고 있다.

---

**[아이콘] 사례연구    정책모형과 정책가설 현상**

– 케인즈적 소득주도성장론과 슘페터식 공급주도성장론

역사적으로 세계 각국이 사용한 경제성장정책모형으로는 두 가지가 경쟁하여 왔다. 하나는 케인즈안적 수요중심정책에 속하는 완전고용을 목표한 소득주도성장정책이다.

소득주도성장론의 원조라고 할 수 있는 임금주도성장론은 좌파 케인즈안이론으로서 이론적 가설이라 할 수 있다. 문재인 정부의 성장담론은 소득주도성장론이다. 이 담론의 출발점은 한국의 소득불평등 확대를 들고 있다. 이를테면, 문 대통령은 발진된 나라가운데 양극화와 경제불평등이 가장 심한 나라가 됐다며 이제는 성장동력마저 잃고 있다고 주장한다. 이를 개선하기 위해 **노동자 임금이 올라가면 소비가 늘고 기업의 생산성이 높아져 경제가 성장한다는 논리, 특히 한계소비성향이 높은 저소득층에 소득지원을 통하여 민간소비를 진작시킴으로써 경제성장을 도모하겠다**는 것이다. 이러한 정부주도소득성장은 외피는 성장이지만 속살은 분배이다. 임금주도성장론자들이 제일 먼저 드는 정책수단은 최저임금 인상이지만, 궁극적으로는 재정을 통하여 소득을 분배하는 것이다. 정부는 적극적인 재분배정책을 통해 소득주도성장을 견인하고자 할 터이지만 결국 저소득층 위주의 복지확충에 재정지출을 늘리는 것이 주가 될 수밖에 없다. 그러나 주류경제학에선 정부가 주도한 임금인상이 소득재분배기능은 할지 몰라도 성장정책으로 검증되지는 않았다고 한다. 소득주도성장론은 성장담론이라기보다는 분배담론에 가깝다는 것이다.

**다른 하나는 이러한 케인지안의 수요중심성장정책을 비판하면서 나온 것이 슘페터의 공급주도성장정책이다. 공급주도성장론은 슘페터식의 '공급혁신'으로 기업가들이 노동 토지 자본이라는 생산요소를 자유로이 결합하여 '창조적 파괴'를 할 수 있어야 미래 경제성장을 하고 일자리도 만들 수 있다**는 또 하나의 이론적 가설이다. 4차 산업혁명시대 새로운 경제성장은 창의적인 기업가들이 창조적 파괴를 왕성히 하여 수요를 창출할 때 이루어진다는 논리이다.

지금까지 두 가지 대조적인 경제성장정책모형을 제시하였는데, **두 가지 성장정책모형은 역사적으로 세계 여러 국가에서 검증되어야 할 하나의 정책가설**이라고 할 수 있다.

---

## 2) 정책의 체계

위에서 살펴본 여러 학자들의 정책개념을 논의하고 본저자의 정책개념을 정의하였는데, 이러한 정책개념 속에는 정책이 소망하고 추구하는 비전과 전략 그리고 정책대상과 정책산출 및 정책결과(영향) 등이 포함된다(그림 3-2).

우선, 정책은 크게 정책비전(policy vision)과 정책전략(policy strategy)으로 나눌수가 있다. 여기서 정책비전은 조직이 미래에 달성해야 할 이상으로서 정책가치(policy value)와 정책임무(policy mission) 및 정책목적(policy goal)이 포함된다. 정책가치는 조직이 추구하는 가장 기본적인 이념이고, 정책임무는 조직에게 부여된 주요한 과업(일)으로서 조직이 현재 어떤 상태에 있고 미래에 어떤 상태가 되기를 바라는

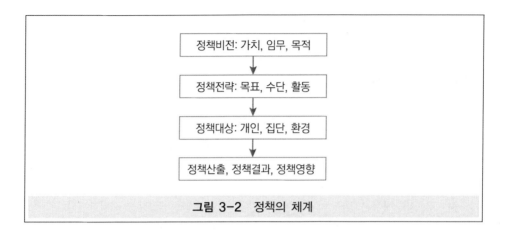

그림 3-2   정책의 체계

가를 나타내며, 정책목적은 조직이 무엇을 약속하였고 어디로 가야하는가를 나타낸
다(Quigley, 1993: 5-8). 그리고 정책전략은 조직이 추구하는 가치와 임무 및 장기적
목적을 어떻게 성취하겠느냐에 대한 대답으로서 정책목표(policy objectives)와 정책
수단(policy instruments) 및 정책활동(policy activities)으로 구성된다. 정책목표는 조
직이 달성하고자 하는 바람직한 미래의 상태이고, 정책수단은 조직이 목표를 달성하
기 위하여 활용할 수 있는 도구이며, 정책활동은 조직이 목표를 달성하기 위한 수단
을 가지고 행동하는 것으로서 구체적으로는 정책과정에서 작동한다.

다음으로, 정책을 작동시키기 위해서는 정책대상(policy targets)에 적용하는 정책
산출(policy output)과 정책결과(영향, policy outcome, impact)가 있어야 한다. 여기서
정책대상은 정책산출의 적용을 받는 사람이나 집단 또는 사회적 경제적 물리적 조건
들(환경들)을 말한다. 정책의 적용을 받는다는 것은 개인이나 집단 및 환경조건이
변화한다는 것을 암시한다. 이러한 정책대상은 정책적용으로 인하여 이익을 얻는 행
위자와 손해를 보는 행위자로 구분된다. 그리고 정책산출은 정부가 비전과 전략이
포함된 정책대안을 만들은 것이고, 이러한 정책산출을 정책대상에게 실행함으로서
일어나는 변화나 효과를 정책결과나 정책영향이라고 한다.

**사례연구   정부의 비전과 정책 그리고 재정 현상**

**- 노무현 정부와 이명박 정부의 지역발전체계**

위의 정책체계 논의에서 기술한 바와 같이, 정부의 정책은 비전, 목표, 계획, 추진전

략, 시책(사업), 그리고 법과 예산이 연계되어 있음을 알 수가 있다. 한나라의 정책체계는 노무현 정부의 국가균형발전5개년계획과 이명박 정부의 지역발전5개년계획을 통하여 살펴볼 수 있다. 이를테면, 노무현 정부와 이명박 정부의 지역발전정책틀(비전, 목표, 추진전략)을 구체화한 것이 국가균형발전계획과 지역발전계획이고 이것을 실행하기 위한 하위범주가 추진시책(사업)과 법 및 예산 그리고 추진체계라고 할 수 있다.

| 구분 | 노무현 정부의 국가균형발전5개년계획 | 이명박 정부의 지역발전5개년계획 |
|---|---|---|
| 비 전 | 전국이 고루 잘사는 지역사회 건설 | 지역경제의 글로벌 경쟁력 확보, 삶의 질이 보장되는 지역공동체 창조 |
| 기본 방향 (목표) | 지역불균형 해소, 지역혁신과 지역특화발전, 균형발전 | 광역경제권 구축, 특성화된 지역발전, 지방분권과 자율, 지역간 협력과 상생 |
| 추진 전략 | 내생적 지역발전을 통한 자립형 지방화, 혁신주도형 발전, 개방적 다극적 국토공간 조성, 수도권과 지방의 상생발전 | 전국토의 상장잠재력 극대화, 신성장 동력발굴 및 지역특화발전, 지방분권 강화, 수도권과 지방의 상생발전 |
| 계 획 | • 법정계획: 부문별발전계획, 지역혁신발전계획 | • 법정계획: 부문별발전계획, 광역경제권발전계획<br>• 임의계획: 시도발전계획, 기초생활권발전계획 |
| 추진 시책 (사업) | • 10조(지역혁신체계의 구축)<br>– 지역혁신체계의 유형개발, 신산학협력, 지역전문인력양성, 기술 및 기업경영의 지원기관확충, 혁신체제 구성원들 간의 협력, 지역혁신사업의 조성 및 연계운용 등<br>• 11조(지역산업의 선정 및 육성)<br>– 지역전략산업, 지역전략산업의 집적<br>• 12조(지역대학육성)<br>– 지방인력양성, 지방대학과 산업체간 산학협동(산학연협력사업)<br>• 13조(지역과학기술진흥)<br>– 지역과학기술진흥사업<br>• 14조(지역정보화 촉진 및 정보통신진흥)<br>• 15조(지역문화관광의 육성)<br>– 지역문화관광사업 | • 10조(국토의 다원적 개발과 지역발전 역량확충)<br>– 초광역개발권, 광역경제권, 기초생활권, 지역산업육성, 인력양성, 발전거점육성, 교통물류망확충, 문화관광육성 등<br>• 11조(지역산업육성 등 지역경제 활성화추진)<br>– 지역전략산업, 지역선도산업<br>• 12조(지역인력양성과 과학기술진흥)<br>– 지방대학과 산업체간 산학협동(산학연협력사업)<br>• 13조(지역발전거점육성과 교통물류망확충)<br>– 지역성장거점육성사업<br>• 15조(지역문화관광의 육성)<br>– 지역문화관광사업<br>• 16조(성장촉진지역 등의 개발) |

| | • 16조(낙후지역 및 농산어촌 개발)<br>－지역특화사업<br>• 17조(지역경제 활성화의 촉진)<br>• 18조(공공기관의 지방이전)<br>－공공기관 지방이전사업<br>• 19조(기업 및 대학의 지방이전)<br>－기업 및 대학의 지방이전사업 | • 18조(공공기관의 지방이전)<br>－공공기관 지방이전사업<br>• 19조(기업 및 대학의 지방이전)<br>－기업 및 대학의 지방이전사업 |
|---|---|---|
| 법/<br>예산/<br>추진<br>체계 | • 법: 국가균형발전특별법 제정<br>• 예산: 국가균형발전특별회계<br>• 추진체계: 국가균형발전위원회, 지<br>역혁신협의회 | • 법: 국가균형발전특별법 전면개정<br>• 예산: 광역지역발전특별회계<br>• 추진체계: 지역발전위원회, 광역경<br>제권발전위원회 |

자료: 배봉준(2020: 251: 264: 333: 369).

## 2. 정책의 숨은 개념: 예산

### 1) 예산의 개념

앞에서 살펴본 정책의 숨은 개념으로는 예산이 있다. 이것은 정책과 예산이 동전의 양면관계에 있다는 것을 말한다. 왜냐하면 한나라의 국정(시정)철학과 비전 및 목표가 담겨져 있는 정책이나 사업을 수행하려면 돈(금액)이 필요하기 때문이다. 여기서 예산의 본질적 모습은 돈(금액)보다는 그것으로 수행하고자 하는 정책(사업)이라고 할 수 있다. 예컨대, 예산에는 항상 정책이나 사업이라는 타이틀이 붙어 있다. 국방비 20조원, 교육비 75조원, 사회복지비 200조원 등으로 표시되어 있다. 따라서 예산은 회계연도에 한나라가 설정한 비전과 목표를 달성하기 위한 정책(사업)을 숫자로 전환한 금액으로 정의할 수 있다.

예산＝정책(사업)＋금액

이러한 결과물로서의 예산은 다음과 같은 성격을 가지고 있다(강신택, 2000: 19－20; 윤영진, 2021: 20－21).

첫째, 상태묘사로서 예산－예산은 특정기관이나 정부전체 등 조직의 상태에 대한 묘사이다. 예산은 해당조직의 살림살이며 조직의 목표와 의지가 표현된 정책과 사업이 담겨져 있다. 그 조직은 얼마의 금액으로 무엇을 구입하여 어떤 일을 하며 무엇을 달성하는지를 기술한다. 따라서 어떤 조직의 예산을 이해하면 그 조직의 현황을 훤히 꿰뚫어 보게 된다. 두꺼운 예산서를 펼쳐보고 이를 이해할 수 있다면 그 사람은 이미 그 조직의 리더가 될 자격이 있다.

둘째, 인과관계의 설명으로서 예산－예산은 지출항목으로 표시된 금액을 가지고 인력과 물자를 조달하여 어떤 일(정책)을 하면 어떤 결과가 나올 것이라는 인과관계의 설명을 하는 것이다. 이것은 자원－활동－결과의 인과적 과정을 가정한다. 행정부의 사업의 타당성이나 정당성의 주장과 중앙예산기관의 예산사정 및 입법부의 예산심의활동은 이것을 검증하는 것이다.

셋째, 선호나 가치의 언명으로서 예산－예산은 정책이나 사업의 결정에 참여하는 사람들의 가치나 선호가 표현되어 있다. 어떤 한 결정자의 개인적 선호일수도 있고, 복잡한 협상과 타협을 거쳐 이루어진 여러 결정자들의 집단적 선호일수도 있다. 이러한 관점에서 보면, 예산과정은 하나의 정치과정이며 예산은 국가의 비전이나 목표 등의 우선순위를 가장 구체적으로 표현한 것이다.

## 2) 좋은 예산의 개념(기준)

한나라의 예산이 '좋은 예산'이 되기를 바라는 것은 모든 사람들이나 조직의 공통된 생각이라고 할 수 있다. 그러면 과연 어떤 예산이 좋은 예산인가? 이러한 질문에 대해 일반시민의 인식, 정치학자의 견해, 경제학자의 견해를 살펴본다(배득종·유승원, 2014: 70－79: 328; 하연섭, 2019: 212－213).

### (1) 일반시민의 인식

예산을 전문으로 하는 사람들의 말을 듣기에 앞서, 일반시민들이 생각하는 좋은 예산의 조건을 알아보자. 학생이나 일반시민에게 좋은 예산이 되기 위한 조건들을 하나하나 말해보라고 한다면, 다음과 같은 응답들이 가장 많이 발견된다.

- 수입과 지출이 균형되어야 한다.
- 경제성장에 도움이 되어야 한다.
- 응답자 자신에게 도움이 되는 예산, 예를 들면 학생에겐 교육비와 취업기회 확대 예산, 사업가에겐 경제활성화를 위해 많은 투자가 이루어지는 예산이다.

- 소외된 계층에 도움을 주어야 한다.
- 세금을 적게 거두어야 한다.
- 합리적으로 결정되는 예산이어야 한다.
- 장기계획에 입각해서 세워지는 예산이 좋다.
- 사회적으로 필요한 부문(사회간접자본, 과학기술, 교육, 복지 등)에 많은 투자가 이루어져야 한다.
- 낭비가 없어야 한다.

이상의 조건들은 누구나 마음속에 가지고 있는 바람직한 예산의 조건이다. 그런데 소망스런 조건이란 현실세계에서는 잘 안 지켜지는 조건들이 많다. 그러면 나쁜 예산은 무엇인가? Schick(1998: 36–41)은 나쁜 예산의 목록을 다음과 같이 예시하고 있다(표 3–2).

〈표 3-2〉 나쁜 예산의 목록

| | 명 칭 | 내 용 |
|---|---|---|
| 재정규율 위반 | Unrealistic budgeting | 세입능력 초과하는 세출편성 |
| | Hidden budgeting | 진짜 세입, 세출 내역은 소수만 알고 있는 예산 |
| | Escapist budgeting | 무리일 줄 알면서도 선심성 예산편성 |
| | Repetitive budgeting | 수시로 추가경정예산편성 |
| | Cashbox budgeting | 세입 늘면 세출도 증가, 천수답형 단년도 예산편성 |
| | Deferred budgeting | 외형상 건전재정이나, 해야 할 일을 하지 않는 예산 |
| 배분적 효율성 위반 | Short–term budgeting | 중기계획 없이 단년도 예산편성 |
| | Escapist budgeting | 재원조달방안 없이 정치적 공약을 남발하는 예산 |
| | Distorted budgeting | 전시성 사업 위주의 예산 |
| | Enclave budgeting | 특정목적을 위한 기금 등 칸막이를 많이 만드는 예산 |
| 기술적 효율성 위배 | Compensatory spending | 실업을 줄이기 위해 공무원수를 증가시키는 예산 |
| | Declining productivity | 교육훈련 저해, 근무환경 열악, 생산성 저하 |
| | Disappearing budget | 예산이 제때 공급될지 알 수 없는 상황 |
| | Detailed, Rigid budget | 상세한 지출규정 등이 있으나 잘 지켜지지 않음 |
| | Informal management | 공식적 규칙 외에 관행이 존재 |
| | Corruption | 부정부패 |

이러한 나쁜 예산에 대비하여 그러면 좋은 예산이란 무엇인가? 에 대한 질문에 대해서, 경제학자인 Lewis(1952)는 예산배분의 합리성, 즉 희소한 자원의 효용(편익) 극대화를 주장하는 반면에, 정치학자인 Wildavsky(1961: 44)는 예산배분의 정치성, 즉 누가 이익을 얼마나 얻는가?(누가 얻고 누가 잃는가?)를 고려하지 않은 상태에서 해답을 제시할 수 없다고 하였다. 그는 예산과정이란 누구의 선호가 반영될 것인가 에 관련된 갈등을 해결하는 과정으로 보았다. 이러한 예산결정은 '정부가 무엇을 할 것인가?(what the government ought to do?)'를 결정하는 문제와 동일하다. 즉 예산배분에 관한 문제는 사회에서 정부의 역할이 무엇인가를 논의하는 것과 같다고 볼 수 있다. 따라서 예산에 대한 연구(the study of budgeting)는 곧 경제와 정치에 관한 연구(the study of economics and politics)인 것이다. 아래에서는 예산에 대한 정치학적 개념과 경제학적 개념을 보완 설명한다.

### (2) 정치학적인 개념

Lasswell(1935)은 정치란 '누가 무엇을 언제 어떻게 얻는가?(Who Gets What When and How?)란 문장으로 표현하고 있다. 이것은 '누가 예산자원을 어떻게 얻어 가는가?'라는 예산정치로 바꿀 수가 있다.

그렇다면 정치학에서는 누가 예산자원을 얼마만큼 가져가는 게 바람직하다고 명확하게 말해주는가? 유감스럽게도 정치학에서는 그런 규범적인 답을 명확하게 주지 못하고, 현실의 제도와 상황 속에서 어떤 사람이나 집단이 더 많은 자원을 얻어가는지 관찰해보자는 입장을 취할 것이다.

그래서 그런지 미국의 저명한 정치학자 Key는 1940년 '예산이론의 빈곤'이라는 논문에서 바람직한 예산에 관한 문제는 경제학적인 분석을 하는 게 낫겠다는 취지의 언급을 하였다.

### (3) 경제학적인 개념

경제학은 효율성이라는 정교한 개념을 발전시켰다. 경제학자 Pareto는 경쟁시장에서의 효율성을 생산효율성, 교환효율성, 전체적 효율성으로 개념화하였다. 파레토 효율성 조건은 자원배분의 효율극대화를 추구하는 후생경제학의 기본원리이다.

그렇다면 이원리를 정부예산에도 적용할 수 있는가? 결론적으로 그렇게 하기 어렵다. 그 이유는 다음과 같다. 첫째, 파레토효율성 조건은 경쟁시장을 전제로 한다.

경쟁시장에서의 가장 효율적인 자원배분은 가격에 의해 자동적으로 결정된다. 그러나 공공부문의 재화(예컨대, 경찰서비스, 국방서비스, 교육, 각종 규제와 정책 등)는 가격기능이 없는 경우가 많다. 국방이나 경찰서비스 등의 공공재는 가격을 지불하지 않아도 누구나 동일한 양의 혜택을 받고 있다. 이러한 서비스나 정책을 위해 필요한 예산은 중앙예산기구가 인위적으로 예산을 배분하는 역할을 한다.

둘째, 공공부문에서 파레토효율성 조건을 충족시키지 못한다고 하더라도 효율적인 자원배분을 도외시할 수는 없다. 앞의 나쁜 예산의 목록이 예시하는 바와 같이, 자원배분의 효율성은 좋은 예산의 필수요건이다. 따라서 파레토효율성처럼 완벽한 효율성을 추구할 수는 없지만 그것에 버금가는 차선(second best) 방안들을 개발해야 한다. 사실 이론보다 중요한 것은 현실적으로 실현가능한 제도와 절차를 만들어서 최적의 배분은 아니더라도 차선의 예산배분의 효율성을 추구해야 한다.

이와 같이, 차선으로 좋은 예산을 찾아가기 위해서 사회는 정부라는 기구를 만들고, 예산과정을 만들고, 의회와 같은 감시기구도 만들고, 각종 감사와 평가방법들도 개발한다. 이런 수많은 차선추구장치들이 존재하기 때문에, 막대한 규모의 정부예산이 예산계획에 따라 운영될 수 있는 것이다.

### 🌡 사례연구　정부예산의 정치 현상

#### - 박정희의 대일청구권자금과 문재인의 재난지원금

**1960년대 말 대일청구권자금으로 건설한 포항제철(현 포스코)의 스토리는 한편의 드라마이다.** 1965년 박태준 포철사장은 '공업국가의 꿈을 실현하려면 제철소를 건립해야 한다'는 박정희 대통령의 명령에 따라 제철소 건립에 착수한다. 문제는 1억달러가 넘는 건립자금이다. 박태준은 1969년 초 미국 워싱턴을 오가며 세계 5개국 8개 회사연합인 국제차관단에 자금지원을 요청했지만, '한국에 제철소를 짓는 것은 경제성이 없다'는 평가와 함께 거절당하였다. 박태준이 대안으로 떠올린 것이 한일협정에서 농업부문에 쓰기로 한 대일청구권자금 전용이었다. 박태준은 수없이 일본을 오가며 설득한 끝에 일본정부의 승인과 일본철강업계의 기술지원을 받아 영일만 허허벌판에 첫 삽을 떴다. 박태준은 직원들을 모아 놓고 '이 제철소는 조상의 피값으로 짓는 제철소이다. 실패하면 우향우 해서 영일만에 빠져 죽자'고 각오를 다지고 추진하였다. **세계에서도 유례가 없는 한국산업화의 신화는 이렇게 시작됐다. 만약 박정희가 극렬하게 반대했던 대학생과 야당 및 여론의 눈치를 보면서 제철소 건립 대신 징용피해자 등 국민들에게**

대일청구권자금을 나누어 주었으면 지금의 한국은 어떤 모습일까? 이런 결단은 세계 1위의 조선과 가전, 세계 5위의 자동차산업을 성장시키는 데 토대가 되었다.

문재인 정부는 코로나사태 이후 5차례에 걸쳐 재난지원금 43조4,600억원을 살포했다. 소상공인 지원 외에 전 국민에 나누어준 돈만 25조3,000억원에 이른다. 문재인 대통령은 한우와 삼겹살 매출이 급증하여 가슴이 뭉클했다고 하지만, 25조원은 분당만한 신도시를 조성해 국민들에게 시세의 반값으로 아파트를 공급할 수 있는 돈이다. 지금 대선후보들이 경쟁적으로 약속하는 GTX(수도권광역급행철도)노선 4개를 건설할 수도 있다.

이런 두 가지 사례가 암시하는 것은 **정치지도자는 돈(예산 또는 재정)의 무게를 알아야 한다는 것이다. 이건희 삼성회장은 '돈을 내 맘대로 쓰지 마라. 어떻게 쓰는 게 가치가 있는지 돈에 물어봐라. 판단이 흐리면 낭패를 본다'고 했다. 지금 대통령을 비롯한 정치인이나 관료들은 이런 진술을 가슴에 새기고 국민이 낸 세금을 절약하고 효율적으로 쓰는 통치를 해야 한다.**

## 제 3 절 | 정책과정

앞에서 기술한 정책의 체계 또는 구성요소는 정책의 내용에 관련된 것인데 대하여, 정책과정은 정책내용을 통치하는 정책활동에 대한 것이다. 이러한 정책과정의 주요한 구성요소는 공중의제로 올라와 있는 이슈들(issues), 이슈들을 제기하고 이에 대응하는 행위자들(actors), 이슈들에 의하여 영향을 받는 자원들(resources), 그리고 이슈들을 다루는 기관들이나 정부들(the level of government)이 포함된다(Gerston, 1997: 7-14).

따라서 정책학의 연구대상으로서 공공정책을 연구할 때에 정책과정은 정치시스템 내에서 행위자들(참여자들)에 의하여 일어나는 활동들(activities) 또는 과정들(processes)이라고 할 수 있다(Dye, 2008: 31). 첫째, 정책의제설정론은 1960년대 초에 미국의 흑인폭동문제를 토대로 등장한 분야로서 정책문제(정책의제)를 채택하고 다른 것은 거론조차 못하고 방치되는가에 대한 경험적 연구이다.

둘째, 정책결정론은 과거부터 현재까지 정치학자들이 가장 큰 관심을 가지고 연구를 하여 온 분야로서 정책문제를 해결하기 위한 해결책으로 정책대안을 개발하고 탐색하여 선택을 하는 단계를 분석하는 경험적 연구이다. 이러한 정책대안의 분석과 평가에 대한 지식과 정보를 제공하는 것이 정책분석이다.

셋째, 정책집행론은 과거의 정치행정이원론의 고전행정모형에서 정치가 결정한 정책은 행정가에 의해 집행된다는 인식이 비판을 받으면서 새로운 집행연구가 이루어지고 있는 분야로서 정책문제를 해결하기 위하여 정책의 적용을 분석하는 경험적 연구이다.

넷째, 정책평가론과 정책변동론은 정책집행을 통하여 나타나는 정책의 결과나 영향을 검증하여 환류시키는 경험적 연구이다. 이러한 정책평가는 정책의 종결이나 수정 등을 위한 지식을 제공하여 정책변동의 토대로 작동한다.

이러한 정책학의 연구대상으로서의 정책과정의 여러 측면들을 그림으로 나타내면 다음과 같다(그림 3-3).

따라서 정책학의 창시자인 Lasswell을 위시한 Jones, Dye, Anderson, Dunn 등과 같은 여러 정책학자들은 정책연구의 초점으로 정책과정의 여러 단계를 구분하여 정책활동을 분석하고 설명하여 왔다. 이에 대한 구체적인 내용은 <제2부 국가통치로서 정책순환> 부분에서 상술한다.

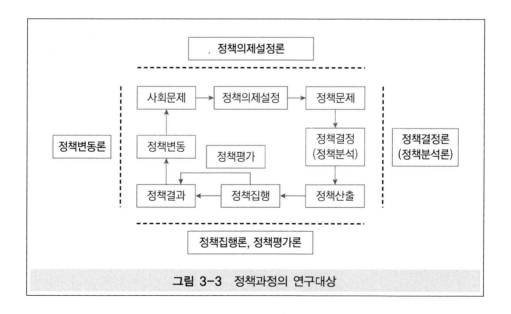

**그림 3-3  정책과정의 연구대상**

> ## 제 4 절 | 정책산출과 결과

## 1. 정책산출연구의 의미

정책학의 연구는 정치체제가 만들은 정책의 산출과 결과에 관심을 가지고 있다. 이러한 정책산출연구(policy output studies)는 정책의 내용을 결정 또는 좌우하는 요인이 무엇인가를 밝히려는 이론(정정길 외, 2010: 79), 또는 환경과 정치체제의 특성이 정책에 미치는 영향에 관하여 실제자료를 토대로 경험적으로 검증을 시도하는 연구(남궁근, 2017: 147)를 의미하는 것으로서 정책결정요인연구(policy determinants studies)라고도 한다.

우선, 정책산출연구를 하기 위해서는 모형이 요구되는데, 이것은 정책의 산출 (outputs)과 결과(outcomes)가 초래되는 현상을 분석하는 것으로 Easton의 정치체제모형, 즉 투입－산출모형에 의해 시험할 수 있다(Jenkins, 1978: 18). 정치체제모형은 정책산출을 연구하기 위한 유용한 인과지도라고 할 수 있다. 왜냐하면 공공정책은 특정한 환경에서 달성하려는 목표와 수단의 선택에 대하여 정치행위자나 행위자집단에 의해 행해지는 상호 관련된 결정집합이기 때문이다.

이 접근의 초점은 환경에서 작동하는 정치체제의 동학과 과정이다. 정치체제접근을 통한 정책연구는 정치과정 또는 정책과정의 구체적인 정책 관련 요소들을 분해하여 설명하는 것으로 볼 수 있다. 정책과정의 시스템모형의 구성요소는 환경, 투입 (정책요구), 전환(정치체제의 정책결정), 정책산출, 그리고 정책결과를 들 수가 있다. 여기서 환경은 넓게는 사회적 경제적 정치적 측면을 말하고, 정책요구는 정치체제의 외부와 내부로부터 일어나는 행동의 요구이고, 정책결정은 정부에 의한 권위적 선택이고, 정책산출은 정치체제가 만들어내 산출물이고, 그리고 정책결과는 정책산출을 실행하여 나온 결과물이다.

이러한 정치체제모형에 의하면, 정책산출연구의 기본아이디어는 정책을 정치체제의 산출과 결과로 보고, 여기에 영향을 미치는 외부환경요인과 정치체제요인을 분석하는 것이다. 따라서 이스턴의 투입－산출모형을 토대로 정책산출과 결과를 분석

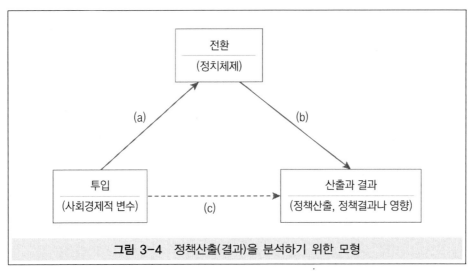

**그림 3-4  정책산출(결과)을 분석하기 위한 모형**

주: 사회경제적 변수: 도시화, 산업화, 교육, 소득 등
　　정치체제변수: 정당 간 경쟁, 목표전환, 당통제 변화, 배분불공평 등
　　산출과 결과변수: 복지정책, 교육정책, 조세정책 등
자료: Dye(1972: 112), Jenkins(1978: 51).

하기 위한 모형을 제시하면 [그림 3−4]와 같다.

　　위의 그림에서 경제학자인 Fabricant와 Brazer는 (c)의 인과관계를 제시하였고, 정치학자인 Key나 Lockard 등이 제시한 선형적 인과경로는 (a)와 (b) 경로이다. 그러나 Dawson과 Robinson의 초기연구는 이런 것을 거절하고 (b)를 약화시키는 인과연결을 제시하였고, 이후에 정치학자인 Dye나 다른 학자들의 연구에서는 (a), (b), (c)의 혼합적 인과관계를 가정하였다. 예컨대, 환경적 요인은 공공정책에 직접적으로 또는 정치적 변수를 경유하여 간접적으로 영향을 준다고 가설화한다.

　　정책산출연구는 1950년대 이후 경제결정론과 정치결정론과의 논쟁, 즉 정치 대 경제(politics vs economics)의 논쟁을 통하여 방법론과 이론이 발전하여 왔다. 이러한 연구과정에서는 다양한 분석모형을 개발하여 경험적이고 계량적인 분석을 사용하여 연구결론을 도출하였다.

## 2. 정책산출연구의 실제

### 1) 경제학자들의 정책산출연구

1950년대 경제학자들은 미국의 주정부와 시정부의 정책을 사회경제적 환경과 관련시켜 연구하였는데, 정책의 내용을 결정하는 것은 사회경제적 요인이라고 주장하였다(그림 3-5).

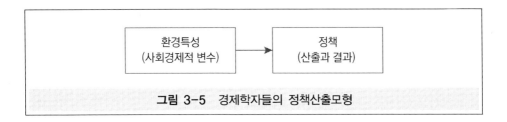

**그림 3-5  경제학자들의 정책산출모형**

이들 경제학자들은 정부지출이나 서비스를 정책산출로 설정하고 이것에 영향을 주는 투입변수인 사회경제적 변수로 부의 수준, 산업화, 교육, 소득 등 변수들 사이의 인과관계모형을 제시하였다. 예컨대, Fabricant(1952)는 주정부나 주정부 내의 모든 정부(city, county, township)의 예산이 사회경제적 요인에 의해 결정된다는 것을 발견하였다. 1인당 소득과 인구밀도 및 도시화의 세 가지 변수가 주정부 예산규모(예산지출)의 차이를 72% 정도 설명하고 있고, 특히 1인당 소득이 가장 큰 영향요인이라고 하였다. 또한, Brazer(1959)는 시정부의 예산(정부지출)에 인구밀도와 가구소득 및 타정부의 보조가 영향을 주고 있는데, 특히 가구소득이 가장 큰 영향을 주고 있었다. 이러한 연구결론은 사회경제적 변수가 분야별 정책지출을 결정한다는 것을 의미한다.

### 2) 정치학자들의 정책산출연구

1960년대 들어와 정치학자들은 Key(1949)의 주장 이래 정책의 내용이 정치(정치체제의 결정)에 의해 결정되는 것으로 믿어 왔는데, 경제학자들의 연구결과가 상이하게 나오게 되어 정책산출연구를 하였다. 이들의 분석변수는 사회경제적 요인뿐 아니라 정치적 변수(정치체제변수)를 포함시켜 정책과의 인과관계를 연구하였다.

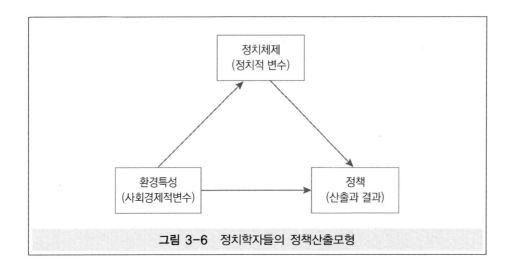

**그림 3-6   정치학자들의 정책산출모형**

경제학자들은 투입과 산출 간의 관계만 분석하고 정치체제를 블랙박스로 보아 분석에서 제외하였다. 그러나 정치학자들은 정책을 정치체제의 산출물이라고 보았으므로 정치체제변수인 정당 간 경쟁이나 투표 및 분배형평성이 정책의 산출과 결과에 영향을 주는 것으로 가설화하였다. 이들 정치학자들이 만들은 정책산출모형은 환경(사회경제적 변수)과 정치체제(정치적 변수) 그리고 정책(정책의 산출과 결과) 간의 혼합된 인과관계모형을 설정하였다(그림 3-6).

Key(1949)는 미국 남부지역에 대규모농장이 발달하여 흑인을 비롯한 저소득층(가지지 못한자)의 비율이 높다는 점에 착안하여, 대규모농장이 많다는 경제적 환경이 주로 백인농장주(가진자)의 영향력으로 정당 간 경쟁을 제약하여 사회복지지출이 적게 된다고 하였다. 그러나 Lockard(1959)는 이와 달리, 경제가 발전할수록 경제적 이익이 다양해져 양당제가 번성할 수 있는 토양이 마련되어 정당 간 경쟁이 심해지고 사회복지지출이 증가를 한다고 하였다(정정길 외, 2010: 81).

그 이후에 Dye(1966)은 그의 저서 '정치, 경제, 그리고 대중: 미국 주에서 정책결과'에서 네 개의 사회경제적 변수(부, 산업화, 도시화, 교육수준)와 네 개의 정치적 변수(정당 간 경쟁, 투표율, 당통제, 배분불공평) 그리고 정책산출(건강, 복지, 고속도로, 교육 등) 간의 다중인과관계를 분석하였는데, 그 결론은 미국 주에서 공공정책을 형성하는데 정치체제특성보다는 사회경제적 변수가 보다 큰 영향력이 있다고 보았다.

이후의 연구자인 Sharkansky & Hoffererbert(1969)는 정책결정의 분석 차원으로 공공정책(정부행동), 정책산출(산출에 의해 생산된 서비스수준), 그리고 정책영향(서비스가 대중에 준 효과)을 분리하여 분석하였는데, 사회경제적 변수가 정책의 산출과 영향에 가장 큰 영향을 주고 있다고 하였다. 그리고 Lineberry & Sharkansky(1971) 가 그의 저서 '도시정치와 공공정책'에서 이전연구에서 사용된 변수들의 개념화를 통하여 도시시스템의 비교연구를 한 결과는 기존의 연구결론을 수정하지 못하였다. 첫째, 사회경제적 변수는 주의 정책에 영향을 미치는 가장 큰 변수이다. 둘째, 정치적 변수는 정책에 독립적인 영향을 주지 못하였다(Jenkins, 1978: 51−52).

그러나 Jacob & Lipskey(1968)은 정책산출연구가 정치적 행동의 일반적인 이해에 중요한 함의를 가진다고 하고 개인적 태도나 행동이 정책에 미치는 영향을 분석하여야 한다고 주장하였다. 이것은 정책형성과 정책의 산출이나 결과를 이해하기 위해서는 정치체제의 내부메카니즘을 분석해야 한다는 것을 암시한다. Dye(1972)는 '공공정책의 이해'라는 저서에서 정치체제의 제도와 과정 및 행동과 공공정책의 내용 사이를 분석할 필요성을 제기하였다. 그 초점은 정치체제의 블랙박스를 해부하여 시스템의 구조를 탐색하여야 한다(Jenkins, 1978: 54−62).

---

## 제 5 절 | 정책유형

### 1. 정책유형 개관

정책연구의 또 다른 중요한 영역은 공공정책의 유형을 분류하는 것이다. 정책유형(policy typology)은 정치학에서 주요한 분석틀의 하나로서 정책들을 그것의 특성(기능이나 목적 등)에 따라 범주화 또는 분류하는 것을 말한다. 바람직한 정책의 유형화는 총망라적이고 상호배타적이어야 한다. 여기서 총망라적이란 모든 정책들이 분류된 영역의 어느 하나에 속해야 한다는 것을 말하고, 상호배타적이란 모든 정책들이 어느 한 영역에만 속해야 한다는 것을 의미한다(노화준, 2012: 131).

이러한 정책유형화의 목적으로는 첫째, 정책의 영역과 다양성 그리고 상이한 목적을 파악할 수 있게 한다. 공공정책의 활동은 외교, 수송, 교육, 복지, 산업, 노동 등 전통적 영역뿐 아니라 과거에 거의 주목을 받지 못한 환경보호, 기회균등, 의료,

신생에너지, 소비자보호와 같은 새로운 영역으로 확대되고 있다. 이런 다양한 정책의 유형화는 각각의 정책이 수행하는 목적을 명시하고 파악하는데 도움을 준다 (Anderson, 2011: 10).

둘째, 정치와 정책과정에 대한 이해와 설명을 가능하게 한다. 정책유형화는 공공정책을 체계적으로 분류하고 각 정책범주를 토대로 정치행동의 패턴을 설명할 수 있다. 또한, 정책을 유형화함으로써 개별정책의 정책구조와 정책과정에서의 행위자들의 행태와 관계를 분석할 수 있다.

셋째, 정책과 정책과정에 대한 법칙이나 이론의 개발을 가능하게 한다. 이러한 정책이론들은 정책과정의 이해와 설명 및 예측을 하는데 사용할 수 있다. Lowi(1964: 687－691)는 정치가 정책을 결정한다는 전통적인 정치학의 가정을 비판하면서 각 정책의 특성들이 그것을 만드는 정치과정의 특성들을 결정한다는 가설을 제시하였고, Lowi(1972)은 정책분류의 목적이 정책결정에서 나타나는 경험적 패턴들을 설명할 수 있는 이론들을 산출하는데 있다고 하였다. 이와 유사하게, Ripley & Franklin (1976, 1980, 1984)은 정책유형을 토대로 정책결정을 위한 정치적 관계를 분석하여 그 이론적 특성을 도출할 수 있다고 하였다.

이와 같이, 정책유형화의 중요성이 인식됨에 따라 1960년대 후반에 Lowi(1967, 1972)에 의하여 유형화가 시도된 이후에, Anderson(1975), Almond & Powell(1978), Ripley & Franklin(1976, 1980, 1984), Spitzer(1987) 등 여러 학자들에 의하여 정책유형의 다양한 변이들이 제시되어 왔다. 여기서는 정책유형을 실질적인 과업수행과 관련되는 정책기능에 의한 분류와 학자들이 범주화환 정책목적에 의한 분류를 살펴본다.

## 2. 정책기능에 의한 분류

정책학의 연구목적은 정치체제(정부)가 수행하는 기능을 파악하는 것이므로, 정책기능에 의한 유형은 정부부처가 수행하는 기능에 따라 분류하는 방법이다. 이것은 정책의 실질적 내용을 범주화한 것이라고도 할 수 있으므로 정책의 실질적 내용에 의한 분류라고도 한다.

예컨대, 이것은 각 정부부처들이 수행하는 국방, 외교, 산업, 과학기술, 환경, 교통, 건설, 노동, 보건복지, 교육, 여성 등의 기능에 따라 정책을 분류하는 것이다. 이러한 차원에서 우리는 정부가 수행하는 기능적 범주의 정책을 국방정책, 외교적

〈표 3-3〉  정책기능별 정부부처와 국회상임위원회의 구성

| 기능별 정책유형 | 정부부처 | 국회상임위원회 |
|---|---|---|
| 총괄정책<br>인권정책 | 청와대(대통령비서실, 국가안보실,<br>대통령경호처), 국가인권위원회 | 운영위원회 |
| 사법정책<br>감사정책 | 법무부, 법제처, 헌법재판소<br>감사원 | 법제사법위원회 |
| 총괄정책<br>보훈정책<br>경제정책<br>금융정책<br>반부패청렴정책 | 국무총리실(국무조정실, 비서실)<br>국가보훈처<br>공정거래위원회<br>금융위원회<br>국민권익위원회 | 정무위원회 |
| 재정금융정책 | 기획재정부, 한국은행 | 기획재정위원회 |
| 교육정책 | 교육부 | 교육위원회 |
| 과학기술정보통신정책<br>원자력정책 | 과학기술정보통신부<br>방송통신위원회<br>원자력안전위원회 | 과학기술정보통신위원회 |
| 외교정책<br>통일정책 | 외교부<br>통일부 | 외교통일위원회 |
| 국방정책 | 국방부 | 국방위원회 |
| 행정안전정책<br>인사정책<br>선거관리정책<br>지방정책 | 행정안전부<br>인사혁신처<br>중앙선거관리위원회<br>지방자치단체 | 행정안전위원회 |
| 문화체육관광정책 | 문화체육관광부 | 문화체육관광위원회 |
| 농업정책<br>해양정책 | 농림수산식품부<br>해양수산부 | 농림수산식품해양수산위원회 |
| 산업정책<br>통상정책 | 산업통상자원부<br>중소벤처기업부 | 산업통상자원중소벤처기업위원회 |
| 보건복지정책 | 보건복지부<br>식품의약품안전처 | 보건복지위원회 |
| 환경정책<br>노동정책 | 환경부<br>고용노동부 | 환경노동위원회 |
| 국토교통정책 | 국토교통부 | 국토교통위원회 |
| 여성가족정책 | 여성가족부 | 여성가족위원회 |

주: 정부부처: 18부 4처 18청 7위원회, 2월 4실 1처(54개).
　　국회 상임위원회: 17개.
자료: 국회 홈페이지 위원회 현황(2021.11.10.).

책, 산업정책, 과학기술정책, 정보통신정책, 환경정책, 교통정책, 건설정책, 노동정책, 보건복지정책, 교육정책, 여성정책 등으로 부르고 있다.

이런 정부부처가 수행하는 기능에 대응하여 국회의 상임위원회도 기능별로 분리되어 있다. 예컨대, 재정금융정책을 담당하는 기획재정부에 대응하는 기획재정위원회가 있고, 교육정책을 담당하는 교육부에 대응하여 교육위원회가 설치되어 있다. 또한, 국방정책을 담당하는 국방부에 대응하는 국방위원회가 존재하고, 보건복지정책을 담당하는 보건복지부의 견제조직으로 보건복지위원회가 존재한다(표 3-3).

이처럼, 정부부처와 국회상임위원회가 수행하는 기능에 따른 정책분류는 실질적인 정책분야별로 정책의 내용(비전, 목표, 수단)과 활동을 이해하고 설명하는데 도움을 준다. 그러나 기능별 분류는 여러 정책들에 대한 보편적인 원리를 발견하는데 문제가 있고, 국가 간에 정부기능의 분류방법이 상이하기 때문에 국가 간의 정책비교연구를 하는 데는 한계가 존재한다.

## 3. 정책목적에 의한 분류

정책학의 연구목적은 정책이 형성되어 집행되는 과정에서 일어나는 집단들 간의 갈등과 해결과정 등 정책동학의 공통적인 또는 상이한 특징들을 발견하고자 하는 것이므로, 이러한 연구목적에 맞는 정책유형 분류를 하려는 시도가 있어 왔다.

이를테면, 정책학자들은 정치현상이나 정책현상의 동태적 분석을 위하여 정부가 결정하고 집행하는 다양한 정책들을 유사한 정책목적이나 성격에 따라 분류하려는 시도를 하여 왔다. 대표적인 사례로는 Lowi의 분류, Anderson의 분류, Almond & Powell의 분류, Ripley & Franklin의 분류, 그리고 Spitzer의 분류를 들 수가 있다.

### 1) Lowi의 분류

정치학자 Easton의 주장처럼, 전통적 정치학의 기본가정은 '정치가 정책을 결정한다(politics determines policy)'라고 하여 정책을 정치체제의 산출물로 보았다. 그러나 Lowi(1964: 687-691)는 그의 논문 '미국기업, 공공정책, 사례연구, 그리고 정치이론'에서 전통적인 정치학의 가정을 전환시키는 정책가설로 '정책이 정치를 결정한다(policy determine politics)' 또는 '정책이 정치의 원인이 된다(policy causes politics)'를 제시하여 정책유형에 따라 정치적 관계가 달라진다고 하였다. 여기서 정치적 관계는

정치구조, 정치과정, 엘리트 및 집단 사이의 권력관계를 의미한다. 이를테면, 모든
정치체제는 하나의 권력구조가 존재한다는 엘리트론이나 모든 정책이슈마다 권력구
조가 다르다는 다원론의 중간지점에 위치한다고 보았다.

　따라서, 정책의 범주들(categories)은 단순한 고안물이 아니라 실제의 정치현상에
대응하는 것이라고 하고, 이러한 유형에 따라 설계한 주요가설들은 정책의 범주들과
이에 대한 정의에서 나온다고 하였다. 정책이나 정부활동의 영역들은 행위자들의 권
력의 실질적인 활동무대를 형성하고 각 활동무대들은 그 자체의 특수한 정치구조와
정치과정 및 행위자들 간의 관계를 발전시킨다. 활동무대로서의 정책영역을 구별하
여 각각의 특성들에 대한 가설을 형성하고 이에 대한 경험적 관계를 설명하고 예측
할 수 있는가를 남아 있는 연구과제라고 보았다. 이러한 정치현상에 경험적 검증을
위하여 정책의 유형분류를 하게 된 것이라고 하면서, 1964년 논문에서 정책유형으로
분배정책, 규제정책, 그리고 재분배정책을 제시하였다(표 3-4).

〈표 3-4〉  Lowi(1964)의 정책영역과 정치적 관계들

| 정책영역<br>(활동무대) | 기본정치단위 | 단위들 간의 관계 | 권력구조 | 주요 결정장소 |
|---|---|---|---|---|
| 분배정책 | 개인, 회사,<br>법인 | 결탁(log-rolling),<br>상호불간섭, 공통이 없는<br>이해관계 | 지지집단을 가진 비<br>갈등관계의 엘리트 | 의회위원회,<br>행정기관 |
| 규제정책 | 집단 | 상호연합(coalition),<br>공유된 문제이해와 협상 | 다원적, 다층주의적<br>균형 | 의회 |
| 재분배정책 | 협회<br>(associaton) | 정상연합, 계급, 이념 | 갈등관계의 엘리트 | 행정부,<br>정상연합 |

자료: Lowi(1964: 690).

〈표 3-5〉  Lowi(1972)의 강제력기준과 정책유형

| | | 강제력의 적용 | |
|---|---|---|---|
| | | 개별행위 | 행위의 환경 |
| 강제력의<br>실행 | 간접 | 분배정책<br>(예: 19c 토지정책, 관세, 보조금) | 구성정책<br>(예: 선거구조정, 기관신설, 홍보) |
| | 직접 | 규제정책<br>(예: 불공정경쟁, 사기광고) | 재분배정책<br>(예: 연방신용통제, 누진소득세, 사회<br>보장) |

자료: Lowi(1972: 300).

이후에, Lowi(1972; 298-310)는 그의 논문 '정책, 정치, 그리고 선택의 네 가지 체제'에서 정부의 정치적 특성 중 가장 현저한 것으로 강제력(coerce)을 전제하고, 두 가지 기준인 강제력의 실행(직접, 간접)과 강제력의 적용(개별행위와 행위환경)을 결합하여 네 가지의 정책유형으로 종전의 분배정책, 규제정책, 재분배정책 외에 새로이 구성정책을 추가하여 제안하였다(표 3-5).

그러면 Lowi가 분류한 네 가지 정책유형은 구체적으로 어떠한 의미와 특징을 가지고 있는가를 살펴보자.

### (1) 분배정책

분배정책(distributive policy)은 정부가 국민들에게 권리나 이익 또는 재화와 서비스를 할당(제공)하는 정책을 말한다. 그는 후원(patronage)이라는 말의 의미를 분배와 동일한 의미로 보았다. 사례로는 19세기 미국의 국유지불하정책과 하천항만사업, 연구개발사업, 군수품구매 등을 들고 있다.

이러한 분배정책의 특징은 비교적 용이하게 소규모 단위로 분해할 수 있고 각 단위들은 다른 단위들로부터 그리고 어떤 일반적인 규칙으로부터 분리될 수 있다. 이들은 사실 정책이 아니지만 모여서만이 정책이라고 할 수 있는 고도로 개별화된 결정이 이루어지는 정책이라고 할 수 있다. 즉 개별화된 세부사업들의 집합이 하나의 정책을 구성한다.

이런 정책의 세부의사결정들은 '돼지구유식 갈라먹기 정치(pork-barrel politics)'가 특징인데, 비행장이나 저수지 건설에서 후보지 간의 다툼이나 융자금을 더 많이 받으려는 기업들이 경쟁을 벌이는 것과 같다. 이것은 정부가 제공할 수 있는 자원은 한정되어 있는데 비하여 이의 배분을 원하는 정책대상은 다수인 경우가 많기 때문이다.

이들 정책은 수혜자와 비용부담자, 즉 빼앗는 사람과 빼앗기는 사람, 이익을 보는 사람과 손해를 보는 사람들이 직접 정면에서 대결하지 않는다. 분배정책의 많은 사례들에서 이들 행위자들은 계급으로 일체화(identify)되지 않기 때문이다.

### (2) 규제정책

규제정책(regulatory policy)은 정부가 개인이나 일부 집단에 대해 재산권 행사나 행동의 자유를 구속 또는 억제하여 반사적으로 많은 다른 사람들을 보호하려는 정책이다. 사례로는 기준이하의 상품규제, 불공정경쟁규제, 사기광고규제 등이 있다.

이러한 규제정책의 특징은 정부가 개인이나 사회를 통제하기 위한 강제력을 행사하게 되고 국민 개개인의 권리나 자유를 제한하므로 반드시 국민의 대표기관인 국회의 의결을 얻은 법률의 형태를 취하는 것을 원칙으로 한다. 이런 정책을 결정할 때에는 그 정책으로부터 편익을 얻는 자와 피해를 보는 자를 선택하게 되므로 양자간의 갈등이 심하게 된다. 근로자를 보호하기 위해 기업인을 규제하는 것이 예이다.

또한, 규제정책은 그 영향이 개별적이고 구체적이지만, 분배정책에 나타나는 것과 같이 아주 세부적으로 무한히 분해할 수 없다. 규제정책은 대상별로 차별화하지 않고 보편적인 용어로 기술되지만 규제적 의사결정은 직접적으로 개개인의 비용을 상승시키거나 행동의 제약을 주는 것들이다. 규제정책의 집행은 행위자별로나 사례별로 이루어지지만 각 개인이나 집단 수준까지 세분화된 것이 아니다. 왜냐하면 각 의사결정들은 일반적인 규칙의 적용에 의해 만들어지기 때문이다. 규제정책이 가장 큰 영향을 미치는 부분은 경제영역이지만, 규제의사결정은 다양한 부문들로 이루어지고 규제정책은 부문수준으로 나누어진다.

### (3) 재분배정책

재분배정책(redistributive policy)은 정부가 고소득층으로부터 저소득층으로의 소득이전을 목적으로 하는 정책이다. 대표적인 사례로는 누진소득세와 사회보장정책(실업보험)뿐 아니라 1930년대 대공황시대에 대량실업을 극복하기 위해 채택한 금융정책(금태환금지, 금수출금지, 30억달러까지 관리통화발행, 지급준비율완화) 등이 있다.

이러한 재분배정책의 가장 큰 특징은 계급대립적 성격을 가지고 있다. 이 정책은 개인이나 집단 및 조직 등의 넓은 범주에 관련되고 개별의사결정들이 상호 관련된다는 측면에서 규제정책과 유사하다. 그러나 재분배정책의 범주에 속하는 정책들의 영향은 훨씬 더 광범위하고 사회계급 전반에 미친다. 그 계급들은 가진 자와 가지지 못한 자, 대기업과 중소기업, 자본계급과 노동계급 등으로 다양하다. 따라서 이런 정책의 결정은 계급정치의 대표적인 유형이다. 이 정책의 목표는 재산의 사용이 아니라 자산 그 자체이며, 동등한 취급이나 아니라 동등한 소유이고, 행태(behavior)가 아니라 존재(being)의 문제를 담고 있다는 특징이 있다.

### (4) 구성정책

구성정책(constituent policy)은 로이가 깊은 검토를 하지 않아 개념이 명확하지 않은데, 정치체제(정부)의 구조를 설계하고 운영하는 것을 내용으로 하는 정책이다. 사례로는 정치선거구의 조정, 정부조직의 신설이나 개편, 공무원의 보수와 군인퇴직 연금에 관한 정책을 포함시키고 있다.

## 2) Anderson의 분류

Anderson(1975, 1984, 2000: 9 – 12)은 정책이 사회에 미치는 효과(effect)와 정책 형성에 관련되는 사람들 사이의 관계(relationships)를 기준으로 분배정책, 규제정책, 자율규제정책, 그리고 재분배정책으로 분류하였다. 이러한 정책분류는 Lowi의 정책 유형과 유사하다.

### (1) 분배정책

분배정책은 모집단의 특정부분들－개인, 집단, 법인, 공동체－에 서비스와 편익을 할당하는 것이다. 어떤 분배정책은 한 사람이나 소수인들에게만 편익을 제공할 수 있다. 1970년대 초의 크라이슬러(Chrysler)자동차회사의 파산을 막기 위한 대출보증과 미국상선의 운영에 대한 보조금 지급이 그 예이다. 반면에, 다른 분배정책은 다수의 사람들에게 편익을 제공할 수 있다. 농산물소득지원정책, 가계부동산에 대한 소득공제, 무료 공립학교교육, 그리고 직업훈련사업 등이 그 사례들이다.

이러한 분배정책은 특정한 집단이나 공동체 또는 산업을 돕기 위하여 공공자금을 사용한다. 어떤 사례－하나의 승자만 있는 경우－에서는 경쟁이 있을 수 있지만, 편익을 추구하는 사람들은 서로 간에 직접 경쟁을 하지는 않는다. 그들의 편익이 어떤 특정집단에게 직접적인 비용을 유발하지 않는다. 차라리 그 비용은 모든 납세자들이 내는 국고(public treasury)에 의해 부담된다. 따라서 분배정책은 누군가가 그들의 비용을 부담할지라도 수혜자(winners)만 있고 피해자(losers)가 없는 것처럼 나타난다.

분배정책의 예로는 강과 항구의 개선과 홍수통제입법(water projects)을 들 수 있다. 또한, 돼지구유입법(pork–barrel legislation)의 예로는 수송입법(transportation legislation)이 있다. 1998년에 '수송형평법(Transportation Equity Act)'으로 명명된 수송입법은 6년 동안 2,180억달러를 제공하기로 하였다. 이들 사업들은 모든 주에 분산되어 있고 거의 관련을 가지고 있지 않았다. 이것은 분배정책이 '실질적으로 정책이 전혀 아니지만 모여서(accumulation)만이 정책이라고 부를 수 있는 고도로 개별화된 결정이다'라는 Lowi의 주장을 뒷받침한다. 각 지역(locality)이나 그것의 지지자들은 어떤 일을 하는 다른 사람들의 권리에 도전하지 않고 그들 자신의 계획에 대한 승인과 재원조달만을 추구한다. 대부분의 계획들은 의회에 지지자들만 있고 반대자들은 없다. Karter대통령은 1979년 일부 수자원계획을 제거하려고 하였으나 실패하였다. 의회의 다수의원들은 이러한 행동에 반대를 하였고 그 계획의 소수는 부활되었다.

### 🌡️ 사례연구  분배정책 현상

**– 퍼주기 포퓰리즘: 나라 망치는 지름길**

　　포퓰리즘정치는 마약메커니즘과 유사한 것으로, 정치인들은 선심성복지로 국민을 유혹해 국가에 의존하도록 만드는 것이다. 아테네 상공회의소 간부는 그리스를 파산으로 몰고간 포퓰리즘을 '탱고춤'에 비유했다. 처음 국민을 꼬드긴 것은 좌파정치가였다. 탱고의 달콤함에 취한 그리스 국민은 선거 때마다 나랏돈 퍼주는 정치인에게 표를 몰아주었다. 그렇게 정치와 국민이 서로 부둥켜안고 망국(亡國)의 춤판을 벌였다. 포퓰리즘의 악마성을 정확히 묘사한 것이다. 일단 중독만 시켜 놓으면 선거승리는 식은 죽먹기이다. 이것은 '**남미의 역설**'이라는 현상과 유사하다. **경제를 황폐화시키고 재정을 거덜낸 포퓰리즘정당이 선거만 하면 승리하는 것을 입증한다.** 베네수엘라는 수많은 국민이 끼니조차 못 때우는 실패국가로 전락했지만 여전히 좌파정권이 집권중이다. 아르헨티나 역시 복지축소의 '금단증세'를 못 참은 유권자들이 좌파포퓰리스트에게 정권을 안겨 주었다. 마약중독자가 마약상에게 매달리듯이, 국민이 생활고에 시달릴수록 자신을 그런 처지에 몰아넣은 포퓰리즘정치에 손을 벌리고 있는 것이다.

　　**한국 문재인 정권의 국정운영도 포퓰리즘통치를 보여준다.** 정권의 핵심인사는 '자기집이 없어야 좌파에 투표한다'는 글을 썼다. 더불당 안에선 20년 정권이니 장기집권이니 하는 얘기가 무성했다. 소득주도성장을 내세워 일자리를 줄이고 빈곤층을 더 가난하게 만들고는 세금으로 지갑도 채워주겠다고 했다. 국민을 세금퍼주기에 중독시키면 게임 끝이니까. 2020년 국회의원 총선에선 **전 국민 재난지원금**을 약속하고 지역마다 대규모 토목사업을 공약했고 선거 이틀 전엔 아동수당 1조원까지 뿌린 끝에 유례없는 압승을 거두었다. 그리고 2022년 대선에서도 똑같은 **퍼주기매표(買票)**전략을 들고 나왔다. **이재명 후보는 월 수십만원의 기본소득이며 기본주택, 기본대출을 주겠다는 공약**

**을 내걸었다.** 나라 곳간이 꽉꽉 채워지고 있다는 거짓말까지 하면서 전 국민 재난지원금을 들고 나왔다. 국토보유세로 온 국민을 90 대 10으로 편가르는 갈라치기전술도 폈다. 전형적이 포퓰리스트수법이었다.

지금까지의 논의를 종합하면, 이러한 퍼주기(분배)포퓰리즘은 국민을 위한 것이 아니라 **정당과 정치인의 선거승리와 권력확보가 목적이다.** 세상에 의무는 줄이고 혜택을 주겠다는데 싫어할 유권자는 없다. 무상급식, 무상보육, 아동수당, 반값등록금, 재난지원금, 기본소득 등 각종 무상복지는 모두 선거의 산물이다. **정당들은 포퓰리즘경쟁을 할 수밖에 없다. 실제로 많은 나라의 국민이 포퓰리즘의 유혹에 넘어갔고, 나라는 예외 없이 쇠락했다.** 베네수엘라 차베스 대통령은 매주 방송에 나와 서민생활고를 덜어주는 온갖 복지선물을 내놨다. 결국, 나라가 망해 국민 수백만명이 해외로 탈출하고 남은 국민은 쓰레기통을 뒤지는 지옥이 됐다. 국가수장이 '국민이 원하는 것은 다 주라'고 했던 그리스도 선거 때마다 연금이 생겨 연금공단이 150개나 이르렀고 급증한 나라 빚을 숨기려 GDP통계까지 조작하다 국가부도를 맞았다. 아르헨티나는 일자리 만든다고 공무원을 대폭 늘리고 연금혜택도 마구 늘리다 20번 이상 모라토리움(채무불이행)을 선언하는 부실국가로 전락했다. 반면에, **선진국가 국민은 포퓰리즘발호를 막는 분별력을 보여 주었다.** 스위스 국민은 5년 전 매달 300만원 기본소득을 꽁짜로 주겠다는 제안에 77%가 반대표를 던졌다. 노르웨이는 북해유전 덕에 1조달러가 넘어선 국부펀드의 인출한도를 한 해 수익의 절반으로 묶어 놓아 원금과 기본수익은 미래세대를 위해 남겨두었다. 독일 사회당 정권은 지지층의 반대를 무릅쓰고 노동개혁을 완수해 일자리 창출의 돌파구를 열었다.

이러한 포퓰리즘정치가 암시하는 것은 **정치인들이 재난지원금이나 기본소득을 마치 공돈인 양 선심쓰듯 뿌리며 국민을 기만해서는 안된다는 것이다. 재난지원금이나 기본소득 모두는 공짜가 아니다. 국민세금에서 나올 수밖에 없다. 세금을 더 내거나 나라빚을 늘리거나 해야 한다.** 세금이 올라가고 국가채무가 증가하면 나라경제가 제대로 돌아가기 어렵고, 결국 국민에게 불이익이 돌아온다. 국민도 국가로부터 더 많은 복지혜택을 기대하려면 자신의 세금부담이 그만큼 커진다는 것을 명심해야 한다. **세상에 '공짜 점심'은 없다.**

**- 재난지원금: 재정은 화수분이 아니다**

문재인 정부와 L경기지사 등 정치권이 전 국민을 대상으로 4차 재난지원금을 지급하자는 주장에 대해, 홍남기 기획개정부 장관은 '정부재정은 화수분이 아니다'라고 했다. 화수분은 아무리 써도 줄어들지 않고 무한정 꺼내 쓸 수 있는 보물단지를 말한다. 코로나19 유행으로 인하여 국민이나 소상공인에게 재난지원금이 필요하기는 하지만, 적자국채를 찍어 내서 국가채무를 늘리는 식으로 재정운영을 할 수 없다는 입장을 밝힌 것이다.

 재난지원금은 자연현상으로 인하여 사망하거나 실종된 사람, 부상을 당한 사람, 주택이나 주생계수단인 농업, 어업, 임업, 상업 등에 재해를 입은 사람들의 재난복구 및 구호를 위해 정부가 지원하는 돈이다. **한국은 코로나19가 발생한 2020년 이후 2021년까지 5차례의 재난지원금을 지급하였다.** 1차 재난지원금은 2020년 4월 3일 정부가 코로나19 위기대책의 일환으로 건강보험료 본인부담금 합산액을 기준으로 하위 70%선을 정하여 주는 것에서 전 국민을 지급대상으로 가구당 가구원수별 차등지급(1인 가구 40만원, 2인 가구 60만원, 3인 가구 80만원, 4인 가구 이상 100만원)하였다. 2차 재난지원금은 2020년 9월 22일 4차 추경이 국회서 통과되면서 1차 때 신청하지 못한 사람들과 구직지원프로그램이 종료나 진행 중인 사람들이나 신규참여자를 대상으로 지급하였다. 3차 재난지원금은 2021년 1월 11일부터 코로나19의 3차 확산으로 피해를 입은 소상공인을 대상으로 지급하기 시작한 자금으로 총 9조3,000억원 규모이다. 4차 재난지원금은 2021년 7월 24일 추경예산이 국회를 통과하면서 지원하게 된 것으로 국내 2,320만 가구 가운데 2,030만 가구가 지급대상이고 맞벌이 4인 가구기준으로 연소득이 1억2,436만원 이하면 총 100만원을 주고 매출이 감소한 소상공인에게 최대 2,000만원의 희망회복자금을 주었다. 그리고 5차 재난지원금은 2021년 9월 6일부터 2,018만 가구 대상 소득 하위 88% 국민에게 1인당 25만원씩 지급하는 것으로 총 114조원이다.

〈1차 긴급재난지원금 예시〉

| 목적 | • 코로나19 위기극복을 의한 한시적인 지원제도<br>• 국민생활안정과 경제회복지원을 목적으로 함 |
|---|---|
| 대상 | 소득이나 재산과 상관없이 대한민국 모든 국민(가구당 지급) |
| 금액 | 가구원수별 차등지급(주민등록세대기준＋건강보험료상 가구기준)<br>• 1인 가구 40만원, 2인 가구 60만원, 3인 가구 80만원, 4인 가구 이상 100만원<br>• 지자체에서 이미 지급받은 경우는 다를 수 있음 |
| 수령방식 | • 신용체크카드, 지역사랑상품권, 선불카드 중에서 선택가능<br>• 기초생활수급자 등에는 현금지급 |
| 지급일정 | • 기초생활수급자 등 취약계층 280만 가구는 별도 신청절차 없이 5월 4일부터 지원금수령<br>• 일반가구는 5월 11일부터 신청받아 5월 13일부터 지급 |
| 신청방식 | • 신용체크카드: 5월 11일부터 카드사로 온라인 신청, 5월 18일부터 카드사와 연계된 은행창구에서 오프라인 신청<br>• 지역사랑상품권, 선불카드 등, 5월 18일부터 읍면동 주민센터와 지역 금고 은행에서 신청 |
| 기부방식 | • 신청접수와 동시에 동의 얻거나 접수 이후 수령인의사에 따라 기부<br>• 신청개시일로부터 3개월 내 신청접수하지 않으면 기부의사로 간주 |

**- 기본소득: 경제효과**

L더불어민주당 대선후보가 내년에만 36조원 이상 필요한 전 국민 기본소득공약을 확정했다. 경기도 내년예산(33조원)보다 많은 규모이다. 전 국민 보편기본소득 추진을 못박으면서 연 25만원으로 시작해(12조9,000억원) 임기 내 연 100만원으로 확대할 계획을 밝혔다. 이와 함께 만 19~29세 청년대상 연 100만원 청년기본소득(7조1,000억원), 만 60~65세 장년층대상 장년기본소득 연 120만원(5조8,000억원), 약 119만 가구에 달하는 농어촌기본소득(1조2,000억원), 18만명에 달하는 문화예술인기본소득(1,800억원) 등 **기본소득시리즈라는 복지분배포퓰리즘 정책을 내놓았다.** 이에 필요한 예산은 첫째, 지출구조조정, 조세감면개혁, 지하경제 탈루세원 양성화 등 세입기반 확충, 둘째, 토지이익배당(국토보유세)와 탄소배당(탄소세) 도입, 셋째, 일반재정 편성 등을 제시하였다(한국경제 2022.2.12.).

**기본소득이란 정부가 소득수준과 상관없이 모든 사람에게(보편성) 노동할 의지와 상관없이(무조건) 정기적으로 지급하는 현금, 즉 정부가 개인(국민) 모두에게 조건 없이 일정한 액수의 현금을 지급하는 제도이다. 이러한 기본소득에는 개인의 기본적인 삶을 국가가 책임져야 한다는 전제와 분배평등이라는 공산주의 또는 사회주의적 분배포퓰리즘이 깔려 있다.** 이것은 시장에서 노동의 대가(임금)인 근로소득을 개인에게 분배하는 것을 불신하는 사고가 존재한다.

이런 **기본소득을 둘러싼 찬반양론이 대립하고 있다.** 찬성론자들은 기본소득을 통해 사회불평등을 줄일 수 있다고 본다. 복지수급자격을 가리는데 쓰는 사회적 비용을 절감하고 수급자에게 사회적 낙인이 찍히는 부작용도 사라진다고 한다. 반면에, 반대론자들은 실제수입과 상관없이 모두에게 지급하는 기본소득은 빈부격차 해소에 별 도움이 되지 않으며 오히려 저소득층의 근로의욕만 꺾는다고 우려한다.

**미국 중앙은행(Fed)에 의하면, '기본소득이 거시경제에 미치는 영향'이라는 보고서에서 모든 미국인에게 기본소득(UBI: universal basic income)을 지급할 경우 국내총생산(GDP)이 장기적으로 11%가 줄어드는 등 거시경제에 악영향이 예상된다고 하였다.** 연구를 한 클리블랜드 연방은행의 루드비체 이코노스트는 미국의 현재 경제상황과 복지제도를 반영하는 벤치마크모델을 만들었다. 벤치마크는 현재 미국의 총생산, 자본, 노동, 소비 등 거시경제변수를 각각 100으로 가정했다. 미국 정치인 앤드루 양이 지난해 미국 민주당 대통령후보 경선에서 내세운 기본소득공약(월 1,000달러씩 연 1만2,000달러 지급)을 전면 도입했을 경우와 비교하기 위해서이다.

〈기본소득실험모형〉

| 벤치마크모형 | 현재 미국 경제 및 복지제도를 반영하는 모델 |
|---|---|
| 앤드루양모형 | 미국인에게 월 1,000달러(연 1만2,000달러)씩 기본소득지급을 가정하고 35년이 지난 장기적 영향을 측정한 모형 |

〈기본소득실험모형의 분석결과〉

| 지표 | 벤치마크모형 | ⟹ | 앤드루 양 기본소득도입모델 |
|---|---|---|---|
| 총생산 | 100 | 10.8% 감소 | 89.2 |
| 자본 | 100 | 7.8% 감소 | 92.2 |
| 노동 | 100 | 12.3% 감소 | 87.7 |

〈개선되는 불평등〉

| | |
|---|---|
| 가처분소득기준 지니계수 | 0.58 → 0.55 (개선) |
| 소비지출기준 지니계수 | 0.42 → 0.37 (개선) |

위의 모형에 의하면, 앤드루 양은 월 1,000달러씩 기본소득을 주면 미국 GDP의 장기(35년 이상) 감소율이 10.8%에 이를 것이라고 전망했다. 이것은 기본소득 지급으로 근로의욕이 저하되어 노동공급이 줄어드는 한편 저축유인도 약해져서 자본공급이 감소한 결과이다. 또한, 기본소득을 받게 된 미국인들의 근로의지가 줄면서 경제활동참가율(만 15세 이상 가운데 취업자와 실업자를 합한 경제활동인구비율)이 벤치마크(76.5%)보다 13% 급락한 63.5%가 될 것이고, GDP 대비 정부의 이전지출비중이 22.4%까지 확대되어 재정부담이 커지므로 세금의 대폭인상을 피하기 어렵다. 대신에, 불평등 개선효과는 일부 관찰되었다. 가처분소득 지니계수(빈부격차와 계층 간 소득의 불평등도를 나타내는 수치로서 0이면 완전평등, 1이면 완전불평등)는 벤치마크 0.58보다 0.03 떨어진 0.55로 측정되었다.

2021년 11월 17일 미국 스탠퍼드대 기본소득실험실(BIL: Basic Income Lab) 홈페이지에 발표한 자료의 의하면, **핀란드·캐나다·브라질 등 세계 24개 국가에서 과거에 기본소득실험이 있었고, 독일·스페인·이란·케냐 등 17개 국가에서는 여러 형태의 기본소득실험이 진행 중이다. 지방자치단체를 기준으로 보면 미국 알래스카주가 유일하다.** 알래스카주는 1982년부터 '영구기금배당'이라는 이름으로 거주기간 1년 이상인 모든 주민에게 매년 현금을 지급하고 있다. 석유 등 천연자원을 판매해 조성한 기금의 수익금 일부를 주민에게 돌려준다는 차원에서 시작했다.

## (2) 규제정책

규제정책은 개인이나 집단의 행태에 제한이나 한계를 부과하는 것이다. 이는 은행가, 공익사업자(utility company), 정육업자(meat-packer), 술집주인(salon-keeper) 등과 같은 규제대상자(the regulated)의 행동의 자유와 재량을 축소한다. 이런 의미에서 이것은 영향을 받는 사람이나 집단의 자유와 재량을 증가시키는 분배정책과 명백히 구별된다.

우리는 규제정책을 생각할 때 공해통제나 운송사업규제와 같은 기업규제정책에 초점을 둔다. 무엇보다 이런 정책범주들은 규제완화라는 탈규제운동의 초점이 되어 왔다. 그러나 가장 확장적인 규제정책은 개인이나 재산에 대한 범죄행위를 다루는 방법이다. 사회적 규제정책(social regulatory policy)이라고 부르는 이 영역은 차별시정조치(affirmative action), 총기통제, 외설물(pornography), 낙태(abortion) 등과 같은 주제들을 다루고, 개인행동의 규제에 관련된다.

규제정책의 형성에는 항상 두 집단 또는 집단동맹 간의 갈등(conflict)이 존재한다. 한쪽은 다른 쪽에 대해 어떤 종류의 통제를 부과하려고 하는데, 이에 대해 규제를 받는 측에서는 통제가 필요가 없다거나 잘못된 통제가 제안되고 있다고 주장하며 저항한다. 이러한 상황에서 비록 승자가 처음에 추구했던 수준보다 적은 이익을 얻을지라도(예컨대, 승자가 공익집단일 때 그들은 공기정화법(Clean Air Act)과 같은 정책으로부터 직접적인 물질적 편익을 얻지는 않지만 넓은 사회적 편익을 제공한다), 규제결정은 명료한 승자(winners)와 패자(losers)에 관련된다. 그러나 규제정책의 목표와 결과는 확인하기가 어렵다.

이제 규제정책의 다양한 종류를 살펴보자. 어떤 규제정책은 어떤 행위를 하도록 하거나 또는 금지시키는 일반적인 행동규칙(general rules)을 설정한다. 셔먼독점금지법(Suchman Antitrust Act)은 기업들에게 독점을 하거나 독점을 시도하지 말아야 하며 거래를 제한하는 행동을 하지 말 것을 요구한다.

소비자보호정책은 규제정책에서 다양한 변화를 예시한다. 1906년의 순수 식품 및 의약법(the Pure Food and Drug Act)과 1962년의 약사법(Drug Amendments)과 같은 법규들은 의약제조업자들이 준수해야 할 품질기준을 제시하고 있다. 따라서 새로운 의약품들이 시장에 나오기 전에 그들은 반드시 의도된 목표를 위한 안전성과 효능성기준을 통과해야 한다. 1964년의 소비자신용보호법(Consumer Credit Protection Act)은 채권자가 채무자에게 이자와 다른 채무 등의 명확한 정보를 제공할 것을 요구하였다.

텔레비전방송사업이나 민간항공사업과 같이, 기업의 진입을 제한하는 규제정책은 어떤 사람에게 편익을 주고 다른 사람에게 편익을 주지 않을 것인가를 결정하는 것에 의해 집행된다. 연방통신위원회에 텔레비전방송허가를 위한 신청자들 중에서 오로지 한명이나 소수만이 지정받을 수 있다. 이것은 특정한 재화나 서비스의 공급 자수를 제한하는 것이므로 경쟁적 규제정책(competitive regulatory policy)이라고 부른다. 동위원회는 또한 소비자에게 제공할 수 있는 서비스품질을 규제할 수 있다.

### (3) 자율규제정책

자율규제정책(self-regulatory policy)은 어떤 사항(matter)이나 집단에 대해 제한 이나 통제를 가하는 것으로서 경쟁적 규제정책과 유사하다. 그러나 경쟁적 규제정책 과 달리, 자율규제정책은 자신의 구성원들의 이익을 보호하고 촉진시키기 위한 것으 로 규제대상집단(the regulated group)에 의해 보다 더 통제된다.

나무치료전문가(tree surgeon)나 경매인(auctioneer)으로부터 법률가나 의사에 이 르기까지 수백 개의 전문직업들은 하나 또는 그 이상의 주들에 의해 자격증이 부여 된다. 그 대표적인 예가 전문자격증제도이다. 일리노이주에서는 50만명의 개업자를 가지고 있는 백여 개의 면허를 규제하는 32개의 기관이 있다. 전문직업집단은 주의 회로부터 자신들이 부여하는 자격증법(Licensing Law)의 제정을 얻어냈다. 그 결과는 정부가 면허를 받은 사람들로 구성된 위원회에 자격증제도의 집행을 위탁하게 되었 다. 시간이 지남에 따라 사람들이 전문직업집단에 진입하는 것이 제한되고 그것의 전문적인 서비스비용은 인상되고 있다. 어느 정도의 면허증이 대중이 이용하는 서비 스 질을 개선할 수 있을지는 불명확하다.

---

**사례연구**  **규제정책 현상**

---

#### - 경제규제: 높은 산업진입규제

한국연합포럼은 2021년 5월 26일 서울 서초동 연합회관에서 '진입규제와 혁신경쟁 그리고 소비자후생'을 주제로 포럼을 열었는데, 정만기 포럼회장은 기조발표에서 '우 리나라의 진입규제수준은 경제협력개발기구(OECD)국가 중 터키에 이어 2위로 OECD 평균보다 높다'고 하고, 중소기업적합업종 등에서 중소상공인 보호 등을 이유로 세계 에서 거의 유례가 없는 진입규제가 이루어지고 있다고 하였다. LED(발광다이오드), 조명업, 중고차 판매업, 자동차 전문수리업 등이 대표적이다. 그리고 플랫폼사업자에 대한 진입규제의 예로 타다금지법, 의료플랫폼광고규제, 온라인법률플랫폼규제 등을 꼽았다. 이러한 진입규제로 인하여 중소상공인이나 기존사업자는 단기적 반사이익을 누릴 수 있지만 중장기적으로는 자생력과 경쟁력이 약화되고 국내기업의 역차별과 소비자후생의 희생까지 초래된다고 하였다. 예컨대, 중고차 판매가 수입차 브랜드에만 허용되고 소비자들은 허위 중고차 매물에 속는 등 피해가 발생하고 있다.

〈중소기업 적합업종 등에 따른 진입규제〉

| LED조명업 | 대기업은 3개 품목만 민간판매 허용 |
| --- | --- |
| 중고차판매업 | 2019년 생계형 적합업종 신청 |
| 김치산업 | 대기업 철수, 업소용 김치시장 진입제한 |
| 제과산업 | 대기업은 매년 2% 이상 신규점포 개설불가 |
| 유통산업 | 대형마트 영업시간, 전통시장 1km내 출점 규제 |

- 경제규제완화와 지역성장: 실리콘밸리와 실리콘힐 그리고 선벨트

2021년 10월초 뉴욕타임스에 '텍사스가 미국의 미래다'라는 전문가 기고가 실렸다. **과거 반세기 동안 미국의 성장엔진역할을 했던 캘리포니아주의 실리콘밸리(Silicon Valley)시대는 가고, 텍사스주의 실리콘 힐(Silicon Hill)이 그 역할을 넘겨받고 있다는 것이다.** 진보주의 심장이고 민주당 텃밭이자 큰정부모델로 규제가 많은 캘리포니아와 보수주의 심장이고 공화당 텃밭이자 작은정부와 친기업정책을 내세운 텍사스의 '1위 다툼'은 치열해지고 있다. 최근 그레그 애벗 텍사스 주지사가 '우리 텍사스를 캘리포니아처럼 망치지 말자'는 슬로건을 내걸자, 개빈 뉴섬 캘리포니아 주지사는 '캘리포니아가 텍사스 꼴이 안 나게 하자'고 했다.

〈캘리포니아주와 텍사스주의 비교, 괄호 안은 미국 내 순위, 2020년기준〉

| 구 분 | 캘리포니아주 | 텍사스주 |
| --- | --- | --- |
| 면 적 | 42만3,970km² (3위) | 69만5,662km² (2위) |
| 총인구 | 3,953만8,223명 (1위) | 2,914만5,505명 (2위) |
| 최근 1년 인구증가 | 2만6,000명 | 14만9,624명 |
| 최근 10년 인구증가율 | 6.1% (28위) | 15.9% (3위) |
| 실질 GDP증가율(2000-2020년) | 59.20% | 70.60% |
| 하원의원 수 | 53석(2020년) → 52석(2021년) | 36석(2020년) → 38석(2021년) |

자료: 미국 인구조사국, 캘리포니아, 텍사스 주정부.

지난 7일 세계 전기차업계의 선두주자인 테슬라의 일론 머스크 최고경영자(CEO)는 텍사스 오스틴에 건설 중인 공장 앞에서 연례 주주총회를 열고 '현재 실리콘밸리 팔로 알토에 있는 테슬라 본사를 오스틴으로 이전하겠다'고 발표했다. **머스크가 텍사스로 간 것은 제로(0)인 법인세와 소득세 및 저렴한 인건비, 회사공장부지 무상대여 등 파격**

적인 기업유치 인센티브 때문이다. 특유의 민간주도분위기 덕에 주와 시 정부의 **정책결정에 기업의 목소리가 크게 반영된다는** 이유도 있다. 시사주간지 타임은 '테슬라 본사 이전은 캘리포니아 실리콘밸리가 혁신주도권을 텍사스에 뺏기고 있음을 보여주는 상징적인 장면'이라고 했다. 테슬라에 앞서 기업용 소프트웨어업체 오러클, 정보통신업체 휴거렛패커드엔터프라이즈(HPE)도 본사를 캘리포니아에서 텍사스로 옮겼다. **이미 오스틴은 실리콘밸리에서 옮겨 온 크고 작은 크고 작은 정보통신(IT)업체들로 집적하여 실리콘 힐(Silicon Hill)**이라고 불린다.

미국기업 CEO 400명을 대상으로 한 **조사에서 기업하기 가장 좋은 주로 텍사스주가 2005년부터 올해까지 17년 연속 1위를 차지했다.** 텍사스에는 젊은 경제활동인구가 급증하고 있다. 미 인구조사국에 의하면, 텍사스는 지난 10년간 인구가 420만명(16%)이나 증가하여 총 2,900만명을 넘었다. 미국 50주 평균인구증가율 7.4%의 두 배가 넘는 최고수치이다. **젊은층 사이에서 세금과 규제가 적고 주거비용이 저렴하다는 게 텍사스의 최대 매력요인으로 꼽힌다.** 특히 텍사스주의 최근 10년간 신규유입인구의 95%가 흑인과 아시아계 등 유색인종으로, 이 때문에 텍사스 주민 중 순수 백인의 비율이 40% 아래로 떨어졌다. 전통적 보수 백인 농업지역인 텍사스가 젊고 다원화된 것이다. 반면에, 인구 3,700만명으로 미국 최대주인 캘리포니아는 지난 10년간 인구증가율이 6.1%로 전국평균을 밑돌았다.

**텍사스의 인구급증으로 올해 선거구 조정에서 인구비례인 연방하원의석은 2석이 추가된 반면,** 캘리포니아는 서부개발시대이래 170년 만에 하원의석이 1석 줄었다. 대런 쇼 텍사스의 정치학과 교수는 '텍사스와 플로리다 같은 공화당 텃밭의 인구와 의석 증가는 현 민주당 우위의 **정치지형에 변화**를 가져올 수 있다'고 하였다.

**특히 미국의 신흥산업지대인 선벨트(sun belt)는** 미국 노스캐롤라이나와 플로리다에서 조지아와 텍사스를 거쳐 애리조나와 캘리포니아에 이르는 미남부 신흥산업지대를 말하는데, 이들 지역은 넓은 토지와 앙질의 노동력, 무노조환경, 파격적 조세감면 등을 내세워 전 세계기업들을 빨아들이는 '블랙홀'로 떠오르고 있다.

기업들이 좋은 투자환경을 찾아 나서는 것은 당연한 일이다. 이를테면, 삼성전자가 20조원(약 170억달러)을 투자해 미국 텍사스주 테일러시에 새 파운드리(반도체위탁생산)공장을 건설한다고 발표했다. 이러한 삼성전자의 미국투자는 **미국이 엄청난 당근(유인책)을 마련해 투자유치에 기인한다.** 현재 미국에서는 2024년까지 미국 내 반도체 제조시설에 투자할 경우 최대 40%에 해당하는 세액공제를 허용하는 파격적인 법안이 상원을 통과했고, 하원에서 논의 중이지만 통과가 유력하다고 한다. 이 법안에 의하면, 삼성전자가 20조원을 투자할 경우 40%인 최대 8조원의 세액공제를 받을 수 있다.

이와 별도로, 삼성반도체공장이 들어서는 텍사스주가 삼성전자에 약속한 세금감면 혜택은 1조2,000억원이 넘는다. 지난 9월 공장이 들어설 테일러시와 윌리엄슨 카운티는 삼성공장의 재산세 90% 이상을 감면해주는 인센티브를 만장일치로 확정했다. 만약 삼성이 20조원을 미국이 아닌 국내에 투자할 경우 공제받는 세금혜택은 최대 2조원에 불과하다. 삼성입장에선 미국에 투자하는 그 자체로만 7조2,000억원을 그냥 벌고 들어 간다. 기업이 무슨 선택을 하겠나? 반도체는 우리나라 수출의 20%를 차지하는 핵심 산업인데도 정부는 변변한 반도체전략도 없이 손을 놓고 있다.

　삼성반도체투자를 유치한 텍사스 애벗 주지사는 '이번 투자는 텍사스주에 대한 해 외직접투자 중 최대규모라며 삼성의 투자는 텍사스 주민들에게 많은 기회를 제공하고 텍사스의 반도체산업을 이끌어가는 데 핵심역할을 할 것으로서 2,000개 이상의 첨단 기술직 일자리, 수천개의 간접일자리, 최소 6,500개의 건설 관련 일자리가 창출될 것' 이라면서 '고맙다. 삼성'을 다섯 번 반복했다고 한다. **세계 최대 경제대국 미국도 투자 유치로 좋은 일자리를 창출하기 위해 기업 모셔가기에 사활을 건다.**

### - 층화된 행정규제: 술병라벨규제

　**술병라벨의 촘촘한 규제목록은 행정규제의 현실을 보여준다.** 8개 정부부처가 제각기 행사하는 주류라벨규제들을 살펴보면, 주류제조판매업자가 아니더라도 숨이 막힐 지 경이다. 예컨대, 식품의약품안전처와 산업통상자원부는 2개씩 복수규제를 가하고 있 어 라벨에 표시된 것만 무려 10개에 달한다. **흔히 '주류라벨'이라 불리는 관여하는 정부 부처는 총 여덟 곳(산업통상자원부, 식품의약품안전처, 공정거래위원회, 관세청, 보건복 지부, 국세청, 환경부, 여성가족부)이다.** 예컨대, 원산지는 관세청(대외무역법), 경고사 항은 보건복지부(국민건강증진법), 반품 및 교환사항은 공정위(소비자보호법), 청소년 보호조항(여성가족부)에서 관할한다. 그리고 식약처는 칼로리 표시를 의무화했고, 환 경부는 '재활용 용이성 등급표시규정'을 신설하여 주류규제부처에 새로 이름을 올렸 다. 이렇게 술병라벨에 여러 정부부처가 규제를 하게 되면 **겹겹의 층화된 괴물이 되어 기업에게 막대한 비용을 부담시키게 된다.** 예컨대, 라벨에 들어가는 글자 하나만 바꾸 어도 라벨을 찍어 내는 동판을 교체해야 한다. 동판을 하나 교체하는 비용은 15만원 정도로, 업계에선 6,000여 개에 달하는 국내 생산주류품목의 동전교체비용은 9억원으 로 추산하고 있다.

〈8개 부처가 관여하는 주류라벨 현황〉

| 전체 | 주류라벨 개괄 | 식약처(식품 등의 표시광고에 관한 법률) |
| --- | --- | --- |
| 제품명 | A수입주류 | 식약처 |
| 식품유형 | 과실주 | 식약처 |
| 업소명 및 소재지 | (주)A수입사, 서울 성동구 왕십리 58 | 식약처 |
| 제조연월일 | 00년 00월 00일 | 식약처 |

| 용량 및 알코올 | 750ml, 14% | 산업통상자원부(계량에관한법률, 국가표준기본법) |
|---|---|---|
| 원재료명 | 포도원액, 무수아황산(산화방지제) | 식약처 |
| 반품 또는 교환 | 수입사 (T.02-422-6833) 또는 구입처 | 공정거래위원회(소비자기본법) |
| 보관방법 | 서늘한 응달에 보관 | 식약처 |
| 제조업소명 | A Company | 식약처 |
| 원산지 | 스페인 | 관세청(대외무역법),<br>산업통상자원부(대외무역관리규정) |
| 주류면허 | 000123 456784 | 국세청(주류면허 등에 관한 법률) |
| 경고 | 지나친 음주는 뇌졸중, 기억력 손상이나 치매를 유발합니다. 임신 중 음주는 기형아 출생위험을 높입니다. | 보건복지부(국민건강증진법) |
| | 부정, 불량식품 신고는 국번 없이 1399 | 식약처 |
| | 19세 미만 판매금지 | 여성가족부(청소년보호법) |
| | 가정용 음식점과 주점 판매불가 | 국세청(주류면허 등에 관한 법률) |
| | 유리 재활용 어려움 | 환경부(자원재활용법) |

자료: 한국경제(2022.4.6).

### (4) 재분배정책

재분배정책은 정부가 가진 자와 가지지 못한 자, 자본가계급과 노동자계급과 같은 모집단의 넓은 계층과 집단들에게 부, 소득, 재산, 권리 등의 할당을 이전시키려는 의식적인 노력이다. 추구하는 목표는 재산권의 사용이 아니라 재산권 자체이고, 동동한 대우가 아니라 동등한 소유이며, 행태가 아니라 존재이다. 미국사회에서 재분배정책은 이를 지지하는 자유주의자와 반대하는 보수주의자 사이의 이념대립 (disagreement)에 관련되고 높은 갈등(conflict)을 초래하고 있다.

재분배정책의 보편적인 패턴은 가진 자로부터 가지지 못한 자에게로 자원들 (resources)을 이전시키는 것이다. 그러나 반대의 흐름도 가능하다. 농업가격지지사업에서 농업보조금은 대규모 상업농부(large commercial farmers)에게 지불되고, 소규모 농부는 소수의 편익을 받는다. 그러나 조세를 지불하는 모든 사람들은 그 사업의 재원에 기여한다. 전형적으로 이러한 예는 아마도 가진 자가 가지지 못한 자의 비용으로 편익을 가진다는 인식의 거부감 때문에 재분배적인 것으로 논의하지 않는다.

재분배정책은 돈과 권리 또는 권력의 재할당에 관련되기 때문에 집행되기가 어렵다. 돈과 권력을 소유한 사람들은 그들을 쉽게 내놓으려고 하지 않는다. 돈과 권력은 정치영역에서 좋은 무기(good coinage)이기 때문에 이들을 소유한 사람들은 그것의 감소에 저항할 다양한 수단들을 가지고 있다.

재분배효과를 가지고 있는 정책들은 누진소득세(graduated income tax), 의료보호(Medicare and Medicaid), 빈곤과 전쟁(the War on Poverty), 투표권법(the Voting Rights Act), 그리고 의석수 재할당(legislative reapportionment) 등이 있다. 누진소득세는 개인의 지불능력원리에 토대를 둔 것으로서 지금은 재분배적 가능성의 많은 것을 잃고 있다. 1980년대 초반 누진세율은 14%에서 50%까지의 범위를 가지고 있었으나, 1986년 Regan 대통령의 강한 지지와 함께 의회에서 제정된 조세개혁법(Tax Reform Act)은 높은 세율이 개인의 자유를 침해하고 경제성장을 저해한다고 하여 오로지 15%와 28%의 두 가지 세율만을 부과하였다. 그러나 1990년에 31%, 36%, 그리고 39.6%의 세율들이 첨가되었다. 낮은 세율은 많은 정치적 호소(appeal)를 가지고 있다.

Johnson행정부의 빈곤과 전쟁(빈곤퇴치정책)은 부와 다른 자원들을 흑인과 가난한 사람들에게 이전시키려는 노력을 대표하였다. 이 정책은 보수주의자들의 적극적인 저항과 대통령의 지원부족으로 점차 분산되고 와해되어 갔다. 비록 대부분의 개별적인 빈곤퇴치사업(Head Start사업, 공동체 행동, 서비스사업 등)은 아직도 지속하고 있지만 재분배적 성격은 많이 퇴색되었다. 법무부에 의해 강력하게 추진되었던 1965년의 투표권법은 흑인 유권자등록의 실질적인 증가와 남부지방에서 흑인출신 공직자의 당선을 가져왔다.

이러한 논의가 암시하듯이, 재분배정책은 확실하게 시행하기도 어려울 뿐 아니라 유지하기도 어렵다. 미국인들이 기회의 균등에 대해 어떻게 생각할 지라도, 결과와 조건의 형평성, 즉 소득과 생활수준의 형평성은 크게 매력을 끌지 못하고 있다.

## 🌡️ 사례연구   **재분배정책 현상**

**- 기준중위소득 인상과 정부지원 느는 저소득층**

정부가 **기초생활보장 등 각종 복지사업 지원대상을 정하는 기준으로는 상대적 빈곤 개념을 적용하는 '기준중위소득'이 있는데, 2022년에 역대 최대폭으로 인상된다**. 이에 따라 복지정책 수혜자가 큰 폭으로 늘어나고 복지재정수요도 늘어날 전망이다. 내년 지방선거를 둘러싼 '복지포퓰리즘'이란 비판이 제기된다.

〈기준중위소득 인상률〉

| 2016년 | 2017-18년 | 2019년 | 2020년 | 2021년 | 2022년 |
|--------|-----------|--------|--------|--------|--------|
| 4% | 1% | 2.09% | 2.94% | 2.68% | 5.02% |

기준중위소득이란 기초생활보장급여기준에 활용하기 위해 중앙생활보장위원회가 결정하는 국민가구소득의 중간값이다. 통계청이 발표하는 가계금융복지조사의 가구경상소득 중간값에 최근 가구소득 평균증가율을 반영해 다음해 기준중위소득을 정한다. **기준중위소득은 보건복지부 등 12개 부처에서 운영하는 77개 복지사업의 지급기준이 된다.** 예컨대, 극빈층의 생활비를 지원하는 **생계급여**는 기준중위소득의 30% 이하 가구에 지급된다. 기준중위소득과 실제 저소득가구소득의 차액을 정부가 보전해 주는 방식이다. 그리고 수급자 본인부담액을 제외한 의료비전액을 지원하는 **의료급여**는 중위소득의 40% 이하 가구가 받을 수 있는데, 내년부터는 월소득이 204만8,432원 이하인 가구가 수혜대상이 된다. **주거급여**는 235만5,697원 이하 가구에 지급되는데 기준중위소득의 46%에 해당한다. 중위소득 50% 이하 가구가 받을 수 있는 **교육급여**는 평균 21.1% 상향되었다.

이처럼, 기준중위소득이 인상됨에 따라 각종 복지급여에 투입할 재정이 내년에 최소 5,000억원 이상이 더 필요할 것으로 예상되고 있다. 소득하위층은 점점 더 세금에 의존하는 계층이 되고 있다. 감소한 소득층의 근로소득을 국민세금으로 보존해주는 현상이 심해지고 있다.

### - 저소득층과 고소득층의 복지혜택과 복지격차

저소득층이 평생 받는 복지순수혜금액이 고소득층의 50배를 넘는 것으로 나타났다. 순수혜금액이란 전체 복지혜택금액에서 세금부담액을 뺀 것이다. 이것은 고소득층의 세금부담은 저소득층보다 높은데 복지수혜금액은 적은 현상을 말해준다.

한국조세재정연구원은 최근 발간한 '생애소득에 기초한 조세재정정책의 수혜와 부담 추정연구'보고서를 통해 이같은 내용을 공개했다. 오종현 연구위원은 2017년 재정패널조사를 기반으로 25세부터 85세까지 가구주의 생애소득을 추정한 뒤 소득세와 부가가치세 등 두 가지 세금부담과 기초연금, 아동수당, 의료수혜, 교육수혜 등 네 종류의 국가복지혜택을 계산하는 방식으로 결과를 도출했다.

소득하위 10%에 해당하는 1분위 가구는 연평균 697만5,000원의 시장소득을 벌어 863만1,000원을 사용한다. 적자폭은 복지제도 등으로 감당한다. 매년 기초연금을 136만8,000원을 수령하는 것을 비롯해 447만4,000원의 복지혜택을 누린다. 이들 계층의 소득세 부담은 연간 1만3,000원이고 소비에 따른 부가가치세는 71만4,000원이다. 복지혜택에서 세금부담액을 뺀 복지순수혜금액은 374만7,000원이다. 이를 생애소득으로 환산하면 1분위 가구는 평균소득세 79만원과 부가가치세 4,355만원을 내고, 2억 7,291만원에 해당하는 복지혜택을 받는다.

이는 고소득층으로 분류되는 소득상위 10% 가구와 차이가 난다. 10분위 가구는 연 평균 7,058만원을 버는 것으로 추정된다. 소득세로는 연간 220만2,000원을, 부가가치 세는 140만9,000원을 낸다. 평생 2억2,027만원을 세금으로 낸다. 반면, 복지혜택은 368만원에 그쳤다. 의료와 교육으로 인한 수혜금액은 크게 차이가 나지 않지만 현금복 지에 해당한 기초연금수령액은 연간 41만5,000원으로 저소득층의 3분의 1에 미치지 못한다. 이에 따라 고소득층의 복지순수혜금액은 7만1,000원으로 저소득층의 1.8%에 불과하다. 중산층으로 볼 수 있는 7분위(상위 30-40%)는 연간 3,022만원을 벌고 135 만9,000원을 세금으로 내어 복지순수혜금액은 309만4,000원이다.

〈사회계층별 생애 연평균 소득, 세금, 복지수혜 현황〉   (단위: 만원)

| 사회계층 | 시장소득 | 세금 | 복지수혜 | 순수혜 |
|---|---|---|---|---|
| 1분위가구(소득하위 10%, 하류층) | 697 | 72 | 447 | 374 |
| 7분위가구(소득상위 30-40%, 중산층) | 3,022 | 135 | 445 | 309 |
| 10분위가구(소득상위 10%, 상류층) | 7,058 | 361 | 368 | 7 |

자료: 한국조세재정연구원(2018).

이와 같이, **사회 각 계층의 세금부담과 복지순수혜금액의 차이는 재정정책의 소득배분배효과를 나타내는 것이다. 고소득층에게 세금을 더 걷어 저소득층을 지원함으로써 사회의 형평성을 높인다는 논리이다. 또한, 노인에게 지급하는 기초연금과 아동이 있는 가구에 주는 아동수당 등이 특정연령대를 집중지원하는 제도라는 점을 고려하면 생애자료를 통해 본 정책의 재분배효과는 일반적으로 알려진 것보다 크다고 할 수 있다.**

### 3) Almond & Powell의 분류

Almond & Powell(1978: 286-314)은 그의 저서 '비교정치: 체제, 과정, 그리고 정책'에서 국내적이거나 국제적 환경에서 정치적 성과의 비교는 정책산출의 네 가지 유형을 통하여 접근할 수 있다고 하고, 정치체제의 산출범주를 분배정책, 규제정책, 추출정책, 상징정책으로 분류하였다. 이 중에서 앞의 두 가지 정책유형은 Lowi의 그 것과 대동소이하고, 뒤의 두 가지 정책유형은 새로운 유형이라고 할 수 있다.

### (1) 분배정책

분배정책은 정부가 교육 건강 위생 휴식 등과 같은 경제적 재화와 서비스, 지위나 위신, 및 공동체 의미나 안전과 같은 가치들을 할당하는 것이다. 여기서 초점은 총사회산출의 어떤 양을 정치체제가 분배를 할 것인가와 어느 집단들에 이들 분배의 편익을 제공하거나 하지 않을 것인가에 대한 대답이다.

### (2) 규제정책

규제정책은 정부가 사회에서 개인이나 집단의 행동에 대하여 통제를 하는 것이다. 여기서 관심은 규제되는 행동의 수와 종류, 규제받는 집단, 시행의 절차적 한계, 그리고 순응을 위해 사용하는 제재의 유형과 강도 등이다.

### (3) 추출정책

추출정책(extractive policy)은 정부가 국내적 또는 국제적 환경으로부터 자원들, 즉 돈(조세), 재화와 서비스, 사람 등을 끌어오는 것이다. 예컨대, 인적 자원으로 징병이나 자원봉사와 물적 자원으로 조세와 각종 성금을 받는 것을 들 수 있다. 여기서 초점은 정부가 거두어들이는 자원의 양과 누가 부담하느냐의 문제이다.

### (4) 상징정책

상징정책(symbolic policy)은 정부가 정치적 언어나 정치의식 및 정치도상(iconography) 등을 가지고 활동이나 기능을 하는 것을 말한다. 정치지도자들은 역사, 용기, 과감성, 지혜 등이나 형평, 자유, 공동체와 같은 이념적 가치 그리고 미래의 업적에 대한 보상을 약속하는 것을 이용하여 정치체제의 산출을 극대화하려고 한다. 예컨대, 공공건물이나 동상 및 광장 등의 상징적 물체뿐 아니라 국경일, 서열식, 국민윤리교육을 통한 애국심 함양이 이에 해당한다.

이러한 상징정책은 정치체제나 정부의 정통성을 강화하고, 분배나 재분배 및 규제 등 다른 정책에 대한 순응을 확보하기 위한 목적을 가지고 있다.

## 4) Ripley & Franklin의 분류

정책유형분류의 선구자인 Lowi(1964, 1972)는 고전적 정책유형으로 분배정책, 규제정책, 재분배정책, 구성정책 등 네 가지로 분류하였다. 이후에 여러 학자들의 정책유형분류의 시도가 있었고, Ripley & Franklin(1976, 1980, 1984: 22-23)은 Lowi의 정책유형을 기반으로 하면서 새로운 정책유형을 추가하였다. 이들은 정책유형을 국내정책과 국외정책으로 나누고, 다시 국내정책은 분배정책, 규제정책(보호적, 경쟁적), 재분배정책의 네 가지로, 그리고 국외정책은 구조정책과 전략정책 및 위기정책의 세 가지로 구분하였다.

이러한 정책유형의 범주화는 정책결정을 위한 정치적 관계를 분석할 수 있게 한다. 정치적 관계의 주요한 특징은 주요한 행위자들의 범주와 이들 행위자들 간의 관계(상호작용) 본질과 안정성, 관련 행위자들 간에 결정의 가시성, 그리고 개별행위자들의 영향력 등을 들 수 있다(표 3-6).

〈표 3-6〉  Ripley & Franklin(1984)의 정책유형과 정책결정을 위한 정치적 관계

| 정책유형 | 주요한 행위자들 | 행위자들 간의관계 | 관계의 안정성 | 결정의 가시성 | 행위자들의 영향력 | | | | |
|---|---|---|---|---|---|---|---|---|---|
| | | | | | 대통령 | 정부부처 | 전체 의회 | 의회 위원회 | 민간부문 |
| 분배정책 | 의회위원회 정부부처 작은 이익집단 | 결탁 (logrolling) : 모든 사람 이익 | 안정 | 저 | 저 | 고 | 저 (위원회 지원) | 고 | 고 (전문화된 집단) |
| 보호적 규제정책 | 의회위원회 정부부처 경제협회 | 흥정, 타협 | 불안정 | 중간 | 중간 이상 | 중간 | 중간 이상 | 중간 | 중간이상 (규제받는 이익들) |
| 경쟁적 규제정책 | 의회위원회 정부부처 작은 이익집단 | 호의적인 행위자들간 결탁 | 안정 | 매우 저 | 저 | 고 (규제 기관) | 저 | 중간 이하 | 고 (정상협회) |
| 재분배 정책 | 대통령 의회 또는 하위위원회 큰 이익집단 (정상협회) | 이념적, 계급적 갈등 | 안정 | 고 | 고 | 증간 이하 | 고 | 중간 이하 | 고 (정상협회) |
| 구조정책 | 의회위원회 정부부처 작은 이익집단 | 결탁 : 모든 사람 이익 | 안정 | 저 | 저 | 고 | 저 (위원회 지원) | 고 | 고 (보호받는 집단과 기업) |

| 전략정책 | 대통령 행정부처 | 흥정, 타협 | 불안정 | 저 | 고 | 저 | 고 (종종 집행부에 의임) | 저 | 증간 (이익집단, 기업) |
| 위기정책 | 대통령 자문가 | 협동 | 불안정 | 저 | 고 | 저 | 저 | 저 | 저 |

자료: Ripley & Franklin(1984: 24-25).

그러면 Ripley & Franklin이 분류한 네 가지 정책유형은 구체적으로 어떠한 의미와 특징을 가지고 있는가를 살펴보자.

### (1) 분배정책

분배정책은 전체로서 사회에 바람직한 것으로 말할 수 있는 민간활동을 증진시키는데 목표를 두는 정책, 즉 특정한 이익집단이나 다른 명료화된 수혜자들(beneficiaries)에게 일정한 종류의 편익을 하사하는 정책을 말한다. 분배정책의 예로는 농업상품구매를 위한 현금 지불, 대학이나 민간연구소에 과학연구보조금 지급, 공항건설, 병원건설, 쓰레기시설, 그리고 대중교통시설을 위한 지방보조금 지급 등을 들 수 있다.

이러한 정책이나 사업은 민간활동에 대한 보조금이나 보조금을 받는 개인과 집단 및 기업에 눈에 보이는 정부편익을 제공하는 것이다. 보조금(subsidy)은 소망스러운 행동을 유도하기 위한 지불이다. 많은 정부정책들은 외견상 보조금이 아닌 것으로 보일지라도 보조금으로 나타난다. 보조금의 결정은 전형적으로 고려되는 단기결과를 위하여 만들어진다. 이 결정은 수혜자들 서로 서로를 고려하기 보다는 그냥 분리하는 것이므로 오로지 승자(winners)만 있고 패자(losers)는 존재하지 않는다.

농업가격 지원이나 수자원 또는 건강연구 보조금과 같은 특정한 분야에 관련되는 하위정부(subgovernment)를 구성하는 개인이나 집단은 시간흐름 속에서 안정적이고 그리고 그들의 상호작용은 낮은 가시성과 높은 정도의 상호작용 및 상호이익을 얻는 결탁(logrolling)이 이루어지고 있다. 의회 하위위원회는 일반적으로 다른 행위자들로부터 투입을 받아 최종결정을 한다. 분배보조금의 수령자들은 서로를 인식하지 않으며 그리고 어느 누구라도 잠재적인 수령자가 될 수 있기 때문에 제한된 자원에 대한 경쟁을 하지 않는다. 분배결정은 중앙정부의 선심성할당(pork barrel)으로 형상화할 수 있다.

### (2) 보호적 규제정책

보호적 규제정책(protective regulative policy)은 다양한 인간활동의 기반이 되는 조건들을 설정하는 것에 의하여 대중(국민)을 보호하려는 정책이다. 예를 들면, 해롭다고 생각되는 조건(공기오염, 거짓광고)은 금지하고 이롭다고 생각하는 조건(대중이 자율 공시)은 권장을 한다. 이러한 조건은 일반적인 법과 규칙에 의해 확립된다.

보호적 규제결정에 관련되는 행위자들(의회 하위위원회, 정부부처, 그리고 경제협회 등)은 실제이슈들이 변화하기 때문에 분배영역보다 훨씬 덜 안정적이다. 최종결정은 대통령이나 정부부처 및 의회 등에 의해 이루어진다.

### (3) 경쟁적 규제정책

경쟁적 규제정책(competitive regulative policy)은 다수의 경쟁하는 잠재적인 서비스 전달자들 중에서 선택된 하나 또는 소수의 전달자들에게 특정한 서비스 공급을 제한하는 정책이다. 예를 들면, 어떤 결정은 TV채널이나 라디오방송 및 항공노선과 같은 분리할 수 있는 자원을 할당한다. 어떤 결정은 다른 잠재적 전달자들을 배제하는 것에 의해서 서비스의 공급에서 무제한적 경쟁보다는 제한된 경쟁을 유지한다. 그리고 어떤 결정은 주기적으로 서비스 전달자를 선택하거나 성과표준을 부과하여 전달되는 서비스의 질을 규제하는데 목표를 둔다.

이러한 결정들은 정부부처나 규제위원회 또는 법원에 위임한다. 경쟁자들의 영향력은 높으며 그들 대부분은 어떤 편익을 얻기를 기대할 수 있다. 따라서 일반적 수준에서 이러한 정책은 보조금정책과 유사하다.

### (4) 재분배정책

재분배정책은 사회에서 사회계급이나 여러 범주의 집단들에게 부, 재산, 권리, 또는 다른 가치의 배분(할당)을 조종하려는데 목표를 두는 정책이다. 이러한 정책의 사례로는 복지, 인종이나 사회소수자를 위한 시민권, 식품권, 고용훈련프로그램, 가난한 학교와 도시에 대한 원조, 고소득자에게 높은 세율을 부과하는 누진소득세, 그리고 여성과 소수자를 고용하는 연방계약 등을 들 수 있다.

재분배정책은 사회에서 다양한 계층이나 집단 사이에 부나 재산 및 가치 등을 재할당 하려는 것이기 때문에 명확한 승자(winners)와 패자(losers)가 있을 것이라고 인식한다. 이처럼, 재분배의 특징은 승자와 패자를 인식하고 다른 집단의 희생 하에 어떤 집단에 자원이나 가치를 이전시킨다. 백인들은 때때로 소수자집단에 특정한 편익을 제공하는 프로그램이나 정책에서 패자로 인식한다. 재분배는 여러 방향으로 이루어진다. 어떤 프로그램은 부자로부터 빈자로, 소수자로부터 백인으로 가치의 항목이 배분된다. 그들은 재분배 시도와 관련하여 뜨거운 정치적 논쟁을 하질 않는다. 따라서 재분배정치는 의도된 편익이 사회에서 상대적으로 열악한 위치에 있는 사람이나 집단에 주는 상황에 관련된다.

재분배과정에서 이해관계는 높게 나타나고 이것은 정책결정과정이 높은 가시성과 갈등을 가지고 있다는 것을 말한다. 어떤 재분배이슈를 형성하는 연합(coalitions)은 공공복지프로그램과 같은 이슈에 따라 구성에서 변화가 있을 수 있다. 그러나 그들은 일반적으로 찬성집단(자유주의자)과 반대집단(보수주의자)으로 구분되고, 그 이슈에 대한 논의는 이념적 측면에 던져진다. 정책결정과정에서 참여자들 간의 정치적 고려는 '누가 누구의 비용 하에 무엇을 얻는가?(who gets what at the expense of whom?)'라고 할 수 있다. 이것은 계급정치로 나타난다.

### (5) 구조정책

구조정책(structural policy)은 사전에 결정된 전략적 결정의 가이드라인 내에서 군사적인 인력과 물자를 획득, 전개, 조직화하는데 목표를 두는 정책이다.

연방정부는 국방을 제공하는데 경쟁자가 없기 때문에 물자를 생산하는 기업에 대한 보조금을 배분한다. 따라서 이 정책은 밀접하게 분배정책에 관련된다. 그 과정은 하위정부의 지배와 행위자들 간의 비갈등적 관계와 분권화된 의사결정의 특성을 가지고 있다. 정책결정과정은 집행부가 정책을 발의하고 의회 하위위원회의 심사 그리고 의회의 최종결정으로 이루어진다.

### (6) 전략정책

전략정책(strategic policy)은 국가 간의 관계에서 기본적인 군사적 외교적 정책을 결정하여 실행하는 정책이다. 국방력, 무기판매, 외국원조, 무역, 이민 등이 그 예이다.

정책계획은 기본적으로 행정부로부터 나오는데, 여러 정부부처 사이에 경쟁과 흥정, 갈등이 존재한다. 이들 기관에 의해서 만들어진 결정은 대통령의 최종승인을 얻게 되고 의회의 승인을 얻게 된다. 의회는 전략적 결정자체를 만드는 것은 아니지만 의회전체의 영향력은 높다고 할 수 있다.

### (7) 위기정책

위기정책(crisis policy)은 정책결정자에게 거의 경고 없이 발생하는 심각한 문제에 즉각적인 행동을 요구하는 것에 대한 반응으로 볼 수 있다. 위기상황의 발생은 예측할 수가 없고 외부적 사건과 연결되어 있다. 위기정책의 예로는 1941년 일본의 진주만 공격, 1962년 러시아의 쿠바미사일 배치, 1975년 미국상선의 캄보디아 납치, 1979년 미국민의 이란 납치 등이 있다

이러한 위기정책결정의 주요한 행위자는 공식적인 갈등의 최소화를 위해 함께 일하는 행정부 엘리트관료들이고 정책결정의 가시성이 낮다. 의회의 관여는 비공식적이고 제한되어 있다.

## 5) Spitzer의 분류

Spitzer(1987: 675 – 689)는 Lowi의 정책유형이 가지고 있는 약점을 지적하고 이를 보완하기 위하여 수정한 정책유형을 제시하였다. Lowi의 정책유형의 약점으로는 첫째, 정책의 상호배타성이 결여되어 있다. 분류된 정책은 상호배타성이 있어야 하는데 분배와 재분배 및 규제정책의 중복이 많다. 예컨대, 국민들에게 서비스를 제공하는 정책은 추상적으로 일반국민에게 주는 경우 분배정책이 되고 저소득층에 혜택을 주는 경우 재분배정책이 된다. 최저임금제를 보장하는 노동법이 기업들의 행동을 제약하는 측면에서 보면 규제정책이지만 사회적 약자인 근로자를 보호하고 임금인상을 목적으로 하면 재분배정책이 된다(정정길, 1993: 75 – 76). 둘째, 정책의 범주별 구분이 어렵다. 정부의 모든 정책은 네 가지 정책유형 중 어느 것에 포함되어야 하는데 이것이 불가능하다. 이를테면, 위의 사례에서 보는 바와 같이 수많은 정책사례들이 둘 이상의 정책유형에 동시에 속할 수가 있다. 셋째, 정책은 시간의 변화에 따라 또는 법령의 개정에 따라 그 성격이 바뀔 수 있다(박광국, 2000: 144).

이러한 Lowi이론의 한계를 인식한 Spitzer는 Lowi의 정책유형을 강제력(coercion) 측면에서 차이점을 분석하고, 네 가지 정책유형에 속하는 각 정책사례들을 검증하였다. 그 결과로 어떤 정책사례들은 각각의 정책범주에서 예견되는 전형적 양상을 보여주고 있는 반면에 다른 정책사례들은 두 가지 정책범주의 경계에 위치함

으로써 혼합되는 정책양상을 보여주고 있었다.

첫째, 분배정책의 경우 순수분배정책에 속하는 것으로는 토지의 무상불하와 대부분의 공공사업에 관련된 정책들이 있고, 혼합분배정책에 속하는 것으로는 대도시 교통체계망정책 등이 있다.

둘째, 규제정책의 경우 순수규제정책은 일탈된 행위를 분명한 수단을 통하여 제재하는 것이고, 혼합규제정책은 일탈된 행위를 유인책의 활용과 같은 비교적 덜 직접적인 수단을 사용하여 규제하는 예이다.

셋째, 재분배정책의 경우 순수재분배정책은 계층 간에 직접적인 소득과 같은 자원을 이전시키는 것이나, 혼합재분배정책은 재개발정책이나 도시개발정책과 같이 분배정책의 요소를 강하게 내포하고 있다.

넷째, 구성정책의 경우 순수구성정책은 주로 선거법이나 행정기관의 개편과 같은 행정업무를 다루고 있으나, 혼합구성정책은 행정업무 중에서도 시민권과 같은 상당히 세부적인 업무를 관리를 한다.

이상의 논의를 종합하면, 모든 정책은 Lowi의 정책유형 중 각 유형별 정책의 특성을 가지고 있는 순수정책유형(순수분배정책, 순수규제정책, 순수재분배정책, 순수구성정책)과 특정한 정책유형에 해당하고 다른 정책유형과 연결되어 있는 혼합정책유형(혼합분배정책, 혼합규제정책, 혼합재분배정책, 혼합구성정책)으로 구분할 수 있다.

## 6) 정책유형분류 종합

지금까지 기술한 여러 정책학자들의 정책유형분류를 종합하면 다음 표와 같다.

다음의 <표 3-7>에서 보는 바와 같이, 여러 정책학자들은 정책유형에 대하여 다양하게 범주화하고 정치나 정책활동의 논의를 하여 왔다. 첫째, 공통적으로 분류하고 있는 정책유형으로는 분배정책과 규제정책 및 재분배정책을 제시하고 있다. 특히 규제정책은 자율규제정책과 보호적 규제정책 및 경쟁적 규제정책으로 세분화하고 있다. 둘째, 상이하게 분류한 정책유형으로는 구성정책, 구조정책, 전략정책, 위기정책, 추출정책, 상징정책, 그리고 혼합정책 등으로 다양하게 나타나고 있다.

〈표 3-7〉  정책학자들의 정책유형분류

| 정책학자 | 정책유형의 범주화 |
|---|---|
| Lowi<br>(1964, 1972) | 1964 – 분배정책, 규제정책, 재분배정책<br>1972 – 분배정책, 규제정책, 재분배정책, **구성정책** |
| Anderson<br>(1975) | 분배정책, 규제정책, **자율규제정책**, 재분배정책 |
| Ripley & Franklin<br>(1976) | 분배정책, **규제정책(보호적 규제, 경쟁적 규제)**, 재분배정책,<br>**구조정책, 전략정책, 위기정책** |
| Almond & Powell<br>(1978) | 분배정책, 규제정책, **추출정책, 상징정책** |
| Spitzer<br>(1987) | **순수정책 – 순수분배정책, 순수규제정책, 순수재분배정책, 순수구성정책**<br>**혼합정책 – 혼합분배정책, 혼합규제정책, 혼합재분배정책, 혼합구성정책** |

# 제4장 | 정책학의 가치

## 제1절 | 정책학의 가치의미

정책학은 시공간적 환경 속에서 한 국가나 사회가 특정한 가치를 추구하기 위하여 처방을 하는 규범적이고 현실적 학문이다. 왜냐하면 정책학은 정책현상, 구체적으로는 정책을 둘러싸고 있는 가치와 사실 등의 여러 현상을 탐구하여 가치판단과 현실에 대한 처방을 하기 때문이다. 이러한 정책현상에는 가치적 요소와 사실적 요소가 포함되므로, 두 가지 요소들은 정책학의 연구대상이 된다. 여기서 정책현상의 가치연구는 정책철학의 영역이고, 정책현상의 사실연구는 정책과학의 영역이다. 이 중에서 정책철학의 영역은 정책학을 통해 실현되어야 할 가치들을 밝혀내고 가치들 간의 관계를 정립하는 문제에 직면한다. 이것은 정책이 추구해야 할 가치체계를 도출하는 것이다(박성복·이종렬 1998: 36-37).

정책학의 가치를 개념화하려면 가치란 무엇인가?을 살펴보아야 한다. 일반적으로 가치(value)란 사람들의 바람직한 것에 대한 관념으로, 옳은 것과 그른 것, 좋은 것과 나쁜 것, 해야 하는 것과 안되는 것, 있어야 하는 것과 있어서는 안되는 것 등이 그 예이다(오석홍, 2008: 4). 이것은 또한 우리가 특별한 것으로 보유하고 있는 아이디어나 믿음 또는 신념을 의미하기도 한다(노화준, 2012: 58).

따라서 정책학의 가치는 정책학이나 정책이 지향하고자 하는 이상·규범·정신 및 방향, 또는 정책활동이 보편적으로 추구해야 할 이념으로 정의할 수 있다. 여기서 이념(ideology)이란 인간의 정치적인 태도와 행태에 지속적으로 영향을 미치는 포괄적인 가치정향과 신념체계를 말한다. 이러한 가치는 어떤 국가나 사회가 무엇을 어떻게 할 것인가를 인도하는 바람직한 미래상과 발전방향을 제시하는 것으로서 정책학이나 정책의 존재이유가 되고 정치인들이나 관료들이 정책활동을 하기 위한 행동기준이 된다.

## 제2절 ㅣ 정책학의 가치종류

Lasswell(1951, 1971)이 주장하는 바와 같이, 정책학은 '인간의 존엄성 실현'이라는 이상을 궁극적 목적으로 하는 가치가 내포되어 있는 학문이다. 이것은 정책학이 무엇을 살기 좋은 사회로 보고 추구하며 그러한 사회를 어떻게 만들 것인가를 고민하는 학문이고 그것이 정책을 만드는 아이디어의 원천이자 길잡이가 된다는 것을 말해준다(노화준, 2012: 9). Lasswell이 소망하는 정책학의 이상 또는 목적은 인간의 존엄성을 충실히 실현시키는 민주주의 정책학이다. 이러한 정책학의 이상이나 목적을 실현하기 위하여 인간이 사회 속에서 직면하는 근본적인 문제해결에 초점을 둔다. 여기서 근본적인 문제란 문명사적 갈등을 일으키는 문제(1951: 8), 시대사적 사회변동이나 세계적 혁명추세(1951: 11), 체제질서 차원에서 일어나는 문제(1971: 1) 등이다. 모두가 기존 규범이나 가치의 적용보다 새로운 규범이나 가치의 탐색을 요구하는 문제들이다(허범, 2002: 297). 그런데 Lasswell은 정책학의 목적가치로 인간의 존엄성을 제시하고 있지만, 이러한 목적가치를 실행하기 위한 하위 또는 수단가치에 대해서는 상술을 하고 있지 않으므로 하위개념의 가치체계 정립이 요구된다.

그러면 정책학의 목적가치를 달성하기 위한 수단가치에는 어떤 것이 있는가? 이것은 정책학의 개념과 특성으로부터 도출할 수가 있다. 정책학에는 어떠한 사회를 어떻게 만드느냐 하는 것을 권위있게 결정해 놓은 정책이 내포됨으로서 바람직한 사회라는 목적가치와 그것을 달성할 수단가치가 포함되어 있다. 노화준(2012: 62)에 의하면, 인간의 존엄성이라는 가치의 실현은 공익, 부의 창조, 형평성, 평등성, 공정성, 자유, 민주주의와 정치참여, 안전, 쾌적한 환경 문화 건강, 배분적 효율성, 사회후생 등 사회가 추구하는 여러 가치와 밀접히 관련되어 있다고 한다. 이러한 가치들은

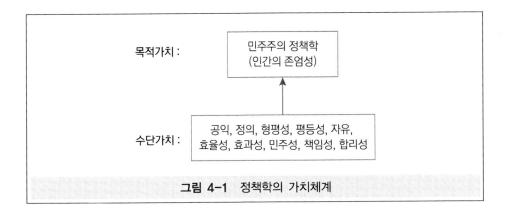

목적가치 :

민주주의 정책학
(인간의 존엄성)

수단가치 :

공익, 정의, 형평성, 평등성, 자유,
효율성, 효과성, 민주성, 책임성, 합리성

**그림 4-1  정책학의 가치체계**

목적가치와 수단가치로 구분할 수 있고. 얼마나 세분화 하느냐에 따라 그 종류가 더 많아 질 수도 있다. 예컨대, 박재완(2002: 334)은 정책학의 목적가치인 인간의 존엄성을 실현하기 위한 하위 또는 수단가치로 경제학의 효율성과 형평성, 회계학의 투명성과 책무성, 정치학의 민주성, 법학의 사회정의, 경제학의 수익성과 안정성, 행정학의 민주성과 합법성 및 능률성 등을 들고 있다.

따라서 정책학의 가치체계는 목적가치와 수단가치의 계층제구조를 형성할 수 있다. 정책의 이상으로서의 목적가치로는 인간의 존엄성을, 이것을 실천하기 위한 수단가치로는 행정이념으로 논의되는 공익, 정의, 형평성, 평등성, 자유, 효율성, 효과성, 민주성, 책임성, 합리성 등을 들 수가 있다(그림 4-1).

## 1. 인간의 존엄성

모든 사람은 그가 사회에 어떤 공헌을 하는가 보다도 인간 그 자체로서 고유한 본질적 가치(intrinsic value)를 가지고 있는데, 이것은 인간의 존엄성으로부터 나온다. 인간의 존엄성은 인간이라는 이유만으로 그 사람은 존재가치가 있으며 그 인격을 존중받아야 한다는 이념을 말한다. 여기서 인간은 사회 속에서 존재하는 인간상을 전제하는 것으로, 인간은 사회에서 존엄한 가치를 보장받아야 한다는 것이다.

따라서 인간의 존엄성이란 인간의 천부인권사상을 표현하는 궁극적인 목적가치로 헌법상의 최고규범이 된다. 우리 헌법 제10조는 '모든 국민은 인간으로서의 존엄과 가치를 가진다'고 규성하여 이를 모든 법과 국가의 통치활동에서 실현시켜야 한다는 과제를 제시하고 있다.

이러한 최고의 규범이요 가치인 인간의 존엄성을 실현시키는 것은 Lasswell이 주장하는 인간이 사회에서 직면하는 근본적인 문제의 해결에 관련된다. 사회문제의 해결을 위한 정부의 정책활동은 인간의 존엄성이라는 궁극적인 가치 속에서 이루어지게 된다.

## 2. 공 익

공익은 말 그대로 공공(公共)의 이익을 지칭하지만, 사익(private interests)에 대립되는 개념이다. 자신에게만 혜택이 가는 사익과 달리, 다른 사람에게도 이익이 되는 공적 이익, 개인이익과 대립하는 국가이익, 부분이익과 대립하는 전체이익, 특수이익과 대립하는 일반이익, 소수이익과 대립하는 다수이익 등으로 사용할 수 있는 용어이다. 이러한 용어사용에서 알 수 있듯이, 국민의 복지를 향상시키는 국가목적과 국가활동 그 자체가 공익이다.

그러나 공익이란 개념은 시대별로 약간 다르면서도 특정한 의미를 지니고 사용되어온 역사적 개념으로서, 공익이론은 공동체와 개인과의 관계 및 공익과 사익의 차이를 기준으로 공동체적 실체론과 개인주의적 과정론의 개념적 정의가 있다(정정길, 2000: 279－280).

우선, 공동체적 실체설 관점에서 공익개념은 사익을 초월하는 실체·규범·가치로 인식한다. 예컨대, 자연법·정의·형평·복지·인간존중·기본권·공동사회의 기본가치 등이 그 예이다. 이러한 공익개념은 공동체주의 전통에서 강조하는 것으로서 '바람직한' 측면에서 국민전체의 이익을 지칭한다. 국가나 정부의 역할을 강조하는 학자들은 공익은 사익과 다른 특수한 요소가 있다고 한다. 1990년대에 와서 신공공관리가 유행하면서 공리주의적 이기주의가 공익을 무시하고 자유주의에 편승하여 사회적 강자가 약자를 유린하는 사태가 지속되면서 공동체주의가 부활되었다. 특히 신행정학에서는 공동체주의 차원에서 사회적 형평성과 시민참여를 강조하였다. 과거에는 극우보수주의적 국가주의자들이 강조하였으나, 복지와 참여를 강조하는 진보주의자들도 공동체주의를 주장하고 있다.

반면에, 개인주의적 과정론 관점에서 공익개념은 개개인들의 사익의 총합으로 본다. 이것은 자유주의 전통에서 강조하는 것으로 서로 상충하는 이익을 가진 집단들의 상호작용을 거친 사익의 합계를 지칭한다. 자유주의적 전통을 강조하는 학자들은 공익은 사익의 집합에 불과하다고 한다. 경제학에서 Smith 이래 강조되어 온 자유주의적 방임주의와 Locke로 대표되는 자유주의적 정치이론은 동일한 논리를 전개하고 있다. 이를테면, 시장경제논리에 의하여 자유스러운 개인들이 각자 개인이익을 추구할 때 국가이익, 즉 공익도 극대화된다는 것이다. 이 주장은 1980년대 이후 신자유주의라는 이름으로 신공공관리론에서 부활하였다. 또한, 정치학에서 과정론적 공익이론의 논리는 다원주의적 이익집단론으로 나타나고 있다.

이러한 공익개념은 정책과정에서 중요한 가치판단기준으로 작동한다. 민주정치에서 정부와 공직자(관료)들은 국민을 위해서, 구체적으로는 공공의 복지나 이익을 위해 존재하기 때문이다. 정치인이나 관료는 정책결정을 하거나 집행을 하는 등의 정책활동을 할 때 공익의 향상을 위해 노력해야 한다. 정책결정자의 역할을 공익을 발견하여 실행하는 것이다.

---

### 사례연구  **가짜공익과 진짜공익 현상**

**- 일산대교의 통행료 면제**

 **L 경기지사가 지난 3일 일산대교를 공익처분하여 통행료를 면제하겠다고 발표했다.** 공익처분이란 공공의 이익을 위해 지방자치단체가 상응한 보상을 하고 민자사업자의 관리운영권을 가져오는 것을 말한다. **경기도는 보상을 통해 국민연금이 100% 지분을 소유한 일산대교(주)의 운영권을 회수해 소형차기준 1,200원을 폐지하겠다고 발표했다.**

평소 일산대교를 이용하던 사람들은 환영할 일이지만, 옳은 결정이라고 선뜻 말하기에는 **두 가지 문제가 존재한다. 하나는 이번 처분이 '공공의 이익'보다는 소수의 '특수한 이익'에 치중한 것은 아닌가? 다른 하나는 기대수익이 7,000억원인 운영권을 알려진 것처럼 2,000억원에 회수한다면 사유재산권 침해는 아닐까?**

이를테면, 경기도가 내세우는 공공처분의 명분은 도민의 교통권과 도민혈세 낭비를 막는다는 것이다. 하지만 혜택은 도민전체가 아니라 주로 김포, 고양, 파주 3개시의 주민, 그 가운데서도 평소 일산대교를 이용하는 사람들에게만 집중된다. 반면에, 처분에 필요한 보상금(그리고 그 이후의 관리비용)은 도민전체의 세금으로 최소한 절반은 충당된다. 나머지 50%는 3개 시가 인구비례에 따라 부담할 것이라고 하지만 여기에서도 이용자만 아니라 모든 주민이 비용을 부담한다. 결국, 말로는 공공의 이익을 위한 것이지만, 실제는 소수의 이익을 위해 시민전체 혹은 도민전체로 전가시키는 것이다. 소수 이용자의 이익과 다수 비이용자의 이익 가운데 어느 쪽이 더 큰 공공이익인지는 의문이다.

그리고 국민연금은 일산대교 운영으로 이제 흑자를 내기 시작했다. 위험을 무릅쓰고 투자한 과실을 막 거두기 시작할 즈음에 공공부담만 늘리는 공공처분을 강행하겠다고 나선 것은 사유재산권을 침해한다는 의심을 받기에 충분하다. 사유재산보다 더 앞서는 공익은 없다(한국경제, 2021.9.24.).

## 3. 정 의

정의는 역사가 오래된 가치개념으로 여러 학자들에 의해 다양하게 논의되어 왔다(김태룡, 2017: 139 – 141). 정의의 어원인 'just'는 '올바른'이라는 의미 외에 '공정한'이라는 의미도 지니고 있다는 점에서, 정의의 개념범주에는 자유·공정·형평·평등이라는 의미가 내포되어 있다. 예컨대, 정의에 대해 Aristoles는 동등한 사람이 똑같은 배상을 받는 것으로, Sidgwick은 자유나 부담 및 혜택을 공정하게 배분하는 것으로 보았다.

대표적인 정의론자인 J. Rawls(1971)는 정의의 개념범주에 자유와 평등 및 공정(형평)을 포함시키고 있다. 그의 정의론에서는 두 가지 정의의 원리를 제시하였다. 첫째, 제1의 정의원리(자유와 평등원리) – 이는 모든 인간이 누려야 하는 기본적 자유에 대한 평등한 권리가 존중되어야 한다는 것을 말한다. 둘째, 제2의 정의원리(기회균등과 차등의 원리) – 이는 사회경제적 불평등의 문제가 되는 모든 직무와 직위에 대한 기회가 공정해야 한다는 것(기회균등)과 어떤 가치를 배정할 때 가장 불리한 여건에 있는 사람들에게 가장 큰 혜택이 갈 수 있도록 배정해야 한다. 즉 가장 불우한 사람들의 편익을 극대화하여야 한다(차등의 원리)는 것이다.

롤스의 정의론이 암시하는 것은 인간은 누구나 자유와 평등이라는 기본적인 권리를 가지고 태어나지만, 가문, 지역, 성별, 신체적 특성, 부, 학력 등 선천적이거나 후천적인 여건에 따라 가진 자와 가지지 못한 자 또는 상류와 중류 및 하류계층으로 격차와 차별이 발생하므로, 가장 불리한 상황에 있는 사람이나 집단 및 계층에 혜택(편익)이 돌아갈 수 있도록 가치를 배분해야 한다.

이러한 정의개념은 정책활동 중 정책결정과 정책평가에서 중요한 가치기준이 된다. 그러나 이 개념은 형평성이나 평등성 및 대응성과 치환되어 사용된다. 정정길 외(2010: 391)처럼, 정의나 공평성(형평성)은 같은 의미로 사용하고 있기 때문이다.

## 4. 형평성

1960년대 말에 미국의 사회경제적 상황을 배경으로 등장하여 1970년대 논의가 확산한 신행정론에서는 Rawls의 정의론을 토대로 사회적 형평성을 행정이나 정책의 핵심가치로 강조하였다.

형평성은 Rawls의 정의개념과 밀접한 관련을 가지지만 그 하위개념으로 볼 수 있는 것으로서 사람이나 집단 및 계층이나 지역 간에 가치가 적절하고 공정하게 배분되는 것을 말한다. 이 개념은 다시 수평적 형평성과 수직적 형평성으로 나눌 수 있다. 수평적 형평성은 동등한 것은 동등하게 취급하는 것인데, 대한민국 국민으로 한 사람이 한 표씩 투표를 하고, 모든 국민이 신체와 재산상의 자유와 납세 및 국방의 의무를 지고, 같은 교육을 받으므로 동일한 등록금을 내거나 공원이나 유락시설을 입장할 때에 입장료를 동일하게 내는 것이 그 예이다.

반면에, 수직적 형평성은 동등하지 않은 것은 상이하게 취급하는 것으로서 가난한 사람에게 세금을 감면해 주거나 동일한 교육을 받더라도 가난한 사람의 등록금을 면제해 주는 것과 가난한 사람의 병원비용을 정부가 부담하는 등 상위계층에 있는 사람보다 하위계층에 있는 사람들을 도와주는 것, 그리고 고소득자로부터 세금을 거두어 저소득층의 복지를 위해 지불하는 것(소득재분배정책) 등이 그 예이다.

형평성개념은 정책활동에서 투입과 산출 및 효과와 관련하여 논의되는 것으로, 정책결정이나 정책분석에서 정책대안의 비교평가기준으로 그리고 정책평가에서 정책효과평가기준으로 적용된다. 이러한 형평성기준은 경제적 측면에서 중요하지 않을 수 있지만, 정치적 측면에서 중요한 가치의 하나에 해당한다. 정책의 효과가 보다 많은 사람에 의해 향유되고 또 가난하고 약한 자에게 많은 혜택이 주어지며, 반면에 이들 능력이 없는 사람들에게 가볍게 부담시키고 능력이 있는 사람들에게 많은 정책비용을 부담하게 하는 것, 즉 평등성을 향상시키면 그 자체로서 바람직하다고 판단할 수 있고, 정치체제에 대한 지지도를 향상시켜 정치적 안정과 정치적 능력을 향상시키는 등 여러 가지 효과를 가져올 수 있다.

정책대안의 비교평가기준으로 형평성은 정책효과와 정책비용의 배분이 사회정의로서의 배분적 정의에 합치되는 정도를 말한다. 예컨대, 가난하고 약한 자에게 많은 정책효과를 향유하도록 하고 정책비용의 부담은 가볍게 하는 등의 소득재분배에서 나타나는 기본적 사고방식이 배분적 정의에 해당한다(정정길 외, 2010: 392). 정책 대안의 평가기준으로 형평성을 사용하는 경우에는 사회적 비용편익분석(social cost benefit analysis), 즉 분배를 중시하여 가중치를 부여한 비용편익분석을 사용할 수가 있다. 이 방법은 정책의 영향을 받는 희생집단과 피해집단을 파악하여 서로 다른 소속집단들로 구분한 후에 각 집단에 발생하는 비용과 편익에 가중치를 부여하여 정책대안을 비교하는 것이다(남궁근, 2017: 637).

그러나 이 기준은 능률성이나 효과성과 모순 또는 충돌할 가능성이 있다. 가장 효과적이거나 능률적인 정책대안이 가장 평등하지 못한 경우가 많은 것이다. 예를 들면, A후보지에 저수지를 건설하면 B/C가 1.2이고, B후보지에 건설하면 B/C가 1.0 이라면 능률성기준으로 볼 때에는 A후보지가 우수하다. 그러나 A저수지에서 생산되는 쌀은 모두 1인의 대지주의 토지에서 생산되고 B저수지는 100명의 소농들에게 혜택이 돌아가는 경우라면 형평성기준으로 볼 때에는 B저수지가 적합하다. 이처럼, 능률성이나 효과성에서는 정책효과나 정책비용이 누구에게 돌아가느냐는 계산에서 제외된다. 이 제외된 문제를 고려하는 것이 형평성 또는 평등성의 기준이다(정정길 외, 2010: 393).

또한, 형평성은 정책평가에서 그 효과(결과)의 평가기준으로 적용된다. 형평성평가는 정책집행으로 나타난 정책효과와 비용이 사회집단 간(소득계층, 성별)이나 지역 간에 공평하게 배분되어 있는가를 평가하는 것으로 다음의 내용을 포함한다(정정길 외, 2010: 638). 첫째, 정책의 주된 수혜자집단은 누구인가? 둘째, 정책효과가 계층별, 지역별 등의 기준에 따른 필요를 적절하게 충족시켰는가? 셋째, 정책비용인 부담되는 경우에 부담능력에 따른 적절한 비용분담이 이루어졌는가? 등이다.

## 5. 평등성

정의나 형평성과 밀접하게 관련된 개념으로 평등성이 있다. Rawls의 정의론에서는 정의의 개념 속에 형평성과 평등성을 포함시키고 있다. 이에 평등개념은 정의나 형평과 혼용되어 사용된다.

평등개념은 모든 행동주체들을 동등하게 취급하고 같은 혜택을 배분하는 상태(오석홍, 2008: 150), 또는 둘이나 그 이상의 개인과 집단 또는 지역들이 등등하게 취급받는 것(노화준, 2012: 60)으로 정의한다. 이러한 정의는 수평적 형평성과 일맥상통지만, 수직적 차원의 형평성을 평등범주에 포함시키기도 한다. 따라서 학자들은 평등을 여러 가지 유형으로 구분하고 있다.

첫째, 인간의 존엄성과 인간으로서의 가치 등과 같은 선천적 존재에 기초하여 모든 인간을 동등하게 취급하는 절대적 평등과 인간의 후천적 능력과 기여도 및 필요의 다양성에 바탕을 둔 상이한 취급을 하는 상대적 평등이 있다.

둘째, 사회적 가치를 획득할 수 있는 기회, 자격, 권리 등을 동등하게 부여하는 형식적 평등과 사람이나 집단 및 지역에서 나타나는 불평등을 시정하려는 결과적 평등이 있다.

셋째, 환경영역에 따라 법적 평등, 정치적 평등, 사회경제적 평등으로 나눌 수 있다. 법적 평등은 법 앞의 적용이나 보호를 받는 평등을 말하고, 정치적 평등은 신분이나 인종, 성별 및 납세액 등의 차이에 구분하지 않고 정치과정에 참여할 수 있는 평등이다. 또한, 사회경제적 평등은 사회경제적으로 동등할 수 있는 기회가 주어지고 사회경제적 격차가 발생했을 때 이를 시정하는 평등이다.

---

**🌡️ 사례연구   정의와 형평 및 평등 현상**

- 기회의 평등과 결과의 평등

한국사회에서 부모의 사회경제적 지위가 자식세대에게 이어지는 현상이 굳어지고 있다. 사회계층이동의 사다리가 끊어지며 더 이상 개천에서 용이 나기 힘든 사회가 되어가고 있다. 국민은 이제 '개룡인(개천에서 난 용)이 될 가능성은 낮아지고 가붕개(가재, 붕어, 개구리)는 태어난 개천을 지킬 공산이 커지고 있는 것으로 여기고 있다. 이것은 기회도 불공정하고 결과도 불공정한 사회가 되고 있다는 것을 암시한다. 시간이 갈수록 굳어져 가고 있는 한국의 모습이다.

한국은 1960년대부터 1990년대까지 사회계층의 역동성이 세계 최고수준 이었지만 2000년대 이후 그 역동성 크게 떨어지고 있다. 이것은 한국경제신문의 의뢰로 한국노동연구원이 최근 작성한 '사회이동성조사' 보고서에서도 그대로 나타난다. 1998년부터 2018년까지 3만5,000가구를 분석한 조사에 의하면, 아버지가 관리·전문직이면 자식이 관련 직종에 종사할 확률이 최근 7년간 33.6%에 이르렀다. 1998-2004년 31.4%에서 2% 이상 높아졌다. 부모가 단순노무직 및 판매업에 종사할 확률도 1998-2004년 24.4%에서 2012-2018년 27.4%로 증가하였다. 이것은 부모의 사회경제적 지위가 자녀에게 대물림될 가능성이 커졌다는 이야기이다. '기회는 평등, 과정은 공정, 결과는 정의로운 나라'를 내건 문재인 정부에서도 이 같은 상황은 개선되지 않고 있다. 이런

〈한국경제신문의 사회공정성 여론조사결과〉

| 공정성 변수(설문문항) | 응답범주(%) |
|---|---|
| 1. 한국사회는 성공을 위한 기회가 얼마나 공정하게 보장되는가? | 매우공정(1.7), 공정한편(37.4), 불공정한편(46.8), 매우불공정(13.6), 모름 무응답(10.6) |
| 2. 기득권층이 본인자녀에게 기회를 몰아 줘 불평등이 커졌다고 보는가? | 그렇다(69.7: 30대 73.9), 아니다(29.4), 무응답(1.0) |
| 3. 한국사회에서 사회경제적 지위가 높아지는 데 가장 큰 영향을 미치는 것은? | 부모의 사회경제적 지위(40.3), 본인의 능력과 노력(36.2), 공정성 확보위한 정책제도(22.9), 모름 무응답(0.7) |
| 4. 한국사회는 노력하면 사회경제적 지위 상승이 가능한가? | 그렇다(50.7), 아니다(49.1: 30대 55.5), 무응답(0) |
| 5. 부모님이 가난해도 노력해서 재산을 축적할 수 있나? | 그렇다(46.2), 아니다(53.6: 30대 58.7), 무응답(0.2) |

자료: 한국경제(2020.10.5).

측면은 한국경제신문이 창간 56주년을 맞아 입소스에 의뢰하여 전 국민 만 18세 이상 1,003명을 대상으로 시행한 여론조사결과에서도 나타나고 있다.

## 6. 자 유

자유는 인류문명을 발전시켜온 기초로서 인간의 존엄성을 증진시키는 가치라고 할 수 있다. 자유개념은 사람이 자신의 의지에 따라 행동하고 어떤 일을 행함에 있어서 강제당하지 않는 상태를 말한다. 이러한 자유는 간섭과 제약이 없는 상태라는 소극적 의미의 자유와 무엇을 할 수 있는 상태라는 적극적 의미의 자유로 나눌 수 있다(이종수, 1988: 41-42; 노화준, 2012: 64).

## 7. 능률성과 효과성

능률성 또는 효율성은 19세기 말부터 1930년대에 정치행정이원론이나 과학적 관리론의 영향으로 등장한 개념으로서 투입과 산출의 비율을 의미하는 기계적·물리적·금전적 측면의 능률성이었다. 그러나 1930년 이후에 Dimock은 기계적 능률성이 사회와 인간의 가치를 실현하지 못한다고 비판하면서 사회적 능률성개념을 제안 하였다. 이 개념은 행정이 인간과 사회를 위해서 산출을 극대화시키고 그 산출이 진정으로 인간과 사회의 만족을 위해 기여하는 것으로서 민주성개념으로 이해하기 도 한다. 그러나 능률성 또는 효율성의 핵심개념은 투입과 산출 및 효과의 개념이라 고 할 수 있다(표 4-1).

따라서 능률성(효율성)은 투입(input)과 산출(output)의 비율을 의미한다. 여기서 산출은 행정이나 정책활동으로 나오는 산물이나 효과를 말하고, 투입은 이러한 활동 을 위하여 사용되는 인적·물적 자원으로서의 비용을 말한다. 정책활동의 결과물인 산출과 효과를 구분하여, 산출 대비 투입비율을 좁은 의미의 능률성으로, 효과 대비 투입의 비율을 넓은 의미의 능률성으로 구분하기도 한다(정정길 외, 2010: 386-387).

이처럼, 능률성은 효율성과 같은 개념으로 사용되기도 하지만, 엄밀하게 효율성 은 능률성과 효과성을 합친 개념이다. 여기서 효과성은 가장 보편적인 목표모형에 의하여 투입과 산출의 비율을 따지지 않고 산출이나 효과 측면에서 목표의 달성정도 로 정의된다. 이 개념은 조직과 그 효과가 나타나는 환경(사회)과의 관계에서 사용되 는 개념으로서 1960년대 이후 발전행정이 지배할 때 나타난 이념이다.

이러한 능률성과 효과성 개념은 정책활동의 투입과 산출 및 효과의 관계에서 논 의할 수 있는 개념으로서 정책결정과 정책집행 및 정책평가의 가치판단기준으로 작 동한다. 우선, 능률성은 정책결정과정의 정책분석에서 정책대안의 평가가준으로서 최소의 투입(정책비용)으로 최대한의 산출(정책산출)과 효과(정책효과)를 비교하여 가장 능률적인 정책대안을 선택한다. 여기서 정책비용은 정책을 추진(집행)할 때 희 생되는 사회적 가치로서 경제적 관점에서 자원에 해당한다. 정책산출은 정책결정으 로 나온 결과물이고, 정책효과는 정책산출을 환경에 집행하여 발생한 결과물이다.

능률성을 이론적으로 뒷받침하는 기준으로는 파레토최적(Pareto optimum)기준 과 칼도-힉스(Kaldor-Hicks)기준이 있다. 파레토최적기준은 여러 개인들 간의 소 득분배를 주어진 것으로 보고 일정한 사회자원으로 개인들의 효용을 극대화하는 것

〈표 4-1〉 정책활동의 투입과 산출 및 효과의 관계

| 투 입 | 산 출 | 효 과 |
|---|---|---|
| 저수지건설을 위한 인적·물적 자원 | 건설된 저수지 | 증산된 쌀 |
| 도로포장을 위한 인적·물적 자원 | 포장된 도로 | 안전한 차량통행 |

인데, 문제는 소득분배상태가 다름에 따라 최적을 보장하는 재화생산방법도 달라진다는 것이다. 이러한 단점을 극복하려는 것이 칼도-힉스기준인데, 이 기준에 의하면 어떠한 변화(새로운 정책대안)가 사회적으로 손실보다 이득이 많으면 바람직한 것으로 본다(정정길 외, 2010: 398-399).

정책대안의 능률성을 판단하는 방법으로는 비용편익분석과 비용효과분석이 있다. 비용편익분석(cost-benefit analysis)은 정책대안이 가져올 비용과 편익을 계량화(화폐로 환산)하여 비교하는 방법으로 순편익(=총편익-총비용)이 큰 정책대안을 선택한다. 그러나 실제의 정부정책 중에는 동일한 척도로 측정하기 어려운 경우가 많다. 예컨대, 국방정책의 경우 비용은 국방비예산으로 측정할 수 있지만 그 지출로 나타나는 편익들이 화폐로 측정하기 어려운 외부효과나 무형적인 것(intangible)이라고 전제한다. 이와 같이 정책대안의 비용과 편익이 다른 척도로 표현되는 경우의 비교평가방법, 즉 정책대안의 비용은 화폐단위로, 그 편익은 재화나 서비스 및 기타 가치있는 단위로 측정하여 비교하는 방법을 비용효과분석(cost effectiveness analysis)이라고 한다. 예컨대, 비용 대 보건서비스단위의 비율로 계산할 수 있다.

또한, 정책집행의 성공판단기준으로 능률성을 사용할 수 있다. 능률성 차원에서는 정책효과를 극대화하고 정책비용을 최소화하는 것을 성공적인 집행으로 본다. 그리고 정책집행으로 나타난 정책효과를 평가하는 기준의 하나가 능률성이다. 정책이나 사업의 능률성을 평가하는 것은 정책집행으로 나타난 정책효과를 정책비용과 비교하여 평가하는 방법으로서 정책대안의 평가기준인 비용편익분석과 비용효과분석과 동일한 논리로 이루어진다. 이러한 능률성평가는 효과성평가를 전제로 한다. 효과와 비용을 비교하려면 먼저 정책효과가 얼마나 발생했는지를 판단해야 하기 때문이다. 정책의 능률성평가는 다음에서 살펴보는 효과성평가의 정책효과내용을 제외하면 다음과 같은 정책비용내용을 포함한다(정정길 외, 2010: 637). 첫째, 정책의 직접적 비용은 얼마인가? 둘째, 부작용이나 사회적 충격을 포함한 사회적 비용은 얼마인가? 셋째, 정책효과는 정책비용을 상쇄할 만큼 큰 것인가? 등이다.

다음으로, 효과성은 정책결정과정의 정책분석에서 정책대안의 비교평가기준으로서 정책목표의 달성을 극대화하는 정책대안을 선택하려는 것이다. 이 기준은 정책산출에 초점을 두고 투입되는 정책비용을 고려하지 않는 한계가 있다. 어떤 정책대안이 목표달성을 극대화하는 것이라도 정책비용이 다른 대안에 비해 크다면 최선의 대안으로 볼 수 없다. 이에 정책대안을 비교평가하기 위해서는 능률성기준이 보완되어야 한다.

이러한 효과성은 또한 정책이 집행되고 난 후에 정책의 목표달성도를 평가하는 정책평가의 기준이 된다. 효과성평가는 정책집행의 결과로 원래 제시한 정책목표를 얼마나 달성하였는가를 평가하는 것으로서 다음과 같은 내용을 포함한다(정정길 외, 2010: 635). 첫째, 의도했던 정책효과가 과연 그 정책 때문에 나왔는지 여부, 둘째 발생한 정책효과의 크기는 정책목표와 대비하여 어느 정도인지의 판단, 셋째 정책효과의 크기는 해결하고자 했던 원래의 정책문제의 해결에 충분한 정도인지의 판단 등이다.

---

**🌡️ 사례연구  형평성이냐 효율성이냐: 분배와 성장의 정책효과 현상**

**형평성과 효율성 이념에 관련되는 분배와 성장은 중요한 정치경제적 가치로서 정책논쟁이 지속되고 있다.** 전 세계적으로 분배를 통한 형평성이 성장을 통한 효율성보다 강조되는 추세에 있다. 그러나 우리가 당면한 현실은 분배보다 성장이 더 중요한 가치라는 것이다. **경제성장이 이루어져 국민이 일자리를 통해 얻는 노동의 대가인 소득이 근로소득이고, 정부가 포퓰리즘으로 퍼주는 소득은 복지라는 이름의 분배소득이다. 이러한 주장과 논의는 다음과 같은 경제학자들에 의해 이루어져 왔다.**

2019년 노벨경제학상을 받은 경제학자인 **아브히지트 바네르지와 에스테르 뒤플로 부부는 '힘든 시대를 위한 좋은 경제학'**에서 가난한 나라와 부유한 나라에서 기본소득이 갖는 의미가 상이하다고 하였다. 행정력이 뒤떨어지는 인도와 인도네시아 등에서는 기본소득형태로 현금을 살포하는 것이 효과적이지만, 선진국에서는 기본소득보다는 일자리가 더 중요하다. 부유한 나라에서는 (생존을 위한 돈이 아닌) 중산층이라 여겨졌던 많은 사람들이 직업을 통해 얻었던 자존감을 상실한 것이 위기의 진정한 원인이기 때문에 기본소득으로는 실업자의 분노를 완화할 수 없다. 사람들은 대개 일을 하고 싶어 하며, 그 이유는 돈이 필요해서만이 아니라 일의 목적의식, 소속감, 존엄성을 느끼게 해주는 원천(인간의 욕구)이기 때문이다. 따라서 일자리를 만들고 지킬 것을 주장한다.

**토마 피케티는 '21세기 자본'**에서 임금소득보다 자산소득이 더 빨리 증가한 것이 불평등의 원인이라며, 기본소득을 통한 불평등 완화는 더디거나 효과가 없다고 하고 '최소자산제도'라고 부르는 기본자산제를 도입할 것을 주장하였다. 그는 프랑스 연간세입의 5%가량 되는 예산이면 전 국민이 25세가 될 때 최소자산을 마련해 줄 수 있다는 입장이다. 한발 더 나아가서, 그는 **'피케티의 사회주의 시급하다'**에서 프랑스인이 25세가 되면 12만 유로(약 1억6,000만원)의 최소자산을 지급하자고 주장하였다.

〈위대한 경제학자들의 분배와 성장의 정책효과논의〉

| 경제학자 | 저술 | 정책주장 |
|---|---|---|
| 아브히지트 바네르지와 에스테르 뒤플로 | 힘든 시대를 위한 좋은 경제학 | 가난한 나라는 기본소득 유용, 선진국은 기본소득보다 일자리가 중요하다. |
| 토마 피케티 | 21세기 자본 | '최소자산제도'라고 부르는 기본자산제를 도입하자. |
| | 피케티의 사회주의 시급하다 | 프랑스인이 25세가 되면 12만 유로(약 1억 6,000만원)의 최소자산을 지급하자. |
| 조셉 스티글리치 | 불만시대의 자본주의 | 기본소득은 본질적인 경제문제, 즉 실업이 인간존엄성에 미치는 폐해를 해결해줄 수 없으므로 성장을 통한 고용확대가 더 효과적이다. |

그러나 불평등연구의 권위자로 좌파성향 미국경제학자인 **조셉 스티글리치는 '불만시대의 자본주의'에서** 기본소득은 분명한 장점이 있다. 평등을 강화하고 일자리를 얻지 못한 이들에게 안전장치로 기능한다. 다만, 기본소득은 본질적인 경제문제, 즉 실업이 인간존엄성에 미치는 폐해를 해결해 줄 것이라고 생각하지 않는다고 회의적 입장을 보였다. 그는 미국인들이 실업자 딱지가 붙은 채 나라가 주는 돈으로 연명하기보다 일하기를 원한다고 하면서 기본소득보다 고용확대가 더 효과적이라고 본다. 재정정책과 금융정책이 모두 실패를 돌아가면 정부가 직접 근로자를 고용해야 한다.

## 8. 민주성

민주성은 정치와 행정 및 정책에 민주주의원리를 적용하는 것으로서 조직내부의 민주성과 조직외부인 환경과의 관계 차원의 민주성으로 나눌 수가 있다. 우선, 조직내부의 민주성은 조직내부의 관리와 정책결정을 민주적으로 하는 것인데, 분권화, 권한위임, 민주적 리더십, 부하들의 의사결정참여 등이 포함된다.

다음으로, 조직외부의 민주성은 국민과의 관계에서 링컨이 하는 말하는 국민의, 국민을 위한, 국민에 의한 정치나 정책활동을 하는 것이다. 여기서 '국민의'란 국가가의 주권이 국민에게 있다는 것이고, '국민을 위한'이란 정치나 행정을 하는 사람들은 주인인 국민을 위하여 최대한 공공정책과 공공서비스를 제공해야 한다는 것이다.

그리고 '국민에 의한'이란 민주주의 정치원리의 핵심으로서 직접민주주의가 원칙이나 간접(대의)민주주의에 의하여 국민의 위임을 받은 선출된 정치인이나 관료가 정치나 정책활동을 하는 것이다. 이들이 통치활동을 하는 데는 책임성(accountability)이 확보되고 대응성(responsibility)이 요구된다. 특히 정치나 행정의 대응성은 이른바 고객중심주의를 말하는 것으로, 정책결정이나 정책집행과정에서 고객들의 다양한 목소리를 반영시키는 것이다. 이를테면, 정책결정에서 대응성은 정책산출이 외부집단(고객집단)의 요구나 가치 및 선호를 충족시켜주는 정도를 의미한다. 이러한 대응성은 정책집행으로 나오는 정책효과의 평가기준이 된다. 대응성평가는 정책의 고객집단이 어떤 혜택을 받았으며 그 집단의 요구에 제대로 반응하였는가를 평가하는 기준이다.

## 9. 합리성

합리성이란 사전적으로는 논리(logic)와 이성(reason)의 적합성으로서 어떤 생각이나 주장 및 판단이 타당한 근거나 이유를 가지고 있는 상태를 말하지만, 정책활동에서는 어떤 가치나 목표의 극대화나 과업의 극대화를 의미한다.

Simon(1978)은 합리성을 실질적 합리성과 절차적 합리성으로 구분하였다. 실질적 합리성(substantial rationality)은 완전분석적 합리성으로서 내용적 합리성이라고도 하는데, 주어진 목표와 제약조건 하에서 목표달성을 위한 최선의 수단을 선택하는 것이다. 이것은 선택결과에 초점을 두는 것으로 두 가지 가정을 전제한다. 첫째, 행위자가 효용극대화나 이윤극대화의 특정한 목표를 가지고 있다. 둘째, 행위자가 합리적으로 선택할 수 있는 모든 지식과 정보를 가지고 있다. 따라서 행위자는 내용적으로 가장 최적의 대안을 선택할 수 있다는 것으로서 합리모형의 이론적 토대가 된다. 다음으로, 절차적 합리성(procedural rationality)은 인간의 의사결정과정이 적절한 절차를 거치는 것으로 선택의 과정을 중요시한다. 이것은 결과적으로 선택된 대안이 최선인지 여부와 관계없이, 인간의 인지능력의 한계 속에서 대안을 선택하기 위하여 합리적인 절차를 거치는 것으로, 만족모형의 논리적 근거가 된다.

한편, Diesing(1962)은 합리성의 유형을 기술적 합리성, 경제적 합리성, 정치적 합리성, 법적 합리성, 사회적 합리성으로 나누고 있는데, 정책결정을 의한 논리로는 기술적 합리성과 경제적 합리성 및 정치적 합리성이 중요한 의미를 지닌다. 여기서 기술적 합리성(technical rationality)은 공공문제에 대한 효과적인 해결방안의 선택,

즉 정책목표를 달성할 수 있는 최적의 정책대안을 선택하는 것이고, 경제적 합리성 (economic rationality)은 공공문제에 대한 능률적인 해결방안의 선택, 즉 보다 적은 비용으로 보단 큰 효과를 가져오는 정책대안을 선택하는 것이며, 정치적 합리성 (political rationality)은 공공문제에 대한 민주적인 해결방안의 선택, 즉 타협이나 조정에 의해 바람직한 정책대안을 선택하는 것을 말한다.

# 제5장 | 정책학의 환경과 진화

## 제1절 | 정책학의 환경

정책학은 왜 등장하여 발달하여 왔는가를 논의하려면, 그 당시의 시대적 환경 또는 맥락을 살펴보아야 한다. 왜냐하면 모든 사회과학학문이 그렇듯이, 정책학도 시대환경의 산물이라고 할 수 있기 때문이다.

deLeon(1988)은 정책학의 발달에 방아쇠 역할을 한 일련의 다섯 가지 정치경제적 사건을 제시하였고(deLeon & Vogenbeck, 2007: 6-8), 그 이후에 deLeon & Martell(2006: 33-38)은 정책학의 발달을 가져온 배경으로 앞의 다섯 가지 사건들 외에 추가적인 사건들로 1990년대 클린턴 대통령의 탄핵과 2001년 9월 미국에 대한 거대한 테러공격을 들고 있다. 이러한 역사적 사건들은 정책학의 진화를 위한 기폭제가 되었다(표 5-1).

⟨표 5-1⟩ 정책학의 환경사건

| 시 기 | 주요 사건 |
|---|---|
| 1940년대 | 제2차 세계대전 |
| 1960년대 | 빈곤과 전쟁 |
| 1970년대 | 베트남전쟁, 워터게이트사건, 에너지위기 |
| 1990년대 | 클린턴 대통령의 탄핵 |
| 2000년대 | 미국에 대한 테러공격 |

# 1. 제2차 세계대전

제2차 세계대전 동안 미국은 국내경제를 관리하고 전략적 폭격작전을 위하여 경제학과 정치학 및 심리학 등 사회과학의 지원을 받았다. 이들 학문의 활동은 긴급한 공공이슈에 대한 문제지향적 분석을 하는 것이었다. Lasswell과 그의 동료 Kaplan은 의회도서관에서 전쟁작전기술을 연구하였고, 이들의 집합적 노력은 전후에 국가과학재단과 경제자문회의 그리고 Land Corporation과 Brookings Institution과 같은 연구기관의 창설을 가져왔다.

2차 대전 이후에 정책방정식의 공급측면은 준비가 되어 있는 반면에 정부로부터 수요가 없었다. 이시기에 정책결정자들은 전쟁위기에 지쳐있었고, 평화시기로의 복귀를 생각하였으나 새로운 정책을 고려하지 않고 있었다. 하지만 전쟁시기의 정책활동은 긴급한 정책이슈에 대한 정책분석을 함으로써 사회과학의 역량을 보여준 중요한 예라고 할 수 있다. 그러나 정책분석적 접근은 Kennedy 대통령의 암살과 그 계승자인 Johnson 대통령의 빈곤과 전쟁을 선언하는 1960년대까지 다소 휴면기에 있었다.

# 2. 빈곤과 전쟁

정책학은 1960년대에 들어와 Johnson 행정부가 '위대한 사회의 건설'이라는 비전아래 추진한 빈곤과 전쟁에서 그들의 기술을 실행할 기회를 가지게 되었다. 비록 빈곤이 미국사회의 중요한 문제로 존재하여 왔음에도 불구하고 정책결정자들은 빈곤의 조건과 범위에 대해 현저하게 의견이 나뉘어져 있다는 것을 발견하였다. 빈곤에 대응하기 위하여 다수의 사회프로그램들, 즉 Model Cities, VISTA, Headstart, and OEO(the Office of Economic Opportunity) 등의 다양한 프로그램들이 발의되었고, 사업의 성취결과를 평가하기 위한 평가도구를 구성하여 통계분석을 하였다 (Rivlin, 1970). 그러나 빈곤은 지속적으로 만연하였다. OEO에서 활동을 회고한 Williams(1998)는 이시기에 빈곤사회프로그램의 분석과 평가는 정책분석의 영광적 시기(glory day)였다고 한다. 그러나 정책분석가들은 사회조건의 무한한 도전에 직면하였다.

빈곤과의 전쟁으로부터 도출되는 정책교훈으로는 세 가지를 들 수가 있다. 첫째,

정책학은 그들에게 제시된 빈곤의 복잡성을 이해하고 대답하는데 정책결정자의 무능력에 의해 좌절되었다. 그들은 정책발의단계에서 설득적인 주장을 하지 못하였다. 둘째, 정책결정자와 분석가는 정책집행의 방향을 발견하였다. 집행의 어려움은 많은 프로그램에서 직면하였다. 셋째, 가장 성공적인 학습경험으로 정책결정자들은 다양한 정책프로그램의 평가를 통하여 정책중요성을 인식하였다.

결국, 빈곤과의 전쟁은 정책연구를 위한 촉발제로 봉사하였다. 이후에 deLeon(1988: 61)은 빈곤과 전쟁의 결과를 '시행착오와 좌절의 10년'으로 요약하였다.

## 3. 베트남전쟁

정책학에 대한 실망은 1960년대 초반부터 1970년대 전반까지의 베트남전쟁의 불행한 경험으로부터 다시 발생하였다. 10년 동안 베트남전쟁은 Kennedy, Johnson, Nixon 행정부의 지속적인 관심과 함께 국방부에 의해 통제되고 관리되었다.

그러나 정책분석의 정확성과 합리적인 의사결정은 전쟁에 반대하는 대중인식에 의해 부적절한 것으로 나타났다. 더욱이, 국방정책결정의 장점중의 하나였던 체제분석은 전쟁노력의 중요한 단점으로 판명되었고 베트남에서 미국실패에 부분적인 기여를 하였다. 북베트남에 대항하기 위한 비용효과분석은 그들의 전쟁능력을 약화시켰고, 결국 그들이 오천만명의 삶을 보호하기 위하여 희생하였던 전쟁을 포기하게 되었다

## 4. 워터게이트사건

정책학은 워터게이트사건으로 가치와 분리할 수 없다는 것을 학습하였다. 1972년 Nixon 대통령의 재선을 둘러싼 사건에 대한 악의적인 증거를 은폐하고 베트남전쟁의 반대자 Ellsberg를 기소하려는 의지는 미국대통령에 대한 탄핵책임을 가져왔다. 닉슨 대통령은 의회탄핵절차에 직면하기 보다는 불명예적인 사임을 선택하였다.

이 사건은 도덕적인 규범과 가치가 정부활동의 중심에 있다는 것을 인식하게 하였다. 이후에 1978년에 제정된 정부윤리법(the Ethics in Government)은 규범적 표준이 정부활동의 중심에 있다는, 말하자면 정책학의 중심신조의 하나라는 것을 보여주고 있다.

## 5. 에너지위기

정부의 정책분석적 노력은 1960년대 빈곤과의 전쟁에서 시작하여 1960년대 후반 베트남전쟁으로 이어졌는데, 1970년대의 에너지위기는 국가가 제공할 수 있는 최상의 정책분석을 위한 실질적인 검증무대를 제공하였다.

석유생산의 아랍보이코트와 지속적인 석유가격인상은 전 세계에 영향을 주었다. 이러한 결과로 국가는 석유비축(국내와 국외)과 대체에너지(원자력과 석탄)에 대한 분석과 모형을 만들어 합리적 정책결정을 하려고 하였다. 이러한 기술적 자료를 가지고 분석공동체는 어두움 속에서 희망을 준비하였다. 그러나 아마도 2/3의 에너지모델은 정책문제에 대한 직접적인 적용에서 그들의 공언된 목표를 달성하는데 실패하였다(Weyant, 1980: 212). 문제를 해결하려는 정책요구에 직면한 연구공동체는 수용할 수 있는 정책공급을 제공할 수 없었다.

이와 대조를 이루는 다른 편에서는 에너지정책에 대한 분석적 고려보다는 정치적인 정책결정을 주장하였다. 정책예측(policy estimation)은 그 문제의 본질적인 기술적 요구와 에너지선택이 직면하는 다양한 정치적 상황 때문에 한계가 노정되었다. 외견상 분석적인 정책공급과 정부요구 간에 수렴이 있는 것 같지만 정책동의는 존재하지 않았다. 에너지위기의 경험은 협상(negotiation)과 결의(resolution)의 부족을 부각시켰다.

## 6. 클리턴 대통령의 탄핵

Clinton 대통령은 1992년 취임부터 2000년 6월 공직을 떠날 때까지 거의 개인적인 비방의 대상으로 정치적 고난의 길을 걸어 왔다. 예컨대, 사소한 실수(클린턴 스태프가 백안관 언론의 취재일정을 옮친사건), 불운한 비극(백악관 자문관 Foster의 자살), 불운했던 소수 정책제안의 저주(the Clinton Health Care in initiatives) 등은 지속적으로 클린턴행정부를 괴롭혔다. 이들은 어떤 주요한 성공들, 예컨대, 연방적자를 흑자로 전환시킨 것을 무색하게 하였다. 이러한 정치적 측면과 관계없이 그의 행정은 젊은 백악관 인턴여성과의 무절제한 행동과 이를 감추려는 지속적인 시도로 기록되었다. 이 사건의 여파는 그의 두 번째 공직을 불운하게 하였다.

클린턴 대통령은 의회에서 탄핵을 받는 첫 번째 대통령이었다. 그가 상원에서 탄핵의 책임을 피했지만, 탄핵진행과정은 최초의 미국역사에서 희귀한 사건으로 정치적으로 가치가 있었다. 따라서 닉슨의 워터게이트스캔들과 클린턴의 탄핵 등의 정치적 사건은 규범적인 기준이 다시 부각되고 도덕적 고려가 외견상 분석적 결정을 지시하고 있음을 상기시키고 있다.

## 7. 미국에 대한 테러공격

대부분의 정책추천(정책처방)의 본질적인 한계는 풍부한 정보에도 불구하고 미래 상황을 준비할 무능력이다. 2001년 9월 11일 뉴욕과 워싱턴에 대한 테러공격과 이에 대응한 아프카니스탄과 이라크에 대한 미국의 보복공격은 합리적 정책결정의 단점을 보여준다.

그리고 이러한 테러공격으로부터 수천 명의 삶이 희생된 사건으로부터 얻는 교훈은 정책학에서 인간적 요소, 즉 인간의 존엄성의 중요성을 다시 깨닫게 하였다.

지금까지 살펴본 바와 같이, 미국을 중심으로 진행된 다양한 정치적 경제적 사회적 사건들은 정책학에 대한 걱정스러운 위치와 과제를 제시하고 있다. 확실히 정치적 경제적 사회적 활동은 정책학의 실제와 유사한 것이 아니다. 그러나 두 가지 범주는 동일정책공간에 위치한다. 역사적인 사례들은 정책학을 위한 공급과 수요조건이 좋은 정책을 위해 필요하지만 충분조건은 아니라는 것을 보여주고 있다. 이와 같이 환경 또는 맥락은 항상 문제를 만들고 정책학에 과제를 부여하고 있다. 정책학은 환경에서 발생하는 다양한 사회문제들을 해결하기 위하여 합리적인 정책분석을 하기도 하지만 가치나 규범 및 정치이념 등으로부터 분리할 수 없고 정치적 결정도 중요하다는 것을 제시한다.

## 제 2 절 | 정책학의 진화

## 1. 정책학의 진화구분

앞에서는 정책학의 환경 또는 맥락으로 역사적인 큰 줄기라고 할 수 있는 정치적·경제적·사회적 사건을 기술하였는데, 정책학은 시대환경변화에 따라 진화되어 왔다고 볼 수 있다. 여기서는 정책학의 진화를 이론적 발달 측면에서 살펴본다.

deLeon(1994)이 지적한 바와 같이, 정책학이나 정책연구는 정치의 연구에 뿌리를 두고 오랜 역사와 짧은 과거를 가지고 있다. 정부의 활동(the activities of govern-ment)은 여러 세기 동안 많은 정치연구의 초점이 되어 왔지만, 정책학의 개념적 틀을 사용하는 그것에 대한 체계적인 분석은 1950년대로 거슬러 올라간다. 정책학은 제2차 세계대전 이후에 북미와 유럽에서 출발하였는데, 이것은 정치학자들이 경제사회적 프로그램을 설계하는데 관련되는 공공부문의 활동성장을 설명하기 위하여 정부와 시민 간의 새로운 이해를 탐색하였기 때문이다(deLeon & Martell, 2006; deLeon, 2006: 19; Howelett, Ramesh & Perl, 2009: 17). 이를테면, 정책학은 1950년대 초반 Lasswell의 '정책정향' 논문에 의해 창조되었는데, 정부와 거버넌스에 영향을 주는 쟁점들에 대한 과학적 방법의 적용에 초점을 두었다. Fischer(2003: 5)에 의하면, Lasswell은 그 시대환경의 긴급한 정책문제에 대한 객관적인 해결을 제공하는 것에 의해서 정책학문과 정부정책결정자 그리고 일반시민과의 중재자로서 행동하는 응용사회과학을 창조하기를 원했다는 것이다.

이러한 정책학의 학문적 정향과 이론적 발달에 지적 생명력을 제공한 것이 정치학의 여러 접근이나 이론들이라고 할 수 있다. 정치학자들은 정치와 정책결정 그리고 그것의 관련요소들을 분석하기 위하여 많은 이론(theories), 모형(models), 접근방법(approaches), 그리고 개념(concepts)을 발달시켜 왔다. 이러한 이론과 개념은 공공정책연구를 인도하기 위하여 필요하다. 정책결정과정을 체계적이고 경험적으로 연구하는 학자들은 정책의 모형과 개념을 탐색하여 시도하기 때문이다(Anderson, 2011: 18).

〈표 5-2〉  정치학과 정책학의 진화

| 시 기 | 정치학 | 정책학 |
|---|---|---|
| 1850-1900년 | 제도주의 정치학 | 제도주의 정책학 |
| 1925-1960년 | 행태주의 정치학 | 실증주의 정책학 |
| 1960년 이후-1980년 | 후기행태주의 정치학 | 후기실증주의 정책학 |
| 1980년 이후 | 거버넌스패러다임의 정치학 | 정부패러다임과 거버넌스패러다임의 정책학 |

따라서 정책학이라는 학문은 국가나 글로벌 차원을 둘러싸고 있는 다수정부들의 활동에 대한 이론적, 경험적 연구를 위하여 정치이론과 중복되면서도 구별되는 이론이나 접근을 발달시켜 왔다. 일반적으로 정치학에서는 정치연구의 발달과정을 제도주의 정치학, 행태주의 정치학, 후기행태주의 정치학, 그리고 거버넌스패러다임의 정치학으로 논의하고 있는 것이 주류라고 할 수 있다. 예컨대, 서울대 정치학과 교수 공저(2002: 21-32)에서는 정치학 발전의 시대구분을 크게 고대와 근대 및 현대로 나누고, 1950년대까지의 고전적 정치학을 규범적·사변적 정치학으로, 1850-1900년대까지의 근대정치학을 제도주의 정치학으로, 그리고 1900년대 이후의 현대정치학을 행태주의 정치학(1925-1960)과 후기행태주의 정치학(1960년대 후반-1980년) 및 거버넌스패러다임의 정치학(1980년대 이후)으로 나누고 있다. 이러한 정치학의 이론적 발달과정을 정책학의 진화에 적용하면 제도주의 정책학, 실증주의 정책학, 후기실증주의 정책학, 그리고 정부패러다임과 거버넌스패러다임의 정책학으로 나눌 수 있다(표 5-2). 이하에서는 공공정책연구를 위한 정책학의 학문적 또는 이론적 전개과정을 살펴본다.

## 2. 제도주의 정치학과 정책학

### 1) 제도주의 정치학

정치학의 발전사에서 19세기 이전의 고전적 정치이론은 인간과 정치의 본질을 철학 및 규범적 관점에서 탐구하여 정치사상과 정치철학이 그 중심을 이루고 있다. 이 시대의 정치학은 철학, 윤리학, 역사학 등과 그 문제의식과 방법론에서 분화되지 않은 상태였고, 국가란 무엇이며 왜 필요한가(Plato, Hopes), 자유는 왜 소중하며 어떻게 얻어질 수 있는가(Mill), 인간은 왜 불평등한가(Rousseau) 등에 대한 해답을 구하는 규범적이고 사변적인 연구들이 많았다. 규범적·사변적 연구란 인간의 본성과 사회관계에 대하여 사변적(思辨的)원리를 설정한 뒤, 이 원리에 기초하여 정치의 이상과 목표에 대한 규범을 설정하고 그것을 추구하려는 방법이다. 이러한 접근의 주장은 사실에 대한 객관적 분석과 검증에 기반을 둔 것이 아니고 매우 제한된 사실의 관찰결과에 기초하고 있다. 그러나 이 접근방법은 무엇이 가치가 있는 것이며 어떤 것을 먼저 연구하고 관찰할 것인가에 대한 판단지침을 마련해준다. 고전시기의 정치학저작들은 지도자의 정치적 덕목과 통치윤리를 규명하는데 주력하였다(서울대 정치학과 교수 공저, 2002: 21-24).

정치학이 독립된 학문으로 독특한 분야를 찾아 출발하기 시작한 것은 19세기 이후부터라고 할 수 있다. 독일은 국가학과 법률중심의 정치학으로 시작을 하였고, 영국에서는 정치사상사가 주축이 되었으며, 미국은 독일의 영향을 받아 법률중심과 영국의 역사주의적 경향이 혼합된 형태를 가지게 되었다. 그 이유는 미국학자들이 대부분 독일과 영국에서 공부한 사람들이었기 때문이다. 미국에서 19세기 후반에 비롯된 정치학연구가 그 이전의 순전히 규범적 서술을 중심으로 했던 정치철학에서 탈피하여 독자적인 분야를 모색하는 과정을 밟았으나, 그러면서도 규범적 경향을 고수하여 간 것은 법률적 접근이나 역사적 접근, 특히 사상적 접근이 규범적 차원을 강하게 반영하였기 때문이다.

그러나 20세기 초에 이르러 법률적 접근이나 역사적 접근이 너무 과거에 집착하거나 정태적이어서, 시시각각으로 전개되어 나가는 정치적 현실을 이해하기가 불충분하다는 비판이 고조되어 갔다. 이러한 비판의 중심에 서있던 것은 1880년 이후 1900년대까지 발전한 소위 제도학파(institutionalist school)로서, 이들의 관심은 정치적 현실을 그대로 정확하게 기술함으로써 정치가 실제로 어떻게 운영되고 있는가를 밝히고자 하였다. 이들의 연구대상은 정치의 중심이 되는 제도, 즉 입법부와 행정부 및 사법부로 이동하였다(Easton, 1953: 66-78; 김하룡 외, 1998: 14-17). 이러한 제도적 연구는 정치제도와 법체계의 기원, 역할, 구조들을 역사적으로 서술하는데 중점을 두었기 때문에 일명 구제도주의(institutionalism) 또는 제도주의 정치학이라고 한다.

이러한 구제도주의는 특정한 정부제도들의 구조나 조직 및 기능을 기술하는데 초점을 두어서 정부제도의 보다 공식적이고 법적인 측면, 즉 공식조직, 법적 권한, 절차적 규칙, 기능 또는 활동을 묘사하는데 관심을 집중하여 왔고, 제도가 실제로 어떻게 작동하는가에 대해서는 거의 설명을 하지 않고 있다. 또한, 제도에 의해 산출된 공공정책을 분석하고 제도적 구조와 공공정책과의 관계를 밝히려는 노력은 별로 없었다.

따라서 제도주의 정치학은 정치현상을 바라보는데 공식적인 정부제도, 즉 국가기구를 주된 연구대상으로 제도의 실제에 대한 기술을 하는 것으로서 제도와 정책 간의 관계를 분석한 것은 아니었다. 이러한 한계는 행태주의와 신제도주의 태동의 원인으로 작동하였다.

## 2) 제도주의 정책학

위에서 기술한 제도주의 정치학은 제도의 공식적 구조의 강조와 함께 공공정책을 제약하는 정부제도의 단순한 기술에 불과하였다고 할 수 있다. 그럼에도 불구하고 제도적 접근은 정책분석이나 정책활동에 있어서 유용하게 활용할 수 있다. 정부제도의 연구는 정책학의 가장 중요한 관심사이다. 이것은 정치행동이나 정책활동이 입법부, 행정부, 사법부, 그리고 정당이나 이익집단과 같은 여러 제도들을 통하여 작동하기 때문이다. 더욱이, 공공정책은 이들 제도에 의해 권위적으로 결정되고 집행된다. 이런 제도적인 구조와 배열 및 절차는 공공정책의 채택과 내용에 중요한 영향을 미치므로 정책분석에서 무시되어서는 안된다(Anderson, 2000: 22-23).

따라서 제도적인 장치가 공공정책에 미치는 영향은 연구해볼만한 가치가 있는 경험적인 문제이다. 이러한 의문은 신제도주의, 특히 역사적 제도주의에 의해 문제가 제기되고 이론화가 시도되어 왔다. 제도와 정책과의 관계에 대한 본격적인 연구는 행태주의를 비판하면서 등장한 신제도주의에서 시작된다. 1950년대 이후 행태주의 혁명으로 인하여 행태주의는 전통적인 제도주의가 공식적인 제도 외에 다른 현상을 분석에서 제외하고 통치현상의 기본골격을 기술할 뿐이고, 통치과정에서 일어나는 동적 현상과 변화를 설명하지 못한다고 비판하였다. 그런데 행태주의는 제도나 구조를 경시한다고 비판받게 되었다. 여기서 정책현상에 대한 분석에서 제도나 구조가 중요하다는 신제도주의(new institutionalism), 특히 역사적 제도주의가 출현하였다.

역사적 제도주의(historical institutionalism)는 1960년대 지배적이었던 행태주의와 비교정치를 비판하면서, 정책현상에서 제도의 역할에 관심을 갖고 제도와 정책과의 관계, 제도의 형성과 변화와 이를 통한 정책의 형성과 변화, 그리고 제도와 정책을 형성하고 변화시키는 역사적 맥락을 중심으로 정부통치현상, 특히 정책현상을 기술하고 설명하는 이론이다. 이런 역사적 제도주의는 구제도주의보다 제도개념의 외연을 확대하여 그 범주가 거시적 수준에서 미시적 수준에 이르기까지 다양하게 제시되고 있다. 예컨대, Ikenberry(1988: 226)는 제도의 범주에 정부제도의 구체적인 특징으로부터 국가구조와 국가의 규범적 사회질서를 포함시킨다. Thelen & Steinmo (1992: 7)는 이러한 제도가 정치와 정책을 결정하는 데 중요한 역할을 한다고 본다.

따라서 역사적 제도주의는 구제도주의가 경시했던 제도와 정책의 관계를 정책현상을 분석하는 중요한 인과관계로 포함시키고 있다. 이를테면, 역사적 제도주의의 초기연구에서는 역사적 맥락이 제도형성에 미치는 영향과 제도가 정책선택에 미치는 영향에 관심을 가졌다면, 그 이후의 연구에서는 이런 제도가 정책성과에 미치는 영향과 역사적 맥락의 변화에 따른 제도와 정책의 변화로 연구지평을 확대하여 왔다. 역사적 제도주의의 일반가정은 역사적 맥락에서 형성되고 변화하는 제도가 정치나 정책결정을 제약하여 정책결과에 영향을 주고 제도의 차이가 정책의 차이를 산출한다고 본다(배봉준, 2020: 126－141; 2021: 437－438).

이처럼, 신제도주의, 특히 역사적 제도주의 관점에서 역사적 맥락과 제도에 의하여 공공정책을 기술하고 설명하려는 관점을 제도주의 정책학이라고 명명할 수 있다.

## 3. 행태주의 정치학과 실증주의 정책학

### 1) 행태주의 정치학

2차 세계대전에서 승리한 미국은 급속한 경제발전을 이룩하고 적극적인 대공산권 견제외교를 통해 미국식 민주주의와 자유주의가 승리해가는 자신감과 낙관적 사고가 팽배하여 있었는데, 이러한 낙관적인 시대환경을 반영하여 보편성을 강조하고 지적 통일성을 이룩하려는 연구풍토에 편향되어 있었다(서울대 정치학과 교수 공저, 2002: 28).

2차 대전이 끝나면서 미국 정치학의 연구방향을 주도하였던 사조는 행태주의접근이었다. 정치학에서의 행태주의는 1920년대 Chicago대학교 정치학과의 Charles Merriam이 창시자로서, 행정학에서는 행태주의 창시자인 H. Simon, 정책학의 창시자인 H. Lasswell, 그리고 집단이론의 선구자인 Truman 등의 정치학이론을 정립한 학자들을 제자로 키워 시카고학파를 탄생시켰다. 예컨대, Merriam은 정부의 실질적 활동, 즉 공공정책을 이해하기 위해서 정치의 이론과 실제를 연결하려고 시도하였다 (Birkland, 2001: 4). 그의 제자인 Lasswell은 1950년대 초반에 공공정책을 연구하는 정책학의 필요성을 주창하였다.

이처럼, 1920년대 Merriam에 의해 창도된 행태주의 정치학은 1950년대와 60년 대에 행태주의혁명이라고 불리듯이, 주류의 정치학으로 번성하였다. 행태주의 정치학은 정치현상을 연구하는데 인간과 집단 및 기관 등과 같은 제도의 행태를 연구대상으로 경험적 방법을 적용하여 행태에 대한 가설을 세우고 경험적 자료를 수집하여 이를 검증함으로써 법칙이나 이론을 발견하려는 것이다.

이 입장에 의하면, 논리 실증주의방법에 의해 우리가 진실로 받아들일 수 있는 것은 오감에 의하여 인지할 수 있는 사실(fact)에 근거하여야 하며 객관적으로 증명할 수 있는 것이어야 한다고 보고, 학문과 지식은 사실자료를 토대로 입증되고 체계화된 법칙이나 이론이라고 한다. 이러한 행태주의 정치학의 특징을 정리하면 다음과 같다(Easton, 1969: 1051 – 1061). 첫째, 행태주의 정치학은 정치에 대한 선험적 교리나 가치체계를 거부하고, 실존하는 여러 정치현상과 이들의 상호관계에 대한 경험적 설명을 주요연구대상으로 한다. 둘째, 추상적인 이상과 목표에 매달리기에 앞서 인간의 노력으로 창안된 조직, 제도, 권력관계, 및 그 결과를 구체적으로 밝히려고 한다. 셋째, 인간과 조직의 행태는 일정한 패턴을 가지고 일어나는바, 연구방법론은 이 규칙성을 발견하여 이론화를 시도한다. 넷째, 인간이나 조직의 행태를 연구함에 있어서 가치를 배제하고 사실을 중시하여 통찰력이나 상상력에 의존하기보다 관찰과 검증의 방법을 선호하여 경험적, 분석적 방법을 강조한다.

따라서 미국의 행태주의 연구자들은 실증주의적 철학과 인식론을 기반으로 정치현상을 자연현상과 마찬가지로 과학적 방법(연역법과 귀납법)과 방법론적 개인주의를 적용하여 연구함으로써 정치현상에 광범위하게 적용할 수 있는 일반이론(general theory)을 만들려고 하였다. 행태주의 정치학에서 제시한 명제나 가설의 타당성을 검증하려면 자연적인 실험실과 같은 지구상의 수많은 국가들을 비교분석의 대상으로 삼아야 했고, 그것은 비교정치분야의 학자들이 할 수 있었던 작업이었다(한배호, 2000: 168).

1950년대 이후 행태주의혁명이 진행됨에 따라 정치의 일반이론을 위한 다양한 후보군들이 개발되고 검증되었다. 이러한 행태주의 관점의 정치이론은 정치현상을 사회현상의 일부분으로 파악하고, 사회를 구성하고 있는 체제나 개인이나 집단 및

계급 등의 행동의 결과로서 보는 체제적·합리적·사회적 접근에 뿌리를 두고 있는
데, 다양한 범주의 정치이론이 나타났다.

첫째, 1950년대와 1960년대의 행태주의 정치이론의 한 학파는 시스템이론에 토
대를 둔 정치체제론이나 구조기능주의가 있다. 많은 정치분석가들은 시스템접근을
사용하여, 사회적 제 집단들의 투입과 정치체제의 산출과 결과를 설명하려고 하였
다. 체제이론을 정치학에 도입한 Easton(1953, 1965)에 의하면, 국가나 정부라는 개
념은 동태적이고 복합적인 정치현상을 설명하기에 낡은 개념이라고 하고, 동태적인
정치현상을 파악하기 위해 정치체제(political system)라는 개념을 도입하여 정치체제
모형(political system model)을 만들었다. 이 모형은 정치현상을 개인이나 집단의 가
치가 정책으로 전환되어가는 동태적 과정으로 보고, 정치체제와 환경과의 관계 및
정치체제의 여러 요소들 간의 상호작용을 설명하려는 것으로서 환경에서 투입이 있
으면 산출이 나온다고 하여 투입 – 산출모형(input – output model)이라고도 한다(김
하룡 외, 1998: 90 – 92). 그리고 비교정치에서 구조기능주의(structural functionalism)
는 Almond & Powell(1978)에 의하여 모든 정치체제가 정치과정에서 어떤 필요한
기능을 수행하는가를 분석하는 것이다. 이이론에 의하면, 사회의 여러 집단들에 의
해 이익이 표출되고, 표출된 이익이 결집된 다음에 정책구조를 거쳐 정책이 산출되
고, 그것의 정책결과를 평가하여 다음의 이익표출에 환류하게 된다고 한다. 이러한
정치체제모형에서 접근한 정치과정의 분석은 정치과정에서 누가 영향력을 갖고 있
는지와 정책참여자들 간의 상호작용이 어떻게 나타나고 있는지 등의 행태중심의 논
의를 하고, 정치체제(정책구조)를 암상자로서 보았기 때문에 정치체제의 특성을 분
석에서 제외한다(염재호, 1994: 13).

둘째, 또 한 부류의 행태주의 정치이론으로는 정치의 합리적 선택이론이 있다.
이 이론은 정치를 공리적이고 비용편익분석논리에 의해 동기화되는 개별행위자들에
의해 결정되는 것으로 보고, 정치인이나 관료 및 정치집단이 극대화의 합리적 효용
을 추구하는 것으로 보았는데, 이것의 대표적인 이론이 공공선택론과 후생(복지)경
제학 그리고 의사결정모형이 있다. 공공선택이론(public choice theory)은 정치행태
연구에 신고전경제학을 적용한 것으로, 정치적 행위자들(정치인, 관료)은 경제적 행
위자들처럼 자신들의 효용을 극대화하기 위하여 행동한다고 본다. 인간행태에 대한
이러한 가정은 개인들의 투표행태, 개인과 집단 및 기관의 의사결정행태, 정부관료
제나 의회 및 정당의 행태연구 등의 정치와 정책결정의 여러 측면을 설명할 수 있게

하였다(Buchanan, 1978).

후생(복지)경제학(welfare economics)은 개인들이 시장메카니즘을 통하여 대부분의 사회적 결정을 하고 정치제도는 시장을 보충하는 활동을 한다고 본다. 시장은 사회의 자원을 할당(배분)하는 가장 효율적인 기제이지만, 모든 상황에서 적실하게 작동하는 것이 아니다. 이른바 시장이 효율적인 자원배분과 소득분배를 하지 못하는 사례들 — 공공재, 독과점, 외부성, 불완전정보, 소득불평등 — 인 시장실패(market fail-ure)가 발생한다. 정부는 시장실패를 치유하여야 할 책임성을 가지고 있지만, 정부개입으로 인하여 정부실패(government failure)가 발생할 수 있다. 비록 공공정책결정에 대한 후생경제학의 개념이 논리적일지라도, 정부는 이 이론에서 가정하는 방법으로 선택을 하지 못하는 것이 정책결정의 현실이라고 할 수 있다. 후생경제학에서 정치적 변수의 소홀은 '정책과정의 거짓 또는 순진한 관점'을 촉진하는 신화나 이론적 환상으로 비판을 받고 있다(Pigou, 1932; Baumol, 1952).

또한, 개인과 집단의 의사결정행태를 분석하는 이론으로는 합리주의모형과 점증주의모형이 있다. 전자는 정책결정자가 사회의 효용극대화를 달성하기 위하여 정책결정을 하는 모형이고, 후자는 합리모형을 비판하면서 정책결정자는 과거정책의 연속선상에서 정책결정을 하는 것으로 보는 모형이다(Lindblom, 1959).

셋째, 행태주의 정치이론의 계보인 정치의 사회중심이론은 정치현상을 개인엘리트나 집단 및 사회계급 등의 사회적 변수를 가지고 설명하려는 것으로서 엘리트이론이나 집단이론 및 계급이론 등이 있다. 엘리트이론(elite theory)은 정치를 지배엘리트가 가지는 선호 측면에서 접근한다. 여기서 엘리트는 얻을 수 있는 무엇을 가장 많이 얻을 수 있는 사람(Lasswell & Kaplan, 1950, 1970: 201), 또는 주요한 정치적 쟁점의 해결에 있어서 이득을 보는 소수집단(Dahl, 1961: 463)을 말한다. 이이론에서는 공공정책을 지배엘리트의 선호나 가치가 반영되는 것으로 본다. 우리는 종종 공공정책을 국민의 요구를 반영한다고 주장하지만 그것은 민주주의의 현실이라기보다는 하나의 신화에 불과하다. 사회는 권력을 가진 소수(지배엘리트)와 그렇지 못한 다수(대중)로 구분되는데, 대중은 정치나 정책에 무지하고 무관심하므로 엘리트의 지배적인 가치나 선호가 정책으로 나오게 된다. 이러한 공공정책은 정부관료에 의해 집행된다(Mills, 1956: Hunter, 1963).

집단이론(group theory)은 정치를 집단들 간의 상호작용 또는 영향력 측면에서 접근한다. 이이론은 집단 간의 상호작용과 투쟁이 정치현상의 본질이고, 집단 간의 타협에 의해 이루어진 균형을 공공정책이라고 한다(Dye, 2005: 20−22). 개인들은 자신들의 요구를 정부에 제시하기 위해 공식적이거나 비공식적인 결합을 하게 되는데, 이것을 집단이라고 한다. 집단은 사회 내의 다른 집단에 대해 자신들의 이익을 주장하는 공통된 이익과 태도를 지닌 개인들의 집합이다. 어떤 집단이 정부기관에 대해 또는 정부기관을 통해 무엇인가를 주장할 때 정치적인 이익집단이 된다. 이익집단은 구성원들의 이익을 결집하여 표출하는 역할을 수행한다. 정치체제의 임무는 집단 간 투쟁에서 게임규칙을 확립하고 다양한 이익들을 타협시키고 균형을 유지하는 것이다. 그러한 타협은 공공정책으로 제정되어 집행된다(Bentley, 1908; Truman, 1951; Dahl, 1961; Polsby, 1963).

또한, 계급이론(class theory)은 정치를 사회계급 간의 투쟁 측면에서 접근한다. 예컨대, 자본가계급과 노동자계급이 대표적이다. 맑시스트인 Miliband(1969, 1977)의 도구주의(instrument)모형에 의하면, 경제조직의 형태 혹은 생산양식을 정치나 정책의 논의의 출발점으로 삼고 있다. 서구 산업사회에서는 자본주의 생산양식이 지배함으로써 부르주아지와 프롤레타리아라는 두 가지 사회계급을 발생시키고 있다. 소득과 부는 전체인구 중 소수 자본가계급에 집중되고 이러한 지배집단이 정치적 권력을 행사하고 정치과정 또는 정책과정을 지배하게 된다. 국가는 중립적인 중재자가 아니라 자본가계급의 이익에 봉사하는 계급지배의 도구가 된다. 이 이론에 의하면, 공공정책은 자본가계급의 선호나 이익이 반영된 것이다. 자본주의사회에서 국가가 자본가계급의 지배도구가 되는 이유는 첫째, 정부의 고위직을 점유하고 있는 정부엘리트들과 자본가계급은 유사한 사회적 배경을 갖고 있다. 둘째, 자본가계급은 개인적인 접촉이나 기업과 산업을 대변하는 이익집단을 통하여 권력을 행사할 수 있다. 셋째, 국가는 자본이 갖는 객관적인 힘(부나 권력)의 제약을 받는다. 이러한 관점은 국가엘리트가 독자적인 권력을 가지고 있다는 엘리트이론이나 정부를 집단 간의 균형중개자로 보는 집단이론(다원주의론)과 다른 접근방법을 보이고 있다(박성복·이종

〈표 5-3〉 행태주의 정치학

| 시 기 | 정치이론 |
|---|---|
| 1920−1960년 | • 시스템이론−정치체제론이나 구조기능주의<br>• 정치적 행동에 관한 이론−정치의 합리적 선택이론(공공선택론과 후생(복지)경제학, 합리주의모형과 점증주의모형), 정치의 사회중심이론(엘리트론, 집단이론, 계급이론) |

렬, 1998: 148-152)(표 5-3).

## 2) 실증주의 정책학

이상에서 본 바와 같이, 논리적 실증주의와 방법론적 개인주의를 배경으로 하는 행태주의 정치학은 개인과 집단의 행태에 관한 연구, 이익집단이나 정당의 기능에 관한 연구, 그리고 입법부와 행정부 및 사법부에서 일어나는 다양한 과정과 행태에 대한 설명에 관심을 갖고 다수의 정치이론들을 양산하였다.

이러한 행태주의 정치학에서 발달한 정치이론들은 정책현상을 연구하기 위한 정책이론 또는 정책모형으로 적용되고 있다. Birkland(2001: 4)에 의하면, 정치학의 연구는 오랜 역사를 가지고 있지만, 정책학의 체계적인 연구는 20세기에 들어와서부터라고 할 수 있다. 1920년대에 시카고학파를 연 C. Merriam(1926)이 정부의 활동에 대한 실질적 연구를 주장하였고, 그의 제자인 Lasswell이 1951년 '정책정향'이라는 논문에서 정치학과 구별되는 정책학의 필요성을 주장하였다. 그러나 라스웰의 정책학 주장은 그 당시 지배적이었던 행태주의혁명에 의해 빛을 보지 못하였고 정부활동의 연구는 행태주의 정치이론에 의하여 논의되고 연구되었다고 할 수 있다.

따라서 행태주의 정치학은 실증주의 정책학에 그대로 이식되었다고 볼 수 있다. 이러한 측면은 학자들의 정책학교과서의 이론적 접근(모형)의 소개에서 나타나고 있다. Anderson(2000: 16-17)에 의하면, 정치학자들은 총체적인 정치체제의 정치적 행동을 연구하기 위하여 다양한 모형들, 이론들, 접근들, 그리고 개념들을 개발하였다. 이러한 이론들이나 개념들은 공공정책연구를 인도하는데 필요하고 정책행동의 가능한 설명을 할 수 있게 하고 공공정책에 대한 우리의 사고를 명확하게 하고 조직화하여 설명을 할 수 있게 한다.

〈표 5-4〉 실증주의 정책학

| 시 기 | 정책이론 |
|---|---|
| 1920~1960년 | ● Anderson(2000) - 정치체제이론, 집단이론, 엘리트이론, 제도주의, 합리적 선택이론<br>● Dye(2008) - 제도주의, 과정모형, 합리주의, 점증주의, 엘리트론, 집단이론, 공공선택이론, 게임이론<br>● Simon(2010) - 합리적 포괄적 모형, 점증주의, 공공선택이론, 집단이론, 엘리트이론, 게임이론, 제도주의 |

이를테면, Anderson(2000)은 정책연구접근으로 정치연구접근들인 정치체제이론, 집단이론, 엘리트이론, 제도주의, 그리고 합리적 선택이론을 들고 있다. 이와 유사하게, Dye(2005)은 정책분석모형을 소개하는데 정치모형들인 제도주의, 과정모형, 합리주의, 점증주의, 엘리트론, 집단이론, 공공선택이론, 게임이론을 도입하고 있다. 또한, Simon(2010)은 공공정책이론으로 합리적—포괄적 모형, 점증주의, 공공선택이론, 집단이론, 엘리트이론, 게임이론, 제도주의, 신제도주의 등을 제시하였다(표 5-4).

지금까지 논의한 행태주의 정치학과 실증주의 정책학은 정치현상이나 정책현상을 경험적으로 연구하거나 분석하는데 많은 업적과 기여를 하여 왔지만, 행태주의와 실증주의 방법에 의한 정치학이나 정책학 연구가 소기의 목적을 달성하는데 실패하였다는 자성론과 비판론이 대두되었는데, 논쟁점이 된 것은 다음과 같다(한배호, 2000: 168-169). 첫째, 정치와 정책 연구에서 가치(value)문제를 소홀히 다루어 왔다. 행태주의 정치학이 미국 중산층의 가치관을 주어진 것으로 간주하여 다른 변수들에만 치중하는 맹점을 가졌으며, 특히 월남전의 반대운동처럼 심각했던 정치적 소요와 위기의 본질을 간과하는 오류를 범하였다.

둘째, 연구에서 방법론적 개인주의를 강조하다 보니까 개인이 행동하고 있는 정치사회의 구조 또는 제도를 등한시하게 되었다. 개인의 행동을 결정하거나 제약하는 것이 구조라는 점을 강조하면서 정치구조의 중요성을 새롭게 인식하였고, 정치제도와의 연관 속에서 공공정책을 분석하려는 시도가 나타났다.

셋째, 연구에서 정치현상과 경제현상의 밀접한 관계를 경시하거나 도외시하였다. 월남전에 대한 반전운동이 거세게 일어났던 1970년대의 미국 정치학계는 이른바 군산복합체의 실체를 폭로한 Pentagon Papers와 그와 유사한 폭로기사들을 통해 미국 정치에서 군산복합체문제의 심각성을 인식하게 되었다. 이러한 인식을 계기로 정부의 정책수립과정에서 특수이익을 추구하는 집단들이 배타적으로 정치적 영향력을 행사하여 왔다는 비판과 함께 그런 결과로 일부시민이 불이익을 받아 소외되어 왔다는 비판도 나오게 되었다.

이처럼, 행태주의 정치학과 실증주의 정책학은 연구대상으로 가치문제의 경시와 가치판단의 회피 그리고 연구방법에서의 과학적 방법의 강조로 인하여 현실정치나 정책에서 중요한 과제인 정책문제의 해결이라는 처방적 측면과 정치나 정책의 본질적 측면으로 정치철학과 정치제도 및 정치권력 등의 규범적, 제도적 측면을 경시하게 되어 궁극적으로 현실적합성(relevance)의 한계를 가져 왔다.

## 4. 후기행태주의 정치학과 후기실증주의 정책학

### 1) 후기행태주의 정치학

정치학의 행태주의혁명을 이끌었던 미국의 낙관주의시대는 1960년대에 들어와서 분열과 논쟁의 시대로 돌입하였다. 1960년대 미국사회는 흑인폭동과 월남전으로 인하여 엄청난 홍역을 치루었다. 백인의 지나친 차별대우로 흑인들이 미국 주요대도시에서 폭동을 일으키게 되어 미국사회에 엄청난 충격을 주었다. 또한, 미국은 월남전에 개입한 상태에서 반전파의 데모와 항의 및 강제징병에 대한 젊은이들의 저항으로 사회혼란이 가중되었다. 특히 흑인폭동의 원인이 흑백 간의 빈부격차와 차별대우에 있었기 때문에, 1960년대 중반부터 Johnson 행정부는 '위대한 사회의 건설'이라는 기치를 내걸고 흑인을 비롯한 하류층의 복지활동을 위하여 흑인들의 슬럼화된 주거환경을 개선하기 위한 주택정책, 저소득층 어린이들에 대한 조기무상교육, 저소득층 주거지역학교에 대한 지원, 실업수당제도 등과 같은 대규모의 사회복지정책을 추진하였다.

그리고, 1970년대에 들어오면서 미국 내부적으로는 산업사회의 진전으로 인하여 도시문제, 환경문제, 에너지문제, 소득불평등문제 등의 무수한 사회문제들이 발생하였고, 대외적으로는 후진국의 정치불안, 남북격차문제, 탈냉전 추세가 가속화되었다.

이처럼, 1960년대 이후 등장한 다양한 사회문제들은 미국정치의 안정기조를 흔들리게 하였고, 사회문제를 해결하는데 그 당시 지배적이었던 행태주의 정치학은 아무런 도움을 주지 못함으로써 국내외의 거센 비판을 받게 되었다. 이러한 영향으로 인하여 세계정치학계는 다양한 이론적 입장과 방법론적 논쟁이 제시되었는데, 그것은 과학의 본질과 의무에 대한 광범위한 논쟁과 결부되어 다양한 학문적 수준을 형성하는 계기가 되었다. 실제로 정치학에서는 1960년대 이후 1970년대에 반성과 비판기를 거쳐 1980년대부터 더욱 다양하고 활력이 넘치는 이론과 방법론을 발전시키는 전기가 마련되었는데, 그 내용을 살펴보면 다음과 같다(Easton, 1991: 275 – 291; 서울대정치학과 교수 공저, 2002: 29).

정치학연구는 이론의 획일적인 통일성 강조와 낙관적 자유주의에 편향된 방법론으로부터 다양성과 차별성을 존중하는 방향으로 발전하였다. 서구에서는 국가론 (statism)의 재등장을 통해서, 그리고 라틴아메리카에서는 종속이론(dependency theory)을 통해서 자유주의적 편향을 극복하고 계층과 이데올로기의 중요성이 다시 확인되었다. 규범적 이론을 내세우는 정치사상과 경험적 연구를 강조하는 행태주의 사이에 교량과 화해를 강조하는 후기행태주의(post‒behavioralism)가 등장하여 가치 와 사실을 엄밀히 구분하고 하나의 경험적 방법에 매달리는 방법론으로부터 다양한 방법을 구사하는 다원방법론(multi‒methodology)을 지향하게 되었다.

이를테면, 1960년대 말에 Easton(1969)은 정치학의 새로운 혁명으로서 후기행태 주의가 시작되었음을 선언하고, 이것의 성격을 '적실성의 신조(credo of relevance)'라 고 표현하면서 다음과 같은 정치학의 방향을 제시하였다. 첫째, 정치학은 정교한 과 학적 방법을 적용할 수 있는 사실을 연구대상으로 삼기보다는 현재 급박한 사회문제 의 해결에 의미가 있는 연구를 한다. 둘째, 정치학의 연구대상으로는 사실 외에 가치 에 대한 연구와 새로운 가치의 개발도 포함한다. 셋째, 정치학의 임무는 인류의 가치 를 보호하고 사회를 개혁하는데 관여한다.

이처럼, 후기행태주의 정치학은 학문활동을 현실적 요구에 부합하도록 적실성 (relevance)을 추구하며 행동(action)과 미래지향성(future‒oriented)을 강조한다. 그 러나 행태주의에서 발전된 과학적 방법론은 그대로 수용하여 정치분석에서 이론화 를 중시하고, 객관적 검증과 엄밀성을 추구하는 전통을 따르고 있다. 그러므로 후기 행태주의는 행태주의의 연장선상에서 가치문제와 적실성문제 등의 결함을 보완하려 는 것이지 이를 대치하거나 새로운 정치학에로의 전환을 의미하는 것이 아니었다.

이러한 후기행태주의의 학풍 내에서 시급한 사회문제의 해결을 위하여 학제적 연 구를 모색하려는 공공정책론(public policy)이나 역사적 제도주의와 사회학적 제도주 의와 같은 신제도주의이론(new institutionalism)이 등장하고, 국가론이나 종속이론 등의 정치경제론(political economy)이 부활하였고, 인간행동의 합리적 모형을 표방 하는 합리적 선택이론(rational choice theory)이 크게 발달하였다. 특히 정치의 합리 적 선택이론과 강한 유사성을 공유하는 학문으로 신고전경제학에 토대를 두는 신제 도경제학(new institutional economics)이 등장하여 발전하였다(North, 1981, 1990; Williamson, 1985; Campbell, 1997: 15). 이 접근은 제도와 제도적 선택 그리고 제도지 속성의 연구에 새로운 관점을 제공하였다(Weingast, 1996: 167)(표 5‒5).

〈표 5-5〉 후기행태주의 정치학

| 시 기 | 정치이론 |
|---|---|
| 1960~1980년 | 공공정책론<br>신제도주의이론(역사적 제도주의, 사회학적 제도주의)<br>정치경제론(국가론, 종속이론)<br>합리적 선택이론의 진화(신제도경제학) |

## 2) 후기실증주의 정책학

정치학에서 후기행태주의혁명은 정책학의 발달에도 영향을 주었다. 정치학자이면서 정책학자인 Lasswell은 1951년 '정책정향'이라는 논문에서 정책학은 사회 속의 인간이 부딪치는 근본적인 문제의 해결과 인간의 존엄성을 실현시키기 위한 지식의 개발에 중점을 두어야 한다고 하였다. 여기서 전자의 범주인 사회문제의 해결과 인간의 존엄성 실현이라는 것은 정책학의 규범적, 처방적 측면을 말하고, 이러한 정책목표를 달성하기 위한 정책과정에 필요한 지식생산은 과학적 방법을 적용하여 이루어지므로 정책학의 경험적, 실증적 측면을 강조한다.

따라서 Lasswell의 정책학은 규범적, 처방적 접근과 경험적 접근을 혼합한 것이라고 할 수 있다. 이 중에서 실증주의 관점의 경험적 정책연구는 1950년대 정치학의 지배적 흐름인 행태주의연구에 의해 지속되었다. 예컨대, 경제학자와 정치학자의 정책결정요인론 또는 정책산출연구를 들 수 있다. 그러나 1960년대 이후에 미국사회가 직면한 여러 가지 사회문제의 대두는 행태주의의 한계를 인식하였고, 정책학의 새로운 혁명으로 후기실증주의(post-positivism)가 부상하게 되었다. 이 시기에 와서 Lasswell은 자신이 주창한 정책학의 부상한 것에 대하여 자신의 정책논문이 발표된지 20년만인 1970년에 발간한 '정책학'이란 책에서 사회과학자들이 종래의 입장으로부터 충분히 선회하게(turned around)하게 되었다고 회상하였다. 그는 이 책에서 정책학의 목적인 인간의 존엄성 실현을 달성하기 위한 정책지식을 제공하기 위하여 정책학이 추구해야 할 세 가지 방향을 제시하였다. 첫째, 정책학은 시공간적 상황과 역사성을 강조하는 맥락성(contextuality)을 지닌다. 둘째, 정책학은 사회문제를 해결하는 문제지향성(problem-oriented)을 가진다. 셋째, 정책학은 문제해결에 필요한 이론과 논리 및 기법을 여러 학문부야로부터 받아들여 활용하는 연합학문적(interdisciplinary)이고 방법론적 다양성(methodological diversity)을 가진다.

1960년대 후반부터 정책연구가 적실성 있는 학문이 되기 위하여 크게 증가하였

지만, 정책학에 대한 공통적인 틀이 마련된 것은 아니었으므로 그 연구방법과 연구
내용이 다양하게 나타났다. 이러한 측면은 Lasswell을 비롯한 정책학의 선구자들이
예견한 것이었다. 정책학의 선구자들(founders)은 정책학이 직면하는 도전이 변화함
에 따라 그들의 접근도 변화할 필요가 있다는 것을 인정하였다. 정책학의 도전은
정치현실의 세계와 그것의 이론적 구성물 간의 관계에서 나타난다. 정책학은 정부에
대한 보다 많은 지식을 제공하기 위한 것이다. 정책학에서 과거 수십년 동안 출현했
던 주요한 인식론흐름은 경험적(흔히 실증주의로 묘사되는) 방법론으로부터 보다 맥
락지향적인 후기실증주의 방법론으로 이동과 Lasswell과 그의 동료들이 주장하였던
민주적 정향으로 회귀를 반영하는 것이었다(deLeon & Vogenbeck, 2007: 9-10). 많
은 정책학자들은 정책학의 결점이 그것의 실증주의방법에 기인한다고 보았다.
Dryzek(1990: 4-6)에 의하면, 실증주의는 인간의 선천적이고 자발적이며 이타적이
고 본질적으로 의미를 가진 측면을 부인하고, 복잡한 사회문제에 대응하는데 비효과
적이고 반민주적이라고 하였다. 실증주의가 추구하는 객관성(objectivism)은 정책과
정에 부적절하다. 더욱이, 인지되는 도전들은 상황(맥락)과 참여자들에 의해 주관적
으로 규정된다. 사회정치적 맥락과 그것에 존재하는 개인들은 사회구성의 기능을 수
행한다. 이에 따라 정책이론가들은 사회정치적 현실이 매우 복잡하여 환원주의적 접
근을 할 수가 없으며, 상이한 맥락은 상이한 시각과 인식론을 요구한다는 것을 깨닫
기 시작하였다(deLeon & Vogenbeck, 2007: 10).

정책학을 연구하는 학자들은 실증주의방법의 한계로 인하여 정책연구의 일부분
인 사실에 초점을 두고 가치문제나 현실문제 해결에 결점을 지적하면서 새로운 정책
연구의 방법을 모색하게 되었는데, 이들 접근을 후기실증주의 정책학이라고 한다.
후기실증주의 정책학(post-positivism public policy)은 지난 수십 년 동안 정책학의
전통으로 인식되어온 실증주의 정책학에 대한 불만족을 대표하는 것으로서 기술적
실증주의를 초월하는 목적을 가지고 정책현상을 연구하는 관점이라고 할 수 있다.
Fischer(1998: 143)에 의하면, 후기실증주의는 우리의 현존하는 실제를 확인하기 위
하여 기존접근의 단순한 거절이기보다는 새로운 접근과 방법을 통합하는 사회과학
이라고 한다. 후기실증주의자들에 의하면, 후생경제학과 다른 유사접근들로 구성되
는 주류정책분석은 양적 분석, 가치와 사실의 분리, 그리고 특정한 사회적 맥락에
독립적인 일반화에 치중하여 정책현상을 잘못 분석하고 있다고 한다. 그들은 공공정
책과 정책결정을 이해하기 위한 보다 유용한 도구로 주관적 성찰(subjective re-

flection), 규범적 분석(normative analysis), 논증(argumentation)을 강조한다. 비록 후기실증주의가 독립적인 사실의 객관적 영역의 존재를 부인하는 경향이 있는 비판이론, 후기구조주의, 후기모더니즘 그리고 사회구성주의와 같은 보다 일반적인 사회철학과 방법에 의해 영향을 받았을지라도, 이들은 객관성(objectivity)과 경험적 분석(empirical analysis)을 부인하는 것이 아니다. 차라리, 그들은 Lasswell과 같은 정책학의 선구자들에 의해 주장하는 바와 같이, 가치와 사실을 분리할 수 없기 때문에 경험적 분석과 규범적 분석을 결합할 필요가 있다고 한다. 이러한 후기실증주의의 방법론적 논리는 앞에서 살펴본 후기행태주의의 방법론과 일맥상통한다(Howlett, Ramesh & Perl, 2009: 26-27).

이처럼, 정책학자들의 새로운 인식론은 후기실증주의 관점의 정책이론을 모색하게 하였다. 우선, deLeon & Vogenbeck(2007: 10-11)은 후기실증주의의 정책이론으로 후생경제학 등 기존의 정책분석이나 엘리트이론 등 행태주의 정책이론에 반대하는 것으로서, 보다 큰 시민참여를 강조하는 사회네트워크이론과 정책네트워크접근 및 참여적 정책분석과 담론적 민주주의를 제시하였다. 사회네트워크이론(social network theory)은 사회현상을 네트워크개념을 중심으로 분석하는 이론이다(Scott, 1991; Wasserman & Faust, 1994). 이러한 사회네트워크분석은 정책과정을 구성하는 넓은 범위의 제도적·비제도적 행위자들을 연결시키는 방법론적 접근을 정책연구에 제공하였다. 정책현상을 이해하고 설명하는데 분석단위로 네트워크개념을 적용하는 접근이 정책네트워크이론(모형)(policy network theory, model)이다. Heclo(1978)의 정책네트워크연구는 사회네트워크분석의 개념과 민주적이고 참여적인 방법 속에서 진화한 것이다. 그는 이슈네트워크개념을 소개하면서 어떤 통제되고 조직화된 방법은 없지만 서로 간에 지식을 줄 수 있는 것으로 간주되는 사람들의 네트워크를 통하여 공공정책이슈를 논의하고 선택하는 정책결정이 이루어진다고 한다. 이들 수평적 관계는 개인, 조직, 로비스트, 입법가 등이 관련되고 누구든지 정책발달에서 역할을 할 수 있다고 한다. 그리고 Hanf & Scharpf(1978: 12)는 정책네트워크접근을 정부와 사회의 상이한 수준과 기능적 영역으로부터 다수의 공공부문과 민간부문의 행위자들의 활동을 설명하는 도구로 본다. 공공정책연구의 전통적 형태는 계층제적 정책과정에 초점을 두었다. 네트워크접근은 정책의 발달을 정의하는데 수평적 관계에서 정책과정을 바라본다. 따라서 Rhodes(1990: 304)는 정책네트워크를 자원의존에 의해서 서로 연결되는 조직들의 군집이나 복합체로 정의한다. 공공정책이슈는 더 이상 특정정부단위의 배제적 영역이 아니라 연방이나 주 및 지방수준의 정부단위뿐 아니라 국가나 지방수준에서 민간부문의 대표자들과 비수익적 조직들을 포함하고 있다. 건강, 교육, 사회복지, 환경과 같은 공공정책들은 정책네트워크모형의 중심에 존재한다. 이들 정책영역에서 공사부문의 행위자들은 Hajer(1993)가 정책담론(policy discourse)이라고 부르는 정책활동에 관여하고 있다. 그러나 이들 활동은 반드시 협력적 결과를 가져오는 것이 아니다. 따라서 사회네트워크이론과 정책네트워크이론은 실증주의접근보다 정책과정을 구성하는 제도적·비제도적 행위자들의 활동을 설명하는 방법론을 정책연구에 제공하고 있다.

또한, 민주주의와 공공참여를 증진할 필요성은 후기실증주의의 중심에 위치한다(Dryzek, 2000). 참여적 정책분석(participatory policy analysis)은 보다 민주적이고 보다 좋은 정책을 유도할 수 있는 바람직한 방법이다. 이것은 많은 정책들이 점점 더 정치가들에 해서가 아니라 특정이익집단이나 공중의 관여에 의하여 만들어진다고 한다. 이에 따라 논증과 담론적 분석(discourse analysis)은 정책과정의 모든 단계에서 중요한 역할을 한다. 정책의제설정으로부터 정책평가까지의 정책과정은 담론에 관여한 주인공(행위자)들이 그들의 이념과 이익을 반영시키기 위해 시도하는 행동이기 때문이다(Howlett, Ramesh & Perl, 2009: 27-28). 따라서 참여적 정책분석(Dryzek, 1990; deLeon, 1997; Fischer, 2003)과 담론민주주의(Dryzek, 2000; Gutmann & Thompson, 2004)에 의하면, 정책현상을 분석하는 데는 정부행위자 이외에 비정부행위자들의 관여나 참여가 필요하다는 것을 강조한다. 이들 이론은 전도유망한 이론이라고 할지라도 비판의 대상이 되기도 하였다. 이들은 정책결정을 하는데 너무 많은 시간과 참여자들을 요구하고 다루기가 힘들다고 한다.

다음으로, deLeon & Martell(2006: 39-42)은 후기실증주의 정책이론으로 사회네트워크이론과 참여적 정책분석 및 담론적 정책분석을 제시하였다. 사회네트워크이론(social network theory)은 환경에서 존재하는 복잡성과 사악한 문제에 대응하기 위하여 다양한 행위자들 간의 상호연결성을 이해하기 위한 개념적 접근이다. 오늘날의 정책이슈―범죄, 인권, 교육, 건강, 환경 등―는 공공, 민간, 그리고 비수익부문을 대표하는 행위자들의 네트워크에 관련되고 있다. 네트워크는 이슈들, 행위자들, 그리고 이들 간의 상호연결성을 반영하고 이들 사회적 요소들 간의 복잡한 관계를 개념화하는 도구를 제공한다(Heclo. 1978; Rhodes, 1990). 기존의 정책분석접근이 계층제적 과정에 초점을 둔 반면에, 네트워크접근은 정책이슈를 기술하기 위하여 수평적 관계 측면에서 정책과정을 분석한다. Heclo(1978: 104)는 각자 지식을 가진 것으로 간주되는 사람들의 네트워크를 통하여 공공정책이슈가 재정의되고 증거가 논의되며 대안적인 선택이 만들어진다고 한다. Hajer & Wagenaar(2003: 13)는 네트워크분석을 거버넌스(governance)를 이해하기 위한 적실한 정책분석방법으로 보고 있다.

모든 이론들이 시간흐름 속에서 세련화 되듯이, 네트워크이론(network theory)은 지속적인 발전을 하여 왔는데, 그 흐름은 다음과 같다. 첫째, 정책네트워크접근 (policy network approach)은 기본적으로 정보와 자원의 교환과 영향력을 토대로 형성되고 규칙적으로 상호작용하는 행위자들의 군집을 말한다(Fischer, 2003). 이 접근은 정책네트워크가 어떻게 변화를 하고 그 변화는 정책결과에 어떠한 영향을 주는가에 관심을 갖고 있다. 둘째, 해석적 공동체접근(interpretive community approach)은 네트워크 행위자들이 과학적 지식에 대한 가정과 이념 및 관여에서 그들의 역할을 개발하고 의미를 부여하는 방법이다(Fischer, 2003). 셋째, 네트워크이론은 정책에 대한 정치적인 이념의 영향을 다룬다. 특히 공공정책을 인도하는 지배적인 가치에 주목한다. 이념과 가치는 시간흐름에 따라 변화하고 행위자들마다 상이하다.

참여적 정책분석(participatory policy analysis)과 담론적 정책분석(discourse analysis)은 Lasswell이 1950년 '정책정향'이라는 논문에서 주장한 '민주주의 정책학 (policy science of democracy)'을 회상하고 실현시키는 것이다. 이들 이론은 맥락적 가정, 경험적 결과, 그리고 결론의 사회적 의미에 대한 시민담론공간을 제공하는 참여적 제도와 실행을 요구한다(Fischer, 2003). Torgerson(2003)은 참여적 정책분석을 이해당사자들이 보다 개방적이고 담론적으로 그들의 선호를 표출할 수 있기 때문에 정치와 정책 간의 인지된 갭을 좁힐 수 있다고 한다. 따라서 참여적 담론은 갈등을 감소시키고 신뢰를 증가시키며 다양한 관점과 규범적 해석을 허락하여 보다 민주적인 정책결정을 할 수 있게 한다. 이러한 참여적 정책분석은 해석적 정책분석(interpretive policy analysis)의 문을 연다. Roe(1994)에 의하면, 이야기 정책분석(narrative

〈표 5-6〉 후기실증주의 정책학

| 시 기 | 정책이론 |
|---|---|
| 1960~1980년 | • deLeon & Vogenbeck(2007) - 사회네트워크이론, 정책네트워크접근, 참여적 정책분석, 담론적 민주주의<br>• deLeon & Martell(2006) - 사회네트워크이론, 참여적 정책분석, 담론적 정책분석 |

policy analysis)은 고도로 불확실하고 가치가 개입하는 이슈의 맥락에서 상이하게 문제들을 프레임할 수 있고 경쟁하는 이야기들을 검증할 수 있다고 한다(표 5-6).

이상에서 논의한 후기실증주의 관점의 정책이론은 보다 덜 환원주의적이고, 보다 민주적인 목소리를 반영할 수 있다고 본다. 정책학은 의문의 여지없이 전이(transition)상태에 있는 접근이고 종국지점이 무엇을 담을 지는 명확하지 않다. 따라서 정책학의 전망(promise)은 어떤 중요한 새로운 방향들이 정책연구의 접근에 접붙여져야 한다는 것이다. Hajer & Wagenaar(2003: 15)가 진술한 바와 같이, 우리가 정책학의 본질과 기반에 대한 무엇을 이야기 하든지 그것의 시험은 현대민주주의의 환경맥락에서 작동되어야 한다. 이것은 정책학의 학문적 특성인 맥락지향성, 문제지향성, 다학문성에 비추어보면 당연하다고 할 수 있다.

## 5. 정부패러다임과 거버넌스패러다임의 정책학

앞에서 정치학과 정책학의 학문적 패러다임을 시기별로 대비하면서 기술하였다. 이들 학문의 제 이론들에는 정부패러다임과 거버넌스패러다임의 관점이 내포되어 있다.

1980년대에 들어와서 국가 또는 정부의 통치방법에 대한 한계와 비판이 대두됨에 따라, 정책학의 학문적 패러다임은 '정부(government)'에서 '거버넌스(governance)'로 이동하고 있다. 따라서 정책학의 패러다임을 앞에서 기술한 논의를 토대로 하면서 1980년대를 분기점으로 그 이전의 시기를 정부패러다임의 정책학으로, 그 이후의 시기를 거버넌스패러다임의 정책학으로 나누고자 한다. 이러한 측면은 Bogason(2006)과 Richards & Smith(2002)의 정책학패러다임의 논의에서 나타나고 있다.

### 1) Bogason의 정책학패러다임

Bogason(2006: 98-109)은 정책학 또는 정책분석의 발달을 시대별로 나누었는데, 1960년대의 시스템이론, 1970년대의 전통주의, 1980년대의 신제도주의, 그리고 1990년대의 거버넌스와 담론적 정책분석으로 구분하였다.

### (1) 시스템이론(system theory)

정책학은 미국 정책학에 주요한 뿌리를 두고 있는데, 1960년대는 Easton의 정치체제이론으로 대표되는 시스템이론을 정책현상의 연구에 적용하였다. 시스템적 정책운동은 Easton(1965)의 정책분석틀로부터 시작하여 1970년대에 번성하였다. 많은 정책분석가들은 시스템적 접근을 사용하여 정책과정의 내용을 분석하지 않고 정책체제의 산출과 결과를 분석하려고 하였다.

Easton의 정치체제론은 사회중심적이고 다원주의적 시각으로 정치체제를 암상사(black box)로 보아 환경으로부터의 요구를 정책으로 전환시키는 수동적인 기구로 보는 오류를 범하고 있다.

## (2) 전통주의(traditionalists)

전통주의적 정책분석의 본질은 1970년대 Dror와 Lindblom 간의 합리모형과 점증모형의 논쟁이었다. Dror는 그의 저서 '재시험된 공공정책결정(1968)'에서 합리모형을 제시하였다. 이 모형은 정책결정의 연속모델을 사용하는 하향식 관점으로서 메타정책결정, 정책결정, 후기정책결정으로 나누었다. 메타정책결정(meta policy making)은 정책결정체제를 설계하고 문제와 가치 및 자원을 할당하고 최종정책결정전략을 결정하는 것이다. 정책결정(policy making)은 자원을 재배분하고 중요한 정책가치를 반영하는 조직목표를 설정하고 주요한 대안정책을 준비하고 이들 정책의 비용과 편익을 예측하고 최선의 정책대안을 선택하는 것이다. 그리고 후기정책결정(post policy making)은 정책의 실행을 동기화하고 그것을 실행하며 그 결과를 평가하는 데 관련된다. 이러한 모형은 정책과정에 대한 종합적인 시스템적 관리를 강조한다.

한편, Lindblom은 그의 논문 '점증주의(1959)'와 그의 저서 '정책결정과정(1968)'에서 합리모형의 신념을 비판하면서 일명 점증모형 또는 상호조정모형을 제시하였다. 점증모형에 의하면, 정책결정과정에서 행위자들은 모든 가능한 대안에 대한 포괄적인 분석을 하는 대신에 과거 대안으로부터 많이 벗어나지 않는 대안만을 비교하고 선택된 대안은 참여자들의 동의를 얻은 것이라고 하였다. 정책형성에서 상호조정과정은 다양한 이익집단들과 공공기관들 사이에 이루어지고 비록 이들 행위자들이 특정한 정책목표를 가지고 있지 않을지라도 그 과정의 결과는 실현가능한 정책이 될 것이다. 정책은 한 번에 만들어지는 것이 아니라 지속적으로 변화하고 적응하는 과정이다. 이러한 변화는 점증적이기 때문에 각 정책의 손실이나 이득은 지속적일 수 있다. 이러한 상호조정모형(model of mutual adjustment)은 사회의 민주적 절차에 의존하는 상호작용모형이다. 그것은 정책결정과정에 다양한 사회이익들의 참여가 허락되는 다원주의사회와 정치체제를 요구한다. 따라서 이 모형은 정치와 행정의 다원주의 새로운 측면을 묘사하고 있다.

### (3) 신제도주의(new institutionalism)

1980년대 정책학의 지배적인 접근으로는 신제도주의가 있다. 정책분석의 신제도주의는 행태주의혁명에 대한 불만족으로 대두된 것으로서 다양한 관점이 있다. 정치학적 제도주의(역사적 제도주의)와 경제학적 제도주의(합리적 선택 제도주의) 및 사회학적 제도주의(조직론적 제도주의) 등이 있다.

정치학적 관점의 신제도주의자들은 정치체제의 작동과정에서 사회의 다양한 이해관계자들을 관여시키기 위하여 국가장치를 재개념화 하는데 관심을 갖고 있다. 이러한 정치체계를 이해하고 설명하려는 시도로는 정책네트워크이론이 있다.

미국에서 정치체계의 분석은 정책네트워크연구자들인 Heclo(1978) 등으로부터 영감을 받았는데, 정책네트워크는 정치체제와 같은 보다 내재적인 구조를 통하여 이해할 수 있고 그러한 구조가 어떻게 조직화되고 권력이 실행되는가를 설명하려고 한다.

### (4) 거버넌스(governance)

1990년대 정책학의 두 번째 주요한 이론과 주제로는 거버넌스이론이 있다. 거버넌스개념은 거대한 영역을 포괄하는 애매한 개념(fuzzy concept)이다. Rhodes(1997: 47)는 거버넌스의 여섯 가지 의미(meaning)를 제시하였다. 최소국가, 기업거버넌스, 신공공관리론, 좋은거버넌스, 사회사이버네틱스체제, 그리고 자기조직화네트워크가 그들이다. 가장 일반적인 거버넌스개념의 사용은 사회사이버네틱스체제와 같은 정부−사회관계의 새로운 형태를 포용한다. 이러한 거버넌스의 포괄적인 해석은 국가와 시장 및 시민사회의 분리를 가지는 현대사회의 원칙들을 포착하고 공공과 민간 간의 공동행동(co−action)이라는 상호관계를 암시하는 것으로(Kooiman, 1993: 4−6), 국가와 사회를 연결하는 네트워크로 이해할 가능성을 열어준다. 분석적 관심은 의회나 관료제의 통치과정으로부터 다양한 이익들 간의 상호작용패턴을 확인하는 것으로 이동시켰고, 이러한 통치결과를 공공정책으로 인식한다. 그러나 통치패턴은 정의되지 않고 경험적인 질문으로 남는다.

한편, 거버넌스의 덜 포괄적인 개념은 공공조직과 민간조직의 명확한 조직경계를 암시한다. 그 하나의 예로는 거버넌스를 상호의존성, 자원교환, 게임규칙, 그리고 국가조직이 자율성의 특성을 가지는 자기조직화된 조직간 네트워크로 정의하는 것이다(Rhodes, 1997: 15). 이것은 네트워크를 정책분석의 초점에 놓게 한다.

이와 같이, 정책학자들은 적극적으로 거버넌스이론의 발달에 관여하여 왔다. 초기에 그들의 경험적 발견은 정책형성과 집행을 설명하여 왔던 전통적인 정치이론의 문제점을 지적하고 새로운 대안적 접근으로 정책네트워크이론을 발견하였다.

### (5) 담론적 정책분석(deliberative policy analysis)

정책분석에서 세 번째 주요한 경향은 1990년대에 시작되었는데, 이론과 방법론에서 매우 포괄적이다. 그것은 정책과정에서 숙의(deliberation)와 담론(discourse)에 관심을 갖고 있다. 이러한 숙의 또는 담론이론은 거버넌스전통에 한 다리를 걸치면서 또한 그 이상의 어떤 것을 반영하고 있다. 대표적 학자들인 Fischer & Forester(1993: 1–2)는 저서 '정책분석과 계획에서 논증으로 회귀'에서 정책결정이란 사람들의 행동을 동기화할 공유된 의미를 만드는 지속적인 담론적 투쟁이라고 보고, 정책분석과 계획은 실질적인 논증(argumentation)과정이라고 한다.

담론적 정책분석은 정책과정에 보다 많은 공공참여를 강조한다. 이것은 대부분의 서구국가에서 정책과정에 참여를 개방시켜온 것을 반영한다. 또한, 숙의(deliberation)는 조직화된 이익들이 정책과정에 정당한 접근을 할 수 있는 것을 말한다. 보다 급진적인 관점으로 시민들은 관료제적 복지국가에 의존하는 대신에 그들의 공동체 미래를 결정할 수 있다고 본다.

따라서 정책분석에서 담론과 숙의를 강조하는 접근은 후기실증주의 정책학의 부분으로 이해할 수 있다. 또한, 이들 접근은 분권화된 거버넌스이론에 존재한다고 할 수 있다.

## 2) Richards & Smith의 정책학패러다임

Richards & Smith(2002: 1–24)는 정책학의 패러다임이 정부의 시대에서 거버넌스의 시대로 이동하는 측면을 영국정치체제의 통치방법 변화를 통하여 기술하고 있다.

영국정치의 첫 번째 스냅사진은 1940년대 후반과 1950년대 기간으로 보수당이든 민주당이든 민주적으로 선출된 정부가 정책과정을 통치하는 것으로 보았는데, 이를 '웨스트민스터모델(Westminster model)'이라고 하였다.

```
┌─────────────────────────────────────┐
│           웨스트민스터모델              │
│  ● 의회주권                          │
│  ● 자유롭고 공정한 선거를 통한 책임성    │
│  ● 행정부에 대한 다수당 통제           │
│  ● 강한 내각정부                      │
│  ● 중앙정부 지배                      │
│  ● 각료의 반응성                      │
│  ● 비정치적인 공무원                   │
└─────────────────────────────────────┘
```

자료: Richards & Smith(2002: 4).

이 모델은 의회주권이 영국정치의 제도와 과정의 토대로서 그 시스템의 작동은 두 가지 연결된 특성에 기반을 두고 있다. 행정부가 주기적인 자유시장선거에 책임을 지는 선거체제와 선거를 통하여 다수당정부와 강한 내각정부 및 입법부의 행정부 지배를 산출한다. 이 시스템은 엘리트주의적이고 계층제적이며 하향식 관점의 수상지배 행정부를 구성하고 정부를 정책영역의 핵심적이고 지배적인 행위자로 간주한다. 이것은 정부가 사회의 선(the good of society)을 위해 통치한다고 본다. 통치하는 것(governing)은 기본적으로 통치주체인 정부로부터 통치대상인 사회로의 일방향적인 과정으로 이루어진다(Kooiman, 2000: 142). 이것은 정부중심으로 정책활동이 이루어지는 것으로서 '정부패러다임의 정책학'이라고 명명할 수 있다.

그러나 1980년대 이후 영국정치의 다른 스냅사진은 기존의 통치방법으로부터 변화를 가져왔다. 그 초점은 상이하지만 기존의 영국정치시스템이 가지고 있는 이미지가 애매모호하게 되었다. 정책영역은 보다 복잡했고 이것에는 보다 많은 행위자들이 관여하고 공공과 민간영역 간의 경계가 덜 명확해지고 그리고 정책과정에 대한 정부의 지시(command)는 축소되고 있다. 이러한 정책현실은 '거버넌스그림(a picture of governance)'으로 묘사할 수 있다. 이런 이미지는 20세기 후반에 국가가 경험하고 있는 변화된 윤곽을 반영한다. 거버넌스(governance)는 정치와 정책과정의 변화하는 본질을 강조하는데 사용되고 있는 용어이다. 그것은 정치나 정책과정에 관련되는 영역과 행위자들의 증가하는 다양성을 부각시킨다. 따라서 거버넌스는 정치나 정책과정에 관련되는 핵심행정부를 초월하는 모든 행위자들과 지역들을 고려할 것을 요구한다. 이것은 '거버넌스시대(an era of governance)'가 도래하였음을 의미한다. 이것은 정부뿐 아니라 다양한 행위자들을 중심으로 정책활동이 이루어지는 것으로서 '거버넌스패러다임의 정책학'이라고 명명할 수 있다.

그러므로 정책학의 패러다임은 국가통치가 계층제적이고 하향적인 명령통제과정으로 이루어지는 '정부패러다임의 정책학'으로부터 국가통치에 다양한 행위자들이 관여하는 교환과 협상과정으로 이루어지는 '거버넌스패러다임의 정책학'으로 이동하였다고 볼 수 있다. 정부패러다임의 통치방법을 대표하는 것이 웨스트민스터모델이라고 하면, 거버넌스패러다임의 통치방법을 대표하는 것으로는 Rhodes(1997)의 '차별화된 정치모델(a differentiated polity model)'을 들 수가 있다. Rhodes는 웨스트민스터모델이 구시대적인 것이라고 하면서, 그 모형의 통치실패를 수정하기 위하여 차별화된 정치모델을 제안하였는데, 이 모델의 특징은 다음과 같다.

---

**Rhodes의 차별화된 정치모델**

- 정부보다는 거버넌스를 강조
- 권력의존 그리고 교환관계
- 정책네트워크
- 분절된 행정부
- 정부간 관계
- 공동화국가(hollow-out state)

자료: Richards & Smith(2002: 4).

---

이 모형은 정부보다는 거버넌스라는 용어를 사용한다. 거버넌스는 Westminster를 초월하는 여러 행위자들의 관여를 암시하는 넓은 개념이다. 또한, 행정부를 구성하는 각료와 공무원이 반드시 단일화된 전체로 간주되는 것이 아니고 국가의 공동화를 통하여 내각 내에, 부서 간에, 그리고 공무원과 각료 간에 분화가 있고, 중앙정부의 권위와 자율성 및 권력이 준정부조직이나 시장에 분산되고 있다고 한다. 이 시스템은 정책영역에서 작동하는 정부뿐 아니라 비정부조직 등과 같은 여러 행위자들의 교환관계를 강조한다.

따라서 이 모형은 거버넌스를 분석하는 접근으로 정부간 관계와 정책네트워크를 강조한다. 정부간 관계모형(intergovernmental relationships model)은 다양한 국가행위자들 사이의 상호작용을 이해하고 설명하는 모형이다. 이 개념은 Westminster, Whitehall, 지방정부, Quangos 등을 포함한다. 또한, 정책네트워크접근(policy network approach)은 정치체제나 정부를 분석하기 위한 대안적 분석틀로서 정치나 정

〈표 5-7〉 정부패러다임과 거버넌스패러다임의 정책학

| 정책학 패러다임 | 정책이론 |
|---|---|
| 정부패러다임 | • Bogason(2006) – 시스템이론, 전통주의(합리모형, 점증모형)<br>• Richards & Smith(2002) – 웨스트민스터모형(중앙정부지배모형) |
| 거버넌스패러다임 | • Bogason(2006) – 신제도주의, 거버넌스이론(정책네트워크이론), 담론적 정책분석<br>• Richards & Smith(2002) – Rhodes의 차별화된 정치모형(정부간 관계모형, 정책네트워크모형) |

책과정에서 중요하다. 왜냐하면 모든 정부는 다양한 이익(interests)배열에 직면하므로 이익들 간의 상호작용을 탐색해야 하기 때문이다. 거버넌스시대에 정책네트워크는 확산되어 왔고 정부시스템에서 권력은 분산되어 왔다. 네트워크는 공공행정과 공공정책의 연구에서 거버넌스개념의 핵심이라고 할 수 있다. 따라서 정책네트워크접근은 복잡한 정책영역에서 정부가 그들 자신의 부문적 요구를 분출하는 시민사회, 특히 이익집단과 어떻게 상호작용하는가를 분석하는 방법이라고 할 수 있다.

지금까지 기술한 정부패러다임과 거버넌스패러다임의 정책학은 이전에 논의한 바와 같이, 시대환경변화에 따라 시기적으로 진화하여 온 정책학의 여러 이론들을 '정부에서 거버넌스로의 이동'이라는 현실에 맞추어 정부주도의 정책이론과 거버넌스주도의 정책이론으로 다시 범주화를 시도한 것이라고 할 수 있다(표 5-7).

이러한 정책학의 학문적 근간이 되는 여러 정책이론들은 공공정책현상을 바라보는 렌즈 또는 접근이라고 할 수 있다. 학문적으로 학자들은 정책이론들을 토대로 환경에서 나타나는 여러 정책현상을 이해하고 기술하고 설명하며 처방하는 연구를 시도하고 있고, 그리고 현실적으로 실무가들은 정책이론을 환경에서 발생하는 여러 사회문제를 해결하는 해결책(정책)을 만들어 실행하고 평가하는데 적용하고 있다.

# 제6장 | 정책학의 접근방법

## 제1절 | 정책연구와 접근방법논의

일반적으로 사회과학연구의 접근방법(approach)은 학자들마다 다양하게 사용하는 개념이지만, 남궁근(2021a: 36－37)은 연구접근방법을 연구패러다임과 같은 의미로 사용하면서 특정과학공동체의 구성원들이 공유하는 세계관이나 신념체계 및 연구과정의 체계, 즉 개념적·이론적·방법론적·도구적 체계로 정의하고 있다. 이와 유사하게, Denzin & Lincoln(2008: 31－44)은 연구패러다임을 연구의 기반이 되는 존재론적·인식론적·방법론적 전체를 포함하는 그물망(network)로 정의하였다. 여기서 존재론(ontology)은 사회적 실재가 무엇인지, 즉 인간과 사회는 어떻게 존재하는가, 사회현상(가치와 사실, 객관과 주관 등)의 본질은 무엇인지에 대한 가정이다. 그리고 인식론(epistemology)은 연구자가 어떻게 사회적 실재를 파악 또는 탐색할 수 있는지에 대한 가정을 말하고, 방법론(methodology)은 연구자가 경험적 세계에 관한 지식을 어떻게 획득하는지, 즉 연구자료를 어떻게 수집하고 분석하는지에 관한 것이다. 이러한 연구패러다임의 구성요소에 대하여 Tracy(2020: 49－61)는 존재론과 인식론 및 방법론에 더하여 가치론(axiology), 즉 연구 및 이론으로서의 영역과 관련된 가치라는 요소를 추가하고 있다. 이처럼, 연구접근방법을 연구패러다임과 같은 의미로 보는 것은 넓은 의미의 개념정의라고 할 수 있고, 보다 좁은 의미에서 정의하는 연구접근방법은 연구방법론과 유사한 의미를 가지는 것으로 사회현상의 의문점이나 문제를 분석하는 연구방법, 즉 과학활동의 실제작업과 관련되는 연구주제와 연구대상의 선정, 조사설계의 선택, 개념화와 조작화, 자료의 수집과 분석을 수행하는 과학적 연구계획을 의미한다.

사회과학분야에서는 연구접근방법으로 실증주의적 관점과 해석적 관점 및 비판이론적 관점이 등장하여 발전되어 왔다(남궁근, 2021a: 35 – 50). 우선, 실증주의적 관점(positivism)은 오랫동안의 지배적인 연구방법으로서 자연과학과 사회과학의 연구논리가 같다는 전제하에 사회현상을 과학적 논리체계인 연역적 논리와 귀납적 논리를 적용하여 경험적 관찰을 통하여 일련의 확률적인 법칙이나 이론을 정립하는 연구방법으로서 여기서 산출된 지식을 가지고 사회현상을 기술하고 설명하며 예측을 하는 목적을 가지고 있다.

그러나 실증주의를 비판하면서 그 대안으로 1960년대 이후에 등장한 반실증주의적 접근방법으로는 해석적 관점과 비판이론적 관점이 있다. 해석적 관점(interpretivism)은 사회현상에 대한 의미의 해석에 관한 이론과 철학으로, 그 목적은 사람들이 어떻게 자신의 사회세계를 창조하고 유지하는가와 같은 인간행위와 역사의 의미를 이해하고 해석하려는 것이다. 해석학의 요지는 행위가 행해지는 시간과 장소에 관한 맥락을 설정하고 역사성과 시간성의 차원에서 실제로 일어나고 있는 행위를 상세하게 묘사하고 해석하여 그 의미를 이해하는 것이다. 그리고 비판이론적 관점(critical theory)은 사회적 세계의 표면에 드러난 환상을 뛰어넘어 진정한 구조를 밝히고자 하는 연구방법으로서 그 목적은 사람들의 조건을 바꾸고 더 나은 세상을 만들 수 있도록 도와주는 것과 같은 실천을 하는데 있다. 비판이론의 요지는 인간의 이데올로기나 의식 및 지배적인 제도유형을 비판적으로 검토하고 평가하려고 한다(강신택, 2016: 147).

따라서 정책연구의 접근방법은 공공정책과 관련된 현상을 어떠한 방향이나 관점에서 바라보고 탐구할 것이냐의 연구과정체계로 정의할 수 있다. 정책연구를 하는데는 실증주의적 관점과 해석적 관점 및 비판이론적 관점을 모두 적용할 수 있으나, 실증주의적 관점을 통한 연구가 주류를 형성하고 있고 해석적 관점과 비판이론적 관점의 연구도 나타나고 있다. 이를테면, 1960년대 후반 이래 정책연구분야는 잘 조직화된 연구접근으로 발달되어 왔다고 볼 수 있다. 1975년부터 1986년까지 주요정책학술지에서 공공정책논문을 메타분석한 결과를 보면, 첫째, 대부분의 논문은 경험적이고 계량적이기 보다는 기술적이고 질적이다. 둘째, 대부분 논문은 분석에 사용된 방법에 관계없이 정책처방을 하였다. 셋째, 정책연구에서 다학문적 연구가 증가를 하고 있다. 넷째, 대부분의 논문은 정책과정의 특정측면, 대개는 정책형성에 초점을 두고 사례연구접근을 사용하였다(Lester & Stewart, 2000: 26-27).

그리고 국내행정학에서 학술논문에 대한 메타분석에 의하면, 한국행정학의 창립 60주년을 맞이하여 출간한 '한국행정학 60년: 1956-2016'에서, 김호정(2017)의 '제2권 접근방법과 패러다임'의 실증주의분야에서는 1986년부터 2015년까지 30년간 한국행정학보에 게재된 일반논문 1,719편 가운데 실증적 연구논문은 828편으로 나타났고 2000년대에 들어와 실증적 연구의 분야와 주제는 더욱 다양해지고 증가되는 추세에 있었다. 한편, 이광석·권기석(2017)의 '제2권 접근방법과 패러다임'의 주관주의분야에서는 2000년부터 2015년까지 한국연구재단 등재지(후보지 포함)에 발간된 논문들 중 주관주의 접근방법을 선택한 행정학분야논문은 87편이 확인되었다. 이들 논문들의 연구관점은 2006년 이후에 해석학과 현상학 및 비판이론 등의 해석적 관점과 비판이론적 관점을 정책연구에 적용하고 있고 2015년 이후에 이러한 접근방법을 적용하는 연구가 증가하는 추세를 보이고 있다.

그러므로 오늘날 정책연구의 접근방법은 세 가지 관점이 혼합되어 있다고 볼 수 있으므로, 여기서는 정책연구접근을 다음과 같이 범주화하고자 한다. 첫째, 연구대상에 따라 가치적 접근과 사실적 접근으로, 둘째, 연구방법에 따라 양적 연구와 질적 연구로, 그리고 셋째, 적용이론(모형)에 따라 정책이론(정책모형)적 접근으로 구분한다.

## 제 2 절 | 가치적·사실적 접근방법

주류 사회과학방법론인 실증주의적 관점은 정책현상을 경험적, 실증적으로 분석하기 위하여 가치중립적 성격을 전제하고 규범적인 가치와 경험적인 사실을 구별하여야 한다고 보았다. 반면에, 이러한 관점을 비판하는 반실증주의적 관점에서는 가치개입적 성격을 전제하여 정책현상을 연구하는데 가치와 사실을 포함시켜야 한다고 주장한다.

이러한 사회과학철학의 논리는 정책현상을 연구하는데도 적용된다. 정책연구대상인 정책현상에는 가치적 측면과 사실적 측면으로 구성되어 있기 때문이다. 따라서 공공정책현상을 어떠한 가치와 사실 관점에서 바라보고 연구하느냐에 따라 정책연구의 접근방법은 규범적, 실증적, 처방적 접근방법으로 구분할 수 있다(강신택, 2002: 44-46).

## 1. 규범적 접근방법

규범적 접근방법(normative approach)은 정치철학에서 보듯이, '있어야 하는 질서'가 무엇인가, 즉 바람직한 사회상태는 무엇인가를 찾고자 하는 방법으로(강신택, 2002: 45) 정책에서 정의나 공익 등 바람직한 가치체계를 정립하려는 가치판단적 접근이다. 이것은 무엇이 바람직하고 바람직하지 않은지나 무엇이 옳고 그른지 등과 같은 당위(sollen)에 대한 연구로서 가치를 연구대상으로 주관적 해석을 하므로 주관적 접근이라고도 한다. 예컨대, 어떤 것을 정책문제로 채택하여 거론하는 것이 옳은지, 정책문제 중에서 어느 것을 해결해야 옳은지, 그래서 무엇을 정책목표로 해야 하는지를 판단하는 것이 이에 해당한다.

원래 정책 속에는 가치가 내재되어 있기 때문에 정책을 결정하는 행동은 가치를 결정하고 판단하는 작업을 내포하고 있다. 국가가 추진하는 정책들은 국가가 추구하기로 하는 가치들의 실현을 위해 존재하는 것이고, 이들은 국가기능이나 정부기능으로 불리는 활동들이 실현하고자 하는 가치에 해당한다. 정책목표로 표현되는 정책이 추구하고자 하는 가치들의 종류를 보려면 국가기능이나 정부기능의 종류를 살펴보면 된다. 국방과 외교 등 외국과의 관계를 담당하는 국가기능과 경제 노동 환경 교육 문화 체육 등의 정부기능에 따라 여러 다른 목표들이 있고 가치들이 추구되는 것이다.

그리고 정책목표를 달성하려는 도구인 정책수단에도 가치가 내재되어 있다. 정책수단이 포함하고 있는 가치는 실제적(substantial) 가치와 절차적 가치(procedural) 가치로 구분할 수도 있다(정정길 외, 2010: 50-52). 정책수단이 지니고 있는 실제적 가치로는 정책대안의 소망성 평가기준인 효과성 능률성 공평성 등이 있다. 또한, 정책에 내포된 실제적 가치로서 자유와 평등 및 공정도 민주주의정치체제가 등장하면서 새로운 정책적 가치로 부상하여 논의되어 왔다. 그리고 정책과 관련된 절차적 가치는 정책의 결정과 집행과정에서 이해관계자의 참여와 합의를 얻는 것과 같은 민주적 과정을 거치는 것과 관련이 있다. 정책에 포함되는 가치는 항상 비용과 편익을 발생시키기 때문에 이해관계자들은 정책과정에 참여하여 자신의 이익을 표출하고 반영시키려고 한다. 따라서 정책과정에 이들의 참여를 보장할 수 있는 제도적 절차적 장치들은 어느 정도 마련되고 있으며 또 실제로 작동하고 있는가 하는 것은 민주적 통치과정에서 중요한 의미를 가지게 된다. 아무리 중요한 실제적 가치를 추구하는 정책이라고 하더라도 민주적 절차를 거치지 않고 특정집단의 이익만을 반영하거나 정책담당자의 일방적 판단에 의하여 결정되고 집행된다면 절차적 가치가 훼손될 수 있다.

이와 같이, 정책결정에 내포된 가치판단은 정책의 목표와 수단 속에 내포된 가치들 중에서 어느 것이 얼마만큼 중요한지를 판단하는 것이며 그 가치들을 향유하는 개인이나 집단들 중 누구에게 얼마만큼의 혜택이나 피해를 주는지를 결정하는 정치활동이다. 예컨대, 정책결정에 포함된 가치판단은 흔히 대립되고 경쟁하는 가치들 중에서 어느 것이 얼마만큼 바람직스러운지도 판단하는 것이다. 상위수준의 정책뿐 아니라 하위수준의 정책을 결정하는 것도 마찬가지이다. 경제발전을 위해 하위정책 중에서 농업부문이 아니라 제조업부문에 집중하기로 결정하는 것은 농업발전이 가져오는 가치보다도 제조업발전이 가져오는 가치를 더욱 바람직스러운 것으로 평가하는 것이다. 도로교통을 목적으로 하는 교통정책의 수단 중에서 도로확장보다는 지하철건설을 채택하는 것은 비용이 동일하다면 도로확장이 가져오는 가치보다는 지하철건설이 가져오는 가치가 더욱 바람직하다고 여기기 때문이다. 정책과정에서 가치판단의 성격이 지닌 이러한 정치성은 정책결정과정에서 뚜렷하게 나타난다. 또한, 정책집행과정에서도 이들 정책결정을 구체화하는 일련의 결정으로 정책별로 정도의 차이는 있으나 어느 정도 정치적 성격을 지닌다.

따라서 정책을 연구할 때 규범적 접근방법은 다음과 같은 질문들에 대한 대답을 모색하게 된다(김정수, 2016: 24-25). 좋은 정책이란 어떤 정책인가? 바람직한 정책과정은 어떠한 특성을 갖추어야 하는가? 합리적인 정책방법이나 민주적인 정책결정방법 및 권위적인 정책결정방법 중 어느 것이 더 좋은 방법인가? 정책집행에서 집행자에게 재량권을 주는 것이 좋은가 아니면 명령지시가 좋은가? 이러한 질문들은 지금의 현실이 어떠하냐 하는 것이 아니라 과연 바람직스러운 이상형이 무엇인가를 고민하는 것이다.

## 2. 실증적 접근방법

실증적  접근방법(positive  approach)은  '있는  그대로의  질서'가  무엇인지를  과학적
방법에  의하여  탐색하는  방법으로서(강신택,  2002:  44)  경험적  사실을  있는  그대로
묘사(기술)하고  원인과  결과를  설명하려는  사실판단의  탐구방법이다.  이것은  어떤
사실이  좋은가  나쁜가  하는  판단과  별개로  그것이  객관적이냐  아니냐를  판단하는
존재(sein)에  대한  연구로서  사실을  연구대상으로  경험적  관찰을  하므로  경험적  접
근(empirical  approach)이라고도  한다.  이러한  접근방법의  연구활동에는  두  가지  종
류가  있는데,  하나는  사실적  측면에  대한  단순한  기술을  하는  것이고,  다른  하나는
논리실증주의에서  말하는  엄격한  과학적  방법을  적용하여  사실적  측면에  포함되어
있는  구체적  사실들  간의  인과관계를  설명하려는  것이다.  이를  부연설명하면  다음과
같다(박성복·이종렬,  1998:  116 – 118).

우선,  실증적  접근의  초보적  단계는  사실의  단순한  기술  혹은  묘사이다.  예컨대,
사회문제  또는  정책요구로서  어떤  것들이  있었으며,  그들  중  어떤  것이  정책문제로
채택되었는가,  그  해결을  위해  어떤  목표와  대안들이  개발되었고,  최종적으로  어떤
대안이  선택되어  어떠한  방법으로  집행되었으며,  정책결과는  어떻게  나타났는가  등
을  사실  그대로  나타내는  것이다.  즉  정책과정에서  일어나는  투입과  전환  및  산출과
결과  등에  대한  일원적인  기술인데,  이것은  정책에  대한  과학적  연구를  위한  기초자
료가  된다.

다음으로,  실증적  접근이  좀  더  정교한  수준에  이르면  과학적  방법을  통해  사실
들  간의  인과관계를  경험적  자료를  가지고  검증하여  법칙이나  이론의  정립을  추구한
다.  정책학은  자연과학이  사용하는  것과  같은  과학적  방법을  사용하여  정책의  원인
과  결과에  간한  일반적  명제  혹은  가설을  선정하고  이를  관찰에  의하여  경험적  검증
을  거친  연구결과들을  축적하여  정책이론을  발전시키게  된다.  예컨대,  정책을  종속
변수로  하고  이에  영향을  미치는  사회경제적  조건과  정치체제변수를  독립변수로  하
는  인과관계를  연구하는  것이다.

따라서  정책현상에  대한  실증적  연구에서는  다음과  같은  질문들이  연구주제가
된다(김정수,  2016:  25 – 26).  정책과정은  어떻게  이루어지며  무엇에  의해  영향을  받는
가?  정책결정은  소수의  고위관료  위주로  이루어지는가  아니면  이익집단의  압력에  의

해 이루어지는가? 이러한 질문들은 있는 그대로의 현재사실을 묘사하거나 인과관계에 대한 객관적 검증을 하는 것이다.

그러나 정책과정에서는 엄격한 과학적 방법을 적용할 수 있는 정책연구대상이 한정되어 있고, 이러한 연구영역에서는 계량적 방법을 적용하는데 한계가 있게 된다. 예컨대, 정책과정의 동태적 움직임이나 정치권력적 작용과 같이 계량화가 어려운 사실적 측면도 많이 있고 또한 가치가 개입된 사실들도 많이 있다. 이처럼, 계량화가 어려운 정책영역을 분석하는 접근방법으로는 반실증주의적 관점의 해석학이나 비판이론의 연구가 등장하여 적용되고 있다.

## 3. 처방적 접근방법

처방적 접근방법(prescriptive approach)은 '있을 수 있는 질서'를 제안하는 연구방법으로, 규범적 주장에 의하여 바람직한 사회상태를 이상적인 목표로 설정하고 그 목표를 달성하기 위해 무엇을 어떻게 해야 하는지를 탐구하여 처방하는 가치판단과 사실판단이 결합된 방법이다(강신택, 2002: 45－46). 여기서 정책처방(policy pre－scription)이란 특정한 가치판단과 사실판단을 전제로 특정한 상황에 대한 구체적인 행동지침 또는 행동경로를 제시하는 것이다(김정수, 2016: 26). 이것은 규범적으로 제시된 정책목표를 달성하기 위한 가장 적합한 수단을 제안하는 것이다. 예컨대, 한국의 세계일류국가진입을 바람직한 목표상태로 설정하고 이러한 경제사회발전을 하기 위해서는 구체적으로 어떠한 조치가 필요한지에 대한 정책대안을 모색한다.

따라서 정책처방을 하려면 규범적 탐구를 통한 이상적이고 소망스러운 목표설정을 하는 가치판단과 목표를 달성하기 위한 수단과의 인과관계를 위해 실증적 탐구를 통한 정확한 사실판단이 결합되어야 한다. 이를테면, 일단 정부가 달성하고자 하는 바람직한 정책목표가 설정된 후에 이를 달성하기 위한 최선의 정책수단을 선택하게 되는데, 이것은 합리적 정책결정이나 민주적 정책결정을 통하여 시도를 한다.

## 제3절 | 양적·질적 접근방법

정책연구의 접근방법은 연구방법에 따라 양적 연구접근과 질적 연구접근으로 구분할 수 있다. 두 가지 접근방법은 존재론적 가정, 인식론적 가정, 가치론적 가정, 그리고 방법론적 가정 등에서 차이가 있지만, 기본적 연구논리는 본질적으로 유사하여 특정한 현상에 대하여 경험적 자료를 토대로 과학적 추론을 하게 된다(Firestone, 1987: 16-21; 남궁근, 2021a: 75-80).

### 1. 양적 접근방법

우선, 양적 연구접근(quantitative research approach)은 실증주의적 관점을 토대로 정책현상을 연구하기 위해서 연구대상의 속성에 숫자(numerals)를 부여하고 자료를 수집하여 계량적 분석을 하는 방법으로, 다음과 같은 특징을 가지고 있다.

첫째, 존재론적 가정-사회적 실재는 객관적으로 존재한다. 즉 사회적 실재는 질문지나 다른 측정도구를 사용하여 객관적으로 측정할 수 있는 대상으로 본다.

둘째, 인식론적 가정-연구자는 연구가 이루어지는 대상과 독립적이고 일정한 거리를 유지한다. 즉 연구자는 연구대상과 떨어져서 객관적으로 자료를 수집하고 분석을 한다.

셋째, 가치론적 가정-연구의 가치중립적 성격을 전제로, 연구자의 가치는 연구에 개입하여서는 안된다.

넷째, 방법론적 가정-이상과 실재, 연구자와 연구대상과의 관계, 가치의 역할은 연구의 전 과정에 관한 방법론으로 연결된다. 양적 방법론에서는 맥락과 독립된 상태에서 일정한 이론적 전제를 토대로 경험적 관찰을 통하여 결론을 도출하는 연역적 논리로 접근을 한다. 이를테면, 연구문제를 선정하여 가설을 설정하고 개념화와 조작화를 한 후에 경험적 자료를 수집하고 분석하는 연구단계를 거치는데, 자료분석방법은 기술통계와 추측통계라는 통계분석방법을 사용한다. 연구의 목적은 특정한 현상을 기술하고 설명하며 예측을 하는 일반이론을 개발하려는 것으로, 이러한 양적 연구의 방법으로는 실험설계나 서베이방법이 대표적이다.

## 2. 질적 접근방법

질적 연구접근(qualitative research approach)은 해석적 관점과 비판이론적 관점을 토대로 정책현상을 연구하는데 연구대상의 속성을 숫자로 표현하는 것이 아니라 단어(words)의 형태로 부여하여 자료를 수집하고 질적 분석을 하는 방법으로, 다음과 같은 특성을 가지고 있다.

첫째, 존재론적 가정－사회적 실재는 주관적으로 존재한다. 즉 사회적 실재는 연구자에 의하여 구성되는 것으로서 하나의 주어진 상황에 대해 다양하게 인식될 수 있다.

둘째, 인식론적 가정－연구자는 연구가 이루어지는 대상과 상호의존적이고 거리를 좁히려고 한다. 즉 연구자는 연구대상이 되는 사람들과 상호작용을 하면서 자료를 수집하고 분석을 한다.

셋째, 가치론적 가정－연구의 가치개입적 성격을 전제하고 연구자의 가치는 연구에 개입하게 된다.

넷째, 방법론적 가정－질적 방법론에서는 맥락의 제약을 받으면서 구체적인 현상(실재)의 관찰을 시작하여 연구대상인 사례들에서 나타나는 일반적인 패턴을 발견하려는 귀납적 논리로 접근을 한다. 연구자는 연구문제에 관련된 단어 상징 그림 기술 인공물 등의 질적 자료를 수집하여 비통계적 분석기법을 사용한다. 연구의 목표는 단순히 사건과 현상을 기술하는데 그치는 것이 아니라 이를 주관적으로 해석하고 비판하려고 한다. 이러한 질적 연구의 방법으로는 근거이론, 문화기술적 연구, 현상학, 사례연구, 해석학연구, 행위연구 등이 있다.

**〈표 6-1〉** 양적, 질적 접근방법의 비교

| 가 정 | 양적 방법 | 질적 방법 |
|---|---|---|
| 패러다임(관점) | • 실증주의 관점 | • 해석적 관점, 비판이론적 관점 |
| 존재론적 가정 (실제(reality)의 본질) | • 실재는 연구자와 분리된 객관적이고 단일한 현상임 | • 실재는 연구자와 연계된 주관적이고 다양한 현상임 |
| 인식론적 가정 (연구자와 연구대상과 관계) | • 연구는 연구가 이루어지는 대상과 독립적임 | • 연구는 연구대상과 상호작용함 |
| 가치론적 가정 (연구과정서 가치역할) | • 가치중립적이며 편견배제 | • 가치개입적이며 편견개입 |
| 방법론적 가정 (연구과정의 방법) | • 연역적 과정(논리)<br>• 원인과 결과(인과관계)<br>• 연구설계: 개념, 변수, 가설 등의 범주는 연구이전 설정<br>• 맥락으로부터 자유로움 (맥락독립적)<br>• 자료수집과 분석: 실험, 서베이, 통계분석<br>• 현상의 설명과 예측이 가능한 일반화 | • 귀납적 과정(논리)<br>• 요인들의 상호동시적 결정<br>• 연구설계: 연구과정에서 개념, 변수, 가설 등의 범주확인<br>• 맥락의 제약을 받음 (맥락제약적)<br>• 자료수집과 분석: 참여관찰법, 심층면접법, 사례연구, 해석적 연구, 행위연구, 현상학<br>• 현상의 이해를 위한 패턴 및 이론의 개발 |

자료: 남궁근(2021a: 77).

이상에서 논의한 바와 같이, 양적 연구접근과 질적 연구접근은 그 기본가정이 다르고 자료수집과 분석방법에서도 차이가 존재한다. 그러나 양적 연구와 질적 연구는 같은 과학적 추론의 논리에서 출발하고 있으므로, 실재의 경험적 연구에서는 양자를 혼합한 접근방법을 도입할 필요가 있다. 김호정(2017: 19)은 한국행정학보에 1986년부터 2015년까지 30년 간 게재한 실증주의 연구논문 828편에 대한 연구방법론을 분석 하였는데, 그 결과는 서술적 방법 33.4%, 양적 방법 48.4%, 질적 방법 18.4%로 나타났다. 그리고 오철호(2017: 242)가 1967년부터 2015년까지 한국행정학보에 게재된 정책연구논문 597편을 연구방법론을 분석한 결과는 양적 연구 37.2%, 질적 연구 62.8%로 나타나고 있는데, 이들이 사용한 질적 연구방법은 문제에 대한 시론적 연구나 사례연구가 대부분을 차지하였다.

## 제 4 절 | 정책이론(정책모형)적 접근방법

### 1. 정책이론(정책모형)의 의미와 분류

#### 1) 정책이론(정책모형)의 의미

사회과학에서 이론과 모형은 구조적으로 유사한 용어로 사용되고 있다. 표준과
학적 관점에 의하면, 사회현상에 대한 연구문제가 선정되면 이와 관련된 이론과 모
형을 검토해야 한다. 이론과 모형은 그 주제에 관하여 어떻게 바라보고 생각해야
하는지에 대한 밑그림이 되기 때문이다.

우선, 이론(theory)은 현상을 설명하고 예측할 목적으로 개념 또는 변수들 간의
관계를 구체적으로 밝힘으로써 현상에 대한 체계적인 견해를 제공하는 일단의 상호
관련된 개념·정의·명제(Kerlinger, 1986: 8-9)를 의미한다. 이러한 이론은 현상의
설명과 예측의 전제로 쓰일뿐 아니라 경험적 조사연구를 수행하는데 있어서 이론적
모형을 설계하는 토대를 제공한다.

다음으로, 경험적 연구에서 이론은 모형으로 구체화된다. 모형(model)은 어떤
이론이나 현상을 가능한 한 그대로 모방하여 만들어 놓은 유사동형적 구성물
(Meehan, 1965: 145), 또는 어떤 현상을 연구하는데 있어서 원용하는 이론적 구조(강
신택, 1995: 86)를 의미한다. 어떤 현상에 대한 이론을 구성하는데 있어서 그 이론과
구조적 동일성을 가지는 것으로 생각되는 다른 이론을 모형이라고 할 수 있다. 이러
한 모형은 어떤 현상을 선택적으로 단순화하여 대표케 한 것(Miller & Wilson, 1983:
72), 또는 어떤 현상에 대한 유추나 예시화 또는 이상화된 사례(Diesing, 1964: 31)라
고 할 수 있다(이지훈, 1993: 125).

따라서 모형은 어떤 현상에 대한, 비유나 유추의 성격을 갖는 것으로서 개념적
준거틀(conceptual framework)을 그 예로 들 수 있다. 개념적 준거틀은 연구문제들에
포함된 개념 또는 변수들을 구성요소로 하고 이들 구성요소들 간의 관계를 연결하여
구성한 하나의 시스템을 말하는 것으로, 이론직 준거틀(theoretical framework) 또는
개념적 모형(conceptual model)이라고도 한다. 개념적 준거틀의 구조는 이론의 구조

와 거의 유사하다. 이것은 이론처럼 개념 또는 변수와 그 관계로 구성된다. 그러면 차이는 무엇인가? 이론은 이미 여러 차례 검증을 거쳐 기존의 지식체계에 편입된 반면에, 개념적 준거틀은 연구자가 설계하여 경험적 자료를 가지고 검증하려는 것이다(남궁근, 2021a: 159 – 160).

지금까지 사회현상을 연구할 때 필요한 모형과 이론을 논의하였는데, 이러한 개념적 논의를 정책이론 또는 정책모형에 적용하면 다음과 같다. 우리가 살고 있는 세계 또는 환경은 복잡하고 급변하는 시공간이라고 할 수 있다. 우리는 환경에서 존재하는 현상인 문제(problems)나 사회과정(social processes)을 구성하는 다양한 요인들을 이해하고 설명하기 위하여 단순화를 할 때에는 이론이나 모형을 구성한다. 이것은 우리가 정책세계를 바라보고 해석하기 위한 렌즈나 방법이라고 할 수 있다(Parsons, 1995: 57 – 61). 그러면 정책현상을 분석하는 이론이나 모형은 구체적으로 무엇인가?

앞에서 기술한 이론의 일반적 정의에 비추어 볼 때, 정책이론(policy theory)은 정책현상과 관련된 개념 또는 변수를 구성요소로 하고 이들 구성요소들 간의 관계를 토대로 공공정책을 설명하고 예측하는 이론을 말한다(남궁근, 2017: 35). 예컨대, 엘리트론, 다원론, 계급이론, 국가론, 신제도론 등의 정치이론들은 특정국가나 특정영역에서의 정치현상 또는 정책현상을 각각 엘리트, 이익집단, 계급갈등, 국가, 제도특성 등을 가지고 설명하고자 한다.

그리고 정책모형(policy model)은 정책현상을 연구하기 위하여 이론적 구조와 유사하게 개념 또는 변수와 그 관계를 연결하여 구성한 이론적 준거틀이나 개념적 준거틀을 말하는 것으로, 다음과 같은 목적을 가지고 있다(Dye, 2008: 11). 첫째, 정치와 공공정책에 대한 우리의 사고를 단순화시키고 명확하게 한다. 둘째, 정책문제의 중요한 측면을 확인한다. 셋째, 무엇이 중요하고 무엇이 중요하지 않은가를 제시하여 줌으로써 공공정책을 보다 잘 이해하기 위한 노력을 인도한다. 넷째, 공공정책에 대한 설명을 제공하고 그 결과를 예측한다. 다섯째, 우리들이 정치활동 또는 정책활동의 본질적 측면에 초점을 두게 하여 서로 간의 의사소통에 도움을 준다.

## 2) 정책이론(정책모형)의 분류

앞에서 논의한 정책학의 진화에서 설명한 바와 같이, 정책연구(policy studies)는 오랜 역사를 가지고 있다. 오래전부터 정부정책은 학자들의 연구관심대상이 되어 왔지만, 그것에 대한 체계적인 이론이나 모형 탐구는 과거 70년으로 거슬러 올라간다. 공공정책연구에서 직면하는 어려움의 하나는 그 주제에 관련되는 다양한 학문에 기원하고 있는 접근방법의 범위이다(deLeon, 1994; Howlett & Ramesh, 1995: 18).

정책학의 창시자 Lasswell(1951)이 정책연구의 필요성을 주창한 이래, 정치행정학자들은 지난 70년 동안 공공정책을 연구하기 위한 정책이론이나 정책모형을 개발하기 위하여 노력하여 왔지만, 정책연구를 지배하는 주도적인 패러다임은 형성되지 않았다. McCool(1995: 6-8)에 의하면, 정책학분야는 보편적 이론을 구성하는 것이 부적절하다고 하였는데, 그 이유는 정책현상과 관련된 주제가 너무 다양하고 이에 관련되는 개념이나 변수가 너무 많으며 이들 사이의 관계가 너무 복잡하기 때문이다. Anton(1989: 20)은 정책연구자들이 정교한 일반론을 개발하는 것보다 구체적 상황을 이해하고 설명하는데 관심을 갖고 거대이론(grand theory)과 구체적 이론의 중간에 해당하는 중범위이론(middle-range generalizations)이 필요하다고 하였다.

공공정책에 대한 연구화두가 던져진 이래 2000년대의 오늘날까지 정치행정학자들은 정책현상을 연구하기 위하여 정책이론(정책모형)을 이론구성방법이나 분석수준 및 적용범위에 따라 분류를 하여 왔는데, 이를 구체적으로 상술하면 다음과 같다.

첫째, 정책이론은 이론구성방법에 따라 연역적 이론과 귀납적 이론으로 구분할 수 있다(Howlett & Ramesh, 1995: 18; 이지훈, 1993: 86-88). 연역적 이론(deductive theory)은 보편적 상태를 가지는 기본적인 공리나 가정을 특정한 현상의 연구에 적용하는 것 또는 일정한 이론적 전제를 수립해 놓고 그에 따라 구체적인 경험적 증거를 수집하여 검증함으로써 이론적 결론을 유도하는 것으로, 다음과 같은 다섯 가지 단계를 거쳐 시도된다(Reynolds, 1967: 144-146). 1. 명제 또는 공리의 형태로 나타나는 이론적 진술을 만든다. 2. 경험적 연구결과와 비교할 수 있도록 그 이론적 진술을 가설화한다. 3. 가설을 경험적 연구에 의하여 검증하기 위해 연구설계를 만든다. 4. 가설이 경험적 연구결과에 부합하지 않으면 그 가설이나 연구설계를 변경하여 새로운 연구를 수행한다. 5. 가설이 연구결과에 부합하면 그 가설은 명제나 공리의 형태로 보다 일반화한다. 이때 일반화의 한계를 고려해야 한다.

반면에, 귀납적 이론(inductive theory)은 특정한 현상의 관찰을 통하여 보다 일반적인 이론과 결합할 수 있는 일반화를 시도하는 것 또는 개별적인 구체적 사실이나 관찰된 결과로부터 일정한 이론적 진술이나 일반화를 정립하는 것으로, 다음과 같은 단계를 거친다(Reynolds, 1967: 104-142). 1. 실제 구체적인 관찰현상을 선정하고 그

현상의 모든 특수성(속성)을 밝혀본다. 2. 가능한 모든 각각의 상황이 처하고 있는 각 현상에 대한 모든 속성을 추정한다. 3. 수집한 자료를 주의 깊게 분석하여 어떤 체계적인 패턴이 있는가를 찾아본다. 4. 그 자료에서 어떤 중요한 형태가 발견되면 그러한 형태를 명제나 공리 등의 이론적 진술로 형성하여 이론을 구성한다.

따라서 정책연구는 두 가지 연구방법인 연역적 방법과 귀납적 방법에 의존한다. 공공선택이론이나 마르크스이론 및 경제적 제도주의이론은 연역적 이론의 예이고, 반면에, 다원주의나 코포라티즘과 같은 집단이론, 역사적 또는 사회적 제도주의이론, 국가론 등은 귀납적 이론의 범주에 속한다.

둘째, 정책이론은 분석단위나 분석수준에 따라 개인수준과 조직(집단)수준 및 범사회수준으로 나눌 수 있다. 분석수준은 주제단위(연구대상단위를 알기 위하여 관찰하려는 단위)의 선정에 의하여 결정되고 주제의 선정은 관찰자(연구자)의 이론적 전제에 의하여 결정된다. 예컨대, 어떤 개인의 행동을 설명하려고 할 때 그 이론이 개인속성에 관한 것이라면 그 자체를 주제단위로 관찰할 것이고, 만일 그 이론이 개인의 상황에 관한 것이라면 이러한 상황을 주제단위로 삼고 관찰할 것이다(강신택, 1995: 148).

일반적으로 분석수준이 개인인 경우 미시수준(micro-level), 조직(집단)인 경우 중범위수준(meso-level), 그리고 범사회수준인 경우 거시수준(macro-level)으로 구분할 수 있다. 미시수준의 이론은 정치인이나 관료 등 개인의 특성이나 행태를 통하여 정책을 분석하려는 이론으로 공공선택이론이나 후생경제학이 그 예이고, 중범위수준의 이론은 정부기관, 이익집단, NGO 등의 집단이나 조직의 행태를 통하여 정책을 분석하려는 이론으로서 다원주의와 코포라티즘 및 역사적 또는 사회적 제도주의이론이 포함된다. 그리고 거시수준의 이론은 국가나 범사회수준의 거시적 차원에서 정책을 분석하려는 이론으로 국가론이 대표적이다.

셋째, 정책이론은 그 이론이 적용되는 범위에 따라 일반이론과 중범위이론 및 소범위이론으로 나눌 수가 있다(남궁근, 2017: 38-39). 일반이론(grand theory)은 적용범위 면에서 가장 광범위한 것으로서 하나의 학문분야나 전체 학문분야의 지식을 통합하기 위하여 제시하는 이론으로서 거대이론(grand theory)이라고도 한다. 예를 들면, 마르크스의 공산주의론, 파슨스의 사회체제론, 이스턴의 정치체제론은 거대이론에 속한다. 중범위이론(middle-range theory)은 적용범위 면에서 일반이론과 소범위이론의 중간에 해당하는 이론으로서 다원론이나 신제도주의가 이에 해당한다. 소범위이론(narrow-range theory)은 좁은 범위의 현상에 적용하는 이론으로서 경험적 연구에 사용되는 연구가설이 그 예이다. 국회에서 의원들의 투표행태와 소속정당 간의 관계에 대한 명제나 사실을 들 수 있다.

이와 같이, 정책이론(정책모형)은 일정한 기준에 따라 다양하게 분류할 수 있는데, 아래에서는 대표적인 외국정책학자들이 범주화한 정책이론 또는 정책모형의 내용을 상술하고자 한다.

## 2. Dye의 정책이론(정책모형)

Dye(1981, 2005: 11-29)은 공공정책의 연구에 도움이 되는 정치모형이나 정책분석모형으로 제도주의, 과정이론, 합리주의, 점증주의, 집단이론, 엘리트이론, 공공선택이론, 게임이론 등을 들고 있다.

### 1) 제도주의: 제도적 산출로서 정책

정부제도는 오랫동안 정치학의 주된 관심초점이 되어 왔다. 전통적으로 정치학은 정부제도를 연구하는 분야로 정의되어 왔다. 일반적으로 정치적 활동은 의회, 대통령부, 법원, 관료제, 지방정부 등의 특정한 제도들에 집중되어 왔다. 공공정책은 이들 제도들에 의해 결정되고 집행된다.

공공정책과 정부제도와의 관련성은 매우 밀접하다. 엄밀히 말하면, 정책은 그것이 어떤 기관에 의해 결정되고 집행되기 전까지는 공공정책이라고 말할 수 없다. 정부기관들은 공공정책에 세 가지 특성을 부여해준다. 첫째, 정부는 정책에 정당성을 부여한다. 정부정책은 일반적으로 시민의 복종을 강요하는 법적 의무로서 간주된다. 교회, 기업, 전문가집단, 시민단체 등 사회의 다른 집단이나 자발적 결사체의 정책도 중요하고 심지어 구속력을 갖는다고 생각할지 모르지만 공공정책만이 광범위한 법적 의무를 포함하고 있다. 둘째, 정부정책은 보편성을 갖는다. 오로지 정부정책은 사회에 있는 모든 사람들에게 적용될 수 있다. 그러나 다른 집단이나 조직의 정책은 사회의 일부에게만 영향을 미친다. 셋째, 정부는 사회에서 강제력을 독점하고 있다. 즉 정부만이 정책의 위반자들을 합법적으로 제재할 수 있다. 사회의 다른 집단이나 조직들에 의해 부과될 수 있는 제재는 훨씬 더 한정되어 있다. 그러나 정부는 모든 시민의 충성을 명령하고 전체사회를 통치하는 정책을 제정하여 개인이나 집단에게 적용할 수 있는 능력을 가지고 있다.

미국의 헌법은 정책결정을 위한 기본적인 제도적 구조를 확립하였다. 그것은 국가최고법'the Supreme Law of the Land(Article Ⅵ)'이다. 이것의 중요한 구조적 요소들―국가정부의 입법부와 행정부 및 사법부 간의 권력분립과 견제와 균형, 그리고 국가와 주 사이의 권력분리 ― 은 보다 완전한 통일체를 형성하기 위하여 헌법설계자들이 만들었다. 이런 제도적 배열은 200년 동안 중요한 변화가 있어 왔지만 오랫동안 존속하여 왔다. 이 책을 통하여 우리는 공공정책에 대한 이들 제도적 배열의 효과를 살펴볼 것이다.

## 2) 과정이론: 정치적 활동으로서 정책

수십 년 동안 정치적 과정과 행태가 정치학의 중심초점이 되어 왔다. 제2차 세계대전 이후 행태론적 정치학은 투표자, 이익집단, 입법가, 대통령, 정부관료, 법관 기타 정치적 행위자들의 활동을 연구하여 왔다. 이러한 연구의 주요목적의 하나는 정치적 활동 혹은 과정의 특정한 패턴을 발견하려는 것이다.

정책에 관심을 가진 정치학자들은 공공정책과의 관련성에 따라 다양한 정책활동을 분류해보려고 하였다. 그러한 결과로 나온 것은 다음과 같은 단계를 가지는 일련의 정책과정(policy processes)이다. 첫째, 문제확인―정부행동의 요구를 통한 정책문제의 확인. 둘째, 의제설정―무엇이 결정되어야 할 것인지를 결정하기 위하여 특정 공공문제에 대한 매스미디어와 공직자들의 관심집중. 셋째, 정책공식화―이익집단, 백악관, 의회위원회, 그리고 씽크탱크에 의한 정책대안의 개발. 넷째, 정책정당화―의회, 대통령, 그리고 법원에 의한 정책의 선택과 법률제정. 다섯째, 정책집행―조직화된 관료제를 통한 정책실행, 공공지출, 그리고 활동. 여섯째, 정책평가―정부기관 자체적으로나 외부전문가들 그리고 언론이나 대중에 의한 정책의 검증이 그것이다. 요약하면, 정책과정은 문제확인, 의제설정, 정책공식화, 정책정당화, 정책집행, 정책평가로 구성되는 일련의 정치활동으로 볼 수 있다. 이러한 과정모델은 우리에게 정책결정에 관련되는 다양한 활동들을 이해하는데 도움을 준다.

## 3) 합리주의: 극대화 사회이익으로서 정책

합리적 정책은 '극대화 사회이익'을 달성하려는 정책이다. 즉 정부는 가장 큰 양으로 사회에 이익을 가져오는 정책을 선택해야 한다. 이러한 극대화 사회이익의 정의는 두 가지 기준이 있다. 하나는 어떤 정책도 그것의 비용이 편익을 초과한다면 채택하지 않는다. 다른 하나로 의사결정자는 정책대안들 중에서 비용 대비 가장 큰 편익을 주는 정책을 선택한다. 다른 말로 정책은 그것이 달성하려는 가치와 그것이 희생하는 가치 사이의 차이가 긍정적이고 어떤 다른 정책대안보다 클 때 합리적이다. 합리성은 좁은 화폐 관점으로 보는 것이 아니고 공공정책에 의해 성취되거나 희생되는 모든 사회적, 정치적, 경제적 가치의 계산을 포함한다.

합리적인 정책을 선택하기 위해, 정책결정자들은 사회의 가치선호와 그들의 상대적 가중치, 이용할 수 있는 모든 정책대안들, 각 정책대안들의 모든 결과들, 각 정책대안에 대한 비용 대비 편익비율, 그리고 가장 효율적인 정책대안을 선택하는 것을 알고 있어야 한다. 이러한 합리성은 전체사회의 가치선호를 알고 있고 가중치를 매길 수 있다고 전제한다. 그것은 일부 집단들의 가치와 상대적인 가중치를 아는 것만으로 충분하지 않으며 사회전체의 가치들에 대한 완전한 이해를 요구한다. 또한, 합리적인 정책결정은 정책대안들에 대한 정보, 정책대안들의 결과를 예측할 수 있는 능력, 그리고 비용과 편익의 비율을 정확하게 계산할 수 있는 지식이 요구된다. 그리고 합리적인 정책결정은 그것의 합리성을 촉진시키는 의사결정체제가 필요하다.

그러나 합리적 의사결정에는 많은 장애요인들이 존재한다. 사실적으로나 합리적으로 의사결정을 하기에는 많은 장애요인들이 존재하기 때문에 그러한 의사결정이 모든 정부수준에서 일어나기가 드물다. 그럼에도 불구하고 이 모형은 합리성에 대한 장애요인들을 식별할 수 있게 해주기 때문에 분석적인 목적을 위해 중요하다. 여기서 우리는 '왜 정책결정과정이 좀 더 합리적이지 못하는가?'라는 질문을 제기하여 준다. 우리는 다음과 같이 합리적 정책결정의 중요한 장애요인들을 가설화 할 수 있다

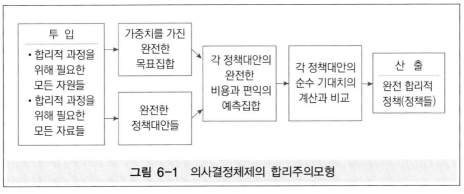

**그림 6-1   의사결정체제의 합리주의모형**

자료: Dye(2005: 17).

(Lindblom, 1959; Braybrook & Lindblom, 1963).

- 사회적 가치는 항상 의견일치가 있는 것이 아니고, 특정한 집단들이나 개인들의 가치는 갈등이 존재한다.
- 많은 갈등적인 가치들과 비용들을 비교하거나 가중치를 매기는 것이 불가능하다. 예컨대, 조세증가에 대비하여 인간의 존엄성을 비교하거나 가중치를 계산하기 어렵다.
- 정책결정자는 사회적 목표를 위한 의사결정을 하기보다는 권력, 사회적 지위, 재선, 금전적 이득 등과 같은 개인적인 보상을 극대화하려고 시도한다.
- 정책결정자는 순사회적 이득을 극대화한다기 보다는 단지 개선에 대한 요구를 만족시키는 수준을 선택한다. 그들은 유일한 최선책을 찾을 때까지 탐색하는 것이 아니라 그런대로 가동할 수준의 정책을 선택한다.
- 현존하는 사업과 정책에 대한 대규모 투자(매몰비용, sunk costs)는 정책결정자가 이전의 의사결정에서 제외된 대안들을 고려할 수 없게 한다.
- 가능한 정책대안들을 탐색하고 각 대안들이 가져올 결과들을 알아내기 위해 필요한 모든 정보를 수집하는 데는 수많은 장애요인들이 존재한다.
- 사회과학 및 행동과학의 예측능력뿐 아니라 물리학과 생물학의 예측능력도 정책결정자로 하여금 각 정책대안이 가져올 결과의 전체범위를 파악할 수 있도록 발달하지 않았다.
- 다수의 다양한 정치적, 사회적, 경제적, 및 문화적 가치들이 관련되어 있을 때, 정책결정자는 비용과 편익의 비율을 정확하게 계산할 지식을 갖고 있지 않다.
- 정책결정자는 정책대안들이 가져올 결과에 대한 불확실성에 직면하여 혼란을 초래하는 예기치 못한 결과가 나타날 가능성을 줄이기 위해 가능한 이전의 정책대안들을 유지하게 된다.
- 대규모 관료제에서 정책결정의 분파적 속성은 의사결정의 적절한 시점에 모든 전문가들이 참여할 수 있도록 의사결정을 조정하는 것이 어렵게 만든다.

## 4) 점증주의: 과거의 변화로서 정책

점증주의는 과거의 정부활동을 점증적인 수정만을 거쳐 지속시키는 것이 공공정책이라고 한다. 정치학자 Lindblom(1959: 79-88)은 전통적인 의사결정의 합리모형을 비판하는 과정에서 점증주의모형을 제안하였다. 그에 의하면, 정책결정자는 현존하는 그리고 제안된 정책들의 모든 범위—사회적 목표들을 확인하거나, 이들 목표들을 달성하기 위한 정책대안들의 비용과 편익을 분석하고, 극대화 순편익이라는 측면에서 각

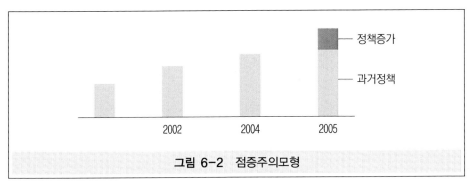

**그림 6-2  점증주의모형**

자료: Dye(2005: 19).

정책대안의 우선순위를 서열화하고, 그리고 관련된 모든 정보를 바탕으로 정책선택을 하는 등—을 매년 검토하는 것이 아니다. 이와 대조적으로, 시간과 비용의 제약과 지적 능력의 한계 등으로 인하여 모든 정책대안들과 그들이 가져올 결과들을 파악할 수 없다. 정치적 제약은 명확한 사회목표의 설정과 비용과 편익의 정확한 계산을 방해한다. 점증주의모형은 '합리적–포괄적 정책결정'의 비현실적인 본질을 인식하고 보수적인 정책결정과정을 기술하고 있다.

점증주의는 현재의 사업과 정책 및 지출을 기준으로 고려하고, 새로운 사업과 정책 그리고 현존하는 사업의 증가와 감소 또는 수정에 관심을 두고 있다. 따라서 현존정책(existing policy) = 과거정책(past policy) + 정책증가(policy increments)라고 할 수 있다. 예를 들면, 2005년의 정부의 활동이나 사업을 위한 예산정책(budgetary policy)은 이전의 2004년도 정책에 새로운 정책이 추가되는 것으로서 과거부터 점증하여 온 것으로 볼 수가 있다. 정책결정자는 일반적으로 기존사업의 정당성을 받아들이며 묵시적으로 이전의 정책들을 그대로 유지하는데 동의하고 있다.

정책결정자들이 점증주의 방식을 채택하는 이유는 다음과 같다. 첫째, 정책결정자는 현존하는 정책에 대한 모든 대안들을 검토할 만한 시간과 정보 및 재원 등을 가지고 있지 않다. 그러한 정보수집비용은 너무 크다. 비록 컴퓨터시대이지만 정책결정자가 각 대안이 가져올 모든 결과를 알 수 있는 충분한 예측능력을 가지고 있지 않다. 또한, 광범위하고 다양한 정치적, 사회적, 경제적, 및 문화적 가치들이 관련되어 있을 때 정책결정자는 모든 정책대안들에 대한 비용과 편익을 계산하는 것이 불가능하다. 그렇기 때문에 만약 합리적인 정책을 개발하는데 드는 시간과 비용 및 지적 능력이 과다하다면 합리적인 정책은 비능률적으로 될 수 있다.

둘째, 정책결정자는 완전히 새롭거나 전혀 다른 정책들이 가져올 결과들에 대한 불확실성 때문에 기존정책들의 정당성을 받아들인다. 새로운 사업의 결과를 예측할 수 없을 때에는 이미 알고 있는 사업을 유지하는 것이 안전하다. 불확실한 상황에서 정책결정자는 정책들의 효과가 있거나 없거나 과거의 정책이나 사업을 지속한다.

셋째, 현재의 사업들에 이미 많은 투자(매몰비용)가 이루어졌기 때문에 현실적으로 어떤 급격한 변화가 불가능한 경우가 있다. 그러한 투자는 금전적인 자금이나 건물 혹은 다른 고정자산일 수 있고 심리적인 성향이나 행정실제 또는 조직구조일 수 있다. 예컨대, 조직은 실제적인 용도와 무관하게 시간적으로 지속되는 경향이 있고, 변경하기가 어려운 정형적인 절차들을 개발해 나가고, 구성원들은 조직과 관례의 지속에 개인적인 이해를 발달시키므로 이러한 것들이 급격한 변화를 어렵게 만들고 있다. 그리하여 모든 정책대안들은 진지하게 고려되는 것이 아니라 오로지 물리적, 경제적, 조직적, 그리고 행정적 변화가 있는 것들만 고려될 수 있다.

넷째, 점증주의는 정치적으로 편리한 측면을 가지고 있다. 정책결정의 논쟁항목들이 단순히 예산의 증감이나 현재의 사업의 수정일 경우 합의가 쉽다. 정책결정이 커다란 이해득실(all-or-nothing)이나 예스나 노(yes-or-no)에 관련되어 있을 때에는 갈등이 고조된다. 매년 새로운 정책이나 새로운 사업에 관련된 정치적 긴장이 너무 크기 때문에 대폭적인 정치개편이 없다면, 과거의 정책은 미래에도 지속된다. 그래서 점증주의는 갈등을 축소시키고 안전성을 유지하며 정치체제 자체를 유지시키는데 중요한 것이다.

정책결정자 자신의 특성은 점증주의모형을 선호하게 된다. 인간은 자신의 가치를 극대화시키는 방식으로 행동하기 보다는 특정한 요구들을 만족시키도록 행동하는 경우가 더욱 흔하다. 사람들은 실용주의적 입장을 갖고 있다. 그들은 '유일한 최선방법(the only best way)'를 탐색하지 않고 대신에 '작동할 수 있는 방법(a way that will work)'을 발견할 때 탐색을 중지한다. 이러한 탐색은 현재의 정책들에 밀접한 정책대안들로부터 시작한다. 오로지 이러한 대안들이 불만족스러운 것으로 판명된다면 정책결정자는 보다 급격한 정책혁신을 시도할 것이다. 대부분의 사례들에서 현재의 사업수정은 특정한 요구들을 충족시킬 것이고, 가치를 극대화시키는 중요한 정책이동은 관심을 끌지 못할 것이다.

마지막으로, 어떤 합의적인 사회적 목표들이나 가치들이 없는 상태에서 다원주의사회의 정부는 특정한 사회적 목표를 실현하기 위한 종합적인 정책기획에 노력을 기울이기보다는 현존하는 사업을 지속시키는 것이 용이하다.

## 5) 집단이론: 집단균형으로서 정책

집단이론은 집단 간의 상호작용이 정치의 중심적인 현상이라는 명제로부터 시작한다. 공동의 이익을 가지는 개인들은 자신들의 요구를 정부에 제안하기 위해 공식적 혹은 비공식적으로 서로 결합을 한다. 정치학자 Truman(1951: 37)에 의하면, 이익집단이란 사회 내의 다른 집단들에 특정한 주장을 하는 공유된 태도를 가지고 있는 집단이다. 그러한 기관이 정부기관을 통하거나 그것에 어떠한 요구를 할 경우에 정치적인 것이 된다. 개인은 집단이익의 일부로서 또는 자신을 위해서 행동을 할 때에 정치에서 중요하게 된다. 집단은 개인과 정부 사이에 필수적인 중간매개자이다. 정치는 공공정책에 영향을 미치기 위한 집단 간의 투쟁이다. 정치체제의 임무는 집단 간의 투쟁에서 게임규칙을 확립하고, 다양한 이익들을 서로 타협시키고 균형을 유지하며, 그러한 타협을 공공정책이라는 형식으로 제정하고, 이러한 타협을 집행함으로써 집단 간의 갈등을 관리하는 것이다.

집단이론가들에 의하면, 어떤 특정한 시점에서의 공공정책은 집단 간의 투쟁에서 이루어진 균형을 말한다. 이러한 균형은 이익집단들의 상대적인 영향력에 의해 결정된다. 어느 한 이익집단의 상대적인 영향력이 변화하면 그것이 공공정책에 변화를 초래할 것으로 예상할 수 있다. 정책은 영향력이 증대된 집단이 원하는 방향으로 그리고 그것이 감소된 집단이 원하는 것과 반대방향으로 이동할 것이다. 정치학자 Latham(1956: 239)은 집단이론 관점에서 공공정책을 다음과 같이 기술하였다.

> "공공정책이라는 것은 실제로 보면 어떤 특정한 순간에 집단 간의 투쟁에서 이루어진 균형이며 경쟁을 하고 있는 집단들이 자기들의 선호를 반영시키려는 균형을 나타낸다. 입법부는 집단 간의 투쟁에 심판관 역할을 하고, 성공적인 정치적 연합의 승자를 비준하며, 법령의 형태로 패자와 타협 및 승자의 여러 가지 사실들을 기록한다."

집단의 영향은 구성의 수, 부(재원), 조직력의 강도, 리더십, 의사결정에 대한 접근, 및 내부응집력 등에 의해 결정된다.

집단이론은 집단 간의 투쟁이라는 관점에서 모든 중요한 정치활동을 기술하려고 한다. 정책결정자는 항상 집단의 압력에 반응하는 것으로, 영향력 있는 집단들의 경

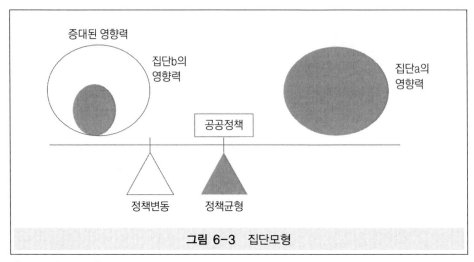

증대된 영향력

집단b의
영향력

집단a의
영향력

공공정책

정책변동    정책균형

**그림 6-3   집단모형**

자료: Dye(2005: 21).

쟁적인 요구들 사이에서 흥정하고 협상하며 타협하는 역할을 하는 것으로 본다. 정치가들은 항상 집단의 다수연합(majority coalition)을 형성하려고 한다. 그러는 과정에서 그들은 연합에 어떤 집단들이 포함되어야 하는가를 결정하는 재량권을 갖는다. 정치가 자신의 선거구가 크면 클수록 다양한 이익들이 존재하게 되고 연합을 형성할 수 있는 집단을 선택할 수 있는 그의 재량권은 커진다. 그래서 하원의원은 더 광범위하고 다양한 선거구를 갖고 있는 상원의원보다 행동의 융통성이 적다. 그리고 대통령은 하원의원이나 상원의원보다 행동의 융통성을 더 갖고 있다. 또한, 행정부는 그들의 집단구성 측면에서 이해할 수 있다. 정당들은 집단들의 연합으로 간주할 수 있다. 미국의 경우를 예로 보면, 루즈벨트 시대부터 현재까지 민주당의 연합은 노동자, 도시거주자, 소수인종집단, 구교도, 가난한자, 진보지식인, 흑인, 그리고 남부인들로 구성되어 왔다. 오늘날 민주당이 직면하고 있는 어려움은 남부사람들의 불만과 백인노동자와 인종집단들 그리고 흑인들 간의 집단갈등으로 인한 집단연합의 약화에서 주로 찾을 수 있다. 반면에, 공화당의 연합은 농촌과 소도시 거주자, 중산층, 백인, 신교도, 화이트칼라, 및 교외주의자로 구성되어 왔다.

　　정치체제에 속하는 이익집단체제는 여러 가지 힘들(forces)에 의해 균형을 이루고 있다. 첫째, 미국사회에는 헌법체계와 게임의 규칙을 지지하는 대규모의 보편적인 잠재집단들이 존재한다. 이러한 집단들은 항상 표면에 나타나는 것은 아니지만 체제에 도전하고 균형을 깨트리려는 위험에 직면하여 적극적인 행동을 할 수 있다.

둘째, 중복되는 집단구성원들은 어느 한 집단이 지배적인 가치로부터 크게 벗어나지 않도록 함으로서 균형을 유지하는데 기여한다. 어느 한 집단에 속하는 개인은 다른 집단에 중복해서 가입하기도 하는데, 이러한 현상으로 인하여 한 집단은 다른 집단하고도 관계를 맺고 있는 구성원의 입장을 고려함으로서 자신의 요구나 주장을 완화하게 된다.

마지막으로, 집단경쟁으로부터 초래되는 견제와 균형은 또한 체제의 균형을 유지하는데 도움을 준다. 사회에서는 어느 한 집단이 다수를 구성하지 못한다. 각 집단의 권력은 경쟁적인 집단들의 권력에 의해 견제를 받는다. 서로 간에 견제력을 갖는 권력의 중추들이 작용하여 어느 한 집단의 영향력을 견제하고 개인이 부당하게 착취당하는 것을 막아주게 된다.

## 6) 엘리트이론: 엘리트 선호로서 정책

엘리트이론은 공공정책을 통치엘리트의 선호와 가치라고 보고 있다(Dye & Zeigler, 1981). 비록 우리는 공공정책이 국민의 요구를 반영하고 있다고 주장하지만 그것은 민주주의사회의 현실이라기보다는 하나의 신화에 불과할 수 있다. 이이론에 의하면, 국민은 공공정책에 대해 무관심하고 무지하며 대중이 엘리트의 여론을 형성한다고 보기보다는 엘리트들이 정책문제에 대한 대중의 여론을 형성한다고 본다. 그래서 공공정책은 엘리트의 선호를 반영한다. 정부관료는 엘리트가 결정한 정책을 단

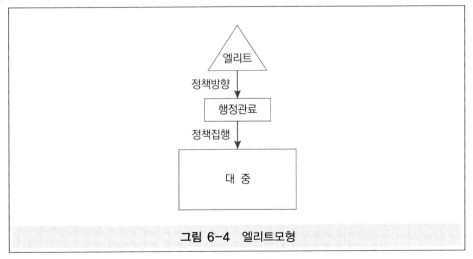

**그림 6-4  엘리트모형**

자료: Dye(2005: 23).

순히 집행하게 된다. 정책들은 다중의 요구로부터 나오는 것이 아니고 엘리트로부터 대중으로 하향적으로 움직인다.

이러한 엘리트이론은 다음과 같이 요약할 수 있다.

- 사회는 권력을 가진 소수와 그렇지 못한 다수로 양분된다. 소수의 사람들만이 사회에 대해 가치를 배분하며 대중은 공공정책을 결정하지 못한다.
- 통치하는 소수는 통치받는 대중들과 전혀 다르다. 엘리트들은 사회의 사회경제적 상위계층으로부터 편파적으로 충원된다.
- 비엘리트가 엘리트의 지위로 이동하는 것은 안정성을 유지하고 혁명을 방지하기 위해 완만하고 지속적으로 이루어져야 한다. 엘리트의 동의를 받는 비엘리트들만이 지배집단에 속하도록 허용된다.
- 엘리트는 사회체제의 근본적인 가치와 체제를 보존시키는데 합의를 하고 있다. 특히 미국의 경우 엘리트의 기본적인 합의사항들은 사유재산권의 신성함과 제한된 정부권력 및 개인의 자유이다.
- 공공정책은 대중의 요구가 아니라 엘리트의 지배적인 가치를 반영한다. 공공정책의 변화는 혁명적인 것이 아니라 점증적인 것이다.
- 적극적인 엘리트는 무관심한 대중으로부터 직접 영향을 받는 일이 거의 없다. 대중이 엘리트에 영향을 주기보다는 엘리트가 대중에 영향을 미친다.

그러면 정책연구에서 엘리트이론이 갖는 의미는 무엇인가? 첫째, 엘리트이론은 공공정책이 국민의 요구를 반영하기보다는 엘리트의 이익과 가치 그리고 선호를 반영한다는 것을 의미한다. 그러므로 공공정책의 변화와 혁신은 자신의 가치를 가진 엘리트에 의해 재정의한 결과로서 나온다. 엘리트들은 현체제를 유지하는데 관심을 가지는 보수주의로 인해 공공정책의 변화는 혁명적이기보다는 점증적인 것이 될 것이다. 공공정책이 수정되는 일은 종종 있지만 그것이 전면적으로 교체되는 경우는 거의 없다. 정치체제의 변화는 사회적 사건들이 체제를 위협하고 자기이익에 따라 행동하는 엘리트가 체제 속에서 자신들의 위치를 유지하기 위해 개혁을 제도화할 때 발생한다. 엘리트의 가치들은 공중을 끔찍이 생각하는 것일 수도 있다. 사회지도층으로서 갖는 책임감이 엘리트의 가치관에 스며들 수도 있으며 대중의 복지가 엘리트의 의사결정에 중요한 요소가 될 수 있다. 엘리트론이 함축하는 의미는 공공정책이 대중의 복지에 절대적인 것이 아니고 대중의 복지에 대한 책임이 대중이 아니라 엘리트의 어깨에 의존한다는 것이다.

둘째, 엘리트론은 대중이 수동적이고 무관심하며 무지한 것으로 본다. 대중의 정서는 엘리트의 가치관에 영향을 미치기보다는 엘리트에 의해 조종되는 경우가 훨씬 더 빈번하다. 그리고 엘리트와 대중 간의 의사소통은 대부분 하향적으로 흐른다. 그러므로 대중선거와 정당경쟁은 대중이 통치하는 것이 아니다. 정책문제는 선거나 정당에 의한 정책대안의 제시를 통하여 대중이 결정하는 것이 아니다. 대부분 선거나 정당과 같은 민주주의제도들은 단지 상징적인 가치면에서 중요성을 갖는다. 이러한 제도들은 선거일에 투표자로서의 역할을 대중에게 부여함으로써 또한 대중이 자신과 동일시할 수 있는 정당을 출현시킴으로써 대중을 정치체제에 연결하는데 도움을 준다. 대중은 엘리트의 의사결정에 기껏해야 간접적인 영향력만을 가진다는 것이 엘리트론의 주장이다.

또한, 엘리트론은 엘리트들이 사회체제의 밑바닥에 존재하는 기본적인 규범들에 대해서나 사회체제 자체의 유지와 존속뿐만 아니라 근본적인 게임의 규칙에 대하여도 서로 합의를 하고 있다고 한다. 체제의 안정성과 그것의 생존 자체도 체제의 기본적인 가치를 옹호하는 엘리트의 합의에 달려 있으며, 그러한 공감대를 형성하고 있는 합의의 범위에 포함되는 정책대안들만이 진지한 검토의 대상이 된다. 물론 엘리트들 간에 의견불일치가 일어날 수 없다거나 그들이 주도권을 장악하기 위해 서로 대립하는 일이 없다는 것은 아니다. 엘리트들 간에 아무런 경쟁이 없던 사회는 아직까지 존재하지 않을 것이다. 그러나 엘리트론이 함축하는 바는 엘리트들 간의 경쟁이 매우 한정된 범위의 문제들에 집중되어 있으며, 이들 간에는 의견대립보다 합의를 하는 문제들이 보다 많다는 것이다.

## 7) 공공선택이론: 자기이익을 가진 개인들의 집합적 의사결정으로서 정책

공공선택이론은 공공정책결정에 경제적 분석을 적용하는 비시장적 의사결정의 경제적 연구이다. 전통적으로 경제학은 시장에서의 행동을 연구하는데 개인들(소비자와 생산자)은 사익을 추구한다고 가정하였다. 이를 유추하면 정치학은 공공영역에서 행동을 연구하고 정치적 행위자들은 공익을 추구한다고 가정할 수 있다. 따라서 인간동기의 분리된 관점은 경제학과 정치학에서 발달하였다. 경제적 인간(homoeconomicus)이념은 개인이익의 극대화를 추구하는 자기이익적 행위자(self-interested actor)를 가정한다. 그리고 정치적 인간(homopoliticus)이념은 공익의 극대화를 추구하는 공익추구적 행위자(public-spirited actor)를 가정한다.

그러나 공공선택이론은 개인들이 시장에서 행동하는 것보다 정치에서 상이하게 행동한다고 본다. 이이론은 모든 정치적 행위자들―투표자, 납세자, 정치후보자, 입법가, 관료, 이익집단, 그리고 정부―은 시장에서뿐 아니라 정치에서도 그들 개인의 이익을 극대화하려고 한다는 것이다. 이들은 이기적인 이익을 가지고 있다고 하더라도 집합적 의사결정을 통하여 상호이익을 추구할 수 있다.

이러한 공공선택이론은 정치적 행위자들이 왜 공익이 아닌 자신의 사익을 추구하는가를 이해하고 설명하는데 유용한 관점이라고 할 수 있다. 그리고 이이론은 정부가 시장이 다룰 수 없는 어떤 기능을 수행해야 한다고 인식한다. 첫째, 정부는 공공재를 제공해야 한다. 둘째, 외부성은 시장실패영역으로 정부개입을 정당화시킨다.

공공선택이론은 정당과 정치후보자가 선거캠페인에서 명료한 정책대안을 제시하는데 실패하는 정책실패이유를 설명하는데 도움을 준다. 그들은 선거에서 이기기 위하여 정책공약을 형성한다. 이들은 다수의 투표자에게 매력을 줄 수 있는 정책을 탐색하여 제시한다.

공공선택이론은 또한 이익집단과 그것의 효과에 대한 이해를 하는데 기여한다. 이익집단은 구성원들의 이익을 위하여 정부를 상대로 활동을 한다. 다른 정치행위자들처럼 이익집단은 정치시장에서 자신의 이익을 추구한다.

## 8) 게임이론: 경쟁적 상황에서 합리적 선택으로서 정책

게임이론은 둘 또는 그 이상의 합리적 참여자들이 선택을 만들고 그 결과가 나오는 게임상황에서 의사결정을 연구하는 것을 말한다. 이이론은 어느 한 사람이 독립적으로 내릴 수 있는 최선의 선택이 존재하지 않는, 즉 최선의 결과가 다른 사람들이 어떤 선택행위를 하느냐에 달려있는 의사결정영역에 적용된다.

게임(game)은 합리적 의사결정사들이 상호의존적인 선택행위에 관련되어 있다는 것이다. 게임규칙(rule of game)은 모든 행위자들이 취할 수 있는 선택행위를 말한다. 각 행위자(player)는 자신의 욕구와 능력뿐 아니라 다른 사람들이 어떻게 행동할 것인가에 대한 자신의 기대도 고려하여 자신의 행동을 조정해야 한다. 행위자는 개인이나 집단 또는 국가의 정부와 같이, 합리적 행동을 할 수 있는 잘 정의된 목표를 가진 누구라도 될 수가 있다. 그리고 각 행위자는 다른 행위자들과의 게임에서

| 행위자(선택, 보수) | | 운전자A의 선택 | |
| --- | --- | --- | --- |
| | | 직진 | 선회 |
| 운전자B의 선택 | 직진 | A: −10<br>B: −10 | A: −5<br>B: +5 |
| | 선회 | A: +5<br>B: −5 | A: −1<br>B: −1 |

**그림 6-5   게임모형: 치킨게임**

자료: Dye(2005: 27).

일정한 보수(payoff)를 얻게 된다. 여기서 보수란 각 행위자가 자신의 선택행위와 상대방들의 선택행위가 결합하여 가져다주는 결과(수치값)를 말한다.

게임이론의 대표적인 사례가 치킨게임(game of chicken)이다. 이것은 1950년대 미국 갱집단들 사이에서 유행했던 게임으로, 겁쟁이를 닭(chicken)에 비유한데서 유래하였다. 한 때 미국 젊은이들 사이에는 자신의 용기를 과시하는 방법으로 치킨게임이 유행하였다. A와 B 양쪽 행위자 모두는 차를 좁은 도로 양쪽 끝에서 서로를 향해 마주보고 달리는 것이 게임규칙이며, 자신을 향해 달려오는 차량에 겁을 먹고 운전대를 꺾는 사람을 겁쟁이라고 한다. 자칫 잘못하면 양쪽 모두 큰 사고를 당할 수 있는 위험한 상황이다. 만약 두 사람이 핸들을 꺾지 않는다면 서로 충돌하여 둘 다 죽을 수 있다. 그들이 얻게 되는 결과(보수)는 두 운전자가 동시에 어떠한 행동을 하는가에 달려있으며, 상대방이 어떻게 행동할 것인가를 예측해야 한다.

위의 그림에서 각 보수들에 수치를 부여하는 사람들은 게임이론가 자신이다. 만약 A가 직진을 선택하고 B도 직진을 선택한다면 그 결과는 두 운전자 모두 −10을 얻게 된다. 하지만 A가 직진하고 B가 선회한다면 A는 용자가 되어 +5를 얻게 되고 B는 겁자가 되어 −5를 얻게 된다. 만일 A가 선회하고 B가 직진하면 그 결과는 정반대가 될 것이다. 두 사람 모두 선회하는 전략을 선택한다면 크게 불명예스러운 것이 아니기 때문에 두 사람 모두 −1을 얻게 되고 그것은 상대방이 직진하는 경우보다는 훨씬 경미한 것이 된다.

이러한 치킨게임상황은 외교관계에서 보편적으로 나타난다. 미국과 소련의 극단적인 군비경쟁으로 인한 1962년의 쿠바미사일위기가 가장 큰 예이다. 오늘날 공공정책분야에서 개인이나 집단 또는 정부 간의 갈등이나 대립이 많이 발생하고 있다. 따라서 게임이론은 갈등적 상황에서 관련 행위자들이 정책선택을 할 수 있는 방법과 시각을 제공하여 주고 있다고 볼 수 있다.

## 3. Simon의 정책이론(정책모형)

Simon(2010: 18–33)에 의하면, 좋은 이론(good theory)이란 공공정책을 둘러싼 현상을 기술하고 설명하며 예측할 수 있어야 한다고 보고, 특정한 정책영역을 연구하는데 사용할 정책모형으로 합리적–포괄적모형, 점증모형, 공공선택이론, 게임이론, 집단이론, 엘리트이론, 체제이론, 제도주의와 신제도주의를 제시하였다.

### 1) 합리적-포괄적 모형

Lindblom(1959)은 그의 고전논문 'the science of muddling through'에서 합리적–포괄적 모형(rational–comprehensive model)을 기술하고 있다. 이 모형의 첫 번째 단계는 문제의 확인이다. 문제의 모든 측면은 경험적으로 연구되어야 하고 완전하게 정의되고 이해되어야 한다. 문제정의에 대한 동의는 문제해결에 대한 동의를 생산해야 한다. 이접근의 두 번째 단계는 정의된 문제에 대한 해결책을 확인하는 것이다. 문제확인은 문제해결책을 형성한다. 세 번째 단계는 하나의 해결책(정책)의 선택과 적용에 관련된다. 해결책의 선택은 제한된 비용을 고려하여 편익이 극대화되는 정책을 산출하는 것이다. 그리고 네 번째 단계는 정책의 문제에 대한 결과나 영향을 평가하는 것이다. 정책결과는 정책목표에 대비하여 분석이 이루어지는데, 문제가 적절히 해결되었는지와 정책은 결점이 있고 종결되어야 하는지를 평가하는 것이다.

이러한 합리적–포괄적 모형은 다음과 같은 한계를 가지고 있다. 첫째, 정책결정자는 정부가 무엇을 해야 하고 하지 말아야 하는가를 동의하기가 어렵다. 그러나 가치에 대한 동의는 전제되어 있다. 둘째, 특정한 문제의 기술에 대한 동의가 불가능하다. 셋째, 이접근은 심원한 문제와 해결책의 분석을 요구하고 중요한 시간몰입과 높은 비용이 요구된다.

## 2) 점증모형

Lindblom(1959)은 위의 논문에서 합리적－포괄적 모형에 대한 대안으로 점증주의(incrementalism)를 제시하였다. 이 모형의 전제는 대부분의 의사결정이 완벽한 것도 아니고 최종적인 것도 아니라는 것이다. 차라리, 일련의 작은 결정들－지속적이고 제한된 비교－은 시간흐름 속에서 규칙적으로 이루어진다. 정책은 시간흐름 속에서 진화를 계속한다.

따라서 문제정의와 정책목표 그리고 정책대안들은 시간흐름 속에서 규칙적으로 재방문되고 수정되게 된다. 정책목표와 정책산출에 대한 소규모 결정들은 개별정책 결정단계에서 만들어진다. 정책조정은 변화하는 근원에 대응하여 이루어지게 된다.

Dror(1971)은 정책분석의 연구에서 점증주의를 비판하고 있다. 그는 점증주의가 환경(시민)의 요구와 소망성 또는 효과성에 대한 충분한 고려 없이 느리게 진화하는 공공정책을 기술하고 있다고 하였다.

## 3) 공공선택이론

공공선택이론은 기본적으로 고전적 자유주의철학에 기반하고 있다. 공공선택의 옹호자들은 시민의 기본권 보호와 같은 기본욕구에만 대응하는 제한된 또는 최소주의(minimalist) 정부를 생각한다. 공공선택은 개인선호와 시장해결을 유지하기 위하여 필요한 시민질서의 보존에 관심을 갖고 있다.

공공선택이론은 정책과정을 이해하기 위한 가치 있는 도구이다. 정치과정에서 개별시민들의 동기는 종종 사익에 의해 형성된다. Downs(1957)의 '민주주의 경제이론'에 의하면, 정당은 특별한 이슈들에 대한 지원(편익)을 약속하는 것에 의해 유권자를 포획하려고 시도한다. 유권자를 포획하기 위하여 정당들과 그들의 후보자들은 투표자에게 매력을 가지는 정책공약을 제시한다. 선거과정은 정치시장(political market)으로 기능한다. 이 시장에서 사익을 추구하는 후보자와 유권자는 정책편익(policy benefits)과 그 편익에 관련된 조세비용(tax costs)을 흥정하게 된다. 선거과정을 통하여 유권자는 정부의 크기와 영역 그리고 공공정책의 양과 유형에 영향을 준다. 유권자는 또한 조세비용에 영향을 미친다. 조세비용은 공공재와 서비스를 위해 사용되도록 정부에 넘겨주는 개인의 경제적 자유의 손실이라고 할 수 있다. 유권자는 특정한 투표선택의 편익과 비용에 대한 정확한 정보를 가지고 있다고 가정한다.

그러나 모든 유권자들은 동일한 정보를 가지고 있는 것이 아니지만 이러한 조건하에
서 개인들의 투표행동이 이루어지게 된다.

또한, 공공선택이론은 이익집단정치를 설명할 수 있게 한다. 정부가 제공하는 많
은 재화와 서비스는 모든 시민들을 위한 일반적 편익(예: 국방, 경찰보호, 기본교육)을
제공하지만, 일부 사람이나 집단에게 선택적 편익(예: 농업보조금, 사회안전망)을 제
공하기도 한다. 이익집단은 두 가지 편익유형을 추구하면서도 종종 선택적 편익에
관심을 가지고 있다. 이익집단은 집합적 행동을 통하여 자신의 집단에 대한 선택적
편익을 제공하는 후보자를 지원한다.

### 4) 게임이론

게임이론은 우리가 공공정책선호의 우선순위나 정책의 세부내용에 대하여 반드
시 동의한 것이 아니라고 한다. 부동의가 존재할 때 어떤 종류의 갈등이 발생할 것이
다. 갈등은 종종 의사결정과정에서 어떤 타협을 가져올 수 있다.

정책과정에서 상이한 결정유형이 있다. 때로 갈등은 제로섬(zero-sum) ― 개인이
나 집단이 갈등의 결과로서 편익을 얻는 반면에 다른 반대하는 개인이나 집단은 손실을
입는 상황 ― 으로 묘사할 수 있다. 제로섬결과는 대부분의 민주적인 공공정책사례에
서 바람직한 것이 아니다. 공공정책은 전체로서 사회구성원들에게 편익을 제공하는
것을 의도하고 있다. 더욱이, 공공정책은 어떤 개인이나 집단을 위한 권리나 재산의
손실을 초래하지 않아야 한다. 개인의 권리나 자유를 침해하는 결과는 개인의 보호
자라는 국가의 궁극적 목표에 위반하는 것이다.

공공정책에서 결과의 두 번째 유형은 비제로섬(non zero-sum)이다. 비제로섬에
서 갈등과 타협은 어떤 개인에게 이득을 주지만 특정정책으로부터 편익을 받지 않는
다수개인들에게 손실도 없다. 현재 자유주의원리는 개인들이 사회구성원으로서 편
익을 받고 손실을 회피하는 정당한 사회의 창조라는 파레토최적을 추구한다.

게임이론에 의하면, 게임(game)은 경쟁적이거나 협동적일 수 있다. 경쟁적 게임
(competitive game)에서 각 당사자는 일반적 편익에 초점을 두기보다 개인의 이익을
성취하기 위하여 시도한다. 경쟁적 게임의 예로는 죄수의 딜레마(the prisoner's di-
lemma)를 들 수 있다. 이게임은 범죄가 있는 두 명의 개인들(파트너)이 상이한 감방
에 있는 가상적 상황을 전제한다. 두 개인들은 죄를 인정하거나 그의 파트너가 연루
되었음을 발설하고 감형을 받을 기회를 가지고 있다. 만약 둘이 침묵한다면 형량은

| 행위자(선택, 보수) | | 죄인 A의 선택 | |
| --- | --- | --- | --- |
| | | 침묵 | 자백 |
| 죄인B의 선택 | 침묵 | A: 10<br>B: 10 | A: 10<br>B: 0 |
| | 자백 | A: 0<br>B: 10 | A: 5<br>B: 5 |

**그림 6-6  죄수의 딜레마모형**

자료: Simon(2010: 31).

둘 다 높아질 수 있다. 만약 둘이 죄를 인정한다면 형량은 보다 짧아질 수 있다. 결국, 가장 짧은 형량은 한 사람이 죄를 인정하는 반면에 다른 사람이 침묵하는 경우에 발생한다.

죄수의 딜레마모형은 비록 개인에 의해 만들어진 특정한 결정이 그의 사익을 추구하는 것으로 나타날지라도 그 결과는 다른 사람들이 만들은 결정에 의해 영향을 받을 수 있다는 것을 예증한다. 정책과정에서 어떤 결정과 전략은 관련 행위자들의 목표나 전략이 감추어져 있는 상태이므로 편익을 주는 행동경로를 결정하는 것을 어렵게 만든다. 예컨대, 국방정책에서 다른 국가들이나 비국가행위자들(테러리스트 등)의 목표들은 위기상황이 발생할 때까지 불명확할지 모른다.

반면에, 협동적 게임(cooperative game)에서 다른 개인들이나 집단들의 정책선호는 공공적(public)일 수 있다. 많은 민주적 정책결정은 협동적 게임의 기능이라고 할 수 있다. 예를 들면, 주요정당은 당 기관지나 공식보고 그리고 정치연설 등을 통하여 정책선호를 표출하게 된다. 협동적 게임은 양 당사자가 수용할 수 있는 결과를 만들어 자신의 사익을 극대화하고 비용을 감소시키려고 시도하는 것으로 그 결과는 일반적으로 파레트최적을 추구한다.

정책결정과정에서 상이한 행위자들은 상이한 게임형태를 선호한다. 정치적 타협은 입법부와 행정부 정치의 특징이다. 상원, 하원, 그리고 대통령은 결과가 전체적으로 만족스럽거나 최적이 아닐 수 있다는 것을 인식하면서 그들의 개인적 또는 집합적인 정책우선순위를 추구한다. 기껏해야 그들은 정치적 타협을 통하여 가능한 극대화 편익을 제공하는 결과를 달성하기를 희망한다. 반대로, 이익집단정치는 타협 없이 자신의 이익을 성취하려는 소망에 의해 움직이므로 제로섬 게임으로 이동할 수 있다. 제로섬게임은 종종 법원결정자와도 관련된다. 사법부의 결정은 매우 적대적이고 일반적으로 승자와 패자를 선언하는 결과를 만든다. 최근에, 법원은 법적 집행에 관련되는 당사자들이 소송을 하기 전에 비제로섬 게임결과를 가져오는 건설적인 대화를 하도록 하는 비적대적인 절차를 도입하고 있다.

## 5) 엘리트이론

엘리트이론은 사회가 상층에 엘리트라고 부르는 소수권력자와 그 아래층에 대중이라고 부르는 다수 시민들로 계층화 되어 있다고 전제한다. 정치와 공공정책영역에서 대중은 대개 수동적이고 무관심하고 정부에 어떤 요구를 할 권력을 가지고 있지 않다. 반면에, 엘리트행위자들은 정책선호를 형성하고 그 결과를 대중이 일반적으로 수용하게 된다.

엘리트들은 정부와 사회에 대해 상이한 관점을 가지고 있으나, 일반적으로 어떤 쟁점에 대해서는 동의를 한다. 권력은 엘리트행위자들에게 집중되어 있고 그리고 엘리트들은 자신들이 정당화하고 그들의 사회적·경제적·정치적 이익을 보장하는 정치적 목표와 가치를 보존하려고 한다. 사회의 엘리트들은 대중보다 중요한 사회경제적 이점을 가지고 있다. 엘리트들은 그들의 사회경제적 이익을 충족시키기 위하여 공공정책을 설계하는데 권력을 사용한다. 그러나 그들은 적극적으로 정책을 실행하지는 않는다. 대중은 이러한 정치적·사회경제적 엘리트들의 영향을 받는다.

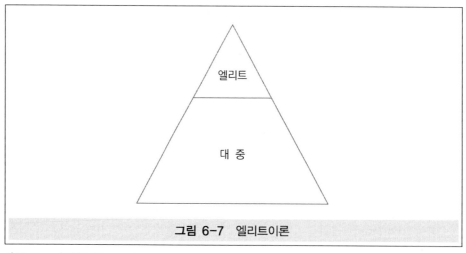

**그림 6-7 엘리트이론**

자료: Simon(2010: 29).

엘리트이론은 미국 민주주의와 정책결정에 어떻게 적용할 것인가에 대해 많은 논의가 있어 왔다. 정치학의 초창기 지배적인 목소리에 의하면 미국 민주주의를 인도하는 많은 가치는 실질적으로 엘리트정치의 기능이라고 하였다. 예컨대, 미국 대부분의 민주주의 설립자들은 전후 혁명기에 그들의 정치적 경제적 사회적 지위를 유지하거나 상승시키는데 실질적인 이익을 가지고 있었고 매우 영향력이 크고 잘 교육을 받았으며 부유한 지주들이었다. 그러나 19세기 후반에 진보주의의 등장으로 엘리트이론이 비판을 받게 되었다. 이를테면, 경제적 사회적 정치적 조건들을 만들기 위하여 정부관료제는 크게 성장하였고 정부프로그램도 확대되었다. 그리고 엘리트이론은 특정한 정치적 또는 정책결정 시나리오를 둘러싸고 있는 정책과정을 이해하기 위한 도구하고 할 수 있다. 이러한 엘리트이론은 정치와 정책의 개별사례들에 적용되고 있고 반드시 과학적인 경험주의적 원리에 의해 인도되는 것이 아니며 종종 연역적이고 이론기반연구를 하게 된다.

## 6) 집단이론

미국 헌법설립자의 한 사람인 Madison은 'Federalist Papers'에서 정치이익집단의 본질을 논의하는데 상당한 시간을 할애하였다. 그에 의하면, 개인들은 관점, 신념, 정치적 사회적 가치들―공공정책을 형성하는 정치적 사회적 선호들―에 토대를 둔 집단들로 결합된다. 이러한 집단들이 사회에서 지배적인 힘을 가지게 되면 상이한 정치적 사회적 선호들을 가지고 있는 시민들의 행동을 제약하는 권력을 사용하게 된다. 이러한 집단의 결과는 분파적 독재를 하는 것으로 보았다. 그러나 매디슨과 그의 동료 헌법설립자들은 사회에서 다른 구성원들과 집단들에 대한 어떤 파벌이나 이익집단의 영향을 제한하고 그리고 정치체제의 집단지배를 억제하도록 미국 정치체제를 설계하였다.

집단의 다양성은 정책쟁점과 해결책의 우선순위와 선택을 형성한다. 가장 가시적인 집단은 정당(political parties)이다. 정당은 다양한 이익의 동맹을 대표한다. 이익집단과 달리, 정당의 기본목표는 선거에서 승리하는 것이다. 공공정책을 형성하는 정당의 능력은 그것의 후보자 선택에 의해 결정된다. 선출된 공직자는 정당과 일치하는 정책의제를 추구한다. 정당은 종종 일반적이거나 특정한 이익을 제공하는 정책을 추구한다. 선거에서 승리하기 위하여 성당은 그들의 일반적 목표가 모든 시민들에게 편익을 주는 것으로 말한다. 이것은 정치적 주도층의 유권자 지지를 얻는데 중요하다. 그러므로 집단이론은 정당의 정책선호와 선출된 공직자의 행동을 설명하는데 도움을 준다.

집단이론은 보통 특정이익 또는 이익집단으로 언급되는 이익집단정치(interest group politics)와 관련된다. 정당과 달리, 이익집단은 매우 좁은 범위의 정책선호를 대표한다. 이익집단은 정치에서 후보자를 선택하는 것이 아니라 특정한 정책선호의 지원을 약속하는 정당후보자의 캠페인을 지지한다. 이익집단의 기본목표는 그들의 지도자와 구성원들의 선호와 일치하는 정책결과를 성취하는 것이다.

이익집단은 선택적 또는 일반적 이익(편익)을 추구할 수 있다. 선택적 이익(selective benefits)은 이익집단의 구성원들을 위한 긍정적 결과를 산출한다. 다양한 산업들에서 활동하는 협회들은 그들 산업의 구성원을 위한 경제적 조건을 개선하는 정책을 형성하려고 시도한다. 이익집단은 또한 집단구성원과 비구성원들에게 이익이 되는 일반적 이익(general benefits)을 추구할 수 있다. 예를 들면, 소비자보호집단은 모든 소비자들을 위해 보다 안전하게 생산과 서비스를 만들도록 하는 규제정책을 추구한다. 일반이익을 추구하는 이익집단들이 가지는 딜레마는 무임승차자문제(free-rider problem)이다. 무임승차는 구성원의 회비와 같은 어떤 직접적인 비용을 내지 않고 이익집단의 활동으로부터 이익을 얻는 개인들이다. Macur Olson(1965)은 '집합적 행동의 논리: 공공재와 집단이론'이라는 저술을 통하여 정치경제학적 시각에서 이익집단의 형성과 확산을 분석하였다. 그는 그들의 구성원들에게 선택적 이익을 제공하는 집단들은 일반적 이익을 추구하는 집단들보다 생존하고 성장할 것이라고 결론지었다. 무역협회와 같은 경제집단들은 비선택적 이익집단들보다 정책과정에서 효과적인 영향력을 행사할 것이라고 한다. 그러나 변화하는 사회적 가치의 결과로서, 많은 개인들은 경제적 사익보다 가치 관련 이유로 공익집단들에 가입하고 있다. 공익집단은 그 수와 영향력에서 성장을 하여 왔다.

이익집단의 성장과 확산은 정부에 대한 요구의 불협화음을 가져왔다. 상이한 정책목표를 추구하는 많은 집단들이 있지만, 어떤 집단들은 전혀 이익대표를 하지 못하고 있다. Lowi(1969)는 그의 저서 '자유주의의 종언'에서 자유주의사회의 중심신조인 정치적 형평성은 이익집단의 형성과 정책결정과정에 영향력을 행사하는 그들의 능력에 대한 사회적 편견에 의하여 심각하게 왜곡되거나 좌절되고 있다고 주장하였다. 그러나 집단이론은 정책결정과정과 그것의 결과를 이해하는데 가치있는 도구라고 할 수 있다.

## 7) 체제이론

체제이론은 대개 생물학에서 발달된 사고를 채택하고 있다. 정치학자 Easton (1965)은 처음으로 정치와 정책 연구를 조직화하기 위해 체제이론의 사용을 제안하였다. 그는 많은 연구가 정당과 선거, 이익집단, 제도적 권력과 과정, 그리고 공공여론의 영역에서 이루어졌다고 할지라도 정치모형을 통하여 이들 분석들을 결합할 필요가 있다고 보았다. 그는 정치체제에서 일반적 요소 ― 정치환경, 투입, 정치체제, 결정 또는 산출, 그리고 환류 ― 을 확인하여 정치체제모형을 구성하였다.

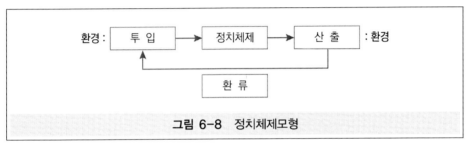

**그림 6-8  정치체제모형**

자료: Simon(2020: 26)

위의 그림에서 첫째, 정치환경(political environment)은 정부에 대한 다양한 요구의 원천이다. 정치환경에서 활동하는 개인과 집단은 선거투표나 이익집단의 영향력 등을 통하여 정부지도자나 정부제도에 요구함으로써 정부정책선택을 형성하려고 시도한다. 정책환경에 존재하는 일반적 사회조건 ― 예를 들면, 경제쇠퇴나 범죄율 증가, 또는 국제테러 ― 은 종종 정책을 형성한다. 따라서 정책환경은 정책과정에 투입(inputs)을 하게 된다. 둘째, 정치체제(political system)는 흔히 검은 상자(black box)로 인식된다. 검은 상자는 정부제도에 대한 일반적인 사고방법이다. 셋째, 정부제도에 의해 만들어진 정책결정(policy decisions)은 정부의 산출(outputs)이다. 산출은 정부제도 내의 지도자나 그리고 지배적인 개인이나 집단이 정부가 무엇을 해야 하고 하지 말아야 하는가에 대한 반영물(reflection)이다. 산출은 의도된 목표를 달성할 수도 있고 달성하지 못할 수도 있다. 산출은 성공할 수도 있고 실패할 수도 있다. 정책산출의 평가는 미래정책결정에서 검은 상자에 투입으로 기능하는 환류(feedback)의 형태가 된다.

## 8) 제도주의와 신제도주의

제도주의(institutionalism)는 정치와 정책결정의 연구에 대한 고전적 접근이다. 제도적 접근의 목표는 제도적 권력의 본질, 제도가 정책선택을 하는 방법, 그리고 제도와 제도적 행위자들이 서로서로 어떻게 상호작용하는가를 발견하려는 것이다. 이것의 제도의 권력과 구조 그리고 통치규칙은 정책결정과 그 결과를 이해하기 위한 기초로 고려되고 있다. 제도적 권력의 견제와 균형은 공공정책이 많은 상이한 조직들에서 구체화된다는 것을 의미한다.

한편, 신제도주의(new institutionalism)는 정치와 공공정책에서 제도의 중요성과 역할을 강조하는 접근으로서 제도가 의사결정의 대상과 유형 및 질에 영향을 주면서 시간흐름에 따라 변화한다고 한다. 이것은 제도적인 규칙과 과정 그리고 구조는 정적인 것이 아니고 동적인 것으로 인식하는 것을 암시한다.

## 4. Howlett & Ramesh의 정책이론(정책모형)

Howlett & Ramesh(1995: 18-41) 또는 Howlett, Ramesh & Perl(2009: 31-48)은 정치현상 또는 정책현상을 분석하기 위한 접근으로 공공선택이론, 계급분석(계급이론), 집단분석(다원주의와 조합주의), 신제도주의, 국가주의 등으로 유형화하였다.

이를테면, Howlett & Ramesh(1995: 18-41)은 정치현상 또는 정책현상을 분석하기 위한 접근으로 분석단위와 이론구성방법을 결합하여 공공선택이론, 후생경제학, 계급이론(맑시즘), 다원주의와 코포라티즘, 그리고 신제도주의와 국가론으로 유형화하였다.

〈표 6-2〉 Howlett & Ramesh(1995)의 정치(정책)현상의 접근유형

| | | 이론구성방법 | |
|---|---|---|---|
| | | 연역적 | 귀납적 |
| 분석단위 | 개인 | 공공선택이론 | 후생경제학 |
| | 집단 | 계급이론(맑시즘) | 다원주의와 코포라티즘 |
| | 제도 | 신제도주의 | 국가론 |

자료: Howlett & Ramesh(1995: 19).

〈표 6-3〉 Howlett, Ramesh & Perl(2009)의 분석단위와 정책이론들

| 분석단위 | 접근방법 |
|---|---|
| 개인(individual) | 공공선택이론 |
| 집단(collectivity) | 계급이론, 집단이론(다원주의와 조합주의) |
| 구조(structure) | 제도주의와 신제도주의, 국가주의 |

자료: Howlett, Ramesh & Perl(2009: 32)

이후에, Howlett, Ramesh & Perl(2009: 343)은 경제학과 사회학 및 정치학과 같은 학문분야에서 산출된 많은 이론들이 정책연구전통에 영향을 주었다고 한다. 이들 정책이론들은 그들이 연구에서 사용하는 분석단위에 따라 개인(individual)수준의 공공선택이론, 집단(collectivity)수준의 계급이론과 집단이론(다원주의와 조합주의), 그리고 구조(structure)수준의 제도주의와 신제도주의 및 국가주의 등으로 분류하고 있다.

## 1) 공공선택이론

공공선택이론은 합리적 선택이론의 하나로서 정치행태연구에 신고전주의경제학의 원리를 적용한다. 이이론의 주요한 가정은 정치행위자들도 경제행위자들과 마찬가지로 그들의 효용이나 만족을 극대화하기 위하여 행동한다고 본다. 이분야의 창시자인 Buchanan(1978: 17)은 어떤 의미에서 모든 공공선택 또는 정치의 경제이론은 인간을 행태적 역량이라는 측면에서 합리적인 효용극대자로 취급되어야 한다는 것을 발견하거나 재발견한 것으로 요약할 수 있다고 주장하였다.

공공선택접근에서 개별정치행위자들 — 정책결정자나 행정관료 또는 투표자 — 은 행동경로를 선택함에 있어서 자신의 이익극대화 실현이라는 기준에 의하여 인도된다고 가정한다. 인간행태의 기초에 대한 이러한 가정은 정치와 정책결정의 여러 측면들을 설명할 수 있도록 해준다. 공공선택이론은 투표행태, 정치체제와 경제체제간의 관계, 개인과 집단의 의사결정행태, 정부관료제와 의회를 포함한 정부 및 정당과 이익집단 등 다른 기관의 구조와 제도들, 그리고 정당 및 구조에 관한 연구들에 적용되고 있다.

따라서 이들 연구에서 각각의 정치적 행동은 개인이익 측면에서 분석되어야 한다. 예를 들면, 투표자들은 그들의 이익에 더 잘 봉사할 수 있는 정당과 후보자에게 투표한다. 정치인들은 공직으로부터 파생되는 부와 권력 및 명성이라는 그들의 이익

을 증진시키고 투표자의 지지를 얻을 수 있는 정책을 제시한다. 정당은 투표자에게 매력을 가지는 정책목록을 제안하는 정치인들과 마찬가지로 활동을 한다. 관료들은 권력과 명성 및 높은 보수의 원천이 되는 예산극대화를 추구한다. Peter Self(1985: 51)는 이 이론을 다음과 같이 요약하고 있다:

> '이 접근에 따를 때, 투표자는 소비자와 유사할 수 있다. 이익집단은 정치적 소비자 협회(political consumer associations)나 협동조합(cooperatives)으로 볼 수 있다. 정당은 투표자와의 교환으로 서비스와 조세의 경쟁목록을 제공하는 기업가들(en-trepreneurs)이다. 정치적 선전은 소비자 광고와 같다. 그리고 정부기관들은 그들의 비용을 조달하기 위하여 적당한 정치적 지지를 받아야 하는 공적기업들(public firms)이다.'

공공선택이론은 정책과정에서 다양한 정치행위자들이 경쟁적으로 수익추구활동을 하는 것으로 본다. 정책과정에서 투표자와 정당, 정치인, 관료의 역할에 대한 공공선택관념은 투표자들이 그들의 조세지불을 제한하는 것에 의해 정부로부터 더 많은 사업들을 얻어내려는 것과 그리고 정치인과 정당 및 관료가 그들의 권한과 명성 및 인기라는 사익을 위하여 사업들을 제공한다는 결론을 유도한다. 그 결과는 종종 '정치-기업 싸이클(a political-business cycle)이라는 형태로 경제와 사회에 대한 국가개입의 지속적인 증가를 가져온다.

따라서 이런 관점에서 공공정책결정은 단순하게 대중에 대한 재화와 서비스의 국가공급의 점진적인 확대과정으로 나타난다. 공공선택이론가들이 그들의 분석으로부터 유도하는 일반적인 결론은 전체로서 사회와 경제에 나쁜 영향을 주는 특정개인들의 이익을 위하여 봉사하는 파괴적인 효용극대화를 억제하는 제도를 개발할 필요가 있다는 것이다.

Buchanan(1978: 17)에 의하면, 공공선택이론은 모든 집합적 행동이니 모든 정부행동이 반드시 바람직한 것이 아니다라는 결론을 유도하는 것이 아니다. 대신에, 사람들은 그들 자신의 효용을 극대화하려고 하기 때문에 개인행동이 집단이나 지방 또는 국가의 이익에 봉사하도록 제도가 설계되어야 한다는 결론을 유도한다. 우리의 도전은 경제적 질서에 대해 Smith가 기술한 것과 유사한 방법으로 참여자들의 자기 보존적 행동을 공통재화에 기여하도록 하는 정치적 질서를 구성하거나 재구성하는 것이다. 이런 관점에서 공공선택이론가들은 시장력(market forces)이 전체사회에 이익을 주도록 자원을 할당할 수 있도록 소유권을 강화하고 정부개입은 시장을 보충하는 것에 한정되어야 한다고 주장한다.

공공선택이론의 단순성과 논리성 우월성은 존재하지만 또한 비판에 제기되고 있기도 하다. 첫째, 이 이론은 경험적 현실에 일치하지 않는 단순성이 있다. 많은 정치적 행동들은 상징적이거나 의식적인 이유로 행해지기도 한다. 이러한 행동들을 효용극대화라는 목적지향적 행위로 보는 것은 공공정책결정을 둘러싸고 있는 정치의 복잡성을 과소평가하는 것이다. 둘째, 이이론은 주제에 대한 기술을 지나치게 단순화함으로써 예측력이 낮다. 정부기능이 민주주의의 경쟁적 동학 때문에 성장할 것이라는 그것의 예측에 대한 경험적 증거가 없다. 최근에 많은 산업화된 국가들이 정부예산이나 인력을 동결하거나 삭감하고 있는데, 왜 이러한 일이 일어나는지는 공공선택의 분석틀로 설명하기가 어렵다. 셋째, 이 이론은 그 모형의 중심적 가정인 자유로운 선거에 의존하지 않는 비민주적 시스템에서 정책결정을 거의 설명하지 못한다. 마지막으로, 이 이론은 제도적 설계에 대한 주장에도 불구하고 행위자의 선호를 형성하는데 제도적 요인의 효과를 무시하거나 과소평가한다. 어떤 최근의 공공선택이론가들은 행위자의 행동에 대한 제도의 제약적 효과를 인정하지만, 대부분의 이론가들은 제도 자체를 행위자의 선호에 따라서 변화할 수 있는 것으로 간주한다. 이러한 전통의 이론가들은 제도가 공공정책에 가지는 영향을 인정하지 않으려고 한다.

## 2) 계급분석: 계급이론

계급분석은 본질적으로 그들의 분석에서 집합체(collective entities)에 초점을 두는 집단이론(group theories)이다. 그러나 귀납적인 집단이론과 달리, 그들의 분석단위를 객관적인 용어로 정의한다. 계급이론은 어떤 관찰할 수 있는 개인들의 특성에 기초해서 집단멤버십(group membership)을 기술한다. 계급멤버십은 반드시 그렇지는않지만 경제와 관련된 어떤 특성들이 존재하느냐의 여부, 즉 계급범주의 존재여부에 의하여 결정된다. 계급이론에는 맑시즘과 19세기와 20세기에 유럽 사회주의(socialism)의 발달과 확산에 영향을 준 맑시즘의 변이 등 여러 가지 유형이 있으나, 초기 맑시즘(Marxist)이 가정 널리 알려져 있고 이론적으로도 발전되어 왔다.

마르크스의 다양한 저작들은 계급범주를 자본가계급과 노동자계급으로 나누고 있고, 두 집단들 간의 관계는 본질적으로 갈등적이라고 한다. 사회는 역사를 통하여 정치적 경제적 권력을 경쟁하는 두 가지 계급들로 구성되어 있다. 유물론적 관점에서 경제생산유형은 생산수단을 소유하는 사람들과 소유자를 위해 일을 하는 사람들로 구분되는 이분법적인 계급체제를 발전시켰다. 자본주의사회에서 이러한 두 가지 계급을 구성하는 노동자는 소유자와 투쟁한다. 지속적인 계급투쟁은 생산유형의 붕괴를 가져오고 다른 체제로의 대체가 이루어진다.

경제에 대한 자본가의 지배는 국가와 국가가 무엇을 해야 하는가를 통제할 수 있게 한다. 국가는 자본주의체제를 유지하고 노동의 비용 하에 이익을 극대화하려는 목적을 가지고 있는 자본가의 손에 있는 도구라고 할 수 있다. 자본주의사회에서 국가가 자본가계급의 지배를 위한 하나의 도구에 불과한 이유는 자본가계급과 국가 엘리트들의 배경이 유사하고, 자본가계급은 개인적 접촉이나 네트워크 및 기업과 산업을 대표하는 각종 협회 등을 통하여 이익집단으로서 행사할 수 있는 권력을 가지고 있고, 국가관료들은 자본의 축적에 도움을 줌으로서 그들의 지위를 계속 유지할 수 있기 때문이다. 이것은 국가가 자본가계급의 장기적인 이익을 위해 봉사한다는 도구주의(instrumentalism) 국가론이다(Miliband, 1969). 따라서 초기의 맑시즘 관점의 계급이론은 자본주의사회의 공공정책을 자본가계급의 이익을 반영하기 위한 것으로 해석한다.

이러한 도구주의 관점은 1930년대와 1940년대 많은 국가들과 식민지국가들에서 공공정책을 연구하는 인기 있는 접근방법이 되었으나, 1960년대 후반에 서유럽에서는 계급분석의 도구주의적 관점은 문제가 있는 것으로 보기 시작하였다. 이 접근은 자본가의 이익에 반하는 국가의 정책을 설명하지 못한다. 예컨대, 대부분의 자본주의국가에서는 사회복지정책이 많은 자본가들의 반대에 직면하기 때문에 복지정책의 채택은 계급이론으로 설명하기가 어렵다.

1970년대의 계급분석은 국가의 활동과 행태를 설명하는데 제도적 또는 구조적 요인들을 강조하게 되었다. 1970년대 초반에 Poulantzas(1973)와 같은 신마르크스주의자들은 자본가계급에 반대하는 국가정책을 설명하기 위하여 국가의 상대적 자율성(relative autonomy)라는 개념을 도입하였다. 이개념은 국가가 자본으로부터 자율성을 가지고 있다고 본다. 그러나 이런 자율성은 어떤 정책이 사회안정을 위하여 자본가계급의 장기이익을 증진하는 것이 필요하다면 국가는 그 계급에 유리한 정책을 채택할 수 있다는 것이다. 신맑시즘의 이런 구조주의 관점에서의 정책결정은 초기 마르크스주의자들과 동일하지는 않지만 자본가의 이익에 봉사하는 것으로 본다. 그러나 어떤 신마르크스주의자들은 정책을 결정하는데 정치적 요소의 중요성을 인정한다. 정상적인 정치통로와 노조를 통하여 활동하는 노동자측의 역할은 특히 공공정책을 형성하는데 중요한 것으로 강조하고 있다. 이를테면, 복지국가의 등장은 자본의 요구에 대한 직접적인 반응이 아니라 국가에 대한 노동자계급의 정치적 압력의 결과로서 설명하고 있다(Esping-Anderson, 1981). 신마르크스이론은 계급분석에 구조적 요인을 소개하는 것에 의해서 정책분석의 제도주의로의 이동을 가져왔다.

그럼에도 불구하고 계급분석은 여러 가지 문제점을 가지고 있다. 첫 번째 문제는 무엇이 계급이고 무엇이 계급이 아닌가를 정확하게 결정하기 어렵다. 마르크스주의자들은 자본가계급(bourgeoisie)과 노동자계급(proletariat)을 말하고 있지만, 소시민계급(petty bourgeoisie)이나 자본가계급의 국가적 국제적 분절, 그리고 생산적 노동과 비생산적 노동과 같은 개념적으로 불명확한 용어들이 사용된다. 신마르크스주의자들의 자본가와 노동자의 중간계급의 중요성을 인식하는 것은 진보라고 할 수 있으나 계급분석을 보다 어렵게 한다. 두 번째 문제는 사회적 상부구조와 경제기반과의 관계들의 문제에 집중하고 있다. 전통적인 맑시즘 관점에서 생산양식과 생산과 관련된 관계는 국가와 법 및 이념과 같은 상부구조를 형성하는 기본구조를 구성한다. 그러나 이러한 개념화는 국가가 경제를 구조화하고 생산양식을 형성하는데 중요한 역할을 하기 때문에 문제가 있다. 마지막으로, 경제적 결정주의(economic determinism)문제는 그것을 회피하려는 노력에도 불구하고 그 이론을 괴롭히고 있다. 그러나 이이론은 기본분석단위가 주로 경제적인 것에 기초를 둔 계급이기 때문에 그에 따른 제약을 벗어나기 어렵다.

## 3) 집단분석: 다원주의와 조합주의

우선, 정책결정의 귀납적이고 중범위수준을 연구하는 지배적인 접근의 하나는 개인이 아니라 집단(groups)에 초점을 두는 다원주의(pluralism)이다. 이것은 20세기 초반 미국에서 기원하여 정치와 정책을 연구하는 지배적인 시각이 되었다. 다원주의 사고는 미국 헌법아버지인 Madison의 연구에서 출발하였고, 1908년 Bentley의 연구에서 첫 번째 공식적인 표현이 있었고, 그 이후에 시간이 흐르면서 상당히 수정되고 세련화되었다. 이러한 다원주의론자로는 Truman(1964), Dahl(1961), 그리고 Polsby(1963)를 포함한다.

다원주의는 정치적 영향력이나 권력이 소수의 지배계층이 아닌 사회를 구성하고 있는 다양한 집단들에 분산되어 있다는 가정에서 출발한다. 특히 정치과정에서 이익집단의 우월성을 가정하는 것에 토대를 두고 있다. Bentley(1908)은 그의 저서 '정부과정'에서 사회에는 유사한 이익을 가지고 있는 개인들로 구성되는 상이한 집단들이 있다고 보고, 사회는 그것을 구성하고 있는 집단들의 복합체라고 하였다. Truman(1964)은 Bentley(1908)의 이익과 집단의 일대일 연결이론을 수정하였는데, 집단의 이익은 잠재적 이익과 표명된 이익으로 나눌 수 있고 이것이 잠재적 집단과 조직화된 집단의 두 가지 집단의 창조를 가져온다고 한다.

다원주의에서 집단들은 다양하고 자유로이 형성될뿐 아니라 중복구성원과 대표적 독점의 부재라는 특징을 가지고 있다. 개인들은 그의 상이한 이익을 추구하기 위하여 다수의 집단에 소속할 수 있다. 더욱이, 동일한 이익은 한 집단보다 그 이상의 집단들에 의해 대표될 수 있다. 이 시각에서 정치(politics)는 다양한 경쟁하는 이익들이 타협하는 과정이다. 따라서 공공정책(public policy)은 그들 구성원의 집합적 이익을 추구하는 집단들 간의 경쟁과 협력의 결과이다. 다원주의자들은 모든 집단들이 동등한 영향력을 갖고 있다거나 정부에 동등한 접근권한을 가지고 있다고 보지 않는다. 사실 이들 집단들은 그들이 가지고 있는 재정적 또는 조직적 자원과 정부에의 접근 측면에서 다양성을 가지고 있다.

다원주의를 공공정책결정에 적용할 때 중요한 문제는 공공정책결정에서 정부의 역할이 불분명하다는 것이다(Smith, 1990). 초기 다원주의자들은 정부를 이익집단의 요구를 수용하고 집행하는 도구로 본다. 또한, 정부는 집단갈등을 중재하는 중재자 역할을 한다. 이러한 정부 관점은 정부가 자신의 이익과 열망을 가지고 있지 않다고 가정한다. 그러나 공공선택론자들이 지적하는 바와 같이, 정부는 자신의 이익을 가지고 있고, 또한 어떤 학자들이 지적하는 바와 같이, 관료정치(bureaucratic politics)는 공공정책에 대한 중요한 영향력을 가지고 있다고 본다.

다원주의의 이런 문제에 대한 인식은 미국 정치공동체에서 신다원주의(new-pluralism)의 출현을 가져왔다(McFarland, 2004, 2007). 이이론은 집단들 간의 경쟁의 중요성을 인성하고 집단들 간의 형평성사고를 수정하여 특정집단이 다른 집단들보다 더 영향력을 가지고 있다고 한다. 예컨대, Lindblom(1977)에 의하면, 자유민주주의사회에서 기업은 가장 영향력 있는 이익집단이라고 한다. 그 이유로 첫째, 정부는 자본주의경제에서 존재하고 그들의 재선을 위한 사업을 수행하는데 필요한 조세기반을 가지기 위하여 번영하는 경제가 필요하다. 이를 위해 정부는 기업공동체의 요구에 특별한 관심을 보이면서 기업신뢰를 유지해야 한다. 둘째, 자본주의사회는 공공부문과 민간부문으로 구분되는데, 전자는 국가의 통제 하에 있고, 후자는 기업의 지배에 있다. 많은 고용과 관련된 사회경제적 활동은 민간부문의 투자행동에 의존하기 때문에, 기업의 민간부문 지배는 다른 집단에 비교하여 특권화된 지위를 가지게 한다. 이러한 기업의 힘은 자본주의와 민주주의 자체의 본질과 구조라고 한다. 그러나 정부는 이익집단의 활동에 수동적으로 반응하는 것이 아니라 능동적으로 기능한다고 본다.

신다원주의 연구들은 다원주의의 또 다른 문제들을 부각시켰다. 이이론은 이익집단들 자체의 역할에 대한 지나친 집중을 하고 정치적 과정과 정책결정과정에서의 다른 중요한 요소들을 상대적으로 소홀히 하고 있다. 이이론은 공공정책을 형성하고 집행하는데 국가와 국제체제의 역할을 간과하고 있다. 국가 자체는 공공정책에 영향을 가지는 이익과 목표를 가지고 있다. 국제적인 경제적 상호의존성은 국가정책을 국제적 압력에 영향을 받게 한다. 예를 들면, 산업화된 국가들의 산업과 무역정책은 국제경제나 정치적 압력을 고려하지 않고서 결정할 수 없다. 또한, 이념(ideology)의 역할은 정치와 공공정책의 다원주의적 설명에서 부당하게 무시되고 있다. 예컨대, Anglo－Saxon국가들의 자유주의 전통은 경제에 대한 정부개입의 논의에서 중요한 영향을 가져왔다.

지금까지 기술한 다원주의는 20세기 초 미국의 정치와 정책결정을 설명하기 위하여 발전된 이론이라고 한다면, 거의 같은 시기에 유럽의 정치와 정책을 설명하기 위하여 발전된 이론으로는 조합주의가 있다. 유럽에서 분석의 기본단위로 집단들(groups)을 취급하는 이론은 다원주의라기보다는 조합주의(corporatism)를 가지고 있는 것으로 본다. 조합주의의 뿌리는 국가와 가족 사이의 자율적 협회의 중간층을 보호하는데 관심을 가졌던 중세시대로 거슬러 올라간다. 이들은 길드(guild)와 무역협회뿐 아니라 종교조직과 교회를 포함하였다. 조합주의에 의하면, 이들 중간층(중개조직)은 그들의 구성원들을 초월하여 그들 자신의 삶을 가지고 있고 그들의 존재는 사회의 유기체구조 또는 자연적 질서의 부분이라고 보았다. 15세기와 16세기 유럽에서 정치생활과 갈등을 해결하기 위하여 이들 중간층의 운영을 통제하려고 하였다.

집단이론으로서 조합주의는 Schmitter(1977: 9)가 관찰한 바와 같이, 다원주의에 대비하여 최상으로 이해할 수 있다. 다원주의는 다양한 이익집단들이 그들 구성원들의 이익을 대표하기 위하여 존재하고 집단구성원들은 사발적이고 그들의 행동에 있어서 국가의 간섭을 받지 않고 자유롭게 할 수 있다고 한다. 이에 대비하여, 조합주의는 구성단위들(이익집단들)이 제한된 수의 단일적이고 의무적이며 비경쟁적이고 계층제적으로 배열되어 있고, 비록 창조되지는 않지만 국가에 의해 인가를 받으며, 그리고 그들의 지도자를 선택하고 요구나 지지를 표명하는 것에 대해 어떤 통제를 받아들인다는 조건하에 대표독점권을 허용받는 이익중개시스템(a system of interest intermediation)이다. 따라서 조합주의는 명료하게 다원주의와 비교하여 두 가지 문제들을 고려한다. 그것은 국가의 역할과 국가와 집단 간의 제도화된 관계패턴이다. 첫째, 국가는 비록 거대한 단일조직(monolith)이 아닐지라도 권력을 가진 행위자라고 할 수 있다. 둘째, 국가와 집단 간의 관계패턴은 제도화된 협상(bargaining)이나 협동(cooperation)을 강조한다.

조합주의에서 공공정책은 국가와 이익집단 또는 국가에 의해 인정된 집단들 간의 상호작용에 의해 형성된다. 집단들 간의 상호작용은 국가에 의하여 제도화되거나 중재된다. 예를 들면, 사양산업정책은 국가와 관련된 산업협회와 노조들 간에 어떻게 이산업을 경쟁력 있는 산업으로 만들 것인가에 대한 협상에 의하여 결정된다. 프랑스와 독일에서 조합주의 협상은 산업정책이나 노동정책 등 여러 정책영역에서 중요한 요소였다(Dunn & Perl, 1994). 이와 유사하게, 사회복지정책결정은 기업협회, 사회복지집단, 그리고 제안된 정책이 그들의 구성원이라면 노조와의 협상을 통하여 이루어진다. 이들 협상의 결과는 집단들의 조직적 특성뿐 아니라 그들의 정부와 관계에서 밀접정도에 의존한다.

이러한 조합주의는 많은 유럽국가의 정치적 실제에 적실성을 가지고 있지만 정치접근이나 정책결정연구를 하는데 문제가 있다. 첫째, 이이론은 스웨덴이나 오스트리아와 같은 국가와 사회 간의 특별한 정치적 배열의 기술적 범주이지만, 신조합주의국가에서 정부가 무엇을 해야 하는지에 대한 일반적 설명을 하지 않고 있다.

둘째, 이이론은 조합주의국가들에서조차도 정책과정에 대한 이해를 깊게 하지 못한다. 이것은 특별한 방법으로 정책이 왜 채택되고 그것이 왜 집행되는가에 대해 많은 것을 말하지 못한다. 정부와 어떤 집단 간의 밀접한 연결은 확실히 중요하지만 정책과 정책결정을 형성하는 많은 요소들의 중의 하나일 뿐이고 그리고 이들 관계는 정책영역이나 쟁점영역에 따라 크게 변화할 수 있다(Castles & Merrill, 1989; Keman & Pennings, 1995).

셋째, 이이론은 그것의 기본분석단위인 이익집단조차도 명확한 개념이 부족하다. 현대사회는 다원주의가 주목하는 바와 같이, 많은 이익들을 포함하고 있는데 어느 집단이 국가에 의해 대표자로 인정되는가가 명료하지 않다. 어떤 사례에서는 관련 집단들은 인종이나 언어 또는 종교 측면에서 정의되는가 하면, 다른 사례에서 그들은 그들의 경제활동과 관련하여 정의된다. 다수의 조합주의학문은 어떻든 산업협회나 노조와 같은 생산자나 근로자 집단들과 그리고 노동시장정책이나 임금협상과 같은 특정경제부문에서 그들의 역할에 초점을 두고 있다(Siaroff, 1999).

넷째, 이이론은 정치에서 상이한 집단들의 상대적 중요성에 대한 것이 애매하다. 이를테면, 우리는 모든 집단들을 동등하게 영향력을 가진 것으로 취급해야 하는가, 만일 그렇지 않다면 무엇이 그들의 영향력을 결정하는가에 대한 대답이 약하다.

이러한 단점에도 불구하고, 조합주의는 특히 유럽이나 라틴아메리카에서 공공정책의 분석에서 중요한 역할을 하고 있다. 이이론은 정치에서 국가의 역할을 명확히 함으로써 다원주의와 같은 집단이론보다 공공정책결정의 보다 세련된 설명을 할 수 있다(Smith, 1990). 보다 중요한 점은 국가와 사회의 제도화된 관계패턴을 강조하는 것에 의해, 공공정책의 새로운 접근으로서 국가주의(statism)와 같은 신제도주의접근(new institutional approach)의 출현을 가져왔다.

## 4) 신제도주의

정책과정을 바라보는 가장 폭넓은 시각은 신제도주의(neo-institutionalism)와 국가주의(statist theories)가 있다. 이들 이론들은 정치나 정책결정의 사회적 행동과 조직활동을 설명하기 위하여 개인과 집단 및 계급에 토대를 둔 이론들의 한계를 극복하려고 시도하였다(Hall & Taylor, 1996; Peters, 1999).

신제도주의는 왜 정부나 기업 그리고 교회와 같은 정치적 경제적 사회적 제도들이 존재하는가 뿐만 아니라 이들 거시수준의 구조들이 정책결정자들에게 제약과 기회를 제공하는데 어떤 영향을 가지고 있는가를 설명하는 것에 의해서 정책연구의 기존이론들의 한계를 극복하려고 한다(March & Olsen, 1984, 1989, 1995). 이접근의 많은 변이들은 지난 25년 동안 존재하여 왔는데, 신제도경제학(Moe, 1984; Williamson, 1996), 제도분석과 개발틀(Kiser & Ostrom, 1982; Ostrom et al, 1993), 역사적 제도주의, 사회학적 제도주의가 그것이다.

정치영역에서 신제도주의는 정치와 정책결정에서 제도가 중요한 역할을 한다고 본다. 제도는 정치행위자들을 구성하고 정통성을 부여하고, 일관성 있는 행동규칙, 현실개념화, 평가표준, 정서적인 유대를 제공하며, 그렇게 함으로써 목적지향적인

행동을 할 수 있는 능력을 제공한다(March & Olsen, 1996). 신제도주의관점은 정책과
정에서 개인과 집단의 역할을 인정하지만 정책선호와 능력은 일반적으로 국가가 뿌
리박고 있는 사회적 맥락에서 이해되고 있다.

신제도주의에서 제도의 유용한 개념은 Keohane과 Hall의 정의를 들 수가 있다.
Keohane(1989: 63)은 제도를 정책과정 참여자들의 행태적 역할을 처방하고 활동을
제약하여 기대를 형성하는 일관되고 상호 연계되어 있는 일련의 공식적 및 비공식적
규칙으로 기술하고 있다. Hall(1986: 19)에 의하면, 제도분석은 국가의 구성요소들을
함께 연결하고 그것의 사회와 관계를 구조화하는 공식적이거나 비공식적인 제도적
관계를 강조하는 것으로 기술하였다. 그는 제도개념을 정치와 경제의 다양한 단위에
서 개인들 간의 관계를 구조화하는 공식규칙과 순응절차 및 표준운영관행으로 정의
한다. 여기서 강조하는 요소는 제도들의 관계특성(the relational character of in-
stitutions)이다. 그것은 개인들의 상호작용을 구조화하는 방법이다.

March & Olsen(1984: 738)에 의하면, 신제도주의는 그들이 존재하는 사회로부터
정치제도, 즉 정부제도의 조직과 그것이 수행한 효과와 정책행동을 지배하는 규칙과
규범 및 상징 등의 자율성을 강조한다. 그리고 이 이론은 역사적 발달의 단일한 패턴
들과 제약요인은 미래선택에 영향을 준다고 한다.

정책결정 관점에서 신제도주의는 Krasner(1988: 67)에 의하여 다음과 같이 요약
되었다. 신제도주의는 지속하는 제도적 구조(institutional structures)를 사회적 그리고
정치적 생활의 건설벽돌이라고 간주한다. 개인의 선호와 능력 및 정체성은 이들 제
도적 구조에 의하여 조건지워진다. 역사적 발전은 경로의존적이어서 일단 선택이 이
루어지면 그것은 미래의 가능성들을 제약한다. 어떤 시점에서 정책결정자가 이용가
능한 선택행위는 매우 상이한 압력에 대한 반응에서 그 선행단계에서 주어진 제도적
역량의 기능이라고 한다. 이주장은 제도가 문제와 가능한 해결방안의 해석을 형성함
으로써 그리고 해결방안에 대한 선택과 그것을 집행할 수 있는 방법과 정도를 제약
으로써 행동에 영향을 준다고 한다. 개인, 집단, 계급, 그리고 국가는 그들의 특정한
이익을 가지고 있지만, 그들은 기대를 형성하고 그것의 실현가능성에 영향을 주는
공식조직과 규칙 및 규범의 맥락 속에서 각자의 이익을 추구한다.

신제도주의의 주요한 문제는 기능주의(functionalism)에 의지하지 않고서는 제도
의 기원에 대한 설명력이 떨어진다는 것과 정책결정자에 대한 제약요인이 어떤 특정
방향으로 움직이는가에 대해 거의 말하지 않고 있다. 요컨대, 그것은 공공정책결정

에 대한 적용에서 제한되고 애매모호하다고 할 수 있다.

## 5) 국가주의

국가주의(statism)는 다원주의와 조합주의의 한계에 대한 비판에서 통찰력을 얻고 정치와 정책결정에 대한 귀납적인 제도적 접근을 기술하기 위하여 출현하였는데, 그것의 기본분석단위로 조직화된 사회구조나 정치제도에 초점을 두어 왔다.

많은 국가주의연구자들은 분석단위로 국가(state)에 초점을 두고 국가를 사회의 선도적인 제도(institution)로 그리고 정치과정에서 핵심적인 기관(agent)으로 간주하였다. 그러나 다른 분석가들은 국가에 추가하여 기업(business)이나 노동(labor)과 같은 사회형태(social forms)의 설명적 중요성을 강조하였다.

이들 두 가지 해석들은 모두 19세기 독일의 역사사회학자이자 법학자로서 국가제도가 사회발전에 미친 효과를 부각시켰던 Max Weber(1978)나 Otto Hintze(1975) 등의 연구에서 기원을 하고 있다. 그들은 국가에 부여된 독점적 권한 사용이 어떤 국가가 사회관계(social relations)와 제도(institutions)를 재정비하고 재구조화할 수 있도록 하는가에 주목하였다.

이러한 분석들은 Skocpol(1985: 3-43)에 의하여 정치생활의 사회중심적(society-centric) 설명에 반대되는 국가중심적(state-centric) 설명이라고 명명되었다. 국가주의 강한 관점에서 국가는 사회를 창조하고 조직화하며 그리고 규제를 한다. 국가는 특정한 영역에서 다른 조직들을 지배하고 문화와 경제를 형성한다. 따라서 사회에 대한 국가의 자율성문제는 이 시각에서 의미가 없다.

이접근에서 국가는 지배적인 사회집단이나 계급에 의한 압력에 단지 대응하는 것이 아니라, 그 자신의 목표를 설정하고 집행하는 능력을 가진 자율적인 행위자로 간주된다. 그것의 자율성과 능력은 공직분야에 전문가를 공무원으로 충원하고 재정이나 인력 및 강제력 등과 같은 자원들에 대한 독점력을 가진 최고의 통치도구라는데 기초를 둔다. 이러한 시각의 제안자들은 정치이론의 다른 유형보다 많은 국가에서 정책발달의 장기패턴을 분석할 수 있는 설명변수로 국가의 중심성을 강조한다.

그러나 위에서 기술한 강한 국가주의관점은 비판을 받고 있다. 예컨대, 국가는 투표권을 가진 사회로부터 전반적인 자율성을 가지는 것이 불가능하다. 자본주의국가에서 국가정책에 시장의 요구를 반영할 필요가 있다.

따라서 대부분의 국가주의자들은 정치현상분석에서 국가중심적 접근과 사회중심적 접근을 조화시킬 필요성을 지적한다. 이러한 관점에서 Skocpol(1985: 4-8)은 다음과 같이 주장하고 있다.

> '국가는 모든 것을 하는 것이 아니다. 다른 조직들과 기관들은 또한 사회적 관계와 정치를 구조화한다. 이에 분석가들은 사회에 대한 관계에서 국가의 구조를 분석한다. 이러한 Weberian국가 관점은 사회집단이 요구를 만들고 정치적 투쟁이나 타협에 관여하는 영역보다 보다 많은 행위자들의 관계를 보기를 요구한다.'

이러한 국가주의 좀 더 완화된 관점은 국가의 우월성이라는 맥락에서 국가와 사회 간의 연계(the links between the state and society)에 초점을 둔다. 이러한 의미에서 국가주의는 사회중심적 관점을 대체하기보다는 그것을 보완한다.

## 5. Cairney의 정책이론(정책모형)

Cairney(2012: 1-18)는 그의 저서 '공공정책이해: 이론과 쟁점'에서 우리가 시대 환경변화 속에서 특정한 결정이 왜 만들어지는가를 이해하기를 원하기 때문에 공공정책을 연구한다고 하면서 공공정책이론이 과거부터 현재까지 발전되어 온 측면을 기술하고, 정책이론의 범주로는 전통적인 정부주도의 정책이론(합리모형, 만족모형, 점증모형, 정책순환모형)과 거버넌스주도의 정책이론(신제도주의, 다수준 거버넌스, 정책네트워크이론, 옹호연합모형, 다중흐름모형, 단절적 균형이론)을 제시하고 있다.

### 1) 정부주도의 정책이론(정책모형)

우리가 공공정책을 연구하는 방법은 2차 세계대전 이후에 크게 변화를 하여 왔다. 정책분석의 공통적인 이야기는 정책연구가 1950년대 초반에 정책학(policy sciences)에 초점을 두도록 시작되었다고 한다(Lasswell, 1951; Parsons, 1995: 16-28). 그런데 권력은 정치학의 중심개념이었고, 초기의 정책연구에서도 주로 권력이 정부에 집중되어 있다고 전제하였다. 정책분석은 보다 좋은 정책을 만들도록 정책결정자에 의해 사용된다. 이것은 두 가지 관련된 정책분석형태 — 포괄적 합리성(comprehensive rationality)과 정책순환(policy cycle) — 에 초점을 두게 하였다. 이들 포괄적 합리성과 정책순환의 접근은 권력이 중앙정책결정자에 집중되어 있다는 가정 하에 정책과정을 설명한다.

첫째, 포괄적 합리성모형은 선출된 정책결정자가 그들의 가치나 선호를 정책으로 전환시키는데, 명료한 정책선호를 가지고 있고 일관된 정책과정단계에서 효용극대화를 추구한다고 본다. 이것은 규범적이고 합리적 정책분석에 초점을 두는 이념형으로서 합리모형이라고도 한다.

이러한 합리모형을 비판하면서 정책결정이 현실적으로 어떻게 만들어지는가에 초점을 두는 이론으로는 Simon(1957)의 제한된 합리성모형(만족모형)과 Lindblom(1959)의 점증주의모형(incrementalism)이 있다. 이들은 정책문제에 대한 포괄적 분석을 통한 최적화 해결보다는 제한된 인간의 능력을 전제로 제한적이고 부분적인 분석을 통한 만족화나 점증주의적인 해결책을 추구한다고 본다.

둘째, 정책순환모형은 정책결정자가 정책성공을 위하여 일련의 단계를 통하여 정책의 결정과 집행 및 평가를 한다는 것이다. 다른 말로, 정책결정은 단일한 사건이라기보다는 지속적인 과정이라고 한다. 이런 정책순환은유는 정책의제설정, 정책결정, 정책집행, 그리고 정책평가의 연구를 가져왔다.

이와 같이, 전통적인 정책연구는 포괄적 합리성이나 제한된 합리성 및 정책순환의 접근에 의하여 시도된 정부주도적인 정책이론이었다. 그러나 시대환경이 변화하면서 1970년대 후반 이후, 특히 1980년대에 들어와서 이런 정부주적인 접근을 비판하는 거버넌스이론이 대되었다.

## 2) 거버넌스주도의 정책이론(정책모형)

거버넌스이론은 정부주도적인 정책이론이 가정하는 권력분포를 상이하게 인식하고 있다. 권력은 정치학의 중심개념이고, 대부분의 정책연구에서는 권력분포, 즉 소수의 엘리트에 집중되어 있는가 아니면 보다 넓게 다양한 행위자들에게 분산되어 있는가에 기반하고 있다. 위에서 기술한 바와 같이, 포괄적 합리성과 정책순환의 접근은 권력이 중앙정책결정자에 집중되어야 한다고 제안한다. 그러나 거버넌스차원의 정책연구는 권력이 정부 내부뿐 아니라 그것을 둘러싸고 있는 비정부행위자에게도 분산되어 있다고 인식하고 있다.

정책현상을 연구히는 새로운 거버넌스이론으로는 신제도주의, 다수준 거버넌스, 정책네트워크이론, 옹호연합모형, 다중흐름모형, 단절적 균형이론 등이 주목을 받고 있다.

첫째, 신제도주의(new institutionalism)는 공공정책현상을 제도개념을 중심으로 기술하고 설명하는 이론이다. 공공정책연구는 정책결정제도의 이해 없이는 불완전하다고 볼 수 있다. 과거로부터 제도라는 용어는 입법부와 행정부 및 법원과 같은 제도화된 조직을 언급하였지만, 오늘날에 제도는 조직뿐 아니라 행동의 규칙적 패턴과 그런 행동에 영향을 주는 규칙, 규범, 관행, 그리고 관계를 포함하고 있다. 제도는 인간이 정책을 만드는 영역일뿐 아니라 그들이 어떻게 정책을 만드는가에 영향을 주는 행동규칙이라고 할 수 있다. 이들 행동규칙에는 공식적인 것과 비공식적인 것이 있다. 정치체제의 공식적 규칙은 입법부와 행정부 및 법원 간의 권력분리를 지배하는 규칙을 설정하는 미국 연방주의와 그것의 헌법을 포함한다. 이런 규칙은 입법부 내에 행정부가 존재하는 웨스트민스터모델과 같은 다른 정치체제에도 존재한다. 이런 상이한 정치체제는 다른 정책결정유형을 가질 수 있다. 그리고 비공식적 규칙은 정책참여자들이 어떻게 행동할 것인가를 규정하는 관계와 행동의 패턴을 말한다. 신제도주의는 이런 규칙에 관련되는 쟁점을 기술하고 설명하기 위하여 사용하는 용어이다. 이런 접근은 정치학에서 정치를 설명하는 중심개념으로 제도에 대한 연구를 발전시켰다.

그러나 정치학이나 정책학의 중심문제로 등장한 제도가 무엇이고 신제도주의는 구체적으로 무엇을 의미하는가에 대한 명료한 대답은 없었다. 제도주의의 범주에는 매우 많은 변이들이 존재하기 때문이다. Lowndes(2010: 65)은 제도주의의 9가지 접근을 나열하고 있다. 이를테면, 규범적, 합리적 선택, 역사적, 경험적, 국제적, 사회적, 네트워크, 구성주의, 페미니스트 제도주의가 그것이다. 이들 제도주의라는 용어는 응집력 있는 이론이라기보다는 다양한 접근을 사용하는 우산용어라고 할 수 있다(Hall & Taylor, 1996: 937). 그렇지만 제도주의는 정치현상이나 정책현상을 분석하는데 유용한 접근이라고 할 수 있다. 그것은 제도가 정치생활의 중심구성요소로서 정치적 결정을 설명하는데 사용할 수 있다는 신념을 가지고 있기 때문이다(p.69-70).

둘째, 다수준 거버넌스(multi-level governance)는 국가의 중앙정부로부터 다른 정부수준과 비정부행위자들로의 권력의 분산을 확인하고 정책과정이나 정책결과와 같은 정책현상을 분석하는 이론이다. 이 이론에 의하면, 정책과정에서는 공사경계가 모호하고 많은 행위자들이 다양한 정부수준에 관련되며 그리고 그들의 관계가 시간과 정책쟁점에 따라 변화하므로 정책결과를 예측하기가 어렵다고 한다. 이에 따라 정책결정의 책임성은 다양한 정부수준과 비정부행위자들이 공유하게 된다.

결국, 정부는 더 이상 정책결정을 폐쇄적으로 집중할 수 없다. 차라리, 정책과정은 중앙정부가 정책목표를 달성하기 위하여 협상을 해야 하는 다수의 행위자들을 포함한다. 더욱이, 정부와 집단의 세계는 보다 복잡하므로, 다양한 영역에서 여러 집단들은 정책에 로비를 하고 영향력을 행사하고 있다. 그 결과는 혼잡한(messy) 정책과정이라고 할 수 있다(p.12 – 13).

셋째, 다수준 거버넌스와 관련되는 정책이론으로는 정책네트워크이론(policy network theory)이 있다. 다수준 거버넌스는 정부적 그리고 비정부적 행위자들 간의 상호의존성을 규정하는 정책네트워크학문으로부터 통찰력을 얻었다(p.164). 정책네트워크학문은 공공정책의 신조어로서 오랫동안 공유된 정책결정을 확인하여 왔다.

정책네트워크분석은 정책과정에서 공공과 민간의 범주와 정부수준의 애매한 경계를 전제로 공식적 비공식적 관계를 규명하려고 한다. 정책결정권위는 분산되어 있으므로, 정책결과는 다양한 정부수준과 이익집단과 같은 비정부행위자들의 복잡한 협상에 의하여 결정된다고 한다(p.164 – 165).

넷째, 옹호연합모형(advocacy coalition model)은 정책네트워크이론을 보다 구체화시킨 하위모형이라고 할 수 있는데, 정책의 산출과 변동의 원천으로 정책하위체제와 옹호연합의 구성 및 신념과 역할(전략)을 분석하는 이론이다.

이 모형에 의하면, 다양한 행위자들과 정부수준을 포함하고 기술적 문제와 정치적 논쟁이 혼합되는 복잡한 정책과정세계를 이해하는 최상의 방법은 자신의 신념을 추구하는 다양한 행위자들이 활동하는 정책과정에 초점을 두는 것이다. 이런 행위자의 신념은 정책으로 전환시키려는 동기를 가지고 있다. 이를테면, 이들 신념은 행위자들을 옹호연합으로 결합하는 접착제가 되고 상이한 연합들은 그들의 신념에 일치되는 정책결과를 도출하기 위하여 서로 경쟁을 한다. 이런 경쟁은 전문화된 정책하위체제에서 일어난다. 그런데 옹호연합의 신념은 잘 변화하지 않고 하나의 연합이 오랫동안 하위체제를 지배하므로 이들 정책과정은 종종 장기적인 안정성과 정책지속성을 보인다. 이 모형에서 변화의 주요원천은 두 가지이다. 하나는 옹호연합이 환경에 지속적으로 적응을 하는 정책학습을 하게 된다. 다른 하나는 외적 쇼크, 즉 상이한 이념을 가진 새로운 정부가 들어서거나 사회경제적 변화 등으로 하위체제 연합의 지위에 영향을 주게 된다(p.200 – 201).

다섯째, 다중흐름모형(multiple stream framework)은 Kingdon(1984)이 정책결정에서 포괄적 합리성에 의문을 제기하는 Cohen 등(1972)의 쓰레기통모형에 토대를 두고 만든 것으로, 세 가지 흐름―문제, 정책, 정치―이 정책의 창에 의하여 동시에 함께 결합되어야 정책형성과 정책변동이 일어난다고 보는 이론이다.

이를테면, 포괄적 합리성모형에서 정책결정은 문제를 확인하고 그것을 해결하기 위한 해결책을 선택하는 선형과정으로 인식한다. 그러나 이이론은 조직화된 무정부 상태(organized anarchy)에서 조직은 훨씬 더 복잡하고 예측할 수 없는 상태에서 상대적으로 독립적인 흐름들, 즉 문제흐름, 정책흐름, 정치흐름의 결합에 의하여 정책선택이 이루어진다고 본다. 여기서 문제흐름은 주의(관심)가 요구되는 쟁책쟁점이고, 정책흐름은 영향을 받는 행위자들에 의해 제안된 해결책이며, 정치흐름은 국가이념 변화나 선거결과, 행정변화, 그리고 이익집단 압력 등의 정치상황을 말한다.

Cohen 등은 쓰레기통모형의 정책결정사례로 대학을 들고 있지만, Kingdon은 이 모형을 미연방정부의 정책과정으로 확대하였다(p.232-233).

여섯째, 단절적 균형이론(punctuated equilibrium theory)은 신제도주의, 특히 역사적 제도주의의 제도와 정책의 변동이론에서 통찰력을 얻고 있는 이론으로서, 정책변동의 단절적이고 점증적인 패턴, 즉 짧지만 강력한 변화에 의해 단절된 정책안정의 오랜 기간을 설명하려는 이론이다. 이런 단절적 균형은 공공정책연구의 두 가지접근. 즉 의제설정(agenda setting)과 정책공동체(policy community)의 결합에 의하여설명할 수 있다.

이이론에 의하면, 정치체제는 안정적이면서 동적인 특성을 가지고 있다. 대부분의 정책은 매우 빠르고 극적인 변화가 있을 수 있지만 오랜 기간동안 안정성을 유지한다. 정책결정자는 모든 시기에 모든 쟁점을 고려할 수 없기 때문에, 그들은 대부분의 쟁점을 무시하고 소수의 문제에만 관심을 갖고 해결을 시도한다. 이런 대부분의 쟁점에 대한 관심부족은 대부분의 정책이 변화하지 않는 이유를 설명하는데 도움을 준다. 반면에, 어떤 쟁점에 대한 강력한 관심은 새로운 문제해결방법을 시도할 수 있다. 이런 관심증가는 어떤 위기나 촉발시건에 의하거나 그들의 쟁점에 관심을 부각시키는 이익집단에 의해 이루어진다. 이러한 의제설정과 공공관심은 단절적 균형의 정책형성을 가져온다.

한편, 정책네트워크(정책공동체)학문에서 주요한 관심은 정책의제설정과 정책결정에서 공직자와 이익집단 간의 안정적 관계를 규명하는 것이다. 정책참여자들이 정책문제의 본질에 대해 넓은 동의를 공유하고 그리고 소수의 행위자들만이 그 문제에 관심을 가지기 때문에, 이들 관계는 지속적으로 안정성을 유지한다. 많은 정책사례에서 이들 관련 행위자들은 그들만의 특정한 방법으로 그 문제(쟁점)를 프레임(규정)하는 것에 의해 정책독점(policy monopoly)을 유지할 수 있나. 따라서 그 문제는 다른 행위자들을 배제하기 위해 외부관심이 적은 둔감한 것으로 또는 어떤 전문성이 요구되는 기술적인 것으로 묘사한다. 이러한 결과로서 정책결정은 점증적이 되고 소수행위자들 간의 폐쇄적 관계가 지배를 하게 된다. 여기서 산출되는 정책은 안정성을 유지한다. 이러한 폐쇄적 정책공동체의 붕괴를 초래하는 외부관심이 증가를 하게 되면 정책도 변화를 할 수 있다. 외부관심이 증가하면 새로운 행위자들이 의제설정을 할 수 있으므로 문제해결책인 정책도 단절적 변화가 이루어지게 된다(p.175 - 177).

## 6. 정책이론(정책모형) 종합

지금까지 정책현상을 분석하는 정책이론(정책모형)은 일정한 기준에 따라 다양하게 분류할 수 있다는 것을 살펴보았지만, 정책이론에서 주목할 만한 변화는 정책학의 패러다임이동과 관련된다. 시대환경변화에 따라 정책학패러다임이 '정부'에서 '거버넌스'로 이동함에 따라, 정책이론은 정부패러다임의 정책이론과 거버넌스패러다임의 정책이론으로 구분할 필요가 있고 실제학자들의 정책연구에서도 나타나고 있다.

우선, 정부패러다임의 정책이론은 1980년대 이전까지 발전한 정부개념을 중심으로 정책현상을 연구하는 것으로서 Dye(1981, 2005)의 정책이론(모형), Simon(2010)의 정책이론(모형), 그리고 Howlett & Ramesh(1995) 또는 Howlett, Ramesh & Perl(2009)의 정책이론(모형) 등이 있다. 예컨대, Dye(1981, 2005: 11 - 29)은 공공정책의 연구에 도움이 되는 정치모형이나 정책분석모형으로 제도주의, 과정이론, 합리주의, 점증주의, 집단이론, 엘리트이론, 공공선택이론, 게임이론 등을, Simon(2010: 18 - 33)은 공공정책이론으로 합리적 - 포괄적 모형, 점증모형, 공공선택이론, 게임이론, 집단이론, 엘리트이론, 시스템이론, 제도주의와 신제도주의를 제시하였다. 그리고 Howlett & Ramesh(1995: 18 - 41)은 정치현상 또는 정책현상을 분석하기 위한 접근으로 분석단위와 이론구성방법을 결합하여 공공선택이론, 후생경제학, 계급이론(맑시즘), 다원주의와 코포라티즘, 그리고 신제도주의와 국가론으로 유형화하였다.

다음으로, 거버넌스패러다임의 정책이론은 과거의 정책이론과 연계되면서 주로 1980년대 이후 발전하기 시작한 거버넌스개념을 가지고 정책현상을 연구하는 것으로서 Cairney(2012: 1 - 18)의 공공정책이론은 합리모형, 점증모형, 합리적 선택이론,

신제도주의, 단절적 균형이론, 다수준 거버넌스, 정책네트워크이론, 옹호연합모형, 다중흐름모형 등을 제시하고 있는데, 이들 이론유형은 정책패러다임의 정책이론과 거버넌스패러다임의 정책이론이 혼합되어 있다.

이처럼, 외국정책학자들은 정책학패러다임의 변화에 따른 정책이론을 제시하고 있는데, 국내정책학자들은 정부패러다임과 거버넌스패러다임에 포함되는 다양한 정책이론들을 벤치마킹하여 제시하고 있다. 이를테면, 노화준(2012: 140-156)은 Howlett, Ramesh & Perl(2009)의 정책모형에 시스템이론과 구조기능주의 및 정책과정모형을 추가하고 있고, 정정길 외(2010: 300-302: 433-500: 713-721: 731-742)는 정책과정단계를 연구하기 위한 이론 또는 모형으로 정책의제설정단계의 다중흐름모형, 정책결정을 분석하는 관점을 합리적 결정과 정치적 결정으로 나누고 합리적 결정모형으로 합리모형, 점증모형, 조직모형, 회사모형, 쓰레기통모형을, 정치적 결정모형으로서 권력모형이라 명명한 엘리트론, 다원주의론, 조합주의, 신맑스주의, 정책네트워크모형 등을, 정책변동단계의 옹호연합모형과 다중흐름모형, 그리고 현대정책이론으로 신제도주의를 포함시키고 있다. 또한, 남궁근(2017: 233-312)은 권력관계의 고전모형으로 엘리트론, 다원주의론, 조합주의론, 계급이론을, 권력관계의 현대적 모형으로는 정책네트워크이론과 거버넌스이론을 제시하였고, 권기헌(2019: 151-161: 508-536)은 권력적 정책과정모형으로 엘리트론, 다원주의론, 조합주의, 하위정부모형, 정책네트워크모형을, 그리고 현대정책이론으로 거버넌스이론과 제도주의이론 등을 분류하였다.

지금까지 기술한 정책학 패러다임 차원의 정책이론(정책모형)의 여러 유형들을 정리하면 다음 표와 같다(표 6-4). 표에서 보는 바와 같이, 국내외의 여러 정책학자들은 정부패러다임과 거버넌스패러다임에 포함되는 다양한 정책이론들을 범주화하고 있다. 이러한 정책이론들은 정책활동 또는 정책과정의 여러 단계에서 적용되어 연구되고 있다고 볼 수 있다. 따라서 여러 정책이론들의 구체적인 내용과 실증분석은 정책과정의 단계에서 살펴볼 수 있다.

〈표 6-4〉  정책학 패러다임차원의 정책이론(정책모형) 유형화

| 국내외 정책학자 | | 정책이론 또는 정책모형 | |
|---|---|---|---|
| | | 정부패러다임의 정책이론 | 거버넌스패러다임의 정책이론 |
| 국외 정책학자 | Dye (1981, 2005: 11－29) | 제도주의, 과정이론, 합리주의, 점증주의, 집단이론, 엘리트이론, 공공선택이론, 게임이론 | |
| | Simon (2010: 18－33) | 합리적－포괄적 모형, 점증모형, 공공선택이론, 게임이론, 집단이론, 엘리트이론, 시스템이론, 제도주의 | 신제도주의 |
| | Howlett & Ramesh (1995: 18－41) Howlett, Ramesh & Perl(2009: 32) | 공공선택이론, 후생경제학, 계급이론(맑시즘), 다원주의, 조합주의, 국가론 | 신제도주의 |
| | Cairney (2012: 1－18) | 합리모형, 만족모형, 점증모형, 정책순환모형 | 다수준 거버넌스, 정책네트워크이론, 옹호연합모형, 다중흐름모형, 단절적 균형이론, 신제도주의 |
| 국내 정책학자 | 노화준 (2012: 140－156) | Howlett, Ramesh & Perl(2009)의 정책모형＋시스템이론 구조기능주의, 정책과정모형 | |
| | 정정길 외 (2010) | 합리적 결정모형: 합리모형, 점증모형, 조직모형, 회사모형, 쓰레기통모형 정치적 결정모형: 엘리트론, 다원주의론, 조합주의, 신맑스주의 | 정책네트워크모형, 옹호연합모형, 다중흐름모형, 신제도주의, |
| | 남궁근 (2017: 233－312) | 권력관계의 고전모형: 엘리트론, 다원주의론, 조합주의론 계급이론 | 권력관계의 현대적 모형: 정책네트워크이론, 거버넌스이론 |
| | 권기헌 (2019) | 권력관계의 정책과정모형: 엘리트론, 다원주의론, 조합주의론 | 권력관계의 정책과정모형: 하위정부모형, 정책네트워크모형 현대정책이론: 거버넌스이론, 제도주의이론 |

# 제2부

# 국가통치로서 정책순환

## - 체제모형, 환경, 체제, 그리고 과정 -

**제7장**에서는 정책학의 통치모형으로 정치체제모형과 정책체제모형 및 예산체제모형을 개관하고 정치과정과 정책과정 및 예산과정을 약술한다. **제8장**에서는 정책학의 통치환경으로 정책환경을 개관하고 일반적 환경과 구체적 환경으로 나누어 살펴본다. **제9장**에서는 정책학의 통치구조로 정책체제를 개관하고 제도와 행위자 측면에서 살펴본다. **제10장부터 제14장**에서는 정책학의 통치과정으로 사회문제가 대두되어 정책이 종료될 때까지 정책의제설정, 정책결정, 정책집행, 정책평가, 그리고 정책학습과 정책변동으로 나누어 정책활동의 순환단계를 상술한다.

# 제7장 | 정치체제모형과 정책체제 모형 및 예산체제모형

## : 정치과정과 정책과정 및 예산과정

우리는 정치학과 정책학을 분리하여 인식하는 경향이 있다. 그러나 정책학의 창시자인 Lasswell은 정치학자였고 그 이후의 정책학문을 발전시킨 학자들도 대부분 정치학자들이었다. 정책학은 정치학으로부터 기원하였다고 볼 수 있다. 그러면 정치현상과 정책현상을 기술하고 설명하는 정치체제모형과 정책체제모형은 같은 개념인가? 그리고 정치과정과 정책과정은 같은 개념인가? 또한 정치과정과 정책과정은 예산과정에 어떻게 연결되는가?의 문제가 대두된다. 이하에서는 이러한 측면을 보다 구체적으로 살펴보고자 한다.

## 제1절 | 정치체제모형과 정치과정

### 1. 정치체제모형의 정치과정 개관

정치체제모형은 Easton(1965)이 그의 저서 '정치분석을 위한 틀'과 '정치생활의 체제분석'에서 제시한 것이다. 이 모형은 정치현상(정치생활)을 행태의 체제로 보고 정치환경과 정치체제와의 관계에서 정치활동이나 정치과정을 기술하고 설명하는 통치모형으로서 다음과 같은 일반적인 명제들에 의하여 정립된다.

개념으로서의 체제(system)란 우리가 정치현상을 관찰하고 특정 짓게 하는 경험적 행태이면서 이런 경험적 행태를 확인하고 기술하며 설명하고자 하는 기호적 또는 이론적 체계이다. 그리고 체제는 그 경계를 가지고 존재하는 환경과 구별된다. 체제 안에서의 구조(structure)와 과정(process)의 변화는 환경과 내적 조건으로부터 발생하는 압력(stress)에 대처하기 위한 체제구성원의 적극적인 노력이다. 이러한 압력에 직면해서 존속하려는 체제의 능력은 체제의 행위자들에게 되돌아가는 정보와 다른 영향력의 환류에 대응하는 것이다. 이러한 일반적인 시스템명제는 정책생활의 분석에도 적용된다. 정치생활이란 거시적인 사회체제에 포함되어 있는 정치체제 속에서 작동하고 또한 그것들에 둘러싸여 있는 환경과 상호작용하는 경계유지집합에서 출발하고 있다. 이것은 정치체제가 환경과 교호작용하는 개방체제로 구성되어 있다는 것을 암시한다.

　정치체제(political system)는 어떤 사회에서 가치의 권위적 배분을 하기 위한 상호작용을 하는 가장 포괄적인 행태체제를 말하는 것으로서, 이 행태체제는 어떤 사회의 생물학적 인간들이 관여하고 있는 상호작용의 측면을 묘사한다. 여기서 어떤 종류의 사회체제 중에서 정치체제의 구성부분인 인간의 역할을 구분하고 확인하는 방법으로 구성원개념을 사용한다. 정치체제의 구성원(members)은 사회에서 가치를 권위적으로 배분할 때 관여하고 있는 사람들, 즉 정치적인 역할을 수행하고 있는 조직이나 기관으로서의 정치제도(political institutions)를 말한다.

　그리고 정치체제의 구성원들이 내부에서나 환경과의 관계에서 상호작용을 하는 것을 정치체제의 활동(activities) 또는 행동(actions)이라고 한다. 이러한 정치체제와 환경과의 상호작용관계는 다름 아닌 정치체제가 수행하는 기능(functions)이라고 할 수 있다. 정치체제는 그것의 경계를 넘어서 환경과 서로 교환 또는 거래를 하는 복잡한 상호작용관계를 가지고 있다. 정치체제는 환경으로부터 요구와 지지라는 투입을 받아 정책이라는 형태의 산출을 하여 환경에 다시 내보내는 기능을 하게 된다. 그러면 정치활동의 핵심인 정치과정(political process)이란 구체적으로 무엇인가? 정치과정은 정치(politics)의 정태적 상황이 아니라 현실적으로 움직이는 동태적인 상황에 관계된다. Easton이 정치의 개념을 '한사회의 가치를 배분하는 것'이라고 정의하듯이, 정치과정연구에서의 중심적인 과제는 정치적 인간과 집단으로서의 공식적인 정부뿐 아니라 개인, 이익집단, 정당 등의 정치행태에 대한 동태분석이라고 할 수 있다. 정치과정의 동태분석은 이들 정치적 인간이나 집단이 환경과의 관계에서 여러 정책을 둘러싸고 이루어지는 복잡한 상호작용의 행태를 분석하는 것으로서 정치의 본질을 분명하게 파악할 수 있다(이극찬, 2000: 350). 정치과정의 동태적 특성은 정치체제나 정치제도에 따라 다르고 나라에 따라 상이하다. 민주주의체제와 전체주의체제의 정치과정이 다르고 또한 같은 민주주의체제를 가진 국가라고 하더라도 대통령제의 미국이나 프랑스 및 한국과 의원내각제의 영국이나 독일 등은 그들 각각의 정치과정이 상이하게 전개되고 있다.

따라서 정치과정은 특정의 국가가 가지고 있는 정치체제나 정치제도 하에서 인간이나 집단이 추구하는 중요한 가치인 권력, 부, 위신, 정책 등이 사회전체에 배분되는 것과 관계되는 모든 정치적 활동을 말하는 것으로(서울대 정치학과교수 공저, 2002: 257), 보다 구체적으로는 개인이나 집단이 권력의 중심부라고 할 수 있는 정부의 공식적인 요직을 점유하기 위해서 또는 정부의 정책결정과 집행에 영향력을 행사하기 위해서 상호작용하는 과정이라고 할 수 있다. 이러한 정치과정을 분석하면 사회 내에서 등장하는 여러 개인이나 집단의 이익과 역학관계가 무엇이며, 어떻게 정부의 정책결정에 영향력을 주는지를 규명하고, 다양한 집단들 간의 갈등과 타협 및 대립과 협력으로 결정된 정책이 다시 환경 또는 사회에 침투하여 어떠한 변화를 가져오는지를 이해하고 설명할 수 있다(김하룡 외 공저, 1998: 88-89).

## 2. 학자들의 정치과정단계

위에서 기술한 바와 같이, Easton은 정치체제모형에 의하여 정치과정의 동태적 분석을 제시하고 있다. 그 이후에 Easton의 정치체제모형은 Almond & Powell에 의하여 보다 정교한 정치과정이론으로 발전하였다.

### 1) Easton의 정치과정

Easton(1965: 2-33)은 '정치생활의 체제분석'에서 정치현상을 개인이나 집단이 다양한 가치를 정책으로 전환시켜 실행하고 환류하는 동태적 과정으로 보고, 정치과정은 정치체제가 환경과의 관계에서 수행하는 기능이라는 전제하에 환경과 투입, 전환과 산출, 환류의 여러 과정으로 진행된다고 보았다. 이를 부연설명하면 다음과 같다.

정치과정을 파악할 때 출발점은 정치체계의 환경(environments)이 무엇이냐의 문제가 된다. 왜냐하면 정치체제는 그것을 둘러싸고 있는 환경의 제 요소들에 의해 영향을 받는 동시에 그 환경에 영향을 주기 때문이다. 정체체제의 환경은 정치체제

가 놓여 있는 상황으로서 정치적 경제적 사회적 문화적 환경뿐 아니라 국제정치체제
도 포함된다. 정치체제는 체제의 존속과 변화를 위하여 그것을 둘러싸고 있는 여러
환경과 교환이나 거래와 같은 상호작용을 한다.

　　이러한 환경과 정치체제의 상호작용은 투입, 전환, 산출, 그리고 환류 측면으로
나눌 수 있다. 투입(input)은 환경, 즉 사회의 영향이 정치체제로 흘러들어가서 정치
체제로 하여금 작동하게 하는 것으로 요구와 지지가 있다. 여기서 요구(demand)는
가치가 특정한 방법으로 배분되기를 바라는 욕망의 표현으로서 인플레이션과 같은
경제환경의 변화로 국민소득이 낮아졌다면 국민은 새로운 경제정책을 요구할 수 있
다. 이러한 요구는 어떤 결정이나 정책과 같은 산출이 만들어지게 하는 원료이므로,
원료를 완성품으로 만들어지게 하는 에너지로 지지가 필요하다(김하룡 외, 1998: 84).
지지란 정치체제의 유지에 필요한 물질적 인적 심리적 에너지를 제공하는 것이다.
이와 같은 투입은 국민개개인이나 집단 및 사회계층 등의 정부에 대한 정책요구나
지지 혹은 정부에 대한 불만표시로 나타난다.

　　환경의 요구와 지지가 정치체제에 투입되면 이것을 산출(outputs)로 변형하는 전
환과정(transformation process)을 거치게 되는데, 이를 정책결정과정이라고 한다. 정
책결정과정은 정치체제의 제도 속에서 권위 있는 행위자들이 사회를 위한 가치를
권위적으로 배분하는 선택을 하는 것이다. 여기서 넓은 정부의 범주에 포함되는 행
정부와 입법부 및 사법부, 그리고 정당이나 이익집단 등의 행동이 있게 된다. 전환과
정을 거쳐 만들어진 산출물을 정책(policy)이라고 한다. 정책의 핵심은 사회를 위해
서 가치를 배분하는 결정이나 활동들의 집합이다. 이러한 정책은 다시 환경(사회)에
적용(실행)되어 정책결과(정책효과, 정책영향)를 야기하게 되며, 실현된 정책결과에

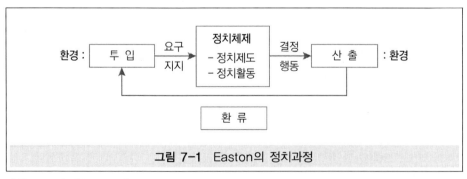

**그림 7-1  Easton의 정치과정**

자료: Easton(1965: 35: 112).

〈표 7-1〉  정치체제의 행위자

| 투입경계 | 정치체제: 행위자 | 산출경계 |
|---|---|---|
| 투입생산자 | 행정부 / 입법부 / 정당 / 사법부 / 언론매체 / 이익집단 | 산출생산자 |

자료: Easton(1965: 374).

〈표 7-2〉  산출(outputs)의 유형

| 본 질 | 유형(modes) | |
| | 언명(statement) | 성과(performance) |
|---|---|---|
| 권위적 | 구속력 있는 결정(decisions)<br>－법. 법령, 규제, 명령 | 구속력 있는 행동(actions) |
| 관련된 | 정책, 몰입 | 편익과 호의(favors) |

자료: Easton(1965: 353).

대한 평가정보는 환류를 통해 다시 차기의 투입으로 이루어진다.

이와 같은 Easton의 정치과정은 여러 추상적인 개념을 포함하고 있으나, 동태적인 활동측면을 총체적이고 체계적으로 기술하고 설명할 수 있다고 본다(그림 7-1, 표 7-1, 표 7-2).

## 2) Almond & Powell의 정치과정

Almond & Powell(1978: 3-16)은 '비교정치: 체제, 과정, 그리고 정책'에서 정치현상을 분석하기 위하여 Easton의 정치체제이론을 보완 발전시키고 있다. 이들은 정치현상의 주요개념을 정치체제(political system)로부터 시작하였다. 과거연구에서는 정치체제를 기술하기 위하여 정부(government)나 국가(state)와 같은 용어를 사용하였다. 이것은 현대서구사회에서 발견되는 입법부와 행정부 및 사법부와 같은 공식적인 정부제도에 초점을 두어 정치의 제한된 측면만을 언급하였다. 그러나 정치체제의 새로운 개념은 정부제도뿐 아니라 사회와의 정치적 활동, 즉 정치체제와 환경과의 상호작용을 포함시키므로 정치구조와 정치기능을 구성요소로 보고 있다.

우선, 정치구조(political structure)는 입법부와 사법부 및 행정기관 등의 정부제도뿐 아니라 정당과 이익집단 및 언론매체와 같은 비정부제도 등의 모든 제도들과 이들이 상호작용하는 정치적 역할을 포용하는 개념이다. 이러한 정치구조의 구성원들(행위자들)은 정치활동에서 각자의 역할을 수행한다. 여기서 역할이란 어떤 행위자의 기대와 행동 그리고 다른 행위자들의 기대와 행동에 의해 확립된 규칙화된 행동패턴으로서, 정치행위자들의 기능으로 구체화된다.

다음으로, 정치기능이란 정치구조를 구성하는 행위자들이 그것을 둘러싸고 있는 환경과 상호작용하는 것으로서 체제수준과 과정수준 및 정책수준의 기능으로 나눌 수 있다(그림 7-2). 첫째, 체제수준기능(system level function)은 정치체제의 유지와 적응을 위하여 수행하는 기능으로 정치사회화와 충원 및 의사소통이 포함된다. 정치사회화는 인간의 정치적 태도와 가치를 깨우치는 과정이고, 충원은 정치체제에 인력을 공급하는 것이며, 의사소통은 정치적 인간들의 상호작용을 말한다.

둘째, 과정수준기능(process level function)은 정치체제가 투입(요구와 지지)을 산출물인 정책으로 전환시키는 기능으로서 이익표출, 이익결집, 정책결정, 정책집행을 포함시키고 있다. 여기서 이익표출(interest articulation)은 개인이나 집단이 정책의 변화나 지속을 요구하는 행동이고, 이익결집(interest aggregation)은 여러 가지 다양한 요구들을 몇 가지 중요한 정책대안으로 집약하는 것이다. 정책결정(policy making)은 정치체제의 행위자들이 권위적으로 결정규칙에 따라 정책을 산출하는 것이고, 정

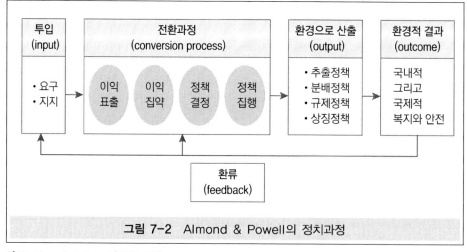

**그림 7-2  Almond & Powell의 정치과정**

자료: Almond & Powell(1978: 285).

책집행(policy implementation)은 결정된 정책을 전형적으로 관료기관을 통하여 실행하는 것이다.

셋째, 정책수준기능(policy level function)은 정책이 환경(사회체제)과의 관계에서 이루어지는 기능이다. 정책산출물은 자원의 추출(추출정책), 재화와 서비스의 분배(분배정책), 행동의 규제(규제정책), 그리고 상징의 소통(상징정책)으로 구분된다.

## 제 2 절 ㅣ 정책체제모형과 정책과정

### 1. 정책체제모형의 정책과정 개관

Easton의 정치체제모형은 정치과정을 분석하기 위하여 설계한 것이지만 정책활동을 묘사하고 있기도 하다. 이 모형은 정책체제의 분석에 벤치마킹하면 정책체제모형을 구성할 수 있다. 정책체제모형(policy system model)이란 정책환경과 정책체제와의 동태적 관계에서 정책과정의 전반적인 흐름을 파악하고 동시에 정책과정에 관여하는 제반 요소들(변수들)의 동태적인 상호작용을 이해하고 설명할 수 있는 통치모형이다. 이 모형은 구체적으로 환경 속의 수많은 사회문제 중에서 어떤 문제가 정책체제(정부 또는 거버넌스)에 의해 채택(의제설정)이 되고 정책으로 결정되며 집행 및 평가되는가에 대한 과정을 체계화한 것을 의미한다(안해균, 2000: 114). 정책체제가 균형과 성장을 하기 위해서는 체제목표를 달성하기 위하여 정책체제에 대한 환경의 투입과 투입의 수용, 전환(결정), 산출, 및 집행과 그 결과를 환경에 내보내는 다양한 정책활동이 요구된다. 따라서 체제론적 관점에서 정책현상을 분석할 때에는 정책체제를 구성하는 변수들, 즉 정책환경변수, 정책체제변수, 정책과정변수를 파악하고 이들 변수들 간의 관계를 살펴보아야 한다.

이러한 정책체제모형은 거시수준에서 정책환경과 정책체제 그리고 정책과정과의 관계를 이해하고 설명할 수 있는 기초가 된다고 볼 수 있으므로, 이러한 구성요소를 토대로 정책과정의 분석모형을 그림으로 제시하면 다음과 같다(그림 7-3).

이하에서는 정책체제모형에서 정책과정의 분석변수를 정책환경과 정책체제 그

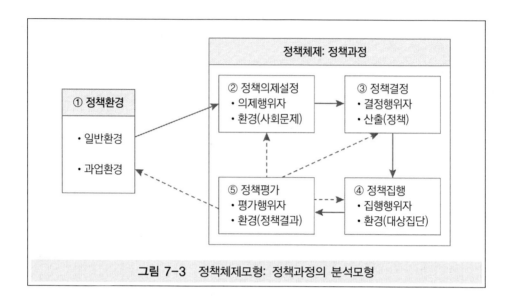

**그림 7-3 정책체제모형: 정책과정의 분석모형**

리고 정책과정으로 나누어 상술하고자 한다.

## 1) 정책환경변수

일반적으로 환경과 유기체와의 관계를 단순화시켜보면 아래 그림과 같이 '자극 — 반응관계(stimulus — response)'와 '자극 — 유기체 — 반응관계(stimulus — organ — response)로 나눌 수 있다(안해균, 2000: 77 — 78).

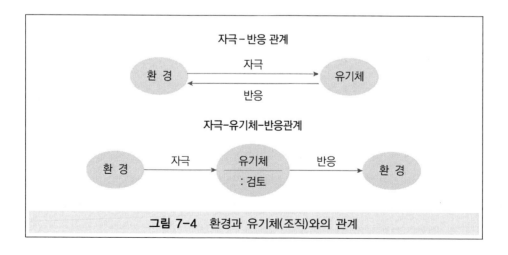

**그림 7-4 환경과 유기체(조직)와의 관계**

[그림 7-4]에서 자극-반응의 유형은 아메바와 같은 원형동물과 그를 둘러싼 환경과의 상호작용을 예로 들 수가 있는데, 환경으로부터 오는 자극에 대해 단순히 반응하거나 또는 그 반대의 경우를 말한다. 자극-유기체-반응의 유형은 환경으로부터 온 자극에 대해 유기체가 단순히 즉각적으로 반응하는 것이 아니라, 그러한 반응에 대해 자체 내에서 검토의 과정을 거친 후에 특정의 반응을 환경에 대해 나타내는 경우를 의미한다.

정책환경과 정책체제와의 관계는 자극-유기체-반응유형에 해당하는 것으로, 환경이 정책체계와 맺는 제반 상호작용의 근본성격을 좌우한다. 이는 환경이 정책체제에 대해 요구하는 활동을 투입활동이라고 하는데, 어떠한 투입이 이루어지느냐, 즉 어떠한 사회문제가 정책문제로 등장하느냐에 따라 정책체제의 제반 활동이 영향을 받기 때문이다. 이처럼, 환경이 정책체제에 관련된다는 것은 투입과 산출 및 환류를 통하여 상호작용이 이루어진다는 것을 의미한다.

그러면 정책문제를 태동시키는 정책환경변수란 무엇인가를 살펴보자. 정책환경은 정책체제를 둘러싸고 있는 외적 조건으로서 일반적 환경과 과업환경으로 나누어진다. 일반적 환경으로는 국내외의 정치적, 경제적, 사회문화적, 과학기술적, 그리고 국제적 환경이 있고, 과업환경은 다양한 개인이나 집단 및 조직 등의 이해관계자를 말한다. 이러한 일반환경은 사회문제를 발생시키고 사회기회를 창조하는 영역으로서 투입과 산출 및 결과가 작동하는 장소이다. 그리고 과업환경은 정책의제설정의 주체인 동시에 정책집행의 대상으로서의 의미를 가지며 나아가 외부정책평가의 주체이기도 하다.

## 2) 정책체제변수

정책체제는 제도적 측면에서 정책제도라고 부르는 공식적, 비공식적 제도 또는 행위자와 활동적 측면에서 정책과정으로 구성된다. 이는 앞의 정치체제모형이나 Dye(2008: 6)가 제시한 공공정책연구의 분석모형에서 정치체제의 구성요소를 정치제도와 정치과정 및 행동을 들고 있는 것에서 유추할 수 있다.

정책체제의 하위체제를 구성하는 정책제도에는 공식적 제도(입법부, 행정부, 사법부)와 비공식적 제도(정당, 이익집단, NGO, 언론매체, 전문가집단, 시민) 등이 있는데, 이들 제도들은 정책하위체제를 구성하여 환경 속의 사회문제를 해결하고 사회기회를 창조하기 위한 정책의제설정을 하고, 해결책을 만드는 정책결정을 하고, 이러한 산출물인 정책을 환경에 적용하는 정책집행을 하고, 그것이 초래한 정책결과에 대하여 정책평가를 하는 등의 여러 정책과정에서 다양한 활동을 하게 된다. 따라서 정책체제의 활동무대는 정책과정이라고 할 수 있고 그것의 주요기능은 정책을 결정하고 집행하며 평가하는 것이다.

### 3) 정책과정변수

정책과정변수는 정책의제설정과 정책결정 및 정책집행 그리고 정책평가로 구분하여 살펴본다.

### (1) 정책의제설정변수

정책의제설정변수는 정책투입에 해당하는 환경으로부터 요구와 지지를 받아 정책체제의 행동으로 유인하는 영역으로서 투입행위자와 환경(사회문제와 사회기회)으로 구성된다.

우선, 투입행위자는 환경에서 불만족을 가지고 있는 개인이나 집단이 정책체제에 해결을 요구하는 문제(이슈)를 제기하는 것이므로 요구기관과 수용기관으로 나눌 수 있다. 여기서 요구기관은 정책과정의 최초단계인 의제설정과정에서 문제나 기회 등 투입을 하는 행위자로서 정당, 이익집단, NGO, 언론기관, 개별시민 등이 포함된다. 정책의제설정의 또 다른 주체는 정책결정체의 한 구성요소인 수용기관이다. 수용기관이란 정책환경으로부터 투입되는 각종 요구에 대해 정책적 관심을 표명하여 그 중 일부를 정책문제로 전환시키거나 또는 스스로 정책문제를 제기하여 정책결정의 대상으로 제기하는 행위자이다. 수용장치에 해당하는 공식행위자로는 의회나 행정부 등이 있다(안해균, 2000: 202－203).

다음으로, 환경으로부터의 요구와 지지라는 두 가지 종류의 투입은 정치체제에 진입을 하는 것이다. 정책체제에 대한 투입행위자의 요구(demand)는 사회문제의 해결이나 사회기회의 창조라는 형태를 취하는데, 이것이 바로 정책의제설정으로 정책과정의 출발점이 된다. 왜냐하면 정책과정은 개인이나 집단이 정치적 요구를 제기하면서 작동하기 때문이다. 정책결정자에 대한 요구의 제기를 이익표출(interest artic－ulation)이라고 하고, 표명된 개인이나 집단의 요구를 그룹화하는 것을 이익결집(in－terest aggregation)이라고 한다. 이러한 요구투입이 있으면 정책결정자인 정부기관은 환경으로부터의 요구가 무엇인지를 파악하여 정부가 개입하여야 하는지 아니면 개입하지 않아야 하는지를 선택하여야 한다. 정부가 사회문제에 대하여 심각한 고려를 하기로 결정하면 정책문제(정책의제, 정부의제)가 된다.

정책체제에 대한 환경으로부터의 지지(support)는 정책체제가 환경으로부터 요구하는 것을 실현시키기 위해 필요한 것으로서 인적 자원과 물적 자원을 확보하고 정부의 정당성을 인정하는 것이 있다. 예컨대, 인적 자원으로는 정부에서 일하는 공직자(공무원)가 있고, 물적 자원으로는 조세와 각종 공과금의 납부 등 예산이 있으며, 정부의 정당성 인정은 공권력 발동이나 여러 규제정책에 순응하는 것이다.

## (2) 정책결정변수

정책결정변수는 정책체제가 투입된 요구, 즉 정책문제를 산출이라는 정책으로 전환시키는 과정으로서 정책결정행위자와 산출(정책)이 포함된다.

우선, 정치체제 내의 정책결정자는 특정한 제도적 제약 하에서 정책문제화된 환경으로부터의 요구를 해결하기 위한 정책을 산출하는 기구를 말한다. 이러한 정책결정행위자로는 전통적으로 대통령과 행정부 및 국회와 정당이 중요시되어 왔다. 그러나 최근에 와서는 그러한 조직 외에도 사법부와 이익집단 및 NGO 등도 중요한 정책결정장치로 인식되고 있다. 이는 정책결정장치가 공식적 제도와 비공식적 제도의 연계와 결합을 하는 정책하위체제나 정책네트워크 현상으로 나타나고 있는 것을 암시한다.

다음으로, 정책결정과정은 정책체제가 가지고 있는 일정한 제도적 틀(결정규칙, decision rule)에 따라 합리적 행위로 이루어지기도 하지만 정치적 행위에 의해 사회를 위한 가치를 배분하는 정책을 산출하는 것이다. 여기서 결정규칙이란 정책결정과정에서 권력의 소재가 어디에 있으며 누가 무엇을 할 수 있는가를 명시적으로 또는 관습적으로 규정하는 제도를 말한다. 정치체제마다 각각 상이한 정책결정규칙을 가지고 있으며, 정책결정자와 정책결정단위의 소재도 다르고 그 권한도 상이하다. 이를테면, 외교정책을 결정하는 과정과 구조는 경제정책이나 사회정책의 경우와 다를 수 있다.

따라서 정책결정은 결정규칙에 따라 주요한 정책적 요구를 권위적인 가치배분을 하는 정책으로 전환시키는 과정인 것이다. 이러한 정책은 정책결정과정의 1차적 산출물로서 주로 각종의 사업, 계획, 시책, 법률 등의 형태로 나타난다. 정책의 유형에 대하여 Lowi(1972)는 분배정책, 재분배정책, 규제정책, 구성정책으로 그리고

Almond & Powell(1978)은 분배정책, 규제정책, 추출정책, 상징정책으로 구분한다.

### (3) 정책집행변수

정책집행변수는 산출된 정책을 환경요구인 사회문제나 사회기회에 적용하는 것으로서 그 동안의 정책연구에서 다른 변수들에 비해 소외되어온 분야이다. 그동안 정책집행은 정치행정이원론적 시각에서 결정된 모든 정책은 자동적으로 집행될 것이라는 가정 하에 등한시하였기 때문이다. 현실적으로 보면 정책결정자에 의하여 처음 산출된 정책은 그 형태 그대로 집행되는 경우는 거의 없다고 할 수 있다. 정책은 수많은 집행행위자의 계층을 거치면서 보다 구체화되고 재해석되어 수정 보완하여 집행된다. 따라서 집행행위자의 역할은 중요하다고 볼 수 있다.

우선, 집행행위자는 정책을 현실세계, 즉 정책환경인 정책대상에 실현 또는 적용시킴으로써 정책결과를 야기시키는 기구를 말한다. 전통적으로는 집행장치의 분석에 있어서 정부관료제가 주요분석대상으로 지목되어 왔으나, 오늘날은 그러한 관료제의 정책집행활동에 압력원으로 여겨져 왔던 의회, 사법부, 이익집단, NGO 등도 중요한 정책집행위자로서의 역할을 분업하고 있다.

다음으로, 정책집행과정은 집행행위자가 정책산출을 환경의 사회문제나 사회기회에 실행하여 정책결과라는 어떤 환경변화를 초래하려는 것이다. 집행행위자가 실행하는 정책대상으로서의 환경이란 환경변수에서의 일반국민이나 기업 및 이익집단 등과 같은 정책대상집단을 말한다. 여기에는 애초에 특정의 정책을 유도하기 위해 노력했던 집단과 언제 어떤 정책이 산출되었는지조차도 모르고 있다가 단순히 정책집행의 대상이 된 개인이나 집단을 포함한다. 이러한 정책대상집단은 혜택을 보는 집단과 비용을 부담하는 집단으로 나눌 수 있다.

예컨대, 어느 지역에 다리를 건설하는 배분정책의 경우 수혜자는 지역주민이 되고 비용부담자는 전체 조세납부자이다. 재분배정책은 저소득층이 혜택을 보고 고소득층이 비용을 부담하게 되어 가치배분이 고소득층으로부터 저소득층으로 이전하는 형태를 갖게 된다. 그리고 독과점기업의 가격인상을 억제하는 규제정책의 경우는 피규제자인 기업의 희생 하에 소비자가 혜택을 보게 된다(정정길 외, 2010: 77).

### (4) 정책평가변수

정책평가변수는 정책이 집행된 결과, 즉 정책결과와 그것을 야기시킨 제반요인에 대한 평가를 하고, 그 평가결과를 이전의 정책과정에 재투입함으로써 정책과정을 변동시키거나 역량을 강화시키는 역할을 하는 것으로서 평가행위자와 평가대상(정책결과)이 포함된다.

우선, 평가변수로의 평가행위자는 정책결과나 정책집행과정에 대한 평가를 토대로 정책의제설정변수와 정책결정변수 및 정책집행변수에 시정조치를 하는 기구를 말한다. 이러한 평가장치로는 행정기관이나 감사원 등의 내부평가장치와 정당(야당)이나 이익집단과 NGO 및 언론매체, 전문가집단 등의 외부평가장치가 있다.

다음으로, 정책평가과정은 평가행위자가 정책이 환경에 미친 영향을 측정하고자 하는 노력과 관련되는 것이다. Anderson(1984)은 정책의 결과나 영향에 대한 평가를 하기 위하여 정책결정의 산출물인 정책산출(policy outputs)과 그것의 집행으로 나타나는 결과물인 정책결과나 영향(policy outcomes and impacts)을 구분한다. 따라서 평가대상으로서의 정책결과는 정책결정의 정책산출과 구별되는 개념으로, 정책이 환경(정책대상집단)에 적용된 결과로 나타나는 환경의 반응으로서 정책과정의 존속 여부에 결정적인 영향을 미치게 된다.

마지막으로, 정책평가는 정책환류의 토대가 된다. 정책환류란 정책평가로부터 도출한 평가정보를 다음의 정책활동을 위해 다시 투입하는 것이다. 정책평가정보는 정책환류를 통하여 정책학습과 정책변동의 자료로 활용된다. 따라서 정책과정은 반복적으로 순환되는 것으로 볼 수 있다.

## 2. 학자들의 정책과정단계

위에서 정치학자들이 정치현상을 기술하고 설명하기 위하여 발전시킨 정치체제 모형의 정치과정에서 보는 바와 같이, 정치과정의 개념적 범주에는 정책의 개념과 정책활동이 내포되어 있음을 알 수 있다. 이를테면, Easton의 이론이나 Almond & Powell의 이론에서 제시하는 정치과정(political process)은 정책학자들이 정책체제모형으로 논의하는 정책과정(policy process)의 여러 활동을 포함하고 있는 것으로 정책과정과 크게 다르지 않다.

그러나 정책학이 학문적 관심으로 부상한 1950년대 이후에, 정책연구자들은 정책과정이 일련의 단계를 통하여 진행되는 것으로 생각하고 보다 구체적으로 정책과정단계를 제시하였다. 정책이 어떻게 만들어지고 실행되며 평가되는지에 대한 연구는 정책체제 내의 행위자들에 의한 일련의 활동들 또는 과정들이라고 할 수 있다 (Dye, 2008: 31). 정책과정을 다수의 일련의 단계들로 구분하려는 사고는 정책학의 창시자인 Lasswell(1956)의 초기 정책연구에 의해 시작되었고, 1970년대와 1980년대 에 Jones, Dye, Anderson, 그리고 2000년대에 Howlett, Ramesh & Perl 등에 의해 정책과정 또는 정책순환의 다양한 관점이 제시되었다.

## 1) Lasswell의 정책과정

정책연구의 창시자인 Lasswell(1956, 1971: 27-33)은 정책과정을 공공정책이 어떻게 만들어져야 하고 실제로 만들어지는가를 기술하는 단계로 보고 7단계모형, 즉 정보수집(intelligence), 주창(promotion), 처방(prescription), 행동(invocation), 적용 (application), 종결(termination), 평가(appraisal) 등의 연속과정을 처음으로 제시하였다.

따라서 정책과정은 정책결정자의 정보수집과 함께 시작된다. 이것은 정책결정을 하는데 관련되는 사람들에 의해 특정한 선택의 주창이 있게 되고 정책결정자는 행동 경로를 처방한다. 처방된 행동경로(정책)는 그것이 종결될 때까지 관료제에 의해 적용된다. 마지막으로 정책의 결과는 원래의 목표에 대비하여 평가된다.

라스웰의 정책과정분석은 정부 내의 소수 관료들에 한정되고 국가에 대한 외부 영향력을 배제하고 있다. 그럼에도 불구하고 이 모델은 정책연구의 발달에 높은 기여를 하였다. 전체적으로 정확하지는 않더라도, 이 모델은 정책과정의 각 단계를 분리하고 시험하는 것에 의해 정책연구의 복잡성을 감소시켰다. 그리고 이 모델은 많은 다른 정책과정모델의 토대를 형성하였다(Simmons et al., 1974). 이를테면, 라스웰의 선형적 정책과정모형은 정책과정연구의 기본틀을 제공하였으며, 1960년대 이후에 Jones, Dye, Anderson, Dunn 등과 같은 여러 정책학자들은 정책과정모형을 보다 체계화하였다.

## 2) Jones의 정책과정

Jones(1971, 1977: 9-12)는 미국 내 여러 공공분야의 정책결정과 정책집행 등을 합리적이고 체계적으로 검토하기 위하여 정책과정분석틀의 기본요소들을 14개의 활동 또는 기능으로 분류하고 그것들을 다섯 개의 하위체제(subsystem)로 묶어 5단계 모형을 제시하였다(김신복, 1993: 23-26)(표 7-3).

첫째, 문제확인(problem identification): 이것은 사회에서 대두된 문제상황과 국민

〈표 7-3〉 Jones의 정책과정모형

| 하위체제(단계) | 기본요소(기능적 활동) |
|---|---|
| 1단계: 문제확인<br>(problem identification) | ① 사실인지 ② 문제정의 ③ 결집과 조직화 ④ 대표 |
| 2단계: 사업개발<br>(program development) | ⑤ 공식화 ⑥ 합법화 ⑦ 자원배분 |
| 3단계: 사업집행<br>(program implementation) | ⑧ 해석 ⑨ 조직화 ⑩ 적용 |
| 4단계: 사업평가<br>(program evaluation) | ⑪ 명세화 ⑫ 측정 ⑬ 분석 |
| 5단계: 사업종결<br>(program termination) | ⑭ 종결 |

자료: Jones(1977: 12).

의 요구를 파악하여 문제해결을 위한 대책(정책 또는 사업)을 수립하도록 요구하는 단계이다. 이 단계에서의 활동들은 ① 사실인지(preception: 정책과 관련된 여건이나 행태 등을 파악하는 활동). ② 문제정의(definition: 인지된 사실 중에서 문제가 되는 관심사항을 부각시키는 활동), ③ 결집과 조직화(aggregation/ organization: 문제에 대한 의견과 요구를 집약하고 체계화하는 활동으로 주로 영향을 받고 있는 사람들의 집단이나 조직을 통해 이루어진다), ④ 대표(representation: 집약된 문제에 관해 수혜자나 국민들을 대신하여 정부와 연결시키는 활동으로 입법부의 대표적 기능이지만 이익집단 등도 기능을 수행한다) 등이 있다.

둘째, 사업개발(program development): 이것은 문제에 적용할 수 있는 행동지침을 작성하고 공식적으로 채택하는 단계로서 ⑤ 공식화(formulation: 문제를 해결하기 위한 계획, 사업, 법규 등을 개발하는 활동으로 관료와 입법부 의원 및 민간인 대표자 등이 참여한다), ⑥ 합법화(legitimation: 제시된 사업들이 정당한 정치과정과 규칙에 따라 공식적으로 채택하는 활동으로 대표기구를 통한 참여와 다수결원칙에 의해 이루어진다), ⑦ 자원배분(appropriation: 사업의 실현을 위한 재원(예산)을 확보하는 활동으로 주로 예산과정을 통해 이루어진다) 등이 포함된다.

셋째, 사업집행(program implementation): 이것은 사업을 문제상황에 실제로 적용을 하는 단계로서 세 가지 활동이 전개된다. ⑧ 해석(interpretation: 추상적이고 일반적인 수준의 정책내용을 구체적이고 실천적인 지시(directives)나 지침으로 전환시키는 활동으로 행정기관 등 집행담당자의 재량이 크게 영향을 준다), ⑨ 조직화(organization: 사업을 실행하기 위한 부서나 절차를 정하고 자원을 효율적으로 동원하는 장치를 마련하는 활동), ⑩ 적용(application: 사업으로 재화나 용역을 투입하거나 기타 활동을 통하여 실천에 옮기는 활동) 등이다.

넷째, 사업평가(program evaluation): 이것은 공공문제에 대한 사업의 효과를 측정하고 사업 자체의 가치를 파악하는 단계로서 ⑪ 명세화(specification: 무엇을 평가할 것인가에 관한 목적과 대상을 명료하게 규정하는 활동), ⑫ 측정(measurement: 평가의 대상과 기준에 필요한 정보와 자료를 수집하는 경험적 조사활동), ⑬ 분석(analysis: 수집된 정보를 가지고 정책의 비용과 효과를 비교하는 활동으로 문제의 성격과 자료의 내용에 따라 실험설계, 비용효과분석, 평가연구 등 다양한 기법들이 사용된다) 등이 포함된다.

다섯째, 사업종결(program termination): 이것은 사업을 통하여 문제를 해결하거나 다른 변화를 일으켜서 기능적 활동이 일단락되는 단계이다(⑭ 종결). 그러나 정책과정은 이것으로 중단되는 것이 아니라 문제를 재규정하여 새로운 사업을 개발하는 단계로 연결되어 지속적인 정책순환과정(policy cycle)을 형성하게 된다.

지금까지 살펴본 Jones가 제시한 정책과정모형은 국가적 차원에서의 정책(사업)에 초점을 두고 설계한 것으로, 미국의 정치체제와 정책사례들을 참고하면서 각 단계에서의 활동과 관련 요인들을 설명하고 있다. 이 모형은 정책과정구조의 기본요소들을 논리적으로 도출할 수 있을뿐 아니라 각각의 개념들을 명료하게 규정하고 있으며 실제의 사례와 행태 등을 예시하면서 설명하고 있다.

## 3) Dye의 정책과정

Dye(1972, 1981: 23 – 26; 2008: 31 – 34)은 정책과정을 6단계모형으로 나누고 각 단계에서의 활동과 참여자를 설명하고 있다(표 7 – 4).

첫째, 문제확인: 이것은 국민이 정부에 여러 가지 요구를 제시하는 단계, 즉 정부가 행동할 것을 바라는 국민의 요구를 확인하는 단계로서 언론과 이익집단 및 시민과 공공여론이 주도한다.

둘째, 의제설정: 정부가 어떤 이슈들을 선택하고 어떤 문제들을 해결할 것인가를 결정하는 단계로서 대통령과 의회 및 행정부의 엘리트들이 참여한다.

셋째, 정책공식화: 문제해결을 위한 정책대안을 개발하는 단계로서 대통령과 행정부관료 및 의회위원회뿐 아니라 씽크탱크나 이익집단 등 다양한 공사행위자들이 관여한다.

〈표 7-4〉  Dye의 정책과정모형

| 과정(process) | 활동(activity) | 참여자(participants) |
|---|---|---|
| 문제확인<br>(problem identification) | 사회문제를 공표<br>정부행동을 위한 요구표출 | 언론<br>이익집단<br>시민<br>공공여론 |
| 의제설정<br>(agenda setting) | 어떤 이슈들을 선택하고<br>어떤 문제들을 해결할 것인가를<br>정부에 의해 결정 | 대통령과 행정부 및 의회<br>를 포함하는 엘리트들 |
| 정책공식화<br>(policy formulation) | 이슈들을 해결하고<br>문제들을 개선하기 위한<br>정책대안을 개발 | 씽크탱크<br>대통령과 행정부관료<br>의회위원회<br>이익집단 |
| 정책합법화(정당화)<br>(policy legitimation) | 정책대안을 선택<br>그것의 정치적 지지획득<br>그것을 법으로 제정<br>그것의 합헌성 결정 | 이익집단<br>대통령<br>행정부<br>의회<br>법원 |
| 정책집행<br>(policy implementation) | 부하와 기관을 조직화<br>서비스와 혜택을 제공<br>조세를 부과 | 대통령<br>행정부 |
| 정책평가<br>(po9licy evaluation) | 정부사업의 산출보고<br>대상집단과 비대상집단에 대한 정<br>책영향의 평가<br>변화와 개혁을 제안 | 행정부<br>의회<br>씽크탱크<br>언론 |

자료: Dye(2008: 32).

넷째, 정책합법화: 개발된 정책대안 중 최종적인 대안을 선택하고 그것에 대한 정치적 지지를 획득하고 법적 성격을 부여하는 단계로서 주로 대통령과 행정부 및 의회와 법원 등 공식행위자들이 관여한다.

다섯째, 정책집행: 문제해결을 위하여 정책을 적용하는 단계로 관료제를 조직하고 조세를 부과하며 서비스와 혜택을 제공한다.

여섯째, 정책평가: 정책의 산출과 영향을 평가하여 새로운 변화와 개혁을 제안하는 단계로서 행정부와 의회 및 씽크탱크 등이 관여한다.

Dye에 의하면, 정책과정을 일련의 과정으로 인식하는 것은 정책이 어떻게 만들어지고 실행되어 평가되는가를 이해하는데 도움을 줄 수 있다. 그러나 현실세계에서 이들 활동은 선형적 연속과정으로 발생하는 것이 아니라 동시에 발생할 수 있다. 다양한 정치적 행위자들과 제도들―정치인, 이익집단, 입법가, 행정부관료, 법원, 씽크탱크, 언론―등은 동일한 정책영역에서조차도 동시에 상이한 과정에 관여할 수 있다고 한다. 그럼에도 정책과정을 활동이나 과정의 구성요소로 분해하는 것은 분석적 목적을 위해 유용하다고 한다.

### 4) Anderson의 정책과정

Anderson(1975: 23-24; 2000: 30-32)은 정책과정을 공공정책이 형성되는 다양한 과정들을 명시하는 방법 또는 경험적으로 분리하기가 어려울 수 있지만 분석적으로 구분할 수 있는 활동들(activities)이나 기능들(functions)의 연속적인 패턴으로 보고, 5단계모형을 제시하였다(표 7-5).

〈표 7-5〉  Anderson의 정책과정모형

| 정책용어 | 정 의 | 공통의미 |
|---|---|---|
| 1단계: 정책의제<br>(policy agenda) | 관료들의 진지한 주의(관심)를 가지는 문제들 | 정부가 문제에 대한 행동을 고려하기로 한 것 |
| 2단계: 정책공식화<br>(policy formulation) | 공공문제를 해결하기 위한 적실하고 수용 가능한 제안된 행동경로의 ·개발 | 문제에 대해 행해져야 하는 것을 제안하는 것 |
| 3단계: 정책채택<br>(policy adoption) | 정책이 정당화하고 권위화 되도록 구체적 대안의 지지확보 | 정부가 문제의 구체적인 해결책을 받아들이는 것 |
| 4단계: 정책집행<br>(policy implementation) | 정부의 행정기관에 의한 정책의 적용 | 정부정책을 문제에 적용하는 것 |
| 5단계: 정책평가<br>(policy evaluation) | 정책이 효과적인지 여부를 결정하는 정부의 노력 | 정책의 작동효과 |

자료: Anderson(2000: 31).

첫째, 문제확인과 의제설정(problem identification and agenda setting): 이것은 환경에서 제기되는 사회문제가 정책문제로 되는 것에 관련된다. 여기서 초점은 공공정책의 대상이 되는 문제는 어떻게 확인되고 구체화되는가? 존재하는 모든 것들 중에서 어떤 문제만이 의제설정의 대상으로 정책결정자에 의해 고려되는가? 즉 정부는 어떤 문제를 해결해야 할 것으로 결정하는가? 어떤 조건이나 문제는 왜 공공문제가 되는가? 어떤 문제들은 왜 의제지위에 도달하지 못하는가? 등이다.

둘째, 정책공식화(policy formulation): 이것은 공공문제를 해결하거나 개선하기 위한 흔히 대안(alternatives)이나 선택(options)이라고 부르는 제안된 행동경로(courses of action)의 개발과 확인 또는 도입을 포용한다. 정책공식화에는 누가 참여하는가? 문제를 다루기 위한 대안들은 어떻게 개발되는가? 정책대안을 조직화하는데 어려움이나 편견을 없는가? 등에 관심을 갖고 있다

셋째, 정책채택(policy adoption): 이것은 무행동을 포함하는 어떤 제안된 대안을 문제를 해결하기 위하여 사용할 것인가를 결정하는 것에 관련된다. 정책대안은 어떻게 채택되거나 제정되는가? 어떤 요구조건을 충족해야 하는가? 누가 정책을 채택하는가? 채택된 정책의 내용은 무엇인가 등을 검토한다.

넷째, 정책집행(policy implementation): 이것은 산출된 정책을 환경에 적용하는 것에 관련된다. 여기서 관심은 채택된 정책을 적용하는 것과 어떤 효과를 가져 오는가? 이다. 종종 정책의 개발이나 정교화는 이런 집행과정에서 발생한다. 누가 관련되는가? 누가 정책을 적용하거나 시행하는가? 집행은 어떻게 정책의 내용을 형성하거나 결정하는데 도움을 주는가? 등이다.

다섯째, 정책평가(policy evaluation): 이것은 정책을 환경의 사회문제에 적용하였을 때 초래되는 정책결과를 검증하는 것과 관련된다. 여기서 초점은 정책이 무엇을 성취했는지와 정책이 그것의 목표를 달성했는가 아니면 다른 결과들을 가져왔는가? 을 검증하려고 시도한다. 그러면 여기에 누가 관련되는가? 누가 정책에 의해 이익을 얻고 불이익을 받았는가? 정책평가의 결과는 무엇인가? 정책의 변화나 개선을 위한 요구가 있는가? 새로운 문제들이 확인되는가? 정책과정은 평가 때문에 다시 출발하는가? 등이 주요 관심사이다.

이러한 단순화된 정책과정틀 속에서, 정책의 형성과 집행은 공공정책이슈에 대해 대립하는 이념, 이익, 가치, 정보로 인하여 개인과 집단, 관료와 기관 사이에 갈등과 투쟁이 존재하는 정치적(political)인 것으로 볼 수 있다. 정책결정은 '정치적'이다. 그것은 정치(politics)에 관련된다. 말하자면 그것의 특징은 갈등, 협상, 권력행사, 흥정, 타협, 그리고 심지어는 속임수나 뇌물과 같은 비의도적인 행동을 포함한다. 정치나 민주사회가 그러한 차이를 해결하는 방법이라고 할 수 있다.

정책연구의 정책과정접근은 여러 가지 이점을 가지고 있다. 첫째, 정책과정모형은 누가 어떤 종류의 이슈에 대해 어떠한 조건 하에서 어떤 방법으로 그리고 어떤

효과를 위해 정책형성을 하는 것과 같은 주제들에 대한 일반화를 추구함으로써 이론 형성의 출발점을 제공할 수 있다.

둘째, 정책과정접근은 정책결정을 만드는 행위자들(actors)과 제도들(institutions), 그리고 그들의 행동에 영향을 주고 조건화하는 요소들(factors)에 관심을 기울인다. 이 접근은 정책결정과 정책에 대해 학습하고 정부가 어떻게 활동하고 있는가에 대한 보다 총체주의적 관점을 가질 수 있다.

셋째, 이 접근은 정책결정을 위해서 기술한 단계들이나 범주들을 통합한다. 이것의 선형적 본질은 실제 정책과정에서 활동의 흐름을 파악하는데 도움을 준다.

넷째, 이 접근은 변화나 개선에 신축적이고 개방적이다. 기술과 분석을 위해 필요하다면 추가적 단계들은 포함시킬 수 있다. 다양한 자료수집과 분석 — 계량적이든, 역사적이든, 법적이든, 또는 규범적(가치지향적)이든 — 은 이 접근방법과 타협할 수 있다. 정책연구의 집단(group), 제도적(institutional), 그리고 다른 접근들은 정책과정에 조화될 수 있다. 예컨대, 집단접근은 정책채택을 설명하는데 도움을 줄 수 있고, 제도적 접근은 정책의 결정과 집행에 적용할 수 있다.

다섯째, 이 접근은 정적이고 횡단면적인 정책과정관점이 아니라 동적이고 발전적인 정책과정관점이라고 할 수 있다. 이것은 정책의 진화에 관심을 갖고 있고, 과정의 한 단계로부터 다음 단계로 정책행동의 움직임을 파악할 수 있게 한다. 더욱이, 그것은 정책결정에서 참여자들 간의 관계(relationships)와 상호작용(interactions)을 강조한다. 정당, 이익집단, 입법부, 대통령부, 공공여론 등은 정부의 통치를 하는데 함께 연결되어 있다.

마지막으로, 이 접근은 문화에 구속받지 않는다. 이것은 상이한 정치체제 내의 정책결정연구에 사용할 수 있다. 또한, 그것은 여러 국가들에서 정책이 어떻게 정책의제화되고 어떻게 채택되는가를 비교할 수 있게 한다.

## 5) Howlett, Ramesh & Perl의 정책과정

Howlett, Ramesh & Perl(2009: 12-14)은 정책과정 또는 정책순환을 응용된 문제해결의 논리에 대응하여 5단계모형으로 제시하고 있다(표 7-6).

아래의 정책순환모형에서 첫째, 의제설정(agenda setting)은 어떤 문제들이 정부의 관심이 되는 과정이다. 이 과정은 모든 정책행위자들이 문제를 제기하고 정부행동을 요구할 수 있다. 이러한 문제에 관련되는 소수이거나 많거나 또는 모든 정책행

〈표 7-6〉  Howlett, Ramesh & Perl의 정책과정모형

| 응용된 문제해결 | 정책순환단계 | 관련된 중요행위자 |
|---|---|---|
| 1. 문제인지<br>(problem recognition) | 1. 의제설정<br>(agenda setting) | 정책우주(policy universe) |
| 2. 해결책의 제안<br>(proposal of solution) | 2. 정책공식화<br>(policy formulation) | 정책하위체제(policy subsystem) |
| 3. 해결책의 선택<br>(choice of solution) | 3. 의사결정<br>(decision making) | 의사결정자(decision makers) |
| 4. 해결책의 실행<br>(putting solution into effect) | 4. 정책집행<br>(policy implementation) | 정책하위체제(policy subsystem) |
| 5. 결과검증<br>(monitoring results) | 5. 정책평가<br>(policy evaluation) | 정책우주(policy universe) |

자료: Howlett, Ramesh & Perl(2009: 12－13).

위자 범주들을 정책우주(policy universe)라고 한다.

둘째, 정책공식화(policy formulation)는 정책선택이 정부 내에서 형성되는 과정이다. 이 단계에서 정책우주의 하위집합인 정책하위체제(policy subsystem)는 어떤 정부행동을 요구하는 것으로 인식되는 문제를 해결하기 위한 선택들을 논의하는데 관련된다. 하위체제는 의제설정단계에서 올려진 이슈들을 해결하기 위하여 가능한 대안적 행동경로를 개발하는 과정에서 문제영역에 대한 충분한 지식과 이해관계가 있는 자원을 가지고 참여가 허락된 행위자들로만 구성된다.

셋째, 의사결정(decision making)은 정부가 특정한 행동경로나 비행동경로를 채택하는 과정이다. 어떤 결정이 대안선택을 위해 이루어질 때, 행위자들의 수는 점점 더 선출된 정치인이나 관료 또는 법관 등 권위적인 정부의사결정자로 구성되는 정책하위체제의 하위집합으로 축소된다.

넷째, 정책집행(policy implementation)은 정부가 정책을 효과로 가져오는, 즉 정책을 시행하는 과정이다. 집행이 시작될 때, 행위자의 수는 다시 관련된 정책하위체제로 증가를 한다.

다섯째, 정책평가(policy evaluation)는 정책의 효과를 검증하고 그것의 결과가 정책문제와 해결을 재개념화하는 과정을 말하는 것으로, 평가행위자는 다시 국가와 사회 행위자들의 전체 정책우주로 확대된다.

이러한 정책과정의 분석틀로서 정책순환모형은 장점과 단점을 가지고 있다. 주

요한 장점으로는 첫째, 이 모형은 정책과정의 복잡성을 다수의 단계들과 하위단계들로 분해하는 것에 의해 다차원과정의 이해를 촉진시킨다. 둘째, 이 모형은 정책과정에서 이루어지는 과업들을 분리하고 그 과정에서 정책행위자와 제도 그리고 이념의 상호작용적 역할을 명료화할 수 있다. 셋째, 이 모형은 지방정부영역으로부터 중앙정부영역뿐 아니라 국제적 영역까지 모든 사회적 맥락과 공간적 수준에서 적용할 수 있다.

또한, 이 모형은 단점도 가지고 있다. 첫째, 이 모형은 정책결정자가 매우 체계적이고 다소 선형적인 과정에서 공공문제를 해결하는 것으로 보고 있다(Jenkins – Smith & Sabatier, 1993). 이것은 명백히 현실에서 나타나는 것이 아니라, 종종 문제의 확인과 해결책의 개발과 집행은 매우 임시적(ad hoc)이고 특이한 과정으로 나타난다. 체계적인 문제해결논리는 선험적으로 이상적이지만 실제에서 그 단계들은 축약되거나 건너뛰기가 이루어지고 상이한 순서를 따를 수 있다. 둘째, 정부의 어느 수준과 어떤 단위에서 정책순환모형이 사용되어야 하는가가 불명확하다. 이 모형은 입법부로부터 사법부까지 정부활동의 모든 유형에 적용되는가? 또는 그것은 관료제와 같은 특정조직의 결정과정에만 적용될 수 있는가?(Schalger, 1999)가 문제로 등장한다. 셋째, 이 모형은 인과관계관념이 불명확하다. 그것은 정책발달을 선형적 단계로 지속되는 것으로 보아 무엇이 또는 누가 한 단계로부터 다른 단계로 정책을 이동시키는가에 대한 설명이 없다(Sabatier, 1992).

이와 같은 이 모형의 약점은 그것의 이해를 발전시키기 위한 보다 많은 지식장치를 개발할 필요성을 부각시킨다. 보다 좋은 모형은 정책과정에 관련되는 행위자들과 제도들을 명확히 하고, 정책결정자가 이용할 수 있는 도구를 확인하고, 그리고 어떤 정책결과를 가져오는 요소들을 파악할 필요가 있기 때문이다(Mazmanian & Sabatier, 1980).

## 6) 정책과정모형과 한계

이상에서 논의한 여러 정책학자들의 정책과정모형을 요약하면 다음과 같다(표 7-7). 정책학의 창시자인 Lasswell이 정책과정을 제시한 이후, 세월이 흐르면서 여러 정책학자들은 정책과정의 진행내용을 보다 체계화하였다. 그러나 정책학자들이 제시하는 정책과정단계는 정책의제설정, 정책결정, 정책집행, 정책평가, 그리고 정책평가와 정책변동으로 구분하는 것이 일반적이라고 할 수 있다.

〈표 7-7〉   정책학자들의 정책과정모형 종합

| 정책학자 | 정책의제설정 | 정책결정 | 정책집행 | 정책평가와 변동 |
|---|---|---|---|---|
| Lasswell<br>(1971: 27-33) | 정보수집 | 주창, 처방 | 행동, 적용 | 종결, 평가 |
| Jones<br>(1971, 1977: 9-12) | 문제확인 | 사업개발 | 사업집행 | 사업평가<br>사업종결 |
| Dye<br>(1972, 1981: 23-26;<br>2008: 26-32) | 문제확인,<br>의제설정 | 정책공식화,<br>정책합법화 | 정책집행 | 정책평가 |
| Anderson<br>(1975: 23-24;<br>2000: 30-32) | 정책의제 | 정책공식화,<br>정책채택 | 정책집행 | 정책평가 |
| Howlett, Ramesh,<br>& Perl<br>(2009: 12-14) | 정책의제설정 | 정책공식화,<br>의사결정 | 정책집행 | 정책평가 |

이와 같이, 정책연구를 정책과정모형에 의하여 시도하는 것은 정책과정에서의 행동흐름이나 정책결정에 내포된 다양한 활동들을 이해하는데 도움을 줄 수 있는 장점이 있다.

그러나 Sabatier(1999, 2007: 7)는 1980년대 유행하였던 정책과정접근법을 단계발견적 접근방법(stage heuristic)이라고 하면서 다음과 같은 문제점을 지적하였다. 첫째, 이 접근방법은 인과이론으로 볼 수 없다. 각 단계에서의 활동은 다른 단계와 관련이 거의 없이 독자적으로 전개되는 것으로 보아 단계 내와 단계 사이의 인과관계를 확인할 수 없기 때문이다. 둘째, 각 단계의 선형적 순서가 부정확하다. 예컨대, 기존사업의 평가가 의제설정에 영향을 미치며, 관료들이 애매한 정책을 집행하는 과정에서 정책형성과 합법화단계가 진행될 수 있다. 특정한 정책영역에서 집행과 평가가 상호작용하는 현상을 등한시한다. 따라서 그는 정책과정모형이 실증분석을 하는데 한계가 있으므로 인과관계를 포함하는 대안적 접근방법으로 옹호연합모형을 개발하였다.

한편, Sabatier(1999, 2007)와 Weible & Sabatier(2018)은 정책과정의 이론적 접근으로 다중흐름모형, 단절적 균형이론, 옹호연합모형, 이야기정책모형, 제도분석틀을 제안하고 있다. 또한 거버넌스 관점에서 정책현상을 분석하는 Cairney(2012)는 정책과정이론으로 다수준 거버넌스, 다중흐름모형, 정책네트워크모형, 단절적 균형이론 등을 제시하고 있다.

## 제 3 절 ┃ 예산체제모형과 예산과정

### 1. 예산체제모형의 예산과정 개관

앞에서 정치체제론적 관점에서 정치과정을 논의하였고, 이를 벤치마킹하여 정책체제모형의 정책과정을 기술하였다. 이러한 정치체제론과 정책체제모형을 예산과정에 적용하면 예산체제모형의 예산과정을 도출할 수가 있다(그림 7-5).

정치체제론과 정책체제모형은 정치체제 또는 정책체제와 환경 간의 상호작용을 투입, 전환, 산출, 환류라는 구성요소를 가지고 정치과정과 정책과정을 설명한다. 정

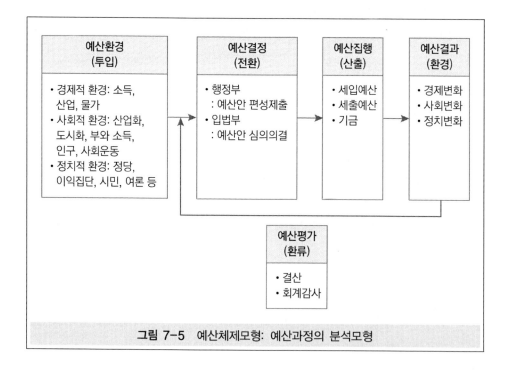

**그림 7-5 예산체제모형: 예산과정의 분석모형**

책체제는 환경으로부터의 요구와 지지를 투입받아 정책을 결정하여 집행하고 평가하는 활동을 하게 된다. 이러한 정책체제의 작동논리는 예산체제모형의 예산과정에도 적용할 수가 있다. 왜냐하면 정책과정과 예산과정은 두 개의 수레바퀴에 해당하기 때문이다.

예산체제(budget system)는 어떤 사회를 위해 정책에 배정된 예산을 권위적으로 배분하는 행태체계를 말하는 것으로, 환경으로부터 국민이나 이익집단 및 정당 등 여러 개인이나 집단으로부터 요구와 지지를 투입받게 되고 이를 해결하기 위하여 예산을 편성하고 심의를 받아 집행함으로써 일정한 예산결과를 가져오게 된다. 이처럼, 예산체제는 투입, 전환, 산출, 결과(성과 혹은 환경에 미친 영향), 그리고 환류하는 하위요소로 구성되게 되고, 이들을 분해하여 논의한 것이 예산과정이라고 할 수 있다(신무섭, 2010: 533－534).

## 2. 예산과정단계

앞에서 논의한 정치과정과 정책과정은 예산과정과 밀접한 관련을 갖고 작동한다. 왜냐하면 정치과정과 정책과정의 핵심개념인 정치나 정책을 수행하기 위해서는 재정 또는 예산이 필요하기 때문이다. 예컨대, 예산을 결정할 때에는 기본적으로 정책(사업)에 대한 결정과 금액에 대한 결정이 동시적으로 이루어진다. 정책(사업)에 대한 결정은 환경 속의 사회문제를 해결하기 위해 설정한 정책(사업)목표를 달성하기 위한 정책대안을 선택하는 것이고, 금액에 대한 결정은 선택된 정책대안(정책이나 사업)에 소요되는 비용을 계산하여 화폐적 수치를 부여하는 것이다(윤영진, 2021: 18－19).

따라서 정책과정을 정책형성(정책의제설정, 정책결정), 정책집행, 정책평가의 단계로 나눈다면, 이런 단계와 연결되는 예산과정은 예산편성, 예산심의, 예산집행, 결산과 회계감사 등으로 나눌 수가 있다. 정책형성은 예산편성 및 심의와 정책집행은 예산집행과 그리고 정책평가는 결산 및 회계감사에 연결되는 순환과정이라고 할 수 있다.

첫째, 정책형성단계는 정책원인이 되는 공공문제에 대처할 수 있는 정책을 만들어내는 과정(김명수, 2000: 67)으로 정책의제설정과 정책결정이 포함된다. 이것은 정책문제의 탐색과 문제해결책인 정책(사업)을 산출하는 단계로서, 다른 말로 표현하면 정책(사업)에 필요한 돈에 대한 예산의 편성과 심의를 하는 과정이라고 할 수 있다. 예산의 편성과 심의는 예산결정과정이면서 정책결정과정이다. 왜냐하면 예산이 편성될 때 정책이나 사업이 구체화된다. 예산편성단계에서 정책이나 사업을 수치화한 정부예산안은 국회의 예산심의단계로 이동한다. 이 단계에서는 정책(사업)과 예산의 효율성과 타당성 등을 검토하여 최종적으로 정부예산으로 확정된다.

둘째, 정책집행단계는 당해년도에 설계한 정책(사업)을 실현시키는 것으로 이것에 할당된 예산이 실행되는 것이다. 이것은 정책에 배분되는 예산을 환경 속의 사회문제를 해결하기 위하여 적용하는 예산집행을 하는 것을 말한다.

셋째, 정책평가단계는 정책(사업)이 의도하였던 문제해결 또는 정책목표를 달성했는가를 검증하는 과정으로서, 이것은 정책(사업)에 들어간 예산이 제대로 사용되었는가에 대한 결산과 회계감사가 이루어지는 과정이다. 정책평가에서 평가결과는 다음의 정책과정에서 환류가 이루어지는데, 결산과 회계감사의 결과도 환류가 이루어지게 된다.

지금까지 기술한 바와 같이, 예산과정의 논리적 순서는 정책과정의 진행순서와 본질적으로 같다(표 7-8). 예산과정 자체를 정책과정의 특수한 형태로 보는 이유는 바로 그 때문이다(안해균, 2000: 300).

**〈표 7-8〉 정책과정과 예산과정**

| 정책과정 | 예산과정 |
|---|---|
| 정책형성<br>(정책의제설정+정책결정) | 예산편성<br>예산심의 |
| 정책집행 | 예산집행 |
| 정책평가 | 결산과 회계감사 |

그런데 위의 <표 7-8>에서 제시한 예산과정은 중앙정부와 지방정부 모두에게 적용할 수 있다. 왜냐하면 중앙정부와 지방정부는 국가나 지방에서 발생하는 사회문제를 해결하거나 사회기회를 창조하기 위한 정책활동을 하는데 필요한 예산을 편성하고 심의하고 집행을 하여 결산을 하는 과업을 수행하기 때문이다.

> ## 제 4 절 | 정책과정과 예산과정의 사례연구

### 1. 노인장기요양보험의 정책과정[1]

노인장기요양보험제도는 자식이 못하는 효도를 국가가 대신한다는 목표 하에, 1999년부터 제도도입에 대한 논의와 2000년부터 각종 자문위원회를 운영하여 우리나라에 적합한 제도모형을 연구하는 등 7년여의 정책과정을 거쳐 2007년 4월 국회에서 노인장기요양보험법이 제정됨으로써 2008년 7월 1일부터 노인장기요양보험제도가 시행되었다. 여기서 노인장기요양보험법 제1조에서 정의되는 노인장기요양은 고령이나 치매 중풍 등 노인성질병으로 인하여 6개월 이상 혼자서 일상생활을 수행하기 어려운 노인 등의 가정을 장기요양요원이 방문하여 식사 목욕 가사지원 및 간호서비스 등을 제공하거나 요양시설에 입소하도록 하여 전문서비스를 제공함으로써 노후생활의 안정과 가족의 부담을 덜어주기 위한 서비스를 의미한다.

본 연구의 범위는 첫째, 시간적 범위로 한국의 노인장기요양보험제도에 대하여 제정논의가 제기된 1999년부터 법률이 시행되고 있는 2011년 11월까지의 전 정책과정을 연구대상으로 하였다. 둘째, 정책과정을 정책환경기, 정책의제설정기, 정책결정기(정부안결정기와 국회심의결정기), 정책집행기, 정책평가기 등 4단계로 구분하되, 정책의제설정기부터 정책결정기까지는 정책네트워크이론에 따른 정책과정분석을 하고, 정책집행기와 정책평가기에는 정책집행과 내용을 분석 연구하였다. 정책집행기는 주로 정책집행기관(행정부처 건보공단)이 결정된 정책을 실제 적용하는 단계이고, 제도시행 후 정부주관으로 노인 등을 대상으로 장기요양서비스 이용만족도에 대한 여론조사를 실시하고 제도시행에 따른 문제점들을 공적기구인 제도개선위원회와 장기요양위원회를 통해 제도개선을 일부 추진하였으며 정부 차원에서 피드백과정 중이어서 집행 및 평가내용을 중심으로 분석하였다(표 7-9).

셋째, 정책참여자의 범위로는 공식적인 참여자로 행정부처(대통령 및 지자체 포함), 국회, 그리고 비공식 참여자로 사회복지계, 의료계, 전문가집단, 시민단체, 경영

---

1) 이광재(2011). "노인장기요양보험 정책과정에 관한 연구", 「노인복지연구」 제54호: 7-34 참조.

〈표 7-9〉 본 연구의 정책과정단계별 구분

| 정책과정 구분 | | 정책과정별 기간 | 연구방법 |
|---|---|---|---|
| 정책환경 | | 1999.10. 이전 | 정책네트워크분석 |
| 정책의제설정단계 | | 1999.10.~2003.2. | 정책네트워크분석 |
| 정책결정단계 | 정부안결정 | 2003.3.~2006.2. | 정책네트워크분석 |
| | 국회심의결정 | 2006.3.~2007.4. | 정책네트워크분석 |
| 정책집행단계 | | 2007.5.~2011.10. | 정책집행내용분석 |
| 정책평가단계 | | 2008.7.~2011.10. | 정책평가내용분석 |

자단체, 노동계, 여성계, 언론, 노인단체, 장애인단체, 정당, 국민건강보험공단(이하 건보공단)으로 한정하였다.

## 1) 정책환경

우리나라 노인장기요양보험제도의 정책유산으로는 급성기 치료위주의 건강보험 제도와 저소득층 일부에 한정되고 국가가 시혜적으로 제공하는 노인복지제도의 한 계를 들 수 있고 또한 여야당과 대통령 모두 노인층의 정치적 지지를 얻기 위한 정치 적 배경으로 노인장기요양보험제도 도입을 대선선거공약으로 내세우고 노인요양문 제를 정책아젠다로 채택 추진하게 되었다. 이외에, 이런 문제에 대한 논의배경으로 는 인구의 고령화와 장기요양 필요노인의 증가, 가족규모의 축소, 가족부양의식의 변화, 여성의 사회진출 증가 등으로 인한 노인에 대한 가족부양기능의 약화 등 사회 경제 문화적 환경과 그리고 요양시설의 절대부족 및 지역 간 불균형 등 인프라 구축 환경을 들 수 있다.

## 2) 정책의제설정단계: 외부주도형 또는 내부주도형

노인장기요양보장제도에 관한 정부 차원의 최초논의는 1999년 말부터 시작되었 는데, 노인복지전문가들이 대통령에게 '노인보건복지 중장기발전계획 추진상황'을 보고하는 자리에서 2000년도 고령화사회의 진입에 따라 노인장기요양보호의 필요 성을 제시하면서 '노인장기요양보호정책연구단'(2000년 1월에 정책기획단 으로 명칭이 변경됨)의 구성을 제안 운영하게 되어 연구활동이 진행되었다.

이와 함께, 정부는 2000년 7월 건강보험통합 및 의약분업 시행이후 건강보험재정파탄이라는 위기적 상황에서 종합대책이 수립되어 노인요양보험제도의 도입이 제시되었고, 2001년 8월 15일 김대중 대통령 경축사에서 공개적으로 제시되어 정책의제로서 자리매김하게 되었다. 또한, 2002년 7월에는 국무총리 산하 노인보건복지대책위원회에서 사회보험방식의 제도도입이 공식화되었고, 보건복지부는 2003년 1월 대통령직인수위원회에 새정부의 추진과제의 하나로 공적노인요양보장체계를 2007년까지 구축하는 방안을 보고하고 수용됨으로써 노무현 정부의 정책의제로 채택된 것이다.

### 3) 정책결정단계: 정책공동체와 이슈네트워크

#### (1) 정부의 정책안결정: 정책공동체에서 이슈네트워크로

보건복지부는 2003년 3월에 '공적노인요양보장추진기획단(이하 추진기획단)'을 설치하고, 4월에 대통령업무보고에서 2007년 시행목표로 공적노인요양보장제도를 도입하겠다고 보고하였고, 도입준비를 위해 직제를 개편하였다. 추진기획단은 1년 동안의 연구활동을 통해 제도도입방안에 대한 개략적인 원칙과 전략을 제시하였으나 장애인 포함여부, 관리운영주체, 급여 형태 및 수준, 수가체계 등 중요한 사항에 대해서는 합의를 도출하지 못하고 추후 검토과제로 넘겼다. 보건복지부는 추진기획단안을 토대로 구체적인 실행모형 마련을 위해 '공적노인요양보장제도실행위원회(이하 실행위원회)'를 구성 운영하여 보다 구체화하였다. 아울러, 정부는 실행위원회에서 제시한 노인장기요양보험제도시안에 대해 몇 차례 내부 정책토론회를 개최하여 의견을 수렴하였다.

정책참여자로는 대통령, 보건복지부, 추진기획단, 실행위원회, 한국보건사회연구원, 기획예산처, 일부 학계, 노인단체, 시민단체, 건보공단, 노동단체, 경제단체, 언론 등이다. 주도적 참여자는 정책대안을 마련하는 핵심적인 역할을 담당한 보건복지부 산하의 추진기획단 및 실행위원회, 그리고 한국보건사회연구원이다. 참여자의 이해관계는 다음과 같이 표출되었다. 첫째, 추진기획단의 논의단계부터 장애인 적용대상여부에 대해 이견이 컸다. 시민단체와 노동단체 및 일부 교수들은 장애인을 포함한 모든 국민을 대상으로 하여야 한다고 주장하였고, 보건복지부와 예산처는 정부재정 부담 실행문제를 감안하여 노인에 한정할 것을 주장하였다. 노인단체도 장애인은 별도로 정부가 대책을 만들 것을 요구하였다. 실행위원회 심의결과, 다수의견은 장애인은 정부에서 별도대책을 마련할 것을 건의하는 것으로 결정하였다.

둘째, 추진기획단에서는 요양병원을 장기요양보험 대상시설에 포함시키는 방안을 제안하였으나 결정하지 못하였고, 실행위원회에서는 공립치매병원에 한하여 포함시키는 방안이 제안되었다. 가족수발 시 현금급여 인정여부에 대해서 추진기획단에서는 결론을 유보하였으나 실행위원회 주관 공청회에서는 인정해야 한다는 의견이 다수였고, 실행위원회에서는 국가자격을 보유하고 직접 수발한 경우에 한하여 현금급여를 예외적으로 인정하는 것을 제안하였다.

셋째, 추진기획단 주관 공청회에서 대한노인회, 재가복지협회, 농업경영인중앙회는 사회보험방식을, 민주노총, 사회보장학회, 노년학회는 조세방식을 지지하였다. 전문가조사에서는 사회보험방식이 약간 많이 지지하는 것으로 나타났다. 이에 추진기획단은 사회보험방식을 주로 하고 조세로 보완하는 방식을 제안하였고, 실행위원회에서도 이러한 기조가 유지되었다.

넷째, 추진기획단과 실행위원회에서는 건보공단을 보험자로 하고 지자체에 요양보호노인 발굴과 요양시설 확충 등 일부 역할을 부여하는 것으로 잠정 결정하였다. 민간단체 중 대한노인회는 제도의 조속한 도입을 요구하는 원칙적인 입장에 머물러 급여범위와 재원조달방식 등 세부적인 내용에 대해 영향력을 행사하지 못하였다.

보건복지부는 2005년 1월부터 제도의 안정적 실행가능성을 우선으로 하여 그간 실행위원회에서 논의되어 제안된 내용을 검토하였다. 5월 당정협의에서 시행방안에 대한 논의, 7월 국무총리 주재 관계장관회의에서 중점논의를 거쳐 마련한 노인수발보험법 제정을 위한 공청회를 9월에 개최한 후 입법예고를 하였고 관련 단체로부터 의견을 수렴하였다. 이어 규제심사위원회의 규제심사와 법제처 심사 등 입법절차에 따라 2006년 2월 국무의결을 거쳐 국회에 제출하였다. 첫째, 적용대상범위에 관해서 보건복지부는 장애인과 경증자를 제외하기로 결정하였다. 둘째, 급여범위에 관해서 의사협회는 의료영역이 축소되고 복지서비스 중심으로 제도가 만들어지는 것을 현대판 고려장이라고 강하게 비판하였고 정부는 현금급여제도에 대해서 인정사유를 더욱 한정시키기로 하였다. 셋째, 재원조달방식에 관해서 정부는 기획예산처의 의견을 반영하여 국고지원규모를 대통령령으로 위임하는 것으로 정하였는데, 시민단체와 노동단체로부터 비판을 받았다. 넷째, 관리운영체계에 관해서 보건복지부와 기획예산처 및 행정자치부는 건보공단을, 일부 시민단체 및 학계와 의료계는 지자체를 주장하였다. 다섯째, 제도시행시기와 관련하여 경총과 참여연대는 시기상조임을 주장하였고 정부 측에서도 2007년 7월 시행은 어려움이 많다는 의견을 가지고 있었다.

학계와 연구기관의 전문가, 시민단체 등의 의견이 반영된 실행위원회 제시안을 정부 측에서 적용대상과 급여범위를 축소한 것은 정부 측이 의사결정에서 우위에 있음을 나타낸다. 보건복지부가 정책네트워크의 중심에 있고 시민단체, 노동단체, 경제단체가 주도적 참여자로 약한 갈등관계 입장에서 활발한 논의가 이루어졌다. 반면에, 기획예산처와 시민단체, 노동단체, 그리고 보건복지부와 의료단체가 대립적인 입장이었다. 노인관련단체와 의료단체는 보건복지부만을 대상으로 하는 제한적인 네트워크를 형성하였다.

결론적으로, 정책참여자들은 추진기획단과 실행위원회를 중심으로 서로 의존관계를 갖고 상호작용하였으며, 각계 민간위원의 참여가 보장되었는데 전반적으로 협력하는 기조였다. 국책연구기관인 한국보건사회연구원은 보건복지부와 정책대안을 만드는 과정에서 긴밀한 협력관계를 유지하였다. 그리고 시민단체와 대한노인회 등 이익단체와 보건복지부는 적용대상범위와 재원 중에 정부분담률 등에 대하여 이견을 보이는 등 갈등관계를 유지하였고, 언론과 여론은 정부의 제도모형에 대해 협조적인 관계를 보여주었다. 따라서 정부정책결정단계의 정책네트워크는 정부와 전문가 중심의 정책공동체모형에서 출발하여 문제의 성격상 다양한 단체와 일반인이 참여하는 이슈네트워크로 변화를 하고 있다.

### (2) 국회의 정책안의결: 이슈네트워크

정부안이 국회에 제출된 이후, 5개 의원입법안이 국회 보건복지상임위원회에 일괄 상정되었고, 사회복지계로부터 청원입법안이 제출되었다. 이에 국회에서는 11월에 공청회 개최, 노인복지시설협회 및 대한간호협회 등 이익단체 대표들과의 간담회 실시, 수차례 법안심의를 거쳐 상임위에 상정하였으나, 관리운영주체와 수급자범위 등 쟁점사안에 대해서는 의원들 간에 이견이 있어 법안심의가 해를 넘겼다. 이에 정부는 정계 학계 전문가 관련 협회장들을 초청하여 전국 8개 지역에서 정책토론회를 개최하였다. 여야와 정부 간에 수차례의 협의를 통해 국회에 제출된 7개 법안을 하나의 대안으로 채택한 법안이 2007년 2월말 상임위를 통과하여 본회의에서 4월 2일에 가결되었다.

정책참여자로는 국회 각 정당, 보건복지부, 시민단체, 노인관련단체, 장애인단체, 의료단체, 지자체, 건보공단, 언론 등이다. 주도적 참여자는 국회, 보건복지부, 시민단체, 노동단체이다. 정부안결정 단계와 다른 점은 장애인단체가 새로이 참여하고 의료단체 참여가 활발해진 점이고 보험자문제와 관련하여 전국 지자체장들이 공동으로 의견을 개진한 점이다. 정부가 건보공단을 정책대안모색기부터 관리운영주체로 잠정 결정함에 따라 지자체는 정부안결정기까지 정책과정에 참여하지 않았으나, 사회복지계와 다수 의원발의 법안에 지자체를 관리운영주체로 해야 한다는 주장에 따라 전국 시군구협의회장들은 부정적인 의견을 표명함으로써 소극적으로 국회심의 결정기때 정책과정에 참여하게 되었다.

참여자의 이해관계를 보면, 첫째, 적용대상자에서 경증을 제외하는 점에 대해서 야당의원들의 비판이 많았고 시민단체 다수의 학계에서도 정부안의 적용대상이 제한적이라고 비판하면서 보편적 서비스를 주장하였다. 장애인단체와 시민단체 및 일부 국회의원들(장애인계를 대표한 열린우리당 장향숙의원 한나라당 정화원의원)은 모두 장애인을 포함하여야 하나, 보건복지부는 장애인복지시책을 별도로 마련하여 발전시켜 나갈 계획을 강조했다. 적용대상자가 정부안결정 때보다 확대되었는데, 이는 시민단체와 학계 및 일부 야당의원들의 의견이 정책산출에 반영된 결과이다.

둘째, 관리운영주체에 관한 것으로 시민단체와 다수의 학계 및 노인복지시설협회에서는 시군구가 역할을 담당하여야 한다고 주장하였고, 보건복지부와 건보공단은 건보공단이 담당해야 한다고 주장하였으며 정책산출에 반영되었다.

셋째, 시민단체와 노동단체는 국고부담을 늘리고 서비스이용 시 본인부담을 줄여야 한다고 주장한 반면에, 보건복지부는 건강보험 국고지원수준 이상으로 지원하기 어렵다는 입장을 고수하였다. 재가서비스이용 시 본인부담률 일부 인하는 건강세상네트워크, 민노총, 한노총, 민주노동당의 의견이 일부 반영된 결과이다. 대한노인회는 국회심의과정에서 정치적 압력단체로서 조속한 법률통과를 위해 정치적 영향력을 행사한 것으로 파악된다. 노인복지시설협회는 시군구가 관리운영주체가 되도록 노력하였으나 반영되지 않는 등 영향력이 부족함을 보여주었다. 적용대상이 확대되고 본인부담이 일부 인하되는 성과가 있었다는 점은 시민단체와 노동단체의 영향력이 상당히 컸음을 의미한다.

국회 법안심의는 국회의 고유권한이므로 행정부보다 우위에서 의원들의 입장을 관철시킨 부분이 많았다. 그러나 국고지원 확대와 장애인 포함문제는 예산과 직결되는 사항으로 제도를 실행하는 책임을 맡은 행정부의 권한이 강하다고 할 수 있다. 법률제정에 대해 전체적으로는 동의 내지 협조하는 분위기였지만, 주요한 쟁점에 대해서는 참여자 간에 대립하고 갈등하는 양상을 보였다. 적용대상 및 국고지원 확대와 본인부담 인하를 주장하는 국회 및 시민단체와 노동단체, 그리고 재정문제를 이유로 반대하는 보건복지부는 대립양상을 보였다. 관리운영주체와 관련하여 시군구를 주장하는 의원들과 노인복지시설협회에 대해 보건복지부와 건보공단이 갈등관계를, 보건복지부 및 국회와 의료단체 간에는 방문간호개설권과 맞물려 갈등관계를 유지하였고, 국회의 법안심의결정에 대해 언론은 적극적으로 환영하면서 일부 부정적인 시각을 보였다. 정당간의 정책연합은 정당의 이념과 정책지향에 따라 이루어지지 않고 정책현안에 따라 정당 또는 의원별로 다원화되고 있는 점이 이 시기의 특징이다.

따라서 국회심의결정기의 정책네트워크는 국회가 중심에 있고 보건복지부 시민단체 노동단체가 주도적 참여자가 되면서 이해관계단체의 활발한 상호작용이 이루어져 개방적인 이슈네트워크라고 할 수 있다.

## 4) 정책집행단계 : 제도 시행

노인장기요양보험법이 2007년 4월 2일 국회 본회의 제266회에서 가결되어 2008

〈표 7-10〉 장기요양의 신청자, 인정자, 이용자 수 (단위: 명, %)

| 구 분 | | 2008.7. | 2009.6. | 2010.6. | 2012.6. | 2011.6. | 증가율 (2008.7월 대비 11.6월) |
|---|---|---|---|---|---|---|---|
| 신청자 (노인인구대비) | | 295,715 (5.9) | 493,963 (9.5) | 690,640 (12.8) | 759,339 (13.8) | 826,452 (14.8) | 179.5 |
| 인정자 (인정률)) | | 146,643 (2.9) | 268,980 (5.2) | 312,138 (5.8) | 315,994 (5.7) | 320,261 (5.8) | 118.4 |
| 이용자 (이용률) | 계 | 70.542 (48.1) | 197,875 (73.6) | 270,238 (86.6) | 281,191 (89.0) | 288,125 (90.00 | 308.4 |
| | 요양시설 | 39,711 (56.3) | 60,662 (30.7) | 84,737 (31.4) | 92,556 (32.9) | 98,595 (34.2) | 148.3 |
| | 재가기관 | 30,831 (43.7) | 137,213 (69.3) | 185,501 (68.6) | 188,635 (67.1) | 189,595 (65.8) | 514.9 |
| 총급여비용 (백만원) | 계 | 480,818 | 829,800 | 1,304,640 | 2,745,586 | 1,467,536 | 205.2 |
| | 요양시설 | 296,180 (61.6) | 401,166 (48.3) | 543,593 (41.7) | 1,184,994 (43.2) | 674,183 (45.9) | 127.6 |
| | 재가기간 | 184,637 (38.4) | 428,633 (51.7) | 761,046 (58.3) | 1,560,592 (56.8) | 793,352 (54.1) | 329.7 |

자료: 국민건강보험공단(08.7월, 09.6월, 10.6월, 10.12월, 11.6월), 노인장기요양보험통계월보.

년 7월 1일부터 시행하게 되었다. 이에 정부는 노인성질병의 범위, 의사소견서 제출 제외자의 범위 및 발급비용, 장기요양기관의 지정기준 및 재가장기요양기관의 시설 인력운영기준 등 노인장기요양보험법에서 위임한 사항을 구체화하고, 제도시행에 필요한 절차를 정하여 2007년 6월 8일에 노인장기요양보험법 시행령 및 시행규칙 제 정안을 입법예고하였고, 규제위원회 및 법제처 심사를 거쳐 10월에 공포 시행되었다.

노인장기요양보험제도가 시행된 지 3년 만에 장기요양의 신청자 및 인정자와 요 양서비스 이용자의 큰 폭의 증가 등을 보아 본제도가 국민들에게 사회보장제도로 안착되고 있음을 알 수 있다. 장기요양신청자는 2008년 7월에 297,715명(노인인구의 5.9%)에서 826,452명(14.8%)으로 증가함에 따라 서비스를 받을 수 있는 수급자는 146,643명(노인인구의 2.9%)에서 320,261명(5.8%)으로 계속 증가일로에 있다.

더불어, 제도의 수혜자는 70,542명(9등급 인정자의 48%)에서 288,125명(90%)로 약 300%이상 큰 폭으로 증가하였고, 초창기의 요양시설 이용중심에서 재가기관의 확충에 따라 재가요양서비스 이용으로 전환되는 추세를 보여주고 있다(표 7 - 10).

### 5) 정책평가단계 : 제도 시행평가

제도시행 후 제도에 대한 국민들의 인식도와 제공받은 요양서비스에 대한 만족 수준 등에 대해 외부기관을 통해 수차례 여론조사를 실시하였는데, 제도인식도 및 서비스만족도는 매년 크게 높아졌다.

먼저, 보건복지부에서는 2008년 8월과 2009년 6월 각각 한국갤럽을 통해 전반적 인 만족도수준 등을 조사하였다. 조사결과, 요양서비스에 대한 만족도에서 재가기관 83%, 요양시설 75%가 만족하고, 80%가 요양환경이 개선, 92%가 수발에 대한 심리 적 부담감 감소효과, 수발가족들의 95%가 경제활동에 도움이 된다고 하였다.

다음은, 건보공단에서 2010년 6월과 2011년 5월에 ㈜매트릭스코포레이션 등을 통해 실시한 노인장기요양보험제도 시행이후 국민인식도 및 만족도 조사내용이다. 제도 도입초기 27%(08.8월)에서 63%(11.5월)로 제도인지도가 크게 증가하였는데, 90%가 제도의 필요성에 대해 공감하고 있다. 그리고 장기요양서비스 이용 후 이용 자의 만족도에서는 건강상태 향상이 40%에서 79%로, 심리적 부담 감소는 91%에서 92%로, 신체적 부담 감소는 84%에서 86%로 전반적인 상승기조를 유지하고 있다.

결론적으로, 노인장기요양보험제도는 전문적인 요양서비스 제공으로 노인의 삶 의 질 향상 및 가족의 부양부담 경감, 노인의료비 절감 등 기대효과를 예상하고, 특히 여성 중장년층 등 비공식수발자의 사회경제활동 활성화로 경제성장과 함께 능동적 복지 실현이라는 현 정부의 복지이념과 맞물려 추진되었고, 제도가 시행된 지 4년째를 맞이하고 있다. 제도 시행 이후 여러 언론기사와 토론자료, 요양서비스에 대한 만족도조사 등을 종합하면, 정부는 제도수혜자의 큰 폭의 증가, 시설 및 인력인프라의 대폭확충, 체계적인 서비스 제공으로 이용자의 삶의 질 향상과 보호자의 경제적 심리적 부담이 경감되었다는 점을 들어 나름대로 짧은 기간에 노인장기요양보험제도가 연착륙되었다고 평가하고 있으며 대부분 받아들여지고 있다. 그러나 이러한 긍정적인 평가 이면(裏面)에는 사회복지서비스의 시장화에 따른 여러 문제를 파생시키고 있는 점 또한 간과할 수 없다. 장기요양보험제도의 지속가능성 확보를 위해서는 장기요양서비스의 질 제고 및 수급질서 확립, 요양보호사의 처우 및 근무환경 개선, 구체적인 요양서비스 제공기준 마련 등 제도개선을 조속히 추진해야 하는 절실한 상황으로 볼 수 있다.

## 2. 중앙정부와 지방정부의 예산과정

앞에서 기술한 바를 부연설명하면, 정부예산은 정부가 회계연도 동안 수행하는 정책(사업)활동에 얼마를 사용하고 그것을 위해서 재원을 어떻게 마련할 것인가를 금액으로 표시한 계획이다. 여기서 정부가 돈을 어떻게 마련할 것인가에 대해서 계획을 세운 것이 세입예산인데, 세입의 대부분은 세금이고 그 밖에 세외수입과 국가채무가 있다. 그리고 정부가 마련한 돈을 어느 활동에 사용할 것인가에 대해서 계획을 세운 것이 세출예산인데, 세출의 대부분은 정책이나 사업으로 지출되지만 국가채무를 상환하는데도 사용된다. 그런데 예산을 바라볼 때에는 세입예산보다 세출예산을 중심으로 하는 경향이 크다.

정부의 예산안은 자신들이 계획한 정책(사업)을 수행하기 위해 행정부가 편성하고, 이것이 국회에서 심의 의결되면 확정된 예산이 되고, 행정부에 의해 정책과 예산집행이 되고 결산으로 종료한다. 우리나라 예산은 1회계연도를 원칙으로 하여 매년 1월 1일부터 12월 31일까지 효력을 가지게 된다. 이러한 예산과정의 시간상 진행은 회계연도 1년 전의 1분기($t-1$년)부터 편성이 준비되어 회계연도($t$년)에 집행을 하고 그 다음연도($t+1$년)에 결산을 하는 3년 주기를 가진다.

따라서 중앙정부와 지방정부는 매년 수행할 정책(사업)에 숫자를 부여하는 예산

활동을 수행하게 되는데, 중앙정부의 예산과정은 국가재정법에 의해 그리고 지방정부의 예산과정은 지방자치법과 지방재정법을 근거로 작동하게 된다(신무섭·주상현, 2021: 169-194; 배득종·유승원, 2014: 212-305: 467-471).

## 1) 중앙정부의 예산과정

중앙정부의 예산과정은 예산편성, 예산심의, 예산집행, 예산결산과 회계감사 등의 네 단계로 진행된다. 첫째, 예산편성은 정부가 추구하는 비전과 목표가 반영된 정책(사업)을 수행하기 위한 예산을 설계(수립)하는 과정으로 행정부중심의 총액배분자율편성제도(top-down 제도)에 의해 이루어진다. 이런 예산편성의 절차는 기획재정부장관이 중앙부처에 예산편성지침과 예산한도액의 시달(매년 3월 31일까지), 중앙부처가 각자의 정책(사업)을 확정하고 예산요구서를 제출(5월 31일까지), 기획재정부의 예산사정(6월~8월)과 정부예산안의 확정 및 국회제출(9월 3일까지) 순서로 이루어진다.

특히, 예산편성에서 중요한 단계는 정부부처가 정책(사업)을 수행하기 위한 예산확정과 이에 대한 기획재정부의 예산사정이다. 각 정부부처의 예산은 사업담당단위와 국과 등 사업을 수행하는 조직중심으로 수차례의 정책조정이 이루어져 확정되고, 부처의 예산요구서가 기획재정부에 제출되면 이때부터 예산의 사정과 조정 작업이 이루어진다. 예산사정은 각 부처와 기재부가 정책(사업)에 대한 자원배분을 놓고 갈등과 압력 및 타협을 하는 정책게임으로서 중요한 정책결정과정이라고 할 수 있다. 기재부가 국회에 제출되는 예산안은 예산총칙, 세입세출예산, 계속비, 명시이월비, 및 국고채무부담행위로 구성된다.

둘째, 예산심의는 행정부가 제출한 정책안과 예산안을 국민의 대표기관인 입법부(국회)가 심의하여 의결하는 최종 정책결정과정으로서 국회중심의 정책과 예산의 결제도에 의해 이루어진다. 국회의 예산심의절차는 정부 시정연설, 상임위원회의 예비심사, 예산결산특별위원회의 종합심사, 그리고 본회의 의결(회계연도개시 30일 전까지)로 진행된다.

정부가 국회에 정책안과 예산안을 제출하면 국회법 제84조에 의해 본회의에서 대통령이나 국무총리의 시정연설이 있게 되는데, 시정연설은 정부가 수행하고자하는 국정비전과 목표 및 정책과 예산을 제시하는 것이다. 본회의의 다음날부터 국회는 상임위원회별로 국정현안에 대한 국정감사를 하고, 소관 정부부처에 대한 예비심사를 한다. 예비심사에서 소관 부처의 정책과 예산을 승인한다. 이후에 예산결산특별위원회에서는 기재부장관이 예산안 및 기금운용계획에 대한 제안설명을 하고, 전문위원의 예비검토보고가 있고, 그 후 모든 정부부처 각료가 참석한 가운데 종합정책질의가 진행되고, 분과위원회별로 예산심사를 하고, 예산안조정위원회에서 세출예산과 세입예산을 일치시키는 작업을 한다. 예결위의 종합심사가 이루어진 후에는 정책안과 예산안이 본회의에 상정되고 최종의결이 이루어진다.

  셋째, 예산집행은 국회가 최종 의결한 정책과 예산을 행정부가 실행하는 과정으로서 국민으로부터 징수한 세입예산을 각 정부의 정책(사업)에 지출하는 모든 행위를 말한다. 예산집행의 목표는 입법부의 의도와 재정한계를 지키는 것과 예산 성립 이후의 상황변화에 적응하도록 신축성을 유지하는 것이다. 이를테면, 행정부는 국회

〈표 7-11〉 중앙정부의 예산과정내용

| 예산과정 | 세부내용 |
|---|---|
| 예산편성 | 〈행정부중심의 총액배분 자율편성예산제도〉<br>● 예산편성지침과 기금운용계획안작성지침 통보<br>  (기획재정부, 각 중앙관서장에게, 3월 31일까지)<br>● 부처의 예산요구와 기금관리주체의 기금운용계획안 제출<br>  (각 부처, 기금관리주체, 기획재정부에게, 5월 31일까지)<br>● 기획재정부의 예산사정(6월부터 8월까지)<br>● 기획재정부의 예산안과 기금운용계획안의 확정과 국회제출(회계연도개시 120일전까지) |
| 예산심의 | 〈국회중심의 예산심의의결제도〉<br>● 시정연설(대통령)<br>● 예비심사(각 상임위원회)<br>● 종합심사(예산결산특별위원회)<br>● 본회의 의결(회계연도개시 30일전까지) |
| 예산집행 | 〈행정부중심의 예산집행제도〉<br>● 예산의 배정과 자금계획의 통지(기획재정부, 각 중앙관서장에게)<br>● 예산의 재배정과 자금계획의 통지(각 중앙관서장, 하급부서에)<br>● 수입과 지출(각 중앙관서장)<br>● 기록과 보고(각 중앙관서장, 기획재정부에) |
| 결산과<br>회계감사 | ● 세입과 세출의 출납사무완결(기획재정부, 다음연도 2월 10일까지)<br>● 결산서의 작성 및 제출(각 중앙관서장, 기획재정부에, 다음연도 2월말까지)<br>● 감사원의 결산검사(감사원, 기획재정부에 다음연도 5월 20일까지)<br>● 국가결산보고서의 국회 제출(기획재정부)<br>● 본회의 의결(정기국회) |

가 승인한 예산의 범위 내에서 사업을 수행해야 하고, 시대환경변화에 적응하기 위한 신축적인 예산운영장치로 예산의 이용(移用)과 이체(移替)(각 기관 간 및 입법과목인 장관항 간에 상호융통하는 것) 및 전용(轉用)(행정과목인 각 세항 및 목 간에 상호융통하는 것), 예산의 이월(移越)(예산지출을 다음회계연도에 할 수 있도록 하는 예외조치), 예비비, 추가경정예산, 기금운용계획변경 등을 활용한다.

넷째, 예산결산과 회계감사는 행정부의 예산집행이 합법적이고 효율적으로 이루어졌는가를 국회와 감사원이 검증하고 평가하는 과정이다. 각 정부부처는 정책을 수행한 예산집행실적을 수치로 정리하여 기재부장관에게 제출하면, 기재부의 국가결산보고서 작성과 감사원의 결산검사가 이루어지고 국가결산보고서에 대해 국무회의의 심의와 대통령의 승인을 받은 후에 국회에 제출한다. 국회결산보고서에는 세입세출결산과 재무제표 및 성과보고서가 첨부된다.

국회는 예산심의와 동일한 절차로 결산을 심의 의결한다. 이러한 결산결과는 행정부의 책임추궁과 다음연도의 예산편성에 반영하는 예산환류(budgeting feedback)가 이루어진다.

## 2) 지방정부의 예산과정

지방정부의 예산과정은 중앙정부의 예산과정처럼 예산편성, 예산심의, 예산집행, 예산결산과 회계감사 등의 네 단계로 진행되는데, 세부내용에서 약간의 차이가 있다.

첫째, 예산편성은 행정안전부가 지방정부에 예산편성기준을 시달(7월 31일까지)하면서 시작한다. 여기의 예산편성기준은 지방재정을 합리적으로 운영하기 위한 원칙과 세입과 세출에 대한 원칙이 제시되어 있다. 지방정부는 행정안전부의 지방자체단체 재정운용업무편람에 의거하여 자체적으로 예산편성지침을 만들어 산하기관에 시달한다(8월 20일까지). 각 사업부서(실국)는 예산담당자에게 예산요구서를 제출하고(9월 말까지), 예산담당부서는 기획관리실장과 단체장의 의견을 반영하여 예산요구를 조정하고(10월부터 11월까지), 예산안을 작성하여 지방의회에 제출한다.

다만, 예산안제출시기에서 중앙정부의 경우 국회에 9월 3일까지 제출하지만, 지방정부는 이보다 1-2개월 늦다. 예컨대, 광역지방정부인 시도의 경우 예산안을 회계연도 개시 50일(11월 11일)까지 시도의회에 제출하는데, 이는 보조금과 교부금 등 중앙정부의 재정지원에 대한 정보가 정부예산안의 국회제출이후 시점에 도달하기 때문이다. 그리고 기초지방정부인 시군구의 경우 예산안을 회계연도 개시 40일(11월

21일) 전까지 시군구의회에 제출하는데, 이는 시군구가 중앙정부뿐 아니라 시도로부터 재정지원을 받기 때문이다.

둘째, 예산심의는 지방정부가 제출한 정책안과 예산안을 심의하고 의결하는 과정으로서 시도의회는 회계연도 개시 15일(12월 16일) 전까지, 그리고 시군구의회는

〈표 7-12〉 지방정부의 예산과정내용

| 예산과정 | 세부내용 |
|---|---|
| 예산편성 | 〈행정부중심의 총액배분 자율편성예산제도〉<br>● 지방자치단체 재정운용업무편람 시달<br>　(행정안전부, 각 지자체제에게, 7월 31일까지)<br>● 예산편성지침 시달<br>　(각 지자체, 산하기관에, 8월 31일까지)<br>● 예산요구<br>　(광역은 9월 30일까지, 기초는 9월말까지)<br>● 예산조정<br>　(예산담당부서, 10월부터 11월까지)<br>● 예산안 제출<br>　(집행부, 지방의회에, 광역은 회계연도개시 50일전, 기초는 40일전) |
| 예산심의 | 〈지방의회중심의 예산심의의결제도〉<br>● 예산안 제안설명(단체장)<br>● 예비심사(각 상임위원회)<br>● 종합심사(예산결산특별위원회)<br>● 본회의 의결(광역은 회계연도개시 15일전, 기초는 10일전까지) |
| 예산집행 | 〈집행부중심의 예산집행제도〉<br>● 예산의 배정(각 지방단체장에게)<br>● 예산의 재배정(하부기관장)<br>● 수입과 지출(각 지방단체장)<br>● 기록과 보고(각 하부기관, 단체장에) |
| 결산과<br>회계감사 | ● 세입과 세출의 출납사무완결<br>　(지자체, 다음연도 2월 10일까지)<br>● 결산서의 작성 및 제출<br>　(각 지자체장, 결산심사위원회에, 다음연도 2월말까지)<br>● 지방의회의 결산검사<br>　(의회결산심사위원회, 다음연도 5월 20일까지)<br>● 결산보고서의 지방의회 제출<br>　(자치단체장, 다음연도 5월 31일까지)<br>● 지방의회의 결산심의의결<br>　(제1차 정례회회기 때) |

10일(12월 21일) 전까지 의결하여야 한다. 이러한 지방정부의 심의의결과정은 최종적인 정책결정과정으로서 국회의 심의과정과 유사한데, 자치단체장의 예산안 제안 설명, 상임위원회의 예비심사, 예산결산특별위원회의 종합심사, 그리고 본회의 의결로 진행된다.

셋째, 예산집행은 지방의회의 의결을 받아 확정되는 정책과 예산을 지방정부가 자신의 과업을 수행하기 위하여 실행하는 것이다. 지방정부의 예산집행이 이루진후에는 예산결산과 회계감사가 진행된다. 회계연도 1년 동안 집행된 사업과 예산실적은 단체장의 결산서 작성과 의회결산검사위원회의 결산검사를 받은 후에 단체장의 결산서 제출(5월 31일까지)과 지방의회의 결산승인(제1차 정례회)으로 예산주기가 종결된다.

# 제8장 | 정책환경의 범주: 일반적 환경과 과업환경

## 제1절 | 정책환경의 개념적 쟁점

### 1. 정책환경의 개념

앞의 정책체제모형에서 개관한 바와 같이, 정책체제는 진공상태에서 존재하는 것이 아니다. 이것은 경계를 가지고 있으며 경계 밖의 환경과 상호작용을 한다. 정책체제와 그것을 둘러싸고 있는 환경은 상호간에 영향을 주기 때문에, 정책현상을 제대로 이해하고 설명하려면 정책환경을 분석해야 한다.

정책환경(policy environments)이란 정책체계를 일종의 유기체로 보았을 때 그것을 둘러싸고 끊임없이 상호작용을 하고 있는 일체의 외적인 요소들이나 조건들을 말한다. 이러한 정책환경은 정책체계에 대한 자극 또는 투입의 근원인 동시에 정책체계의 반응대상이 된다.

### 2. 정책환경의 구성요소

그러면 정책체계를 둘러싸고 있는 외부요소에는 어떤 것들이 있는가? 이것의 논의는 조직론에서 논의하는 조직환경조건을 유추하여 살펴볼 수 있다. 조직론자들은 조직을 둘러싼 환경을 일반적 환경과 구체적 환경으로 나누고 있다.

우선, 일반적 환경(general environment)은 조직 밖에 있는 현상으로서 연구대상인 조직에 실제적 또는 잠재적으로 영향을 미치는 모든 것들(오석홍, 2011: 723), 또는 모든 조직에 영향을 미치는 광범위한 외부환경(윤재풍, 2014: 126)을 말하는데, 거시적·일반적 환경이라고도 한다. 이런 일반적 환경범주로 Hall(1982: 295 – 298)은 기술적 조건, 법적 조건, 정치적 조건, 경제적 조건, 인구학적 조건, 생태적 조건, 문화적 조건으로, Katz & Kahn(1978: 120)은 문화적 환경, 정치적 환경, 경제적 환경, 정보 및 기술적 환경, 물적 환경으로, 그리고 오석홍(2011: 724 – 727)은 정치적·법적 환경, 경제적 환경, 문화적 환경, 기술적 환경, 사회적 환경, 자연적 및 물적 환경으로 분류하였다.

한편, 구체적 환경(specific environment)이란 조직이 목표를 설정하거나 의사결정을 하는 등의 구체적 활동을 하는데 직접적으로 관계를 가지고 상호작용하는 환경(윤재풍, 2014: 126), 또는 특정조직이 과업을 수행하는데 직접적인 이해관계를 가지고 상호작용을 하는 환경을 말하는 것으로서 미시적·구체적 환경 또는 과업환경(task environment)이라고도 한다. 이것은 조직이 직접 관계를 맺고 있는 조직이나 제도 또는 행위자 등을 말하는데, 조직의 과업영역에 따라 구체적 행위자가 정해진다.

따라서 이러한 조직환경분류를 정책체계에도 적용할 수 있는데, 정책체계를 둘러싸고 있는 외부요소들은 일반적 환경과 과업환경으로 나눌 수가 있다. 이를 아래 부분에서 구체적으로 상술하고자 한다.

---

## 제 2 절 ┃ 일반적 환경

### 1. 일반적 환경 개관

정책체제의 일반적 환경은 정책체제 밖에 존재하며 실제적으로나 잠재적으로 영향을 미치는 모든 조건들을 말한다. 정치체제와 관련하여 일반적 환경을 논의한 대표적인 학자는 정치체제모형을 설계한 Easton이다. Easton(1965: 69 – 75)은 정치체제의 환경을 국내적 환경(intra – societal environment)과 국제적 환경(extra – societal environment or international society)로 구분하고, 전자의 국내적 환경은 생태체제, 생존체제, 사회체제로 구분하고, 사회체제를 다시 문화체제, 사회구조, 경제체제, 인구학적 체제 및 기타 하위체제로 세분화하였다. 그리고 국제적 환경은 국제정치체제, 국제적 생태체제, 및 국제적 사회체제로 세분화하였다. Anderson(2011: 23-26)은 정책환경의 구성요소를 지형학적 특성, 인구학적 특성, 정치문화적 특성, 사회구조적 특성, 경제적 특성, 그리고 국제적 요인을 들고 있다.

한편, 국내정책학자들 중에서 안해균(2000: 77)은 정책체계를 들러싸고 있는 외부환경요소를 무형의 환경(정치행정문화, 사회경제적 여건)과 유형의 환경(구체적 행위자로서의 정당, 이익집단, 언론기관 등)으로 구분하였고, 유훈(2002: 117-132)은 사회경제적 요인(소득, 도시화, 공업화, 교육수준, 인구 등)과 정치적 요인(정치문화), 제도적 요인(정부기구)으로, 정정길 외(2010: 75-106)는 사회경제적 요인(산업화, 도시화, 경제성장과 경제안정, 빈부격차와 독점폐해)과 정치적 요인(정치이념, 정치행정문화, 정치체제구조와 권력구조)으로 나누었다. 그리고 남궁근(2017: 125-142)은 정치적 환경(정치적 민주화, 정치이데올로기, 정치문화, 정치제도, 사회자본), 경제적 환경(경제발전, 부와 소득의 분배), 사회적 환경(인구, 도시화, 여성의 정치참여, 문화적 다양성, 교육

〈표 8-1〉 국내학자들의 정책환경 분류

| 국내 학자 | 일반적 환경범주 | 구체적 환경범주 |
|---|---|---|
| 안해균<br>(2000: 77) | • 무형의 환경(정치행정문화, 사회경제적 여건) | • 유형의 환경(구체적 행위자로서의 정당, 이익집단, 언론기관 등) |
| 유훈<br>(2002:<br>117-132) | • 사회경제적 요인(소득, 도시화, 공업화, 교육수준, 인구 등)<br>• 정치적 요인(정치문화), 제도적 요인(정부기구) | |
| 정정길 외<br>(2010:<br>75-106) | • 사회경제적 요인(산업화, 도시화, 경제성장과 경제안정, 빈부격차와 독점폐해)<br>• 정치적 요인(정치이념, 정치행정문화, 정치체제구조와 권력구조) | |
| 남궁근<br>(2017:<br>125-142) | • 정치적 환경(정치적 민주화, 정치이데올로기, 정치문화, 정치제도 사회자본)<br>• 경제적 환경(경제발전, 부와 소득의 분배)<br>• 사회적 환경(인구, 도시화, 여성의 정치참여, 문화적 다양성, 교육수준)<br>• 과학기술적 환경(기술변화)<br>• 국제적 환경(다른 국가들, 국제기구, 국제레짐) | |

수준), 과학기술적 환경(기술변화), 그리고 국제적 환경(다른 국가들, 국제기구, 국제레
짐) 등으로 구분하였다.

지금까지 정책환경의 구성요소들을 살펴보았는데, 아래에서는 정책체제의 일반
적 환경을 정치적 환경, 경제사회적 환경, 과학기술적 환경, 그리고 국제적 환경으로
나누어 설명하고자 한다.

## 2. 정치적 환경

정치적 환경은 정치체제 또는 정책체제가 정치활동이나 정책활동을 하는데 관련
되는 정치적 외부조건으로서 정치이념, 정치문화, 정치체제구조(정부제도), 정치과정
등의 정치적 변수가 포함된다. 정책결정론 또는 정책산출연구 논쟁에서 정치학자들
은 정책의 내용과 수준의 결정하는데 정치적 환경변수가 경제사회적 환경변수보다
중요하다고 보았다. 이들이 분석에 사용한 정치적 변수로는 정당간 경쟁, 정부기구,
엘리트행태, 대중정치행태 등을 들 수 있다.

### 1) 정치이념

정치이념(political ideology)은 정치철학이나 정책철학의 영역에 속하는 것으로서
한 국가나 지역을 다스리는데 있어서 이상적인 것으로 여겨지는 생각이나 신념 또는
사고체계, 즉 정부가 통치를 하는데 있어서 무엇을(정치적 가치) 가지고 어떻게(정치
과정) 수행할 것인가에 대한 사고체계를 말한다. 이러한 정치이념은 정책결정과 정
책집행 및 정책평가 등의 정책과정과 모든 정책에 적용할 수 있는 가치판단의 기준
으로 작용한다.

전 세계 국가에서 정치나 정책과정을 지배하는 정치이념으로는 자유주의와 사회
주의 그리고 보수주의와 진보주의가 논의되어 왔는데, 이것을 정리하면 다음과 같다.

〈표 8-2〉  정치이념의 유형

| 이념구분 | 하위범주 |
|---|---|
| 자유주의 | 정치적 자유주의, 경제적 자유주의, 민주주의, 보수주의, 신자유주의, 무정부주의, 자본주의 |
| 사회주의 | 공상적 사회주의, 공산주의, 진보주의, 민주사회주의, 케인즈주의, 유럽식 복지국가주의, 혼합공산자본주의 |

　　**역사적으로 선진 자본주의국가에서 가장 널리 알려진 정치이념으로는 자유주의 (liberalism, 自由主義)가 있다.** 이것은 사회에서 개인의 우월성을 인정하는 신념 (Howlett, Ramesh & Perl, 2009: 55)으로서 자유민주주의(liberal democracy)라고도 한 다. 자유민주주의는 사적 자율성(private autonomy)의 실현을 위한 경제적 자유주의 와 공적 자율성(public autonomy)의 확보를 위한 정치적 자유주의를 포함하는 개념 이다. 이러한 자유민주주의의 내적 긴장 또는 이중성은 근대사회가 '이중혁명'을 거 치면서 형성되었다는 사실에 기인한다. 산업혁명은 생산과 분배의 효율성과 소유권 의 문제의식이 지배하는 경제적 자유주의를 태동시켰다. 다른 한편으로 시민혁명은 이상으로서의 자유와 평등 및 박애의 실현을 추구하면서 정의와 정당성의 문제의식 이 지배하는 정치적 자유주의사상을 출현시켰다. 여기서 사적 자율성과 공적 자율성 을 실현하는 과제는 정치와 경제의 자율성을 보장하는 형태로 나타나며, 자유민주주 의는 이러한 과정을 통해 형성되는 것으로 이해할 수 있다(서울대 정치학과교수 공저, 2002: 66-69).

　　그러나 자유주의의 논의는 주로 경제적 자유주의 이념을 토대로 논의가 진행되 어 왔다. 경제적 자유주의(economic liberalism)는 시장자본주의의 한 형태인 개인주 의적 자유주의를 지칭하는 개념이다. 이 이념은 Adam Smith(1723-1790)[2]의 고전 파경제학에서 기원하는 것으로 개인들 사이의 상호작용과 관련된 문제에 관심을 가 지고 시장체제의 효율성, 즉 시장메카니즘의 자율적인 조정능력을 신뢰한다. 스미스

---

2) 스미스는 영국 스코틀랜드 출신으로 자산을 도덕철학자라고 생각하였으나 정치경제학의 아버지라 고 불리는데, 그가 저술한 '도덕감정론(1759)'과 그것의 연장선상인 '국부론(국부의 성격과 요인들에 관한 연구)(1776)'이 근대경제학의 출발이기 때문이다. 그는 국부론에서 다루고 있는 것처럼, '한나 라의 부는 어떠한 질서 또는 원리에서 이루어지고 있는가?'하는 정치경제질문과 평생을 두고 연구한 도덕철학이라는 틀에서 접근하였다. 에딘버러에 있는 그의 비문 '도덕감정론과 국부론의 저자 애덤 스미스가 여기에 잠들다'는 이점을 상징적으로 보여준다.
　　스미스가 살았던 18세기 영국에서 도덕철학은 윤리학과 비슷한 것으로서 인간사회의 원리를 탐구하 는 학문으로 등장하였다. 그는 20대 후반에서 30대 후반까지 글래스고(Glasgow)대학에서 13년 동 안 도덕철학을 강의하였는데, 도덕철학은 자연철학, 윤리학, 법학, 그리고 정치경제학의 네 부문으로 나누어 학제 간 연구를 하였 다. 스미스의 도덕철학은 글래스고대학시절의 스승인 프랜시스 허치슨 의 도덕철학을 배워 영향을 받았고, 그 후에 본교에서 도덕철학을 가르쳤다. 도덕철학은 경험론적 시각에서 접근하였는데, 인간은 자기의 행위를 자기애(self-love) 또는 자기이익(self-interest)에 의해 선(good)이라고 승인하거나 거부할 수 있다. 이것이 바로 도덕의 원천이다. 도덕판단은 이성이 아니라 도덕감각의 산물이라고 한다. 그리고 인간은 상호승인을 얻기 위해서 공공선(commonly good) 또는 공공이익(public interest)에 기여한다. 즉 인간이 개인의 이익을 추구하는 것은 자연적 인 성향이지만, 개인의 충돌을 조정해서 사회질서를 유지하는 것은 '공공이익에 대한 일반감각 (general sense of common interest)이 있기에 가능하다고 보았다.

가 개인의 경제활동이 '보이지 않는 손(invisible hand)'의 기제를 통해 공공선(공익)에 기여한다고 주장하는 배후에는 정치권력을 통한 사회전체의 복지향상이 불가능하다는 정치에 대한 회의주의가 존재한다. 따라서 경제적 자유주의 시각에서는 정치의 가치에 대해 회의적이며 개인적 결과가 사회적 결과를 창출한다고 본다.

물론 경제적 자유주의는 공리주의, 진화론, 무정부주의, 신자유주의 등의 이념과 결합되어 다양한 형태로 전개되었다(서울대 정치학과교수 공저, 2002: 203–216). 정부의 필요성에 대한 논쟁에서 국가와 정부를 불필요한 악이라고 보아 부정하는 무정부주의(anarchism)가 있다. 무정부주의는 국가체제가 전제정이든 입헌정이든 정부는 인간을 노예화하는 제도로 보아 정부가 사라질 때에만 인간이 자유롭고 해방될 수 있다는 것이다. 그러나 이상적인 사회에 대해서는 자기이익을 추구하는 개인들 간의 시장적 교환이 새로운 사회의 조직원리로 내세우는 개인주의적 무정부주의(individualist anarchism)와 대가를 보상받지 않고서도 타인에게 복지를 제공하는 이타적 인간들의 공동체를 구상하는 집단주의적 무정부주의(collectivist anarchism)가 있다. 개인주의적 무정부주의자로서 19세기 초중반기에 살았던 Max Stirner(1963; 179)는 개인의 자아 또는 자유를 절대적인 가치로 보고 어떤 형태의 도덕성도 절대적인 자아가 원하는 바에 거슬리는 요구를 할 수 없다고 한다. 국가와 개인의 자아는 상호 적대적인 것으로서, 국가의 법률과 제도가 갖는 정당성은 부인되며 개인 간의 관계는 오로지 개인이 해석하고 적용하는 차원 높은 법에 의해 형성된다. 한편, 마르크스와 같은 시대의 사람인 프랑스의 프루동(Pierre–Joseph Proudnon)과 러시아의 바쿠닌(Michael Bakunin: 1964: 158)과 같은 집단적 무정부주의자들은 개인과 그의 자유와 이성은 사회의 소산이며 그 반대가 아니다라고 한다. 즉 사회는 그것을 구성하는 개인들의 산물이 아니다. 그리고 생산수단의 공동소유를 옹호하며 자본주의국가를 파괴하고 사회주의로 전향한다는 마르크스목표에 동조한다.

그러나 정부가 없는 세계를 동경하는 무정부주의자들의 꿈은 결코 실현되지 않았다. 고대 그리스시대부터 오늘날까지 정부가 적어도 필요하나고 보는 견해가 보편적으로 수용되어 왔다. 고대 그리스에서는 국가와 정부를 인간존재의 자연적이며 필연적인 일부로 받아들였다. 근대이후 국가와 정부는 자연적으로 진화하는 것이 아니라 인간이 만든 인공물로서 정치공동체와 제도가 만들어져 통치를 하게 된 것이다. 이처럼, 정부의 필요성을 인정하고 있으나, 정부가 수행해야 할 역할 또는 기능의 범위에 대해서는 소극적 역할에 한정하는 정부기능제한론과 적극적 역할을 부여하는 정부기능확대론이 대립하고 있다. 전자의 범주에서 속하는 이념으로는 고전적 자유주의와 신자유주의 및 보수주의가 있고, 후자의 범주에 포함하는 이념으로는 공산주의와 국가사회주의, 민주사회주의, 케인즈주의, 유럽식 복지국가주의, 그리고 진보주의가 있다.

고전적 자유주의는 개인의 자유를 보장하기 위하여 정부의 활동범위를 제한해야 한다고 보고, 정부에 생명과 신체 및 재산의 안전도모 그리고 질서유지라는 최소한의 업무만을 부여하다는 소극정부론을 주장한다. 정부는 마치 야간의 치안을 유지하는 요원(night watchman)으로 간주하는 고전적 자유주의국가관을 야경국가 또는 소극국가라고 한다. 미국 독립선언문을 기초한 Thomas Jefferson은 '가장 적게 다스리는 정부가 최선의 정부(That government is best which governs least)'라고 하였고, John Locke가 1689년에 출간한 '시민정부론(civil government)'에서도 제시되어 있다. 이러한 자유주의사상은 Adam Smith가 1916년에 출판한 '국부론(the Wealth of Nations)'에서 자유방임의 원리에 의해 체계화되었다. 이 원리는 개인이 자기이익을 추구하는 자발적 행위가 '보이지 않는 손(invisible hand)'에 의해 공공선(사회적 이익, 공익)을 성취한다고 보았다. 경제적 자유방임론은 결국 생산수단의 사적 소유와 시장에 의한 경제활동의 조정, 개별경제주체의 자기이익추구와 의사결정을 기본특징으로 하는 자본주의(capitalism)의 발달을 가져 왔다.

**이러한 고전적 자유주의는 민주주의와 밀접하게 연계된다.** 민주주의개념에 대하여 미국대통령 Abraham Lincoln은 국민의, 국민에 의한, 국민을 위한 정치로 정의하였고, Therborn(1986: 260)은 민주주의를 전체성인모집단으로 구성되는 선거인이 동등한 투표권을 가지고 자유로운 투표에 의해 선출하는 대표정부(representative government)로 조작적 정의(Howlett, Ramesh & Perl, 2009: 56)를 하였다. 자유민주주의에서는 자유를 귀중하게 생각하여 신체, 재산, 거주이전, 신앙, 언론, 표현 등의 자유와 물질적 풍요 및 성장을 내세운다. **이러한 자유주의는 보수주의 정치이념과 일맥상통한다.** 보수주의(conservatism)는 전통적인 가치인 자유이념을 토대로 전통적인 가치나 정책의 강조와 현상유지 및 점진적인 개혁과 변화를 주장하는 사고방식을 말한다.

특히, 고전적인 자유주의가 부활하여 논의되고 있는 이념으로는 신우파사상가들이 주장하는 신자유주의(neo-liberalism)가 있다. 신우파자유주의(New Right liberalism)는 1970년대 이후 케인즈적인 복지국가주의에 대한 비판을 전개하면서 형성되는 신우파의 핵심시상이다. Hayek, Friedman, Buchanan 등과 같은 경제적 자유주의자들의 핵심적 주장은 고전적 자유주의가 주장하는 시장메카니즘의 효율성을 강화하는 경제사회정책의 기반이 되는 신자유주의이다. 이들은 정부의 과도한 개입이 시장의 효율성을 저해하고 개인의 자유를 억압한다고 보고, 경제적 자유가 정치적 자유의 필연적인 조건이라는 전제하에 개인주의적 자유주의원리와 제한적 입헌정부를 주장한다. 신우파자유주의는 영국의 대처정부와 미국의 레이건정부의 등장과 정책노선에 적용된 사조로서 경제적 자유주의와 보수주의의 결합을 특징으로 하여 신보수주의(neo-conservatism)라고도 한다. 이러한 신자유주의 이념은 정치경제에 확산되어 정치와 경제의 활동을 영향을 주었다. 신자유주의는 1990년대 영미를 중심으로 전개된 신공공관리론(new public management)과 결부되면서 작은 정부를 위한 공공부문 감축운동, 정부의 민간활동에 대한 개입축소, 그리고 민간경제의 활성화를 주장한다. 이러한 신자유주의 이념은 정부역할과 시장기능에 대한 새로운 변화를 불러일으키고 있다.

**이상에서 논의한 자유주의 이념에 대립하는 정치이념으로는 사회주의(socialism, 社會主義)가 있다.** 사회주의는 오웬 등의 사회주의이론과 마르크스와 엥겔스의 공산주의이론에서 태동한 것으로, 자본주의 경제제도의 사회경제적 모순을 극복하는 사회를 실현하려는 사상으로서 공산주의와 민주사회주의를 포함하는 개념으로 부연설명하면 다음과 같다.

사회주의란 본래 공유재산을 뜻하는 라틴어 코뮤네(commune)에서 유래한 것으로, 인간 개개인의 자유와 경쟁을 중요시하는 자본주의에 대응하여 사유재산제도의 부정과 공유재산제도를 통한 사회전체의 이익을 중요시하는 이념을 말한다. 사회주의가 반자본주의 의미를 가지게 된 것은 산업화가 진전된 19세기 이후부터이다. 사회주의 이론적 선조는 19세기 산업혁명 이후 자본주의사회가 발달한 영국과 프랑스를 중심으로 오웬(Robert Owen), 프리에(Sharles Fourieri), 샘시몽(Claude Sairot-Simon) 등이 유토피아사회를 주장하면서부터이다. 특히 로버트 오웬(1771-1852)은 가난한 웨일즈 태생으로 빈곤에서 출발하여 사업에 성공하고 공장소유주의 딸과 결혼하여 대자본가가 되었지만, 사유재산의 반대론자로서 사유재산이 빈곤과 고통의 원인이라고 보고, 1825년 공산주의 유토피아를 건설하기 위하여 재산공유제의 평등이념을 기초로 미국 인디애나주에서 뉴하모니(new harmony)라는 공동체운동을 전개하였으나 실패하였다.

마르크스는 오웬 등의 유토피아이념을 '공상적 사회주의'라고 비판하고, 새로운 과학적 사회주의로 공산주의(communism, 共産主義)를 제시하였다. 오늘날 공산주의 이념은 마르크스와 레닌에 의하여 체계화된 마르크스-레닌주의를 말한다. 이것은 1840년대 이후 서유럽에서 칼 마르크스(Karl Heinrich Marx, 1818-1883)[3]와 프리드리히 엥겔스(Friedrich Engles, 1820-1895)[4]에 의해 프랑스혁명의 자유와 평등 이념의 영향을 받아 창시된 마르크스주의와 20세기에 들어와 소련의 특수한 조건하에서 레닌(Vladimir Illyich Lenin, 1870-1924)[5]이 발전시킨 레닌주의가 결합된 이념이자 실천운동이다. 마르크스는 그의 저서 '자본론' 1권에서 자본주의사회의 경제적 생산관계를 부르주아지와 프롤레타리아의 이해관계(이익)가 대립하는 계급투쟁으로 보고 프롤레타리아가 혁명으로 부르주아지를 타도하여 사회전체가 공동소유하는 공산주의사회로 발전한다고 주장하였다. 마르크스는 그의 생전에 '자본론' 2권과 3권의 출간을 보지 못하고 죽었지만, 엥겔스가 그의 원고를 정리하여 출판하면서 공산주의가 하나의 과학이 되었다고 하였다. 요컨대, 사회주의의 태동은 자유주의 이념을 토대로 발전한 자본주의에서 나타나는 문제 때문이다. 자본주의에 내재된 모순에 대한 가장 철저한 비판은 Karl Marx에 의하여 이루어졌는데, 여기서 공산주의(communism)가 태동하였다. 그는 1844년에 발표한 '경제학철학초고'에서 고전파경제학은 노동자(노동)와 생산(자본) 사이의 직접적인 관계를 고찰하지 않음으로써 노동의 소외

---

3) 마르크스는 유대인계이고 변호사인 아버지 히르셀 마르크스의 아들로 독일에서 태어났다. 그는 아버지의 뜻과 달리, 베를린대학에서 선술집클럽에 가입하여 주당(酒黨)으로 패싸움을 하고 불온사상 혐의를 받는 시인클럽에 가입하여 활동하면서 법학보다 철학에 몰두하였고, 1841년 논문 '데모크리스토와 에피쿠르스 과학철학의 차이'로 예나대학에서 박사학위를 받고 철학중독자가 되어 마르크스이론을 설계하였다. 그는 보수반동이 지배적이었던 프로이센에서 교수가 될 가능성이 희박하다고 보고 프랑스 파리로 이주하여 거기서 평생동지 프리드리히 엥겔스를 만났다. 1845년 프로이센당국의 책동으로 추방된 마르크스는 브뤼셀로 이주하여 엥겔스와 함께 '독일 이데올로기(1845-1846)', '공산당선언(1848)'을 집필하였고 그 후 '정치경제학 비판(1859)', '자본론 1권(1867)'을 집필하였다.
4) 엥겔스는 농장을 경영하던 농장주의 아들로 독일 베르겐에서 태어났고 청년기인 1842년에 영국 맨체스터로 이주하였다. 여기서 공장노동자들의 비참한 생활을 경험하고 영국의 노동운동지도자들과 사귀면서 프롤레타리아혁명을 주장하는 공산주의자가 되었다. 그는 사회주의관점에서 자본주의의 사적소유의 모순을 비판하는 저술을 하였는데, '국민경제학 비판(1844)', '영국의 노동계급운동사(1845)' 등이 그것이다. 그리고 그는 마르크스와 공저로 '독일 이데올로기(1845-1846)', '공산당선언(1848)'을 집필하였고, 마르크스의 자본론을 정리하여 '자본론 2권과 3권'을 출간하였다.
5) 레닌의 아버지는 러시아 귀족으로 자유주의의자였지만, 레닌은 제정 러시아의 사회주의혁명가이자 소련을 건국한 정치인이다. 그는 러시아제국의 혁명조직인 볼셰비키익 지도자였으며 소련인민위원회 초대 위원장 겸 소련 공산당의 창시자로서 마르크스주의의 공산주의이론을 발전시켜 레닌주의를 만들었다. 레닌주의는 평등을 기초로 국가를 절대화하고 국민을 통치하는 권위주의적 공산주의이다.

를 은폐한다는 것이다. 노동은 부자들을 위해서는 부를 생산하지만 노동자를 위해서는 불구(움막집)를 생산한다. 이와 같이, 자본주의의 본질은 부르주아계급을 강화하고 프롤레타리아계급의 착취로 나타난다고 보아, 국가와 정부를 통해 사회평등과 사회정의를 실현해야 한다고 보았다. 마르크스가 주장하는 공산주의의 핵심은 개인이 자유를 통한 경제활동을 하면 부르주아계급(자본가계급)이 프롤레타리아계급(노동자계급)을 지배하고 착취하는 현상이 발생함으로 계급없는 사회를 위해 혁명이 필요하다고 보았다.

19세기 중엽 이후부터는 사회주의가 공산주의와 거의 같은 개념으로 사용되기도 하였지만, 사회주의의 발전은 크게 두 가지 계보로 나타났다. 하나는 2차 세계대전 이후 소련을 중심으로 동구권국가와 중국이라는 공산주의국가들이 마르크스-레닌주의를 통하여 국가를 통치하는 공산주의(국가사회주의)가 지속되었다. 그러나 20세기 후반부터 러시아와 중국은 개혁개방정책으로 공산주의에 자본주의를 이식하는 혼합공산자본주의가 등장하였다.

다른 하나는 제1차 세계대전이 끝날 무렵 유럽에서 공산주의가 내세우는 사유재산제도의 부정과 프롤레타리아혁명을 거부하고 점진적 사회개혁을 주장하는 민주사회주의(democratic socialism)가 나타났다. 이것은 서구자본주의의 이념인 사유재산제도를 인정하는 가운데 평등을 실현하기 위한 사회전체의 이익을 강조하는 정치경제이념으로서 서유럽국가들을 중심으로 이러한 이념을 실천하려는 사회주의정당이 등장하여 복지국가시스템으로 자리잡게 되었다.

**20세기에 들어와서는 국가들 간에 정도의 차이는 있으나, 정부의 적극적이고 능동적인 활동을 강조하는 견해가 지배적이게 되었다. 그러나 정부가 어떻게 하는 것이, 특히 국가경제를 운용함에 있어서 적극적인 역할을 수행할 것인가에 대해서는 견해가 나누어졌다.** 첫째, 마르크스사상에 기반을 두고 1917년 러시아에서 의하여 성립한 국가사회주의(state socialism)는 생산과 분배수단의 전면적인 국유화와 중앙통제를 통하여 국가가 모든 사회경제영역을 지배하는 국가만능주의적인 포괄적(all-inclusive) 정부역할을 주장하는 사조이다. 그러나 1990년대에 구소련과 중동유럽 국가들에서의 자본주의로 이행에서 보듯이, 국가사회주의가 내세운 극단적이고 과도한 적극정부론은 개인의 자유는 물론 우선적 과제로 내세웠던 평등을 실현하지도 못하였다.

둘째, 자본주의국가들도 적극정부론을 수용하면서 케인즈주의와 유럽식 복지국가주의가 등장을 하였다. 정부는 자본주의경제 운용의 기본방향을 설정하여 관리하는 책임을 맡지만, 시장거래를 통한 민간부문 위주의 경제운용을 하는 혼합자본주의를 작동시키고 있다. 이러한 혼합자본주의에서 정부는 민간부문을 활성화시키면서 자본주의의 모순으로 나타난 빈부격차와 같은 불평등을 시정하기 위한 정책수단을 가지고 소득재분배와 사회복지를 확충하는 역할을 하고 있다.

**이상의 사회주의의 범주에 속하는 공산주의와 민주사회주의 및 케인즈주의와 유럽식 복지국가주의는 진보주의 정치이념과 일맥상통한다.** 진보주의(progressivism)는 전통적인 가치인 자유보다는 평등이념을 강조하면서 전통적인 가치나 정책에 대한 반박을 하고 급진적인 개혁과 변화를 주장하는 사고방식을 말한다.

그러나 **현대에 와서는 영국이나 스웨덴 등의 선진국가에서 보듯이, 자유주의국가에서도 정부가 시장에 개입하는 케인즈주의와 평등을 고려하여 노동자계급과 가지지 못한 자의 복지를 중시하는 복지국가와 포퓰리즘이 나타나면서 자유주의와 사회주의의 혼합(mix)현상이 나타나고 있다.**

지금까지 논의한 정부와 사회(시장)의 관계에 대한 사상체계를 종합하면, 다음과 같이 나타낼 수 있다(표 8-3).

〈표 8-3〉 정부와 사회(시장)의 관계에 대한 사상체계

| 저 | ( 정부의 개입수준 ) | | | | 고 |
|---|---|---|---|---|---|
| 무정부주의 | 자유주의 | 신자유주의 | 케인주의 | 유럽식 복지국가주의 | 공산주의, 국가사회주의, 포퓰리즘 |

자료: 김승욱 외(2004: 390) 수정.

**한편, 이상에서 논의한 정치이념을 자본주의 발달사와 연관시켜 논의를 하면, 자본주의(capitalism)는 시장지향적인 정치경제 또는 생산과 교환체제(Howlett, Ramesh & Perl, 2009: 56)를 의미하는 것으로서 상업자본주의, 산업자본주의, 독점자본주의, 수정자본주의로 변천되어 왔다.** 정치적 자유주의는 산업자본주의의 정치철학이었다. 산업자본주의시대에는 자본이 산업부문(제조업 등 공업부문)에 투입되어 제품을 생산하여 시장에 판매를 하였다. 이 시기에는 개인이 자신의 이익을 추구하는 자발적 행위가 보이지 않는 손(invisible hand)에 의하여 공공선을 성취한다. 다른 말로 표현하면, 정부가 경제에 개입하지 않아야 경제가 더욱 발전하고 국가가 부유하게

된다고 본 것이다. 이것은 Smith의 자유방임주의로 알려진 자유시장경제를 말한다.

그러나 산업자본이 축적됨에 따라 독과점기업이 출현함으로써 자유방임주의의 이론적 전제였던 자유시장경쟁이 무너지고 독과점자본이 시장을 지배하는 독점자본주의가 출현하였다. 독점자본주의에서는 자유시장의 효율성이 와해되고 저임금 등의 빈부격차문제가 사회문제로 등장함으로써, 케인즈주의에 의하여 정부가 시장에 개입하는 수정자본주의시대를 출현시켰다. 수정자본주의에서는 경제부문을 포함한 모든 생활에 국가가 개입 간섭하는 제한된 자유주의로의 변화와 복지국가(welfare state)를 등장하게 하였다. 복지국가에서 정부는 사회적 약자인 노동자계급을 보호하고 인간다운 생활을 보장하기 위해서 실업보험과 노령보험 등의 여러 사회복지정책을 추진하게 되었다. 예컨대, 근로자의 보호를 위해서 지나친 근로시간의 금지와 최저임금의 지불 및 작업장 안전시설의 설치 등을 요구하는 진보주의사고가 도입되었다. 따라서 수정자본주의시대의 정치이념은 자유주의와 보수주의 그리고 사회주의와 진보주의가 혼합된 것으로 볼 수 있다.

**지금까지 논의한 자유주의와 자본주의 및 복지주의는 우리나라에서도 적용되어 왔다. 대표적인 것이 경제제일주의와 사회복지주의이다**(정정길 외, 2010: 150 – 157). 우리나라는 해방 이후 남북한이 분단되어 북한은 공산주의가 지배하고 남한은 자유민주주의가 지배하는 두 개의 통치국가가 등장하였다. 남한에서는 5.16군사쿠데타로 박정희정권이 등장하여 안보와 경제성장을 통치비전으로 내세우고 케인즈주의에 의하여 경제성장정책을 추진하는 경제제일주의 이념이 등장하였다. 국가(정부)는 1962년에 시작된 제1차 경제개발5개년계획을 시작으로 1980년대까지 진행된 경제성장을 위해 산업자본의 축적과 수출증대를 위해 필요한 모든 정책을 도입하였다. 이것은 정부주도주의정책이라고 할 수 있다. 대표적으로 1970년대에 석유화학, 조선, 철강, 전자 등의 중화학공업육성정책은 수출주도의 산업화에 의한 경제성장정책의 표본이라고 할 수 있다. 이러한 정책을 통하여 한국은 아시아의 네 마리 용(대만, 싱가포르, 홍콩, 한국)으로 부상하였고. 중진국을 넘어 21세기 선진국으로 위상이 올라가게 되었다. 예컨대, 1960년대 초에 80\$수준에 머물던 1인당 국민소득은 1960년대 말에 북한을 추월하였고, 1985년에는 2,000\$수준으로, 그리고 2020년에는 30,000달러수준으로, 그리고 국가GNP는 세계 10위권수준의 경제대국으로 등장을 시켰다.

그러나 정부주도의 성과 뒤에는 경제성장제일주의의 희생도 쌓여 왔다고 볼 수 있다. 가장 큰 희생은 빈부격차문제이다. 이에 따라 1970년대 이후 기업에서는 근로자들이 임금인상을 요구하고 노사분쟁과 항의가 나타나기 시작하였다. 이러한 빈부격차문제는 그 심각성이 인식되어, 통치이념으로의 경제제일주의를 수정하는 계기가 되었고 마침내 사회복지주의의 출현을 가져왔는데, 의료보험을 확대하는 등의 사회정책을 실시하고 새로운 사회복지정책을 계획하게 되었다.

또한, 정부주도는 여러 가지 문제를 파생시켰는데, 정치권력과 행정권력이 정치인과 고위관료에게 집중되어 민간부문참여자가 배제되었으며 폐쇄적인 정책결정과 집행이라는 정부통치(government governance)가 이루어졌다. 1980년대에 들어와서 정부는 이상과 같은 문제점을 인식하여 정치체제를 정부주도에서 민간주도로 전환하거나 또는 민간부문을 참여시키는 개방적인 정부거버넌스를 시도하여 왔다.

---

### 🌡️ 사례연구    자유주의와 자본주의 현상

**– 미국식 자유자본주의와 중국식 국가자본주의**

**밀라노비치는 '홀로 선 자본주의'(2020)라는 저서에서 미국식 자본주의를 '자유성과주의적 자본주의(liberal meritocratic capitalism)'로, 중국식 자본주의는 '국가자본주의(political capitalism, 직역하면 정치적 자본주의이지만 정치학계에선 이 용어로 통용)'라 부른다.** 자유성과적 자본주의는 자본소득이 높을수록 노동소득이 많다. 고전적 의미의 자본가와 달리, 이 체제에선 최고경영자(CEO)와 같이 높은 지위에 있는 사람들이 훨씬 많이 일을 한다. 하지만 돈 많고 교육수준이 높은 이른바 '노동엘리트'들이 결합하면서 계층 간 이동기회가 줄었고 소득과 부의 대물림이 공고해졌다고 한다.

반면, 국가자본주의는 '눈에 보이는 성과'가 매우 크다는 특징이 있다. 시장을 통제하면서도 자본주의를 최대한 활용을 한다. 능력 있는 전문관료를 활용하고 특정한 제도와 법의 속박을 무시한다. 국익에 따라 민간기업도 조정할 있다. 이 체제의 약점은 지속가능성 여부가 불투명하다는 점이다. 관료들이 법집행을 자의로 하면서 부패가 만연하고 이런 부패는 불평등을 낳고 사회의 효율성을 떨어트리며 성장을 유지할 수 없다.

**저자는 일단 자유성과주적 자본주의와 국가자본주의 중 어느 한쪽의 편을 들지는 않지만, 국가자본주의에 대한 비판을 한다.** 국가자본주의는 태생적 부패를 해결하기 어렵다. 시진핑 중국 국가주석의 반부패운동은 민심동요를 막기 위한 수단에 불과하다고 지적한다. 법치가 아니라 인치에 의존한다는 점도 치명적인 약점이다. 지도자가 바뀔 때마다 체제 자체가 흔들리고 나라의 흥망까지 좌우한다. **반면에, 자유성과주의적 자본주의는 인류역사에서 자연적으로 태어났고, 빈부격차와 금전만능주의, 금권정치의 우**

려가 존재하지만 발전의 가능성이 있다고 논증한다. 이를 위해 정치의 역할이 중요하다고 역설한다. 조세정책의 조정, 공립학교의 질 향상, 이주자의 시민권 향상 등은 모두 정치적 영역이 판단할 사안들이다. 그리고 미래의 자본주의시스템에 주목한다. **자유성과주의적 자본주의와 국가자본주의 절충점을 어떻게 마련할 것인지를 지켜봐야 한다.** 자본주의가 어떻게 진화할 것인지는 자유성과주의적 자본주의가 좀더 진보적인 단계로 나아갈 수 있는지에 달려있다고 강조한다. 그 대안으로 '대중적 자본주의'를 제시한다. 불평등을 해소하기 위해 중산층의 조세부담을 줄이고, 공립학교의 질을 높여 교육 분야의 부익부 빈익빈을 감소시키는 등 계층 간 격차를 좁히는데 주력한다는 의미이다.

### - 고장난 한국자본주의

한국의 경제개발역사를 뒤집던 개발경제석학 폴 콜리어 옥스퍼드대교수는 '자본의의 미래(2020)'라는 저서에서 **환상적인 경제성장을 이룬 한국도 '자본주의의 실패'에서 벗어나지 못했다**고 하면서 비극이라고 하였다. 개발도상국에서 수십 년 만에 선진국으로 도약한 세계유일한 국가인 한국이 현재는 '악몽(nightmare)'과 같은 시기를 겪고 있다고 했다. 이른바 '현행 자본주의의 실패'의 후폭풍을 맞고 있다는 것이다.

그는 한국경제의 현주소를 진단하며, **커지는 빈부격차와 사회갈등 심화, 청년실업과 저출산, 포퓰리즘(대중영합정책)의 득세 등이 한국에서 목격한 자본주의 실패사례라고 꼽고, 이를 '자본주의가 궤도를 이탈해 가는 현상'이라고 규정하였다.** 자본주의가 더 이상 대중을 빈곤에서 구해내지 못하는, 이른바 '고장난 상태'가 되었다는 것이다. 이런 현상은 아래의 표와 같이 국가와 지역별 소득격차에서도 나타나듯이, 자본주의를 채택해 경제발전을 이뤄온 세계 대다수 지역에서 볼 수 있는 현상이라며, 짧은 압축성장

〈국가와 지역별 소득격차(2018년 세계은행)〉

| 국가와 지역 | 소득수준 | | | |
|---|---|---|---|---|
| | A그룹 | B그룹 | C그룹 | D그룹 |
| 세 계 | 9 | 53 | 23 | 15 |
| 고소득국가 | 1 | 2 | 23 | 74 |
| 유럽, 중앙아시아 | 1 | 29 | 55 | 15 |
| 라틴아메리카, 카리브해 | 3 | 46 | 37 | 14 |
| 동아시아, 태평양 | 1 | 51 | 44 | 4 |
| 중동, 북아프리카 | 4 | 70 | 24 | 2 |
| 남아시아 | 7 | 90 | 2 | 1 |
| 사하라 이남 아프리카 | 40 | 47 | 2 | 1 |

주: A그룹(일 소득 1.9달러 미만), B그룹(일 소득 1.9달러 이상 10달러 미만),
   C그룹(일 소득 10달러 이상 30달러 미만), D그룹(30달러 이상).

〈한국의 자본주의 격차〉

| 구분변수 | 기준과 비교 연도 |
|---|---|
| 심화되는 부동산 양극화 (유주택, 무주택 가구추이) | − 유주택: 2018(1,123.4만) → 2019(1,145.6만) → 2020(1,173만 가구)<br>− 무주택: 2018(874.5만) → 2019(888.7만) → 2020(919.7만 가구) |
| 지역별 일자리 격차심화 | − 수도권 취업자: 1990(776만명) → 2020(1,352만명): 74.2% 증가<br>− 비수도권 취업자: 1990(1,032만명) → 2020(1,338만명): 29.7% 증가 |
| 2030 내부양극화 | − 자산: 2019(상위20%: 8억13만원, 하위20%: 2,409만원)<br>  2020(상위20%: 8억7,044만원, 하위20%: 2,473만원)<br>− 경상소득: 2019(상위20%: 9,459만원, 하위20%: 3,017만원)<br>  2020(상위20%: 9,963만원, 하위20%: 3,046만원) |

을 해온 한국에서도 어김없이 병폐가 나타나고 있다고 했다. **그러나 자본주의는 무찔러야 할 적으로 상정하지는 않고, 도리어 다시 관리해 되살려야 한다**고 주장한다.

콜리어 교수는 **자본주의 실패는 곧 공동체의 실패에 기인한 것이라고 주장한다.** 20세기에 들어서기 전까지 세계에서 자본주의가 잘 작동할 수 있었던 것은 시민들이 공유 정체성을 바탕으로 호혜적 의무를 발휘하여 함께 생산성을 끌어올린 덕이라고 설명했다(공공선과 사회자본 → 경제성장). 가족과 기업, 국가 단위 모두 공동체보다는 개인 쪽으로 중심이 쏠리며 자본주의가 고장나기 시작했다. 예컨대, 한국은 지난 70년 사이 가난을 벗어나 OECD 회원국으로 성장한 유일한 국가이다. 역사적으로 사회가 뭉치고 단합해 일하면서 성장을 할 수 있었다. 특히 과거 한국사회는 매우 친사회적(prosocial) 성격을 가지고 있었다. 북한의 위협을 받으면서도 사람들은 번영이라는 공통의 목적을 가지고 상호노력을 하여 실용적 전략 아래 뭉쳤다. 그러나 지금은 이전과 달리 굉장히 개인주의사회가 되었다. 사람들은 이제 더 단기적으로 또 이기적으로 생각한다. 이러한 개인주의 성향심화는 영국이나 미국에서도 일어난다. 고학력자와 나머지, 고숙련 노동자와 나머지로 사람들이 갈라지고 있고 이 나머지는 버려진 기분을 느끼게 된다. 불행하게도 한국 역시 어느 정도 성장한 뒤 같은 실수를 저지르고 있다. 고장난 자본주의사회에선 경제적 형편이 좋은 일부만 목적의식을 갖고 일을 한다. 바로 이 '목적을 갖고 일하느냐'의 격차가 커진 게 가장 중요한 실패라고 강조했다. **이 같은 현상은 좌우파를 가리지 않고 나타났으며, 이념주의자나 포퓰리스트(대중영합주의자)가 가세하여 사태를 악화시켰다고 진단한다. 특히 2020년 이후 코로나가 팬데믹으로 발전하면서 '코로나 디바이드'라는 현상이 일어나 빈부격차가 심화되고 양극화의 범위가 국가단위로 확장되었다. 이러한 팬데믹이 자본주의 실패를 완벽하게 증명하고 있다.**

따라서 **자본주의 실패로 인한 '사회격차'를 줄이기 위해서는** 조세방식을 바꾸고 특정계층에 대한 선별복지(전체가 아니라 생계를 유지하기 어려운 자들에게 재화를 이전하는 것)를 시행할 것을 제안한다. 정부는 실용주의와 함께 '사회적 모성주의'를 기반으로 작동해야 한다고 강조한다. '최대 다수의 최대 행복'를 무기로 나를 따르라는 식의 '사회적 가부장주의'를 지양해야 한다. 이러한 측면에서 **기본소득제도는 전 국민에게 아무 조건 없이 정기적으로 돈을 지급하는 일종의 '무상월급'으로서 인간존재의 의미를 단순화시키는 모욕적 발상**이라며 인간은 단순히 소비자로 전락시켜 그저 조금 소비해보라며 희롱하는 것이다. 기본소득은 노동(생산)을 통해 자아를 실현하고 자존감을 고양해 생산성을 발휘하는 인간에게서 주체성을 빼앗아가는 제도라고 한다.

---

**사례연구**　**사회주의와 복지주의 현상**

### ■ 한국식 사회주의

사회주의란 국가가 개입해 분배평등을 이루려는 이념체계이다. **문재인 국정운영은 '국가주도와 평등지향'이라는 점에서 사회주의 성격이 강하다.** 한국 중고교생이 중국보다 공부를 못한다는 조사가 나왔다. 중국은 중고교도 입시를 치를 만큼 치열한 경쟁을 시키고 엘리트교육에 주력한다. 반면, 한국의 공교육은 어떻게 공부를 덜 시킬지를 연구하는 평등의 실험장이 되어 버렸다. 교육현장을 장악한 좌파 교육감들이 '무시험 탈경쟁'을 내세우며 학습부진아를 양산하고 있다. 이제 한국은 중국보다 더 사회주의 같다는 말이 이상하지 않은 나라가 되었다. **원격진료, 유전자조작, 빅데이터, 숙박공유 등 중국에서 다 되는데 한국은 못하는 분야가 한둘이 아니다. 중국보다 더 사회주의적이라는 정부의 정책과 규제가 이런 지경을 만들었다.**

'국민의 삶'을 책임지겠다는 문재인 정부의 슬로건부터 사회주의적 발상과 다름없다. 5,000만 국민의 삶은 제각각인데, 정부가 어떻게 일률적으로 책임지겠다는 것인가. 국가가 구체적 생활영역까지 일일이 규정하고 개입하려고 한다. 세계에서 가장 강력한 주52시간제를 강제해 개인의 더 일할 자유를 막았다. 과도한 최저임금을 강요해 덜 받아도 일하려는 개개인의 욕구를 방해하고 있다.

문정부 국정은 '기회의 공정'을 넘어 '결과평등'까지 건드리고 있다. 공공부문 성과급 폐지, 이익공유제, 자사고와 특목고 폐지 등이 그 예이다. 분양가 상한제며 원가공개처럼 시장가격에 손대는 일도 서슴지 않는다. 지금껏 이 정권의 책임이 있는 사람이 '경제적 자유'나 '시장원리'를 말하는 것을 들어본 적이 없다. 자유와 시장의 영역을 줄이고 그 자리를 국가기능으로 채워 넣겠다는 것이다.

또한, 정치마저 사회주의모델을 따르고 있다. 이 정권이 사활을 건 공수처는 중국의 감찰위원회를 본뜬 정권직속 사정(司政)기구이다. 사회주의 일당독재처럼 권력의 충견을 법제화하겠다는 것이다. 장기집권에 유리하게 선거제도를 바꾸고, 낙하산 코드인사를 통해 좌파진지를 구축하고 있다. 대한민국에서 진행되는 사회주의화는 좌파집권의 제도화로 치닫고 있다.

**사회주의의 이상은 달콤하지만 실현할 수 없는 사기극임이 판명났다. 소련과 동구권 붕괴는 국가주도 계획체제의 모순에 따른 필연적 결과였다. 남미 좌파 포퓰리즘 역시 경제파탄과 국민불평등으로 결말났다. 다죽은 사회주의가 한국에서만 포퓰리즘의 탈을 쓰고 부활하고 있다.** 이것은 색깔논쟁이나 이념시비가 아니다. 기로에 놓인 대한민국이 직면한 현실적이고도 실존적인 문제이다(조선일보 2019.12.13.).

### ■ 중국식 사회주의: 변화의 물결

#### – 덩샤오핑, 공산당 독재에 시장경제 접목

**중국에서 '당은 아버지, 국가는 자식'이라는 말을 자주 쓴다. 공산당이 국가를 세우고 발전시켰다는 이야기이다. 충성의 대상도 국가가 아니라 공산당이다.** 중국에서 공산당이 1921년 7월 상하이에서 창당할 때 마오쩌둥 등 대표 13명을 포함하여 당원은 53명에 불과하였다. 산업화 초기단계에 양산된 노동자들이 가세하고 민족해방운동이 일어나면서 정치적 기반을 확대했다.

제2차 세계대전 종전 직후 국민당과의 내전에서 승리한 공산당은 1949년 10월 중화인민공화국을 수립했으며, 이후 1957~1961년 독자적인 산업화전략인 '대약진운동', 1966~1976년 극좌 사회주의운동인 '문화대혁명'이 모두 실패로 돌아가면서 위기에 몰렸다. 마오쩌둥에 이어 권력을 잡은 덩샤오핑은 1978년 '개혁개방'을 선언했다. **정치는 공산당이 독재하는 권위주의체제를 유지하고 경제는 시장경제를 상당부분 수용하는 이른바 '중국특색사회주의'를 도입하였다.**

이후에 지도자 자리를 계승한 장쩌민, 후진타오에 이어 시진핑에 이르기까지 중국의 경제는 비약적으로 발전했다. 2010년에는 일본을 제치고 세계 2위 경제대국에 올랐고, 2019년에는 1인당 국내총생산(GDP) 1만달러도 달성하였다. 시진핑 국가주석은 '2030년 선진국, 2050년 세계 최강국'이라는 비전을 내놨다. 이런 경제발전은 중국국민이 공산당을 지지하는 가장 큰 근거이다. **중국 공산당은 건국 이후 70년 이상 권력을 유지해 왔지만, 이런 공산당이 앞으로도 건재할 것인가에 대해서는 견해가 갈린다.** 미국을 중심으로 한 서방국가의 견제가 갈수록 거세지고 있고, 국내에선 빈부격차에 대한 불만이 고도되고 있는 게 위기론의 근거이다. 중진국으로 발전한 많은 국가에서 국민이 '민주화' 열망을 분출했던 경험이 중국에서도 재연될 것이라는 예측이 있다(한국경제 2021.6.28.).

- 시진핑 3연임: 정치와 경제도 사회주의로 회귀

중국 최대정치행사인 공산당전국대표대회가 2022년 10월 16일 개막되는데, 중국 공산당 중앙위원회는 9일 7차 전체회의(7중전회)를 열고 당 헌법 격인 공산당정(黨章) 개정안을 20차 당대회 안건으로 채택했다. 개정안에는 2012년 총서기에 오른 시 주석의 영구집권을 위해 10년 임기제한 헌법을 고쳐 3연임의 길을 텄다. 시 주석이 3연임하면 덩샤오핑 이후 처음으로 3연임하는 지도자가 된다. 시 주석의 '집중통일영도'를 확립한다는 문구가 들어간 것으로 알려졌다. 총강(서문)에 2017년 당정 개정 때 추가한 '**시진핑 신시대 중국특색사회주의사상**'을 '시진핑사상'으로 줄여 '마오쩌둥사상'급으로 격상하는 내용도 포함됐다. **시 주석이 내세우는 경제정책 '공동부유'는 '다 같이 잘살자'는 정책으로 40년 넘게 지속된 개혁개방과 시장경제의 역할을 축소하고 사회주의로 회귀한다는 의미로** 받아들여지고 있다.

시진핑 국가주석은 2020년부터 공동부유(共同富裕)를 본격적으로 언급하기 시작했다. 공식기록상으로 2019년 6회에서 2020년 30회로, 2021년에는 60회 이상으로 늘었다. 중국은 덩샤오핑 이후 성장에 중점을 뒀지만 시진핑 3기부턴 빈부격차 해소 등 분배가 중시될 전망이다. 중국공산당은 오는 16일 개막하는 20기 전국대표대회(20차 당대회)에서 시 주석의 대표정책인 공동부유를 집중 논의할 예정이다. 공산당 중앙정치국은 지난 8월 30일 회의에서 당대회 주요의제로 '전체인민 공동부유의 내실 있는 추진'을 다룰 것이라고 예고했다.

**공동부유의 본질은 분배다. '정치는 사회주의, 경제는 자본주의'를 표방했던 중국이 경제도 사회주의로 돌아간다는 의미다.** 지도자와 연결해 보면 마오쩌둥의 '공부론(共富論)'에서 덩샤오핑의 '선부론(先富論)'으로, 다시 시진핑의 공동부유론으로 회귀하는 것이다. 시 주석이 마오쩌둥급 지도자로 부상하기 위해 갖춰야 할 사상적 근거가 공동부유다. 공산당은 소득격차를 줄이는 1차 분배, 세금과 사회보장제도를 통한 2차 분배, 부유층과 기업의 자발적 기부를 통한 3차 분배라는 방법론도 제시했다. 알리바바, 텐센트 등 빅테크들이 일제히 수십조원대 기부에 나서며 납작 엎드린 이유다.

**공동부유에는 일부 민간기업이 부를 독점해선 안 된다는 생각이 깔려 있다.** 이는 필연적으로 국진민퇴(국유기업이 앞장서고 민간기업은 퇴장한다)와 연결된다. 시 주석은 "자본의 무질서한 확장을 경계해야 한다"며 민간부문을 줄이겠다는 방침을 밝혀왔다. 민간기업 국유화와 국유기업 대형화는 더욱 속도를 낼 전망이다. 시 주석은 미국과의 일전에 대비하기 위해서라도 기업들을 통합해 덩치를 키워야 한다고 생각하고 있다. **기업과 시장에 대한 통제강화는 사회주의의 속성이기도 하다.** 중국은 지난해 희토류산업을 양대 국유기업체제로 개편했으며 올해는 철광석 국제거래전담기업을 설립했다. 양대 조선사, 양대 화학사의 합병작업도 진행 중이다.

한 중국기업인은 "시진핑 3기 5년 동안 민간기업 90% 이상이 국가지배 아래로 들어갈 것"이라고 말하기도 했다. 지분 일부나 이사 자리를 국유기업에 헌납하는 식으로 국가의 개입을 공식화할 것이란 설명이다. 현장에서 만나는 중국기업인은 대부분 이런 의견에 동의한다. "경영은 내가 하지만 소유권은 국가에 있다고 생각하는 게 중국에서 오래 살아남는 길"이라는 자조도 나온다.

중국당국은 공동부유가 부자를 죽이는 정책이 아니라고 주장하고 있다. 하지만 기업과 투자자의 우려는 깊어지고 있다. 주중 유럽연합(EU)상공회의소는 최근 연간보고서에서 중국은 현재 이념이 경제를 압도하면서 예전의 매력을 상실하고 있다고 지적했다(한국경제 2022.10.10.).

### ■ 북유럽식 사회주의: 변화의 물결

박지우는 '행복한 나라의 불행한 사람들: 복지국가 스웨덴은 왜 실패하고 있는가' (2022)라는 저술에서 스웨덴 사회복지 우위의 실패와 변화를 기술하고 있다. 스페인 경제학자 다닐엘 라카에는 지난해 오스트리아 미제스연구소 학회지에 기고한 글 '노르딕 국가들은 사회주의체제가 아님을 직시하라'에서 **'북유럽국가들을 사회주의 성공사례로 꼽는 것은 만연해 있는 대표적인 오류'**라고 말하였다. 그는 북유럽국가들이 정부개입과 평등주의정책으로 최고단계의 사회복지국가를 실현했다는 좌파들의 주장을 비판했다.

**1990년대 사활을 건 '개조'에 나서기까지 북유럽국가들은 '고부담 고복지'의 유사 사회주의체제였다. 북유럽식 사회주의는 야심찬 포부에서 출발했지만, 곧 서민증세로 이어졌다. 스웨덴이 특히 그러했다. '요람에서 무덤까지' 국가가 모든 복지를 책임져 준다는 스웨덴이다.** 좌파 사회민주당이 1932년부터 1991년까지 60년 동안 단 6년 (1976-1982)을 빼고 장기집권하는 동안 모든 국민에게 기초연금을 지급하는 것에 더해 보육수당, 아동수당, 실업수당을 이중삼중으로 얹어주는 세계에서 가장 강력한 복지체계를 구축했다. **OECD에 의하면, 스웨덴의 국민부담률은 40%대로 OECD 평균인 33.8%(2019년 기준)보다 높다.** 막대한 재원은 살인적 세율의 소득세와 법인세 및 부유세 등을 통해 조달했다. 세금 대부분은 중산층 주머니에서 나온다. 소득세 최저세율은 32% 안팎으로 한국의 6.6%에 비해 매우 높다. 연봉 6,800만원은 스웨덴에서 근로자 평균임금의 1.5배를 넘길 정도이지만 소득세 최고세율(평균 52%)로 진입하는 기준연봉이다. 적용대상은 전일제 근로자 3명 중 1명 꼴이다. **스웨덴에서 '소득이 있는 곳에는 반드시 세금이 있다.'** 이러한 막대한 세금폭탄에 견디다 못한 기업과 고소득자들의 '세금망명'이 이어졌다. 그리고 1991년부터 3년간 성장률이 −6%로 뒷걸음질하고 실업률이 1.5%에서 8.12%로 치솟는 위기를 맞았다.

**이런 상황에서 스웨덴이 선택한 것은 '잘못된 사회주의 복지국가체제와의 결별'이었다.** 이런 개혁을 주도한 정당은 사회민주당이었다. 익숙해 있던 이념과 강령을 깨고 변신하는 것은 쉬운 일이 아니다. 복지혜택에 중독된 지지계층을 설득해 기득권을 내려놓게 하는 일부터가 난제이다. 스웨덴 사민당정부는 방만한 재정팽창을 제도적으로 제약하기 위한 재정준칙을 도입하고, 보수정당의 전유물이었던 세금축소를 하여 한때 57%에 달했던 법인세율을 30%로 인하하고 상속세 등 부유세는 폐지하였다. 그러나 재산이 있는 곳에는 세금이 없을 수도 있다. 스웨덴 총조세액 중 부동산 보유세와 취득세, 상속세, 증여세가 차지하는 비율은 2%에 그친다. 한국은 12%이다. 스웨덴은 2004년 상속세와 증여세를 폐지했다. 가족기업들이 많은데 높은 상속세 때문에 기업들이 해외이전러시가 이어졌기 때문이다. 2008년엔 자산총액이 2억원을 넘을 경우 기준액 초과분에 1.5%만큼 부과하던 부유세마저 폐지했다. 부자들이 세금을 피해 재난을 은닉한다는 이유 때문이다. 그 결과 10억달러 이상 자산을 가진 스웨덴 부자들 중 상속받아 부를 축적한 비율은 63.2%이다. 복지제도도 수술을 하여 기초연금을 없애고 돈이 없는 노인으로 지급대상을 한정하고, 실업수당지급액도 확 깎아 '일해야 먹고 살 수 있는 나라'로 탈바꿈했다.

이처럼, **북유럽국가들은 '해보니까 아니더라'는 고백과 함께 과감한 개조수준의 정책 대전환을 선택했지만, 모든 국가가 그랬던 건 아니다. 시행착오를 솔직히 인정하고 정책 궤도를 수정하는 용기를 내지 못한 아르헨티나와 베네수엘라 및 그리스는 헤어나오기 어려운 늪에 빠져 버렸다. 한국의 문재인 정부도 예외는 아니다.**

## 2) 정치문화

정치문화(political culture)는 넓게 정의하면 정부가 무엇을 해야 하고 어떻게 운영되어야 하는가에 대한 것과 정부와 시민과의 관계에 대한 가치와 신념 및 태도(Anderson, 1979: 28; 2011: 41)를 말하고, 좁게 정의하면 정치행정에 종사하는 사람들의 태도와 행동양식을 지배하는 가치관(조석준, 1980: 109; 안해균, 2000: 86)을 의미한다. 대표적인 정치학자인 Verba는 1955년 논문 '비교정치문화'에서 정치적 상호작용의 유형과 정치제도들에 대한 신념체계로, 그리고 Almond는 1956년의 논문 '비교정치체제'에서 정치활동에 대한 특정유형의 정향으로 정의하였다.

정치체계에 정치문화개념을 도입한 Almond는 '모든 정치체계가 정치문화라고 부를 수 있는 정치적 행동에 대한 특정한 형태의 정향에 파묻혀 있다'라고 하였고, 그 이후에 Almond & Verba(1963)는 정치적 정향과 정치대상을 결합하여 세 가지 유형의 정치문화를 제시하였다(서울대 정치학과교수 공저, 2002: 82-87). 우선, 정치적 정향으로는 첫째, 인지적 정향(cognitive orientation) - 이것은 경험적 신념, 즉 사람들이 정치체계의 여러 가지 일들을 어떻게 이해하고 있느냐 하는 것이다. 둘째,

〈표 8-4〉 정치문화의 이념형

|  | 일반적 대상으로<br>정치체제 | 투입대상 | 산출대상 | 정치주체 |
|---|---|---|---|---|
| 지방형 | 0 | 0 | 0 | 0 |
| 신민형 | 1 | 0 | 1 | 0 |
| 참여형 | 1 | 1 | 1 | 1 |

자료: Almond & Verba(1963: 17).

평가적 정향(evaluative orientation)-이것은 가치선호, 즉 정치체제(정부)의 행동으로부터 개인이 얻을 수 있는 이익에 대한 믿음이다. 셋째, 감정적 정향(affective ori-entation)-이것은 감정적 반응, 즉 인지된 정치적 대상에 대한 좋고 나쁨 또는 긍정과 부정을 말한다. 다음으로, 정치적 대상은 정치체제 전체, 정치체제의 투입, 정치체제의 산출, 정책체제의 구성원(정치주체)으로 분류하였다. 이들 두 가지 기준을 결합하면 정치문화의 이념형으로 지방형, 신민형, 참여형을 도출할 수 있다(표 8-4).

첫째, 지방형(parochial) 정치문화: 이것은 네 가지 정치적 대상에 대한 정향이 모두 영(-)에 접근하는 정치적 정향을 보이지 않는 형태, 즉 시민들은 정치체제(정부)의 존재나 투입과 산출과정에 대해 알지 못하거나 무관심한 문화로서 전근대적이고 전통적인 사회에서 나타난다.

둘째, 신민형(subject) 정치문화: 이것은 일반적 대상으로서의 정치체계와 그 산출에 대한 정향이 비교적 높은 것으로 나타나 투입과 정치참여자로서의 자신에 대한 정책이 영(-)에 근접하는 형태, 즉 시민들은 정치체제에 대하여 인식하고 있고 이들의 산출을 수동적으로 받는 상태이지만 정치참여자로서의 자각이 결여되어 투입기능이 약한 문화로서 과도기적이고 신민적 사회에서 발견된다.

셋째, 참여형(participant) 정치문화: 이것은 정치적 대상의 모든 것에 대해야 긍정적(+) 검토를 하는 적극적이고 명확한 정치적 정향을 가진 형태, 즉 정치체제와 그 투입과 산출과정에 대한 명확한 인식을 갖고 그러한 과정의 참여에 적극적 행태를 보이는 문화로서 시민적이고 민주적 사회에서 나타난다.

이와 같이, 이념형으로서의 정치문화는 세 가지 유형으로 나눌 수 있지만, 현실의 정치문화는 세 가지 형태의 혼합으로 나타난다. [그림 8-1]은 민주적 산업사회, 권위적 산업사회, 권위적 과도사회, 민주적 과도사회들이 갖는 정치문화의 혼합적 성격을 보여주고 있다. 특히 알몬드와 버바는 영국의 정치문화에서 일종의 민주주의

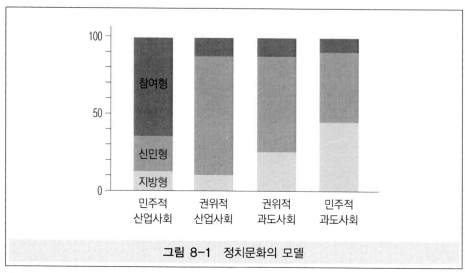

**그림 8-1   정치문화의 모델**

자료: Almond & Powell(1996: 46).

모델을 발견하고 이것을 시민문화(civic culture)라고 하였다. 시민문화는 전통적인 것과 근대적인 것이 병존하여 참여형에 지방형과 신민형이 결합되어 있는 것으로서 안정적인 민주주의체제의 바람직한 정치문화라고 보았다.

이상의 Almond & Powell의 정치문화유형은 개인이나 집단이 정치체제 또는 정책체제의 정치과정이나 정책과정에 어떻게 영향을 주고 있는지에 대한 함의를 주고 있다(Anderson, 1979: 30). 이를테면, 지방형 정치문화에서는 정책형성(정책의제설정 +정책결정)에 대한 시민참여가 없는 상태이고 정부도 시민에 대해 별로 관심이 없다. 신민형 정치문화에서는 시민이 정책형성에 대해 투입을 할 수 없고 단지 정부가 산출하는 정책을 수동적으로 받아들이게 된다. 참여형 정치문화에서는 시민이 정책형성과정에 대한 적극적인 참여와 요구를 하게 되고 산출에 대해서도 의사표시를 적극적으로 한다.

우리나라의 경우는 권위적 산업사회에서 민주적 산업사회로 진화를 하면서, 정치문화는 세가지 유형의 정치문화가 공존하고 있으나 점차 지방형이나 신민형에서 참여형 정치문화로 이동하고 있다. 과거에는 국민의 정부에 대한 인식이나 태도에서 관존민비사상에 의하여 신민적 의식이 남아 있었지만(김학준, 1983: 184), 정치체제의 민주화와 시민의식의 성장 그리고 1990년 이후 지방자치의 실시로 점차 참여형 정치문화가 확산되고 있다고 볼 수 있다.

## 3) 정치체제구조(정부제도)

정치체제구조(structure of policy system)는 정치체제의 짜임새 또는 정치체제의 구성요소들 간의 유형화된 상호관계(정정길, 1993: 168)를 말하는데, 이를 정부제도라고도 한다. 정부제도(system of government)란 통치와 관련된 공직의 총체(collection of offices)를 의미한다(서울대 정치학과교수 공저, 2002: 201).

국가가 수행하는 통치기능은 정부라는 제도를 통하여 수행한다. 정부는 넓은 의미로 입법부(의회), 행정부(집행부), 사법부(법원)의 세 기관으로 나누어진다. 정부라고 말할 때 주로 어떤 기관을 가리키게 되는가는 국가마다 상이하다. 정부의 개념범주에 대하여 미국과 같은 대통령제의 경우 행정부, 입법부, 사법부를 모두 포함하는 광의로 사용하나, 영국처럼 내각이 국정을 주도하는 의원내각제의 경우는 입법부와 행정부를 포함시키고 있지만, 대부분의 국가에서 정부는 행정부만을 의미한다 (Duchacek, 1971: 143 – 144).

이러한 정치체제구조 또는 정부제도는 권력을 어떻게 배분하느냐에 따라서 범주화할 수 있는데, 권력의 기능적 배분 측면에서 대통령제와 의원내각제로, 그리고 권력의 지리적 배분 측면에서 연방제와 단일제로 나누어진다(서울대 정치학과교수 공저, 2002: 224 – 238)(표 8 – 5).

〈표 8-5〉 정치체제구조(정부제도)의 분류

| 권력기준 | 분류 |
|---|---|
| 기능적 배분 | 대통령제, 의원내각제 |
| 지리적 배분 | 연방제, 단일제 |

우선, 권력의 기능적 배분 측면에서 대통령제와 의원내각제를 살펴보면 다음과 같다. 의원내각제는 영국의 군주제에서 발달된 민주정치의 정부형태로서 국민에 의해 선출된 입법부를 국정의 최고기관으로 내각을 구성하여 행정부와 결합된 권력융합(fusion of power)의 정치체제를 말한다. 의원내각제의 모국은 영국이고 현재 서유럽국가의 대부분과 과거 영국 식민지나 영연방의 영향권에 있었던 캐나다, 호주, 뉴질랜드, 인도, 말레이시아 등이 의원내각제를 채택하고 있다.

이와 대조적으로, 대통령제는 18세기 말에 영국에서 독립한 미국에서 창시된 정부형태로서 국가의 원수(대통령)가 국정의 최고기관으로 대통령내각을 구성하지만 행정부와 입법부 및 사법부가 완전히 분리된 권력분립(division of power)의 정치체제를 의미한다. 대통령제의 원형은 미국이고 현재 남미국가의 대부분과 프랑스와 필리핀 및 한국 등이 대통령제를 채택하고 있다.

현대에 와서 모든 정치체제는 정치기능과 행정기능 및 사법기능을 담당하는 정부제도로 입법부와 행정부 및 사법부의 삼법부를 가지고 있다. 이중에서 입법부와 행정부가 각각 정책결정과 정책집행의 중추기관으로 정책과정에서 핵심적인 기능을 수행하고 있으므로 이들 간의 권력구조가 어떻게 되어 있느냐에 따라 정치과정 또는 정책과정이 크게 좌우된다. 과거의 통치에서는 의회가 결정을 하고 행정부가 집행을 하는 정치행정이원론이 지배적이었으나, 산업화와 도시화로 인하여 복잡하고 다양한 사회문제가 발생하여 정부의 해결을 요구함에 따라 행정부가 집행뿐 아니라 결정이라는 정치기능까지 담당하는 행정국가화현상이 나타났다. 이에 따라 행정부가 정책과정을 주도하고 입법부는 '통법부'로 전락하고 있다는 주장도 등장하였다.

따라서 행정부 내부의 기관들 간의 권력구조는 정책과정에 커다란 영향을 미치고 있는데, 특히 대통령부와 행정부처와의 관계나 행정부처 상호간의 관계가 중요하다(정정길, 1993: 175−176), 이를테면, 행정부 내의 각 부처들 간의 권력관계는 공식적으로 담당하는 기능의 중요성과 행정수반인 대통령과 각 부처장관과의 개인적 친분관계와 접촉빈도 등에 의하여 영향을 받는다. 중요한 정부부처는 행정부 내에서의 영향력이 커지므로 이들이 담당하는 기능이나 정책이 정책결정이나 정책집행에서 보다 우선시되는 경향을 보인다. 과거 정부주도의 경제성장정책을 추진할 때에는 경제기획원의 힘이 막강하였고, 사회복지정책의 기능이 커지고 있는 현실에서는 보건복지부의 위상도 증가하고 있다.

다음으로, 권력의 지리적 배분 측면에서 연방제와 단일제를 논의하면 다음과 같다. 연방제(federal system)는 중앙정부와 지방정부가 관할사항에 대하여 독자적으로 결정을 하고 집행을 할 수 있는 권력을 갖고 있는 정치체제를 의미한다. 중앙정부의 통치력은 시민에게 직접적으로 또는 지방정부를 통한 간접적인 방법으로 작용한다. 일반적으로 전국적 차원의 기능인 외교, 경제, 전국적 질서유지 등에 대한 기능은 중앙정부가 행사하고, 지역적 또는 지방적인 질서, 복지, 교육, 보건 등에 대한 기능은 지방정부가 수행한다. 연방제의 모국은 미국이고 과거 영국의 식민지였던 호주, 캐나다, 인도, 파키스탄과 미국의 영향을 받은 멕시코, 브라질, 아르헨티나, 베네스

웰라 등 중남미국가가 연방국가이다.

반면에, 단일제(unitary system)는 중앙정부가 배타적으로 주권을 갖고 시민과 지방정부를 직접 통제와 감독을 하는 정치체제를 말한다. 중앙정부의 통치력은 시민에게 직접적으로 이루어지는 것이 원칙이지만 중앙정부가 지방정부에 광범위한 자치권을 부여하여 간접적으로 통치를 하게 된다. 오늘날 영국, 프랑스, 스칸디나비아국가들, 중국, 일본, 한국 등의 대부분의 국가들은 단일제국가이다.

우리나라는 대통령중심제이고 단일제국가로서 과거의 관치지방행정에서 지방자치행정으로 변화를 하여 왔다. 1961년부터 1990년에 들어오기 전까지 한국정부는 권위주의 중앙집권체제를 유지하면서 중앙집권적 통치를 하게 되어 지방정부를 형식적이고 수동적인 단체로 제도화함으로써 정책활동의 자율성이 제한되었다. 그러나 그동안의 정부주도적인 경제성장정책으로 산업화와 민주화와 진행됨에 따라 1987년 6.29 민주화 선언이 있은 후에 시민과 집단의 비판의식과 참여분출을 가져왔다. 이러한 시대환경변화는 마침내 1990년 이후 지방자치를 부활하는 계기가 되었고, 1995년 6월 27일 지방단체장과 지방의회의 동시선거로 시민에 의한 지방정부가 구성되어 지방정부를 자율적으로 추진할 수 있게 되었다. 이후에 지방정부의 정책과정에는 다양한 개인과 집단의 요구투입과 정책결정에 참여가 증가를 하게 되었다.

## 4) 정치과정

앞에서 기술한 정치이념과 정치문화 및 정책체제구조(정부제도)는 정치과정에서 여러 행위자들의 활동에 영향을 주게 된다. 정치과정(political process)은 우리가 추구하는 중요한 가치인 권력이나 부 등을 사회전체에 배분하는 것과 관계되는 것으로 정부의 여러 기구, 정당, 각종 이익집단과 비정부조직, 그리고 시민들이 복잡한 상호작용을 하는 것을 말한다(이극찬, 2000: 350). 오늘날 각국에서 사용하고 있는 정치과정의 개념틀은 Easton과 Almond 등의 미국정치학자들이 정치체제이론에서 제시하는 환경, 투입, 전환, 산출, 환류를 구성요소로 하고 있다. 환경은 경제체제, 사회체제, 문화체제, 생태체제 등 정치의 외적요소를 지칭하고, 투입은 국민 개개인이나 집단 및 계층 등의 정부에 대한 요구와 지지를 말한다. 전환은 투입을 산출로 변형하는 것으로서 여기서 산출은 정책으로 표현된다. 그리고 환류는 정부의 산출이 환경에 영향을 미치고 동시에 투입에 영향을 미치는 것을 의미한다. 이러한 정치과정의 모든 요소가 중요하지만 그 중에서 특히 중요한 요소는 투입과 산출이므로 '정치과정의 투입－산출모형'이라고도 한다.

정치과정의 특징은 정치체제에 따라 다르고 국가마다 다르다. 민주주의체제와 사회주의체제의 정치과정은 다르다. 또한, 같은 민주주의체제를 가진 국가라고 하더라도 대통령중심제국가와 의원내각제국가의 정치과정은 상이하다고 볼 수 있다(서울대 정치학과교수 공저, 2002: 260 - 261). 이를테면, 민주주의체제를 가지고 있는 미국이나 영국 등 서구 선진국가의 정치과정특징은 정부의 산출이 투입에 기반하고 있으므로 '정치과정의 투입－산출모델'이 적용된다. 반면에, 권위주의체제나 전체주의체제의 정치과정은 정부의 산출이 개인과 집단의 정치참여방법이나 정당의 존재양식과 역할과 같은 투입과정을 통제하기 때문에 '정치과정의 산출－투입모형'으로 명명할 수 있다.

그러나 모든 국가의 정치과정특징은 엄밀히 말하면 '투입－산출'과 '산출－투입'의 두 가지 과정을 모두 가지고 있다. 민주주의국가애서는 '투입－산출과정'이 가장 빈번히 나타나는 정치과정이지만 '산출－투입'과정도 종종 찾아볼 수 있다. 권위주의나 전체주의 국가에서는 '산출－투입'이 가장 현저한 정치과정이지만 '투입－산출'과정이 전혀 없다고는 볼 수 없다. 우리나라의 경우 과거(1960년대 이후 1970년대까

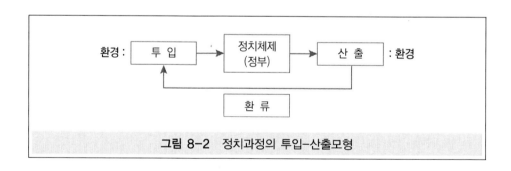

그림 8-2   정치과정의 투입-산출모형

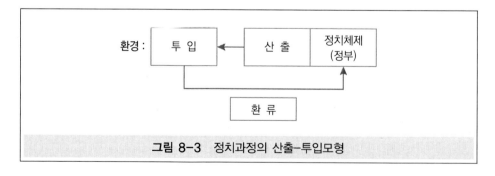

그림 8-3   정치과정의 산출-투입모형

지) 권위주의정치체제시기의 정치과정은 '산출－투입모형'이었다고 한다면, 1980년
대 이후 산업화와 민주화로 인하여 민주주의정치체제로 전환하면서 정치과정도 종
전의 '산출－투입모형'에 '투입－산출모형'이 혼합된 형태로 발전하고 있다고 볼 수
있다.

## 3. 경제사회적 환경

경제사회적 환경은 환경유형에서 경제적 환경과 사회적 환경을 결합한 것이다.
여기서 경제적 환경은 경제활동과 관련된 경제체제의 조건과 상태로서 경제체제, 산
업구조, 정부경제정책, 경제흐름, 부와 소득의 수준과 분배 등이 포함된다. 그리고
사회적 환경은 개인이나 집단 또는 정부에 영향을 미치는 사회적 외부조건이나 상태
로서 사회집단의 형태, 사회계층의 특성, 인구의 구성(분포), 주거의 상황이나 소득
등의 생활정도, 교육과 의료 등의 사회복지수준이 광범위하게 포함된다. 정책결정요
인론 또는 정책산출론을 연구하는 학자들은 정치적 요인보다 사회경제적 요인이 정
책의 내용과 수준을 결정하는데 중요하고 영향을 미친다고 보았다. 이들이 분석에
사용한 사회경제적 변수로는 도시화, 소득, 인구밀도 등을 들고 있다.

### 1) 경제체제

경제체제(economic system)는 한나라 또는 한지역을 하나의 사회적 유기체로 보
고 경제적 측면에서 경제조직이나 경제제도 및 경제생활의 양식을 말하는 것으로,
보다 구체적으로는 인간이 사회경제생활을 영위하기 위하여 고도의 분업과 특화를
기초로 하여 이루어지는 개별적인 활동을 전체로서 질서 있게 조직화한 일련의 제도
를 말한다. 이러한 경제체제는 각각 고유의 기본원리를 가지고 있으므로 추구하는
정치이념과 사회경제활동의 조정방법에 따라 자본주의 시장경제체제와 사회주의 계
획경제체제 그리고 혼합경제체제(자본주의 계획경제나 사회주의 시장경제)로 구분할
수 있다.

앞의 정치적 환경에서 정치이념을 논의할 때 자유주의와 사회주의(공산주의)를
기술하였다. 자유주의 정치이념을 추구하는 국가들은 자본주의 시장경제체제를 가
지고 있다. 왜냐하면 경제적 자유주의는 산업자본주의의 정치철학이었기 때문이다.
이들 국가는 자본주의를 발전시키는데 자유방임주의 사고를 적용하고 있다. 자본주

의 시장경제체제는 자유주의 이념을 토대로 시장기구에 의한 사회경제활동이 이루어지 체제이다. 여기서 자본주의체제란 생산수단의 사유와 비집권적인 자유시장기구에서 사적 이윤추구를 동기로 기능하는 체제이다. 이 체제의 핵심요인은 시장경제체제라고 할 수 있다. 시장경제체제는 모든 경제주체들이 이기적 본성을 바탕으로 자신의 이익(효용)을 극대화하기 위해 자유로운 의사결정과 경쟁을 통하여 자원배분을 하는 방식이다.

반면에, 사회주의 또는 공산주의 정치이념을 추구하는 국가들은 사회주의 계획경제체제를 도입하여 적용하고 있다. 이들 국가는 자본주의 모순을 해결하는데 계획주의 사고를 도입하고 있다. 사회주의 계획경제체제는 사회주의 또는 공산주의 이념을 토대로 중앙집권적인 계획에 의하여 사회경제활동이 이루어지는 체제를 의미한다. 여기서 사회주의체제란 생산수단의 사회화와 중앙집권적인 계획기구 하에서 사회적 이익을 동기로 기능하는 체제제이다. 이 체제의 핵심요인은 계획경제체제라고 할 수 있다. 계획경제체제는 사회구성원 간의 사회적 불평등을 없애기 위하여 정부가 생산자원의 배분을 하는 방식이다(표 8-6).

그러나 오늘날 대부분의 국가들은 자유방임주의와 계획주의를 결합하는 혼합경제체제를 도입하여 적용하고 있다. 이를테면, 오늘날의 자본주의경제는 사회적 관점(사회주의적 요소)를 도입하고 사회주의경제는 개인적 관점(시장주의적 요소)을 도입하여 각국의 제도와 정책을 바꾸어 나가고 있는 것이 일반적인 현상이다. 경제체제

〈표 8-6〉 시장경제체제와 계획경제체제의 비교

| 비교기준 | 시장경제체제 | 계획경제체제 |
|---|---|---|
| 핵심가치 | 자유, 효율성 | 평등, 공정성(형평성) |
| 정치경제이념 | • 자유주의, 자유민주주의<br>• 자본주의<br>• 시장주의, 신자유주의<br>• 보수주의 | • 사회주의, 사회민주주의<br>• 공산주의<br>• 케인즈주의, 복지국가주의<br>• 진보주의 |
| 생산수단소유 | 사유화 | 국공유화 |
| 핵심행위자 | 개별경제주체 | 중앙계획기구 |
| 의사결정 | • 자율성, 분권화<br>• 개인주의<br>• 경쟁원칙 | • 강제성, 집권화<br>• 집단주의<br>• 협동원칙 |
| 조정기구 | 시장(가격) | 정부(계획) |

는 시대와 사회의 여건에 따라 변화하는 체제이다. 대부분의 국가는 각자의 상황과 맥락에 따라 시장과 계획을 적절히 혼합하는 정책을 설계하여 운영하고 있다.

따라서 국가가 어떤 경제체제에서 사회경제활동을 추진하는가는 정책의 내용과 수준을 결정하고 집행하는데 영향을 준다고 볼 수 있다. 예컨대, 시장경제체제를 유지하는 국가에서는 시장의 역할을 중시하는 정책을 설계하는데 비하여, 계획경제체제를 도입하는 국가들은 정부의 만능적 역할을 중시하는 정책을 설계하고, 그리고 혼합경제체제의 국가에서는 정부와 시장의 역할을 조화시키는 정책을 결정하고 실행하게 된다.

### 🌡️ 사례연구    자본주의 시장경제와 사회주의 통제경제 현상

**- 한국, 커지는 국가사회주의경제 그림자**

경제학자 로버트 헤일브로너에 의하면, 사회가 필요로 하는 물질적 필요를 충족시키는 것이 경제이다. 그렇다면 사회가 필요로 하는 재화와 용역을 어떻게 생산하고 분배해야 할까?

역사적으로 생산과 분배를 조직하는 시스템은 국가와 시장이었다. 현대경제는 국가와 시장이 각각 생산과 분배에서 어떤 역할을 하는가에 따라 경제체제가 나누어진다. 생산수단을 개인이 소유하고 분배도 시장에서의 교환을 통해 이루어지는 경제체제는 시장경제이다. 반면에, 생산수단을 국가 또는 공동체가 소유하면서 분배도 국가를 통해 이루어지는 경제체제는 통제경제이다. 이 밖에, 생산수단은 개인이 소유하되 분배는 국가가 담보하는 복지국가형 혼합경제도 있고, 생산수단은 공유하되 분배는 주로 시장이 맡는 시장사회주의형 혼합경제도 있다.

한국의 경제체제는 기본적으로 시장경제이다. 국가의 개입이 적지 않았지만 생산과 분배 활동에 직접 뛰어드는 것은 삼갔다. 국가의 역할은 조세와 금융을 통해 시장을 원하는 방향으로 유도하는데 그쳤다. 동이시아 발전국가의 특징인 '시장순응형 개입'마저도 1990년대 이후, 특히 1997년 외환위기 이후 크게 줄어드는 추세였다. 하지만 이같은 추세는 문재인 정부 들어와 역전되었다. 시장의 흐름에 역행하는 정책이 증가하고 있다. 규제는 급증하고 사적 영역에 대한 국가의 침탈이 증가하고 있다. 시장에 맡겨도 될 일, 심지어 더 나을 일도 국가가 직접 나선다. 이러한 경향은 코로나 팬데믹 이후 더욱 두드러지고 있다.

예를 들어보자. 소득주도성장정책으로 최저임금을 급속히 올리자 임금부담이 늘어난 사용자는 일자리를 줄이거나 자동화를 채택했다. 저녁이 있는 일상을 만들어주겠다고 한 주52시간근로제도 그렇다. 기업은 기업대로 일손이 줄고 노동자는 노동자대로 수입총액이 줄어 투잡을 뛰어야 하는 상황에 내몰렸다.

일자리정책도 비슷하다. 공무원을 포함한 공공일자리를 늘리고 정부입김이 닿는 곳에는 비정규직을 정규직으로 전환하게 만들었다. 공무원 증가는 재정부담으로 연결되고 정규직 전환은 신규채용을 줄여 청년실업을 부추겼다. 사실 가장 많은 일자리를 제공하는 것은 기업이다. 그런데도 기업활동에 유리한 환경은커녕 오히려 저해하는 각종 규제입법을 강행처리했다. 실업자가 1년 비해 100만명이나 늘어나자, 대통령이 특단의 대책을 주문했지만 결국은 재정을 투입해 억지로 단기 일자리를 늘리는 과거의 실패한 정책을 되풀이하였다.

시장역행정책의 대표격은 부동산정책이다. 각종 규제로 주택공급이 줄며 가격이 올라가자 공급은 놔둔 채 수요를 억제한다고 대출을 규제했다. 그러자 부동산시장은 현금부자들의 놀이터가 되었다. 24번의 실패 끝에 공급책을 내놓았지만 이것도 실패가 능성이 짙은 정부주도의 대책이다.

쉬운 길이 있는데도 왜 굳이 가지 않을까? 시장을 확대하는 그 길이 싫은 것이다. **결국은 국가가 경제활동의 더 많은 부분을 조직하는 사회가 가고 싶어서 그런다고 생각할 수밖에 없다. 국가사회주의경제 그림자가 더욱 짙어질 것 같아 두려울 뿐이다**(한국경제 2021.2.26.).

### - 몽펠르랭 소사이어티: 옛 소련 등 사회주의경제 실패, 자유시장경제 우월성 입증

**몽펠르랭 소사이어티(Mont Pelerin Society: MPS)는 자유주의와 시장주의 이념을 추종하는 미국 시카고대 경제학자들이 주축이 된 경제학자들의 모임이다.** 1947년 창립당시 스위스의 작은 휴양도시인 몽펠르랭에 석학 39명이 모인 것을 기념하여 학회이름을 지었고, 프리드리히 하이에크 교수(1972년)와 밀턴 프리드만 교수(1974년) 등 회원 8명이 노벨경제학상을 받았다. 올해 총회는 미국 스탠퍼드대 산하 싱크탱크인 후버연구소가 1980년 MPS총회를 주관한 것을 기념하여 같은 장소에서 40년 만에 열렸다. 당시 시카고대에서 후버연구소로 옮겨온 프리드만 교수가 학회를 주도했고, 이후 MPS가 주창한 자유시장주의는 황금기를 맞았다. 프리드만 교수를 총애했던 로널드 레이건 대통령이 그의 자유시장주의 이념을 정책결정에 반영하면서 신자유주의시대가 1980년대 이후에 시작되었다.

몽펠르랭 소사이어티 연례총회가 미국 캘리포니아주 스탠퍼드대 산하 후버연구소에서 사흘일정으로 2021년 1월 15일 개막하였다. 첫 초청연사로 나선 조지 슐츠 전 미국 국무장관은 '지금으로부터 40년 전 밀턴 프리드만이 이 자리에서 MPS 연례총회를 개최한 뒤 전 세계 신자유주의의 황금기가 시작됐다'고 이번 행사의 의미를 강조했다. 행사장을 꽉 메운 자유주의 경제석학 370여명은 **1929년 세계 대공황 이후 그 어느 때보다 거세지고 있는 시장효율보다 부의 분배를 중시하고 이를 위해 정부덩치를 키우고 있는 현상인 '사회주의 광풍 또는 전염병'에 대해 어떻게 대응할지를 두고 머리를**

맞댔다. 이들은 과거 소련과 중국은 물론 북한 등 사회주의경제실험이 모조리 실패한 교훈을 알려야 한다고 하였다. 이런 역사를 전혀 경험하지 못한 젊은이들에게 사회주의가 퍼지고 있는 현상을 경계하기 위해서이다. 자유시장경제의 상징적인 성공모델로 한국을 제시하였다.

16일 본 행사에서 주제발표를 한 존 코크런 후버연구소 연구원은 '**정부를 키워야 한다는 새로운 물결이 전 세계국가를 덮고 있다**'며 이는 '**경제적 번영뿐 아니라 사회적, 정치적, 경제적 자유에 커다란 위협이 되고 있다**'고 지적하였다. 대표적인 예로 국가주도 의료보험(민영보험 폐지), 대학생 대출금 탕감, 기후변화에 대한 정부규제, 기본소득 등 복지프로그램, 인터넷 콘텐츠규제 등 미국의 민주당 대선후보 경선과정에서 나온 주요사회경제이슈를 제시했다. 그는 **정부권력이 한 번 비대해지면 축소하기가 거의 불가능하여 정부권력을 다른 목적으로 이용하거나 권력에 따른 특혜를 노리는 사람들이 생겨난다**고 경고했다.

영국출신 경제사학자 니얼 퍼거슨 후버연구소 선임연구원은 대학학자금 대출 및 노후자금에 대한 부담 등으로 미국 젊은이들의 정치성향이 좌파성향으로 빠르게 바뀌고 있다며, 미국에는 사회주의의 의미를 '사교적인' 혹은 '쇼셜미디어'와 비슷하다고 생각하는 젊은이들도 있다고 하였다. 부시행정부에서 국무장관을 지낸 콘돌리자 라이스 스탠퍼드대 글로벌경영대학원장은 과거에 실패한 사회주의국가들의 경제실험에 대한 역사가 잊혀지고 있기 때문에 이런 문제가 발생하고 있다며 자본주의에서 필연적으로 발생하는 부의 불평등문제는 교육과 경제성장으로 충분히 극복할 수 있다고 하였다. 피터 보에케 조지메이슨대 경제철학과 교수는 자유시장경제가 사회주의경제보다 우월하다는 사실을 가장 역동적으로 보여주는 것이 한국과 북한이라며 시장경제를 채택한 한국의 국내총생산(GDP)이 사회주의국가인 북한의 40배가 넘는다고 설명했다(한국경제 2020.1.18.).

## 2) 산업구조

산업구조(industrial structure)는 한 나라 또는 한 지역의 경제에서 각종 산업이 차지하는 구성분포 또는 이들 간의 상호관계를 말하는 것으로서, 산업구조의 특성은 한나라나 한지역에서 어떤 산업이 주로 발달하였고 각 산업의 비중이 어떤지를 보여줌으로써 산업의 기본적 특성과 경제발전정도를 가늠하는 경제지표가 된다.

이러한 산업구조는 시대환경과 경제발전정도에 따라 변화되어 왔는데, 한 나라의 산업구조 변화는 3단계 과정으로 진행된다. 첫째, 전기산업화단계로서 농업혁명에 의해 1차 산업의 비중이 높은 농업사회를 가져 왔다. 둘째, 산업화단계로서 산업혁명에 의한 공업화의 진전으로 2차 산업과 3차 산업의 비중이 증가하는 산업사회를 가져 왔다. 셋째, 후기산업화단계로서 산업화 이후의 정보통신기술혁명에 의하여 고도의 기술집약적이고 지식집약적인 첨단산업과 서비스산업을 발전시키는 후기산업사회(정보화사회)를 가져 왔다.

제1차-3차 산업혁명과는 달리, 제4차 산업혁명은 선형적 속도가 아닌 기하급수적인 속도로 진행 중이다. 2000년대에 들어와서 세계 각국은 제4차 산업혁명시대를 맞고 있다. 인공지능과 로봇공학, 사물인터넷, 빅데이터와 클라우딩, 3D 프린팅, 나노기술, 바이오기술, 에너지저장기술, 자율주행자동차, 재료공학 등 거의 모든 지식산업분야에서 눈부신 발전이 이루어지고 있다. 이러한 4차 산업혁명은 디지털혁명을 기반으로 다양한 과학기술을 융합하여 개개인뿐 아니라 경제, 기업, 산업, 사회를 급진적인 패러다임전환으로 유도하고 있고 다양한 시스템에 충격을 주어 국가간, 기업간, 산업간, 그리고 사회시스템 전반의 변화를 가져오고 있다(Schwab, 2016; 송경진 역, 2017: 12-13).

이러한 4차 산업혁명은 우리나라에도 예외는 아니어서 이에 대응하고 창조를 해야 한다. 1960년대까지는 1차 산업인 농업사회에서 노동집약적인 경공업을 태동시키는 시기였다면, 1970년대 이후 제철, 조선, 석유화학 등 자본집약적인 중화학공업 정책추진으로 성공적인 공업화로 2차 산업과 3차 산업의 비중이 증가하여 왔으며, 1990년대에 들어와서는 정보통신기술과 인공지능기술 및 나노와 바이오기술 등을 활용하는 첨단산업의 육성으로 기존의 산업뿐 아니라 4차 산업과 5차 산업으로 다양화되고 여러 산업이 융합하는 융합산업이 발전하고 있다.

한국의 산업구조 변화를 보면, 1차 산업범주의 농어업은 1949년 79.8%에서 1970년 50.8%, 1980년 37.8%, 1990년 20.8%, 2003년 10.8%로 급격히 감소하여 왔다. 이에 대비하여 1960년대부터 산업화가 시작되어 진전되면서 2차 산업범주의 제조업부문과 3차 산업범주의 서비스업부문의 비중이 크게 확대되는 것을 볼 수 있다. 제조업은 1949년 3.3%에서 1960년 6.7%, 1970년 14.2%, 1980년 22.0%, 1990년 27.4%, 2003년 20.3%로 증가하다 점감하여 왔고, 도소매금융업, 운수통신업, 금융보험부동산업, 사회개인서비스업 등을 포함하는 서비스업은 제조업부문의 증가에 따라 점증하고 있음을 발견할 수 있다(표 8-7).

〈표 8-7〉 한국 산업구조의 변화 (단위: %)

| 산업분류 | | 1949년 | 1960년 | 1970년 | 1980년 | 1990년 | 2003년 |
|---|---|---|---|---|---|---|---|
| 미분류 | | 0.00 | 0.00 | 0.21 | 0.00 | 0.49 | 0.00 |
| 1차 산업 | 농림어업 | 79.89 | 66.0 | 50.83 | 37.81 | 20.03 | 10.86 |
| 2차 산업 | 광산업 | 0.42 | 0.69 | 0.98 | 0.71 | 0.40 | 0.09 |
| | 제조업 | 3.34 | 6.79 | 14.27 | 22.06 | 27.43 | 20.34 |
| | 전기가스업 | | 0.22 | 0.30 | 0.29 | 0.38 | 0.30 |
| | 건설업 | | 1.75 | 4.55 | 5.24 | 7.10 | 7.51 |
| 3차 산업 | 도소매음식숙박업 | 4.65 | 9.35 | 12.62 | 16.23 | 19.28 | 27.20 |
| | 운수통신업 | 0.93 | 2.09 | 3.24 | 4.35 | 5.19 | 6.01 |
| | 금융보험부동산업 | 10.76 | 0.31 | 0.95 | 2.25 | 5.27 | 9.90 |
| | 사회개인서비스업 | | 12.79 | 12.05 | 11.06 | 13.64 | 17.79 |
| 총 계 | | 100.00 | 100.00 | 100.00 | 100.00 | 100.00 | 100.00 |

자료: 조돈문(2006: 11).

따라서 오늘날 선진국과 한국은 제4차 산업혁명이 몰고 올 무한한 기회와 도전에 대응할 필요가 있다. 이러한 시대에 직면하는 산업구조는 산업사회와 정보화사회 및 제4차 산업혁명이 혼합된 형태로서 정치, 행정, 경제, 사회, 문화 등의 여러 측면에 괄목할만한 변화를 가져오고 있어 정부정책의 새로운 역할을 모색하게 하고 있다.

🌡 사례연구 **한국의 산업구조 변화 현상**

(단위: 억달러)

| 산업순위 | 2011년 | 2016년 | 2021년 |
|---|---|---|---|
| 1 | 선박 (565) | **반도체 (622)** | **반도체 (1,152)** |
| 2 | 석유제품 (516) | 일반기계 (453) | 석유화학 (503) |
| 3 | **반도체 (501)** | 자동차 (406) | 일반기계 (481) |
| 4 | 일반기계 (462) | 석유화학 (361) | 자동차 (422) |
| 5 | 석유화학 (455) | 선박 (343) | 석유제품 (343) |
| 6 | 자동차 (453) | **무선통신기기 (296)** | 철강 (328) |
| 7 | 철강 (390) | 철강 (285) | 선박 (216) |
| 8 | **액정디바이스 (277)** | 석유제품 (264) | **디스플레이 (192)** |

| 9 | 무선통신기기 (272) | 디스플레이 (250) | 자동차부품 (152) |
| 10 | 자동차부품 (231) | 자동차부품 (244) | 무선통신기기 (147) |

자료: 한국경제(2021.12.14).

### 3) 부와 소득의 수준과 분배

앞에서 논한 경제체제나 산업구조와 연관되는 것으로는 국가나 지역의 부와 소득의 수준과 분배가 있다. 부와 소득의 수준(level)이란 개인이나 집단이 부와 소득을 가지고 있는 정도를 말하고, 부와 소득의 분배(distribution)는 개인과 집단에게 부와 소득이 분산되어 있는 것을 의미한다. 여기서 부(wealth)는 화폐자원과 비화폐자원의 축적이고, 소득(income)은 임금이나 투자 등을 통해 얻은 물질적 자원이다.

이러한 부와 소득의 분배방법은 경제체제에 따라 다르다. 사회주의 계획경제체제는 중앙정부가 평등이념에 의하여 개인에게 분배를 한다면, 자본주의 시장경제체제에서는 시장에서 개인적 분배와 기능적 분배를 한다. 개인적 분배는 개개인이나 계층 간의 분배이며, 기능적 분배는 생산요소(토지, 노동, 자본)의 생산과정에서의 기능 또는 성과에 대한 분배를 말한다. 따라서 자본주의사회에서 부와 소득은 경제주체들의 경제활동에 대한 보수 또는 대가이므로 시장경제에서 경제주체의 정상적인 노력에 대하여 분배하는 것이 자원배분의 효율성 측면에서 바람직하다. 이처럼, 시장경제를 통한 자원의 효율적 배분은 여기서 활동하는 개인이나 집단의 부와 소득을 증가시키게 되고 국가의 총체적인 자원규모를 커지게 한다. 또한, 산업구조가 과거의 1차 산업과 2차 산업 및 3차 산업에서 첨단지식집약산업으로 확장됨에 따라 개인과 집단의 부와 소득뿐 아니라 국가의 경제규모를 증가시키고 있다. 예컨대, 1980년대 이후 정보통신기술혁명으로 태동한 구글이나 마이크로소프트사의 총생산액은 소규모국가들의 GNP를 능가하고 있는 것이 작금의 현실이다.

한나라나 한지역의 부(wealth)와 소득(income)은 정부의 정책의 선택과 집행에 커다란 영향을 미치게 된다. 정부가 이용 가능한 자원규모는 정부가 시민이나 집단에게 제공할 수 있는 정책이나 서비스 제공활동의 한계를 정해주기 때문이다. 미국이나 영국과 같은 선진국이나 아프리카나 동남아국가와 같은 후진국의 정부는 모든 사람이나 집단이 원하는 것을 다 해줄 수 있을 정도로 풍족한 재정(예산)을 갖고 있지 못한다. 또한, 경제적 자원은 중앙정부와 지방정부 간에 그리고 지방정부 사이에

도 불균등하게 분포되어 있어 이것이 교육, 빈곤, 교육, 주택과 같은 사회문제를 다루는 능력에 영향을 준다(Anderson, 2011: 45). 정책결정요인론으로 사회경제적 요인을 강조하는 학자들은 한국가의 산업화로 경제성장이 이루어지면 부(GNP)와 1인당 소득이 증가함으로써 국민들의 조세부담능력이 커지므로 세입의 증가를 가져와서 여러 가지 사회적 수요에 대응할 수 있다고 한다. 총량경제규모가 큰 국가는 가용자원인 예산규모도 크므로 작은 국가에서 추진할 수 없는 정책을 실행할 수 있다. 예컨대, 우리나라의 경우 1960년대 이후 정부주도의 경제발전전략을 추진하면서 국민총소득과 예산규모의 증가를 가져 왔다. 국민총생산을 보면, 1960년대 초에 3조원에서 1985년에 348조3천억원에 이르렀고, 1인당 국민소득도 1만달러를 넘어섰다(안해균, 2000: 106). 이후 2021년에 와서는 국민총생산이 1,850조원에 이르렀고, 1인당 국민소득도 4만달러에 근접하고 있다. 경제총량규모가 커지면 이에 비례하여 예산규모도 증가함으로써 국가가 수행할 수 있는 다양한 정책추진의 기반이 된다.

이처럼, 한국가의 부와 소득의 총량이 중앙정부나 지방정부의 정책범위와 예산지출에 영향을 준다면, 부와 소득의 분배는 중요한 사회문제로 대두되어 정부의 정책대상으로도 등장한다. 산업화의 진전으로 등장하는 부와 소득의 불평등 심화는 정치적 민주화로 인하여 시민과 집단으로부터의 분배정의를 요구하는 목소리가 커지게 되어 정부의 새로운 정책과제가 된다. 자본주의국가에서 부와 소득의 분배를 시장원리에만 의존할 경우 사회구성원과 집단들 간에 이른바 빈부격차로 명명되는 부와 소득의 격차라는 불평등문제가 발생한다. 이러한 불평등문제를 해결하기 위하여 정부는 재분배정책을 실시하게 되고 상당한 예산을 투입한다. 정부는 조세나 정부지출 또는 사회보험 등의 정책수단을 가지고 형평성을 추구하려고 한다.

우리나라도 경제성장의 부산물로 등장한 빈부격차와 소득분배의 악화는 소득재분배와 사회복지정책을 중요한 정책으로 인식하게 하였다. 예컨대, 1980년대 초까지 경제성장을 우선시하는 정책기조에서는 절대빈곤 퇴치라는 소극적이고 사후적인 사회복지정책을 실시하여 왔다. 1960년대의 산재보험제도, 1970년대의 의료보험제도, 1980년대의 국민연급보험과 고용보험을 도입하여 4대 사회보험틀을 갖추게 되었다. 그리고 취약계층에 대한 공적 부조와 사회복지서비스도 확대되고 있다. 더욱이, 2000년대에 들어와 선진사회가 도래함에 따라 노인문제와 핵가족문제, 여성아동청소년문제 등 다양한 국민의 복지욕구가 증대되고 있어 이에 대응하는 정부의 역할이 요구되고 있다. 이상과 같은 정책기조의 변화는 경제사회적 환경변화에 따라 그동안 소홀히 취급하여 왔던 사회복지정책에 대한 관심의 증대를 의미한다(안해균, 2000: 110-111).

### 4) 인구의 분포와 변화

인구분포(distribution of population)는 지표면의 일정한 범위 안에서 자연적, 경제적, 사회적 영향을 받아 인구가 나뉘어 사는 것, 즉 사람들이 어디에 얼마나 모여 살고 있는가를 나타내는 것이고, 그리고 인구변화(population change)는 인구가 출생이나 사망 및 인구이동 등에 의하여 연령과 성비 및 인종과 지리적 분포에서 변동이 있는 것을 의미한다.

세계 여러 나라들은 경제발전과 사회발전에 따라 인구의 성별, 연령별, 지역별, 인종별 분포의 변화가 발생하고 있다. 이를테면, 어느 국가에서나 도시와 농촌, 지방과 수도권 간의 인구분포의 변화가 나타나고 있다. 이는 산업화와 도시화에 따른 도시로의 경제력집중과 인구집중에 기인한다.

인류가 채집이나 수렵생활을 하던 시대에는 적은 수의 인구가 먹을 것을 찾아 옮겨 다니며 살았다. 그러나 신석기시대의 농업혁명으로 인구가 증가하여 기원전 2500년 전에는 세계 인구규모가 1억명에 도달하였다. 그 후 산업혁명을 거치면서 세계 인구는 급격히 증가하여 1800년대에 10억명을 넘어섰고 2011년에 70억명을 돌파하였다. 오늘날 세계 인구분포를 보면, 전 세계에 골고루 분포하는 것이 아니라 사람들이 살기 좋은 특정한 지역에 집중하여 분포를 한다. 예컨대, 뉴욕, 런던, 동경, 서울, 북경, 상해 등의 세계 대도시에는 인구 1,000만명 이상이 모여살고 있다.

우리나라의 경우 총인구는 1945년 1,937만명에서 1945년 4,000만명을 넘은 이래 1995년에는 4,500만명에 도달하였고, 21세기에 들어와 5,000만명을 초과하고 있다. 이러한 인구의 양적 변화와 함께 질적인 면에서도 많은 변화가 있었다. 도시에의 인구유입, 경제활동인구의 급증, 핵가족화시대에 따른 출산율의 저하, 남아선호사상에 의한 성비의 불균형, 노령층의 증가, 다문화가정 증가 등이 그것이다.

첫째, 대도시에 대부분의 금융기관, 문화시설, 교통수단, 교육기관, 기업 등이 밀집해 있어서 원활한 사회경제활동을 위하여 인구가 도시에 유입되고 있다. 1960년대 이후 급격한 공업화를 거치면서 도시인구의 비중이 1960년 28%에서 오늘날 80% 이상으로 증가를 하였다. 특히 수도권(서울과 경기)에 총인구의 과반수이상인 2,500만명정도가 살고 있다. 이와 같은 도시와 수도권 집중현상은 정부가 해결해야 할 다양한 정책문제를 발생시킨다. 대표적인 문제로는 주택문제, 교통문제, 범죄문제, 환경문제 등의 복잡하고 사악한 문제들이다.

둘째, 최근에 저출산과 고령화의 진전이 심각한 문제로 대두하고 있다(남궁근, 2017: 136). 국가의 인구가 줄지 않는 인구대체 출산율수준은 2.1명이다. 우리나라는 여성 1인당 출산율이 1980년 2.83명을 기록한 이후에 급격하게 감소하기 시작하여 2005년 1.08명, 2015년 1.28명으로 '저출산국가'가 되었다. 이러한 출산율 저하는 산업화가 진전되어 삶의 질이 나아지고 여성의 경제활동 참여에 기인한다고 볼 수 있다. 인구의 고령화 역시 급격하게 진전되어 한국은 '고령화사회'가 되고 있다. 고령인구는 2000년에 65세 이상이 총인구의 7%였으나, 2015년에 12.8%인 654만명에서 2025년에 20% 정도인 1,000만명을 돌파한 후에 2065년에는 총인구의 42.5%인 1,828만명까지 증가할 것으로 예측되었다(통계청, 2016). 출산율이 급격하게 감소하고 도시인구가 증가하는데 비해 이들을 부양할 생산가능인구가 감소하면, 이것은 사회경제적으로 큰 문제점을 초래한다. 노령인구의 급증은 세입기반잠식은 물론 연금수급자의 증가와 노령진료비의 급증을 야기하여 사회보장재정을 가중시키게 된다. 그러므로 정부는 저출산문제와 고령화문제에 대응하는 장기적이고 종합적인 대책을 요구하게 된다.

셋째, 한편으로는 세계화의 진전으로 외국인의 국내 산업현장에 대한 진입이 증가하고 있으면서, 다른 한편으로는 산업화로 인한 여성의 경제활동 증가와 젊은이들의 직장기회가 치열해짐에 따라 결혼연령이 높아지고 있고 남성 대비 결혼여성의 숫자가 적은 현상이 나타났다. 이에 따라 그동안 단일민족국가로 여겨져 왔던 우리나라에서도 산업현장에 대한 외국인의 급격한 증가가 있어 왔고, 국내 남성이 중국동포나 동남아국가의 여성과 결혼하는 다문화가정이 증가하여 일찍이 고려하지 못한 구성원의 문화적 다양성이 나타나고 있다.

이를테면, 한국에 체류하는 외국인수는 1995년 27만명에서 2007년에는 100만명을 돌파하였고, 2016년에는 204만9천명으로 증가하여 전체인구의 4%를 차지하고 있는데, 국적별로는 중국인 50% 이상을 차지하고 베트남 7.3%, 미국 6.8%의 순으로 나타났다. 국제결혼은 1990년에 5천건에서 2007년 3만7천건으로 증가했다가 2015년에는 2만1천건으로 전체결혼 중 7.0%를 차지하였다. 이에 따라 한국인과 외국인이 결합한 가정이 새로운 가족유형의 하나가 되고 있다. 국제결혼의 배우자는 한국계 중국인이 전체의 1/3 정도로 가장 많고, 중국, 베트남, 필리핀, 일본, 캄보디아,

몽골, 태국, 미국, 러시아, 대만 등으로 다양하다. 다문화가정의 18세 이하 자녀수는 2007년에 4만4천명에서 2015년에는 20만7천명으로 증가를 하였다. 2015년 기준 다문화가족은 89만명이며, 2020년에는 100만명에 근접하였다. 2050년에는 우리나라 인구의 13.9%인 643만명이 이민자 및 그 후손으로 채워질 것으로 전망된다(여성가족부, 2016; 남궁근, 2017: 138).

이처럼, 다인종(다민족)사회와 다문화사회의 도래는 정부가 대응하여야 하는 언어문제나 교육문제 등 다양한 정책문제를 야기하고 있어서 이에 대비하는 것이 중요한 정책과제가 되고 있다.

---

**⊞ 사례연구    고령화사회 현상**

---

– 고령화사회, 고령사회, 초고령사회: 전국이 늙었다. 지자체 250곳 모두 고령화사회

7월 29일 통계청 발표한 '2020년 인구주택 총조사결과'에 의하면, 지난해 11월 기준 전국 250개 시군구 전체가 **60세 이상 인구비율이 7%가 넘는 '고령화사회'에 진입했다. 농촌과 지방으로 갈수록 고령화는 더욱 심각하다.** 65세 이상 인구비율이 가장 높은 시군구는 경북 의성군(41.8%)이고, 전남 고흥군(41.1%), 경북 군위군(39.3%), 경남 합천군(39.3%), 전남 보성군(39%)이 뒤를 따랐다. 15세 미만 유소년인구가 고령인구보다 많은 곳은 250개 시군구 중 42곳(17%)에 불과하다.

〈65세 이상 인구비율 상위 10곳과 하위 10곳〉          (단위: %)

| 상위 10곳 | 경북 의성군(41.8), 전남 고흥군(41.1), 경북 군위군(39.8), 경남 합천군(39.3), 전남 보성군(39.0), 경북 영양군(37.9), 경북 청송군(37.6), 전남 신안군(37.3), 경북 영덕군(37.2), 경북 봉화군(37.1) |
|---|---|
| 하위 10곳 | 인천 연수구(9.5), 광주 광산구(9.3), 세종시(9.3), 대전 유성구(9.2), 경기 시흥시(9.1), 천안 서북구(8.5), 경기 화성시(8.4), 창원 성산구(8.3), 울산 북구(8.0), 수원 영통구(7.2) |

**65세 이상 인구가 14%를 넘어 '고령사회'**로 진입한 시군구도 83곳(33%)에 달했다. **20%를 넘어 '초고령사회'**로 들어선 시군구는 전체의 44%인 110곳으로 집계되었다. 2019년까지만 해도 98개 시군구가 초고령사회였는데, 충북 제천시와 경기 여주시 등 1년 사이 11곳이 추가되었다.

지난해 60세 이상 인구는 전년보다 46만명 증가한 820만6,000명으로, 처음으로 800만명을 넘어섰다. 국민 6명 중 1명은 노인이다. 반면, 15세 미만 유소년인구는 617만

6,000명으로, 전체인구 중 유소년이 차지하는 비율이 12.3%이다. 2000년 21%에서 하락하는 추세이다(조선일보 2021.7.30.).

〈연령별 인구비율〉 (단위: %)

| 연 령 | 1990 | 1995 | 2000 | 2005 | 2010 | 2015 | 2020 |
|---|---|---|---|---|---|---|---|
| 15세 미만 | 25.3 | 23.4 | 21.0 | 19.1 | 16.2 | 13.9 | 12.3 |
| 65세 이상 | 5.1 | 5.9 | 9.3 | 9.3 | 11.3 | 13.2 | 16.4 |

**빠른 고령화의 핵심원인은 심각한 저출산과 1인 가구의 증가이다.** 2020년 우리나라의 합계출산율(여성 1명당 평균 출생아수)은 0.84로 OECD국가 중 가장 낮았다. 1960－70년대 OECD 주요국과 비교해 출산율이 압도적으로 높았던 한국이 불과 60년만에 가장 낮은 국가가 되었다. 결혼이 늦어지고 자발적으로 무자녀를 선택하는 경우가 늘면서 20－30대 기혼여성의 출산경험비율이 10년 사이 20%가량 떨어졌다. 2020년 기준 연령별 기혼여성의 출산율은 1970년생 94.3%, 1980년생 90.0%, 1990년생 56.5%, 1995년생 57.1% 등이다. 특히 초혼연령이 높아지면서 난임과 불임 그리고 자녀가 필요하지 않다는 무자녀 인식(15－49세 무자녀 기혼여성 가운데 43.3%가 자녀가 없어도 무관하다고 응답)이 증가한 점이 출산율 하락에 영향을 미쳤다.

출산율 저하는 1인 가구의 증가와도 연관된다. 통계청이 내놓은 2020년 인구주택총조사에 의하면, 1인 가구는 2015년 521만 가구에서 지난해 664만 가구로 증가를 하였다. 1인 가구는 청년층과 미혼기구를 중심으로 증가를 하였다. 한번도 결혼한 적이 없는 1인 가구가 334만가구로 전체 1인 가구의 50.3%였다. 2015년 43.8% 대비 6.5% 증가하였고, 이외에 사별이 20.5%, 이혼이 16.1%였다. 연령별로는 29세 이하 청년 1인 가구가 52.9%로 늘어나 증가폭이 가장 컸다. 전체 1인 가구에서 차지하는 비중도 2015년에는 70세 이상이 22.1%로 가장 높았지만, 지난해에는 29세 이하가 20.2%로 가장 많았다. 1인 가구가 된 사유로는 직장 및 학업이 39.2%로 가장 많고, 본인 독립 26.2%, 가족사유 17.0%, 가족사별 15.5% 순으로 나타났다.

앞으로 10년은 지금까지보다 고령화사회 속도가 더욱 빠를 것으로 보인다. 베이비부머(1955－1963년생)가 65세 이상 인구층에 진입하기 때문이다. 노령인구가 증가하는 만큼 경제활동인구는 줄어든다. 생산가능인구(15－64세) 비중은 2015년 72.9%로 정점을 친 뒤 지난해 71.3%까지 하락했다.

〈늘어나는 1인 가구〉

| 구 분 | 2000 | 2005 | 2010 | 2015 | 2017 | 2018 | 2019 | 2020 |
|---|---|---|---|---|---|---|---|---|
| 가구수(만개) | 222 | 317 | 414 | 520 | 561 | 584 | 614 | 664 |
| 비중(%) | 15.5 | 20.0 | 23.9 | 27.2 | 28.6 | 29.3 | 30.2 | 31.7 |

이처럼, **늙어가는 사회와 경제는 곳곳에서 사회문제가 발생한다. 일을 해서 돈을 버는 사람은 줄어드는데 부양해야 할 사람은 늘어나면, 성장동력은 떨어지고 복지확대는 피할 수 없기 때문이다.** 예산정책처는 생산연령대 인구감소로 소득에 부과하는 소득세 등 조세수입뿐 아니라 국민연금과 건강보험 등의 재정수입이 줄어들 텐데, 국민연금과 기초연금 등 고령층 연금급여를 위한 지출이 늘어나 재정부담이 증가한다고 하였다(한국경제 2021.12.25.).

– 지방현실: 인구감소와 소멸위기 1위 군위르포. 2047년 모든 시군구가 소멸위험지역

**인구감소와 이로 인한 전국 지방자치단체의 소멸위기가 중요한 정치행정문제로 대두하고 있다.** 한국에서 가장 먼저 사라질 도시 경북 군위군은 인구 2만2,945명의 초미니 도시이다. 전국 228개 지자체 중 여섯번째로 인구가 적다. 관광명소나 산업단지가 없어 이마저도 매년 줄어드는 추세이다. 군위군 면적(614.25km²)은 서울시 면적(605.24km²)보다 넓지만 인구는 413분의 1 수준이다. 이 때문에 군위는 전국에서 소멸위험이 높은 도시 상위권에 꾸준히 오르고 있다. 한국고용정보원에 의하면, **군위는 도시가 사라질 가능성을 나타내는 소멸위험도(0.11. 지난해 기준)가 전국 시군구 가운데 가장 높았다. 소멸위험도는 65세 이상 고령인구 대비 20–39세 여성인구비율로 계산한다.** 미래세대를 낳고 기를 가임(可妊)인구가 절대적으로 부족해 향후 20–30년 뒤에는 도시가 사라질 수 있다는 것이다. 군위군에 의하면, 60세 이상 인구는 40%가 넘는 반면에 청년인구비율은 전국 최저수준인 11% 대이다.

〈최근 5년간 군위군 인구 추이〉

| 구  분 | 2017 | 2018 | 2019 | 2020 | 2021 |
|---|---|---|---|---|---|
| 총인구<br>(청년인구(20–39)비중) | 2만4,215명<br>(14.6%) | | 2만3,843명<br>(13.6%) | | 2만2,945명<br>(11.3%) |
| 출생아 수 | 100명 | 79명 | 81명 | 59명 | 55명 |

**군위군에서 가장 고민하는 문제는 출산율과 늘어나는 빈집이다.** 군위는 인구감소를 막기 위한 출산율대책으로 자녀를 낳는 주민에게 첫돌 축하금과 출산장려금 등 각종 지원금을 주고, 셋째 자녀를 낳을 경우 최대 1,620만원을 지급한다. 군위에서 초중고를 나오면 지원금만 총 500만원을 주고, 군위군 내 고등학교 졸업생에겐 사회정착금으로 200만원도 지급한다. 그러나 학생수가 급격히 줄면서 문을 닫는 초등학교와 중학교가 속출하고 있고, 소방서도 없어 불이라도 날 경우 인근 의성군에서 소방차가 오기까지 기다려야 한다. 군위에 유일하게 응급실을 갖추고 있던 읍내 병원도 경영난으로 수년 전 문을 닫았다. 한 60대 군위군민은 "군위와 인접한 구미공단에서 삼성과 LG 등 대기업 공장들이 해외로 빠져 나가면서 군위에서 출퇴근하던 젊은층이 외지로 나

가 청년들은 씨가 마른 상태"라고 하고, 최정우 군위 부군수는 "군위는 대구와도 인접해 있지만 칠곡과 고령 등 다른 지자체와 달리 교통인프라가 부족해 베드타운 역할도 못하고 고령화가 빠르게 진행되어 마을에서 청년회장도 뽑지 못하는 게 현실"이라고 했다.

군위군의 인구감소로 나타나는 문제는 증가하는 빈집이다. 군위경찰서와 버스터미널, 식당가가 있는 읍내 중심부엔 사람이 살지 않아 수년째 방치된 폐가들을 어렵지 않게 볼 수 있다. 김영만 군수는 "최근 2년 동안 군위에서 철거한 빈집만 90동이 넘는다"며 "이게 지금 군위군의 현실이고 머지않아 대한민국의 미래가 될지도 모르는 일"이라고 하였다.

이처럼, **인구감소와 이로 인한 지방도시의 소멸위기는 군위군만의 문제가 아니다. 행정안전부는 지난해 10월 군위군을 포함해 전국 시군구 지자체 89곳을 인구감소지역으로 지정, 향후 10년간 매년 1조원을 지자체에 지원하기로 하였다.** 부산, 대구, 인천 등 주요 광역시의 일부 자치구와 경기도 가평과 연천 등 수도권 지역까지 명단에 포함되었다. **감사원은 지난해 발표한 보고서에서 2047년에 전국 모든 시군구가 소멸위험지역이 될 것이라고 전망했다**(조선일보 2022.4.9.).

---

**[사례연구] 다문화사회 현상**

### – 인구감소시대 맞은 한국: 다문화사회로 진행

저출산과 고령화가 가속화되면서 2040년까지 내국인 생산연령인구(15−64세)가 900만명 이상 줄어들 것이라고 한다. 통계청이 발표한 '내외국인 인구전망: 2020− 2040년'에 의하면, 총인구는 2020년 5,184만명에서 2040년 5,019만명으로 줄어드는데, 내국인은 5,013만명(96.7%)에서 4,803만명(95.7%)로 210만명 감소한다. 총인구감소는 생산연령인구감소를 가져오는데, 내국인 생산연령인구가 2020년 3,583만명에서 2040년 2,676만명으로 907만명 줄어들 것으로 추산했다.

부족해진 생산연령인구는 외국인과 귀화이민자(내국인)로 구성된 이주배경인구가 일부 채운다. 2020년 218만명인 이주배경인구는 2040년 323만명으로 증가할 전망이

〈한국의 인구분포 변화전망〉

| 구 분 | | 2020 | 2030 | 2040 |
|---|---|---|---|---|
| 총인구<br>(단위: 만명) | 내국인 | 5,013 | 4,929 | 4,803 |
| 생산연령인구(15−64세)<br>(단위: 만명) | 내국인 | 3,583 | 3,221 | 2,676 |
| | 이주배경인구 | 177 | 206 | 244 |

다. 전체인구에서 차지하는 비중도 같은 기간 4.2%에서 6.4%로 높아진다(한국경제 2022.4.15.).

### 5) 사회집단의 형태와 분출

사회집단(social groups)은 사회구성원 간에 공통된 관심대상(목표)을 가지고 이를 달성하기 위한 지속적인 상호작용을 하기 위하여, 즉 구성원 간에 기능적인 상호관계를 위해 결집한 집합체를 말한다. 이러한 집단범주에는 인간의 단순한 물리적 집합이나 성과 연령 등의 속성으로 분류한 통계학적 집단 및 군중이나 대중과 같은 조직성이 불분명한 집단을 제외하고, 혈연이나 지연적 집단, 클럽이나 써클, 기업, 정당, 종교단체, 이익집단, 비정부조직(NGO) 등 사회의 여러 단체들을 포함한다.

우리나라의 사회집단은 그 문화적 특성과 사회구성원의 특성을 고려하여 혈연집단과 지연집단 및 이익집단과 비정부조직으로 구분할 수 있고, 각각 정치과정에서 자기들의 이익이나 요구를 주장하고 관철시키기 위하여 다양한 기능을 수행하고 있다(김운태 외, 1999: 91 – 98). 예컨대, 한국의 혈연집단은 사회의 기초적 단위인 가족과 종친 등 동족으로 나눌 수 있다. 가족은 결혼이나 혈연 또는 입양의 유대로 단일가구를 형성하는 집단 또는 가계를 공동으로 하는 친족집단이다. 종친은 혈연의 이익집단으로서 조상숭배를 토대로 친목과 협동 및 이익을 위하여 집합적 행동으로 결집한다. 그리고 지연집단은 자연적인 지리적 특성이나 인위적 경계선에 의해 구획되는 지역적인 집단으로서 전자의 예로는 근린집단, 자연부락, 촌락공동체, 농촌공동체 등이 있고, 후자의 예로는 리·읍·면·시·도 등의 행정구역 단위조직이 있다.

한편, 현대사회가 고도로 구조적 분화와 기능적 전문화가 촉진됨에 따라 혈연성과 지연성 등의 동질성은 약화되고 이해관계의 다원화로 얽힌 다양한 이익집단들이 분출하고 있다. 이익집단(interest groups)은 관심이나 이익의 특별한 유대에 의해 결속되어 자신들의 이익을 추구하는 집단으로서 정치과정이나 정책과정에서 이익표출과 이익결집 기능을 수행하고 있다.

한국의 이익집단 현황을 보면, 박문옥이 1958년 조사한 결과는 426개였고, 안해균이 1963년 조사한 결과는 600개로 나타났다. 그러나 본격적인 산업사회가 진행되면서 이익집단의 수가 1970년대와 1980년대에 급격히 증가를 하였으며, 1987년 6.29 민주화 선언 이후 폭발적인 증가를 하여 왔다. 다음 <표 8-8>에서 보는 바와

〈표 8-8〉　한국의 이익집단 현황

| 분야별 | 주요 이익집단 | 이익집단의 수(개) | | |
|---|---|---|---|---|
| | | 1974년 | 1984년 | 1994년 |
| 국제관계단체 | 국제연합한국협회, 국제인권옹호한국연맹 | 66 | 70 | 71 |
| 학술연구단체 | 한국정치학회, 한국행정학회, 한국경제학회 | 455 | 394 | 734 |
| 문화단체 | 교육(한국교육연합회, 한국사학재단연합회), 장학(학원장학회), 언론출판(한국신문협회, 한국기자협회), 예술(한국예술문화단체총연합회) | 91 | 217 | 301 |
| 체육단체 | 대한체육회, 한국야구위원회 | 7 | 8 | 11 |
| 사회단체 | 사회일반(대한재향군인회), 사회취미(한국산악회), 여성(한국부인회), 청소년(한국보이스카우트연맹) | 88 | 135 | 295 |
| 노동단체 | 한국노총, 민주노총 | 1 | 17 | 29 |
| 법조단체 | 대한변호사협회, 대한변리사협회 | 12 | 12 | 14 |
| 후생구호단체 | 대한적십자사, 한국사회복지협의회 | 28 | 32 | 33 |
| 의료단체 | 대한의학협회, 대한약사회 | 25 | 29 | 32 |
| 종교단체 | 대한예수교장로회, 기독교대한감리회 | 37 | 110 | 297 |
| 경제단체 | 일반(대한상공회의소,전국경제인연합회), 금융보험(전국은행연합회,생명보험협회), 농림수산(농업협동조합,수산업협동조합), 광업(대안광업회), 제조업(대한방직협회), 건설업(대한건설협회), 상업(대한무역협회), 운송업(전국택시운송조합), 서비스업(전국극장연합회) | 234 | 298 | 384 |
| 총　계 | | 1,034 | 1,322 | 2,181 |

자료: 김영래(1994: 8), 김운태(1999: 95).

같이, 1974년 1,034개에서 1984년 1,322개로 그리고 1994년에 2,181개로 증가를 하여 왔다. 최근에 와서는 이익집단과 비정부조직(NGO)을 분리하여 논의하고 있다.

한편, 사회집단의 형태로 이익집단과 분리하여 논의하는 영역으로는 비정부조직(NGO)이 있다. 비정부조직은 공공부문과 민간부문 사이에 존재하는 제3부문영역에 속하는 것으로서 시민을 중심으로 자발적으로 결성되어 공익을 목적으로 활동하는 결사체를 의미하는데, 다양한 유형분류를 하고 있다.

한국시민사회연감은 국제비영리조직분류방법에 따라 모든 비정부 비영리 민간단체를 조사하여 이들 단체의 활동영역을 시민사회, 지방자치와 빈민, 사회서비스, 환경, 문화, 교육과 예술, 종교, 노동과 농어민, 경제, 국제, 기타 등 11개 항목으로

〈표 8-9〉　한국시민사회연감의 비정부조직(NGO) 분류

| 대분류 | 중분류 |
|---|---|
| 시민사회 | 시민사회일반, 여성, 청년 학생, 법 행정 정치, 인권, 평화통일 민족, 소비자생활 |
| 지역자치 빈민 | 지역자치, 빈민 |
| 사회서비스 | 사회복지, 건강보건의료, 자원봉사구호 |
| 환경 | 환경일반, 특정지역 및 분야 |
| 문화 | 문화예술, 언론출판 |
| 교육 학술 | 교육, 학술 |
| 종교 | 종교일반, 종교 |
| 노동 농어민 | 노동, 농어민 |
| 경제 및 국제 | 과학기술정보통신, 경제일반, 국제 |

자료: 김준기(2006: 14).

구분하였다. 이를 설립목적과 사업내용에 따라 중분류하고 각 분야별 성격이 구분되는 경우 이를 세분화시켜 소분류하고 있다(표 8-9).

　　우리나라 비정부조직의 활동영역별 분류를 보면, 시민사회일반NGO가 1,800개로 28.99%를 차지하여 가장 많고, 다음으로 사회서비스NGO가 1,533개로 21.16%, 환경NGO가 977개로 13.49%, 문화NGO 746개 10.30%의 빈도를 나타냈다(표 8-10).

　　한국의 시민사회형성은 19세기 말의 일본에 주권을 빼앗긴 상황에서 독립을 위하여 설립한 독립협회(1896)와 한국YMCA전국연맹(1914) 및 대한YWCA연합회(1922) 등 애국계몽단체들로부터 시작되었고, 1980년 이전까지는 한국부인회총본부(1967), 한국소비자연맹(1970), 바르게살기중앙협의회나 새마을운동중앙협의회(1980) 등 정부의 필요에 의하여 관주도로 설립한 관변단체들이 태동하여 활동을 하였다.

〈표 8-10〉　한국 비정부조직(NGO)의 활동영역별 현황

| NGO범주 | 시민사회 | 지방자치빈민 | 사회서비스 | 환경 | 문화 |
|---|---|---|---|---|---|
| 단체수 (%) | 1,800 (28.99) | 403 (5.56) | 1,533 (21.16) | 977 (13.49) | 746 (10.30) |
| NGO범주 | 교육학술 | 종교 | 노동농어민 | 경제 및 국제 | 기타 |
| 단체수 (%) | 442 (6.10) | 32 (0.44) | 223 (3.07) | 114 (1.57) | 672 (8.74) |

자료: 시민의 신문(2006).

그러나 1980년대 이후에 1987년 6.29 민주화 선언 이전까지는 민주투쟁을 하는 반정부와 반체제 운동의 정지지향적인 단체들이 태동하여 활동을 하였고, 6.29 민주화 선언 이후에는 단체 자신과 시민들의 요구를 충족시키기 위한 시민사회단체들이

**〈표 8-11〉** 한국의 비정부조직(NGO) 현황

| 설립연도 | 주요 비정부조직(NGO) |
|---|---|
| 1980년 이전<br>(1913 – 1980) | ● 1945년 이전 – 독립협회(1986), 흥사단(1913), YMCA(1914), YWCA(1922)<br>● 1945년 이후 1980년 – 한국여성단체협의회(1959), 한국부인회총본부(1963), 대한주부클럽연합회(1966), 한국지역사회교협의회(1969), 한국소비자연맹(1970), 바르게살기중앙운동협의회(1980), 새마을운동중앙협의회(1980) |
| 1981 – 1990년 | ● 1981 – 청주시민회<br>● 1982 – 기독교환경운동연대<br>● 1983 – 소비자문제를 연구하는 시민의 모임, 한국여성의 전화연합<br>● 1985 – 서울민주시민연합, 한국장애인연맹<br>● 1987 – 기독교윤리실천운동, 민주사회를 위한 전국교수협의회, 서울여성노동자회, 한국여성단체연합, 한국여성민우회<br>● 1988 – 민주사회를 위한 변호사모임, 학술단체협의회, 한국금연운동협의회, 한국불교환경교육원, 함께하는 주부모임<br>● 1989 – 경제정의실천연합, 참교육을 위한 전국학부모회<br>● 1990 – 부산여성회, 목포민주시민운동협의회, 교통문화운동본부, 동두천민주시민회, 한국시민연합회 |
| 1991 – 2000년 | ● 1991 – 녹색연합, 참여자치시민연합, 사랑의 장기기증운동본부, 한국교통시민협회, 한국성폭력상담소<br>● 1992 – 공해추방운동불교인모임, 여성정책연구소, 한국여성노동자협의회<br>● 1993 – 녹색교통운동, 환경운동연합<br>● 1994 – 참여민주화시민연대, 한국시민단체협의회, 생명나눔실천본부, 참여연대, 한국불교환경교육원<br>● 1995 – 성남시민연합, 부정부패추방시민연합<br>● 1996 – 교통문화운동본부, 녹색소비자연대, 장애인편의시설추진시민연대, 전국귀농운동본부<br>● 1997 – 바른선거시민운동전국연합회, 행정개혁시민연합<br>● 1998 – 녹색환경중앙협의회, 민주화학생운동연합, 복지세상을 열러가는 시민모임, 생태보전시민모임, 언론개혁시민연대, 참여자치21<br>● 1999 – 농아여성회, 문화연대, 여성정치세력민주연대, 한국장애인연합, 함께하는 시민행동<br>● 2000 – 독도수호대, 에너지시민연대, 한국내셔널트러스트 |
| 2000년 이후 | ● 2001 – 보험소비자연맹, 시민행동21, 한국이주노동자인권센터<br>● 2002 – 학교급식전국네트워크 |

자료: 임승빈(2009: 35 – 36).

분출하여 그 활동영역을 민주화 인권 환경 여성 생활 소비 등으로 확대를 하였다. 한국민간단체총람(1997)에 수록된 3,899개 단체들 중 730개 NGO들의 설립연도를 보면, 74.2%가 민주화 선언 이후에 태동을 하였는데, 특히 시민운동이나 환경관련단 체들의 설립비율이 높게 나타났다. 예컨대, 1987년 7월에 경제정의실천연합이 설립 되었고 1991년에 공명선거실천협의회가, 1993년에 환경운동연합이, 그리고 1994년 에 참여민주화시민연대 등이 창립되었다(표 8-11).

## 6) 사회계층의 특성

사회계층(social stratum or stratification)은 사회구조를 이해하는 기본개념으로 재 산이나 지위 및 신분 등 객관적 기준이 동일한 사람들의 집단을 말한다. 이것은 사회 적 세력, 즉 재산과 권력과 위신의 차이 또는 사회적 불평등의 정도에 따라 상하의 순서를 매김으로써 만들어진 연속성의 구획(범주)으로서 그 형태와 구조는 시대에 따 라 변화를 하여 왔고 각 국가에 따라 다르다. 일반적으로 사회계급의 범주는 부르주 아지와 프롤레타리아 또는 자본가계급과 노동자계급(Marx & Engles), 지배계급과 피 지배계급(Mosca), 엘리트와 대중(엘리트론자와 다원론자) 등으로 2개로 구분하지만, 양반, 중인, 상민, 천민이나 상류층과 중류층 및 하류층으로 4분하거나 3분하기도 한다(김운태, 1999: 106).

인류가 지구상에서 삶을 영위하며 농업사회에서 산업사회로 그리고 후기산업사 회로 이동하면서 나타나는 산업과 직업의 다양화는 사회계층의 분화를 가져 왔다. 이러한 분화된 계층들은 각자 그들 나름대로의 생활양식과 행동양식을 갖고 있다. 따라서 사회가 변화함에 따라 사회계층구조는 어떻게 변동되어 왔는가를 분석하는 것은 의미가 있다. 우리나라에서는 산업화가 시작된 1960년대에서 1990년대까지의 사회계층구조의 변화를 분석한 논문들이 양산되어 왔다.

예컨대, 조돈문(1994, 2006)은 Wright(1985, 1997)의 착취계급중심이론에 기초하 여 계급구조를 자본계급, 쁘띠(소)부르주아계급, 중간계급, 노동계급 등 4계급으로 분류하고, 한국에서 산업구조의 산업별, 직업별로 계급구조 분포변화를 두 차례에 걸쳐 분석을 하였다.

우선, 1994년의 분석결과를 보면, 소부르주아의 급격한 위축과 노동자계급과 신 중간계급과 같은 비소유계급의 전반적인 성장을 주요특징으로 하고 있다. 이것은 1 차 산업에서 2차와 3차 산업으로의 산업구조의 변화에 기인한다. 구체적으로는 비농업부문의 소부르주아는 증가를 하였으나 농업부문의 급격한 위축으로 소부르주아 전체가 감소를 하였고 도시소부르주아의 확대는 주로 농업부문의 소부르주아의 축소에 기반한다. 그리고 노동자계급과 신중간계급은 증가를 하고 있는데, 이는 농업에서 제조업으로의 산업구조의 변화로 여기에 종사하는 사람들의 증가에 기인한다. 3차 산업의 증가는 신중간계급의 일부를 차지하는 전문직종의 증가가 커지고 있다(표 8-12).

⟨표 8-12⟩  한국사회의 계급구조 분포변화1　　　　　　　　　　　　　　(단위: %)

| 사회계층 | 1960년 | 1970년 | 1980년 | 1990년 |
|---|---|---|---|---|
| 자본가 | 4.80 | 4.68 | 6.22 | 6.22 |
| 소부르주아 | 73.39 | 56.16 | 50.36 | 34.34 |
| 경영자 | 0.53 | 1.21 | 1.63 | 2.69 |
| 감독자 | 1.68 | 3.65 | 5.27 | 7.62 |
| 전문가 | 5.45 | 10.69 | 14.47 | 21.66 |
| 노동자 | 14.14 | 23.61 | 22.05 | 27.46 |

자료: 조돈문(1994: 28), 김운태(1999: 113).

다음으로, 2006년의 분석결과를 보면, 한국사회의 계급구조는 산업구조 변화에 따라 산업별 계급구성에서 급격하고도 큰 폭의 변화를 보여 왔다. 1949년에서 2003년까지 쁘띠브루즈아가 81.6%에서 27.6%로 크게 감축된 반면에, 중간계급은 3.5%에서 20.2%로, 노동계급은 12.4%에서 44.8%로 크게 증가를 하였고 그리고 자본계급은 2.32%에서 7.4%로 서서히 증가를 하고 있음을 알 수가 있다. 특히 쁘띠부르주아의 변동에서 주목할 점은 농촌쁘띠가 감소하고 이에 대응하여 도시쁘띠가 증가를 하고 있다. 이러한 사회계급구조의 변화는 우리나라 산업구조가 농업중심에서 산업화와 후기산업화(정보화)의 진행으로 제조업과 서비스업 중심으로 변화하여 온 결과로 판단할 수 있다(표 8-13).

⟨표 8-13⟩  한국사회의 계급구조 분포변화2　　　　　　　　　　　　　　(단위: %)

| 계급분류 | 1949년 | 1960년 | 1970년 | 1980년 | 1990년 | 2003년 |
|---|---|---|---|---|---|---|
| **자본계급** | **2.32** | **3.90** | **3.84** | **5.33** | **4.90** | **7.40** |
| **쁘띠(소)브루즈아계급** | **81.66** | **74.11** | **56.98** | **51.25** | **35.40** | **27.60** |
| 농업쁘띠부르즈아 | 74.66 | 61.68 | 45.12 | 36.24 | 19.85 | 9.20 |

| 도시쁘띠부르주아 | 7.00 | 12.43 | 11.86 | 15.01 | 15.55 | 18.40 |
| **중간계급** | **3.53** | **4.75** | **8.64** | **12.77** | **17.38** | **20.20** |
| 전문경영인 | 0.45 | 0.69 | 1.30 | 2.61 | 3.25 | 4.30 |
| 경영감독인 | 1.48 | 2.16 | 4.07 | 5.41 | 7.59 | 8.50 |
| 전문인 | 1.60 | 1.90 | 3.26 | 4.75 | 6.54 | 7.40 |
| **노동계급** | **12.49** | **17.23** | **30.54** | **30.66** | **42.33** | **44.80** |
| 숙련노동자 | 2.33 | 3.58 | 7.25 | 9.12 | 14.55 | 22.20 |
| 비숙련노동자 | 10.16 | 13.65 | 23.29 | 21.54 | 27.78 | 22.60 |

자료: 조돈문(2006: 18)

이와 같이, 우리나라는 시대환경변화에 따라 사회계층의 격차를 가져 왔는데, 이른바 국민소득 측면에서 부익부·빈익빈의 빈부격차라는 사회적 불평등을 초래하였다. 이것은 한국경제성장의 역사와 그 궤적을 같이한다고 볼 수 있다. 한국개발연구원의 보고에 의하면, 한국의 불평등문제는 1980년대 이후 매우 심각해졌으며 1993년에 상위 1% 소득계층이 전체자산(토지, 주택, 금융자산 등)의 30%를 소유하고 있으며 선진국보다 우리나라의 부와 소득의 편차가 훨씬 심각하다고 밝혔다(조선일보, 1998. 10.2). 이러한 부와 소득의 불평등 심화는 2000년대에 들어와서도 확대되고 있어서 부와 소득의 재분배분배가 중요한 정책과제로 등장하여 해결을 요구하고 있다.

## 4. 과학기술적 환경

과학기술적 환경(scientific environment)은 정치체제를 둘러싸고 그것의 구조와 과정(활동)에 영향을 주는 기술적 조건이나 요소를 말하는 것으로서 기술진보, 컴퓨터와 인터넷, 인공지능(AI), 로봇기술, 나노기술, 바이오기술 등이 포함된다. 과학기술의 발전, 특히 정보통신기술과 인공지능은 산업사회를 정보화사회와 4차 산업혁명사회로 전환을 초래하였다.

과학기술의 발전은 18세기 산업혁명을 통하여 산업사회를 가져와서 사회의 전반적인 변화를 야기하였고, 20세기 후반 이후에는 정보통신기술혁명과 인공지능혁명으로 인한 후기산업사회와 제4차 산업혁명사회에 진입하여 정치 행정 경제 사회 문화 등 모든 환경영역에서 괄목할만한 대변혁이 일어나고 있다(표 8 - 14).

제4차 산업혁명시대에 대한 환경의 적응력은 정치체제, 특히 정부의 생존과 발전

〈표 8-14〉  후기산업사회(정보화사회)의 분야별 영향

| 분 야 | 영 향 |
|---|---|
| 정치행정 | 참여민주주의 등장. 작은정부, 전자정부, 계층제 축소(수평구조), 분권화, 행정참여, 정책결정의 합리화와 민주화, 행정사무의 효율화, 행정서비스의 향상, 원격화상회의 |
| 경제 | 개방경제, 세계경제 |
| 산업 | 첨단지식산업 발달, 생산성 증가, 서비스경제화, 다양성 충족 |
| 기업경영 | 사업소입지의 변화, 중앙집권적 사무처리, 재택근무, 위성오피스(화상회의) |
| 유통금융 | 고부가가치화, 신속 저렴한 서비스, 무인점포 출현 |
| 가정 | 생활편리, 생활수준 향상, 새로운 공동체 형성, 주민의 행정참여 증대 |
| 교육 | 교육내용의 균질화 규격화, 재택교육, 사회교육 촉진 |
| 문화 | 문화격차의 해소, 하이테크/하이터치형 문화(고도의 기술과 고상한 취향) |
| 의료복지 | 의료수준 향상(원격의료, 로봇수술), 신체장애인과 고령자의 사회참가 |

자료: 방석현(1989: 67) 보완.

여부를 결정하는 중요한 변수가 된다. 이러한 시대에는 정부의 구조와 운영방식을 변화시키고 있다. 이를테면, 정부는 더욱 강력하고 혁신적인 디지털기술과 인공지능 기술을 통해 행정의 조직과 기능을 현대화한 전자정부(e-governance)의 확대에서 부터 효과성과 투명성 및 책임성을 향상시키고 그리고 시민사회나 민간부문과의 파트너십이나 협력을 모색하는 네트워크거버넌스(network governance)를 통한 운영을 요구받고 있다(Schwab, 2016; 송경진 역, 2017: 112-115). 예컨대, 전자정부 구축에 의한 통합행정서비스를 통해 과거에 직접 행정기관을 방문해야 했던 각종 행정서비스가 집에서나 직장에서 개인컴퓨터 단말기를 가지고 가능하게 되었다. 정책이나 행정에 대한 문제점이나 불만은 국민신문고, 참여마당, 시민참여 등을 통해 투입하고 신속한 환류가 돌아온다. 내부행정에서는 원격화상회의를 통하여 공간을 초월하는 실시간 회의가 가능해졌고 상사의 서면결재를 전자결재로 대체하고 있다. 이 밖에도 과학기술적 지식은 정치나 정책영역에서 참여민주주의를 등장시키고 있고, 기타 사회나 문화 등의 영역에서도 커다란 변화를 일으키고 있다.

이와 같이, 정보화사회와 제4차 산업혁명사회가 공공부문에 미치는 효과는 기회가 될 수도 있고 문제가 될 수도 있다. 정부는 새로운 과학기술지식을 이용하여 다양한 사회문제를 해결하기 위한 정책개발역량을 향상시킬 수 있고 시민들에 서비스 제공의 효율성을 높일 수도 있다. 예를 들어, 로봇이 공원이나 레크레이션시설의 유

지와 보수작업을 상당히 대체할 수 있다. 또한, 보다 적은 비용으로 더 많은 서비스를 제공하는 작은정부를 만들 수도 있다. 반면에, 새로운 과학기술의 등장은 정부가 정치체제구조와 활동방식을 혁신해야 한다는 엄청난 압박을 받을 수도 있다.

따라서 우리에게는 위기가 되기도 하고 기회가 될 수도 있는 과학기술적 환경을 어떻게 정부의 구조와 활동에 접목시키어 효율성과 민주성을 향상시킬 것인가가 중요한 정책과제로 부상하고 있다.

---

### 🌡️ 사례연구   제4차 산업혁명시대의 메가트렌드 현상

#### - 클라우드 슈밥(2016)의 제4차 산업혁명(송경진 역, 2017)

혁명은 급진적이고 급격한 변화를 의미한다. 역사 속 혁명은 신기술과 새로운 세계관이 경제체제와 사회구조를 변화시킬 때 발생한다. 준거틀이 되는 역사를 통해 이러한 갑작스런 변화는 지속적으로 전개된다는 것을 알 수 있다.

약 1만 년 전에 수렵채취생활을 하던 인류는 농경생활이라는 첫 번째 큰 변화를 맞았다. 농업혁명은 생산, 운송, 의사소통을 목적으로 한 인간의 노력으로 식량생산이 늘어나면서 인구도 늘어나고 많은 사람이 정착하게 되었다. 그 결과 도시화도 이루어지고 여러 도시들이 생겨났다.

농업혁명 이후, 18세 중반부터 일련의 산업혁명이 발생했다. 이 때문에 인간의 노동력이 기계의 힘으로 옮겨 가는 엄청난 변화가 일어났다. 1760－1840년경에 걸쳐 발생한 제1차 산업혁명은 철도건설과 증기기관의 발명으로 기계에 의한 생산을 이끌었다. 19세기 말에서 20세기 초까지 이어진 제2차 산업혁명은 전기와 생산조립라인의 출현으로 대량생산을 가능하게 하였다. 1960년대 시작된 제3차 산업혁명은 반도체와 메인프레임 컴퓨팅(mainframe computing)(1960년대), PC(personal computing)(1970년대와 1980년대), 인터넷(1990년대)의 발달이 주도했다. 그래서 이것을 '컴퓨터혁명' 또는 '디지털혁명'이라고 한다.

디지털혁명을 기반으로 한 제4차 산업혁명은 21세기의 시작과 동시에 출현했다. 제1차－3차 산업혁명과는 달리, 제4차 산업혁명은 선형적인 속도가 아닌 기하급수적인 속도로 전개되고 있는데, 디지털혁명을 기반으로 다양한 과학기술(디지털기술, 물리학기술, 생물학기술)을 융합하여 개개인뿐 아니라 정치, 행정, 경제, 기업, 사회를 유례없는 패러다임전환으로 유도하여 국가 간, 기업 간, 산업 간, 그리고 사회전체시스템의 변화를 일으키고 있다.

〈제4차 산업혁명을 이끄는 과학기술〉

| 물리학(physical) 기술 | • 무인운송수단 - 드론, 잠수정<br>• 3D, 4D 프린팅 - 적층가공(additive manufacturing)<br>• 첨단로봇공학<br>• 신소재 - 크래핀(graphene)과 같은 나노소재 |
|---|---|
| 디지털(digital) 기술 | • 사물인터넷 - 만물인터넷(internet of all things)이라고도 하는 것으로, 상호 연결된 기술과 다양한 플랫폼을 기반으로 한 사물(제품, 서비스 장소 등)과 인간의 관계<br>• 블록체인(blockchain) - 거래의 기록과 승인이 이루어지기 전에 컴퓨터 네트워크상에서 참여자들 공동의 검증을 받아야 하는 프로토콜(규약). 가장 대표적인 블록체인시스템은 디지털화폐인 비트코인(Bitcoin)이다.<br>• 주문형경제(on - demand economy) - 공유경제라고도 함<br>• 디지털플랫폼 비즈니스 - 세탁, 쇼핑, 집안일, 주차, 홈스테이, 합승 등의 다양한 영역에서 새로운 서비스를 제공, 예로는 우버(택시), 알리바바(소매업체), 에어비앤비(숙박제공업체), 페이스북(미디어업체) 등 |
| 생물학(biological) 기술 | • 유전학 - 인간게놈프로젝트(human genome project), GMO(유전자변형동식물)<br>• 합성생물학 - 개인 맞춤형 헬스케어(환자에 적합한 암치료) |

### - 제4차 산업혁명시대의 2025년 티핑포인트(Tipping Point)

2015년에 출간한 '세계경제포럼보고서'는 800명이 넘는 정보통신기술분야의 경영진과 전문가를 대상으로 설문조사를 한 결과를 토대로 과학기술이 이끌어낸 변화가 주류사회를 강타하여 미래의 디지털 초연결사회(hyper - connected society)를 구축하는 21가지 티핑포인트를 밝히고 있다. 이들은 제4차 산업혁명에 의하여 촉발된 변화로서 모두 향후 10년 안에 발생할 일들이다.

〈2025년에 발생할 티핑포인트〉 (단위: %)

| | |
|---|---|
| 1. 인구의 10%가 인터넷에 연결된 의류를 입는다. | 91.2 |
| 2. 인구의 90%가 (광고료로 운영되는) 무한용량의 무료저장소를 보유한다. | 91.0 |
| 3. 1조개의 센서가 인터넷에 연결된다. | 89.2 |
| 4. 미국 최초의 로봇약사가 등장한다. | 86.5 |
| 5. 10%의 인구가 인터넷이 연결된 안경을 쓴다. | 85.5 |
| 6. 인구의 80%가 인터넷상 디지털 정체성을 갖게 된다. | 84.4 |
| 7. 3D프린터로 제작한 자동차가 최초로 생산된다. | 84.1 |

| 8. 인구조사를 위해 인구센서스 대신 빅데이터를 활용하는 최초의 정부가 등장한다. | 82.9 |
|---|---|
| 9. 상업화된 최초의 (인체)삽입형 모바일폰이 등장한다. | 81.7 |
| 10. 소비자제품 가운데 5%는 3D프린터로 제작한다. | 81.1 |
| 11. 인구의 90%가 스마트폰을 사용한다. | 80.7 |
| 12. 인구의 90%가 언제 어디서나 인터넷 접속이 가능하다. | 78.8 |
| 13. 미국 도로를 달리는 차들 가운데 10%가 자율주행차이다. | 78.2 |
| 14. 3D프린터로 제작한 간이 최초로 이식된다. | 76.4 |
| 15. 인공지능이 기업감사의 30%를 수행한다. | 75.4 |
| 16. 블록체인을 통해 세금을 징수하는 최초의 정부가 등장한다. | 73.1 |
| 17. 가정용 기기에 50% 이상의 인터넷 그래픽이 몰리게 된다. | 69.9 |
| 18. 전 세계적으로 자가용보다 카셰어링을 통한 여행이 더욱 많아진다. | 67.2 |
| 19. 5만명 이상이 거주하나 신호등이 하나도 없는 도시가 최초로 등장한다. | 63.7 |
| 20. 전 세계 GDP의 10%가 블록체인기술에 저장된다. | 57.9 |
| 21. 기업의 이사회에 인공지능기계가 최초로 등장한다. | 45.2 |

자료: 글라우스 슈밥(송경진 역) (2017: 52).

## 5. 국제적 환경

국제적 환경(international environment)은 한 국가나 지역을 둘러싸고 있는 대외적인 조건이나 요소를 의미하는 것으로서 국가간 상호의존성과 국제레짐을 포함한다.

### 1) 국가간 상호의존성

정보화와 세계화가 진행되면서 정치 행정 경제 사회문화 등의 여러 측면에서 국가 간의 상호의존성이 크게 증가함에 따라 한국가의 정책에도 커다란 영향을 미치게 되었다. 정보통신기술의 발달로 인하여 각 국가들은 컴퓨터와 인터넷을 매개로 정치와 경제 및 사회문화 등의 다양한 정보와 지식을 상호 교환할 수 있게 되었고 이를 더 이상 국가들이 통제를 할 수 없게 되었다. 또한, 세계화의 진행은 국경 없는 사회라고 하듯이, 개방정치(국제정치), 개방행정(국제행정), 개방경제(국제경제, 국제무역)를 가져 왔다. 20세기 후반부터 진행되어 온 세계화(지구화, globalization)는 국경을 초월하여 국가간에 정치와 경제의 개방성을 확산시키고 있다.

이를테면, 개방적인 정치행정질서는 한국가의 정치행정이 다른 국가들의 정치행정에 보다 큰 영향을 미치는 상황을 야기하고 있다. 과거 1980년대 이전에는 미국과 소련을 중심으로 한 냉전체제가 지속되었다면, 1980년대 이후의 세계화와 개혁개방시대에는 미국과 중국을 중심으로 신냉전이 만들어지고 있다. 이러한 신냉전상황에서 모든 국가들은 주도적인 미국과 중국의 정치질서에 동조하거나 편입하는가의 문제에 직면하고 있다.

개방경제중심의 정치경제질서는 각국의 정부가 국내적 필요에 의해 경제정책을 조정할 수 있는 능력을 위축시킴으로써 국내 정치경제문제가 유발될 수 있고, 국제시장의 요구와 국내정치 간의 긴장이 국가간의 갈등을 유발할 수도 있다. 예컨대, 시장중심의 개방경제에 의해 국내적 부의 불평등이 심화되고 국제적으로도 빈국과 부국 간의 격차가 벌어질 수 있다. 세계국가의 중심축이 되고 있는 미국과 중국은 정치적 긴장이나 경제적 경쟁을 치열하게 벌이고 있다. 이러한 문제를 국내적으로나 국제적으로 어떻게 해결할 것인가가 인류가 직면한 정책과제로 등장하였다.

이처럼, 세계의 개방화 추세 속에서도 특정국가에서 민족주의나 종교적 정체성이 강화되는 현상도 나타나고 있다. 국가간의 경제적 의존성의 증가는 특정경제 상품생산에 필요한 광물자원을 무기화하는 자원민족주의가 나타나고 있다. 그리고 지구화에 의해 정치적 경제적 문화적 교류가 확대될수록 문화민족주의가 고취될 수 있다. 이질적인 문화와 생활방식이 침투함으로써 종교와 고유문화에 대한 정체성이 강화되고 서로 다른 민족과 문화 및 종교 간의 갈등이 심화될 수 있다.

## 2) 국제레짐

위에서 이야기한 국가간의 상호의존성이 증가로 인하여 어떤 국가의 정책은 다른 국가의 정부정책에 영향을 미쳐 왔지만, 최근에 국가간의 정책영향은 그 범위와 강도가 확대되고 있다. 이에 따라 국가간의 정책조정을 하기 위해서 국제레짐(international regime)이 등장하여 작동하고 있다.

국제레짐이란 국가간의 통치 또는 거버넌스에서 각 국가들이 준수해야 하는 규칙과 표준 등의 규범체계를 말한다(Koehane & Nye, 1989: 19). 대부분의 주요정책영역에서는 다양한 유형의 국제레짐이 존재한다. 예컨대, 국제무역분야에서는 1947년에 출범한 관세 및 무역에 관한 일반협정(GATT)과 이를 계승하여 1995년에 창설한 세계무역기구(WTO)가 있고, 보건의료분야에는 세계보건기구(WHO)가 있으며, 그리고 노동분야에는 세계노동기구(ILO)가 구성되어 활동하고 있다.

또한, 세계정치경제환경의 변화에 대응하기 위하여 지역주의(regionalism)가 확산되면서 다양한 지역통합을 시도하는 지역레짐이 등장하고 있다. 예컨대, 유럽의 유럽연합(EU)을 통한 정치경제적 통합과 미국과 아시아의 아시아경제협력체(APEC)를 통한 자유무역지대의 확산이 그것이다.

이상의 논의를 종합하면, 국가들 간의 정치적·경제적·문화적 상호의존성이 증가함에 따라 한국가의 정책을 수행하는 데는 국제레짐이나 다른 국가의 정책의 영향을 받게 되는 제약요인이 존재한다는 것이다. 이처럼, 국제적 환경은 항상 한국가의 정치와 정책에 영향을 미쳐 왔지만 그 범위가 확대되고 강도가 높아지고 있다. 국제적 환경요소는 안보나 무역과 같은 국제적인 정책영역뿐 아니라 환경정책이나 사회정책과 같은 국제적 연관성이 없는 정책영역에서도 상당한 영향을 미치고 있다. 한국을 물론이고 어느 국가이든 새로운 정책을 도입할 경우에는 이미 다른 국가에서 채택하고 있는 정책을 벤치마킹하는 것이 대부분이라고 할 수 있다.

---

### 🌡️ 사례연구　글로벌 거버넌스 현상

#### - 미·중 신냉전과 다자간 국제관계

**1991년 냉전체제 종식 이후 30년간 지속된 미국 일강체제가 저물고 미국과 중국 사이에 '냉전 2.0'이 시작되고 있다.** 미국은 지난 3월 중국을 포위하는 쿼드(QUAD)정상회의 체제를 출범시킨 이후 6월 G7정상회담과 NATO정상회담을 통해 범세계적 대중국 연합전선을 결성했고, 미국은 대중국 첨단과학기술통제체제를 통해 중국경제를 자유

〈미·중 주요 갈등쟁점〉

| 갈등쟁점 | 미국의 입장 | 중국의 입장 |
|---|---|---|
| 남중국해 | 중국이 규범에 기반한 해양질서와 항행의 자유위협 | 중국의 남중국해 주권과 권익은 유구한 역사 속에서 확립된 것 |
| 대만 | 대만인들의 희망과 이익에 부합하는 양안관계의 평화적 해법지지 | 대만은 중국의 일부로 대만문제는 외부간섭 용인할 수 없는 내정 |
| 반도체 | 반도체는 국가안보문제, 이익과 가치 공유 않는 국가에 의존 안돼 | 반도체는 중화민족의 위대한 부흥 위해 강화해야 할 혁신엔진 |
| 사이버공격 | 중국정부가 첨단기술과 개인정보 절취 위해 악의적 사이버활동 후원 | 미국주장에 근거가 없고 미국이 세계최대의 사이버공격 근원국가 |

민주주의세계로부터 격리시키려는 작업도 진행 중이다. 자유민주주의의 진영전체와 중국의 대립으로 비화하고 있는 남중국해의 긴장은 대만해협으로 북상하고 있다. 미국이 대만을 국가로 인정하려는 조짐을 보이자 '하나의 중국원칙'을 고수하는 중국은 대만 무력점령을 공언하고 있다. 중국이 대만을 침공할 경우 재무장기회를 노리는 일본이 집단자위권을 명분으로 참전할 것이라는 예측이 무성하다.

〈TPP와 CPTPP의 비교〉

| 구 분 | 환태평양경제동반자협정<br>(TPP) | 포괄적·점진적 환태평양경제동반협정<br>(CPTPP) |
|---|---|---|
| 발효 | 2018. 3. | 2018. 3. |
| 목적 | 아태지역의 경제통합 | 아태지역의 무역자유화와 경제통합 |
| 세계인구비중 | 11.1%(8억명) | 6.9%(5억명) |
| 세계GDP비중 | 37.4%(28.8조달러) | 13.5%(10.2조달러) |
| 세계무역비중 | 25.9%(8.5조달러) | 15%(4.8조달러) |
| 대한국무역비중 | 35.9%(3,785억달러)) | 24.6%(2,568억달러) |
| 참여국가 | 12개국(미국, 캐나다, 멕시코 칠레, 호주, 뉴질랜드, 말레이시아, 브루나이, 베트남, 싱가포르, 일본) | 11개국(미국제외, 캐나다, 멕시코, 칠레, 호주, 뉴질랜드, 말레이시아, 브루나이, 베트남, 싱가포르, 일본) |

자료: WTO, 한국무역협회.

이처럼, 신냉전시대에 접어드는 미국과 중국은 자국이 주도하는 세계경제동맹체를 형성하고 있다. 우선, 미국과 일본은 세계 최대규모의 다자간 FTA인 **환태평양경제동반자협정(TPP)**를 결정하였으나 미국이 탈퇴를 하고 일본주도로 명칭을 바꾸어 2018년 3월 발효되어 출범한 것이 **포괄적·점진적 환태평양경제동반협정(CPTPP)**이다. CPTPP는 TDP 대비 세계에서 차지하는 경제, 무역, 그리고 인구 비중이 상당규모 축소되었으나 여전히 세계무역의 15%를 차지하는 메카FTA이다. 이 협정은 높은 수준의 시장개방을 추구하는 21세기형 자유무역협정이며 무역규범의 새로운 기준을 제시하는 협정이다. 30개에 이르는 장에는 디지털무역, 정부조달, 국영기업, 노동, 환경, 규제일관성, 지식재산권, 전자상거래 등 최신 무역규범이 포함되어 있다.

한편, **역내포괄적 경제동반자협정(RCEP: Regional Comprehensive Economic Partnership)**은 15개국이 참여한 세계 최대의 다자간 자유무역협정(FTA)으로 우리나라는 2022년 2월 1일부터 발효됐다. 아세안(ASEAN, 동남아국가연합) 10개국(말레이시아, 필리핀, 싱가포르, 인도네시아, 태국, 브루나이, 베트남, 라오스, 미얀마, 캄보디아)과 대한민국, 중국, 일본, 호주, 뉴질랜드 등 총 15개국이 참여했다. 전체 경제규모는 세계 GDP와 교역규모의 약 30%에 달한다. 인구규모로는 23억명을 아우르는 세계 최대의 경제협정이다. 기존 FTA는 1:1 양자 협정인데 반해, RCEP은 여러 나라가 참여하는 다자무역협정으로 영향평가대상이 광범위하고 양허안과 협정문 분량도 방대하다. 참여국의 무역규모는 5.6조달러(전세계 대비 31.9%), GDP 26조달러(전세계 대비 30.8%), 인구 22.7억명(전세계 대비 29.7%)에 달한다. 협정문은 제도규정, 상품, 원산지규정, 서비스, 전자상거래, 투자, 지식재산, 전자상거래, 중소기업 등 총 20개 장으로 구성되어 있다.

그리고 미국은 중국에 대응하고 아태지역의 리더십을 회복하기 위한 포석으로 인도태평양경제프레임워크(IPEF)를 추진하였다. IPEF는 인도와 태평양지역에서 미국이 주도권을 가지기 위한 경제안보동맹으로서 기후환경, 디지털, 노동 등 분야에서 새로운 국제규범을 만들어 중국을 고립시키는 반중국연합전선이기도 하다. **인도－태평양 경제 프레임워크**(Indian－Pacific Economic Framework, **IPEF**)는 미국의 대통령 조 바이든이 2021년 10월 27일, 동아시아 정상회의(EAS)에서 인도－태평양 경제안보프레임워크에 대한 첫 구상을 발표했다. 바이든 대통령은 이 자리에서 미국은 무역 촉진, 디지털 경제와 기술표준 정립, 공급망 회복력 달성, 탈탄소화와 청정에너지, 인프라 구축, 노동분야에 대한 표준화를 파트너국가들과 논의하고 추진할 것이라고 밝혔다. 일부에서는 중국주도의 역내포괄적 경제동반자협정(RCEP)을 견제하기 위한 것이라는 견해도 있다. 2022년 5월 23일 일본 도쿄에서 한국 등 13개국이 동참해 공식적으로 출범했다. 2022년 9월 8, 9일 미국 주최에서 'IPEF 각료급 회의'가 로스앤젤레스에서 대면으로 개최되어 협상의 4개 분야(4개의 기둥: (1)무역 (2)공급망 (3)클린 경제 (4)공정한 경제) 별 방향성을 나타낸 각료성명이 정리되었다. 인도가 무역에 대해 협상참가를 거부한 것을 제외하면 모든 참가국이 4개 분야 모두 협상에 참가하는 첫 대면각료급 회의에서 협상목표를 설정하였다.

### - 자원민족주의와 한국현실

**탄소중립 실현을 위한 핵심광물로 꼽히는 6대 광물(리튬, 니켈, 코발트, 흑연, 희토류, 백금족) 등을 가진 국가들이 자원국유화와 자원무기화를 하는 자원민족주의바람이 거세어지고 있다.** 산유국들이 열강들에서 석유이권을 되찾기 시작한 20세기 중반과 같은 상황이 21세기 광물에서 재연되고 있는 것이다.

예컨대, 멕시코의회는 지난달 19일 리튬의 탐사 개발 채굴 권한을 국영기업에만 맡기겠다는 국유화방안을 통과시켰다. 칠레도 3월 리튬광산을 국유화하는 내용의 헌법 개정초안을 만들었다. 니켈 세계 1위 생산국인 인도네시아는 2020년부터 니켈 원광수출을 금지했고, 알루미늄원료인 보크사이트와 구리도 올해와 내년 차례로 수출금지한다는 계획이다. 코발트 최대생산국인 콩고는 정광 수출금지를 추진하고 있다.

**자원빈국(資源貧國)을 넘어 자원무국(資源無國)이라는 불리한 상황에서 첨단산업제품생산에 필요한 광물자원 확보는 중요한 과제로 등장하고 있다.** 우리나라는 탄소중립과 전기차 배터리, 신재생에너지 확대에 필요한 6대 광물의 국내자급률은 0%로 전량

〈거세어지는 자원민족주의〉

| 멕시코 | 리튬 탐사채굴권, 정부가 독점하도록 광업법 개정 |
|---|---|
| 볼리비아 | 리튬 국유화, 국영 YLB가 탐사와 채굴 등 관할 |
| 칠레 | 리튬 국유화, 국영리튬회사와 국영리튬연구소 설립추진 |
| 콩고 | 코발트 정광 수출금지 추진 |
| 인도네시아 | 니켈원광에 이어 보크사이트, 구리도 수출금지 확대 |
| 중국 | 희토류 기업통합하여 시장지배력 확대 |

수입에 의존하고 있다. 한국지질연구원에 의하면, 2020년 우리나라의 6대 광물 원재료와 소재부품 수입비율은 중국이 37%로 가장 높고, 이어 일본이 9.9%, 미국 5.3%, 칠레 5.1%, 뉴칼레도니아 3.6%, 호주 3.4%, 러시아 3.2% 순으로 나타났다. 6대 광물수입액은 2016년 34억3,358만달러(약 4조3,400억원)에서 2020년 68억4,792억달러(약 8조6,500억원)로 급증하고 있다.

특히 리튬, 희토류, 흑연 등은 중국비율이 절대적이다. 배터리 핵심원료로 2030년 수요가 현재의 43배로 증가할 것으로 예상되는 리튬은 중국수입비율이 79%이고, 전기차모터와 풍력발전기 등 신재생에너지에 필요한 희토류의 중국비율은 73%, 배터리 음극재에 주로 쓰이는 흑연은 87%에 달했다.

하지만 **한 자원개발업체 임원은 '지난 10년 동안 해외자원개발을 적폐시하여 인력은 물론 노하우까지 싹 사라졌다고 한다. 과거 국내기업들의 해외광물투자를 이끌었던 한국광물자원공사가 지난해 한국광해관리공단과 통합하여 해외자원개발을 없애버려 구심점 역할을 할 곳도 사라졌다.** 새정부는 핵심광물까지 안보범위에 포함시키고 민간주도로 자원개발에 나서겠다고 밝혔다. 최근 LG에너지솔루션은 LG화학, LX인터내셔널, 포스코 등과 컨소시엄을 형성하여 인도네시아 니켈광산투자에 나섰고, 포스코홀딩스는 2024년 리튬 자체조달을 목표를 아르헨티나 리튬공장에 5조원을 투자하기로 하였고 지난해엔 호주 니켈제련사 레이븐소프 지분을 인수하고 탄자니아 흑연광산을 확보하였다. 다른 나라 국영기업이나 100년 이상된 해외 다국적기업이 장악한 시장에서 민간기업만으로 경쟁하기에는 역부족이다는 지적이 나온다. 우리나라의 석유공사, 가스공사, 광물공사를 합친 일본의 석유가스광물공사(JOGMEC)와 같은 기구를 만들어 전권을 부여해야 한다는 의견도 있다(조선일보 2022.5.2.).

## 제3절 | 과업환경

### 1. 과업환경 개관

정책체제의 과업환경(task environment)은 특정한 체제가 과업수행을 하는데 직접적으로 이해관계를 가지고 있는 제도나 조직을 말한다. 이러한 과업환경은 기업이나 정부와 같은 시스템들의 활동영역에 의하여 구체적으로 정해진다.

이를테면, 기업의 활동영역은 기업이 산출하는 생산물(재화나 서비스)을 말하는데, 여기에 관계되는 고객이나 정부, 이익집단, 비정부조직, 언론 등과 같은 이해관계자의 범위가 정하여진다. 전자와 반도체를 생산하는 삼성전자의 과업환경은 LG전자나 SK하이닉스 등의 경쟁자환경, 반도체칩을 제공하는 공급자환경, 전자제품이나 컴퓨터 및 핸드폰을 구입하는 학생이나 기업 및 정부 등의 수요자환경이 포함된다. 이러한 기업의 과업환경범위를 제조업으로 확대하여 논의한 Duncan(1972: 313 – 327)은 제조업의 과업환경을 소비자환경(제품과 서비스의 수요자와 단체사용자), 공급자환경(장비공급자, 인력공급자, 부품공급자, 원료공급자), 경쟁자환경(원재료구입의 경쟁자, 소비자에 대한 경쟁자), 사회정치적 환경(산업에 대한 정부규제, 소비자연맹), 그리고 기술적 환경(과학기술변화) 등 다섯 가지의 환경요소로 분류하였다.

이상에서 논의한 바와 같이, 시스템의 활동영역을 정책영역에 적용하면 정책체제, 구체적으로는 정부의 과업환경을 파악할 수 있다.

### 2. 정책체제의 과업환경

#### 1) 정책체제의 과업환경영역

그러면 정책체제의 과업환경으로는 어떤 요소가 있는가? 정책체제(정부)의 과업영역은 그것을 둘러싸고 있는 환경과의 관계에서 논의할 수 있다. 정부는 환경에서 발생하는 사회문제를 해결하거나 사회기회를 창조하기 위하여 정책이나 사업 및 예산을 산출하여 실행하는 정책활동과 예산활동을 한다. 이러한 정책과 예산활동을 하는데 관련되는 정부의 이해당사자들로는 대통령부, 의회, 법원, 정당, 이익집단, 비정부조직, 기업, 시민, 전문가집단, 언론기관, 국제조직 등으로 다양하게 범주화할 수 있다. 이렇게 범주화되는 여러 이해당사자들을 정책과정의 공식 또는 비공식 제도나 행위자라고 하는데, 보다 구체적으로 살펴보면 다음과 같다.

정부, 구체적으로 행정조직은 다수의 단위조직들로 구성된 집합체로서 그것을 둘러싸고 있는 과업환경과 연계를 갖고 있다. 이러한 행정조직은 정부부처를 중심으로 그것과 직접적으로 상호작용을 하는 조직집합으로 구성되어 있다. 이것은 정부의 문제해결구조 속에 내포되어 있는 조직들 간의 연계를 말하는 것으로서 정부의 정책결정이나 집행과정에는 다양한 정부조직뿐 아니라 준공공기관이나 민간기관까지도 서로 영향을 주고받게 됨을 암시한다(임도빈 외, 2008: 197; 조석준·임도빈, 2010: 69-72)(그림 8-4).

정부내부만 보면, 어느 한 부처의 상층에는 대통령과 대통령부, 국무총리와 총리실, 국무회의 등이 있고 동렬에 있는 다른 부처들이 존재한다. 그 부처의 기능이 무엇인가에 따라 다른 부처와의 관련이 생기게 된다. 각 부처소속으로 있는 하급조직

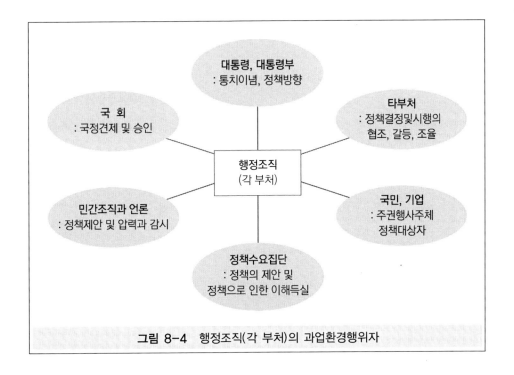

**그림 8-4** 행정조직(각 부처)의 과업환경행위자

인 지방청과 소속청 등이 있다.

　행정조직에 소속되어 감독을 받으면서도 일반민간인의 신분을 가진 자들로 구성
된 조직들도 있다. 공사, 조합, 연합회, 협회 등이 그것들이다. 이들이 해당부처의
환경이 되기도 하지만, 이들을 통하여 다른 부처와 연결되기도 한다. 조직상으로 농
림부 산하에 있는 농협이 수행하는 금융업무와 관련해서는 재정경제부 등 담당부처
와 연결이 생긴다.

　행정조직의 운영에서 견제와 균형의 역할을 하고 있는 국회는 중요한 과업환경
이다. 법률 제개정이나 정책과 예산의 활동에서 행정부는 의회와 항상 접촉하여 상
호작용을 한다. 또한, 의회 때문에 여야의 정당과도 관계가 생긴다. 특히 여당과는
긴밀한 관계를 갖게 되는데, 여당과 정부 간의 회의체인 당정협의가 있다. 행정조직
이 업무수행과정에서 법령해석이나 이해관계의 대립이 있을 때 법원의 판단에 의존
하기도 한다.

　행정조직은 신문사나 방송국 등의 언론매체와 의사소통을 하게 된다. 그리고 행

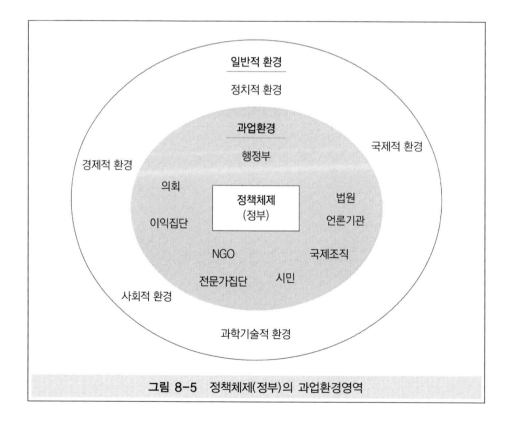

**그림 8-5**　정책체제(정부)의 과업환경영역

정조직의 업무와 관련이 있는 개인이나 기업 및 대학교수와 연구자 등 전문가집단, 이익집단이나 시민단체가 중요한 과업환경을 구성한다. 일반국민 가운데도 행정조직의 업무와 관련이 있는 부류의 사람들을 정책수요집단이라고 한다. 예컨대, 대형국책사업에서 해당지역의 주민이나 토지소유자는 일을 추진하는 부처에게는 중요한 과업환경이다.

마지막으로, 다른 국가들도 중요한 과업환경이 되었다. 각 부처에게는 UN, WTO 등의 국제기구는 물론이고 부처의 법령이나 정책을 설계할 때 국제기준이나 다른 국가를 벤치마킹하게 되고 무역이나 환경 마찰의 문제에서는 국제기구나 외국 및 다국적 기업, 그리고 국제이익집단이나 국제NGO 등과의 이해관계가 중요한 동인으로 작용한다.

지금까지 논의한 정책체제(정부)의 과업환경영역을 종합하면 앞의 그림과 같다 (그림 8-5).

## 2) 정책체제의 과업환경행위자와 정책하위체제

정책체제, 대표적으로 정부는 외교 국방 교육 경제 산업 환경 노동 사회복지 등 다양한 정책영역에서 과업을 수행하는데, 정부가 수행하는 정책영역마다 담당하는 정부부처가 다르고 관련되는 이해관계자들이 상이하게 존재한다. 국방정책이나 산업정책 및 복지정책을 둘러싸고 상호작용을 주는 과업환경행위자들은 다르게 구성되고 활동을 하게 된다.

이러한 정책결정현상에 주목하고 연구를 하여 온 정책네트워크학자들은 특정한 정책영역에서 정책결정에 관련되는 과업환경행위자의 범주를 설명하는 모형으로 하위정부(subgovernments) 또는 철의삼각(iron triangle)을 발견하였다. 이 모형은 특정 정책영역에서 행정기관과 의회 및 이익집단이라는 소수의 정책행위자들이 삼각동맹 (triple alliance)을 형성하고 공통된 이해관계를 토대로 빈번한 접촉을 통한 협력관계를 통하여 정책결정과정을 지배한다는 것이다. 예컨대, Cater(1964: 18)는 미국정치체제에서 정책결정구조의 특징으로 설탕하위정부(sugar subgoverments)를 다음과 같이 기술하였다.

"설탕하위정부에서 정치권력은 주로 할당표를 작성하는 하원 농업위원회의장에 부여되어 있다. 이러한 권력은 할당표라는 복잡한 판매계획을 작성하는데 필요한 전문적 지식과 조언을 제공하는 고위공무원인 연방정부의 농업설탕국장과 공유하게 된다. 더 나아가, 워싱턴에 주재하는 국내 사탕무우 및 사탕수수 재배자들, 설탕정제업자들, 그리고 외국생산자들의 이익대변자들이 조언을 하게 된다."

그러나 정책네트워크학자들은 미국이나 영국의 정책결정에서 폐쇄적인 하위정부모형이 문제가 있다고 비판하면서 개방적인 과업환경행위자들의 범주를 설명하는 모형의 필요성을 주장하였다. 이를테면, 워싱턴에서는 각 정책분야에서 다양한 이익집단들과 시민집단들이 태동하고 증가를 하여 다른 이익집단과 경쟁적이고 갈등적인 관계를 가지고 있다. 또한, 정권교체나 의회구조의 변화에 따라 정책결정에 대한 이익집단의 접근도 폐쇄적이고 안정적인 것이 아니라 개방적이고 불안정적한 상태로 변화가 일어나고 있다. 이러한 측면을 인식한 Heclo(1978)은 하위정부모형이 불안정하다고 하면서 그 대안으로 이슈네트워크모형(issue network model)을 제시하였다. 이 모형은 정책영역마다 관련되는 다양하고 대립되는 이익을 가진 참여자들로 구성되는 개방적인 네트워크를 말한다. Smith(1991: 235)는 영국 식품정책사례연구에서 전후에 식품정책이슈는 일상적인 기술적 결정으로 보아 폐쇄적인 정책공동체에 의하여 주도되었다면, 1988년 달걀의 살모렐라중독이 이슈화된 이후에 식품정책결정에서 이익집단의 증가된 활동과 농업정책의 영향 그리고 소매경제의 변화는 식품정책공동체를 이슈네트워크로 변형시키게 되었다고 한다.

이처럼, 미국이나 영국 등 여러 나라의 정책결정에서 정책영역마다 다양하게 구성되는 과업환경의 행위자들을 그룹화하는 개념으로는 다음 부분에서 논의하는 정책하위체제(policy subsystem)가 있다.

---

**🌡 사례연구    정책하위체제 현상**

– 정부와 국회 그리고 이익집단: 중대재해기업처벌법을 둘러싼 역학관계

우리는 28년 만에 대폭 개정된 2018년 국회에서 통과된 산업안전보건법을 김용균법이라고 부른다. 2018년 12월 충남 태안화력발전소에서 하청회사 소속 비정규직 노동자 김용균씨가 홀로 밤샘근무를 하다 숨진 사건이 산업안전보건법 개정논의를 촉발시켰기 때문이다. 이보다 앞서 2016년 서울 지하철 구의역에서 홀로 스크린도어를 수리하다 숨진 '구의역 김군사건'도 김용균사건과 함께 법 개정의 필요성을 상징하는 사건으로 자주 거론되어 왔다. **'위험의 외주화 금지'** 또는 **'죽음의 외주화 금지'**가 당시 산업

**안전보건법 대폭개정의 필요성을 나타내는 표현이었다.** 민주노총 공공운수노조에 의하면, 2012-2016년 동안 5개 발전회사에서 발생한 산업재해 346건 중 하청노동자가 당한 것이 337건으로 전체의 97.4%를 차지했다. 하청단계를 거칠수록 책임소재가 불분명해질 수 있으므로, 위험한 작업은 아예 하청회사에 도급을 주지 못하도록 하자는 것이 당시 법 개정의 중요한 화두였다. 그럼에도 어떻게 김용균씨가 담당했던 전기사업설비 운전 및 점검정비 긴급복구의무와 구의역사건의 김군이 담당했던 궤도사업장의 점검 및 설비보수작업이 도급승인대상에서 빠져 버리는 일이 발생할 수 있을까? **노동자나 노동이익집단이 도급을 엄격하게 제한해야 한다고 주장했던 사업들이 도급대상에 포함되지 않았다.**

이러한 결정이 과거 이명박 정부나 박근혜 정부에서 벌어졌다면 모르되, 김용균법이나 관계법령 제정은 모두 문재인 정부에서 결정된 것이다. 문재인 정부의 좋은 뜻이 보수야당의 격렬한 반대에 부딪혀 좌절된 것처럼 알고 있는 사람들이 많지만 꼭 그렇지는 않다. 정부안에서도 반대하는 세력이 만만치 않게 있었다. **노동부에서 마련한 '노동부안'이 국무회의를 통과한 '정부안'이 되면서 노동자 보호조치가 축소되었고, 국회 환경노동위원회에서 통과된 '국회안'은 '정부안'보다 후퇴한 내용이었다.**

정부내각 구성을 보자. 기획재정부, 산업통상자원부, 국토교통부, 중소벤처기업부, 과학기술정보통신부, 농림축산식품부, 해양수산부 등은 기업의 입장을 대변할 때가 많다. 노동자와 서민의 입장을 대변하는 부처는 고용노동부와 보건복지부 정도뿐이다. 기업의 눈치를 살피는 정치인과 관료의 수가 노동자와 서민의 눈치를 살피는 정치인이나 관료의 수를 압도할 만큼 많다는 뜻이다. 또한, 여당이 국회에서 과반수를 차지하고 있다는 것은 정부여당이 이쪽저쪽 눈치 보지 않고 소신껏 밀어붙일 수 있는 상황이다. 그러나 정부여당 내에 노동자와 서민의 눈치를 살피는 사람들보다 기업의 눈치를 살피는 사람이 훨씬 많다면, 소신껏 밀어붙이는 정책들이 과연 누구를 위한 것인지 짐작할 수 있다(한겨레 2020.5.27.).

### - 철의삼각: 규제시스템과 지대추구 삼각구조- 국가실패의 길에서 벌어날 때

**한국경제는 구조적 위기상황에 놓여 있다고 볼 수 있다. 구조적 위기란 인적자본, 투자자본, 기술부족이 문제가 아니라 생산적 기업가정신의 발현을 방해하는 정책과 제도가 문제가 있다는 의미이다.** 예컨대, 미국과 중국의 공유경제(scharing economy)는 날개를 단 듯 발전하고 있다. 한국에서는 같은 의미의 공유경제가 지지부진하다. 이는 기술과 자본이 부족해서가 아니라 창의와 혁신을 저해하는 '원칙적 금지, 예외적 허용' 방식에 기초한 **규제시스템과 지대추구 삼각구조 때문이다.**

지대추구 삼각구조는 다른 나라에서도 관찰되지만 그 심각성은 한국에서 더하다. **규제법령의 제개정권을 가진 의회(정치인), 규제를 결정하고 집행하는 행정당국(관료), 규제특혜를 누리는 이익집단(기업)이 알게 모르게 연대를 해서 자기 몫의 지대를 추구**

하는 한국의 삼각구조는 거의 철옹성급이다. 이 삼각철옹성구조 하에서 국민전체의 편익보다는 업계의 이익, 업계 내에서는 혁신보다 기득권을 우선하는 정책과 제도가 반복 생산되고 있다.

택시업계의 반발과 함께 모빌리티산업의 뜨거운 이슈로 떠올랐던 '타다서비스'가 지난 17일 국토교통부 발표로 무산된 것은 그 한 사례이다. 원격의료서비스와 외국영리병원은 오랜 논의에도 진전이 없다. 이런 현실에서 창조적 파괴를 수반하는 어떤 혁신활동이 '정치인－관료－이익집단'의 견고한 삼각철옹성 장벽을 극복할 수 있을까.

'국가는 왜 실패하는가?'를 저술한 미국 매사추세츠공대(MIT) **대런 애쓰모글루 교수는 편을 갈라 배제하고 차별하는 정치경제제도를 국가실패원인으로 지목했다.** 문제는 한국의 정치경제제도가 실패가 예정된 길을 가고 있다는 불안감이 든다. 국가실패를 막고 경제가 성장하려면 편을 갈라 배제와 차별을 하는 제도를 경제적 자유와 법치에 기초한 혁신과 경쟁을 포용하는 제도로 대전환해야 한다(한국경제 2019.7.23.).

### － 깨진 철의삼각: '슈퍼 약판매'서터 내려버린 국회

'콧물이 나면 내가 아는 약을 사먹는다. 그러면 개운해진다. 미국 같은 데 가보면 슈퍼마켓에서 약을 사먹는데 우리나라는 어떠한가?'

이명박 대통령은 2010년 12월 보건복지부 업무보고를 하는 자리에서 진수희 보건복지부 장관에게 이렇게 물었다. 1990년대부터 시작된 의약품 슈퍼판매 논란이 재점화된 것은 이때부터이다. 의약품 슈퍼판매는 의사처방 없이도 살 수 있는 일반의약품 중에서 국민수요가 많고 안전하게 판매할 수 있는 해열진통제, 소화제, 감기약과 같은 일반약을 편의점이나 슈퍼에서 살 수 있게 하자는 것이다. 그동안 보건복지부는 오남용 우려 등 '약의 안전한 관리'를 내세워 뚜렷한 추진방안을 내놓지 않았다. 의약품 슈퍼판매가 좌초될 위기에 놓이자, 지난 6월 이명박 대통령이 나서 보건복지부를 질책했고, 이에 진수희 장관은 '약사법 개정을 추진하겠다'고 나섰다.

보건복지부는 지난 7월 의약품 슈퍼판매에 관한 공청회를 거쳐 '약사법 개정안'을 입법예고했다. 9월 국무회의서 의결된 약사법 개정안은 국회로 넘어갔으나, 국회의원들의 '약사 눈치보기'로 다시 좌절될 위기에 빠졌다. 대한약사회는 회원 6만 여명을 가진 대표적 이익집단으로서 의사회와 함께 국회 보건복지위에 대한 영향력이 강한 단체이다. 약사회는 공공연히 '의약품 슈퍼판매에 찬성하면 낙선운동하겠다'는 이야기를 해왔고, 지난 8월 말부터 국회 정문 앞에서 1인 시위를 진행하고 있다. 국회 보건복지위는 그동안 슈퍼에서 상비약을 살 경우 약품 오남용 우려가 커진다는 이유로 소극적인 태도를 보여 왔고, 17일 약사법 개정안을 올해 정기국회 중에는 처리하지 않기로 결정했다. 이에 따라 약사법 개정안은 내년 2월 임시국회로 넘어갔지만, 임시국회가 총선 직전에 열린다는 점이 변수이다. 결국 내년 5월 말까지인 18대 국회 내 처리가 되지 않으면 제출법안은 자동 폐기된다(조선일보 2011.11.18.).

– 이슈네트워크: 대선 단골메뉴, 대중교통법(일명 택시법) 정책결정갈등

2004년 의원입법으로 택시의 대중교통 인정내용이 포함된 대중교통법(대중교통 육성 및 이용 촉진법: 일명 택시법) 개정안이 처음 발의된 이후 17, 18대에서 각각 3건, 6건의 비슷한 개정안이 제안되었다가 폐기되었다. 대선이 있는 2012년 올해에도 새누리당 이병석, 이명수 의원과 민주통합당 노웅래, 최봉춘, 박기춘 의원이 총 다섯 차례 이 법을 발의했다. 매년 선거를 앞두고 택시법이 등장하는 것은 '표의 확장성'이 있기 때문이다. 택시업계의 종사자는 약 30만명, 가족까지 합해 100만명이나 되는 거대집단이다.

〈전국 택시업계 현황(2010년 기준)〉

| 구분 | 법인택시 | 개인택시 |
|---|---|---|
| 차량대수 | 9만1,530대 | 16만3,443대 |
| 종사자수 | 13만323명 | 16만4,333명 |
| 월평균임금 | 158만4,000원 | 약 180만원 |

자료: 국토해양부.

11월 15일 국회 국토해양위원회가 택시를 대중교통에 포함시키는 택시법을 통과시키자, 그 후폭풍이 일어나고 있다. 택시업계는 '버스업계를 거든다'며 정부를 비난하면서 택시법 통과를 촉구하는 대규모 집회를 예고했다. 버스업계는 '정치권이 택시기사만 편든다'며 택시법이 본회의에서 통과되면 무기한 운행중단을 재개하겠다고 공언했다.

전국택시운송사업조합연합회와 전국택시노동조합연맹 등 4개 택시노사단체는 23일 서울 강남구 역삼동 개인택시회관에서 대표자회의를 열고 전국 택시의 운항을 중단한 채 여의도 국회 앞에서 25만대의 택시를 세워놓고 집회를 열기로 결정했다. 택시노사는 성명서를 통해 '여야 만장일치로 통과시킨 대중교통법 개정안을 버스업계의 불법운행중단으로 보류시킨 것은 대선용 포퓰리즘'이라며 원만한 법안처리를 위해 노력했지만 물리력을 동원할 수밖에 없다고 밝혔다.

버스업계도 택시법 완전철회를 요구하며 강경방침을 재확인했다. 버스 노사는 '정치권이 택시법을 철회하고 새 대책을 강구하지 않는다면 다시 운행중단에 나설 것'이라고 밝혔다. 버스업계 노사는 '전형적인 포퓰리즘법안'이라며 여야 정치권을 강하게 성토하고 사상초유의 전국적 버스중단사태를 초래하였다.

이날 정부는 택시법과 관련하여 정치권을 비판했다. 김황식 국무총리는 서민생활대책점검회의를 통해 '이번 사태의 발단은 국회가 사전에 충분한 논의 없이 의원입법으로 법 개정을 추진한 데서 비롯됐다'며 이런 문제는 관계부처 및 버스업계 등 이해관계인 간의 충분한 논의와 의견수렴이 필요했다고 밝혔다.

사태를 촉발시킨 국토해양위의 여야의원들은 '국회가 선의로 추진한 법안과 관련해

정부가 갈등을 부추기고 있다'고 주장했다. 개정안 발의자 중 한 명인 민주통합당 박기춘 의원실 관계자는 '택시에 대한 재정지원, 전용차로제 진입 등이 개정안에 포함되지 않았다'며 '정부가 버스업계를 부추겨 갈등을 조장해 문제를 키우고 있다'고 주장했다.

이처럼, **택시법 개정안을 놓고 택시업계와 버스업계가 치열하게 대립하고 있는 상황에서, 여야 정치권과 정부는 문제해결의 딜레마에 빠지게 되었다.** 여야 정치권 모두 택시 한쪽에 유리한 법안의 손을 들어준 만큼 다툼을 중재할 수 없는 상황이다. 법안을 만장일치로 통과시킨 소관 상임위인 국토해양위의 관계자는 '새누리당과 민주당이 합의하여 택시법을 넘긴 만큼 이제 와서 반대하는 쪽은 '주적'이 될 것'이라며 지금 누가 나서서 고양이 목에 방울을 달겠느냐고 말했다. 국토위 소속 한 의원실 관계자는 '우리가 통과시켰지만 솔직히 문제가 많은 법안'이라며 재정대책이 없이 선심성으로 통과시켰다는 지적을 인정한다고 말했다.

해당 개정안 통과에 반대하는 정부 역시 협상테이블을 만들기가 쉽지 않다. 정부와 각 지방자치단체는 21일 밤늦게까지 버스노사를 상대로 운행중단을 철회하라고 설득했다. 국토부의 윤학배 종합교통정책관은 원인이 임금분쟁 등이 아닌 정치적인 것이어서 쓸 수 있는 카드가 많지 않다며 교통체계에서 차지하는 버스의 중요성을 강조해 설득할 수밖에 없다고 하였다. 마침내, **정부는 해당법안의 본회의 상정보류를 국회에 요청했다.** 이날 오후 긴급 경제장관회의를 열어 '이해관계인 간의 의견대립이 있고 충분한 의견수렴과 논의가 있어야 할 사안인 만큼 국회가 이 법률안의 본회의 상정을 보류해 줄 것을 요청한다고 말했다. **결국 강창희 국회의장의 요청으로 상정이 일단 연기했다**(동아일보 2012.11.22.).

〈대중교통법의 정책결정 갈등일지〉

| 2012년 6월 22일 | 민주당 노웅래 의원, 19대 국회서 대중교통법 개정안 발의 |
|---|---|
| 9월까지 | 새누리당 이병석, 이명수 의원과 민주통합당 노웅래, 최봉춘, 박기춘 의원, 관련법 추가발의 |
| 11월 15일 | 국회 국토해양위원회 전체회의서 법률 개정안 통과 |
| 18일 | 버스노사, 법률 개정안 국회 법제사법위원회 통과 시 운행중단 경고 |
| 20일 | 버스연합회 및 버스노조, 운행중단시기 22일로 못박고 개정안 보류요구 |
| 21일 | 법률 개정안 법사위 통과 |
| 22일 | 첫차부터 무기한 전국 시내버스 중단(예정) |
| | 정부, 법률 개정안의 본회의 상정 보류요구<br>국회의장, 본회의 상정연기 |

### 3) 정책체제의 과업환경행위자 영향력

정책체제, 구체적으로 정부의 과업환경행위자 영향력을 이론적으로 논의하고 경험적 분석을 학자로는 Brudney & Herbert(1987: 187-188)가 있다. 이들은 전통적으로 정부관료제에 대한 연구가 그들의 정치적 지지뿐 아니라 정책산출에 영향을 주는 조직환경의 중요성을 인식하여 왔다고 하면서, 주기관(state agency)에 대한 외부행위자들의 영향을 분석하기 위하여 주기관에 관련되는 과업환경행위자들을 논의하였다.

Wamsley & Zald(1973: 26)은 공공조직의 환경에서 중요한 변수들을 확인하기 위한 연구를 주장하였고, Katz & Kahn(1978)은 조직을 개방체제로 전제하고 공공조직과 그것의 환경과의 교환(exchange)을 강조하였다. 주기관은 생존과 성장을 위한 정치적 지지를 확보하기 위한 방법으로 그들의 환경과 교환을 실행한다는 것이다. 이러한 교환관계는 주기관(state agency)이 외부행위자들(external actors)에 의해 영향을 받는다는 것을 말한다.

통치권자(governor)로서 주기관의 잠재적으로 중요한 행위자로는 고객(clientele)이 있다. 일반국민으로 대표되는 고객의 지지는 주기관의 생존에 기여한다. 왜냐하면 자원의존모형이 제시하는 바와 같이, 주정부는 자신을 유지하기 위하여 필요한 자원들을 내부적으로 가지고 있지 않으므로 환경과 거래를 해야 하기 때문이다(Aldrich, 1979).

대부분 주기관의 과업환경에서 두 번째 중요한 행위자로는 의회(legislature)가 있다. 하위체제나 철의삼각으로부터 정부의 중요한 과업환경영역은 행정부를 넘어서 의회나 그것의 하위위원회를 포함한다(Freeman, 1955). 하위체제는 주정책영역에서 행정기관과 의회 위원회 및 이익집단의 상호의존적 관계를 말하는 것으로 하위정부라고도 한다.

이러한 주기관과 고객집단 및 의회 외에, 대부분의 주기관에 연결되는 과업환경행위자로는 그들의 구성원을 대표하는 전문협회(professional association)가 있다. 전문협회는 주기관에 대한 특정한 영향력을 실행할 기회를 가지고 있다.

이들은 주기관과 과업환경행위자들과의 관계에 가설을 검증하기 위하여, 1978년 주의 행정사업(American state administrators project)을 수행하는 50개 주를 대표하는 1,393개 통치자들(governers, heads)을 대상으로 서베이를 실시하였다. 이 서베이는 주기관 의사결정의 네 가지 중요영역(총예산, 특정사업예산, 정책변화, 그리고 규칙과 규제)에서 주관리자들에 중요한 환경행위자들의 영향력정도를 평가하는 6개 항목을 제시하였다. 이들의 평가는 영향력 무(0)에서부터 높은 영향력(3점) 까지의 범위를 가지는 4점 척도를 사용하였다. 주관리자에 대한 영향력정도는 통치자, 의회, 고객집 단, 전문협회의 순으로 나타났다.

한편, 국내에서 초점조직과 과업환경행위자 간의 관계를 연구한 것으로는 윤영 채·배응환(2008: 153－154)의 논문이 있다. 이들은 조직과 환경관계, 특히 조직간 관계이론 중에서 조직집합이론(초점조직을 중심으로 다른 조직들과의 관계를 추적하는 이론)을 토대로, 연구대상으로 초점조직을 원자력발전소로 설정하고 이조직과 지속 적인 관계를 가지고 있는 과업환경행위자를 평균분석하였다. 그 분석결과는 원자력 발전소에 영향을 주는 과업환경행위자로 원자력관련조직(한수원 본사, KINS), 중앙정 부(산자부, 과기부), 지역주민, NGO(환경단체), 지방정부의 순으로 중요성이 인식되 었다(표 8－15).

〈표 8-15〉  원자력발전소의 조직집합구성원에 대한 인식

| 조직집합구성원 유형 | 평 균 | 영향력순서 |
|---|---|---|
| 중앙정부(산자부, 과기부) | 4.58 | 2 |
| 지방정부(경주시) | 4.04 | 5 |
| 원자력관련조직(한수원 본사, KINS) | 4.62 | 1 |
| NGO(환경단체) | 4.14 | 4 |
| 지역주민 | 4.34 | 3 |

자료: 윤영채·배응환(2008: 154).

# 제9장 | 정책체제의 구성: 제도와 행위자

## 제1절 | 정책체제의 개념적 쟁점

여기서 논의하는 정책체제개념은 Easton의 정치체제개념으로부터 출발한다.

Easton(1965: 21)은 정치현상을 인간이나 집단의 가치를 정책으로 전환되어가는 동태적 과정으로 보고, 이러한 현상을 파악하기 위한 총체적 개념으로 정치체제 (politics system)를 제시하였다. 정치체제는 사회를 위해 가치를 권위적으로 배분하는 개인과 집단의 상호작용으로 규정하였고, 그것의 구성요소는 크게 활동적 측면과 제도적 측면으로 나누고 있다. 활동적 측면에서 정치체제는 정책의 결정과 집행에 관련되는 여러 가지 정치적 활동(activities) 또는 행동(actions)으로 볼 수 있다. 예컨대, 행정부가 수행하는 행정활동이나 입법부가 수행하는 입법활동이 그것이다. 이러한 예에서 보듯이, 정치체제가 활동을 수행하기 위해서는 이를 수행하는 제도로 기관(조직)이 필요하다. 이러한 제도적 측면의 구성요소를 정치체제의 행위자(actors, members)라고 표현하고 있다.

이러한 논의를 정책체제개념에 적용하면, 정책체제(policy system)는 권위를 가지고 사회에 가치를 배분하기 위한 정책활동을 담당하는 조직이나 기관으로 정의할 수 있다. 이것은 제도적 측면에서의 정책체제개념으로 국회, 대통령부, 행정부, 사법부 등의 공식적 정부제도뿐 아니라 정당, 이익집단, 언론매체 등의 비정부제도라는 모든 정책하위체제를 포함한다. 이러한 공식적이거나 비공식적인 정부제도는 다른 말로 표현하면 정부행위자와 비정부행위자로 구성되는 정책행위자를 의미한다.

그러면 정책체제의 핵심적 활동인 정책과정에서 기능하는 정부행위자와 비정부행위자에는 구체적으로 누가 있으며 어떠한 역할을 수행하는가? 이하에서는 이러한 정책행위자를 보다 구체적으로 살펴본다.

## 제 2 절 | 제도와 행위자

### 1. 정책과정의 제도와 행위자 개관

정책학자들은 공공정책과정에서 제도(institutions)와 행위자(actors)의 역할에 대한 논의를 하여 왔다(Howlett & Ramesh, 1995: 50−53). 어떤 학자들은 행위자를 분석의 유일한 변수로 간주한다. 반면에, 다른 학자들은 행위자들이 그들을 둘러싸고 있는 정치적, 경제적, 그리고 사회적 제도들 속에서 활동한다고 한다.

대부분의 공공정책접근은 행위자를 중요한 설명변수로 본다. 후생경제학에서 공공선택이론은 개인(individuals)을 정책을 형성하는 기관(agents)으로 보고 있는 반면에, 다원주의나 코포라티즘은 조직화된 집단(organized groups)을 강조한다. 유사하게, 국가론과 신제도주의는 국가(state)와 중범위적인 집단이나 조직을 행위자로 보고 그의 목적과 역량 측면에서 공공정책을 설명한다. 이들과 대조적으로 계급(class)에 토대를 둔 이론은 행위자를 경제구조의 생성물로 보고 그들의 행동을 구조적 자극이나 기능적 필요성으로 설명한다. 이들 이론들은 행위자들이 행동하는 제도적 맥락을 고려하기는 하지만, 공공정책에 영향을 주는 제도적 맥락을 충분히 다루지 못하고 있다. 그러나 공공정책의 경험적 분석을 위해서는 행위자와 제도를 모두 포함시킬 필요가 있다.

우리의 관점에서 행위자와 제도는 정책과정에서 중요한 역할을 수행한다고 전제한다. 위의 정치(정책)이론에서 기술한 바와 같이, 정책과정에 참여하는 개인, 집단, 계급, 그리고 국가 등의 행위자들은 그들 자신의 이익(interests)을 가지고 있는데, 이들이 자신의 이익을 해석하고 추구하는 방법과 그들의 노력의 결과(outcomes)는 제도적 요인(institutional factors)에 의해 형성된다고 볼 수 있다. 정책과정은 정책체계의 제도적 제약 속에서 개인이나 집단 및 정부 등의 행위자들이 자신의 이익을 토대로 활동하기 때문이다. Hall(1986: 19)에 의하면, 제도(institution)는 정치와 경제의 다양한 단위에서 개인이나 집단 간의 관계를 구조화하는 공식적 규칙과 순응절차 그리고 표준운영절차를 포함하는 것이다. 이러한 제도의 범주에는 거시적으로 대통령제나 의원내각제와 같은 정치제도나 사유재산제라는 경제제도의 배열을 의미하며, 중범위적으로 정부기관과 경제단체, 노동조합, 정당 등의 집단이나 조직과 이들 간의 관계를 말하고, 미시적으로 개인과 집단의 행동을 제약하는 규칙이나 절차를 말한다. 또한, North(1990: 1)는 제도를 한 체제나 사회의 게임규칙으로 보아 인간의 상호작용을 형성하거나 제약한다고 한다.

  이 책에서는 제도(institutions)를 좁게 국가와 사회 및 국제체제의 구조(structures)나 조직(organizations)으로 정의하고, 그들이 내부적으로 어떻게 조직화되어 있고 서로 간에 어떻게 관계를 맺고 있는가에 관심을 갖고 있다. 더욱이, 그들의 공식적인 조직특성―구성원과 규칙 및 운영절차―은 그들이 가지고 있는 원칙과 규범 및 이념을 알기 위하여 필요하다. 이러한 제도는 행위자들의 이익(interests)을 조건지우고 어떤 선택을 제약하거나 촉진하는 것에 의해 그들의 이익을 실현할 가능성에 영향을 준다. 정책과정에서 전형적으로 관련되는 제도와 행위자의 관계를 도식화하면 다음 [그림 9−1]과 같다.

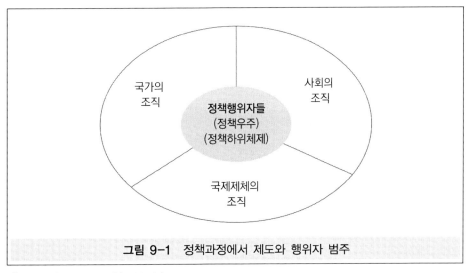

**그림 9-1  정책과정에서 제도와 행위자 범주**

자료: Howlett & Ramesh(1995: 51).

위의 그림에서 정책행위자들을 둘러싸고 있는 제도로는 국가와 사회 그리고 국제체제의 조직들이 있다. 이러한 여러 제도들을 구성하는 하위행위자들은 정책우주나 정책하위체제를 구성한다. 여기서 정책우주(policy universe)는 특정한 정책영역에 직간접적으로 영향을 주는 모든 국가와 사회 및 국제체제의 행위자들의 집합으로 볼 수 있다. 그리고 정책하위체제(policy subsystem)는 행위자들이 정책이슈를 논의하고 그들의 이익을 추구하기 위하여 설득과 흥정을 하는 포럼(forums)을 말한다. 이러한 행위자들로 구성된 정책하위체제는 공공정책을 형성하고 집행하며 평가하는 활동을 한다.

어떤 학자들은 정책과정의 행위자를 제도적 행위자와 비제도적 행위자로 (Howlett & Ramesh, 1995; Cahn, 1995; 노화준, 2012), 다른 학자들은 공식적 행위자와 비공식적인 행위자로 구분한다(Birkland, 2001; 정정길 외, 2010; 남궁근, 2017). 정책과정의 행위자범주는 국내와 국외까지 범위를 넓히면 국내행위자와 국외행위자도 포함될 수 있지만, 여기서는 주로 국내행위자에 초점을 두고 논의를 전개한다.

따라서 정책과정의 행위자, 즉 정책행위자는 크게 제도적(공식적) 행위자와 비제도적(비공식적) 행위자로 구분할 수 있다(표 9-1). 제도적 행위자란 정책과정에서 공식적인 권한을 가지고 직접적으로 참여를 하는 행위자들로서, 입법부(국회)와 행정부(대통령과 행정기관) 및 사법부가 있다. 그리고 비제도적 행위자는 정책과정에서 공식적 권한을 가지고 있지는 않지만 직접 또는 간접적으로 참여를 할 수 있는 행위자들로서 정당, 이익집단, NGO, 일반국민, 전문가집단, 언론기관(대중매체, 여론) 등이 포함된다(Howlett & Ramesh, 1995: 55-69; Cahn, 1995: 201-209; Birkland, 2001:

〈표 9-1〉 정책과정의 행위자

| 행위자 | 범 주 |
|---|---|
| 제도적(공식적) 행위자 | ● 입법부(국회)<br>● 행정부(대통령과 행정기관)<br>● 사법부(법원) |
| 비제도적(비공식적) 행위자 | ● 정당<br>● 이익집단<br>● NGO<br>● 일반국민<br>● 전문가집단<br>● 언론기관(대중매체, 여론) |

49 – 104; 정정길 외, 2010: 111 – 126; 남궁근, 2017: 181 – 231).

## 2. 제도적(공식적) 행위자

삼권분립원칙 하에서 국가정책체제를 구성하는 정책과정의 공식적 행위자로는 입법부(국회)와 행정부(대통령과 행정기관) 및 사법부가 있다. 특히 정책과정에 참여하는 핵심적인 조직으로는 입법부와 행정부가 있다.

### 1) 입법부(의회)

#### (1) 입법부의 개념과 자원 및 권한

입법부(legislature)는 국가의 삼권분립원칙에 따라 독립된 통치작용을 하기 위해 국민의 선거로 선출된 대표자(의원)로 구성된 기관을 말한다. 이러한 입법부의 구성은 국회의원과 국회의장 및 상임위원회가 포함된다. 여기서 국회의원은 국회의 핵심 구성원으로 국민의 대표이다. 국회의장은 국회를 대외적으로 대표하고 대내적으로 의원들의 의정활동을 총괄한다.

위원회의 내부조직은 정책과정에서 의회역할의 중요한 결정요인이다. 국회상임위원회는 행정부의 정책영역에 따라 분화한다. 왜냐하면 국회의원은 모든 법안이나 정책안 및 예산안을 담당할 수 없기 때문에 의회에서 의원들의 과업을 분리하게 되기 때문이다. 위원회는 정치적 측면에서 입법을 위한 문지기로서 역할을 한다. 이를테면, 위원회는 의회가 주목해야 할 입법을 우선하도록 도와준다. 예산처럼, 매년 다루어야 할 일상적이거나 명령적인 이슈는 덜 긴급한 안건보다 우선순위를 가진다. 위원회 의장은 법안을 의회에서 토론하고 행동화할 때나 그들의 개인이나 정당의 정책의제를 의회의제로 발전시킬 때 상당한 정치적 권력을 가지게 되고(Birkland, 2001: 52), 위원회의제를 결정하는 힘의 결과로서 정책에 대한 영향력을 가지고 있다. 그리고 의회참모들(staffers)은 흔히 간과되어온 또 다른 영향력의 원천이다. 이들 참모들은 의원을 보좌하는 전문성을 가지고 있다(Cahn, 1995: 203).

이렇게 구성되는 의회는 자신들이 가지고 있는 여러 가지 자원과 헌법이 규정하는 지위와 권한을 토대로 정책과정에서 일정한 기능이나 역할을 수행한다. 그러면 의회는 어떤 자원을 가지고 있는가? 학자들마다 다양한 논의가 있지만, 의회가 가지고 있는 통치자원으로는 외부자원으로 정당의 지원과 국민의 지지 및 명성(평판)이 있고, 내부자원으로는 공식적 권한과 시간과 정보 및 전문성 등을 들 수가 있다. 이를테면, 국회의원이 의정활동을 하는 데는 자신이 속한 정당의 지원이나 지역구나 전체적인 국민의 지지나 평판이 중요한 요소가 된다. 그리고 의원은 헌법이 부여한 공식적 권한을 사용할 수 있고, 주어진 임기에 어떻게 시간관리를 하고, 법과 정책이나 예산에 필요한 정보를 적시에 생산하여 사용하며, 그리고 이들에 대한 전문지식을 얼마나 가지고 있는가가 의정활동을 하는데 중요하다.

다음으로, 의회의 지위와 권한은 대통령제나 의원내각제냐에 따라 달라진다. 대통령중심제의 경우 의회와 행정부는 분리되어 서로 견제와 균형의 원칙에 의해 정책활동을 한다. 반면에, 의원내각제에서는 의회와 행정부(내각)가 통합되어 다수당의 대표가 수상을 맡고 다수당의 의원이 장관이 되어 정책활동을 한다. 이처럼, 국가통치체제에 따라 의회의 지위와 권한은 다를 수가 있지만, 의회가 가지는 권한은 크게 입법권과 재정권 및 통제권으로 나눌 수 있다. 우리나라의 경우 의회는 법률안의 제안과 심의 및 의결을 하는 입법권(정책형성권)을 가진다. 국회는 국가재정에 관한 권한으로 행정부가 제출한 정책안(예산안)의 심의의결권, 결산심사권, 조세입법권, 기채동의권 등을 가지고 있고, 행정부의 구성과 운영에 관한 통제권이 부여되어 있다. 예컨대, 국무총리임명동의권, 국무총리와 국무위원의 해임동의권과 탄핵소추권, 긴급명령 및 긴급재정경제처분 및 승인권, 국무총리와 국무위원의 국회출석요구 및 질문권, 국정감사와 조사권 등이 그 예이다. 이러한 의회의 권한은 의회가 정책과정에서 수행하는 기능의 원천이 된다.

### (2) 입법부의 기능

의회가 정책과정에서 어떠한 기능 또는 역할을 수행하느냐는 앞에서 논의한 의회가 가지고 있는 자원이나 권한과 관련되어 있다. 의회를 비교론적 입장에서 연구하는 학자들은 의회의 기능을 다양하게 분류하고 있다. 대표적 학자인 Mezey(1979: 5-6)은 의회의 기능을 정책결정기능과 대표기능과 체제유지기능으로 나누었다. 첫째, 정책결정기능은 정책을 발의하고 심사하여 선택하는 입법기능과 정책집행을 감시하는 통제기능으로 구분한다. 둘째, 대표기능은 사회 내의 다양한 이익들을 표출취합하여 정책과 유권자를 연결시키는 기능이다. 셋째, 체제유지기능은 정치체제의 안정과 생존에 필요한 제반 기능으로서 정치엘리트의 충원과 사회화기능, 사회의 다양한 갈등을 관리하는 기능, 국민통합기능, 그리고 정책의 정당화기능을 포함한다

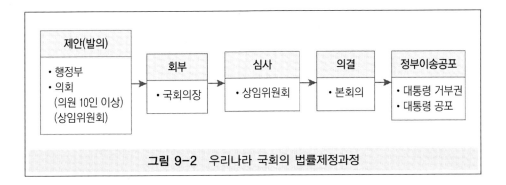

**그림 9-2   우리나라 국회의 법률제정과정**

(김운태 외, 1999: 679－680). 여기서는 의회의 기능을 주로 정책결정기능과 대표기능 차원에서 살펴본다.

우선, 정책결정기능은 다시 입법기능과 재정의결기능 및 정부의 감시통제기능으로 나눌 수 있다. 입법부라는 이름은 법을 결정하는 기능(lawmaking)을 제시하는 것이고, 이러한 입법기능이 의회의 가장 기본적인 기능이다. 대통령제국가인 우리나라에서 헌법규정에 의하여 국회의 법률제정과정은 [그림 9－2]와 같은 단계로 이루어진다.

대부분의 법률들(laws)은 행정부에 의해 제안되고 국회에서 가결되는 경우가 많다. 이것은 특히 다수당이 정부를 구성하는 의원내각제에서 그러하다. 반면에, 대통령제에서 의회는 헌법적으로나 실제적으로 정부로부터 자율적이기 때문에, 대통령은 의회에서 다수를 점하고 있는지의 여부에 관계없이 입법부와 협상하거나 자신에 제안한 법률안이 통과되지 못할 위험을 감수해야 한다(Howlett & Ramesh, 1995: 54－55).

예컨대, 미국 의회에서는 1997년부터 1998년까지 상원에서 거의 5,000여개 법안을, 하원에서 2,500개 법안정도를 다루는데, 의회는 법안을 기안하고 그것을 위원회에 할당하고 그것을 심의하는 등의 대규모 입법활동(legislative work)을 한다. 한국 의회는 행정부에서 제출한 법률안과 의원들이 발의한 입법안에 대해 결정을 한다. 역대의회가 다룬 법률안수를 보면, 권위주의시기인 9대(1973－1979)에 633개에서 12대(1985－1988)에 379개였고, 민주화시기인 13대(1988－1992) 938개에서 16대(2000－2004) 2,507개, 19대(2012－2016) 17,822개로 점증하고 있는데, 특히 정부발의보다는 의원발의 법률안의 수가 대폭증가하고 있다. 그러나 입법가결비율은 권위주의시기 9대(1973－79) 86%에서 민주화시기 19대(2012－16) 16%로 기하급수적으

〈표 9-2〉 우리나라 국회의 입법활동 현황

| 시대구분 | | 입법발의 | | | 입법가결 | |
|---|---|---|---|---|---|---|
| | | 총 계<br>(수: A) | 정부발의<br>비율(%) | 의원발의<br>비율(%) | 총 계<br>(수: B) | 가결비율<br>(B/A; %) |
| 권위주의<br>시기 | 9대<br>(1973-79) | 633 | 76 | 24 | 544 | 86 |
| | 10대<br>(1979-80) | 130 | 96 | 4 | 101 | 78 |
| | 11대<br>(1981-85) | 491 | 58 | 42 | 341 | 68 |
| | 12대<br>(1985-88) | 379 | 44 | 56 | 222 | 59 |
| 민주화<br>시기 | 13대<br>(1988-92) | 938 | 39 | 61 | 492 | 52 |
| | 14대<br>(1992-96) | 902 | 64 | 36 | 656 | 73 |
| | 15대<br>(1996-2000) | 1,951 | 41 | 59 | 1,120 | 57 |
| | 16대<br>(2000-04) | 2,507 | 24 | 76 | 948 | 38 |
| | 17대<br>(2004-08) | 7,489 | 15 | 85 | 1,914 | 26 |
| | 18대<br>(2008-12) | 13,913 | 12 | 88 | 2,353 | 17 |
| | 19대<br>(2012-16) | 17,827 | 6 | 94 | 2,756 | 16 |

자료: 남궁근(2017: 193).

로 감소하고 있다(표 9-2). 이것은 의원들의 입법효율성이 문제가 있음을 암시한다.

그러나 많은 현대국가에서 제안된 법률안과 예산안을 심의하는 것과 같은 정책기능(policy functions)은 본회의보다는 정책영역별로 구성된 위원회(committee)에서 수행하고 있다. 입법결정의 대다수는 위원회에서 만들어진다. Fenno(1978)가 기술한 바와 같이, 위원회의 하위위원회는 예비입법의 초기검토를 하고 어떤 법안에 대해 긍정적으로 또는 부정적으로 보고할 수도 있고 수정된 법안을 보고할 수도 있다. 위원회의 결정은 위원회와 행정기관 간에 또는 입법자와 이익집단 간의 타협과 영향력에 의해 이루어진다(Cahn, 1995: 202-203).

위원회는 그들이 다루는 정책영역에 상당한 정도의 전문성을 증가시키고 있는데, 이것은 의회가 정책을 결정하고 집행하는데 영향력을 행사할 수 있게 한다. 위원회의 전문성을 발전시키기 위해서는 그 소속의원들이 오랫동안 동일한 위원회에서 활동을 해야 한다. 위원회 구성원들은 그들의 자율성과 주장을 유지하기 위해 소속정당의 노선에 따라 투표하지 말아야 한다. 그리고 심의하고 있는 정책문제의 본질은 정책과정에서 의회의 관여에 영향을 준다. 여러 정책분야의 이슈들에 대하여 의원들의 전문성을 보완하기 위한 제도적 장치가 마련되어 있다. 예컨대, 의원들을 보좌하는 다수의 참모들(staffs)을 두거나 예산정책처나 국회입법조사처 등의 전문조직이 의회에 설치되어 있다(Howlett & Ramesh, 1995: 55; 노화준, 2012: 177-178).

이러한 의회의 법률제정기능과 동전의 양면관계에 있는 기능으로는 재정의결기능이 있다. 재정의결기능은 행정부가 제출한 정책이나 법의 실행을 뒷받침하기 위한 돈, 즉 예산을 심의의결하는 활동이다. 국회가 예산심의기능을 갖는 것은 정책이 법으로 규정되고 예산에 반영되기 때문에 매우 중요한 역할이다. 헌법 제54조는 국가예산안의 편성제출권은 정부가 가지게 하고 이의 심의의결권은 국회에 전속시키고 있다. 따라서 정책과 예산은 국회의 심의의결에 의하여 확정된다. 예산심의절차는 정부의 시정연설, 상임위원회의 예비심사, 예산결산특별위원회의 종합심사, 본회의의 의결 순으로 이루어진다. 이처럼, 심의절차를 다단계화한 것은 안건에 대한 정확한 이해와 민의를 충실히 반영하고 다수의원을 심의과정에 참여시켜 부분별 내용에 대해 구체적으로 심의가 이루어지게 하기 위해서이다(김운태, 1999: 690).

이와 같이, 의회는 국민의 대표기관으로 입법권(정책형성권)과 재정권을 통하여 정책결정기능을 수행하게 된다. 특히 의회의 상임위원회는 특정정책영역에서 관련된 정부부처와 이익집단의 삼자가 폐쇄적으로 철의삼각(iron triangle)이라는 틀 속에서 정책결정을 시도하는 경우가 많다. 예컨대, 미국에서 무기생산을 하는 산업집단은 국방성의 관료집단과 의회의 국방위원회와 밀접한 관계를 갖고 활동을 한다. 이것은 특정정책영역에서 소수의 통치엘리트들이 정책결정을 지배하고 있다는 것을 암시한다. 각 정책영역별로는 공통된 이해관계를 가지고 철의삼각을 구성하는 의회와 행정부처 및 관련 이익집단이 빈번한 접촉과 거래를 통해 정책을 산출하고 있는 것이다.

또한, 의회는 정부활동에 대한 통제를 할 수 있는데, 정부통제기능은 의회가 행정부의 정책과 예산 활동에 대해 감독(oversight)하는 기능이다. 이러한 감독은 1970년대 후반 이후 행정국가화로 행정부의 정책결정과 정책집행의 역할이 증가하였지만, 정부의 신뢰와 효율성에 대한 신념의 저하로 그 중요성이 증가하여 왔다. 감독은 의회가 정책의 집행을 검토하는 과정을 말한다. 의회는 사업의 집행을 사정할 수 있는 다수의 방법을 가지고 있다(Birkland, 2001: 53). 이를테면, 결산심사기능은 행정부가 의회의 심의의결을 받은 정책과 예산을 집행한 후에 그 과정이나 결과가 제대로 이루어졌는가를 평가하는 것이다. 국정감사와 조사기능은 국정의 실패를 정확하게 파악함으로써 새로운 입법과 예산심의의 자료를 수집하고 행정부의 정책활동을 감시하거나 비판하는 것이다. 여기서 국정감사권은 국정전반을 대상으로 포괄적으로 정기적으로 행사하는데 비하여, 국정조사권은 특정한 국정사안을 대상으로 부정기적으로 행사하는 것이다. 이처럼, 국회는 결산심사나 국정조사 및 심사를 통하여 정부의 정책과 예산 활동에 대한 정책평가를 함으로서 통제를 할 수 있다.

다음으로, 의회의 또 다른 중요한 기능으로는 대표기능이 있다. 의회를 구성하는 의원들은 국민의 대표로서 실제의 의정활동을 통하여 선거구민, 사회계층, 이익집단, 및 정당의 다양한 욕구와 이익을 집약하여 표출한다. 이는 정책의제설정과 정책

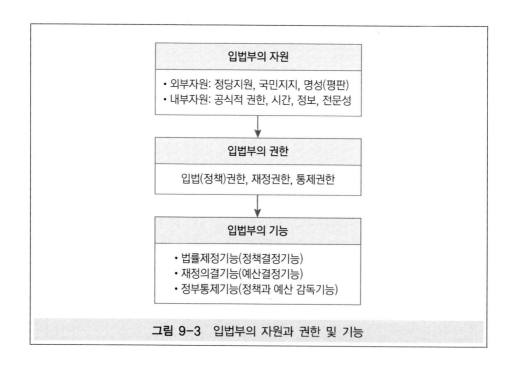

**그림 9-3 입법부의 자원과 권한 및 기능**

결정에서 시도가 된다. 이러한 대표기능 중에서 흔히 선거구민의 이익을 대표하는 것은 매우 중요한 것으로 인식된다. 예컨대, 의원은 지역주민이나 전체국민이 원하는 것을 전제로 의원입법의 형태로 의제설정을 하고 정책결정을 할 수 있다.

그러나 의원의 의정활동은 대체로 정당정치의 틀 속에서 전개되므로 당론을 중시하게 된다. 당내민주주의가 어느 정도 보장되어 있는 경우는 당론을 형성하는 것이 지역적 또는 사회계층적 이익이나 이익집단의 이익이 투영되므로, 이들이 이익의 대표기능은 정당의 그것과 배타적으로 이해하기는 어렵다. 그러나 현실은 그렇지 않게 작동하는 경우가 많다(김운태, 1999: 194 – 195).

---

**사례연구**    **입법부의 정치 현상**

- 입법만능주의: 국회는 법 공장, 규제의 전당

국회가 공장처럼 법을 찍어 내고 있다는 평가이다. 21대 국회가 개원 13개월 만에 1만개 이상의 의원발의법안을 찍어 냈다. 역대 최단기간 1만 돌파로 국회가 법안을 남발하고 있다는 지적이 나온다. 의원입법 1만 건까지 20대 국회는 20개월, 19대 국회는 28개월이 걸렸다. 21대 국회는 월평균 792개 법안을 내놨는데, 하루 26개, 시간당 1개꼴로 법안을 제출했다. 이 과정에서 법안 베끼기는 물론 날림과 재탕 발의가 난무했다.

이처럼, 한국 국회의 참을 수 없는 법안발의는 치유불가능한 수준이다. 예컨대, '정인이법'은 생후 16개월 된 정인이가 양부모 학대로 숨졌다는 TV보도로 여론이 들끓자 불과 6일 만에 뚝딱 해치워 버렸다. 그 짧은 기간에 함량 미달 법안이 37개에 달했다. 정인이법 통과 후 수십 명의 의원이 '자신의 공'이리고 공치사를 한 배경이다. 하지만 졸속 입법 탓에 구멍이 뚫린 법이라는 비판이 거세자 한 달 만에 재개정을 하였다. '가덕도신공항특별법'은 입법테러에 가깝다. 2016년 평가 때 '동남권 신공항 후보지' 세 곳 중 최저점을 받았지만, 더불어민주당은 지난 부산시장 보궐선거를 한 달여 앞두고 특별법을 급조해 전격 의결했다. 정해진 절차를 밟아 국책사업으로 진행하던 '김해신공항 확장안'은 백지화되었다. 가덕도공항은 '표'를 최우선하는 여야의 담합 속에 지난주 국무회의에서 마지막 관문인 예비타당성조사 면제를 확정받았다. 또한, 더불어민주당이 지난달 7일 검경수사권조정의 끝판왕 격인 검수완박 입법강행을 결정하여 입법이 완료되었다. 공청회 한번 없이 번갯불에 콩볶듯 끝내버린 기막힌 즉흥입법이다.

**사정이 이렇다 보니 국회의 의원입법은 말 그대로 홍수이다.** 20대 국회 4년 동안 발의한 법안은 2만4,141건으로 20년 전 15개 국회(1996 – 2000)의 902건의 26배에 달한다. 정부발의건수는 20년 전이나 지금이나 별로 변화가 없는데, 의원발의만 수직 상승세이다. 전체법안 중 의원발의안 비중은 15대 국회 59%에서 20대 국회서는 95%까지

〈급증하는 법안발의 건수〉 (괄호안은 의원발의 비중: %)

| 14대 국회 (1992-1996) | 15대 | 16대 | 17대 | 18대 | 19대 | 20대 국회 (2016-2020) |
|---|---|---|---|---|---|---|
| 902 (36) | 1,951 (59) | 2,507 (76) | 7,489 (85) | 1만3,913 (88) | 1만7,827 (94) | 2만4,141 (95) |

증가하였다.

　의원발의가 급증한 것은 15대 국회부터인데, 15대 국회가 개원한 1996년에는 시민단체의 의정활동평가가 시작된 시기이다. 법안발의 건수가 평가핵심지표에 포함된 점이 큰 영향을 미쳤다. 이어, 정당들의 공천요건에 반영되자 법안발의는 현역의원들의 '공천보장용 보험'이 되었다. 이에 따라 의원입법안이 크게 늘어난 원인은 입법실적을 채우기 위한 법안 베끼기와 재탕 발의 때문이다. 비슷한 내용을 중복하고 쪼개서 발의하거나 병합심사를 유도해 입법건수를 높이는 등 편법이 판친다. 위 사례에서 본 바와 같이, 사회적인 이슈가 터졌을 때 입법활동을 돋보이도록 하기 위해 급조하는 '날림입법'도 의원입법이 범람하는 주요원인이다. 이러한 의원들의 '건수경쟁'은 부실입법을 양산하고 있다는 비판이 제기된다. 또한, 정부가 이해관계가 첨예한 쟁점법안을 개별의원을 통해 '청부입법'에 나서는 사례도 적지 않다. 의원입법은 법안 작성 후 10명 이상의 의원이 서명하면 국회발의가 가능하지만, 정부입법은 입법계획수립부터 입법예고, 규제심사, 국무회의 의결 등 다양한 절차를 거쳐야 한다.

　그러나 발의된 입법안 중 상당수는 제대로 검토되지 않고 폐기된 것으로 나타났다. 20대 국회에서 법안 폐기율은 68.4%로 조사되었다. 의원이 발의한 10개 중 7개가 폐기되었다는 뜻이다. 요즘 국회에서 통과되는 법안은 2,200건 정도로 선진국을 압도한다. 영국의 31건과 비교하면 무려 71배다. 프랑스는 88건, 일본은 122건, 독일과 미국은 각각 136건과 193건에 그친다. 그리고 의원 한명이 임기(4년) 동안에 통과시키는 법안도 한국이 평균 29.3건으로 가장 많고, 영국은 0.2건, 프랑스와 일본은 0.6건이고, 독일과 미국 역시 0.8건과 1.4건에 그친다. 의회의 법안폭주는 법안심사의 질적 저하로 이어지고 있다. 의원입법을 지원하고 보조하는 국회사무처는 몰려드는 입법에 과부하가 걸렸다. 상임위원회 법안소위의 법안심사기간은 17대 국회 평균 개당 22.7분에서 20대 13.1분, 21대는 10분대로 떨어졌다. 이에 국회입법조사처는 '사전입법영향분석 제도 등을 통해 의원입법의 내실화를 기할 수 있다'고 제안했다(조선일보 2019.11.30.).

〈의원임기 중 통과법안〉

| 한국 | 미국 | 독일 | 프랑스 | 일본 | 영국 |
|---|---|---|---|---|---|
| 29.3건 | 1.4건 | 0.8건 | 0.6건 | 0.6건 | 0.2건 |

자료: 국회.

결론적으로, **한국 국회는 '발의는 과다, 숙의는 과소, 그리고 결과는 과소상태이다'라고 할 수 있다.** 입법경쟁이 불붙다보니 하루에 199건이 통과되는 진기록(2019년 10일)까지 나왔다. 정부별로 보아도 급증세가 뚜렷하다. 규제개혁 차원에서 법령 통폐합에 나선 이명박 정부의 5년 동안 법령수는 337개 감소했다. 박근혜 정부에서 376개 증가로 반전하더니, 문재인 정부에 들어와 534개(5월 2일 현재)로 급증했다. 이른바, 진보 정부에서 규제입법이 넘치는 현상이 나타나고 있다. 문재인 정부에서 의원발의의 규제법안은 4,135건으로 직전 박근혜 정부 988건보다 4배 이상 많다.

〈정부별 법령증가와 규제법안발의(의원입법기준)〉

| 정 부 | 법령증가 | 규제법안발의 |
|---|---|---|
| 박근혜 정부 | 376건 | 988건 |
| 문재인 정부 | 534건 | 4,135건 |

자료: 법제처, 규제개혁위원회.

오문성 한양여대 교수는 **'규제는 좋은 의도로 누군가를 보호하려 도입하는 경우도 있지만, 대부분 시장에서 의도하지 않는 결과를 초래한다'**며 시간강사법은 시간강사를 보호하기 위한 법이지만 시간강사들은 오히려 자리를 잃고 있다고 말했다. 19일 자동차산업협회가 주도한 '규제포럼'에서는 국회가 쏟아낸 입법규제에 대한 비판이 있었다. 김주홍 자동차산업협회 실장은 '이렇게 의원들이 중복법안을 발의하면 업계는 이에 대응하느라 1년 내내 아무 일도 할 수 없다'고 하였다 그에 의하면, 20대 국회의원들은 하루에 3개 정도로 규제법안을 발의했고 이 중 1개는 통과되었다(3년 반 동안 3,776건 발의, 1,698건 의결). 정만기 자동차산업협회 회장은 '선진국은 규제비용총량제를 도입하는 등 규제를 없애기 위해 경쟁하는데, 우리는 옥상옥 규제를 만드는 경쟁을 하고 있다'고 말했다. 이날 전문가들은 규제가 우리기업들의 경쟁력을 갉아먹고 있다고 진단했다. 김진국 배재대 교수는 '최근 1년간 가장 많은 투자금을 유치한 글로벌 벤처기업 상의 100개 기업 중 한국기업은 전무하고 미국이 56개, 중국이 24개, 영국 6개, 독일 3개 순이었다'고 한다(조선일보 2019.11.30.).

이러한 **법안의 폭주와 잘못된 입법은 국민과 기업 등 사회에 부담과 사회적 비용을 초래한다. 21대 국회가 '일하는 국회'를 표방하면서 규제법안과 '퍼주기법안'을 양산한 것으로 나타났다.** 우선, **규제법안의 효과**를 보자(한국경제 2020.11.19.). 입법은 기본적으로 국민의 권리를 제한하고 의무를 부과하는 규제적 성격을 갖는다. 규제입법은 특히 기업에 사업의 성패를 가름하는 문제이다. 인터넷기업협회는 플랫폼 등 인터넷사업에 대한 규제입법 중 절반 이상이 과잉규제라는 백서를 연초에 내놓았다. 다른 사업에서도 마찬가지이다. 손바닥만한 술병라벨 하나에만 8개 부처가 달려들어 총 10개의 벌떼규제를 하는 게 현실이다. 21대 국회 출범 후 지난 5개월 동안 양산한 5,000여 건의 법안들은 기업활동을 옥죄거나 선심성으로 재정을 지원하는 내용들로 상당수 채워진 것으로 조사되었다. 예컨대, 정의당 1호 법안인 중대재해기업처벌법 개정안은 헌법상 과잉금지원칙에 위배될 소지가 있고, 세입자의 계약갱신청구권 등을 도입하는 '임대차 3법'은 오히려 전세대란을 가중시키고 있다. 경제계는 국회에 계류되어 있는 '기업규제 3법(상법, 공정거래법 개정안, 금융그룹감독법 제정안)'이 통과되면 해외투기자본의 경영권 공격 등 부작용이 속출할 것을 우려하고 있다. 김형준 명지대 인문교양학부 교수는 '규제법안을 양산하면 그 피해는 국민에게 돌아간다'고 비판했다.

다음으로, **퍼주기법안의 재정효과**를 보자(한국경제 2022.5.6.). 국회예산정책처의 '2021년 가결법률 재정소요 점검보고'에 의하면, 지난해 국회를 통과한 153개 재정수반 법안으로 인해 향후 5년간 73조340억원의 재정부담이 생긴 것으로 분석되었다. 연평균 14조6,068억원 꼴이다. 이 중 직접적으로 쓰는 예산지출은 연간 7조6,641억원이고, 세금을 깎아주는 조세감면(조세지출)은 연 6조9,427억원이다. 항목별로 보면, 복지분야의 현금성 지원확대가 가장 많다. 영아수당 신설과 아동수당 지급대상을 8세 미만까지 확대하는 아동수당법 개정으로 연평균 1조4,392억원이 들어간다. 출산부모에게 200만원을 지급하는 '첫 만남 이용권'에는 연간 4,261억원이 예상되고, 지방소멸 대응기금 조성을 위해 연 9,619억원, 코로나19로 피해를 본 소상공인 손실보상에 연 1조2,436억원이 소요되는 것으로 예상했다. 조세지출 중에선 고용증대세액공제기간 연장이 연 1조674억원에 달하고, 이 밖에 국가전략기술연구개발과 시설투자공제 신설, 중고자동차 취득세 감면연장 등이 있다. 문재인 정부에서 국회에서 통과된 법안의 재정부담을 보면, 정부출범 첫해인 2017년 9조2,444억원에서 2018년 15조3,323억원으로 늘어나다 2019년 6조1,915억원, 2020년 5조994억원으로 주춤하다가 2021년에는 예산지출과 조세감면을 늘리면서 다시 정권초기수준인 14억원대로 증가하였다. 문재인 정부에서는 지출을 늘리는 법률개정이 매년 이루어져 지출규모통제가 쉽지 않은 상황이다. 이러한 상황을 반영한 국가채무는 문재인 정부 출범 전 2016년 591조9,000억원에서 출범 후인 2017년 627조4,000억원으로, 2022년에는 1075조7,000억원으로 두 배 가까이 불어날 것으로 예상된다.

〈문재인 정부에서 법 개정으로 새로이 늘어난 재정부담〉  (단위: 조원)

| 2017년 | 2018년 | 2019년 | 2020년 | 2021년 |
|--------|--------|--------|--------|--------|
| 9.2444 | 15.3323 | 6.1915 | 5.9940 | 14.6068 |

자료: 국회예산정책처(2022).

## 2) 행정부(대통령과 행정기관)

행정부는 넓게는 정치행정부(political executive)에 속하는 대통령과 그의 보좌기구들 및 순수한 행정기관에 속하는 정부관료제를 포함하지만, 좁게는 행정기관 또는 정부부처라고 불리는 정부관료제 만을 의미한다.

### (1) 대통령
#### ① 대통령의 개념과 자원 및 권한

대통령(president)은 외국에 대해 국가를 대표하는 국가원수이자 국내의 나라살림을 관리하는 행정권의 수반으로서의 최고통치권자를 말한다. 대통령이라는 자리는 대통령비서실, 국무총리, 각 부처의 장들, 국회의 간부와 여당의 간부, 중요외국의 대사 등에 둘러싸여 있다. 그는 또한 사회각계각층의 인사들이나 신문과 방송 등 여론의 추이와 국민들의 동향에 대해서도 관심을 갖게 된다. 그의 자리는 정부 내의 어떤 직위보다도 넓은 시야를 가지고 있어야 하고 다양한 요구와 세력들을 함께 고려해야 하는 통치과업을 수행해야 한다(조석준·임도빈, 2010: 107-108).

이러한 대통령이 과업을 수행하기 위하여 가지고 있는 통치자원(governing resources)은 크게 공식적 자원과 비공식적 자원이 있다(Light, 1999; 정정길 외, 2010: 127-128). 대통령의 공식적 자원은 헌법기관 구성과 입법권한 및 행정권한 등 제도적 권한을 말한다. 우리나라 대통령의 공식적인 권한은 헌법에 명시되어 있는데, 하나는 국가원수로서 대외적으로 국가를 대표하여 주권을 행사하는 것이고, 다른 하나는 행정권의 수반이자 최고행정기관으로 행정에 관한 모든 권한을 행사한다.

그리고 대통령이 가지고 있는 비공식적 자원으로는 내적 자원과 외적 자원이 있다. 대통령은 시간, 정보, 에너지, 전문지식이라는 내적 자원을 가지고 있다. 주어진 임기 내에서 어떻게 시간관리를 하는가, 정책관리에 필요한 정보를 생산하고 활용할 수 있는가, 미래 과업을 수행할 수 있는 정신적 육체적 에너지를 얼마나 가지고 있는가, 정부의 운영과 절차 및 정책에 대한 전문지식을 얼마나 가지고 있는지가 그것들이다. 한편, 대통령이 가지는 외적 자원으로는 정당의 지원과 국민의 지지 및 대통령의 평판(명성) 등 정치적 자산이다. 정당의 지원은 의회의 지원에 관련되는 것이고, 국민의 시시는 일반대중이 대통령을 얼마나 지지하느냐에 관련되는 것으로 안정적인 과업수행에 필요하다. 대통령의 평판은 대통령이 설득하고자 하는 사람들, 즉 국회의원, 행정부처, 지방정부, 민간이익집단, 언론인 등이 대통령을 얼마나 신뢰하느냐에 관한 것으로 그가 가지는 설득력을 높여주는 중요한 요인이다. Newstadt(1990)에 의하면, 대통령의 권력은 대중적인 명망과 평판 및 이를 활용한 설득력에 달려있다고 한다.

그런데 대통령에게 부여하는 지위나 권한은 정치체제에 따라 다르다고 할 수 있다. 이를테면, 의원내각제국가에서 대통령은 국가원수로서 상징적인 지위와 권한을 갖고 있고 수상이 행정수반으로서의 지위와 권한을 갖고 있는데 비하여, 대통령중심제국가에서 대통령은 국가원수와 행정수반으로서의 지위와 권한을 모두 가지고 있다. 한국의 경우 대통령중심제에 의원내각제를 가미하여 대통령과 총리가 존재하지만 대통령이 국가원수와 행정수반으로서의 지위와 권한을 갖고 있다. 대통령은 국가원수로서 입법과 행정 및 사법에 초연한 위치에서 국가의 모든 과업에 대한 권한을 행사할 수 있고(예컨대, 외교권, 헌법기관조직권, 헌법개정안제안권, 국회출석발언권, 국회임시회소집요구권, 긴급명령권, 긴급재정경제처분명령권, 계엄선포권 등), 그리고 행정수반으로서 법과 정책 및 예산에 관한 다양한 권한을 수행한다. 특히 행정수반으로서 대통령이 행사하는 권한은 정책결정권한(법률안과 정책안 및 예산안의 제출권, 행정입법권), 정책집행권한(법과 정책 및 예산의 집행권, 공무원임면권), 정책통제권한(법률과 정책 및 예산의 거부권) 등이 있다.

### ② 대통령의 기능

대통령은 국내외의 다양한 과업환경을 구성하는 이해관계자들 속에서 통치를 하게 된다. 이러한 환경 속에서 대통령은 자신에게 부여된 권한을 가지고 정책(policy)과 예산(budget)라는 과업수행을 통하여 사회를 변화시키게 된다. 앞에서 기술한 대통령의 권한행사는 다름 아닌 정책의제설정, 정책결정, 정책집행, 정책평가 등의 정책활동을 수행하는 것으로 볼 수 있다.

우선, 대통령은 자신이 내세운 정책공약처럼 정책의제를 직접 제안하게 된다. Kingdon(2003)에 의하면, 대통령은 그가 의제로 제시한 문제나 이슈에 대한 정책대안을 개발하기 보다는 의제설정에 보다 더 관련되는 기능을 한다고 본다. 그는 정책승리를 위하여 의제를 정의하고 관리해야 하기 때문이다. 예를 들면, 대통령은 어떤 사회문제가 정책적으로 논의할 가치가 있는지를 선거 시의 공약이나 국회연설 및 대국민연설 등을 통해 정책의제를 제시한다. 이런 정책의제들이 받는 관심정도는 정책적 해결로 이어질 가능성이 크다.

그럼에도 불구하고 대통령은 의제설정기능을 넘어서 정책결정에서 중요한 기능을 수행한다. 대통령은 공식적인 정책결정권한을 통하여 정책결정에 영향을 미친다. 예컨대, 대통령은 정부부처에서 결정한 법률안과 정책안 및 예산안의 제출권이 있고, 국회의 의결을 거친 법률과 정책 및 예산에 대하여 거부권을 행사할 수 있다 (Birklend, 2001: 61–62). 또한, 대통령은 대통령령에 의해 행정입법을 제정할 수 있다. 그러나 정책의 유형에 따라 대통령의 역할은 상이하다. Ripley & Franklin(1980)에 의하면, 대통령은 외교국방정책과 같은 전략정책이나 위기정책에선 강력한 역할을 하고 규제정책의 경우 어느 정도 역할을 수행하지만 분배정책에서 별다른 영향을 미치지 못한다.

또한, 대통령은 행정기관을 지휘 감독하여 모든 정책의 집행에 관여할 수 있고, 국정운영에 대한 최종 정책평가기능을 수행한다. 정책집행은 행정기관이 수행하는 주된 기능이지만, 대통령은 장차관이나 공무원에 대한 인사권과 예산에 대한 통제권을 통하여 영향력을 행사할 수 있다. 이를테면, 대통령은 정책결정이 이루어진 정책에 대하여 추진력을 부여하고 지휘해야 하며 이 과정에서 여러 의견과 계획들을 통

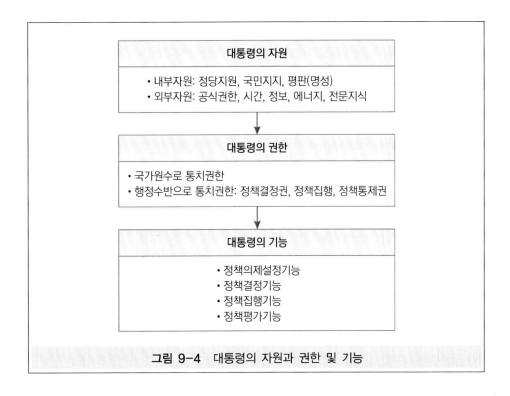

**그림 9-4  대통령의 자원과 권한 및 기능**

합하고 조정하는 일도 해야 한다(조석준·임도빈, 2010: 108). 그리고 정책평가에서 대통령은 국정의 최고책임자로서 국정에 참여하는 장차관을 비롯한 정부부처의 성과평가를 통하여 관리하고 통제를 한다.

### (2) 행정기관
#### ① 행정기관의 개념과 자원

행정기관(administrative agency)은 국가나 자치단체의 행정사무를 처리하기 위하여 설치한 기관을 말하는 것으로서 정부기관, 정부관료제, 행정관청, 행정기구 등으로 다양하게 사용되고 있다. 이러한 행정기관은 다양한 단위의 조직이 중첩적으로 존재하는데, 크게 중앙행정기관과 지방행정기관으로 나눌 수 있다.

중앙행정기관은 정부조직법에 의해 국가의 행정사무를 담당하기 위하여 설치한 기관으로서 부·처·청의 행정부처를 말한다. 중앙행정기관의 조직체계는 계층제구조로 최상위층에 정무직 공무원인 장차관이 있고 그 아래에 실적에 의해 임명된 직업공무원이 과업을 수행하고 있다. 이러한 직업공무원은 공개채용 등 실적에 의해 임용되어 신분보장을 받고 국민 또는 시민에게 봉사하는 사람으로서 공직자(public servants, civil servants)라고도 한다. 예컨대, 부처에서 장관과 차관은 정무직이고, 실장 국장 본부장은 고위공무원단이고, 과장이나 담당관은 3급이나 4급의 일반직으로 보하게 되어 있고, 그리고 과원으로는 사무관과 6급 이하(주무관)와 기능직 직원 등이 포함된다. 이들 중에서 국과의 과업수행에서 핵심적인 역할을 한다.

그리고 지방행정기관은 지방자치법에 의해 지방자치단체의 행정사무를 수행하기 위하여 설치한 기관으로서 지방자치단체장을 대표로 하는 집행기관을 말하는 것으로, 그 관할권이 미치는 범위에 따라 특별시, 광역시와 도, 그리고 시군구으로 구분한다. 이러한 지방자치단체는 독립적으로 법률행위를 할 수 있는 법인격을 부여받고, 지방자치단체장을 대표로 하는 집행기관에 의하여 행정사무를 결정하고 집행하게 된다.

행정기관이 가지고 있는 자원으로는 법적으로 부여된 권한, 전문성, 정보통제, 재정자원통제, 의회위원회나 이익집단 및 씽크탱크와 같은 외부행위자들과의 관계 등이 있다(Howlett & Ramesh, 53-54; 남궁근, 2017: 197). 첫째, 행정기관은 국가를 통치하기 위하여 헌법적 권한을 부여받고 있다. 그리고 정부조직법 등 법령에서 행정부처와 공무원이 일정한 기능을 수행하도록 규정하고 있다. 둘째, 행정기관, 특히 정부관료는 일정기간의 과업수행을 통하여 습득한 전문성을 가지고 있다. 공무원이 가지고 있는 지식과 경험에서 나오는 전문성은 정책문제의 해결책을 탐색하고 선택하는데 중요한 자원이다. 셋째, 행정기관은 정보에 대한 통제를 할 수 있다. 행정기관은 과업과 관련하여 선호를 지지하거나 반대하는 사례를 약화시키는 방법으로 조종할 수 있는 정책과 예산에 대한 정보를 가지고 있다. 넷째, 행정기관의 재정자원에 대한 통제는 의회가 부여한 집행부의 호의적인 자원이다. 다섯째, 집행부는 자신의 과업과 관련하여 의회 상임위원회나 이익집단 및 씽크탱크 등과 밀접한 관계를 가지고 있어 정책의제설정이나 정책결정에서 활용하고 있다.

이처럼, 행정기관이 가지고 있는 여러 자원들은 정부가 수행하는 기능의 크기와 영역에서 확장을 초래하고 있다.

② **행정부의 기능**

전 세계의 여러 국가에서 행정기관은 크기, 복잡성, 계층제조직, 그리고 다른 정부부서들로부터 자율성정도와 같은 조직특성이 다르기 때문에 수행하는 기능도 상이할 수 있다. 그러나 행정기관이 수행하는 대표적 기능은 정책의제설정기능과 정책결정기능 및 정책집행기능 그리고 정책평가기능으로 나눌 수 있다.

전통적으로 행정기관은 정부의 정치부서(political branches of government)에 의해 결정된 정책을 어느 정도 자율적으로 집행한다는 것이 정치학에서 보편적인 원칙이었으나, 오늘날에는 정치와 행정을 분리할 수 없고 그리고 행정기관은 공공정책의 형성에 중요하게 관여하고 있다는 것이 자명한 것으로 보고 있다. 정책의 개념은 정부가 실제적으로 어떤 문제나 상황과 관련하여 무엇을 행하는 것을 포함하므로 특히 그러하다. 복잡한 산업사회에서 많은 정책문제들의 기술성과 복잡성, 문제에 대한 지속적인 통제의 필요성, 그리고 의회의 시간과 정보의 부족은 행정기관에 확장적인 규칙제정권을 포함하는 재량적 권위의 위임을 가져왔다. 결과적으로 행정기관은 광범위한 정치적·정책적 결과를 가져오는 많은 결정을 하게 하였다.

Thomas(1966: 6)에 의하면, 현대산업사회에서 중요한 정책결정을 하는 관료제조직 없이는 공적 일의 일상적 수행을 할 수 있는가에 의문이 든다고 하였다. 이를테면, 행정기관은 정부가 수행할 정책이나 법령을 제안하는 주요한 원천으로서 정책의 제설정과 정책결정을 한다. 그리고 행정기관은 그들이 제안한 정책이나 법안의 수용을 위하여 의회에 적극적으로 로비를 하거나 중요한 정보를 제공하고, 행정기관과 의회 간의 의사소통과 비공식적인 접촉은 정책결정과정의 중요한 부분으로 인식되어 왔다. 결국, 정책은 행정기관, 즉 정부관료의 손에 달려있다는 명제는 상당한 타당성을 가지고 있다(Anderson, 1984, 2011: 54－56).

따라서 행정기관의 정부관료는 정책과정의 정책하위체제에서 핵심적인 기능을 하고 있다. 특히 정부관료는 의회의 상임위원회와 이익집단과 함께 정책결정과정의 중요한 행위자로 참여를 하고 있는데, 이를 하위정부(subgovernments) 또는 철의삼각(iron trianlgle)이라고 한다. 이러한 행정기관과 외부행위자들과의 관계는 행정기관 내부에서 만들어진 법령이나 정책안 및 예산안을 토대로 작동이 된다.

그러면 행정기관 내부의 정책결정은 어떻게 이루어지는가? 를 살펴보자(정정길 외, 2010: 147－148). 행정기관의 내부조직은 계층제적 구조를 가지고 있으므로 법령이나 정책 및 예산의 결정과정은 하층부의 실무담당자로부터 과장, 국실장, 차관, 장관에 이르기까지 상향적으로 이루어진다. 예컨대, 행정부의 정책과 예산은 계층제의 아래부분에서 시작하여 장관에 이르기까지 상향적인 품의제도를 통하여 이루어진다. 품의제도란 부하가 의견을 제시하고 상관이 그 의견을 검토하여 부하와 상의를 하고 최종결정을 내리는 제도이다. 행정기관은 정책안이나 예산안을 제안할 때 최하층에 있는 직원들로부터 업무를 시작한다. 다양한 안건들 중에서 무엇을 정책안으로 결정하여 공식적인 논의를 할 것인지는 실질적으로 결정하는 지위에 있는 과장이 수행하는데, 중요한 사안인 경우 과장이 직접 실국장 그리고 차관이나 장관에게 보고를 한다(그림 9－5).

그러나 실제에 있어서는 상층부의 의견을 반영시키는 공식적 비공식적 장치가 마련되어 있어서 장관이나 차관 및 실국장 등의 상층부의 의견이 압도적인 영향을 미쳐서 하향식 정책결정이 이루어진다. 이를테면, 행정조직 내의 발안과정에서 이미 상급자는 어떻게 일을 처리할 것인가에 대해서 기본적인 방침을 결정하여 이를 지시

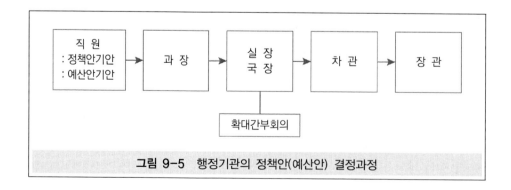

**그림 9-5**  행정기관의 정책안(예산안) 결정과정

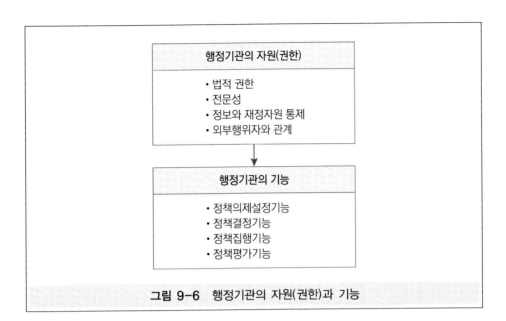

**그림 9-6   행정기관의 자원(권한)과 기능**

하는 경우가 대부분이다. 이러한 지시를 받은 실무담당자는 안건을 정리하여 문서화하여 이를 상관에게 보고하게 되는 상향식으로 결정이 진행된다.

### 사례연구   대통령의 통치와 행정부의 행정 현상

- 대통령의 통치: 대통령의 리더십

　대통령제 국가에서 국가통치의 실질적인 주체는 선거로 선출한 대통령과 그가 구성하는 정부이다. 최장집(2010)은 그 역할을 정치적 국가와 행정적 국가로 구분한다. 우리가 흔히 박근혜 정권, 문재인 정권 등으로 통칭하는 정치적 주체로서의 역할이 전자라면, **방대한 행정부처를 관할하는 역할이 후자에 해당한다.** 그러면 한국의 역대 정부들은 이러한 역할들을 재대로 수행하였는가?

　근자에 들어와서 언론이나 시민들은 한국의 대통령을 보수대통령과 진보대통령으로 나누고 있는데 정확한 분류법이 아니다. **문재인 대통령이 출현하기 이전까지 과거의 대통령들은 내부현실과 외부환경에 대응하여 보수와 진보 정책을 적절히 섞은 '혼합(混合)대통령'이었다.** 역대 대통령들이 개인의 정치이념이나 당파이익에 얽매여 비현실적인 정책에 집착하였다면 오늘의 한국은 존재하지 못했을 것이다. 예컨대, 박정희 대통령이 급격한 경제성상의 부직용으로 빚어진 양극화시대에 국민건강보험을 도입하지 않았더라면 21시게 코로나19시대에 어찌 되었을까? 김대중 대통령이 지지세력의 비위를 맞추느라 반일 문화(文化)쇄국(鎖國)을 고집했다면 방탄소년단(BTS)이 세계 안방에 스며들 수 있었을까? 외환위기 때 IMF가 제시한 처방전은 김대중 대통령의 지지기반을 직접 타격하는 신자유주의 처방이었다.

노무현 대통령은 지지세력의 결사반대를 무릅쓰고 한미FTA를 밀고 나가지 않았다면 한국경제가 자국산업 보호의 깃발을 새운 트럼프시대의 한파를 견뎌냈겠는가? 이라크 파병결정엔 대통령 수족들이 더 요란하게 반기를 들었다. 그리고 미국과 중국의 밀려오는 군사외교 압박 속에서 제주강정해군기지라도 없었으면 어쩔뻔 했나?

문재인 대통령은 후보시절 지지세력에게 노무현 대통령의 3대 치적(治績)에 대해 후회하고 반성한다고 했다. 문 대통령의 등장으로 보수와 진보 정책을 병용하던 '혼합대통령'시대는 막을 내렸다. 문 대통령은 '제 가슴은 한 번도 경험하지 못한 나라를 만들겠다는 열정으로 뜨겁다'는 예고대로, 대북동맹·경제·인권·노동·교육·보훈 등 정책에 이르기까지 문재인 산성(山城)을 하늘 높이 쌓았다. 취임 후 단 한 번도 지지세력의 양보를 설득하며 국가진로를 개척하는 모습을 보인 적이 없다.

**혼합대통령의 시대가 저물었다는 것은 한국의 대통령 운이 다했다는 뜻이자 나라의 맥(脈)이 끊어지고 있다는 신호이다. 어느 시대나 성공한 국가지도자는 '혼합리더십'을 발휘했다.** 혼합리더십의 핵심은 비판세력의 제거가 아니라 지지세력을 먼저 설득하는데 있다. 나라가 생사의 기로에서 헤맬 때, 대통령이 정권의 이념과 당파의 이익에 앞서 국가보존과 국민생명보호를 우선시하는 것이 진정한 리더십이다.

**이러한 리더십의 반대측에 있는 것이 포퓰리즘리더십이다.** 포퓰리스트 정치인들은 국민감성을 잘 자극한다. 베네수엘라 차베스는 서민들 걱정거리를 들어주는 TV방송 프로그램을 매주 진행했다. 그때마다 복지선물을 쏟아냈다. 결국, 국민이 쓰레기통을 뒤지고 수백만명이 탈출하는 나라가 되었다. 아르헨티나 페론정권과 그 뒤를 이은 좌파정권은 '노동자와 서민의 정부'라면서 온갖 복지혜택을 쏟아내 병자의 나라가 되었다. 그리스형 포퓰리즘정치의 원조인 파판드레우는 '국민이 원하는 것을 다 주라'는 통치로 나라를 구렁텅이에 빠트렸다. **지금까지 지구상에 탄생했던 모든 포퓰리즘정권은 단기적으론 대중의 열광적 지지를 받았으나, 결국 나라를 망하는 길로 끌었다**(조선일보 2020.10.10.; 2022.4.19.).

## – 행정부의 행정: 공무원과 정치권력

유례없는 연초 2022년 추경의 대폭증액에 반대하는 경제부총리에게 여당의 대선후보가 '월권을 하고 있다', '임명된 권력은 국민이 선출한 권력의 지휘를 받는 것이 정상적이다', '여야 합의조차도 수용하지 않겠다는 것은 대의민주의체제의 입장에서 보면 매우 부적절하다. 책임을 묻겠다'라고 했다. 최근 2년 동안 코로나19대응을 빙자한 현금성 선심공세 때마다 기획재정부가 제동을 걸었고, 그때마다 여당은 경제부총리 탄핵, 기획재정부의 해체, 예산실의 총리실 이관 등 온갖 공격을 하여왔다. 결론부터 말하면, 경제부총리가 월권을 하는 것이 아니라 여당과 그 대선후보가 헌법을 무시하고 있다.

**헌법 제7조는 '공무원은 국민전체에 대한 봉사자이며 국민에 대해서 책임을 진다(1항), 공무원의 신분과 정치적 중립은 법률이 정하는 바에 의하여 보장된다(2항)'라고 규정하고 있다.** 선출직(정치인)이 자신의 지지자들과 다음 선거에서의 표를 생각하다 보면 편향된 결정을 할 수도 있으나, 임명직 공무원이 국민 전체의 입장에서 견제를 하라고 신분보장을 하고 있다. 임명권을 가진 선출직 앞에서 '바람이 불기도 전에 눕는 공무원(간신(奸臣))도 있지만, 선출직에 직언을 불사하는 공무원(충신(忠臣))도 있다. 헌법은 후자를 기대하고 있는 것이다. 공무원들은 선출직에게 무조건 복종해서는 안된다. 최근에 문재인 대통령이 선관위 상임위원을 자기 측의 사람으로 변칙임명하려는 것에 대하여, 선거관리위원회의 직원들이 보여준 기개를 본받아 선출직의 잘못된 결정을 막아내야 한다. 이에 대비되는 사례로 월성원전 경제성조작사건에서 상부지시를 어쩔 수 없이 따른 공무원들은 구속되었다. 산업부의 공무원은 '원전자료를 야밤에 몰래 삭제하고 '내가 신내림을 받은 것 같다'고 둘러댔다. 관료들의 후안무치가 정치인 못지않은 지경에 이르렀다.

**재정운용과 관련해서는 헌법 제57조가 '국회는 정부의 동의 없이 정부가 제출한 예산의 각 항의 금액을 증액하거나 새 비목을 설치할 수 없다'고 규정하여 행정부에 힘을 실어주고 있다.** 동서고금을 막론하고 나라살림을 거덜낸 것은 언제나 선출직이었던 만큼 행정부에 정당만이 아니라 국회를 견제할 권한까지 준 것이다. 행정부의 수장인 대통령도 선출직이라는 점을 감안하면 임명직의 월권주장은 터무니없다.

이처럼, **공무원은 정치권력에 무조건 순종해야 하는 정권의 도구가 아니다.** 이를테면, 공무원은 선거승리를 목적으로 내린 정치적 판단을 위해 억지논리를 만드는 존재가 아니다. 물론 국민의 선거로 선출된 정치인의 정책을 충실히 수행하는 것도 공무원의 역할일 수 있다. 하지만 그 정책은 합법적인 절차에 의해 입안하고 실행해야 한다.

그러나 **현실적으로 공무원들은 '영혼 없는 관료'라는 말이 있듯이, 정권에 충견역할을 하는 경우도 있다.** 관료집단은 정치권에서 선거공학에 입각해 어떤 황당한 정책을 주문해도 만들어내는 '정책자판기'로 전락했다. 전대미문의 '집값 상위 2% 종부세, 전세난을 더욱 악화시킨 재건축아파트 주인 실거주 2년 의무화, 허망하게 소모된 전 국민 재난지원금 14조원' 같은 정책들이 그 결과물이다. 한 전직 경제부처 고위공직자는 '경제관료들이 권력에 줄서고 정치권 뒤치다꺼리나 하는 하도급기술자로 전락한 것 같다'고 씁쓸해 했다. 문재인 정부에 들어와서는 경제관료들의 존재감이 사라지고 있다. 경제부처 공무원들은 자신의 출세 등을 이유로 반기를 들지 않는다. 잘못된 경제정책이 부작용을 초래할 걸 알면서도 그런 얘기를 하기 힘든 현실로 인해 자괴감을 느끼는 관료들이 늘고 있다. 기재부 세제실이 대표적이다. 공무원들은 정치권이 밀어붙이는 원칙 없는 세금정책을 뒷받침하는 논리를 만드느라 너무 힘들다고 호소하고 있다. 청와대가 밀어붙여 세법 개정안에 반영된 '부자증세'가 그랬다. 기재부는 고소득자 수가 적으니 더 걷어도 별 상관없다는 건 조세원칙이 아니라 정치라고 했다. 최저임금의 급격한 인상, 무차별적인 주52시간근로제, 현실을 고려치 않은 탈원전정책, 나라돈 풀기, 규제 일변도의 부동산정책, 과세원칙에 어긋나는 소수에 대한 징벌적 과세 등의 포퓰리즘 정책이 추진되어도 소신을 갖고 제동을 거는 경제관료는 사라졌다. 그 결과 정치논리 와 입법폭주가 난무해도 누구 하나 '이건 아니다'라고 말하는 관료가 없다. 공무원 신 분을 헌법으로 보장하고 국민세금으로 월급주는 국민에 대한 배신이 아닌가? 관가에 선 '문재인 정부는 경제관료들의 무덤'이란 얘기까지 나오고 있다. 성태윤 연세대 경제 학부 교수는 '**경제관료들은 정치권의 편향적 정책을 그대로 받아들일 것이 아니라 국민 에 대한 봉사자라는 태도로 일해야 한다**'고 말했다. 이것은 헌법에서 규정한 바와 같이, 공무원은 맡은 업무에서 공익(公益)을 추구해 나가는 국민의 공업이요 수탁자라는 것 을 암시한다(조선일보 2022.2.15.; 5.5.; 2021.8.5.).

### 3) 사법부(법원)

#### (1) 사법부의 개념과 자원 및 권한

사법부(Judiciary)는 삼권분립의 원칙에 의하여 입법부나 행정부가 결정하거나 집 행한 법과 정책에 대한 해석과 판결을 하여 적용하는 기관이다. 미국은 법원이라는 단일체제를 가지고 있지만, 한국은 사법부를 구성하는 기관으로 법원과 헌법재판소 가 있다. 이러한 사법부가 정책과정에서 활동하는데 필요한 자원은 그들에게 부여된 법적 권한으로부터 나온다.

우리헌법(제101조)에 의하면, 사법권은 법원으로 구성된 법원에 속한다(동법 제1 항), 법원은 최고법원인 대법원과 각급법원으로 구성한다(동법 제2항), 대법원과 각 급법원의 조직은 법률로 정한다(동법 제3항) 등으로 규정하였다. 이에 따라 법원은 대법원과 고등법원 및 지방법원으로 구성하고 있다. 법원의 대표적인 권한은 위헌법 률심사제청권, 명령규칙처분심사권, 규칙제정권을 들 수가 있다.

그리고 헌법(제111조)은 사법적 헌법보장기관으로서 정치체제 내의 분화된 권력 의 상호견제와 균형을 확보하기 위하여 헌법재판소를 설치하도록 하였다. 이러한 헌 법재판소의 권한으로는 법률의 제정에 대한 위헌여부심판, 헌법소원심판, 탄핵심판, 정당해산심판, 기관 간 권한쟁의심판 등이 있다.

## (2) 사법부의 기능

사법부는 정책형성(policy formation)에서 중요한 기능을 수행하는데 그 내용을 보면 다음과 같다. 우선, 법원은 그들 앞에 제출된 사례들에 대한 사법심사와 법률조항해석을 함으로써 공공정책의 본질과 내용에 영향을 주게 된다(Anderson, 1984, 2011: 56-57). 여기서 사법심사(judicial review)는 입법부와 행정부에 의한 행위의 합헌성(constitutionality)을 결정하는 권한이다. 이러한 권한은 두 기관의 정책결정에 영향을 줄 수가 있다. 그리고 법원은 애매하거나 불명확하게 언명된 법령조항의 의미를 해석하고 결정을 한다. 법원이 다른 해석들보다 어떤 하나의 해석을 받아들이면, 그것은 승자의 정책신호를 실행하게 한다.

미국 연방법원은 최저임금규제, 인종차별학교제도, 공립학교의 예배, 주의회의 인구비율을 벗어나는 의석할당 등이 위헌이라고 판결함으로써 공공정책형성에 영향을 주었다. 그리고 법원은 그동안 불간섭영역으로 간주되었던 정치적 사회적인 여러 활동영역에 관여함으로써 정책형성에 개입하고 있다. 인구비례에 의한 의석수 할당, 복지수혜자의 권리, 교도소나 병원과 같은 공공기관의 운영 및 공공시설의 입지선정 등이 그 예이다.

한편, 한국의 경우 사법부의 기능은 미국과 같이 법원의 정책형성기능에 추가하여 헌법재판소의 헌법재판을 통한 정책형성기능이 있다(남궁근, 2017: 208-212). 헌법재판소가 다수의 위헌판결을 내리는 것은 의회가 위헌적 요소가 포함된 법률을 많이 산출하고 있다는 것으로 새로운 정책결정을 하게 된다. 예컨대, 2004년 관습헌법을 근거로 행정수도이전특별법의 위헌판결을 내림에 따라, 정부는 당초의 행정수도이전계획을 수정하여 국회와 청와대를 이전에서 제외하고 행정기관만 이전하는 방향으로 변경하였다. 또한, 1999년 12월 군복무자에 대한 3-5%의 가산점을 부여하는 군복무가산점제도가 남성과 여성의 평등권을 침해한다고 하여 공무원채용정책의 변경을 가져왔다.

정당해산심판과 탄핵심판은 주요정치행위자들의 적격여부에 대한 판단으로 정치과정에 커다란 영향을 준다. 이를테면, 2014년 12월 정부가 청구한 통합진보당 해산심판 및 정당활동정지 가처분신청에 대해 합헌판결을 내림으로써 통합진보당은 바로 해산되고 향후 유사한 강령을 기초로 하는 정당의 창당이 금지되었다. 또한, 2016년 비선실세국정농단사건으로 박근혜 대통형의 탄핵소추안이 국회를 통과하였고 2017년 3월 10일 헌법재판소가 재판관 8인 전원일치의견으로 박근혜 대통령의

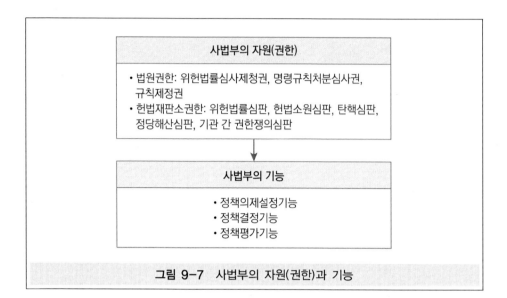

**그림 9-7 사법부의 자원(권한)과 기능**

파면을 결정하였다.

이와 같이, 법원이나 헌법재판소의 정책결정은 기본적으로 정부정책에 대한 사법적 판단을 하지만 정책형성에 미치는 영향은 매우 크다고 할 수 있다. 위의 사례에서 보는 바와 같이, 사법부의 판결은 새로운 정책의제를 설정하거나 사실상 정책결정의 성격을 갖고 있다. 위헌법률심판이나 헌법소원심판에 의해 법령이 무효가 되면 이는 새로운 입법의 필요성과 함께 정책결정을 하게 하는 것이다. 또한, 사법부는 정책집행에서 법령이나 정책의 위법성을 검증하여 정책평가를 하기도 한다.

**사례연구  사법부의 판결 현상**

■ 법원판결: '재직조건 무효'땐 통상임금과 수당 눈덩이

2013년 대법원은 '재직조건'이 있는 상여금은 근로제공 외에도 '재직'이라는 추가조건이 필요하기 때문에 통상임금을 규정하는 '고정성'을 충족하지 못한다고 판단했다. 고정성을 통상임금의 필수요건으로 비중있게 본 것이다. **고정성은 추가조건을 달지 않고 일정근무에 대한 대가를 확정적으로 지급하는 것을 말한다.**

이 판단이 그동안 기준점이 되어 왔지만, 이번 서울고등법원은 이와 정반대의 판단을 내놓은 것이다. 이와 같은 취의 판결은 2018년 세아베스틸 통상임금소송 등에 이어 네 번째인데 그동안의 소송현황은 다음과 같다.

⟨'재직조건' 달린 상여금도 통상임금으로 본 2심 판결현황⟩

| 회 사 | 심 급 | 선고일 | 진행상황 |
|---|---|---|---|
| 세아베스틸 | 서울고등법원 | 2018. 12. 18 | 대법원 계류 중 |
| 기술보증기금 | 서울고등법원 | 2019. 05. 14 | 대법원 계류 중 |
| 산업안전보건공단 | 부산고등법원 | 2019. 09. 18 | 대법원 계류 중 |
| 금융감독원 | 서울고등법원 | 2022. 05. 04 | 상고기간 진행 중 |

금융감독원 임금청구소송에서 1심법원은 기존 대법원 판결을 따랐다. 당시 재판부는 '사용자와 근로자는 합의를 통해 임금의 액수, 지급조건, 지급형태 등을 자유롭게 정할 수 있고 정기상여금에 제직조건을 두는 것은 강행법규 등에 반하는 것으로 보기 어렵다며 재직조건이 부가된 상여금은 통상임금에 해당되지 않는다'고 판단했다.

하지만 항소심 판단은 달랐다. '재직조건 자체가 무효'라는 근로자들의 주장을 받아들인 것이다. 재판부는 '정기상여금은 고정급에 가깝고 기본적인 생계유지의 근간이 되는 기본급에 준하는 임금'이라며 여기에 재직조건을 두었다고 이미 제공한 근로에 상응하는 임금부분까지 지급하지 않은 것은 그 유효성을 인정할 수 없다고 판결하였다. 이 소송을 대리한 류재율 변호사는 '재직조건을 무효로 하는 것으로 판결로서 통상임금 해당여부를 판단하는 데 고정성보다는 소정 근로의 대가인지를 더 중요하게 보아야 한다는 기준을 제시했다고 설명했다.

대법원은 2020년 세아베스틸사건을 전원합의체에 회부해 법리검토를 하고 있다. **법조계와 노동계에서는 향후 대법원 법리가 최종적으로 뒤집힐 경우 기업들이 대거 줄소송에 휘말리는 등 통상임금갈등이 재점화될 수 있다고 예측한다.** 국내 주요기업들은 정기상여금에 '재직조건'을 부착해 통상임금으로 인정되는 것을 막고 있다. 대법원 판단이 바뀔 경우 상여금 비중이 큰 국내 대기업들이 부담해야 할 추가임금은 급격하게 늘어나게 된다. 한 대기업 인사담당자는 '2013년 통상임금 판결 당시에도 여러 기업이 큰 손실을 보았다고 한다(한국경제 2022.5.7.).

■ 헌법재판소의 판결: 공무원채용 시 제대군인 가산점 위헌결정

– 제대군인지원에관한법률 제8조 제1항 등 위헌확인(헌재1999.12.23. 98헌마363)

청구인들(이화여대졸업, 이화여대4학년 재학중, 연세대 4학년 재학 중인 신체장애가 있는 남성)은 제대군인이 6급 이하의 공무원 또는 공·사기업체의 채용시험에 응시한 때에 필기시험의 각 과목별 득점에 각 과목별 만점의 5퍼센트 또는 3퍼센트를 가산하도록 규정하고 있는 제대군인지원에관한법률 제8조 제1항, 제3항 및 동법시행령 제9조가 자신들의 헌법상 보장된 평등권, 공무담임권, 직업선택의 자유를 침해하고

있다고 주장하면서 헌법소원심판을 청구하였다.

이에 대해 **헌법재판소는 제대군인지원에관한법률 제8조 제1항 및 제3항, 동법시행령 제9조는 청구인들의 평등권과 공무담임권을 침해하는 위헌인 법률조항이므로 관여재판관 전원의 일치된 의견으로 주문과 같이 결정한다.**

첫째, 제대군인지원에관한법률 제8조 제1항 및 제3항, 동법시행령 제9조에 의한 가산점제도는 이러한 헌법 제39조 제2항의 범위를 넘어 제대군인에게 일종의 적극적 보상조치를 취하는 제도라고 할 것이므로 제대군인은 헌법 제32조 제6항에 규정된 "국가유공자·상이군경 및 전몰군경의 유가족"에 해당하지 아니하므로 이 헌법조항도 가산점제도의 근거가 될 수 없다.

둘째, 가산점제도는 실질적으로 성별에 의한 차별이고, 가산점을 받을 수 있는 현역복무를 하게 되는지 여부는 병역의무자의 의사와 관계없이 징병검사의 판정결과, 학력, 병력수급의 사정에 따라 정해지는 것이므로 현역복무나 상근예비역 소집근무를 할 수 있는 신체건장한 남자와 그렇지 못한 남자, 즉 병역면제자와 보충역복무를 하게 되는 자를 차별하는 제도이다.

셋째, 가산점제도는 헌법 제32조 제4항이 특별히 남녀평등을 요구하고 있는 "근로" 내지 "고용"의 영역에서 남성과 여성을 달리 취급하는 제도이고, 또한 헌법 제25조에 의하여 보장된 공무담임권이라는 기본권의 행사에 중대한 제약을 초래하는 것이기 때문에 엄격한 심사척도가 적용된다.

넷째, 가산점제도는 아무런 재정적 뒷받침없이 제대군인을 지원하려 한 나머지 결과적으로 여성과 장애인 등 이른바 사회적 약자들의 희생을 초래하고 있다.

다섯째, 가산점제도는 제대군인에 비하여, 여성 및 제대군인이 아닌 남성을 부당한 방법으로 지나치게 차별하는 것으로서 헌법 제11조에 위배된다.

여섯째, 헌법 제25조의 공무담임권조항은 모든 국민이 누구나 그 능력과 적성에 따라 공직에 취임할 수 있는 균등한 기회를 보장함을 내용으로 하므로, 공직자 선발에 관하여 능력주의에 바탕한 선발기준을 마련하지 아니하고 해당 공직이 요구하는 직무수행능력과 무관한 요소를 기준으로 삼는 것은 국민의 공직취임권을 침해하는 것이다.

### - 보훈처, 제대군인법 개정안 국회제출

**국가보훈처(처장 황기철, 이하 '보훈처')는 병역의무 이행을 위해 헌신한 의무복무 제대군인에 대한 실질적 지원기반을 마련하기 위하여 『제대군인지원에 관한 법률』(이하 '제대군인법') 개정을 추진한다고 밝혔다.**

현행 제대군인법은 5년 이상 복무하고 전역한 중·장기복무 제대군인 위주로 지원사업을 규정하면서, 연간 30만여명의 전역(소집해제 포함)하는 의무복무 제대군인에 대해서는 채용시험 응시연령 상한 연장, 호봉·임금 결정시 군복무기간을 근무경력에 포함, 군복무 중 발병한 중증질환에 대한 의료지원 등의 일부 지원대책만 포함하고 있다.

지난 2021년 12월 23일 국회에 제출한 제대군인법 일부개정 법률안에는 의무복무 제대군인 정의규정을 신설하고, 의무복무 제대군인 중에서 국가지원이 필요한 일부 대상자에게 취·창업 지원을 할 수 있는 근거를 마련하는 내용이 포함되었다. 즉, 이번 법안은 「병역법」, 「군인사법」 또는 「대체역의 편입 및 복무 등에 관한 법률」에 따라 5년 미만의 기간을 현역, 보충역, 또는 대체역으로 복무하고 전역한 사람을 '의무복무 제대군인'으로 정의하였고, 또한 전역(소집해제 포함) 후 3년이 지나지 않은 의무복무 제대군인 중에서 경상인자 또는 보훈처장이 고용노동부장관과 협의하여 지원이 필요 하다고 인정한 사람 등에 대해 취업·창업지원을 실시할 수 있도록 하였다.

## 3. 비제도적(비공식적) 행위자

한편, 국가정책체제를 구성하는 정책과정의 비공식적 행위자로는 정당, 이익집 단, NGO, 일반국민, 전문가집단, 언론기관(대중매체, 여론) 등이 포함된다.

### 1) 정 당

#### (1) 정당의 개념과 유형 및 자원

정당(political party)은 근대화 이후에 등장하여 오늘날까지 전 세계 대부분의 국 가에서 존재하고 있는 정치체제나 정책체제의 중요한 구성요소이다. 그러면 정당이 란 무엇인가?

정당에 대한 학자들의 개념정의를 살펴보면, 외국정치학자인 Almond & Powell (1978: 205)은 현대사회에서 전문적인 이익종합구조라고 하였고, Deutch(1974: 64)는 사회적·정치적 결과를 얻어내는 시민조직으로 정의하였다. 한편, 국내정치행정학 자들의 경우 김하룡 외(1998: 130)는 여러 학자들의 정의들을 종합하여 정권의 획득 과 유지의 목적을 가지고 개인이나 집단 사이에 조직된 비교적 안정된 결사체로, 이극찬(2000: 358)은 동일한 정견을 가진 사람들이 정치과정의 통제, 특히 정권의 획 득과 유지를 통해서 그 정견을 실현시키려는 자주적이고 지속적인 조직단체로, 그리 고 이대희(2000: 318)는 통치권력을 획득 유지 행사하기 위하여 결성된 사람들의 집 단으로 보았다. 이러한 정당은 다른 이익집단들처럼 자신들의 특별한 이익을 위해 만들어진 것이 아니라, 통치권력인 한나라의 주권자(국민)에 의해 부여된 최고의 지배권을 획득 유지하는 것을 목표로 한다. 여기서 통치권력이란 한국가의 통치틀을 정하고 각종 법률과 정책 및 예산을 통해 국가를 통치할 수 있는 권한이다.

정당은 어떠한 기준에 의하여 분류하느냐에 따라 여러 가지 유형으로 나눌 수 있는데, 전통적으로는 정당의 수에 따라 일당제, 양당제, 다당제로 범주화한다(김하룡 외, 1998: 140 – 148). 첫째, 일당제(one party systems)는 집권하고 있는 하나의 당이 지배하는 체제이다. 역사적으로 나치즘이나 파시즘 등의 일당독재국가가 존재하였고 대부분의 공산국가에서는 공산독재체제가 지배하고 있다. 둘째, 양당제(two party systems)는 두 개의 주요정당이 서로 교체하면서 집권하여 통치하는 체제이다. 이제도의 전형적 예로는 미국과 영국이 있다. 영국은 보수당과 노동당이, 미국은 공화당과 민주당이라는 양대정당에 의해 통치되어 왔다. 셋째, 다당제(multi party sys – tems)는 2개 이상의 주요정당들이 정권획득을 위해 경쟁하는 체제이다. 어느 정당도 입법부에 대한 다수의 통제력을 확보하지 못하는 경우가 많아 연합정당에 의해 통치된다. 이제도는 프랑스, 독일, 이탈리아와 같은 유럽국가의 전통적인 통치체제라고 할 수 있다.

이렇게 구성되는 정당은 다양한 정치적 자원을 가지고 있는데, 내적 자원으로는 당원수, 경제력(재정력), 지도자의 능력을, 그리고 외적 자원으로는 정당의 명성과 국민의 지지를 들 수가 있다(이대희, 2000: 344 – 347). 첫째, 당원수 – 정당에는 평당원과 후원자가 있다. 당원이 되는 것은 누구나 가능하지만 정당의 목표나 이념에 대한 집착력이 강하고 정당의 일에 시간과 노력을 기울이는 적극적인 행동가들(activists)이 중요하다. 또한, 국민은 정식당원은 아니지만 어떤 정당의 후원자가 되어 후원금을 지원할 수 있다. 둘째, 경제력(재정력) – 정당은 사용할 수 있는 자금조달이 풍부하면 그렇지 못한 정당보다 큰 힘을 갖고 다양한 활동을 할 수 있다. 셋째, 지도자의 능력 – 정당은 총재나 당대표 등 지도자의 명성이나 역할을 토대로 생존과 성장을 하게 된다. 지도자는 당원을 관리하고 외부로부터 자금을 동원하고 조직의 평판을 높이며 대외정책활동에서 강력한 영향력을 행사한다. 넷째, 정당명성 – 정당이 대외적으로 갖고 있는 명성은 국민의 지지나 활동을 하는데 중요하다. 이는 정당의 강령이나 정책 및 활동 그리고 지도자의 역량에 관련된다. 다섯째, 국민지지 – 정당은 무엇보다도 국민으로부터 기원하고 생존과 성장을 하게 되므로 국민으로부터 얼마만큼의 지지나 인기가 있느냐가 중요하다.

### (2) 정당의 기능

지구상에는 다양한 성격을 가진 정당들이 존재한다. 그러나 이미 기술한 바와 같이, 모든 정당들의 기본적 목표는 정권의 획득이다. 이는 정당의 가장 기본적인 기능이 자신이 선호하는 정권창출이라는 것을 암시한다. 다음으로, 정당은 정치과정 또는 정책과정 속에서 어떠한 기능을 수행하는가? 정도의 차이는 있지만, 정당이 수행하는 정치 또는 정책 기능으로는 이념확산, 이익의 표출과 결집, 정책형성, 정책집행, 정부통제, 정치사회화, 엘리트충원 등이 있다(김하룡 외, 1998: 133–140).

첫째, 이념확산(ideological proselytizing) – 정당은 추구하는 특별한 정치적 이념이나 믿음을 국민에게 진작시키고 확산하는 기능을 한다. 정당이 특정한 이념을 추구하는 것은 사람들이 정당에 가입하는 주요이유가 되고 유권자에게 표소소를 할 수 있게 해준다. 특히 이념적 정당은 사람들을 그들의 이념으로 전향시키려고 노력한다. 역사적으로 당 명칭은 그들의 정당이념으로부터 연유하는 경우가 많았다. 예컨대, 사회당, 공산당, 자유당, 보수당, 노동당, 민주당 등과 같은 것들이다. 이러한 정당의 이념적 기능은 정당이 수행하는 이익의 표출과 종합기능에 관련되어 있다. 어느 정도까지 두 가지 기능은 상호배타적이다. 한쪽기능의 중요성을 수행하다보면 다른 한쪽의 기능을 수행하는 능력을 제한할 수 있다. 만일 어느 정당이 특별한 이익을 추구하는데 몰두한다면 다른 일련의 이익을 억제할 수 있다. 예를 들어, 사회주의 정당이 정부가 경제를 완전히 통제하는 이념을 추구한다면 기업의 지지를 받는데 어려울 수 있다. 이와 반대로, 다양한 이익의 광범위한 종합을 추구하는 정당은 구체적인 이념에 덜 집착하게 되고 그 결과로 그들의 이념적 입장이 모호하게 된다. 미국의 정당들은 분명한 이념적 차이에 의해 분리되지 않고 광범위한 지지층(농민, 기업가, 노동자, 인종 등)의 지지를 추구할뿐 아니라 종종 똑같은 이익에 호소하고 있다.

둘째, 이익의 표출과 결집(interest articulation and aggregation) – 정당은 자신의 이념에 부합하는 이익을 대변하기도 하지만, 국민들이나 사회조직들이 요구하는 여러 가지 이익들을 표출하거나 이들 이익들을 결집시키어 정책형성기능을 수행하게 된다. 이를테면, 정당은 국내외 정책에 있어서 특정한 정책영역의 이익을 표출할 수도 있지만, 모든 정책영역에서 여러 광범위한 이익들을 결집하여 정책대안으로 제시하고 이것이 최종 정책산출로 나오도록 노력한다. 또한, 정당은 선거에서 공약으로 제시하거나 정강정책을 실현하기 위해 행정부나 국회에서 노력을 한다.

셋째, 정책집행(policy implementation) – 정당은 이익의 표출과 결집을 통한 정책형성기능를 수행하는데 그치지 않고 정부의 정책과 계획을 집행하는 소위 산출 (output)기능을 돕고 유도할 수 있다. 물론, 모든 정당이 정책집행과정에 직접적으로 참여하지는 않는다. 이것은 주로 여당의 경우에 해당하는 기능이다. 여당은 당에 대한 국민적 지지를 극대화하도록 정부의 정책의 결정과 집행이 이루어지기를 기대한다.

넷째, 정부통제(control of government) ─ 정당은 정부정책에 대하여 영향력을 행사하려고 한다. 집권여당은 주로 옹호자 입장에서 정책의 의도했던 목표를 제대로 실행되고 있는가를 지켜보면서 관여를 한다. 반면에, 야당은 비판자와 감시자 입장에서 정부정책을 비판하거나 감시를 한다. 이를테면, 야당은 국정감사나 조사를 통하여 집행과정이나 집행결과에 대한 검증을 통하여 정책평가를 한다.

다섯째, 정치사회화(political socialization)와 엘리트충원(elite recruitment) ─ 정당은 정치사회화를 통하여 국민들을 자신들이 원하는 방향으로 교육시킴으로써 자신들의 동조집단화를 시도한다. 그리고 정당은 엘리트충원을 통하여 정당의 후보자를 선발한다.

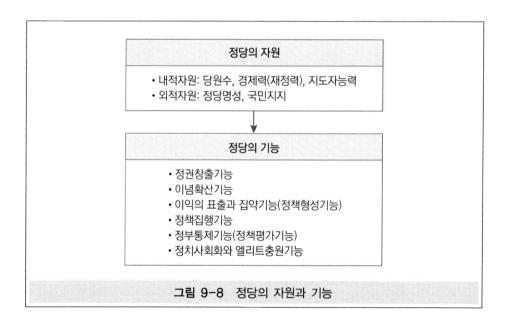

**그림 9-8  정당의 자원과 기능**

**사례연구**   **정당의 활동 현상**

### – 좋은 정당과 나쁜 정당

대통령에 대한 진정한 평가기준은 나라가 당면한 현재의 과제를 해결하고 국민에게
더 나은 미래를 향한 희망을 품게 했느냐 여부다. '좋은 정당'과 '나쁜 정당'에 대한 평가
기준도 다르지 않다. 우리나라의 정당은 어느 쪽으로 가고 있는가? 그렇다면 '좋은 정
당'과 '나쁜 정당'의 진짜 차이는 무엇일까?

시대가 바뀌었으니 진보·보수·중도라는 말은 쓰지 말라. 현재 보수정당과 진보정
당은 다음과 같은 여러 난제를 놓고 대립과 경쟁을 하고 있다. 예컨대, 배고픈 사람이
모락모락 김이 나는 빵을 보고도 사 먹을 수 없다면 자유가 무슨 소용이 있는가? 국민
은 불평등과 비민주 문제를 해결하는 정당을 평가한다. 보수가 끝까지 사수해야 할
가치는 자유다. 엄청난 재정이 뒷받침되지 않으면 보편적 기본소득 도입은 불가능하
다. 일하려는 인센티브를 없애고 기본소득에 적당히 얹혀살려는 풍조를 조성할 위험
이 있다 등 중요의제를 선점하려는 시도가 나타나고 있다.

한국에서는 박정희 정부가 국민건강보험, 노태우 정부가 국민연금, 박근혜 정부가
기초연금을 도입했듯이, 복지국가의 틀은 보수정당이 만들었다. 현재 문재인 정부의
좌파진보정당의 대표정치상품은 '우리는 가난한 사람의 편'이라는 것이다. 자신들의
약속대로 식량·전기·생필품을 무료로 공급한다. 가난을 벗어날 고기 잡는 그물은
주지 않는다. 이런 세월이 길어질수록 가난한 사람은 좌파정당에 기대지 않고선 생존
할 수 없고, 좌파정당은 가난한 사람이 존재해야만 정권을 연장할 수 있는 공생(共生)
관계가 만들어진다.

그러나 '좋은 정당'은 가난한 사람이 자포자기하지 않고 살아갈 지원과 가난의 구덩이
에서 벗어날 사다리를 함께 제공한다. '좋은 정당'은 가난한 사람들이 부자 못지않게
합리적 판단능력을 갖추고 있다고 믿는다. 그들이 내일에 대비하면 더 큰 이익이 돌아
올 줄 알면서도 비합리적으로 행동하는 건 오늘이 너무 절박하기 때문이다. '좋은 정
당'은 가난을 단순히 돈의 문제가 아니라 정보·교육·환경이 얽힌 복합적 문제로 파
악하고 가난한 사람을 옭아맨 족쇄를 끊어준다. '좋은 정당'은 가난을 떨치고 일어선
사람이 많아질수록 지지기반이 넓어지고 튼튼해진다(조선일보 2022.5.9.).

### – 정당정치: 부자감세 막겠다는 야, 여는 포퓰리즘법안 저지

본격적인 국정감사와 법안 및 예산 심사를 앞두고 국민의힘과 더불어민주당이 각각
구체적인 통과저지 법안목록을 제시했다. 상대당과 정부가 중점추진하는 법안을 막겠
다는 것이 양당의 전략이다.

민주당은 22일 긴급 의원총회를 열고 법인세 최고세율 인하 등 윤석열 정부 세제개

편안을 당 차원에서 반대하기로 결정했다. 민주당이 꼽은 '초부자 감세안'에는 법인세 최고세율 25% → 22% 인하, 주식양도소득세 비과세기준 10억원 → 100억원 상향, 3주택 이상 종합부동산세 누진제 폐지 등이 포함됐다. 국회 다수당(169석)인 민주당이 반대의사를 굳히면서 정부세제개편안이 국회 문턱을 넘기는 어려울 전망이다. 이재명 민주당 대표는 의총에서 "다수의석을 가진 야당으로서 저들이 시도하는 퇴행, 개악에 대해 철저하게 원칙적으로 대응해달라"며 "국민의 삶을 위해 초부자 감세와 특권예산과 관련해 할 수 있는 것은 하겠다"고 강조했다.

같은 날 의총을 연 국민의힘은 민주당이 이번 국회에서 우선 처리하겠다고 내놓은 '7대 입법과제'를 '7대 포퓰리즘법'이라고 규정하고 입법저지를 공언했다. 구체적으로 노란봉투법, 양곡관리법 개정안, 기초연금확대법, 출산보육 · 아동수당확대법, 가계부채대책3법, 납품단가연동제도입법, 장애인국가책임제법 등이다. 주호영 국민의힘 원내대표는 "민주당이 기초연금과 출산수당을 인상하겠다고 하는 등 무책임한 선심성정책을 남발하고 있다"며 "기초연금을 10만원 올려도 12조원의 예산이 추가로 소요되는데, 재원과 관련해서는 언급이 없다"고 지적했다. 민주당은 기초연금을 40만원으로 인상하고, 지급대상을 소득 하위 70%에서 전체로 확대 적용하는 안을 검토하고 있다. 보건사회연구원에 따르면 기초연금을 30만원에서 40만원으로 인상하면 2030년에는 약 52조원(현행 약 40조원)이 들어갈 것으로 추산된다. 집권여당시절 좌초된 법안을 거대 야당이 된 후 강행하는 데 대한 비판도 이어졌다. 김상훈 비대위원은 "양곡관리법과 공공의대설립법은 문재인 정부에서 추진했지만, 막대한 혈세가 투입되고 갈등이 첨예해 좌초됐다"고 지적했다(한국경제 2022.9.23.).

## 2) 이익집단

### (1) 이익집단의 개념과 유형 및 자원

근대사회의 가장 두드러진 특징 중의 하나는 산업사회의 진행으로 직업과 직종이 다양해짐으로써 사회구조가 분화되고 그에 따른 이익의 다원화현상이 나타나고 있다. 여기서 다원화된 이익이란 특수이익의 확산이라고 표현할 수 있는데, 특수이익들은 상호충돌하면서 복잡하게 얽혀 있다. 따라서 어떤 특수이익이 실현되기 위해서는 그 이익을 추구하는 개인의 힘을 공유하는 사람들의 집단적인 힘(group power)으로 전환시킬 필요가 있다. 왜냐하면 어떤 개인의 이익은 그 이익을 같이하는 사람들로부터 지지를 받지 못하면 Laski가 표현한 바와 같이, '황야에서 울부짖는 소리'에 지나지 못하고 다른 많은 사람들의 다양한 요구에 파묻혀 버릴 것이기 때문이다. 이러한 특수이익의 집단화 필요성에 의해서 정치과정이나 정책과정에 등장하게 된

집단적 행위자를 이익집단 혹은 압력단체라고 한다(김하룡 외, 1998: 120 – 121).

그러면 이익집단(interest group)이란 구체적으로 무엇인가? Truman(1971)은 다른 집단에게 일정한 주장을 하는 공통의 이해관계를 가진 집단으로, 김하룡 외(1998: 122)는 정치과정 속에서 공동의 행동과 노력을 통해서 공유된 특수이익을 보호 증진 추구하는 집단적 이익표현의 기능을 수행하도록 구성된 단체로 정의하면서, 이러한 이익집단의 활동을 로비활동(lobbying)이라고 하고, 이익단체들을 대변하여 그러한 활동을 전문적으로 또는 직업적으로 하는 사람을 로비스트(lobbyist)라고 하였다. 또한, 김운태 외(1999: 765)는 공공정책결정과정에 다양한 형태의 압력을 행사하여 집단구성원의 공동이익을 증진시키기 위하여 결성된 조직으로, 이대희(2000: 365)는 구성원들의 이익과 관련된 정책과정에 영향을 미치기 위하여 만들어진 조직으로 정의하였다. 이렇게 개념화되는 이익집단은 구성원의 이익을 목표로 한다. 여기서 이익은 구성원들이 인정하고 들어가는 집단목표와 집단활동을 통해 획득할 수 있는 개인적이거나 집단적인 것들을 포함한다. 이러한 점이 정당과 구별되는 점이다. 정당이 다양한 국민들의 이익을 대변하기 위한 조직이라면, 이익집단은 자기 자신들의 이익을 대변하기 위한 조직이라고 할 수 있다.

이익집단은 다양하게 유형화할 수 있다. Almond & Powell(1978: 171)은 조직활동수준에 따라 결사적 이익집단, 비결사적 이익집단, 제도적 이익집단, 그리고 아노미적 이익집단으로 구분한다. 여기서 결사적 이익집단(associational interest group)은 경제 사회 문화 등 각 부문에서 결사적 조직구조를 갖추고 구성원의 이익을 대변하기 위해 활동을 하는 집단으로서 기업이익집단, 노동이익집단, 종교집단, 및 공익추구의 시민집단 등이 포함된다. 비결사적 이익집단(non – associational interest group)은 여러 가지 혈연적 종교적 신분적 지역적 혹은 계급적 집단으로서 오로지 간헐적으로만 그들의 이익을 표출하는 집단이다. 제도적 이익집단(institutional interest group)은 입법부, 관료, 정당, 군대, 교회 등 원래 이익표출 이외의 기능을 목적으로 구성된 공익집단이 이익활동에 참여하는 경우이다. 그리고 아노미적 이익집단(anomic interest group)은 지속적인 조직성을 유지하지 못하고 시위나 폭동 등의 일시적으로 비조직적인 형태로 정치적 의사를 표출하는 집단이다(김하룡 외, 1998: 125 – 128; 김운태 외, 1999: 766).

이와 같은 유형 중에서 이익집단의 본래적 의미를 갖고 있는 것은 결사적 이익집단이다. 결사적 이익집단은 그 활동내용에 따라 다시 경제적 이익집단과 비경제적인 전문이익집단 그리고 공익집단으로 구분할 수 있다. 경제적 이익집단(economic in-terest group)은 집단구성원의 이익만을 보호하기 위해 형성된 집단이고(예: 기업이익집단과 노동이익집단), 비경제적 전문이익집단(noneconomic expert interest group)은 다양한 전문영역의 이익을 대변하는 집단이며(예: 대한변협, 대한의사협회), 그리고 공익집단(public interest group)은 단순히 그들의 구성원이 아니라 전체사회를 위한 넓은 이익을 목표로 활동을 하는 집단(예: 경실련, 참여연대, 환경단체)을 말한다. 그러나 공익집단은 이익집단과 분리되어 시민사회조직 또는 NGO로 분화되고 있다.

이러한 이익집단은 자신이 추구하는 이익을 보호 증진 실현하기 위하여 사용할 수 있는 다양한 자원을 가지고 있는데, 대체로 네 가지로 집약할 수 있다(Howlett & Ramesh, 2001: 82-83; Birkland, 2001: 80-81; 정정길 외, 2010: 178-179).

첫째, 규모(구성원수와 응집력) - 만일 이익집단이 많은 수의 구성원을 가지고 있다면 그 수를 정치적으로 유리하게 이용할 수 있다. 정상협회라고 불리는 힘 있는 집단은 개별적으로 활동하는 집단보다 영향력을 기대할 수 있다. 예컨대, 500,000만명의 회원을 가진 집단은 500명의 구성원을 가진 집단보다 큰 목소리를 낼 수 있다. 그리고 규모가 크고 응집력이 높은 집단은 강한 영향력을 가지게 되므로 그 집단의 목적이나 이익에 동정적인 입후보자에게 지지를 할 수 있고 정부와의 대화과정에서 수적인 힘을 과시할 수 있다. 예컨대, 기업이익집단이나 노동이익집단은 그 규모가 크고 선거에 미치는 영향이 크다.

둘째, 경제력(재정력) - 재정력, 즉 돈은 이익집단의 중요한 정치적 자원이다. 어느 이익집단이 충분한 돈을 가지고 있다면 구성원수의 열세를 극복할 수 있고 유능한 전문가를 고용하고 씽크탱크를 만들어 정부에 전문적인 로비활동을 할 수 있다. 또한, 선거기간동안 정당과 입후보자에게 캠페인 기여와 정치자금을 제공할 수 있고, 집단의 의견과 정책을 대중에게 전달하기 위해 비싼 광고를 낼 수 있다.

셋째, 지식(정보) - 이익집단의 가장 중요한 자원은 지식, 즉 정보를 가지고 있다. 입법가와 관료는 이익집단의 정보를 정책결정을 하는데 도움을 받기 위하여 이용한다. 이러한 정보를 가지고 입법가나 관료에게 접근하는 집단은 그들의 문제정의와 잠재적인 해결범위를 고려하는데 이점을 가지고 있다.

넷째, 정책결정자에 접근성 - 이익집단은 정부부처나 의회의 정책결정자에 대한 접근가능성이나 친밀성을 가지므로 영향력을 발휘할 수 있다. 이를 위해 이익집단은 퇴직공무원이나 일선에서 물러나 정치인을 영입하여 로비창구로 활용한다.

## (2) 이익집단의 기능

이익집단은 다양한 정치적 자원을 토대로 정치과정이나 정책과정에서 정치체제나 정부를 상대로 중요한 기능을 수행한다. 모든 정치체제에서 이익집단의 가장 핵심적인 기능은 이익의 표출과 집약(interest articulation and aggregation)이다.

이를테면, 이익집단은 사회 내에 존재하는 다양한 욕구와 이익을 집약하고 구체화하여 표출함으로써 정책결정과정에 투입되어 반영될 수 있도록 하는 기능을 수행한다(김운태 외, 1999: 765). 이익집단은 구성원의 이익이나 요구를 개별적인 문제로 또는 이익을 집약하여 정부나 의회에 건의를 하는 등의 투입을 한다. 이렇게 표출된 이익집단의 이익은 정당이나 정부 및 의회의 정책결정자에게 정책대안으로 제시된다. 그리고 이익집단은 정책결정과정에서 자신들의 요구와 이익이 반영되도록 다양한 영향력활동을 하게 된다. 이를 위하여 정책결정과정에서 이익집단은 의회상임위원회와 정부부처의 관료 등과 철의삼각(iron triangle)을 구성하기도 한다. 이처럼, 이익집단은 정책의제설정기능과 함께 정책결정기능을 동시에 수행한다.

또한, 이익집단은 정부정책의 대상집단으로서 자신들에게 유리하게 정책집행을 하도록 노력한다. 만약 정책결정에서 산출된 정책이 구성원들에게 비용이나 불이익을 준다면 정책의 결정에서부터 집행에 이르기까지 무의사결정(non-decision making)을 시도하여 정책을 무력화시키려고 한다. 따라서 정부정책의 성공을 위해서는 정책수혜자이거나 정책비용부담자인 이익집단의 순응과 협력이 요구된다. 정책집행 후에 평가과정에서는 자신들에게 유리한 정책정보를 제공하여 긍정적 평가에 영향을 주려고 한다. 이러한 이유 때문에 Truman과 같은 집단이론가들은 이익집단의 정치 또는 정책활동이야말로 정당한 정치적 요구를 정부에 전달하는 가장 민주적인 방법이라고 하였다.

이와 같이, 많은 이익집단들이 분출하여 정치과정 또는 정책과정, 특히 정책결정과정에 영향을 미치는 현상을 이익집단정치(interest group politics)라고 하였다. 이익집단이 정책결정과정에서 어떠한 양상으로 존재하여 어떠한 기능을 수행하느냐에 대한 이익집단과 정부(정부부처와 의회)의 관계를 설명하는 이론으로는 다원주의와 조합주의 그리고 철의삼각과 정책공동체 및 이슈네트워크 등의 정책네트워크모형이 있다.

전통적인 이익집단과 정부와의 이익대표(중개)모형으로는 다원주의와 조합주의가 논의되어 왔다(김운태 외, 1999: 767-769). 미국의 경험에 기반하는 다원주의

(pluralism)에 의하면, 사회 내의 다양한 이익집단들은 서로 대등한 입장에서 정부부처나 의회를 대상으로 자신들의 이익을 경쟁적으로 표출하고 국가는 다양한 이익집단들 간의 갈등과 대립을 중재하는 소극적인 기능을 수행한다. 따라서 공공정책은 이들 이익집단이 가지고 있는 이익들의 타협이나 조정의 결과라고 할 수 있다. 이러한 다원주의적 이익대표체계는 이익표출의 자유시장원칙을 강조하나 현실적으로는 거대이익집단과 소수이익집단 간의 힘의 격차에 따라 이익표출의 불균형과 특정이익집단이 정부와 동맹을 형성하는 정책결정의 독과점현상이 나타날 수 있다.

다원주의와 대비되는 유럽과 라틴아메리카의 경험에 기반하는 조합주의 (corporatism)는 단일적이고 위계적인 정상이익집단이 국가의 통제를 수용하는 대가로 해당정책범주에서의 독점적이고 배타적인 이익대표권을 갖고 정책을 산출하는 모형으로서 국가조합주의와 사회조합주의가 있다. 전자는 국가가 정책결정과정에 대한 이익집단의 참여를 제한하고 이익집단의 상향적 투입기능보다는 국가가 주도하는 하향적 동원과 통제가 강조되는 이익대표체계로서 스페인, 포르투갈, 브라질, 칠레, 페루, 멕시코 등 권위주의체제에서 국가가 자본축적을 하는 산업화과정에서 주로 나타났다. 반면에, 사회조합주의는 국가가 정상이익집단의 자율성과 참여를 보장하고 이익집단의 상향적 투입기능을 보장하여 국가와 수평적 협력관계를 유지하는 이익대표체계로서 스웨덴, 노르웨이, 핀란드, 오스트리아, 독일 등 유럽선진민주국가에서 산업사회의 가장 중대한 갈등인 계급갈등의 타협을 통한 사회경제적 위기를 해소하기 위하여 나타났다.

지금까지 논의한 다원주의와 조합주의는 정책결정의 참여자를 이익집단과 정부만을 포함시키고 있으나, 정책네트워크모형에서는 이들 행위자뿐 아니라 다른 여러 행위자들도 포함시키고 있다. 이를테면, 하위정부(subgovernments) 또는 철의삼각 (iron triangle)은 특정정책영역에 참여하는 행위자로 관련 정부부처와 이익집단 외에 의회상임위원회를 포함시키고 있다. 이 모형은 각 정책영역별로 행정기관과 의회 위원회 및 이익집단의 소수엘리트들이 공통의 이해관계를 토대로 빈번한 접촉과 협력을 하면서 정책결정을 지배한다.

이러한 하위정부모형을 폐쇄적 모형이라고 비판하면서 대두하고 있는 정책네트워크유형으로는 정책공동체와 이슈네트워크가 있다. 정책공동체(policy community)는 특정한 정책영역에서 정책결정에 전문화된 정책참여자들, 즉 정부부처, 의회위원회, 이익집단뿐 아니라 대학이나 연구집단 등의 전문가집단이 참여하고 있다는 것이

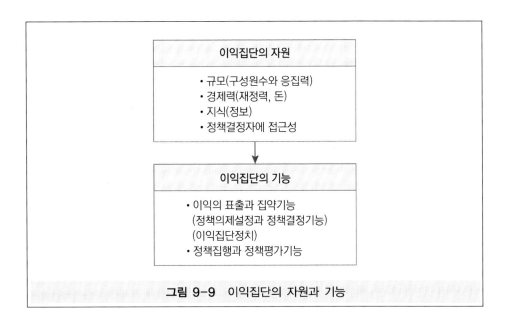

그림 9-9  이익집단의 자원과 기능

고, 이슈네트워크(issue network)는 상당히 개방적인 행위자들의 네트워크로서 특정 이슈를 중심으로 대립적인 이해관계가 있는 다양한 행위자들이 참여하여 정책결정을 하는 것으로 본다.

**사례연구**  **이익집단의 활동 현상**

- 대한민국은 노조공화국

문재인 정부의 핵심지지세력으로 꼽히는 양대 노총(전국민주노동조합총연맹, 한국노동조합총연맹)과 참여연대 등 친정부성향의 단체들이 문재인 정부 집권 2년차를 지나면서 정부정책의 최대 걸림돌이 되고 있다. 탄력근로제 확대, 광주형 일자리 등 정부·여당이 경제현실을 감안해 추진하는 정책마다 사사건건 반대하며 발목을 붙잡고 있다. 민주노총과 참여연대 등은 이것도 부족해 경제·산업·노동 분야는 물론 통일·사회·복지 등 국정전반에까지 '감 놔라, 배 놔라' 개입할 태세다.

민주노총과 참여연대 등 52곳으로 구성된 민중공동행동은 27일 기자회견을 열고 12월 1일 국회 앞에서 대규모 정부규탄 민중대회를 연다고 밝혔다. 민주노총의 '11·21 총파업'에 이어 촛불시위를 주도한 모든 단체가 총집결해 다시 대정부 압박에 나서겠다는 얘기다. 민중공동행동은 동시에 탄력근로제 확대금지, 대북제재 중단, 재벌청산, 국가정보원 해체, 국민연금 보장성 강화, 규제프리존법 폐지 등을 담은 **10개 부문 요구**

**안을 제시했다.** 참여연대는 이와 별도로 이날 홍남기 부총리 겸 기획재정부 장관후보자를 향해 공개질의서를 보냈다. 재벌개혁, 규제완화 등에 대한 부총리의 답변을 요구하며 사실상 사전청문회를 하겠다는 의도를 드러냈다.

이들 촛불주도단체가 세결집에 나선 것은 '정부길들이기' 차원으로 받아들여진다. 정부는 올들어 소득주도성장정책과 동시에 혁신성장의 강도를 높였다. 고용참사가 이어지고 소득양극화가 심화되자 정부는 최저임금 1만원 인상공약을 사실상 철회하고 은산분리규제와 개인정보보호규제를 푸는 등 규제혁신을 추진했다. 근로시간 단축에 따른 산업현장의 부작용을 줄이기 위해 여·야·정이 모여 탄력근로제 확대에까지 합의했다. 민주노총과 참여연대 등은 그때마다 일제히 반발하며 정부에 대한 비판수위를 높였다. "진보진영이 '촛불정부'의 탄생을 주도했는데 정부가 다른 길을 가려고 한다"는 성토가 이어졌다. 최근 청와대와 여당이 탄력근로제 확대의 연내 입법방침에서 한발 물러선 것도 이같은 진보진영의 반발을 의식한 것이란 해석이 나온다. '촛불청구서' 명목으로 최저임금 급격한 인상, 근로시간 단축 등 친(親)노동정책을 대거 따내고서 이것도 부족해 탄력적 근로시간제 확대, 광주형 일자리 등 정부가 경제현실을 감안해 추진하는 정책에 대해서도 사사건건 발목을 붙잡고 있다. 그러면서 자신들을 둘러싼 채용비리와 고용세습의혹 등에는 눈을 감고 있다.

**민주노총이 법과 정부 위에 군림하듯 하면서 정치권은 물론 노동계 내부에서조차 '민주노총공화국'이라는 비판의 목소리가 나온다. 야당인 자유한국당은 27일 민주노총과 참여연대를 겨냥해 "문재인 정부의 악덕채권자"라고 화살을 날렸다. 양보와 타협을 전제로 한 사회적 대화는 외면하면서 민주노총은 정부를 향해 각종 요구를 쏟아내고 있다.** 구체적으로, 국제노동기구(ILO) 핵심협약 비준과 노동법 개정, 노후소득보장을 위한 국민연금법 개정, 비정규직 사용사유제한 및 공공부문 비정규직의 정규직 전환, 최저임금법 재개정, 초기업단위 산별교섭 제도화, 특수형태 근로종사자 가입 등 고용보험법 개정, 위험의 외주화 금지와 산재사망기업 처벌강화를 골자로 한 산업안전보건법 개정 등은 민주노총이 정부를 압박하고 있는 이른바 **'8대 입법과제'**다.

민주노총은 참여하지도 않고 있지만 경사노위에는 민주노총의 '그림자'가 짙게 드리워져 있다. 지난 6월 기존 노사정위원회가 경사노위로 변경되면서 논의대상범위가 종전 노동현안에서 고용노동과 복지정책 등으로 대폭 넓어졌다. 이과정에서 노사관계제도·관행개선위원회, 금융산업위원회, 국민연금개혁과 국민노후소득보장 특별위원회 등 상당수 위원회는 노동계 요구로 설치됐다. 위원회 출범 때부터 '기울어진 운동장' 우려가 나온 배경이다. 우려는 일부 현실화하기도 했다. 노사관계제도·관행개선위원회는 지난 20일 해고자의 노조 가입, 전교조 합법화 등 노동계가 줄기차게 요구해온 것들을 공익위원안으로 내놨다. 파업 시 대체근로제, 단체협약 유효기간 연장 등 경영계 요구사항은 논의조차 이뤄지지 않았다. 경사노위에 참여하고 있는 한 관계자는 "각 위원회의 핵심이라 할 수 있는 공익위원 상당수가 친노동성향이거나 노동계를 배려하는 정부쪽 인사들이어서 경영계 목소리는 묻히고 있다"며 "논의주제도 광범위해져 금융, 해운, 보건의료 등 산업별 이슈들까지 노동계의 '결재'를 받아야 하는 상황"이라고 했다(한국경제 2018.11.17.; 11.28.).

### – 직능단체의 국회포획: 국회가 국익(國益)보다는 직익(職益)

**내년 총선·대선을 앞두고 국익이나 국민편익(便益)보다 정략과 표를 좇는 상황이 벌어지고 있다는 지적이 나온다.**

수퍼 약판매는 국민 80% 안팎이 찬성하는 일이다. 그런데도 국회는 끝내 이법안을 처리하지 않았다. 보건복지위원회 소속 여야의원 대부분이 이심전심으로 법안을 처리하지 않는 데 동의했다. 이들이 내세운 이유는 "수퍼에서 약을 마음대로 사게 할 경우 약 오·남용이 생길 수 있다"는 것이다. 그러나 속내는 "약사회의 반대를 무시할 수 없다"(한 야당 의원)는 것이다. 여야 가릴 것 없이 "약국이 동네에서 사랑방역할을 하는데 선거를 앞두고 약사들에게 밉보일 필요가 뭐가 있느냐"고 했다. 회원이 6만명인 약사회의 낙선운동을 비롯한 압력에 무릎을 꿇은 것이다.

**전체 국민의 편익보다 특정 직능단체의 이익이 우선하는 경우는 또 있다.** 각종 여론조사에서 국민 80% 이상이 찬성하고 여야가 지난 9월 합의처리를 약속했던 교원평가법도 똑같은 상황이다. 이법안 골자는 초·중·고 교사들의 업무에 대해 동료교사들이 서로 평가토록 하는 것이다. 이법안에는 교사들이 반대하는 평가결과를 인사에 반영한다든가 하는 조항은 들어있지도 않다. 여야는 교총과 전교조, 학부모단체 대표 등으로 구성된 '6자 회의체'를 만들어 협의를 했고, 지난달 말 국회 교과위 법안심사소위에선 법안의 문구조정까지 마쳤다. 그러나 방망이를 두드리기 위한 마지막 회의가 열리기 직전 갑자기 전교조 등 교원단체가 반발했고, 여기에 한국교총도 가세했다. 교원단체들은 공식적으론 "법안 통과에 반대하지 않는다"면서도 법안소위 위원들에게 문자메시지 등을 보내 "절대 통과시켜서는 안 된다"고 압박했다. 한나라당 관계자는 "9부 능선을 넘었다고 생각했는데, 마지막 순간에 흐지부지될 위기에 처했다"고 말했다.

사법개혁 관련 법안도 법조인들의 직업이익에 막혀있다. 지난 8월 구성된 국회사법개혁특위는 대검 중수부 폐지, 특수수사청 설치, 대법관 증원 등 핵심쟁점에서 전혀 성과를 내지 못하고 있다. 반면, 변호사 일자리를 확대하는 준법(遵法)지원인제와 지역가정지원을 가정법원으로 승격하는 법안들은 법조출신 의원들의 전폭적 지원으로 지난 4월 법사위와 본회의를 일사천리로 통과했다(조선일보 2011.11.18.).

### 3) 비정부조직(NGO)

#### (1) 비정부조직(NGO)의 개념과 유형 및 자원

비정부조직(non-governmental organization, NGO)이라는 용어는 UN에서 정부기구 이외의 단체를 지칭하기 위해 사용하기 시작하였다. 이용어는 UN헌장 제71조에 따라 정부 또는 정부 간의 협정에 의하여 설치된 조직이 아닌 것으로서 정부기구(government agency) 또는 국제기구(inter-governmental agency)와 대칭되는 개념으로 정부부문에 속하지 않으며 다른 제도부문을 보완할 수 있는 정책협력의 대상으로 보고 있다.

비정부조직과 유사한 개념으로는 비영리조직(NPO, nonprofit organization), 자발적 단체(VO, voluntary organization), 민간자발적 조직(PVO, private voluntary organization), 시민사회단체(CSO, civil society organization), 제3부문조직(TSO, third sector organization) 등으로 다양하다(김준기, 2006: 1-2; 박상필, 2008: 70: 70-78).

이처럼, 정부부문과 시장부문 이외의 다양한 조직이나 단체를 포괄하는 개념으로 다양한 유사용어가 사용되고 있지만, 비정부조직(NGO)이라는 용어가 전 세계적으로 가장 많이 사용되고 있는데, 그 개념정의는 국가나 학자마다 상이하다고 할 수 있다(표 9-3, 표 9-4).

**〈표 9-3〉** 비정부조직과 유사개념

| 유사개념 | 개념정의 |
|---|---|
| 비영리조직<br>(NPO) | 영리추구를 목적으로 운영하는 시장부문에 대칭되는 개념으로, 시민사회에서 영리를 추구하지 않고 어떤 공공목적에 봉사하는 단체<br>(미국에서 주로 사용) |
| 자발적 단체<br>(VO) | 자원활동을 통해 복지서비스를 제공하는 단체<br>(유럽, 특히 영국에서 많이 사용) |
| 민간자발적 조직<br>(PVO) | 자원활동을 통해 원조활동을 하거나 서비스를 제공하는 결사체<br>(미국) |
| 시민사회단체<br>(CSO) | 사회의 소외된 집단의 이익을 대변하는 단체 또는 시민사회 내에서 시민참여, 권력견제, 약자보호, 문화적 종교적 가치를 추구하는 다양한 결사체(세계NGO연합체(CIVICUS)와 세계은행에서 사용) |
| 제3부문조직<br>(TSO) | 정보조직도 시장조직도 아닌 재3부문으로 새로운 기능을 수행하는 단체 또는 정부와 기업을 제외한 비영리부문의 모든 단체<br>(일본서 주로 사용) |

〈표 9-4〉  학자들의 비정부조직(NGO) 개념정의

| 학자들 | 개념정의 |
|---|---|
| 박상필<br>(2008: 8) | 시민사회에서 자발적으로 결성하여 공익을 추구하는 결사체 |
| 김준기<br>(2006: 3) | 공익추구를 목적으로 자발적으로 결성되어 자발성과 비대가성의 원칙에 의해 운영되는 민간조직 |
| 정정길 외<br>(2010: 1871) | 시민사회의 자발적인 행동을 기초로 하여 공익을 추구하는 민간기구 |
| 남궁근<br>(2017: 219) | 정부부문과 시장부문과는 구분되는 비정부·비영리 영역에서 활동하는 조직들 또는 시민사회영역에서 주요행위자로 활동하는 단체들 |

위의 표에서 비정부조직의 개념정의를 보면, 학자들마다 강조점은 차이가 있지만, 비정부조직이란 공공부문과 민간부문의 사이에 존재하는 제3부문영역 중에서 시민을 중심으로 자발적으로 결성하여 공익을 목적으로 활동하는 시민결사체로 정의할 수 있고 다음과 같은 특징을 가지고 있다. 첫째, 공공부문(정부부문)이나 민간부문(시장부문)과 독립적인 제3부문이다. 둘째, 사익(이윤)추구보다는 공익(시민 또는 국가의 이익) 추구를 목표로 한다. 셋째, 시민의 자발적 참여와 재원의 독립성을 갖는다. 넷째, 내부지배구조가 자치적(self-governing)이다. 다섯째, 정부와 시장의 비판과 견제기능을 한다.

이러한 특정을 가지는 비정부조직은 학자나 기관마다 다양한 분류를 하고 있는데, 대중적 풀뿌리조직, 지역공동체, 민중단체, 자조적 기관 등을 포함되지만, 노동조합, 정당, 정부가 설립한 민관혼합단체, 회원들의 이익을 추구하는 이익집단, 회원가입이 강제적인 직능단체 등은 제외된다(정정길 외, 2010: 187-188). 이를테면, 비정부조직의 유형은 미국 존스홉킨스 대학교의 Salamon & Anheier(1996)가 범주화한 바와 같이, 문화와 여가, 교육과 연구, 건강, 사회서비스, 환경, 개발과 주거, 법률과 권익 및 정치, 자선 및 자원봉사, 국제, 종교, 협회와 전문가집단 및 노조, 기타 등 12개 그룹으로 분류하고 이를 다시 22개의 하위영역으로 나누고 있다. 이러한 비정부조직은 이전에 이익집단의 범주에 속해 있던 공익집단을 말한다. 공익집단의 대표적인 예로는 이른바 시민사회단체로 명명되는 참여연대, 경실련, 환경운동연합 등과 관변단체로 명명되는 바르게살기중앙협의회나 새마을운동중앙협의회가 포함된다.

비정부조직은 정당이나 이익집단처럼, 그들이 가지고 있는 다양한 자원을 토대로 활동을 하는데, 비정부조직이 정부와 관계에서 사용할 수 있는 자원으로는 긍정적 자원과 부정적 자원이 있다(김준기, 2006: 147−150). 우선, 비정부조직이 정부에 제공할 수 있는 긍정적 자원으로는 정부정책의 정당성 부여, 정책의 아이디어와 정보 제공, 전문인력과 조직 동원, 정책과정참여와 갈등중재 등이다. 예컨대, 정부의 정책형성과 집행에서 비정부조직의 지지는 정부정책에 대한 정당성을 부여할 수 있고, 정부정책에 유익하고 필요한 아이디어와 정보를 제공할 수 있으며, 정부를 대신하여 공공서비스를 생산하는데 전문인력과 조직을 동원할 수 있다. 비정부조직은 정책과정의 참여자로서 이익집단과 달리, 이해관계에 있어서 상대적으로 중립적인 중재자로 활동이 가능하다.

다음으로, 비정부조직이 정부와의 관계에서 가지는 부정적 자원으로는 정부정책에 대한 반대, 비판적 여론 조성, 정부에 대한 퇴출압력 등이 있다. 이를테면, 비정부조직은 정부의 정책결정이나 집행과정에서 정책반대를 할 수 있고, 이는 기자회견이나 성명발표, 중단촉구선언, 항의서한 발송, 항의시위, 소송 등의 참여기술을 동원하여 비판적 여론 조성을 할 수 있다. 그리고 비정부조직은 정권퇴진과 반정부시위 등을 통하여 정부의 퇴출을 요구할 수 있다.

### (2) 비정부조직(NGO)의 기능

비정부조직은 정부와 사회의 다양한 분야에서 기능을 수행하고 있는데, 구체적으로 살펴보면 다음과 같다. 우선, 비정부조직은 정부나 시장에 대한 견제와 보완기능을 수행하는데, 이것은 정책결정이나 정책평가기능과 관련된다. 비정부조직은 국가권력, 즉 정부활동에 대한 대표적인 정보제공자이고 견제자이다. 예컨대, 비정부조직은 정책결정자들에게 문제해결을 위한 전문지식이나 정보를 제공하고, 정부의 정책독점과 예산낭비 등을 견제하기 위하여 정부시책에 대한 비판과 대안제시를 시도한다. 또한, 비정부조직은 경제권력, 즉 민간부문의 활동에 대한 견제를 한다. 시장에서는 영리단체의 독점적인 시장지배나 분배악화 등의 시장실패에 대한 비판과 개선을 요구하고 기업이 생산하지 않는 비시장적 재화나 서비스의 생산자로서의 기능을 수행한다(김준기, 1999: 114).

다음으로, 비정부조직은 정책과정에서 시장참여와 정책참여 기능을 수행한다. 비정부조직은 공공재화와 서비스 공급에서 정부의 역할을 지원하거나 대신하는 실질적인 파트너나 정책집행자 역할을 수행한다. 공공서비스 제공을 정부가 직접 하기보다는 NGO에게 위탁하면 상당한 비용절감과 효과가 높아진다는 연구들이 있다.

최근의 민영화(privatization)나 민간위탁(contracting – out) 및 제3자정부 등은 정책집행을 행정기관과 영리기업이나 비영리기관과 공유하는 방향으로 발전하고 있다(임승빈, 2009: 252). 또한, NGO는 시민들의 정책과정상 참여를 가능하게 하며, 개인의 분산된 정치적 의사표현을 하나로 결집하여 보다 효과적인 정치적 투입이 가능하도록 한다. 비정부조직의 정책참여란 정책의제설정으로부터 정책결정과 정책집행 그리고 정책평가에 이르기까지 정책과정에 영향력을 행사하기 위한 모든 행위를 말한다(박상필, 2008: 149).

이상에서 논의한 바와 같이, 현대사회에서 대두하는 다양하고 복잡한 정책문제는 정부 단독으로 해결하기가 불가능하므로, 정부는 시장이나 비정부조직에 위임하는 시장거버넌스(market governance)나 이들과의 협력을 하는 네트워크거버넌스(network governance)가 활성화되고 있다. 이를테면, 과거 국가에 의한 직접적인 서비스공급체계에서 민영화나 민간위탁 등의 계약중심의 민간서비스공급체계가 등장하고 있다. 또한, 정책결정과정에서 국가엘리트중심의 배타적인 정책네트워크에서 보다 많은 민간행위자를 포함하는 개방적 형태의 정책네트워크가 확산되면서 비정부조직의 정책참여는 크게 증가를 하고 있다. 특히 비정부조직은 이익집단처럼, 정책공동체나 이슈네트워크에서 정책활동이 활발해지고 있다.

따라서 Turner & Hulme(1997)은 정책과정에서 시민과 시민사회조직의 역할에 초점을 두는 거버넌스에 대한 논의가 요구된다고 하였다. 정부에서 거버넌스로의 패러다임이동은 종래 정부주도의 통치과정에서 시민이나 시민사회조직의 역할증대가 나타나고 있다는 것을 의미한다. NGO는 정치 경제 사회 등의 전반영역에서 근본적인 변혁을 주도하고 있다. 이러한 관점에서 Najam(1999)은 비정부조직이 정책과정에서 수행하는 기능을 주창자(monitor), 혁신자(innovator), 서비스 제공자(service provider), 감시자(monitor) 등으로 나누고 있다. 여기서 주창자란 경제 환경 여성 복지 등 다양한 정책영역에서 사회문제를 의제화하고 정책대안을 제시하는 기능이고, 혁신자는 Kingdon이 말하는 정책형성과정에서 문제나 정치 및 정책 흐름의 주도적 기능을 수행하는 정책선도자이다. 서비스 제공자란 정부나 시장을 대신하거나 보완하여 사회복지나 의료 등의 공공서비스를 제공하는 기능이고, 그리고 감시자란 정부나 시장을 감시하고 비판하는 등 견제를 통하여 공익을 수호하는 기능을 말한다(김준기, 2006: 239).

**비정부조직의 자원**

- 긍정자원: 정부정책의 정당성부여, 정책의 아이디어와 정보제공, 전문인력과 조직동원, 정책과정참여와 갈등중재
- 부정자원: 정부정책의 반대, 비판적 여론조성, 정부에 대한 퇴출압력

↓

**이익집단의 기능**

- 정부와 시장의 견제와 보완기능
- 정책과정의 참여기능
- 주창자, 혁신자기능(정책의제설정과 정책결정기능)
- 서비스제공자기능(정책집행기능)
- 감시자기능(정책평가기능)

**그림 9-10 비정부조직의 자원과 기능**

### 사례연구 비정부조직(NGO)의 활동 현상

– 양(山羊)에 밀린 설악산 오색케이블카

**양양군수 "법적 대응" vs 환경단체 "정부결정 환영"** – 16일 환경부가 설악산 오색케이블카에 대해 부동의결정을 내리자 찬반의견이 첨예하게 갈렸다. 김진하 양양군수는 이날 현지에서 기자회견을 열고 "법적으로 대응하겠다"고 했다. 반면에, 같은 시각 환경단체 '설악산 국립공원지키기 국민행동'은 서울에서 기자회견을 열고 환경부 결정을 환영했다.

환경부가 강원도 양양지역의 숙원사업인 설악산 오색케이블카를 결국 백지화한 것은 환경훼손이 심각할 것으로 봤기 때문이다. 조명래 환경부 장관은 16일 기자회견을 갖고 "국립공원 조성, 케이블카 설치, 백두대간 관리 등 가이드라인을 심대하게 훼손하는 부분이 많이 드러났다"며 "지역경제 활성화에 도움이 되는 대안사업을 발굴해 관계부처와 강원도, 양양군과 협의해 가겠다"고 했다.

하지만, 일각에서는 전 정부에서 추진된 오색케이블카사업이 현 정부에 들어와 적폐청산이라는 명분으로 좌초된 것 아니냐는 시선도 있다. 양양군은 이날 "(지난 정부 때) 환경부가 시범사업으로 승인해 주고 이제 와서 (안 된다는 것은) 자기모순"이라며 "김은경 전 환경부 장관이 주도한 '적폐사업몰이'의 연장선상에서 진행된 환경영향평가결과를 거부한다"고 했다.

강원도 양양군 서면 오색리부터 남설악 정상을 잇는 '오색케이블카'는 강원도와 양

양군이 1980년대부터 요구해온 사업이다. 장애인단체도 "500만 장애인의 국립공원 향유권이 절실하다"며 환영했다. 하지만 30여 년간 환경훼손 논란으로 진척이 없었다. 본격적이 논의는 2012년 시작됐다. 양양군이 2012년과 2013년 케이블카사업계획안을 제출했지만, 국립공원위원회는 환경훼손을 이유로 허가하지 않았다. 양양군은 지적을 받아들여 노선을 두 차례 수정한 끝에 이번에 최종 부동의결정이 난 '오색리~끝청 하단' 노선을 골랐다. 이노선은 2015년 심의를 통과했다.

그러자 환경운동가와 지역주민이 그해 12월 환경부장관을 상대로 허가취소를 요구하는 소송을 냈고, 지난해에는 또 다른 환경운동가가 설악산 산양 28마리를 원고로 내세워 추가로 소송을 냈다. 서울행정법원은 지난 1월과 5월 해당사건을 각하·기각했다. 이에 따라 "오색케이블카사업이 급물살을 타게 됐다"는 관측이 한때 나왔다. 그러나 결정권자인 원주지방환경청이 환경영향갈등조정협의회를 일곱 차례 연 끝에 16일 부동의결정을 내림으로써 이사업은 폐기수순을 밟게 됐다. 이날 원주지방환경청은 동물과 식물 등 7가지 분야로 나눠 오색케이블카사업을 분석한 결과 모든 분야에서 치명적인 문제점이 1개 이상 발견됐다고 밝혔다. 원주환경청은 특히 "발전기 소음, 탑승객 체류 등으로 산양의 이동로 단절이 예상되고, 설악산에서만 유일하게 자생하는 이노리나무에 대한 보호대책이 제시되지 않았다"고 지적했다.

현지에선 후폭풍이 거세다. 김진하 양양군수는 이날 군청에서 기자회견을 열고 "주민의 숙원사업인 오색케이블카사업을 처참하게 짓밟은 환경부를 규탄한다"면서 "행정소송 등 모든 수단과 방법을 동원해 대응해 나갈 계획"이라고 했다. 강원도도 "역대 정부가 정상적으로 추진해 온 사업을 환경단체의 주장만 반영해 좌절시키는 것을 받

〈설악산 오색케이블카사업 논란일지〉

| | |
|---|---|
| 1982년 | 강원도가 추진한 설악산 제2케이블카 문화재위원회에서 부결 |
| 2001년 | 양양군, 설악산 오색케이블카사업 추진결정 |
| 2012년 6월 | 양양군의 오색케이블카사업신청 환경부가 불허 |
| 2012년 9월 | 양양군이 노선바꿔 신청서 재제출했으나 환경부 불허 |
| 2013년 9월 | 양양군이 노선변경해 3차 제출 |
| 2015년 3월 | 환경부, 양양군 3차안 심의승인 |
| 2015년 8월 | 환경단체, 환경부 상대로 소송 |
| 2015년 12월 | 환경단체, '산양' 원고로 문화재청 결정취소소송 |
| 2016년 11월 | 원주지방환경청, 양양군에 환경영향평가 보완요청 |
| 2018년 2월 | 행정법원, 환경단체 패소 |
| 2019년 5월 | 양양군, 환경영양평가보완계획서 원주지방환경청에 제출 |
| 2019년 9월 | 원주지방환경청, 환경영향평가 부동의결정 |

아들일 수 없다"고 밝혔다. 양양군민 역시 강경투쟁을 예고했다. 정준화 친환경 설악산 오색케이블카 추진위원장은 "피가 거꾸로 솟는 기분"이라며 "문재인 대통령을 비롯해 조명래 환경부장관의 퇴진운동을 벌여나갈 계획"이라고 했다(조선일보 2019.9.17.).

### – 권력자 된 시민단체: 관변단체로 전락

문재인 정부에 들어와서 시민단체(NGO)출신 인사들은 청와대와 정부, 여당에 대거 진출했다. NGO 인사들이 여권핵심부에 포진해 사실상 정책결정을 좌지우지하는 상황이 된 것이다. 권력과 정책의 감시자가 아니라 집행당사자가 되자 시민단체 고유의 기능도 상실하고 있다. 탈원전, 소득주도성장, 친노동, 공수처 설치, 부동산 등 주요정책에서 정부와 한목소리를 내고 있는 것이다. 시민단체가 요구해 온 정책이 그대로 반영되는 경우도 많다. 작년 '조국사태'에 이어 최근 윤미향 의원 및 정의연 문제에서도 시민단체들은 권력을 비판하는 게 아니라 오히려 옹호하는 행태를 보였다. 조국사태를 계기로 참여연대를 떠난 김경율 경제민주주의21 대표는 1일 "현재는 환관 같은 시민단체와 언론(인)들이 판을 친다"고 했다.

청와대는 비서관급 이상 참모진 54명(국가안보실·경호처 제외) 중 9명(17%)이 참여연대나 민변 등 시민단체출신이다. 중앙부처 장관 18명 중에서는 3명이 시민단체출신이다. 민주당 의원 177명 중에서는 19명(11%)이 각종 NGO 활동을 했었다. 문재인 정부는 출범 초부터 시민단체출신 발탁에 적극적이었다. 변호사시절 사회운동을 했던 문 대통령의 인사코드가 반영된 것이란 분석이다. 시민단체출신 중에는 과거활동 때 지금의 여권을 엄호하고 과거 보수정부를 비판했던 인사가 다수다. 권력견제가 아닌 권력옹호에 주력하던 이들이 당·정·청에 합류하면서 문재인 정부의 정책은 더욱 강경일변도로 흘렀다. 시민단체에서 부동산 증세(增稅)를 주장하다가 청와대에서 종부세 인상을 주도하고, 조국수사를 비판하다 국회에서 공수처 설치에 앞장서는 식이다. 탈원전정책과 소득주도성장, 친노동 등 **정부의 주요정책에서도 시민단체의 정권동조화현상**은 뚜렷하게 나타나고 있다. 전문가들은 도를 넘었다고 지적했다. 진중권 전 동양대 교수는 지난달 25일 민언련과 참여연대, 여성단체 등의 친여성향행태를 비판하면서 "과거에도 어느 정도 편파성은 있었지만 권력을 잡아 이권에 가까워져 그런지 요즘은 충성경쟁하듯 아주 노골적으로 당파적"이라고 했다.

**주요 진보시민단체들이 정부·여권에 대한 감시역할보다 야당이나 전(前) 정권에 대한 비판에 치중해온 것으로 11일 나타났다.** 20대 국회(2016~2020년) 기간 중 참여연대의 의정감시센터가 발표한 성명·논평·기자회견 총 224건을 전수조사한 결과, 미래통합당 등 야당을 비판하거나 정부·여당과 유사한 입장을 밝힌 경우가 91건에 달했다. 반면, 정부·여당을 비판하거나 야권과 입장을 같이한 경우는 14건에 불과했다. 정치권 관련 성명·논평 105건 가운데 야권비판은 87%, 여권비판은 13%였다. 의정감시센터는 작년 4월 '패스트트랙 여야충돌' 관련 회견·성명에서 "무법천지 국회 만든

불한당 자유한국당"이라고 했지만, 민주당의 책임은 거의 거론하지 않았다. 청와대와 정부에 대한 감시역할을 하는 참여연대 '행정감시센터'도 문재인 정부 출범 이후인 2017년 5월부터 낸 총 111건의 성명·논평·회견에서 전 정권 비판에 더 치중했다. 박근혜·이명박 정부의 세월호 은폐, 불법감청 수사촉구 등이 36건이었던 반면, 문재인 정부 관련 현안은 33건이었다. 민주사회를 위한 변호사모임은 '과거사청산위원회' '박근혜 사법심판TF(태스크포스)' '세월호참사 대응TF' 등이 전 정부 관련 사안을 다루는 팀을 주로 운영하고 있다. 한국여성단체연합은 '윤미향사태'에 대해 "일부 회계 미숙뿐"이라고 했고, 오거돈 전부산시장 성추행사건의 총선 연관 의혹에 대해선 "성폭력 피해를 정치적으로 이용하지 말라"고 했다(조선일보 2020.6.2.).

### – '미래의 시민운동' 바람직한 방향은

시민단체들이 사회를 계몽하고 권력을 견제하는 본연의 역할대신 이념과 진영의 덫에 빠져 거대한 이익집단, 권력집단이 된 현실을 진지하게 돌아볼 때가 됐다. 국내인권문제는 시시콜콜 파고들면서 북한에서 자행되는 온갖 반인륜적 압제에 침묵하는 인권단체, 중국발(發) 미세먼지 논란에 소극적인 환경단체, 현 정부 내 인사들의 파렴치한 성범죄에 입을 닫는 여성단체는 "시민단체는 왜 존재하는가"를 묻게 한다.

시민단체 활동가들은 "미래의 시민운동은 보다 전문화·지역화하면서 시민들의 참여를 이끌어내야 한다"고 한목소리를 냈다. 사회의 주요쟁점들이 사회·정치적 이념에 바탕을 둔 거대담론에서 등록금, 물가 등 생활밀착형이슈로 전환되고, 그에 대한 시민들의 다양한 의견이 터져 나오고 있기 때문이다. 또한, 정부와도 단순히 대립각을 세우는 것을 뛰어 넘어 정부와 소통하고 협력을 하는 거버넌스체제를 만들어야 한다고 강조한다.

시민운동은 실제 거대단체 중심에서 지역화·전문화되어가는 추세가 가속화되고 있다. 이같은 현상은 이미 가시화된 상태다. 사회가 분화될수록 기존의 시민단체들이 다루지 못하는 사회의 이면이 속속 드러나고 있어서다. 투명사회를 위한 정보공개센터 전진한 사무국장은 "여성문제 안에서도 보육과 여성고용 창출 등 다양한 문제가 불거지고 있듯이 사회이슈는 갈수록 세분화되는 경향이 뚜렷하다"면서 "시민운동은 앞으로 더욱 작고 세밀한 문제와 가치를 지향하면서 발전해야 한다"고 밝혔다.

시민운동이 세밀화돼가는 과정에서 보다 많은 참여를 이끌어 내야하는 일은 당연하다. 시민운동이 지역사회를 중심으로 생활밀착형이슈를 제시해 시민들의 목소리를 끌어내야 한다는 것이다. 안영신 즐거운교육상 집행위원장은 "시민운동이 지역주민들의 생생한 의견을 모으고 지역공동체를 복원하는 역할을 해야 한다"면서 "지자체와도 비판과 감시를 하면서도 대안을 제시해 문제를 함께 풀어나가고 있다."고 말했다.

중요한 사회이슈에 대해서는 시민단체들의 연대는 필수다. 처음엔 일부 단체가 관심을 갖는 작은 이슈가 사회전반이 주목하는 거대현안으로 발전하는 사례가 늘고 있다. 무상급식, 반값등록금 운동 등의 이슈가 대표적인 예다. 김동규 등록금넷 조직팀장은 "무상급식, 한·미자유무역협정(FTA)비준 반대, 반값등록금 실현과 같은 사안은 어느 한 분야의 이슈가 아니라 사회전체의 이슈로 확대됐다"면서 "개별적으로 활동하는 단체들도 중요한 사회이슈에 대해서는 함께 손을 잡고 목소리를 내며 영향력을 높여야 한다"고 방향을 제시했다.

그리고 정부와 소통하고 협력할 수 있는 수평적 네트워크구조를 만들어야 하는 것도 중요한 과제다. 정부에 대한 감시와 함께 협력의 역할도 해야 한다는 것이다. 임태훈 군인권센터 소장은 "시민사회는 정부가 스스로 발견하지 못하는 정부의 문제점을 발견하고 지적할 수 있다"면서 "정부가 해결하지 못하는 제도나 정책 개선에 대해 전문성을 바탕으로 도움을 주며 함께 대안을 모색해야 한다"고 말했다. 임 소장은 "정부는 사회문제에 대해서 시민단체에 묻고 자문을 구하는 등 시민사회와 소통하려는 노력이 필요하다"고 강조했다(서울신문 2011.10.29.).

## 4) 일반국민

일반국민(general citizens)은 앞에서 살펴본 정당이나 이익집단 및 비정부조직과 달리, 집단화되지 않은 개별적인 시민으로서 정책과정에서 무시되거나 경시되어 왔다. 정책과정에서는 시민들의 선호나 목소리가 투입되거나 영향력을 행사하지 못하는 것으로 인식되고 있다. 그러나 민주주의의 특징이 다양한 행위자들의 넓은 정치참여라고 한다면, 개별화된 시민들도 정책과정에서 어떤 중요한 기능을 수행하는 독립적인 행위자라고 할 수 있다. 다양한 사례들에서 시민들은 직간접적으로 정책결정에 참여를 하고 있는 현상이 나타나고 있다. 이것을 보다 구체적으로 살펴보면 다음과 같다.

첫째, 시민들은 세금을 올리지 말도록 하는 것과 같이 어떤 문제에 대해 정부에 요구를 할 수 있다. 시민들의 이익(interests)이나 소망(desires)은 공공정책을 위해 중요하다. 정치학자 Fiorina(1989)에 의하면, 시민들은 '최소의 비용으로 최상의 편익(the most benefits at least cost)을 얻기를 바란다고 한다. 이것은 효율성을 위해 최소한의 조세를 지불하고 최상의 서비스를 받는 것(less tax, more service)을 의미한다. 그러나 우리 모두는 정부로부터 원하는 모든 것을 얻을 수 없지만 어떤 사람들은 어떤 편익(서비스)이 제공되기를 기대한다. 정치에서 '누가 무엇을 얻는가?(who gets what?)의 문제는 현저하게 민감한 사안이다. 많은 사람들은 정치나 정책결정에 일상적으로 관련되는 것은 아니지만, 그들에게 직접적인 이해관계가 있는 이슈들이 해결되기를 기대할 수 있다. 이들은 그 이슈가 만족스럽게 또는 그렇지 않게 해결될 때까지 정책결정맥락에 존재하게 된다(Birkland, 2001: 78-79).

둘째, 비록 정책결정업무가 행정부의 과업일지라도 시민은 투표(voting)를 통하여 정책결정에 참여할 수 있다. 캘리포니아주와 같은 미국의 일부 주와 스위스와 같은 일부 국가에서 국민은 법률제정에 대해 직접 투표할 수 있다. 그리고 선거직 정치인들은 그들이 제시한 정책공약을 통하여 국민의 선거를 통한 선택을 받게 된다. 이를 Lindblom(1968: 44)은 다음과 같이 설명한다.

> "권위주의체제와 민주주의체제의 차이점으로 민주주의체제 하에서는 시민들이 그들의 최고정책결정자를 선거를 통해 선택하게 된다는 것이다. 선거의 존재 자체가 시민참여의 보증이기 때문에 정책에 영향을 미칠 수 있는 중요한 방법이 된다. 그러므로 선거가 있다는 사실 자체가 정책결정에서 국민의 요구를 고려해야 한다는 규칙(rule)을 정책결정자들에게 간접적으로 강요한다. 여기서 규칙은 시민들이 말할 권리를 가지며 정치인들은 들을 의무가 있다는 것이다."

이처럼, 유권자들은 선거를 통해 공공정책의 기본적인 변화를 일으킬 수 있다. 예컨대, 미국의 1932년 대통령선거에서 공화당후보와 민주당후보는 대공황대책을 둘러싸고 상당한 의견차이가 있었는데, 유권자들은 Roosevelt 후보에게 압승을 안겨 주었다. 많은 뉴딜법안들은 정치경제관계와 정부역할을 획기적으로 변화시키었다 (Anderson, 1984, 2011: 67-68).

셋째, 시민들은 정당이나 이익집단 및 비정부조직에 가입하거나 이들 집단을 매개로 정책의제설정이나 정책결정 및 정책집행에 참여할 수 있다. 이들 집단은 구성원의 이익을 대변하기도 하지만 일반시민의 이익을 대변하기도 하기 때문이다.

넷째, 일부 시민들은 그들의 지적 활동(intellectual activities)을 통하여 정책과정에 새로운 아이디어나 방향을 제시한다. 예컨대, Carson은 1962년 '침묵의 봄(silent spring)'이라는 저서를 통하여 살충제 억제라는 환경정책에 커다란 영향을 미쳤다. 또한, 어떤 사람들은 정치적 행동주의(political activism)를 통해 정책행위에 영향을 주고 있다. 1930년대의 사회보장법은 Townsend 박사의 활동에 의해, 1960년대의 인권법은 King 목사의 활동에 영향을 받았다(Anderson, 1984, 2011: 69).

### 🌡️ 사례연구   주민(시민)의 활동 현상

– 주민반발하면 접는 주택공급: 시장에 나쁜 선례

지난해 문재인 정부가 발표한 '8·4 공급대책'에 포함됐으나 지역주민들의 격렬한 반발로 난항을 겪어온 정부과천청사부지 주택공급계획이 결국 없던 일이 되고 말았다. 더불어민주당과 국토교통부는 지난 4일 당정협의를 개최해 정부과천청사 유휴부지를 활용한 주택 4천호 공급계획을 철회하는 대신 기존 과천지구의 자족용지 등에 4천300호를 건설하자는 과천시의 수정제안을 받아들이기로 했다. 치솟는 집값을 억제하기 위해 규제일변도의 정책을 펴던 정부가 비로소 공급에 눈을 돌려 마련한 '8·4 대책' 가운데서도 과천청사부지사업은 물량은 많지 않았지만 수도권 요지의 '알짜배기'라는 점에서 눈길을 끌었다. 그러나 이 계획이 발표되자 과천시 주민들은 "계획도시인 과천은 현재 조성된 주택규모에 맞게 기반시설이 정비된 상태"라며 "정부청사부지는 모든 시민이 이용할 수 있는 공원으로 만들어야 한다"고 강하게 반발했다. 분노한 과천시민들이 김종천 과천시장에 대한 소환투표운동에 나섰고 청구인 서명요건을 충족해 다음 달 소환투표가 열릴 것이 확실해지자 정부·여당이 결국 두 손을 든 것이다.

그러나 정부·여당의 방향전환으로 문제가 쉽사리 해결될 수 있을 것 같지는 않다. 대체부지 마련은 이제부터 과천시와 협의할 계획이어서 언제쯤 구체적인 계획이 나올지 알 수 없고 주택공급은 차질이 불가피해 보인다. 대체부지가 확보된다고 해도 주민들이 우려한 도시과밀화문제는 여전히 남게 돼 이를 해결할 방법이 제시되지 않는다면 또다시 반발에 직면할 가능성이 크다. 당장 김 시장 소환투표를 추진해온 주민소환추진위원회는 '8·4대책 전면철회'를 주장하면서 이 요구가 받아들여지지 않는 한 소환절차를 계속하겠다는 입장을 밝혔다. 더 큰 문제는 정부의 주택공급대책이 곳곳에서 지역주민들의 반대에 부딪힌 상황에서 과천시의 경우가 좋지 않은 선례로 작용할 수 있다는 점이다. 지난해 이후 정부가 발표한 일련의 주택공급사업에 포함된 태릉골프장, 용산역 정비창, 서부면허시험장, 서울지방조달청·국립외교원 부지 등 수도권 후보지들에 대해 인근주민들은 거의 예외 없이 반대입장을 밝히고 있다. 민간재건축·재개발보다는 이해관계가 복잡하지 않고 정부소유여서 사업추진이 용이할 것으로 봤던 이들 택지조차 주민반대로 제대로 추진되지 못한다면 앞으로 5년 이내에 80만 가구 이상의 주택을 공급하겠다던 정부의 장담을 믿기는 어려울 것이다.

이제부터라도 지역주민들, 이해관계자들과의 소통을 통해 사업의 필요성과 실현가능성을 소상히 설명하는 한편 예상되는 손실과 여러 문제에 관해 보상 및 해결대책을 제시하고 납득시키려는 노력을 강화하기를 바란다. 그와 동시에 무리한 요구에는 휘둘리지 않는다는 입장을 확고히 할 필요도 있다. 도시지역 기존시설의 용도전환, 재개발·재건축 등을 통한 주택공급사업에는 복잡한 이해관계가 얽히기 마련이어서 모두의 요구를 동시 만족하는 방안은 사실상 불가능하다고 해도 과언이 아니다. 일부 주민의 반대에는 집값 등 이기적 동기에서 비롯된 무리한 측면이 있는 것도 부인하기 어렵다.

결국, 정부가 합리적인 원칙과 기준을 세우고 이를 일관되게 지키는 것이 무엇보다 중요하다. 정부와 여당은 과천청사부지를 활용한 주택공급계획을 철회하면서 양호한 대체입지, 기존 정부계획을 초과하는 대체물량, 지자체의 공급대책이행 적극협조 등을 계획변경의 요건으로 제시했다. 이것이 정부의 원칙이라면 다른 사업에도 예외 없이 적용돼야 하겠지만 여유부지가 비교적 많은 과천과는 달리 이 요건을 충족하기 어려운 지역이 더 많다. 주택시장안정의 관건은 공급량 자체보다는 충분한 물량이 공급될 수 있을 것이라는 믿음이다. 주민반발 등 외적 요인으로 인해 공급계획이 오락가락하고 그때그때 적용되는 원칙과 기준이 달라진다면 결코 시장의 신뢰를 얻을 수 없을 것이다(연합시론 2021.6.6.; 한국경제 2021.6.5.).

### – 시민이 바꾼 네덜란드 더쾨벌: 조선소 폐업 후 버려진 땅을 살리다

네덜란드 암스테르담 시내에서 버스로 15분 떨어진 마을 '더쾨벌(De Ceuvel)'은 아담한 항구도시처럼 보였다. 마을초입을 지나자 선상(船上)가옥 10여 채가 보였다. 이 배들은 그러나 물 위에 떠 있지 않았다. 마을골목을 따라 땅 위에 늘어서 있었다. 배 안을 들여다보자 컴퓨터 앞에서 일하는 사람들이 보였다. **더쾨벌에서 우리를 안내해준 마크 더홉씨는 "조선소가 버리고 간 오염된 땅을 주민들이 손수 이렇게 부활시켰다"며 "상당히 인기있는 관광명소"라고 말했다.**

더쾨벌은 시민주도형도시 리모델링의 대표적인 성공사례로 손꼽힌다. 조선사인 더쾨벌−보할딩이 2000년대 초 경영난으로 폐업한 뒤, 이 지역은 10년간 폐허로 방치됐다. 땅은 정부소유였는데 80년 동안 조선소로 쓰여 기름에 찌들어 있었다. 주민들이 민원을 넣었지만 재정난에 시달리던 정부엔 문제해결여력이 없었다. "정부는 땅을 공짜로 줄 테니 이를 좀 고칠 이들이 없는지 물색했고, '스페이스&매터'라는 건축회사가 선정됐습니다. 1250㎡짜리 공간을 완전히 새로 만들라면서 정부가 준 돈은 달랑 25만 유로(약 3억2000만원)에 불과했지요." 더쾨벌 재생에 참여한 건축가 톰 반알만씨가 설명했다.

집 한 채 짓기에도 모자란 돈으로 망가진 땅을 바꿔야 했다. 이런 어려운 프로젝트를 위해 지역주민들이 기꺼이 공짜 노동력을 제공하기로 했다. 버려진 배를 벤치로 꾸미거나 페인트를 칠하는 등 자원봉사를 하러 몰려왔다. 낡은 선상가옥을 가져다 고쳐 쓰자는 기발한 아이디어도 나왔다. 배를 가져다 땅으로 옮길 때 시민 수백명이 나와 밧줄을 당겼다. 16개 개성있는 '배(船) 사무실'은 2014년 완성됐다. 사무실 임차료는 1㎡당 65유로(연간)에 불과하다. 수익금은 개발과정에서 빌린 은행돈을 갚아나가는 데 쓰인다.

이 마을은 '완성'된 후에도 주변에 사는 시민과 '리모델링한 배'에 저렴하게 입주한

회사(스타트업 등)의 직원에 의해 운영되고 있다. 예컨대, 더쾨벌을 둘러보러 오는 관광객을 안내하는 일이나 골목청소, 주말장터 운영 등이 이들의 무급봉사로 이뤄진다. 더홉씨는 "더쾨벌 내 회사로 출근하는 사람들은 일주일에 최소 4시간씩 마을을 위해 시간을 쓴다"고 했다. 주민들은 더쾨벌을 이른바 리빙랩(living lab)으로도 활용 중이다. **리빙랩은 시민들이 생활하면서 지역문제를 해결하기 위한 아이디어를 시도해보는 공간을 뜻한다.** 더쾨벌에서 이뤄지는 실험은 '에너지가 순환하는 친환경도시'다. 예컨대 카페에서 쓰는 채소들은 마을에 있는 온실 2층에서 직접 기르는데 화분에 준 물이 아래층 수조로 내려가 물고기를 기르는 데 다시 쓰이는 식이다.

**더쾨벌뿐이 아니었다. 암스테르담 시민들은 직접 팔을 걷어붙여 도시를 고쳤다는 자랑을 여럿 들려줬다.** 예를 들어, 마약과 범죄가 만연하던 하를럼(Haarlem) 거리는 지역주민 넬 더야허르 주도로 개성 넘치는 쇼핑거리로 바뀌었다. 20년에 걸쳐, 주민들은 거리를 청소하고 저렴한 임차료를 내세워 직접 다른 지역에 있는 재밌는 상점을 유치했다고 한다. 허물어질 위기였던 낡은 트램차고지였던 더할런(De Hallen)은 지역주민과 도시전문가가 머리를 맞대고 호텔·도서관·공유사무실 등이 들어선 문화공간으로 바꿨다. 우리가 암스테르담을 찾은 지난달엔 '위메이크더시티(We Make the City, 도시는 우리가 만든다)' 축제가 열리고 있었다. 시민들이 소개한 도시개선사례만 200개가 넘었다.

이들은 왜 자기 돈과 시간을 들여 도시를 바꾸려 할까. 미국출신 반알만씨는 "미국인은 각자, 한국인은 위계질서에 의해, 네덜란드인은 다함께 일하는 문화가 있는 듯하다"라는 분석을 내놓았다. 축제를 주관한 '암스테르담 스마트시티' 프란스-안톤 베르마스트 전략고문은 말했다. **"정치적 고려나 명분을 따질 필요 없이, 도시를 개선하고자 가장 간절히 바라는 사람들이 누구일까요. '내가 사는 동네'를 좋게 만들겠다는 시민의 의지를 그 누가 이길 수 있겠습니까."**(조선일보 2019.7.24.).

## 5) 전문가집단(씽크탱크)

정부가 해결해야 할 정책문제는 사악한 문제(wicked problems)라고 하듯이, 정책전문가의 지원이 요구되고 있다. 이에 따라 정책과정에서 중요한 정책행위자로 등장한 것이 전문가집단이다.

전문가집단(두뇌집단, 씽크탱크, think thanks)은 모든 학문분야 전문가들을 조직적으로 결합하여 연구를 하고 그 성과를 제공하는 집단, 또는 정책과정에 영향을 미치기 위하여 학제적 연구에 관여하는 독립된 조직(Simon, 1993: 492; Howlett & Ramesh, & Perl, 2009: 72)을 말한다. 이것의 유형으로는 정부정책을 연구하는 정부산하 씽크탱크, 기업경영전략을 연구하는 기업산하 씽크탱크, 그리고 공익목적을 가지는 비정부조직산하의 씽크탱크 등이 있다(표 9-5).

미국에서 대표적인 민간부문의 씽크탱크로는 브루킹스연구소(Brookings Institute), 헤리티지재단(Heritage Foundation), 카토재단(Cato Institute), 경제정책연구원(Economic Policy Institute), 미국기업연구소(American Enterprise Institute), 도시연구소(Urban Institute), 랜드연구소(RAND Corporation), 미래자원(Resources for the Future), 월드워치연구소(Worldwatch Institute) 등이 있다. 이런 씽크탱크들은 특정한 정책편견과 이념적 성향을 가지고 있다. 브루킹스연구소와 도시연구소가 중도좌파(center-left)라면, 미국기업연구소와 헤리티지재단은 우파성향이다.

한편, 우리나라의 씽크탱크는 정부부처가 정책아이디어를 개발하기 위하여 그들의 산하기관으로 정부출연구기관을 설립함으로써 출발하였다. 예컨대, 각 정부부처마다 1971년 경제기획원산하의 한국개발연구원(KDI)을 필두로 산업연구원, 국토연구원, 한국교육개발원, 한국행정연구원, 한국지방행정연구원 등이 설립되어 각 정책영역의 중단기적인 정책개발을 하고 있다.

또한, 1980년대에 들어와서는 민간부문에서도 씽크탱크들이 설립되기 시작하였다. 1981년 기업이익집단인 전국경제인연합회가 한국경제연구소(→ 한국경제연구원)을, 대한상공회의소는 지속성장이니셔티브(SGI)를 설립하여 기업이익을 대변하는

〈표 9-5〉  미국과 한국의 씽크탱크

| 미 국 | 한 국 |
|---|---|
| 브루킹스연구소(Brookings Institute), 헤리티지재단(Heritage Foundation), 카토재단(Cato Institute), 경제정책연구원(Economic Policy Institute), 미국기업연구소(American Enterprise Institute), 도시연구소(Urban Institute), 랜드연구소(RAND Corporation), 미래자원(Resources for the Future), 월드워치연구소(Worldwatch Institute) | ● 정부출연 연구기관<br>　－한국개발연구원, 산업연구원, 국토연구원, 한국교육개발원, 환국행정연구원, 한국지방행정연구원.<br>● 이익집단산하 연구기관<br>　－전국경제인연합회의 한국경제연구소(→ 한국경제연구원), 대한상공회의소의 지속성장이니셔티브(SGI).<br>　－한국노총의 사회경제연구소(→ 중앙연구원), 민주노총의 민주노동연구원.<br>● 기업부설 연구소<br>　－대우경제연구소, 삼성경제연구소, LG경제연구소.<br>● 시민단체부설 연구소<br>　－참여연대의 참여사회연구소, 경실련의 경제정의연구소, 환경운동연합의 시민환경연구소. |

정책대안을 제시하고 있고, 그리고 노동이익집단인 한국노총은 1994년 사회경제연구소(→ 중앙연구원)을, 민주노총은 2003년 민주노동연구원을 설립하여 노동이익을 대변하고 있다. 개별재벌그룹들은 자체연구소를 설립하기 시작하였는데, 1984년 대우그룹의 대우경제연구소, 1986년 삼성그룹의 삼성경제연구소, LG그룹의 LG경제연구소가 대표적이다.

1987년 6.29 민주화 이후에는 시민단체들도 자체연구소를 설립하기 시작하였는데, 참여연대의 참여사회연구소와 경실련의 경제정의연구소, 환경운동연합의 시민환경연구소가 설치되어 정부에 대한 비판적인 정책대안을 제시하고 있다.

이들 씽크탱크조직은 정부와 기업 또는 정당으로부터 지적 자율성을 유지하고, 넓은 범위의 정책문제들에 관심을 가지고, 그들의 관심영역에 대한 정책제안을 하기 위하여 다양한 이슈영역의 전문가들을 고용하고, 정책과정에서 다양한 기능을 수행한다. 이들의 연구와 보고서는 정책이슈에 대한 기본적인 정보와 자료를 제공하고, 정책문제를 해결하기 위한 정책대안을 개발하고, 그리고 공공정책의 효과성과 결과를 평가한다(Anderson, 2011: 64).

이를테면, 정책전문가들은 많은 사람들이 잊어버리고 있는 사회문제를 분석 검토하여 그 심각성을 경고하는데, 이것은 사회문제가 정책의제화되는 과정에서 점화장치역할을 할 수 있다. 그러나 전문가들의 보다 핵심적 역할은 사회문제를 해결하기 위한 정책대안들을 제시하고 이들을 비교 평가하는 등 정책분석에서 중요한 지적 분석적 작업을 수행하여 지식제공자로서의 기능을 수행한다. 정책집행에서는 거의 영향을 미치지 못할지라도 집행이 된 이후나 집행과정에서 정책의 효과가 발생했는지 여부를 판단하거나 정책내용의 잘잘못을 평가하는 기능을 수행한다(정정길 외, 2010: 204−205).

이처럼, 정책과정에서 정책전문가들이 수행하는 기능은 이른바 정책공동체(policy community)를 통하여 이루어지는 경우가 많다. 왜냐하면 특정정책영역별로 다양한 정책공동체가 형성되어 활동을 하기 때문이다. 이러한 전문가조직의 기능은 이익집단에 의해 개발된 편견된 또는 자기이익적인 정보와 달리, 정책결정자에게 전문적이지만 중립적인 정보를 제공하는 것이다. 그러나 최근에 강한 진보적이거나 보수적 또는 자유주의적 성향을 가진 많은 전문가집단은 옹호자 또는 주창자(advocates)로서 정책목록을 가지고 활동을 한다. Rich & Weaver(1996: 237)는 이러한 상황을 다음과 같이 묘사하고 있다.

"보다 이념적 성향을 가진 씽크탱크들은 복지개혁에 대한 국가적 투쟁으로부터 학교의 재정과 성과에 지역적 논쟁까지 모든 정책이슈들에 대한 적극적인 참여자들이었다. 이들 정책논쟁에서 전문가들은 정책결정자가 넓게 수용할 수 있는 균형적이거나 객관적인 정보들보다는 편파적이고 이념적인 이유를 가진 정보를 많은 참여자들에게 제공하고 있다(Anderson, 2011: 65)."

이러한 전문가의 정치화(politicization)는 중립적인 전문가로서 씽크탱크의 명성에 위협이 되고 있다.

---

**⬗ 사례연구  전문가집단의 활동 현상: 지식인의 정치화**

― 키스 E. 스타노비치 지음(김홍옥 역). (2022). 우리편 편향

'우리는 탈진실사회가 아니라 우리편 편향사회에서 살고 있다.' 200여편의 논문을 내놓은 베테랑 인지심리학자인 스타노비치 토론토대 명예교수는 단언한다. 진실과 사실은 여전히 소중한 가치라고 믿지만, 우리편 편향(myside bias)에 빠지면 "진실과 사실이 우리의 견해를 지지해줄 때에만 소중한 것"이라고 생각하게 된다는 주장이다. **우리편 편향은 자신의 기존 신념·견해·태도에 편향된 방식으로 증거를 평가·생성하고 가설을 검증하는 현상이다.**

미국학계는 좌파(리버럴) 판이다. 2012년 기준 미국 심리학과 교수의 90% 이상이 스스로 좌파라고 생각하고 있다고 응답했고, 하버드대는 2020년 조사에서 전체 교수의 80%가 자신이 좌파라고 답했다. 이념적으로 기울어진 운동장에서 무슨 일이 벌어졌을까. 저자는 "좌파 교수집단은 정치적 적들에게서 심리적 결함을 발견하기 위한 탐구에 나섰다"며 "불관용·편견·낮은 지능·고리타분한 사고방식이 보수주의와 상관성이 있다고 밝힌 연구가 쏟아져 나왔다"고 했다. 우리편 편향은 "공화당 지지자는 민주당 지지자보다 지능이 떨어진다"는 학술논문까지 쏟아졌다. 물론 후속연구들에서 이런 주장은 근거가 없음이 밝혀졌다.

오히려 흔히 열린 마음을 가지고 있다고 생각하는 좌파도 우파만큼이나 관용적이지 않았다. 미국 보수가 낙태찬성론자에게 불관용적인 만큼 미국 좌파도 낙태반대론자에게 비슷한 강도의 불관용을 드러냈다는 연구가 나왔다. 가방 끈 긴 좌파가 '계급배반투표'라며 노동계급이 우파에 표를 던지는 것을 지적하는 것도 우리편 편향에서 비롯된다. 이들이야말로 증세에 찬성하는 후보를 지지하면서 자신의 금전적 이익에 반하는 투표를 하고 있지 않은가. 저자는 이런 좌파의 사고방식을 이렇게 꼬집는다. "다른 유권자들은 절대 그들의 금전적 이익에 반하는 투표를 해선 안 되지만, 내가 그렇게 하는 것은 비합리적이지 않다. 왜냐? 나는 깨어있는 시민이니까."

이 책은 한국 일부 지식인들이 왜 '어용지식인'을 자처하며 '내로남불'에서 벗어나지 못하는지에 대한 궁금증을 해결해준다. 좌·우를 떠나서 그게 인간본성이기 때문이라는 것이다. 그는 우리편 편향에서 비롯된 신념을 리처드 도킨스가 주장한 '이기적 유전자'에 비유한다. 사람이 의식적으로 선택한 것이 아니라 신념이 더 퍼져나가기 위해서 사람을 선택한다는 관점이다. '우리편'에 유리한 (가짜)뉴스를 퍼나르고 공유하는 모습을 보면 적절한 분석으로 보인다. 우리편 편향을 인지하고, 각자가 얼마나 이에 취약한지 깨달으면 작금의 정치적 분열이라는 재앙을 완화하는 데 도움이 되리라는 것이 저자의 희망이다. 우리편 편향을 벗어나는 길은 신념의 편향성과 불완전성을 이해하고 자신의 신념을 회의하는 데서 시작된다.

저자의 처방전은 '인지적 분리'다. 내가 아닌 타인의 관점으로 세상을 바라보는 기술을 뜻한다. 물론 이는 본능을 역행하는 일이라 끊임없는 노력이 필요하다. 저자는 이를 '브로콜리'와 '아이스크림'에 비유한다. 내식대로 정보를 처리하는 건 달콤한 아이스크림처럼 손이 자주 가지만, 우리편만 모인 울타리에서 벗어나려면 의식적으로 브로콜리를 먹어야 한다는 주장이다.

### - 국책연구기관의 정부편향 지식산출

국책연구원은 성격상 국정과제를 뒷받침하는 연구를 소홀히 할 순 없긴 하지만 정권 성향을 떠나 국가의 미래를 위한 중장기 연구도 해야 하는데 그런 연구가 드문 데다, 그나마 국정과제연구도 객관성보다 정부구미에 맞는 결론을 도출하는 사례가 많아 국책연구원을 현 정부 성향에 맞는 보고서를 만들어내는 '하청기관'으로 전락시켰다는 지적이 나온다.

경제·인문사회연구회가 지난해 발표한 '2020년 연구기관 평가결과'에 따르면 국책연구원 평가지표 중엔 '국정과제 및 긴급연구 기여도'가 포함됐다. 총 800점의 연구성과 평가항목 중 100점이 여기에 배정됐다. 국정과제연구는 2018년 무렵까지만 해도 주로 연구기획이나 수행단계에서 하나의 평가요소로 여겨졌지만 문재인 정부 출범 후인 2019년 평가 때부터 중요성이 훨씬 커진 것으로 알려졌다. 이에 따라 국책연구원들은 문재인 정부의 국정과제연구에 '올인'하다시피 했다. 이를테면, 국토연구원이 수행한 연구 192개 중 문재인 정부의 12대 핵심국정과제와 연관된 과제수가 186개에 달했다. 전체연구의 96.8%가 문재인 정부 국정과제와 관련이 있는 것이다. 국책연구원 성과평가단은 국토연구원의 연구수행에 대해 "미흡한 점이 없다"고 힘을 실어줬다. 국토연구원의 종합평가등급은 A등급으로 평가대상기관 중 가장 높았다. 강현수 국토연구원장은 지난해 11월 연임에 성공했다. 한국개발연구원(KDI)과 한국보건사회연구원은 2020년에 한 연구과제 각각 76건과 237건 전체를 국정과제로 채웠다. 한국교육과정평가원은 현 정부 국정과제 지원을 위해 연구예산전액을 투입했고 정보통신정책연구원은 예산의 87%를 국정과제 수행에 배분했다. 한국노동연구원은 연구과제 중 80.5%가

국정과제 관련이었다. **국정과제연구에 소홀한 국책연구원은 비판을 받았다.** 에너지경제연구원은 배정된 수시사업비 중 61.4%를 정부부처 현안과제에 투입했는데, 성과평가단으로부터 "다른 연구원에 비해 비중이 높지 않다"는 지적을 받았다.

〈주요 국책연구원 국정과제 수행비율〉

| 국책연구원 | 국정과제 수행비율(%) |
|---|---|
| 한국개발연구원 | 100 |
| 한국보건사회연구원 | 100 |
| 국토연구원 | 97.8 |
| 대외경제정책연구원 | 91.9 |
| 한국노동연구원 | 80.5 |

주: 2020년 평가결과 기준.
자료: 경제인문사회연구회.

국책연구원이 국가정책에 대해 연구하는 것 자체가 문제는 아니다. 연구를 통해 정책을 뒷받침하거나 정책을 바로잡는 일이 활발하게 이뤄지는 것은 자연스러운 일이다. 문제는 국정과제 추진을 위해 정부입맛에 맞는 보고서를 내는 행태가 늘어나고 있는 점이다. 졸속추진으로 비판받은 탈원전정책이나 건강보험재정 악화논란을 빚은 '문재인케어'를 정당화하는 데 국책연구원이 동원된 게 대표적이다. 에너지경제연구원은 문재인 정부의 탈원전선언 이후 원전의 효율성을 실제부터 과소추계하거나 신재생에너지의 효용을 과대추계하는 연구를 했다. 지난해에는 원자력발전소의 발전단가를 부풀려 원전의 효율성이 떨어진다는 연구자료를 발표해 학계에서 비판을 받았다. 일부 연구자는 탈원전을 뒷받침하는 보고서를 쓰지 않으려고 퇴사한 사례도 있는 것으로 알려졌다. 한국보건사회연구원은 문재인케어의 핵심인 건강보험 보장성 강화를 뒷받침하는 연구를 했지만 지난 5년간 국민들의 건강보험료 부담은 급증한 반면 건강보험보장률은 별로 높아지지 않았다는 지적을 받고 있다. 한국조세재정연구원은 2020년 추가경정예산안 편성과정에서 추경을 하면 성장률을 1.5%포인트 올릴 수 있다는 내용의 보고서를 발표했다. 국토연구원은 서울 강남집값이 오른 이유를 '언론보도 탓'으로 분석한 보고서를 내 빈축을 사기도 했다.

국책연구원 관계자는 "과거 정부에서도 정책을 뒷받침하기 위한 연구를 요구했지만 문재인 정부에서 유독 심해졌다"며 "비판적 목소리를 낸 인사에겐 아예 용역을 맡기지 않는 경우도 많았다"고 말했다(한국경제 2022.4.9.).

## 6) 언론기관(대중매체, 여론)

정책과정에서 또 다른 중요한 사회적 행위자로는 언론기관이 있다. 언론기관(대중매체, communication medias, mass medias)이란 신문이나 TV, 인터넷 등 대중매개체를 통하여 어떤 사실을 알리거나 어떤 문제에 대해 여론을 형성하는 활동을 하는 것(Anderson, 2011: 65)으로, 입법과 행정 및 사법 3부를 견제하고 감시한다는 의미에서 제4부로 불리기도 한다.

언론기관은 공공문제와 그것의 해결에 대한 정부와 사회의 선호에 강한 영향을 주는 위치에서 국가와 사회의 중요한 연결매개체이다. 하지만 정책과정에서 그들의 기능이나 역할은 종종 산발적이고 꽤 제한적일 수 있지만, 중요한 기능을 수행하고 있다. 예컨대, 정책과정에서 언론매체는 어떤 문제를 보도할 때 적극적인 분석가로서뿐 아니라 어떤 문제해결의 옹호자가 되기도 한다. 뉴스프로그램은 어떤 문제를 보도하면서 명백하지 않은 문제의 본질과 영역을 정의하고 그것의 해결책을 제시한다. 공공문제와 제안된 해결에 대한 언로보도는 그들이 어떻게 정부와 공중에 의해 이해되는가를 조건지우고, 어떤 대안들에 초점을 두어 선택을 하는가에 영향을 준다(Howlett & Ramesh, 1995: 59). 따라서 정책형성에서 그들의 기능은 이슈제기자와 정책대안제시자로서 중요하다.

이처럼, 언론매체는 사회현실을 정의하기 때문에 정책결과에 영향력이 있다. MaCombs & Shaw(1977)의 연구는 미디어가 이슈의 부각(현저성)에 영향을 준다고 한다. 사람들이 정보를 처리하는 방법은 미디어 영향에 취약하기 때문이다. TV뉴스는 공중이 어떤 문제를 가장 심각하게 고려하는가를 정의한다. 이처럼, 언론매체는 의제설정동학에서 어떤 사건들에 대한 선택적 주목을 유도한다(Cahn, 1995: 207). 대중매체를 통하여 특정문제에 대하여 많은 사람들이 관심을 갖게 되어 여론(public opinion)이 형성되면, 정책결정자는 무시하거나 무의사결정을 할 수 없고 정책결정의 정책의제로 다루어야 할 단계로 진입한다.

그러나 언론기관은 정책의제설정에서 중요한 기능을 하지만, 정책결정과정에서의 기능은 상대적으로 약하다. 위에서 논한 바와 같이, 언론매체가 이슈를 의제화하고 이에 대한 해결책을 종종 제시하지만, 정책대안의 탐색과 비교평가를 하는 것은 아니기 때문이다. 다만, 정책결정자나 정책공동체가 논의하고 주목하는 중요한 대안들은 공중에게 보도를 하여 정책결정자에게 간접적인 영향을 미칠 수는 있다. 그리

고 정책집행과 정책평가과정에서는 정부에 대한 감시자(watchdog)의 기능을 수행한
다(Birkland, 2001: 88). 예컨대, 사회서비스 전달과정에서 나타나는 문제점을 부각시
킴으로써 현존하는 정책의 수단을 바꾸거나 전달과정의 문제점을 개선시킬 수 있다.
또한, 언론은 비판적인 관점에서 정부의 정책을 평가한다.

**🌡️ 사례연구**　**언론기관의 활동 현상: 열린 대한민국과 그 적들**

　　언론자유와 관련해 흔히 인용되는 게 존 밀턴과 토머스 제퍼슨이다. 밀턴은 '아레오파
지티카'(1644)에서 '사상의 자유로운 공개시장'을 통해 언론의 자유란 개념을 최초로 정
립했다. 제퍼슨은 "신문 없는 정부보다 정부 없는 신문을 택하겠다"는 명언으로 옹호했
다. 그렇게 근대가 열렸다. 사실 권력자 치고 언론비판을 달가워 한 경우는 없다. 눈엣
가시요, 신발 속 모래 같을 것이다. 제퍼슨조차 대통령이 돼선 "신문에 난 대통령 기사
는 다 거짓말"이라고 발끈했다. 닉슨은 언론보도로 하야했고 링컨, 케네디, 클린턴도
재임 내내 비판에 시달렸다. **하지만 역사 속에서 '언론 없는 정부'는 하나같이 최악이다.**
베네수엘라 차베스가 '정부비판은 국가에 대한 음모'라며 방송사들을 대거 폐쇄한 것
이나 홍콩 빈과일보 폐간사례가 잘 보여준다. 3대 세습 북한왕조는 언론자유도가 세계
180개국 중 에리트레아와 꼴찌를 다툰다. 우리도 1980년대 5공시절 '땡전뉴스'를 경험
했다.

　　언론자유에 관한 한 역사는 두 갈래 길을 보여준다. 미국 '건국의 아버지들'은 230년
전(1791년) 수정헌법 1조에 표현·출판(언론)의 자유를 제한하는 법률제정을 금지한다
고 **못박았다.** 침해할 수 없는 기본권이기 때문이다. 반면, 원조공산국가 소련에는 세계
최대인 1,100만부의 '프라우다'가 있었다. 공산당기관지 프라우다는 러시아어로 '진실'
이지만, '진실을 말하지 않는 진실'이란 역설적 별칭으로 기억된다. 이렇듯 독재·전체
주의 권력은 진실을 원하지 않는다. 조지 오웰의 '1984' 속 '진리부(部)'처럼 선전부나
선전선동부만 있으면 그만이다. **어떤 명분이든 언론을 통제하려는 시도는 '소련의 길'로
달려가는 권력오남용이 되는 것이다.** 물론, 언론도 과도한 '클릭장사', 오보·과장보도
등 고쳐야 할 점이 많다. 그렇더라도 언론이 자정(自淨)하고 공론장에서 검증할 일이
지 권력이 개입할 영역이 아니다.

　　**열린 미국을 지향할 것인가, 닫힌 소련을 닮아갈 것인가.** "언론자유는 민주주의의 기
둥"이란 대통령 언급은 전자지만, 언론재갈법 강행은 후자가 될 것이다. 칼 포퍼는 모
두의 인간적인 삶을 보장해주는 사회는 '열린사회'뿐이라고 봤다. 열린사회는 비판을 수
용하고, 진리독점을 거부하는 사회이며, 비판받지 않는 절대권력을 용인하지 않는다(한
국경제, 2021.9.23.).

## 4. 대외적(국제적) 행위자

위에서 논의한 국내적 제도들에 추가하면, 많은 나라에서 정책과정과 그것의 결과는 국제제도(international institutions)에 의해 영향을 받고 있다. 그들의 영향력은 본질적으로 국제정치영역인 국방이나 무역에서 강하게 나타난다. 그러나 건강이나 노인연금과 같이 명백히 국제적인 연결이 없는 정책부문에서조차도, 국가는 그 나라 외부에서 기원하는 정책들의 영향을 받는 것으로 나타나고 있다. 한국가의 국내적 행위자들처럼, 국제제도들은 행위자들의 선호와 그들이 실현할 수 있는 기능을 형성하는 것에 의하여 공공정책에 영향을 준다. 그러나 국제제도의 효과를 평가하는 것은 국내영역에서 국내제도들의 효과를 평가하는 것보다 어렵다.

한국가의 정책에 영향을 주는 제도적 배열을 기술하기 위하여 국제레짐(international regime)라는 개념을 개발하였다(Krasner, 1982; Haggard & Simmons, 1987). Keohane & Nye(1989: 19)에 의하면, 레짐은 특정영역에서 통치배열의 집합 또는 어떤 행동을 규제하고 그것의 효과를 통제하는 규칙과 규범 및 절차의 네트워크로 정의하였다(Howlett & Ramesh, 1995: 69-70). 이러한 레짐은 대부분의 정책영역에서 발견할 수 있다. 국제레짐은 국제관계의 특정영역에서 국가들 간에 합의가 된 명시적 혹은 묵시적인 법이나 규칙 및 관습 등의 제도를 말하는 것으로서 그들의 형태, 활동영역, 응집력수준, 그리고 정책도구에 따라 상당히 다양하다. 이런 레짐은 안보로부터 무역, 금융, 투자, 정보, 노동, 인권, 환경, 우주공간에 이르기까지 국가 간의 조정을 요구하는 국제관계의 모든 영역에 관련된다. 어떤 레짐은 명백한 조약인 반면에 다른 것들은 반복된 행동의 결과로 발달한 관습수준이다. 어떤 레짐은 관련되는 쟁점이 다양하지만 다른 것은 좁은 범위의 쟁점을 다룬다. 어떤 레짐은 응집력이 강하고 대규모 예산과 인력을 가진 공식조직에 의해 관리되는 반면에 다른 것은 응집력이 약하고 공식조직도 없는 경우가 많다. 대표적인 국제레짐으로는 국제무역레짐(WTO)과 국제통화레짐(IMF), 국제노동기구(ILO), 그리고 유엔기후협약 등으로 다양하게 존재하고 있다.

이러한 국제레짐에서는 여러 공식적, 비공식적 행위자들이 관여하여 정책활동을 하고 있다. 대표적인 국제행위자로는 세계에 존재하는 크고 작은 국가는 물론이고 다국적 기업이나 국제NGO 등이 있다.

**사례연구**　**국제레짐 현상: 유엔기후총회-기후대응과 선후진국 간의 갈등**

　　선진국은 수백 년간 화석연료로 산업화를 통하여 경제성장을 하여왔다. 그러면서 개도국은 그 길을 밟지 말라는 것은, 자기들이 저질러 놓은 기후붕괴를 개도국더러 함께 책임지자고 하는 것이다. 기후변화에 대한 대응을 위해선 전 세계가 함께 협력을 해야 한다. 하지만 개도국과 선진국 간 갈등은 해소되기 힘들다. 무엇보다 온실가스 1, 2위 배출국인 중국과 미국이 손잡고 앞장서야 하지만, 두 대국 사이는 갈수록 틀어지고 있다. 심각한 에너지난에 처하자 유럽도 안면을 바꾸고 있다. 작년 기후총회 의장국으로 각국에 기후실천을 독려했던 영국은 최근 북해 석유·가스 신규채굴허가를 대대적으로 내줬다. 독일은 문닫았던 석탄발전소를 다시 돌리겠다고 했다.

　　아프리카 54국의 역대 온실가스 누적배출량은 전 세계의 3%에 불과하다. 반면, 미국과 EU만 합쳐도 47%가 된다. 아프리카 사람들이 선진국을 보는 시각은 적대적이다. 과거 식민지배를 당한 경험이 있고, 자원착취를 당했다고 생각한다. 아프리카, 아시아 등 가난한 나라들은 열대지역에 몰려 있다. 폭풍, 홍수, 가뭄 등 극단 기상에 극도로 취약하다. 그러나 아프리카에서는 성장을 위해 산업화와 에너지 개발과 소비가 필요하다. 콩고민주공화국은 1인당 온실가스 배출이 미국의 25분의 1밖에 안 된다. 이나라가 지난 7월 열대우림지역에서 석유·가스를 캐내겠다고 하자 미국 존 케리 기후특사가 우려를 표명했다. 콩고민주공화국 환경장관은 이에 "개발을 위한 배출을 못하게 할 권리를 누가 갖고 있나. 지금은 식민시대가 아니다"라고 일축했다.

　　세계가 분열되면서 기후대응의 단일대오를 기대하기 어려워졌다. 작년 글래스고기후총회 때 합의했던 '2030년 기후목표(NDC) 상향'을 이행한 나라가 193국 가운데 26국에 불과했다. 유엔기후총회가 2022년 11월 6일 이집트에서 개막해 18일까지 진행된다. 여기서 '손실과 피해(Loss and Damage)'가 핵심의제로 채택됐다. 이의제는 온실가스를 별로 배출한 일이 없는 가난한 나라가 선진국이 배출한 온실가스 때문에 회복불능으로 입은 손실과 피해를 말한다. 책임은 부자나라들에 있으니 그걸 배상해야 한다는 것이다. 파키스탄은 7~8월 홍수로 국토의 3분의 1이 잠겨 1,700명 사망, 가옥 200만 채 파손, 이재민 900만명의 피해를 봤다. 피해규모가 400억달러(약 55조원)이다. 파키스탄 총리는 선진국을 향해 "당신들이 배출한 온실가스 때문이라는 증거가 있으니 당신들이 책임져라. 자비가 아니라 기후정의(climate justice)를 원한다"는 것이다. 이번 이집트기후총회에서 어떤 합의가 나올지 모르지만, 기후해결을 위한 국제협력시스템은 위기를 맞고 있다(조선일보, 2022.11.9.).

# 제10장 | 정책문제의 발생: 정책의제설정

## 제1절 | 정책의제설정의 대두배경

초기의 정책연구는 정책과정을 논의하는데 사회문제가 환경에서 주어진 것으로 인식하고 그 다음단계의 정책결정부터 시작을 하였다. 그러나 환경에서 발생하는 사회문제(social problems)나 사회기회(social opportunities)는 정책활동의 출발점이 된다. 만일 정책연구가 정부행동을 자극하는 문제의 특성과 차원을 고려하지 않는다면 정책결정의 출발이 불완전하게 된다.

국내환경이든 국제환경이든 간에 사회문제나 사회기회의 본질과 성격은 정책과정의 성격을 좌우하는 중요한 요인이라고 할 수 있다(Anderson, 1984: 44). 예컨대, 환경 속에서 어떤 사회문제나 사회기회는 정부의 관심을 받아 정책의제로 정책결정과정에 진입하지만, 다른 사회문제나 사회기회는 정부가 의도적으로 무시하거나 또는 정부의 관심을 받지 못함으로써 방치되거나 소멸되는 무의사결정현상이 나타나기도 한다. 이러한 사회문제나 사회기회에 대한 관심의 증대는 정책의제설정의 관심을 부각시켰다.

정책의제설정에 대한 학자들의 관심은 1960년대 후반에 미국의 정치와 정치학계에 커다란 충격을 준 대도시에서 발생한 흑인폭동에서 비롯되었다(정정길 외, 2010: 294). 그 당시는 다원주의가 지배하던 시대였으므로 미국시민은 누구나 자기들의 이익을 위하여 정부에 원하는 바를 요구할 수 있고, 정치지도자나 정부는 소수집단의 요구에도 민감하게 반응하는 민주정치가 잘 작동하고 있다고 믿었다.

그러나 흑인들이 전국 주요도시에서 폭동이라는 격렬한 방법으로 자신들의 요구를 표출하자, 학자들은 왜 흑인들이 정상적인 정치통로를 통하여 자신들의 요구나 이익을 투입하지 못하고 있는가에 문제의식을 갖게 되었다. 다원주의가 주장하는 바와 같이, 왜 어떤 사회문제는 정부에서 해결하려고 노력하는데 비하여, 다른 사회문제는 정부의 정책의제로 채택하지 않거나 무시되는가? 는 중요한 연구쟁점으로 부상하였다. 이러한 연구과제에 대한 학자들의 관심은 정책의제설정이론의 등장을 가져왔다.

> ## 제 2 절 ∣ 정책의제설정의 개념과 특성 및 구성요소

### 1. 개념적 쟁점

우선, 정책과정의 가장 중요한 단계는 정책의제설정이라고 할 수 있다. 사회문제나 정책쟁점은 정부행동을 위한 정책의제로 어떻게 출현하는가? 비록 당연하다고 할지라도 문제와 쟁점이 정부행동을 위한 후보로서 인식되는 수단이나 기제는 결코 단순한 것이 아니다. 그들은 다양한 환경요인들과 국내외 행위자들로부터 발원하고 그것의 해결을 위해 심각하게 고려되기 전에 복잡한 과정을 거치게 된다. 이단계에서 발생하는 것은 전체적인 정책과정과 그것의 결과에 결정적인 영향을 주게 된다. Cobb & Elder(1972: 12)에 의하면, 정책의제설정에서 중요한 질문은 어떤 쟁점이나 요구가 정치체제 내의 관심과 이익의 초점이 되거나 되지 않는가?라고 한다.

어떤 문제들이 인식되는 방법이나 형태는 그들이 정책결정자에 의해 해결될 것인가를 결정하는 중요한 요인이다. 어떤 사회문제들에 대한 정부해결의 요구들은 사회로부터 나오는 것이지만 또한 정부 자체에 의해서도 발의가 된다. 그러나 기본적인 측면에서 정책의제설정은 정부의 부분에서 사회문제를 인지하는 것이다.

이러한 주제에 대한 초기연구는 미국정치학의 주요흐름이었던 다원주의 사고에 기반하였다. Cobb, Ross & Ross(1976: 126)에 의하면, 정책의제설정은 사회에서 다양한 집단들의 요구가 공무원들의 진지한 주의를 가지는 항목들로 전환되는 과정으

로 정의하였다. 이러한 정의는 다원주의의 기본가정인 공공정책결정이 사회집단들의 행동에 의해 촉진된다는 이념과 밀접하게 연결된다. 그러나 경험적 증거는 정책의제설정이 사회집단보다는 정부구성원에 의해 발의된다는 것을 제시하고 있다. 이러한 측면의 정책의제설정의 관점은 Kingdon(1984: 3－4)에 의해 다음과 같이 묘사되었다:

> "의제(agenda)는 정부공무원과 이들과 밀접하게 연결된 정부외부의 사람들이 어떤 주어진 시기에 심각한 주의를 가지는 주제나 문제의 집합이다. … 공무원들은 주의를 가질 수 있는 모든 주제나 문제의 집합으로부터 어떤 특정한 것들에 진지하게 관심을 가지게 된다. 그래서 의제설정과정은 실제적으로 주의의 대상이 되는 문제집합보다 좁은 문제나 쟁점에 초점을 두게 된다."

이상의 논의는 정책의제와 정책의제설정에 대한 간략한 요약이고, 이후의 논의에 대한 토대를 제공한다(Howlett & Ramesh, 1995: 104－105).

지금까지 정책의제설정에 대한 개념적 쟁점을 논의하였는데, 의제설정을 이해하기 위한 중심개념은 정책의제(policy agenda)라고 할 수 있다. 정책의제란 사회구성원과 정부공직자의 주의(관심)로 등장하는 문제와 해결책의 집합을 말하는 것으로서, 정책의제범주는 의제화가 진행되는 수준에 따라 의제모집단, 체제의제, 제도의제, 그리고 결정의제 등 여러 계층으로 나눌 수 있다(Birkland, 2001: 106－109).

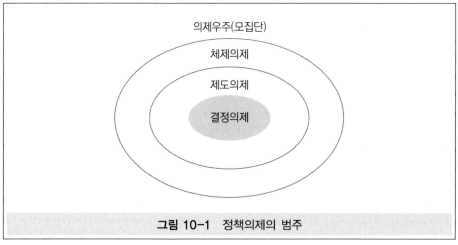

의제우주(모집단)

체제의제

제도의제

결정의제

**그림 10-1** 정책의제의 범주

자료: Birkland(2001: 108).

위의 그림에서 가장 넓은 의제수준은 의제우주(모집단)(agenda universe)인데, 이것은 사회나 정치체제에서 초래하거나 논의되는 모든 아이디어들(ideas)을 포함한다. 의제우주에서 등장한 다수의 아이디어들은 정치적인 의미에서 받아들일 수 있는 체제의제(system agenda)로 나타난다. Cobb & Elder(1983: 85)에 의하면, 체제의제는 공공관심의 이점이 있고 현존정부의 정당한 관할 내의 문제들에 관련되는 것으로서 정치공동체(political community)의 구성원들에 의하여 공통으로 인식하는 모든 쟁점들을 말한다. 체제의제와 의제우주의 경계는 정부의 정당한 관할에 속하느냐의 문제이다. 그 경계는 시간흐름에 따라 변동할 수 있다.

만일 어떤 문제나 아이디어가 성공적인 체제의제로 진입한다면, 보다 넓은 체제의제의 하위집합인 제도의제(institutional agenda)로 이동한다. 제도의제는 권위적인 정책결정자가 적극적이고 진지한 고려를 하기로 표명한 항목들의 목록이다. 어떤 제도나 사회가 이용할 수 있는 시간이나 자원의 제한은 오로지 한정된 쟁점만이 제도의제로 진입할 수 있다는 것을 의미한다. 그래서 소수의 쟁점만이 결정의제(decision agenda)에 진입한다. 결정의제는 정부기관에 의해 행동을 해야 하는 항목들을 말한다.

## 2. 정책의제설정의 개념과 특성

### 1) 여러 학자들의 개념정의

위의 정책의제설정의 개념적 쟁점에서 논의한 바에 의하면, 정책의제설정(policy agenda setting)이란 기본적으로 정부의 부분에서 문제를 인지하는 것이라고 한다. 그러나 정책의제설정에 대한 관심이 증가한 후에, 정책학자들은 보다 구체적으로 정의를 하고 있다(표 10-1).

우선, 외국학자들의 정책의제설정개념을 보면, Cobb, Ross & Ross(1976: 126)는 각종 집단의 요구가 정부의 진지한 관심의 대상이 되는 항목으로 전환되어 가는 과정으로, Kingdon(1984: 3-4)은 정부관료나 이들과 밀접한 관계를 가지는 정부밖에 있는 사람들이 주어진 시점에서 상당히 깊은 관심을 보이는 주제들을 실제로 주의를 집중시킬 수 있는 항목으로 좁혀가는 과정으로 정의한다. 그리고 Anderson(1984, 2000: 91)은 공공문제나 쟁점이 정부관심을 요구하는 문제로 전환되는 과정, 즉 공공문제나 쟁점이 체제의제를 거쳐 제도의제로 진입하는 과정으로 정의하고, Birkland (2001: 106)는 문제와 대안적 해결책이 공중과 엘리트의 관심을 얻거나 잃는 과정으로 정의하였다.

다음으로, 국내학자들의 정책의제설정개념을 예시하면, 유훈(1986, 2002: 236)은 Cobb, Ross & Ross의 의제설정개념을 도입하여 각종 집단의 요구가 정부의 진지한 관심의 대상이 되는 항목으로 전환되어 가는 과정으로, 박성복·이종렬(1998: 199)은 정부에 의해서 공식적으로 정책의제가 설정되는 과정으로 정의한다. 동개념에 대하여 안해균(2000: 163)은 사회문제가 정부의 관심을 받아 정책의제로 등장하게 될 때

〈표 10-1〉  정책의제설정의 개념

| 국내외 정책학자 | 개념정의 |
|---|---|
| Cobb, Ross & Ross (1976: 126) | 각종 집단의 요구가 정부의 진지한 관심의 대상이 되는 항목으로 전환되어 가는 과정 |
| Kingdon (1984: 3-4) | 정부관료나 이들과 밀접한 관계를 가지는 정부밖에 있는 사람들이 주어진 시점에서 상당히 깊은 관심을 보이는 주제들을 실제로 주의를 집중시킬 수 있는 항목으로 좁혀가는 과정 |
| Anderson (1984, 2000: 91) | 공공문제나 쟁점이 정부관심을 요구하는 문제로 전환되는 과정 |
| Birkland (2001: 106) | 문제와 대안적 해결책이 공중과 엘리트의 관심을 얻거나 잃는 과정 |
| 유훈 (1986, 2002: 236) | Cobb, Ross & Ross의 의제설정개념을 도입하여 각종 집단의 요구가 정부의 진지한 관심의 대상이 되는 항목으로 전환되어 가는 과정 |
| 박성복·이종렬 (1998: 199) | 정부에 의해서 공식적으로 정책의제가 설정되는 과정 |
| 안해균 (2000: 163) | 사회문제가 정부의 관심을 받아 정책의제로 등장하게 될 때까지의 일련의 과정(문제의 정부귀속화과정 또는 정부의 문제인지과정) |
| 정정길 외 (2010: 283) | 정부가 사회문제를 공식적으로 해결하기 위하여 이를 정책문제(정부가 그 해결을 위하여 심각하게 검토하기로 결정한 문제)로 전환하는 행위 |
| 노화준 (2012: 219) | 사회문제나 요구가 정치체제 속에 투입되는 과정, 즉 정치체제가 가지고 있는 정책의제의 목록에 사회적 이슈나 요구가 올라갈 때까지의 과정 |
| 남궁근 (2017: 332) | 환경의 요구가 투입되는 과정, 즉 사회문제가 정부의제 또는 제도의제의 목록으로 진입하는 과정, 정부당국자의 입장에서 보면 정부가 해결해야 할 문제를 인식하는 과정 |

까지의 일련의 과정으로 문제의 정부귀속화과정 또는 정부의 문제인지과정이라고도 하고, 정정길 외(2010: 283)는 정부가 사회문제를 공식적으로 해결하기 위하여 이를 정책문제(정부가 그 해결을 위하여 심각하게 검토하기로 결정한 문제)로 전환하는 행위로 정의한다. 또한, 노화준(2012: 219)은 정치체제와 투입간의 관계에서 사회문제나 요구가 정치체제 속에 투입되는 과정, 즉 정치체제가 가지고 있는 정책의제의 목록에 사회적 이슈나 요구가 올라갈 때까지의 과정으로, 남궁근(2017: 332)은 노화준의 의제설정개념을 원용하여 정치체제와 환경과의 관계에서 환경의 요구가 투입되는 과정, 즉 사회문제가 정부의제 또는 제도의제의 목록으로 진입하는 과정으로서 이것은 정부당국자의 입장에서 보면 정부가 해결해야 할 문제를 인식하는 과정이라고 한다.

지금까지의 논의를 종합하면, 정책의제설정이란 환경과 정치체제(정책체제)와의 관계에서 정부가 환경 속의 사회문제를 해결하거나 사회기회를 창조하기 위하여 정책문제(정책의제, 정부의제)로 전환하거나 채택하는 단계를 말한다. 이단계는 정책투입자입장에서는 환경의 사회문제나 사회기회가 정치체제(정책체제)에 투입(input)되는 과정이고, 정책결정자입장에서 보면 정부가 환경으로부터의 투입요구를 수용하는 과정으로 구체화할 수 있는데, 이것은 문제나 기회의 정부귀속화과정, 정부의 문제나 기회 인지과정, 그리고 정책형성(policy formation)이라고도 한다.

이러한 의제설정과 관련된 기본질문을 제시하면 다음과 같다(Cobb & Elder, 1972, 1983: 14). 첫째, 공공정책의제는 어디로부터 출현하는가? 둘째, 정책의제는 어떻게 창조되고 그리고 어떤 논쟁이나 쟁점은 왜 공식적 의사결정의 주의와 관심으로 등장하는가? 셋째, 의제설정과정에 누가 참여하는가?

## 2) 정책의제설정의 특성

우리는 지금까지 논의한 정책의제설정개념으로부터 다음과 같은 특징을 도출할 수 있다.

### (1) 정책과정의 시작단계

정책의제설정은 정책과정의 첫 번째 단계로 정책결정활동의 시작이라고 할 수 있다. 정책과정은 하나 또는 그 이상의 다양하고 복잡한 사회문제와 사회기회가 존재함으로써 시작한다. 문제나 기회가 없다면 정책이 없기 때문이다. 정책의제화의 성격이나 양상이 어떠하냐에 따라 이후의 정책과정도 영향을 받게 된다.

예컨대, 사회문제나 쟁점이 어떻게 정부가 취할 정부의제로 등장하는가? 의제의 지위는 정교한 과정을 거치는데, 어떤 의제는 공식적인 정책결정인 정부의 행동단계로 넘어가지만, 다른 의제는 결정에 진입하지 못하는 무의사결정(non-decision)에 머무를 수가 있다.

이처럼, 사회문제가 정책의제로 설정되는 것은 그 문제의 해결을 위한 정책결정과정의 출발점일뿐 아니라 채택된 정책의 집행 및 평가과정으로 연결된다.

### (2) 정책갈등과 문제해결의 발생단계

정책의제설정은 정책갈등이나 문제해결이 발생하는 출발점이다. Eyestone(1978: 1-2)에 의하면, 문제나 쟁점은 갈등과 논쟁의 점화역할을 하고, 정부가 수행하는 일상과업을 위한 요구로 작용하는 정치의 연료라고 하였다.

환경에서 사회문제가 발생한다는 것은 문제에 이익(이해관계)이 존재하는 개인이나 집단이 존재한다는 것이므로, 사회문제를 둘러싸고 이해관계자 간에 갈등과 경쟁이 일어난다. 이들의 투쟁은 문제해결을 하는 과정인 정책결정이나 집행단계에서도 지속된다. 예컨대, 사회문제를 정부의 정책문제로 진입시키느냐를 둘러싸고 권력투쟁이 일어나고, 문제해결책을 만드는 과정에서도 권력과 압력은 지속적으로 일어난다.

### (3) 정책대안과 정책대상의 범위규정

정책의제설정은 정책결정과 정책집행에서 정책대안과 정책대상의 범위를 선정하는 토대가 된다. 정책결정이란 사회문제나 사회기회를 해결하려는 것이라는 점에서, 정책결정자가 정책목표를 명확히 하고 그 목표를 구체적으로 실현하기 위해서는 사회문제나 사회기회에 대한 명확한 인식과 파악이 요구된다. 정책결정단계에서 고려해야 할 정책대안의 범위는 해결해야 할 정책의제와 밀접하게 관련되고 의제설정과정에서 암시되거나 제시되는 경우가 많다. 어떤 사회문제가 아무리 큰 피해를 주고 있다고 할지라도 이 문제를 기술적으로 해결할 수 있는 대안이 없을 경우 이를 정책의제로 채택하기가 어렵기 때문이다.

그리고 의제설정에서 제기된 정책문제를 해결하기 위해서는 정책이 적용되는 단계인 정책집행에서 정책대상집단의 범위도 구체화되어야 한다. 여기서 정책대상은 환경속의 사회문제나 사회기회에 관련되거나 이해관계가 있는 개인들이나 집단들이다.

### (4) 정책평가의 대상규정

정책의제설정은 정책평가에서 측정대상의 영역이나 범위가 된다. 정책평가와 관련하여 정책의 효과성이나 능률성 및 형평성을 측정하기 위해서는 그 정책을 야기시킨 환경의 사회문제나 사회기회가 영역이 되고 이에 대한 검증을 한다.

### (5) 정책과정의 참여자 등장

정책의제설정은 정책과정에 누가 관여(참여)하는가의 윤곽이나 테두리를 제시한다. 정책문제에 대한 정의와 정책대안을 제시하는 과정에서는 누가 주도적인 영향력을 행사하는가가 중요한 쟁점으로 등장한다.

환경에서 사회문제가 발생하는 것은 이에 이해관계가 있는 개인이나 집단 및 정부가 있는 것이고, 이들은 의제설정제기자로서의 역할을 하기도 하지만, 정책결정단계에서 정책하위체제의 구성원으로서 지속적인 참여와 영향력을 행사하게 되고, 정책집행단계에서는 정책집행의 대상으로서 정부가 제시하는 정책에 대한 순응이나 불응을 하게 된다.

## 3. 정책의제설정의 구성요소

앞에서 정책의제설정이란 왜 대두하였으며 그것은 무엇인가를 살펴보았다. 그러면 정책의제설정을 작동시키는 구성요소에는 어떤 것이 있는가? 이에 대하여는 그동안 발전하여 온 정책의제설정이론(모형)을 토대로 기술하고 설명할 수 있다고 본다.

정책의제설정을 연구한다는 것은 환경 속의 사회문제가 사회기회가 정책문제 또는 정책의제로 진입하는 측면을 분석하는 것, 즉 문제(problem), 기회(opportunity), 쟁점(issue), 해결책(solution)을 둘러싸고 정책하위체제가 어떤 관점에서 이들을 정의하고 활동하는가를 다루는 것으로서 여러 학자들의 연구들이 진행되어 왔다. 이를테면, 정부의 정책의제설정과정에서는 환경 속의 사회문제나 사회기회가 어떻게 발생하고 그것이 어떠한 과정을 거쳐서 정부의 관심을 받게 되며, 그것을 추진하는 행위자가 누구이고, 그 과정은 어떻게 진행되는가 등의 실체를 밝히는 것이다.

정책의제설정이론(모형)은 크게 의제설정을 누가 주도하느냐에 관심을 가지는 의제설정행위자모형과 의제설정이 어떠한 경로를 거쳐서 진행되는가에 초점을 두는 의제설정과정모형이 있다. 전자의 모형에는 체제이론, 엘리토론과 다원론, 신엘리트

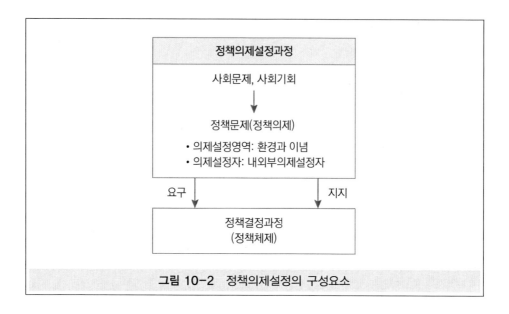

**그림 10-2   정책의제설정의 구성요소**

이론(무의사결정론), 하위정부론의 계보가 이어져 왔다면, 후자의 모형에는 Cobb & Elder모형, Cobb, Ross & Ross모형, Eyestone모형, Kingdon모형, 무의사결정론 등으로 발전하여 왔다.

이러한 정책의제설정이론(모형)에서 논의하는 정책의제설정의 구성요소들을 개괄적으로 요약하면 위의 그림과 같다(그림 10-2).

## 제3절 | 정책의제설정영역: 환경과 이념

정책학은 여러해 동안 정책의제설정영역이 되는 사회문제의 본질에 대한 이론을 진화시켜 왔다. 환경에서 어떤 사회문제가 정부행동을 요구하는 공공문제로 인식되는가는 인간지식의 본질과 그 지식의 사회적 구성에 대해 보다 깊은 의문을 제기한다(Berger & Luckmann, 1966).

다음 부분에서 우리는 환경이나 또는 이념에 의하여 어떤 문제가 정책반응을 요구하는 공공관심으로 등장하는가에 대한 여러 시각을 살펴본다(Howlett & Ramesh,

1995: 105－111; Howlett, Ramesh & Perl, 2009: 93－99).

## 1. 정책문제의 객관적 구성: 환경조건

정책의제설정의 대상에 대한 초기연구는 순수한 실증주의와 객관주의 관점에서 환경조건, 특히 사회경제적 조건(socio－economic conditions)이 정부가 반응해야 하는 특정한 문제집합을 초래한다는 가정과 함께 시작하였다. 공공정책문제는 사회의 발달수준에서 기원하고 특정한 문제집합은 유사한 발달수준에 있는 국가들에서 공통점이 있다는 사고는 초기 비교공공정책결정의 관찰자들에 의하여 논의가 시작되었다.

1960년대 중반에 미국 Dye와 다른 학자들은 문화적 정치적 그리고 다른 환경요인들이 사회적 경제적 발달수준에 관련되는 요인들보다 공공정책의 혼합을 설명하는데 덜 중요하다고 결론짓고 있다. 예를 들면, Sharkansky(1971)은 미국 주수준의 정책발달연구에서 높은 수준의 경제적 발달—도시 1인당 소득, 중범위 교육수준과 산업고용과 같은 변수에 의해 측정되는—은 교육과 복지 및 건강분야의 높은 수준의 지출과 서비스산출과 관련된다고 보았다. 이것은 오랫동안 정책에 영향을 주는 것으로 생각되었던 정치적 특성이 경제발달에 거의 영향을 주지 않는 것을 암시한다.

미국 주에서 공공정책형성의 본질에 대한 이런 관찰은 국가 간의 정책비교로 확대되었다. Cutright(1965), Pryor(1968), Wilensky(1975)와 같은 학자들은 한국가의 경제구조가 정부에 채택된 공공정책의 유형을 결정했다는 결론을 도출하였다.

이러한 극단적인 분석은 학자들로 하여금 수렴논제(convergence thesis)를 발달시켰다. 수렴논제는 나라가 산업화될수록 그들을 둘러싼 정책혼합으로 수렴하는 경향이 있다는 가설이다(Kerr, 1983; Bennett, 1991; Seeliger, 1996). 이것에 의하면, 산업화된 국가에서 유사한 복지국가의 출현은 그들의 경제적 부와 기술발달의 유사한 수준의 직접적인 결과라고 할 수 있다. 초기학자들이 복지정책과 경제발달 사이의 긍정적 관계만을 나타냈다고 할지라도, 이러한 관계는 이후 학자들의 연구에서도 인과적 관계를 가정하였다. 이런 인과관점에서 경제의 발달과 부의 높은 수준은 상이한 국가의 사회적 또는 정치적 구조에 관계없이 유사한 문제나 기회를 창조한다. 이러한 극단적 관점에서 의제설정은 산업화나 경제적 발달에 의해 정부에 스트레스나 제약으로 발생하는 자동적 과정이라고 한다. 이런 문제를 해결하려는 정책들은 상이한 국가에서 유사하게 만들어진다.

수렴화명제는 공공정책 발달과정을 지나치게 단순화하고 상이한 관할영역에서 발견되는 실제 복지정책의 본질을 부정확하게 묘사하였다고 비판을 받게 되었다. 비판학자들은 정책이 수렴뿐만 아니라 분산(divergence)의 특징을 가지고 있다고 한다. 예를 들면, 미국에서 정책발달의 비교연구에서 경제적 요인은 검증된 정책부문의 40%에서만 주들 사이의 변이를 설명하고 있고, 경제적 요인은 시간흐름과 쟁점영역에 따라 중요성에서 변이가 있다고 한다(Heichel, Pape & Sommerer, 2005).

학자들은 이러한 문제를 극복하는 방법으로 공공정책의 새로운 정치경제에서 경제적 변수와 정치적 변수를 통합할 것을 주장하였다(Hancock, 1983). 이들은 정치적 요인과 경제적 요인이 의제설정의 중요한 결정요인이라고 하고, 특히 정치적－경제적 사건이 특정한 정책발의의 시기와 내용에 영향을 줄 수 있는 한 함께 연구되어야 한다고 보았다.

## 2. 정책문제의 주관적 구성: 이념

그러나 정책문제가 객관적으로 존재한다는 것을 비판하는 후기실증주의의 주관적 관점이 나타났다. 주관적 차원의 사회구성주의 관점은 1960년대 Berger & Luckerman의 저서 '현실의 사회구성'에서 기원하지만, 특히 1980년대에 정부가 다루어야 하는 일련의 문제들을 정의하는데 사회적 정치적 이념(ideas)의 효과에 초점을 강조하는 관점이 나타났다.

대안적인 후기실증주의 관점은 의제설정의 대상이 되는 정책문제들이 경제적 조건이나 산업화와 같은 환경조건보다는 공적 영역과 사적 영역의 정책행위자들이 가지고 있는 이념(ideas)에 의해 구성된다고 본다(Berger & Luckmann, 1966; Hilgartner & Bosk, 1981; Specter & Kitsuse, 1987; Rochefort & Cobb, 193).

정책행위자들이 가지고 있는 이념들은 그들이 만드는 정책결정에 중요한 영향을 가지고 있다는 것이 정책연구에서 오랫동안 주목을 받아왔다. 일련의 이념(idea)이나 이데올로기(idelogy)는 개인들이 정부행동요구를 자극하는 사회문제들을 인식하고 이들 문제들의 해결책을 설계하는 관념적 프리즘(ideational prism)이기 때문이다(Chadwick, 2000).

그러나 상이한 이념유형은 정책의제설정과 정책결정에 상이한 효과를 가질 것이다. Goldstein & Keohane(1993)은 세계관(world views)이나 원칙적 신념(principled beliefs) 및 인과적 신념(causal beliefs)과 같은 이념유형들은 공공정책에 관련된다고 한다(Campbell, 1998; Braun, 1999). 이런 이념은 문제를 정의하고 제안된 정책선택의 범위를 제약하고 정책행위자들 간의 전략적 상호작용에 영향을 주는 행동을 위한 안내지도(road maps)로 기능한다. 세계관이나 이념은 사람들로 하여금 일반적인 정책문제와 정치와 정책에 관련되는 행위자들의 동기를 인식하는 것에 의해서 복잡한 현실을 이해하는데 도움을 준다. 다른 한편으로, 원칙적 신념이나 인과적 신념은 정책문제의 인식과 이후의 정책내용에 보다 직접영향을 줄 수 있다(George, 1969).

정책영역에서 정부에 주장이나 요구를 하게 되는 이런 이념은 Stone(1989)과 Edelman(1988)에 의해 의제설정에 적용되었다. Stone(1989: 295)에 의하면, 의제설정은 항상 의문이 되는 정책문제의 원인이 무엇인가에 대한 이야기를 구성하는 인과이론에 관련된다. 만일 인과이론이 성공적이라면, 그것은 현존하는 사회질서를 보존하거나 도전이 될 수 있고, 원인을 야기한 기관을 확인하여 책임을 물을 수 있고, 이런 원인기관에 대응하는 새로운 정치동맹을 형성할 수 있다. 또한, Edelman(1988: 12-13)에 의하면, 정책쟁점은 일상적인 환경에 적용되는 선존하는 이론적 구성물의 기능이라는 사회담론(social discourse)으로부터 출현하였다고 한다. 정책맥락에서 이것은 정책쟁점이 어떤 문제와 정책기회에 대한 현존하는 행위자들의 사회적 정치적 담론으로부터 발생한다는 것을 의미한다. 따라서 정책결정의제는 사회적 정치적 행위자가 구성하는 담론으로부터 창조된다.

이상에서 정책의제설정영역으로 실증주의적 관점의 사회경제적 조건과 후기실증주의적 관점의 지배적인 이념을 기술하였는데, 이들 두 가지 관점은 정책의제설정을 발생시키는 요인들을 체계적으로 확인하는데 어려움이 있다. 이러한 한계는 보다 포괄적이고 경험적으로 정확한 의제설정이론을 구성하기 위하여 이들 연구에서 확인된 변수들을 결합하는 시도를 하게 되었다. 이를테면, 정부의제는 사회경제적 또는 물질적 환경, 지배적인 이념, 사회의 권력과 권력분포, 정부의 제도적 틀, 그리고 정부의사결정과정에 의해 설정된다고 한다.

## 제 4 절 | 정책의제설정자: 내외부의제설정자

### 1. 정책의제설정행위자 개관

정책의제설정행위자이론(모형)은 환경 속의 사회문제나 사회기회를 정책문제 또는 정책의제로 진입시키는 과정에서 누가(who), 즉 어떤 행위자가 관여하거나 참여하고 주도하는가를 설명하는 것으로서 정치체제이론, 엘리트론과 다원론, 무의사결정론, 하위정부론 등으로 다양하게 논의되어 왔다(Lester & Stewart, 2000: 73 – 76; 정정길, 1993: 308 – 314; 박성복·이종렬, 1998: 215 – 239).

#### 1) 정치체제이론

Easton(1965)의 정치체제이론에서 어떤 사회문제가 정책의제로 채택이 되고 다른 의제는 방치되는가? 에 대한 대답을 하는데, 정책의제설정과 관련되는 것은 정치체제에의 요구와 지지라는 투입(input)이다. 이러한 요구인 사회문제가 정책의제화되려면 정치체제의 문지기(gatekeepers)를 통과해야 한다. 여기서 문지기란 환경에서의 요구를 정치체제로 진입시키느냐 여부를 결정하는 개인이나 집단을 말하는 것으로, 공식적인 정치제도 속에서 중요한 역할을 수행하는 행위자들인 대통령을 비롯한 고위정부관료, 국회의원, 정당간부 등을 들 수가 있다.

정치체제는 체제가 지닌 능력의 한계 때문에 과중한 부담을 피하기 위하여 소수의 사회문제만을 정책문제로 채택하는데, 특히 체제의 문지기가 선호하는 사회문제가 정책문제로 채택된다. 그러나 어떠한 사회문제를 문지기가 선호하는가에 대한 설명을 하지 않고 있다.

#### 2) 엘리트론과 다원론

그러면 정부가 특정한 사회문제를 정책의제로 채택하여 해결을 위한 논의를 하는 것에 대하여는 엘리트론과 다원론의 논쟁이 있었다.

엘리트론에서는 Mills(1956)와 Hunter(1963)가 대표적인 학자들로서 사회의 지배엘리트, 즉 사회경제적 상위계층인 거대기업의 간부나 군의 장성 및 정치집단의 정치가가 선호하는 사회문제만이 정책의제로 거론되고 자신들의 이익을 해치는 문제는 정치체제에 침투하지 못하게 한다고 한다.

반면에, 다원론은 Dahl(1961)과 Truman(1951) 등 대표학자들이고 정치권력이 사회 내의 개인이나 집단에 널리 분산되어 있어서 어떤 사회문제이든지 정치체제로 침투할 수 있다고 한다. 이들에 의하면, 공식적으로는 소수의 지배엘리트(공식적이거나 비공식적인 정책결정자)가 정책과정을 좌우하는 상태이지만, 실질적으로는 다수에 의한 정치가 이루어진다. 이에 따라 실제로는 일부의 문제만이 정책문제로 채택되고 있지만 다수에 의한 정치(polyarchy)가 이루어진다. 예컨대, 어떤 문제로 인하여 고통을 받고 있는 집단은 고통이나 불만의 원인이 되는 사회문제를 정책적으로 해결하기 위하여 정책의제화할 수 있다는 것이다. 그러면 어떤 문제가 정책의제화되는가? 정책의제로 추출되는 과정은 어느 누구의 의도와도 관계없는 완전무작위과정을 거쳐서 결정된다.

### 3) 신엘리트론으로서의 무의사결정론

신엘리트론은 다원론을 비판하면서 엘리트론을 계승하여 보완한 이론이다. 이 이론은 다원론이나 엘리트론이 주로 관심 있게 검토하는 정책결정단계뿐 아니라 그 이전의 정책의제설정단계에서의 권력행사를 검토하고 있다.

신엘리트론자인 Bachrach & Barartz(1962)에 의하면, 정치권력은 두 가지 얼굴을 가지고 있는데, 하나는 정책결정에서 행사하는 권력이고 다른 하나는 정책의제설정에서 행사하는 권력이다. 전자는 Dahl 등이 분석하는 다원주의시각으로 정책결정에서 사회집단이 영향력을 행사하는데 초점을 두어 정책의제설정에서 엘리트가 가진 영향력을 무시하고 있다. 후자의 권력은 정책의제설정에서 엘리트들이 자신들의 이익을 보호하기 위하여 자신들에게 불리한 사회문제가 처음부터 제기조차 되지 못하도록 은밀하고 비밀리에 영향력을 행사한다.

이렇게 엘리트들에게 유리한 문제만을 논의하고 불리한 문제를 거론초자 못하게 봉쇄하는 것을 의제설정단계의 무의사결정(non-decision making)이라고 한다. 사회문제를 정부의제로 채택하여 공식적으로 검토하지 않는 것은 이 문제를 해결하기 위한 정책을 선택하지 않겠다는 것이므로 무의사결정이라고 부른 것이다.

### 4) 하위정부론

정책네트워크이론에 속하는 하위정부론(subgovernments)은 엘리트론과 다원론을 결합하여 정책의제설정과 정책결정을 설명하는 것이라고 할 수 있다. 이이론에서는 정부부처의 정부관료, 의회의 위원회, 이익집단의 대표 등으로 구성된 삼자연합 또는 철의삼각(iron triangles)을 정책의제설정을 하고 정책결정을 지배하는 주도세력으로 본다. 이것의 대표적인 예로는 Cater(1964)가 기술하는 미국 설탕수입할당정책을 결정하는 주요행위자들인 설탕수입업자, 농림부관료, 의회농림위원회의 폐쇄적 네트워크이다.

이런 하위정부는 정책의제설정과정에서 정책의제를 자신들의 이익에 유리한 방법으로 규정할 수 있고, 정책의제에 대한 논쟁을 외부인이 이해하기 어렵게 만들어 참여를 제한할 수 있다.

### 5) Cobb, Ross & Ross의 정책의제설정모형

Cobb, Ross & Ross(1976: 126–137)는 '비교정치과정으로서 의제설정'논문에서 의제설정(agenda building)을 모집단의 다양한 집단들의 요구가 공직자의 진지한 관심을 갖는 항목으로 전환되는 과정으로 정의하고, 의제유형을 공중의제(public agenda—높은 수준의 공공관심과 가시성을 가지는 쟁점)와 공식의제(formal agenda—의사결정자가 진지한 고려를 하기로 공식적으로 수용한 항목들)로 구분하였다(p.126). 그리고 이러한 의제설정의 주요한 단계 또는 과정을 쟁점이 발의(initiation)되고 그 해결책이 구체화(specification)되고 그 쟁점에 대한 지지가 확산(expansion)되어 성공적으로 정부의제로 진입(entrance)하는 단계로 구분하고, 그 과정에서 주도하는 행위자가 누군가에 따라 외부주도형, 동원형, 내부주도형으로 나누었다(p.127–137).

첫째, 외부주도형(outside initiation model)은 다원주의사회에서 환경 속에 존재하는 비정부집단(nongovernmemtal groups)이 쟁점을 발의하여 공중에게 확산시키고 공식의제로 진입시키는 의제설정유형이다. 이 모형은 정부바깥에 있는 개인이나 집단 등이 주도하여 정책의제화하는 것으로서 이익집단활동이 활발하고 정부가 외부요구에 적극적으로 대응하는 다원화된 정치체제를 가지고 있는 선진국에서 많이 나타난다. 이익집단정치는 전형적인 예이다.

둘째, 동원형(mobilization model)은 다원주의 레짐이나 권위주의나 전체주의 레짐에서 정책결정자인 정부(government)에 의해 쟁점이 제기되어 공식의제가 되고 공중에게 확산시키는 의제설정유형이다. 이 모형은 외부주도형과 반대로 정부의 정

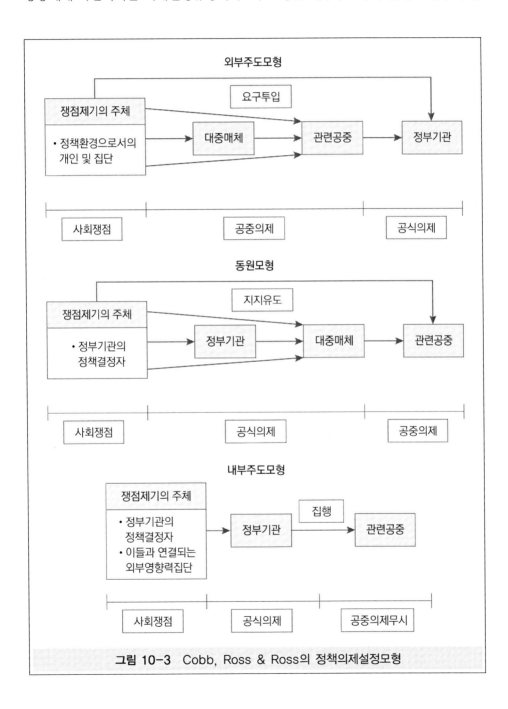

그림 10-3 Cobb, Ross & Ross의 정책의제설정모형

책결정자가 사회문제를 정책의제로 채택한 후에 정부가 외부환경에 대해서 정책을 필요성을 홍보하고 공중의 지지를 확보하려는 것이다. 예컨대, 선진국에서는 미국의 부시 행정부에서 이라크전쟁이나 트럼프 행정부가 대북제재를 결정하는 것처럼 국익과 관련된 외교안보정책의 경우 동원형 의제설정을 하는 경우가 많다. 한국의 경우에는 권위주의정부시대인 박정희 정부에서 정부주도로 강력하게 추진했던 중화학공업 육성과 산업단지 건설을 통한 경제성장정책, 경부고속도로 건설, 새마을운동 등이 그 예이다. 그 이후 민주화의 진행으로 민주주의정부가 들어서면서 정부가 주도적으로 정책의제설정을 하지만 일반국민이나 관련 이익집단이나 시민단체의 의견을 반영하는 사례가 증가하고 있다. 예컨대, 1990년대 이후에 청주청원통합사례나 신고리 5·6호기 공론화사례 등을 들 수가 있다.

셋째, 내부주도형(inside initiation model)은 특히 권위주의나 조합주의 레짐에서 정부기관의 정책결정자나 정책결정자에게 특정한 접근을 할 수 있는 영향력집단 (influential groups)이 쟁점을 발의하지만 공중에게 확산시키지 않고 공식의제로 진입시키는 의제설정유형이다. 이 모형은 정부가 주도하여 정책의제화한다는 점에서 동원형과 유사하지만, 다른 점으로는 의도적으로 정책결정체제 내부의 정책설정과정에 환경의 개인이나 집단이 접근하지 못하도록 봉쇄하여 정부가 공중의제화하는 것을 꺼리는, 즉 공중에게 알리지 않는 일종의 음모형에 해당한다. 선진국이나 후진국의 외교국방정책의 경우에는 이러한 예가 얼마든지 있고, 한국의 경우 관료주도의 경제성장정책에서 발견된다. 박정희 정부의 중화학공업정책과 김영삼 정부의 금융실명제정책은 동원모형이나 내부접근형에 포함될 수 있다.

## 6) Kingdon의 다중흐름모형

1980년대에 Kingdon(1984)은 '의제, 대안, 그리고 공공정책' 저술에서 쟁점 (issues)으로부터 정부의제(government agendas)으로 진입하도록 하기 위한 세 가지 흐름, 즉 문제흐름과 정치흐름 및 정책흐름이 모이는 정책의 창에서 활동하는 정책선도가의 역할을 분석하였다.

그는 정책의제설정과정에서 문제와 정치 및 정책의 세 가지 흐름이 만나서 정책창이 열리고 닫히게 하는 데는 정책선도가가 중요한 활동을 한다고 한다. 여기서 정책선도가는 정책아이디어를 토대로 정책의제를 제안하고 이것이 결정되어 집행되도록 주도적인 역할을 하는 정책주체라고 할 수 있는데, 정부내부뿐만 아니라 정부

⟨표 10-2⟩ 정책의제설정의 행위자 종합

| 정책설정형성모형 | 의제설정행위자 |
|---|---|
| 정치체제이론 | 체제문지기(공식행위자 – 대통령, 정부관료, 국회의원) |
| 엘리트론 | 소수엘리트(대기업간부, 군장성, 정치인) |
| 다원론 | 사회의 다수집단(특히 이익집단) |
| 신엘리트론(무의사결정론) | 소수지배엘리트 |
| 하위정부론 | 삼자연합(정부관료, 의회위원회, 이익집단) |
| Cobb, Ross & Ross모형 | 외부주도형(비정부집단), 동원형(정부),외부주도형(외부영향력집단) |
| Kingdon모형 | 정책선도가(정부행위자, 비정부행위자) |

외부에서 활동하는 대통령, 의회지도자, 정당지도자. 이익집단, 정부관료, 전문가, 대중매체 등은 의제설정의 주도자가 된다.

지금까지 기술한 정책의제설정이론(모형)에서 의제설정의 주도자가 누구인가를 살펴보았는데, 이를 정리하면 위의 표와 같다(표 10-2). 표를 종합하면, 정책의제설정이론이 주장하는 정책의제설정행위자의 범주는 공식적인 정부행위자뿐 아니라 비공식적인 비정부행위자들까지 다양하게 제시하고 있다. 이것은 정책의제설정이 정부내부에서 폐쇄적으로만 이루어지는 것이 아니라 정부 밖의 환경에 존재하는 외부행위자들에 개방되어 있음을 암시하는 것이다.

## 2. 내외부의제설정자

위의 정책의제설정이론에서 논의한 바와 같이, 정책의제설정은 수많은 개인과 집단 및 정부의 정책결정자들 간의 동태적인 상호작용으로 이루어진다. 따라서 정책의제설정행위자는 정책체제(정부)에 특정한 문제나 이익을 요구하는 투입기관과 이러한 요구를 수용하는 수용기관으로 나눌 수가 있다. 전자를 외부의제설정자, 후자는 내부의제설정자라고 부를 수 있다.

### 1) 외부의제설정자(투입기관)

정책환경을 설명하는 가운데 정책체제를 둘러싸고 정부의 정책결정에 직간접으로 영향을 미치는 모든 개인과 집단들을 과업환경이라고 하였다. 정부의 과업환경은 이익집단, 정당, 언론, 그리고 개인으로서의 시민이 포함된다. 이러한 과업환경행위자들은 정책의제설정에서 문제나 요구 제기의 주체로 인식되어 왔다(안해균. 2000: 183-203).

첫째, 이익집단-'모든 정책의 배후에는 이익집단이 도사리고 있다'는 말이 나올 정도로 오늘날의 이익집단들은 정책의제설정과정뿐만 아니라 정책결정과정 등과 같은 정책과정 전반에 걸쳐서 중요한 역할을 담당하고 있다.

이를테면, 이익집단들은 의회나 정부부처에서 이익투입이나 로비활동을 통해 또는 언론을 통해 정책의제설정에 직간접으로 관여한다. 또한, 이익집단들은 정당에게 정치자금을 비롯한 여러 가지 정치경제적 지지를 제공하고 그 대가로서 그들의 이익을 정책의제과정에 반영하기도 하고, 고위 정책결정자와의 접촉을 통해 보다 직접적으로 이익투입을 하기도 한다.

이와 같이, 이익집단들이 제시하는 이익이라는 것은 본질적으로 정부에 의한 해결을 요구하는 사회문제, 즉 정책문제의 한 형태라는 점에서, 이익집단은 정책의제과정에서 중요한 행위자라고 할 수 있다.

둘째, 정당-정당은 국민의 이익을 위해 정치적 주장이나 정책을 내세우고 선거를 통해 정권을 획득하고자 하는 집단이다. 이것은 특정한 이익을 가지고 있다는 점에서는 이익집단과 동질적인 성격을 지니고 있으나, 이익의 내용이 정치권력의 획득이라는 점에서 일반적인 이익집단과 구별된다. 이러한 정당의 개념을 볼 때, 정당의 1차적 관심은 정치권력의 획득이고 정책은 그것을 달성하기 위한 수단이라는 사실을 발견하게 된다.

정당은 정권획득에 필수적으로 요망되는 정치적인 정당성이나 지지를 확보하기 위해 각자 나름대로 사회의 여러 부문들과 직접적인 관계를 맺고 있다. 예컨대, 미국의 경우 민주당과 공화당의 양대정당체제인데 민주당은 도시노동자나 소수인종과 그리고 공화당은 지방농촌 및 소규모마을, 도시근교지역, 청교도, 경영인과 전문직 종사자가 주요지지세력이다. 정책의제설정과정에서 정당의 주된 기능은 환경에 존재하는 개인이나 집단의 제반 요구들을 결합하는 이익결집과 이러한 집약된 이익에 대한 대리적 표명으로서 정책결정체제 내에 투입하는 것이다. 집권당인 여당은 정권의 유지를 위해 국민이나 관련 이익집단의 요구를 정책의제화하여 정부의 정책결정과정에 반영시키려고 노력한다. 또한, 야당은 다음의 정권획득을 위해서나 현재의 대 여당 경쟁력의 제고를 위해서 국민이나 관련 이익집단이 원하는 요구를 현 정부가 시행하도록 압력을 가한다.

정당이 개입하는 정책설정과정의 장소는 통상 의회의 입법과정이다. 정당이 다른 행위자에 비해 정책의제설정 및 결정과정에 보다 직접적인 주체가 될 수 있는 것은 국회의원을 소속구성원으로 가지고 있고 이들 국회의원들은 자신이 속해 있는 정당의 정책적 입장을 정책설정과정에 투영시키는 역할을 하고 있기 때문이다.

셋째, 언론기관 — 언론은 여론선도자(opinion leader)로서 사회문제의 집결과 표명의 대표적 장치이다. 이것은 사회에서 보도할 사건의 선별, 그에 대한 해설, 나아가 정보제공 및 여론형성과 정부에의 요구투입을 하는 역할을 수행한다. 정책의제설정과 관련하여 언론기능으로 중요한 것은 단순히 밖으로 표명된 현재적 여론(overt public opinion)의 취재와 보도에 그치는 것이 아니라 표명되지 않은 잠재적 여론(latent public opinion)을 경험적 방법에 의하여 추출하여 이를 표면화하고 조직화함으로써 사회문제를 정책문제화하여 정부기관에 투입한다.

예컨대, 우리나라에서도 최근 주요일간지의 시민의식조사를 통한 정책문제제기하든가 각종 사설들을 비롯하여 일련의 TV심층취재프로그램 등은 청소년 가출과 범죄, 유명 외국상품의 도입남용, 마약밀수, 불량식품 등 수많은 사회문제를 정책문제화하고 그에 대한 행정당국의 정책을 유도하는데도 상당한 역할을 하고 있다.

넷째, 개인으로서의 시민 — 정책에 대한 논의에 있어 개인으로서의 시민은 이익집단, 정당, 언론기관, 입법부, 행정부, 사법부 등과 같은 조직화된 국민에 비해 그 중요성이 등한시되었다(Anderson, 1984: 44). 그러나 시민이 정치인이나 입법사항에 대한 투표권을 행사하는 것은 개인으로서의 시민이 정책설정과정의 중요한 주요 행위자라는 것을 암시한다.

개인으로서의 시민이 정책설정과정에 영향을 미칠 수 있는 제1차적 근거는 곧 대통령과 국회의원과 같은 정책결정자를 선발하는 선거의 유권자이고 납세자이기 때문이다. 서로 경쟁관계에 있는 여야의 입후보자들은 국민 개개인의 요구와 지지를 정책의제과정에 반영시키겠다는 선거공약을 제시하고 표를 호소한다. 이러한 선거를 통한 시민의 정책의제과정에 관여는 다분히 간접적인 성격을 지닌다.

그러나 시민이 정책의제과정에 보다 직접적으로 영향을 미치는 것은 고도의 전문지식을 가진 민간지식인의 지적 활동이다. 예를 들면, 미국의 자동차안전이라든가 살충제에 대한 정부의 정책에 영향을 미친 R. Nader의 'Unsafe at Any Speed'와 R. Carson의 'Silent Spring'을 들 수가 있다. 또한, 시민이 정책의제과정에 주체가 되는

경우로는 정책의제과정에 직접 자신의 의사를 개입시키고자 벌이는 정치적 활동이
다. 1930년대 미국의 사회보장법에 결정 영향을 미친 F. Townsend박사라든가, 1960
년대 시민권입법에 적극 개입했던 King목사 등을 그런 예로 들 수 있다.

## 2) 내부의제설정자(수용기관)

정책체제에서 수용기관(receptor)이란 정책결정체제의 한 구성요소로서 정책환
경으로부터 투입되는 각종 요구나 사회문제에 대해 정책적 관심을 표명하여 그중
일부를 정책문제로 전환시키거나 또는 스스로 정책문제를 제기하여 정책결정장치에
정책결정대상으로 제시하는 기관을 말한다. 이러한 수용장치의 중요성은 정책결정
체제가 문제해결역량에 적합한 정도의 사회문제만을 선별하여 처리하는데 있다. 정
책의제설정의 수용기관으로는 공식적 정책결정자들인 의회(정당)와 대통령 및 정부
부처를 들 수가 있다(안해균, 2000: 202 – 213).

첫째, 의회 – 현대정치에서 의회의 기능을 정책과정에 적용하면, 의회는 정책결
정장치이며 정책의제설정장치이기도 하다. 정책결정장치로서의 의회는 입법을 통한
표결을 통해 법을 제정하는 공식적인 기관임을 의미하는 것이며, 정책의제설정의 수
용장치로서의 의회란 정책결정장치로서의 의회의 역할을 인식하여 사회의 제반 이
익들이 의회에 집중 투입되고 소속정당과의 긴밀한 관계 속에서 특정의 정책의제들
이 출현하여 선택되는 장소라는 점을 의미한다.

의회의 여러 부서들 중에서 그러한 수용장치로서의 기능을 전담하는 곳은 각종
전문분과위원회이다. 이 위원회는 이름 그대로 사회의 제반 문제에 관한 전문지식을
활용하여 의회에 투입되는 수많은 사회문제를 분석하고 각 문제들 간의 연계를 파악
하여 그것들 중 특히 정책적 해결을 요구하는 사회문제를 선별하여 의회의 각종 회
의에 정책의제로 상정하는 역할을 수행한다.

둘째, 대통령과 정부부처 – 현대의 정책체제에서는 실질적인 정책결정권이 대통
령을 비롯한 정부부처에 주어져 있기 때문에 이들이 정책의제과정에 제기한 사회문
제와 정책의제들은 중요한 정책결정대상으로 수용된다. 특히 국방과 외교 등에 대한
정책의제설정에 있어서는 대통령이나 고위 정부관료가 주된 주체가 된다.

정책의제설정주체로서의 대통령은 행정수반으로서의 정책통치주체를 말하고,
정부부처란 정치적 임명의 범위를 벗어난 직업공무원을 주된 구성원으로 하는 행정
부서들을 말한다. 우리나라의 경우 일반행정부처 내부의 정책설정행위자들은 창구

직원, 계장, 과장, 국장, 차관, 장관이 된다. 정부부처가 정책의제설정의 주체가 되는 것은 환경과의 상호작용하는 행위자이며 동시에 정책안의 기초가 되는 정책문제의 구체화하는 행위자이기 때문이다.

환경과의 상호작용의 주체란 각급 정부부처가 넓게는 전체로서의 국민, 작게는 개인으로서의 국민이나 집단으로서의 국민과 밀접한 관계를 맺고 있다는 점을 두고 하는 말이다. 이를테면, 오늘날 어떤 공적 해결을 요구하는 사회문제에 직면하였을 때 국민들은 의회나 법원으로 찾아가기보다는 가까운 파출소나 동사무소 또는 행정관청에 찾아가 호소하는 경우가 일반적인 현상이다. 따라서 각급 행정기관은 국민들의 요구를 통해 많은 현실적인 사회문제들을 발견하게 되고 그것들 중 정책적 해결을 요구하는 문제들은 상급기관에 주요정책문제로 관료제 특유의 계층제적 보고과정을 거쳐 기안문의 형식으로 구체화되어 차츰 정책의제화된다.

그런데 정부부처의 정책의제설정과정을 통하여 어떤 사회문제는 그 행정기관 스스로의 정책결정에 의해 해결될 수도 있고 또 어떤 사회문제는 타 행정기관과의 의결조정이 필요하거나 또는 최고정책결정기관의 결정을 거쳐야만 비로소 실제적인 해결이 가능한 경우도 있다. 이러한 입장에서 볼 때 중요시되는 정책설정주체로서의 행정기관의 구성요소는 차관과 장관이 된다. 이들은 자신들이 소속한 행정기관의 정책의제를 가지고 국무회의, 차관회의, 경제장관회의 등과 같은 행정부 내부의 최고 정책결정장소에서 논의를 하여 정책의제화하거나, 또는 입법부나 당정협의회와 같은 행정부 이외의 정책결정협의기관과 만나서 자신의 정책의제를 주요한 정책결정의 대상으로 부각시키려는 노력을 하게 된다. 여기서 차관회의는 상정된 의제를 검토함에 있어서 특히 각 부처 간의 협조를 긴밀하게 하는데 중점을 두고 심사 및 토의된 의제들을 국무회의에 상정한다. 그리고 국무회의는 대통령이 의장이 되고 국무총리가 부의장이 되며 각 부처의 장관이 위원이 되는 명실상부한 행정부의 최고 정책심의 및 결정기관이다. 경제장관회의는 기획재정부, 외무, 농수산, 산업, 건설, 교통 등의 경제장관들로 구성된 회의이다

이를테면, 일반적인 정책의제로서 2개 정부부처(행정기관) 이상이 관련된 것일 경우에는 대부분의 경우 사전에 관계기관 간의 협의를 거친 후에 차관회의에 상정되어 최종적으로 국무회의에 제출된다. 법령과 관련되는 정책의제의 경우에는 기안부처가 먼저 법제처에 의제를 제출하여 법적 심의를 받은 후에 차관회의와 국무회의에 상정된다. 그리고 경제정책의제인 경우에는 기안부처가 경제장관회의에 제출하여

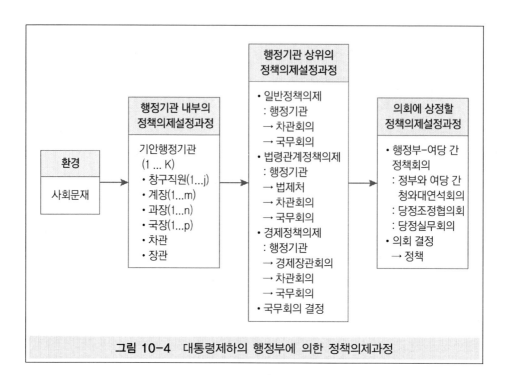

**그림 10-4**  대통령제하의 행정부에 의한 정책의제과정

심의를 거친 다음 차관회의와 국무회의에 상정된다. 이상의 과정을 통해 논의된 의제가 행정부 자체의 결정권한 내에 속하는 사항일 경우에는 국무회의 의결은 곧 정책결정이 된다. 그러나 의제의 성격이 의회의 승인을 요하는 것일 경우에는 국무회의의 의결은 그 자체가 곧 정책결정이 아니라 의회에 내놓을 행정부의제의 채택행위로서의 성격을 지니는 것이며 그에 대한 의회에서의 의결이 정책결정이 된다. 예컨대, 우리나라의 경우 의회의 의결을 요구하거나 국가 또는 국민생활에 지대한 영향을 미치는 정책의제의 경우에는 각종 행정부와 여당 간의 정책논의회의, 즉 정부와 여당 간 청와대연석회의, 당정조정협의회, 당정실무기획위원회 등을 통해 의회에서의 지지확보를 위한 심의화과정이 추가된다(그림 10-4).

지금까지 논의한 정책의제설정과정에서 내외부의제설정자의 기능 또는 역할을 정리하면 다음 표와 같다(표 10-3).

〈표 10-3〉 정책의제설정에서 행위자의 기능(역할)

| 정책의제설정행위자 범주 | 기능(역할) |
|---|---|
| ● 외부의제설정자 | 투입(요구) 주체 |
| −이익집단 | 이익투입, 로비. 정치경제적 지지 |
| −정당 | 이익결집과 이익표출 |
| −언론기관 | 문제의 결집과 표출 |
| −개인으로서의 시민 | 선거를 통한 간접적 정책의제화, 개인의 지적 정치적 활동을 통한 직접적인 정책의제화 |
| ● 내부의제설정자 | 수용주체 |
| −의회 | 사회이익의 정책의제화 |
| −대통령과 정부부처 | 환경과 상호작용을 통한 문제인지와 수용 정책문제의 구체화 |

## 제 5 절 | 정책의제설정과정

### 1. 정책의제설정과정모형 개관

위에서 정책의제설정은 누가 주도하느냐 하는 의제설정행위자 측면의 정책의제설정행위자모형을 설명하였는데, 이들 대부분의 모형은 의제설정과정을 구체적으로 기술하고 있지 않다. 이러한 한계를 보완하기 위하여 정책의제설정행위자뿐만 아니라 정책의제설정이 어떠한 경로를 거쳐 진행되는가를 구체적으로 기술하는 정책의제설정과정모형이 발전하였다.

정책의제설정과정연구는 1970년대 초반에 Cobb & Elder의 저서 '미국정치에서 참여: 의제형성의 동학'(1972)과 Eyestone의 저서 '사회쟁점으로부터 공공정책까지'(1978)에서 정책의제설정과정모형으로 체계화되었다. 이러한 정책의제설정논의와 병행하여, Bachrach & Baratz는 1960년대의 논문 '권력의 두 얼굴'(1962)과 '결정과 비결정'(1963) 그리고 1970년대의 저서 '권력과 빈곤'(1970)에서 정책의제설정이 억제되거나 사장될 수 있다는 무의사결정론을 주장하였다.

그리고 1980년대에 들어와서 Kingdon은 자신의 저서 '의제, 대안, 그리고 공공정책'(1983)에서 정책의제설정과정의 선형적 과정을 거부하고 정책과정에서 무작위적으로 존재하는 흐름들이 결합되는 측면을 강조하는 다중흐름모형을 설계하였다.

따라서 정책의제설정과정모형으로는 Cobb & Elder모형, Eyestone모형, Bachrach & Baratz모형, 그리고 Kingdon모형이 대표적인데, 여기서는 이들 모형을 중심으로 의제설정과정을 살펴본다.

## 2. Cobb & Elder와 Eyestone의 정책의제설정과정모형

### 1) 의 의

정책의제설정과정을 체계화하려고 시도한 초기학자로는 Cobb & Elder와 Eyestone이 있다. Cobb & Elder(1972: 82–89; 1983: 110–124)는 정책의제설정과정에 여러 행위자들의 직간접적인 광범위한 참여가 민주정치의 생명이라고 전제하고, 의제설정과정을 정책과정에서 중요한 단계 또는 공공정책발달의 보다 큰 과정의 중요한 구성요소라고 한다. 이들은 의제설정과정을 정책체제시각에서 문제(problem)가 쟁점(issue)과 의제(agenda)로 전환되는 흐름으로 인식하고 동과정의 개념적 범주에 사회문제, 사회쟁점, 공중의제(체제의제), 그리고 정치의제(제도의제, 공식의제, 정부의제)를 포함시키고 있다.

이러한 Cobb & Elder의 의제설정과정모형을 보다 체계화한 학자로는 Eyestone이 있다. Eyestone(1978: 1–9: 69–104)은 문제나 쟁점을 갈등과 논쟁의 점화장치로서 정부의 과업이 되는 정치의 연료라고 전제하고, 정책의제설정을 사회문제나 사회쟁점이 어떤 정책프로그램 또는 공공정책에 의해 해결되는 연속단계로 정의한다. 그

⟨표 10-4⟩ Eyestone의 정책의제설정과정

| 사회문제<br>(social problem) | 사회쟁점<br>(social issue) | 공중의제<br>(pubic agenda) | 공식의제<br>(official agenda) | 정책결정<br>(policy decision) |
|---|---|---|---|---|
| • 집단인식<br>• 상이한 의견을 가진 집단관여 | • 쟁점선도가 활동 | • 보다 많은 집단 관여 | • 쟁점선도가 활동 | • 정책결정자 |

자료: Eyestone(1978: 104).

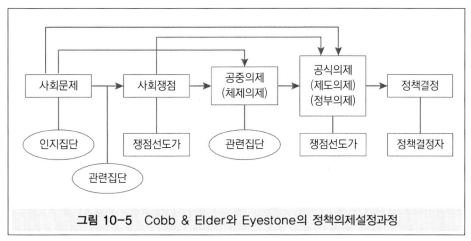

**그림 10-5** Cobb & Elder와 Eyestone의 정책의제설정과정

주: → 문제성격의 변화. ─ 관련행위자의 영향.

리고 정책의제설정과정을 환경의 공중(the public), 문제나 쟁점(problem, issue), 정부행동요구(demands of government action)로 전환되는 것이라고 하면서. 이러한 과정의 개념적 범주를 특정한 사회문제나 사회쟁점이 사회 속에서 공중의제(체제의제)로 전달하는 과정과 정부 내에서 제도의제로 전환되는 두 개의 흐름으로 나누고 있다.

이상에서 설명한 Cobb & Elder 모형과 Eyestone 모형을 정리하면, 정책의제설정과정을 앞의 표와 그림으로 나타낼 수 있다(표 10-4, 그림 10-5).

## 2) 정책의제설정과정의 내용

### (1) 사회문제

정책연구에서 정책의제설정과정은 환경으로부터 발생하는 사회문제로부터 출발한다. 그런데 사회문제는 개인이나 집단의 문제를 기본구성단위로 하고 있다. 개인 또는 집단 문제(personal or group problems)란 인간이나 집단에게 해결욕구를 유발시키는 불만족스러운 상태나 조건을 말한다(Anderson, 1979: 53). 이러한 문제의 발생은 인간이나 집단과 자연의 활동에 의해 초래된 사건과 그 사건에 대한 인간과 집단의 문제인식의 두 가지 요인이 함께 작용하여 이루어진다(안해균, 2000: 166).

이를테면, 대부분의 인간들은 스미스씨의 자동차에 가솔린이 떨어진 것이 사적문제로 보지만 한 지역사회의 전반적인 가솔린 부족은 공적문제라는 사실에 동의할 것이다. 여기서 사적문제(private problems)란 직접 관련되는 소수의 사람들이나 집단들에게만 중요성을 갖는 한정된 효과를 갖는 문제라고 한다면, 공적문제(public problems)는 직접적인 이해당사자와 관련되지 않는 사람들이나 집단들에게도 영향을 미치는 광범위한 효과를 갖는 문제라고 할 수 있다. 대내적인 공적문제로는 기능별로 외교·경제·산업·노동·보건복지·환경·교육·조세·법치·수송 문제 등 다양하게 존재하는데, 이것들은 서로 관련된 '사악한 문제(wicked problems)'라고 할 수 있다.

Lowi(1964)는 공적문제를 분배문제, 규제문제, 재분배문제로 구분하였다. 첫째, 분배문제(distributive problems)는 소수 사람과 관계가 있는 문제로서 치수사업에 대한 지역사회의 요구나 산업체의 관세양허 요구 등이 여기에 속한다. 둘째, 규제문제(regulative problems)는 타인의 행위를 제한시켜줄 것을 요구하는 문제로서 노동조합의 활동에 불만을 품은 사람들은 노조활동의 규제를 바라고 불량식품에 대해 시민이 단속을 요구하는 것이 그 예이다. 셋째, 재분배문제(redistributive problems)는 사회 내의 계층간 또는 집단간의 자원이전을 요구하는 문제로서 소득불평등에 대한 불만을 가지고 있는 사람들은 누진소득세와 자원을 부자로부터 빈자로 이전할 것을 요구한다(Andsrson, 1984; 이종수·이대희 역, 1994: 76).

이상에서 살펴본 바와 같이, 환경에서 발생하는 문제에는 개인이나 집단의 사적문제와 공적문제가 다양하게 혼합되어 있음을 알 수가 있다. 개인이나 집단의 문제가 사회문제화되는 것은 불만족스러운 상태를 야기시키는 개별적 사건이 불특정다수인이나 불특정다수집단에게 장기간에 걸쳐 반복적으로 일어날 경우에 발생한다. 결국, 사회문제의 출발은 개인이나 집단의 문제인 것이며, 그러한 개인이나 집단의 문제에 불특성 다수성과 사회적 중요성이 가미됨으로써 사회문제가 등장하는 것이라고 할 수 있다. 예컨대, 문제의 출발이 한 사람이나 한 집단에게서 비롯되더라도 관련 당사자가 많이 있고 그런 동일한 문제로 고민하고 고통받는 사람들이나 집단들이 많다면 이는 개인적 차원을 넘어서 사회적 차원의 문제로 변화를 하게 된다(안해균, 2000: 173; 정정길 외, 2010: 285).

따라서 사회문제(social problems)란 환경 속에 존재하는 개인이나 집단의 사적문제와 공적문제를 기초로 불특정다수인이나 불특정다수집단이 그에 대한 해결욕구를 유발시키는 불만족스러운 상황이나 조건이라고 할 수 있다. 여기서 불특성다수인(집단)이란 정확히 몇 명이나 몇 개의 집단까지를 의미하는 것이 아니라 어느 누구라도 사건의 당사자가 될 수 있다는 것이고, 불만족스러운 상황이란 시간흐름 속에서 실제의 욕구총족정도가 기대한 욕구충족정도에 미치는 못하는 상태를 말한다.

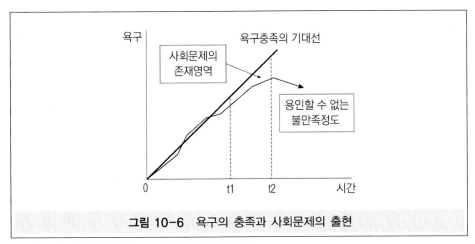

**그림 10-6** 욕구의 충족과 사회문제의 출현

주: t1: 사회문제의 발생시점, t2: 사회붕괴의 발생시점.
자료: Davies(1962), 안해균(2000: 170).

위의 [그림 10-6]에서 보는 바와 같이, 인간이나 집단의 욕구정도는 무한대로 증가하지만, 이러한 기대욕구를 충족시키는데 현실의 자원은 한정되어 있다. 이에 따라 인간이나 집단의 욕구충족의 기대수준과 실제수준 간의 격차가 있다고 해서 무조건 사회문제가 발생하는 것이 아니다. 그러나 인간이나 집단의 욕구의 기대충족 정도는 계속 증가하는 경향을 보이면서 실제 욕구충족정도는 격차가 벌어지는데, 이 것은 t1과 t2 사이의 시간흐름 속에서 사회문제가 다양화되고 증가하는 것을 볼 수가 있다. 만약 t2 시간 이후에 인간이나 집단의 용인할 수 없는 불만족정도가 크게 증가 하면 사회붕괴현상이 발생할 수 있다.

### (2) 사회쟁점

특정한 사회가 직면하는 사회문제의 축적은 정적인 상태를 유미하는 것이 아니 라 시간흐름에 따라 확산된다. 시간흐름 속에서 사회문제의 항목들은 표면에 부상하 고 넓은 가시성을 가지게 되며 그리고 성공적으로 사회쟁점이 되거나 공공정책으로 전환될 수도 있다.

그러면 사회쟁점이란 무엇이고, 사회문제는 어떻게 사회쟁점으로 전환되는가? 사회쟁점(social issues)은 문제해결에 대한 사회적 부동의가 있는 넓은 사회문제를 말한다(Eyestone, 1978: 72). 이것은 단순히 개인적 차원의 불만을 넘어 많은 사람들 이 동시에 관심을 가지고 문제해결에 대해 논의를 하고 있는 사회문제, 또는 사회문제 중에서 다수의 행위자들(개인들이나 집단들)이 문제의 정의나 해결에 대해 논쟁이 되고 있는 문제라고 할 수 있다. Cobb & Elder(1983: 82-85)는 사회쟁점을 지위나 자원의 분포에 관련되는 절차적 또는 실체적 문제를 두고 둘 또는 그 이상의 집단들 간의 갈등으로 구체적 정의를 하고, 쟁점이 창조되는 네 가지 방법을 제시하였다.

사회쟁점이 되는 가장 공통적인 방법은 지위나 자원의 분포에 비호의적인 편견을 가지고 있는 하나 또는 그 이상의 경쟁하는 집단들에 의해 제기된다. 예컨대, 1950년대 펜실베니아의 트럭운전자들은 철도가 장거리수송의 이점을 가지고 있다고 보고 이에 대응하는 쟁점을 창조하였다. 이러한 발의자(initiators)를 '쟁점선도가(issue entrepreneurs)'라고 한다. 쟁점창조의 또 다른 두 번째 방법은 그들 자신의 이익을 위해 쟁점을 제기하는 사람이나 집단이 있다. 예컨대, 공직취업을 원하는 사람들은 그들의 경력을 발전시키기 위한 쟁점을 찾는다. 쟁점발의의 또 다른 세 번째 수단은 예기치 않은 사건을 통하여 발생한다. 그러한 사건은 '환경적 반응자(circumstantial reactor)'라고 한다. 예컨대, 케네디 대통령의 암살은 총기규제의 이슈를 가져 왔다. 마지막 네 번째 방법으로 쟁점은 그들 자신의 이익이 되는 지위나 지원을 가지고 있지 않은 개인이나 집단에 의해서도 산출된다. 이들은 공익을 추구하는 것이다. 저소득층구제프로그램을 지지하는 노력은 이 범주에 속한다. 이들 쟁점창조범주들은 개인이나 집단이 특정한 행동을 하는데 하나 이상의 동기를 가질 수 있기 때문에 상호배타적인 것이 아니다.

그리고, 점화정치(triggering mechanism)나 예기치 않은 사건(unforeseen events)은 쟁점발의자에 의해 정의되는 쟁점을 창조하는데 도움을 준다. 이들은 국내와 국외 영역에서 발생하는 내부사건과 외부사건으로 나눌 수 있다. 내부점화사건으로는 홍수나 화재와 같은 자연재난, 폭동이나 공직자 암살 및 비행기 납치 등의 인적재난, 대형수송이나 물공기오염 등으로 야기되는 환경오염 및 인구증가와 같은 생태적 변화가 있다. 외부점화기제로는 베트남전쟁이나 히로시마원폭투하와 같은 미국의 전쟁, 미국과 소련 간의 군비통제, 중동과 아프카니스탄에서의 국제갈등 등을 들 수가 있다.

이상의 논의를 종합하면, 사회쟁점들은 대다수 공중(사람이나 집단)의 관심이나 행동으로 자발적으로 나타나는 것이 아니라, 어떤 시기의 사건이나 개인이나 집단의 의도적이거나 비의도적이지만 의식적인 노력이나 또는 특정목표를 가지고 있는 쟁점선도가(issue entrepreneurs)에 의해 창조된다(Eyestone. 1978: 88-90). 쟁점선도가들은 쟁점창출로부터 정부반응과 정책해결까지의 과정에서 활동을 하는 다수의 중요한 사람들이다. 이들은 전체 쟁점전환과정의 여러 지점에서 쟁점발의자(issue generator)와 쟁점중개자(issue broker)의 역할을 한다. 두 가지 역할은 동일한 사람에 의해 수행될 수 있는데, 다른 사람의 이익을 위해 행동할 수도 있고 그리고 시민집단과 공직자와의 중개기능을 수행할 수 있다. 이런 쟁점발의자로는 정치인, 이익집단, 매스컴의 기자 등이 있다. 특히 쟁점형성(창조)은 쟁점발의자와 점화장치의 동적인 상호작용에 의존한다. 정치체제시각에서 투입은 문제를 쟁점으로 전환시키는 쟁점발의자와 점화장치에 의해 이루어진다고 할 수 있다.

자료: Cobb & Elder(1983: 85).

그리고, 사회의 문제나 쟁점은 보다 큰 규모의 공중(publics)으로 확산될 때 공식의제가 될 수 있다. 이를테면, 쟁점이 확대될 수 있는 공중의 크기가 커질수록 그것이 공중의제(체제의제)에 도달하고 그리고 공식의제(제도, 정부의제)에 접근할 가능성이 증가하게 된다. 이것은 모든 쟁점들이 의제항목을 만드는데 쟁점공중을 확대해야 한다는 것을 말하는 것이 아니고, 단지 쟁점갈등이 다수의 사람들이나 집단들에게 가시화된다면 의제설정의 가능성이 있다는 것이다. 다음 그림은 쟁점특성과 쟁점확장 간의 관계를 보여준다.

자료: Cobb & Elder(1983: 110).

### (3) 공중의제

Eyestone(1978: 79: 82-86)은 사회쟁점이 공중의제로 되는 것은 쟁점동학에서 전형적인 패턴이 있는 것이 아니라고 하면서, 공중의제(public agenda)를 다수의 공중이 어떤 행동이 있어야 한다고 믿는 쟁점집합으로서 사회에 있는 모든 사람들이나 집단들의 의제들의 총체라고 정의하였다. 그는 이것의 개념을 보다 명확히 하기 위하여 공적관심(public worries)과 기회의제(opportunity agenda)로 분리하여 논의하고 있다. 여기서 공적관심은 어떤 문제영역에 대해 막연히 느끼고 있는 불만이나 걱정을 말하고. 기회의제란 공적관심보다는 지속적으로 공중의 관심을 받는 쟁점으로서 보다 안정적이지만 구체성이 부족하고 어떤 사람의 몰입행동이 불필요한 문제이다. 이에 비해서, 공중의제란 정치적 행동 또는 어떤 종류의 행동에 의해 적극적으로 탐색해야 하는 중요성을 가진 쟁점항목을 말한다. 이러한 공중의제는 다양하고 통합된 공중(the public)의 산출이 아니라, 그 자신의 우선순위를 가지고 있는 쟁점공중들 (issue publics)에 의하여 만들어진다. 정치가들은 이들 공중의제애 대해 대응하기 위하여 쟁점들을 의제로 분리시킨다.

이러한 공중의제를 Cobb & Elder(1983: 85-86)는 체제의제(system agenda)라고 명명하고 있는데, 이것은 공중의 주의(관심)를 끌만한 매력이 있고 정부의 정당한 관할권에 포함되는 것으로 정치공동체의 구성원들에 의해 공통으로 인식되는 모든 쟁점들을 말한다. 어떤 사회쟁점인 체제의제로 되기 위한 전제조건으로는 첫째, 쟁점에 대한 광범위한 주의(관심)이나 최소한의 인식(자각), 둘째, 쟁점에 대해 어떤 종류의 행동이 요구된다는 것에 대한 상당한 정도의 공중의 공유된 관심, 셋째, 그 쟁점이 정부당국의 적실한 관심과 관할에 있다는 것에 대한 공유된 인식 등이 요구된다. 이와 유사하게, 정정길 외(2010: 287)는 공중의제를 체제의제와 동의어로 보고 거시적 시각에서 다루는 의제로 일반대중(publics)의 관심과 주의가 존재하고 정부가 개입하여 문제를 해결하는 것이 정당하다고 인식되는 사회문제로 정의하였다.

따라서 공중의제란 말 그대로 공중을 위한 의제, 즉 사회적으로 다수의 공중들이 정부의 정책적인 개입이 필요하다고 인정하는 상태에 있는 쟁점항목들을 말한다. 이것은 정부의제의 적당한 내용에 포함되어야 한다는 공중이념(public idea)라고 할 수 있다. Anderson(1979: 56)은 이것을 토론의제(discussion agenda)라고 한다.

### (4) 공식의제

사회문제(쟁점)이나 공중의제가 공식의제로 전환하는 것은 정부의 반응(행동)이 시작되는 단계이다. Cobb & Elder(1983: 86)는 공식의제를 제도의제(institutional agenda)와 정부의제(governmental agenda)로 명명하고, 권위 있는 정책결정자들 (authoritative decision makers)이 그 해결을 위해 적극적이고 진지한 고려를 하기로 명백히 밝힌 항목집합으로 정의하였다. 그리고 안해균(2000: 175-178)은 이것을 정책문제(policy problem) 또는 정책의제(policy agenda)라고 명명하고, 해결해야 할 것으로 정부 스스로가 인정한 문제 또는 정부에 의해 해결해야 할 것으로 다른 체제구성원에 의해 명백히 표명된 문제라고 보았다. 정정길 외(2010: 288)는 공식의제를 정책문제나 제도의제 및 정부의제와 동일한 것으로 보아, 정부의 공식적인 정책결정에서 문제해결을 위해 심각하게 고려하기로 밝힌 문제로 정의하고, 거시 차원의 체제의제 틀 속에서 미시 차원의 정부의제가 만들어진다고 한다. 따라서 여러 학자들의 논의를 종합하면, 공식의제(formal or official agenda)란 여러 가지 사회쟁점이나 공중의제 중에서 정책결정자가 어떤 해결책을 탐색해야 한다고 선정한 항목들을 말하는 것으로서 정책문제, 제도의제, 정부의제, 행동의제와 같은 의미로 사용한다.

이러한 공식의제는 Anderson(1979: 56)이 말하는 문제해결을 위한 구체적인 행동대안으로 구성되는 행동의제(action agenda)로서 토론의제인 공중의제보다 더 구체적이고 특정적이라고 할 수 있다. 공중의제는 문제나 쟁점을 확인하는데 그치는 추상적이고 일반적인 항목들로 구성되는데 비하여, 공식의제는 보다 구체적이고 항목들이 한정되어 있다. 공식의제는 결정(decision)과 행동(action)을 위한 장치이고, 그들은 공언된 행동을 수행하는 정책결정자들에 의해 만들어진다.

특히 공식의제는 공중의제와 달리 정부행동몰입이 있기 때문에 중요하다 (Eyestone, 1978: 88). 사회쟁점이나 공중의제가 공식의제에 도달할 때, 문제를 해결할 수 있는 좋은 기회가 된다. 그리고 공식의제는 정부행동이 임박했다는 것을 쟁점공중(issue publics)이나 쟁점선도가(issue entrepreneurs)에게 신호를 보내고 어떤 행동을 해야 할 것인가를 지시한다. 그러나 공식의제가 되었다고 해서 모두가 당연히 정책결정의 대상이 되는 것은 아니다. 공식의제가 정책결정의 대상이 되기 위해서는 주로 정부 내에서 문제나 쟁점을 받아들여야 한다. 여기서 정책결정자들에게 그 문제의 정책적 해결노력의 필요성을 인식시키는 활동이 필요한데, 이런 활동을 수행하는 행위자를 쟁점선도가라고 한다. 이들은 정부 내의 정보통으로서 누가 문제나 쟁점을 제기하고 어떤 일을 어떻게 해야 하는가를 주장한다.

이렇게 해서 사회쟁점이나 공중의제가 정부의 정책고려대상으로 인식되게 되면, 국가나 지방정부 수준에서 정부기관의 쟁점항목집합은 공식의제를 구성한다. 공식의제의 명료한 형태는 의제수용자인 입법부, 행정부, 사법부와 같은 권위적 정책결정자의 목록에서 발견할 수 있다. 국회의제, 행정부의제, 사법부의제 등이 그 예이다.

또한, 공식의제의 항목은 구항목(old items)와 신항목(new items)으로 분류할 수 있다. 구항목은 행동대안들이 명료화된 것으로 특별한 경우를 제외하고 대부분 사례에서 사전에 정의되어 반복적으로 선정되는 것이다. 예컨대, 공무원의 봉급인상이나 매년 예산배분 등이 있다. 신항목은 정의가 사전에 결정되어 있지 않고 그들의 해석이나 개발에서 신축성이 있는 것으로서 새로이 상정되는 것이다. 경제에 영향을 주는 산업파업이나 쿠바나 아프칸 등의 외교정책위기 등이 그 예이다. 정책결정자들은 오래된 문제들이 관료들과의 친밀한 연속성 때문에 더 많은 관심을 받게 될 것이라고 생각했다. 그러나 의제로까지 발전한 신항목은 시간이 흐름에 따라 구항목으로 전환된다.

공식의제가 국가의제이든 지방의제이든 간에 의제에 대한 갈등은 존재하는 것이고 완전한 합의가 불가능하다. 이를 공식의제갈등(conflicting official agendas)이라고 하는데, 애매한 의제의 문제는 항상 여러 정부기관들이 사회쟁점에 대한 조정행동이 나타날 때 발생한다. 다양한 공식의제는 사회쟁점을 해결하는데 이익과 손해가 발생할 수 있기 때문이다(Eyestone, 1978: 98–99).

### (5) 무정책의제

Eyestone(1978: 109–110)은 많은 쟁점들이 왜 무시되는가? 에 의문을 제기하고 사회쟁점의 다양한 결과들을 분석하였다. 사회쟁점의 분석결과는 성공적인 정책의제로 진입(26%)하기보다는 정부의제로 되지 못하는 경우(74%)가 많게 나타나고 있다. 이것은 어떤 사회쟁점은 정부의 해결책으로 이동하지만 정부행동으로 진입하지 못하는 무정책의제(non–policy agendas)가 많다는 것을 의미한다(표 10–5).

〈표 10–5〉  사회쟁점표본의 결과특성

| 결과특성 | 정부역할의 쟁점(%) |
| --- | --- |
| 성공적 해결 | 26% |
| 외견상 무시 | 37% |
| 실질적 무시 | 37% |

자료: Eyestone(1978: 110).

지금까지 Cobb & Elder와 Eyestone의 정책의제설정과정을 살펴보았는데, 의제 설정과정은 논리적으로 네 단계과정을 거치는 것이 아니라 일부의 단계를 건너뛰어

진행되는 경우도 있다(표 10-6). 첫째, 제1유형은 사회문제가 정책결정자에 의해 인지되어 공식의제로 진입하는 것이다. 이것은 대통령이나 최고정책결정자가 관심을 갖는 정책영역에서 나타나는 경우로서 박정희 정부에서 추진한 중화학공업정책을 통한 경제성장정책이나 농촌근대화를 위한 새마을운동과 김영삼 정부시절의 금융실명제정책 그리고 1997년 외환위기에서 김대중 정부의 제2건국운동이 그것이다.

둘째, 제2유형은 사회문제가 많은 사람들에 의해 논란이 되는 사회쟁점이 된 상태에서 공중이 문제해결을 요구하기 전에 정부의 공식의제로 진입하는 것이다. 예컨대, 학교폭력문제와 학교 앞의 보행자문제가 일선교사와 학부모 및 언론기관 등이 논의하고 있을 때, 교육부가 이를 공식 검토하는 것이다.

셋째, 제3유형은 사회문제가 갑자기 공중에게 알려지고 문제해결을 위한 정부개입이 필요하다는 인식이 확산되어 공식의제로 진입하는 것이다. 예컨대, 대형재난사고나 결식아동문제가 언론매체를 통해 일반대중에게 확산되면서 정부가 문제해결을 공식화하는 것이다.

넷째, 제4유형은 네 가지 단계를 모두 거쳐서 공식의제로 진입하는 것으로서 하나의 이상적 모형에 해당한다.

〈표 10-6〉 정책의제설정과정의 다양한 경로

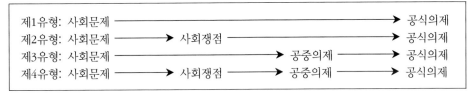

| 제1유형: 사회문제 ─────────────────────────▶ 공식의제 |
| 제2유형: 사회문제 ───▶ 사회쟁점 ──────────────▶ 공식의제 |
| 제3유형: 사회문제 ──────────▶ 공중의제 ────────▶ 공식의제 |
| 제4유형: 사회문제 ───▶ 사회쟁점 ───▶ 공중의제 ────▶ 공식의제 |

## 3. Bachrach & Baratz의 무의사결정모형

### 1) 의 의

앞에서 논의한 Cobb & Elder와 Eyestone의 정책의제설정과정모형에 의하면, 현실적으로 수많은 사회문제 중에서 일부만이 공식의제(정부의제, 결정의제)로 채택된다. 사회문제가 정책의제로 채택되면 그 문제해결을 위한 정책결정활동이 시작되고 정책이 산출되면 정책집행을 하게 된다. 이러한 정책과정단계가 암시하는 것은 환경 속의 사회문제가 정책의제화되지 못한다면 정부의 행동이 이루어지지 않기 때문에 무엇을 정책의제로 선정하는가가 중요한 정책결정이전의 과제로 등장한다. 특히 Eyestone은 정책의제설정의 네 단계과정을 제시하면서 또 다른 의제설정주제로 무정책의제를 논의하고 있다. 그러면 왜 어떤 사회문제는 정책의제화되는 반면에 다른 사회문제는 정책의제로 진입하지 못하는가? 하는 문제가 대두된다.

이러한 의문에 대하여는 과거 1960년대부터 엘리트론과 다원주의론의 논쟁이 있어 왔고, 다원주의론을 비판하면서 엘리트론을 계승 발전시킨 신엘리트론의 무의사결정론이 등장하였다.

## 2) 무의사결정의 내용과 방법

신엘트론자인 Bachrach & Baratz는 '권력의 두 얼굴(1962)'이라는 논문에서 중심논제로 정치학에서 보는 권력의 두 가지 얼굴 — 눈에 보이는 현재적 권력과 눈에 보이지 않는 잠재적 권력 — 로부터 논의를 시작하였다. 전통적인 권력연구인 엘리트접근(elitist approach)은 정치와 정치결정이 소수의 지배엘리트에 이루어진다는 지배엘리트모형(ruling−elite model)이었다. 반면에, 엘리트접근을 비판하는 다원주의접근(pluralist approach)은 중요한 정책결정이 이루어지는 상이한 정책영역에서 다양한 행위자들이 권력을 행사한다고 보았다. 예컨대, Dahl(1961: 64)은 권력이 상이한 집단들에 분산되어 있으므로 교육이나 도시재개발과 같은 영역에서 정책결정은 단일 엘리트에 의해서가 아니라 일련의 소수자들(minorities)에 의해 이루어진다는 것을 경험적으로 분석하였다. Polsby(1963: 60)는 이런 측면을 각 쟁점영역에서 상이한 행위자들이 나타나고 그들의 역할이 다르며 선택한 정책대안은 상이하다고 표현하였다.

그러나 다원주의접근은 권력의 두 얼굴 중에서 정책발의자와 의사결정자의 직접적인 현재적 권력만을 보고, 부상하는 위험한 쟁점을 잠재적으로 방해하는 간접적인 잠재적 권력을 인식하지 못한다고 비판하면서, 권력의 신선한 접근으로 권력의 두 가지 얼굴(two faces of power)에 대한 인식이 필요하다고 주장하였다. 이들은 연구자들이 안정적 쟁점으로 정책결정영역을 제한하는 무의사결정(nondecision−making)의 동학을 탐색할 것을 제안하였다(p.947−952).

이후에, Bachrach & Baratz는 '권력과 비결정: 분석틀(1963)'이라는 논문에서 많은 연구자들이 권력을 의사결정상황(decision−making situations)에서만 관찰할 수 있다고 가정하는 실수를 하고 있다고 보고, 지배적인 공동체의 가치나 신념 그리고 정치적 제도와 절차를 조종하는 것에 의해 안전한 쟁점으로 실제적인 의사결정영역을 제한하는 것과 같은 무의사결정(nondecision-making)이라고 부르는 영역을 간과하였다고 한다. 이것을 무시하는 것은 권력의 또 하나의 측면(잠재적 권력)을 무시하는 것이라고 하였다. 이를테면, Lasswell & Kaplan(1950)에 의하면, 어떤 결정은 하나의 대안을 선택하는 일련의 행동이다. 이런 결정은 강한 제재를 하는 정책을 만드는 것으로 권력의 실행에 의해 이루어진다. 그러나 권력이란 한편에서 의사결정자의 행동에 관련되지만, 다른 한편으로는 무의사결정에서도 작동한다. 지배적인 가치, 게임규칙, 집단들 간의 권력관계, 그리고 권력도구는 단일하게 또는 결합하여 어떤 불만을 결정을 요구하는 쟁점으로 발달시키는 것을 방해하게 되는데, 이것을 무의사결정(nondecision-making)이라고 한다. 이것은 벌거벗은 눈으로 볼 수 없으나, 잠재적인 이슈로 구별할 수 있다(p.632: 639-641).

결국, Bachrach & Baratz는 두 논문에서 권력이 관찰할 수 있는 행동과 결정의 통제만이 아니라 관찰할 수 없는 비결정영역에서도 작동한다고 보아 엘리트론이나 다원론의 현재적 권력뿐 아니라 잠재적 권력을 포용하여 정책의제설정과 정책결정을 분석하여야 한다고 보았다. 특히 권력엘리트들이 행사하는 두 가지 권력 중에서 정책의제설정과정에서 영향을 주는 잠재적 권력에 의하여 환경 속에서 존재하는 여러 사회문제들이 정책의제로 진입하지 못하는 현상, 즉 보이지 않는 권력이 행사되어 실질적으로 중요한 문제나 쟁점을 사장(死藏, un-issueness)시키고 대신 엘리트의 이익에 안전한 문제만을 정책의제화하는 것을 무의사결정(nondecision-making)이라고 명명하였다. 이러한 정책의제단계에서 영향력은 엘리트들에게 불리한 문제가 처음부터 제기되지 못하도록 은밀하고 비밀리에 행사된다. 예컨대, 중요한 사회문제로 등장할지라도 엘리트집단이 논의 자체를 반대할 경우에는 정부의제로 진입하지 못하게 보이지 않는 권력을 행사한다. 이와 같이 사회문제가 정책의제로 진입하지 못하고 죽어버린 의제를 '숨겨진 의제(hidden agenda)'라고도 한다(Gerston, 1997, 2004: 65-69).

그 이후에, Bachrach & Baratz는 '권력과 빈곤(1970)' 저술에서 무의사결정을 정책의제설정뿐 아니라 정책결정과 정책집행 등의 정책과정단계로 확대하는 개념정의를 하였다.

"무의사결정은 의사결정자의 가치나 이익에 반하는 잠재적 혹은 현재적 도전을 억압하거나 좌절시키는 결과를 초래하는 결정이다. 보다 구체적으로 말해, 공동사회에 현존하고 있는 이익(benefits)과 특권(privileges)의 분배상태를 변화시키고자 하는 요구가 표현되기도 전에 질식이나 은폐시키거나 또는 그러한 요구가 의사결정의 장소에 접근하기도 전에 소멸시키거나 또는 이러한 노력이 모두 실패하는 경우 정책과정의 결정 및 집행단계에서 제지나 파괴시켜 버리는 수단이다(p.7)."

이러한 넓은 의미의 무의사결정개념정의가 의미하는 것은 무의사결정은 정책과정의 모든 단계에서 시도된다는 것이다. 이를테면, 무의사결정은 지배엘리트(ruling elites)가 개방적으로(openly) 또는 은밀하게(covertly) 환경 또는 사회에 존재하는 수많은 사회문제들 중에서 특정문제가 정부의 정책고려대상에서 배제 또는 억제하는 정책의제설정단계에서 시도되고, 여기에서 의제진입을 억제하지 못하면 다음으로 정책결정단계에서 정책을 산출하지 못하게 하고, 여기서도 실패하면 정책집행단계에서 정책집행을 방해하는 활동을 하게 된다(그림 10-7).

이처럼, 무의사결정은 영향력 있는 개인이나 집단 또는 정치체제 자체가 어떤 쟁점을 정책과정으로부터 배제하려는 것이라고 할 수 있다. 무의사결정의 사례로는 거대한 철강회사 US Steel이 지역사회에서 공장공해문제를 거론조차 하지 못하게 한 경우(Crenson, 1971)나 지하탄광의 열악한 작업환경에 대한 탄광노동자들의 항의가 정책문제화되기 전에 경영자들에 의해 억압한 것(Cobb & Elder, 1983) 등이 있다.

이러한 무의사결정을 추진하는 수단이나 방법으로는 다음과 같은 여러 가지가 있다. 첫째, 강제력 사용-기존질서의 변화를 주장하는 요구가 정치적 이슈가 되지 못하도록 제재나 테러 등 특정한 행위를 하는 방법이다. 과거 미국에서 흑인이 투표를 위해 선거인명부에 등록하는 경우 해고를 하거나 월남전을 반대하는 사람의 징병연기를 거절하는 것이 그 예이다.

둘째, 유인 제공-변화의 주장에 대해 현재 부여하고 있는 혜택을 박탈하거나 새로운 이익으로 매수하는 방법이다. 예컨대, 정부의 골칫거리가 될 어떤 문제가 사

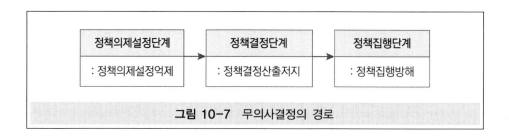

그림 10-7  무의사결정의 경로

회전체에 확산되기 전에 그것을 의제화하려는 사람이나 집단에 대하여 특혜를 제공하여 의제를 포기하도록 한다.

셋째, 편견 동원－정치체제 내부에 특정의 개인이나 집단의 이익에 편파적으로 작동하는 지배적인 가치나 신념 및 양식 그리고 제도적 절차와 같은 편견동원 (mobilization of bias)을 사용하여 의제를 봉쇄하는 방법이다. Schattschneider(1960) 가 말하는 이익집단체제에서의 '상위계급의 편견(upper－class bias)이라는 것은 이 것을 의미한다. 예컨대, 한국에서 1970년대에 경제제일주의 이념을 강조하여 복지나 노동 및 환경문제가 정책의제화의 우선순위에서 밀린 것을 들 수 있다.

넷째, 문제(쟁점) 재규정－현재 민감하고 중요한 것으로 등장하고 있는 문제나 쟁점을 기존의 것과 유사한 것으로 다루거나 정책제기집단이 발의한 쟁점을 전혀 다르게 또는 이해하지 못하게 재정의하여 의제형성을 억제하는 방법이다.

다섯째, 지연(delay)－특정한 문제가 정책의제화되지 못하도록 문제에 대한 고려를 연기하는 방법이다.

## 4. Kingdon의 다중흐름모형

### 1) 의 의

Kingdon(1984, 1995, 2003, 2011)의 다중흐름모형(multiple streams model or framework)은 Cohen, March & Olsen(1972)의 조직선택의 쓰레기통모형(garbage can model)의 기본아이디어를 정책과정에 적용시키어 어떻게 환경 속의 문제들이 의제화되어 정책결정과 정책변동이 이루어지는가를 분석하는 이론 또는 모형이다. 여기서 쓰레기통모형은 조직화된 무질서상태에서 상호독립적인 네 가지 흐름(문제, 해결책, 참여자, 선택)이 독자적으로 흘러 다니다가 우연히 결합되면 의사결정이 이루어진다고 한다. 이런 쓰레기통모형의 정책결정은유는 Kingdon의 다중흐름모형의 토대가 되었다.

다중흐름모형은 환경사건의 애매성과 불확실성이 증가하는 맥락에서, 조직화된 무정부상태의 애매성, 시간제약, 문제선호, 유동적 참여, 그리고 흐름의존성이라는 기본가정을 토대로 흐름(streams)이나 창(windows)과 같은 은유를 사용하여 정책과정(policy process)을 분석하는 중요한 분석틀이 되고 있다. 이 모형은 처음에 미국

연방수준의 건강과 수송 및 재정정책에서 의제설정을 위한 분석틀로 개발되었으나, 점차로 상이한 정책영역과 의제설정 이후의 정책결정과 정책변동 등 정책과정단계 뿐 아니라 미국 이외의 다른 국가들의 상이한 정치체제에게로 적용이 확대되어 왔다 (Herweg, Zahariadis & Zohlnhofer, 2018: 17: 29: 39).

### 2) 모형의 구조적 요소

Kingdon의 다중흐름모형은 초기에 미국 연방수준의 정책의제설정과 정책결정 을 분석하였다. 이 모형은 정책결정자의 어떤 문제들에 대한 관심(주의)과 그들의 의미있는 해결책 채택 사이의 갭을 메우기 위하여 세 가지 분리된 흐름(streams) 은 유를 사용한다. 이러한 질서에서 정책결정자가 해결하기 위해 문제를 확인하고 가능 한 해결책범주를 생산하고 최선의 선택을 한다는 선형과정(linear process)사고를 거 부한다. 차라리, 이들 세 가지 행동들은 사람들이 어떤 문제에 대해 높은 관심을 가 지고 가능한 해결책이 존재하고 정책결정자가 그것을 선택하는 동기와 기회를 가지 게 되는 정책기회창(window of policy opportunity)이 있는 어떤 동일시기에 함께 결 합해야 정책의제설정이 이루어지고 정책결정이 있게 되며 정책변동이 이루어지게 된다(Cairney & Zahariadis, 2018: 87).

따라서 다중흐름모형의 구조적 요소들은 세 가지 흐름과 정책창 및 정책선도가 그리고 정책의제설정과 정책결정 그리고 정책변동을 들 수가 있다(그림 10-8).

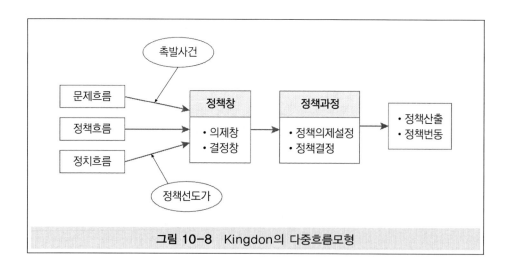

**그림 10-8  Kingdon의 다중흐름모형**

## (1) 세 가지 흐름

다중흐름모형의 출발점은 환경영역과 정치체제와의 관계에서 존재하는 흐름의 의존성(stream interdependence)인데, 별개의 독립적인 흐름들인 문제흐름, 정책흐름, 정치흐름 등의 세 가지 흐름들이 정책과정 또는 정책활동의 토대가 된다(kingdon, 1984: 20-21).

첫째, 문제흐름(problem stream) — 이것은 환경 속의 개인이나 집단이 불만족하는 상황이나 조건으로서 정책결정자들이 다루기를 원하는 문제들이다. 어떤 문제가 정부의 관심대상이 되느냐는 정책결정자의 인지와 문제정의방법에 달려 있으며, 구체적으로 정책지표나 초점이 되는 사건과 위기 및 정보환류 등이 영향을 준다. 문제흐름에서 주요참여자는 대중매체와 정책대상자들이다.

둘째, 정책흐름(policy stream) — 이것은 정책문제를 해결하기 위한 잠재적인 해결책들, 즉 문제를 해결하기 위한 다양한 정책대안들을 말한다. 정책흐름을 만드는 데는 정책공동체의 존재와 분화정도, 이익집단의 개입, 그리고 정책선도가의 활동이 영향을 미친다. 정책공동체 내에서 정책발의자나 공직자 및 학자 등의 전문가들이 수많은 정책대안을 논의하고 분석하므로 이것이 분화될수록 다양한 대안흐름이 나타날 수 있다. 정책흐름에서 주요참여자로는 개인이나 집단 등의 정책발의자, 관료, 학자나 연구자 등 정책전문가들이 있다.

셋째, 정치흐름(politics stream) — 이것은 국가의 정치적 상황이나 분위기를 말하는 것으로서 정권교체, 국회의석수 변화, 이익집단의 압력, 여론변화 등이 영향을 미친다. 정권교체와 국회의석수 변화는 정책의제의 우선순위를 변경시킬뿐 아니라 새로운 의제를 등장시키며, 이익집단은 자신에게 유리한 정책문제의 채택을 위해 압력을 행사한다. 정치인들은 여론의 변화에 민감하므로 여론이 주목하는 문제는 쉽게 정치적 관심의 대상이 된다. 그러므로 정치흐름의 주요참여자로는 대통령, 의회지도자, 정당지도자, 이익집단의 대표자, 그리고 언론인 등을 들 수가 있다.

## (2) 정책창과 정책선도가 및 정책의제설정

위에서 논의한 바와 같이, 정책과정에서 작동하는 세 가지 흐름은 환경 속에서 무질서하게 존재하다가 어떤 중대한 시점에 촉발사건이나 정책선도가의 활동 등과 같은 여러 가지 계기에 의하여 정책체제(정책하위체제) 내에서 결합함으로서 정책창(policy window)이 열리게 되어 정책의제가 설정되고 정책결정을 통해 정책산출을 하게 되며 정책변동이 일어날 수 있다. 여기서 흐름의 결합은 세 가지 흐름이 모두 결합되는 완전결합과 두 개의 흐름이 결합되는 부분결합으로 구분되는데, 정책의제가 설정되기 위해서는 완전결합이 요구된다.

정책창(policy window)이란 정책제안주창자로서 그들의 특정문제와 해결책을 추진할 수 있는 일시적 기회(Kingdon, 2011: 165)를 의미한다. Herweg, Hub & Zohlnhöfer(2015)는 쟁점이 의제로 되는 기회와 정책으로 채택되는 기회를 구별하여 전자를 의제창(agenda window), 후자를 결정창(decision window)으로 명명하였다. 이것은 정책제안주창자인 정책선도가들이 그들의 관심대상인 정책문제에 주의를 기울이고 그들이 선호하는 대안을 관철시키기 위해 열려지거나 닫혀지는 기회를 말하는 것으로서 열린 정책창과 닫힌 정책창이 존재한다(Kingdon, 1995: 168-170).

정책창이 열리는 이유로는 정치흐름의 변화나 촉발사건 그리고 정책선도가의 역할 등이 있다. 첫째, 정권교체나 국민여론 변화 등과 같은 정치흐름의 변화는 정책의 창을 열리게 하는 경우가 많다. 특히 정권교체는 가장 현저하고 광범위한 영향을 미치는 정치흐름 변화이다. 예컨대, 한국에서 정권교체가 이루어지면 대통령인수위원회가 조직되고 여기서 정치·경제·사회문화·교육·산업·과학기술·노동·환경 등의 다양한 정책영역에서 새로운 정책의제를 발굴하여 제시한다.

둘째, 때로는 정책창이 대형선박사고나 코로나19 감염병 등과 같은 예기치 못한 사건들에 의해 열기기도 하는데 이것을 촉발사건(triggering event)이라고 한다. 우연한 촉발사건은 특정문제의 심각성을 정책행위자들이 인식하게 한다. 이런 촉발사건이 발생하면 정책흐름 내의 행위자의 행동을 종종 집적하게 한다.

셋째, 정책창은 정책선도가에 의하여 열리게 된다. 정책선도가는 문제, 정책, 정치의 세 가지 흐름을 합류시키는데 주도적인 역할을 하기 때문이다. 정책선도가(policy entrepreneurs)는 물질적이거나 목적적 혹은 공동의 편익형태를 예상하는 미래이익 측면에서 어떤 위치(position)를 증진시키기 위하여 그들이 가지고 있는 자원들(시간, 에너지, 명성, 돈 등)을 투자하려는 의지를 가진 창도자(advocates)를 말하는 것으로서 개인들이나 집단들일 수 있는데, 정책 관련 행위자들인 정책결정자, 관료, 의회구성원, 학자, 언론인, 이익집단대표 등이 포함된다(Kingdon, 2011: 179). 이들은 정책과정에서 다음과 같은 역할을 수행한다. 예컨대, 새로운 정책아이디어의 제안, 문제에 대한 정의와 인식틀의 설계, 정책대안의 탐색과 구체화, 여러 정책집단들 간의 정책중개와 조정, 여론동원 등을 들 수가 있다.

　그러나 정책창은 열리지 않거나 닫힐 수도 있는데, 그 이유는 다음과 같다. 첫째, 정책과정의 참여자들이 그들의 관심대상인 정책문제가 정책결정에 의하여 해결이 되었다고 인식한다. 비록 그 문제가 충분히 다루어지지 않은 경우에도 일정한 정부의 행동이 이루어지면 그 정책문제는 관심대상에서 제외된다.

　둘째, 참여자들이 어떤 형태로든지 정부의 행동을 유도하지 못한다. 일단 한번 실패하면 다음번 기회가 올 때까지 시간이나 노력이 요구된다.

　셋째, 정책창을 열리게 했던 사건이 정책영역에서 사라진다. 어떤 위기상황이나 대형사고 등은 대개 그 수명이 단기간이어서 시간이 지나면 국민이나 정부의 관심대상에서 멀어진다.

　넷째, 정책문제에 대한 대안이 존재하지 않는다. 어떤 문제의 정의나 대안에 대한 충분한 분석과 토론이 없으면 정책대안의 제시에 실패한다.

　다섯째, 특정문제를 다루던 정부부처나 의회 상임위원회의 구성원 변동이 있다. 이것은 그동안 다루던 정책문제를 관심대상에서 배제하는 기회가 될 수 있다.

　이상에서 논의한 정책창을 열리게 하거나 닫히게 하는 여러 요인들에 의하여 문제, 정책, 정치의 세 가지 흐름이 모두 합류(결합)한다면 정책공동체의 공식의제(정부의제, 결정의제)가 될 가능성이 높고 정책을 산출할 수 있게 된다. 의제설정의 주도적인 행위자로는 문제흐름과 정치흐름을 주도하는 대중매체나 이익집단 및 정당지도자 그리고 대통령과 의회지도자 및 정부관료들이라고 할 수 있다. 특히 의제설정과정에서 정치흐름을 지배하는 공식행위자인 대통령이 주도적인 역할을 할 수 있고, 정책대안선정과정에서는 정책흐름을 주도하는 정부관료나 학자 등 정책전문가들이 상당한 영향력을 행사한다.

　이상에서 논의한 Kingdon의 다중흐름모형이 적용된 사례로는 미국 외교정책의 의제형성(Wood & Peake, 1998), 영국과 프랑스 및 독일의 민영화정치(Zahariadis, 1995), 미국과 유럽에서 오염방지의제발의에서 기업과 환경집단의 협력적 행동(Lober, 1997; Clark, 2004), 아프리카 국가에서 정책집행(Ridde, 2009) 등을 분석하는데 적용되어 왔다.

## 제 6 절 | 정책의제설정의 사례연구

### 1. 교육정책: 중학입시폐지의제, 초중등학교교육과정의제

#### 1) 1960-70년대: 중학입시폐지의제(내부주도형, 정책선도가)[1]

1960년대 후반만 하더라도 중학교 입시는 물론 고등학교 입시도 치열한 경쟁하에 시행되었다. 특히 중학교 입시는 초등학교 어린이들에게 주는 부담이 커서 많은 논란의 대상이 되었다. 중학입시의 과열이 가져온 폐단에 대해서는 언론기관이나 교육계에서 많은 지적이 있었으나, 중학입시제도를 개혁하기 위한 의제를 제시한 것은 대한교육연합회이다.

대한교련은 1967년 10월 6일 '제일교육선언'을 선포하면서 입시지옥의 해소를 위한 정부당국의 과감한 조치를 촉구하였고, 1968년 4월 초에 교육전문가와 사회각계 인사 24명으로 구성된 입시제도연구지도위원회를 구성하여 '중학교무시험전형제'라는 개혁안을 공표하고 관련 정부기관에 건의하였다.

이런 입시개혁안은 언론기관을 비롯한 사회각계로부터 호의적인 반응을 얻었으나, 문교부로부터는 회의적이었다. 이런 와중에 1968년 5월 21일 개각으로 과거 문교부장관을 역임한 권오병씨가 법무장장관에서 문교부장관으로 임명되었고, 권오병 장관(정책선도가)은 6월 초에 3명의 실무자로 구성된 실무반으로 하여금 중학입시제도개혁문제의 연구를 착수하게 하여 7월 초에는 일류학교 개편방안, 학교군별 추첨제, 대단위 학구제를 전제로한 지원제 등의 세 가지 방안을 성안하였다. 7월 4일 문교부는 이런 대안을 박정희 대통령에게 보고하였고, 박대통령으로부터 초등학교 어린이들에게 중학교만이라도 자유롭게 입학할 수 있도록 해야 한다는 지시를 받았다. 문교부는 7월 11일에 정부여당정책협의회에 상정하여 협의하고, 7월 12일 오후에 4시간에 걸쳐 입시개혁안을 보고하는 자리에서 '학교군별 추첨제'안을 강력히 건의하였다. 박 대통령으로부터 약간의 반발과 진통을 겪더라도 밀고나가라는 격려를 받

---

1) 유훈(2002). 정책학원론(305 – 308: 652 – 654).

는 문교부는 세부계획과 연차별 실시계획을 손질하여 7월 15일 중학교입시폐지안을 정부여당정책협의회에 상정하였다.

여당인 공화당 측에서는 이 대안에 대해 대체로 찬성을 표하였으며, 야당인 신민당에서도 원칙적으로 이에 찬성하였고, 교육계는 추첨제와 일류중학 폐지 등에 대해 이의를 제기하면서도 정부안을 환영하였으며, 그중에서도 대한교련은 그들의 건의가 실현된 것으로 보고 전폭적으로 지지한다는 성명서를 발표하였다.

이와 같이 하여 중학입시폐지를 의한 교육법 개정안이 좋은 반응을 얻자, 문교부는 교육법 개정안을 국회에 상정하여 통과됨으로써 1968년 11월 15일 공포를 하였다. 교육법 제103조의 2에서 '중학교의 입학은 무시험으로 하되, 그 방법과 절차는 대통령령으로 정한다'는 조항을 신설하였다.

### 2) 1950-90년대: 초중학교교육과정의제(내부주도형 + 동원형)[2]

교육정책은 교육문제에 대한 정치적 결정으로서 정책의 대상이 교육문제이다. 많은 교육문제들 중에서도 미래사회를 살아갈 학생들을 어떠한 인간으로 기르기 위하여 왜, 무엇을, 어떻게 가르칠 것인가는 교육에 있어서 매우 중요한 문제이다. 교육과정은 국가의 교육에 관한 중요한 정책결정의 산출물이다.

광복 이후 1990년대까지의 우리나라의 교육과정은 아홉 차례에 걸쳐 전면적인 개정이 있었고 간혹 부분적인 개정이 있었는데, 그 나름대로 각 시대의 정치 사회 문화적 요구가 반영되었으며, 학문과 기술의 발달, 외국의 교육개혁 및 교육과정 변천, 학생에 대한 이해 등이 고려되어 있다. 또한, 어떠한 인간을 기르기 위해 무엇을 어떻게 가르칠 것인가에 대한 당시의 교육과정결정체제의 의사결정이 담겨져 있다.

이러한 우리나라 교육과정 정책의제설정과정의 특징은 외부집단의 요구나 주도에 의한 외부주도형이기보다는 정부가 주도하여 의제를 설정하고 있다. 미군정기부터 2차 교육과정개편까지는 내부접근형이었으나, 3차부터 7차 교육과정까지는 동원형으로 나타나고 있다. 따라서 우리나라의 교육과정정책은 권위주의적이고 폐쇄적인 상태에서 정책의 대상인 교사나 학생 및 학부모의 요구보다는 교육전문가의 의견에 바탕을 두고 정부가 주도적으로 교육과정개정을 진행해 온 것이다(표 10-7).

---

2) 유위준(2002). 초중등학교교육과정의 정책의제형성과정〈교육과정연구〉, 202(2): 2841-305.

〈표 10-7〉 국가수준 교육과정의 변천개요

| 기별 | 근거(공포) | 교육과정 | 문제제기시점과 문제제기주도집단 | 확산과정 | 의제형성 모형 |
|---|---|---|---|---|---|
| 미군정기 | 학교개교에 관한 일반지침 (1945.9.22.) | 초등학교 교과편제 중등학교 교과편제 | 1945. 9. 미군정 학무국 (오천석) | – | 내부주도형 |
| 1차 | 문교부령 제35호 (1954.4.20.) | 각급시간배당 기준령 | 1950. 6. (교수요목제정 위원회규정 제정) 문교부 장학관실, 편수국 | – | 내부주도형 |
| | 문교부령 제44호, 45호, 46호 (1955.8.1.) | 초등학교 교과과정, 중학교 교과과정, 고등학교 교과과정 | | | |
| 2차 | 문교부령 제119호, 120호, 121호 (196.2.15.) | 초등학교 교과과정, 중학교 교과과정, 고등학교 교과과정 | 1958. 후반기 (교육과정 개정논의) 문교부 편수국 | 여론조사 | 내부주도형 |
| | 문교부령 제251호 (1969.9.4.) | 국, 중, 고교 교육과정 부분개정 | | | |
| | 문교부령 제424호 (1979.3.1.) | 국, 중, 고교 교육과정 정비고시 | | | |
| 3차 | 문교부령 제310호 (1973.2.14) | 초등학교 교육과정 | 1968년 말 (교육과정 개정논의) 문교부 편수국 | 여론조사, 공청회 | 동원형 |
| | 문교부령 제325호 (1973.8.31) | 중학교 교육과정 | | | |
| | 문교부령 제350호 (1974.12.31.) | 고등학교 교육과정 | | | |
| | 문교부령 제424호 (1979.3.1.) | 국, 중, 고교 교육과정 정비고시 | | | |
| 4차 | 문교부고시 제442호 (1981.12.31.) | 초등학교 교과과정, 중학교 교과과정, 고등학교 교과과정 | 1977년 (검인정사건 후) 문교부 편수행정 개혁위원회 | 여론조사, 공청회 | 동원형 |
| 5차 | 문교부고시 제87-7호 (1987.3.31.) | 중학교 교육과정 | 1985년 초 (교과서사용 유효기간논의) 문교부 교육과정 담당관 | 여론조사, 공청회, 언론 | 동원형 |
| | 문교부고시 제87-9호 (1987.6.30.) | 초등학교 교육과정 | | | |
| | 문교부고시 제88-7호 (1988.3.31) | 고등학교 교육과정 | | | |

| | | | | | |
|---|---|---|---|---|---|
| 6차 | 교육부고시 제1992-11호 (1992.6.30.) | 중학교 교육과정 | 1990년 8월 (정원식 장관 지시) 문교부장관 | 여론조사, 공청회, 언론 | 동원형 |
| | 교육부고시 제1992-16호 (1992.9.30.) | 초등학교 교육과정 | | | |
| | 교육부고시 제1992-19호 (1992.10.30.) | 고등학교 교육과정 | | | |
| | 교육부고시 제1995-7호 | 고등학교 교육과정 | | | |
| 7차 | 교육부고시 제1995-7호 (1997.12.30.) | 초중등학교 교육과정 | 1994. 2 (교육개혁위원회 제3소위원회) | 여론조사, 공청회, 언론 | 동원형 |

## 2. 과학기술정책: 1960-70년대, 과학기술처설립과 대덕연구단지신설의제(내부주도형, 정책선도가)[3]

1967년 3월까지만 해도 우리나라의 과학기술행정을 담당하는 조직으로는 경제기획원 기술관리국이었다. 1967년 5월의 대통령선거를 앞두고 당시 집권당이었던 공화당은 독립된 과학기술부처의 설립을 구상하였고, 이 과제는 당시 무임소장관이던 김원태씨에게 부여되었고, 김 장관은 기술관리국장을 불러 기술관리국안을 제시하도록 지시하였다.

기술관리국은 내부의 협의를 거쳐 진흥, 협력, 연구조정, 원자력의 4개국으로 구성되는 과학기술원의 설립안을 무임소장관에게 제출하였고, 무임소장관은 이 안을 다소 수정한 과학기술원설립안을 1967년 2월 23일 대통령에게 보고하였다.

과학기술처의 신설을 목적으로 하는 정부조직법 개정법률안은 큰 이의 없이 국무회의를 통과하여 1967년 3월 2일 국회에 제출하여 3월 10일 본회의에서 가결되었고, 정부는 3월 30일 공포를 하였다.

새로이 신설된 과학기술처는 서울 홍릉의 연구개발단지 조성이 본격화됨에 따라 1971년 제2연구단지의 설립을 구상하였다. 공릉단지가 발전하여 연구기관이 더 들어갈 틈이 없게 될 때를 대비하자는 것이다. 이에 따라 과학기술처는 1971년 초에 경제과학심의회의 서기관이었던 이덕선씨에게 제2연구단지 건설의 타당성을 의뢰하였다. 그는 1971년 7월 15일 보고서에서 10년 계획으로 10만명의 인구를 수용할

---

3) 유훈(2002). 정책학원론(301-304).

2백만평의 면적을 가진 두뇌도시의 건설을 제시했다.

1971년 6월 한국과학기술연구소장에서 과학기술처장관으로 부임한 최형섭씨(정책선도가)는 1973년 초의 대통령 연두순시 때에 연구학원도시의 건설계획을 제시하기 위하여 과학기술처가 가지고 있던 연구단지계획을 손질할 것을 지시했고, 과학기술처로 자리를 옮긴 이덕선씨가 이를 다듬는 작업을 수행하였다.

1973년 1월 17일 과학기술처 연두순시석상에서 최형섭 장관은 과학기술처의 새해 사업계획을 설명하면서 연구학원도시 건설에 대한 구상을 꺼냈다. 장관의 브리핑을 듣고 있던 박정희 대통령은 침묵 끝에 연구학원도시의 건설계획을 구체화하라는 지시를 내리게 되었다. 이에 힘을 얻은 과학기술처는 이 계획의 구체화를 하게 되었다.

과학기술처는 한국환경문제연구소의 김형만씨에게 시안의 작성을 의뢰하였는데, 1개월 만에 제1차 시안이 나왔다. 이 안은 연구학원도시가 들어갈 후보지로 충남 대덕, 경기도 화성, 충북 청원 등 3개 지역을 제시하였다. 과학기술처는 다듬어진 시안을 1973년 5월 18일 청와대에서 국무총리를 위시한 관계부처장관이 참석 하에 대통령에게 보고를 하였다. 과학기술처장관의 브리핑이 끝나자. 연구학원도시 건설계획의 추진방안에 대해 여러 가지 논의가 있었다. 이를테면, 연구학원도시의 입지로 낙동강유역매립지를 선택하자는 안이 대통령비서실장으로부터 제시되기도 하였으나, '우수한 두뇌를 쉽게 집결시키기 위해서는 대전 이남에 건설하는 것은 곤란하다'는 과학기술처장관의 반대와 '3개 후보지 중 대덕이 좋을 것으로 생각된다'는 국무총리의 제의가 있은 후에, 항공사진을 보니 대덕이 좋을 것 같다는 대통령의 결정이 내려졌다. 이날 회의는 끝을 맺었으며, 이로부터 10일 후인 1973년 5월 28일 자로 관계부처의 업무협조, 입지선정, 사업주관, 건설본부설치, 지가고시조치, 예산 등에 대한 대통령의 지시가 과학술처에 시달되었다.

## 3. 산업정책: 공정거래법제정의제(내부주도형)[4]

우리나라에서는 공정거래법을 제정하기 위한 노력이 1964년 이래 수차례에 걸쳐 시도되었으나, 공정거래법의 제정이 이루어진 것은 1980년 12월로서 실로 16년이라는 장구한 세월이 소요된 것이다.

우리나라에서 독과점규제를 위한 공정거래법 제정의 필요성은 삼분파동 때문이

---

4) 유훈(2002). 정책학원론(309-311).

다. 1964년 9월 24일 경제기획원은 '공정거래법초안'을 마련하여 발표하였으나, 대기업을 위시한 업계의 심한 반발로 폐기하고 말았다.

지속적인 물가상승을 억제하고 국제경쟁력을 강화하기 위해서는 공정거래법의 제정이 필요하다고 생각한 정부와 여당은 1966년 7월 전문 44조 부칙 3항으로 구성된 '공정거래법안'을 성안하여 국회에 제출했으나 업계의 반발로 처리되지 못하다가 1967년 6월 6대 국회의 임기만료로 폐기되었다.

1969년 4월에 정부는 새로이 전문 28조 부칙 3항으로 구성된 '독점규제법안'을 국회에 제출하였으나, 이 역시 7대 국회의 임기만료로 폐기되었다. 1970년 8월경 정부는 공정거래법 제정을 위한 작업을 개시하여 9월 10일 전문 31조 부칙 2항으로 된 '공정거래법안'을 발표하였다. 재계의 심한 반발이 있었으나 이 법안을 국무회의를 통과시켜 10월 28일 국회에 제출하였으나, 1972년 10월 17일 대통령의 비상조치에 따른 8대 국회의 해산으로 폐지되었다.

그동안 지속되어 온 물가상승이 제1차 석유파동으로 더욱 격화되자, 1973년 3월에 물가에 대한 직접적인 통제를 근간으로 하고 불공정거래를 제한하는 조항을 첨가한 '물가안정에 관한 법률'을 비상국무회의에서 의결하고 1973년 3월 12일 공포하였다.

1975년에 정부는 물가안정에 관한 법률에 공정거래에 관한 조항을 더욱 보강한 '물가안정 및 공정거래에 관한 법률'을 성안하여 10월 국회에 제출하여 경제과학위원회와 본회를 통과하여 12월 31일 공포되었다. 이법은 공정거래를 본격적으로 규정한 최초의 법률이고 국회를 통과한 최초의 공정거래법이라는 점에서 의의가 있으나, 이 법은 물가에 관한 규제의 성격과 공정거래에 관란 경쟁촉진적 성격을 동시에 지닌 이율배반적 법률이라는 지적이 있었다.

이러한 논란과 업계의 지속적인 반발에도 불구하고 경제기획원 실무자들의 노력으로 1980년 7월경에는 '독점규제 및 공정거래에 관한 법률'이 성안되었고, 경제장관회의와 국무회의를 심의를 거쳐 12월 23일 입법회의에서 의결되어 12월 31일 공포되었다(표 10-8).

〈표 10-8〉   공정거래법의 변화추이

| 입안연월 | 법률안 명칭 | 법구성 | 처리사항 |
|---|---|---|---|
| 1964.9.29 | 공정거래법초안 | | 부처폐기 |
| 1966.7 | 공정거래법안 | 전문44조 부칙3항 | 6대국회 임기만료로 자동폐기 |
| 1969.4 | 독점규제법안 | 전문28조 부칙3항 | 7대국회 임기만료로 자동폐기 |
| 1971.9 | 공정거래법안 | 전문31조 부칙2항 | 8대국회 해산으로 자동폐기 |
| 1973.3 | 물가안정에 관한 법률 | 전문11조 부칙 | 비상국무회의에서 의결되어 1973년 3월 12일 공포 |
| 1975.10 | 물가안정 및 공정거래에 관한 법률 | 전문32조 부칙4조 | 국회에서 의결되어 1975년 12월 31일 공포 |
| 1980.12 | 독점규제 및 공정거래에 관한 법률 | 전문60조 부칙8조 | 입법회의에서 의결되어 1980년 12월 31일 공포 |

## 4. 지방정책: 청주청원통합정책의제(외부주도형 + 동원형)[5]

### 1) 1990년대(관선지방정부시대): 1차 청주청원행정구역통합정책(외부주도형)

#### (1) 환경특성

1994년 1차 청주청원행정구역통합 시도가 있기 전까지 청주시와 청원군은 조선시대까지 한뿌리로 같은 행정구역에 속해 있었으나, 1946년에 청주읍이 청주부로 승격되면서 나머지 지역을 청원군으로 개칭함으로써 분리독립된 행정구역이 되어 오늘에 이르고 있다. 청주시와 청원군의 행정구역관계는 청주시를 청원군이 둘러싸고 형국이다. 청주시는 도시와 농촌이 공존하는 지역으로 도시화에 따라 도시팽창이 이루어지고 있어 그것을 둘러싸고 있는 청원군과 통합해야 할 필요성이 있다. 반면에 청원군은 전형적인 농촌지역으로 청주시의 도시팽창에 따라 자신들의 영역이 침투당하는 위기에 놓여 있다. 이러한 청주시와 청원군의 관계는 정치행정적·경제적·사회적 환경특성을 통하여 알 수 있다(표 10-9).

예컨대, 정치행정적 환경에서 행정구역은 청주시보다 청원군이 넓은 반면, 세대수와 인구 및 공무원수는 청주시가 청원군보다 많다. 경제적 환경에서는 청주시가

---

5) 배응환. (2006). "정책형성의 비교연구: 1차와 2차 청주청원행정구역통합정책", 「한국정책학회보」 15(4): 1-38.

〈표 10-9〉 1차 청주청원통합 때 청주시와 청원군의 환경특성

| 환경<br>변수 | 정치행정적 환경 | | | | | 경제적 환경 | | | | |
|---|---|---|---|---|---|---|---|---|---|---|
| | 행정<br>구역<br>(km²) | 읍면<br>동 | 세대수 | 인구(명) | 공무원<br>수 | 산업별<br>사업체<br>수 | 농가와<br>농가인구 | 경지면<br>적(ha) | 지방세수입<br>(천원) | 예산총액<br>(천원) |
| 청주시 | 153 | 32 | 149,213 | 504,221 | 1,862 | 28,384 | 4,209<br>(18,853) | 3,983 | 120,413,237 | 317,480,552 |
| 청원군 | 819 | 14 | 33,340 | 117,871 | 854 | 298 | 16,784<br>(63,786) | 24,439 | 23,919,702 | 93,218,775 |

| 환경<br>변수 | 사회적 환경 | | | | | | | | | | | |
|---|---|---|---|---|---|---|---|---|---|---|---|---|
| | 의료<br>기관<br>수 | 의료<br>기관<br>인력 | 보건소<br>인력 | 보건지소<br>와보건진<br>료소인력 | 쓰레기<br>수거<br>(톤/일) | 생활<br>폐기물 | 사업상<br>배출시설<br>폐기물 | 건설<br>폐기물 | 매립 | 소각 | 재활용 | 생활<br>폐기<br>물매<br>립지 |
| 청주시 | 354 | 2,401 | 68 | 19 | 714 | 0 | 0 | 0 | 575 | 78 | 61 | 1 |
| 청원군 | 20 | 60 | 40 | 305 | 111 | 0 | 0 | 0 | 97 | 9 | 5 | 1 |

자료: 충북도(1995).

청원군보다 사업체수나 지방세수입 및 예산총액에서 앞서 있고 농가와 농가인구 및 경제면적에서는 청원군이 청주시보다 많다. 그리고 사회적 환경에서는 청주시가 청원군보다 복지측면에서 양호한 반면, 도시화로 쓰레기배출량이 많음을 알 수 있다.

## (2) 청주청원통합사회문제의 등장

청주청원통합사회문제가 등장한 기본적 원인은 청주시와 청원군의 환경적 연계특성에 연유한다. 청주시와 청원군은 분리된 상태에 있지만 환경경계가 연결되어 지역주민이나 기업 등은 경계를 넘나들면서 활동하고 있다. 이러한 맥락에서 청주시와 청원군은 과거와 같이 동일 문화생활권으로 묶어야 하느냐 하는 여부를 놓고 지역사회에서 논의가 있어 왔다.

또한, 청주청원통합사회문제화는 과거의 도농분리식 행정구역개편의 문제점이 발생하여 이의 해결이 필요하다는 학자와 정치권에서 논의와 관련된다. 과거의 도농분리식 행정구역개편은 지난 1960-70년대에 국가목표인 경제성장을 달성하기 위하여 도시중심의 공업화가 요구됨에 따라 팽창되는 도시를 효율적으로 관리하기 위하여 도시와 농촌을 분리하여 관리할 필요성때문에 이루어졌다. 도시와 농촌의 분리

는 분리승격된 도시성장에는 기여하였으나, 잔여지역의 공간적 구조를 기형적으로 만들고, 면적과 인구 및 경제와 산업 그리고 재정 등 행정적·경제적 능력을 현저히 약화시켰으며, 생활권과 행정권을 인위적으로 분리시켜 주민불편을 초래하고 주민의 일체감을 약화시킬 뿐만 아니라 시군간 갈등으로 지역의 종합개발이나 광역행정을 어렵게 하였다(최양부 외, 1993: 87-88; 권선택, 1994: 21-24). 이와 같이, 도농분리식 행정구역은 그동안의 사회경제적 변화와 유리되어 있는 실정이므로 1995년 본격적으로 실시되는 지방자치시대에 부작용이 우려될 뿐만 아니라 국제화시대에 자치단체가 적응하는데 한계가 있게 되어 정부안팎에서 행정구역개편의 문제제기가 있었다.

### (3) 정책의제의 차원

1차 청주청원통합정책의제의 주요차원은 정치행정적·경제적·사회적 차원에 걸쳐있는 복잡한 문제이다. 첫째, 정치행정적 차원의제로는 행정구역면적과 인구(청주시의 도시화확산과 청원군의 흡수)·광역행정(광역시설의 공동사용)·효율적 행정서비스·충북도와 청주시의 권력관계(충북도지사와 청주시장의 위상)·지역국회의원과 지방의원 및 단체장 등 지역대변자 감소·공무원 불이익 등을 들 수 있다.

둘째, 경제적 차원의제로는 동일한 경제생활권·지역발전(도시화와 경제생활권, 청원군의 독자적 발전)·농촌지역의 편익(농어민육성자금과 농촌자녀학자금 지원 및 각종 장학금)과 비용(세금증가)·청원군 그린벨트 규제완화 등이 포함된다.

셋째, 사회적 차원의제로는 동일한 역사와 문화 및 혐오시설의 설치가 문제되었다.

### (4) 정책의제설정의 행위자

시군통합정책의제화는 위와 같은 도농분리식 행정구역의 문제점을 극복하는 방법으로 1980년대 중반 이후 한국농어촌경제연구원의 농촌경제학자들에 의한 문제제기가 정책의제로 투영된 것이다. 도농통합문제는 본격적인 지방자치시대를 여는 1995년 지방선거를 앞두고 도농분리식 행정구역의 문제점을 극복하는 방법의 하나로 1994년 1월경 여·야 정치권과 언론에서 공론화되었고 중앙정부에 의해 공식정책의제로 채택되었다.

그동안 사회문제로 논의되던 도농통합문제가 중앙정부에 의해 급속하게 정책의제화된 것은 내년 단체장선거가 끝나면 더 이상의 행정구역개편은 어렵다는 문제인식과 우루과이협상 타결로 국가경쟁력 특히 농촌지역의 경쟁력을 강화해야 한다는 당위적인 명제가 맞물려 공감대가 확산되었기 때문이다. 청주청원통합은 도농통합 행정구역개편의 일환으로 정책의제화되었다.

### 2) 2000년대(민선지방정부시대): 2차 청주청원행정구역통합정책(외부주도형 + 동원형)

#### (1) 환경특성

2차 청주청원행정구역통합문제가 등장한 2002년의 경우 청주시와 청원군의 여러 환경특성은 1차 때와 비교하여 크게 변화하였으나, 청주시는 도시지역이고 청원군은 농촌지역이라는 점은 변화가 없다. 정치행정환경에서 청주시와 청원군의 행정구역과 읍면동은 거의 변화가 없는 반면 청주시가 청원군보다 세대수와 인구에서 많은 증가를 하였다. 그러나 양지역 모두 공무원수는 작은정부의 논리에 의해 과거보다 줄었다.

경제환경에서는 도시화가 급속히 진행된 청주시가 보다 덜 진행된 청원군보다 총사업체수나 지방세수입 및 예산총액에서 많게 나타나고 있다. 그러나 청주시를 둘러싸고 있는 청원군도 도시화의 확산으로 농가와 농업인구 및 경지면적이 줄어들고 사업체수가 증가하고 있어 조세수입이나 예산액이 증가하였다. 또한, 사회환경에서는 청주시와 청원군 모두 복지측 면에서 개선되고 있고 도시화의 지표라고 할 수 있는 쓰레기배출량이 크게 증가하고 있다. 특히 청원군에 제조업체들이 많이 증가하여 생산과정에서 나오는 사업폐기물이 많이 증가하였다. 이는 도시화가 급속히 진행되는 청주시가 기업입지를 위한 토지가 포화상태에 이르러 그것을 둘러싸고 있는 청원군지역으로 기업이 입지를 하였기 때문이다.

#### (2) 청주청원통합사회문제의 재등장

청주청원통합사회문제가 재등장한 원인은 1차의 경우와 같이 청주시와 청원군의 환경적 연계특성 때문이다. 1994년 1차 청주청원통합실패 이후 청주시와 청원군은 여러 환경 차원에서 밀접한 상호작용관계에 있는데, 청주시와 청원군의 분할은 양지역 모두에 편익보다는 비용이 증가한다는 인식이 있어 왔다. 비용과 편익 관련 쟁점은 정책의제차원에 있다.

이러한 문제인식을 토대로 지역의 언론과 시민단체 및 학계는 청주청원통합문제를 현재화된 사회문제로 유도하기 위하여 노력하여 왔다(남기헌, 2005: 7-13). 충청리뷰 등 지역신문사와 청주MBC·청주KBS 등 지역방송은 1997년 이후 3년 동안 침묵 속에 잠재해 있던 청주청원통합에 대한 재공론화를 하고 청주청원통합에 대한 문제점과 가능성 및 찬성측 입장과 반대측 입장을 집중보도하면서 토론회를 개최하였다. 그리고 청주시민회(이후 충북참여자치시민연대)와 청주환경운동연합·및 충북지역시민단체연대회의는 청주청원통합문제를 연중사업으로 채택하여 공론화를 하였고, 충북지방자치학회와 충청대학 지역개발연구소는 청주청원행정구역개편에 대한 학술대회를 열었다.

반면에, 핵심이해당사자인 청주시와 청원군은 청주청원통합문제를 수면위로 부상시키는 적극적 시도를 하지 않아 잠재화되어 있었다. 그러나 지방정부나 정치권에서는 선거철만 되면 청주청원통합문제를 사회문제로 전면에 부상시키고 있었다.

### (3) 정책의제의 차원

2차 청주청원통합정책의제의 주요차원은 1차와 마찬가지로 정치행정적·경제적·사회적 차원을 구성하는 여러 가지 복잡한 쟁점을 포함한다(청원군·청주시, 2005). 환경진화에 따라 관선지방정부시대인 1차 때보다는 민선지방정부시대인 2차 때에 다양한 쟁점이 표출된다. 첫째, 정치행정적 차원의제로는 행정구역(청원구 설치)·읍면동(청원군의 1읍 13면 유지)·지방의원수(청주시와 청원군의 의원동수 구성)·공공기관의 청원군이전(통합시청과 기타 공공기관)·교육청통합·공무원신분보장(청주시와 청원군 승진후보자 별도관리, 중요 보직과 승진비율, 시구청과 읍면동의 균분배치)·시내버스 전구간 기본요금 적용과 오지버스노선 보조금 지원·상수도요금 통합관리와 공급확대·통학거리에 맞게 학군조정 등을 들 수 있다.

둘째, 경제적 차원의제로는 청원군에 지역개발투자와 농촌지역지원·청원생명쌀 명품화 지속지원·농산물 유통활성화·청원군에 농수산물도매공사 이전과 현대화·청원군에 위락단지 조성·전원주택단지 개발과 분양으로 인구 군유입 확산·청원군내 유망중소기업 우선지원·오창과학산업단지와 오송생명과학단지 및 부용물류기지 그리고 행정중심복합도시 주변지역을 연계한 지역발전 등이 포함된다.

셋째, 사회적 차원의제로는 청원군에 노인복지예산 지원·청원군의 보건지소와 보건진료소 유지와 기능확대·소각장과 분뇨처리장 및 음식물자원화시설 공동이용·제2광역쓰레기매장설치·문화시설 공동이용·지역축제 지속추진 등이다.

### (4) 정책의제설정의 행위자

청주청원통합문제는 지방정부에 의해 공식정책의제로 재등장하였다. 2002년 8월 한대수 청주시장은 취임 후 첫 공식 기자회견에서 자신의 선거공약으로 내세웠던 청주청원통합문제를 공식 거론하였고, 당사자인 오효진 청원군수가 반대화답을 하면서 정책문제화되었다. 이후 지방정부 차원의 청주청원통합논의가 소강상태를 보이다가, 2004년 2월 오전 10시 30분 청주시청 브리핑룸에서 청주시장의 청주청원통합 필요성에 대한 기자회견과 같은날 오전 11시 30분 청원군수의 청주시장의 제안을 거부하는 기자회견으로 정책의제로 전면에 부상하게 되었다. 이에 대해 충북도는 통합논의가 정치적으로 해석되고 논의시기가 적절하지 않다는 이유로 회의적 입장을 보였다.

지방정부의 통합입장이 제시된 이후 지역미디어인 동양일보와 CJB청주방송, 청주KBS, 청주MBC 등은 청주청원통합에 대한 토론회와 지역주민여론조사를 실시하여 청주청원정책의제를 공중에 확산시키려고 하였다. 동양일보가 창간 13주년을 맞아 청주청년회의소와 충청대 사회과학연구소 등과 공동으로 실시한 청주청원여론조사를 발표하였고 이와 관련하여 청원군이 여론조사의 신뢰성에 대한 의문을 제기하였다.

## 5. 다문화정책: 2000년대, 의원입법발의(내부주도형)[6]

한국에서 다문화가족과 외국인근로자의 수가 급격히 늘어남에 따라 이들에 대한 사회정치적 논의가 점차 활발해지고 있다. 이에 따라 다문화가족 및 외국인 근로자와 관련된 법제정과 정책시행도 증가하고 있다. 제16대 국회에서 2003년 '외국인 근로자의 고용 등에 관한 법률'을 도입한 이래로, 8차례의 개정을 통하여 외국인노동자의 권리와 근로조건 개선이 추진되었고, 2007년 '외국인처우기본법'의 제정으로 국내 체류외국인의 기본적인 권리와 처우를 보장하고 있다. 또한, 2008년에 '다문화가족지원법'을 제정하여 수차례의 개정을 통하여 다문화가족에 대한 교육과 복지 지원을 규정하고 있다.

---

6) 김태은・오혜진. (2017). "한국 다문화정책의 입법현황: 의원발의안을 중심으로", 「다문화사회연구」 (숙명여대), 10(1): 97−125.

⟨표 10-10⟩ 여야 소속에 의한 발의의원 현황(제17대-19대 국회)

| 역대국회 | 의원수(%) | 법안수(%) | 한나라당: 여당의원(%) | | 통합민주당: 야당의원(%) | |
|---|---|---|---|---|---|---|
| | | | 의원수 | 법안수 | 의원수 | 법안수 |
| 17대 | 3(100) | 4(100) | 1(33.3) | 1(25) | 2(67.7) | 3(75) |
| 18대 | 20(100) | 25(100) | 13(65) | 17(68) | 7(35) | 8(32.2) |
| 19대 | 12(100) | 18(100) | 8(66.7) | 13(72.2) | 4(33.4) | 5(27.8) |
| 총 계 | 35(100) | 47(100) | 22(62.9) | 31(66) | 13(37.1) | 16(34) |

본연구는 다문화가족에 대한 법안발의가 본격적으로 시작된 제17대 국회부터 19대 국회까지 다문화가족지원밥안에 대한 의원의 발의현황을 분석하였다. 이 기간 중에 다문화가족지원법안의 총발의건수는 총 53건으로, 정부제출안 1건, 위원회안 5건, 의원발의안 47건이며, 총 35명의 의원에 의해 발의되었다. 특히 여당의원(한나라당)의 법률안은 31건(66%)로 야당의원(통합민주당)의 발의건수 13건(37.1%)보다 많게 나타나고 있다(표 10-10).

## 6. 사회정책: 2000년대, 공무원연금개혁의 무의사결정(무의사결정모형)[7]

### 1) 공무원연금개혁 개요

공무원연금제도는 1995년부터 지속적인 개혁이 나타나고 있지만 근본적 처방을 제시하지 못하고 있는 것이다. 정부지원금의 규모는 1995년과 2000년 두 차례에 걸친 재정절약개혁에도 불구하고 매년 증가하였다. 특히 2003년 수급자들의 반발에 의한 법개정으로 인하여 2009년 정부지원금은 한해 2조원으로 급격히 증가하였다. 공무원연금의 장기재정전망결과에 따르면, 2070년경에는 전체 공무원연금재정의 36.4%를 정부보전금으로 충당할 것으로 전망되고 있다.

이에 재정재계산제도가 시행되는 2006년에, 정부는 KDI에 공무원연금제도의 개선을 위한 연구용역을 의뢰하고 공무원연금제도발전위원회(이하 발전위)를 구성하여 재정안정화방안을 구상하였다. 그러나 발전위가 구성되고 공무원연금개혁안이 논의되는 도중, 노무현 정부에서 이명박 정부로 정권교체가 이루어지고, 정부개혁안 마

---

7) 민효상·양재진. (2012). "무의사결정의 재등장?: 2009 한국 공무원연금개혁과정을 중심으로", 「현대사회와 행정」 22(1): 127-150.

련의 제도적 장치였던 발전위가 변화하는 등 제도개혁 내외부적으로 변화가 많은 개혁이었다. 이 과정에서 노무현 정부의 1기 발전위에서 논의된 전문위원회 중심의 강도 높은 개혁안이 이명박 정부의 2기 발전위에서는 소위원회를 중심으로 공무원의 특수성을 고려한 온건개혁으로 변화되었다.

결국, 국민연금과 달리 공무원연금은 기득권 유지를 위한 지배엘리트로서 공무원 스스로 정책의제설정뿐 아니라 정책결정과정 전반에 영향을 미칠 수 있다는 점에서 정책과정이 무의사결정으로 전환될 가능성이 높았음을 의미한다.

## 2) 노무현 정부(2003.2-2008.2): 1기 발전위

두 차례에 걸친 재정절약개혁에도 불구하고 재정적자가 심화되자, 노무현 정부는 2006년 5월 KDI에 연구용역을 의뢰하여 연금제도개혁에 대한 시안을 마련하도록 하였다. 이에 KDI는 공무원연금을 국민수준을 감안하여 인하하고, 퇴직금은 민간수준으로 대폭 인상하는 등을 내용으로 하는 복수의 개선안을 제시하였다. KDI의 대안들은 공무원연금의 특수성을 감안할 필요성은 인정하였지만, 재정불안정 해소에 중점을 둔 강도높은 구조개혁안이었다.

정부는 KDI안을 바탕으로 공무원연금의 개선방안을 검토하기 위하여 2006년 7월 제1기 민·관 합동의 공무원연금제도발전위원회(이하 발전위)를 구성하였다. 이 위원회는 경제학자들이 다수를 차지하는 전문위원회로서 재정절약적개혁에 대해서 기본적으로 찬성하는 입장이었고, 이들의 의견이 많이 반영된 1기 발전위안은 국민연금과의 형평성을 고려하여 다층구조로의 개혁을 포함한 강도높은 구조개혁안으로 마련되었다. 하지만 주무부처인 행안부의 공무원들은 KDI안을 기본으로 하는 1기 발전위안을 거부하였고, 이에 2007년 1월에 1기 발전위안은 KDI안을 배제된 채 현행 공무원연금을 유지하되 신규공무원의 부담률과 수급률을 조정하는 것으로 변경되었다.

> "KDI안은 이상적이고 중장기적 효과가 뛰어난 안이었으나, 단기적으로 정부지출의 증대가 나타나는 것이었다. 당시 4대강사업과 복지예산 확충에도 여력이 없었던 정부의 재정상황에서 행안부는 공무원연금의 적자폭을 메우는데 여력이 없었다."(전 행정안전부 공무원연금개혁 담당공무원 인터뷰 2011년 3월 8일).

더욱이, 주무부처 공무원들의 반발에 대하여 당시 행안부 장관이었던 박명재 장관도 공무원연금개혁에 대해서 회의적인 입장을 보였다. 국민연금개혁이 통과되던 2007년 이용섭 장관과 박명재 장관은 국무회의에서 공무원연금개혁의 문제에 대해서 충돌을 일으켰다. 노무현 정권 말기 복지부와 행안부의 두 수장은 연금개혁에 대한 견해를 달리하였던 것이며, 이용섭 장관과 박명재 장관이 공무원연금의 개혁에 다른 입장을 보이는 것에 대해서 익명의 발전위원은 두 사람의 배경이 다르다는 점을 지적한다. 이용섭 장관은 경제부처의 공무원이었음에 비하여 박명재 장관은 총무처 출신이라는 것이다.

결정적으로 임기 초부터 국민연금개혁을 강하게 주장하였던 노무현 대통령도 공무원연금개혁에 대해서는 큰 의지를 보이지 않았다는 점이다. 대통령이 공무원연금 현안에 대하여 올바른 보고도 받지 못하면서 공무원연금개혁의 시급성을 제대로 인식하지 못하였다. 개혁을 단행할 때 공무원들의 반발은 당연한 결과이기 때문에 반발을 우려하여 대통령에게 보고를 하지 않고 장관선에서 회피의 전략을 택한 것이다. 결국, 주무부처 공무원들의 반발과 이에 대한 장관이나 대통령의 묵인으로 인하여 1기 발전위안은 공식적인 정부안으로 채택되지 못하고 답보상태에 머무르게 되었다.

### 3) 이명박 정부(2008.3-2013.2): 2기 발전위

이후 2008년 4-5월 이명박 정부는 노조단체들에게 발전위의 참여를 제안하였으나, 공무원노조는 한 달여의 논의 끝에 발전위에 노사 동수의 소위원회(전문가도 노조추천인사를 참여시킴)를 구성하지 않는다면 참여할 수 없다는 입장을 전달하면서 거부의사를 밝혔다. 그후 정부는 공무원노조를 중심으로 한 공무원연금대책공동회의와 협상을 통하여 2008년 5월 26일 노·사 동수로 발전위를 구성하는 합의를 함으로써 2기 발전위가 새로이 구성되었다.

2기 발전위는 다수의 공무원노조와 수급자단체, 그리고 공무원연금의 특수성을 강조하는 학자들로 구성된 소위원회중심으로서 1기 발전위에 비하여 연금수급자단체(1→2)와 공무원단체(2→4), 시민단체 중 노조추천(2인) 등의 인원이 증가하여 공무원노조와 단체의 영향력이 증대되었다. 발전위의 구성이 변화한 데에는 주무부처인 행안부의 역할이 크게 작용하였다. 행안부 공무원들은 공무원노조와 단체의 발전위 참여의 압박이 거세지자 2기 발전위를 구성하면서 법을 개정하면서까지 이들에 대한 참여확대를 열어준 것이다.

이를테면, 행안부는 1기 발전위에서 중요한 역할을 담당하던 전문위원회를 유명무실하게 만들면서 공무원단체의 수를 늘린 소위원회를 재구성하였다. 2기 발전위에 공무원노조가 다수가 참여하게 된 것은 노조의 영향력이 높아진 것도 있지만, 행안부 내에서 구조개혁에 대한 반발이 심하였고, 이에 동조하는 노조세력을 내부에 포함시킨 때문이다. 1기와 달리 2기에서는 전문위원회가 유명무실해지면서 재정절약적 측면이 강하였던 1기 발전위안은 대폭 수정되었다. 2기 발전위에서 대부분의 위원들은 공무원의 특수성을 바탕으로 기득권을 인정한 온건적 개혁을 주장하였기 때문이다.

최종산출된 2008년 9월의 2기 발전위안에서는 1기 발전위의 구조개혁안은 사라지고, 현재 근무하고 있는 공무원에 대해서는 기존의 연금제도를 유지하면서 위험에 대한 대비책을 확대(예: 위험직 순직공무원의 보상확대 등)하고 신규공무원은 부담률을 증가시키는 신제도의 적용을 받게 하는 등 재직자의 기득권을 최대한 유지하고 신규직의 희생으로서 재정절약을 시행하겠다는 온건개혁안을 마련하게 된 것이다. 결국, 행안부는 재정안정화의 목표를 신규직의 희생으로 부분적 성과를 달성하고, 재직공무원들의 불만은 연금에 대한 기득권의 유지와 처우개선 등을 통하여 해결하겠다는 것이었다. 이런 주무부처의 행태에 대해서 한해 2조원의 정부보전금이 지원되는 공무원연금재정문제의 해결을 고려한다면 중앙예산기관은 강도높은 개혁안을 지지하는 것이 당연하다. 그러나 중앙예산기관은 발전위에 참여하고 있었음에도 불구하고, 국고수문자의 기능을 발휘하지 못하였다. 국가의 재정과 균형발전의 책임을 가지고 있는 중앙예산기관이 재정적자의 지속을 그대로 방관한 것이다.

### 4) 1기와 2기 발전위의 정책산출: 무의사결정

2009년의 공무원연금개혁은 초기에는 KDI 등에서 구조개혁과 같은 강도높은 개혁을 주장하면서 2007년 국민연금과 같은 강도높은 개혁이 이루어질 것처럼 보였다. 그러나 KDI안을 배제한 1기 발전위안이 마련되었으며, 더욱이, 2기 발전위에서는 이해관계자들의 참여로 인하여 더욱 약한 수준으로 공무원연금개혁이 마무리되었다. 발전위에서 공무원연금의 수혜자들이 절대다수를 차지한 상황에서 강도높은 개혁안이 나타날 수 없는 구조적 한계를 보인 것이다.

첫째, 대통령은 공무원노조의 영향력이 많이 포함된 개혁안에 거부권 행사를 하지 않았고, 관료들의 이익유지를 위한 개혁에 방관자적 입장을 보였다.

둘째, 공무원연금개혁의 담당부처인 행안부는 주도적으로 법·제도를 변경시키는 권력을 행사하였다. 행안부는 발전위라는 제도적 장치를 변화시켜 그 속에서 자신들의 이해관계와 동일한 공무원노조를 다수 투입시킴으로써 연금개혁을 전문가들이 아닌 이해관계자들의 다툼으로 변질시켰다. 또한, 중앙예산기관은 행안부와의 묵시적 연합을 통하여 특수성을 더욱 강화하는 편견강화의 메커니즘도 활용한 것이다.

셋째, 공무원노조는 대통령의 방관과 행정부의 지원 속에서 많은 이익을 확보하였다. 공무원노조는 2003년 개혁에서는 의회를 포섭하여 의원입법발의를 통하여 본인들만의 이익을 확보하였으나, 2009년에는 공식적 제도 내에 편입되어 정부안에 영향력을 발휘하기 시작한 것이다. 이해관계자들이 주도적으로 정부개혁안을 만들게 되면서 외견상 사회적 비용의 축소는 이루었을지 모르지만, 개혁의 강도는 그만큼 낮아질 수밖에 없고 향후 개혁에서는 더욱 공무원노조의 영향력이 증가할 것은 자명하다. 행안부의 보호와 대통령의 용인 등 행정부 전체의 지원 속에서 공무원노조는 공무원연금개혁을 실질적으로 주도하는 지배엘리트의 지위를 확고하게 다진 것이다.

넷째, 국회에서는 여당이 거대 다수당의 지위를 확보함으로써 야당의 반발에 상관없이 발전위의 개혁안을 큰 무리없이 통과시켰다. 정부와 대통령이 공무원노조의 이익을 유지시켜주는 상황에서 여당은 국회에서 거수기의 역할을 수행한 것이다.

결국, 이러한 요인들은 공무원연금개혁과정에 대해 일반국민들은 알 수 없는 상태로 만들고, 지배엘리트인 공무원의 이익을 위해 개혁이 후퇴하는 무의사결정으로 변형시킨 것이다.

# 제11장 | 정책의제해결책의 선택: 정책결정

## 제1절 | 정책결정의 대두배경

1950년대 미국의 지배적인 이론이었던 행태주의가 그 당시 미국사회가 직면하고 있는 빈곤과 인종차별 등과 같은 많은 사회문제들을 효과적으로 해결하는데 필요한 정치적 처방을 제시하는데 실패하였다는 인식이 확산됨에 따라, 정책학의 핵심연구 영역으로는 정책결정이론이 관심을 받게 되었다.

Lasswell은 1951년 '정책지향'이라는 논문에서, 정책학은 그 당시 미국이 직면한 사회문제를 해결하기 위해서는 정책결정흐름의 합리성을 개선하도록 정책과정을 연구해야 한다고 주장하였다. 그는 정책학을 정책결정 및 정책집행을 설명하고 정책문제와 관련이 있는 자료들을 수집하여 이에 대한 해석을 제공하는 학문으로 정의하였다. Lasswell이 강조하는 공공정책연구는 합리적 정책결정을 위한 지식을 탐구하는데 초점을 두었다고 할 수 있다.

이와 같이, 초기 정책학은 그 당시 직면하는 사회문제에 대응하기 위하여 필요한 해결책을 탐색해야 한다는 정책결정의 연구로부터 시작되었다고 해도 과언이 아니다. 이후의 Dror나 Dye 등의 여러 정책학자들이 가장 많이 관심을 갖고 연구하여온 영역이 바로 정책결정이라고 할 수 있다. 과거의 정책연구는 정책의제가 주어진 것으로 보고 정책결정에 초점을 두었다. 그러나 미국에서 흑인폭동이 발생한 후에 정책의제설정이 중요하다는 인식이 증가를 하면서 환경의 사회문제가 정책의제로 등장하는 과정을 또한 연구하게 되었다. 정부에 대한 환경의 요구는 의제설정을 통하여 이루어진다. 정책의제설정은 정책과정의 출발점으로서 정책결정에 핵심과업을 제시하게 된다. 정책결정에서의 주요한 과업은 환경요구를 해결하기 위한 해결책을 선택하는 것으로 정부가 직면하는 가장 도전적인 과정이다.

이처럼, 정책학에서 중요성이 점점 확대되어 온 정책결정은 Lasswell이 정책학을 창시하기 이전부터 정치학이나 경영학 등 여러 학문분야에서 논의가 있어 왔는데, 정책학에서는 이들 학문분야의 의사결정모형을 차용하였고, 그리고 복잡하고 급변하는 소용돌이환경에서 등장하는 이른바 '사악한 문제(wicked problems)'에 대응하기 위하여 새로운 정책이론(모형)들이 등장하여 이론적으로 연구되고 실무에 적용되고 있다.

정책학이 1950년대부터 출발하고 1960년대를 지나면서 독립적인 학문분야로 부상하자, 정부패러다임 관점에서 합리성이나 제한된 합리성 및 비합리성을 가정하는 다양한 정책결정모형이 등장하였다. 이를테면, 1960년대 중반까지 정책결정의 주류모형은 합리모형과 점증모형의 논의가 있다가, 1970년대에 복잡한 조직에서 의사결정의 대안모형으로 싸이버네틱모형이나 쓰레기통모형 등이 발달하기 시작되었다 (Howlett & Ramesh, 1995: 137). 그러나 1980년에 들어오면서 정책학에서는 공공정책결정과 관련된 복잡한 상황을 이해하고 반영하기 위하여 거버넌스패러다임 관점에서 권력중심의 정책결정모형이 나타나고 있다. 이러한 다양한 정책결정이론들은 정책문제를 진단하여 그 해결책을 제시하는데 초점을 두고 있다.

## 제 2 절 ㅣ 정책결정의 개념과 특성 및 구성요소

### 1. 개념적 쟁점

정부가 공공문제의 존재와 그것에 대한 어떤 과업을 수행할 필요성을 인식할 때, 정책결정자는 일련의 행동방침을 결정해야 한다. 그렇게 하는데 그들은 문제를 해결하기 위한 다양한 해결책(대안)을 탐색하는 정책결정과정에 착수를 한다. 문제를 해결하기 위한 대안은 의제설정 자체에 기원할 수 있고 또는 정부가 문제해결을 동의

한 후에 개발할 수도 있다. 모든 사례에서 이용할 수 있는 선택범위는 정책결정자들이 수용할 수 있는 범위보다 좁게 된다. 이러한 선택과정은 정책과정의 두 번째 단계이다.

공공문제의 해결책을 선택하거나 사회요구를 충족시키는 것은 합리적 정책결정이론(rational policy making theories)에 의해 제시되는 질서정연한 과정을 따르지 않는다. 우리는 어떤 문제를 정의하고 해석하는 것은 반드시 명확한 결과를 유도하지 않는 매우 모호한 과정이라는 것을 의제설정에서 보았다. 비록 정책결정자들이 문제의 존재에 동의할지라도 그들은 그것의 원인이나 결과에 대한 동일한 이해를 공유하지 않는다. 그러므로 어떤 문제의 해결책탐색은 합리적 방법으로 정책선택을 고려하는 노력을 좌절시키고 있다.

어떤 문제의 해결책탐색의 본질은 가능하거나 가능하지 않은 것인가를 발견하는 것이다. 이단계에서 어떤 선택은 정책과정의 힘 있는 행위자들이 탈락시키게 된다. 정책결정은 정책결정자들이 그들의 최종선택을 할 때 하나 또는 소수가 남을 때까지 정책대안의 제거에 관련된다. 공공선택이론가들은 정치인이 그들의 선거호소를 촉진할 수 있는 정책을 선택한다고 가정하는 반면, 복지경제학의 처방은 정부가 파레토최적의 정책을 선택해야 한다고 본다. 정책결정자들은 정치인의 요구나 정부의 요구를 모두 수용하여 일을 할 수가 없다. 정책하위체제의 중요행위자들은 어떤 선택에서 정책대안을 배제할 수 있다. 이것은 정책결정이 권력이 개입하는 정치적 과정(political process)이라는 것을 암시한다.

정책선택과정에서 정책하위체제의 구성원들이 직면하는 제약요인은 실질적이거나 절차적일 수 있다. 실질적 제약요인은 문제(problem) 자체의 본질로부터 나온다. 빈곤을 제거하려는 정책결정자는 인플레이션이 그것을 상쇄할 수 있기 때문에 빈자에게 금전을 분배하기보다는 보다 간접적인 방법으로 그 문제에 대응해야 한다. 지구온난화문제는 최적의 효과적인 해결책이 알려져 있지 않기 때문에 완전히 제거할 수 없다. 절차적 제약은 어떤 선택을 하고 그것을 수행하는데 관련되는 절차들을 사용하는 것에 관련된다. 이들 제약은 제도적이거나 책략적일 수 있다. 제도적 제약은 법적 규율, 국가와 사회의 조직, 그리고 이념이나 신념의 확립된 패턴을 포함한다. 이들은 어떤 정책선택을 금지하거나 촉진할 수 있다. 예컨대, 미국에서 총기규제는 무기를 소지할 수 있는 법적 권한에 반한다. 연방주의에서 두 개의 주정부가 어떤 일을 행하기 전에 합의를 해야 한다는 것은 많은 공공정책영역의 제약으로 작용하고 있다.

이러한 특성을 가지는 정책결정그림은 사례마다 다양하게 나타나는 고도로 복잡하고 동태적인 과정이라고 할 수 있다. Brewer & deLeon(1983: 179)은 공공정책과정의 정책결정단계를 다음과 같이 묘사하고 있다:

> "사회문제를 해결하기 위한 정책대안의 선택이 산출되어야 하고 문제에 대한 그들의 효과를 평가하여야 한다. ...... 그것은 정책과정의 의사결정단계이다. 이 단계는 주어진 문제에 대한 많은 잠재적인 해결책들이 탐색되고 하나나 소수의 대안이 선정되는 과정은 명백히 정치적 단계라고 할 수 있다. 이 과정에서 많은 개인들과 집단들은 그들이 요구하는 것을 얻을 수 없거나 정책의 본질인 동의형성과 갈등해결의 결과로서 그들이 선호가 수정되는 결론을 얻을 수 있다."

이러한 정책결정단계에 대한 정의는 여러 가지 중요한 시사점을 제시하고 있다. 첫째, 정책결정은 정책과정의 이전단계에 뿌리를 두는 특정한 단계이다. 그것은 정책의제설정과정에서 확인된 사회문제를 해결하기 위해 상대적으로 소수의 대안적 정책선택을 하는 것에 관련된다.

둘째, 정책결정은 기술적인 합리적 과정이라기보다는 논쟁적인 정치과정이라는 것을 강조한다. 그것은 정책결정으로 승자와 패자가 만들어진다는 것을 인정한다.

셋째, 정책결정에는 다수의 행위자들이 관련된다. 정책의제설정은 정책하위체제를 구성하는 넓고 다양한 국가와 사회 행위자들이 관련된다. 그러나 정책결정단계에서는 훨씬 더 소수의 행위자들만이 관여를 한다. 그것은 규범적으로 정부의 여러 수준을 포함하지만 비국가행위자들을 배제하기 때문이다. 정치인과 정부관료 및 판사들만이 정책결정단계에 참여하는 문제영역에서 권위적 결정을 할 수 있는 권한이 부여되고 있다. 그러나 거버넌스시대에 정책결정과정에는 이런 정부행위자들뿐 아니라 비정부행위자들도 참여하는 현상이 나타나고 있다(Howlett & Ramesh, 1995: 122-124: 137-138).

## 2. 정책결정의 개념과 특성

### 1) 여러 학자들의 개념정의

위의 정책결정의 개념적 쟁점에서 논의한 바와 같이, 정책결정의 기본과업은 환경에서 제기되는 사회문제나 사회기회에 대응하는 해결책을 탐색하고 선택하는 것이다. 정책학이 등장한 이후 정책결정을 연구하여 온 정책학자들은 정책결정에 대한 개념정의를 시도하여 하여 왔다(표 11-1).

〈표 11-1〉 정책결정의 개념

| 국내외 정책학자 | 개념정의 |
|---|---|
| Dror<br>(1968: 12) | 다양한 인자들이 상이한 상호작용을 하는 복잡한 동태적 과정으로, 주로 정부기관에 의하여 미래의 행동지침을 선택하는 것이며 이러한 지침은 최상의 가능한 방법으로 공익을 달성할 것을 목적으로 한다 |
| Dye<br>(1982, 2005: 42) | 공공문제를 해결하기 위한 정책대안의 개발 |
| Simon<br>(2010: 86) | 정책목표를 정의하고 목표를 달성하기 위한 대안을 탐색하고 그리고 선호되는 정책해결을 선택하기 위하여 규범적이고 경험적 방법을 사용하는 상세한 과정 |
| Kraft & Furlong<br>(2010: 80) | 공공문제를 해결하도록 도움을 주기 위하여 제안된 행동대안의 개발 |
| Anderson<br>(2011: 84) | 어떤 문제를 해결하기 위한 대안이나 선택의 기술 |
| 김신복<br>(1993: 15) | 어떤 문제해결 또는 목표달성을 위하여 여러 가지 대안 중에서 하나를 선택하는 과정 |
| 박성복・이종렬<br>(1998: 315) | 어떤 문제해결을 위하여 정부기관이 장래의 주요행동지침을 결정하는 동태적 과정 |
| 안해균<br>(2000: 249-250) | 민주성 형평성 효율성 합법성 등의 원리에 따라서 공익으로 표현되는 국민의 생활의 질의 향상 등과 같은 가치를 구현하기 위하여 정부가 필요하다고 인지한 정책의제를 채택하고 합법적인 절차에 따라 심의과정을 거쳐 최선의 대안을 선택하는 행위 |
| 남궁근<br>(2017: 357) | 정책문제를 해결하기 위하여 정책목표와 정책수단을 선택하는 과정 |
| 권기헌<br>(2019: 190) | 정책과정 중 의제설정단계에서 정부의제로 채택된 정책문제를 해결할 수 있는 정책대안을 선택하는 일련의 활동 |

우선, 외국정책학자들의 정책결정개념을 보면, Dror(1968: 12)는 다양한 인자들이 상이한 상호작용을 하는 복잡한 동태적 과정으로서 주로 정부기관에 의하여 미래의 행동지침을 선택하는 것이며 이러한 지침은 최상의 가능한 방법으로 공익을 달성할 것을 목적으로 한다고 보고 있고, Dye(1982, 2005: 42)는 공공문제를 해결하기 위한 정책대안의 개발로. Simon(2010: 86)은 정책목표를 정의하고 목표를 달성하기 위한 대안을 탐색하고 그리고 선호되는 정책해결을 선택하기 위하여 규범적이고 경험적 방법을 사용하는 상세한 과정으로 정의한다. 또한, Kraft & Furlong(2010: 80)은 공공문제를 해결하도록 도움을 주기 위하여 제안된 행동대안의 개발로, Anderson (2011: 84)은 어떤 문제를 해결하기 위한 대안이나 선택의 기술로 정의한다.

다음으로, 국내정책학자들의 정책결정의 개념을 예시하면, 김신복(1993: 15)은 어떤 문제해결 또는 목표달성을 위하여 여러 가지 대안 중에서 하나를 선택하는 과정으로, 박성복·이종렬(1998: 315)은 어떤 문제해결을 위하여 정부기관이 장래의 주요 행동지침을 결정하는 동태적 과정으로 정의한다. 또한, 안해균(2000: 249-250)은 민주성 형평성 효율성 합법성 등의 원리에 따라서 공익으로 표현되는 국민의 생활의 질의 향상 등과 같은 가치를 구현하기 위하여 정부가 필요하다고 인지한 정책의제를 채택하고 합법적인 절차에 따라 심의과정을 거쳐 최선의 대안을 선택하는 행위로, 남궁근(2017: 357)은 정책문제를 해결하기 위하여 정책목표와 정책수단을 선택하는 과정으로, 권기헌(2019: 190)은 정책과정 중 의제설정단계에서 정부의제로 채택된 정책문제를 해결할 수 있는 정책대안을 선택하는 일련의 활동으로 정의한다.

이상의 학자들의 개념정의를 종합하면, 정책결정이란 환경 속의 사회문제를 해결하거나 사회기회를 창조하기 위하여 정책하위체제(정부＋비정부)가 그 해결책으로 정책을 산출하는 과정으로 정의할 수 있다. 여기서 정책은 바람직한 사회상태를 달성하려는 정책목표(사회문제해결-치유적 목표, 사회기회창조-창조적 목표)와 이를 실행하기 위한 정책수단으로 구성되는 행동방침으로서 정부방침, 법률, 시책, 사업, 계획, 그리고 예산 등으로 표명된다. 정책은 법에 근거하는 여러 사업으로 분화되고 예산이 배정되기 때문이다.

## 2) 정책결정의 특성

위에서 살펴본 정책결정의 개념으로부터 다음과 같은 특징을 도출할 수가 있다.

### (1) 정책의제의 수용단계

정책결정은 정책의제설정으로부터 출발한다. 정책의제설정은 정책과정에서 환경에서 사회문제가 발생하거나 사회기회를 창조하기 위하여 정책활동을 시작하는 단계이다.

이처럼, 환경 속의 사회문제나 사회기회를 정부가 정책문제 또는 정책의제로 수용해야 정책결정단계로 진행하게 된다. 그런데 정책문제가 정의된다는 것은 정책목표를 설정하는 것이므로, 정책목표를 달성하기 위한 정책대안의 범위는 의제설정과정에서 제시될 수 있다. 이러한 논리는 정책의제설정에서 정책문제를 제대로 진단해야 그 다음단계인 정책결정과정에서 그것의 해결책을 제대로 탐색하고 선택할 수 있다는 것을 암시한다. 요컨대, 정책의제의 정의가 이루어진 후에는 그 다음으로 의제를 해결하기 위한 정책을 선택하는 단계로 이동하는 것이다.

### (2) 정책의제해결책의 선택단계

정책학에서 가장 중요한 관심사는 환경의 사회문제나 사회기회를 해결하기 위한 정책대안을 보다 합리적으로 또는 정치적으로 선택하느냐이다. 정부는 의제설정과정에서 해결하기로 인식한 정책문제에 대한 해결책(대안)을 탐색하고 평가하여 선택하는 작업을 하게 된다.

정책결정에서 정부가 합리적으로 문제해결책을 만들기 위해서는 정책결정과 정책분석의 지식이 필요하다. 바람직한 정책결정을 위해서 정책결정자가 수행해야 할 지적 작업의 논리는 의사결정론과 정책분석론에서 도입한 것이다. 의사결정이론은 인간과 집단의 완전한 합리성과 제한된 합리성을 전제로 하는 합리적 결정을 이상으로 설정하고 있는데, 이것의 대표적 모형이 합리모형이다. 이 모형이 가정하는 합리적 정책결정은 주어진 정책목표를 극대화하는 최선의 정책대안을 탐색하여 선정하는 것이다. 이런 합리적 결정에 지적 정보를 제공하는 것이 정책분석이다. 정책분석은 합리적 정책결정자가 정책목표를 수립하고 이런 목표를 달성하기 위한 최선의 대안을 탐색하고 평가하는 작업을 도와주는 지식영역이다.

그러나 현실의 정책결정은 합리적 분석적 정책결정에 의하여 이루어지기도 하지만, 정책결정에 참여하는 다양한 개인들이나 집단들이 이익을 토대로 영향력이 행사되는 정치적 과정에서 진행되게 된다. 이러한 정책결정의 권력적 측면을 강조하는 것을 정치적 정책결정이라고 한다. 정치적 정책결정은 정책의제나 정책목표에 이해

관계가 있는 정책하위체제의 참여자들이 정치적 게임이나 갈등의 타협에 의해 정책
을 산출하는 것으로 본다.

### (3) 정책집행의 연속단계

고전적 행정모형에서는 국회가 결정을 하고 행정부가 집행을 하는 이원적 관계
로 보았다. 그러나 Nakamura & Smallwood(1980)는 정책과정의 순환성을 주장하고
있는데, 행정부가 정책집행뿐 아니라 정책결정까지 담당하고 있으므로 정책결정과
집행의 연속성을 주장하고 있다.

Lindblom(1968)은 정책집행에서도 정책을 결정하고 수정한다고 보았다. 정책결
정과정에서 정책의 내용은 추상적으로 결정되는 경우가 대부분이므로 이것이 정책
집행과정에서 보다 실질적이고 구체적으로 결정되는 경우가 많다. 정책목표와 정책
수단의 계층제에서 보면, 정책결정과정에서는 정책목표가 결정되고 집행과정에서
정책수단이 결정되게 된다.

정책결정의 산출물인 정책이 만들어진 다음에 이루어지는 다음단계가 정책집행
과정이다. 정책집행이야말로 정책산출이 환경(사회)의 사회문제해결이나 사회기회
창조에 직접적인 영향을 미치는 단계이다. 이를테면, 결정된 정책을 실행에 옮긴 것
이 구체적인 정책과 사업 활동이다. 이런 사업활동의 원인인 정책대상집단에 일어난
변화가 정책성과(결과, 영향)이다(노화준, 2012: 497 – 498).

### (4) 정책하위체제의 참여자 구체화

정책결정에는 정책하위체제를 구성하는 다수의 행위자들이 자신들의 이익과 영
향력을 토대로 참여를 한다. 특히 정치적 결정에서 이런 측면이 부각된다. 정책의제
설정과정에서 선정된 정책문제에는 서로 상반되는 이익을 가지고 있는 개인과 집단
이 무작위로 존재할 수 있는데, 이들 행위자들은 정책결정과정에서 보다 구체적으로
범위가 규정되어 자신들의 이익을 반영시키기 위한 영향력을 정책결정자에게 행사
한다. 또한, 이들은 공식적인 정책결정과정에 참여하여 정책을 산출하기도 한다.

따라서 정책결정과정에서는 다수의 공식행위자와 비공식행위자가 연계되는 네
트워크가 구성되어 활동을 하게 된다. 이러한 측면을 반영하는 정책결정이론으로는
정책하위체제모형이나 정책옹호연합모형 그리고 정책네트워크이론이 있다.

## 3. 정책결정의 구성요소

위에서 정책결정은 왜 관심사로 대두하였으며 그것은 무엇인가를 살펴보았다. 그러면 정책결정을 작동시키는 구성요소에는 어떤 것이 있는가? 이에 대해서는 그동안 발전하여 온 여러 정책결정이론을 통하여 구성할 수 있다.

정책결정을 연구한다는 것은 정책체제가 환경의 사회문제를 해결하거나 사회기회를 창조하기 위하여 해결책을 산출하는 측면, 즉 누가 어떤 과정 또는 단계를 거쳐 선택을 하는지, 그 선택이 과연 합리적인지 아니면 비합리적인지 그리고 정부주도적인가 아니면 사회주도적이거나 네트워크적인지에 대하여 이론적 논의를 하고 설명을 하는 것이다. 이러한 정책결정의 여러 현상을 설명하기 위하여 다양한 정책결정이론(모형)이 발전하여 왔다. 이를테면, 합리성과 제한된 비합리성 및 비합리성 관점 그리고 거버넌스 관점의 정책결정이론을 들 수가 있다.

이처럼, 그동안 정책결정현상과 관련하여 논의되어 온 정책결정의 구성요소들을 개괄적으로 정리하면 다음과 같다(그림 11-1).

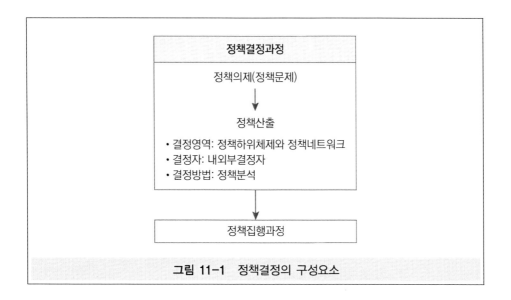

**그림 11-1 정책결정의 구성요소**

## 제 3 절 | 정책결정영역: 정책하위체제와 정책네트워크

이전의 개념적 쟁점논의에서 정책결정영역에 대한 여러 가지 중요한 질문들을 제기하였다. 가장 중요한 질문은 정책결정과정에 누가 관여하는가? 정책결정은 공공 또는 민간 활동인가? 만약 민간활동이라면 이들은 정책결정에 접근이 허락되는가? 만약 공공활동이라면 참여의 본질은 무엇인가? 이런 정책결정영역의 질문들에 대하여 대답하기 위하여는 다양한 정책영역에서 활동하는 정책행위자의 범주와 관계를 정립할 필요가 있는데, 그동안 많이 논의되어 온 정책하위체제와 정책네트워크를 살펴본다(Howlett & Ramesh, 1995: 124 – 128).

### 1. 정책하위체제

정책하위체제(policy subsystems)는 정책의제설정영역이나 정책결정영역에서 행위자의 범주를 규정하는데 유용한 개념이다. 최근 거버넌스 관점의 정책연구들은 이러한 정책과정단계에서 정책하위체제의 중요성을 강조한다. 그러나 정책의제설정과 달리, 정책결정에서 정책하위체제의 구성원(행위자)은 정책문제를 해결하는데 어떤 최소한의 지식을 가지고 있는 사람들로 제한된다. 정책하위체제에서 중요한 행위자들을 확인하여 그들이 무엇을 함께 하고, 그들은 어떻게 상호작용하며, 그들의 상호작용은 어떤 결과를 가져오는가를 분석하는 것은 정책결정연구에서 관심대상으로 등장하여 왔다.

수십 년 동안 정책학자들은 정책결정영역을 분석할 수 있는 다양한 모형들을 개발하여 왔는데, Jordan(1981, 1990)과 Jordan & Schubert(1992) 등은 정책결정영역에 관련되는 정책하위체제를 기술하고 설명하는 이미지와 은유를 범주화하려는 노력을 하였다. 아래에서 정책하위체제의 본질을 개념화하는 유용한 모형을 제공하고 그들이 정책결정과정에서 수행하는 역할을 살펴본다.

## 1) 하위정부, 철의삼각, 그리고 이슈네트워크

정책하위체제의 가장 오래된 개념은 미국에서 다원주의의 비판론자들에 의하여 개발된 하위정부(sub-governments)개념이다. 이 개념은 입법과 정책 영역에서 정부기관과 의회위원회 및 이익집단이 지속적인 상호지원체계를 발달시키고 있다는 것을 관찰하는 것에 토대를 두고 있다. 농업, 수송, 교육과 같은 정책영역에서 이들 3자 관계(three sided-relationships)는 정책과정의 여러 측면에서 폐쇄적인 관계를 가지고 있는 철의 삼각(iron triangles)과 유사하다.

1960년대와 1970년대의 미국사례의 연구들은 하위정부가 만능인 것이 아니고 정책결정에의 영향력이 쟁점과 시간에 따라 변화하고 있다는 것을 제시하였다 (Hayes, 1978). 보다 신축적이고 덜 엄격한 정책하위체제개념은 Heclo(1978)가 이슈네트워크(issue network)라고 부르는 것으로 진화하였다.

Heclo(1974: 308-310)는 영국과 스웨덴의 사회정책에 대한 초기연구에서 미국 정치생활의 어떤 영역은 이익대표의 제도화된 관계로 조직화되어 있지만 다른 영역들은 그렇지 않다고 하면서, 폐쇄적인 철의삼각이 정부에 점점 침투하고 있는 사람들의 개방적인 네트워크를 보지 못하고 있다고 한다. 그는 철의삼각의 존재를 부인하지 않지만 단지 그들의 구성과 기능은 폐쇄적이거나 엄격하지 않다고 지적한다.

이후에 Heclo(1978: 102)는 이러한 논의를 종합하여 정책하위체제는 한편에 철의삼각을, 다른 한편에 이슈네트워크를 가지는 연속선상에 있는 것으로 인식하고, 철의삼각과 이슈네트워크의 차이를 설명하였다:

"철의삼각과 하위정부의 개념은 대개 자율적으로 참여하는 행위자들의 소규모 그룹(circles)이라고 한다. 반면에, 이슈네트워크는 그들의 환경에서 상호몰입이나 다른 행위자에의 의존성이 가변적인 다른 행위자들을 포함시킨다. 철의삼각이나 하위정부는 동맹에 의하여 각자에게 직접적인 경제적 이익이 있는 좁은 공공사업을 통제하기 위하여 결합한 행위자들의 안정적인 집합체를 의미한다. 이슈네트워크는 여러 측면에서 거의 반대이미지를 갖고 있다. 참여자들은 지속적으로 네트워크에 들어오거나 나간다. 차라리 어떤 사업을 지배하기 위하여 결합한 집단이라기보다는 어느 누구도 정책이나 쟁점에 대한 통제를 하고 있지 않다. 어떤 직접적인 물질적 이익은 종종 지적이거나 감정적 몰입에 부차적인 것이다."

따라서 이슈네트워크는 훨씬 덜 안정적이어서 지속적인 참여자의 변동이 있고 철의삼각보다 덜 제도화되어 있다.

Heclo의 정책하위체제의 본질에 대한 대안적 해석은 그 개념을 세련화시키려고 의도하는 유럽과 북미에서 여러 연구들을 촉진시켰다. 그들이 발견한 정책하위체제의 다양한 유형들은 Heclo의 철의삼각과 이슈네트워크의 단순한 스펙트럼에 대하여 변형적인 유형의 창조를 주장하는 것이다.

### 2) 정책옹호연합

미국에서 Sabatier(1988)와 그의 동료들은 정책하위체제에서 정책행위자들의 활동을 연구하기 위한 개념적 틀로 옹호연합모형을 개발하였다. 그들의 연구에서 옹호연합(advocacy coalitions)은 정책하위체제에서 행위자들의 하위집합을 말한다. Jenkins-Smith & Sabatier(1993: 5)에 의하면, 옹호연합은 일련의 기본적인 신념(정책목표와 인과적이거나 다른 인식들)을 공유하고, 시간흐름 속에서 이들 목표를 달성하기 위하여 정부제도의 규칙과 예산 및 인사를 조종하려고 시도하는 사람들로 구성되는 모든 정부수준에서 공공과 민간 제도들의 다양한 행위자들로 구성된다.

따라서 옹호연합은 모든 정부수준에서 국가와 사회의 행위자들을 포함한다. 그것은 또한 정책과정에서 지식과 이익의 역할을 결합한다. 행위자들은 그들이 공유하는 공공문제에 대한 그들의 공통지식과 공유된 이익에 기반을 두는 공통신념 때문에 함께 결합을 한다. 인류의 본질이나 어떤 소망스러운 상태에 대한 견해(관점)로 구성되는 그들의 신념체계와 이념은 상당히 안정적이어서 동맹을 지속시키게 한다. 옹호연합을 구성하는 행위자들은 그들의 목표를 달성하기 위하여 정부기구가 작동하는 정책과정에 참여를 한다. 신념체계와 이익은 옹호연합이 채택을 시도하는 정책을 결정할지라도, 이러한 노력을 성공시키는 노력은 다수의 요인들에 의하여 영향을 받는다. 이들은 돈, 전문성, 다수의 지지자, 그리고 법적 권위와 같은 연합의 자원들을 포함한다.

## 2. 정책네트워크

위에서 정책하위체제의 개념을 논의하였는데, 여러 정책하위체제유형들을 포괄하는 용어로 정책네트워크가 등장하였다. 미국이나 유럽에서 정책네트워크개념은 명료화하고 재정의하려는 노력이 지속되었다. 어떤 학자는 네트워크가 국가와 사회의 구성원들이 동일한 목표를 공유하는가와 이들 목표를 달성하기 위하여 동일한 수단에 동의하는가에 따라 명료화할 수 있다고 한다. 다른 학자는 네트워크에 참여하는 행위자들을 구별할 수 있는 이익범주가 네트워크의 상이한 유형을 정의하는데 중요한 변수라고 한다.

1980년대 초반 영국의 Rhodes(1984)에 의하면, 다양한 정부 간에 그리고 정부와 사회의 여러 조직들 간의 상호작용은 정책을 형성하고 발달시키는데 도구적인 정책 네트워크를 구성한다고 하였다. 네트워크는 그들의 통합수준—구성원의 안정성, 구성원의 제한, 다른 네트워크나 조직으로부터 분리정도—과 그들이 통제하는 자원의 본질에 따라 변화한다.

유럽의 산업정책결정연구에서 Wilks & Wright(1987)는 네트워크가 다섯 가지 주요차원들—구성원들, 구성원들의 이익, 구성원의 상호의존정도, 다른 네트워크로부터 분리정도, 그리고 구성원들의 자원분포—에 따라 변화한다고 한다. 이들은 Heclo에 의하여 개발된 철의삼각—이슈네트워크의 연속체를 세련화하려고 할 때, 다섯 가지 주요변수들에 의하여 범주화하면 전자는 구성원과 구성원관계의 안정성, 네트워크 내의 상호의존성, 다른 네트워크로부터 분리되는 특성을 가지는 '고도로 통합된 네트워크(highly integrated network)'에, 후자는 구성원의 다양성과 느슨하게 다른 집단이나 행위자와 연결되는 특성을 가지는 '약하게 통합된 네트워크(weakly integrated network)'의 특성을 가진다고 보았다.

## 제 4 절 | 정책결정자: 내외부결정자

### 1. 정책결정행위자 개관

앞의 정책결정영역에서 기술한 바와 같이, 정책의제설정단계에서 정책모집단(policy universe)에 있는 어떤 행위자들은 관여하고 활동할 수 있다. 또한, 정책결정단계는 다수의 행위자들에게 개방되어 있지만, 실제로는 특정정책하위체제의 구성

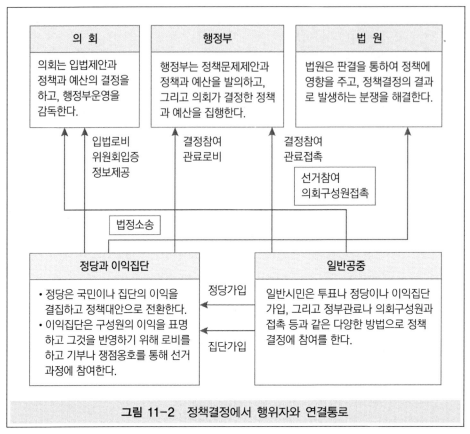

**그림 11-2   정책결정에서 행위자와 연결통로**

자료: Kraft & Furlong(2010: 38).

원들(행위자들)만이 참여하게 된다. 그러나 특정한 정책을 결정한 시기가 다가올 때, 관련 정책행위자들은 권위적인 또는 구속적인 공공정책을 만드는 정책결정자들로 제한된다. 다른 말로 하면, 정책결정단계에서는 정부의 공직에 종사하는 사람들에 집중을 한다. 국내적으로나 국제적으로 다른 정부수준의 행위자를 포함한 비정부행 위자들을 실질적으로 배제된다. 오로지 정치인이나 정부관료 및 법관만이 정책결정 단계에서 권위적인 결정을 만드는 권한을 부여받고 있다(Aberbach et al., 1981).

그러나 이것은 정책결정에서 이익집단이나 일반공중 등의 비정부행위자들뿐 아 니라 다른 정부에 속하는 행위자들이 적극적이거나 영향력이 없다는 것이 아니다. 이들 행위자들은 선호하는 정책을 채택하고 비소망스러운 것을 회피하도록 권위적 인 정책결정자에게 설득이나 격려를 하거나 강제력을 행사하는데 목표를 두고 다양 한 종류의 목소리(voice)와 로비활동 등의 영향력을 행사할 수 있다(Sarpkaya, 1988;

Woll, 2007). 또한, 정책하위체제의 철의삼각이나 이슈네트워크에서 기술한 바와 같이, 이들 비정부행위자들은 공식적인 정책결정과정에 참여를 하여 정책을 산출하거나 자신들에게 유리한 정책을 산출하도록 영향력을 행사한다.

이상에 논의한 정책결정에서 행위자의 관계를 나타내면 앞의 그림과 같다(그림 11-2). 그러면 구체적으로 정책결정에 관련되는 내외부결정자들은 어떠한 기능이나 역할을 수행하는가를 살펴보자(Anderson, 2000: 52-73).

## 2. 내외부결정자

### 1) 내부결정자

정책결정의 내부결정자는 공공정책결정에 관여하는 법적 권한을 가진 행위자들로 공식적 정책결정자라고도 한다. 여기에는 입법부와 행정부 및 사법부가 포함되는데, 이들은 어느 정도 서로 다른 정책결정과업을 수행한다.

첫째, 입법부-이 조직은 정책체제에서 사회문제를 의제화하고 문제를 해결하는데 필요한 정책과 예산을 의결하고 법률을 제정하는 역할을 한다. 예컨대, 대통령제 국가인 미국 의회는 조세, 인권, 복지, 환경, 노동문제 등과 같은 대부분의 정책을 결정하게 된다. 그러나 이들 정책문제들은 환경에 존재하는 다양한 이익집단들의 요구가 반영되는 것이 대부분이라고 할 수 있다.

반면에, 의원내각제국가인 영국 의회는 정당과 이익집단의 요구에 의해 활동이 시작되지만 공무원에 의해 내외부 요구를 정책이나 예산 및 법률로 제정되며 하원은 정부의 활동을 심의 조사 비판 동의하고 통과시키게 된다.

이와 대조적으로, 소련이나 북한의 의회는 공산당 고급간부에 의해 만들어진 정책이나 예산을 비준하거나 추인하게 된다. 남미나 아시아 등 많은 후진국들의 의회는 행정부의 지배를 받거나 독립적인 정책결정을 거의 하지 못하고 있다.

둘째, 행정부-전통적인 정치행정이원론시대에 행정부는 의회 또는 정치가 결정한 정책이나 예산을 집행한다고 보았으나, 행정국가시대에 정치와 행정이 상호 침투하는 상황에서는 행정부가 공공정책의 개발과 결정에 중요한 역할을 하고 있다. 오늘날에 관료조직은 공공업무를 결정하고 집행하는 중요한 행위자라고 할 수 있다. 이러한 예로는 국가가 매년 수행하는 정책안과 예산안을 편성하고 있다. '정책은 행정기관의 손에 달려 있다'라는 명제는 상당한 타당성을 가지고 있다.

미국이나 영국과 같은 선진국가의 정치체제에서 행정부는 정책이나 예산 및 법률 제안의 주요한 출처가 된다. 더욱이, 행정기관들은 자신들이 제안한 정책이나 예산 및 법률의 채택을 위해 이익집단이나 의회에 로비활동을 하거나 압력을 행사한다. 미국 농산부는 자신의 물가유지안을 관철시키기 위하여 이익집단의 지지를 동원하며 사실상 로비스트에 대한 로비활동을 한다. 이것은 행정부가 이익집단으로서의 역할을 한다는 것을 말한다.

가나, 이라크, 태국과 같은 개발도상국의 행정부는 선진국가보다 더욱 큰 영향력을 행사한다. Dror(1968: 117)에 의하면, 대부분의 정책이슈에 대한 정책결정을 하는데 행정관료가 많은 역할을 하고 있다. 따라서 행정부의 정책결정이 보편화되어 있다.

셋째, 사법부 — 정책결정에 있어서 법원의 역할이 미국보다 큰 나라는 없다. 연방과 주의 법원은 사법심사와 법령해석을 통하여 공공정책의 내용과 성격에 큰 영향을 미친다. 우선, 사법심사는 입법부와 행정부의 행위에 대한 위헌여부를 심사하여 무효를 선언할 수 있는 권한이다. 연방최고법원은 1937년까지 연방이나 주 의회가 최저임금을 규제할 헌법적 권한을 갖고 있지 않다고 판결하여 사실상 정책을 결정하여 왔다. 1937년 이후 헌법은 그러한 입법을 허용하는 것으로 해석하였다. 법원은 또한 인종차별제도, 공립학교의 예배, 주의회의 인구비율을 벗어난 의석할당 등을 위헌이라고 판단함으로서 의회나 행정부의 공공정책의 형성에 영향을 주었다.

법원은 또한 일반적으로 서술되어 있어 상충되는 해석의 여지가 있는 법조항의 의미를 해석하고 결정하는 법령해석을 하게 된다. 법원이 어떤 법조항에 대해 특정한 해석을 받아들일 경우, 그러한 해석은 정책결정자의 정책선호에 영향을 미친다. 1954년 연방최고법원은 1938년의 천연가스법이 연방동력위원회에 천연가스의 가격을 규제할 권한을 부여했을 뿐 아니라 그렇게 하도록 요구하고 있다는 판결을 내렸다.

이처럼, 미국에서 사법부는 재산소유권, 계약, 법인, 노사관계 등 경제정책의 형성에 중요한 역할을 하여 왔고, 그동안 불간섭영역으로 간주되었던 사회적 정치적인 활동영역에도 관여를 하고 있다. 인구비례수에 의한 의석할당, 복지수혜자의 권리, 교도소와 병원과 같은 공공기관의 운영 및 공공시설의 위치설정 등이 그러한 예이다.

캐나다, 오스트레일리아, 독일과 같은 선진국가의 법원은 어느 정도 사법심사권을 가지나 정책에 대한 영향이 미국의 법원에 미치지 못한다. 개발도상국의 법원은 의미 있는 정책결정자의 역할을 하지 못하고 있다.

## 2) 외부결정자

정책결정의 외부결정자는 구속력 있는 정책결정을 할 권한을 갖지 못하는 행위자들로서 비공식적 참여자라고도 한다. 여기에는 정당과 이익집단 및 일반시민들이 포함된다.

첫째, 정당 – 일반적으로 정당은 이익결집(interest aggregation)기능을 수행한다. 즉 정당은 이익집단의 특수한 요구를 일반적인 정책대안으로 전환시킨다. 정당이 이익을 결집하는 방식은 정당의 수에 의해 영향을 받는다.

미국이나 영국과 같은 양당제에서 각 정당은 선거에서 광범위한 지지를 얻기 위해 폭넓은 대중이나 집단의 지지를 받을 수 있는 요구들을 정강(policy package) 속에 포함시키고 유력한 이익집단과 연계를 맺게 된다. 반면에, 프랑스와 독일과 같은 다당제에서는 정당의 이익결집기능이 약하며 아주 소수의 이익만을 대변한다. 그리고 러시아나 중국과 같은 일당제에서 정당은 정책결정에 있어서 지배적인 힘을 갖고 있다.

그러나 정당은 정책에 대해 이익집단보다는 더 광범위한 관심을 표명한다. 이에 따라 정당은 정책결정에 있어서 특정이익의 주창자라기보다는 중개인으로서의 역할을 한다.

둘째, 이익집단 – 이익집단은 모든 국가에 있어서 정도의 차이는 있지만 정책결정역할을 수행하고 있다. 민주주의 국가인가, 독재국가인가, 개발도상국가인가에 따라 이익집단의 구성방식과 역할(활동)은 상이하다. 러시아나 북한이나 개발도상국보다는 미국이나 영국에서 이익집단이 더 많이 형성되어 공개적이고 자유롭게 정책결정활동을 한다.

그러나 모든 정치체제에서 이익집단은 이익표출과 이익결집기능을 수행한다. 그들은 정책행위에 대한 요구를 표명하고 대안을 제시한다. 그들은 정책의 결과와 성격에 대해 여러 가지 정보를 행정부나 의회에 제공한다. 조직화된 노동자, 기업, 농민, 전문가집단을 대표하는 여러 이익집단들은 행정부나 의회에 정책행동을 요구하는 주요한 출처가 된다. 전형적으로 이익집단의 관심은 특정문제영역의 정책에 영향을 미치는데 있다.

셋째, 일반시민 – 정책결정의 논의에서 일반국민은 입법부와 행정부 및 정당이나 이익집단보다는 흔히 경시되어 왔다. 많은 국민들은 투표를 하지 않고 정당활동에

관여하지 않으며 이익집단에 참가하지 않고 심지어는 정치에 대한 관심도 갖지 않는
다. 더구나 유권자들은 공직후보자를 선출할 때 정책문제를 크게 고려하지 않는다는
조사연구도 있다. 그러나 실제에서 일반국민들 중에서는 이와 반대되는 행동을 하고
있다. 이를테면, 투표도 하고 정당과 이익집단에 가입도 하며 공직자와 접촉을 통하
여 자신의 정책문제를 해결하려고 시도를 한다.

러시아나 북한과 같은 전체주의체제는 비록 정책결정에 국민의 직접참여를 배제
하고 있지만, 민주주의체제에서 선거는 국민의 요구에 대한 공무원의 대응성을 강화
시키는데 간접적으로 기여를 한다. Lindblom(1968: 45)에 의하면, 선거의 존재자체
가 국민참여에 대한 보증이기 때문에 정책에 영향을 줄 수 있는 중요한 방법이라고
한다. 그러므로 선거가 있다는 것이 정치인이 정책결정을 할 때에 국민의 요구를
고려해야 한다는 규칙을 제시하는 것이다.

지금까지 논의한 정책결정에서 내외결정자의 기능(역할)을 종합하면 다음과 같다
(표 11-2).

〈표 11-2〉 정책결정에서 행위자의 기능(역할)

| 행위자 범주 | | 기능(역할) |
|---|---|---|
| 내부결정자 | 입법부 | 정책과 예산의 의결<br>법률의 제정 |
| | 행정부 | 정책안과 예산산의 의결<br>법률안의 제정 |
| | 사법부 | 사법심사<br>법령해석 |
| 외부결정자 | 정당 | 이익결집<br>정책대안화 |
| | 이익집단 | 이익표출<br>이익결집 |
| | 일반국민 | 투표<br>정당, 이익집단, 공직자와 접촉 |

## 제5절 | 정책결정과정

### 1. 정책결정과정모형 개관

정책과정의 정책결정단계는 정책학의 초기발달부터 가장 큰 관심을 받아 왔고, 정책분석가들은 공공행정과 기업조직의 연구자들에 의하여 개발된 의사결정모델을 도입하였다. 정책결정과정모형 또는 의사결정과정모형은 1940년대와 1950년대를 분기점으로 하여 정치학, 경제학, 경영학, 심리학 등 여러 사회과학에서 활발하게 논의되어 오고 있는 분야이다.

그 발전과정을 살펴보면, 관심의 초점이 개인적 차원의 의사결정분석으로부터 집단적 차원의 의사결정분석으로 변화를 하였고, 인간의 합리적 능력을 완전히 신뢰하는 합리모형으로부터 인간의 합리적 능력을 제한하거나 거의 인정하지 않는 제한된 합리성의 의사결정모형과 무합리성의 의사결정모형에 이르기까지 다양한 모형이 나타나고 있다(조석준, 1986: 311; 안해균, 2000: 304-305). 의사결정이론의 초창기에는 '어떻게 정책이 결정되느냐(how policy is made)'의 문제에 초점을 두고, 규범적 차원에서 합리적 의사결정을 하기 위해서는 이러이러해야 한다는 이상적인 의사결정패턴, 즉 규범적으로 최적의 의사결정현상을 기술하고 설명하려는 모형이 성행하였고, 점차로 그 이후부터 현실에서 일어나고 있는 의사결정은 이러이러한 것이다라고 하는 현실의 의사결정패턴, 즉 실제로 발생하고 있는 의사결정현상을 기술하고 설명하려는 모형으로 관심이 확대되어 왔다. 전자의 모형은 규범적·이상적 접근방법(normative-idealistic approach)에 입각한 정책결정모형으로 합리모형이 대표적이다. 후자의 모형은 현실적·실증적 접근방법(realistic-empirical approach)에 입각한 정책결정모형으로서 점증모형, 정치모형, 혼합모형, 만족모형, 조직모형, 회사모형 등이 있다.

이를테면, 1960년대 중반까지 정책결정의 모형은 규범적인 합리모형과 현실적인 점증모형을 둘러싼 논쟁에 집중하여 왔다(Lindblom, 1959: Dror, 1968). 지배적인 흐름은 합리모형이 결정을 어떻게 해야 하는가에 대한 이상적인 모형으로 보다 선호될 수 있고, 점증모형은 정부의 정책결정실제를 기술하는 실증적 모형이라고 하였다. 이러한 논쟁은 복잡한 조직에서 정책결정의 대안적 모형을 개발하도록 1970년대의 노력을 이끌었다. 학자들은 합리주의와 점증주의를 초월하는 제3의 길로서 조직행동의 제한된 합리성요소와 비합리성요소에 초점을 두고서 혼합모형과 만족모형이나 조직모형 및 회사모형, 정치모형, 그리고 사이버네틱스모형, 쓰레기통모형 등의 다양한 모형을 개발하였다(Howlett & Ramesh, 1995: 137).

1980년대 초반까지 합리주의의 옹호자와 점증주의의 옹호자들 간의 지속적인 논쟁은 또 다른 경험적 연구와 이론적 발달을 자극하였다. 이에 따라 정책결정이론에서 어떤 진보가 이루어지고 있는데, 정책현실을 설명하려는데 초점을 두고 있다. 1980년대 이후에 정책학 패러다임이 '정부에서 거버넌스로' 이동하면서, 정책현실에서 나타나는 정책결정의 복잡한 과정을 이해하고 설명하기 위해서, 거버넌스패러다임에 관심을 갖고 있는 학자들은 권력적 요소와 정책하위체제의 중요성을 고려하여 '누가 정책을 결정하느냐(who makes policy)'의 문제를 검토하는 정치적 측면의 정책결정모형을 제시하고 있다. 이러한 모형을 대표하는 거버넌스 관점의 정책결정모형으로는 다중흐름모형, 정책네트워크모형, 옹호연합모형, 협력거버넌스모형, 숙의거버넌스모형 등을 들 수가 있다(Weible & Sabatier, 2018: Cairney, 2012).

지금까지 정책결정모형의 이론적 발전과정을 살펴보았는데, 이들 논의를 종합하면 정책결정모형은 크게 합리성모형, 제한된 합리성모형, 비합리성모형, 그리고 거버넌스모형으로 나눌 수가 있고, 각각의 범주에 다양한 하위모형을 위치시킬 수가 있다(표 11-3).

〈표 11-3〉 정책결정과정모형의 분류

| 모형구분 | 하위모형범주 |
| --- | --- |
| 합리성모형 | 합리모형 |
| 제한된 합리성모형 | 점증모형과 정치모형, 혼합모형, 만족모형과 조직모형 및 회사모형, Allison모형(합리모형, 조직모형, 정치모형) |
| 비합리성모형 | 사이버네틱스모형, 쓰레기통모형 |
| 거버넌스모형 | 다중흐름모형, 정책네트워크모형, 옹호연합모형, 협력거버넌스모형, 숙의거버넌스모형 |

## 2. 합리성모형의 정책결정과정

### 1) 합리모형

#### (1) 의 의

정책학은 바람직한 정책결정을 위한 지식을 생산하고 적용하기 위하여 태동하였다. 그러면 바람직한 정책결정을 하기 위해서는 정책결정자가 수행해야 할 지적인 작업과 논리는 무엇인가?를 살펴보아야 한다.

위의 정책결정이론의 발전과정에서 기술한 바와 같이, 바람직한 정책결정을 위한 지적인 논리는 여러 학문분야에서 발전한 의사결정론을 도입하고 있다. 전통적으로 정책결정학자들은 가장 규범적이고 이상적인 정책결정을 위한 이론 또는 모형으로 합리적·분석적 모형이라고 부르는 합리모형을 제시하였다.

경제분석, 특히 생산자와 소비자 선택분석의 도움을 받은 의사결정의 합리모형은 그들이 만드는 선택의 기대된 결과를 극대화할 수 있다고 가정한다(Edwards, 1954). 공공정책영역에서 정책결정은 비용을 최소화하고 편익을 극대화하는 것에 의해 그들의 제한된 자원으로부터 최대효용을 추구하는 구매자와 판매자의 시장행동과 유사한 것으로 볼 수 있다. 이런 합리주의이론은 인간조건을 개선하려고 과학적 지식을 발달시키려는 합리주의(rationalism)와 실증주의(positivism)에 뿌리를 두고 조직행동과 공공행동에 적용되었다. 의사결정자는 그들이 직면하는 어떤 문제를 해결하는 가장 효율적 방법을 채택하는 기술가나 기업관리자로 활동한다고 전제한다. 이런 모형은 일련의 모든 행동과정에서 가장 순위가 높은 과학적(scientific), 공학기술적(engineering), 또는 관리적(managerist) 접근으로 알려져 있다(Elster, 1986: 4; 1991: 115)(Howlett, Ramesh & Perl, 2009: 143-144).

따라서 합리모형(rational model)은 본질적으로 공공정책영역에 기업의사결정논리를 적용한 것으로서 정책결정자가 합리적인 정책결정을 하려고 할 때에 따라야 할 논리나 단계를 밝히는 정책결정모형이다. 이 모형은 완전한 합리성(perfect rationality)을 전제로 이상적으로 문제를 해결하기 위하여 어떻게 해야 하는지에 초점을 두고 최적화된 정책결정을 추구하는 규범적·이상적 모형을 말하는 것으로, 여러 가지 대안적인 정책결정모형이 만들어지는 토대가 되었다.

### (2) 합리모형의 정책결정

합리모형에 의하면, 정책결정자는 전지전능한 완전한 합리성을 가진 존재로서 최선의 정책결정을 통하여 정책을 산출한다고 본다. 최선의 정책선택은 정책결정자가 환경 속의 사회문제나 사회기회를 해결하기 위한 합리적·분석적 정책결정단계를 거쳐서 시도하게 된다. 이를테면, 정책문제와 정책목표의 정의, 정책대안의 탐색, 정책대안의 결과예측, 정책대안의 비교평가, 최적대안의 선택을 포함한다. 이들을 보다 상술하면 다음과 같다.

#### ① 정책문제와 정책목표의 정의

환경 속에서 해결해야 할 문제나 달성하고자 하는 목표를 명확히 하는 것은 합리적 결정의 출발점이 된다. 정책결정이란 환경에서 인간이나 집단이 직면하는 문제를 해결하는 행위(problem solving)와 동일한 내용이라고 할 수 있다. 결국, 정책결정의 출발은 환경에서 발생하는 사회문제를 확인 또는 명확히 하는 데서 시작한다. 즉 무엇이 해결되어야 할 사회문제인지를 먼저 확인하거나 명확히 해야만 다음 단계에서 이를 해결할 수 있는 정책대안들을 탐색할 수 있다. 여기서 확인된 사회문제는 정부의 주목을 받게 되면 정책문제 또는 정책의제가 된다.

이런 정책문제에 직면해서 정책결정을 시도할 경우에 이를 통해 달성하고자 하는 정책목표는 보통 부딪치는 사회문제를 해결하는 것이다. 그래서 해결해야 할 사회문제를 명확히 하는 것은 달성하고자 하는 정책목표를 설정하는 것이다. 보통의 경우 사회문제해결이 바로 정책결정에서 달성하고자 하는 정책목표가 되지만, 환경에서 새로운 기회를 창조하는 것도 정책목표가 될 수 있다.

따라서 정책문제의 정의란 정책문제의 구성요소, 원인, 결과 등의 내용을 규정하여 문제가 무엇인가를 확인하는 것으로서 정책수요의 추정이라고도 할 수 있다. 이처럼, 해결해야 할 정책문제가 정의되면 문제해결활동이 추구해야 할 정책목표를 설정하게 된다. 정책목표의 정의란 정책을 통하여 달성하고자 하는 바람직한 미래의 상태를 규정하는 것으로, 소극적(치유적) 목표와 적극적(창조적) 목표가 있다. 전자는 환경에서 발생한 문제를 해결하려는 목표이고, 후자는 환경에서 새로운 미래상태를 창조하려는 목표이다.

#### ② 정책대안의 탐색

정책결정에서 해결하고자 하는 정책문제나 정책목표가 정의되고 나면 이런 문제를 해결하거나 목표를 달성할 수 있는 정책대안들을 광범위하게 탐색하고 개발해야 한다. 여기서 정책대안은 정책문제해결과 정책목표달성을 위하여 채택 가능한 여러 가지 정책수단들의 조합을 말한다.

정책결정자가 고려할 수 있는 정책대안의 원천으로는 과거와 현재의 정책, 다른 정부나 다른 국가의 정책, 이론이나 모형 활용, 주관적 직관적 방법(집단토의: brain-storming, 정책델파이: policy delphi) 등이 있다.

### ③ 정책대안의 결과예측

앞에서 탐색한 여러 정책대안들 중에서 최선의 정책대안을 선택하기 위해서는 이런 정책대안들 하나하나가 어떠한 정책결과를 가져올 것인지를 미리 예측해 보아야 한다. 정책대안의 결과를 예측하는 목적은 최선의 대안을 골라내기 위해서이므로 예측되는 결과는 가능한 자세하고 비교가 가능해야 한다.

정책대안의 결과예측이란 정책문제에 관련된 사전정보를 토대로 미래의 사회상태에 대한 사실적 정보를 산출하는 것이다(Dunn, 2012: 117). 정책대안이 가져올 결과를 예측하는 방법으로는 과거의 정책, 다른 정부나 다른 국가의 정책, 이론이나 모형 활용, 정책실험, 주관적 직관적 방법 등이 있다.

### ④ 정책대안의 비교평가

이 단계에서는 위 단계에서 예측한 정책대안의 결과들이 어느 정도 바람직하고 실현가능성이 있는지 하는 그 소망성과 실현가능성을 판단한다. 요컨대, 정책대안의 비교평가란 정책대안들이 가져올 가치를 대안선택기준에 의하여 검토하는 것이다.

정책대안선택기준으로는 소망성(desirability)과 실현가능성(feasibility)이 있다. 전자는 정책대안이 초래할 결과가 얼마나 바람직한가를 측정하는 기준으로 효과성, 능률성, 형평성, 대응성이 있다. 후자는 그 정책대안이 채택되어 실행될 수 있는가를 검토하는 기준으로 정치적, 행정적, 예산적, 기술적 측면의 여러 자원의 제약조건을 말한다.

### ⑤ 최적대안의 선택

정책문제를 해결하거나 정책목표를 달성하기 위한 정책대안이 탐색되고 예측과 평가가 이루어지고 나면 이런 정책대안들 중에서 어느 것이 최선의 정책대안인지를 판단할 수 있게 된다. 여하튼 합리적 분석적 정책결정을 하는 이유는 최선(best) 또는 최적(optimum)의 정책대안을 선택하는 것이다.

이상에서 기술한 합리모형의 정책결정단계는 이후의 정책분석의 단계에서 구체적으로 살펴볼 것이다.

합리모형에서는 정책결정자가 전술한 다섯 가지 단계를 의식적으로 밟으면서 정책결정을 한다는 것에 대해 동의를 한다. 그러나 학자들 사이에는 합리모형이 완전분석적 결정을 의미하는지 아니면 불완전분석적 결정을 의미하는지에 대해서는 의견이 엇갈린다(정정길 외, 2010: 615-616). 첫째, 합리모형을 완전분석적 결정만을 지칭하는 것으로 보는 학자들은 합리모형에 가장 비판적인 Lindblom이나 Simon과 같은 사람들이다. 이들은 모든 정책대안들을 탐색하고 이들 정책대안들 하나하나가 가져올 모든 정책결과를 예측하여 최선의 정책대안을 선택하는 포괄성(comprehensiveness)이야말로 합리모형의 핵심이라고 생각하고 이에 대해 강한 비판을 한다. 둘째, 합리모형을 완전분석적 결정으로 보는 것은 지나치게 비현실적이므로 불완전분석적 결정도 합리모형에 속하는 것으로 보는 학자도 있다. 예컨대, Steinbruner(1974)은 합리모형을 분석적 패러다임으로 취급하고 이와 비슷한 주장을 한다. 이러한 불완전분석적 결정이 다음의 내용을 가지고 있으면 합리모형이라고 인정한다. 정책목표가 명확하게 확인되고, 몇 가지 중요한 정책대안만을 고려하여, 이들 정책대안이 가져올 중요한 정책결과들을 예측하되 의식적으로 정보를 수집하고 모형을 이용하는 등 객관적이고 과학적인 방법을 사용하고, 최선의 정책대안 선택을 위하여 이질적인 가치를 통합할 수 있는 기준이 이용되는 점 등이다. 그러나 어느 정도까지를 불완전분석적 결정이라고 볼 것인지가 명확하지 않은 문제가 있다.

## 2) 합리모형의 한계와 대안모형

### (1) 합리모형의 한계

현실에서의 정책결정은 완전한 합리성을 전제하는 합리적 분석적 결정방법이나 논리를 그대로 따르지 않는다. 합리모형의 가장 주목할 만한 비판은 행태학자 Simon에 의해 1950년대 일련의 저서와 논문에서 이루어졌는데, 의사결정자는 그들의 결정에서 순수한 포괄적 합리성에 도달하는데 여러 제약이 있다고 보고 합리적 선택이론의 극대화 논리를 대체하는 제한된 합리성 관념을 제시하였다(Simon, 1955, 1957; Howlett, Ramesh & Perl, 2009: 145).

무엇보다도 합리적 분석적 정책결정은 많은 약점 또는 문제점을 가지고 있는데, 크게 세 가지로 나눌 수가 있다. 정책결정자의 제한된 합리성과 정책결정의 집단 또는 조직 관성 및 정책결정의 정치성 등이 그것이다(정정길, 1993: 521-551). 이들 세 가지 요인을 상술하며 다음과 같다.

### ① 정책결정자의 제한된 합리성

합리적 분석적 정책결정은 정책결정자가 고도의 전문능력을 소유하고 정보와 노력이나 시간을 요구하지만, 정책결정자는 개인이든 집단 또는 조직이든 능력과 정보 및 시간 모두가 부족한 경우가 많다.

이처럼, 정책결정자는 전문능력의 부족, 정보비용, 시간과 노력의 부족 등의 합리적 분석적 정책결정비용을 가지고 있으므로 합리적 분석적 결정이 어려워진다. 이를 Simon은 제한된 합리성(bounded rationality)이라고 불렀다. 사이몬은 인간이 본질적으로 인지능력에 한계가 있어서 분석적 결정을 하기가 어렵다고 한다. 정책결정자도 인간이기 때문에 이러한 한계를 벗어날 수가 없으며 따라서 분석적 결정이 요구하는 정책목표달성의 극대화 또는 최적화를 보장하는 정책대안을 발견하기보다는 만족할 만한 결과를 가져다주는 정책대안의 선택에 그친다.

### ② 정책결정의 집단 또는 조직 관성

합리적 정책결정은 집단이나 조직에서 이루어지기 때문에 나타나는 제약이 있다. 정책결정은 본질적으로 집단적 현상으로서 여러 행위자의 영향을 받는다. 이러한 다수의 행위자는 여러 가지 측면에서 합리적 분석적 결정을 제약하여 이를 어렵게 한다.

정책결정에 관련되는 행위자들의 상호관계를 유형화하면 집단과 조직으로 나눌 수 있다. 하나는 전혀 응집성이 없으며 상호 대등한 지위와 입장에서 행동하는 개인들의 집합체로서 집단이라고 부른다. 다른 하나는 강한 응집력과 계층제구조를 가지는 인간들의 집단형태로서 보통 조직이라고 부른다. 여기에는 행정부와 같은 관료조직이 포함된다.

Simon, March, Cyert 등에 의하면, 집단이나 조직도 개인과 마찬가지로 인지능력상의 한계라는 제한된 합리성을 가지고 있기 때문에 합리적 분석적 결정을 하지 못한다고 한다. 오히려 집단이나 조직은 자신들의 의사결정을 좌우하는 규칙(rule)들을 형성하여 이에 따라 정책결정을 하게 된다. 특히 중요한 규칙으로 표준운영절차(SOP, standard operating procedure)를 확립하여 의사결정을 하게 된다.

조직은 대안목록 또는 프로그램목록(program repertory)을 토대로 유사한 정책문제가 등장하면 상황이 크게 변하지 않는 한 과거의 정책대안을 그대로 약간 수정하여 채택한다(이것을 습관적·상례적 의사결정방법이라고 한다). 이러한 SOP와 대안목록을 가지고 합리적 분석적 의사결정을 배격할 때 그 조직은 관성(inertia)을 지니고 있다고 말한다.

### ③ 정책결정의 정치성

현실에서의 정책결정이 합리적이지 못한 것은 정책결정의 정치적 성격에 기인한
다. 이러한 정치적 성격이 정책결정의 각 단계에 영향을 미쳐서 타당성 없는 정책목
표와 불합리한 정책수단을 산출할 수 있다.

첫째, 정책문제파악과 정책목표설정 상의 비분석적 정치적 요인 – 정책문제의 파
악과 정책목표의 설정단계에서는 정책행위자들 간에 이해관계나 선호의 대립이 발
생한다. 정책의제설정과정은 정치적 과정이기 때문에 특정한 사회문제를 해결하려
는 시도 자체가 특정집단의 정치적 활동의 산물이다. 그래서 객관적 전체적 입장에
비추어 해결하는 것이 바람직한 사회문제가 꼭 정책문제로 채택되는 것이 아니라
다른 사회문제가 정책문제로 채택될 수 있다.

정책문제의 어느 측면을 해결할 것인가를 결정하는 것, 즉 정책목표를 설정하는
것은 근본적으로 가치판단작용이며 가치기준에 따라 사람들 간에 선호가 다르기 때
문에 참여자들 간에 갈등이 발생한다. 실제의 정책결정에서는 이렇게 상반되는 선호
를 지닌 집단이나 참여자들의 지지를 얻기 위해서 정책목표를 타협에 의하여 결정되
는 경우가 많다.

둘째, 정책대안의 탐색과 비교평가 상의 비분석적 정치적 요인과 정책공동체 –
정치체제 전체를 보면 정책행위자들은 모두 스스로에게 유리한 정책대안을 준비하
는 경우가 많다. 관련된 일반국민들, 이익집단들, 정당들, 국회의원들, 행정부처들,
그 분야의 전문가들은 나름대로의 정책대안을 가지고 있으며 그들이 지닌 정책대안
을 정책결정자에게 제시하고 채택시키려고 노력을 한다. 특히 정책공동체(policy
community) 내에서 정책대안에 대한 검토가 진행된다. 정책공동체는 정책분야의 행
정부처와 의회 및 이익집단 외에 전문가들로 구성되는 일종의 공동체로서 정책대안
의 집합소이다. 이러한 정책공동체는 정책문제에 대한 해결책으로서 정책대안들을
창출하고 장단점을 검토하게 된다. 이렇게 하여 무수한 정책대안들 중에서 몇 가지
만이 살아남고 나머지는 도태된다.

셋째, 정책대안선택 상의 비분석적 정치적 요인 – 정책대안선택은 갈등관계에 있
는 세력들 간의 타협에 의해 이루어진다. 이러한 정책산출은 합리적이지 않고 비합
리적이거나 정치적일 수 있다.

### (2) 합리모형의 대안모형

앞에서 본바와 같이, 합리적 분석적 정책결정의 한계 때문에 현실에서의 정책결정방법은 제한된 합리적이거나 비합리적이며 정치적인 특성을 가진다. 그렇다면 현실에서의 정책결정은 어떻게 이루어지고 있는가? 이것은 합리모형의 대안모형에 관련되는 문제이다.

그동안 정책학자들이 논의하여 온 합리모형의 대안으로는 제한된 합리성을 전제하는 정책결정모형과 비합리성을 가정하는 정책결정모형 그리고 거버넌스 관점의 정책결정모형이 있다. 예컨대, Allison이 쿠바미사일위기사건을 분석하는 과정에서 현실의 정책결정은 합리적으로 되는 측면(합리모형)과 비분석적 정치적으로 되는 측면(조직모형과 정치모형)을 검증하고 있다. 또한, 1980년대 이후에 정책학에서 부상하고 있는 거버넌스개념은 넓은 의미로 정부와 구별되면서도 정부뿐 아니라 비정부행위자들을 포함하는 통치개념이다. 그러나 정책학에서 거버넌스개념은 사회문제를 해결하고 사회기회를 창조하는 것을 목표로 공공부문과 민간부문의 행위자들이 관여하여 상호작용을 하는 통치를 말한다. 거버넌스학자이면서 정책학자인 Rhodes (1996)는 거버넌스이론으로 최소국가, 기업거버넌스, 신공공관리, 좋은거버넌스, 사회사이버네틱체제, 자기조직적 네트워크를 들고 있고, 정책학자인 Weible & Sabatier(2018)는 거버넌스 관점의 정책과정이론으로 다중흐름모형, 단절적 균형이론, 정책환류이론, 옹호연합모형, 제도분석틀을 제시한다. 또한, Cairney(2012)는 정책과정을 연구하는 새로운 거버넌스이론으로 신제도주의, 다수준거버넌스, 정책네트워크이론, 옹호연합모형, 다중흐름모형, 단절적 균형이론을 기술하고 있다.

## 3. 제한된 합리성모형의 정책결정과정

### 1) Lindblom의 점증모형과 정치모형

#### (1) 의 의

예일대 정치학자 Lindblom(1959, 1968)과 Braybrooke & Lindblom(1963)은 이상모형으로 알려진 합리모형의 한계를 지적하고 현실적으로 이루어지는 정책결정을 설명하기 위한 모형으로 점증모형을 제안하였다. 이 모형은 인간의 인지나 능력의 부족으로 합리성이 제약된다는 Simon의 제한된 합리성을 전제로 현실적으로 정책결정을 어떻게 하는지를 설명하는 실증적·처방적 모형이다.

이를테면, 점증모형(incremantal model)은 합리모형의 비판에서 출발하고 있다는 점에서 Simon의 만족모형과 동일하다. 그러나 Simon이 인간의 인지과정의 한계에서 이루어지는 개인적 의사결정에 초점을 둔데 비해서, 점증모형은 합리모형의 실제성과 유용성에 의문을 제시하고, 실제상황에서 의사결정자의 행태에 근접한 의사결정이론을 개발하려고 하였다. 이 모형은 공공정책결정을 자기이익을 추구하는 의사결정자들의 흥정과 타협을 특징으로 하는 정치과정으로 묘사한다. 이런 의미에서 정책결정은 합리모형에서 말하는 소망스러운 것이라기보다는 정치적으로 실현가능한 것이라고 한다(Howlest, Ramesh & Perl, 2009: 146-147).

따라서 이 모형은 정책결정을 '진흙 속을 비비적거리며 헤쳐 나가는 것(muddling through)'이라고 묘사한 것처럼, 불확실한 상황과 인간의 능력한계를 전제로 현존의 정책에서 소폭적인 변화만을 시도하고 시간흐름에 따라 수정 보완하는 점증주의적인 정책결정을 묘사하는데, 이런 정책결정과정에서는 참여자들의 상호작용이라는 정치과정이 작용한다고 모았다. 이것은 그의 1968년 저서 '정책결정과정'에서 구체화된 정치모형(political model)이라고 할 수 있는데, 1971년에 Allison이 '의사결정의 본질'에서 제시한 모형3(정치모형, 관료정치모형)의 정책결정이론도 이를 벤치마킹한 것이라고 할 수 있다.

### (2) 점증모형의 정책결정

Lindblom(1959: 77-88)은 그의 논문 'The Science of Muddling Through'에서 합리모형과 대비하여 점증모형의 정책결정을 설명하고 있다(표 11-4).

〈표 11-4〉 합리모형과 점증모형의 비교

| 정책결정 단계 | 합리모형 (합리적-포괄적 방법) | 점증모형 (계속적-제한적 비교방법) |
|---|---|---|
| 목표정의 | 1a 가치와 정책목표를 명확히 하는 것은 정책대안의 경험적 분석과는 명확히 구분되고 이분석에 선행한다. | 1b 가치(목표)를 선택하는 것과 필요한 행동대안을 선택하는 것은 서로 별개의 것으로 구분되는 것이 아니라 서로 밀접하게 연결되어 있다. |

| | | |
|---|---|---|
| 대안탐색 | 2a 그러므로 정책은 목표-수단분석을 통해서 작성된다. 먼저 목표가 분리되고 다음에 그를 달성할 수단이 탐색된다. 그리고 모든 대안을 탐색한다. | 2b 목표와 수단은 명백히 구분되지 않으므로 목표-수단의 분석은 부적절하거나 제한적으로 이용되는 경우가 흔히 있다. 그리고 한정된 대안만을 탐색한다. |
| 대안선택 | 3a 좋은 정책인지의 여부는 목표를 달성하는 가장 적절한 수단인지의 여부에 달려있다. | 3b 좋은 정책인지의 여부는 다양한 분석가들이 그 정책에 얼마만큼 동의하느냐에 달려 있다. |
| 대안분석 | 4a 분석은 포괄적이다. 모든 관련 요소가 고려된다.<br>5a 이론에 크게 의존한다. | 4b 분석은 대폭 제한된다.<br>ⅰ 발생가능한 중요한 결과가 무시된다.<br>ⅱ 중요한 정책대안이 무시된다.<br>ⅲ 정책에 의하여 영향을 받는 가치가 무시된다.<br>5b 비교의 계속 때문에 이론에 의존할 필요성이 약화된다. |

자료: Lindblom(1959: 81).

위의 표에서 합리모형은 합리적 정책결정의 이념형으로서 정책결정자가 선택에 도달하는 일련의 순차적 활동을 전제하고 있다. 반면에, 점증모형은 합리모형의 가정을 완화시켜서 정책결정단계를 기술하고 있다.

### ① 정책목표의 정의

정책결정자가 달성하고자 하는 정책목표는 환경에서 발생하는 사회문제 중 정책문제로 된 것을 해결하는 것이다. 즉 정책문제의 확인은 결국 달성하고자 하는 정책목표를 분명하게 정의하는 것과 같다.

합리모형에서 정책결정자는 사회의 가치나 목표 및 그것의 우선순위를 알고 있다고 전제한다. 그리고 가치나 목표를 명확히 하는 것은 정책대안의 경험적 분석과는 명확히 구분되고 이 분석에 선행한다(1a).

그러나 현실적으로 조직이 달성하고자 하는 정책가치나 정책목표의 존재나 우선순위가 불분명한 경우가 많다. 대부분의 정책영역에서 정책목표는 그것을 달성하기 위한 정책수단으로부터 분리할 수 없다. 정책목표는 그것을 달성하기 위하여 이용할 수 있는 가능한 정책수단이 있으냐 여부에 의존하기 때문이다. 이를테면, 현실의 정책결정에서는 정책목표와 정책수단이 동시에 결정된다. 그 이유는 정책을 통해 달성하고자 하는 정책가치나 정책목표에 대한 합의가 어렵고 정책목표의 설정은 채택가능한 정책수단에 의해서도 좌우되기 때문이다. 따라서 정책가치(정책목표)를 선택하는 것과 정책수단을 선택하는 것은 서로 별개의 것이 아니라 밀접하게 얽혀 있다 (1b, 2b).

## ② 정책대안의 탐색

합리모형에서는 정책결정자가 완전한 합리성(완전한 지식과 정보)을 가지고 있으므로 정책목표를 달성하기 위해서 가능한 모든 정책대안을 탐색하는 완전분석을 하게 된다(2a). 이것은 나무뿌리(현존정책 근본)부터 재검토하는 방법으로 근본적 방법 (뿌리방법, root method)이라고 한다.

그러나 현실적으로 정책결정자는 제한된 합리성(불완전한 지식과 정보)을 가지고 있다고 보므로 한정된 정책대안만을 탐색하는 불완전분석을 한다. 정책결정자는 현존상태로부터 아주 미미하게(marginally) 상이한 소수의 친밀한 정책대안만을 탐색한다. 즉 현존의 정책에서 소폭적인 변화만을 가감한 것을 정책대안으로 고려하기 때문에, 현존정책을 근본적으로 재검토하거나 질적으로 다른 내용을 지닌 정책대안을 고려하지 않게 된다. 이것은 나무의 뿌리(현존정책의 근본)을 건드리지 않고 가지들만을 고려하는 방법이라고 하여 지엽적 방법(branch method)이라고 한다(2b).

## ③ 정책대안의 분석

합리모형에서는 탐색된 정책대안들이 초래할 모든 정책결과들을 이론이나 모형을 토대로 포괄적으로 분석을 하고 평가하는 완전분석을 전제한다(4a, 5a).

그러나 현실적으로 정책결정자는 정책대안의 분석을 대폭 제한하는 불완전분석을 한다. 정책결정자는 추구해야 할 적극적(창조적) 정책목표보다는 치유되어야 할 문제해결이라는 소극적(치유적) 정책목표를 위하여 중요한 것으로 고려되는 정책대안의 분석과 평가를 한다.

따라서 정책결정자는 고려하는 정책대안이 가져올 결과를 모두 분석하지 않는다. 자질구레한 것은 물론 중요한 결과도 흔히 예측하지 않게 된다. 중요한 결과가 무시된다는 것은 정책으로 인하여 영향을 입게 되는 중요한 가치가 무시됨을 의미한다 (4b ii, iii). 이것은 정책대안의 결과 중에서 일부만을 제한적으로 비교분석(limited comparison)하게 되는 것을 말한다. 정책대안에 대한 비교분석을 하는 것은 이론이 있어도 이론의 적용에 필요한 자료 등의 정보도 부족하여 이러한 부족을 보충하는데는 커다란 비용이 필요하기 때문이다. 그래서 점증주의는 '이론부재의 상황에서 적응해 가는 것'이라고도 한다.

이러한 이론과 능력, 시간, 정보의 부족을 극복하는 전략으로는 한번에 정책을 결정하지 않고 조금씩 서서히 정책을 수정 보완하는 방법을 사용한다. 어떤 정책을 결정할 때 현존정책에서 약간의 변화시킨 정책대안만을 고려하거나 수정하는 것이다. 이를테면, 시행착오를 거치면서 환류되는 정보를 수집분석하여 불완전한 사전예측을 보충하여 정책을 수정한다. 이렇게 되면 일정시점의 정책결정에서 예상하지 못하고 빠트렸던 중요한 결과들을 정책추진과정에서 쉽게 파악할 수 있고 이것을 다시 다음의 정책결정에 반영할 수 있다. 이러한 방법을 계속적 비교(successive comparison) 또는 연속적 평가와 분석(serial evaluational and analysis), 연속적 순차적 정책결정(serial and sequential policy making)이라고 한다(5b).

④ **정책대안의 선택**

합리모형에서는 정책목표(정책가치)의 우선순위가 정해져 있는 상태에서 완전분석을 통하여 가장 최적의 정책대안(정책)을 선택한다. 이 모형에서는 정책목표달성을 극대화하는 정책대안을 최선의 정책으로 본다(3a).

그러나 점증모형에서는 정책목표(정책가치)의 우선순위가 불분명한 상태에서 불완전분석을 통하여 현존정책에서 소폭적인 변화만을 가감한 정책대안(정책)을 선택한다.

정책＝현존정책＋r

이렇게 뚜렷한 목표의식 없이 정책을 선택할 때는 정책의 선악(좋고 나쁨)을 누가 판단할 것인가? 정책에 대한 동의(agreement on policy)가 그 기준이 된다(3b). 정책결정자를 포함한 보다 많은 정책관련자들이 정책결정과정에 참여하게 되면 보다 좋은 정책이라고 할 수 있다. 이것은 정치적으로 중요한 의미를 가지고 있다. 상호 갈등하는 이해관계를 가진 행위자들이 어느 일방에 의한 타방의 지배(domination)가 아니라 타협(compromise)에 의해 정책을 결정하는 것이 바람직하다는 가치상대주의와 민주주의이념이 배우에 숨어 있다.

이러한 점증모형의 정치적 의미는 그의 이후 정책결정과정논의에서 구체화되고 있다.

### (3) 점증모형의 수정모형: 정치모형

Lindblom(1959)의 초기논문 'The Science of Muddling Through'와 Braybrooke & Lindblom(1963)의 저서 'A Strategy of Decision'에서는 정책결정의 정치적 측면를

부각시켰지만 구체적 논의는 하지 않고 있다.

그러나 Lindblom은 1968년의 저서 'The Policy-Making Process'에서 미국정부의 정책결정과정에 대한 연구를 통하여 정책결정을 정치 측면에서 고찰해야 한다고 하면서, 정책결정과정을 참여자들의 상호작용에 의하여 이루어지는 정치과정으로 보고 있다. 이것은 정치과정 측면에서 정책결정을 설명하는 이론 또는 모형으로 '정치모형'이라고 부를 수 있다. 이러한 정치모형의 정책결정을 부연설명하면 같다(하태권, 20: 3-9).

일반적으로 자유민주국가에서의 정책결정은 능률성의 추구와 시민통제에 대한 대응성이란 상호 모순된 특성을 가진다. 사람들은 정부의 정책결정과정에 보다 많은 정보와 과학적 분석을 요구하면서도 또한 시민의 다양한 요구에 부응하는 민주적 정책결정을 요구한다. 그리고 현실의 모든 정책결정과정에서는 정책분석가들에 의한 전문적 분석과 이해관계자간의 충분한 논의와 토론이 동시에 존재한다.

그러나 많은 경우에 정책분석가들의 정책분석은 엄격한 증거에 입각하여 있음에도 정책결정과정에서 무시되는 경향이 있다. 이것은 정책분석이 갖는 다음과 같은 한계에 기인한다. 첫째, 사회의 복잡한 정책문제를 해결하는 데는 인간의 인식능력이 제한되어 있을뿐 아니라 제한된 능력을 향상시키기 위하여 개발된 여러 가지 정책분석기법들도 한계를 가지고 있다. 결국, 정책분석은 다양한 가능성이나 확률만을 제시할 뿐이며 오류가능성을 지니고 있다. 둘째, 정책분석은 정책목표나 기준 등 가치에 관한 갈등을 해결할 수 없다. 셋째, 대부분의 정책문제는 신속한 해결을 요구하는데 비하여 정책분석은 상당한 양의 시간과 비용을 요구한다.

이와 같은 제약으로 인하여 복잡한 사회문제를 해결하는데 있어서 분석적 정책결정은 제한적일 수밖에 없으며, 그 대신에 참여자들 간의 정치적 상호작용을 통한 정책결정이 요구된다. 이것은 분석을 강조하는 과학적 정책결정이 아니라, 분석을 정치적 상호작용의 한 요소로 인식하고 정책결정을 정치과정으로 파악하는 전략적 정책결정을 주장하는 것이다. 전략적 정책결정과정은 참여자 간의 상호작용적 통제과정(interactive control process)이라고 할 수 있는데, 이것은 권력이 작동하는 것(play of power)이고 권력작동의 핵심요소로는 규칙과 통제행사방법 및 참여자를 들 수 있다.

우선, 민주사회에서의 권력작동은 선거, 의회제도, 국민에 의하여 선출된 대표에 의한 관료임면, 언론의 자유와 같은 민주적 규칙의 지배를 받는다. 이러한 민주적 규칙들은 정책결정과정에서 시민참여를 확대하기 위하여 제정된 제도들이다. 그러나 실제로 대부분의 정책은 소수의 엘리트들에 의하여 결정되고 있고 정책결정에서 시민의 역할은 선거를 통하여 소수의 엘리트들을 선출하는데 한정된다.

다음으로, 민주적 규칙이 지배하는 권력작동에서의 통제행사방법으로는 설득, 교환, 권위, 상호적응 등 네 가지가 있다. 설득(persuasion)은 주로 당파적 분석(partisan analysis)을 통하여 상대방에게 손익을 제시함으로써 자기에게 유리한 결과를 이끌어내는 방법이고, 교환(exchange)은 쌍방 모두가 어떤 가치나 편익을 서로 이전시키는 방법이다. 권위(authority)는 정책결정의 초석으로 설득과 교환을 보다 쉽게 하여 주기도 한다. 이러한 세 가지 유형의 통제방법은 상호 통제 및 적응(mutual control and adjustment)이라 할 수 있다. 왜냐하면 정책결정의 권력게임에서 모든 통제는 수직적 수평적으로 전개되고 쌍방적으로도 전개되기 때문이다. 그러나 일반적으로 상호 통제 및 적응은 협상에 직접 참여하지 아니한 환경적 요소의 반응까지도 고려하여야 하기 때문에 협상보다는 보다 많은 요소들의 영향을 받는다.

마지막으로, 정책결정에의 참여자는 정책결정에의 참여정도와 영향력에 따라 세 가지 유형으로 나눌 수 있다. 참여자 중에서 정책결정에 직접 참여하며 가장 큰 영향력을 행사하는 사람들은 정책결정자들이다. 이들은 행정수반, 각 부처의 장관, 국회의원, 고위행정관료 등이 포함된다. 일반시민들도 투표나 여론 및 시위 등의 방법을 정책결정에 참여하여 정책결정자들에게 일정한 한계를 설정한다. 그러나 권력작동에 대한 시민통제는 매우 약한 편이다. 시민통제의 취약성은 투표의 불완전성과 정책의제설정의 제약에 기인한다. 정책결정자와 일반시민 사이에는 이익집단의 지도자, 언론인, 여론지도자, 기업가, 하급관료 등 중간집단이 존재한다. 이들은 비록 정책결정과정에 직접적으로 참여하지는 않으나 일반시민보다는 강력한 영향력을 행사한다.

그런데 현실에서 대부분의 정책은 관료정치(bureaucratic politics)의 상호작용 속에서 구체적으로 형성되거나 변경된다. 결국, 대부분의 정책은 관료들에 의하여 결정된다고 할 수 있다. 관료들은 관료정치 속에서 적절한 통제방법을 선택하여 사용한다. 이들은 통제방법을 혼자 사용하기도 하지만, 많은 경우에 의회 내의 관련 위원회나 이익집단 등 다른 참여자들과의 협조 하에 사용한다. 특히 민주사회의 정책결정에는 이익집단의 활동이 필수적이다. 이익집단은 집단적 특수이익을 추구하기 위하여 주로 당파적 분석에 따라 상대방을 설득하며, 특수이익의 대변자로서 협의회나 위원회 등 상호적 문제해결을 위한 각종의 제도적 장치에 참여하고, 선거에 영향력을 행사하기도 한다. 이처럼, 정책결정에서 정부관료와 의회 위원회 및 이익집단의 삼자연합을 '하위정부 또는 철의삼각'이리고 한다.

이상에서 기술한 바와 같이, Lindblom은 정책결정과정이 기본적으로 정치과정임을 명확하게 보여주고 있다. 그는 현대민주사회의 정책결정에서 정책분석이 지니는 한계와 그에 따른 정책행위자들의 상호작용을 강조하고 있다. 이러한 측면은 초기 점증모형에서 암시한 정책결정의 정치적 측면을 보다 구체화하여 기술하고 있다고 볼 수 있다. 따라서 후기저술에서 논의하고 있는 정책결정과정은 '정치모형'을 발의하였다고 볼 수 있다.

## 2) Etzioni의 혼합탐색모형

### (1) 의 의

Etzioni(1967)은 논문 'Mixed Scanning: A Third to Decision Making'에서 합리모형과 점증모형의 한계에 대한 대안으로 합리모형을 정(these)으로 보고 점증모형을 반(anithese)로 보아 양자의 합(synthese)으로서의 제3의 모형으로 혼합모형 또는 혼합탐색모형을 제안하였다.

혼합모형(mixed model)은 합리모형과 점증모형의 단점을 제거하고 장점만을 뽑아서 만든 통합모형으로서 기술적 경험적이면서도 규범적 처방적 모형이라고 할 수 있다. 이를테면, 합리모형은 정책결정자에게 모든 정책대안의 모든 정책결과를 정확하게 예측할 것을 요구하는 등 지나치게 정확하고(exacting) 이상적인(utopian) 지적 작업을 요구하게 되어 실제로 추진이 불가능할뿐 아니라 논리적으로 보아 결정자의 시간 노력 비용 등을 대규모로 요구하므로 바람직한 정책결정전략이 아니라고 한다. 즉 합리모형은 비현실적이며 바람직스럽지도 않다는 것이다. 그리고 점증모형은 근시안적이고(myopic), 방향감각이 없고, 너무 보수적이며(현존상태를 옹호하여 여기서 희생되고 있을지도 모르는 약자들을 도외시하고), 반혁신적인 정책결정을 정당화시켜주는 역할을 하는 경향이 있다(Etzioni, 1967: 386-387). 이러한 합리모형의 이상적인 측면과 점증모형의 보수적인 측면을 극복하는 모형이 혼합모형이라고 할 수 있다.

이 모형은 합리모형의 의도대로 거시적으로 문제와 목표 및 대안을 탐색하고 조감하는 근본적 결정을 한 후에, 점증모형에 의하여 미시적으로 보다 정밀한 검토가 필요하다고 보는 부분에 대해 분석을 하는 세부적 결정을 하고 최종 정책을 산출하는 모형이다.

## (2) 혼합모형의 정책결정

Etzioni가 말하는 합리모형과 점증모형을 배합하는 정책결정내용은 다음과 같다.

〈표 11-5〉 혼합모형의 정책결정내용

| 정책결정 | 고려할 대안 | 예측할 대안의 결과 |
|---|---|---|
| 근본적 결정 | 중요한 대안을 포괄적으로 고려 (포괄적 합리모형) A | 중요한 결과만 개괄적 예측, 미세한 세목은 무시 (합리모형의 지나친 엄밀성 극복) B |
| 세부적 결정 | 근본적 결정의 테두리 내에서 소수의 대안만 고려 (점증모형) C | 여러 가지 결과의 세밀한 분석 (포괄적 합리모형) D |

자료: Etzioni(1967: 389).

위의 표에서 보는 바와 같이, 정책결정은 크게 근본적 결정과 세부적 결정 두 가지로 나눌 수 있다. 근본적 결정(fundamental decision)은 특정한 정책결정에 관련될 가능성이 있는 넓은 영역을 개괄적으로 탐색을 하고 특별히 주의를 기울여야 할 영역을 정하는 것으로서 맥락적 결정(contextual decision)이라고도 한다. 세부적 결정(bit decision)은 근본적 결정이 설정한 맥락 안에서 구체적인 영역을 세밀하게 분석하는 것으로서 항목적 결정(item decision)이라고도 한다.

Etzioni(1967: 389)는 혼합탐사모형의 예로 세 가지를 들고 있는데, 기상관측의 경우를 살펴보자. 합리모형에 의하면, 하늘의 한쪽 끝에서 다른 쪽 끝까지 총체적으로 관찰하는 것이고, 점증모형에 의하면, 과거에 태풍이 일어났던 지역과 그 근처에만 초점을 두고 관측을 하는 것이다. 혼합탐사모형은 넓은 시야를 가지 카메라를 이용하여 거시적으로 하늘 전체를 관찰한 후에(근본적 결정), 이러한 개략적 관측에서 정밀한 검토(in-depth examination)가 요구되는 지역을 미시적으로 관측을 하게 된다(세부적 결정).

이처럼, 근본적 결정에서는 문제를 해결하고 목표를 달성하기 위한 정책대안을 광범위하게 탐색함으로써 합리모형의 포괄성(comprehensiveness)이 지니는 장점을 취하되(A), 정책대안의 결과는 중요한 것만 예측하여 합리모형의 약점을 극복한다(B). 그리고 세부적 결정은 근본적 결정에서 정해진 범위 내에서 약간의 수정이나 보완 등 변화만 있는 정책대안을 탐색하므로 점증모형을 가정하고(C), 소수의 제한된 정책대안에 대하여 상세하고 깊이 있는 검토를 하게 되므로 합리모형을 사용한다(D).

이 모형은 합리모형과 점증모형의 약점을 극복하는 정책결정방법으로서 거시적·개략적 분석과 미시적·세목적 분석의 혼합방법이라고 할 수 있다. 그런데 거시적 탐사와 미시적 탐사라는 탐사의 수준(level of scanning)을 어느 범위에서 정할 것인가가 문제가 되는데, 양자에 대한 결정배분은 사회지도체제(social guidance sys-tem)에 의하여 결정되어야 한다.

### 3) Simon/March & Simon/Cyert & March의 만족모형과 조직모형 및 회사모형

#### (1) 의 의

Hebert A. Simon은 1916년 미국 위스콘신주에서 태어나 경제학을 전공한 그의 삼촌으로부터 영향을 받았고, 시카고대학교에서 행정학(정치학박사)을 전공하고 행정학, 정치학, 경제학, 심리학, 컴퓨터과학, 철학 등 사회과학 전반을 포괄하는 광범위한 학문분야에서 지대한 업적을 남긴 진정한 사회과학자라고 할 수 있다. 그러나 이렇게 다양한 학문분야를 연구하면서도 그의 학문적 주제는 의사결정(decision making)이었다. 그는 최초의 저서 '행정행태: 행정조직에서 의사결정과정연구'(1957)에서 의사결정을 조직연구의 핵심으로 부각시키고 조직이론의 조작적 용어를 구축하기 위한 것이라고 서술하고 있다. 그는 March와 공저한 '조직론'(1958)에서 의사결정이론의 기초개념과 요소들을 구체화하는 작업을 하였다. 그 후에 그는 '인공과학'(1969)이라는 저술에서 개인을 하나의 정보처리체계(information processing sys-tem)를 파악하였고, '관리결정의 신과학'(1977)이라는 논문에서는 컴퓨터를 이용한 의사결정모형을 제시하였다. 이러한 다수의 연구업적에서 나타나는 Simon의 학문적 관심은 일관되게 의사결정, 특히 개인 차원과 조직 차원의 의사결정에 대한 것이었다(김종순, 2002: 123-124).

Simon의 '행정행태'(1957)에 의하면, 개인차원의 의사결정은 다음의 세 가지 단계를 거쳐 이루어진다. 의사결정을 필요로 하는 문제(사건)에 대한 정보수집단계, 가능한 정책대안들을 개발하여 분석하는 단계, 이런 정책대안들 중에서 특정정책대안을 선택하는 단계가 그들이다. 그렇다면 무엇을 선택기준으로 개인은 의사결정을 하는가? 고전경제학자들은 완전한 합리성을 가지는 경제인(economic man)을 전제하고, 경제인은 합리적 판단을 통하여 수익을 극대화하는 파레토최적의 정책대안을 선택한다는 합리모형을 주장한다. 그러나 Simon은 이런 경제인가정을 규범적이고 이상적 모형이라고 보고, 합리모형의 가장 큰 문제로 환경적 불확실성과 인간의 인지능력한계를 지적하면서 비현실적인 모형이라고 하였다. 이러한 이상적 모형의 한계를 보완하는 현실적 모형으로 환경의 불확실성을 인지하고 인간의 제한된 합리성(bounded rationality)을 전제하고, 행정인(administrative man)이 관련 문제영역의 기대수준을 충족하는 만족화대안을 선택한다는 만족모형을 제안하였다.

지금까지 논의한 Simon의 의사결정이론은 개인 차원의 조직 차원의 의사결정연구로 확장되었는데, 이러한 조직 측면의 정책결정이론으로는 조직모형과 회사모형이 있다. 이 중에서 조직모형은 Simon이 March와 공저한 '조직론'(1958)에서 제기한 것으로서 개인의 의사결정에 대한 만족모형을 조직내부의 의사결정에 유추 적용한 것이고, 회사모형은 Cyert & March가 공저한 '기업의 행태이론'(1963)에서 제시한 것으로서 조직모형의 의사결정이론을 토대로 하면서도 보다 정교화하여 실제 기업의 의사결정과정을 규명한 것이다.

이러한 조직모형이나 회사모형은 Simon이 선도하는 카네기(Carnegie)학파의 조직의사결정 대한 핵심적 내용으로 지금까지도 행정부와 같은 관료조직에서의 의사결정에 대한 경험적 기술적 처방적 연구의 초석이 되고 있다. 이러한 두 가지 모형은 10여 년이 지난 1971년에 Allsion이 '의사결정의 본질'에서 제시한 모형2(조직모형)의 벤치마킹 대상이 되었다.

## (2) Simon의 만족모형 정책결정

Simon(1957, 1976)의 행정형태에서는 합리모형의 정책결정이 전통적인 이상적 모형으로서 그 기본가정이 비현실적이고 여러 가지 약점을 가지고 있는 것으로 보고 대안적인 정책결정모형으로 만족모형을 제시하였다. 이 모형은 합리모형에 대한 최초의 도전이고 대안을 제시한 것이며, 정책결정이 실제로 이루지는 현상을 설명하려는 의사결정론의 실증적 연구와 현실의 의사결정에서 인간의 능력과 시간 및 비용 한계에서 의사결정을 처방하고 있는 점에서 의미가 있다.

이를테면, 만족모형(satisficing model)은 합리모형이 현실적인 정책결정을 외면하고 있다고 하면서, 정책결정자가 제한된 합리성(bounded rationality)하에서 사회문제를 해결하는데 실제로 어떻게 행동하는가에 초점을 두어 문제해결을 위한 만족 차원의 정책결정을 한다는 실증적·처방적 모형이라고 할 수 있다.

　　Simon(1957: 139－141; 1976: xxv－xxvi)은 정책결정의 심리적인 면, 특히 인지과정(cognitive process)을 연구대상으로 하여 정책결정자가 최적(optimum)의 대안이 아니라 만족할만한(satisficing) 대안을 선택하는 것을 설명한다. 그는 합리모형에서 가정하는 의사결정자를 경제인(economic man)이라고 하고, 자신이 제시하는 합리성의 제약을 받는 의사결정자를 행정인(administrative man)이라고 하여 의사결정을 비교분석한다. 여기서, 경제인은 복잡한 상황에서 전지전능한 완전한 합리성에 의하여 극대화를 충족하는 최적의 정책대안을 선택한다. 그러나 행정인은 불확실한 상황 하에서 불충분한 정보와 자료 및 지식과 비용 등의 제한된 합리성으로 만족화를 충족시키는 정책대안을 선택한다.

　　이러한 만족모형의 정책결정을 부연설명하면 첫째, 정책문제정의와 정책목표설정에서는 간소화 또는 단순화(simplified)를 추구하게 된다. 정책결정자는 자신의 외부환경에서 일어나는 모든 사회문제를 이해하는 것이 불가능하므로 여러 가지 문제 중에서 자기와 관련된다고 느끼는 일부 문제만을 관심대상으로 고려한다. 정책목표 설정 역시 목표－수단분석을 통하여 상위목표와 하위목표를 나누는 요소화(factoring) 작업을 한다(안해균, 2000: 308).

　　둘째, 정책대안의 탐색과 결과평가에서도 경제인이 시도하는 모든 정책대안을 탐색하지 않고 무작위적(random)이고 순차적(sequential)으로 만족할 만한 정책결과를 가져오는 몇 개의 정책대안만을 검토한다. 이것은 인간이 가지고 있는 정보처리상의 한계로 인한 불확실성이나 불충분한 정보와 자료 때문에 정책대안의 모든 결과를 정확하게 예측할 수 없기 때문이다. 그래서 그가 가장 적절하고 중요하다고 생각하는 요소만을 고려하여 정책대안의 결과를 예측하려고 한다(정정길 외, 2010: 627).

　　셋째, 정책대안의 선택은 최적화(극대화)기준보다는 만족화기준을 적용하여 만족할만한(satisfactory) 또는 좋고 충분한(good enough) 정책대안을 선택한다. 이때 만족여부는 의사결정자의 기대수준(aspiration level)에 의존한다.

### (3) March & Simon의 조직모형 정책결정

　　March & Simon(1958)의 '조직론'에서는 조직을 그것을 구성하는 제한된 합리성을 가진 인간들이 문제해결, 즉 의사결정을 수행하는 장치로 보고, 조직 내의 의사결정을 설명하는 조직모형(organizational model)을 제시하였다.

조직은 개인과 마찬가지로 능력의 한계라는 제한된 합리성을 가지므로, 환경으로부터 특정한 사회문제를 제기하는 자극이 있으면 반응을 하여 선택을 하게 되는데, 이때의 자극이 과거에 반복적으로 경험한 것이면 상례적 또는 구조적 의사결정 (routinized or programmed decision)을 하게 되고, 자극이 비일상적이며 변이가 존재하면 비상례적 또는 비구조적 의사결정(unroutinized or nonprogrammed decision)을 하게 된다.

구조적 의사결정이란 사회문제를 해결하기 위한 표준화된 절차가 마련되어 있어서 이를 통하여 문제해결책을 탐색하고 선택하는 방법이다. 이것은 관습적 의사결정에 해당하는 것으로 유사한 사회문제가 제기되면 이에 대응하는 행동프로그램에 의하여 비교적 만족할만한 정책대안을 선택하게 된다. 조직 내에서의 거의 모든 행동은 조직이 과거에 만들어 놓은 행동프로그램의 지배를 받는다고 한다. 이를테면, 조직은 환경에서 발생하는 사회문제를 해결하는 정책대안의 탐색과 선정을 하는데, 행동프로그램에 의하여 수행한다. 여기서 행동프로그램(action program)이란 문제해결을 위하여 수행해야 할 업무와 절차에 대한 행동규칙을 말하는데, 두 가지로 나눌 수 있다(March & Simon, 1958: 140－150; 정정길, 1993: 689－690). 하나는 실질적 프로그램(substantive program)으로 사회문제해결을 위하여 실질적으로 수행해야 할 업무에 대한 것으로 이를 만드는 것이 비구조적 의사결정이다. 다른 하나는 절차적 프로그램(procedural program)으로서 사회문제해결을 위한 절차에 대한 프로그램이다. 사회문제해결과정에서 정보를 어떻게 입수하고 어떻게 분석하며 보고는 어떻게 하는가 등에 대한 것이다.

이러한 행동프로그램들의 가장 기본적인 단위(예: 병원 접수창구 직원들의 일련의 행동)는 프로그램요소(program element)라고 하는데, 이들 요소들은 상하관계로 연결되기도 하고 시간적으로 선후관계로 연결되기도 한다. 예컨대, 환자의 접수절차가 끝나면 다음단계로 담당할 의사를 결정하고 담당의사의 진찰행위가 시작된다. 프로그램의 상하관계는 보통 조직의 계층구조와 일치하게 되는데, 이렇게 피라미드식으로 계층화된 된 것을 프로그램구조(program structure)라고 한다.

프로그램구조를 위에서 밑으로 내려다 보면 조직목표와 업무의 구체화를 의미한다. 사회문제해결을 위한 의사결정에서도 먼저 해결할 사회문제를 단순화시켜야 하는데 이것은 사회문제의 요소분해(factoring or factoring)로 가능하다. 사회문제를 비교적 독립된 여러 개의 부분으로 요소화하고 이들 업무 하나하나를 하위조직단위가 나누어 수행하게 하는 것은 구성원이 수행할 업무를 세분화하는 작업이다. 이런 사회문제의 분해과정은 프로그램구조에서 정책목표의 분화과정이라고 할 수 있다. 사회문제의 요소분해는 조직전체의 업무를 목표－수단의 계층제로 나누는 작업이기도 하다.

그러나 이러한 구조적 의사결정에 의하여 환경에서 발생하는 사회문제에 대응하지 못하는 경우에는 비구조적 의사결정을 하게 된다. 비구조적 의사결정은 환경으로부터의 새로운 자극에 대하여 표준화된 절차가 존재하지 않아서 새로운 행동프로그램을 설계하여 사회문제해결을 시도하는 방법이다. 이렇게 새로이 개발된 행동프로그램은 또 하나의 행동프로그램목록에 저장되게 되고 다음에 유사한 사회문제가 발생하면 구조적 의사결정으로 적용된다.

### (4) Cyert & March의 회사모형 정책결정

Cyert & March(1963, 1992)은 '회사의 행태이론'에서 회사를 거대하고 복잡한 조직으로 제한된 합리성 조건 하에서 운영을 위하여 표준규칙과 절차를 사용하는 다양하고 갈등하는 이익들의 연합(동맹, coalition)으로 정의하고(서문), 회사의 주요한 경제적 결정(가격과 산출 및 내부할당과 시장전략의 결정 등)에 초점을 두는 기업조직의 의사결정모형을 제시하였는데, 이를 회사모형(firm model)이라고 한다. 이 모형은 조직과정모형이나 조직행태모형이라고 부르기도 하는데, Allison모형 중의 모형2(조직모형)에 해당한다.

Cyert & March(1963: 19)는 분석단위로 회사조직의 가격과 산출 및 자원배분에 관련된 행동을 관찰하여 회사조직의 의사결정모형을 도출하는 연구과업을 제시하였다. 이러한 과제를 수행하기 위하여 회사의 행태이론은 고전파 경제학의 합리성 가정, 즉 회사는 이윤극대화를 추구하고 완전한 지식을 가지고 있다는 것을 비판하는 것으로부터 출발하였다(pp.8－10). 이 이론은 고전경제이론이 가정하는 바와 같이, 회사를 전지전능한 합리적 체제로 보는 것이 아니라 적응적인 체제의 특성을 가지고 있다(p.17)고 보는데, 다음의 세 가지 중요한 전제(이념)에 기반하고 있기 때문이다(pp.214－215). 첫째 이념은 제한된 합리성(bounded rationality)이다. 합리적 행위자들은 정보와 계산의 한계를 가지고 있다. 이러한 한계로 회사는 명료하고 시의적절한 최적화(optimality)가 불가능하다고 보고 여러 방법으로 의사결정을 단순하려고 한다. 둘째 이념은 불완전한 환경대응(imperfect environmental matching)이다. 경제

행위자들이 사용하는 규칙이나 행태 및 관행은 환경요구에 좌우되는 것이 아니라 생존우위(survival advantage)에 의존한다. 셋째 이념은 해결되지 않는 갈등(unresolved conflict)이다. 경제조직은 자기이익을 추구하지만 고용계약을 가진 행위자뿐 아니라 갈등적인 이익을 가지고 있는 여러 행위자들에 관련된다.

회사의 행태이론은 이상의 회사에 대한 세 가지 이념을 전제하고, 회사의 내부운영에 관련되는 세 가지 변수(조직목표, 조직기대, 조직선택)와 이들을 연결하는 네 가지 개념(갈등의 준해결, 불확실성의 회피, 문제중심탐색, 조직학습)을 가지고 의사결정현상을 설명한다. 이들을 분해하여 설명하면 다음과 같다.

기업의 의사결정논의는 조직의 목표와 기대 및 선택으로부터 출발한다. 첫째, 조직목표(organizational goals)는 개인수준에서 개인목표와 유사하게, 조직이 직면하는 문제(problems)에 관련된다. 이는 조직목표가 환경으로부터 문제에 의해 자극되고 회사동맹에 기존참여자들이 떠나거나 새로운 참여자들이 진입함으로써 변화를 하게 된다. 둘째, 조직기대(organizational expectations)는 조직이 환경에서 이용할 수 있는 정보로부터 추론하는 결과이다. 인간은 추론과정에서 모든 것을 반영하는 것이 아니라 단순한 패턴인지(예: 선형외삽)을 한다. 조직의 탐색활동에 영향을 주는 변수로는 탐색을 자극하는 문제의 본질과 조직이 초점을 두는 방향이다. 셋째, 조직선택(organizational choice)은 문제에 반응하여 일어나고 표준운영절차(sop)를 사용한다. 그리고 설정된 목표 관점에서 수용할 수 있는 대안을 확인하는데 관련된다. 선택에 영향을 주는 변수는 조직 내의 문제정의, 표준운영규칙, 대안의 고려순위에 영향을 주는 것들이다.

그러면, 조직선택은 구체적으로 어떻게 이루어지는가? 회사가 어떤 사회문제를 해결하기 위하여 선택(의사결정)을 하는 단계에 관련되는 개념으로는 갈등의 준해결, 불확실성의 회피, 문제중심적 탐색, 조직학습이 있다(pp.161-174).

### ① 정책목표의 정의: 갈등의 준해결

회사조직은 상이한 정책목표를 가지고 있는 구성원들의 연합(coalition)이라고 가정한다. 예를 들면, 회사조직은 생산부와 판매부 등의 여러 하위조직들로 구성되고 각자 자신들의 목표를 가지고 있다. 이러한 조직목표는 조직이 조직연합의 구성원들에게 요구하는 기대수준으로 제약조건이 된다. 이들 제약은 비본질적 요구(이미 만족된 요구 등), 간헐적 요구(가끔 만들어지는 요구), 비운영적 요구(운영적 수단이 없는 요구) 뿐만 아니라 본질적이고 지속적이며 운영적 목표를 포함한다. 이러한 제약조건 중에서 본질적이고 지속적이며 운영적 목표가 중요하다. 예컨대, 회사의 산출모델에서 회사조직은 회사의 이윤극대화라는 단일목표가 아니라 이윤목표, 판매목표, 시장점유목표, 재고목표, 생산목표 등의 여러 가지 목표를 가지고 있다.

따라서 대부분의 회사조직들은 상당한 목표의 잠재적 갈등을 가지고 있는데, 그런 갈등을 해결하는 절차로 목표들을 공통된 차원이나 내부적으로 일치하게 만드는 방법이 있다. 이러한 갈등을 해결하는 방법으로는 국지적 합리성이나 수용할 만한 수준의 결정규칙 그리고 목표에 대한 순차적 관심을 적용하는 것에 의해 해결을 시도하지만, 갈등의 원천이 조직내재적 성격을 가지고 있어서 완전한 해결이 불가능하고 준해결에 머물고 만다.

첫째, 국지적 합리성(local rationality) ‐ 회사조직은 그것의 의사결정문제를 여러 문제로 분해가고(factoring) 이들을 하위조직에게 분담시켜 자신의 관할에 속하는 하위문제와 하위목표를 수행하게 한다. 예컨대, 판매부는 판매목표만을, 생산부는 생산목표만을 책임지게 한다.

둘째, 수용할 만한 수준의 의사결정규칙(acceptable‐level decision rules) ‐ 국지적 합리성의 체제에서 조직은 적당한 의사결정규칙을 사용하여 하위목표를 조정함으로서 전체적 최적화를 추구한다.

셋째, 목표에 대한 순차적 관심(sequential attention to goals) ‐ 조직은 상이한 시기에 상이한 목표에 관심을 가짐으로서 목표갈등을 해소한다. 예컨대, 농림부에서 담배재배농가를 지원할 때는 농업보호라는 목표만을 고려하고, 다음에 담배의 해독성에 대한 광고비용을 지출할 때에는 국민건강이라는 목표를 생각한다.

② 정책대안의 탐색: 문제중심적 탐색

회사조직은 여러 하위조직의 목표를 확인한 후에 대안탐색을 하게 되는데, 문제중심적 정책대안 탐색활동을 하게 된다. 문제중심적 탐색(problemistic search)은 발생한 사회문제에 의하여 그것의 해결책을 찾는 것으로 다음과 같은 방법을 사용한다.

첫째, 동기적 탐색(motivated search) ‐ 회사의 탐색은 사회문제지향적이다. 어떤 사회문제는 회사가 자신의 정책목표를 만족하는데 실패하거나 그런 실패가 미래에 예측될 때 인식된다. 사회문제가 해결되지 않는 한 탐색은 계속된다. 그래서 사회문제의 해결책 탐색은 정책목표를 만족시킬 수 있는 정책대안을 찾아내든지, 수용할 수 있는 정책대안을 만드는 것이다.

둘째, 단순한 탐색(simple‐minded search) ‐ 정책대안의 탐색은 인과관계에 대한 단순한 관념을 기초로 이루어진다. 그래서 탐색은 두 가지 단순규칙에 기반하고 있는데, (문제근처에 원인이 있다는 생각에서) 문제징후의 근처에서 탐색하거나, (새로운 해결책도 과거나 현재의 근처에 있다는 생각에서) 현존대안의 근처에서 탐색을 한다. 그러나 이런 단순한 탐색에 실패하면 조직은 문제나 현존대안에서 취약한(vulner-able) 부분이나 멀리 떨어진(distant) 부분으로 탐색범위를 확장하게 된다.

셋째, 탐색상의 편견(bias in search) ─ 사회문제를 해결하기 위한 탐색에서 세 가지의 편견을 가정할 수 있다. 이를테면, 조직 각 부분에서의 경험이나 훈련에 의한 탐색 상의 편견이나 하위조직의 희망이나 소원을 반영하는 편견 그리고 의사전달에서 조직 내의 해결되지 않은 갈등을 반영하는 편견이 있다.

③ **정책대안의 분석과 선택: 불확실성의 회피, 조직학습, 표준운영절차**

회사조직은 사회문제를 해결하기 위한 정책대안의 분석과 선택단계에서 불확실성을 회피하고 조직학습을 통하여 적응을 하고 이미 가지고 있는 표준운영절차를 사용한다.

첫째, 불확실성의 회피(uncertainty avoidance): 현실환경에서 불확실성은 조직이 생존하고 적응하기 위한 의사결정의 특성이다. 예컨대, 회사의 경우에 시장의 행동, 고객의 전달, 경쟁자의 행동, 이해관계자의 태도, 그리고 정부기관의 행동 등에서 불확실성은 존재한다. 이런 과업환경 때문에 회사조직은 위험과 불확실성 하에서 의사결정을 하는 문제에 직면한다.

따라서 회사조직은 다음의 두 가지 방법으로 불확실성을 회피하려고 한다. 하나는 단기적 환류에 의존하는 의사결정절차의 활용(feedback-react decision proce-dures) ─ 조직은 미래의 상황에 대한 예측이 어려우므로 단기적인 환류를 이용하여 단기적인 문제해결방식을 추구한다. 이를테면, 문제가 발생하면 해결책을 모색하고 그 문제가 해결되면 다음 문제가 대두될 때까지 기다리게 된다. 다른 하나는 환경과 협상(negotiated environment) ─ 조직은 환경의 불확실성을 제거하기 위해서 환경과 타협하는 방법을 모색한다. 예컨대, 경쟁기업의 예측불가능한 행동을 통제하기 위해 장기계약이나 거래관행을 맺거나 기업들이 카르텔을 형성하는 것이다.

둘째, 조직학습(organizational learning): 인간이 경험을 학습하는 것처럼, 회사조직도 시간흐름 속에서 경험을 통하여 학습을 함으로서 적응적 행동(adaptive behav-ior)을 하게 된다. 이러한 조직학습은 조직이 조직목표의 효과적인 달성을 위하여 과거의 경험에 비추어 특정한 행동을 강화하거나 수정하면서 환경변화에 적응해나

가는 것을 말하는 것으로, 다음의 세 가지 방법을 통하여 이루어진다. 예컨대, 목표의 적응(adaptation of goals) - 조직목표는 환경에 적응하게 되는데, 특정시기의 조직목표는 전기의 목표와 전기의 목표경험 및 비교조직의 경험 등의 함수이다. 관심규칙에 적응(adaptation in attention rules) - 회사는 자신이 직면한 환경의 특정부분에만 주의를 집중하고 다른 것을 무시한다. 탐색규칙에 적응(adaptation in search rules) - 탐색규칙도 문제중심적으로 변화를 한다. 조직이 특정한 절차에 의하여 어떤 문제에 대한 해결책을 선택하여 성공하였다면 그와 유사한 문제가 나타나면 같은 방법으로 해결책을 선택하려고 한다.

셋째, 표준운영절차(standard operating procedures, sop): 이것은 March & Olsen이 조직모형에서 결정규칙으로 제시한 프로그램목록개념을 확대한 것으로서, 회사조직이 사회문제를 해결하기 위한 정책선택을 할 때에 적용하는 행동계획을 의미하는데, 일반적 선택절차와 구체적 표준운영절차가 있다(p.120 - 130).

여기서 일반적 선택절차(general choice procedure)는 조직이 일반적인 문제를 해결하기 위한 의사결정원칙을 말한다. 그리고 구체적 표준운영절차(specific standard operating procedure)는 조직이 일반적인 선택원칙을 실행하기 위해 구체화시킨 과업절차를 말하는 것으로 네 가지 규칙이 있다. 이를테면, 과업수행규칙(task perform-ance rule) - 조직 내의 하위부서나 구성원이 자신에게 할당된 업무를 수행하는 방법을 세밀하게 규정해 놓은 것이다. 기록과 보고(records and reports) - 조직의 업무수행에 대한 기록이나 보고서를 말한다. 정보처리규칙(information - handling rules) - 조직이 선택을 하는데 필요한 정보를 수집하고 활용하는 방법을 규정해 놓은 것이다. 계획과 기획 규칙(plans and planning rules) - 조직이 과업을 수행하기 위한 활동내용을 정해 놓은 것이다.

## 4) Allison의 합리모형과 조직모형 및 정치모형

### (1) 의 의

우리가 국제문제에 접하면서 다음과 같은 의문을 가지게 된다. 왜 소련은 쿠바에 미사일을 배치했는가? 왜 미국은 걸프만에 50만명의 군대를 주둔시키고 있는가? 이와 같은 질문에 대한 대답은 왜 소련이나 미국과 같은 국가가 그와 같은 행동을 하게 되었는가?를 설명하는 것이다.

정책결정자들은 외교정책이나 군사정책을 결정할 때에 묵시적이지만 일종의 개념적 모형(conceptual model)에 비추어 생각을 한다. 대부분의 분석가들은 국가의 행동을 합리모형(합리적 행위자모형: 모형1)에 의하여 설명을 한다. 국가의 행동을 설명하는 가장 전통적인 방법은 개인의 합리적 행동을 유추하는 것이다. 그러나 거대조직인 국가의 행동을 개인의 행동으로 유추하는 것은 하나의 단순화로서 장점이 있는 만큼 약점도 있다. 그 핵심문제는 현실의 왜곡이다. 국가정책의 정책결정자는 한 명의 개인이 아니라 정부조직들과 정치행위자들의 복합체라는 사실을 무시하는 데 있다. 국가의 행동을 설명하는데 합리모형의 유용성은 널리 입증되었지만, 그것은 정부라는 행동단위, 즉 정책과정에 관련된 정부조직과 정책행위자들에 초점을 두어야 한다고 주장하는 다른 개념적 모형으로 보완되어야 한다고 본다. 두 가지 개념적 모형으로는 조직모형과 정치모형이 있다(Allison & Zelikow, 1999; 김태현 역, 2005: 41－42).

Allison은 '개념적 모형과 쿠바미사일위기(1969)'라는 논문과 '의사결정의 본질: 쿠바미사일위기 설명(1971, 1999)'이라는 저술에서 국가의 행동, 즉 정책결정을 설명하는 모형을 모형1(합리모형), 모형2(조직모형), 모형3(정치모형)으로 구분하고, 쿠바미사일위기에 대한 케네디행정부의 대응방안의 결정을 분석하여 설명하고 있다.

### (2) 쿠바미사일위기 개요와 연구질문

쿠바미사일위기란 Kennedy 행정부 시기에 소련의 흐루시초프 공산당서기장이 쿠바에 미사일기지를 건설하려다가 중단한 1962년 10월 16일부터 28일까지 13일간 군사대결작전이다. 소련이 쿠바에 무기를 공급하기로 한 결정이 처음 내려진 것은 1959년 이었고 그 요청은 1932년 4월 소련집행위원회의 승인을 받았다. 이에 따라 흐루시초프는 쿠바에 핵미사일을 공급하기로 결정하고 7월부터 소련의 무기수송이 이루어졌다. 8월 한 달 동안 쿠바에 입항한 소련화물선은 37척이고 그중 20여척이 무기를 수송하였다. 소련의 핵탄도미사일이 쿠바에 처음 도착한 것은 9월 8일 중거리탄도미사일(MRBM)이었다.

이에 1962년 10월 22일 오후 2시 케네디 대통령은 쿠바에 소련의 전략미사일이 설치되었음을 발견했다고 하고, 쿠바로 향하는 모든 선박에 실린 공격용 군사장비를 철저히 차단할 것이라고 선언하고, 흐루시초프 위원장은 세계평화에 대해 무모하고 비밀스러운 도발적인 위협을 당장 중단하고 제거할 것을 요구하였다.

이에 대해 10월 28일 흐루시초프는 당신네들이 공격용이라고 하는 무기를 해체하여 소련으로 철수할 것이라고 선언했다(Allison & Zelikow, 1999; 김태현 역, 2005: 258-305).

Allison은 쿠바미사일위기에 대해서 세 가지 연구질문을 하고 세 가지 정책결정 모형을 가지고 분석을 하였다. 첫째, 소련은 왜 쿠바에 공격용 전략미사일을 설치했는가? 둘째, 미국은 왜 쿠바로 향하는 소련해군함대의 해상봉쇄를 하였는가? 셋째, 소련은 왜 미사일을 설치했는가? 등이다.

### (3) 모형들의 정책결정

Allison(1969, 1971)과 Allison & Zelikow(1999)는 쿠바미사일위기에 대한 연구질문에 대답하기 위하여 세 가지 모형의 정책결정요소인 기본분석단위, 구성개념, 지배적 추론패턴, 그리고 명제 등을 토대로 사례분석을 하였다.

#### ① 모형1(합리모형)의 정책결정

Allison의 첫 번째 합리모형은 경제학에서 개인의 합리적 행동을 설명하는 합리적 선택이론의 논리를 국가의 행동(정책결정)에 유추 적용한 것으로서, 1969년 논문에서 합리적 정책패러다임(rational policy paradigm)으로, 그리고 1971년 논문에서는 합리적 행위자모형(rational actor model)이라고 명명하였다.

##### (i) 기본분석단위: 국가행위자 선택으로서 정책

합리모형에서는 기본분석단위를 구성하는 정책을 한국가 또는 정부가 전략적 목표를 극대화하기 위해서 선택한 산출물이라고 본다.

##### (ii) 구성개념

첫째, 국가행위자-정책행위의 주체는 합리적이고 단일한 의사결정자로서의 국가 혹은 정부이다. 이런 국가는 단합된 행위자로서 개인과 마찬가지로 일관된 효용함수, 즉 단일한 선호집합(목표와 이익)과 선택대안을 가지고 있다.

둘째, 선택행동-국가는 자신이 처해있는 전략적 문제에 대응하는 국가안보와 국가이익의 관점에서 정책목적을 달성할 수 있는 최적의 합리적 정책대안을 선택한다. 즉 정부의 행동은 단일행위자로서 특정문제의 해결이나 정책목표를 설정하고 이것의 달성을 위한 여러 정책대안을 비교평가하고 목표가치를 가장 극대화할 수 있는 정책대안을 선택한다.

##### (iii) 지배적 추론패턴

한국가 혹은 국가의 대표가 특정한 행동을 한다면, 그 행동은 국가의 목적을 달성하는데 있어서 가치를 극대화시켜 주는 수단으로써 선택되었다고 본다.

### (iv) 명제

합리모형에서 행위자가 특정한 행동을 할 확률은 행위자가 관련된 가치와 목적, 일련의 행동대안, 각 대안으로부터 초래되는 결과 등을 어떻게 평가하는가에 따라 결정된다. 이런 논리로부터 다음의 명제가 도출된다.

첫째, 목적−X라는 현상(예: 1962년에 소련이 쿠바에 미사일기지를 설치한 것)의 설명 또는 예측.

둘째, 가정−X는 국가의 행동이다. 국가는 단일한 행위자이다. 국가는 하나의 효용함수를 가지고 있다. 국가의 행동은 가치 혹은 기대가치를 극대화한다.

### (v) 사례설명

모형1은 소련이 쿠바에 미사일을 보내기로 한 이유로 쿠바방위, 군사력균형의 변경, 베를린을 둘러싼 대결에서 유리한 국면조성 등의 가설을 도출하였다. 냉전종식 이후에 미사일 배치결정의 추진일정과 흐루시초프의 말과 행동에 비추어 군사력균형 변경이 설득력을 얻었다.

모형1의 입장에서 볼 때 미국이 소련의 미사일 도전에 해상봉쇄로 대응한 것은 여러 가지 정책대안에 대한 체계적인 검토를 한 후에 미국의 이익을 극대화할 수 있는 최적의 정책대안을 선택한 것이다. 당시 케네디 행정부는 소련의 미사일기지 설치를 중단시켜야 한다는 국가목표를 설정하고, 이를 달성하기 위한 여섯 가지 정책대안을 탐색 검토하였다: 무대응방안. 쿠바의 카스트로를 설득하는 방안, 소련과 외교교섭을 통하여 압력을 행사하는 방안, 해상봉쇄를 통한 간접적 군사행동방안, 공중폭격을 통하여 기지를 폭파하는 방안, 그리고 쿠바를 무력으로 침공하는 방안 등이다.

케네디 참모진이 직면한 쟁점은 쿠바문제를 놓고 소련과 힘 대결을 벌일지였는데, 미국은 정책목표를 달성하는 가장 최적의 정책대안으로 소련에 미사일의 철수를 요구하는 동시에 현장에서의 우세한 군사력을 이용하는 해상봉쇄방안을 최종선택하였다. 이 정책대안은 첫째, 다른 정책대안과 비교하여 가장 중도적 정책대안이다. 둘째, 이조치는 소련으로 하여금 다음 단계로 결정을 하게 하는 선택부담(burden of choice)을 강요할 수 있다.

이러한 모형1의 입장에서 볼 때, 미국의 단호한 의지가 분명한 이상 소련이 미국의 요구에 굴복한 것은 당시 세계적 차원의 전략적, 그리고 카리브해지역의 군사적

(전쟁적) 측면을 고려하면 당연하다.

### ② 모형2(조직모형)의 정책결정

Allison의 두 번째 조직모형은 경영학과 사회학 및 행정학에서 발전한 기업조직과 관료조직의 행태를 설명하는 이론들인 March & Simon의 조직모형과 Cyert & March의 회사모형을 국가의 행동(정책결정)에 유추 적용한 것으로서, 1969년 논문에서 조직과정패러다임(organizational process paradigm)으로, 그 이후 1971년 저술에서는 조직과정모형(organizational process model)이나 조직행태모형(organizational behavior model)으로 명명하였다.

#### (i) 기본분석단위: 조직산출로서의 정책

조직모형의 기본분석단위로서의 정책은 조직이 정형화된 행동패턴, 예컨대 표준운영절차(프로그램목록)에 의하여 선택한 산출몰이다.

#### (ii) 구성개념

첫째, 조직행위자: 정책행위의 주체는 단일체로서의 국가 혹은 정부가 아니라 서로 느슨하게 연결된 여러 하위조직들의 집합체이고 그 위에 정부지도자가 위치한다. 예컨대, 미국정부의 경우 각 정부부처─국무부, 국방부, 재무부, 중앙정보국, 공군, 해군 등─가 주된 행위자이고 각 정부부처의 하위조직도 행위자가 될 수 있다. 따라서 정부조직은 여러 하위조직의 연결된 집합체로 볼 수 있고 각각의 조직은 특정영역에 대한 관할권을 가지고 있으며 반독립적인 상태에서 활동을 하게 된다.

둘째, 선택행동: ●정책문제인식과 권한의 분산─국제문제는 다면적 성격을 가지고 있으므로 여러 조직에 분산되어 배치된다. 예를 들면, 미국정부에서 국무부가 외교문제를, 국방부가 군사안보를, 재무부가 경제문제를, 중앙정보국이 정보업무를 담당한다.

●정책선호(목표와 이익)의 분산과 갈등─하위조직들은 자신이 담당하는 정책문제를 해결하는 정책목표를 가지고 있다. 예컨대, 외교분쟁이 발생하였을 때, 국무부는 문제의 평화적 해결을 목표로 하고, 국방부는 무력에 의한 해결을 목표로 하여 정책문제에 대응할 수 있다. 이처럼, 각 조직의 운영목표는 주어진 제약 속에서 과제를 수행하는 목표치로 설정되므로 목표들 간의 갈등이 나타난다. 이러한 목표들 간의 갈등해결은 서로 간의 양보를 전제로 하므로 갈등은 완전히 해결되지 못하고 준해결 상태에 머문다.

●표준운영절차와 프로그램목록─조직은 정책문제를 해결하고 정책목표를 달성

하는데 필요한 정형화된 행동유형으로 표준운영절차(standard operating procedure: sop)를 가지고 있다. 이것은 회사모형에서의 절차와 같은 것으로 프로그램목록이 대표적이다. 여기서 프로그램이란 특정한 정책문제에 대한 정책대안을 말한다. 조직은 미래에 일어날 사건이라는 불확실성을 회피하는데 표준화된 프로그램을 사용하여 행동하게 되고, 만약 표준에 맞지 않는 상황이 발생하면 문제점위주의 대안적 행동계획을 탐색하게 되며 조직학습을 통하여 절차를 변화시킬 수 있다.

● 정부지도자의 결정 – 조직의 연합체인 정부의 꼭대기에는 정부지도자가 존재한다. 정부지도자는 권한을 나누어서 정책문제해결에 대응하는 여러 조직의 업무과정에 개입하여 정부의 정책을 최종결정하게 된다.

### (iii) 지배적 추론패턴

한국가가 어떤 유형의 행동을 취한다면 그 사회를 움직이는 조직들은 어제도 오늘의 행동과 유사한 행동을 하였을 것이다. 그러한 행동을 하게 하는 표준운영절차(프로그램)가 작동하였기 때문이다.

어떤 특정시점(t)에 정부는 이미 존재하는 다양한 조직들의 연합체로 구성된다. 이들 조직은 정책문제를 해결하기 위한 표준운영절차와 프로그램목록을 가지고 있다. 정부행동의 특징은 이미 존재하는 절차와 프로그램 중 어느 것을 적용하느냐에 따라 결정된다. t시점에서의 조직행동을 가장 잘 설명하는 것은 그 이전 시점, 즉 t-1시점에서 그 조직의 행동이다. 그 조직이 다음 시점, 즉 t+1시점에서 취할 행동을 가장 잘 예측하는 것은 지금시점 t시점에서 조직의 행동이다.

따라서 제2모형의 설명력은 조직의 산출을 생산해내는 조직의 역량과 절차를 찾아내는데 있다.

### (iv) 명제

조직모형에서 정부조직의 행동은 조직의 정책목표의 우선순위와 정형화된 행동패턴의 영향을 받게 되므로 점진적 변화를 하게 된다. 첫째, 조직은 복수의 정책목표가 있고 이들 간에 갈등이 있을 경우 우선순위를 정함으로써 선택의 어려움을 최소화한다.

둘째, 조직의 의사결정은 이미 수립된 절차(표준운영절차와 프로그램목록)의 영향을 받는다.

셋째, 조직의 행동은 시간 차원에서 직선을 그리며 경로의존적 변화를 한다. 지금 t시점에서 조직의 행동은 이전 t-1시점에서의 조직의 행동과 다르지 않다. 따라서 조직의 행동을 예측할 때에는 직선을 따라 경로의존적으로 하면 큰 실수가 없다. 이를테면, 하나의 프로그램이 일단 채택되면 비용이 수익을 초과해도 버리지 않으며 기존의 프로그램을 조금만 바꾸어 적용하는 것이 대부분이다. 그러므로 조직의 절차와 프로그램은 점진적으로 변화를 하게 된다.

### (v) 사례설명

제2모형에서 소련이 쿠바에 미사일을 설치하려고 한 것은 흐루시초프의 행동계획이기보다는 소련의 군사적 절차인 정보를 감추려는 비밀스런 행동의 결과이다.

그리고 케네디가 여러 정책대안 중 해상봉쇄를 선택한 것은 대규모조직의 사전에 구축된 역량과 절차 때문이다. 쿠바미사일위기 대응방안으로는 미공군의 공중폭격과 해군의 해상봉쇄가 경합하였는데, 미공군의 군사프로그램에 의하면 쿠바영역 내에 설치된 중거리탄두미사일은 이동식으로 분류되어 공중폭격을 통해 제거하기가 어렵다고 보았고, 이에 케네디가 선호한 공중폭격 대신 해상봉쇄를 선택한 것이다.

### ③ 모형3(정치모형)의 정책결정

Allison의 세 번째 정치모형은 정치학과 행정학에서 발전된 정치행위자들의 행동을 설명하는 이론, 예컨대, Lindblom의 정치모형을 국가의 행동(정책결정)에 유추 적용한 것으로서, 1969년 논문에서는 관료정치패러다임(bureaucratic politics paradigm)으로, 1971년 출판에서는 관료정치모형(bureaucratic politics model)이라고 하였다가, 1999년 개정판에서는 정부정치모형(governmental politics model)으로 명명하였다.

### (i) 기본분석단위: 정치적 결과로서의 정책

정치모형의 분석단위로서의 정책이란 정책목표에 대해 상이한 정책선호(목표와 이익)를 가진 정부행위자들 사이의 갈등과 타협 및 흥정을 통하여 선택한 산출물로 본다.

### (ii) 구성개념

첫째, 정치행위자: 정책행위의 주체는 단일한 국가나 하위조직들이 아니라 국가나 조직에서 직위와 권한을 가진 개인들이다. 즉 조직의 장과 참모진, 정치적 임명자, 의회의 의원, 언론인, 이익단체의 대변인 등이다.

예컨대, 미국정부에서 정치행위자들의 범주를 보면, 우두머리(chief) – 대통령과 각 관련부처의 장, 즉 국무장관, 국방장관, 재무장관, 중앙정보국장, 합참의장. 참모진(staffers) – 각 우두머리의 직속참모. 인디언(indians) – 각 부처의 주요보직을 맡은 정치적 임명자 및 고위직업관료. 임시행위자(ad hoic players) – 정부를 둘러싼 행위자, 즉 발언권이 큰 의원, 외국의 외교관, 언론인, 관련 이익단체의 대변인, 일반시민

등이다.

둘째, 선택행동: ● 정책문제인식 − 정책문제가 무엇인가? 라는 질문에 대한 대답은 그 문제를 어느 자리(직위)에서 보는가에 따라 달라진다. 집단적 의사결정에 조직의 대표로 참석하는 사람은 그 조직의 성격과 이익에 민감할 수밖에 없다.

● 정책선호(목표와 이익)의 분산과 갈등 − 정치행위자들은 조직이 추구하는 정책목표와 이익에 민감하여 편협한 우선순위를 가질 수 있다. 이들은 국가전체이익의 큰 그림에 대해서는 대체로 일치하지만, 특정쟁점에 대해서는 조직마다 상이한 목표와 이익을 가질 수 있다. 이에 따라 특정문제에 대응하는데 국가전체이익과 조직이익 및 개인이익 등이 관여할 수 있다.

● 정치적 게임 − 정치행위자들은 자신들이 가지는 정책문제인식과 정책목표나 이익을 토대로 일정한 행동경로(게임규칙)에 따라 정치적 행동을 하게 된다. 여기서 행동경로(action channel)는 정책문제를 해결하기 위한 행동지침으로서 게임규칙(game rule) 또는 선택규칙(choice rule)으로 구체화된다. 게임규칙은 헌법, 법률, 판례, 행정명령, 관습(문화) 등에 의하여 결정되는데, 명시적인 규칙도 있고 묵시적인 규칙도 있다. 그리고 어떤 규칙은 안정적이지만 변화를 하기도 한다. 이러한 규칙은 정치행위자들의 지위와 권한을 규정하고 정부의 결정과 행동의 범위를 한정한다.

따라서 정부의 결정은 특정한 정책문제에 관여하는 참여자들 간의 정치적 게임(political game), 즉 서로 가지고 있는 정책목표나 이익을 토대로 밀고 당기는 책략에 의해 특정정책대안을 산출한다. 공식적인 결정의 내용은 막연할 정도로 일반적인 것에서부터 지나치게 구체적인 것까지 다양한 행태를 가진다. 대부분의 결정은 집행과정에서 상당한 정도의 융통성이 있다. 그 결정을 지지한 행위자들은 그것이 실행되도록 노력한다. 반면에, 그 결정을 반대한 행위자들은 그 실행을 지연시키거나 내용을 제한하고 그 문제를 다른 모습으로 혹은 다른 맥락에서 새로이 제기하려고 노력한다. 이것은 Bakrach & Baratz가 말하는 무의사결정에 해당한다.

### (iii) 지배적 추론패턴

어떤 국가가 특정한 행동을 한다면 그것은 정부안의 개인들 사이에 벌어진 흥정과 협상의 결과물이다.

따라서 제3모형의 설명력은 그 결과물을 가져온 정치게임의 내용, 즉 경기자들, 그들의 정책선호(목표와 이익), 행동경로(게임규칙), 행동책략을 보여주는 것이다.

### (iv) 명제

제3모형에서 도출되는 명제를 분명히 명시하는 것은 어렵다.

첫째, 정책결정에는 정치행위자들의 게임을 구성하는 많은 요소들이 개입되어 있다.

둘째, 정치행위자들은 문제를 객관적으로 정의하기보다는 주관적으로 정의하게 되고 각 행위자들의 선호(목표나 이익)에 따라 결정도 다르게 나타난다.

### (v) 사례설명

워싱턴에서 쿠바의 미사일기지 건설을 둘러싼 이야기는 정부관계자들 간의 관할다툼이 일어났다. 중앙정보국 국장 McCone은 진작부터 쿠바에 대한 정찰을 주장했고 이에 대한 반대도 많았다.

제3모형에 의하면, 해상봉쇄대안의 선택은 상이한 목표와 이익을 가지고 정책결정에 참여한 대통령을 비롯한 특별보좌관, 정부부처 장관, CIS 국장 등 고위정책결정자들이 정치적 타협과 흥정으로 나타난 것이다. 예컨대, McCone은 강경한 입장을 취하였으나, McNamara 국방장관은 이에 대해 강력한 반대입장을 보였고, 대통령 특별보좌관인 Sorerson은 큰 재앙을 가져온다고 우려하며 핵위험을 줄이기 위한 외교적 압력을 주장하였다. 케네디 대통령은 공군에 의한 폭격을 선호하였으나, 반대행위자들의 연합주장에 의해 상대적으로 위험이 적은 해상봉쇄대안을 선택하였다.

나아가, 제3모형에서 소련이 미사일기지를 철수한 것은 케네디와 흐루시초프가 참모진과 견해가 다른 둘만의 공유된 견해에 기인하였다.

지금까지 논의한 Allison의 세 가지 정책결정모형을 요약비교하면 다음과 같다.

〈표 11-6〉 Allison의 합리모형과 조직모형 및 정치모형의 비교

| 모 형 | | 모형1(합리모형) | 모형2(조직모형) | 모형3(정치모형) |
|---|---|---|---|---|
| 모형명칭 | | 합리적 행위자모형 | 조직과정모형, 조직행태모형 | 관료정치모형, 정부정치모형 |
| 기본분석단위 | | 국가행위자 선택으로서의 정부행동 | 조직산출로서의 정부행동 | 정치적 결과물로서의 정부행동 |
| 구성개념 | 정책행위자 | 국가행위자<br>－단일정부 | 조직행위자<br>－여러 조직들의 연합 | 정치행위자<br>－조직들의 구성원 |
| | 정책문제인식 | 문제의 결집 | 문제의 분해 | 문제의 분해 |
| | 정책선호<br>(목표와 이익) | 단일한 목표와 이익 | 목표와 이익의 분산과 갈등 | 목표와 이익의 분산과 갈등 |

| | 정책대안선택 | 합리적 선택 | 표준운영절차, 프로그램목록 | 정치적 게임 |
|---|---|---|---|---|
| 지배적 추론패턴 | | 국가행동<br>-국가목표를 위한 극대화 선택 | 국가행동<br>-조직목표를 위한 절차와 목록에 의한 선택 | 국가행동<br>-개인들 간의 협상에 의한 선택 |

## 4. 비합리성모형의 정책결정과정

### 1) Steinbrunner의 사이버네틱스모형

#### (1) 의 의

합리모형과 가장 극단적으로 대립하는 것이 사이버네틱스의 원리를 적용한 정책결정모형이다. 이 모형은 Steinbrunner(1974)가 그의 저서 '결정의 사이버네틱스이론'에서 현대사회에서 정부관료제의 정책결정에서의 역할이 커짐에 따라 정부관료제의 과업활동에서 가장 중요한 부분이 의사결정이라는 전제하에, 분석적 합리성이 완전히 존재하지 않는 상태에서의 적응적이고 관습적인 정책결정을 설명하려고 한다.

#### (2) 사이버네틱스모형의 정책결정

Steinbrunner는 불확실한 상황에서 복잡한 정책문제를 어떻게 해결할 것인가에 관심을 갖고. 정책결정현상을 바라보는 시각을 분석적 패러다임(analytic paradigm-합리모형)에 대비하여 사이버네틱스 패러다임(cybernetics paradigm-적응모형)을 논의하고 있다.

그에 의하면, 복잡한 정책문제란 미래상태에 대한 불확실성이 존재하고 둘 이상의 가치가 존재하여 정책결정권한이 분산되어 있는 경우이다. 이러한 난해한 문제에 대응하는데 분석적 패러다임과 사이버네틱스 페러다임은 상이하게 접근하고 있다.

우선, 분석적 패러다임의 범주에 속하는 합리모형은 완전한 합리성을 가진 개인이 합리적 분석을 통해 의사결정을 한다고 전제한다. 합리적 의사결정이란 볼확실성 상황을 미래에 발생가능한 사건들을 알고 있으나 그 중 실제로 어떤 사건이 발생할 것인가를 확실히 알 수 없고 발생확률만 안다고 보아 단순한 확률의 문제로 취급하고, 이런 주어진 상황에서 정책결정자가 설정한 정책가치나 정책목표를 달성하기 위하여 가능한 모든 정책대안들의 탐색과 비교평가를 통하여 최선의 정책대안을 선택하는 것이다.

다음으로, 사이버네틱스 패러다임의 적응모형에서는 비합리성을 가지는 사이버네틱스(cybernatics)에 의한 관습적 정책결정을 전제한다. 사이버네틱스의 정책결정이란 불확실성 상황에서 나타나는 복잡한 정책문제를 해결하는데 사이버네틱스가 의미하는 자동반응기제에 의하여 관습적으로 선택을 하게 한다. 여기서 사이버네틱스란 기계나 동물에서 제어(control)나 통신(communication)에 관한 이론전반(정정길, 1993: 631)을 말하는 것으로, 자동온도조절장치가 대표적이다. 자동온도조절기는 환경변화에 적응하여 주요변수인 방안의 온도를 일정한 상태로 유지하기 위한 기계이다. 이것이 작동하는 것은 합리모형이 가정하는 복잡한 계산이나 절차를 요구하지 않고, 온도가 변화하면 이미 정해진 순서(관행)에 의해 자동적으로 냉방기구나 난방기구를 작동시키는 선택을 하여 주어진 목표상태를 유지한다. 요컨대, 사이버네틱스 체제는 환경의 모든 측면을 전부 관찰하지 않고 그 중 중요한 사항(변수)에만 집중적으로 관심을 갖고 자신의 목록 중에서 알맞는 대안을 자동적으로 선택함으로써 성공적으로 적응해간다.

따라서 사이버네틱스원리에 의한 정책결정에서 정책결정자는 미래의 결과에 대한 명확한 계산을 하지 않는 불확실성의 통제(uncertainty control)상태에서, 즉 무합리성 상태에서, 설정된 정책가치나 정책목표를 달성하기 위하여 사전에 설정된 중요한 변수(critical variables)의 범위를 살펴보고 조직 내에서 일상적으로 따르는 문제해결규칙(decision rule)에 속하는 표준운영절차(sop)나 프로그램목록(program reper-tory) 가운데 적합한 것을 골라서 선택을 하게 된다.

이를테면, 어떤 정책문제가 발생하면 프로그램목록을 적용하여 정책대안을 선택한다. 과거에 문제에 적용한 프로그램목록의 대안이 성공하였다면 앞으로 유사한 문제가 발생하면 과거의 대안을 자동적으로 적용하게 된다. 그런데 조직이 직면하는 문제가 현재 가지고 있는 표준운영절차를 작용하여 대응이 어려운 일탈상태가 발생한 경우 새로운 절차로 수정하거나 개발을 해야 한다. 새로이 절차가 만들어지면 프로그램목록도 바뀌게 되어 정책결정이 변화하게 된다. 정책결정자는 어떤 문제에 대하여 어떤 목록이 보다 나은 해결을 하는가를 배우게 된다. 이렇게 문제상황에 적합하게 문제해결절차(sop, 프로그램목록)를 수정하거나 변경하는 것에 의해 정책결정과정이 수정되는 것을 조직학습(organizational learning)이라고 한다. 그러나 표준운영절차나 프로그램목록은 쉽게 변화하지 않고 관성(경로의존성)을 가지고 있는 것이 현실이다.

종합하면, 현실적으로 모든 조직은 정책결정을 진행하는 문제해결절차를 가지고 있다. 환경이 복잡할수록 조직이 성공적인 적응을 위해서는 문제해결을 위한 절차와 목록이 다양하게 준비되어 있어야 한다. 결국, 불확실성의 통제에 의한 적응적 정책결정이 성공할 수 있는가는 환경의 복잡성정도와 환경에 대한 적응정도에 달려있다고 할 수 있다.

## 2) Cohen, March & Olsen의 쓰레기통모형

### (1) 의 의

1970년대에 매우 상이한 정책결정모형은 의사결정과정에서 합리성의 본질적인 부족을 주장하였다. 점증주의에 의해 인정된 제한된 합리성조차도 부인하는 정책결정모형으로 쓰레기통모형이 등장한 것이다(Howlett & Ramesh, 1995: 144).

쓰레기통모형(garbage can model)은 Cohen, March & Olsen(1972)이 '조직선택의 쓰레기통모형'이라는 논문에서 제시한 것으로, 완전히 무합리성이라고 할 수 있는 조직화된 무정부상태(organized anarchy), 즉 조직이나 집단 사이에 응집력이 아주 약한 상태에서 정책결정을 설명하는 모형이다.

이들은 관료조직과 같이 계층제적 권위를 중심으로 하부조직이 연결되어 있는 상태가 아니라, 상하관계가 분명하지 않은 대학조직과 같은 조직을 대상으로 모형을 수립하였다. 조직화된 무정부상태란 불확실한 환경을 전제하는 것으로, 이러한 혼란상태에서는 합리모형이나 조직모형보다도 훨씬 더 불합리하게 정책결정이 이루어지는데, 이러한 비합리성 또는 무합리성(nonrationality)을 강조하기 위해 마치 쓰레기통에 마구 던져놓은 쓰레기들이 뒤죽박죽으로 엉켜져 있는 것과 같다고 하여 붙여진 이름이다. 따라서 이 모형은 극도로 불합리한 집단적 정책결정을 분석하는 모형으로 볼 수 있다(정정길, 1993: 709).

이 모형의 주창자들은 현실의 정책결정에서 쓰레기통모형이 발생하고 있다고 한다. 예컨대, Cohen, March & Olsen(1972)은 쓰레기통모형으로 노르웨이의 정책결정을 분석하였고, Kingdon(1984)은 이 모형을 적용하여 미국의 건강정책과 교통정책의 정책의제설정과 정책결정을 연구하였다. 그리고 이후에 쓰레기통모형은 Kingdon(1984)의 '다중흐름모형'의 이론적 토대가 되어서 새로운 무합리성을 가정하는 정책결정모형으로 발전하였다.

## (2) 쓰레기통모형의 정책결정

이 모형은 합리성을 극도로 제약하는 비합리성이 존재하는 조직화된 무정부상태에서 정책결정의 네 가지 요소가 결합되어 정책이 선택된다고 한다.

### ① 조직화된 무정부상태의 특성

불확실성이 지배하는 조직화된 무정부상태에서는 다음과 같은 네 가지 특성이 타나난다(p.1). 첫째, 문제지향적 선호(problematic preferences) – 이것은 정책결정에 참여하는 사람들의 선호가 분명하지 않다는 것이다. 예컨대, 정책결정에 참여하는 행위자들은 무엇을 선택하는 것이 바람직한지에 대한 합의가 없고 스스로 무엇을 좋아하는지조차 모른다.

둘째, 불명확한 기술(unclear technology) – 여기서 기술이란 정책결정에서 달성하려는 목표와 수단 간의 인과관계를 말한다. 따라서 이것은 어떤 목표를 달성하기 위해 무엇을 수단으로 선택해야 하는지를 잘 모르는 경우이다.

셋째, 유동적 참여자(fluid participants) – 이것은 정책결정과정에 참여자들이 문제의 성질에 따라 참여하기도 하고 불참하기도 하는 것을 말한다.

### ② 정책결정의 네 가지 요소

위와 같은 조직화된 무정부상태에서 정책결정이 이루어지려면 문제, 해결책, 참여자, 선택기회 등의 네 가지 흐름이 결합되어야 한다(p.2–3).

첫째, 문제(problem)흐름 – 이것은 환경에서 인간이나 집단이 인식하는 수많은 사회문제들로서 정부가 고려하기로 하면 정책문제(정책의제)가 된다. 사회문제는 자체적으로나 또는 외부요인에 의하여 등장하거나 변화를 하게 되고 결정기회를 만나지 못하고 흘러 다니기도 한다.

둘째, 해결책(solution)흐름 – 이것은 문제를 해결하기 위한 정책대안이다. 문제의 해결책은 정책공동체에 의해 사전에 만들어지고 문제가 정책의제로 될 때까지 독자적으로 존재한다.

셋째, 선택기회(choice opportunity)흐름 – 이것은 조직이나 개인이 결정을 내리는 시점을 말한다. 개인은 결정을 하는 순간이 되고 집단은 각종 회의나 위원회 등이 이에 해당한다. 정부의 선택기회는 많지만, 사회문제가 정책의제화되지 않거나 정책대안이 탐색되어 있지 않으면 문제해결을 위한 선택은 하지 못한다.

넷째, 참여자(participants)흐름 – 이것은 문제해결을 위하여 정책결정에 참여하는 개인이나 집단이다. 정책결정에 참여자는 진입하거나 퇴장할 수 있으므로 유동적이고 개방적인 상태에 있다.

③ **정책결정의 방법**

위의 정책결정의 네 가지 요소들이 우연히 쓰레기통에 모이면 정책선택이 이루어지는데, 여기서 나타나는 정책결정방법은 다음과 같다(p.8).

첫째, 문제해결(choice by solution) ─ 이것은 특정한 선택기회에서 정책이 산출되어 문제가 해결되는 것이다.

둘째, 끼워넣기(날치기 통과)(choice by oversight) ─ 이것은 특정한 선택기회에서 문제가 제기되지 않았음에도 다른 문제들을 결정하면서 그 문제에 대한 정책을 산출하는 것이다.

셋째, 미뤄두기(진빼기결정)(choice by flight) ─ 이것은 어떤 선택기회에 너무 많은 문제를 처리해야 할 때 상당수의 문제에 대한 결정을 다음의 기회로 연기하여 선택을 하는 것이다.

## 5. 거버넌스모형의 정책결정과정

### 1) 다중흐름모형

다중흐름모형은 Kingdon(1984)이 그의 저서 '의제, 대안, 그리고 공공정책'에서 제안하였는데, 이것은 Cohen, March & Olsen(1972)의 쓰레기통모형을 발전시킨 것으로서 정책의제설정뿐 아니라 정책결정 및 정책변동을 분석하는데도 적용되고 있다.

앞의 정책의제설정과정에서 기술한 바와 같이, 이 모형은 환경에서 문제들이 어떻게 의제화되고 정책결정자의 주목을 받아 선택이 이루어지며 정책변화가 나타나는가를 설명하려고 한다. 정책과정은 문제흐름, 정치흐름, 정책흐름의 세 가지 독립적인 흐름들이 모이는 정책창이 열리게 되면, 새로운 정책의제가 설정되고 이를 해결하기 위한 정책결정이 이루어지게 되어 정책산출과 정책변동이 나타나게 된다.

### 2) 정책네트워크모형

정책학이나 정치학 측면의 거버넌스학자들은 정책네트워크모형을 국가와 사회의 점증하는 상호의존성을 특징으로 하는 현실세계를 묘사하는 거버넌스의 새로운 이론으로 인식하고 있다(Rhodes, 1997; Pierre & Peters, 2000; Kjer, 2004). 이러한 정책네트워크모형은 민주적인 정치나 정책과정을 분석하는 이론적 틀이나 모형을 제공할 수 있다고 한다(Kickert, Klijn & Koppenjan, 1997: 9-10). 왜냐하면 네트워크개념은 정책과정에서 공식적인 제도적 배열뿐 아니라 복잡한 비공식적 관계를 이해하고 설명하는데 적용할 수 있고, 다양한 정책영역에서 정책과정과 정책결과 및 정책변화를 기술하고 설명하는 출발점을 제공할 수 있기 때문이다.

정책네트워크모형(policy network model)은 새로운 거버넌스이론으로 정치현상이나 정책현상을 이해하고 설명하기 위하여 정치과정이나 정책과정에서 국가(공공부문)와 사회(민간부문)의 다양한 상호작용과 관계유형을 포용하는 이론적 틀이나 개념적 틀을 의미한다. 이러한 정책네트워크모형의 접근방법으로는 정책네트워크의 지배적인 특징으로 기관(agency)을 강조하는 집단상호작용접근(Richardson & Jordan, 1979)이나 개인상호작용접근(Wilks & Wright, 1987)과 구조(structure)에 보다 주의를 기울이는 구조적 접근(Rhodes & Marsh, 1992)이 있다(Daubjerg, 1998: 23). 이처럼, 다양한 접근이 있지만, 정책네트워크모형을 통하여 의사결정을 분석하기 위하여는 정책네트워크의 개념과 구성차원 및 유형에 대한 논의가 요구된다.

우선, 정책네트워크개념에 대하여는 학자들마다 다양한 정의가 존재하지만 Benson(1988: 148)의 정의를 분석에 많이 사용하고 있다. 그는 정책네트워크를 자원의존에 의해서 서로서로 연결되는 조직들의 군집이나 복합체로서 자원의존구조에 의해 다른 군집이나 복합체와 구별되는 것으로 정의하였다(Wilks & Wright, 1987: 299; Wright, 1988: 606; Rhodes, 1990: 304; Jordan, 1990: 319; Rhodes & Marsh, 1992: 13; Smith, 1993: 58; Daubjerg, 1998: 21). 네트워크개념에 의하면, 현대정책과정은 복잡한 행위자 구성과 자원의존성으로부터 나타난다. 이러한 정책과정에서 어떤 정책네트워크는 정치적 행위자들이 규칙적으로 자원을 교환할 때 하나의 정책이나 관련된 정책집합에서 발달한다. 공공정책은 공공부문과 민간부문 조직들의 다원성에 관련되는 정책결정과정에서 만들어진다. 정책결정은 자신의 자원을 가지고 있는 공공행위자와 민간행위자들이 그들의 이익과 행동을 조정하기 위하여 자원을 교환하는 과정에서 이루어진다. 어떤 조직은 자신의 목표를 달성하기 위하여 일정한 자원을 다른 조직들에게 의존하기 때문이다. 이렇게 조직들 간에는 자원교환을 통하여 자신들이 추구한 정책목표를 달성할 수 있는 정책결과를 도출하게 된다.

이러한 정책네트워크를 정책결과에 영향을 주는 독립변수로 사용하려면, 네트워크구조를 구성하는 차원과 유형을 명료화해야 한다. 여러 정책네트워크학자들은 자국의 여러 정책영역에서 실증연구를 하기 위하여 네트워크구조의 분석차원(분석변수)을 다양하게 제시하고 있다. 대표적인 외국학자들인 Rhodes(1986: 22–23)는 구성원의 구성, 구성원들 간의 상호의존성, 구성원들 간의 자원분포 등 세 가지 차원을, Rhodes(1988: 77–78)는 구성원, 이익, 상호의존성 그리고 자원 등 네 가지 차원을 제시하였다. 또한, Grant et al.(1989: 55)은 차별화, 전문화, 상호작용 등 세 가지 차원을, Waarden(1992: 32)은 행위자, 기능구조, 제도화, 행동규칙, 권력관계, 행위자 전략 등 여섯 가지 차원을 들고 있다. Rhodes & Marsh(1992: 251)은 구성원(참여자의 수와 유형), 통합(상호작용빈도, 지속성, 동의), 자원(자원분포), 권력 등 네 가지 차원을 제시하였고, Daubjerg(1998: 44)은 제도화(정책원칙과 절차), 구성원(수와 유형), 통합(상호작용의 형태와 질 및 빈도) 등 네 가지 차원을 분석변수로 사용하였다.

정책네트워크모형에 관심을 갖고 연구를 시작한 국내학자들은 여러 정책영역을 분석하기 위한 네트워크구조의 분석차원을 외국학자들의 분석차원을 그대로 사용하거나 변형하여 적용하고 있다. 배응환(2001: 268)은 정책행위자, 정책이익, 권력관계, 연결통로(상호작용)를, 송희준·송미원(2002: 363)은 행위자, 상호작용, 관계구조를, 김경주(2003: 26)는 행위자, 관계구조, 상호작용을, 김영종(2005: 219)은 행위자, 권력분포, 상호작용을, 김옥일(2008: 216)은 행위자, 상호작용, 관계구조를 제시하였다. 그리고 김순양(2007: 246)은 멤버십(행위자의 수 및 배제, 주도적 행위자), 행위자들의 이해와 전략 및 상호작용을, 김순양(2009: 8)은 참여자의 수, 주도적 행위자, 정책이해, 상호작용을, 배응환(2015: 93–94)은 제도화(정책원칙과 절차), 행위자(범주와 이익), 상호작용(형태와 본질)을, 그리고 배봉준(2018: 213–214)은 행위자(구성과 이익), 활동(상호작용), 성과(결과)를, 배봉준(2020: 445)은 행위자, 기능, 관계본질을 분석변수로 구성하였다.

또한, 정책네트워크학자들은 네트워크구조의 분석차원으로부터 발견되는 네트워크구조의 유형을 제시하고 있다. 정책네트워크는 국가와 사회 사이의 모든 관계유형을 포함하고 있는 것으로(Marsh & Rhodes, 1992: 249–250), 네트워크구조유형은 정책네트워크의 구체적 특성을 요약한 것이라고 할 수 있다. Rhodes(1986)는 정책공동체, 전문가네트워크, 정부간 네트워크, 생산자네트워크, 이슈네트워크를, Waarden(1992)은 국가주의, 포획된 국가주의, 고객주의, 압력다원주의, 부문조합주의, 거시조합주의, 국가조합주의, 후원다원주의, 후견주의, 철의삼각, 이슈네트워크를 제시하였다. Rhodes & Marsh(1992)와 Daubjerg(1998)은 정책공동체와 이슈네트워크를 들고 있다. 그러나 위에서 제시한 국내연구들은 네트워크의 분석차원에 초점을 둔 연구가 대부분이고 네트워크의 분석차원과 유형을 연계한 연구는 희소하게 나타나고 있다(배웅환, 2015: 85; 배봉준, 2018: 213, 2020: 446; 배봉준·김주환. 2022: 64-66).

이상에서 논의한 정책네트워크의 분석차원과 유형을 정리하면 다음과 같다(표 11-7).

〈표 11-7〉  정책네트워크의 분석차원과 유형

| 국내외 학자 | 분석차원(변수) | 유 형 |
|---|---|---|
| Rhodes (1986: 22-23) | 구성원의 구성, 구성원들 간의 상호의존성, 구성원들 간의 자원분포 | 정책공동체, 전문가네트워크, 정부 간 네트워크, 생산자네트워크, 이슈네트워크 |
| Rhodes (1988: 77-78) | 구성원, 이익, 상호의존성, 자원 | |
| Grant et al (1989: 55) | 차별화, 전문화, 상호작용 | |
| Waarden (1992: 32) | 행위자, 기능구조, 제도화, 행동규칙, 권력관계, 행위자 전략 | 국가주의, 포획된 국가주의, 고객주의 압력다원주의 부문조합주의, 거시조합주의, 국가조합주의, 후원다원주의, 후견주의, 철의삼각, 이수네트워크 |
| Rhodes & Marsh (1992: 251) | 구성원(참여자의 수와 유형), 통합(상호작용빈도, 지속성, 동의), 자원(자원분포), 권력 | 정책공동체, 이슈네트워크 |
| Daubjerg (1998b: 44) | 제도화(정책원칙과 절차), 구성원(수와 유형), 통합(상호작용의 형태와 질 및 빈도) | 정책공동체, 이슈네트워크 |
| 배웅환 (2001: 268) | 정책행위자, 정책이익, 권력관계, 연결통로(상호작용) | |
| 송희준·송미원 (2002: 363) | 행위자, 상호작용, 관계구조 | |
| 김경주 (2003: 26) | 행위자, 관계구조, 상호작용 | |
| 김영종 (2005: 219) | 행위자, 권력분포, 상호작용 | |

| 김옥일<br>(2008: 216) | 행위자, 상호작용, 관계구조 | |
|---|---|---|
| 김순양<br>(2007: 216) | 멤버쉽, 행위자들의 이해, 전략 및 상호작용 | |
| 김순양<br>(2009: 246) | 참여자의 수, 주도적 행위자, 정책이해, 상호작용 | |
| 배응환<br>(2015: 93-94) | 제도화(정책원칙과 절차), 행위자(범주와 이익), 상호작용(형태와 본질) | 정책공동체, 이슈네트워크 |
| 배봉준<br>(2018: 213-214) | 행위자(구성과 이익), 활동(상호작용), 성과(결과) | 철의삼각, 이슈네트워크, 변형유형 |
| 배봉준<br>(2020: 446) | 행위자, 기능, 관계본질 | 국가와 사회의 스펙트럼에 존재하는 유형 |

자료: 배응환(2001: 268), 배응환(2015: 85), 배봉준·김주환(2022: 66).

## 3) 옹호연합모형

옹호연합모형(Advocacy Coalition Framework)은 실질적인 목표갈등이나 중요한 기술적 논쟁 및 여러 정부수준의 다양한 행위자들에 관련되는 '난해한 문제들(wicked problems)'를 다루기 위하여 Sabatier가 처음 설계하고 그 후에 Sabatier와 동료학자들이 보완하여 발전시킨 정책과정의 체제적 준거틀(framework)이다(Sabatier & Weible, 2007: 189-190).

1980년대 중반까지 미국학자들에게서 정책과정을 이해하기 위한 가장 영향력 있는 이론 또는 모형은 정책단계모형이었다. 이 모형은 Lasswell(1956), Jones(1970), Anderson(1975), 그리고 Brewer & deLeon(1983)에 의해 발달되어온 것으로서 일련의 정책과정, 즉 정책의제형성, 정책결정, 정책집행, 그리고 정책평가로 구분하였다. 그러나 1980년대 후반이후에 정책단계모형은 단계별 정책과정을 지배하는 인과관계를 확인하지 못하므로 인과이론이 아니라는 비판을 받게 되었다(Sabatier, 1988; Sabatier & Jenkins-Smith, 1993; Sabatier, 2007: 3).

그런데 Sabatier(2007: 3-4)는 정책과정에 환경·행위자·정책·논쟁 등의 여러 가지 복잡한 요소들이 결합된다고 보고, 공공정책의 대상으로 환경오염문제가 정책결정의제로 등장하는 것을 예로 들면서 정책과정을 이해하기 위한 차원으로 정치학자들이 관심을 가진 사회경제적 조건과 같은 외부환경요인과 Heclo(1974)가 주장하는 특정한 정책영역의 정책공동체나 정책하위체제 내 행위자들의 권력적 상호작용

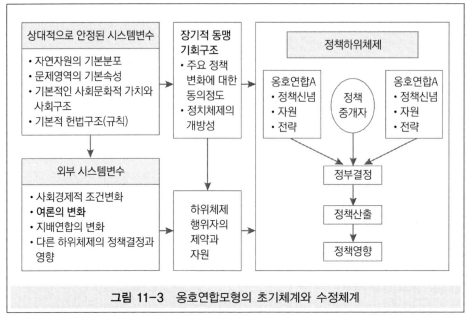

**그림 11-3  옹호연합모형의 초기체계와 수정체계**

\* **수정체계=초기체계+음영부분(여론변화, 장기적 동맹기회구조)**

자료: Sabatier(1998), Sabatier & Jenkins-Smith(1993), Sabatier & Weible(2007: 202), 배봉준(2020: 7).

을 결합하여 시스템기반의 옹호연합모형을 만들었다. 이러한 초기모형은 기본적으로 외부환경요인과 정책하위체제의 인과관계를 가정하고 있다. 이후의 연구확산은 1999년에 모형의 수정을 가져왔는데, 매개요인으로 하위체제 행위자들의 단기적 제약과 자원 외에 장기적 동맹기회구조를 새로이 포함시키고, 정책변화는 외적 충격 외에 내적 충격과 협상된 동의에 의해 이루진다고 보았다.

이렇게 발전되어 온 옹호연합모형의 체계는 [그림 11-3]과 같이 묘사할 수 있는데, 초기체계는 외부환경요인(상대적 안정변수와 동적 변수), 하위체제 행위자의 자원과 제약, 그리고 정책하위체제(옹호연합, 정책중재자, 정책산출, 정책영향)로 구성되어 있으나, 수정체계에서는 초기체계에 동적 변수로 여론변화와 매개요인으로 장기적 동맹기회구조를 포함시키고 있다(배봉준, 2020: 6-10).

우선, 외부환경변수는 상대적 안정변수와 동적 변수로 구분된다. 전자의 하위변수에서 자연자원의 기본분포는 자연환경영역으로서 문제를 발생시킨 동인에 해당한다. 문제영역의 기본속성은 자연자원의 기본분포에서 발생하는 문제들이다. 사회문화적 가치와 사회구조는 사회를 구성하는 다양한 사회집단이나 정치권력이 가지는 가치와 조직체계를 말하고, 기본적 법적구조는 문제해결을 규정하는 법이나 규칙이다.

후자의 하위변수로 사회경제적 조건변화는 연구문제를 둘러싸고 변화하는 사회경제적 환경이다. 지배연합변동은 중앙정부나 지방정부의 통치집단이 교체되는 것이고, 다른 하위체제의 정책결정과 영향은 쟁점화된 정책문제와 연관되거나 파생되는 정책결정을 말한다.

다음으로, 정책하위체제변수는 옹호연합과 정책중개자로 구성된다. 여기서 정책하위체제는 특정한 정책문제에 이해관계를 가지는 다양한 공공과 민간의 행위자집합으로서 철의삼각과 이슈네트워크의 연속선상에 존재한다. 철의삼각은 행정부와 의회위원회 및 이익집단과 같은 자율적 참여자들의 소규모 안정적이고 폐쇄적인 집합을 말하고, 이슈네트워크는 철의삼각 구성원뿐 아니라 문제에 관심을 가지고 있는 행위자들을 포함하는 대규모의 변화적이고 개방적 집합을 말한다(Heclo, 1978: 107).

이러한 정책하위체제를 구성하는 옹호연합은 국가적이거나 정부의 지방수준에서 국가와 사회부문의 행위자들로 구성되는 군집으로, 정책과정에서 정책문제에 대한 지식과 그들의 공통된 이익에 토대를 두고 공통된 신념으로 결합한 것이다. 옹호연합들의 신념체계는 깊은 신념(개인의 기본적인 철학이나 가치를 정의하는 규범적이고 존재론적인 공리로서 변화가 어렵다), 정책신념(정책문제와 관련하여 제시하는 기본적인 전략과 정책지위로서 변화가 가능하다), 그리고 2차 신념(정책신념을 집행하는데 필요한 도구로서 변화가 가능하다)으로 나누어진다.

특정한 정책영역에서는 소수(2-4개)의 옹호연합이 등장하는데, 이들은 자신들의 목표나 이익 및 신념을 공공정책에 반영시키기 위하여 여러 자원들을 가지고 정부에 영향력전략을 행사한다. 여기서 영향력전략은 Duberger(1972)가 제시한 이익집단이 정부에 행사하는 권력수준의 직접행동과 대중수준의 간접행동을 적용할 수 있다. 전자는 옹호연합이 과업환경과 직접 접촉하는 영향력행사로 정책건의를 통한 정보제공과 정부기구나 의회에 참여(위원회) 그리고 당국자와의 면담과 회의 및 간담회 등을 말한다. 후자는 옹호연합이 과업환경에 대하여 대중의 힘을 이용한 간접적인 영향력행사로 담화문, 성명서, 설명회, 공청회, 캠페인, 세미나와 토론회, 연구조사를 통한 정보제공 등 여론형성과 집회, 시위, 데모 등의 폭력적 방법이 있다.

그리고 대립하는 옹호연합 간의 신념이나 전략은 정책중개자라고 불리는 제3의 행위자에 의하여 조정이 된다. 정책중개자의 역할은 행정부의 전통적인 기능이었으나, 법원이나 다른 행위자들도 수행할 수 있다. 이들의 관심은 갈등을 해결하여 정책을 산출하는 합리적 타협을 시도하는 것이다.

마지막으로, 정부정책결정은 대립하는 옹호연합의 신념을 통한 전략적 활동과
정책중개자의 조정활동이 결합되어 정책산출과 정책변동을 하는 것이다.

### 4) 협력거버넌스모형

거버넌스이론에 대한 논의로는 앞의 정책네트워크모형이나 옹호연합모형뿐 아
니라 협력거버넌스모형도 있다. 협력거버넌스모형(Collaborative Governance Model)
은 환경에서 발생하는 사회문제를 해결하는데 관련되는 행위자들의 공동행동을 분
석하는 이론이라고 할 수 있다. 이런 이론이 정책과정에서 요구되는 것은 우리 주위
에서 발생하는 중요한 사회문제들이 조직간 영역에 위치하여 어떤 단일조직 혼자만
으로는 해결할 수 없고, 여러 이해관계자들의 협력이 필요한 상황으로 유도하고 있
기 때문이다.

협력거버넌스에 대한 여러 연구들은 이 개념을 공공정책의 문제해결이나 공공관
리 차원에서 정부행위자들과 비정부행위자들 사이의 여러 종류의 관계를 암시하는
것으로 사용한다.1) 이러한 측면은 <표 11-8>과 같은 여러 학자들의 협력거버넌

〈표 11-8〉  협력거버넌스의 개념

| 학 자 | 개념정의 |
|---|---|
| Huxham (2000: 339) | 어떤 행위자가 다른 조직에 있는 행위자들과의 관계 속에서 과업을 수행하는 거버넌스의 모든 형태나 용어 |
| Bryson, Crosby & Stone (2006: 44) | 어느 한부문의 조직에 의해서는 달성할 수 없는 결과를 공동으로 이루기 위해 둘 또는 그 이상의 부문들에 속하는 조직들에 의해 정보와 자원 및 활동 그리고 역량을 연결하거나 공유하는 과정 |
| Ansell & Gash (2007: 544) | 공식적이고 합의지향적이며 상호적인 집합적 정책결정과정에 하나 또는 그 이상의 공공기관들이 직접적으로 비공식적인 이해관계자들을 관여시키는 통치배열 |
| Emerson, Nabatchi & Balogh (2011: 2-3) | 그렇지 않으면 달성할 수 없는 공공목표를 수행하기 위하여 공공기관의 경계나 정부수준 그리고 공공과 민간 및 시민영역을 초월하여 행위자들을 관여시키는 공공정책결정과 관리의 구조와 과정 |

자료: 배응환(2010: 206-207; 2016: 7-8), 배봉준(2018: 7-8).

---

1) 따라서 협력거버넌스와 유사한 용어가 혼용되고 있다. 예를 들면, 정책네트워크, 참여적 관리, 상호
   작용적 정책결정, 협력적 정책결정, 협력적 관리, 이해관계자 거버넌스(stakeholder governance) 등
   이 그것이다(Ansell & Gash, 2007: 548).

스에 대한 개념정의에서 나타난다(배웅환, 2010: 206-207; 배봉준, 2018: 7-8).

Ansell & Gash(2007: 544-555)는 그동안의 협력거버넌스에 대한 논의로부터 다음과 같은 특징을 도출하고 있다. 첫째, 그 거버넌스는 공공기관에 의해 발의된다. 둘째, 거버넌스에 참여자는 공공기관 외에 비정부행위자들도 포함될 수 있다. 셋째, 참여자들은 정책결정에 직접 참여한다. 넷째, 거버넌스는 공식적으로 조직화되고 집합적으로 활동한다. 다섯째, 거버넌스는 동의가 실제로 달성되지 못할지라도 합의에 의한 결정을 하는 것을 목표로 한다. 여섯째, 협력의 초점은 공공정책과 공공관리이다. 그것은 복잡한 사회문제를 해결하고 관리하는 방법이다.

이러한 협력거버넌스의 구성요소를 보면, Innes & Booher(2003)은 이해관계자와 이익의 다양성 및 상호의존성, 진실한 대화, 상호성, 연결관계, 학습, 창조성을, Bryson, Crosby & Stone(2007)은 맥락으로서의 구조적 배열, 초기동의형성, 리더십형성, 정당성형성, 신뢰형성, 갈등관리, 계획을 들고 있다.

그리고 Emerson, Nabatchi & Balogh(2011)은 시스템맥락(자원조건, 법적틀, 이슈해결의 사전실패, 정치동학/권력관계, 네트워크연결성, 갈등/신뢰수준, 사회경제적/문화적 건강도와 다양성)과 협력거번스레짐에 속하는 협력동학(원칙적 관여-발견, 정의, 신중, 결정, 공유된 동기-상호신뢰, 상호이해, 내부정당성, 공유된 몰입, 결합행동역량-절차적/제도적 배열, 리더십, 자원, 지식), 협력결과(영향, 적응)라는 분석틀을 제시하였다.

또한, Ansell & Gash모형(2007: 549-550)은 4개의 넓은 변수들인 출발조건(권력이나 자원불균형, 갈등과 협동의 선례, 참여의 유인과 제약), 제도설계(참여의 개방성, 포럼배제성, 행동규칙, 과정투명성), 리더십(특히 촉진적 리더십)과 협력과정(면대면 대화, 신뢰형성, 과정몰입, 공유된 이해, 중간결과) 그리고 협력결과로 구성되어 있다. 여기서 출발조건과 제도설계 및 리더십은 협력과정이 작동하기 위한 맥락이나 중요한 조건들이고, 이들이 결합하여 협력결과를 산출하게 된다. 이러한 Ansell & Gash모형은 [그림 11-4]와 같이 도식화할 수 있는데, 협력거버넌스가 작동할 수 있는, 즉 협력을 촉진하거나 저해하는 조건들을 구체화한 분석틀이다(배웅환, 2016: 10-14; 배봉준, 2018: 8-10).

우선, 출발조건은 이해관계자들 간의 협력을 촉진하거나 좌절시킬 수 있는 변수들로, 상이한 이해관계자들 간의 권력이나 자원 불균형과 갈등과 협력의 선례 및 참여의 유인과 제약의 세 가지 하위변수가 있다. 첫째, 권력이나 자원 불균형-이해관계자들 간의 권력이나 자원 불균형은 협력거버넌스에서 공통적으로 주목하는 문

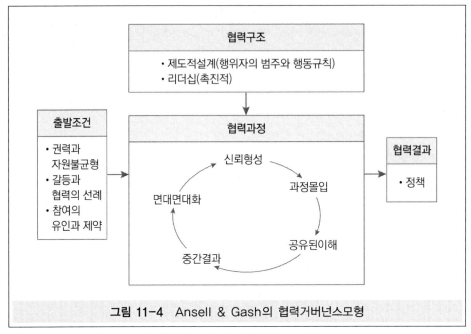

**그림 11-4  Ansell & Gash의 협력거버넌스모형**

자료: Ansell & Gash(2007: 550), 배응환(2016: 10), 배봉준(2018: 12).

제이다. 만일 어떤 행위자가 참여할 능력이나 조직과 지위 또는 자원을 가지고 있지 않아서 다른 행위자와 동등한 상태에서 참여할 수 없다면 협력과정은 보다 강한 행위자에 의해 조정되는 경향이 있다. 둘째, 갈등과 협동의 선례-이해관계자들 간의 갈등과 협력의 이전역사는 협력을 방해하거나 촉진시킬 것이다. 여러 사례에서 정책교착상태는 협력거버넌스를 위한 강한 자극을 가져온다는 것을 보여주고 있다. 셋째, 참여의 유인과 제약-협력거버넌스학자들은 권력과 자원 불균형이 협력과정에 참여하는 집단의 유인에 영향을 줄 것이라고 한다. 참여에 유인은 협력과정이 의미 있는 결과를 가져올 것인가에 대한 이해관계자의 기대에 의존한다.

다음으로, 협력구조는 누가 관여하는가와 이들 행위자들이 행동하는데 관련되는 규약을 정하는 것으로서, 제도적 설계와 리더십이라는 두 가지 하위변수가 있다. 첫째, 제도적 설계는 협력을 위한 기본규정으로 참여개방성과 포럼배제성 및 행동규칙 및 과정투명성 등의 네 가지 변수가 있다. 다수의 협력거버넌스학자들은 행위자의 참여범주(개방성과 배제성)에 대하여 행위자들이 개방적이고 내포적이어야 한다는 것인데, 이것은 참여할 정당한 기회를 가지고 있다고 느끼는 집단들이 과정몰입을 발달시킬 수 있기 때문이다. 이런 참여포괄성은 포럼배제성은 밀접하게 연결된다.

협력포럼에 배제되는 이해관계자들은 대안적 포럼을 통하여 자신의 논리를 주장한다. 그리고 명확한 행동규칙과 과정투명성을 중요한 제도설계의 특성이라고 한다. 여기서 행동규칙은 이해관계자들의 행동을 제약하는 게임규정을 의미하는 것으로서, 공식적인 법이나 규정과 비공식적인 규범과 관행을 포함한다. 과정투명성은 이해관계자들로 하여금 공공협상이 실질적이고 협력과정이 밀실거래가 아니라는 것을 신뢰할 수 있게 하는 것을 말한다. 둘째, 리더십은 이해관계자들을 협력테이블에 모이게 하여 조정하는 중요한 요소이다. 특히 촉진적 리더십은 이해관계자들이 서로 협력정신으로 활동하게 하는데 중요하다. 또한, 리더십은 명확한 행동규칙을 설계하여 유지하고 신뢰를 형성하며 대화를 촉진하고 상호이익들을 탐색하는데 중요하다.

한편, 협력과정은 그것의 맥락조건들인 출발조건과 협력구조에서 행위자들이 바람직한 결과를 산출하기 위한 상호작용을 하는 것으로, 반복적이고 비선형적인 싸이클을 가지는 일정한 단계들로 구성된다. 이러한 협력과정은 의사소통, 신뢰, 몰입, 이해 그리고 결과 사이의 긍정적 순환에 의존한다. 첫째, 협력거버넌스는 이해관계자들 간의 면대면 대화를 시도한다. 면대면 대화는 이해관계자들이 가지고 있는 이익을 토대로 소통과 담론을 하는 것으로, 위원회나 간담회, 회의, 공청회 등과 같은 다양한 연결기제를 통하여 이루어진다. 이해관계자들 간의 대화는 상호이득의 기회를 확인하게 하고, 의사소통에서 고정관념과 다른 장애를 제거해주지만, 반면에 고정관념이나 지위차이를 강화하거나 적대감과 상호불신을 증가시킬 수도 있다. 둘째, 협력과정은 협상에 대한 것뿐 아니라 신뢰를 형성하는 것이라고 한다. 신뢰란 행위자들 간에 원하는 기대가 발생하리라는 상호인정을 의미한다. 이해관계자들 간의 대립이 존재하였을 때, 신뢰형성은 초기 협력과정의 중요한 측면이 된다. 셋째, 이해관계자들의 협력에 대한 몰입수준은 성공과 실패를 설명하는 중요한 변수이다. 몰입은 상호이익을 위한 건전한 흥정이 소망스러운 정책성과를 달성하는 최선의 방법이라는 신념을 발달시키는 것을 의미한다. 협력에 몰입을 위해서는 이해관계자들 사이에 상호인정과 신뢰라는 심리적 이동이 필요하다. 넷째, 협력과정에서 이해관계자들은 공동으로 어떤 결과를 성취할 수 있다는 공유된 이해를 발달시켜야 한다. 공유된 이해는 공통임무, 공통영역, 공동목적, 공유된 비전, 공유된 이념, 명확한 목표, 명료한 전략, 핵심가치의 공유, 문제정의에 대한 동의, 문제를 해결하기 위해 필요한 지식 등으로 다양하게 묘사되고 있다. 공유된 이해의 발달은 협력적 학습과정의 부분으로 볼 수 있다 여기서 학습은 오류를 발견하고 이를 수정하는 것으로서, 어떤 문제에 대한 공유된 이해의 토대가 된다. 다섯째, 중간결과는 눈에 보이는 산출일수도 있지만, 여기서는 성공적인 협력을 유도하는 필수적이고 중요한 과정결과를 말한다.

마지막으로, 협력결과는 협력구조에서 제도설계와 촉진적 리더십을 토대로 협력과정을 통하여 도출한 최종산물을 말한다.

## 5) 숙의거버넌스모형

숙의거버넌스모형(deliberation governance model)은 넓게 보면 거버넌스패러다임의 등장으로 관심을 갖게 된 새로운 이론으로, 민주적인 정치나 정책과정을 관련되는 정책행위자들의 참여와 담론 및 숙의(심의) 또는 공론화를 통하여 이해하고 설명하는 이론적 모형이나 개념적 틀을 말한다.

그런데 지금까지 논의되어온 이 이론에 대한 접근방법으로는 참여적 담론적 정책분석, 숙의(심의)민주주의, 그리고 공론화가 있다. 첫째, 참여적 담론적 정책분석(participatory, discursive policy analysis)은 보다 민주적이고 좋은 정책을 유도할 수 할 수 있는 바람직한 방법으로서, 정책의제설정부터 정책평가까지의 정책과정에서 정부행위자 외에 비정부행위자들이 자신들의 이념과 이익을 반영시키기 위해 참여와 담론을 하는 것을 말한다. 이것은 많은 정책들이 정치가들에 의해서가 아니라 특정이익집단이나 공중(시민)의 관여에 의하여 만들어진다고 보기 때문이다. 참여적 담론은 이해당사자들이 보다 개방적이고 논쟁적으로 그들의 선호를 표출할 수 있기 때문에 갈등을 감소시키고 신뢰를 증가시키며 다양한 관점과 규범적인 해석을 허락하여 보다 민주적인 정책결정을 할 수 있게 한다(Dryzek, 1990; Gutmannn & Thompson, 2004; Howlett, Ramesh & Perl, 2009: 27 – 28).

둘째, 숙의(심의)민주주의(deliberation democracy)는 대의민주주의의 한계를 보완하고 참여민주주의를 반영하기 위하여, 어떤 공적 현안에 대한 정책결정과정에서 다양한 시민들이 숙의과정에 민주적으로 참여하여 영향을 미칠 수 있도록 마련된 제도화된 기제를 말한다(Fung & Wright, 2001: 7 – 8; 권향원 외, 2017: 141). 이것은 공적 현안에 대한 정책결정권한을 정부가 독점하기 보다는 시민의 대표자들과 공유함으로써 절차적 민주성과 과정적 합리성을 확보하려는 위임된 담론민주주의(empowered deliberative democracy)를 실현하려는 것이다.

따라서 심의민주주의는 정책결정과정에 대한 행위자들의 폭넓은 참여와 함께 진지한 숙의 또는 심의를 통하여 민주적인 정책을 산출하려는 것이다. 이런 점에서 심의민주주의는 참여와 심의의 두 가지 요소를 함께 가지고 있다. 여기서 참여적 측면은 정책결정과정의 포용성을 말하는 것으로, 결정에 영향을 받는 모든 행위자들의 폭넓은 참여와 다양한 이익을 반영해야 한다는 것이다. 그리고 심의적 측면은 참여자들의 제약받지 않는 담론(unconstrained dialogue)을 말하는 것으로, 정책결정 참여자들이 다양한 가치와 이익을 가지고 소통을 통하여 공동의 이익을 탐색하거나 형성하도록 하는 것이다(정규호, 2005: 38-39).

예컨대, Elster(1998: 8)에 의하면, 심의민주주의는 참여와 논쟁이라는 두 가지 핵심적 요소로 구성된다고 한다. 즉 정책결정으로부터 영향을 받는 모든 사람들이나 혹은 그들의 대표자들의 참여(participation)라는 민주주의적 요소와 합리적이고 공평무사한 참여자들 간의 논쟁(arguments)에 의한 정책결정이라는 심의적 요소이다. 또한, Gutmann & Thompson(2004: 3-7)은 심의민주주의의 네 가지 특성을 제시하고 있다. 첫째, 이성의 교환, 둘째, 정책결정으로부터 영향을 받는 모든 행위자들의 참여, 셋째, 역동적이고 지속적인 대화를 위한 선택권의 개방, 넷째, 일정기간 구속력을 갖는 정책결정의 산출 등이다(문태현, 2010: 3).

셋째, 참여적 담론적 정책분석이나 숙의민주주의를 실현하는 제도가 공론화(public debate)라고 할 수 있다. 여기서 공론화란 특정한 정책영역에서 관련 행위자들 간에 갈등이 있거나 쟁점으로 등장한 '사악한 문제들(wicked problems)'에 대하여 여럿이 함께 모여 심의와 학습을 통해 의견을 조율하는 것, 즉 널리 회의를 열어 많은 사람들의 의견을 묻고 토론하여 결정하는 것이다. 여기서 공론(公論)의 사전적 의미는 여럿이 함께 모여 논의하는 것이다. 이런 공론화는 정책과정, 특히 정책의제 설정과 정책결정에서 정부와 국민의 관심사항으로 등장한 사회문제를 공식적인 정책의제로 채택하고 그 의제를 해결하기 위한 정책대안을 선택하기 위하여 시민들의 의견을 반영하려는 것이다. 특히 공론화의 대상은 특정한 정책문제에 대하여 구성원들 간에 가치나 이익의 대립으로 문제해결이 곤란한 사회문제들을 포함시킬 수 있다. 정책형성과정에서 공론화의 방법으로는 공론조사(deliberative polling), 합의회의(consensus conference), 시민배심원제(citizens; jury), 시나리오워크숍(scenario work-shop), 시민의회(citizens' assembly) 등이 있다.

국내 정책학에서는 공공갈등이나 공공정책의 의사결정모형으로 정부관료제주도의 정책결정이 여러 가지 문제를 초래하는 맥락에서 숙의적 정책결정모형의 효용성과 적용가능성 및 한계에 대하여 논의하고 있다(정규호, 2007; 문태현, 2010; 김정인,

2018; 김주환·하동현, 2019; 강지선, 2019). 이처럼, 갈등적 쟁점에 대한 정책결정모형으로는 숙의민주주의와 공론화에 대한 이론적 논의가 이루어지고 있는 동시에 실증사례분석도 나타나고 있다. 예컨대, 홍성만·김광구(2012)는 숙의거버넌스의 실패사례로 굴포천유역지속가능발전협의회의 사회적 협의시도를 분석하여 토론과정의 숙의가 제한되어 합의도출에 실패하였다고 한다. 권향원·김성민·한수정(2017)은 한국의 숙의거버넌스사례들에 대한 메타분석을 하여 숙의거버넌스의 저해요인을 탐색하였다. 그리고 숙의민주주의의 공론화를 적용한 개별사례연구로는 신고로 5·6호기사례(최태현, 2018; 강지선, 2019), 부산시 중앙버스전용차로제사례(김창수, 2019), 제주녹지병원사례(김주환·하동현, 2019), 신고리 5·6호기사례와 제주녹지병원사례비교(김주환·배봉준, 2021; 배봉준·김주환, 2022) 등이 있다.

## 제 6 절 ┃ 정책결정방법: 정책분석

### 1. 정책분석의 개념과 범위

#### 1) 정책분석의 개념

정책학에서 가장 중요한 관심사는 정책과정을 어떻게 합리적으로 진행할 것인가? 특히 어떻게 하면 보다 합리적으로 정책을 결정할 것인가? 하는 방법론 문제이다. 이것은 넓게 보면 합리적 분석적 정책과정이고, 좁게는 합리적 분석적 정책결정방법이라고 하는데, 이러한 정책과정이나 정책결정의 맥락에서 진행하는 정책지식을 산출하기 위한 방법론적 작업을 정책분석이라고 한다.

정책분석(policy analysis)을 개념화하려면 Lasswell(1971)이 논의한 정책학의 내용범주인 정책과 정책과정의 지식(knowledge of policy and the policy process)과 정책과정에 필요한 지식(knowledge in the policy process) 그리고 정책결정을 위한 지식산출로부터 출발한다.

우선, 넓은 의미로 정책분석을 정의하는 학자들의 개념을 보면, Quade(1982:

5−6)은 사회기술적 문제에 대한 깊은 이해와 보다 나은 해결방안을 찾기 위해 수행하는 응용연구의 한 형태로, Dunn(2012: 2)은 정책을 이해하고 개선하는데 도움이 되는 정보를 생산하고 이를 비판적으로 평가하여 전달하고자 설계된 종합학문적 탐구과정으로 개념화하였다. 그리고 남궁근(2017: 526)은 정책에 관련된 이론과 방법 및 기법을 연구하고 이들을 구체적인 정책사례에 적용하여 자료와 정보를 생산하고 조언을 제공하는 지적이고 분석적인 활동으로 정의를 한다.

이상의 광의의 정책분석개념이 정책학이나 정책과정 전반을 포용하는 것이라면, 주로 정책결정과정에 초점을 두는 협의의 정책분석에 대한 정의가 있다. 이를테면, Dror(1971: 233)는 복잡한 정책문제와 관련된 바람직한 정책대안을 식별하고 고안하기 위한 방법론으로, Stokey & Zeckhauger(1978: 3)는 합리적 정책결정자가 정책문제를 구조화하고 목표를 설계하여 그것을 달성하기 위한 최선의 수단을 발견하는 이론적 과정으로, MacRae & Wilde(1979: 4)는 여러 정책대안들 사이에서 최선의 정책을 선택하기 위하여 실제적인 증거를 활용하는 것으로, Dunn(1981: 35)은 정책문

⟨표 11-9⟩ 학자들의 정책분석개념

| 개념범주 | 학자들과 개념정의 |
|---|---|
| 광의의 개념 | • Quade(1982: 5−6) − 사회기술적 문제에 대한 깊은 이해와 보다 나은 해결방안을 찾기 위해 수행하는 응용연구의 한 형태<br>• Dunn(2012: 2) − 정책을 이해하고 개선하는데 도움이 되는 정보를 생산하고 이를 비판적으로 평가하여 전달하고자 설계된 종합학문적 탐구과정<br>• 남궁근(2017: 526) − 정책에 관련된 이론과 방법 및 기법을 연구하고 이들을 구체적인 정책사례에 적용하여 자료와 정보를 생산하고 조언을 제공하는 지적이고 분석적인 활동 |
| 협의의 개념 | • Dror(1971: 233) − 복잡한 정책문제와 관련된 바람직한 정책대안을 식별하고 고안하기 위한 방법론<br>• Stokey & Zeckhauger(1978: 3) − 합리적 정책결정자가 정책문제를 구조화하고 목표를 설계하여 그것을 달성하기 위한 최선의 수단을 발견하는 이론적 과정<br>• MacRae & Wilde(1979: 4) − 여러 정책대안들 사이에서 최선의 정책을 선택하기 위하여 실제적인 증거를 활용하는 것<br>• Dunn(1981: 35) − 정책문제를 해결하기 위하여 정치적 장에서 이용할 정책 관련 정보를 산출하기 위하여 탐구와 논증의 다양한 방법론을 사용하는 응용사회과학학문<br>• 정정길 외(2010: 327) − 해결해야 할 문제를 명확히 규명하고 활용 가능한 대안들로 어떤 것이 있으며 이들 대안들이 가져올 결과와 대안선택에 적용될 기준에 대한 정보를 제공하여 합리적인 정책결정을 할 수 있게 도와주는 것 |

제를 해결하기 위하여 정치적 장에서 이용할 정책 관련 정보를 산출하기 위하여 탐구와 논증의 다양한 방법론을 사용하는 응용사회과학학문으로 정의하였다. 또한, 정정길 외(2010: 327)는 정책분석을 해결해야 할 문제를 명확히 규명하고 활용 가능한 대안들로 어떤 것이 있으며 이들 대안들이 가져올 결과와 대안선택에 적용될 기준에 대한 정보를 제공하여 합리적인 정책결정을 할 수 있게 도와주는 것으로 정의하고 있다(표 11-9).

이처럼, 정책분석은 넓은 의미로 정의하든지, 좁은 의미로 정의하든지 간에 궁극적인 목적은 정책과정에 필요한 지식, 특히 정책결정을 합리적으로 하는데 지적인 지식과 정보를 제공하려는 것이다. 이러한 실제적 목적 외에 정책과정이나 정책결정 과정의 제 현상을 체계적으로 규명하여 이해하고 설명하고 예측하는 이론적 목적도 갖고 있다.

## 2) 정책분석의 범위

정책분석의 범위는 정책과정 안에서 이루어지는 지적 활동으로 보는 경우 어느 단계까지 포함할 것인가가 문제이다. 우선, 정책분석을 넓게 정의하는 경우는 분석

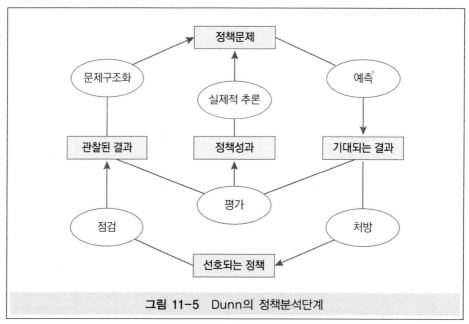

**그림 11-5  Dunn의 정책분석단계**

자료: Dunn(2012: 4).

범위에 정책채택 이전과 이후를 모두 포함한다. Dunn(2012: 8)은 정책과정의 단계에 따라 정책분석의 절차를 문제구조화, 예측, 처방, 점검, 평가의 다섯 단계로 구분하고 산출되는 정책 관련 정보유형을 제시하였다(그림 11-5).

첫째, 문제구조화(problem structuring)는 정책의제설정을 통하여 정책결정과정에 도달한 정책문제의 정의에 내재하는 가정들에 대한 정보를 제공하기 위한 분석절차이다. 여기서 정책문제는 정책행동을 통하여 확인되고 도달할 수 있는 실현되지 않은 가치나 요구 또는 기회를 말한다. 이러한 문제구조화는 숨겨진 가설을 찾아내고 문제의 원인을 진단하며 가능한 목표를 식별하고 상충되는 견해를 통합하여 새로운 정책대안을 설계하는데 필요한 정보를 산출한다.

둘째, 예측(forecasting)은 정책형성(policy formation)단계에서 고려되고 있는 대안들이 채택될 경우, 그 결과 발생하게 될 가능성이 기대되는 정책결과(expected policy outcome)에 관한 정보를 산출하는 것이다. 여기서 정책대안은 정책문제의 가치달성과 해결에 기여할 수 있는 잠재적으로 이용가능한 행동과정이고, 기대되는 결과는 문제를 해결하고자 고안된 정책이 초래할 개연성이 높은 결과를 말하고, 정책행동은 기대되는 정책결과를 달성하기 위하여 설계된 정책대안에 의하여 인도되는 행동경로를 말한다.

셋째, 처방(prescription)은 정책채택(policy adoption)단계에서 예측을 통하여 추정된 정책대안들의 미래결과로 비용과 편익에 대한 정책정보를 산출하는 것이다. 이것은 선호되는 정책(preferred policy)에 관한 정보를 제공한다. 여기서 선호되는 정책이란 정책행동을 위한 문제에 대한 잠재적 해결방안을 말한다.

넷째, 점검(monitoring)은 정책집행단계에서 이미 채택된 정책의 관찰된 정책결과(observed policy outcome)에 관한 정책정보를 산출한다. 여기서 관찰된 정책결과는 선호된 정책을 집행하여 나타난 과거나 현재의 결과이다. 점검은 순응의 정도를 파악하고 의도되지 않은 결과를 파악하며 집행상의 장애요인과 제약조건을 식별하고 정책으로부터 이탈의 책임소재를 파악하는데 도움을 준다.

다섯째, 평가(evaluation)는 정책평가단계에서 기대된 정책성과(policy perform-ance)와 실질적인 정책성과 사이의 불일치에 관한 정책정보를 산출하여 정책환류나 정책변동에 활용한다. 여기서 정책성과는 주어진 정책결과가 가치나 목표의 달성에 기여한 정보를 말한다. 평가정보는 정책을 지배하는 가치를 명료화하고 비판하며, 정책의 조정과 재형성을 할 수 있는 기초자료를 제공한다.

이상의 정책분석의 단계에서 산출되는 정책 관련 정보는 정책문제, 정책대안, 정책결과, 그리고 정책성과에 대한 정보이고, 이것을 각 단계에 활용한다.

다음으로, 정책분석을 좁게 정의할 경우에는 정책이 채택되기 이전의 정책결정 단계까지만 포함시킨다. Stokey & Zeckhauger(1978: 5-6)는 정책분석의 단계를 맥락설정, 대안설계, 결과예측, 결과평가, 최종선택으로 나누고 있다. 첫째, 맥락설정 (establishing the context)은 해결해야 할 중요한 사회문제와 이러한 사회문제를 해결하기 위해 추구해야 할 구체적 정책목표를 설정한다. 둘째, 대안설계(laying the alternatives)는 정책대안이 될 수 있는 행동과정을 탐색한다. 셋째, 결과예측(predicting the consequences)은 설계한 정책대안이 초래할 정책결과를 추측해 보는 것이다. 넷째, 결과평가(evaluating the outcomes)는 각 정책대안을 평가하는 기준에 의하여 대안의 순위를 제시한다. 다섯째, 최종선택(making a choice)은 가장 바람직하다고 생각되는 행동노선을 선택한다.

한편, Weimer & Vining(1992: 204-241)은 합리모형을 통한 정책분석의 단계를 두 가지 주요구성요소인 문제분석(problem analysis)과 해결분석(solution analysis)로 구분하고, 문제분석단계는 문제이해, 관련 목표와 제약의 선택과 설명, 해결방안 선

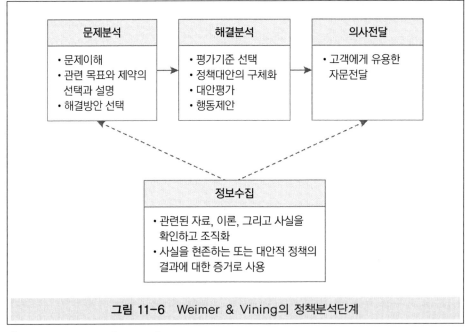

**그림 11-6** Weimer & Vining의 정책분석단계

자료: Weimer & Vining(1992: 205).

택으로, 그리고 해결분석단계는 평가기준 선택, 정책대안의 구체화, 대안평가, 행동
제안으로 세분화하였다. 그리고 이러한 문제분석과 해결분석을 위하여 필요한 정보
수집단계를 제시하였는데, 이것은 문제와 해결방안을 분석하는데 도움을 주기 위한
자료와 정보를 제공하는 것이다. 문제분석과 해결분석에서 산출된 정보는 고객에게
제공을 하게 된다(그림 11-6).

첫째, 문제분석은 문제를 이해하고, 관련된 목표와 제약을 선정하고 설명하며,
해결방법을 선택하는 것이다. 여기서 문제이해는 관심을 갖고 있는 소망스럽지 않은
조건이나 징후를 인식하고 그들을 시장실패와 정부실패로 구성하고 그리고 관심조
건들과 공공정책을 통하여 조정할 수 있는 변수들 간의 관계를 모형화하는 것이다.
목표와 제약의 선정은 관심조건들에 관련된 목표의 선택과 구체화이다. 이런 목표는
실질적 목표(사회가 소망하는 효율성이나 형평성과 같은 가치)와 절차적 목표(실질적
목표를 달성하기 위한 과정)로 구분된다. 그리고 해결방법의 선택은 비용편익분석과
비용효과분석 및 사회목표정책분석에 토대를 두고 탐색하여 평가를 한다.

둘째, 해결분석은 평가기준을 선택하고, 정책대안을 구체화하고, 평가기준에 따
라 대안을 평가하고, 행동대안을 제시하는 것이다. 해결분석에서 첫 번째 단계는 정
책대안들의 소망성을 평가하기 위한 기준들을 제시하는 것이다. 평가기준은 관련되
는 목표의 중요한 차원들을 포용해야 한다. 정책대안의 구체화는 네 가지 원천들
—현존 정책제안, 일반적 정책해결, 수정된 일반적 정책해결, 관습적 정책해결—에 토
대를 두고 개발한다. 대안평가는 각 대안의 영향을 예측하고 평가기준에 비추어 대
안의 영향을 평가하고 비교하는 것이다. 그리고 행동제안은 고객(정책결정자)이 바라
는 정책자문이나 권고를 한다.

셋째, 이러한 문제분석과 해결분석을 위하여 필요한 단계가 정보수집(information
gathering)이다. 이것은 문제와 해결방안을 분석하는데 도움을 주기 위한 자료와 정
보를 제공하는 것이다. 정책분석을 위한 증거수집방법은 문헌연구와 현장연구가 있
다. 전자범주는 학술논문과 저서 및 학위논문, 이익집단과 씽크탱크의 출판물과 보
고서, 정부의 출판물과 연구보고서, 인터넷자료와 신문기사 등이 있다. 그리고 현장
연구는 관련 사람들과 대면접촉을 통하여 원자료나 면접자료를 수집하는 것이다.

## 2. 정책분석의 단계

이 책에서는 정책분석의 개념과 범위를 넓게 정의하기보다는 좁게 정의를 하여 정책결정과정에서 정책분석의 단계를 살펴보기로 한다. 따라서 합리적 정책결정모형에 의하여 정책분석의 단계를 Weimer & Vining이 제시한 정책분석단계와 같이, 문제의 분석에서 해결방안의 선택에 이르기까지 일련의 연속적 과정으로 나누어 상술한다(표 11-10).

〈표 11-10〉 본서에서 정책분석의 단계와 주요내용

| 정책분석의 단계 | 주요내용 |
|---|---|
| 정책문제의 정의와 정책목표 설정 | • 정책문제의 정의(객관적 정의, 주관적 정의)<br>• 정책목표의 설정(치유적 목표, 창조적 목표) |
| 정책대안의 탐색 | • 정책학습(기존정책, 다른 정부정책)<br>• 과학적 이론과 모형<br>• 주관적 직관적 방법(집단토의, 정책델파이) |
| 정책대안의 결과예측 | • 정책학습(기존정책, 다른 정부정책)<br>• 과학적 이론과 모형<br>• 정책실험<br>• 주관적 직관적 방법(집단토의, 정책델파이)<br>• 추세연장방법 |
| 정책대안의 가치평가 | • 평가기준-소망성, 실현가능성<br>• 평가방법-비용편익분석, 비용효과분석, 사회적비용편익분석, 복수기준분석 |
| 최적대안의 선택 | • 소망스러운 정책(가치판단) |

### 1) 정책문제의 정의와 정책목표의 설정

#### (1) 정책문제의 정의와 유형

#### ① 정책문제의 정의

일반적으로 정책문제의 정의란 정책을 통하여 해결해야 할 문제가 무엇인가를 명확하게 규정하는 것, 즉 정책문제의 본질과 범위를 설정하는 작업이다. 이런 정책문제를 어떻게 정의하느냐에 따라 정책과정의 진행이 달라지게 된다. 이를테면, 정책문제의 정의는 정책과정을 태동시키고, 바람직한 정책결정을 위한 전제조건으로서 정책목표와 정책수단 등 정책내용의 윤곽을 결정하게 된다. 발생한 정책문제 속에는 그것의 원인과 해결책이 존재하기 때문이다.

정책문제(policy problems)는 공중행동(public action)을 통해서 달성할 수 있는 실현되지 않은 가치(value)나 요구(need) 또는 기회(opportunity)를 말한다. 이러한 정책문제는 여러 가지 요소들, 즉 문제의 원인, 문제 자체, 문제의 결과 등이 얽혀 있는 복합체인 경우가 대부분이다. 따라서 정책문제의 조작적 정의는 정책문제의 구성요소(components), 원인(cause), 결과(consequence) 등을 구체적으로 규정하는 것이다. 예컨대, 교통문제의 구성요소는 만원버스와 교통혼잡 등이고, 그 원인은 인구증가, 차량증가, 대중교통수단의 부족, 도로폭의 협소 등이고, 그 결과로는 교통정체와 시민의 피로감과 시간낭비 등이다.

이런 정책문제를 정의하는 관점으로는 정책의제설정과정에서 논의한 바와 같이, 객관적 관점과 주관적 관점이 있다(Howlett, Ramesh & Perl, 2009: 93-98). 첫째, 객관주의적 관점에서 정책문제는 우리가 살고 있는 환경에서 발생하는 것으로서 무엇이 사실인가를 판단함으로써 그 존재가 입증될 수 있는 객관적 조건이나 상태로 본다. 이것은 환경오염이나 빈곤문제 등과 같은 문제상황을 객관적인 사실로 파악할 수 있다고 본다. 둘째, 주관주의적 관점에서 정책문제는 환경에서 발생하는 문제상황을 정책대상자들이나 정책결정자의 가치가 개입하여 사회적으로 구성된 상태로 본다. 이것은 공해나 교통체증 등의 문제상황에 대해 이해당사자들이 다르게 해석하여 서로 다른 문제정의를 할 수 있다고 본다.

### ② 정책문제의 정의순서

정책문제의 정의를 보다 체계적으로 하려면 네 가지 작업이 요구된다(정정길, 1993: 331-351; 정정길 외, 2010: 333-342).

첫째, 정책문제의 개괄적 파악─이것은 정책문제를 구성하고 있는 여러 가지 요소들 또는 제 측면을 개략적으로 확인하는 것이다. 정책문제의 제 측면은 문제 자체, 문제의 원인, 문제의 결과 등으로 구분할 수 있다. 따라서 정책문제의 여러 측면을 종합하여 보면 이들 간에 여러 가지 인과관계가 나타나는데, 이것을 정책문제의 구조(structure of policy problem)라고 한다. 이런 구조는 [그림 11-7]에서 보는 바와 같이 환경오염과 그것의 연관변수들 간의 관계로 나타낼 수 있는데, 정책문제의 원인과 결과 그리고 이를 해결하기 위한 정책목표나 정책수단의 탐색과 정책대안의 결과예측을 위한 가장 핵심적인 도구로서의 역할을 한다.

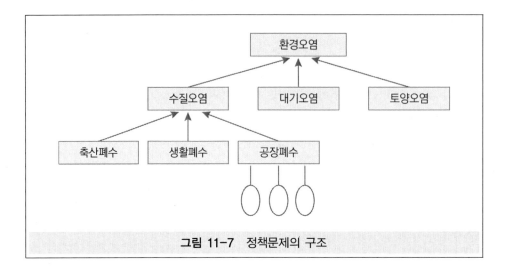

**그림 11-7  정책문제의 구조**

둘째, 정책문제의 원인파악─이것은 정책문제가 나타난 이유를 진단하는 것이다. 정부가 해야 할 정책문제는 그것을 유발한 원인이 매우 복잡 다양하고 상황변화에 따라 유동적이므로 그 원인을 정확하게 규명하기가 쉽지 않다.

정책문제를 초래하는 원인은 크게 가능성 있는 원인과 개연성 있는 원인 그리고 행동가능한 원인으로 나눌 수 있다. 가능성 있는 원인(possible causes)은 직접적이건 간접적이건 간에 문제의 발생에 기여하는 가능한 모든 사건이나 행위를 말하고, 개연성 있는 원인(plausible causes)은 과학적 연구나 경험에 근거해서 문제의 발생에 중요한 영향을 주었다고 볼 수 있는 것들이다. 그리고 행동가능한 원인(actionable causes)은 정책결정자가 통제나 조작가능하여 문제해결에 직결되는 원인이다.

셋째, 정책문제의 결과파악─이것은 정책문제가 원인이 되어 환경(사회)에 야기한 결과물(상태나 조건)을 진단하는 것으로서, 그 진단대상으로는 정책문제의 피해집단과 정책문제의 규모(범위)와 강도 등이다.

이를테면, 정책문제는 그것으로 피해를 입는 개인이나 집단이 존재한다. 이러한 피해자들은 정부에게 문제해결을 요구한다. 그리고 문제해결을 위해서는 정책문제의 규모(범위)와 강도를 파악하는 것도 중요하다. 여기서 정책문제의 규모(범위)는 그 문제로 인하여 피해를 보는 영역과 집단범주이다. 정책문제로 인하여 피해를 입는 영역이 많으면 정책문제의 범위가 크다고 할 수 있다. 그리고 정책문제의 강도는 정책문제로부터 발생하는 피해의 강약과 피해영역의 중요성에 대한 것이다.

넷째, 정책문제의 미래예측─이것은 정책문제가 미래에 어떻게 될 것인가를 검토하는 것이다. 특히 어떤 정책문제가 앞으로 어느 정도 심각할 것인지(피해집단과 피해의 규모나 강도)를 예측하는 것은 정책문제정의의 중요한 부분이다. 이런 정책문제의 미래예측방법으로는 과거추세를 연장하는 방법과 모형을 이용한 측정방법이 있다.

이상의 정책문제의 분석을 통하여 그 내용이 파악되면 정책문제를 정의할 수 있다.

### ③ 정책문제의 유형

Dunn(1981: 103-104; 2012: 73-75)은 정책문제를 불확실성과 복잡성 및 상호의존성의 정도에 따라 잘 구조화된 문제, 적정하게 구조화된 문제, 나쁘게 구조화된 문제로 분류하였다(표 11-11).

첫째, 잘 구조화된 문제(well-structure problem)는 정책결정자가 한 사람이거나 소수(2-3인)에 의해 제한된 정책대안을 고려한다. 효용(가치)은 정책결정자의 선호순서에 따라 명료하게 순위화된 목표의 동의를 반영한다. 각 대안의 결과는 완전한 확실성이나 수용가능한 오차범위 내에서 알 수 있다. 모든 정책대안의 결과는 계산되어 미리 프로그램화된다. 공공기관에서 낮은 수준의 운영문제는 잘 구조화된 문제의 예이다.

둘째, 적정하게 구조화된 문제(moderate-structured problem)는 정책결정자가 한 사람이거나 소수(2-3인)에 의해 제한된 정책대안을 고려한다. 효용(가치)은 정책결정자의 명료하게 순위화된 목표의 동의를 반영한다. 그럼에도 각 대안의 결과는 확실하지도 않고 수용가능한 오차범위 내에서 계산하는 것도 불가능하다. 이런 문제의 원형은 정책모의실험이나 게임, 소위 죄수의 딜레마를 들 수 있다.

셋째, 나쁘게 구조화된 문제(ill-structured problem)는 다수의 정책결정자가 무제한의 대안을 고려하고 그들의 효용(가치)은 알려지지 않거나 순위를 매기기가 불가

〈표 11-11〉 정책문제의 유형

| 구 분 | 잘 구조화된 문제 | 적정하게 구조화된 문제 | 나쁘게 구조화된 문제 |
|---|---|---|---|
| 정책결정자 | 1인 또는 소수 | 1인 또는 소수 | 다수 |
| 대안 | 제한 | 제한 | 무제한 |
| 효용(가치) | 의견일치 | 의견일치 | 갈등 |
| 결과 | 확실 또는 위험분담 | 불확실 | 알 수 없음 |
| 확률 | 계산가능 | 계산불가능 | 계산불가능 |

자료: Dunn(1981: 103; 2012: 73).

능하여 경쟁하는 목표들 간에 갈등이 발생한다. 정책대안과 그 결과는 또한 알려지지 않을 수 있고 위험부담과 불확실성의 측정이 불가능하다. 이러한 문제의 원형으로는 완전히 비이행적인(intransitive) 결정문제, 즉 모든 정책대안에 우선하여 선호되는 유일한 정책대안을 선택하는 것이 불가능한 결정으로, 사악한 문제를 들 수 있다.

현실적으로 많은 중요한 정책문제들은 나쁘게 구조화된 정책문제가 많다. 이른바 사악한 문제(wicked problems)가 그 예이다. 공공정책은 많은 정책행위자들에 의해 만들어지고 서로 영향을 주고 받는 관련된 결정들의 집합이기 때문이다. 따라서 정책결정의 가장 주요한 과업은 나쁘게 구조화된 정책문제를 해결하는 것이다.

### (2) 정책목표의 설정
#### ① 정책목표의 설정의미

정책결정자는 해결해야 할 정책문제를 정의하면 이에 대한 정책목표를 설정하는 작업이 요구된다. 이것은 정책을 통하여 해결해야 할 정책문제를 정의하는 것은 바로 정책이 달성하고자 하는 정책목표로 규정하는 것과 표리의 관계에 있다는 것을 말한다. 여기서 정책목표는 정책을 통하여 달성하고자 하는 바람직한 상태를 말하는 것으로, 치유적 목표와 창조적 목표가 있다. 전자는 정책문제발생 이전에 존재하던 상태로 만들려는 것으로 현재 발생한 공해문제 등 사회문제를 해결하는 목표이다. 후자는 과거에 경험해 보지 못한 새로운 상태를 만들려는 것으로 바이오신약을 개발하여 질병없는 사회를 달성하는 사회기회목표를 예로 들 수 있다.

이처럼, 정책목표를 설정하는 것은 정책을 통하여 달성하고자 하는 치유적이거나 창조적인 바람직한 상태, 즉 정책문제를 해결하거나 새로운 것을 창조하려는 상

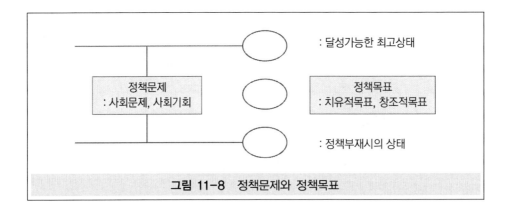

**그림 11-8  정책문제와 정책목표**

태를 제시하는 것이다(그림 11-8).

② 정책목표의 설정방법

정책결정에서 정책목표는 복수이고 갈등적인 경우가 많기 때문에, 정책분석가는
목표들 간의 관계를 명료하게 정립하는 것이 요구된다. 왜냐하면 대부분의 정책문제
는 이해관계를 달리하는 정책대상자와 행정기관이 존재하기 때문이다. 복수의 목표
들 간의 관계설정은 종적 관계와 횡적 관계로 나누어 살펴볼 수 있다.

(i) 목표 간의 종적 관계: 목표-수단의 계층구조 파악

종적 측면에서 정책목표는 목표-수단의 계층제(ends-means hierarchy)로 되어
있다. 정책목표체계는 상위목표와 하위목표, 즉 목표와 수단을 포함한다. 여기서 어
떤 목표가 상위목표로 있을 때에는 그것을 달성하기 위한 하위정책수단을 하위목표
또는 도구적 목표라고 한다. 이러한 예로는 앞의 정책문제의 구조에서 환경오염과
그것의 연관변수 간의 관계를 보면 알 수 있다(그림 11-7). 환경오염이 최상위목표
라면 이것을 달성하기 위한 하위목표나 하위수단으로 수질오염, 대기오염, 토양오염
이 있고, 그리고 수질오염이라는 하위목표를 달성하기 위한 하위수단으로는 축산폐
수, 생활폐수, 공장폐수가 있다.

(ii) 목표 간의 횡적 관계: 목표의 우선순위 결정

하나의 정책에서는 복수의 정책목표가 존재하므로 목표들 간에 독립관계, 갈등
관계, 경쟁관계, 협력관계 등 여러 가지 관계가 존재할 수 있다. 이에 따라 정책목표
의 우선순위를 결정하는 문제가 등장하므로 정책분석가는 목표의 우선순위를 결정
하는 기준을 제시할 필요가 있다.

정정길(1993: 371; 378)은 정책목표의 우선순위를 결정하는데 고려해야 할 요소로
첫째, 정책목표의 달성이나 정책문제의 해결로 얻게 되는 효과와 여기에 들어가는
비용, 둘째, 정책효과와 정책비용의 배분, 셋째, 정책목표의 달성가능성이나 정책문
제의 해결가능성을 제시한다. 이러한 요소를 토대로 정책목표의 우선순위는 정책문
제 중에서 해결불가능한 것, 즉 정책목표에서 달성불가능한 것을 제외하고, 실행가
능한 정책목표 중에서 능률성(동일한 비용으로 많은 효과를 내는 것)과 형평성(비용과
효과의 배분이 사회정의에 합치되는 것) 및 정치적 실현가능성 등 여러 기준을 고려하
여 결정한다.

그러나 현실적으로 이러한 이상적 기준은 정책목표의 우선순위를 설정하는데 어
려우므로, 정책결정자의 주관적 판단이 중요한 기준으로 작용하게 된다.

## 2) 정책대안의 탐색

### (1) 정책대안의 탐색의미

정책의제설정단계에서 정책문제가 정의되고 정책목표가 설정되면 그 다음에는 정책문제를 해결할 수 있는 정책대안을 찾는 작업이 요구된다. 정책대안의 탐색(search)이란 정책문제 해결이나 정책목표를 달성하는데 기대되는 모든 가능한 정책대안들을 찾아내고 개발하는 작업을 말한다. 탐색작업이 중요한 것은 정책문제 해결을 위한 가능한 대안이 제외되는 것을 방지하고 정책대안의 비교평가를 포괄적이고 적실하게 하려는 것이다. 여기서 정책대안(policy alternatives)은 하나의 정책을 구성하는 정책목표와 정책수단의 조합(정정길, 1993: 404) 또는 정책문제 해결과 정책목표 달성을 위해 채택 가능한 여러 가지 수단이나 도구(남궁근, 2017: 605)를 말한다.

정책결정자들은 일정한 정책목표 달성을 위하여 하나의 정책수단만을 선택하는 것이 아니라 여러 가지 정책수단을 선택한다. 그리고 정책대안 하나하나가 가지고 있는 각각 다른 여러 가지 정책수단들은 정책목표의 여러 가지 측면을 내포하고 있다. 모든 정책대안들은 정책목표 측면에서 동일하거나 다르고 정책수단의 측면에서도 동일하거나 다를 수 있다. 예컨대, 정책대안 A와 B는 정책목표의 측면에서는 동일하지만 정책수단에서 상이하게 나타나고 있다(표 11-12).

〈표 11-12〉  정책대안의 예: 정책목표와 정책수단

| 정책대안 | 정책목표의 측면 | 정책수단의 내용 |
|---|---|---|
| A | 1. 서민 출퇴근시의 만원버스로부터의 고통완화 | 지하철건설, 버스증차 |
| | 2. 출퇴근시의 교통체증완화 | 도로확장 |
| B | 1. 서민 출퇴근시의 만원버스로부터의 고통완화 | 버스증차. 지하철건설 |
| | 2. 출퇴근시의 교통체증완화 | 도로확장, 도로신설, 다리건설 |

자료: 정정길(1993: 405).

### (2) 정책대안의 탐색원천

정책결정자나 정책분석가는 어디서 어떻게 정책대안을 발견하거나 창안할 수 있는가? 이것은 정책대안의 원천(sources)에 관련되는 문제이다. 정책대안의 원천이나 출처에 대하여 MacRae & Wilde(1979: 9-10)는 비슷한 문제에 대한 과거의 연구,

이용 가능한 과학적 일반화와 조사, 새로운 정책탐색의 세 가지를, Hogwood & Gunn(1981: 172-173)은 독창적 사고, 브레인스토밍과 같은 적절한 절차, 민간기업이 지방정부의 경험, 과학기술의 발달을 들고 있고, 그리고 정정길(1993: 407-416)은 기존정책, 다른 정부의 정책, 과학적 이론(모형), 주관적 직관적 방법을 제시하였다.

이하에서는 정책대안의 원천을 정책학습(기존정책, 다른 정부정책), 과학적 이론(모형), 그리고 주관적 직관적 판단(브레인스토밍, 정책델파이)로 나누어 살펴본다.

### ① 정책학습(기존정책, 다른 정부정책)

정책대안의 원천은 정책학습을 통하여 탐색할 수 있다. 정책학습(policy learning)은 정책과정에 참여하는 개인이나 조직이 특정한 정책목표나 정책수단의 효과성과 능률성 및 적절성 등과 관련된 경험이나 체계적 사고를 통하여 목표나 수단을 바꾸어 나가는 과정이다. 여기서 정책학습의 주체는 정책결정자나 정책분석가이고 그 대상은 기존정책과 다른 정부정책을 들 수가 있다.

첫째, 과거나 현재의 정책은 정책결정자들이 보편적으로 고려하는 정책대안의 가장 중요한 원천이다. 왜냐하면 정부의 조직이나 개인은 정책문제의 해결을 위하여 이전에 사용했던 정책들 중에서 비교적 만족할만한 결과를 가져온 정책목록(program repertory)을 가지고 있기 때문이다. 정책목록은 동일한 문제와 유사한 문제에 대하여 과거에 채택하였던 정책들의 집합이다. 이러한 정책목록에 포함되는 정책들은 동일하거나 유사한 문제가 등장했을 때 사용할 수 있는 정책대안들이라고 할 수 있다. 또한, 반복해서 등장하는 정책문제일 경우에는 현재 채택하고 있는 정책을 그대로 또는 약간 수정하여 정책대안으로 고려할 수 있다. 예컨대, 정책과 예산의 결정이 해마다 반복되는 것을 대표적인 예이다.

둘째, 다른 정부의 정책은 또 다른 정책대안의 출처이다. 이 때 다른 정부는 한 국가 내의 지방정부이거나 다른 국가들의 중앙정부와 지방정부가 포함된다. 이것은 다른 정부가 문제해결을 위하여 가지고 있는 정책목록을 고려하여 정책대안을 설계하는 것이다. 예컨대, 서울시가 싱가포르의 교통정책이나 주택정책을 벤치마킹하여 정책대안으로 고려하는 것이다.

### ② 과학적 이론(모형)의 활용

정책대안의 두 번째 원천은 과학적 이론이나 모형을 활용하는 것이다. 이들로부터 정책대안을 도출할 수 있는 이유는 이론이나 모형에 정책목표와 정책수단 간의 인과관계를 내포하고 있기 때문이다.

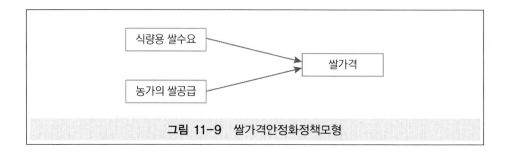

**그림 11-9   쌀가격안정화정책모형**

　정책분석에서 이론이나 모형이란 체계적으로 상호 관련된 개념이나 변수들 간의 관계에 대한 명제나 진술을 말하는데, 이론은 이미 여러 차례 경험적 검증을 거쳐 기존의 지식체계에 편입된 반면에, 모형은 연구자가 경험적 관찰을 통하여 검증하려는 현실의 추상적 표현이다. 이러한 이론이나 모형을 적용하여 정책대안을 탐색하려면 정책문제나 정책목표와 관련되는 중요한 요소들(변수들)을 파악해야 한다.

　정책문제를 해결하기 위한 정책대안에 관련되는 이론이나 모형은 원인과 결과 간의 인과관계로 구성되어 있다. 정책대안을 개발할 때에는 정책문제를 명확히 규정하고, 이의 발생원인을 파악한다. 문제의 발생원인을 파악하고 나면 이 원인들 중에서 정책적으로 제거가 가능하거나 통제할 수 있거나 조작가능한 원인과 그렇지 못한 원인으로 구분한다. 그리고 정책적으로 통제가 불가능한 것은 정책대안에서 제외한다. 따라서 문제상황을 나타내는 요소(변수)와 문제를 일으키는 원인 및 문제의 결과를 나타내는 요소(변수)는 인과관계모형에서 가장 핵심적인 요소이다.

　예컨대, 쌀가격의 급격한 상승이 문제가 되어 이것을 해결할 것을 정책목표로 하는 쌀가격안정화정책을 위하여 [그림 11-9]와 같은 모형을 제시할 수 있다. 위 그림에서 쌀가격의 상승이 해결해야 할 정책문제로서 명백히 되면, 폭등하는 쌀가격을 낮추는 것이 정책목표가 된다. 쌀가격을 나타내는 변수가 문제상황을 나타내는 결과변수가 된다. 쌀수요의 증가와 쌀공급의 감소가 쌀값을 안정시키는 원인변수로 밝혀졌다. 이들 변수들 간의 인과관계를 묘사하면 쌀수요가 변화하는 쌀가격에 영향을 미친다. 즉 쌀수요가 원인(cause)이 되어 쌀가격의 변화(effect)가 발생한다는 것을 의미한다. 만약 갑자기 흉년이 들어 농민들이 시장에 공급하는 쌀이 부족하여 쌀값이 상승하는 경우에는 외국으로부터 쌀을 수입하여 쌀공급을 증가시키는 정책수단을 마련한다.

### ③ 주관적 직관적 방법(집단토의, 정책델파이)

정책대안의 세 번째 원천은 정책결정에 전문적 지식을 가지고 있는 여러 사람들의 주관적 직관적 방법을 이용하는 방법이다. 이 방법은 기존의 정책이나 다른 정부의 정책이 없거나 과학적 이론(모형)을 적용하기 어려운 경우에 정책문제를 해결하기 위한 것으로서 집단토의와 정책델파이 등을 적용할 수 있다.

첫째, 집단토의(brainstorming)는 Osborn(1953)이 제안한 것으로, 여러 분야의 전문가들이 제안하는 일단의 아이디어들로부터 어떤 대안을 창안하는 방법이다. 이 방법은 정책문제와 관련되는 여러 사람들(분야의 전문가나 이해관계자)을 모아놓고, 자유롭게 토론하고 의견을 주고받게 하여 정책대안을 탐색하고 평가와 종합을 하여 몇 가지 정책대안을 제안한다.

둘째, 정책델파이(policy delphi)는 1948년 미국 랜드연구소의 연구진이 개발한 것으로, 델파이(전문가의 의견을 종합하여 보다 합리적인 아이디어를 만드는 방법)의 기본논리를 정책문제 해결에 적용하는 것, 즉 서로 모르는 전문가들의 의견을 조사하여 정책문제 해결을 위한 정책대안을 개발하거나 정책결과를 예측하는 방법이다. 이 방법은 어떤 정책문제에 대하여 (서로 모르도록 선발된) 전문가집단의 의견을 물어보고(익명성), 그들의 아이이어(정책대안)를 종합하고 다시 전문가집단들에게 환류하여 의견을 물어본 후(반복성과 환류) 최종적인 정책대안을 산출한다.

### (3) 정책대안의 탐색순서

위에서 살펴본 정책대안의 원천으로부터 정책대안을 탐색하거나 개발할 때에는 다음의 세 단계를 거치는 것이 합리적이다(정정길, 1993: 416−418).

첫째, 정의된 정책문제를 정확하게 인지하고 정책목표를 명확히 설정한다. 정책문제나 정책목표의 성격규정이 어떻게 되느냐에 따라 정책수단의 성격이 전혀 달라진다.

둘째, 정책문제를 해결하거나 정책목표를 달성할 수 있는 정책수단의 종류를 광범위하게 확인한다.

셋째, 여러 가지 종류의 정책수단을 적절히 배합하고 여기에 부합하는 정책목표와 결합시켜 구체적인 정책대안을 만든다.

그러나 정책대안의 탐색과정에서 무수한 정책대안들이 개발될 수 있는데, 이들 하나하나를 모두 분석할 수 없으므로, 중요한 정책대안을 골라내어 이들만을 본격적으로 분석할 필요가 있다. 여기서 다수의 정책대안 중에서 본격적인 분석의 대상이 되는 몇 개의 대안만을 선정하는 작업을 정책대안의 예비분석(screen)이라고 한다. 이를 위해서는 두 가지 기준이 적용되는데, 정책대안의 소망성과 실현가능성이다. 첫 번째 기준은 하나의 정책대안이 다른 대안에 비해서 대안이 가져올 결과가 우월한 것이고, 두 번째 기준은 정책대안이 정책으로 채택될 가능성과 집행될 가능성이다.

## 3) 정책대안의 결과예측

### (1) 정책대안의 결과예측의미

정책대안의 탐색작업을 통하여 정책대안들이 개발되면, 각 정책대안들이 가져올 미래의 결과를 예측하거나 측정해 보아야 한다. 그런데 정책문제나 정책대안을 둘러싼 가장 큰 특징은 환경적 불확실성(environmental uncertainity)이 존재한다는 것이다. 환경적 불확실성은 정책결정자가 미래가 어떻게 나타날 것인가를 알 수 없는 상황으로, 올바른 의사결정을 위하여 알아야 할 것과 실제로 알고 있는 것의 차이, 또는 정책대안의 성공에 영향을 미치는 요소들에 대한 예측불가능성(Quade, 1989: 154)을 말한다. Quade(1989: 155 – 158)은 불확실성의 범주를 정책문제가 무엇인가에 대한 개념적 불확실성, 대안과 현재상황에 관련된 사실이 무엇인가에 대한 사실적 불확실성, 현재상황의 변동이나 대안이 가져올 결과가 어떻게 변화할 것인가에 대한 예측적 불확실성, 정책목표와 이목표의 바람직한 정책결과가 어떤 것이 되어야 하는가에 관련된 윤리적 불확실성으로 분류하였다. 이와 같이, 정책문제와 정책목표 및 정책결과에 불확실성이 존재하는 경우에는 정책결과의 미래예측을 정확하게 측정하는 것이 어렵게 된다. 그러나 최적의 정책대안을 선택하기 위해서는 정책대안이 실행될 경우에 어떤 결과가 나올 것인가를 사전에 예측해 보아야 한다.

정책대안의 결과예측(consequences' prediction)은 불확실한 환경상황에서 정책문제를 해결하거나 정책목표를 달성하기 위하여 탐색된 정책대안이 집행되었을 경우 나타날 결과를 미리 예상하여 보는 것을 말한다. 여기서 정책대안의 결과란 정책대안을 추진하였을 때 나타날 것이라고 보는 정책효과나 정책비용을 말한다. 정책효과는 정책이 실현되었을 때 나타나는 영향을 의미하고, 정책비용은 정책의 추진으로 나타나는 희생이나 불이익을 말한다. 예컨대, 정책대안으로 저수지를 건설한다면, 쌀증산은 정책효과에, 건설비는 정책비용에 해당한다.

어느 지역에서 농업용수의 충분한 공급을 통해 쌀을 증산할 정책목표로 두 가지

〈표 11-13〉 정책대안의 결과예측과 가치평가의 예

| 정책대안 | 결과예측 | 가치평가 | 평가기준 B/C |
|---|---|---|---|
| 저수지 | 쌀증산 10,000석<br>건설비 5억원 | 효과: 10,000×6만원=6억원<br>비용: 5억원 | 1.2 |
| 도수로 | 쌀증산 15,000석<br>건설비 5억원 | 효과: 15,000×6만원=9억원<br>비용: 5억원 | 1.8 |

자료: 정정길(1993: 424).

정책대안을 탐색하였는데, 하나는 저수지를 건설하는 것이고 다른 하나는 가까운 댐으로부터 도수로를 건설하는 것이다. 저수지를 건설하면 건설비가 5억원이 들고 쌀증산이 10,000석이 예측되지만, 반면에 도수로를 건설할 경우 건설비가 5억원이 들고 쌀증산이 15,000석이 예측된다. 이 두 가지 대안을 비교하면 비용은 동일한데 쌀증산은 저수지보다 도수로가 더 많은 것으로 예상되어 도수로가 능률적인 정책대안으로 가정되고 있다. 이러한 정책대안의 결과예측을 토대로 대안의 가치평가작업이 있게 된다. 두 가지 대안에 대한 비용편익분석의 가치평가결과는 저수지보다 도수로가 효율적인 것으로 나타났다(표 11-13).

### (2) 정책대안의 결과예측방법

정책대안이 어떠한 결과를 가져올 것인가를 예측할 때에는 정책대안이 완전히 실현되는 것을 전제로 하고, 다양한 예측방법이 논의되고 있다. 정책대안의 결과예측방법으로 Hogwood & Gunn(1991: 133-144)은 추세연장(extrapolation), 주관적 판단(집단토의, 정책델파이, 교차영향메트릭스, 시나리오작성), 모형활용(계량경제학적 접근, 체제동학적 접근), 행태학적 분석으로 구분하였고, Dunn(1981: 150)은 추세예측, 이론예측, 직관예측으로 나누고 있다. 그리고 정정길(1993: 431-448)는 정책학습(과거정책과 외국정책), 모형작성, 정책실험, 주관적 직관적 판단(집단토의, 정책델파이)을 제시하고 있다.

이하에서는 정책대안의 결과예측방법을 정책학습(과거정책과 외국정책), 과학적 이론(모형), 정책실험, 주관적 직관적 방법(집단토의, 정책델파이), 추세연장으로 나누어 기술한다.

### ① 정책학습(과거정책과 외국정책)에 의한 예측

정책대안이 집행되는 경우에 어떤 결과가 나올 것인가를 예측하는 가장 쉬운 방법은 정책대안의 탐색방법인 과거정책과 외국정책에 대한 학습을 통한 예측을 하는 것이다. 첫째, 과거에 추진했던 정책이나 이와 유사한 정책안을 고려할 경우에는 과거의 정책추진결과가 앞으로도 나타날 것이라고 예상할 수 있다. 둘째, 외국에서 추진하고 정책을 대안으로 고려할 경우에도 외국에서 추진한 정책결과가 한국에서도 나타날 것이라고 예상할 수 있다.

### ② 과학적 이론(모형)을 통한 예측

정책대안의 결과예측은 과학적 이론(모형)을 통하여 수행할 수 있다. 이것은 정책대안의 탐색에서 이론(모형)을 작성하여 활용하는 것과 같은 논리이다. 정책대안의 결과를 예측하는 모형으로는 확정적 모형(deterministic model)과 확률적 모형(probabilistic model)이 있다. 전자는 정책대안의 결과를 확정적으로 예측하는 모형이고, 후자는 정책대안의 결과를 상황에 따라 발생확률을 예측하는 모형이다.

### ③ 정책실험을 통한 예측

정책대안의 결과예측방법으로는 정책평가방법으로 개발된 정책실험이 있다. 정책실험은 정책이 일정한 효과를 발생시키는지를 알아보기 위해서 전면적인 정책추진을 하기 전에 소규모로 일정한 정책대상집단에게 실시해 보는 일종의 시범적이고 시험적인 정책집행을 하는 방법이다.

이 방법은 과학적인 이론이나 모형에 의한 대안의 결과예측이 매우 불확실할 때에 사용하는 방법으로, 동일한 정책목표를 달성하기 위하여 정책수단을 약간씩 달리하여 어느 방식이 보다 좋은 결과를 가져오는지를 예측할 수 있다.

### ④ 주관적 직관적 방법을 통한 예측

정책대안의 결과예측방법으로는 주관적 직관적 방법으로 집단토의와 정책델파이가 있는데, 이것은 정책대안의 탐색에서 논의한 것과 같다. 또 다른 방법으로는 교차영향분석과 시나리오작성법이 있다.

교차영향분석(cross-impact analysis)은 델파이기법을 개발한 랜드연구소에서 개발한 방법이다. 이 방법은 전통적인 델파이방법이 예측된 사건들 사이의 잠재적 관계를 무시하는 것을 보완하기 위한 것으로, 관련된 사건의 발생여부에 기초해서 미래의 어떤 사건이 일어날 확률에 대해 전문가의 주관적 판단을 이용하는 방법이다.

시나리오작성법(scenario writing)은 1960년대 Herman Kahn이 허드슨연구소를 설립하고 군사분야나 기업경영 및 공공정책영역에 적용하기 위하여 개발한 것으로서, 주어진 상황이나 가능한 미래의 조건들 대한 논리적이거나 가능한 그림(plausible picture)을 구성하는 것을 말하는데, 정책과 관련된 미래의 이야기들(narratives)이 그 예이다(노화준, 2012: 389). 이 방법은 개인의 상상력이나 집단적인 토론 또는 컴퓨터의 도움을 받아 미래에 발생할 수 있는 여러 가지 상황을 이야기(story)형식으로 작성하여 미래의 다양한 모습을 이해하고 예측할 수 있게 한다.

⑤ 추세연장에 의한 예측

추세연장법(외삽법, extrapolation)은 과거나 현재의 역사적 자료 또는 역사적 경향에 기초하여 미래의 사회변화를 예측하는 방법으로서, 이동평균법, 지수평활법, 선형경향측정 등의 기법들이 사용된다(남궁근, 2017: 614–615).

첫째, 이동평균법(moving average)은 비교적 간단한 시계열자료 분석기법으로, 최근 몇 개의 관찰값의 단순평균값을 다음기간의 예측값으로 추정한다.

둘째, 지수평활법(exponential smothing)은 과거의 모든 자료를 사용하여 평균값을 구하되 최근 지표에 가중치를 높게 부여하여 미래의 예측값을 추정한다.

셋째, 선형경향추정(linear trend estimation)은 회귀분석을 사용하여 시계열의 관찰값을 기초로 미래의 사회상태에 대한 통계적인 추정치를 도출하여 미래 예측값으로 사용한다.

## 4) 정책대안의 가치평가

### (1) 정책대안의 가치평가의미

정책문제를 해결하거나 정책목표를 달성하기 위한 정책대안을 탐색하고 결과를 예측하였다면, 어떤 정책대안이 얼마만큼 바람직스럽고 실현가능한가에 대한 가치를 평가하는 작업이 요구된다. 왜냐하면 정책대안의 결과예측은 미래에 발생할 가능성에 대한 것으로서 여러 정책대안 중 어느 것이 더 가치가 있는가를 판단하는 것이기 때문이다.

정책대안의 가치평가(value evaluation)란 최종 정책대안을 선정하기 이전에 여러 가지 정책대안이 환경 또는 정책대상집단에 가져올(초래할) 결과나 영향을 검토하는 것이다. 정책대안의 가치는 그것이 채택되어 집행되었을 경우에 얼마나 유의미한 결과나 영향을 가져올 것인가에 따라 결정된다. 이러한 가치평가를 하는 데는 우선, 최선의 정책대안을 판단할 수 있는 기준인 정책대안의 가치기준을 제시하고, 다음으로, 가치평가기준에 따라 정책대안의 가치평가방법을 적용하여 여러 정책대안의 가치를 검토(평가)하여야 한다.

### (2) 정책대안의 가치평가기준

정책대안의 가치평가기준으로는 크게 소망성기준과 실현가능성기준으로 나눌 수 있다(표 11-14).

#### ① 소망성기준

정책대안의 가치평가기준으로서의 소망성(desirability)은 정책 또는 정책대안이 얼마나 바람직한가를 나타내는 것으로서 이것의 측정척도로는 효과성, 능률성, 형평성, 대응성 등이 있다.

첫째, 효과성(effectiveness)은 정책목표의 달성정도, 즉 정책대안이 가져올 결과(효과나 영향)를 말한다. 효과성이 큰 정책대안일수록 바람직한 정책대안으로 인식한다. 이 효과성기준은 정책효과만을 강조하고 여기에 들어가는 정책비용이 계산에서 제외되는 한계가 있다. 그래서 능률성기준이 요구된다.

둘째, 능률성(efficiency)은 투입과 산출(효과)의 비율, 즉 정책비용(정책대안의 추진비용)과 정책효과(정책대안의 기대효과)의 비율을 말한다. 여기서 정책산출(policy output)은 정책결정으로 나타난 것이고, 정책효과(policy effect)는 정책산출을 실행하여 나타난 것이다. 그리고 정책비용(policy cost)은 정책산출에 사용되는 자원이다. 이런 능률성기준에 의하여 동일한 정책비용으로 최대의 정책효과를 가져오거나 동일한 정책효과를 위해서 최소의 정책비용을 지불하는 정책대안을 선정한다.

셋째, 공평성(형평성, equity)은 공정성이나 정의와 동일 또는 유사하게 사용되는 것으로, 동일한 것은 동일하게 취급하고, 상이한 것은 상이하게 취급하는 것을 말한다. 전자를 수평적 형평성, 후자를 수직적 형평성이라고 한다. 이 중에서 수직적 형평성은 정책효과와 정책비용을 사회적으로 할당하는 배분적 정의(distributive justice)

〈표 11-14〉  정책대안의 가치평가기준

| 가치평가기준 | 측정척도 |
| --- | --- |
| 소망성기준 | 효과성, 능률성, 형평성, 대응성 |
| 실현가능성기준 | 정치적 실현가능성, 행정적 실현가능성, 경제적(재정적) 실현가능성, 기술적 실현가능성, 법적·윤리적 실현가능성, 시간적 실현가능성 |

를 말하는 것으로서 정책대안의 가치평가기준으로 많이 사용된다. 예컨대, 가난하고 약한 자에게 많은 정책효과를 향유하도록 하고 정책비용의 부담을 가볍게 하거나 소득재분배의 사고방식이 배분적 정의의 예이다.

넷째, 대응성(responsiveness)은 정책대안이 시민들의 요구나 선호 및 가치를 반영하는 정도를 말하는 것으로, 반응성이라고도 한다. 이러한 반응성이 있는 정책대안을 바람직한 것으로 인정한다.

다섯째, 소망성 가치기준 간의 모순 — 정책대안을 가치평가할 때에는 효과성과 다른 기준 간의 대립, 능률성과 공평성 간의 갈등 등이 있다. 이런 경우에 어떤 기준을 작용해야 하는가? 하나는 가장 바람직한 가치기준을 정하여 정책대안의 우선순위를 정하는 방법이고, 다른 하나는 모든 기준을 통합하여 단일종합기준을 만드는 방법이 있다.

이를테면, 효과성이나 능률성 기준은 정책효과가 사회전체적으로 얼마만큼 발생하고 정책비용이 사회전체적으로 얼마만큼 지불될 것인가를 측정하여 계산하는 것으로 경제적 측면에서는 중요한 기준이다. 그러나 정책효과나 정책비용이 누구에게 얼마만큼 배분되느냐는 계산에서 제외된다. 이 제외된 문제를 고려하는 것이 공평성기준이다. 이런 공평성기준은 경제적 측면에서 보면 중요하지 않지만, 정치적 측면에서는 매우 중요한 기준이라고 할 수 있다. 정책효과가 보다 많은 사람에 혜택이 돌아가고 가난한 사람에게 혜택이 주어지며, 반면에 가진 자가 보다 많은 정책비용을 부담하는 정책대안을 선정하는 것이 바람직한 것으로 본다.

② 실현가능성기준

정책대안의 가치평가기준으로서의 실현가능성(feasibility)은 정책 또는 정책대안이 채택되어 실현(집행)될 가능성을 말하는 것이다. 이런 실현가능성의 측정척도로는 Balker, Michaels & Preston(1975: 101 – 102)과 정정길(1993: 495 – 500)이 제시하는 것을 종합하면, 정치적 실현가능성, 행정적 실현가능성. 경제적(재정적) 실현가능성. 기술적 실현가능성, 법적 윤리적 실현가능성, 시간적 실현가능성 등이 있다.

첫째, 정치적(political) 실현가능성은 정치체제에 의해 정책대안이 채택되어 실행이 가능한 정도, 즉 정책결정자와 영향력을 가진 이해관계자나 시민들이 정책대안을 수용하는 정도를 말한다. 이것은 강력한 정치세력의 지지여부에 따라 달라진다.

둘째, 행정적(administrative) 실현가능성은 행정체제가 정책대안을 집행할 수 있는 능력, 즉 정책의 집행을 위하여 필요한 조직이나 인력을 이용가능한 정도를 말한다. 정책대안을 추진하기 위해서는 행정기구와 그것에 소속된 관료가 필요하다.

셋째, 경제적(재정적)(economic, financial) 실현가능성은 정책대안을 이용가능한 자원(예산)으로 실현가능한 정도, 즉 정책대안에 대한 필요한 재원이 확보되는 정도를 말한다. 가장 문제가 되는 것은 예산상의 제약으로 정책대안이 실현불가능한 경우이다. 아무리 좋은 정책대안이라도 필요한 자원을 동원할 수 없으면 무용지물이 된다.

넷째, 기술적(technical) 실현가능성은 정책대안이 현재 이용가능한 기술로 실현이 가능한 정도를 말한다. 예컨대, 석유를 대체하기 위한 에너지원으로 원자력을 이용하려는 정책대안이 원자력기술이 없었던 제2차 세계대전 전에는 실현불가능하였지만 원자력기술의 개발로 원자력발전이 가능하게 되었다.

다섯째, 법적·윤리적(legal, ethical) 실현가능성은 정책대안이 기존 법률이나 사회윤리에 부합되는 정도, 즉 정책대안이 다른 법률의 내용과 모순되거나 도덕적 윤리적 제약을 받지 않을 가능성을 말한다. 정책은 법률의 형태를 가지는 경우가 많은데, 이런 경우에 다른 법률의 내용과 모순되거나 충돌하지 않아야 한다. 예컨대, 교육부가 수도권에 대학을 증원하는 정책대안을 생각할 수 있으나, 이것은 수도권의 인구분산정책을 쓰는 건교부와 충돌할 수 있다. 또한, 정책대안은 사회의 일반윤리에서 수용될 수 있어야 한다.

여섯째, 시간적(time) 실현가능성은 정책대안을 집행하는데 소용되는 시간을 받아들일 수 있는 정도를 말한다. 예컨대, 한국은 5년 단임의 대통령제를 채택하고 있는데, 5년을 넘어서 10년이나 20년 정도의 장기적인 정책을 선택하는 것은 실현이 불가능할 수도 있다.

### (3) 정책대안의 가치평가방법

Weimer & Vining(1992: 218-222; 2005: 339-345)은 정책대안의 가치평가기준, 특히 소망성기준과 계량화 가능성기준을 조합하여, 정책대안의 가치평가방법을 비용편익분석, 질적 비용편익분석, 비용효과분석, 사회적 비용편익분석, 그리고 복수기준분석으로 구분하였다(표 11-15).

#### ① 비용편익분석

비용편익분석(cost-benefit analysis)은 능률성기준을 적용할 때, 정책대안의 모든 비용과 편익을 화폐가치로 환산하여 비교하는 방법으로서 정책대안이 희소한 자원

〈표 11-15〉 정책대안의 가치평가방법

| 소망성평가기준 | 계량화 가능성 | | 가치평가방법 |
|---|---|---|---|
| 능률성 | 화폐가치환산 | 예 | 비용편익분석 |
| | | 아니오 | 질적 비용편익분석, 비용효과분석 |
| 능률성:+<br>형평성, 대응성 등 | 화폐가치환산 | 예 | 사회적 비용편익분석 |
| | | 아니오 | 복수기준분석 |

자료: Weimer & Vining(1992: 219; 2005: 339) 수정.

을 가장 효율적으로 사용하고 있는가를 찾아내는데 목적이 있다. 여기서 정책대안의 편익(benefit)은 대안으로부터 초래되는 혜택으로서 직접적인 편익(예: 서비스의 생산성증가, 시간절약)과 간접적인 편익(예: 비용절약, 제3자에 대한 파급이익), 그리고 유형의 편익(예: 상품과 서비스의 수익증가, 시간절약)과 무형의 편익(예: 구제된 생명, 더 건강해진 시민들, 생활의 질, 미적 정서)으로 구분된다. 또한, 정책대안의 비용(cost)은 대안을 수행하기 위해 포기하거나 희생하는 대가로서 정책에 투입한 인건비와 시설비 등 유형의 직간접비용뿐 아니라 정책대상자의 순응을 확보하는데 무형의 직간접비용도 포함된다(노화준, 2010: 366-368; 384-385).

이러한 정책대안의 비용편익분석에서 적용되는 기준으로는 순현재가치(net present value, NPV), 편익비용비율(benefit-cost ratio), 내부수익률(internal rate of return) 등이 있다. 첫째, 순현재가치는 편익의 현재가치에서 비용의 현재가치를 차감한 효과분의 크기(=편익-비용)로서 순현재가치의 값이 큰 정책대안을 선택한다. 둘째, 편익비용비율은 편익의 현재가치를 비용의 현재가치로 나눈값(=편익/비용)으로서 이 비율이 큰 정책대안을 선택한다. 셋째, 내부수익률은 순현재가치가 0이 되도록 하는 할인율로서 일종의 투자수익률이다. 내부수익률이 큰 정책대안일수록 좋은 대안이 된다.

〈표 11-16〉 저수지사업의 비용-편익비교

| 저수지사업 | 비용 | 편익(효과) | 순현재가치 | 편익비용비율 |
|---|---|---|---|---|
| A 후보지 | 5억원 | 20억원 | 15억원 | 4% |
| B 후보지 | 5억원 | 18억원 | 13억원 | 3.6% |
| C 후보지 | 5억원 | 4억원 | -1억원 | -0.8% |

위의 표에서 저수지사업을 건설하려고 할 때, A, B, C 후보지 중에서 A 후보지가 선택된다. 왜냐하면 동일한 비용 하에서 가장 큰 편익을 가져오고, 순현재가치와 편익비용비율이 가장 우수하기 때문이다.

### ② 질적 비용편익분석

질적 비용편익분석(qualitative cost-benefit analysis)은 능률성기준을 적용할 때, 정책대안의 비용과 편익을 모두 화폐가치로 환산하기 어려운 경우, 특히 편익을 화폐가치로 환산하기 어려운 경우에 질적 방법으로 측정하는 방법이다.

예컨대, 정책대안의 편익 가운데 화폐가치로 환산할 수 있는 편익(예: 환경오염물질량감소)은 물질적 단위(PPM으로 표현된 오염물질양)로 표현하고, 화폐가치로 환산하기 어려운 편익(예: 시간절약, 건강에 미치는 위험감소, 아름다운 경치)은 단어(언어)로 표시를 하는 질적 주장(qualitative argument)을 제시한다.

### ③ 비용효과분석

비용효과분석(cost-effect analysis)은 능률성기준을 적용할 때, 정책대안의 비용은 화폐로 환산이 가능하지만 효과는 화폐가치로 환산할 수 없는 경우에 사용하는 방법으로서 각 정책대안들의 비용이 동일하여 효과만 비교하는 경우와 각 정책대안의 효과가 동일하여 비용만 비교하는 경우에 유용하다.

따라서 비용효과분석에서 적용되는 기준으로는 효과비용비율이나 비용효과비율이다. 첫째, 효과비용비율은 일정한 수준의 효과를 정해놓고 이 수준에 도달하는 몇 개의 정책대안들의 비용을 비교하여 이 중에서 가장 적은 비용의 정책대안을 선정하는 것, 즉 고정된 효과수준에서 최소의 비용이 들어가는 정책대안을 선정하는 것으로서 최소비용기준(least-cost criterion)이라고도 한다.

둘째, 비용효과비율은 일정한 수준의 비용을 정해놓고 이 수준에 도달하는 몇 개의 정책대안들의 효과를 비교하여 이 중에서 가장 큰 효과를 가져오는 정책대안을 선정하는 것, 즉 고정된 비용수준에서 최대의 효과를 가져오는 정책대안을 선택하는 것으로서 최대효과기준(maximum-effect criterion)이라고도 한다.

비용효과분석에서는 비용과 효과가 서로 다른 단위로 측정되기 때문에 총효과가 총비용을 초과하는지의 여부에 대한 직접적인 증거는 제시하지 못한다. 그러나 어떤 공공사업이 달성해야 할 효과수준이나 지출해야 할 비용한도가 확정되어 있을 경우에는 정책대안 선택의 복잡성을 감소시킬 수 있는 적절한 방법이 될 수가 있다.

〈표 11-17〉 교육훈련사업의 비용-효과비교

| 변 수 | A 훈련기관 | B 훈련기관 |
|---|---|---|
| 총훈련비용 | 27.5억원 | 34.5억원 |
| 훈련생이수비율 | 64% | 40% |
| 취업자수 | 48명 | 73명 |
| 취업시 1인당 훈련비용 | 5,729만원 | 4,726만원 |

자료: Royse, Thyer & Padgett(2016: 286), 남궁근(2017a: 640-641).

위의 <표 11-17>에서 실업자의 취업을 위한 두 교육훈련기관의 총비용을 비교하면 A기관에 비해 B기관이 더 많은 비용을 투입한다. 훈련생의 이수비율은 A기관이 64%로 B기관 40% 보다 높다. 여기까지 비교하면 A기관이 더 효과적이다. 그러나 인턴기간이 종료한 후 취업자수에서는 A기관 48명에 비해 B기관이 73명으로 더 많고, 취업자 1인당 훈련비용으로 A기관이 5,729만원, B기관이 4,726만원이 투입되었다. 취업자 1인당 비용을 평가할 경우 B기관이 A기관보다 비용 대비 효과성이 높다.

④ **사회적 비용편익분석**

사회적 비용편익분석(social cost-benefit analysis)은 정책대안의 비교평가기준으로 능률성 외에 형평성을 적용할 때, 비용과 편익의 계량화가 어려운 경우에 사용하는 방법이다. 이방법은 능률성의 보완기준으로 분배적 측면에 가중치를 부여하여 비용편익분석(distributionally weighted benefit-cost analysis)을 하는 것이다. 이를테면, 정책의 영향을 받게 되는 편익집단과 비용집단을 파악하여 각 집단들에게 발생하는 편익과 비용을 가중치를 부여하여 비용과 편익을 비교한다.

⑤ **복수기준분석**

복수기준분석(multi-criteria analysis)은 셋 이상의 소망성 가치기준을 사용하고 비용과 편익의 일부를 계량화하는 것이 불가능할 경우에 적절한 대안의 평가방법이다. 이방법으로 널리 사용하는 것이 계층화분석(analytic hierarchy process, AHP)이다. 이것은 정책요소들(기준, 대안) 사이의 상대적 중요도를 파악하기 위하여 각 요소들을 둘씩 짝지워 이원비교(쌍대비교)한 다음 이들을 종합하여 최종대안을 선택하는 것이다.

### 5) 최적대안의 선택

합리적 정책결정단계의 마지막 작업은 광범위하게 탐색되어 결과예측과 가치평가가 이루어진 정책대안들 중에서 최종적으로 특정정책을 선택하는 것이다. 최적의 정책이란 소망성과 실현가능성 기준에 비추어 가장 최상의 대안, 예컨대, 경제학에서 말하는 파레토최적의 대안을 말한다.

그러나 현실의 정책결정과정에서 이상적인 최적의 대안선택이란 거의 불가능에 가까운 작업이라고 할 수 있다. 이것은 규범적이고 이상적인 정책결정모형인 합리모형의 절차를 진행하기가 어렵다는 것을 말한다.

## 제7절 │ 정책결정의 사례연구

## 1. 사회정책: 의료보험입법과정, 의료보험통합결정, 공무원연금개혁결정

### 1) 1960년대: 의료보험입법과정(합리모형)[2]

#### (1) 사회보험입법 개요

우리나라에서 사회정책이 본격적으로 제도화되기 시작한 때를 5.16군사정부(1961.5–1963.12) 이후로 보는 데 대해서는 의견이 일치한다. 물론 이전에도 공무원연금 등 일부 사회정책이 있었지만. 사회정책이 광범위하게 제도적 기반을 구축하게 된 것은 이때부터라고 볼 수 있다. 5.16군사정부는 짧은 기간 동안에 주요사회정책들을 다량으로 제도화하였으며. 이를 토대로 한국의 사회정책은 경제발전기, 민주화이행기, 진보정권집권기 등을 거치면서 비약적으로 발전하였으며, 구체적으로 5,16군사정부 하에서 법제화된 주요사회정책들을 보면, 공적부조와 관련해서는 군사원호보상법(1961.11월), 생활보호법(1961.12월), 재해구호법(1962.3월)이 제정되었으며,

---

[2] 김순양. (2012). "5.16 군사정부하의 사회정책형성의 동태성: 사회보험의 입법과정을 중심으로", 「사회복지연구」 43(4): 151–193.

사회보험으로는 선원보험법(1962.1월), 군인연금법(1963.1월) 산재보험법(1963.11월), 의료보험법(1963.12월)이 제정되었다.

연구대상사례로는 5.16군사정부 하에서 입법이 완료된 의료보험의 입법과정을 분석하였다. 정책형성과정은 이를 의제설정과정과 정책결정과정으로 구분하였으며, 의제설정과정은 누가 어떠한 동기로 의제설정을 주도하였는지를 중심으로, 그리고 정책결정과정은 행위자의 수, 주도적 행위자, 정책이해, 상호작용 등을 중심으로 논의를 하였다. 정책산출은 정책형성과정에서 처음 의도한 정책내용이 어느 정도 변화하였으며, 주로 누구의 이해가 반영되었는지를 중심으로 논의하였다.

### (2) 정책형성체계: 정책형성의 장

정치적, 사회적 맥락은 정책형성체계를 규정하는 데 중요한 영향을 미친다. 권위주의적 정치체제에서는 정책형성체계 역시 배제적이고 집권적인 형태로 나타날 가능성이 큰것이다. 군사정부 하의 최고정책결정기구는 최고회의였다. 본래 최고회의는 입법기능을 주로 수행하기 위한 것이었으며, 내각과 사법부는 별개로 있었지만, 과도기적 군사정부 하에서 3권을 장악하였다. 당시 최고회의는 30명의 최고위원과 2명의 고문으로 구성되었는데, 구성 당시에는 전원 현역군인이었으나, 이후에는 현역과 예비역 군출신들이 혼재하였다. 따라서 최고회의는 기본적으로 직업군인출신들로 구성되었으며, 이들은 속성상 형평성보다는 능률성을 추구하며, 토론과 타협보다는 일사불란한 의사결정방식에 익숙해져 있었다. 그리고 정당 및 사회단체가 통제되고 주요정치인들의 정치활동이 제한된 상황에서 외부로부터의 이익투입은 불가능하였다.

당시 최고회의의 의사결정체계는 본회의와 상임위원회 및 분과위원회로 구성되어 있었는데, 이중에서 상임위원회는 최고회의의 일상적 권한을 행사하는 기구로서 최고회의 의장, 부의장, 각 분과위원장으로 구성되었다(국가재건최고회의법 제3조 및 제4조). 분과위원회는 법제사법, 내무, 외무국방, 재정경제, 교통체신, 문교사회, 운영기획의 일곱 개로 구성되어 내각부처를 관장하였다. 특히 분과위원회는 의안과 청원의 심사를 행하고 국정감사를 행함은 물론 국가의 기본정책을 입안하는 정책결정자로서의 기능을 수행하였다(법 제 6조 1항). 분과위원회는 7인 이내의 위원을 두며, 자문위원과 전문위원도 두었다. 사회보험의 경우는 문사위원회 소관이었다. 의료보험법의 경우 최고회의에서 사회보장제도 확립 지시각서'를 내각으로 시달하고, 최종

의사결정도 최고회의에서 하였다.

따라서 최고회의가 정책의제화 및 정책결정을 주도하였다. 반면에, 주무부처인 보사부는 최고회의의 지시사항을 실무적으로 뒷받침하였다. 특히 사회정책입안과정의 실무작업은 보사부장관의 자문에 응하기 위하여 1962년 2월 20일 설치된 사회보장제도심의위원회(이하, 사보심)가 중심이 되었다. 이렇게 보면, 본연구의 분석대상인 의료보험법의 경우는 정책형성체계가 최고회의(문사위원회, 상임위원회, 본회의)와 보사부 사보심을 축으로 형성되었으며, 외부참여는 배제되었다. 물론 내각회의의 경우는 정부안을 심의 확정하는 데서 기능을 한다. 그리고 특이한 점은 최고회의가 정책의 창도자 및 최종결정자의 역할을 수행하였지만, 실질적인 정책내용을 입안하는 데서는 보사부 내의 전문가(직업관료는 아님)들의 역할이 컸다는 점이다. 이는 당시 최고위원들이 대부분 직업군인출신들로서, 사회보험의 세부내용까지 결정할 수 있는 전문성은 결여되어 있었기 때문일 것이다.

따라서 당시의 정책형성체계는 합리적이고 단일한 국가행위자가 지배하고 외부참여자에 대한 배제성이 높은 정책커튼의 속성을 보였다고 볼 수 있다. 이러한 패쇄적인 정책형성체계는 의료보험정책형성과정과 그 결과로서의 정책산출에도 영향을 미치게 되었다.

### (3) 정책형성과정과 정책산출

의료보험입법은 최고통치권자인 박정희 의장의 지시가 정책을 시발하고 방향을 설정하는 데 영향을 미쳤다. 이점에서 의료보험의 정책의제화 역시 Cobb 등의 유형에 따르면, 정부 내의 고위정책결정자들이 주로 정치적 동기에 기인하여 국민들의 지지를 획득하기 위한 수단으로서 정책의제화를 추진하는 동원형에 가까운 것이었다. 반면에, 일반국민이나 노동단체 및 보건의료단체 등 외부이해당사자의 투입은 거의 없이 폐쇄적으로 정책이 의제화되었다.

보다 구체적으로 보면, 의료보험은 이미 1950년대 말부터 보사부 내에서 논의가 되고 있었다. 그러나 당시는 제도화를 염두에 두었다기보다는 보사부관료와 전문가들이 일본의 의료보험을 중심으로 토론과 학습을 행하는 수준이었다. 따라서 본격적으로 도입을 위한 논의가 시작된 것은 군사정부가 어느 정도 안정을 찾게 되는 1962년부터이다. 즉, 1962년 1월 15일의 시정연설에서 박정희 의장은 '...의료균점시책을 수립하고 부조와 보험을 근간으로 하는 사회보장제도의 기틀을 마련하여 국민생활

향상과 복지사회 건설을 기할 것입니다'라고 의료보장에 관하여 처음으로 언급하였다. 이는 곧 최고회의의 기본정책에 반영되었는데, 최고회익의 문교사회기본방침(제2항)에서는 '사회보장제도심의위원회를 구성하여 우리나라 현실에 적합한 사회보장제도를 조사 연구한다.... 사회보장제도 확대실시를 위한 입법 및 단계적 연구를 행한다 …' 고 규정하였다. 그리고 이러한 지침에 따라서 1962년 3월 보사부 내에 사보심이 설치되면서, 홍창섭과 최천송 등이 소속된 의료보험반을 중심으로 의료보험의 제도화작업을 본격화하였다.

사보심의 의료보험반은 1962년 6월말 '의료보험요강'을 작성하였으며, 7월초에는 '의료보험 실시에 대한 보충설명'이라는 보고서를 작성하여 의료보험의 방향을 구상하였다. 이후 7월 28일 박정희 의장은 사회보장제도 확립 지시각서를 내각에 시달하였으며, 이에 따라서 내각도 사회보장제도 중에서 우리나라에 적합하고 용이한 보험을 선택 착수할 것을 강조하였다. 그리고 이러한 최고회의 및 내각의 의지에 따라 사보심은 의료보험 실시기반을 조성하기 위하여 1962년 10월부터 2개월에 걸쳐서 서울시민들을 대상으로 국민1인당 의료비지출액과 상병들을 파악하였다.

1963년에 들어와서 박정희 의장은 다시 시정연설을 통하여 사회보장제도의 일환으로서의 의료보험의 실시를 강조하였다. 즉 1963년 1월 15일 박정희 의장은 '정부는 보건사회, 노동, 원호 등 복지행정면의 제시책을 더욱 강력히 추진할 것이며.... 광범위한 사회보장제도 실시의 일환으로서 의료보험과 근로자를 위한 재해보험제도를 발족시킬 것을 기약하며' 라는 내용의 시정연설을 통하여 의료보험의 시행을 제안하였다. 그리고 당시는 언론, 특히 정부기관지격인 서울신문 등에서는 지속적으로 조만간에 의료보험을 실시할 것임을 홍보하였다.

이후, 의료보험은 신속하게 입법이 추진되었는데, 의료보험반은 일본의 건강보험제도(직장근로자)와 국민건강보험제도(일반국민)를 혼합하여 1963년 2월 15일 의료보험법시안을 작성하였다. 이는 보사부안으로 확정되었으며, 차관회의를 거쳐 각의에 회부되어 논란이 없이 정부안으로 확정되었는데, 정부안에는 의료보험을 500인 이상의 사업장근로자를 대상으로 강제적용하도록 하였다. 이처럼, 정부안이 신속하게 결정된 것은 의료보험제도가 일본의 것을 상당부분 모방한 것으로서, 많은 시간을 소요할 필요가 없었기 때문이다.

정부안은 1963년 12월에 최고회의 문사위원회에 회부되어 자구수정을 가한 수정안을 만들었으며, 이후 상임위원회에서는 정부원안과 문사위 수정안을 대조하면서 심의를 진행하였는데, 동법안이 상임위원회에 상정된 것은 최고회의의 마지막 날이었다. 동법안은 본래 상시근로자 500인 이상 사업장에 강제적용하도록 되어 있었으나(법안 제8조), 최종심의과정에서 강제가입조항이 삭제된 채로 통과되어 1963년 12월 16일 공포되었다. 이처럼, 강제가입조항이 삭제된 데에는 형식논리면에서는 최고회의 법률고문이 강제가입은 헌법상의 계약자유의 원책에 위반된다고 주장하였기 때문이지만, 실질적으로는 당시 최고회의 내에는 의료보험을 강제로 시행하는 것은 시기상조라가는 분위기가 팽배해 있었으며, 강제가입으로 할 경우에는 정부와 기업의 사업비 부담에 대한 우려가 컸기 때문이다.

의료보험법의 경우는 1963년 12월 16일 최고회의에서 입법이 종료되었으며, 1964년 6월 시행령 및 의료보험심사규정 제정과 1964년 10월 시행규칙 제정으로 일련의 시행준비를 완료하였다. 당시 의료보험법의 주요내용은 첫째, 적용대상은 임시근로자, 일용근로자, 계절적 업무 종사자를 제외한 일반근로자는 대상으로 하되, 임의가입방식을 취한다. 둘째, 보험자는 의료보험조합으로 한다. 즉, 개별조합이 관리운영권을 가진 조합주의방식을 채택하였다. 셋째, 의료보험에 관한 중요사항을 심의하기 위하여 보사부에 의료보험심의위원회를 둔다. 넷째, 보험급여는 요양급여, 장제급여, 분만급여의 세 가지로 한다. 다섯째, 요양급여는 보사부가 지정한 보험의료기관에서 행한다. 여섯째, 정부는 사무집행에 소요되는 비용의 전액을 보조한다. 일곱째, 보험료는 피보험자와 사업주가 분담하며, 보험료율은 임금의 3−8% 범위 내에서 정한다.

그러나 이러한 내용을 가진 의료보험은 임의적용방식을 취하였기 때문에 당시의 열악한 경제상황 및 영세한 기업환경에서 제대로 활성화되지 못하였으며, 그 결과 1977년부터 강제적용방식이 재택되기 이전까지는 몇 개의 시범사업만 시행되었을 뿐이다. 그리고 1970년 7월 의료보험의 적용대상을 전체국민으로 하되, 근로자와 공무원 및 군인에 대해서는 강제가입하도록 하는 것을 골자로 하는 제1차 개정이 의원입법의 형태로 단행되었지만, 시행령이 제정되지 못하여 무산되었다. 따라서 1976년까지는 11개의 임의 의료보험조합이 운영되었을 뿐이며, 적용대상인원도 65,000명으로 전체국민의 0.2%에 불과하였다.

그리고 의료보험은 1977년 이후 강제보험으로의 정책전환이 있은 이후에도 다양한 이슈들을 중심으로 정책변동을 겪게 되었다. 대표적인 것이 의료보험조합통합과 의약분업을 둘러싼 것이었다. 우선, 의료보험조합통합의 경우는 1980−82년의 제1

차 통합논쟁 이후 지속적으로 논란이 되어 1988-89년에는 제2차 통합논쟁이 촉발
되었다. 이후, 1990년대 들어와서 시민단체 등의 주장으로 다시 통합논쟁이 추진되
어 마침내 1997년 국민의료보험법의 제정으로 부분통합이 달성되있으며, 1999년에
는 국민건강보험법의 제정으로 통합이 완료되었다.

반면에, 의약분업의 경우는 역시 1980년대 초반의 의료보험 시범사업지역 내의
의약분업의 한시적 실시를 계기로 논쟁이 촉발되어 이후 약 20년 가까이 논란이 지
속되다가 2000년 7월부터 건강보험 내에서 완전 의약분업을 실시할 수 있게 되었다.

## 2) 1980-90년대: 의료보험통합결정(옹호연합모형)[3]

### (1) 의료보험통합 개요

의보통합은 1980년대 이래 지속적인 논쟁거리였다. 즉, 1977년 의료보험 도입
당시에는 조합주의방식을 채택하였으나, 1980년대 들어서면서 지역의료보험의 도입
이 논의되면서 제1차 의보통합논쟁이 촉발되었다. 당시의 논쟁은 보사부관료와 청
와대관료들 간의 대립이었으며, 대통령의 유보지시로 통합추진은 무산되었다. 이후,
제2차 논쟁은 1988년부터 농어촌지역의보가 시행되고 농어민의 과중한 보험료 부담
이 불거지면서 진보적 농민단체와 보건의료단체의 주도로 촉발되었고, 주요야당들
도 찬동하였다. 반면에, 정부여당은 입장을 번복하고 조합주의를 옹호하였다. 1989
년 3월 의보통합을 골자로 하는 국민의료보험법이 입법되었으나 대통령의 거부권
행사로 무산되었다. 1990년대 들어서도 시민단체는 "의료보험통합 일원화 및 보험
적용 확대를 위한 범국민연대회의(이하. 의보연대회의)"를 결성하고 통합을 주장하였
으나 정부여당의 반대로 번번이 실패하였다. 그러나 1997년부터는 여당(한나라당)이
대선전략 차원에서 부분통합을 수용함에 따라 1997년 11월 지역의보조합과 의료보
험관리공단의 조직을 통합하는 국민의료보험법이 제정되었다.

김대중 정부는 의보통합을 대선공약으로 제시하였음은 물론, 당선 이후에는 이
를 100대 국정과제의 하나로 추진하였다. 1998년 2월에는 노사정위원회에서 의보통
합을 연말까지 입법하기로 합의하였다. 야당(한나라당)과 한국노총도 찬동하였다. 따
라서 1998년 중의 의보통합논쟁은 청와대 및 여당의 신권력엘리트, 진보적 시민단
체, 민주노총/지역의보노조가 중심이 된 통합주창자들이 주도하였으며, 1998년 12

---

3) 김순양. (2010). "보건의료정책과정에서의 옹호연합의 형성과 작동: 의약분업 및 의료보험통합 논쟁
사례의 비교분석-의료보험통합사례", 「한국정책학회보」 19(2): 1-44.

월에는 조직과 재정의 완전통합을 지향하는 국민건강보험법안이 국회 상임위를 통과하였다. 그러나 동법안의 후속 심의과정에서 야당이 불참함에 따라서 1999년 1월 의장직권으로 본회의에 상정되어 여당주도로 통과되었다. 통합주창자와 반대자 간의 대립은 이때부터 격화되어 1999년 이후부터는 통합주창자와 야당, 한국노총/직장의보노조 중심의 통합반대자 간의 갈등이 격화되었다. 통합주창자들은 의보연대회의, 통합반대자들은 "봉급생활자 보험료 과잉부담저지 및 사회보험개혁을 위한 범국민대책회의 (봉급생활자대책회의)"를 중심으로 활동을 전개하였다. 이후, 정부여당은 1999년 하반기부터 선거를 앞둔 시점에서의 행정혼선과 보험료 인상을 우려하여 통합일정을 연기하고자 하였다. 이에 대한 시민단체와 민주노총의 반발은 성과가 없었다. 야당과 한국노총은 차선책으로 이를 수용하였다. 따라서 1999년 12월 국민건강보험법이 재개정되어 통합일정이 연기되었다. 이후, 조직통합은 예정대로 되었으나, 재정통합은 2003년에나 가능하였다.

### (2) 정책결정분석과 정책산출
#### ① 외적 요인

첫째, 정책문제의 속성 – 의보통합은 의료보험의 관리운영체계(조직 및 재정)를 단일보험자로 하느냐(통합주의) 아니면 개별조합을 독립채산제형태로 운영하느냐(조합주의)와 관련된다. 특히 1997년 부분통합이 결정되었기 때문에 통합여부에 대한 논쟁이라기보다는 통합의 방식과 시기에 관한 선호의 문제였다.

둘째, 제도적 제약 – 의보통합논쟁은 1980년대 들어서 지역의료보험의 확대계획과 더불어 시발되었다. 1997년 대선을 앞두고 당시 여당의 주도로 부분통합입법인 국민의료보험법이 제정됨으로써 통합의 첫발을 내딛게 되었다. 의보통합과 관련해서는 국민의료보험법과 의료보험법 등의 관련 법규, 정부 내 및 국회에서의 의사결정이나 입법절차 관련 법규, 집회나 시위 관련법규, 노동관련 법규 등이 주요행위자들의 행동과 선택을 제약하였다

셋째, 지배집단 변화 – 1997년 2월 대선에서 김대중 후보가 당선됨으로서, 진보적 성향이 강한 김대중 정부는 대선과정에서부터 의약분업과 의보통합을 선거공약으로 제시하였으며, 당선 이후에도 이의 추진의지를 분명히 하였다. 또한, 의보통합 논쟁에서 정부여당이 1999년 12월 통합시기를 연기하기 위한 국민건강보험법 개정을 추진한 데는 2000년에 예정되어 있던 재보선일정이 일부 영향을 미쳤다.

넷째, 사회경제적 요인−1980년대 후반 이후의 시민사회의 활성화는 옹호연합의 형성 및 작동에 큰 영향을 미쳤다. 즉, 진보적 시민단체와 민주노총 등은 1994년 이래 의보연대회의를 결성하여 통합을 주창하였다. 반면에, 보다 직접적으로는 심화되는 의료수혜 격차, 분배 및 형평에 대한 요구증대 등이 논쟁과정에서 영향을 미쳤다.

② 정책하위체제: 정책형성의 장

정책하위체제는 다양한 공사행위자들이 참여하는 개방적인 것으로 보고 있는데, 의보통합 정책하위체제의 경우도 매우 개방적이었다. 이는 정치적 민주화와 시민사회의 활성화라는 당시의 정치사회적 환경과 밀접한 관련이 있다.

이를테면, 의보통합논쟁에서는 정부부처, 여당, 야당, 국회, 시민단체, 민주노총/지역의보노조, 한국노총/직장의보노조, 경제단체 등 다양한 행위자들이 참여하였다. 이는 의보통합논쟁이 이미 장기간 논란이 된 데다 시민단체들이 이를 지속적으로 사회의제화하였기 때문이다. 그리고 의보통합논쟁은 단순사안으로서 비전문가들도 쉽게 개입할 수 있었다. 또한, 의보통합은 논쟁의 장이 주로 국회였다. 국회에서의 논쟁은 통상적으로 정부에서의 논쟁보다 동태적이고 참여자가 많다. 그러나 지리적 범위면에서는 대부분의 논쟁이 중앙정부 차원에서 발생하였으며, 지방정부의 개입여지는 별로 없었다. 기능적 범주면에서는 보건의료 관련 행위자들뿐만 아니라 노동조합과 경제단체 등도 적극 참여하였다. 이는 기본적으로 의보통합이 이해관계자는 많으면서 이슈의 전문성은 낮았기 때문일 것이다.

첫째, 옹호연합의 형성−상기한 신념체계 및 이해에 기초하여 행위자들은 각기 갈등적인 옹호연합을 형성하였다. 통합주창옹호연합은 정부, 여당, 시민단체, 민주노총/지역의보노조 등으로 구성되었다. 특히 시민단체와 민주노총이 중심이 된 의보연대회의가 주도적이었다. 통합반대옹호연합은 야당, 한국노총/직장의보노조 등이 중심이 되었다. 직접적 연대는 주로 민간부문행위자들 간에 형성되었다. 그리고 행위자는 별로 신념이나 이해가 차지하는 비중이 다를 수 있다.

둘째, 옹호연합의 작동−의보통합논쟁에서 정부·여당은 민간부문의 통합주창자들과 직접연대를 형성하기보다는 이들을 정부위원회 등에 참여시킴으로써 지원을 받고자 하였다. 반면에, 시민단체나 민주노총 등은 의보연대회의를 결성하고 서명운동, 세미나 개최, 기자회견, 성명서, 시위 등 다양한 활동방식을 동원하였다. 반면에, 통합반대옹호연합은 한나라당과 한국노총 등이 중심이 되었으나, 야당과 노동단체 간에 연대기구를 구성하지는 못하였다. 한국노총/직장의보노조는 핵심적인 통합반대자로서, 공식적인 정부기구 참여나 제도적 활동방식(건의문 발송, 간담회 개최, 국회 청원 등)은 물론, 다양한 직접행동(서명운동, 시위, 파업, 점거농성, 항의방문, 광고게재, 자료제출거부 등)을 동원하였다 그리고 특기할 것은 노동단체들 간의 갈등과 대립이 심각하였으며, 의약분업과는 달리 여·야 간 대립도 격화되었다.

셋째, 정책중개─의보통합논쟁에서는 중개자가 될 수 있는 정부부처, 국회, 시민 단체의 중개기능이 미진하였다. 물론, 입법과정상 필요한 공청회를 개최하였으나, 이는 상반되는 의견을 들어보는 정도였다. 시민단체 주최의 토론회는 의보통합의 당 위성을 주장하기 위한 것에 불과하였다. 따라서 정책중개가 발생할 수 없었다. 이처 럼, 의보통합논쟁에서 중개행위가 미진한 것은 의제 자체가 양자택일의 성격이 강하 여 기술적 협상의 여지가 별로 없었으며, 정부부처, 국회, 시민단체 모두가 특정옹호 연합의 핵심적 행위자로서 중개행위를 하기가 어려웠기 때문이다.

### ③ 정책산출

의보통합의 정책산출을 보면, 1997년 11월 공교(공무원 및 사립학교교원)의보와 지역의보의 조직을 통합하는 '국민의료보험법'이 제정되었으며, 그 결과 1998년 10 월 국민의료보험관리공단이 출범하였다. 이후, 김대중 정부에 들어와서 완전통합이 추진되어 논란 끝에 1999년 1월 '국민건강보험법'이 제정되었다. 그러나 정부·여당 의 주도로 통합일정을 연기하는 법개정이 추진되어 1999년 12월 국민건강보험법이 개정되었다. 그 내용을 보면, 조직통합은 2000년 6월까지(6개월 연기), 재정은 직장 과 공교는 2000년 12월까지(1년 연기), 지역은 본래대로(2001년 12월까지)로 하며, 보 험료 부과는 지역가입자는 부과표준소득으로 하고 직장가입자는 임금비례로 이원화 한다는 것이었다. 이에 대해서 시민단체 및 민주노총은 즉각적인 완전통합을 주장하 였다. 반면에, 야당과 한국노총은 조직은 통합하되, 보험재정은 영구분리를 주장하 였다. 이후, 재정통합은 다시 연기되어 2003년 이후 달성되었으나, 결국은 정부·여 당의 주장이 주로 반영되었다.

## 3) 2000년대: 공무원연금개혁결정(다중흐름모형)[4]

### (1) 공무원연금개혁 개요

공적연금개혁은 지난 20여 년 동안 대부분의 복지선진국가에서 가장 중요한 정

---

4) 배용수·주선미. (2016). "2015년 제4차 공무원연금개혁정책의 형성과정분석: 복합흐름모형의 적 용", 「국정관리연구」11(2): 109-140.

책개혁이슈였으며, 공무원연금은 우리나라 최초의 공적연금으로서 1960년에 도입되었다. 이제도는 공무원의 노후보장 목적과 더불어 재해 및 퇴직금 보장의 목적도 함께 충족하도록 설계되었다. 공무원연금제도는 1963년에 분리된 군인연금 및 1975년에 새로 도입된 사학연금과 함께 특수직역에 대한 소득보장을 제공하는 제도로서 운영되었다. 한국의 공무원연금은 낮은 수준에 머물러 있던 공무원 보수에 대한 '보완적 처우개선'을 위해 1990년대 중반까지 계속해서 연금급여의 상향이 이루어졌다. 그러다가 재정문제가 지속적으로 확대됨에 따라 2015년의 공무원연금제도개혁이 있기 전에 이미 3번(1995년, 2000년, 2009년)의 대폭적인 제도개혁이 있었다.

2015년 5월 29일 통과된 한국의 공무원연금개혁안은 이전의 연금개혁정책형성 과정이 공무원집단의 저항과 정부의 밀어붙이기로 점철되었던 것과는 달리, 국회라는 정치적 장 내에서 다양한 이해관계자 간의 절충과 타협을 통해 도출되었다는 특징을 보인다. 즉 여당과 야당, 공무원 이해관계집단, 그리고 전문가집단이 참여하여 합의를 통해 개선안을 마련해 나감으로써 최소한 정책형성과정 측면에서는 과거개혁에 비해 진일보했다고 평가할 수 있다. 따라서 이와 같이 공무원연금개혁을 둘러싸고 주로 인식되었던 문제와 그것을 해결하기 위한 대안들 그리고 여론이나 전략 등 정치관계는 무엇이었고 이들이 어떤 메커니즘 하에서 최종타결에 이르렀는지 분석하는 것은 매우 큰 의의가 있을 것이다.

본 연구는 Kingdon이 처음 제시하였던 의사결정모형을 수정한 Zahariadis 다중흐름모형을 활용하여 제4차 공무원연금개혁정책을 분석한다. 보다 구체적으로는 2014년 2월 25일 박근혜 대통령이 공무원연금개혁을 국정과제로 제시한 때부터 개혁안이 국회에서 타결된 2015년 5월 29일까지를 시간적 연구대상으로 한다.

〈박근혜 정부의 공무원연금개혁과정〉

- 2014. 2.25: 박근혜 대통령, '경제혁신3개년계획'에서 공무원연금개혁방침 발표
- 2014. 9.18: 당정청협의회, '더 내고 덜 받는' 공무원연금개혁 찬성
- 2014.10.28: 새누리당, 공무원연금개혁법안 발의
- 2014.10.29: 박근혜 대통령, 국회 시정연설에서 공무원연금개혁 연내 마무리 협조요청
- 2014.12.10: 여야 대표 및 원내대표(2+2) 회담, 공무원연금개혁을 위한 국민대타협기구 출범
- 2014.12.23: 여야, 공무원연금개혁 관련 국회특별위원회 출범
- 2015. 3.28: 국민대타협기구 활동시한 종료
- 2015. 4. 2: 공무원연금개혁특별위원회 활동시한 5월2일까지 연장

- 2015. 4.13: 공무원연금개혁 9인 실무기구 출범
- 2015. 4.16: 박근혜 대통령, 새누리당 김무성 대표와의 청와대 회동에서 공무원연금개혁 관철당부
- 2015. 4.23: 새누리당 김무성 대표, 공무원연금개혁 대국민호소문 발표
- 2015. 4.29: 4.29 국회의원 재선거·보궐선거 새누리당 압승
- 2015. 5. 1: 공무원연금개혁 실무기구 공무원연금개혁안 합의
- 2015. 5. 2: 여야 대표, '공무원연금개혁 및 국민연금 강화를 위한 양당대표 합의문' 서명
- 2015. 5. 2: 공무원연금개혁특위, 실무기구 단일안 가결
- 2015. 5. 6: 국민연금논의 연계(소득대체율 50% 명시) 문제로 여야 협상 결렬
- 2015. 5.10: 여야 원내대표 상견례, 5월 임시회 추가소집 및 공무원연금법 계속논의 합의
- 2015. 5.11: 복지부장관, 국민연금 관련 야당 공개비판
- 2015. 5.12: 박근혜 대통령, 국무회의에서 공무원연금 처리촉구
- 2015. 5.15: 당정청 고위인사 공무원연금개혁대책 논의, 5월 2일 합의안 존중공감
- 2015. 5.18: 청와대 정무수석, 공무원연금개혁 무산책임 사퇴
- 2015. 5.20: 공무원연금개혁특위 여야 간사, 공무원연금법 본회의 처리 합의
- 2015. 5.28: 여야 원내대표, 공무원연금법 28일 처리 합의
- 2015. 5.29: 전날부터 이어진 밤샘협상 끝에 29일 새벽 국회 본회의에서 공무원연금법 처리

## (2) 세 가지 흐름과 정책산출

### ① 문제흐름: 대통령의 문제제기

한국의 제4차 공무원연금개혁정책은 그동안 공무원연금제도의 개혁이 필요하다는 인식이 유지되어 오다가 박근혜 대통령의 국정아젠다 제시를 계기로 연금재정의 불건전성이라는 문제가 명확히 제기되기 시작하였다. 본연구에서 분석의 대상이 되고 있는 공무원연금개혁은 박근혜 정부에 의해서 시작되었다. 박근혜 대통령은 취임 1주년인 2014년 2월 25일 대국민 대통령 담화를 통해 공공부문개혁 및 경제혁신3개년계획의 일환으로 공무원연금개혁을 우선적 국정아젠다로 제시하였다. 여당인 새누리당은 박근혜 대통령의 문제제기에 따라 2014년 3월 경제혁신특위 산하에 공적연금개혁분과를 설치하였다. 이에 당시 안전행정부에서는 2014년 상반기에 KDI에 연구용역을 통해 제도개혁안을 마련하였는데, 개혁안의 목표는 공무원연금의 수급부담구조를 궁극적으로 국민연금과 동일하게 맞추는 것이었다.

이러한 문제상황에 대하여 관심이 모아지고 해결책을 찾으려는 인식이 하나의 문제로서 정의되는 흐름을 형성하였다. 다만, 과거의 공무원연금개혁이 정부 담당부처의 일방적 주도로 추진되었던 것과는 달리 이번개혁은 여론, 정당, 정부, 공무원노

조 등 중요한 이해관계집단이 모두 처음부터 논의과정에 참여했고 정부가 아닌 국회
와 정당이 논의의 진행을 주도했다는 점이 문제흐름에서의 특징이었다.

### ② 정책흐름: 이해당사자 간의 협상과 타협

정책대안의 흐름에 관해서는 기술적 실행가능성, 가치수용성과 예산영향이 순기
능적으로 작용하여 정책대안이 수립됨으로써 개혁안과 세부방침이 구체화되었고,
이 과정에서 정부·여당 등 주요참여집단의 전략이 주효하였다. 정책형성과정에 다
양한 집단이 나름의 해결책을 갖고 참여함으로써 보다 진지하고 역동적인 정책대안
의 흐름이 형성되었다고 할 수 있다. 다만, 개혁논의의 초기에는 참여자 간의 가치수
용성에 대한 입장차가 크고 기술적 실행가능성이 저조하게 나타나는 등 정책대안의
흐름이 왜곡되어 개혁논의의 진행이 수차례 중단되었다.

이를테면, 정책주도자로서 새누리당은 정책결정과정에서 유연하게 대응함으로
써 대안의 기술적 실행가능성을 계속 높여나갔다. 즉 새누리당은 선명한 개혁이미지
를 일관성 있게 유지하면서도 실무적인 협상과정에서는 협상의 핵심인 지급률(연금
액비율)결정에서 당초안인 1.25%보다 훨씬 후퇴한 1.7%로 타협하고(종래 1.9%), 그
것도 20년 간에 걸쳐 단계적으로 인하하는 점진적 방식을 받아들였다. 새누리당은
공무원기여율도 7%에서 9%로 5년에 걸쳐 높이는 안을 수용하였다. 야당인 새정치
연합은 연금지급률을 가능한 인하하지 않으면서 동시에 그 부담을 신규공무원에게
전가하는 데서 공무원노조와 이해관계를 공유하였으며, 이 지점을 통해서 새누리당
의 양보를 받아냈다. 당초 정부와 새누리당의 개혁안은 공무원연금 소득대체율을 중
장기적으로 국민연금수준으로 낮춰 통합하자는 것이었다. 그러나 우여곡절 끝에 마
련된 합의안은 연금구조의 기본틀을 그대로 둔 채 기여율과 지급률만을 조정하자는
새정치연합의 모수개혁안으로 크게 후퇴한 것이었다.

### ③ 정치흐름: 국회의 주도적 추진

이번 공무원연금개혁에서는 국회 및 여야 정당이 개혁아젠다에 관한 사회적 합
의의 틀을 유지하면서 정책의 과정을 주도함으로써 정책형성에서 정치의 흐름이 차
지하는 위상이 매우 커졌다고 할 수 있다. 이러한 정치의 흐름은 문제의 흐름이나
정책대안의 흐름과는 별도로 존속하면서 여론과 국가전략에 의해 추진력을 확보해
나갔다.

새누리당은 2014년 10월 28일 KDI안에 여론에 의해 제기된 형평성문제를 감안
한 새로운 공무원연금법 개정안을 당대표가 발의하는 형식으로 개혁을 주도적으로

추진하였다. 처음에는 공무원노조의 반대입장을 수용한 야당이 여당의 개혁안에 강력히 반대하였으나, 12월 10일 국회·정부·공무원노조·연금전문가 등 이해관계집단이 참여하는 공무원연금개혁특별위원회와 국민대타협기구를 국회 내에 설치하여 사회적 합의를 도출하고자 하였다.

대타협기구 논의과정에서 공무원노조는 어떤 형태이든 국민연금에 접근하는 안에 반대하였고, 야당은 노조의 입장을 주로 대변하는 식이어서 여야 논의과정은 대체로 지지부진하였다. 국민대타협기구는 활동종료시한까지 합의를 보지 못하고 2015년 3월 28일 별도의 실무기구를 구성하였다. 실무기구 설치 이후 여야 정쟁이 가열되는 동시에 개혁안 협상이 크게 진전되어 5월 2일 전격적으로 여야 간에 합의에 도달하였다. 2015년 5월 29일에 결국 종전의 제도적 틀을 유지하면서 보험료율 인상, 지급률 소폭인하, 지급연금액의 동결 등을 골자로 하는 모수적 개혁안이 국회를 통과하였다.

### ④ 정책산출

공무원연금개혁정책은 대통령의 국정아젠다 제시로 문제흐름이 나타났고, 이에 대해 주요한 참여집단이 각자의 이해관계를 토대로 정책대안을 제시하는 정책흐름이 있었고, 국회의 적극적인 입법추진이라는 정치흐름이 진행되는 상태에서, 각 흐름들이 일시적 정돈상태에서 결합함으로써 정책이 결정되기에 이르렀고 공무원연금법 개정을 완료할 수 있었다.

공무원연금은 재정이 점점 열악해지는 상황에서도 국민연금에 비해 지나치게 관대한 급여를 지급하고 그 적자를 국고에서 메우고 있다는 점이 문제의 핵심이었다. 따라서 이번 공무원연금개혁추진과정에서 형성된 여론에서 나타난 가치는 크게 재정건전성과 형평성이라 할 수 있다. 우선, 이번 공무원연금개혁의 가장 큰 목적은 연금재정의 건전성에 있다. 이를 위해 7%인 보험료율을 2020년까지 5년에 걸쳐 9%로 인상하는 동시에 연금지급률은 1.9%에서 20년에 걸쳐 1.7%로 단계적으로 낮추기로 하였다. 지급률의 인하로 33년 가입기준 최고소득대체율은 62.7%에서 56.1%로 축소되었다.

한편, 이번 개혁안은 형평성 제고를 위한 조치도 다분히 포함하고 있다. 우선, 소방관·경찰관 등 소득이 낮은 공무원의 연금액이 상대적으로 덜 삭감되고 고급여 수급자 소득상한선의 인하를 통해 연금소득을 삭감하는 등 저급여 수급자와 고급여 수급자 간의 소득재분배기능이 도입되었다. 그리고 세대 간의 불균형을 다소나마 축소하기 위해 2010년 이후 신규임용자에게 적용키로 했던 2009년 개혁조치(유족연금 지급률 70%에서 60%로 하향, 수급개시연령 60세에서 65세로 상향)를 2009년 이전 1996년 이후 임용자에게도 확대하였다. 또한, 2016년부터 2020년까지 5년간 지급되는 퇴직연금, 유족연금, 장애연금에 대한 물가연동을 동결하여 신규공무원과 기존 수급자 간의 형평성을 다소나마 제고하였다.

그렇지만 공무원노조 등 이해관계집단이 국회에서의 논의과정에 적극 개입하면서 연금개혁안은 본래의 취지와는 달리 종래의 연금제도에서 근본적인 변화를 끌어내지 못한 채 마무리되었다. 특히 정책과정에서 논의되었던 구조적 개혁을 통한 국민연금과의 형평성 해소문제는 해결되지 못하였고, 국민연금과의 격차를 현실적으로 인정하였으며, 공무원연금의 불리했던 조건을 오히려 개선하는 측면도 있었다. 예컨대, 최소가입기간이 20년에서 10년으로 단축되었고 기존에 보장하지 않았던 비공무상 장애에 대한 보장도 새로 도입되었다.

## 2. 산업정책: 중화학공업정책결정과정, 업종전문화정책결정, 첨단의료 산업단지입지결정

### 1) 1970년대: 중화학공업정책결정(관료정치모형)[5]

#### (1) 중화학공업정책의 추진배경

1961년 5.16 군사혁명으로 정권을 장악한 군사혁명위원회는 혁명공약으로 반공체제 강화와 구악일소 및 경제건설 등을 제시하였다. 그중에서 제일 중요한 공약이 경제건설이었다. 이 당시 한국의 경제상황은 1961년 일본외무성이 만든 '한국경제에 대하여'라는 보고서에 의하면, 인구과잉, 자원부족, 공업의 미발달, 군비의 압력, 정치의 열악, 민족자본의 열악, 행정능력의 결여 등의 문제점을 안고 있어 경제발전과 자립경제를 하는 것이 절망적이라고 보았다.

이러한 상황에서 군사정부는 '빈곤에서의 탈피, 기아에서의 해방'을 국민의 지상목표로 삼고 정책비전으로 공업화를 설정하였다. 이를 위해 1962년도를 착수년도로 하는 제1차 경제개발5개년계획을 1961년 1월에 성안하여 동년 2월에 발표하였는데,

---

5) 배응환. (2000). "정치체제변화에 따른 정부와 경제이익집단의 정책네트워크연구: 산업정책에 있어서 전경련과 대한상의를 중심으로 - 중화학공업정책결정사례", 「고려대학교 행정학박사논문」.

기본목표는 공업화를 통한 산업근대화를 이룩하는 것이고, 기본정책은 공업입국과 수출제일주의를 천명하고, 수입대체산업인 비료와 섬유산업 등 경공업 발전에 의한 수입대체적 공업화를 추진하였다.

이후에, 박정희 정부는 1967년부터 1971년까지의 제2차 경제개발5개년계획기간은 제1차 계획에서 거둔 성과를 바탕으로 경제자립을 목표로 한 경제성장을 지속시키는 기간이었고, 1972년을 착수년도로 하는 제3차 경제개발5개년계획을 1971년 2월 확정 발표하였다. 제3차계획의 기본목표는 첫째, 성장 안정 균형의 조화, 둘째, 자립경제의 구축, 셋째, 지역간 균형발전을 제시하고, 기본정책으로 농어촌경제의 혁신적 개발과 수출의 획기적 증대 및 중화학공업의 건설을 설정하였다.

이처럼, 1970년대에 들어와서는 경제정책기조로 설정한 경제성장목표를 달성하기 위하여 산업구조의 고도화를 통한 중화학공업정책을 추진하였다. 당시의 중화학공업화정책은 석유파동으로 인한 세계경제의 침체라는 난관을 극복하면서 고도경제성장과 수출확대를 위하여, 1950년대 일본이 채택한 'INDUSTRIAL TARGETING' 전략을 모방하여 6개 부문의 중화학산업부문을 전략산업으로 지정하여 중점육성하는 전략적 산업발전전략이었다.

### (2) 중화학공업정책의 결정: 관료간의 연합

박정희 정부에서 조국근대화라는 국가비전을 달성하기 위하여 국가최고정책과제로 다루어진 중화학공업정책구상은 국가원수의 핵심사업이란 중책을 안고 사업이 착수되었다. 당시 방위산업 육성에 강력한 의지를 가지고 있던 박정희 대통령은 1971년 11월 10일 중화학공업건설의 일환으로 방위산업 육성을 건의했던 상공부의 오원철 광공업차관보를 경제2수석비서관실을 신설하여 경제2수석비서관으로 임명하고, 방위산업 및 중화학공업을 관장하게 하여 중화학공업정책의 기본계획을 입안하였다.

한국의 중화학공업정책은 일본의 중화학공업모델을 모방하여 1971년 말에 구상하기 시작하여 1972년 12월에 마스터플랜으로 '공업구조개편론'을 만들었는데, 수출 100억달러, 1인당 GNP 1,000달러를 목표로 하고, 기본산업으로 중화학공업의 주도업종을 선정하여 국가기간산업과 수출주도산업으로 육성한다는 것이다. 이것은 수정 보완되어 1973년 1월 30일에 '중화학공업정책선언에 따른 공업구조개편론'으로 나왔다. 이의 내용을 보면, 첫째, 수출 100억달러, 1인당 GNP 1,000달러를 목표로 하는 국가산업기본모델을 작성한다. 둘째, 기본모델을 성공적으로 구축하기 위해서 본목표를 10년 안에 달성하는 연차별로 추진계획을 수립하고, 정부주도로 공장건설 일람표를 작성하고, 국가최고발전정책의 차원에서 추진한다.

1973년 2월에는 국무총리실 산하에 국무총리를 위원장으로 하고 관계장관 및 각 계 전문가로 구성되는 중화학공업추진위원회를 만들고, 그 산하에 실무작업을 위하여 상설기구로 중화학공업추진위원회기획단을 설치하였는데, 이 기획단은 중화학공업책에 관한 정책결정의 중심이 되었다. 동 기획단은 대통령의 강력한 정책의지를 실현하는 특별기구로서의 성격을 가지고 있었기 때문에 경제정책을 수립하는 경제기획원, 산업정책을 담당하는 상공부, 그리고 산업정책수단을 관리하는 재무부의 정책연합 속에서 중화학공업육성계획을 설계하였다. 마침내, 1973년 6월에는 중화학공업육성계획이 만들어졌는데, 그 내용은 다음과 같다. 첫째, 정부는 내외자의 재원조달계획, 입지계획, 사회간접자본시설의 확충, 기술인력의 개발 등에 관한 중화학공업정책과 그 계획을 제시한다. 둘째, 중화학공업정책은 민간을 추진모체로 하여 추진한다. 민간이 참여하는 주도업종으로는 전후방연관효과, 성장기여도 및 부가가치유발효과, 외화가득 및 절약효과, 국내자원활용도, 외화유치성 등 선정기준에 의하여 선정한 철강, 금속, 기계, 조선, 전자, 화학산업 등 6개 산업부문이다. 이러한 주도산업을 수출산업으로 집중육성한다.

따라서 정부는 중화학공업정책에 대한 산업부문의 참여를 유도하기 위하여 강력한 재무통제시스템을 토대로 하는 산업정책수단을 활용하였다. 정부는 중화학공업정책을 추진하는데 필요한 총재원 13조1200억원 중 88%인 11조5520억원은 내자동원(국민저축)으로 충당하며 나머지 12%인 1조5680억원은 외자동원(해외저축)으로 동원하기로 방침을 세웠다. 이러한 재원의 동원과 배분을 위하여 정부가 소유한 특별은행과 정부의 통제하에 있는 시중은행을 이용하였다. 예컨대, 재정금융수단을 보면, 정부는 선정된 주도업종에 대하여 국민투자기금과 산은자금을 장기저리로 정책금융을 제공하였다. 세제수단으로는 조세감면규제법과 관세법을 가지고 세제상의 지원을 하였다. 그리고 외자동원을 위하여 공공차관의 도입 및 관리에 관한 법률을 제정하여 공공차관 도입의 법적 근거를 마련하였다. 또한, 정부는 민간부문이 담당하기 어려운 사회간접자본을 확충하고 각 업종별로 전략산업연구소를 설립하여 중화학공업에 필요한 전문기술을 개발하도록 유도하는 한편, 장기적으로 각 지역의 대학으로 하여금 중화학공업 관련학과를 중점육성하고 공업고교와 이공대학의 정원을 늘리는 등 인력개발을 유도하였다.

이러한 정부의 중화학공업정책에 대하여 기업은 처음에 부정적 반응을 보이다가, 차츰 대내외 환경의 개선과 정부의 산업정책수단을 통한 유인과 제재, 그리고 기업의 인식변화에 등에 의하여 적극적인 참여를 하게 되었다. 처음에 중화학공업의 추진모체인 기업이 부정적 반응을 보인 것은 거대한 시설과 자본, 기술, 장기의 자본회임기간을 필요로 하고, 미래의 불확실한 상황에서 참여하였을 때의 성공가능성과 정부의 지속적인 지원이 있을 것이냐 등의 문제였다. 이러한 상황 속에서 정부는 강한 권유와 산업정책수단을 동원한 유인을 통하여 대기업들이 중화학공업의 주도업종에 참여하도록 설득하였고, 마침내 대기업들은 6개 산업부문의 중화학산업에 참여를 하여 공장을 건설함으로써 한국경제의 성장기틀을 마련하게 되었다.

### (3) 산업정책결정특징: 관료정치

첫째, 중화학공업정책은 관료간 연합적 정책의 산물이었으며, 정책결정에 있어서 국가원수의 강력한 정책추진의지를 수행하기 위하여 정부부처 등이 협조를 통하여 정책산출을 하였다. 중화학공업정책결정에서 정책주창자인 박정희 대통령의 정책의지를 받들어 관계부처들 간에 적극적인 응집력과 협동이 이루어짐으로써 중화학공업육성을 위한 청사진 마련에 별다른 마찰이 없었고, 그리고 각 부처의 실무자들이 동원되어 각 부처에서 해야 할 사업들을 즉석에서 판단하여 결정함으로써 종합계획을 효율적으로 수행할 수 있었다고 정책결정과정의 이면사로 기록하고 있다.

둘째, 중화학공업정책이 가진 정책수단은 유인적인 것이었다. 중화학공업정책의 추진모체인 기업들은 처음에 비관적인 반응을 보였으나, 정부의 강력한 추진의지와 설득 그리고 다양한 산업정책수단을 통한 기업지원 등에 의하여 정책순응을 하고, 정부와 기업이 정책연합을 통하여 경제성장을 견인하는 역할을 하였다.

## 2) 1990년대: 업종전문화정책결정(관료정치모형)[6]

### (1) 업종전문화정책의 추진배경

1960-80년대 불균형 경제성장에서 대기업집단은 정부정책에 의해서 또는 자율

---

6) 배응환. (2000). "정치체제변화에 따른 정부와 경제이익집단의 정책네트워크연구: 산업정책에 있어서 전경련과 대한상의를 중심으로-업종전문화정책결정사례", 「고려대학교 행정학박사논문」.; 김용복. (1997). "업종전문화정책에 나타난 한국산업정책과정의 특징", 「한국정치연구」 6: 103-140.

적으로 자본, 인력, 정보, 및 유통 등에서 상대적으로 유리한 독점적 지위를 바탕으로 한 가능한 많은 부분에 비관련 다각화를 확대하였다. 정부는 재벌기업들이 고도로 다각화된 결과 현재의 투자수준으로서는 세계적인 기업과 경쟁에서 도태될 가능성이 높다고 인식하였다. 따라서 보다 확대되는 대내외 경쟁환경에서 세계일류기업과 경쟁하기 위해서는 기업의 전문화전략이 요구되었다.

이러한 배경에서 추진된 업종전문화란 재벌의 다각화를 억제하여 소수의 단일업종에 주력함으로써 규모의 확대를 유도하여 기업의 경쟁력을 강화하려는 정책이다. 즉, 제조업의 국제경쟁력 강화와 경제력집중 완화라는 두 가지 목표를 가지고 업종전문화정책은 경제자유화에 대비한 기업의 체질강화책으로 추진되었다.

이런 업종전문화정책은 1990년 초에서 논의가 시작되어 1991년도 주력업체제도, 1993년도 주력업종제도로 정책화되어 추진되었지만, 대체로 정책실패를 낳았다는 것이 지배적인 평가이다. 그 정책과정을 도식화하면 다음과 같다.

**정책논의(1990.5) → 주력업체제도 실시(1991.5) → 정책수정 논의 →**
**주력업종제도 실시(1993.10) → 정책약화**

## (2) 주력업체제도의 결정: 관료간의 갈등

당시 노태우 정부는 재벌의 문어발식 영역확대로 경제력집중과 부의 편중 현상이 심화되고 투자의 집중성이 결여되어 경쟁력 향상에 장애요인으로 작용하고 있다고 보고 있었다. 이에 초기에는 청와대 경제팀에서 강력하게 밀고 나왔으며, 상공부가 주축이 되어 재벌의 무분별한 영역확대를 막고 신규투자도 주력업종의 경쟁력 강화를 위해서만 허용해주는 내용의 재벌전문화방안을 마련하였다. 이러한 정책구상에 대해 재벌은 자유경제체제에 역행할 뿐만 아니라 경영다각화를 통한 위험분산을 할 수 없어 경제환경이 변화할 때 심각한 경제위기를 맞을 수도 있다고 강력하게 반발하였다.

공식적으로 업종전문화 주장이 제기된 것은 상공부 산하연구기관인 산업연구원이 '1990년 산업정책의 방향' 보고서를 통하여 재벌의 소유문제를 개선하여 재벌분야별로 전문화시켜야 한다고 주장하였고, 1990년 12월 14일 산업연구원이 주최한 '대기업 업종전문화 유도방안' 토론회에서였다. 산업연구원의 발표자는 업종전문화정책의 필요성과 논리적 타당성을 제시하였으며 비관련업종에 대한 기업간 출자 및 지불보증을 축소시키면 전문화가 촉진됨과 동시에 소유구조 개선 등의 문제가 기업과 금융기관 자율에 의해 바람직한 방향으로 해소될 것이라는 정책대안을 제시하였다.

　이러한 업종전문화에 대한 논의는 1991년에 들어와 주력업체제도로 구체화되기 시작하였다. 당시 정부부처 간에는 업종전문화정책의 운영을 둘러싸고 초기에는 업종중심으로 할 것이냐 업체중심으로 할 것이냐 라는 논쟁이 있었다. 상공부는 당시 표준산업분류에 의거한 20여 개의 업종으로 주력업종을 정하자고 주장하였다. 그러나 재무부와 은행감독원은 현행 여신관리규정이 사용하고 있는 세분화된 업종분류 개념(81개)을 제시하였다. 이는 20여 개의 업종분류를 채택할 경우에 여신편중 혹은 경제력집중을 심화시킬 수 있다는 우려 때문이었다. 즉 상공부는 전문화의 본래취지에 합당한 업종중심으로 제도운영을 주장한 반면에, 최각규 기획원 부총리와 정영의 재무장관 등은 업종으로 할 경우 여신관리에 따르는 현실적인 어려움 때문에 업체를 중심으로 운영하자고 주장하였다. 결국, 현실적인 운영문제와 여신편중에 대한 여론으로 말미암아 재무부의 업체중심으로 결정되었다.

　그러나 부처 간의 논란을 거쳐 노태우 정부는 1993년 3월 6일에 재무부의 '제조업 경쟁력 강화와 전문화를 위한 여신관리제도 개편방안'이라는 주력업체중심의 업종전문화정책을 발표하였다. 5월 4일에 재무부는 주력업체 선정에 대한 세부지침을 마련하여 30대 계열기업군이 주거래은행에 신청한 88개 기업 중 음료 및 식품제조업체, 수산업, 유통업체, 종합상사는 주력업체로 선정하지 않고 동시에 10대 계열에 대해서는 건설업체도 주력업체로 인정하지 않기로 하는 등 기준을 확정하였다. 이에 따라 1991년 5월 말 72개 업체를 주력업체로 1차 선정하였으며, 8월 26일 4개 업체를 추가 선정하였다. 1차 선정 시에는 88개 총신청업체 중 16개 업체가 주력업체의 선정취지에 맞지 않거나 비업무용 부동산 미처분 등의 사유로 주거래은행의 심사과정에서 선정이 제외되어 15개 계열에 1-2개 업체만 주력업체로 선정되었다. 이에 30대 기업 중 규정상 허용된 3개 업체 내에서 주력업체 선정취지에 맞는 업체로 교체하여 신청할 기회를 부여하여 2차 선정에서 4개 업체를 추가로 확정하여 총 76개 업체가 선정되었다.

　정부는 업종전문화제도를 충분히 재벌에게 혜택을 주는 것이라고 생각한 반면에, 재벌은 이를 규제로 받아들여 반대하였으며, 전경련은 여신관리제도 개편방향에 관한 정부건의서(1991. 3)를 통해 여신규제 자체를 폐지하고 은행법, 공정거래법, 세법 등으로 보완할 것을 정부에 건의하였다. 재벌들의 관심은 비주력기업에 대한 제재문제였다. 즉, 재벌들은 여신규제 철폐의 혜택을 누리면서 비주력기업에 대한 제재도 받지 않으려는 것이었다. 4월에 들어 전경련은 주력업체제도에 대한 보완건의를 통해 30대 계열기업 간에는 계열기업수 6-62개, 총자산규모 26배, 매출액은 155배 등 모든 면에서 현저한 차이가 나기 때문에 동일하게 3개사만으로 주력업체수를 제한하는 것은 무리라면서 주력업체수의 추가인정, 주력업체의 자율적 선정원칙의 준수, 주력업체에 대한 분기별 사후관리보고 등의 완화, 주력이외의 업체에 대한 규제완화 등을 건의하였다. 1991년 4월에 전경련의 산하연구기관인 한국경제연구원의 한 연구는 정부의 전문화개념의 협소화, 급속히 진행되는 기술융합현상에 대한 무시, 불필요한 법률적 진입장벽 구축 및 행정규제와 간섭, 정부의 정보능력부족 등을 들어 정부주도형 업종전문화정책을 전면적으로 비판하였다.

### (3) 주력업종제도의 결정: 관료간의 갈등

원래 주력기업을 3개씩 선정하는 기업숫자의 제한이란 주력업체제도는 대기업집단이 주력업종에 전념한다는 본래 취지와는 다른 것이었다. 재무부의 여신관리상 편리 때문에 주력업체중심으로 추진하였던 업종전문화정책에 대해 상공부를 중심으로 수정논의가 나타났다. 주력업체제도는 첫째, 주력업종의 성장잠재력과는 관계없이 자금을 많이 소요하는 업체중심으로 선정되었으며, 둘째, 업체중심으로 운영됨으로써 주력업종의 육성을 유도하지 못하고, 셋째, 업종의 세분류(제조업 32개, 비제조업 41개)로 기술융합현상 등 업종간 연관성을 반영하지 못하고, 넷째, 비주력업체의 정리를 통한 주력업체의 보강이 실현되지 못했기 때문에 업종전문화의 실효를 거두기에는 미흡하다는 것이었다.

상공부는 1992년부터 업종중심의 전문화로 정책이 수정되어야 한다고 주장하였다. 1992년 1월 31일 상공부는 '제7차 5개년계획 산업정책부문계획'을 확정하였는데, 7차 계획기간 중에 대기업집단의 경영효율의 개선, 주력업체 대신에 주력업종개념을 사용한 기업의 업종전문화 유도, 기업의 소유분산 및 독립경영체제의 확립을 유도하기로 하였다. 한봉수 상공부장관은 1992년 3월 17일 최고경영자협의회 조찬간담회에서 업종전문화는 지속하지만, 현재의 주력업체제도를 업종중심으로 전환하여 주력업종이 관련 업종을 포괄할 수 있도록 관련 부처와 신중히 검토할 것이라고 언급하였다.

이에 대해 재무부는 1992년 7월 말에 장기적으로 주력업종제도의 도입이 바람직하나 재벌의 업종전문화가 이루어지지 않은 상황에서는 여신규제를 회피하는 수단으로 악용되어 여신관리가 사실상 불가능해질 가능성이 높다는 이유로 반대의 입장을 표명하였다. 또한, 1993년 2월 11일 재무부는 금융개방계획 3단계에 따라 주력업체수를 자산규모에 따라 1–5개로 차등화시키고, 1996–1997년에는 주력업종중심으로 전환한다는 방침을 세웠다.

그러나 이러한 재무부의 입장과는 달리 상공부의 정책수정노력은 적극적으로 진행되었다. 김영삼 정부가 출범하면서 업종전문화정책은 신산업정책의 일환으로 적극 추진되었다. 1993년 신임대통령 연설에서도 기업의 전문화가 강조되었으며, 3월 19일 발표된 '신경제 1백일 계획'(1993.3.22–6.30)에도 대기업의 주력업종전문화가 포함되었다. 상공자원부는 5월에 '대규모기업집단의 업종전문화 유도방안'이란 보도자료를 통해서 업종전문화는 대기업집단의 과도한 비관련 다각화, UR타결 이후 국내시장의 전면개방의 불가피성, 세계일류기업과 현저한 격차, 산업경쟁력 강화를 위한 기업의 집중적 투자 및 정부지원의 요구 등으로 필요하다고 밝혔다.

현행 주력업체제도를 주력업종제도로 전환한 상공자원부의 정책안은 6월 1일 공업발전심의회와 2일 신경제계획위원회 등에서 보고되었다. 그러나 민자당 정책위와 경제기획원 등에서 정부의 규제완화 추세에 역행하는 것이라고 반대하는 입장을 표명하여, 6월 11일 경제장관회의에서 주력업종제도의 도입이 유보되었다.

이에 상공자원부는 부처간 의견조정을 위하여 업종전문화추진위원회(위원장 상공자원부차관)를 구성하고 업종전문화유도시책과 이를 위한 정부의 지원 및 규제에 관한 사항을 협의하였다. 또한, 7월 28일 언론계, 업계, 연구기관, 및 학계인사 등의 인사로 업종전문화협의회(위원장 金迪敎 한양대교수)를 구성하여 주력업종 및 주력기업 선정기준과 업종분류, 신규 참여업종의 주력업종 인정여부, 기업규모별 주력업종수, 주력업종의 변경인정여부 등의 정책논의를 위임하였다.

그러나 업종전문화협의회의 회의는 7월 28일과 10월 27일 단 두 차례밖에 열리지 않았다. 총 24명 중 5명의 해외출장으로 19명이 참석한 1차 회의에서는 상공자원부의 업종전문화시책수립계획을 보고받고 간략한 자유토론으로 끝났다. 김적교 위원장은 업종전문화시책이 시의적절한 정책방향이라고 언급하고, 실무검토과제로 업종분류 및 주력업종의 선정기준에 대해서 산업연구원에, 그리고 주력기업의 선정기준에 대하여는 금융연구원의 연구위원에게 연구를 위촉하였다. 2차 회의는 2시간에 걸쳐 상공자원부의 업종전문화시책의 종합보고를 받고 이에 대한 간단한 토론을 거

치는 것으로 진행되었다. 논의는 각인각색이었지만 업종전문화정책의 취지에 합의
되자 특별한 쟁점은 존재하지 않았다. 다만, 소비업을 주력업종에 포함시킬 것인가
가 주요쟁점이었으나, 협의회는 상공부에 소비업을 주력업종에 포함시킬 것을 건의
하였다. 업종전문화협의회는 10월 27일 상공부안을 확정하고 29일 산업정책심의회
에서 '대규모기업집단의 업종전문화시책 추진방안'을 의결하였다. 따라서 협의회는
구성의 명분과는 달리 상공자원부의 의견을 정당화시키는 의례적인 역할에 머무르
고 말았다고 하겠다. 이와는 별도로, 업종전문화정책에 대한 재계의 의견수렴을 위
하여 10월 27−28일 김철수 장관이 주재하는 30대 그룹 회장단회의와 이동훈 차관
이 주재하는 기조실장회의가 개최되기도 하였다. 이러한 결정에 따라 상공자원부는
11월 18일 '다각화 업종전문화시책 추진방안'을 고시하여 30대 기업집단에 대하여
주력업종제도를 실시하였다.

지금까지 분석한 주력업종제도를 주력업체제도와 비교하여 설명하면 아래의 표
와 같다.

〈표 11−18〉 주력업체와 주력업종제도의 차이점

| | 주력업체제도 | 주력업종제도 |
|---|---|---|
| 적용대상 | 30대 계열기업군 | 30대 기업집단 및 계열기업군 |
| 전문화대상 | 73개 업종 중에서 3개의 주력기업을 주거래은행과 협의 결정 주력업체중심 | 재분류된 15개 업종 중 12개 중에 10대 이상은 3개, 11대 이하는 2개 주력업종 자율선정, 주력업종중심 |
| 주력업종 및 주력기업 | 주력업종의 개념은 없으며 주력업체만 선정 | 주력업종 내에서 전업률 70%이상, 주력업종내 매출 10%이상인 기업 중 주력기업을 선정 |
| 정책목표와 수단 | 여신관리제도 내에서 업종 전문화 추진 | 업종전문화추진을 위해 여신관리를 정책수단으로 활용 |
| 우대조치 | 여신한도관리제와 공장부지 취득 등 자구노력 의무면제 | 여신관리 규제완화, 출자총액한도 완화, 해외 금융및 국내직접금융 우대 |
| 실시시기 | 1991년 6월 이후 | 1994년 1월18일까지 신고 |
| 주무부처 | 재무부 은행감독원 | 상공부 업종전문화협의회 |

정부의 주력업종정책 추진이 알려지자, 이에 대해 전경련은 원칙적으로 반대입
장을 표명하면서, 한편으로 정부안에 대해 보완을 제시하였다. 1992년 10월 전경련
은 '새정부에의 정책제언'에서 정부는 업종전문화정책 등 무리한 정책시도를 하기보

〈표 11-19〉 30대 재벌의 계열사수 및 영위업종수의 변화추이

| 구 분 | 1979 | 1988 | 1990 | 1992 | 1994.8 |
|---|---|---|---|---|---|
| 계열사수 | 429 | 498 | 538 | 604 | 616 |
| 평균계열기업수 | 14.3 | 16.6 | 17.9 | 20.1 | 20.5 |
| 영위업종수 | | | | 17.9 | 19.1 |

다는 기업이 기술 및 시장 여건변화에 따라 신규유망산업으로 투자를 집중시키고 경쟁력이 상실한 산업으로부터는 원활히 퇴출할 수 있도록 제도적 여건을 조성하는 데 정책의 초점을 두어야 한다고 하였다. 그러면서도 1992년 11월 전경련은 여신관리제도의 폐지가 마땅하지만 현실적으로 동제도의 완화의 한 방안으로 주력업종제도를 고려해 볼 필요가 있다고 정책수정에 대해 지지입장을 표명하였다.

1993년 11월 28일 상공자원부 발표에 의해 30개 기업집단은 1994년 1월 18일까지 자율적으로 주력업종과 주력기업을 신청하였으며, 3월 31일 상공자원부는 총 112개 기업을 주력기업으로 확정발표하였다. 업종전문화정책의 실시에도 불구하고 대기업의 비관련다각화는 줄어들지 않았다. 예컨대, 10대 재벌기업의 계열기업수가 꾸준히 증가하고 있다. 30대 재벌의 총계열사수도 1990년 538개에서 1994년 616개로 늘어났으며, 평균계열기업수도 1994년 20.5개로 증가하였다. 더욱이, 영위업종수가 1992년 17.9개에서 1994년에는 19.1개로 증가하였다.

### (4) 산업정책결정특징: 관료정치

첫째, 업종전문화정책은 관료간 갈등적 정책의 산물이었으며, 정책결정에 있어서 부처간의 협조가 중요하였다. 1991년의 주력업체제도는 상공부, 재무부, 기획원 등 부처간 갈등의 산물이었다. 상공부의 업종중심주장과 재무부의 여신관리축소주장은 각각 재무부와 기획원의 반대에 부딪쳐, 결국 현행 여신관리를 유지하는 가운데 재무부중심의 주력업체제도로 결정되었다. 1993년의 주력업종제도는 재무부의 반대에도 불구하고 상공부가 중심이 되어 정책수정이 이루어졌다. 상공부의 업종전문화추진위원회의 설치는 상공부주도로 부처간 협조와 조정을 이끌어낼 목적으로 구성되었던 것이었다.

둘째, 업종전문화정책이 가진 정책수단은 규제적인 것이었다. 여신규제의 완화라는 혜택이 업종전문화정책의 주요한 정책수단이었다. 업종전문화에 참여하는 것

은 기업의 자율적 판단이었지만, 정책에 순응하지 않는 것은 여신규제라는 규제적 조치의 지속을 의미하는 것으로 상대적 불이익이 매우 큰 것이었다. 대기업은 업종 전문화정책에 반발하면서도 정책집행에 참여하지 않을 수 없었다. 그러므로 대기업에게는 정책순응이 강제되었다고 할 수 있다.

### 3) 2000년대: 첨단의료산업단지입지결정(협력거버넌스모형)[7]

#### (1) 첨단의료산업단지 추진개요

최근에 충청광역경제권정책과 관련하여 갈등적인 쟁점으로 등장한 사례로는 세종시건설사업과 첨단의료산업단지사업이 있다. 이하에서는 첨단의료복합단지사업을 가지고 관련 정책행위자들인 대전광역시와 충청남도 및 충청북도는 어떠한 이익을 가지고 있으며, 상호 간에 정책협력이 이루어지고 있는가를 살펴보고자 한다.

노무현 정부의 지역진흥사업 및 지역발전5개년계획의 지역전략산업과 이명박 정부에서 추진하고 있는 광역경제권의 선도산업과 연계되는 사업이 첨단의료복합단지사업이다. 2005년 8월 노무현 정부는 바이오산업육성을 위한 첨단의료복합단지사업을 발표하였고, 이명박 정부에서 정책지속이 이루어지고 있다.

첨단의료복합단지는 우리나라의 취약한 의료분야 연구개발, 임상과 제품시험, 제품개발 등과 관련된 각종 인프라를 집중 배치하여 아이디어가 있으면 누구든지 첨단 제품개발에 필요한 지원을 받을 수 있는 종합연구공간을 제공하는 단지, 구체적으로는 기초연구성과를 임상단계제품으로 연계시키기 위한 응용·개발연구 중심 단지를 말한다(보건복지가족부, 2009). 첨단의료복합단지의 산업영역은 바이오의 신약과 의료기기 개발을 하는 데 중점을 두고 있으나, 이들은 생명공학(BT)산업과 정보통신(IT)산업을 연결하는 융합산업이다.

〈표 11-20〉 첨단의료복합단지의 추진경과

| 시 기 | 내 용 |
|---|---|
| 2005.8. | 미래전략산업으로 의료산업을 육성하기 위해 국무총리를 위원장으로 하는 의료산업선진화위원회를 설치 |
| 2005.10. | 1차 의료산업선진화위원회에서 첨단의료복합단지 추진방침결정 |

---

7) 배응환(2010). "신지역주의와 협력거버넌스: 광역경제권 설계의 전제", 「한국행정학보」 44(4): 203-232.

| 2005.12 – 2006.6<br>2006.10 – 2007.2 | 첨단의료복합단지조성 기본방향수립을 위한 연구용역실시(산업연구원 1<br>차 연구영역, 한국과학기술기획평가원 2차 연구용역) |
|---|---|
| 2007.6. | 의료산업선진화위원회는 2차례 연구용역결과 등을 토대로 첨단의료복합<br>단지 추진방안 마련 |
| 2007.8. – 12. | 한국개발연구원의 예비타당성조사 |
| 2008.3. | 첨단의료복합단지 지정 및 지원에 관한 특별법 제정 |
| 2008.6. | 동법 시행령과 시행규칙 제정 |
| 2008.11. | 국무총리를 위원장으로 하는 첨단의료복합단지위원회를 구성 |
| 2008.12. | 첨단의료단지 관련 집행사무의 소관을 총리실에서 보건복지부로 이관 |
| 2009.1. | 첨단의료복합단지 입지선정평가방안에 대한 연구용역 실시(국토연구원) |
| 2009.3. | 제2차 첨단의료복합단지위원회는 국토연구원의 연구영역결과를 토대로<br>한 입지선정 및 평가기준을 확정 |
| 2009.4. | 제3차 첨단의료복합단지위원회는 첨단의료복합단지정책 확정과 선정평가<br>단 구성논의 |
| 2009.5. | 첨단의료복합단지위원회는 첨단의료복합단지 입지선정평가내용을 지방자<br>치단체에게 전달 |
| 2009.6. | 한국보건산업진흥원, 국토연구원, 한국과학기술정책연구원, 산업연구원<br>등 4개 국책기관으로 입지선정공동연구단 구성 |
| 2009.6. | 지방자치단체는 첨단의료복합단지 유치를 위한 평가자료를 보건복지부에<br>제출. |
| 2009.8. | 제4차 첨단의료복합단지위원회는 입지선정평가단을 광역경제권기준으로<br>균형있게 배분하고, 복수의 집적단지 조성이 필요하다는 의견이 제시됨<br>에 이를 수용함 |
| 2009.8.10. | 제5차 첨단의료복잡단지위원회는 첨단의료복합단지지역을 최종 확정발표<br>(대구 신서혁신도시와 충북 오송생명과학단지) |
| 2009. 하반기 | 첨단의료복합단지조성계획 수립 |
| 2010. | 첨단의료복합단지조성공사 착수 |
| 2012. 말 | 첨단의료복합단지조성 완료 |

## (2) 첨단의료산업단지입지결정과 협력거버넌스실패

충청광역경제권과 관련하여 발생한 쟁점으로 첨단의료복합단지의 협력거버넌스
를 분석하였는데, 대전광역시와 충청남도 및 충청북도는 협력보다는 갈등과 경쟁을
노정하고 있다. 충청권의 첨단의료복합단지사례는 우리나라에서 협력거버넌스가 잘
이루어지지 않고 있음을 예증한다. 이러한 측면은 협력의 구조와 과정 분석에서 발

〈표 11-21〉 충청권 지방정부의 분절적 이익구조

| 정책행위자 | 이익의 다양성 | 이익의 상호의존성 |
|---|---|---|
| 대전광역시 | 개별정책목표<br>: 지역전략산업<br>: 첨단의료복합단지 유치 | 광역경제권정책의 비전과 목표 및 사업<br>비전: 지역공동발전, 대한민국 실리콘밸리<br>목표: IT와 BT산업의 핵심거점<br>사업: New IT산업, 의약바이오산업 |
| 충청남도 | | |
| 충청북도 | | |

견되고 있다. 충청광역경제권의 3개 시도는 첨단의료복합단지사업에서 공유된 이익보다는 개별이익을 토대로 진실한 대화를 하지 않고 있고, 상호성은 형식적으로 나타나고 있으며, 연결관계조직은 존재하나 작동되지 않고 있다. 또한, 3개 시도는 문제해결을 위한 학습과 창조성이 매우 약하게 나타나고 있다.

첫째, 진실한 대화: 충청광역경제권의 공식참여자인 대전광역시와 충청남도 및 충청북도는 첨복단지를 둘러싸고 자신들의 정책목표와 이익을 토대로 합리적이고 민주적인 토론이나 조정을 한 경우는 없었다.

둘째, 상호성: 첨복단지의 입지선정이 임박하기 전까지 대전광역시와 충청남도 및 충청북도는 개별적으로 만들은 정책목표에 따라 첨복단지의 유치를 위한 정책경쟁을 하여 왔다. 특히 대전광역시와 충청북도는 첨복단지 유치를 위해 소리없는 전쟁을 하고 있다.

셋째, 연결관계: 그동안 충청권의 3개 시도는 정책문제를 논의하기 위한 제도적 장치로 충청권행정협의회와 충청권경제협의회가 존재하여 왔으나, 첨복단지의 입지선정 이전에 공동으로 유치문제를 논의하고 조정하기 위한 협의회는 열리지 않았다.

넷째, 학습: 충청권의 3개 시도는 첨복단지를 둘러싼 그들 자신의 상황과 이익을 되돌아보고 상호의존성을 학습해야 했는데, 이것이 부족하였다. 이들 3개 시도는 충청광역경제권의 공동발전 차원에서 그들의 문제를 해결하는 효과적인 행동방법을 마련하는 1차학습을 하지 않았다. 더욱이, 그들은 그들이 하기를 원하는 것을 다시 고민하고 문제와 이익을 재구조화하여 협력적인 결정을 하는 2차 학습도 하지 않았다.

따라서 광역경제권 설계의 전제로 관련 정책행위자들 간의 협력거버넌스가 얼마나 중요한가를 본사례를 통하여 입증할 수 있다. 협력거버넌스모형은 정책행위자들 사이에 높은 이익의 다양성과 상호의존성을 통합하여 공통된 이해와 방향 그리고 휴리스틱으로 공진화시키는 것이다(Innes & Booher, 2003: 52). 게임이론에서 주장하는 바와 같이, 장기적이고 지속적인 측면에서 행위자들은 갈등보다 협력을 하는 것

이 모두에게 이익이 될 수 있다. 따라서 3개 시도는 첨단의료복합단지의 향후 추진
과정에서도 광역경제권의 비전과 목표를 실현하는 차원에서 모두가 이익을 얻는 승
자게임을 하는 것이 요구된다.

## 3. 과학기술정책: 2000년대, 국제과학비즈니스벨트사업결정(정책네트 워크모형)8)

### 1) 국제과학비즈니스벨트사업의 추진경과

〈표 11-22〉 국제과학비즈니스벨트의 의미

| 차 원 | 의 미 |
|---|---|
| 국제 (international) | • 국제적 정주환경(교육, 의료, 주거 등)<br>• 글로벌 개방형 연구거점(해외 우수인재와 기관 유치 등) |
| 과학 (science) | • 세계수준 기초과학 연구환경 조성<br> － 기초과학연구원, 중이온가속기, 첨단 대형 연구시설 장비 |
| 비즈니스 (business) | • 과학기반산업 육성 및 거점화<br> cf. 과학기반산업의 유형<br> － 과학지식이 주요한 기술토대를 이루는 산업(제약, 반도체 등)<br> － 과학지식의 사업화를 통해 창출되는 신산업(바이오, 나노 등)<br> － 과학연구활동에 필요한 제품과 서비스를 창출하는 산업(연구개발서 비스업) |
| 벨트(belt) | • 기초연구와 비즈니스를 융합하여 종합적, 체계적으로 발전시키기 위하여 거점지구와 기능지구를 연계한 지역<br> － 과학과 비즈니스 융합은 기초연구와 과학기반산업이 상호협력하는 것<br> － 거점지구란 과학벨트의 핵심지역으로 기초연구분야의 국제적 거점기 능을 수행하기 위해 지정 고시한 지역<br> － 기능지구란 과학벨트안의 지역으로 거점지구와 연계하여 응용연구와 개발연구 및 사업화 등을 위하여 지정 고시한 지역 |

〈표 11-23〉 초기 국제과학비즈니스벨트계획의 추진경과

| 연도 | 추 진 내 용 |
|---|---|
| 2007.11. | 한나라당 3대 공약 중 과학기술분야과제로 선정 |
| 2008.2 | 인수위 TF에서 과학벨트조성방안 마련 |

---

8) 배응환. (2015). "의사결정의 네트워크모형: 국제과학비즈니스벨트계획을 중심으로", 「한국행정학보」 49(3): 79－125.

| 2008.4－5 | 부처간 역할분담 논의(교과부, 국토부, 지경부 등) |
|---|---|
| 2008.6－8 | 사업추진방향설정 관계기관 협의 |
| 2008.9 | 국제과학비즈니스벨트전문위원회 설치운영 |
| 2008.10 | 국제과학비즈니스벨트추진지원단 설치운영 |
| 2008.10－12 | 국제과학비즈니스벨트 과학기술계 공감대 형성 |
| 2008.11－12 | 종합계획안 국과위 의견수렴 및 심의(국과위) |
| 2009.1.13 | "국제과학비즈니스벨트 종합계획" 확정(국과위) |
| 2011.1.4 | 국제과학비즈니스벨트특별법 국회통과(10.12.8) 후 공포 |
| 2011.4.7 | 국제과학비즈니스벨트기획단과 국제과학비즈니스벨트위원회 구성 |
| 2011.5.16 | "과학벨트조성사업추진계획" 확정(과학벨트위원회) |
| 2011.11.21－28 | "과학벨트기본계획안(2012－17)" 관계부처 협의 |
| 2011.11.25 | 과학벨트기본계획안 공청회 개최 |
| 2011.12.2 | "국제과학비즈니스벨트기본계획(2012－17)" 확정 |
| 2012.3 | "2012년도 국제과학비즈니스벨트 시행계획" 확정 |

〈표 11-24〉 수정된 과학비즈니스벨트계획의 추진경과

| 쟁 점 | 연 도 | 추 진 내 용 |
|---|---|---|
| 쟁점1:<br>부지매입비<br>국고부담문제 | 13.3 | 2013년 국제과학비즈니스벨트시행계획 |
| | 13.4.15 | 미래창조과학부, 국책사업의 지자체 일부부담인 매칭펀드 시사 |
| | 13.4.18 | 대전시, 불가입장 표명 |
| | 13.4 | 청와대, 대통령이 과학벨트문제 '너무 나서지 말라'고 언급 |
| | | 국회 미래창조과학정보통신위원회, 과학벨트부지매입비 700억원 의결 |
| | | 국회 예산결산특별위원회, 과학벨트부지매입비 논의 |
| | | 기획재정부, 부지매입비 5대5 분담원칙 제시 |
| | | 미래창조과학부, 여당, 부지매입비 매칭펀드 찬성 |
| | | 야당, 부지매입비 전액 국고부담 주장 |
| | 13.5 | 지역정치권과 지역시민단체, 정부와 여당 비난 |
| 쟁점2:<br>지역사업과<br>연계 | 13.6.10 | 미래부, 대전시에 과학벨트기본계획변경안 제시 |
| | 13.6.10 | 대전시, '창조경제 협상4대원칙' 제시 |
| | 13.7.3 | 미래부－대전시, 과학벨트 업무협약)'을 체결 |
| | | 충북도의회, 시민사회단체, 과학벨트기본계획수정안 비판 |
| | 13.7.4. | 여야지도부, 대전시에 과학벨트수정안에 대한 진실공방 |

| | |
|---|---|
| | 대전, 세종, 충남, 충북 4개 참여자치연대, 과학벨트원안 추진결의 |
| | 세종시, 과학벨트수정안 비판 |
| 13.7.17 | 미래부, 대전시에 대덕연구개발특구 8개 지원방안 제시 |

## 2) 국제과학비즈니스벨트사업결정과 정책네트워크

본 연구는 의사결정의 정책네트워크모형을 국제과학비즈니스벨트계획결정에 적용하여 네트워크구조의 변형과 정책변화를 추적하였다. 분석결과, 사례분석에서 발견되는 네트워크구조의 차이로 원안과 수정안의 정책결과에서 정책변화가 일어나고 있음을 알 수가 있다.

이명박 정부의 원안의사결정과정에서 네트워크구조를 보면 첫째, 제도화 측면에서는 정책문제에 접근하는 정책원칙과 정책절차가 명확하여 국가과학비즈니스벨트종합계획의 추진지원체계를 토대로 국가과학비즈니스벨트계획을 공식적인 제도적 틀 속에서 만들어가고 있다. 둘째, 행위자범주를 보면 중앙정부부처와 국회상임위원회 및 과학기술전문기관 등이 핵심내부행위자로 관여하고 이들의 이익은 수렴되고 있다. 셋째, 상호작용에서는 행위자들 간에 접촉이 높은 상태에서 공식적인 네트워크를 통하여 흥정과 협상을 하고 있다. 실무조직인 과학벨트추진지원단과 과학벨트 최고의사결정기구인 국제과학비즈니스벨트위원회를 중심으로 공식적 접촉통로인 위원회 · 협의 · 토론회 · 세미나 · 공청회 · 설문조사 · 의견수렴 등의 제도적 장치를 통하여 협력적 상호작용을 하고 있다. 넷째, 네트워크구조유형은 정부관료와 관련 국회상임위원회 및 과학기술전문집단이 폐쇄적인 삼각관계를 형성하는 정책공동체이다.

그러나 박근혜 정부의 수정안의사결정과정에서 네트워크구조를 보면 첫째, 제도화 측면에서는 정책원칙과 정책절차가 모호한 상태에서 의사결정이 이루어지고 있다. 둘째, 행위자범주에서 다수가 참여를 하고 있다. 새로운 쟁점이 등장하면서 국제과학비즈니스벨트계획결정을 하였던 기존의 공식적 네트워크구조에 새로운 행위자들이 참여하였다. 관련 쟁점에 이해관계를 가지는 행위자들이 정부의 의사결정구조에 침투를 하고 있고, 이들의 이익은 수렴보다 분절이 되어 갈등으로 표출되고 있다. 셋째, 상호작용에서는 행위자들 간의 접촉이 낮게 나타나고 있다. 특히 공식적인 행위자들 간의 상호작용은 존재하지만, 공식적 행위자와 비공식적 행위자들 간의 상호작용은 나타나지 않고 있다. 주무부처인 미래창조과학부와 대전시 간에는 협상을 하고 있고, 대전시는 지역에 존재하는 정부출연연 등의 자문을 받았다. 반면, 미래부의 수정안에 반대하는 지방정부나 지역시민단체와의 대화나 협상은 존재하지 않고 오히려 무시를 하는 행태가 나타났다. 넷째, 네트워크구조유형은 상충하는 이익들이 갈등하는 상황에서 중앙정부와 지방정부가 협력하는 개방적 이슈네트워크이다.

〈표 11-25〉 의사결정에서의 네트워크구조변형과 정책산출

| 의 사 결 정 | | | 원 안 | 수 정 안 |
|---|---|---|---|---|
| 네트워크 구조의 차원 | ● 제도화 | －정책원칙 | 과학벨트기본계획(비전과 목표 및 정책과제)의 명확 | 과학벨트기본계획 중 비전과 목표 명확 |
| | | －정책절차 | 기본계획수행의 절차명확 | 정책과제갈등으로 절차모호 |
| | ● 행위자 | －범주 | 핵심내부행위자 (정부부처와 관련국회 상임위 및 과학기술전문기관) | 핵심내부행위자 변화와 새로운 외부행위자 출현 (주관부처가 교육과학기술부에서 미래창조과학부로, 관련 국회상임위도 교육과학기술위원회에서 미래창조과학정보통신위원회로 변화하고, 대전시가 핵심내부행위자로 등장하고, 기능지구지역의 지방정부와 시민사회단체가 주변행위자로 부상) |
| | | －이익 | 과학벨트계획이익의 동의 | 원안이익과 수정안이익으로 갈등 |
| | ● 상호작용 | －형태 | 공식적인 흥정, 협상 (접촉통로: 위원회, 협의회, 토론회, 세미나, 공청회, 설문조사, 의견수렴) | 비공식적 협상, 자문 (접촉통로: 정책제안, 면담, 의견수렴, 비난성명서와 기자회견) |
| | | －본질 | 협력 | 갈등 |
| 네트워크구조의 유형 | | | 폐쇄적 정책공동체 | 개방적 이슈네트워크 |
| 정책결과 | | | 과학벨트 종합계획, 기본계획 | 과학벨트기본계획 수정 |
| 정책변화 | | | 점진적 정책변화(2차적 정책변화) | |

## 4. 지방정책: 청주청원통합정책결정, 청주화장장입지결정

### 1) 1990-2000년대: 1차와 2차 청주청원통합정책결정(정책네트워크모형)9)

### (1) 청주청원통합정책의제설정

이전 제10장의 정책의제설정 사례연구에서 기술.

### (2) 청주청원통합정책결정의 정책네트워크

1차와 2차 청주청원행정구역통합정책에 대한 정책네트워크분석을 통하여 발견한 관선지방정부시대와 민선지방정부시대의 정책형성을 비교하면 다음 표와 같다.

〈표 11-26〉 관선시대와 민선시대의 정책결정비교

| 비교분석변수 | | 관선지방정부시대 정책결정<br>(1차 청주청원통합정책) | 민선지방정부시대 정책결정<br>(2차 청주청원통합정책) |
|---|---|---|---|
| 환경<br>투입 | • 환경특성 | 청주와 청원의 환경연계특성 | 청주와 청원의 환경연계특성<br>단, 1차보다 2차때 환경진화 |
| | • 사회문제 | 도농분리식 행정구역개편문제 | 도농통합의 편익과 비용문제 |
| 정치<br>체제의<br>전환 | • 정책의제차원 | 정치행정적·경제적·사회적<br>차원 | 정치행정적·경제적·사회적 차원<br>단, 1차보다 2차때 정책의제가 복<br>잡화 |
| | • 정책의제설정<br>행위자 | 내부접근모형<br>(중앙정부, 국책연구소) | 동원모형＋외부주도모형<br>(지방정부＋지역언론과 시민단체) |
| | • 정책결정에서 행<br>위자의 범주와<br>이익<br>: 행위자범주<br>: 행위자이익 | 정부행위자: 중앙정부(내무부),<br>지방정부(충북도와 청주시 및<br>청원군 집행부, 충북도의회,<br>청주시의회, 청원군의회)<br>비정부행위자: 지역주민(청주<br>시민과 청원군민), 지역사회단<br>체(청원군이장단, 청주시통반<br>장), 지역정치인(지역국회의원<br>과 단체장후보자), 지역정당<br>행위자별 통합찬성과 통합반대 | 정부행위자: 중앙정부(행정자치부),<br>방징부(충북도와 청주시 및 청원<br>군 집행부, 충북도의회, 청주시의<br>회, 청원군의회)<br>비정부행위자: 지역주민(청주시민과<br>청원군민), 지역시민사회단체와 연<br>대조직(충북지역시민사회단체, 청주<br>청원하나지키기운동본부, 청주주민<br>자치위원장협의회, 청원군이장단, 청<br>원군농민단체협의회, 청원지키기운 |

9) 배응환, (2006). "정책형성의 비교연구: 1차와 2차 청주청원행정구역통합정책", 「한국정책학회보」<br>15(4): 1-38.

| | | | 동본부), 지역정당, 지역언론, 전문가, 종교인 행위자별 통합찬성과 통합반대 및 통합중도(애매모호) |
|---|---|---|---|
| • 정책 결정에서 행위자의 상호작용(행동) : 통합찬성 : 통합반대 : 통합중도 | 통합찬성: 중앙정부(내무부), 지방정부(청주시집행부, 청주시의회, 충북도의회), 지역사회단체(청주시통반장), 지역주민(청주시민) | | 통합찬성: 지방정부(청주시와 청원군 집행부, 청주시의회), 지역시민사회단체와연대조직(충북지역시민사회단체, 청주청원하나지키기운동본부, 청주주민자치위원장협의회), 지역주민(청주시민), 지역언론 |
| | 통합반대: 지방정부(충북도와 청원군집행부, 청원군의회), 지역사회단체(청원군이장단), 지역정치인(지역국회의원과단체장후보자), 지역주민(청원군민) | | 통합반대: 지방정부(충북도집행부, 충북도의회, 청원군의회), 청원군시민사회단체와 연대조직(청원군이장단, 청원군농민단체협의회, 청원지키기운동본부), 지역정당, 지역주민(청원군민) |
| | | | 통합중도: 중앙정부(행정자치부) |
| • 정책 결정에서 행위자의 관계특성 : 네트워크크기 : 네트워크경계 : 연결패턴 : 관계본질 | 네트워크크기: 작다 | | 크다 |
| | 네트워크경계: 폐쇄적 | | 개방적 |
| | 연결패턴: 정부간관계－계층제관계, 정부와 사회관계－수직적 관계 | | 정부간관계－계층제관계 정부와 사회관계－수평적 관계 |
| | 관계본질: 협력＋갈등 | | 협력＋갈등 |
| 산출 | • 정책결론 | 정책실패 | 정책실패 |

첫째, 환경투입에서 환경특성은 1차와 2차 모두 청주시와 청원군의 환경이 연계되어 있는 공통점이 있으나, 1차보다 2차 때 환경이 진화하여 보다 복잡화되었다. 1차 청주청원통합정책시기는 1987년 이후 민주화와 지방화로 인하여 지방자치시대가 열렸으나 관선지방정부시대였다면, 2차 청주청원통합정책시기는 실질적 지방자치가 이루어진 민선지방정부시대였다. 환경맥락의 변화는 발생하는 사회문제의 성격을 변화시킨다. 1차 청주청원통합 때 사회문제는 산업화시대에 관주도적으로 시도된 도농분리식 행정구역개편의 문제점이었으나, 2차 청주청원통합 때 사회문제는 실질적인 지방화시대에 도농분리를 통합하였을 때 나타날 수 있는 편익과 비용 차원의 복잡한 문제였다.

둘째, 정치체제의 전환에서 정책의제의 차원은 환경으로부터 요구가 투입되어 나타나는 것으로 1차와 2차 모두 여러 환경 차원과 연계하여 정치행정적·경제적·

사회적 차원에 걸쳐 있다. 그러나 1차보다 2차때 환경진화로 정책의제의 차원은 보다 다양하고 복잡하게 발생하였다. 사회문제의 정책의제화모형은 1차 때가 국책연구소와 중앙정부가 주도한 내부접근모형인데 비하여, 2차 때는 지방정부와 지역의 언론과 시민단체 등이 주도한 동원모형과 외부주도모형이 결합된 모형이라고 할 수 있다.

정책결정에서 행위자의 범주와 이익은 1차보다 2차 때 많은 행위자들이 관여하고 이들의 이익도 다양화되었다. 1차 때 관련행위자는 주로 정부행위자와 지역정치인과 이들의 관할 하에 있는 관변단체 및 통치대상인 지역주민이었다. 반면, 2차 때 참여행위자는 정부행위자 외에 지역주민·지역시민사회단체·관변단체·지역언론·지역정당·전문가·종교인 등 다양한 범주의 비정부행위자들이 포함되었다. 주목할 행위자로는 제3부문 범주의 지역시민사회단체와 이들의 연대조직이 통합찬성측과 통합반대측에서 구성되었다는 점이다. 환경변화로 정치체제를 구성하는 행위자 차원은 제도적 다양성을 가져 왔다. 이러한 제도적 다양성은 행위자들의 이익을 분화시키는 동인이 되었다. 행위자의 이익은 1차 때 통합찬성과 통합반대로 이분화되었으나, 2차 때는 통합찬성과 통합반대 및 통합중도(애매모호)로 세분화되었다.

1차와 2차 모두 관련행위자들은 자신의 이익을 반영시키기 위하여 통합찬성행동과 통합반대행동을 하였다. 1차 때 정부행위자들은 겉으로는 계층제적 관계를 통하여 통합활동을 하는 것 같으면서도 은밀하게 찬성행동과 반대행동을 한 것이 발견되었다. 중앙정부의 지시하에 청주청원통합을 관할하던 충북도는 청원군집행부와 청원군의회 및 관변단체 등과 연계하여 반대행동을 한 반면, 청주시집행부는 청주시의회와 찬성행동을 전개하였다. 여기서 관선시대에도 이익이 다르면 행위자의 행동은 다르게 나타날 수 있음을 알 수 있다. 그러나 2차 통합 때 정부행위자들은 각자 자율적 행위자로서 상호의존적 관계가 되어 각자의 이익에 따른 행동을 하였다. 중앙정부인 행정자치부는 중도적 행동을 하였고, 상급광역지방정부인 충북도는 반대행동을 그리고 기초지방정부인 청원군과 청주시 집행부는 옹호동맹이 되어 찬성행동을 하였다. 이들을 견제하고 지역주민의 이익을 대변해야 할 광역지방의회나 기초지방의회는 자신의 정치적 이익을 토대로 찬성과 반대행동을 하였다. 그리고 대부분의 충북지역시민사회단체들은 시민파트너십조직을 만들어 통합찬성행동을 한 반면, 다수의 청원군지역시민사회단체는 시민연대조직을 만들어 통합반대행동을 하였다.

정책결정에서 행위자의 범주와 이익 및 상호작용을 통하여 발견되는 행위자의 관계특성은 1차와 2차에서 상이하게 나타났다. 1차 통합 때의 환경맥락과 2차 통합 때의 환경맥락이 상이함에 따라 행위자의 범주 차원에서 분석되는 네트워크의 크기와 경계는 작은 폐쇄적인 상태에서 보가 커진 개방적인 상태로 변화하였다. 행위자의 이익을 토대로 한 상호작용(행동) 차원에서 분석되는 연결패턴을 보면, 정부간 관계는 공식적으로 중앙정부−광역지방정부−기초지방정부의 계층제적 관계이나, 정부와 사회관계는 수직적 관계에서 수평적 관계로 변화하고 있다. 그리고 행위자의 관계본질은 1차와 2차 모두 권한과 이익을 토대로 협력과 갈등이 혼합되어 나타나고 있다. 여기서 갈등전개는 1차 때에는 잠재화되어 나타난 반면, 2차 때에는 현재화되어 치열하게 전개되었다.

셋째, 정치체제전환의 산출은 1차와 2차 모두 정책실패로 나타났다. 1차와 2차에서 정책실패를 초래한 원인은 위에서 살펴본 바와 같이 유사한 측면과 상이한 측면이 존재한다.

## 2) 1990-2000년대: 청주화장장입지결정(협력거버넌스모형)[10]

### (1) 청주화장장사업의 추진개요

〈표 11-27〉 청주장사시설(묘지공원과 화장장)사업의 의사결정추진내용

| 장사시설사업 | 추 진 내 용 |
|---|---|
| 묘지공원<br>(청주목련공원) | 1984.12. 가경동 산91−5번지일원에 묘지공원조성을 추진하였으나, 주민반발로 1985년 중지. |
| | 1986. 진천군 문백면 은탄리일원를 후보지로 선정하였으나, 주민반발로 무산. |
| | 1987. 청원군 낭성면 구성리 및 현암리를 후보지로 선정하였으나, 주민반발로 무산. |
| | 1988.1. 정수원 및 묘지공원조성계획을 수립하여 청원군 옥산면 장동리 산 75−2번지일원에 추진하였으나, 주민반발로 무산. |
| | 1988.11.10. 청주시 상당구 월오동일대 묘지공원 입지선정. |
| | 1989.5.19. 청주시 도시계획변경안에 대한 공청회(도시과) |
| | 1990.6.19. 청주시 도시계획변경 확정승인(도시과) |
| | 1991.4.11. 청주시 도시계획재정비 결정신청(도시과) |

---

10) 배응환. (2016). "협업행정의 실증분석: 님비사업 의사결정의 성공요인−청주시 화장장입지결정",「한국행정연구」25(3): 1−38.

| | |
|---|---|
| | 1992.1.6. 충북도 도시계획(재정비) 변경결정(충북도고시 제195호)<br>→ 도시자연공원 월오묘지공원(용도지역: 자연녹지지역) |
| | 1992.10.23. 청주시 월오묘지공원조성계획 결정승인(도시과) |
| | 1994.5.10. 청주시 도시계획시설 실시계획인가(도시과) |
| | 1994.5.16. 목련공원조성사업 착공(공영개발사업소) |
| | 1998.4. 화장장시설결정검토계획 수립(목련공원내 3기) 및 화장장시설 국<br>비보조신청(1,585백만원). |
| | 1998.6. 청주도시계획재정비 신청(모지공원일부 화장장). |
| | 1998.7. 청주화장장건립계획 수립(화장로 5기). |
| | 1998.11. 도시계획시설 결정(변경)신청 및 공유재산 취득심의. |
| | 1998.12. 청주시장과 주민대표 면담. |
| | 1999.1. 99년 당초예산에 기본설계용역비 42,686천원과 건축비 573,231천<br>원 확보. |
| | 2000.8. 국도비 반납(이유: 집단민원 및 예산확보 어려움 등) |
| | 2003.1. 화장장 건립을 위한 시민공청회 개최. |
| | 2003.2. 화장장사업계획 6개 후보지 선정. |
| | 2003.3. 청주화장장 신축부지 월오동 확정 및 국도비 신청. |
| | 2003.3. 월오지역주민반대투쟁위 구성. |
| 화장장<br>(청주목련원) | 2003.5. 충북도 재정투융자심사, 조건부의결 125억원(국고보조확정 후 재<br>원확보 추진). |
| | 2003.7. 건축설계현상공모(당선업체: (주)신성건축). |
| | 2003.11. 청주시 재정투융자심사<br>→ 화장장 내 장례식장 심의가결(17억5천원). |
| | 2004.2. 청주시 월오종합개발계획 작성(용역기관: 충북대) |
| | 2004.2. 청주화장장 기본설계 용역발주(172,300천원). |
| | 2004.6. 월오지역주민협의체 구성- 월오지역이미지개선사업결정. |
| | 2004.7. 화장장실시계획 용역발주(380,000천원). |
| | 2004.11. 화장장실시설계 완료. |
| | 2004.12. 교통영향평가완료 및 도시계획시설 변경결정. |
| | 2005.1. 화장장신축공사 공고(13,051백만원)(계약: KCC건설 외 두개 업체). |
| | 2005.5. 월오지역주민과 협정서 체결 후 공사착공. |
| | 2006.9. 청주목련원관리운영조례 개정. |
| | 2006.10. 청주목련원 준공. |

### (2) 청주화장장사업결정과 협력거버넌스성공

본 연구는 Ansell & Gash(2007)의 협력거버넌스모형을 청주장사시설(묘지공원 및 화장장)이라는 님비사업 의사결정사례에 적용하여 분석한 것이다. 본 연구를 통하여 청주장사시설사업의 의사결정과정에서 지방정부와 지역주민 및 시민단체 간의 협력거버넌스가 어떻게 작동하였는가를 검증할 수 있었고, 이를 통하여 님비사업 의사결정의 성공요인을 도출할 수 있었다.

우선, 청주장사시설사업 의사결정은 Ansell & Gash가 출발조건으로 설정한 권력과 자원의 불균형과 갈등과 협력의 선례로부터 출발하였다. 시와 지역주민은 권력이나 자원에서 불균형을 가지고 있는 것은 서로 상보적인 행동을 유발시키는 조건이 되었고, 청주시에서 관선지방행정시대부터 민선지방자치시대까지 갈등과 협동의 경험을 가지고 있다는 것은 이후 협력을 하는 중요한 학습조건이 되었다. 그러나 이들

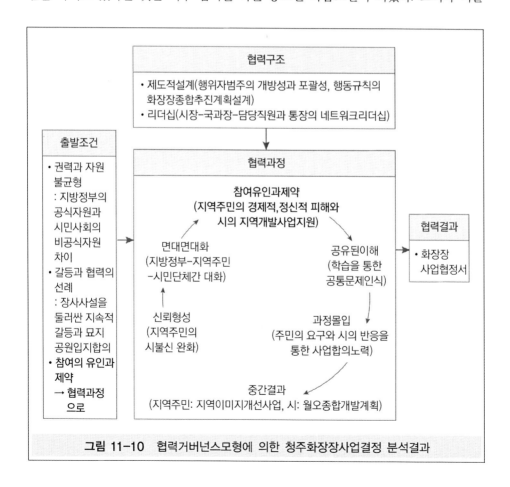

**그림 11-10  협력거버넌스모형에 의한 청주화장장사업결정 분석결과**

모형에서 출발조건으로 제시한 참여의 유인과 제약은 사례연구결과 협력과정의 변수에 포함시키는 것이 타당하다. 지방정부의 지역주민에 대한 유인책은 처음 갈등상황에서가 아니라 협력과정에서 나타나기 때문이다.

다음으로, 청주장사시설사업의 의사결정이 성공할 수 있었던 요인은 제도적 설계(행위자의 범주와 행동규칙)와 리더십으로 이루어진 협력구조가 잘 설계되었고 실제 작동이 되었다. 갈등문제를 해결하기 위해서는 문제에 관련되는 행위자의 참여범주를 확인해야 하는데, 본사례에서는 행위자범주의 개방성과 포괄성이 있었고, 이들 행위자들이 활동하는 행동규칙을 화장장사업종합추진계획에 미리 설계하였다. 행동규칙의 운영에 대해 지역주민과 시민단체는 절차상의 미흡과 같은 과정투명성 부족을 지적하기도 하였다. 리더십은 갈등을 협력으로 유도하는데 상층(시장)과 중층(국과장) 및 하층(담당공무원과 통장)의 민주적인 네트워크리더십이 발휘되었다.

마지막으로, 장시사실사업 의사결정의 성공요인은 협력구조틀 속에서 협력과정의 변수들이 잘 작동되었다. 협력과정에서는 신뢰가 가장 중요한 전제조건이 되는 것을 알 수가 있다. 신뢰는 협력을 촉진시키는 접착제라고 할 수 있기 때문이다. 주민들은 시에 대하여 인식하는 과거에 대한 불신을 학습하여 문제제기를 계속하고 있다. 이러한 신뢰가 형성된 이후에야 대화가 이루어질 수 있다고 본다. 화장장 건립을 담당하는 사회과는 화장건립팀을 만들고 시의 행동에 불신을 하고 있는 지역주민과의 지속적인 상호작용을 하고 있다. 이는 면대면 대화에서 나타난다. 문제를 해결하기 위한 대화채널로는 간담회나 공청회를 통한 주민의견청취나 지역주민협의체와의 지속적인 대화와 실무회의를 들 수 있다. 이러한 대화채널을 통하여 상호 간에 이해관계를 수렴하는 과정에서 시의 지역주민에 대한 유인책과 학습이 촉매요인으로 작용하였다. 시는 월오지역종합개발계획서를 지역주민에 제시하고 지역주민협의조직은 주민요구사업을 시에 제시하여 상호조정을 하고 있고, 선진지역의 장사시설에 대한 학습은 공유된 이해를 촉진하는 계기가 되었다. 이후, 시와 지역주민은 상호합의된 정책결과를 산출하기 위한 몰입을 하고 있다.

결론적으로, 지방정부갈등의 다수로 등장하는 환경사업에서는 협력이 매우 낮게 이루어지고 있는데, 본연구는 님비사업 의사결정에서 갈등을 협력으로 해결한 성공적인 협력거버넌스사례라고 할 수가 있다. 복잡하고 사악한 문제의 증가를 특징으로 하는 현대사회에서, 성공적인 사회문제의 해결을 위해서는 가능한 모든 자원을 가장 효율적으로 동원하는 것이 협업행정이라고 한다면, 정부부처뿐 아니라 민간부문과의 협업이 중요하다. 왜냐하면 사악한 문제의 해결에 필요한 권력과 자원은 정부와 민간부문이 가지고 있기 때문이다. 본연구사례에서는 지방정부와 민간부문 산의 협업을 통한 문제해결을 하고 있다. 따라서 청주장사시설사업의 협력적 의사결정과정은 다른 시역의 갈등사례를 협력거버넌스로 분석하거나 해결을 하는데 밴치마킹모형으로 이용할 수 있다고 본다.

## 5. 교육정책: 2000년대, 대입제도개편 공론화결정(숙의거버넌스모형)[11]

2015년 개정 교육과정개편 이후 정책결정만을 남겨두었던 대입제도개편 논의가 대통령선거 이후 정책의제설정과정으로 회귀된다. 수능절대평가 도입을 목적으로 동원형 정책의제설정과정에서 여론의 지지를 받지 못하자 공론화 정책결정방식을 도입하게 된다.

### 1) 정책결정과정에서 정책의제설정과정으로의 회귀

당초 정부의제로 설정되어 정책결정과정을 앞두고 있던 대입제도개편이 이후에 정책의제설정과정으로 회귀하였다.

〈정책결정과정에서 동원형 정책의제설정으로의 전환과정〉

- 2015. 9. 23. 교육부, 2015년 교육과정개편안 발표, 수능개편안 발표는 2017년 7월로 유예
- 2017. 3. 10. 박근혜 대통령 탄핵
- 2017. 3. 20. 문재인 대통령후보, 교육공약 발표 - 대학입시 단순화, 2021학년도 수능부터 절대평가전환, 수시에서 수능최저학력기준 폐지검토 - 구체적 방안은 국가교육회의에서 논의
- 2017. 5. 9. 문재인 대통령 당선
- 2017. 6. 11. 사회부총리 겸 교육부 장관에 김상곤 지명. 이후 수능절대평가에 대한 논란 격화
- 2017. 7. 3. 국회 교육문화체육관광위원회, 김상곤 후보자 인사청문회 경과보고서 채택
- 2017. 7. 17. 교육부, 대입 단순화 및 수능개편 추진 테스크포스(T/F) 출범, 이후 국정현안점검회의(8월 3일) 등을 통해 학생·학부모·고교·대학 등 관계자의 의견수렴 후 8월 31일까지 개편안 마련할 계획이라고 발표

---

11) 박대권·최상훈. (2019). "정책결정방식으로서의 공론화에 대한 성찰적 검토 : 대입제도개편을 위한 공론화위원회 사례를 중심으로", 「교육행정학연구」 37(3): 141 – 166.l

> - 2017. 8. 10. 교육부, 일부과목 절대평가와 전과목 절대평가 2가지 안으로 구성된 2021학년도 대학수학능력시험 개편시안 공개, 권역별 공청회를 열어 의견을 수렴하고 선택할 것이라고 공언, 전국 초중고교 학부모 대상 설문에서 80.5%가 1,2안보다 현행 유지선호 결과가 나오는 등 분열과 갈등 양상심화
> - 2017. 8. 31. 교육부, 수능개편 유예결정하고 2018년 8월까지 2022학년도 수능개편안 마련할 것이라고 발표

## 2) 정책결정과정으로의 재전환과 공론화

2017년 12월 제1차 대입정책포럼 이후 4차에 걸친 대입정책포럼과 국가교육회의의 출범으로 구성된 대입제도개편을 위한 공론화위원회를 통하여 정책결정과정으로의 재전환이 본격화되었다.

〈동원형 정책의제설정에서 정책결정과정으로의 재전환〉

> - 2017. 12. 12. 교육부, 2022학년도 대입개편안 마련을 위한 제1차 대입정책포럼 개최
> - 2017. 12. 27. 국가교육회의 출범 및 1차 회의 개최
> - 2018. 4. 11. 교육부, 대학입시제도 국가교육회의 이송안 발표
> - 2018. 4. 16. 국가교육회의 제3차 회의 개최, 대입제도개편특별위원회와 공론화위원회 구성운영 의결
> - 2018. 4. 25. 대입개편 학종파 대 수능파 간 장외여론전 본격화
> - 2018. 4. 26. 제1차 대입제도개편특별위원회 개최
> - 2018. 4. 29. 대입제도개편공론화위원회 발족
> - 2018. 5. 3. 대입제도개편특위, 2022학년도 대입제도개편 국민제안 열린마당 개최, 수능전형 찬성단체와 반대단체 간 외부여론전 격화
> - 2018. 5. 16. 대입제도개편공론화위, △공론의제 선정 △대국민토론회 △시민참여형조사 등 3단계 공론화추진계획 발표
> - 2018. 5. 31. 대입제도개편특위, 공론화범위 발표 - ① 학생부위주전형과 수능전형 간 비율, ② 수능최저학력기준 활용여부, ③ 수능절대평가 전환여부·
> - 2018. 6. 12. 대입제도개편공론화위, 6월 16~17일 공론화의제 선정을 위한 시나리오 워크숍 개최예정 발표

## 3) 정책결정방식으로 숙의민주주의 공론화

2018년 5월 16일, 대입제도개편공론화위원회는 △공론의제 선정 △대국민토론회 △시민참여형조사 등 3단계 공론화추진계획을 발표하였다. 대입제도개편특별위원회가 결정한 공론범위를 바탕으로, 공론화위원회는 학부모, 교원, 대학관계자 등

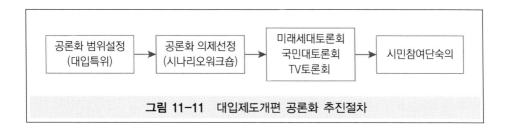

**그림 11-11  대입제도개편 공론화 추진절차**

이해관계자와 전문가들의 의견을 청취하여 공론의제를 선정하기로 하였다.

　　이어 대입제도개편에 대한 사회전반의 관심 및 이해도 제고 등을 위하여 호남·
제주, 충청, 영남, 수도권·강원 등 4개 권역에서 권역별 대국민토론회를 개최하고,
TV토론회와 온라인소통채널 의견수렴 등을 추진하기로 하였다. 특히 직접적인 이해
관계자인 학생들의 의견을 적극반영하기 위하여 미래세대토론회를 별도로 개최하여
대입제도에 대한 의견을 청취하고 그 내용을 정리하여 최종보고서에 담을 계획도
밝혔다.

　　이후, 19세 이상 국민을 모집단으로 하여 지역, 성, 연령 등을 고려하여 적정규모
의 표본을 추출한 후, 그 중에서 대입제도에 대한 의견, 성, 연령 등을 고려하여 최종
적으로 대표성 있는 시민참여단을 선발한다. 시민참여형조사는 대표성을 고려하여
선정된 시민참여단이 각계 각층의 다양한 의견과 이해관계자 및 전문가의 입장이
충실히 반영된 자료를 심층적으로 학습하고 토론하는 과정을 통해 대입제도개편방
안에 대한 공적인 여론이 도출되는 과정으로 계획하였다.

　　이후, 공론화위원회는 8월 초까지 시민참여형조사의 결과를 정리한 후, 대입제도
개편특별위원회에 제출하며, 대입제도개편특별위원회는 공론화 결과를 바탕으로 대
입제도개편권고안을 마련하고, 국가교육회의에 심의·의결을 요청하게 된다.

〈표 11-28〉  공론화의제의 주요내용

| 구 분 | 학생부위주전형과 수능위주전형 비율 | 수능평가방법 | 수시 수능최저학력기준 활용여부 |
|---|---|---|---|
| 의제1 | (정시) 수능위주전형과 (수시) 학생부위주전형의 균형유지, 각 대학은 모든 학과에서 (정시) 수능위주전형으로 45% 이상 전발 | 상대평가 유지 원칙 | 대학자율, 단 교육부의 영향력 행사배제 |

| 의제2 | 대학자율<br>단, 특정전형에 과도하게 치우쳐 학생의 전형선택권이 제한되지 않도록 함 | 전과목 절대평가 전환 | 활용가능<br>단, 현행보다 기준강화 불가 |
|---|---|---|---|
| 의제3 | 대학자율<br>단, 특정유형의 전형방식 하나만으로 모든 학생을 선발하는 것은 지양 | 상대평가 유지 원칙 | 대학자율<br>단, (수시) 학생부교과전형 혹은 학생부종합전형의 최저 반영수준에서 설정 및 지원자의 전공/계열과 유관한 영역으로 적용범위제한 권장 |
| 의제4 | (정시) 수능위주전형 확대<br>(수시) 학생부교과전형과 학생부종합 전형비율의 균형유지 | 상대평가 유지 원칙 | 대학자율 |

〈표 11-29〉　정책의제별 시나리오 대표소속단체 및 주요주장

| 의제구분 | 시나리오 대표소속단체 | 주요주장 |
|---|---|---|
| 의제1 | 공정사회를 위한 국민모임<br>정시확대를 위한 학부모모임 | 상대평가 유지<br>정시 확대 |
| 의제2 | 한국대학입학사정관협의회<br>사교육걱정없는세상 | 절대평가 전환<br>수시확대 |
| 의제3 | 홍익대, 한국외대<br>(한국대학교육협의회) | 상대평가 유지<br>대학자율권 확대 |
| 의제4 | 흥사단, 유리교육연구소 | 상대평가 유지<br>정시 확대 |

〈표 11-30〉　대입제도개편 정책의제별 지지도 조사결과(%)

| 구 분 | 1차 조사(7.14-15) | 2차 조사(7.27) | 3차 조사(7.29) |
|---|---|---|---|
| 의제1 | 49.4 | 53.8 | 52.5 |
| 의제2 | 50.5 | 40.6 | 48.1 |
| 의제3 | 39.2 | 30.5 | 37.1 |
| 의제4 | 50.3 | 47.8 | 44.4 |

위의 표에서 정책의제별 지지도 조사결과는 1차와 3차 조사결과를 비교하면 의제1은 3.1%가 증가하였으며, 의제2는 2.4% 감소하는 것에 그치고 있다. 공론조사에서 숙의과정이 일정수준 이상의 효과를 낳았다고 보는 경우는 숙의로 인한 의사의 변경이 나타났을 때이다. 그러나 시민참여단의 낮은 전문성과 불충분한 자료의 제

공, 짧은 숙의 기간으로 인하여 이러한 선호의 변화가 충분히 일어나지 않았다. 따라서 공론화위원회의 숙의효과는 낮았다고 볼 수 있다.

이처럼, 서로 대립적인 대안인 의제1과 의제2가 근소한 차이로 지지를 받게 되자, 공론화위원회는 유의미하지 않은 차이의 결과를 가지고 단일안을 도출할 수 없다는 입장을 밝혔다. 두 의제는 수능 상대평가와 절대평가라는 대립적 입장이었기 때문에, 공론화위원회는 중장기 대입정책방향에 대한 부가질문 조사결과를 반영했다. 중장기 대입정책방향에 대한 질문에서 시민참여단은 절대평가과목 확대(27.0%), 전과목 절대평가(26.7%), 전과목 상대평가(19.5%), 상대평가과목 확대(15.3%), 현행 유지(11.5%) 순으로 응답했다. 이를 근거로 공론화위원회는 단기적으로는 정시 수능 위주전형(상대평가)을 확대하되, 중장기적으로는 수능절대평가를 준비한다는 모순적인 결론을 제시한다. 교육부는 국가교육회의의 권고안 및 공론화 조사결과를 반영하여 대입개편안에서 정시 수능위주전형비율을 30% 이상으로 확대하도록 대학에 권고하겠다고 밝혔다. 이처럼 공론화 결과의 '중장기적 개편방안'이 공론화의 공식의제에 대한 숙의결과로부터 도출되지 않고 부가질문에 대한 응답으로 도출됨으로써 공론화 결과에 대한 정당성 확보가 어려워졌다고 평가할 수 있다.

# 제12장 | 정책의제해결책의 실행: 정책집행

## 제1절 | 정책집행의 대두배경

정책과정에서 볼 때, 정책집행은 정책의제설정과 정책결정 이후의 단계이다. 정책의제에서 시작하여 정책이 산출되기까지의 단계가 정책결정과정이라면, 정책산출을 환경에 실현하는 단계를 정책집행과정이라고 하고, 정책집행이 환경(사회)에 미치는 결과(효과, 영향)를 검증하는 단계를 정책평가과정이라고 한다. 여기서 정책결정과 정책평가 사이의 연결고리가 정책집행단계이다.

1970년대 이전까지 정책연구자들이나 전통적인 정치행정모형에서는 정치가 정책을 결정하고 행정은 그러한 정책을 집행한다고 보고, 정책집행의 결과도 정책결정이 의도한 바와 크게 다르지 않다고 가정하여 정책집행을 경시하였다(Nakamara & Smallwood, 1980: 8). 그러나 정책학에서 고전적 행정모형에 의문이 제기되면서 정책집행학문에 변화가 일어나기 시작하였다. 1970년대에 들어와서 Pressman & Wildavsky(1973)가 시도한 켈리포니아 오클랜드지역의 실업자에 대한 연방프로그램 연구에서 정책결정자가 기대했던 방법으로 정책이 집행되지 않는다는 것을 발견하였다. 다른 연구들은 Johnson 행정부(1963－1968)에서 추진한 위대한 사회프로그램 (The Great Society Programs)이 의도한 목표를 달성하지 못했고 그것의 문제는 집행하는 방법에 뿌리를 두고 있다고 진단하였다(Van Meter & Van Horn, 1975). 이들 연구의 결론은 공공정책집행을 이해하고 설명하려는 보다 체계적인 노력이 필요하다는 것이었다.

이처럼, Pressman & Wildvsky의 연구는 집행연구의 발달에 결정적인 영향을 주었고, 미국과 서유럽에서 정책집행모형의 학문적 발전에 기여를 하였다. 1970년대 초반 이후 1980년대와 1990년대를 지나면서 정책집행과정을 설명하는 집행접근 또는 집행모형으로는 하향식 접근과 상향식 접근 그리고 통합적 접근의 논쟁이 지속되어 왔다.

한편, 정책집행의 또 다른 발전으로는 1970년대와 1980년대에 정책결정자와 정책집행자와의 관계를 중심으로 정책집행방법(유형)이 체계화되었고, 1980년대 중반 이후에는 정책집행의 수단으로 정책도구의 유형화작업도 이루어져 왔다.

## 제2절 | 정책집행의 개념과 특성 및 구성요소

### 1. 개념적 쟁점

어떤 공공문제가 정책의제화되고, 다양한 선택대안들이 그것의 해결을 위하여 제안되고, 정부가 이들 대안들 중에서 선택을 만든 후에, 남은 것은 결정된 정책을 실행하는 것이다. 이것은 정책과정에서 정책집행단계이다. 정책집행이란 정책(policies)이나 사업(programs)을 수행하는 과정으로 계획(plans)을 실제(practice)로 전환하는 것이다(McLaughlin, 1985: 97).

그러나 정책이나 사업을 실제로 전환하려는 노력은 그렇게 단순한 것이 아니다. 문제의 본질, 그들을 둘러싼 환경, 또는 과업에 책임을 지는 행정기관과 정책대상집단에 관련되는 여러 요인들 때문에 사업은 의도했던 대로 집행되지 않을 수 있다. 이것은 정부가 달성하기 위하여 처방한 공언된 목표와 절차로부터 구별되는 것으로서 집행의 현실이라고 할 수 있다. 만일 우리가 정책과정을 이해하려고 한다면 이들 집행의 한계를 이해하는 것이 중요하다.

우선, 문제의 본질은 여러 가지 방법으로 그것을 해결하기 위하여 설계된 사업의 집행에 영향을 준다. 첫째, 정책결정은 집행동안 다양한 기술적 어려움에 직면한다. 둘째, 정부사업의 대상이 되는 문제의 다양성은 그것의 집행을 어렵게 만든다. 셋째,

정책대상집단의 크기는 또한 중요한 요인이다. 대상집단이 크고 다양할수록 소망스러운 방법으로 그것의 행동에 영향을 주는 것이 보다 어렵게 된다.

다음으로, 정책집행은 그것의 정치적 사회적 경제적 그리고 기술적 환경에 의하여 영향을 받는다. 첫째, 정치적 환경 변화는 집행에 영향을 가지고 있다. 정부의 변화는 정책 자체의 변화 없이도 정책이 집행되는 방법에서 변화를 초래할 수 있다. 예컨대, 많은 국가의 보수정부는 진보정부나 사회주의정부에 비하여 사회복지프로그램을 축소하는 것으로 알려져 있다. 둘째, 사회적 조건의 변화는 문제의 해석과 사업이 집행되는 방법에 영향을 줄 수 있다. 산업화된 국가에서 사회안전망프로그램이 직면하는 많은 문제들은 공공재정의 무거운 부담을 강요하는 고령화비율이나 높은 실업률에 대처하도록 설계되지 않았다는 사실로부터 발생한다. 셋째, 경제적 조건의 변화는 정책집행에 비슷한 영향을 준다. 예컨대, 가난한 자와 실업자를 대상으로 한 사업은 경제 상승이나 하강 후에 변화를 경험할 수 있다. 넷째, 새로운 기술의 이용가능성은 정책을 변화시키는 요인이다. 예를 들면, 오염통제정책은 보다 효과적이고 저렴한 기술이 발견된 후에 집행과정에서 종종 변화를 한다.

마지막으로, 정책에 책임을 지는 행정기관은 지금까지 언급한 요인들보다 덜 영향을 가지고 있다. 정책집행은 정책과정에 만연하는 조직이나 조직간 갈등의 대상이 된다. 정책집행에 관련되는 행위자로는 정부 내의 상이한 관료조직과 상이한 정부들(중앙, 주, 지방)이 존재한다. 이들 조직들은 집행과정을 방해할 수 있는 그들 자신의 이익과 열망 및 전통을 가지고 있다(Bardach, 1977; Elmore, 1978). 많은 기관들에게서 집행은 정책대상집단에게 이익이나 비용을 초래할 수 있다. 정책대상집단의 정치적 경제적 자원은 또한 정책의 집행에 영향을 준다. 정책에 의해 영향을 받는 힘 있는 집단(powerful group)은 그것에 대한 지지나 반대에 의해 집행의 특성을 조건지을 수 있다. 그러므로 정책집행자는 보다 쉬운 집행업무를 수행하기 위해 그 집단과 타협을 하는 것이 꽤 공통으로 발견된다. 또한, 정책에 대한 공공지지는 정책에 영향을 준다. 많은 정책들은 정책이 채택된 후에 지지의 감소를 목격한다.

보다 좋고 안전한 세상을 창조하려는 정부와 시민의 정책적 노력은 이들 집행의 현실에 걸려 실패하고 있다. 이것은 정책집행에서 직면하는 어려움의 인식일뿐 아니라 집행에서 성공의 기회를 제공하도록 정책을 설계하려는 시도를 유도한다. 많은 정책의 결정들이 집행의 어려움에 대한 적절한 주의 없이 이루어지는 동안, 우리는 이들 관심사를 정책과정의 초기단계에서 고려해야 한다는 것을 인식하게 된다. 정책

결정자가 그 한계를 고려하는 것이 보다 쉬우므로 사후적이기보다는 사전에 적절한
대응책을 설계해야 한다(Linder & Peters, 1990).

정책결정자가 정책집행을 촉진하도록 정책설계를 개선할 수 있는 방법은 다음과
같다(Clarke, 1992: 222). 첫째, 정책결정자는 정책목표와 그들의 상대적 순위를 가능
한 명료하게 진술해야 한다. 이것은 집행자에게 무엇을 수행해야 하고 어떤 우선순
위에 따라 그들의 과업을 수행해야 하는가에 대한 명료한 설명으로 기능한다. 둘째,
정책은 처방된 수단이 문제를 해결하도록 기대할 수 있게 인과이론으로 명료하게
제시하여야 한다. 셋째, 정책은 성공적인 집행을 위해 그것에 배분할 충분한 자금을
가지고 있어야 한다. 사업을 중단시키는 일몰방법의 하나는 필요한 자금이 부족한
경우이다. 넷째, 정책은 집행기관이 정책을 수행할 때 준수할 명료한 절차를 만들어
야 한다. 다섯째, 집행업무는 경험과 몰입을 하는 기관에 배치해야 한다(Howlett &
Ramesh, 1995: 151-156).

## 2. 정책집행의 개념과 특성

### 1) 여러 학자들의 개념정의

위에서 살펴본 정책집행의 개념적 쟁점에서 암시하는 바와 같이, 정책집행이라
는 개념에는 매우 다양한 요인들이 관여하고 있음을 알 수가 있다. 이에 따라 정책학
자들은 정책집행을 여러 가지 의미로 정의하여 왔다(표 12-1).

우선, 정책집행연구의 선구자인 Pressman & Wildavsky(1973: xix-xxi)는 정책집
행개념을 웹스터 사전정의인 실행하고 성취하고 실현시키고 생산하며 완성하는 행
위라고 하면서, 집행이란 결정의 산출물인 정책(policy)을 목적어로 가져야 한다고
보았다. 여기서 정책이란 그것을 달성하기 위한 목표와 수단의 넓은 언명이다. 이런
의미에서 정책은 목표와 그것의 성취를 신호한다. 집행은 그것을 판단하는 목표 없
이는 성공하거나 실패할 수 있다. 그리고 예측된 결과를 발생시키기 위해서는 집행
이 요구된다. 따라서 집행이란 목표설정과 그것을 달성하기 위한 행동 간의 상호작용
그리고 결과를 가져오기 위해 인과연쇄에 따라 추진하는 능력으로 정의할 수 있다.

이후에, 정책집행연구자들은 다양한 정책집행개념을 정의하고 있는데, Van
Meter & Van Horn(1975: 447)은 정책결정에서 미리 설정된 목표를 달성하기 위하여

정부부문 및 민간부문의 개인이나 집단이 행하는 활동으로 정의하였고, Jones(1984: 8)는 Pressman & Wildavsky의 정의가 명료하지 못하다고 하고, 집행이란 공공문제의 해결에 관한 구체적 제안인 사업을 실천에 옮기는 활동이라고 하고, 그런 활동은 조직(사업을 실천에 옮기는 데 필요한 자원과 행정부서 및 방법 등을 신설하고 재정비하는 것), 해석(사업내용을 실제로 적용가능하고 실현가능한 지침으로 전환하는 것), 그리고 적용(서비스나 금전적 혜택 또는 기타 사업의 목표나 수단을 정기적으로 제공하는 것)의 세 가지 측면으로 구성된다고 보았다. 그리고 Nakamura & Smallwood(1980: 1)는 권위있는 정책지시를 실행에 옮기는 과정으로, Ripley & Franklin(1987: 4)은 정책, 사업, 편익, 기타 유형의 산출물에 정당성을 부여하는 법안이 통과된 후에 행정관료가 그것의 목표나 의도한 결과에 따라 행하는 활동으로 정의하였다.

한편, 국내정책학자들의 정책집행에 대한 개념을 보면, 정정길 외(2011: 463)는 정책의 내용을 실현시키는 과정이라고 간단한 정의를 하였지만, 다른 학자들은 보다

〈표 12-1〉 정책집행의 개념

| 정책학자 | 개념정의 |
|---|---|
| Pressman & Wildavsky (1973: xix-xxi) | 목표설정과 그것을 달성하기 위한 행동 간의 상호작용 그리고 결과를 가져오기 위해 인과연쇄에 따라 추진하는 능력 |
| Van Meter & Van Horn (1975: 447) | 정책결정에서 미리 설정된 목표를 달성하기 위하여 정부부문 및 민간부문의 개인이나 집단이 행하는 활동 |
| Jones (1984: 8) | 공공문제의 해결에 관한 구체적 제안인 사업을 실천에 옮기는 활동 |
| Nakamura & Smallwood (1980: 1) | 권위있는 정책지시를 실행에 옮기는 과정 |
| Ripley & Franklin (1987: 4) | 정책, 사업, 편익, 기타 유형의 산출물에 정당성을 부여하는 법안이 통과된 후에 행정관료가 그것의 목표나 의도한 결과에 따라 행하는 일련의 활동 |
| 정정길 외 (2011: 463) | 정책의 내용을 실현시키는 과정 |
| 안해균 (2000: 379) | 미리 결정된 정책을 실천에 옮기려는 일련의 과정으로서 정책목표를 해석하여 구체적인 지침(정책수단)을 마련하고 자원을 확보하여 정책대상집단에 편익이나 제한을 가하는 정치적 성격을 지닌 활동 |
| 노화준 (2012: 496-497) | 결정된 정책내용, 즉 정책설계를 집행의 책임이 있는 개인이나 집단들이 실천해가는 동태적 과정이고 활동 |

구체적이고 조작적 정의를 하고 있기도 하다. 이를테면, 안해균(2000: 379)은 미리 결정된 정책을 실천에 옮기려는 일련의 과정으로서 정책목표를 해석하여 구체적인 지침(정책수단)을 마련하고 자원을 확보하여 정책대상집단에 편익이나 제한을 가하는 정치적 성격을 지닌 활동으로, 노화준(2012: 496-497)은 결정된 정책내용, 즉 정책설계를 집행의 책임이 있는 개인이나 집단들이 실천해가는 동태적 과정이고 활동이라고 정의하고 있다.

지금까지 살펴본 국내외 학자들의 정책집행의 개념정의를 보면, 공통적인 것과 상이한 것이 존재함을 알 수가 있다. 이러한 여러 개념을 토대로, 본저자는 정책집행을 환경에서 발생하는 사회문제를 해결하거나 사회기회를 창조하기 위하여 정책결정과정에서 산출한 정책(사업)을 집행담당자(정부조직＋비정부조직)가 환경의 정책대상집단에게 적용(실행)하여 의도했던 정책결과(효과, 영향)를 성취하려는 활동으로 정의한다.

### 2) 정책집행의 특성

#### (1) 정책의제해결책의 실행단계

정책결정은 정부의 내부에서 이루어지는 활동인데 비하여, 정책집행은 정부가 환경 속의 사회문제를 해결하거나 사회기회를 창조하는 단계에서 이루어지는 활동이다. 정책환경과의 관계에서 정책집행은 정책결정에서 산출한 정책이나 사업을 환경(사회)의 사회문제와 사회기회에 적용하는 과정이다. 이러한 정책이 환경에 미치는 영향은 정책편익과 정책비용이 있다.

구체적으로, 정책집행은 정책집행자가 정책(사업)목표를 달성하기 위한 정책(사업)수단을 정책대상집단에게 실현시키는 활동이다. 이것은 정부의 활동이 정책대상자인 개인이나 집단에게 직접적인 영향을 미치는 단계이다. 예컨대, 배분정책의 경우 정부가 수혜집단에게 재화나 서비스를 제공하는 것이고, 규제정책의 경우는 정부가 개인이나 집단의 행동이나 권리행사를 제한하는 것이고, 재분배정책은 부자에게서 빈자에게 재산이나 소득을 이전시키는 것이다.

이처럼, 정책집행은 정부와 정책대상자가 직접 접촉하는 단계로서 정부의 존재와 활동결과를 직접 인식할 수 있게 한다. 그러므로 정책결정의 산출물인 정책이나 사업이 그것이 달성하고자 하는 정책(사업)목표를 성취할 수 있는가는 집행과정에서 정책대상자의 순응이나 불응에 의하여 영향을 받는다고 할 수 있다.

### (2) 정책평가의 검증대상

정책집행은 또한 정책평가와도 밀접한 관련을 가지고 있다. 정책집행은 정책목표와 정책결과 내지 정책영향을 연결시켜주는 매개변수로서, 정책결정과정에서 산출한 정책을 구체적인 사업계획으로 전환시키고 동시에 정책대상집단을 위하여 여러 가지 자원을 동원하고 배분하여 정책결과를 가져오게 한다(안해균, 2000: 379).

이러한 정책집행의 결과와 그 집행과정을 검증하는 것이 정책평가이다. 1960년대 초기의 정책평가에서는 정책집행으로 인하여 의도했던 정책결과가 발생하였는가를 검토하는 총괄평가가 중심이었으나, 1970년대 이후에는 정책과정, 특히 집행과정에서 발생하는 활동을 대상으로 하여 정책수단이 어떤 경로를 거쳐 정책결과를 가져왔는가를 분석하는 과정평가도 관심을 갖게 되었다. 정책평가의 결과물은 다음의 정책과정에 환류되어 중요한 정보로 활용된다. 실제로 정책집행이 이루어지는 현장에서 정책평가는 집행과정에 미치는 영향이 매우 크다고 할 수 있다.

### (3) 정책집행의 순환성과 정치성

정책집행에서는 정치체제 내부와 외부의 정책환경에 존재하는 다양한 행위자들이 관여하고, 여러 가지 활동이 복잡하게 얽혀 정치적 상호작용이 이루어지는 복합과정이라고 할 수 있다. 이를테면, 정책집행은 정책형성과 영향을 주고받을 뿐만 아니라 정책평가와도 영향을 주고받으며 또한 정책환경과도 상호작용을 하게 된다. 이러한 측면을 Nakamura & Smallwood(1980: 25-27)은 다음과 같이 묘사하고 있다.

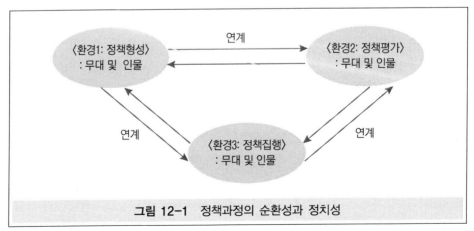

**그림 12-1  정책과정의 순환성과 정치성**

자료: Nakamura & Smallwood(1980: 27).

정책과정은 하나의 체제로서 일련의 요소들과 연결들로 구성되는데, 이과정의 중요한 요소는 세 가지의 기능적 환경인 정책형성, 정책집행, 정책평가 등으로 인식하고 있다. 이들 각각 환경은 다양한 행위자들(actors)과 영역들(arenas)을 포함하고, 다양한 의사전달과 순응연결에 의해 연계되고 있다. 따라서 정책과정은 개방적이고 순환적이라고 할 수 있다. 세 가지 환경에 속하는 행위자들은 서로 영향력을 행사하게 되고 각 행위자들은 상이한 환경에서 상이한 역할에 참여할 수 있다.

## 3. 정책집행의 구성요소

위에서 정책집행은 왜 대두하였으며 그것은 무엇인가를 살펴보았는데, 그러면 정책집행을 작동시키는 요소에는 무엇이 있는가? 이에 대하여는 그동안 발전되어온 정책집행이론을 통하여 설명할 수 있다.

정책집행을 연구한다는 것은 정부가 환경의 사회문제를 해결하거나 사회기회를 창조하기 위하여 만들은 산출물인 정책이나 사업을 환경에 내보내는데, 누가 어떤 도구를 가지고 어떻게 집행활동을 하는가를 설명하는 것이다. 이를테면, 정책집행과정을 설명하는 접근으로는 하향식 접근, 상향식 접근, 통합적 접근으로 발전하여 왔고, 정책집행의 수단으로는 여러 학자들의 정책도구이론이 등장하였고, 그리고 집행

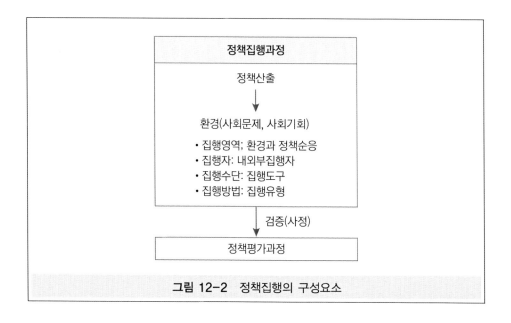

**그림 12-2   정책집행의 구성요소**

방법으로 여러 집행유형이 체계화되고 있다.

이처럼, 정책집행에서 논의되어온 정책집행의 구성요소들을 개괄적으로 정리하면 그림과 같다(그림 12-2).

---

## 제 3 절 | 정책집행영역: 환경과 정책순응

### 1. 환경: 정책대상집단

정책체제모형은 정책과정이 환경과 연계하여 작동한다고 본다. 이것은 정책과 환경이 지속적으로 영향을 주고받기 때문이다. 환경적 요인은 정책과정에 요구와 지지를 투입하게 되고, 이러한 투입요인에 따라 정책결정단계에서 정책이나 사업이 산출된다. 정책이나 사업은 다시 환경의 사회문제 해결이나 사회기회 창조에 시행하게 되므로 환경에 미치는 영향은 매우 크다고 할 수 있다.

구체적으로, 정책이나 사업이 환경에 미치는 영향은 정책효과와 정책비용으로 나타난다. 정책효과란 정책이 실행되어 나타나는 정책목표의 달성결과를 말하는 것으로, 실업문제나 물가문제 등과 같은 치유적 목표라면 문제를 해결하는 것이고, 새로운 바이오산업 육성과 신기술 개발이라는 창조적 목표의 경우는 새로운 바람직한 상태가 이루어지는 것이다. 그리고 정책비용은 정책목표를 달성하는데 지불된 희생으로서 정부가 국민이나 특정집단에게 행동을 규제하는 경우를 말한다.

그런데 정책이나 사업이 환경에서 초래하는 정책효과나 정책비용은 그것을 시행 또는 적용하는 정책대상집단에게 전가된다. 정책대상집단(policy target groups)은 정책의 적용을 받는 개인이나 집단을 말하는데, 크게 편익집단과 비용집단으로 나눌 수 있다. 첫째, 편익집단(beneficiary groups)은 정책이나 사업으로 인하여 이익을 얻는 개인이나 집단이다. 예컨대, 정부가 특정한 개인이나 집단에게 재화나 서비스를 제공하거나 경제성장을 위해 기업의 기술혁신을 지원하기 위해 보조금을 주거나 세제감면을 해주는 것이다. 둘째, 비용집단(cost groups)은 정책이나 사업으로 인하여 비용이나 손해를 부담하는 개인이나 집단으로서 피해집단(damage groups)이라고도

한다. 예를 들면, 환경오염을 방지하는 목표를 달성하기 위해 매연이 많이 나오는 경유차나 노후차량을 폐차시키거나 과징금을 부담하는 정책수단을 사용한다면 이들 차량의 차주들은 피해를 보게 된다.

　이와 같이, 정책이나 사업이 실행되어 편익이나 비용이 발생하는 경우는 정책내용에 누가 이익을 보고 누가 손해를 보는가를 명시하는 것이 바람직하다고 볼 수 있다.

## 2. 정책의 순응과 불응

### 1) 정책의 순응과 불응의 개념

　정부의 정책결정과정에서 산출된 정책이나 사업은 정책결정자의 의도한대로 자동적으로 집행되는 것이 아니고 정책집행자나 정책대상집단의 행태에 따라 성공하거나 실패할 수가 있다. 왜냐하면 정책결정자의 행동경로는 정책집행자가 제대로 따르지 않을 수도 있고, 정책집행에 대해 환경 속의 정책대상집단이 순응하거나 불응할 수도 있기 때문이다. 이것은 정책결정자의 지시에 대해 정책집행자가 또는 정책대상집단이 얼마나 순응 또는 불응하느냐의 문제로서 정책집행의 성공과 실패에 영향을 주는 중요한 요인으로 작동한다.

　어떤 국가나 지방정부이든지 환경에서 사회문제를 해결하거나 사회기회를 창조하기 위하여 정책결정자가 결정한 처방으로서의 산출물(행동방침)은 정책집행자에 의하여 사회문제나 사회기회에 관련된 정책대상집단들에게 적용하게 된다. 그런데 정책결정자의 산출물을 정책집행자가 집행한다고 하더라도 정책대상집단의 행태변화가 중요하다. 이것은 정책집행에서 정책집행자나 정책대상집단의 순응여부가 필요하다는 것을 암시한다. 그러면 정책의 순응이나 불응이란 무엇인가?

　정책학자 Young(1979: 4)은 순응(compliance)을 특정한 행동규정에 일치하는 특정행위자의 모든 행동으로, 불응(noncompliance)은 그러한 규정에 일치하지 않는 행동으로 정의하였다. 이러한 일반적인 개념정의를 토대로 국내정책학자들은 정책의 순응과 불응을 개념화하고 있다. 이를테면, 안해균(2000: 440)은 정책집행의 순응을 정책집행자가 정책결정자가 정한 정책 및 제반 지시사항에 대해 일치되는 행동을 보이는 것과 동시에 정책집행과정에서 환경에 대해 따라줄 것을 요구하는 사항에 대해 환경이 일치되는 행동을 보이는 것으로, 그리고 불응은 위의 정의 중 '일치된'을 '일치하지 않은'으로 수정한 것으로 정의하고 있다.

또한, 정정길 외(2010: 550)는 정책순응을 정책이나 법규에서의 요구에 따르는 행위로, 반대로 여기에 따르지 않는 행위를 정책불응이라고 하고, 노화준(2012: 520)은 정책순응을 정책결정자의 의도나 정책내용에 포함된 행동규정에 정책집행자나 정책대상집단이 일치된 행동을 하는 것으로, 정책불응이란 그러한 정책의도나 규정과 일치하지 않은 행동을 하는 것으로 정의한다.

정리하면, 정책집행에서 순응이란 정책결정자가 결정한 정책의 내용이나 행동지침과 일치되는 정책집행자나 정책대상집단의 행동을 말하고, 불응이란 위와 반대되는 행동을 말한다고 볼 수 있다.

## 2) 정책의 순응과 불응의 원인

정책집행에서 순응과 불응의 발생원인은 여러 가지 방법으로 다양하게 지적할 수 있는데, 여기서는 Anderson(2011: 254-260)의 견해를 중심으로 살펴본다.

우선, 정책에 대한 정책집행자나 정책대상집단의 순응은 다음과 같은 요인에 의해 발생한다. 첫째, 권위에 대한 존경(respect for authority) — 권위란 정당성이 부여된 권력을 말하는데, 사람들은 어떤 정책이나 정책의 집행에 대하여 그것이 정당하다고 인정하면 순응을 하게 된다. 예컨데, 정부가 수행하는 분배정책이나 규제정책이 정당하다고 믿는 것이다.

둘째, 합리적, 의식적 수용(reasoned, conscious acceptance) — 특정정책이나 그것의 집행은 국가적으로나 사회적으로 또는 개인적으로 좋은 것이라고 인식시키면 순응을 하게 된다. 예컨대, 사람들이 세금은 정부로부터 각종의 서비스를 받기 위해 필요한 것이라고 이해함으로써 조세정책집행에 따른다.

셋째, 개인이익(self-interest)이나 유인 또는 보상(incentives and rewards) — 개인이나 집단은 정부정책을 수용함으로써 직접적인 이익을 얻을 수 있다. 이것은 특정정책의 집행대상에 대하여 사적인 이익이나 금전적인 보상을 주는 것이다. 즉 순응은 금전적인 유인이나 보상에 의해 이루어진다. 이것의 순응여부는 순응주체의 자발적 인식에 의존한다. 각종 경제정책의 경우에 어떤 정책집행이 자신에게 이익을 가져다 줄 것으로 생각하여 그 정책을 인정하는 것이다.

넷째, 제재(sanction)나 강제(coercion) — 정부가 특정정책을 집행하는데 벌금이나 구금 기타 강제력의 행사에 의존하여 순응을 하도록 하는 것이다. 위법자들보다 법을 더 잘 지키는 사람들이 오히려 범죄행위에 대한 처벌을 더 두려워하고 있다는 연구가 있다. 이를테면, 보건위생이나 음식점영업에서 규정준수를 위반하면 영업을 정지하거나 허가를 취소하는 것이다.

다섯째, 정책시간(policy time) - 대부분의 정책수용은 그것이 효과를 가져오는 시간길이(the length of time)에 의존한다. 그것이 처음 집행할 때에는 순응하지 않던 사람들도 그것에 익숙해서 순응하게 되는 경우도 있다. 또한, 어떤 정책이 지속적으로 시행되면 그것을 당연한 것으로 받아들이게 된다. 미국의 와그너법(1935)이나 테프트-하틀리법(1947)은 상당한 반대가 있었으나 시간이 흐르면서 논란이 없어졌다. 그리고 우리나라에서 부패를 방지하기 위하여 만들은 김영란법은 논란이 많았으나 공무원이나 일반인들이 순응을 하고 있다.

다음으로, 정책집행에 대한 불응은 위에서 설명한 순응의 발생요인이 부정적으로 작용할 때에 발생한다. 이를테면, 정부의 권위에 대한 정당성을 불신하거나 설득과 유인 및 강제력이 수용되지 않을 때에 불응은 발생한다.

## 3) 정책의 불응형태

정책집행에서 순응이나 불응의 주체는 정책집행자와 정책대상집단이다. 이들이 보이는 불응의 행태는 다음과 같다.

우선, 정책집행자가 보일 수 있는 불응의 행태를 보면, 첫째, 의사전달의 조작 - 정책집행자는 자신이 원하지 않는 정책지시를 관련 집행부서나 담당자에게 전달하지 않거나 또는 자신에게 유리한 것만을 전달하는 방법으로 불응을 할 수 있다. 둘째, 집행지연과 정책취소 - 정책집행자는 어떤 정책에 대한 집행을 계속 유보하거나 매우 느리게 진척시키거나 그리고 정책결정자가 바뀌면 그 정책을 종결시켜버릴 수 있다. 셋째, 정책의 임의변경 - 정책집행자는 주어진 재량권을 이용하여 정책목표나 정책수단을 변경하거나 정책추진절차를 변경할 수 있다. 넷째, 부집행 - 이것은 정책결정자의 정책을 집행자가 실행하지 않는 것이다. 다섯째, 형식적 순응 - 이것은 정책집행자가 결정자의 지시를 받아들이는 척하면서도 실제로는 그렇게 하지 않는 것을 말한다(안해균, 2000: 444-445).

다음으로, 정책대상집단은 정책의 적용을 받는 사람이나 집단으로서 이들의 행태변화가 순응이나 불응에 중요하다고 하였다. 그런데 정책대상집단이 정책결정자가 의도한대로 행태를 변화시키지 않는 경우 존재하는데, 이를 대상집단의 불응이라고 한다. 정책대상집단의 불응은 정책유형에 따라 상이하게 나타난다(남궁근, 2017: 466). 첫째, 정책대상집단이 주로 수혜자인 배분정책은 정책집행에 대한 불응이 약하다. 둘째, 정책대상집단이 피규제자가 되는 규제정책은 불응문제가 심각한 문제로 대두된다. 셋째, 재분배정책은 정부로부터 혜택을 받는 저소득층을 포함한 수혜계층의 불응은 거의 없지만, 비용을 부담하는 개인이나 집단의 불응문제가 나타난다. 예컨대, 한국에서는 고액 세금납세자의 불응과 국민연금과 의료보험 가입자의 보험료 납부와 관련된 불응이 발생하였다.

## 제 4 절 | 정책집행자: 내외부집행자

### 1. 정책집행행위자 개관

어떤 정책의 방향(비전)과 목표를 공식적으로 결정할 때 관련되는 행위자들의 수와 유형은 관심이 있거나 이해관계가 있는 행위자들의 정책우주(policy Universe)를 포용하게 된다. 따라서 정책하위체제(policy subsystem)에서 이들 참여자들은 정책결정을 집행하는 행동지침을 만들므로서 집행의 주요한 기여자가 된다. 그러나 정책집행과정에서는 좁은 범위의 하위체제의 행위자들만이 관여하게 된다.

공식적인 정책행위자로서 정치가(politicans)는 집행과정을 인도하는 정책결정에서 중요한 행위자이고 지속적인 감독과 평가에서 적극적인 역할을 한다. 그러나 정책집행의 일상적인 활동은 공무원(public servants)의 영역에 속한다. 이것은 정부관료들이 정책결정을 실제의 문제해결에 적용하기 때문이다. 이러한 집행의 행태는 '명령과 통제'로 언급되는데, 명령은 권위를 가진 정책결정기관에 의해 이루어지고 관료는 정책대상집단이 순응을 하도록 통제할 책임이 있다(Sinclair, 1997; Kerwin, 1999). 이들 관료는 정책집행단계에서 조직 내외의 행위자들과 협력이나 갈등을 하면서 정책을 수행하는 가장 중요한 행위자이다. 그리고 다양한 정부수준(중앙이나 주 및 지방정부)에서 상이한 정부기관들이 항상 정책을 집행하는데 관련된다.

다음으로 정책하위체제의 구성부분이 되는 비정부행위자(non-governmental actors)는 또한 정책집행활동에 관련된다. 현실적으로 정책을 관리하고 서비스를 전달하는 실질적인 행위자는 특정행정구역을 관할하는 행정기관의 관료들에 의해 수행된다. 그러나 공기업으로부터 비수익법인이나 기관, 그리고 공사파트너십까지 준정부조직의 다른 형태들은 서비스 전달의 중요한 장치로 기능하고 있다(Hood, 1986; Koppell, 2003). 예컨대, 스웨덴과 같은 국가들은 비정부행위자들이 중요한 사회프로그램을 직접 집행하고 있고, 미국과 같은 다른 나라들도 최근에 공동체나 종교집단을 통하여 사회프로그램을 집행하려고 시도하고 있다.

또한, 정책대상집단은 집행과정에서 중요한 역할을 수행한다(Kiviniemi, 1986). 대상집단의 정치적 경제적 자원은 확실히 정책의 집행에 영향을 준다(Montgomery, 2000). 정책에 의해 영향을 받는 힘 있는 집단은 그것에 지지를 하거나 반대를 하여 집행에 영향을 줄 수 있다. 미국과 같은 국가에는 많은 정책영역에서 규제자와 대상집단 간의 협상이 이루어지고 있다.

따라서 국가관료는 정책집행단계에서 중요한 힘을 가지고 행사를 하지만, 비정부행위자들도 정책집행에 관여와 행동이 증가하는 것을 볼 수 있다(Howlett, Ramesh & Perl, 2009: 160-163).

## 2. 내외부집행자

Anderson(2011: 216-222)은 '누가 정책을 집행하는가?'라는 주제를 가지고 정책집행에 관련되는 행위자들로 행정기관, 입법부, 법원, 그리고 정당, 이익집단, 공동체조직 등을 기술하고 있다. 이들 중에서 행정기관과 입법부 및 법원은 내부행위자라고 할 수 있고, 정당이나 이익집단이나 공동체조직은 외부행위자라고 할 수 있다.

### 1) 내부집행자

첫째, 행정기관─다른 국가 정치체제와 마찬가지로 미국이나 한국에서도 복잡한 행정기관들에 의해 공식적으로 정책집행이 이루어진다. 이러한 기관들은 대부분의 일상적인 정부과업을 수행하는데, 이들의 행동은 다른 정부기관들보다도 직접적으로 국민들에게 영향을 미친다. 행정기관들은 그들의 관할권에 있는 정책을 수행하기 위해 상당한 재량(즉, 여러 대안들 중에서 어느 하나를 선택하는 기회)을 행사한다. 언뜻 보면, 국회나 정책결정자들이 수립한 정책을 그대로 적용하는 것 같지만 반드시 그렇지 않다.

전통적 행정의 특징은 정치와 행정이 구분되고 서로 다른 고유의 활동영역을 가지고 있다고 보았다. Goodnow(1900)의 '정치와 행정'의 저술에 의하면, 정치는 국가의사의 형성과 관련된 것, 즉 정부가 무엇을 해야 하고 또 무엇을 해서는 안 되느냐하는 가치판단에 대한 것을 결정한다. 이러한 정치는 의회와 같은 정치적인 국가기관에서 담당하는 것이고, 행정은 국가의사의 집행과 관련된 것으로서 정치분야에서내린 결정을 거의 수동적으로 수행하는 것으로 보았다. 행정은 가치라는 당위보다는존재라는 사실문제에 관련되기 때문에 가장 효율적인 정책집행수단에 관심의 초점이 있다고 보았다.

그러나 현대사회의 특징인 정책문제의 복잡성과 그런 문제해결에 필요한 전문성으로 인하여 행정기관은 종전의 정책집행자로의 역할뿐 아니라 정책결정자로서의역할을 수행하게 됨으로써 정책결정권한과 재량권의 확대를 가져왔다. 행정기관들은 광범위하고 애매한 법규위임 아래에서 재량권을 가지고 그들이 해야 할 과업을스스로 결정해야 할 경우가 많이 있다. 이런 법규위임들은 사실상 행정기관이 어떤정책을 폐지하거나 만들게 하는 지시이다. 입법과정에 참여하는 사람들은 여러 쟁점을 둘러싸고 대립하는 이해관계들을 해결할 수 없거나 시간, 관심, 정보, 전문성 등의 부족이나 원활한 집행의 필요성 때문에 정부기관에 광범위한 권한을 위임한다.이런 요인들 때문에 법조문은 일반적인 용어로 표현되는데, 이는 법조문을 보다 세밀화하는 작업이나 정책을 좀 더 구체화하는 작업, 그리고 서로 대립하는 이해관계를 조정하는 작업을 행정기관에게 일임하는 것이다. 이런 상황에서 행정과정은 곧입법과정의 연장이며 행정가들은 정치과정에 포함되는 것이다.

행정기관의 정책은 장차관과 국장의 추상적인 방침에서 담당과에 이르게 되면구체화되어 현실의 집행가능성한 상태에 도달한다. 인허가나 보조금 지급이나 제제등의 모든 정책의 실질적 조치인 정책수단의 집행은 과나 일선관료에 의해 행해지게된다. 따라서 정책집행의 최후단계에서 큰 역할을 수행하는 것이 정책대상집단과 직접 접촉하는 일선관료이다. 이처럼, 행정기관이 일차적인 정책집행의 책임을 지고있지만 그 외에도 공식적인 정책집행자들이 있다.

둘째, 입법부-입법부는 장책의 집행에 많은 관심을 표시한다. 의회의 주요한 관심사는 단순히 시민의 행동을 처방하는 것뿐 아니라 행정기관의 행동을 영향을 주는 것이다. 의회와 그것의 상임위원회는 행정기관의 행동에 영향을 미치는 방법으로 다음과 같은 것이 있다. 위원회의 청문회나 조사는 정보를 수집하고 정책집행을 검토하고 관료에게 영향력을 행사하는 것이다. 입법의 구체화는 의회의 법령규정이 상세할수록 행정기관의 재량은 그만큼 적어진다. 예컨대, 법조문에 예산사용에 대한 구체적인 제한이 규정되어 있을 수 있다. 입법거부권(legislative veto)은 행정기관의 행동이 취해지기 이전에 의회승인을 얻도록 하는 것으로서 특정조치에 대한 통제를 할 수 있게 해준다.

셋째, 법원－어떤 법률은 사법적 행동을 통해 시행된다. 범죄행위와 관련된 법들의 대부분이 그렇고, 셔먼독점금지법(Sherman Antitrust Act)과 같은 일부 경제규제법들은 연방지방법원에 제기된 소송들에 통해 시행된다. 그러나 중요한 것은 법원이 법조문이나 행정규칙과 규정 등의 해석을 통하여 또는 심의대상이 된 행정결정의 심사를 통하여 행정에 영향을 미친다. 법원은 이런 결정을 통하여 특정정책의 집행을 촉진하거나 방해 또는 무효화할 수 있다.

## 2) 외부집행자

첫째, 정당－정당은 이익결집의 주체로서 정책형성에 참여하기도 하지만, 정책집행단계에서 자신들이 관여했던 정책이 제대로 집행되고 있는가를 확인하거나 영향력을 행사하려고 한다. 이들은 행정기관의 정책집행을 감시하고 그에 대한 시정조치를 요구하는 행정통제장치로 기능한다.

둘째, 이익집단－이익집단은 이익표출자로서 정책형성에 참여하기도 하지만, 자신의 이해관계가 있는 정책이 제대로 실행되도록 영향력을 행사한다. 이들은 영향력 행사를 위하여 행정기관의 위원회나 자문집단에 자신들의 이익을 대표할 수 있는 대표자들을 포함시키거나 전현직 고위행정관료들을 고문이나 자문자로 임용하여 행정기관을 포획하기도 한다. 예컨대, 1970년 4월 미국 닉슨 대통령에 의해 만들어진 국가산업공해통제위원회(National Industrial Pollution Control Council)에는 주요 관련 대기업들과 무역협회들로 구성되어 대통령과 관련 행정기관에 자문을 하였고, 심한 경우에는 미국의 주간무역위원회(Interstate Commerce Commission)와 민간항공위원회(Civil Aeronautic Board)의 경우는 압력단체의 포로가 되었다.

셋째, 공동체조직－정부는 국가사업을 집행하기 위해 지역공동체조작들을 활용하는 경우가 있다. 예를 들면, 1964년의 경제기회법(Economic Opportuinity Act)에

⟨표 12-2⟩  정책집행에서 행위자의 기능(역할)

| 집행행위자범주 | | 기능(역할) |
|---|---|---|
| 내부집행자 | 행정부 | 직접적인 집행주체 |
| | 입법부 | 정책(법)의 규정과 재량권 부여 |
| | 법원 | 법의 해석과 시정조치 |
| 외부집행자 | 정당 | 행정기관의 정책집행감시 |
| | 이익집단 | 자신의 이익반영<br>행정기관의 정책집행포획 |

의하여 시행된 공동체활동사업은 지역공동체기관을 이용하였다.

지금까지 기술한 정책집행에서 내외부행위자의 기능(역할)을 종합하면 위의 표와 같다(표 12-2).

## 제5절 | 정책집행수단: 정책도구

### 1. 정책도구의 개념

정책도구론은 정책결정과 정책집행을 이해하고 설명하는데 중요한 분석틀을 제공한다. 정책학의 창시자 Lasswell(1935, 1958: 204)에 의하면, 정부는 정치적 목표를 달성하기 위하여 다양한 정책도구를 사용한다고 하면서 정책도구의 중요성을 강조하였다. 정책결정의 경우는 사회문제가 정책의제로 채택되어 해결책을 선택하는 정책문제정의와 정책목표 및 정책수단이라는 세 가지 차원을 중심으로 분석이 이루어진다. 정책결정자가 정책선택을 탐색할 때, 그들은 무엇을 해야 하고 그것을 어떻게 해야 할 것인가를 고려한다. 따라서 사회문제를 해결하기 위하여 정책을 산출할 때에 정책결정자는 정책목표뿐 아니라 이를 달성하기 위한 정책수단을 설정하게 된다. 또한, 정책집행에서는 정책결정의 산출물인 정책의 실행에 초점을 두는 것으로서 정책목표를 달성하기 위한 정책수단의 구체적인 선정과 적용이 중요하다. 이와 같이, 정책수단(policy instruments)은 정책결정과정에서 정책대안을 설계할 때 중요한 고려사항이지만, 실제로 그 수단이 정책대상집단에게 적용되는 것은 정책집행단계이기 때문에 정책집행수단 또는 정책도구(policy instruments) 또는 통치도구(governing instruments)라고도 한다.

이러한 정책도구의 개념에 대해서는 학자들마다 다양한 정의를 하고 있다. 우선, 정책도구를 정책결정 측면에서 정의하는 학자들로 Salamon & Lund(1989: 29)는 정부가 정책목표를 추구하는 방법으로, Schneider & Ingram(1997: 93)은 공공문제를 해결하거나 정책목표를 달성하기 위하여 정책대상집단의 행동을 변화시키려는 의도를 가진 정책설계의 요소로, 그리고 Vedung(1998: 21 – 22)은 정부가 사회의 안녕을 지키고 사회변화에 영향을 미치기 위하여 활용하는 기법(techniques)으로 정의하였다.

다음으로, 정책집행 측면에서 정책도구를 정의하는 학자들을 보면 Howlett(1991: 2)는 정책목표를 달성하기 위하여 정부기관이 사용할 수 있는 수단으로, Howlett, Ramesh & Perl(2009: 114)은 정부가 정책을 집행하는데 사용하는 실제적인 수단이나 장치로 정의한다. 또한, 노화준(2012: 285)은 정책목표를 달성하기 위하여 행위자들이 사용할 수 있는 모든 것, 즉 정책집행에 있어서 정책효과를 실현하기 위하여 정부기관이 사용하는 대상물과 활동 및 기술로, 남궁근(2017: 91)은 정부부처에서 정책을 집행할 때 실제로 활용할 수 있는 수단이라고 정의한다.

이상의 논의를 종합하면, 정책도구는 정부나 다른 비정부조직이 환경 속의 사회문제를 해결하거나 사회기회를 창조하는 정책목표를 달성하기 위하여 정책대상집단에게 실행(적용)하는 모든 방법이나 기술을 말한다.

## 2. 정책도구의 종류

### 1) 정책도구 개관

과거에는 정책집행의 주체나 수단으로 정부관료제가 독점적 지위를 인정받아 왔다. Lasswell(1958: 204)은 정부가 정책결과에 영향을 주기 위하여 가치자산의 관리에 관련되는 제한된 수의 전략이나 수단을 개발하여 왔다고 한다. 정책문제와 투입의 연구로부터 정책집행과 결과의 연구로 공공정책분석의 이동은 Salaman(1981)과 같은 학자들에 의해 정책도구에 관심을 갖게 되었다. 그는 개별프로그램에 초점을 두기보다는 사회개입의 기술로서 정부행동의 일반적 도구에 집중하여야 한다고 주장하였다. 이러한 도전은 1980년대와 1990년대에 정책설계학문에서 일어났다 (Bobrow & Dryzek, 1987). 정책설계학문은 Salamon의 질문에 대답하기 위하여 정책 도구의 유형화작업을 시도하였다(Howlett, Ramesh & Perl, 2009: 114-115).

1980년대 이후에 등장한 신공공관리론과 네트워크거버넌스에서는 탈관료제화 경향을 가져옴으로써 정책도구로는 정부가 직접개입하기도 하지만 시장원리나 제3 부문 및 네트워크와 같은 새로운 기제가 개발되어 활용되고 있다. 이러한 거버넌스 에서는 정책도구를 공공문제를 해결하기 위하여 중앙정부와 지방정부 등 각급수준 의 정부기관은 물론 이런 정부기관과 민간기관들이 서로 협력적 행동을 하는 매개물 이라고 보았다(Salamon, 2002: vii). 보조금이나 계약 및 대부보증과 바우처 등이 그 예이다. 이런 의미에서 다양한 정책수단들은 새로운 거버넌스의 통치도구로 등장하 고 있는 것이다. 우리나라에서도 1990년대 이래 이러한 정책수단들의 채택과 활용이 정부혁신이라는 이름하에 급격하게 증가를 하여 왔다.

따라서 환경에서 사회문제들이 복잡하고 다양화됨으로써 문제를 해결하기 위하 여 사용하는 정책도구의 수와 종류는 다양화되고 증가함에 따라 그것의 유형분류가 어려워지고 있다. Salamon(2002: 22)은 정책도구의 유형분류가 다양하게 나타는 것 은 그것들을 여러 차원에서 비교할 수 있고 현실에 적용폭도 커질 수 있다고 한다. 그동안 여기에 관심을 갖고 있는 정책학자들은 정책도구의 유형화작업을 시도하여 왔는데, Hood(1986)의 분류, Salamon(2002)의 분류, 그리고 Howlett, Ramesh & Perl(2009)의 분류가 대표적이다.

## 2) Hood의 분류

가장 단순하고 유용한 정책도구의 분류는 Hood(1986: 124-125)의 NATO모형이 다. 이 모형에 의하면, 정부는 중심적인 정책행위자(결절, nodality), 그들의 법적 권 한(권위, authority), 그들의 자금(예산, treasure), 그리고 그들이 사용할 수 있는 중심 조직(조직, organization) 등의 네 가지 통치자원들을 통하여 공공문제에 대응할 수 있다고 한다. 그는 이러한 통치자원을 토대로 네 가지 자원범주에 포함되는 정책도 구사례들을 가지고 정책도구모형을 제시하였다(표 12-3).

〈표 12-3〉 Hood의 통치자원에 의한 정책도구분류

| 통치자원범주 | 결절(nodality) | 권위(authority) | 자금(treasure) | 조직(organization) |
|---|---|---|---|---|
| 종류 | • 정보수집과 분배<br>• 자문과 권고<br>• 홍보<br>• 위원회와 탐구 | • 명령과 통제<br>• 자기규제<br>• 표준선정과 위임규제<br>• 자문위원회와 자문 | • 보조금과 대부<br>• 사용자책임<br>• 조세와 조세지출<br>• 이익집단 창조와 자금제공 | • 상품과 용역의 직접공급<br>• 공기업<br>• 가족과 공동체, 자원조직의 활용<br>• 시장창조<br>• 정부재조직 |

자료: Hood(1986: 124-125).

## 3) Salamon의 분류

Salamon(2002: 21-39)은 어떤 정책문제를 해결하기 위하여 가장 필요한 정책도구가 무엇인가? 라는 질문에 대답하기 위하여 다양한 정책도구를 제안하였다. 정책도구는 산출 및 활동, 전달수단, 전달체계 등의 제 요소가 포함된 하나의 패키지로 인식하고 직접수단(direct tools)과 간접수단(indirect tools)으로 구분하였다. 전자에는 정부소비, 경제규제, 직접대출, 정보제공, 공기업 등이 포함되고, 후자에는 사회규제, 계약, 보조금, 대출보증, 공적보험, 조세지출, 사용료와 과징금, 불법행위책임, 바우처 등이 해당된다(표 12-4).

〈표 12-4〉 Salamon의 정책도구분류

| 정책도구 | | 정 의 | 산출/활동 | 전달수단 | 전달체계 |
|---|---|---|---|---|---|
| 직접수단 | 정부소비 | 정부활동을 의한 소비행위 | 재화, 서비스 | 직접제공 | 공공기관 |
| | 경제규제 | 가격, 산출, 또는 기업의 진입과 퇴출을 통제 | 가격, 행태 | 진입, 가격규제 | 공공기관 |
| | 직접대출 | 정부가 개인이나 기관에 자금을 직접대여 | 현금 | 대출 | 정부 |
| | 정보제공 | 정부가 보유한 정보를 개인이나 기관에 제공 | 서비스 | 직접제공 | 정부, 공공기관 |
| | 공기업 | 정부의 소유나 통제 하에 운영되는 준독립적 기업 | 재화, 서비스 | 직접제공 | 준공공기관 |
| | 사회규제 | 안전, 건강, 복지 및 환경 등을 위하여 개인과 기업의 행위규제 | 행태제약 | 규칙 | 규제기관 |

| 간접수단 | 계약 | 민간부문과 위탁계약을 통한 재화와 서비스 공급 | 재화, 서비스 | 계약, 현금지급 | 기업, 비영리기관 |
| | 보조금 | 공공사업을 촉진하기 위하여 정부가 기업, 가계, 또는 다른정부에게 제공하는 자금 | 자금 | 현금지급 | 정부 |
| | 대출보증 | 정부가 민간은행이 특정개인이나 기업에게 자금을 대출하도록 보증을 서주는 행위 | 현금 | 대출 | 민간은행 |
| | 공적보험 | 특정개인이나 기업이 당할 수 있는 물질적, 경제적, 신체적 손실이라는 위험에 대비하도록 정부가 제공하는 보상 | 보호 | 사회보험 | 공공기관 |
| | 조세지출 | 특정활동이나 특정집단에 세제상의 혜택제공 | 현금, 유인기제 | 조세 | 조세기관 |
| | 사용료 과징금 | 정부기관이 민간에게 제공하는 서비스의 이용비용과 법령위반에 대한 비용을 부담시키는 행위 | 재정적 제재 | 세외수입 | 공공기관 |
| | 불법행위 책임 | 물품제조나 가공의 결함으로 입은 손해를 보상해주는 것 | 사회적 보호 | 손해배상 | 사법제도 |
| | 바우처 | 개인이 특정종류의 재화나 서비스를 구매할 수 있는 구매증서 | 재화, 서비스 | 소비보조 | 공공기관, 소비자 등 |

자료: Salamon(2002: 39).

## 4) Howlett, Ramesh & Perl의 분류

Howlett, Ramesh & Perl(2009: 114 - 135)은 앞의 Hood 분류를 토대로 Salamon

〈표 12-5〉 Howlett, Ramesh & Perl의 정책도구분류

| 도구범주 | 조직 | 권위 | 자금 | 결절(정보) |
|---|---|---|---|---|
| 종류 | ●정부기관<br>●공기업<br>●가족, 지역사회, 자원조직<br>●시장조직<br>●파트너십 | ●명령과 통제규제<br>●위임과 자율규제<br>●자문위원회와 자문 | ●재정적 유인<br>　－보조금, 대출, 대출보증, 조세지출, 공적보험, 바우처<br>●재정적 제재<br>　－부과금, 교정적 조세(부담금), 불법행위책임 | ●공공정보홍보<br>●권고 또는 설득<br>●조사위원회와 탐색 |

자료: Howlett, Ramesh & Perl(2009: 116).

분류를 일부 결합하여, 정책도구를 조직에 기반을 둔 도구, 권위에 기반을 둔 도구, 자금에 기반을 둔 도구, 그리고 결절(정보)에 기반을 둔 도구로 재분류하였다(표 12-5).

### (1) 조직에 기반을 둔 정책도구

이것은 국민들이 필요로 하는 재화와 서비스를 제공하는 조직유형, 즉 산출물과 활동의 전달체계를 말하는 것으로, 전통적인 정부조직뿐 아니라 공기업, 가족과 지역사회조직, 자원조직(NGO), 시장조직, 그리고 파트너십 등을 포함한다.

첫째, 정부기관(government agency)은 가장 기본적이고 전통적인 정책도구이다. 정부기관의 공무원들은 정부예산으로 재화와 서비스를 직접 제공(direct provision)한다. 국방, 외교, 경찰, 소방, 사회보장, 교육, 국유재산관리, 공원과 도로관리 등과 같은 활동은 대체로 이런 방법을 통하여 이루어진다. 이런 정부의 직접적 시행(direct government)은 정부가 재화나 서비스의 소비자들과 직접적인 관계를 갖는 것과 같다.

또한, 정부는 공기업, 가족이나 지역사회조직, 자원조직, 시장조직 등에게 재화와 서비스의 전달을 위임하여 이들이 대신 산출물을 소비자(국민)에게 전달하게 하는 간접적 시행(indirect government)을 사용할 수 있다.

둘째, 공기업(government corporations)은 정부가 출자하여 소유하고 통제하는 기업을 말하며, 이런 준정부기관을 통하여 공적인 재화나 서비스를 국민에게 제공할 수 있다. 민간기업과 비교하여 공기업은 사회적으로 필요한 재화와 서비스를 국민에게 평등하게 배분할 수 있지만 이윤이 목적이 아니므로 비효율성이 발생할 수 있다.

셋째, 가족, 지역조직, 및 자원조직(family, community, and voluntary organization)은 정부로부터 위임을 받은 재화와 서비스를 국민들에게 제공하는 중개매개조직이다. 이들은 자발적으로 과업을 수행한다. 미국의 경우 자원조직이나 비영리조직이 제공하는 서비스의 양이 정부가 제공하는 양보다 많다고 한다.

넷째, 시장조직(market organization)은 신공공관리론에서 강조하는 정책도구로서 계약이나 민간위탁 등의 방법이 있다. 이것은 과거 정부기관이 직접 서비스를 제공하는 방식이 아니라 민간업자와의 위탁계약을 통하여 간접적으로 서비스를 제공하는 방식이다. 학교급식이나 쓰레기 수거뿐 아니라 교도소 관리까지 민간위탁을 하는 사례가 나타나고 있다.

다섯째, 파트너십(partnership)은 정부와 시장 및 NGO의 혼합형태로서 정부 간에

나 정부와 시장 간에 또는 정부와 NGO 간에 제휴나 협력을 통하여 정책집행을 하는 도구이다. 이러한 현상은 네트워크거버넌스의 확산과 더불어 증가하고 있다. 이런 파트너십의 형태인 결합정부(joined-up government)는 정책목표를 달성하거나 좀 더 통합된 서비스를 제공하기 위하여 중앙정부와 지방정부 등 여러 수준의 정부기관들과 또는 동일수준의 여러 정부기관들이 제휴하는 것이고, 그리고 외주정부(outsourced government)는 정부가 정책목표를 달성하고 공공서비스를 제공하기 위해 민간기업이나 비영리조직을 사용하는 제3자정부(third-part government)를 말한다. 제3자적 서비스 전달유형으로는 정부기관과 민간부문 간의 계약이나 외주(outsourcing) 및 민영화 등이 포함되고, 의료보장이나 환경정화와 복구, 빈곤퇴치프로그램과 직업교육 등에서 나타나고 있다(Goldsmith & Eggers, 2004; 노화준, 2012: 265-266).

### (2) 권위에 기반을 둔 정책도구

이것은 정부가 명령과 통제권을 행사하는 규제 또는 규제정책을 말하는 것으로, 규칙 표준 허가 금지 법률 행정명령 등의 다양한 형태를 포함한다. 규제의 본질은 그것이 경제적 또는 사회적 쟁점의 대상이 되는지 여부의 영향을 받는다. 경제적 규제는 정부가 시장에 개입하여 가격과 산출량 및 시장진입 등을 통제하는 것이고, 사회적 규제는 건강이나 안전 및 시민권과 다양한 종류의 차별 등의 문제에 통제를 하는 것이다.

또한, 규제방법을 기준으로 명령통제규제, 위임 또는 자율 규제, 그리고 민간위원회나 준정부기구를 활용하는 방법으로 구분할 수 있다. 첫째, 명령통제규제(command-and-control regulation)는 정부기관이 의도된 대상집단이 순응하도록 직접 규제정책을 시행하는 것이다. 대부분의 규제는 위임입법에 따라 행정규정에 근거를 두고 정부부처나 전문화된 준사법기관(예: 독립규제위원회)이 과업을 수행한다. 예컨대, 범죄행위는 경찰이나 검찰 및 법원에서 집행업무를 담당한다. 식품위생규제는 지방정부에서, 그리고 시장에서의 공정거래규제는 공정거래위원회가 과업집행을 수행한다.

둘째, 위임 또는 자율규제(delegated or self regulation)는 정부가 규제권한을 비정부조직에 위임하여 자체적으로 규제업무를 담당하게 하는 것이다. 예를 들면, 의사협회나 변호사협회가 면허권 관리업무를 담당한다.

셋째, 자문위원회(advisory committee)의 자문이란 특정정책영역, 예컨대, 경제나 과학기술 및 환경 등의 분야에서 민간부문의 대표자를 선정하여 규제정책의 결정과 집행과정에 이들의 의견을 반영하는 방법이다. 우리나라의 경우 민간위원과 관련부처 장관들이 참여하는 대통령직속 규제위원회는 규제의 신설이나 강화 및 완화 등에 대한 심사를 담당한다.

### (3) 자금에 기반을 둔 정책도구

이것은 정부의 재정자원과 자금조달 및 지불능력을 활용하는 방법으로서 크게 재정적 유인과 재정적 제재로 나눌 수 있다.

첫째 재정적 유인도구는 정부가 정책목표를 달성하기 위하여 개인이나 집단에게 혜택을 주는 것으로서 보조금, 대출, 대출보증, 조세지출, 바우처, 공적보험 등이 포함된다. 여기서 보조금(grant)이란 정부가 개인이나 집단에게 교부하는 자금으로 특정산업의 육성이나 유망사업의 장려 등과 같은 정책목적을 달성하려는 것이다. 우리나라에서는 800여개의 법률에서 보조금 근거를 마련하여 보조금을 지급하고 있는데, 국고보조금이나 지방교부세 및 지방교부금 등이 있다.

대출(loan)은 정부기관의 자금으로 개인이나 기업에 직접대출을 하는 자금지원이다. 정부가 2010년 1학기부터 도입한 학자금대출제도는 학생이 학업에 필요한 학자금을 정부로부터 대출받고 졸업 후에 소득이 발생한 시점부터 대출금을 분할상환한다(남궁근, 2017: 103).

대출보증(loan guarntee)은 기업 등이 은행에서 대출을 받을 경우에 정부가 보증인으로서 책임을 지는 것이다. 1960년대부터 1980년대까지의 산업화시대에는 정부의 지급보증을 받고 공기업과 민간기업이 차관을 도입하여 공장건설과 연구개발에 사용하여 경제성장을 견인하였다.

조세지출(tax expenditure)은 정부가 사회적 경제적 목적을 달성하기 위하여 특정한 활동 또는 특정한 개인이나 집단에게 세제상의 혜택을 제공하는 것이다. 이것은 세제상의 보조금을 준것과 같다는 의미에서 '숨은 보조금(hidden subsidies)'이라고도 한다. 조세감면은 우리나라 경제성장에서 가장 빈번하게 사용한 정책수단이다. 조세감면의 대상은 설비투자, 대중소기업, 농어촌, 공공법인, 민간법인 등으로 다양하다.

바우처(voucher)는 사회서비스방식의 하나로 정부가 수혜자(서비스이용자)에게 특정한 재화나 서비스를 구매할 수 있는 권한을 부여한 지원금으로서 현금을 주는 경우에 정부의 목적대로 대상자가 소비하지 않을 수 있다는 단점을 보완하기 위한 제도이다. 미국에서는 농식료품, 교육, 보건, 보육, 고용훈련, 환경보호, 주택, 교통 등 여러 사업영역에서 활용하고 있고, 우리나라에서도 여러 분야의 프로그램에 도입하고 있다. 예컨대, 농식품바우처는 수혜자가 식품가게에서 대부분의 식료품을 구입할 수 있고, 주택바우처는 수혜자가 자신이 원하는 아파트를 선택할 수 있다(정광호, 2007: 69-83).

공적보험(public insurance)은 국민이 상해 질병 노령 실업 사망 등의 사건발생으로부터 초래되는 손실을 보상해주기 위해서 정부가 강제성을 띠고 시행하는 사회보험을 말하는 것으로 군인연금, 공무원연금, 사학연금, 국민연금, 산재보험, 고용보험 등이 그 예이다.

둘째, 재정적 제재도구는 정부가 정책목표를 달성하기 위하여 개인이나 집단에게 제재를 하는 방법으로서 부과금, 교정적 조세(부담금), 불법행위배상책임 등의 수단이 있다. 여기서 부과금(charge)은 특정한 공공서비스의 사용비용을 이용자에게 부담하게 하는 것이다. 이것은 다시 공공단체의 시설을 이용한 개인으로부터 징수하는 비용인 사용료와 공공기관의 인적 서비스에 대한 이용대가인 수수료로 구분할 수 있다.

교정적 조세(부담금, corrective taxes)는 정부가 사회적으로 바람직하지 못한 행위를 감소시키기 위하여 특정행위를 하는데 금전적 부담을 부과하는 것이다. 예컨대, 환경오염을 축소하기 위한 배출부과금과 오염총량부과금, 교통혼잡의 감소를 위한 혼잡통행료와 교통유발부담금, 기타 정책목적을 달성하기 위한 토지개발부담금, 과밀부담금, 수질개선부담금 등으로 다양하다(김태일, 2009; 남궁근, 2017: 105).

불법행위배상책임은 어떤 개인이나 집단의 태만이나 잘못된 행동이 원인이 되어 어떤 개인들이 입은 손해에 대하여 보상이나 구제를 받을 권리를 설정한 것이다. 예를 들면, 아파트공사장의 장마를 대비한 준비가 철저하지 못하여 공사장 인근지역에 피해를 입은 경우나 시민이 도로의 홀에 빠져 상처를 입은 경우 등 다양하다.

### (4) 결절(정보)에 기반을 둔 정책도구

이것은 정부가 가지고 있는 정보를 활용하거나 정보네트워크에서 중심적 위치에 있다는 것을 이용하여 정책대상집단의 행동변화를 유도하는 방법으로서 공공정보홍보, 권고나 설득, 조사위원회와 탐색 등이 있다. 여기서 공공정보홍보(public information campaign)는 정부가 공공정보에 대한 대외적 홍보를 통하여 개인이나 집단의 행동을 변화시키려는 수단이다. 예컨대, 담배를 피우는 것이 사람의 몸에 해롭다는 정보를 제공하여 대상집단의 반응을 유도한다.

권고나 설득(exhortation or suasion)은 정부가 대상집단의 선호나 행동을 자발적으로 변화시키도록 하는 방법이다. 예컨대, 독감예방접종권고, 위험지역 해외여행 자제 권고, 자동차운전 시 안전벨트 착용 등이 있다.

조사위원회와 탐색(commissions and inquiries)은 정부가 어떤 쟁점들에 대하여 탐색을 하기 위한 조사위원회를 구성하여 수집한 정보를 공개할 수 있다. 이를테면, 정부는 세월호 참사와 같은 과거사 진상규명을 위한 조사위원회를 구성하여 수집한 정보를 공개하고 있다.

---

## 제6절 | 정책집행과정

### 1. 정책집행과정모형 개관

많은 정책연구자들은 정책결정이 만들어진 정부의 정책은 자동적으로 실행된다고 보아 정책집행을 무시하거나 등한시하였다. 그러나 1960 후반 이후에 정책집행은 관심의 대상으로 등장하여 그 연구가 시작이 되었는데, 크게 세 가지의 시대흐름으로 전개되었다(Birkland, 2001: 178-186).

정책집행연구의 1세대는 1960년대 후반과 1970년대 초반에 시작한 것으로, 특히 Pressman & Wildavsky(1973)의 '집행론'이 계기가 되었다. 이들 저자들은 존슨 행정부의 빈곤구제를 위한 사업들이 그들의 목표를 달성하는데 실패하였다는 것을 발견하였다. 이들 연구는 개별사례연구에 초점을 두었고 다른 사례들에 적용하여 검증한 일반이론은 아니었다.

집행연구의 2세대는 1970년대 초반 이후와 1980년 초반에 시작된 것으로서 하나나 소수 사례에 초점을 두기 보다는 많은 사례들에 일반화할 수 있도록 정책과정의 체계적 이론을 만들려고 시도하였다. 이들 연구들은 두 가지의 분리된 접근으로 나

〈표 12-6〉  정책집행학자들의 정책집행과정모형

| 접근방법 | 정책집행모형 |
|---|---|
| 하향식 접근 | 고전적  행정모형,  Smith(1973),  van  Meter  &  van  Horn(1975), Bardach(1977), Mazmanain & Sabatier(1983) |
| 상향식 접근 | Lipsky(1971, 1980), Elmore(1979),<br>Hjern과 그이 동료들(Hanf & Scharpf, 1978; Hjern & Porter(1981)),<br>O'Toole과 동료들(Montjoy & O'Toole, 1979; O'Toole & Montjoy, 1984, 1992; Hanf & O'Toole, 1992), Kickert et al(1997) |
| 통합적 접근 | Elmore(1985), Sabatier(1986), Winter(1990),<br>Goggin, Bowman, Lester & O'Toole(1990) |

자료: Sabatier(1986: 21-22: 30: 32), Lester et al(1987: 202-208), Hill & Hupe(2002: 82), Pulzl & Treib(2007: 91) 종합.

타났다. 하나는 정책집행의 하향식 접근(top-down approach)이다. 이것은 정책결정체계의 높은 수준에서 출발하여 집행단계로 내려오면서 연구를 하여야 한다고 보고, 정책결정자에 의해 설계된 정책과 실제집행결과 간의 인과관계에 초점을 둔다. 다른 하나는 정책집행의 상향식 접근(bottom-up approach)이다. 이 접근은 집행체계의 가장 낮은 수준에서 출발하여 정책결정자로 위로 올라가면서 연구를 한다고 보고, 정책과 정책결과 간의 인과관계에 의문을 제기한다. 이들 두 접근은 집행분야에서 이분법적 논쟁으로 귀중한 통찰력을 제공하였다.

마지막으로, 집행연구의 3세대는 1980년대 후반 이후에 시작된 것으로서 하향식 접근과 상향식 접근의 장단점으로 인하여 이들 접근의 장점을 결합하는데 초점을 두는 정책집행의 통합적 접근(integrative approach)이다.

이들 세 가지 정책집행연구의 접근방법은 여러 학자들에 의하여 체계화되었는데, 위의 표와 같이 정리할 수 있다(표 12-6).

## 2. 하향식 모형의 정책집행과정

하향식 모형(top-down model)은 정책의 원천에 가까이 있는 정책결정자의 입장에서 정책집행을 보는 시각으로, 정책결정자가 설계한 정책(정책목표와 정책수단)에서 출발하여 정책집행자의 집행활동의 순서로 위에서 아래로 또는 앞으로 나아가면서 연구를 하므로 전방향적 접근(forward mapping)이라고도 한다. 이 접근은 정책결정단계에서 산출한 정책이 정책집행단계에서 실현된다고 보고, 다음과 같은 가정에 토대를 두고 있다(Birkland, 2001: 179).

첫째, 정책은 성과를 측정할 수 있도록 정책목표(policy goals)를 명료하게 정의한다.

둘째, 정책은 목표성취를 위한 정책수단(policy tools)을 명료하게 정의한다.

셋째, 정책은 단일법령이나 다른 권위 있는 정책진술로 표현된다.

넷째, 정책결정의 최상층에서 정책메시지가 시작하여 집행이 이루어지는 집행사슬(implementation chain)이 존재한다.

다섯째, 정책결정자는 집행자의 능력과 몰입에 대한 충분한 지식을 가지고 있다.

따라서 하향식 접근은 정책결정자의 정책결정과 집행담당자의 집행과정 간에 계층제적인 진행과정을 전제로 하여 정책결정자의 능력이 집행자의 능력보다 중요하다고 보고, 정책의 효과성(성공과 실패여부)은 정책결정자가 설계한 정책목표가 집행자의 실행으로 의도했던 정책결과로 나왔는가에 의해 좌우된다.

하향식 모형의 선구자는 Pressman & Wildavsky(1973)의 집행론연구라고 할 수 있지만, 보다 체계적인 하향식 집행연구는 1970년대부터 1980년대까지 이루어졌는데, 대표적인 모형으로는 고전적 행정모형, Smith모형(1973), van Meter & van Horn 모형(1975), Bardach모형(1977), Sabatier & Mazmanain(1979) 또는 Mazmanain & Sabatier모형(1983) 등이 있다.

## 1) 고전적 행정모형

미국행정학의 창시자 Wilson(1887: 212)의 '행정의 연구'에서 제시하는 고전적 행정모형에 의하면, 정치행정이원론에 의하여 정치와 행정을 구분하여 정치는 광범위한 정부의 계획이나 정책을 수립하고, 행정은 계획이나 정책을 집행하는 역할을 한다고 보았다. 이런 고전적 행정모형의 통치구조는 Weber가 만들은 관료제모형이다. 이 관료제모형은 조직내부의 계층제를 토대로 상급자(정책결정자)가 결정한 정책은 하급자(정책집행자)가 집행을 하는 것이 능률적인 행정이라고 한다.

Nakamura & Smallwood(1980: 7 - 10)은 '정책집행정치'라는 저술에서 고전적 행정모형에서의 정책결정과 정책집행과의 관계를 정책결정자는 선택과 지시를 하고 정책집행자는 그것을 실행하는 하향식 계층제구조로 모형화하였다. 첫째, 정책결정과 정책집행의 경계는 구분되고 순차적인 관계이다. 둘째, 이들의 경계는 다음과 같

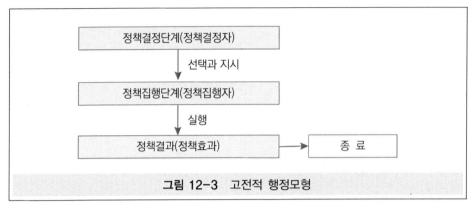

**그림 12-3   고전적 행정모형**

자료: Nakamura & Smallwood(1980: 9).

은 이유로 존재한다. 정책결정자는 정책을 결정하고 그것을 명확히 제시할 수 있다. 정책집행자는 결정자에 의해 선택된 정책을 시행하려는 의지와 역량 및 충성심을 가지고 있다. 이처럼, 정책결정자와 정책집행자는 그들의 과업경계를 인식하므로 정책결정이 이루어진 후에 정책집행이 순차적으로 이루어진다. 정책을 중립적이고 객관적이며 합리적이고 과학적인 방법으로 실행하는 것은 집행자의 책임이다.

따라서 이 모형은 정책결정단계에서 정책결정자가 정책을 선택하면 이것은 정책집행단계에서 정책집행자에 의하여 자동적으로 집행되고 집행으로 나타나는 정책결과도 정책결정자가 의도했던 목표를 성취할 것이라고 보는 것이다.

## 2) Smith의 집행과정모형

Smith(1973)은 '정책집행과정'이라는 논문에서 정책결정과정이 산출한 정부의 정책은 새로운 제도를 확립하거나 기존의 제도 내에 이미 확립되어 있는 유형을 변화시키기 위한 정부의 의도적인 조치로 정의하고, 이러한 정책이 정책집행과정에서 사회 내의 긴장유발력(tension generating force)으로 작용한다고 보는 집행과정모형을 제안하였다.

이 모형에서 정책집행은 정책결정에서 형성된 정책을 실행하는 것이라고 보고, 집행 내부의 구성변수로 이상화된 정책, 대상집단, 집행조직, 환경적 요인 등을 들고 있다. 첫째, 이상화된 정책(idealized policy)은 정책결정자들이 설계한 정책으로 정책형태나 정책유형으로 나눌 수 있다. 정책형태로는 법률, 대통령령, 선언 등이 있고, 정책유형에는 분배정책, 재분배정책, 규제정책, 상징정책이 있다. 이런 정책은 정책

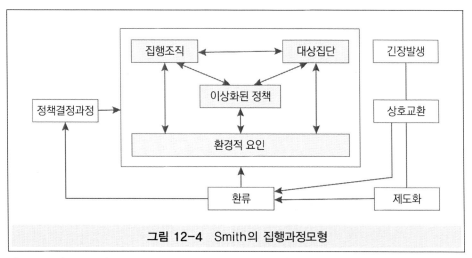

**그림 12-4 Smith의 집행과정모형**

자료: Smith(1973: 203).

집행에 관련되는 구성요소 간에 긴장을 유발하고 상호작용을 작동하게 한다. 둘째, 대상집단(target group)은 정책에 의해서 새로운 상호작용의 유형을 하도록 요구받는 사람이나 집단이다. 셋째, 집행조직(implementation organization)은 정책을 실행하는 조직을 말하는 것으로 정부관료조직의 단위부서를 들 수가 있다. 넷째, 환경적 요인 (environmental factor)은 정책집행에 영향을 미치거나 그것의 영향을 받는 정치 경제 사회 문화적 조건들을 말한다.

이와 같이, 정책이 집행됨에 따라 이들 변수들은 이상화된 정책을 중심으로 상호 간에 긴장이 초래되고 이런 긴장은 상호교환과정을 하게 되며, 이과정이 원활하지 않으면 다시 정책집행 내부나 정책결정과정으로 환류되지만, 원활히 이루어지면 제 도화가 되고 이 제도화는 다시 긴장유발력으로 작동하여 환류를 하게 된다.

## 3) Van Meter & Van Horn의 집행과정모형

Van Meter & Van Horn(1975)은 '정책집행과정: 개념적 틀'이라는 논문에서 기존 의 정책연구가 정책결정과정과 그것의 산출이 대상집단에 미치는 효과에 대해서는 많은 관심을 가졌으나, 정책집행단계의 행태에 대해서는 별로 연구가 이루어지지 않 았다고 하면서, 보다 체계적인 정책집행연구를 위한 개념적 틀로 집행과정모형을 제 시하였다. 이모형에서 정책집행은 사회에서 정책결정이 설정한 정책목표의 성취를 실행하는 공공부문과 민간부문의 지속적인 행동(p.447)으로 정의하고, 정책의 성과와 그것에 영향을 주는 집행변수와의 관계를 제시하였다(p.462－474). 우선, 정책의 성과를 결정하는 요인에 관심을 가질 때, 종속변수로서 정책성과의 확인은 중요하다. 성과지표는 정책의 목적이 실현되는 내용을 평가하는 것으로서 정책결정의 종합적 목표에서 정교화된다. 조작적으로 목적을 결정하는 데는 정책결정자나 고객집단 그리고 개별연구자의 진술에 의존할 수 있지만 궁극적으로 성과도구의 선택은 연구자의 연구목적에 의존한다. 이를테면, 정책의 목표와 기준은 정책의 전반적인 목적과 그것을 달성하기 위한 구체적인 달성기준을 비교적 상세히 제시하는 것이다. 이것은 정책이 무엇을 달성하려고 하는가와 정책집행에서 어떤 행동기준을 준수해야 하는가를 제시하는데, 정책집행조직 간의 의사전달과 정책집행활동에 직접적인 영향을 미치며 이를 통하여 집행자의 성향에 간접적인 영향을 미친다.

다음으로, 정책성과에 영향을 주는 독립변수들을 확인해야 하는데, 이들 독립변수로는 정책자원, 의사전달과 집행활동, 집행기관의 성격, 경제적 사회적 정치적 조건, 집행자의 성향 등을 들 수 있다. 첫째, 자원은 정책목표를 달성하는데 필요한 정책수단으로서의 물적 자원과 인적 자원 및 각종의 유인과 제재를 포함한다. 정책집행에 동원가능한 자원의 형태와 범위는 조직간의 의사전달과 집행활동뿐 아니라 집행자의 성향에도 직접적인 영향을 미친다.

둘째, 조직간의 의사전달과 집행활동은 정책의 목표와 기준이 정책집행조직에게 명확하게 전달하여 관계기관 간에 정확한 의사전달이 이루어지고 정책의 실행이 원활하게 이루어지도록 하는 것이다. 이를 위하여 정책집행자들이 정책을 의도한대로 실행하도록 하는 자극이나 통제장치가 필요한데, 이런 목적을 위하여 인사권이나 재정권이 활용된다. 이변수는 집행기관의 성격과 상호작용관계에 있다. 조직간의 관계가 어떠하냐에 따라 정책집행기관의 성격이 영향을 받으며, 반대로 정책집행기관의 성격이 어떠하냐에 따라 조직간 관계의 내용과 특성이 달라지게 된다.

셋째, 집행기관의 성격은 공직구조의 특성과 그 기관내부 구성원들의 태도나 특성을 말하는데, 집행의 성공여부를 좌우하는 중요한 변수이다. 이런 집행기관의 성격은 기관내 구성원인 정책집행자들의 성향에 중요한 영향을 미친다. 이를테면, 조직내 계층제적 상하관계나 통제정도, 의사전달의 정도, 리더십유형 등은 조직의 목표에 대한 몰입과 사기에 영향을 주어 집행성과에 좌우하게 된다.

넷째, 경제 사회 정치적 조건은 정책이 실제로 적용되는 여러 환경적 요인으로서 정책의 실행과 그 성과에 중요한 영향을 미치게 된다. 이러한 환경상황은 또한 집행

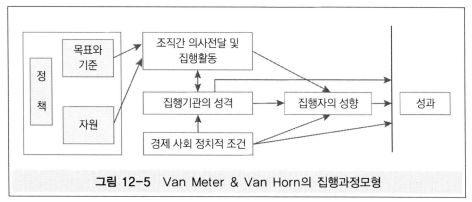

**그림 12-5** Van Meter & Van Horn의 집행과정모형

자료: Van Meter & Van Horn(1975: 463).

기관의 성격이나 집행자의 성향에도 중대한 영향을 주게 된다.

다섯째, 집행자의 성향은 집행자가 정책집행의 제반 변수들을 판단하고 여과하는 것과 관련된 심리상태를 말하는 것으로서 정책이 성과로 전환될 가능성을 최종적으로 검증하는 역할을 한다. 구체적으로 이것은 정책집행자의 정책에 대한 반응을 나타내는 것으로서 수용(acceptance), 중립(neutrality), 거부(rejection) 등이 있다.

이상의 논의를 종합하면, 정책과 성과 사이를 연결하는 다섯 가지 요인을 제시할 수 있는데, 이것은 정책집행과정을 기술하는데 도움을 주고 여러 변수들 간의 관계에 대한 경험적 검증으로 정책성과를 보다 체계적으로 설명을 가능하게 한다.

## 4) Bardach의 집행게임모형

Bardach(1977)은 '집행게임: 정책(법률)이 통과된 이후 어떤 일이 발생하였는가?'라는 저서에서 정책이 결정된 이후의 집행단계를 분석하였다. 1971년 통과된 미국 캘리포니아주의 정신장애자 치료와 시민권 회복을 위한 개혁법안의 집행과정에 대한 사례연구를 통하여 집행게임모형을 제안하였다.

그는 정책집행을 기계를 조립하여 그것이 작동되도록 하는 과정에 비유하면서, 집행과정을 느슨하게 연관된 집행게임의 체계(a system of loosely related im-plementation systems), 즉 관련 행위자들이 느슨하게 연계되어 진행하는 게임으로 보았다. 정책집행과정에서는 최종결과(end results)와 전략적 이익(strategic interests)을 위하여 서로 책략을 사용하는 많은 행위자들이 참여하여 상호작용을 하는 집행게임이 일어난다. 이런 집행게임의 범주에는 압력정치(pressure politics), 동의집합

(massing assent), 행정통제(administrative control), 정부간 협상(intergovernmental bargaining), 결합행동(joint action), 그리고 게임체계(system of games) 등으로 다양하게 나타나지만, 가장 일반적인 유형은 게임체계라고 보았다.

이러한 집행게임과정에서 정책집행이 제대로 되지 않는 정책지연이나 정책실패가 발생하였는데, 정책집행의 저해요인으로는 자원전용, 목표왜곡, 행정딜레마, 에너지분산 등을 들고 있다. 첫째. 자원전용(diversion of resources)은 특정한 사업에 사용할 자원(예산)을 잘못 사용하는 것으로, 돈의 시혜적 배분, 예산의 과다지출, 보조금의 남용, 선심용 예산배분(pork barrel) 등이 그 예이다. 둘째, 목표왜곡(de-flections of goals)은 정책결정에서 설정된 목표가 집행과정에서 축소, 확대, 또는 변형되어 본래의 목표달성이 어렵게 된 것이다. 그 예로는 사업확대와 사업무력화가 있다. 셋째, 행정딜레마(dilemmas of administration)는 집행과정에서 적용되는 많은 사업들이 의도한대로 실행되지 않는 것이다. 이렇게 되는 이유는 명목주의(token-ism-겉으로는 열심히 노력하는 것처럼 보이지만 실제로 거의 노력을 하지 않는 것), 집행에 대한 저항, 하위집행기관의 강한 독립권 행사 등을 들 수 있다. 넷째, 에너지분산(dissipation of energies)은 정책집행을 하는데 관련 행위자들이 결합하기 보다는 분산되거나 이기적인 행동을 하는 것이다. 이것은 고집(사업에 대한 반대집단의 반대), 관할영역에 대한 관료들 간의 경쟁, 책임회피(관할영역과 반대되는 것으로 사업의 관할책임을 회피하는 것), 명예(정책집행의 업적을 과장하여 부풀리는 것)에 기인한다.

이러한 정책집행의 저해를 완화하기 위한 전략은 다음과 같다. 첫째, 정책결정과정에서 '시나리오작성(scenario writing)'을 통하여 원하는 정책목표를 달성할 수 있는 집행게임을 제도화한다. 둘째, 집행과정에서 '게임의 조정(fixing the game)'을 시도한다. 정책집행과정에서 관련 행위자들이 바람직한 게임을 하도록 정책조정자(명망있는 국회의원이나 행정부의 고위관료)의 조정된 역할이 요구된다.

## 5) Mazmanian & Sabatier의 집행분석모형

Sabatier & Mazmanian(1980)은 '공공정책집행: 분석틀'이라는 논문과 그 이후 Mazmanian & Sabatier(1983)는 '집행과 공공정책: 2장 집행분석틀(1983)' 저서에서 하향식 집행접근에 대한 선행연구들인 Van Meter & Van Horn(1975)연구, Bardach 연구(1977), Berman연구(1978) 등을 검토한 후에, 정책집행연구를 위한 합의된 분석틀이 부족하다고 비판하면서, 보다 일반화된 집행분석모형을 제안하였다.

이들은 정책집행을 정책문제를 해결하기 위하여 법령(statute)이나 행정명령(executive orders) 또는 법원결정으로 통합되는 기본정책결정을 수행하는 것이라고 정의하고, 이런 결정은 해결해야 할 문제를 확인하고 추구해야 할 목표를 규정하며 다양한 방법으로 집행과정을 구조화한 것이고, 그리고 정책집행과정은 집행기관의 정책산출물이 추구하는 법령의 통과로부터 시작하여 이들 산출물에 대한 대상집단의 순응, 이들 산출물의 실질적 영향, 정책산출의 인지된 영향, 그리고 정책의 수정으로 진행된다고 보았다.

이런 관점에서 정책집행분석은 전체 정책과정을 통하여 법령의 목표에 영향을 주는 변수들을 확인하는 것이다. 이들 변수는 크게 해결해야 할 문제의 용이성, 집행과정을 구조화하는 법적 능력, 집행과정에 영향을 미치는 비법률적 변수 등으로 나눌 수 있다. 첫째 범주인 문제의 용이성(tractability of the problem)은 해결하려는 정책문제의 난이도를 말하는 것으로서 기술적 어려움, 대상집단의 행동다양성, 모집단의 일부로서 대상집단의 규모, 요구되는 행태변화의 범위 등이 포함된다. 둘째 범주인 집행을 구조화하는 법적 능력(ability to statute to structure implementation)은 법령에 규정된 정책내용의 구체화정도를 의미하는 것으로서 명확하고 일관된 목표, 적절한 인과이론의 결합, 재정자원의 초기배분, 집행기관 내부나 집행기관 간의 계층제적 통합, 집행기관의 의사결정규칙, 집행담당자의 충원, 외부인사의 공식참여 등이 포함된다. 셋째 범주의 비법률적 변수(nonstatutory variables to affecting implementation)는 법령에 규정되지 않은 집행에 영향을 미치는 변수로서 사회경제적 조건과 기술, 대중지지, 유권자집단의 태도와 자원, 주권자의 지지, 집행담당자의 헌신과 리더십 등이 포함된다.

이와 같은 세 가지 범주의 정책집행에 영향을 미치는 변수들을 독립변수라고 한다면, 이들의 영향을 받는 집행과정단계를 종속변수라고 하고, 그것을 다섯 가지 진행과정으로 구분하였다. 첫째, 집행기관의 정책산출물은 공식적인 정책목표를 구체화하는 규칙을 만드는 것으로서 표준운영절차가 대표적이다. 둘째, 대상집단의 순응은 집행기관의 정책산출물에 대하여 대상집단이 수용을 하는 것이다. 정책의 성공여부는 대상집단의 순응과 행태변화에 의해 좌우된다. 셋째, 정책산출물의 실질적 영향은 정책집행을 통하여 정책목표가 어느정도 달성되었는가를 의미한다. 이것은 정책결정에서 설정된 목표가 집행결과에 어느 정도 일치하는가에 의하여 판단할 수 있다. 넷째, 정책산출물의 인지된 영향이란 정책결정자와 관련된 집단이 정책목표를 달성하기 위하여 대상집단에 적용하여 나타난 정책결과가 어떠한 상태인가를 인식하는 것이다. 이것은 다음의 정책결정단계에서 정책의 폐지나 전환 등의 정책변동의 토대로 작용한다. 다섯째, 정책의 수정은 정책결정자가 정책결과에 대한 판단을 토대로 당초의 정책을 재구성하거나 수정 보완 폐지하는 것이다.

비록, 이들은 정책결정자의 집행과정에 대한 완벽한 계층제적 통제가 실제로 성취되기 어렵고 그리고 비우호적 조건들(변수들)이 집행실패의 원인이 될 수 있다는 것을 인정할지라도, 정책결정자는 적절한 사업설계와 집행과정의 명백한 구조화를 통하여 효과적인 집행을 확립할 수 있다고 본다.

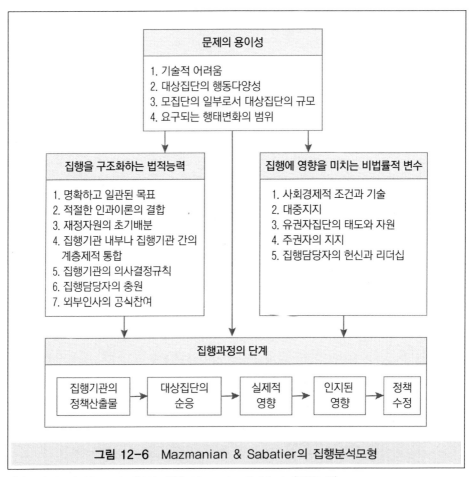

그림 12-6  Mazmanian & Sabatier의 집행분석모형

자료: Sabatier & Mazmanian(1980: 542), Mazmanian & Sabatier(1983: 22).

## 3. 상향식 모형의 정책집행과정

상향식 모형(bottom – up model)은 하향식 모형과 반대되는 논리로 문제의 원천에 가까이 있는 정책집행자의 시각에서 정책집행을 연구하는 것으로, 정책집행단계의 집행현장에서 집행행위자와 정책대상집단의 행태에서 출발하여 정책결정단계의 정책내용의 순서로 아래에서 위로 올라가는 또는 뒤로 가면서 연구를 하므로 후향적접근(backward approach)이라고도 한다. 이 접근은 정책결정단계에서 산출한 정책이 정책집행단계에서 의도한 대로 집행되지 않을 수 있다고 보고, 다음과 같은 가정에 토대를 두고 있다(Birkland, 2001: 182 – 183).

첫째, 정책은 명료하기보다는 추상적이고 애매한 목표를 가지고 있고 다른 목표와 갈등을 일으킬 수 있다.

둘째, 정책목표를 달성하기 위한 정책수단은 명료하게 정의하지 못한다.

셋째, 정책은 법령이나 다른 형태로 단일하게 정의되는 것이 아니라 문제를 해결하기 위한 일련의 법칙이나 실제(관행) 그리고 규범으로 인식할 수 있다. 따라서 정책집행은 정책과정을 통하여 발생하는 갈등과 타협의 연속으로 볼 수 있다.

넷째, 정책집행은 하향식 집행사슬이 아니라 조직구성원들과 그들의 고객들과의 흥정과 같은 행위자들의 네트워크(a network of actors)를 통하여 작동한다.

다섯째, 정책결정자는 집행자의 능력과 몰입에 관한 충분한 지식을 갖고 있지 않다.

따라서 상향식 접근은 정책결정자와 정책집행자 간의 계층제적 진행과정에 의문을 제기하면서 정책집행자인 일선관료의 능력과 정책대상집단의 순응이 중요하다고 보고, 정책의 효과성(성공과 실패 여부)은 그것을 집행하는데 관련되는 행위자들의 행태, 특히 정책목표를 달성하기 위해 정책수단을 실행하는 일선관료와 대상집단의 적응적 행동에 의존한다고 본다.

하향식 모형을 비판하면서 상향식 모형을 연구한 대표적인 학자로는 Lipsky(1971, 1980), Elmore(1979), Hjern과 그 동료들, 즉 Hanf & Scharpf(1978), Hanf, Hjern, & Porter(1978), Hjern & Porter(1981), 그리고 O'Toole과 그 동료들, 즉 O'Toole(1986, 1989, 1993, 2000), Montjoy & O'Toole(1979), O'Toole & Montjoy(1984), Hanf & O'Toole(1992) 및 Kickert와 그 동료들이 있다.

## 1) Lipsky의 일선관료제모형

Lipsky는 1971년 논문 '일선관료제와 도시개혁의 분석'과 1980년의 저서 '일선관료제'에서 정책집행을 일선관료가 환경 속의 정책대상집단과 접촉하면서 실행하는 행태라고 하였다. 그는 일선관료제(street-level bureaucracy)를 대부분이 일선관료로 구성되는 공공서비스기관이라고 하고, 일선관료(street-level bureaucrats)는 정책집행과정에서 상당한 재량을 가지고 시민과 직접 접촉하는 공무원으로 정의하였다 (Lipsky, 1980: 3). 교사, 일선경찰관, 동사무소 공무원, 사회복지와 안전복지 요원 등이 그 예이다.

이처럼, 일선관료는 정책집행현장에서 고객을 대상으로 과업을 수행하는데 많은 재량권을 행사한다. 이것은 일선관료가 많은 법령이나 상부의 지시라는 제약을 받지만, 너무 많은 법령이나 규정이 많기 때문에 일성관료들의 재량의 행사가 필요하게 된다. 예컨대, 교통경찰관은 교통법규위반자를 모두 적발할 수 없고 선별하여 적발한다. 이러한 일선관료의 재량권 행사는 그들이 가지고 있는 지식과 기술 및 전문성 등에 의하여 합리화될 수 있다. 일성관료의 과업은 과중하다고 할 수 있는데, 이것은 그들이 가지고 있는 자원과 관련이 있다. 부족한 인력과 예산은 일선관료들의 업무 증가를 가져온다. 업무의 과중은 정책대상집단에게 제공하는 공공서비스의 양과 질의 저하를 초래할 수 있다.

따라서 일선관료는 자신들의 과업환경에 대응하기 위하여 개발한 방법으로 단순화(simplication)와 정형화(routinization)를 사용한다. 여기서 단순화란 복잡한 환경을 자신이 이해하고 다룰 수 있는 환경으로 만들어 관리하는 것이고, 정형화는 과업수행방식을 표준운영절차나 관행처럼 공식적이거나 비공식적인 것으로 범주화하는 것이다. 이러한 단순화와 정형화가 반복적으로 지속되면, 일선관료의 과업수행을 위한 제도적 기제(institutional mechanism)로 정착하게 되고, 이들이 실질적으로 대상집단에 실행하는 정책내용에 영향을 주게 된다.

정리하면, Lipsky의 일선관료제모형은 정책집행의 과업환경에서 정책산출이나 공공서비스를 정책대상집단에게 전달하는 일선관료의 역할과 행태를 설명하는 것으로서 상향식 모형의 창시이론이라고 할 수 있다.

## 2) Elmore의 후향적 집행모형

Elmore(1979)는 '후향식 접근: 집행연구와 정책결정'이라는 논문에서 전향식 접근(하향식 모형)과 대조되는 후향식 접근(상향식 모형)을 제시하였다.

그가 제시한 후향식 접근은 정책결정과 정책집행의 순방향적 과정에 의문을 제기하고, 집행과정의 최하위수준인 집행현장에서 일선관료와 대상집단의 행동을 초점을 두고, 연방정부의 청년층을 대상으로 한 고용과 훈련사업에서 집행체계가 문제해결을 위해 효과적이었는가를 분석하였다. 분석결과는 사업의 성공요인들이 정부의 직접적인 통제권 밖에 있음을 발견하였다. 사업집행과정에서는 서비스공급자인 지역학교와 교육훈련기관, 서비스대상자인 청년, 그리고 민간고용주 간의 상호작용이 중요하고 이것이 정책집행결과에 영향을 주고 있었다.

이러한 발견은 전향식 접근의 문제점을 지적한 것이고 후향식 접근을 제시하는 토대가 되었는데, 정책결정과정에서 설계한 정책목표의 달성이 집행과정에서 서비스를 전달하는 일선관료와 대상집단의 관계와 행동에 의하여 좌우된다는 것을 암시한다. 이러한 의미에서 정책효과가 나타나는 일선의 집행현장인 정책환경과 대상집단을 고려하여 정책결정을 설계하여 집행해야 한다고 본다.

## 3) Hjern et al의 집행연결모형

스웨덴학자 Hjern과 그의 동료들, 즉 Porter, Hull, Hanf, Scharpf 등은 집행과정연구에 이론적이고 경험적인 네트워크접근을 발전시켰다. 이들의 집행연구접근에서는 정책집행의 조직간(interorganization)과 다수준 행위자(multi-actor)를 전제하고, 정책집행에 협력하는 모든 관련기관들로부터 행위자들의 네트워크를 확인하는 것으로부터 출발하여 집행문제를 해결하는 방법을 검토하고 정책추진을 하려고 하였다(Pulzl & Treib, 2007: 93).

여기서는 상향식 접근의 집행연결모형으로 Hanf & Scharpf(1978)의 조직간 집행모형과 Hjern & Porter(1981)의 집행구조모형을 살펴본다.

### (1) Hanf & Scharpf(1978)의 조직간 집행모형

공공정책연구에서 새로운 시도의 하나는 기존의 하향식 모형이나 상향식 모형에서처럼, 조직내 과정(intra-orgabizational process)의 결과로서 나타나는 정책현상과 더불어 조직간 네트워크(inter-organizational relations)에서 정책결정이나 정책집행을 분석하는 관점이다. 이러한 맥락에서 Hanf & Scharpf(1978)가 저술한 '조직간 정책결정: 조정과 중앙통제의 한계'에 포함되어 있는 조직간 정책연구: 이슈, 개념, 그리고 시각'이라는 논문은 정책학의 새로운 분야로 주목을 받았다.

Hanf나 Scharpf 등의 구조주의자들(structuralists)은 현대 복지국가의 구조적 문제를 '통치불능의 위기(crisis of ungovernability)'로 파악하고, 이것은 여러 형태의 정책실패(policy failures)로 나타나고 있다고 한다. 이런 정책실패의 원인을 규명하려는 시도 속에서 발견한 것은 정부의 문제해결구조(problem solving structure)에 내포되어 있는 조직간의 연결(interorganizational linkages)이었다. 이것은 정부의 정책결정이나 집행과정에 다양한 정부조직뿐 아니라 준공공부문과 민간부문들까지 서로 관련을 맺고 상호작용을 하는 것을 말한다. 이와 같은 상황에서 어느 한 조직(정부기관)에 의한 문제해결노력은 해당조직뿐 아니라 다른 조직의 결정과 집행에 의존하며 결국 문제해결여부는 여러 조직들 간의 관계에 의해 영향을 받게 된다는 것이다. 따라서 현대국가의 거버넌스에서 요구되는 것은 서로 분절적이면서도 상호의존적인 여러 조직들 간의 네트워크(network)를 통해 조정된 정책(coordinaterd policy)을 수립하여 집행하는 것이라고 하였다(김익식, 2000: 188-189).

따라서 정책결정과 정책집행은 어떤 단일한 통합된 행위자의 선택과정이 아니라 상이한 이익과 목표 및 전략을 가지고 있는 다양한 행위자들 간에 상호작용하는 정책네트워크의 결과라고 보았다. 그러므로 정책의 형성과 집행과정의 접근방법을 개발하기 위하여 조정과 협력의 이슈는 관심을 끌게 되었다. 이것을 촉진하거나 방해하는 경험적 요소들과 조정유형을 확인하는 작업이 요구된다. 이것은 정책과정을 설명하기 위하여 네트워크의 본질과 그 과정을 촉진하는 자원의존과 교환에 초점을 두고 연구가 필요하다고 하면서, 결국 영국 네트워크학문에서는 정책네트워크(policy network)가 성공적인 정책형성과 정책집행을 위해 매우 중요하다고 보고 있다(Hill & Hupe, 2002: 59-60).

종합하면, Hanf & Scharpf의 조직간 정책형성과 집행모형은 그 자체로서 완성된 이론체계는 아니고 정책결정이나 집행과 관련된 여러 조직들 간의 관계메카니즘을 이해하고 설명하는 접근방법으로서 중요한 개념(key concepts)과 연구과제(tasks)를 제시하고 있다.

## (2) Hjern & Porter(1981)의 집행구조모형

Hjern & Porter(1981)의 '집행구조: 새로운 행정단위'논문에서는 단일조직을 초월하는 다조직적 분석시각의 집행구조모형(implementation structure model)을 제시하였다.

이들은 프로그램의 집행문제가 기본분석단위로 조직이나 개인을 사용하는 분석틀에 의하여 왜곡되거나 과장되었다고 보고, 사업집행의 분석단위로 집행구조(implementation structure)를 제안하였다. 여기서 집행구조란 사업집행자들이 사업의 목표를 달성하기 위하여 사용하는 행정적 실체로서 사업의 관점에서 바라보는 공사조직구성원들의 하위집합을 말한다. 이런 집행구조는 권위적 관계를 통하여 설계되기보다는 자생적으로(self-selected) 구성된다. 집행구조에서 행위자들은 프로그램과 관련하여 목표와 동기의 다양성을 가지고 있고, 정책결정과 계획, 자원 공급, 중개와 조정, 서비스 공급과 같은 전문화된 개별역할을 수행한다. 그리고 집행구조는 시간흐름에 따라 다양하고 상이한 형태를 가진다. 예컨대, 어떤 구조는 참여자들이 서로의 행동에 대한 기대에 동의를 하는 네트워크(network)관계를 가지지만, 다른 구조는 행위자들 간의 상호기대가 해결되지 않는 임시(ad hoc)관계를 가지고 있다.

산업사회와 정치적 민주주의, 그리고 사회복지국가의 발달과 함께 공공과 민간조직들의 상호연결성을 증가시키고 있는데, 이런 결과는 많은 중요한 사업들을 다조직적 프로그램을 통하여 수행하는 현상으로 나타나고 있다. 여러 사업들은 집행구조라는 틀 속에서 함께 작동하는 상호연결된 다조직적 군집들을 통하여 집행되고 있는 것이다. 사업집행연구에서 가장 중요한 발견의 하나는 많은 행위자들이 복잡한 관계로 관련되어 있다는 것이다. 이를테면, Hanf, Hjern & Porter(1978)는 스웨덴과 독일의 인력훈련프로그램의 집행연구에서 여러 조직들과 행위자들의 다양한 배열을 발견하였다. 젊은이와 부인 및 실업자의 훈련계획과 실행과정에 참여하는 행위자들은 훈련센터, 시학교, 카운티나 주 훈련담당자, 노조, 기업, 사회복지기관, 직업훈련전문가, 교사, 상공회의소, 그리고 지방과 지역 및 국가기관 등으로 다양하게 전문화되어 있다. 각자의 개별이익을 추구하는 모든 행위자들은 집합적 이익을 생산하지 못한다. 여기서 필요한 작업은 많은 공공조직과 민간조직의 행위자들이 사업집행에서 협동을 하는 행동이다. 또한, 스웨덴이나 독일 그리고 미국과 같은 국가에서 주택, 교육, 건강, 인력사업들과 같은 다양한 사회서비스를 제공하는데 있어서도 단일조직에 의해서 충분히 집행될 수 없고 공공과 민간조직들의 군집에 의해 집행된다.

따라서 집행구조모형에서는 정책집행을 하는데 있어서 사업에 관련되는 공공부문뿐 아니라 민간부문 행위자들의 참여와 상호작용이 이루어지는 집행네트워크(implementation network)를 강조한다. 이러한 논리는 Hanf & Scharpf가 주장하는 조직간 집행네트워크이론과 일맥상통한다.

### 4) O'Toole et al/Kickert et al의 네트워크집행모형

위에서 Hanf & Scaharpf와 Hjern & Porter의 집행연구에서 논의한 바와 같이, 집행연구에서 조직간 관계와 다수준 행위자 개념은 상향식 접근에서 사용되고 있고, 그리고 상향식 접근과 하향식 접근을 통합하려고 하는 시도에서도 사용되고 있다 (Hill & Hupe, 2002: 59). 이에 따라 Hill & Hupe(2002: 82)의 집행접근분류에서는 O'Toole et al/Kickert et al의 네트워크집행모형을 통합적 모형으로 분류하고 있다. 그러나 이들의 네트워크집행모형은 Hanf & Scharpf의 조직간 네트워크개념에 토대를 두고 있어 상향적 접근과 연결되므로 여기서 논의를 한다.

정책집행을 조직간 관계와 네트워크 개념을 가지고 연구하여온 대표적인 학자들로는 미국의 O'Toole과 그 동료들(Montjoy, Hanf 등)과 네델란드의 Kickert와 그 동료들(Klijn, Koppenjan)이 있다.

우선, 미국학자인 O'Toole은 1970년대 후반부터 2000년대 초반까지 조직간 및 네트워크적 집행연구를 통하여 집행학문에 기여하여 왔다. 그의 초기 집행연구는 복잡한 변화과정을 다루는 집행이론을 위하여 문제를 제기하였다면, 1980년대와 1990년대 집행연구에서는 복잡한 집행상황에서 조직간 과정, 특히 네트워크관리를 모형화하려는 보다 구체적인 목적을 가지고 경험적 연구를 하였다(Hill & Hupe, 2002: 69-70).

그는 집행연구를 하는데 좁은 관점보다는 보다 넓은 관점애서 집행학문과 조직사회학의 조직간 관계와 네트워크시각을 연결하려고 시도하였다. 이를테면, Montjoy & O'Toole(1979)은 '정책집행이론: 조직시각'이라는 논문에서 전통적인 집행모형에 의문을 갖게 되었고, 정책집행은 조직내 과정(intra-organizational process)과 조직간 과정(inter-organizational process)에 관련된다고 보았다. 그러나 정책을 집행할 때 조직내 과정이 행정관료들의 일차적 관심사로 등장하기 때문에 조직내 과정에 초점을 두고 미국 회계감사원의 자료를 분석하였다.

이들은 연구초기에 정책집행연구를 조직내 과정 차원에서 접근하였다면, 그 이

후 1980년대에 들어와서는 조직간 과정까지로 정책집행 연구지평을 확대하여 정책
집행모형을 구성하고 경험적 연구를 시도하였다. O'Toole & Montjoy(1984)는 '조직
간 정책집행'이라는 논문에서 정책집행은 조직간에 상호의존성 하에서 이루어지고
그 상호작용에 따라 집행성과가 좌우된다고 보았다. 그리고 O'Toole(1986, 1989,
1993, 2000)의 연구는 정책집행이 다양한 행위자 협력(muliti-actor collaboration)에
관련되는 것으로 보고, 집행현상을 네트워크관리와 거버넌스 차원에서 연구하려고
하였다. 예컨대, 그의 1986년 논문 '다양한 행위자 집행의 정책권고'에서 집행연구자
에게 가장 관심있는 주제는 단일한 집행단위보다는 다양한 행위자들, 즉 다조직적
환경에서 집행이라고 하였다. 다조직적 집행(multiorganizational implementation)은
권력과 권위가 여러 조직단위들 사이에 배치되어 있는 공공문제와 정책공간에서의
규칙이라고 할 수 있다.

그의 1989년 논문 '다조직적 집행을 위한 대안기제-하수관리사례'에서는 비록
하향식 집행연구가 집행성공을 위한 계층제적으로 통합된 구조의 중요성을 제안하
였다고 할지라도 계층제적 관리구조는 통합능력이 부족할 수 있다. 하수관리에서 주
기관(주규제자)은 계층제적 권위를 가지고 있지만 집행과정에서 동의를 통하여 집행
을 하지 못하고 있다. 예컨대, 주의 보조금 집행은 계층제적으로 구조화되어 있지만
통합이나 조정된 행동을 유인하지 못하고 있다. 이런 환경에서 통합된 집행을 위해
서는 지방의 중요한 행위자들의 협조가 필요하다. 그 결과는 집행과정에서 규제자와
여러 행위자들인 지방당국, 건설기업, 설계엔지니어 등의 관여와 상호작용이 필요하
다는 다조직적 구조(multiorganizational structure)를 주장한다.

한편, Hanf & O'Toole(1982)의 논문 '과거친구 재방문: 네트워크, 집행구조, 그리
고 조직간 관계관리'에서는 과거 네트워크연구가 공공정책형성에 관여하는 행위자
들의 전략과 관계에 초점을 두고 이런 정책이 집행되는 조직간 구조분석을 경시하여
왔다고 하면서, 정책을 수행하는 도구로서 조직간 네트워크관리에 관심을 가질 필요
가 있다고 주장하였다. 이들이 강조하는 조직간 네트워크 차원의 정책집행연구가 필
요하다는 주장은 O'Toole의 1993년 논문과 2000년 논문에서 정리하여 기술하고 있
다. 예컨대, 1993년 논문 '조직간 집행연구: 집행연구분석의 교훈'에서는 복잡한 조
직간 배열(interorganizational arrangement)이 공공정책과정과 공공관리에서 점점 중
요해지고 있다고 하면서 조직간 집행연구는 조직간 분석과 처방을 하는데 중요하다
고 한다. 그리고 2000년 논문 '정책집행연구: 평가와 전망'에서는 정책집행을 이해하

려면 거버넌스 차원의 조직간 집행을 연구해야 한다고 보았다. 거버넌스는 정부보다 넓은 것으로 정책행동의 구조와 과정을 포함한다. 거버넌스접근은 공공정책의 형성과 집행에서 네트워크를 구성하는 다양한 행위자들의 배열과 역할을 강조한다. 이러한 네트워크관리의 연구는 공공관리를 이해하고 개선하는데 적용되고 있다. 이에 따라 미국이나 유럽의 학자들은 정책집행에서 네트워크특성을 강조하고 있고 실증연구도 이루어지고 있다.

이러한 O'Toole의 연구와 유사한 접근으로 네덜란드 학자인 Kickert, Klijn & Koppenjan(1997)은 그들의 저서 '복잡한 네트워크관리: 공공부문을 의한 전략'에서 정책집행을 하는데 네트워크관리를 주장하고 있다. 거버넌스형태로서 공공관리에 대한 주요한 도전은 네트워크와 같은 상황, 즉 상호의존상황을 다루는 것이다. 공공관리는 네트워크관리로 보아야 한다. 이 책은 네트워크관리가 무엇이고 그리고 네트워크상황에서 복잡한 정책과정을 통치하기 위해 어떤 전략이 존재하는가를 설명한다. 공공정책은 상호의존적인 행위자들의 네트워크에서 결정되고 집행된다. 이 책의 주장은 공공정책을 공사행위자들 간의 상호작용의 결과로 보아야 한다는 것이다(p.1-3).

## 4. 통합적 모형의 정책집행과정

위에서 살펴본 정책집행의 두 가지 모형은 집행과정에서 중요한 기여를 하였지만, 각각은 다른 모형에 의해 설명하는 집행현장을 보지 못하는 한계가 있다. 이를테면, 하향식 모형은 '숲을 보되 나무를 보지 못하는' 반면에, 상향식 모형은 '나무는 보되 숲을 보지 못하는' 것이다. 하향식 모형은 정책결정자가 설계한 정책을 중심으로 정책집행의 전체적인 틀을 체계적으로 파악할 수 있는 장점이 있으나, 일선관료의 능력과 대상집단의 반응 등 집행현장의 요소들을 살펴보기 어려운 단점이 있다. 그러나 상향식 모형은 하향식 모형과 반대로 정책집행과정의 상세한 기술, 즉 집행의 우선순위, 집행전략, 집행효과 등과 이를 토대로 집행과정의 인과관계를 파악할 수 있는 장점이 있으나, 정책결정자가 통제할 수 있는 집행의 거시적 틀, 즉 집행의 제도적 구조, 집행자원의 배분, 집행에 관여할 수 있는 정책결정자의 지시 등이 경시되는 한계가 있다(Sabatier, 1986: 29-34).

따라서 1970년대 후반에 들어와서 논의가 시작되고, 특히 1980년대 중반 이후에 활성화되기 시작한 제3세대의 집행연구는 두 가지 모형을 초월하는 통합모형을 제안하였다. 통합적 모형은 하향식 모형과 상향식 모형의 상호 모순되는 측면을 조화시키기 위하여 두 가지 모형의 주요한 내용 또는 요소를 수용하여 정책결정과 집행과정을 연구하는 접근방법이다. 이 접근은 정책결정과정에서 의식적인 정책설계를 통하여 사업을 구체화하고 다양한 정책도구들을 제시한다. 그리고 정책집행과정에서 정책목표를 달성하기 위한 정책수단(도구)를 실행하기 위해 일선관료와 대상집단의 네트워크와 행동을 중요시한다.

통합적 모형을 주장하는 학자들로는 Elmore(1985), Sabatier(1986), Winter(1990, 2006), Goggin, Bowman, Lester & O'Toole(1990) 등으로 다양하다.

## 1) Elmore의 통합집행모형

앞에서 살펴본 바와 같이, Elmore(1980)는 후향적 접근으로 정책집행을 설명하였다. 그러나 그 이후 1985의 논문 '전향적 그리고 후향적 접근: 공공정책분석논리'에서 기존문헌에 나타는 전향적 접근과 후향적 접근을 비교 검토한 후에 양자의 통합모형을 제안하였다.

전향적 접근(하향식 모형)은 정책의 원천에 가장 가까이 있는 정책결정자의 능력과 영향력 및 결정자와 정책집행자 사이에 계층제적 관계를 강조하지만, 정책환경이나 정책대상집단의 행태를 경시하는 문제가 있다. 반면에, 후향적 접근(상향식 모형)은 문제의 원천에 가까이 있는 일선관료의 지식과 능력과 이들의 재량을 강조하지만 일선관료의 능력이나 자질이 문제될 수 있고 집행할 때에 참여자간에 분쟁이 발생할 수 있다.

이처럼, 상반된 성격을 가지 두 가지 접근은 문제해결을 위해서 상호 보완적인 성격도 가지고 있다고 볼 수 있다. 우선, 하향식 모형에 의하여 정책결정자가 정책이나 사업을 설계할 때에 정책목표와 이를 달성하기 위한 정책수단 그리고 각 집행단계에서의 표준운영절차를 명확히 제시한다. 다음으로, 상향식 모형에 의하여 일선집행관료는 정책대상집단에 정책목표와 그 수단을 실행한다.

이를테면, 하향식 접근방법에 의하여 정책결정자의 의도나 목적을 분명히 기술하고 이를 달성하기 위한 정책집행자의 행위를 제시한다. 그리고 상향식 접근에 의하여 정책집행자(일선관료)는 정책결정자의 시각을 반영하면서도 주어진 여건하에서 자신의 과업을 수행하는 것이다. 그런데 정책목표의 달성여부는 정책결정자보다 그 문제에 가장 근접하여 과업을 수행하는 일선관료의 행동에 의하여 좌우된다고 볼 수 있다. 예컨대, 연방정부 정책결정자들은 청소년의 고용훈련사업 집행분석에서 사업의 성공은 그 사업에 의하여 영향을 받는 정책집행자와 대상집단, 즉 서비스공급자로의 지역학교와 고용훈련조직의 재량과 서비스대상자인 청년의 순응여부가 중요하다는 것을 발견하였다.

따라서 정책성공은 하향식 접근과 상향식 접근의 요소들에 의존한다. 정책결정자는 정책집행을 위한 정책도구와 다른 자원에 덧붙여 집행자와 대상집단의 유인구조를 고려할 필요가 있다. 이 논문은 정책을 설계하여 집행하는데 다양한 시각을 사용할 필요성을 암시하고 있다.

## 2) Sabatier의 옹호연합모형

Mazmanian과 공동으로 하향식 집행모형을 개발하였던 Sabatier(1986: 38 – 41)는 '집행연구의 하향식 그리고 상향식 접근: 비판분석과 통합제안'이라는 논문에서 하향식 접근과 상향식 접근을 결합하는 정책집행의 통합모형으로 옹호연합모형(advocacy coalition model)을 주장하였는데, 그 이후에 정책집행뿐 아니라 정책결정과 정책변동을 분석하는 분석틀로 확대되었다.

이 모형은 하향식과 상향식 두 가지 접근방법의 특성들을 결합하여 분석모형을 구성하려는 시도로서, 상향식 접근의 분석단위로 정책문제에 관련되는 다양한 공사 행위자들의 정책하위체제를 구성하고, 여기에 영향을 미치는 요인으로 하향식 접근의 여러 가지 사회경제적 조건과 법적 수단을 결합하여 정책집행을 분석한다. 이를테면, 외적 조건들은 하향식 접근에 의하여 도출된 변수들이고, 이들의 영향을 받아 작동하는 정책하위체제 내의 변수들은 상향식 접근에서 도출된 변수들이다.

따라서 상향식 접근에 의하여 정책결정이나 성책집행을 분석하기 위한 분석단위는 정책문제에 관련되는 공공과 민간 행위자들로 구성되는 정책하위체제이다. Hanf & Scharpf와 Hjern et al에 의해 개발된 네트워크구조(정책네트워크, 집행구조)는 하위체제 내에 행위자들을 구성하는 방법의 하나이다. 상향식 접근은 하위체제의 행위자들이 다수의 옹호연합 ― 각각은 정책이슈에 따라 일련의 규범적 인과적 신념을 공유하는 기관공직자, 이익집단지도자, 정치인, 그리고 지식인으로 구성된다 ― 으로 집적한다고 가정한다. 특정한 시기에 각 옹호연합은 그것의 정책목표를 추구하기 위하여 정부제도에 영향을 주는 전략을 채택한다. 상이한 연합으로부터 갈등적인 전략은 정

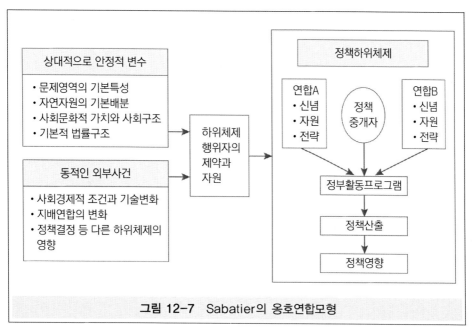

**그림 12-7 Sabatier의 옹호연합모형**

자료: Sabatier(1986: 41).

책중개자라고 부르는 제3행위자에 의해 중재된다. 이러한 정책결과는 정책대상집단에게 집행이 되어 정책문제에 대한 영향을 가져온다.

그리고 정책하위체제에 영향을 미치는 외적 요소들로는 상대적으로 안정적 변수 — 문제영역의 기본특성, 자연자원의 기본배분, 사회문화적 가치와 사회구조, 기본적 법률구조 — 와 보다 동적인 외부사건 — 사회경제적 조건과 기술변화, 지배연합의 변화, 정책결정 등 다른 하위체제의 영향 — 등이 포함된다.

### 3) Winter의 통합집행모형

Winter는 1990년 논문 '집행연구통합'과 2006년 논문 '집행론'에서 그동안 진행된 집행연구의 두 가지 접근인 하향식 모형과 상향식 모형은 이론적 개념과 방법의 단순한 결합 또는 묶음에 불과하고 만족스러운 방법으로 집행결과를 설명할 수 없었다고 비판하면서, 보다 일반적인 정책집행이론을 구성하려고 시도하였다. 이에 따라 정책집행모형으로 여러 개별적인 집행연구들로부터 가장 유용한 이론적 요소들(변수들)과 거의 관심을 받지 못한 변수들을 포용하는 통합집행모형(integrated implementation model)을 설계하였다. 이 모형은 정책과정의 단계모형을 포용하여 정책형성과정의 특성이 집행에 어떻게 영향을 주고 정책결과를 가져오는가를 설명하는데 초점을 두고 있다(Winter, 1990: 20－35; 2006: 154－157).

따라서 이 모형은 정책형성(정책결정)과 정책집행 및 정책결과의 연계성을 전제하고, 집행과정의 결과를 평가하기 위한 종속변수로는 공식적인 정책목표에 관련되는 정책산출과 정책성과에 초점을 둔다. 이런 집행결과에 영향을 주는 요소들로는 정책형성과정과 정책집행과정의 변수들을 제시하였다.

첫 번째 범주인 정책집행문제의 근원은 정책형성과정(policy formation process) 또는 정책설계(policy design)에서 나온다. 정책형성이나 정책설계는 일련의 목표들, 이들 목표를 달성하기 위한 수단결합, 목표를 수행하는데 책임이 있는 정부적, 비정부적 행위자들의 명시, 그리고 과업을 수행하기 위한 자원할당이 포함된다. 이러한 정책설계는 다양한 방법으로 집행과정과 그 결과에 영향을 미친다. 따라서 정책집행과정에서 문제는 정책형성이나 정책설계에 의해 창조된다. 예컨대, 애매모호한 목표, 목표와 수단을 연결하는 인과이론 부족, 이들의 갈등표출, 상징적인 정책과 행동, 그리고 연합들 간의 관심부족 등은 집행문제를 야기한다.

두 번째 범주인 정책집행결과의 근원은 정책집행과정(policy implementation process)에서 나온다. 집행과정은 정책에서 상이한 몰입과 조정을 가져오는 조직내의 행위자뿐 아니라 조직간의 행위자들의 행동(intraorganizational and interorganizational behavior)의 영향을 받는다. Pressman & Wildavsky(1973)의 결합행동의 복잡성이 암시하는 바와 같이, 성공적 집행은 다수의 행위자들과 결정 그리고 결정거부점에 관련된다. 또한, 집행측면은 참여하는 조직들 간의 자원의존(resource dependency)에 관련된다. 이는 집행이 참여기관의 자원의존정도에 영향을 받는 것을 말한다. 그리고 Lipsky(1980)의 일선관료제에서 지적한 바와 같이, 집행과정에서 일성관료의 행태는 대부분의 정책집행에서 중요하다. 일선관료는 대상집단이 시민이나 기업과 직접 접촉하면서 중요한 재량적 결정을 만들고 공공서비스를 전달한다. 이에 따라 집행에서 정책대상집단의 행태는 중요하다. 이들은 정책의 순응이나 불응의 주체로서 집행결과에 중요한 영향을 준다. 마지막으로, 사회경제적 맥락은 집행을 위한 조건으로 작동한다. 예컨대, 고용정책에서 고용제공이라는 서비스 전달의 효과는 경기순환의 상승과 하강에 의해 의존한다.

정리하면, 통합집행모형은 단순한 인과모형이라기보다는 집행의 산출과 결과에 영향을 미치는 중요한 요소들(변수들)을 포용하는 분석틀이다. 이러한 모형을 구성

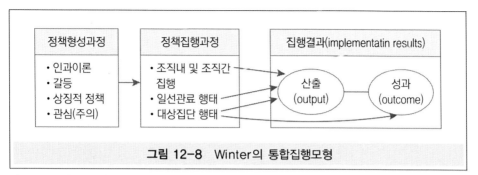

**그림 12-8  Winter의 통합집행모형**

자료: Winter(1990: 20).

하는 여러 요소들로부터 보다 구체적인 가설들이 개발되어 검증을 할 수 있다.

## 4) Goggin et al의 정부간 소통집행모형

Googhin, Bowman, Lester & O'Toole는 논문 '공공정책집행의 동학연구: 제3세대접근(1990a)'과 저서 '집행이론과 실제: 제3세대 접근(1990b)'에서 1970년대의 제1세대와 2세대의 집행연구의 업적과 한계점을 토대로 제3세대 집행연구가 필요하다고 하고 정부간 소통집행모형(communicative model of intergovern-mental im-plementation)을 제시하였다(Goggin et al., 1990a; 181-195).

제1세대 집행연구는 Pressman & Widvasky(1973)의 '집행론'에서 시작한 것으로서 정책결정단계에서 설정한 특정정책이 하나 혹은 여러 지역에서 어떻게 집행되었는가에 초점을 두었다. 이연구는 정책결정에 머물렀던 기존의 연구초점을 정책집행까지 확장시켰고, 복잡하고 역동적인 집행과정에서 여러 하위체제(주정부, 지방정부, 이익집단 등)의 중요성을 인식하고 이런 하위체제로 인하여 연방정부에서 결정된 정책이 의도한 대로 달성되지 못한다고 보았다. 이런 연구업적에도 불구하고 집행연구가 특정한 정책사례의 서술에 그치고 이론개발을 하지 못한 한계가 있다.

반면에, 2세대 집행연구는 정책집행에 영향을 미치는 주요변수들을 파악하고 정책집행의 복잡한 현상을 연구하기 위한 분석틀을 개발하는데 초점을 두었다. 이 연구에 의하면 집행은 정책마다 다르게 나타나고, 연방정부의 정책은 주정부와 지방정부에서 정책의 의도와 다르게 집행되고, 이러한 동태적인 집행을 분석하기 위한 이론탐색을 시도하였다. 이것은 정책집행에 영향을 미치는 많은 변수들을 파악하였으나(예컨대, Sabatier & Mazmanian의 집행변수들), 다양한 정책영역에 적용하는 어려움과 모형의 변수들 간의 관계가 검증되지 않은 한계가 존재하였다.

그러나 제3세대 집행연구에서는 정책집행을 본질적으로 시간과 공간을 초월하여 발생하는 일련의 행정적이고 정치적인 결정과 집행이라는 복잡한 과정이라고 본다. 또한, 집행은 관료제적 환경이나 둘 또는 그 이상의 정부수준에 있는 여러 행정적이고 정치적인 단위들에 관련되는 정부간 환경에서 발생한다고 본다. 이런 집행맥락을 전제로, 과학적인 집행연구를 위하여 집행과정의 동적 모형으로 정부간 소통집행모형을 제시하였다. 여기서 과학적 집행연구란 정책집행에 관련되는 주요한 개념들을 정의하고 개념들 간의 인과관계를 구체화하여 집행모형을 개발하고 현실사례에 적용하여 검증하는 것이다.

이들은 3세대 집행연구의 대상으로 정부간 정책집행을 선정하고 정부간 소통집행모형을 설계하여 검증을 위한 명제(가설)을 제시하였다. 이 모형은 하향식 접근과 상향식 접근의 갭을 연결하려고 시도하였는데, 미국 연방주의체제 하에서 연방정부와 주정부 및 다른 지방정부의 유인과 제약 하에서 주정부가 어떻게 세부적인 결정을 하고 집행하는가를 분석하는 모형으로서 연방정부와 다른 주정부 및 지방정부와 주정부 간의 인과관계를 가정하고 있다. 종속변수인 주정부의 집행에 영향을 미치는 변수를 두 가지로 범주화하고 있는데, 독립변수로는 연방정부의 유인과 제약 및 다른 주정부와 지방정부의 유인과 제약을, 매개변수로는 주정부의 의사결정결과와 역량을 들고 있다. 이러한 변수들 간의 관계로부터 17가지의 명제(가설)을 도출하였는데, 가설의 예를 들면 다음과 같다.

가설 5: 주정부 공무원의 눈에서 볼 때 지원하는 주정부나 다른 지방정부의 메시지가 정당하고 신뢰하다고 믿을수록, 주정부의 집행은 수정 없이 보다 신속하게 진행될 것이다.

가설 7: 주정부가 사업을 집행하는데 더 많은 인력을 투입할수록, 주정부의 집행은 수정 없이 보다 신속하게 진행될 것이다.

위의 모형을 보면, 정책결정은 연방정부와 주정부 및 지방정부 모두에서 이루어지고 있고, 어느 주정부나 지방정부가 결정을 하고 집행을 할 때에는 정부간의 협력이 필요하다. 연방정부는 주정부와 지방정부에서 수행할 총체적인 정책(정책목표와 정책수단)을 선택한다. 주정부는 연방정부의 정책을 실행하면서도 스스로의 결정과 집행을 한다. 이러한 주정부의 결정과 집행은 그것의 외적 요소와 내부요소의 영향을 받는다. 외부요소로는 주정부가 연방정부와 지방정부의 중간에 위치하므로 연방

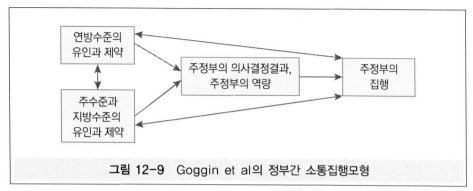

**그림 12-9** Goggin et al의 정부간 소통집행모형

자료: Goggin et al(1990b: 32).

정부의 결정된 정책과 연방정부가 제시하는 유인과 제약이나 또는 다른 주정부와 지방정부의 유인과 제약이 있다. 그리고 주정부의 집행에 영향을 미치는 내적 요소로는 주정부 자체의 선호와 주정부의 결정을 할 수 있는 역량이다. 이처럼, 주정부의 정책집행과정은 연방정부와 다른 주정부 및 지방정부와의 복잡한 상호의존관계에서 이루어지므로 각 주정부의 집행유형은 상이하게 나타날 수 있다.

## 제 7 절 | 정책집행방법: 집행유형

앞에서 세 가지 모형의 정책집행과정을 논의하였는데, 이들 모형 속에는 정책결정과 정책집행과의 관계가 내재되어 있다. 이를테면, 정책결정자가 결정과정에서 산출한 정책은 정책집행자가 환경이나 정책대상집단에게 실행을 하게 된다. 그러면 정책집행은 실제로 어떠한 방법으로 이루어지는가? 이러한 정책결정과 정책집행과의 관계를 토대에 관심을 갖고 연구한 학자들은 집행방법을 다양하게 유형화하고 있다.

예컨대, 정책집행유형을 Radway & Maass(1949)은 정책집행자가 집행과정에서 행사할 수 있는 재량을 기준으로 기술적 재량형(thechnical discretion), 이해조정적 재량형(interest-adjustion discretion), 사회기획적 재량형(social-plan discretion)으로, McLaughlin(1976)은 랜드연구소가 수행한 연방정부의 교육개혁프로그램에 대한 293개의 연구자료를 활용하여 정책결정자와 정책집행자의 상호작용유형을 상호적응형(mutual adaptation), 흡수형(co-optation), 부집행형(non-implementation)으로
나누었다.

그 이후에, Nakamura & Smallwood(1980)와 Ripley & Franklin(1982)는 정책유
형분류를 보다 체계적으로 제시하고 있는데, 이하에서 이들의 연구결과를 살펴본다.

# 1. Nakamura & Smallwood의 정책집행유형

Nakamura & Smallwood(1980: 111-142)는 '정책집행의 정치'라는 저서에서 정
책과정이란 세 개의 기능적 환경 — 정책형성, 정책집행, 정책평가 — 에서 의사전달과
순응연결의 순환적 체계로 보고, 정책체제를 구성하는 정책결정자와 정책집행자의
집행연결(inplementation linkage)과 권력이동(shift of power)을 기준으로 다섯 가지
집행유형 — 고전적 기술관료형, 지식적 위임자형, 협상자형, 재량적 실험가형, 관료적 기
업가형 — 으로 구분하였다(표 12-7).

## 1) 고전적 기술관료형

고전적 기술관료형(classical technocrats)은 정책결정과 정책집행을 엄격히 분리
하고, 정책결정자가 문제를 해결하고 목표를 달성할 수 있는 정책을 산출하고, 정책
집행자는 정책을 단순히 환경에 실행하는 것으로서 다음과 같은 가정을 하고 있다.

첫째, 정책결정자는 목표를 명확히 제시하고 정책집행자는 그 목표를 지지한다.

둘째, 정책결정자는 계층제적 명령구조를 확립하고 자신의 목표달성을 위해 특
정집행자에게 기술적 권위를 위임한다.

셋째, 정책집행자는 그 목표를 달성할 수 있는 기술적 역량을 가지고 있다.

이러한 집행유형에서 정책결정자는 집행과정에 대한 통제를 하고 정책집행자는
약간의 기술적 재량만을 가지는 것으로, 정책집행이 실패하는 이유는 집행자의 집행
기술이 부족하기 때문이다. 이런 유형의 정책집행의 성공사례로는 Kennedy 행정부
에서 달착륙계획을 위해 미국항공우주국(NASA)을 창설하여 목표를 달성하기 위한
기술적 수단을 마련하여 집행한 경우이고, 문제가 많았던 사례로는 미국의 원자력발
전계획에서 안전한 시설 건설과 방사성쓰레기 처분 등 기술적 문제가 발생하였다.

## 2) 지식적 위임자형

지시적 위임자형(instructed delegates)은 고전적 기술관료모형과 같이 정책결정자는 목표를 달성하기 위한 정책을 산출하고, 정책집행자는 목표수행에 필요한 재량권을 가지는 것으로서 다음과 같은 가정을 한다.

첫째, 정책결정자는 명백한 목표를 설정하고 집행자는 그런 목표가 소망스러운 것이라는 데 동의한다.

둘째, 정책결정자는 하나 또는 그 이상의 집행자에게 자신의 목표를 달성하도록 지시하고 재량적 행정권한을 위임한다.

셋째, 정책집행자는 그 목표를 달성하는데 필요한 기술적, 행정적, 그리고 협상적 능력을 가지고 있다.

이러한 집행유형에서 정책결정자는 정책형성에 대한 통제를 하고 있지만 정책집행자는 정책결정자의 목표를 달성하는데 필요한 수단을 선택하는 권한을 가지고 있는 것으로, 정책집행이 실패하는 이유는 다음과 같다. 첫째, 정책집행자가 자신의 과업을 수행하는데 필요한 전문지식이 부족하다. 둘째, 여러 정책집행집단이 관여하면 그들은 정책결정자의 목표를 달성하는데 사용하는 수단의 불일치가 일어날 수 있다. 셋째, 정책결정자의 집행자에 대한 지시가 모호하거나 왜곡되면 무엇을 정책결정자가 원하는가와 그런 목표를 달성하기 위해 어떤 수단을 사용할 것인가에 대하여 분쟁이 일어날 수 있다. 이런 집행유형이 실패한 사례로는 미국경제개발처(EDA)의 오클랜드사업에서 집행기관의 난립으로 정책결정자의 의도와 달리 집행에 차질을 가져 왔다.

## 3) 협상자형

협상자형(bargainers)는 앞의 두 가지 유형과 성격이 다른 것으로, 정책결정자와 정책집행자가 정책목표와 이를 달성하기 위한 정책수단에 대해서 흥정을 하는 것으로서 다음과 같은 가정을 한다.

첫째, 공식적 정책결정자가 정책목표를 설정한다.

둘째, 정책결정자와 집행자는 그런 목표의 소망성에 대해 동의가 있는 것이 아니다.

셋째, 정책집행자는 정책목표와 그것을 달성하기 위한 정책수단에 대해 정책결정자 및 다른 집행자와 협상을 한다. 협상의 결과는 이들의 권력크기에 따라 결정된다. 권력이 균등하게 분포되어 있다면 협상에 따라 정책이 집행되지만, 정책집행자가 권력을 독점하고 있다면 정책은 집행되지 않거나 결정자의 의도와 다르게 집행될 수 있다.

이러한 집행유형에서 정책결정자는 집행자를 완전히 통제하지 못하므로 집행이 실패할 가능성이 커진다. 첫째, 정책집행자의 집행수단상의 기술적 결함이 있다. 둘째, 협상이 실패하여 불만을 가진 집행자가 무사안일, 대립, 부집행 등의 행동을 할 수 있다. 셋째, 집행자는 정책결정자와 목표가 일치할 필요가 없기 때문에 그들 자신의 목표를 달성하는 정책으로 한정하고 자원을 동원한다. 정책결정자가 권력을 독점하고 있는 예로는 1963년 미국의 철강제품가격사건(케네디 대통령은 기업의 철강제품의 가격인상을 저지할 수 있는 정책수단을 동원하였다)을 들 수 있고, 정책결정자와 집행자 간에 권력원이 균등하게 분포되어 있는 예로는 1965년 미국 수자원기획법 제3조에 의거한 연방정부 보조금사업(연방정부가 재원과 전문성을 보유하고 있으나 주정부들은 각주에서 선출된 상하 양원 의원들을 통해 연방정부에 영향력을 행사한다)가 있고, 그리고 정책집행자가 권력권을 독점하고 있는 예로는 1965년 미국의 인종차별학교에 대한 연방 교육자금 지원사업이 있다.

## 4) 재량적 실험가형

재량적 실험가형(discretionary experimenters)은 정책결정자가 상세한 정책결정을 할 수가 없어서 정책집행자에게 광범위한 재량적 권한을 위임하여 행동을 하게 하는 것으로서 다음과 같은 가정을 한다.

첫째, 공식적 정책결정자는 추상적인 목표를 설정하지만, 지식의 부족과 불확실성 때문에 그 목표를 명백히 표명하지 못한다.

둘째, 정책결정자는 목표를 명확히 하고 그것을 달성하기 위한 수단을 개발하도록 집행자에게 넓은 재량권을 위임한다.

셋째, 정책집행자는 그런 과업을 수행할 의사와 능력을 가지고 있다.

이러한 집행유형은 정책집행자의 재량적 행동이 존재하는 행태로서, 정책집행이 실패하는 데는 다음과 같은 요인 때문이다. 첫째, 정책집행자의 전문지식 부족, 둘째, 정책의 모호성으로 인한 혼란, 셋째, 집행자의 부정한 행동, 넷째, 책임분산으로 인한 결정자와 집행자의 책임회피 등이다. 이런 유형의 집행사례로는 미국의 빈곤퇴치

정책과 관련된 다양한 사업계획집행을 들 수 있다.

## 5) 관료적 기업가형

관료적 기업가형(bureaucratic entrepreneurs)은 고전적 기술관료형과 정반대로, 정책집행자가 정책결정자보다 많은 권력을 가지고 정책과정을 지배하는 것으로서 다음과 같은 가정을 한다.

첫째, 정책집행자는 자신의 정책목표를 설정하고 정책결정자가 그런 목표를 채택하도록 하는 충분한 권한을 가지고 있다.

둘째, 정책집행자는 자신의 목표를 달성하는데 필요한 수단을 확보하기 위하여 정책결정자와 협상을 한다.

〈표 12-7〉 Nakamura & Smallwood의 정책집행유형

| 정책집행유형 | 환경1(정책결정자) | 환경2(정책집행자) | 정책실패요인 |
|---|---|---|---|
| 고전적 기술관료형 | 정책결정자는 구체적인 목표를 설정하고, 그 목표를 달성하기 위하여 집행자에게 기술적 권한을 위임한다. | 집행자는 정책결정자의 목표를 지지하고 그 목표를 달성하기 위한 기술적 수단을 마련한다. | 수단의 기술적 결함 |
| 지시적 위임자형 | 정책결정자는 목표를 설정하고, 목표달성을 위한 수단을 마련하기 위해 집행자에게 행정권한을 위임한다. | 집행자는 정책결정자의 목표를 지지하며, 목표를 달성하기 위하여 집행자 간에 행정수단에 대해 협상을 한다. | 수단의 기술적 결함, 협상의 실패(복잡성, 교착상태) |
| 협상자형 | 정책결정자는 목표를 설정하고, 그 목표와 목표달성에 필요한 수단에 대해 집행자와 협상을 한다. | 집행자는 목표와 목표달성에 필요한 수단에 대해 결정자와 협상을 한다. | 수단의 기술적 결함, 협상의 실패(교착상태, 부집행), 흡수(coop-tation) 또는 사기 |
| 재량적 실험가형 | 정책결정자는 추상적인(명백하지 않은) 목표를 설정하고, 그 목표와 수단을 세련화하기 위해 집행자에게 광범위한 재량권한을 위임한다. | 집행자는 정책결정자를 위해 목표와 수단을 세련화한다. | 수단의 기술적 결함, 모호성, 흡수, 책임회피 |
| 관료적 기업가형 | 정책결정자는 집행자가 설정한 목표와 수단을 지지한다. | 집행자는 목표와 수단을 형성하고, 정책결정자가 그것을 받아들이도록 설득한다. | 수단의 기술적 결함, 흡수, 책임회피, 정책의 사전오염. |

자료: Nakamura & Smallwood(1980: 114-115).

셋째, 정책집행자는 자신의 목표를 수행할 의지와 능력을 가지고 있다.

이처럼, 권력이 정책결정자로부터 정책집행자에게 넘어가도록 하는 요인으로는 첫째, 집행자가 가지고 있는 결정에 필요한 정보, 둘째, 관료의 안정성과 지속성, 셋째, 집행자가 가지고 있는 기업가적 내지 정치적 기술 때문이다. 첫째 요인으로 인해 정책집행이 이루어진 사례로는 미국 닉슨 대통령의 가족사업계획(집행자는 자신의 정책목표를 추진하는 정보자원의 통제를 사용하였다)을 들 수 있고, 둘째 경우의 사례로는 관료의 저항으로 1978년 미국 국방장관 H. Brown이 사퇴한 경우가 있고, 셋째 경우로는 유능한 행정가의 과업활동을 들 수 있다.

지금까지 정책집행의 다섯 가지 유형을 살펴보았는데(표 12-7), 고전적 기술관료형에서 지식적 위임자형, 협상자형, 재량적 실험가형, 관료적 기업가형으로 이동함에 따라 정책과정의 권력이 정책결정자로부터 정책집행자에게로 이동하고 집행자의 재량이 증가하고 있음을 알 수가 있다.

## 2. Ripley & Franklin의 정책집행유형

Ripley & Franklin(1982: 69-84)은 '관료제와 정책집행'이라는 저술에서 상이한 정책유형에서의 행위자들 간의 관계본질을 토대로 현실정책사례를 통하여 사업집행방법을 탐색하였는데, 각 정책유형에 따라 정책집행의 양상과 집행의 성공여부가 차이가 있다는 것을 발견하였다.

이들은 정책유형을 분배정책, 경쟁적 규제정책, 보호적 규제정책, 재분배정책으로 나누고, 각 유형에 참여하는 핵심행위자들은 상이하다고 한다. 모든 정책유형을 집행하는데 핵심행위자인 모든 계층의 관료제가 가지는 주요한 관심은 정책대상집단에게 편익이나 비용을 전달하기 위한 순조로운 운영절차를 유지하고 집행의 과정과 결과에 대한 불만과 갈등을 최소화하려는 소망이다. 특히 연방관료제에서 이런 관심은 영원하다. 만일 사업이 집행과정에서 순조롭게 기능하고 이런 과정에 대한 불만이 없다면 그 사업은 성공적이라고 판단할 수 있다(표 12-8).

### 1) 분배정책의 집행

분배정책이란 정부가 전체사회에 소망스럽거나 이익이 되도록 지원하는 것으로서, 중앙과 지방의 관료제는 수혜자에게 편익을 제공하기 위한 운영절차의 순조로움에 관심을 갖는다. 연방관료제는 수익자를 대표하는 국가이익집단과 밀접한 관계를 갖고 있다. 또한, 주와 지방의 관료제는 수익자를 대표하는 지방이익집단과 밀접한 조화 속에서 활동한다. 관료와 수익자 간의 갈등은 낮다. 분재정책의 성공적인 집행을 위해서는 편익(재화나 서비스)을 전달하는 관행(routine)을 운영하여야 한다.

## 2) 경쟁적 규제정책의 집행

경쟁적 규제정책은 정부가 다수의 잠재적이거나 실질적인 경쟁자들로부터 선정된 하나나 소수의 행위자에게 특정한 재화나 서비스를 공급하도록 하는 것으로서, 연방관료제는 순조로운 운영에 관심을 갖는다. 연방관료제는 경쟁하는 이익들로부터 공식적인 거리를 유지하지만 비공식적으로는 매우 밀접한 관계를 유지한다. 이런 정책집행은 일상적이고 비교적 논란이 없는 편이고 기존의 이익을 보호하는 방향으로 이루어진다. 그러나 다른 이념이나 가치를 가진 새로운 인물이나 외부인이 개입하게 되면 규제자와 피규제자 간에 갈등이 일어날 수 있다. 이 영역에서 중요한 결정을 둘러싸고 갈등이 단기적으로 폭발하지만 갈등수준은 매우 낮다. 이런 정책의 성공적인 집행을 위해서는 결정을 만들고 성과를 검토하는 관행을 운영하는 것이 중요하다.

## 3) 보호적 규제정책의 집행

보호적 규제정책은 다양한 사적 활동이 발생할 수 있는 조건을 설정하는 것에 의해 공중을 보호하는 것으로서, 연방관료제는 순조로운 운영과정에 관심을 갖고 있다. 연방관료제는 연방정부의 이데올로기나 의회나 정당 및 이익집단의 지지나 압력에 의존하면서 편익자나 또는 한정된 고객과 대립적이거나 우호적인 관계를 가질 수 있다. 이 정책의 집행은 본질적으로 유동적이어서 규제를 받는 입장에 있는 사람이나 보호를 받는 입장에 있는 사람 모두에게 명백한 견해를 가질 수 있기 때문에 여러 가지 논란이 일어날 수 있다. 이 정책영역에서 새로운 규제가 처음 집행될 때 큰 갈등이 나타나지만 갈등수준은 보통(중간)정도이다. 이런 정책집행을 성공시키기 위해서는 정부관료가 직접 규제를 실행해야 한다. 이런 정부관료의 개입을 저지하기 위한 다양한 압력이 증대된다.

## 4) 재분배정책의 집행

재분배정책은 사회의 계급이나 집단들 간에 부나 재산 및 권리 또는 가치의 배분을 재조정하는 것으로서, 연방관료제는 순조로운 운영과정에 높은 관심을 갖는다. 또한, 그것은 수익자에 대한 과정성과와 사업영향을 검토하는 합리적인 평가를 할 수 있다. 연방관료제는 어떤 중요한 국가이익집단을 예외로 하고 수익자나 한정된

〈표 12-8〉 Ripley & Franklin의 정책집행유형

| 정책유형 | 행위자들 간의 관계본질 | 성공적 집행의 어려움 | 성공적 집행을 위해 중요한 과정 |
|---|---|---|---|
| 분배정책 | • 연방관료제(중앙과 지역)는 운영과정의 순조로움과 불만의 제거에 주로 관심을 갖는다.<br>• 중앙관료제는 수익자를 대표하는 국가이익집단과 밀접하다.<br>• 주와 지방 관료제는 수익자를 대표하는 지방이익집단과 밀접하다.<br>• 갈등수준: 낮다. | 낮다 | 편익을 전달하는 관행운영 |
| 경쟁적 규제정책 | • 연방관료제(중앙과 지역)는 운영과정의 순조로움과 불만의 제거에 주로 관심을 갖는다.<br>• 중앙관료제는 경쟁하는 이익들로부터 공식적 거리를 유지하지만 비공식적으로 밀접한 관계일 수 있다.<br>• 갈등수준: 낮다. 높은 분열 | 보통이다 | 결정을 만들고 성과를 검토하는 관행운영 |
| 보호적 규제정책 | • 연방관료제(중앙과 지역)는 운영과정의 순조로움과 불만의 제거에 주로 관심을 갖는다.<br>• 중앙관료제는 편익자나 또는 한정된 고객과 대립적이거나 우호적인 관계를 가질 수 있다.<br>• 갈등수준: 보통이다. 지속적인 높은 분열 | 보통이다 | 제약을 실행하기 위한 연방정부의 관여 |
| 재분배정책 | • 연방관료제(중앙과 지역)는 운영과정의 순조로움과 불만의 제거에 주로 관심을 갖는다. 그리고 과정과 영향에 평가적 노력을 할 수 있다.<br>• 중앙관료제는 수익자나 제한된 고객과 거리를 두는 몰개인적 관계를 가지고 있다. 때때로 우호적이고 때때로 적대적이다.<br>• 갈등수준: 보통보다 높다. | 높다 | 관료와 수익자 간의 흥정관계 |

자료: Ripley & Franklin(1982: 81).

고객과 거리를 두는 몰개인적 관계를 유지한다. 주와 지방의 관료제는 수익자나 한정된 고객과 밀접한 관계를 가지고 있다. 때때로 이들은 주와 지방관료제가 추진하는 가치에 적대적일 수 있다. 이러한 정책은 반대와 지지 모두를 자극한다. 재분배를 반대하는 세력들은 흔히 강력한 조직력을 동원하여 직접 집행자에게 압력을 가하던지 의회나 대통령에게 간접적인 압력을 행사한다. 이런 정책을 추진하는데 갈등수준은 중간보다 높다고 할 수 있다. 재분배정책의 성공적인 집행을 위해서는 관료와 수익자 간의 흥정이 중요하다.

---

## 제 8 절 | 정책집행의 사례연구

### 1. 경제정책: 1980년대, 토지공개념정책집행과 효과(고전적 행정모형과 집행수단)[1]

#### 1) 토지공개념정책의 대두

토지공개념은 토지의 소유권은 인정하면서 이용권과 수익권 및 때에 따라서는 처분권까지도 국가가 관리하겠다는 것이다. 이러한 토지공개념정책이 대두한 대경은 1980년대의 토지투기와 이에 따른 지가의 상승에 그 원인이 있다. 1975년부터 1988년에 이르는 기간동안 소비자물가는 4.1배 올랐지만, 지가는 16.8배나 올라 부동산투기를 더 이상 방치할 수 없는 사회문제로 제기되었으므로 이를 해결하기 위하여 등장한 것이 지가의 안정과 토지투기억제를 정책목표로 하는 토지공개념정책이라고 하겠다.

#### 2) 토지공개념정책의 집행수단

정부는 토지공개념정책으로 1989년 12월 30일에 택지소유상한에 관한 법률, 개발이익환수에 관한 법률, 토지초과이득세법을 제정하고, 이를 토대로 하는 세 가지

---

[1] 유훈(2002). 정책학원론: 593 – 596(서울: 법문사).

정책수단인 택지소유상한제, 개발이익환수제, 및 토지초과이득세를 통하여 정책집
행을 하였다. 첫째, 택기소유상한제는 7대 도시 내 200평 이상의 택지소유를 금지하
며 소유상한을 초과하는 택지와 법인이 소유하는 택지에 대해서 초과소유부담금을
부과하는 수단이다. 둘째, 개발이익환수제는 개발사업대상지의 지가가 상승하는 데
서 발생하는 개발이익을 환수하여 부의 분배가 편중되는 것을 방지하는 수단이다.
대상사업으로는 택지개발사업, 공업단지개발사업, 골프장건설사업 등 11개 사업으
로 부담률은 원칙적으로 산정된 개발이익의 50%로 하고 있다. 셋째, 토치초과이득
세는 개발사업의 유무에 관계없이 일정조건에 해당하는 모든 토지소유자에게 지가
상승액의 일부를 조세형태로 거두는 수단이다. 이것은 유휴토지에서 생긴 이익의
30% 내지 50%를 환수하게 되어 있다.

### 3) 토지공개념정책의 효과

이러한 토지공개념정책은 비교적 좋은 성과를 거두었다. 1990년부터 1997년에
이르는 8년 동안 무분별한 토지과다소유를 억제하고 부통산투기과열을 방지하는 기
능을 하였다. 이 기간동안 소비자물가상승률은 연평균 6.1%이었지만 지가상승률은
9.1%를 고비로 지속적으로 떨어지고 있다.

한편, 토지공개념3법에 의하여 거두어들인 세수를 보면, 택지소유상한법이 1조
6,588억원, 개발이익환수법은 1조5,780억원, 토지초과이득세법은 9,477억원의 세수
를 징수하였다.

그러나 1997년 말의 외환위기와 그에 따른 IMF신탁통치는 부동산 매물의 증가와
금리의 폭등으로 부동산경기가 급속히 냉각하고 지가도 크게 떨어지게 되어 토지공
개념정책의 재검토가 필요하다는 주장이 세기되었다. 이에 정부는 부동산경기의 활
성화와 복합불황의 방지를 위하여 도입된지 8년 만에 토지공개념정책변동을 추진하
였다. 예컨대, 1998년 7월에 택지소유상한법의 폐지를 결정하여 택지의 취득과 처분
을 자유화했고, 같은 달에 개발이익환수법을 개정하여 1999년까지 부과를 중지하고
2000년부터는 부과율을 50%에서 20%로 인하하기로 하였다. 이어서, 김대중 대통령
의 선거공약에 따라 1998년 하반기에 토지초과이득세법을 폐지할 방침이다.

## 2. 사회정책: 1980-1990년대, 국민연금정책집행과 불응(고전적 행정 모형과 정책불응)[2]

### 1) 국민연금정책집행의 현황

오늘날 어느 나라에서나 수많은 사회문제를 해결하기 위하여 각종 정책을 형성하고 있다. 모든 나라에서 계획된 정책이 전부 효과적으로 집행되는 것은 아니다. 정책이 소기의 효과를 가져 오려면 순조로운 집행이 실현되어야 하는데, 집행은 정책결정 당시에 예측하지 못했던 여러 상황들 때문에 의도한 효과를 얻지 못하는 경우가 있다. 현실은 정책집행과정에서 정책대상집단이 불응하는 경우가 존재한다. 이와 같은 정책대상집단의 불응여부는 특정정책의 성공여부를 좌우할 수 있는 것으로 판단해 볼 수 있는데, 국민연금정책의 경우도 마찬가지이다.

우리나라에서 국민연금제도는 1988년 1월 1일부터 10인 이상 사업장근로자를 대상으로 실시한 이후, 1999년 4월 1일의 도시지역 자영업자 등의 확대실시로 전국민연금시대가 도래하였지만, 정책대상집단인 국민연금가입대상자들은 국민연금정책에 자발적으로 순응하지 않는다는 것이다. 이러한 부정적인 시각은 가입대상자의 행태로 나타나게 되었는데, 1999년 2월 5일부터 4월 15일까지의 신고기간 중 총신고대상자 1,014만명 가운데 96.3%인 976만8천명이 신고를 완료했는데, 신고자 중 적용제외자 93만명을 제외한 실제적용대상자 883만8천명의 45.5%인 402만5천명이 소득신고를 하였고, 나머지 54.5%인 481만3천명이 납부예외로 신고함으로써, 전국민연금제도의 면모를 갖추지 못한 행태로 나타나게 되었다.

국민연금정책에 순응하지 않고 불응한다는 의미는 국민연금의 당연적용대상자가 소득신고를 하지 않음으로써 국민연금에 가입하지 않거나 가입하더라도 자신의 소득을 하향하여 신고하거나, 그리고 비합법적인 방법으로 납부예외대상자로 분류되는 것이다. 정책대상집단의 이러한 불응행태는 국민연금정책의 본래의 목적(소득중단 혹은 소득상실을 대비한 사회보장제도)을 퇴보시키게 되는 것이다. 그러면 국민연금제도의 가입대상자(정책대상집단)들은 노후보장 및 소득보장의 확보를 위해 정부

---

2) 이시원・하상근. (2002). "정책대상집단의 불응에 대한 경험적 연구: 국민연금정책을 중심으로", 「한국행정학보」 30(4): 187-204.

가 설계한 국민연금정책에 대하여 왜 불응하는 것이며 그것의 원인은 무엇인가?. 경험적 연구를 위해 표본으로 부산광역시(동구), 진주시, 함양군에서 선정된 표본대상에 대해 총 650매의 설문지를 배포하여 497매를 회수한 것을 가지고 빈도분석과 회귀분석을 실시하였는데, 그 분석결과는 다음과 같다.

## 2) 정책대상집단의 불응

### (1) 불응에 대한 빈도분석결과

국민연금가입대상자의 불응에 관한 문항별 빈도분석의 결과로 첫째, 국민연금의 가입여부를 살펴보면, 가입했다가 384명으로 전체의 85.9%를 차지하고 있고, 가입하지 않았다가 63명으로 14.1%를 차지하고 있다. 이는 우리나라 전체 국민연금가입자비율이 96.6%인 것과 비교해 볼 때(2002.4.15 현재), 본조사에 응한 응답대상자들은 비교적 낮은 가입율을 보이고 있어 비교적 높은 불응의 양상을 나타내고 있음을 알 수 있다.

둘째, 국민연금의 불응정도에서 불응(소극적＋적극적)은 전체 442명 중 214명으로 48.4%를 차지하고, 순응(국민연금가입＋가입시 실제소득신고)은 228명으로 51.6%를 차지하고 있다.

〈표 12-9〉 불응의 유형렬 응답결과 (단위: 명, %)

| 범 주 | 응답내용 |
|---|---|
| 가입여부<br>(n＝447) | • 순응(가입): 384(85.9)<br>• 불응(미가입); 63(14.1) |
| 불응정도<br>(n＝422) | • 순응(가입＋실제소득신고): 228(51.6)<br>• 불응; 소극적 불응＋적극적 불응; 214(48.4)<br>  소극적 불응(소득하향신고): 148(33.5)<br>  적극적 불응(미가입자＋유예신청); 66(14.9) |

### (2) 불응의 회귀분석결과

국민연금 가입 여부와 실제 소득신고 여부의 두 가지 종속변수에 대해서 독립변수로 정책요인(소망성, 명확성, 실효성), 정책대상집단(인구사회경제적 요인, 심리적 요인, 준거집단요인, 능력요인), 그리고 정책담당기관요인(신뢰성과 정통성)에 대한 로지스틱 회귀분석을 통해서 각각의 종속변수에 대한 독립변수들의 인과관계를 확인

## 한 결과, 통계적으로 유의미한 변수들을 발견하였다.

우선, 국민연금 가입에 따른 불응여부에 대한 유의미한 변수는 정책의 소망성, 심리요인, 성별(남자), 연령(30세 미만), 직종(근로자), 거주지역(중소도시)으로 나타났다. 즉 정책의 소망성, 심리요인, 성별(남자), 그리고 직종(근로자) 등은 국민연금가입(순응)에 양(+)의 영향을 미치는 것으로 나타났고, 연령(30세 미만)과 거주지역(중소도시)은 음(−)의 영향을 미치고 있다.

다음으로, 실제 소득신고 여부(실제 소득신고 및 소득하향신고)에 대한 독립변수, 즉 정책요인(소망성, 명확성, 실효성), 정책대상집단요인(인구사회경제적 요인, 심리적 요인, 준거집단요인, 능력요인), 그리고 정책담당기관요인(신뢰성과 정통성)의 단계별 로지스틱회귀분석을 한 결과, 통계적으로 유의미한 변수는 심리요인, 신뢰성, 연령 (30 − 39), 소득수준(100 − 200만원 미만), 소득수준(200 − 300만원 미만), 그리고 거주지역(중소도시)으로 나타났다. 국민연금가입자의 심리요인과 연령(30세 − 39세)은 실제 소득신고 여부에 대해 음(−)의 영향을 미치고, 정책담당기관의 신뢰성과 소득수준

〈표 12-10〉 국민연금 가입 여부에 대한 독립변수의 회귀분석결과

| 독립변수 | 계수(b) | 표준오차(se) | wald통계 | w유의도 |
|---|---|---|---|---|
| 소망성 | 0.1809 | 0.0822 | 4.8390 | .0278 * * |
| 심리요인 | 0.2181 | 0.0974 | 5.0139 | .0251 * * |
| 성별(남자) | 0.8814 | 0.3564 | 6.1147 | .0134 * * |
| 연령(30세 미만) | − 1.6005 | 0.6986 | 5.2493 | .0220 * * |
| 직종(근로자) | 1.1251 | 0.5810 | 4.3741 | .0305 * * |
| 거주지역(중소도시) | − 1.1713 | 0.4808 | 5.9339 | .0149 * * |

〈표 12-11〉 국민연금 실제 소득신고 여부에 대한 독립변수의 회귀분석결과

| 독립변수 | 계수(b) | 표준오차(se) | wald통계량 | w유의도 |
|---|---|---|---|---|
| 심리요인 | − 0.3659 | 0.0879 | 17.3195 | .000 * * * |
| 신뢰성 | 0.1072 | 0.0517 | 4.2923 | .3853 * * |
| 연령(30 − 40세미만) | − 1.6760 | 0.5153 | 10.5796 | .0011 * * * |
| 소득(100 − 200만원 미만) | 1.0720 | 0.4437 | 5.8367 | .0157 * * |
| 소득(200 − 300만원 미만) | 0.8796 | 0.4358 | 4.0652 | .0438 * * |
| 거주지역(중소도시) | 1.0155 | 0.4253 | 5.7013 | .0170 * * |

(100－2%만원 미만), 소득수준(200－3%만원 미만), 그리고 거주지(중소도시)는 실제소득 신고여부에 대해 양(＋)의 영향을 미치는 것으로 나타났다.

이상의 논의를 종합하면, 국민연금가입자들의 국민연금정책에 대한 불응요인은 정책의 소망성, 정책담당당기관의 신뢰성, 그리고 정책대상집단의 인구사회경제적 요인과 심리적 요인이 중요한 원인변수로 발견되고 있다.

## 3. 다문화정책: 1990-2000년대, 재한외국인처우기본법의 집행실태 (고전적 행정모형)3)

### 1) 다문화정책(법률)의 현황

우리나라는 1990년대를 기점으로 외국인노동자가 유입되기 시작하였고, 1990년 대 후반부터 국제결혼이민자가 급증하고 있다. 이러한 상황은 우리사회가 세계화의 흐름에 따라 점차 다양한 인종과 문화가 섞이는 다문화사회로 변화하고 있다는 것을 반영한다. Tiryakian(2003)은 다문화사회가 현대사회의 인구학적 특성을 의미한다면, 다문화주의(multiculturalism)는 하나의 이념으로서 한사회 내에서 복합적 구성을 수용하고 지원하는 것이라고 주장하고 있다. 이러한 다문화사회로 인해 노동력 수입에 따른 경제문제, 이주노동자의 임금체불 및 구타행위에 관한 사회문제, 농촌공동화와 연계된 국제결혼문제, 이주민의 열악한 삶에 관한 복지문제, 이주민 2세 교육문제 등 다문화사회에 따른 많은 문제들이 발생하고 있다.

다문화사회에서 나타나는 문제점을 해결하기 위하여 정부는 다문화관련정책을 실시하고 있다. 다문화징책의 궁극적인 목적은 하나의 국가나 사회가 이주민들의 사회적 다양성을 수용하고 사회통합을 지향하여 다문화사회의 시너지효과를 극대화하는 데 있다. 즉, 다문화정책은 다양성을 조절하는 수단으로서 기능한다.

우리나라 정부의 다문화정책과 관련된 제도에는 「재한외국인처우기본법(법률 제10374호, 제정 2007.05.17)」과 「다문화가족지원법(법률 제9932호, 제정 2008.03.21)」을 비롯하여 「외국인근로자의 고용 등에 관한 법률(법률 제10339호, 제정 2003.08.16)」, 「문화예술진흥법(법률 제10725호, 제정 1972.08)」, 「국어기본법(법률 제10584호, 제정

---

3) 임동진·장우영. (2012). "다문화정책의 집행실태 및 개선방안연구: 재한외국인처우기본법을 중심으로", 「정책분석평가학회보」 22(2): 95－127.

〈표 12-12〉 재한외국인처우기본법과 다문화가족지원법의 내용

| 변 수 | 재외국인처우기본법 | 다문화가족지원법 |
|---|---|---|
| 제정 | 2007.5.17 | 2008.3.21 |
| 목적 | 재한외국인의 한국사회 적응지원 및 상호 이해증진 | 다문화가족의 안정적인 가족생활영위 및 사회통합 |
| 시행주체 | 국가 및 지방자치단체 | 국가 및 지방자치단체 |
| 시행대상 | 재한외국인 및 결혼이민자 | 결혼이민자 및 귀화자 |
| 주요내용 | 외국인정책기본계획 수립<br>외국인정책위원회 규정<br>재한외국인 인권옹호<br>사회적응 지원<br>난민 및 전문인력 등 처우<br>다문화 이해증진<br>외국인 정책연구 및 추진 | 다문화가족 실태조사<br>생활정보 제공<br>가정폭력 방지<br>산전후 건강지원<br>아동보육 지원<br>다문화가족 담당공무원교육<br>다문화가족 이해증진 |

2005.01.27)」, 「결혼중개업의 관리에 관한 법률(법률 제10301호, 제정 2007.12.14)」, 「가정폭력방지 및 피해자보호 등에 관한 법률(법률 제10300호, 제정 1997.12.31)」 등이 있다. 이 중에서도 특히 재한외국인처우기본법과 다문화가족지원법은 다문화정책의 가장 기본골격을 이루는 법령이다.

## 2) 다문화정책집행의 실태분석

「재한외국인처우기본법」의 제1차 외국인정책기본계획(2008~2012)에 따라 수립한 2011년도 중앙부처 시행계획에 따르면 중앙부처의 다문화사업은 2011년 기준으로 총 165개 사업이고, 전체예산은 1,751억원이다. 이는 사업수로 2010년 173개보다 8개 사업(3.5%)이 감소하였으나, 예산은 2010년 1,110억원보다 641.09억원(57.8%) 증가한 규모이다.

다문화정책집행은 4대 중점사업별로 구분하여 살펴보면 다음과 같다. 먼저, 2011년 기준으로 적극적인 개방분야는 46개 사업 456억원이고, 질 높은 사회통합분야는 75개 사업 1065억원, 질서 있는 이민행정분야는 28개 사업 147억원, 외국인 인권옹호분야는 16개 사업 81억원이다. 질 높은 사회통합은 전체 다문화정책예산 중 60.8%로 가장 많은 비중을 차지하고 있고, 그 다음으로 적극적인 개방이 26.0%, 질서 있는 이민행정이 8.3%, 외국인 인권옹호가 4.6%의 순으로 다문화정책예산의 86%가 질 높은 사회통합과 적극적인 개방분야에 집중되어 있음을 알 수 있다.

〈표 12-13〉  다문화정책의 사업범주와 예산현황  (단위: 개, 억원)

| 사업범주 | 2010년 | | 2011년 | | 증감률 | |
|---|---|---|---|---|---|---|
| | 사업수 | 예산 | 사업수 | 예산 | 사업수(%) | 예산(%) |
| 합 계 | 173 | 1,109,94 | 167 | 1,751,03 | −6(3.5) | +641,09(57.8) |
| 적극적인 개방 | 47 | 439,18 | 46 | 456,32 | −1(2.1) | +17,14(3.9) |
| 질높은 사회통합 | 80 | 600,77 | 75 | 1,065,88 | −5(6.3) | +465.11(77.4) |
| 질서있는 이민행정 | 28 | 10,23 | 28 | 147,08 | − | +136.85(7.7) |
| 외국인 인권옹호 | 18 | 59,76 | 16 | 81,75 | −2(11.1) | +21.99(36.8) |

자료: 외국인정책위원회(2011).

〈표 12-14〉  중앙부처별 다문화정책의 사업범주와 예산현황  (단위: 개, 억원)

| 부처별 | 2010년 | | 2011년 | | 증감률 | |
|---|---|---|---|---|---|---|
| | 사업수 | 예산 | 사업수 | 예산 | 사업수(%) | 예산(%) |
| 합 계 | 173 | 1,109.94 | 167 | 1,751.03 | −6(3.5) | +641.09(57.8 |
| 법무부 | 79 | 49.15 | 68 | 190.46 | −11(13.9) | +141.31(287.5) |
| 여성가족부 | 25 | 511,44 | 23 | 721.01 | −2(8.0) | +209.57(41.0) |
| 문화관광부 | 16 | 71.54 | 18 | 80.95 | +2912.5) | +9.41(13.2) |
| 고용노동부 | 20 | 1.79 | 18 | 1.79 | −2(10.0) | − |
| 교육과학부 | 13 | 403.46 | 13 | 426.04 | − | +22.58(5.6) |
| 행정안전부 | 8 | 8.20 | 13 | 25.50 | +5(62.5) | +17.3(211.0) |
| 보건복지부 | 6 | 1.00 | 7 | 236.0 | +1(16.7) | +255.0(승증) |
| 지식경제부 | 2 | 31.50 | 2 | 21.50 | − | −10.0(31.7) |
| 농수산식품부 | 2 | 11.76 | 2 | 11.76 | − | − |
| 국토해양부 | 1 | 0 | 0 | . | −1 | −100.0 |
| 중소기업청 | 1 | 20.0 | 1 | 36.02 | − | +15.9(79.2) |

자료: 외국인정책위원회(2011).

한편, 중앙부처별 다문화정책의 사업수 및 예산규모(2011년을 기준으로)를 살펴보면 다음과 같다. 먼저, 사업수로는 법무부가 68개로 가장 많고, 그 다음으로 여성가족부 23개, 문화체육관광부 18개, 고용노동부 18개, 교육과학기술부 13개, 행정안전부 13개, 보건복지부 7개, 지식경제부 2개, 농림수산식품부 2개 중소기업청 1개의 순으로 나타났고, 국토해양부의 사업은 종료되었다. 예산규모로는 여성가족부가 721.01억원으로 가장 많고, 그 다음으로 교육과학기술부 426.04억원, 보건복지부

236.00억원, 법무부 190.46억원, 문화체육관광부 80.95억원, 중소기업청 36.02억원, 행정안전부 25.50억원, 지식경제부 21.50억원, 농림수산식품부 11.76억원, 고용노동부 1.79억원 순으로 나타났다.

## 4. 교육정책: 2000년대, 위(Wee)프로젝트의 집행분석(일선관료제모형)[4]

본 연구는 위(Wee)프로젝트집행과정을 상향적 접근방법인 Lipsky의 일선관료제모형으로 분석하여 전문상담교사가 주어진 직무환경 내에서 정책을 집행하는 양상을 드러내고자 하였다. 학교상담의 전달체계 또는 교육정책집행과정에서 일선관료인 전문상담교사는 학교상담정책의 상당부분을 집행하고 있으며, 학생과 학부모들과 직접적으로 상호작용하면서 수혜대상자층인 학생, 교사, 학부모, 지역사회까지 방대하고 공적인 권한을 가지고 업무를 수행하고 있다.

연구자는 2019년 8월부터 2020년 1월까지 6개월간 연구참여자들이 근무하는 학교에 방문하여 개별면담을 실시하고 상담실 및 상담센터를 관찰하였다. 연구자는 특별한 사례를 의도적으로 선택하는 목적표집의 방법을 통해 위(Wee)프로젝트정책을 경험하고 있는 10명의 전문상담교사들을 주변인으로부터 소개받아 심층면담을 진행하였다. 심층면담은 연구참여자들에게 정보나 의견, 신념에 대한 자신의 관점을 표현하도록 유도하여 참여자들의 관점, 생활세계, 그들의 의식, 주관성 등을 이해할 수 있는 자연스러우면서도 목적적인 연구방법이다. 심층면담은 개인별 평균 1-2회당 1-2시간 정도 소요되었다. 필요에 따라 전화와 이메일도 자료수집에 활용되었다.

연구참여자에게 사용된 면담설문내용은 '위(Wee)프로젝트집행과정에서 무엇을 경험하였습니까?', '만약에 직무매뉴얼을 제공받았다면 실제상황에 어떻게 사용하였는지, 아닌 경우 어떻게 대처하였습니까?', '위(Wee)프로젝트집행과정에서 정보, 시간, 예산은 충분하였습니까? 아닌 경우 어떻게 대처하였습니까?', '위(Wee)프로젝트의 정책집행직무에 대한 자문, 교육, 연수기회는 제공이 되었습니까? 아닌 경우 어떻게 대처하였습니까?', '위(Wee)프로젝트의 정책집행직무를 시작할 당시 집행자로서 이해정도는 어떠하였습니까?', '위(Wee)프로젝트의 정책집행수혜대상자인 학생, 학부모, 교사, 지역사회 등의 필요가 어떻게 충족되었습니까? 충족한 경우 그 요인은

---

4) 오효정. (2022). "립스키의 일선관료제모형에 근거한 위(Wee)프로젝트집행에 관한 연구", 「상담학연구」 23(1): 67-90.

무엇입니까?', '위(Wee)프로젝트집행과정에서 역할과 직무에 대한 혼란이 있었습니까? 만일 혼란이 있었다면 어떻게 대응하였습니까?', '그 외의 어려움이나 제안하고 싶은 것은 무엇입니까?' 등이었다.

먼저, 위(Wee)프로젝트의 집행과정에서 전문상담교사들이 처한 직무환경은 예산의 부족, 인적자원이 없어서 과부화 걸림, 시간과 정보의 부족, 추가시간을 내서 업무조정 등으로 과중한 업무와 자원의 부족을 경험하고 있었다. 또한, 전문상담교사들은 여러 가지 정신적·육체적 위협에 처한 입장에서 협의조차 없이 업무가 보태지는 경우가 많아 팀내 갈등이 생겨남을 경험하였다. 특히 행정부서의 이해부족으로 인한 위(Wee)프로젝트 이외의 업무가 떠맡겨짐에 따라 심적 부담감을 경험하면서 동시에 위(Wee)프로젝트정책의 기본적인 목표를 행정부서에 되려 이해시키고자 설득하고 있음을 경험하였다. 이에 전문상담교사들은 위(Wee)프로젝트를 제대로 수행함에 있어서 교육부에서 학교상담지원전담팀 구성과 더불어 시도교육청에서 상담 관련 장학사 등을 배치하여 관리할 수 있도록 대안모색이 시급함을 강조하였다.

다음으로, 위(Wee)프로젝트의 집행과정에서 전문상담교사들은 직무환경에 따른 대응행위로 교육이나 연수의 기회가 충분치가 않아 위기대처 등의 문제에 대해 혼자 고민하면서 스스로 해결했고, 또한 선배나 동료와의 공유를 통해 해결하였다. 그리고 부서내 상급자의 협조를 구하거나 지역사회와의 연계를 통하여 효율성 있게 대처하였고, 일반적인 행정업무는 최대한 간소화하고 학생과 직접 관련된 수업시간이나 담임교사와의 관계는 세심하게 관심을 기울이면서 상담절차, 상담활동이나 사례관리 등 상담행정에 대한 처리는 가능한 구조화하여 정형화하고자 노력하였다.

연구결과, 전문상담교사는 위(Wee)프로젝트를 운영함에 있어서 Lipsky가 이론에서 규정한 바와 같이 '자원의 부족(시간과 정보, 인적자원)'과 '정신적·육체적 위협', 그리고 '행정부서의 이해부족으로 인한 갈등'으로 스트레스를 받고 있었다. 전문상담교사는 이러한 직무환경에 대한 대응행위로서 행정업무를 '단순화'시키고, 실무에 적합한 자료를 제작하여 '정형화'하면서, 동료나 관리자와의 의사소통을 통해 업무를 개선하거나 개인적으로 업무시간을 추가하여 조정해나갔다.

## 5. 과학기술정책: 2000년대, 다부처연구개발사업의 집행분석(조직간 집 행모형)5)

### 1) 다부처연구개발사업의 현황

본연구는 다부처R&D추진체계의 성과를 증진시키는 조직간 집행구조의 바람직한 관계유형을 모색하기 위하여 O'Toole & Montjoy의 조직간 집행이론의 분석틀을 활용하고자 한다. 즉, 기존의 R&D사업과 관련된 연구중에는 조직간 집행구조의 측면을 고려한 분석틀을 활용하는 경우가 드물다는 점에 착안하여, O'Toole & Montjoy의 이론적 명제 중 조직간 집행구조의 상호작용유형에 논의의 초점을 맞추어, 다부처 R&D사업의 집행실태 및 정책개선을 위한 탐색적 분석을 시도하였다.

국과위가 부처간 R&D 연계강화를 위해 2010년 하반기부터 전략적으로 추진한 '다부처 공동기획사업'은 개별R&D사업의 기획단계에서부터 관계부처가 공동으로 참여하는 새로운 개념의 R&D추진방식이다. 2010년 추진된 5개 시범사업의 경우 국과위 및 부처가 후보사업으로 제안한 35개 사업 중 부처 및 국과위의 사전검토를 거쳐 대상사업을 발굴, 교과부·지경부·국토부·환경부 등 총 13개 부처·청이 참여하였다.

〈표 12-15〉 다부처연구개발사업의 참여부처 현황

| 시범사업 | 소관 전문위 | 제안/ 참여부처 |
|---|---|---|
| 4세대 IT혁신 프로그램 개발 | 첨단융복합 | 국과위/ 교과, 지경, 방통, 문체, 국방 |
| 자립형 센서기반 지능형 환경관리시스템 구축 | 국가주도 | 지경부/ 환경, 국토, 농식품, 교과, 행안 |
| 범부처 U-HEALTH 산업화 촉진 | 사회기반 | 복지부/ 교과, 지경 |
| 대형 화산활동 감시 예측 및 대응기술 개발 | 거대기술 | 국과위/ 교과, 기상, 국토, 통일, 환경, 행안, 소방방재청 |
| 미래 융합산업 창출형 기능로봇 | 주력기간 | 국과위/ 교과, 지경, 국토, 방사, 복지 |

---

5) 김권식·이광훈. (2013). "다부처 연구개발 업무추진체계의 조직론적 탐색: O'Toole & Montony의 조직간 집행이론의 관점에서", 「사회과학」(강원대), 52(2): 21-39.

## 2) 다부처연구개발사업집행체계의 문제점

첫째, 선형적 집행체계의 한계－지금까지 한국의 다부처R&D집행체계는 주로 단순선형적 상호의존형에 기반하여 위계적 조정기제를 활용한 법적 규제, 명령 및 통제 방식의 운영을 지속하여 왔다. 그러나 융합연구의 특성상 다학제적 지식간의 통섭과 여러 분야의 전문가들 간의 협업이 필수적으로 요청되는 상황에서, 단순선형적 집행체계는 부처간의 장벽에 가로막혀 창조적이고 개방적인 연구환경조성을 저해할 위험성이 있다. 이는 부처할거주의(sectionalism), 즉 조직·인력·예산·사업 권한을 강화하려는 자부처 중심적 행태가 조정의 저해요인으로 작용할 수 있기 때문이다.

둘째, 조정수단의 미흡－조정수단의 측면에서 볼 때, 단순선형적 상호의존형 집행을 조정하는 제반 규제수단의 미비 역시 현행 '다부처 공동기획사업'의 효과적인 집행을 어렵게 하는 요인으로 작용할 수 있다. 집행기관의 기술분야별 기획능력과 우선순위의 설정, 연구성과의 평가능력, 복잡한 정보의 처리와 데이터관리체계 등 제반 역량의 한계로 인하여 조정이 저해될 수도 있는 것이다. 또한, 최근 추진된 국과위 주도의 사업들에서는 국과위의 방향성 제시에 따라 일부 상호의존형 추진체계가 나타나고는 있으나, 부처간 갈등해소를 위한 충분한 협상역량이나 제도적 장치는 미흡한 것으로 보아 이해관계자간 협상을 효과적 조정수단으로 고려하고 있지 않은 것으로 볼 수 있다.

셋째, 다부처 R&D정책목표의 모호성－이상에서 다룬 문제점들을 야기한 근본적인 요인으로는 무엇보다 다부처연계 R&D사업이 갖는 정책목표의 모호성을 지적할 수 있다. 일반적으로 R&D사업의 목표는 추상적인 비전과 전략의 형태로 진술되며, R&D성과의 경우 장기간의 지속적인 투자가 요구됨에 비하여, 반드시 성공적인 결과만을 가져오리라는 보장이 없는 높은 위험 등의 특성을 갖기에 구체적이고 계량화가 가능한 목표설정이 어렵다. 더욱이, 개방·융합형 R&D과제의 경우 목표모호성은 더욱 심화될 수밖에 없다. 우선, '융합'에 대한 합의된 정의가 존재하지 않으며, 융합이라는 개념 자체가 기존과는 질적으로 다른 새로운 형태의 과학적 혁신성과를 의미하는 것이기에 정의할 대상이 모호한 특성을 갖기 때문이다. 이러한 정책목표의 모호성으로 인해 다부처 사업의 추진주체들에 의해 해석된 목표들 간의 개념적 차이가 발생하고, 이는 결국 자기조직의 이해관계 속에 포섭·변용되어 조직목표간 상충 및 상위－하위목표간 모순 등과 같은 조직간 정치(interorganizational politics) 상황으로 귀결될 위험성이 높으며, 종국에는 R&D사업의 실패 또는 저조한 성과요인으로 작용할 가능성이 높아진다.

### 3) 다부처연구개발사업집행체계의 개선과제

조직간 집행의 측면에서 본 한국의 기존 다부처R&D집행체계의 문제점으로는 선형적 집행체계의 한계, 조정수단의 효과성 미흡, 다부처 R&D정책목표의 모호성을 들 수 있으며, 이에 대하여 상이한 과학기술혁신체제를 갖고 있는 미국, 일본, 독일의 다부처 R&D추진체계에서는 공통적으로 찾아볼 수 있는 「호혜적 상호의존형」 집행체제의 확립, 효과적 조정수단의 확보, 정책목표의 명확화를 향후 개선방향으로 제시하고 있다.

이와 같은 본연구의 정책적 함의는, 다부처 R&D의 성과를 향상시키기 위한 추진체계란 단순히 전담조직의 존재여부, 즉 위원회형(과학기술위원회)인지 독임제형(과학기술부)인지와 같은 거시적 조직개편 차원을 넘어, 사업 관련 조직들 간의 효과적인 미시조정을 가능케 하는 거버넌스(governance)의 구축이 필요함을 시사한다.

# 제13장 | 정책결과의 검증: 정책평가

## 제1절 | 정책평가의 대두배경

공공부문에서 정책평가는 크게 세 단계에 걸쳐서 발전되어 왔다고 볼 수 있다. 제1기 평가의 물결은 1960년대와 1970년대, 제2기 평가의 물결은 1970년대 중반에 시작되었고, 그리고 제3기 평가의 물결은 1980년대 이후에 신공공관리운동과 더불어 시작되었다.

### 1. 1960년대 제1기 정책평가연구

정책학자들이 정책평가에 대하여 학문적으로 관심을 갖게 된 것은 1960년대 이후 선진국, 특히 미국의 정책(사업)활동과 관련되었다. 서구 선진국가에서는 1960년대에 복지국가로 진입하면서 각국 정부는 예산이 많이 소요되는 보건과 복지 및 교육 등의 사회정책을 실시하였다. 이러한 상황에서 미국과 스웨덴 등에서는 사회사업을 실시하는 과정에서 사업의 개선을 평가목표로 설정하였다.

특히 미국의 경우 1960년대 중반 진보주의정권인 존슨 행정부가 '위대한 사회건설'이라는 기치아래 대규모 사회정책인 사업들을 추진하였다. 대표적인 사례로는 연방정부가 흑인 등이 가난하게 사는 가장 큰 원인이 3−4세인 유아시절에 교육을 제대로 받지 못하여 지적능력이 부족한데 기인한 것으로 인식하고, 흑인 등 하류층 아동들의 조기교육을 위해 추진하였던 국립무료유아원사업(Head Start Program)이다. 그러나 몇 년이 지나면서 이사업이 어린이들의 지능개발에 별로 도움을 주지 못한다는 소문이 퍼지게 되자, 이를 확인하기 위하여 미국 연방정부에서는 전문연구 기관(Ohio대학과 Westinghouse조사연구소와 합동으로)에 이사업의 평가를 의뢰하였 다. 평가결과는 이사업의 중요한 목표인 어린이들의 지능 및 정서 개발에 별다른 효과를 가져오지 못했다는 것이다.

이처럼, 존슨 행정부에서 대대적으로 추진한 다양한 사회정책의 프로그램들은 의도했던 효과를 거두지 못하는 집행실패(implementation failures)가 발생함으로서 정책평가, 보다 정확하게는 사업평가의 관심과 연구가 나타나게 되었다. 초기의 정 책평가는 이런 사회복지프로그램이 어떠한 효과를 가져왔는지를 밝히고 프로그램의 비용을 감축하려는 필요성 때문에 이루어졌고, 그 이후에는 평가정보를 이용하여 프로 그램의 능률을 향상시키려는 노력으로 정책평가가 발전하였다(노화준, 2001: 38－39).

1960년대 후반에는 정책평가의 개념과 방법론에 대한 저술이 출간되기 시작하여 정책평가의 발전에 토대를 제공하였다. 이 시기에 평가의 유형과 방법론을 폭넓게 논의한 Suchman(1967)의 Evaluation Research, 사회실험을 시도한 Campbell(1969) 의 선구적 논문(Reforms as Experiments)이나 사업의 효과성평가나 능률성평의 구체 적인 방법을 제시한 Dension, Rosnestock & Getting(1960)이나 Dension, Rosnestock, Welch & Getting(1968)의 논문들이 간행되었다(김명수, 2000: 50).

## 2. 1970년대 제2기 정책평가연구

앞에서 논의한 바와 같이, 과학적인 정책평가가 1960년대부터 시작되고 1970년 대에 폭발적으로 증가하자, 정책평가론은 급속히 발전하게 되었다.

이를테면, 1970년대는 정책평가론이 하나의 뚜렷한 학문분야로 정착된 시기라고 할 수 있다. 이분야의 전문학술지들이 창간되었을뿐 아니라 다수의 교과서들이 출간 되고 많은 논문들이 발표되었다. 미국행정학자인 Oville Poland는 미국행정학회보 (Public Administration Review)의 1971년 3.4월호의 객원논문에서 정책평가를 행정과 정의 중요한 요소로 인식하고 이를 행정학에서 본격적으로 다룰 것을 주장하였다. 그 이후 미국행정학회보는 사업평가라는 주제로 많은 심포지엄논문들을 게재하였 다. 이러한 행정학분야에서 정책평가의 위상증가는 정책평가를 중요한 부분으로 만 들었다. 이시기에 발간된 주요 저술과 학술지로는 다음과 같은 것들이 있다. 주요한 교과서로는 Weiss(1972)의 'Evaluation Research: Methods for Assessing Program Effectiveness', Ross, Freeman & Sonia(1979)의 'Evaluation: A Systematic Approach', Nachmias(1979)의 'Public Policy Evaluation: Approaches & Metgods' 등이 있고, 주요학술지로는 Evaluation Review, Journal of Evaluation and Planning, New Directions for Program Evaluation, Policy Sciences, Policy Studies Review, Policy Studies Journal 등이 있다. 우리나라의 정치행정학계에서 공개적으로 정책평가에 대한 논의가 시작된 것도 바로 이시기인 것으로 보인다. 예컨대, 제1세대 행정학자인 김명수(1978), 백완기(1979), 안병준(1979) 등은 정책평가논문을 발표하였다(김명수, 2000: 51 - 52).

이와 같이, 1960년대 중반 이후 서서히 등장하기 시작한 학자들의 정책평가에 대한 저술이나 논문은 1970년대에 폭발적으로 증가되었고, 평가에 대한 연구도 다양하게 이루어지기 시작하였다. 처음에는 총괄평가를 중심으로 시작되어 과정평가로 정책평가영역을 확대하였다. 총괄평가는 정책이 집행된 이후에 의도했던 정책효과가 발생하였는가를 확인 검토하는 것으로, 국립무료유아원이 과연 유아들의 지능개발에 도움을 주었는지를 검증하는 것과 같다. 그리고 과정평가는 정책집행이 끝난 후나 집행도중에 집행과정의 상태를 검토하고 점검하는 것이다. 이런 총괄평가와 과정평가에서는 그 평가방법이 핵심연구대상이 되었다. 예컨대, Head Start사업(국립무료유아원사업)이 저소득층의 지능개발에 도움을 주지 못했다는 효과평가는 많은 학자들의 의문을 가져왔다. 이후 평가론의 주도자의 하나인 Campbell 등 여러 학자들은 Head Start사업을 여러 가지 다른 방법으로 재평가하여 원래의 보고서와 다른 주장을 하기도 하였다. 따라서 이들은 평가방법이 올바르지 않으면 평가결과를 믿을 수 없다고 주장하였다. 이에 따라 많은 학자들이 과학적인 평가방법을 개발하기 위해 노력을 하였으며, 사회실험(social experiment)의 필요성이 강력하게 대두하였다(정정길, 2002: 37 - 38).

또한, 1970년대에 정책평가는 미연방정부의 막대한 재정지원 하에 정책평가를 하였지만, 이런 정책이나 사업의 평가결과가 평가목적을 위하여 제대로 활용되지 못한다는 비판이 제기되었다. 이에 따라 정책평가가 실제로 어느 기관에 의하여 어떻게 수행되고 있으며 그 결과를 어떻게 활용하고 있는가 하는 정책평가활용으로 논의가 확장되었다.

## 3. 1980년대 이후 제3기 정책평가연구

정책평가의 세 번째 물결은 1980년대 이후에 서구 선진국가에서 신공공관리론 (New Public Management, NPM)에 의한 효율성을 강조하던 시기이다. 서구 자본주의를 대표하던 영국과 미국에서 이전 진보주의정권의 재정위기와 정책실패로 등장한 신보수주의정권들은 작은정부와 낭비제거를 지향하는 정부혁신을 추진하였다.

신공공관리론은 정부활동에 시장주의의 경쟁원리와 관리주의의 성과원리를 도입하려는 것이다. 따라서 신공공관리론은 정부가 결정하여 실행하는 정책 또는 사업의 결과지향적 성과관리를 중요시하므로, 정책의 결과지향평가 또는 성과평가를 추진하였다(노화준, 2012: 582). 성과관리에서 정책이나 사업의 목표는 환경에서 제기된 사회문제를 해결하려는 것이다. 정책산출은 정책결정에서 문제를 해결하기 위한 선택을 한 것이고, 이것을 환경이나 대상집단에 집행한 것이 정책결과라고 할 수 있다. 그러므로 정책산출과 정책결과가 사회문제를 제대로 해결하였는가를 검증하기 위해서는 성과지표를 개발하고, 이것을 정책이나 사업에 적용하여 성과측정을 하게 된다. 이러한 성과검정결과는 다음의 정책과정에 환류하게 된다.

이처럼, 성과관리(performance management)는 공공부문에서, 특히 신공공관리론의 핵심을 형성한다. 신공공관리에서 시장과 성과는 공공부문에서 공공행정과 정책의 핵심쟁점으로 등장하였다. 성과관리 — 성과와 측정에 대한 다양한 접근 — 의 선조는 과거로 올라가지만, 성과관리는 보다 세련된 측정을 위하여 진화되어 왔다. 특히 1990년대에 들어와 공공부문의 이론과 실제에서 성과논의가 부상하였다. 모든 정부수준에서 정부행동의 명료한 결과를 요구함에 따라 성과측정이 보다 강렬하고 확장적으로 논의되고 진행되었다(Buckaert & Halligan, 2006: 443−444). 이에 따라 신공공관리론이 주장하는 성과관리와 성과평가가 각국의 주요한 쟁점으로 등장하였고, 성과관리를 실행하기 위한 제도가 만들어졌다. 이를테면, 영국에서 대처 정부는 1982년 재무관리개혁(Financial Management Initiative, FMI)을 통해 모든 정부부처가 사업을 계획하고 관리할 수 있도록 사업목표를 명확히 제시하고 목표의 달성정도를 측정하는 성과지표를 제시하고 성과측정 또는 성과평가를 하도록 하였다.

그리고 미국에서는 클린턴 행정부가 출범하면서 1993년 '정부성과 및 결과법 (Government Performance and Result Act, GPRA)'을 제정 시행하였다. 이법은 국민에

대한 책임성을 확보하기 위해 성과계획부터 성과측정 및 성과보고 단계에 이르는
정부성과관리과정을 의회에 보고하도록 하였다. 그리고 오바마 행정부에서는 2010
년에 범정부적인 성과관리제도를 구축하고자 '정부성과 및 결과관리 현대화법(GPRA
Modernization Act, GPRAMA)을 입법화하였다.

한편, 1980년대에 들어오면서 한국에서도 정책평가가 발전하는 토대가 마련되고
있다. 이 분야에 대한 중요한 저술들이 발간되었기 때문이다. 예컨대, 1983년 노화준
의 '정책평가론', 1987년 김명수의 '공공정책평가론', 그리고 1987년 정정길 외의 '정
책평가'가 발간되어 정책학연구에서 정책평가론이 일정한 위상을 차지하게 되었다.
1990년대에 들어와서는 '평가의 연대'리고 특징지을 수 있을 정도로 정책평가의 이
론과 실제에서 많은 발전이 이루어졌다(김명수, 2000: 53).

먼저, 평가의 이론 측면에서 학자들의 평가의 연구들은 1991년 창간된 한국정책
분석평가회보와 1992년 창간된 한국정책학회보 등 여러 학술지에 게재되어 왔다.

다음으로, 평가의 실제 측면에서는 1980년대 국무총리실과 경제기획원에서 평가
업무를 담당하였고, 1997년 외환위기로 인한 IMF관리체제에서 신공공관리론을 통
한 공공부문의 효과성과 능률성을 증진시키기 위하여 1998년 김대중 정부에서는
2001년 '정부업무 등의 평가에 관한 기본법'을 제정하여 중앙정부에 기관평가제도가
도입하였고, 노무현 정부에 들어와서는 2006년 4월에 '정부업무평가기본법'이 새로
이 제정하여 그동안 개별적으로 실시되던 각종 평가를 통합 실시하는 통합적인 성과
관리체제로 전환하였다. 동법 제2조 2항에 의하면, 정부업무평가는 국정운영의 효과
성과 능률성 및 책임성을 확보하기 위하여 기관과 법인 또는 단체가 행하는 정책
등을 평가하는 것이라고 정의하였고, 정부업무평가는 크게 중앙정부평가, 지방정부
평가, 공공기관평가로 구성하고, 중앙징부평가는 자체평가와 특정평가를, 지방정부
평가는 합동 및 개별평가와 자체평가를, 그리고 공공기관평가는 자체평가를 하게 되
었다. 이러한 평가를 위하여 중앙정부와 지방정부는 성과관리의 전략계획과 시행계
획을 수립하여 시행하는데, 동계획에서는 당해연도의 성과목표와 성과지표 및 재정
부문의 성과결과 등을 포함하도록 하고, 평가결과를 조직 인사 예산 및 보수체계에
반영하도록 하였다.

## 제2절 | 정책평가의 개념과 특성 및 구성요소

### 1. 개념적 쟁점

정책은 일련의 연속적인 과정으로 보았을 때, 정책과정의 마지막 단계가 정책평가이다. 정부는 공공문제를 해결할 필요성을 인식하고, 다양한 가능한 해결책을 고려하고, 그들 중에 어떤 대안이 선택되어 실현되고, 그리고 정책이 어떻게 작동하고 있는가를 평가하게 된다. 동시에, 정책하위체제(policy subsystem)와 공중(public)의 행위자들은 정책에 대한 찬성이나 반대를 위한 지지를 표현하고, 그것의 변화를 요구하기 위하여 정책의 효과와 정책과정에 대한 평가에 관여하게 된다. 따라서 정책평가의 개념은 공공정책이 실질적인 활동에서 잘 이루어졌는가를 검증하는 정책과정의 마지막 단계라고 할 수 있다. 이것은 설정한 목표(objectives)와 고용된 수단(means)의 평가에 관련된다. Gerston(1997: 120)이 정의한 바와 같이, 정책평가는 그것이 인지한 의도와 결과 측면에서 정책의 효과성을 평가하는 것이다. 어떤 정책을 평가한 후에 그것에 관련되는 문제와 해결책은 완전히 재사고와 재개념화가 있을 수 있다. 이런 측면에서 정책평가결과는 의제설정이나 그 과정의 다음단계로 환류된다. 재개념화는 정책의 미세한 변화나 종결을 포함한 문제의 재형성으로 이루어질 수 있다(deLeon, 1983).

그러면 정책평가는 누구에 의하여 어떻게 이루어지고 있는가? 정책평가의 연구는 우리가 합리주의자라고 부르는 행위자들에 의해 지배되었다. 정책평가는 정책문제에 대처하기 위한 정책활동의 성공이나 실패를 결정하기 위한 중립적이고 기술적인 실행으로 인식하는 사람들의 분석영역이라고 할 수 있다. 정책평가학문의 초기학자인 Nachmias(1979: 4)는 실증주의(positivist) 관점에서 정책평가를 정책이나 사업이 성취하려는 목표 측면에서 그들의 대상에 작동되었는가 하는 효과의 객관적이고 체계적이며 경험적인 시험으로 정의한다. 이정의는 정책평가가 정책목표의 달성효과를 객관적이고 실증적으로 검증하는 양적 평가라는 것을 암시하고 있다. 이러한 합리적이고 체계적인 평가를 위하여 1960년대와 1970년대에 정책평가의 양적 체계를 개발하기 위한 노력은 정책평가를 위한 적실하고 수용할 수 있는 방법들을 발달하게 하였다. 그러나 예리한 관찰자들은 정책평가가 항상 정책의 효과를 제시하는 것이라고 말하는 것이 순진한 것이었다고 한다. 사실 정부는 빈약한 성과를 감추거나 변형시키려고 하고, 보다 좋은 성과를 보여주는 결론을 유도하기 위하여 평가를 설계하기도 한다. 비슷하게, 정부 외의 사람들은 반드시 정책을 개선하려고 하기보다는 당파적인 정치우위를 얻거나 이념적 명제를 강화하도록 하기 위하여 정책을 비판한다.

이러한 결과로서, 최근의 생각은 정책평가를 다른 정책과정의 단계들과 같이, 기술적 요소를 가지고 있을지라도 정치적 활동으로 보는 경향이 있다. 후기실증주의(post‒positivist) 관점은 동일한 조건이 상이한 평가자에 의하여 크게 다르게 해석될수 있으므로 올바른 평가모형을 결정하는 정의적인 방법은 없다고 한다. 이관점에서 평가해석이 만연하는 것은 궁극적으로 다양한 행위자들 간의 정치적 갈등과 타협에 의해 결정되는 것을 암시한다(Ingram & Mann, 1980: 852).

이와 같이 실증주의와 후기실증주의 관점에서 정책평가 사고에 대한 차이는 어떤 정책의 성공이나 실패에 대한 결론을 도출하기 위한 특정관점의 평가에 유일하게 의존하는 것이 정책결과와 그것의 평가에 대한 제한된 통찰력을 줄 수 있다는 것을 인식해야 한다는 경고라고 할 수 있다. 정책평가로부터 가장 최상의 성과를 얻기 위하여는 그것을 수행하는 합리적 평가와 정치적 평가를 함께 고려해야 한다.

아마도 정책평가의 가장 큰 편익은 그것이 산출하는 직접적인 결과물(direct re‒sults)이 아니라 그것에 의해 이루어지는 정책학습(policy learning)이다. 정책행위자들은 그들이 관여한 정책들의 공식적 비공식적 평가로부터 지속적으로 학습을 한다. 그들이 정책집행사실에 대한 객관적이거나 주관적인 검증을 하는 정책평가로부터 얻는 학습교훈은 정책의 목표나 수단에 대한 정책변동을 유도하게 한다(Howlett & Ramesh, 1995: 168‒170; Howlett, Ramesh & Perl, 2009: 178‒180).

## 2. 정책평가의 개념과 특성

### 1) 여러 학자들의 개념정의

일반적으로 정책평가라고 말할 때에는 정책과정의 모든 측면에서 정책의 좋고 나쁨에 대한 가치판단적이고 사실판단적인 논의라고 할 수 있다. 그러나 정책의제설정과 정책결정과정에서의 정책분석은 정책평가에서 제외는 것이 일반적인 견해이므로, 정책평가는 정책과정 중에서 정책이 시행되어 나온 집행결과와 집행과정만을 과학적이고 체계적으로 검증하는 과정이라고 할 수 있다.

그러면 보다 구체적으로 정책평가란 어떤 개념인가? 정책평가의 개념정의는 그것을 바라보는 관점에 따라 다양하게 나타나고 있는데, 크게 협의, 광의, 최광의의 개념으로 구분할 수 있다(표 13-1).

우선, 정책평가를 가장 협의로 정의하는 학자들은 정책평가를 정책목표의 달성과 관련이 있는 결과(효과, 영향)에 한정시켜야 한다고 본다. 예컨대, Hatry, Winnie, & Fisk(1973: 8)은 특정한 정책사업이 국민에게 미친 모든 장단기적 효과에 대한 정보를 제공하기 위해 그것을 체계적으로 검토하는 것으로, Wholey et al(1973: 23)은 국가사업계획의 전반적인 효과성, 즉 목표달성정도를 사정하는 것으로, Jones(1977: 174)는 정부사업계획의 업적을 판단하는 것으로, Nachmias (1979: 4)는 정책이나 사업이 성취하려는 목표 측면에서 그들의 대상에 미치는 효과의 객관적이고 체계적이며 경험적인 시험(검토)으로, Anderson(1979: 153)은 실제의 현실조건에 대한 정책의 결과나 영향을 측정하려는 시도로, 그리고 유훈(2002: 483)은 어떤 정책의 결과(성과나 영향 포함)를 이해하고 그 값어치를 판단하는 것으로 정의하였다.

다음으로, 정책평가를 좀 더 넓게 광의로 정의하는 학자들은 정책평가를 정책의 효과뿐 아니라 투입의 검토까지도 포함시킨다. 이를테면, Epstein & Tripool(1977: 111)은 사업평가를 사업의 효과성과 능률성을 측정하는 과정으로 정의한다.

이들 두 가지 관점의 정책평가개념은 주로 결과평가에 초점을 두고 과정평가를 제외하고 있다. 이러한 한계를 보완하여 정책평가를 가장 넓게 정의하는 학자들은 정책평가의 대상에 정책의 결과와 투입뿐 아니라 집행과정까지 포함시킨다. 예컨대, 정책평가를 Franklin & Thrasher(1976: 22)는 어떤 정책의 집행과정이나 결과를 이해하고 값어치를 판단하는 사회적 과정으로, Vedung(2006: 397)은 진행 중인 또는 종료된 정책개입의 내용, 관리, 산출, 그리고 결과의 장점과 가치를 판단하는 것으로, 또한, 정정길 외(2010: 620)는 정책의 집행과정과 결과에 대해 체계적으로 검토하는 과정으로, 노화준(2012: 542-543)은 더 좋은 사회를 만들기 위한 정부개입의 과정, 즉 정부개입에 의하여 만들어지는 산출물 및 그 결과들의 장점 유용성 가치 등을 정책의 집행과정과 집행이 이루어진 후에 사회과학적 방법을 포함한 다양한 방법으

〈표 13-1〉   정책평가의 개념

| 개념범주 | 학자들의 개념정의 |
|---|---|
| 협의<br>개념 | ● Hatry, Winnie & Fisk(1973: 8) – 특정한 정책사업이 국민에게 미친 모든 장단기적 효과에 대한 정보를 제공하기 위해 그것을 체계적으로 검토하는 것,<br>● Wholey et al(1973: 23) – 국가사업계획의 전반적인 효과성, 목목표달성정도를 사정하는 것,<br>● Jones(1977: 174) – 정부사업계획의 업적을 판단하는 것,<br>● Nachmias(1979: 4) – 정책이나 사업이 성취하려는 목표 측면에서 그들의 대상에 미치는 효과의 객관적이고 체계적이며 경험적인 시험(검토),<br>● Anderson(1979: 153) – 실제의 현실조건에 대한 정책의 결과나 영향을 측정하려는 시도,<br>● 유훈(2002: 483) – 어떤 정책의 결과(성과나 영향 포함)를 이해하고 그 값어치를 판단하는 것 |
| 광의<br>개념 | ● Epstein & Tripool(1977: 111) – 사업평가를 사업의 효과성과 능률성을 측정하는 과정 |
| 최광의<br>개념 | ● Franklin & Thrasher(1976: 22) – 어떤 정책의 집행과정이나 결과를 이해하고 값어치를 판단하는 사회적 과정,<br>● Vedung(2006: 397) – 진행 중인 또는 종료된 정책개입의 내용, 관리, 산출, 그리고 결과의 장점과 가치를 판단하는 것,<br>● 정정길 외(2010: 620) – 정책의 집행과정과 결과에 대해 체계적으로 검토하는 과정,<br>● 노화준(2012: 542 – 543) – 더 좋은 사회를 만들기 위한 정부개입의 과정, 즉 정부개입에 의하여 만들어지는 산출물 및 그 결과들의 장점 유용성 가치 등을 정책의 집행과정과 집행이 이루어진 후에 사회과학적 방법을 포함한 다양한 방법으로 정밀하게 사정하여 미래의 정책결정 및 집행에 반영시키려는 회고적 작업 및 활동,<br>● 남궁근(2017: 475) – 특정한 정책이나 사업의 가치를 판단하는 과정,<br>● 이윤식(2018: 17 – 18) – 정책의 형성, 집행, 결과 또는 영향을 회고적이고 체계적으로 평정하는 활동 |

로 정밀하게 사정하여 미래의 정책결정 및 집행에 반영시키려는 회고적 작업 및 활동으로, 그리고 남궁근(2017: 475)은 특정한 정책이나 사업의 가치를 판단하는 과정으로, 이윤식(2018: 17 – 18)은 정책의 형성, 집행, 결과 또는 영향을 회고적이고 체계적으로 평정하는 활동으로 정의한다.

이상의 논의를 종합하여 정책평가를 개념화하면 좁은 의미로 정의할 때에는 환경 속의 사회문제 해결이나 사회기회 창조를 위한 해결책으로 설계한 정책이나 사업이 초래한 결과를 검증하는 효과성평가를 말하고, 좀 더 넓은 의미의 정의는 정책이나 사업이 가져온 효과와 이것에 들어간 비용까지 포함하는 효과성과 능률성 평가를 말한다. 그리고 가장 넓은 의미로 정의하면 정책이나 사업의 효과성과 능률성 평가 뿐 아니라 정책의 집행과정이나 설계까지 평가를 하는 것을 의미한다.

## 2) 정책평가의 특성

위의 여러 학자들의 정책평가의 개념정의를 통하여 볼 때, 다음과 같은 정책평가의 특성을 도출할 수 있다.

### (1) 정책결과의 검증단계

정책평가는 정책이나 사업이 정책환경에 실제로 실행되어 초래한 결과(효과, 영향)를 중심으로 측정이나 검토가 이루어진다. 여기서 정책이나 사업은 협의나 광의의 정의에서는 주로 과거에 진행된 것을 의미하지만, 가장 넓게 정의할 때에는 현행 진행 중인 것을 포함시킬 수 있다. 이러한 정책평가를 할 때의 그 대상은 정책(policy)이나 그것을 구성하는 시책(policy measure), 사업(program), 세부사업 또는 과제(project)가 포함된다. 정책평가는 정책결정과정에서 대안을 선택하기 위한 지식을 산출하는 정책분석과 달리, 정책이 집행되는 과정이나 집행이 종료된 결과를 체계적이고 경험적으로 사후적인 검증을 하는 것으로서 정책활동에 대한 환류정보(feedback information)를 산출한다. 이러한 정책검증의 결과는 다음의 정책의제설정이나 정책결정 및 정책집행에서 활용된다.

이처럼, 정책평가를 하기 위해서는 평가대상에 대해 누가 어느 시기에 어떤 과정을 통해 어떤 방법으로 검증 또는 사정할 것인가에 대한 평가계획을 설계하여야 한다. 이것은 평가주체, 평가시기, 평가과정, 그리고 평가방법에서 구체적으로 논의한다.

### (2) 정책평가결과의 환류단계

Nakamura & Smallwood(1980)가 정책과정은 일방향적(unidirectional) 과정이 아니라 순환적(circular) 과정이라고 말하듯이, 정책과정에서는 끊임없는 환류가 일어난다. 정책과정의 단계는 정책의제설정과 정책결정 및 정책집행 그리고 정책평가를 포함하고 있는데, 각 단계의 활동결과로 얻은 정보는 바람직하고 효율적인 결과를 위하여 이전단계로 환류된다. 정책과정상의 환류 중에서 가장 중요한 부분은 정책평가에서 산출한 정보의 활용이다.

정책평가의 활용은 정책평가에서 얻은 정보를 환류시켜 정책과정이나 정책행위자가 이용하는 것으로서, 이런 평가활용유형을 Rich(1977: 200)은 도구적 활용과 개념적 활용으로 구분한다(정정길, 2002: 287 – 288). 첫째, 도구적 활용(instrumental utilization)은 정책평가의 결과를 직접적으로 정책결정이나 문제해결에 사용하는 것이다. 예컨대, 새로 개발된 신약이 암이나 코로나 치료에 효과가 없다는 평가결과를 토대로 그 약의 사용을 중단하는 것과 같이, 추진한 정책이나 사업이 효과가 없는 것으로 검증되었을 때는 이를 중단하거나 수정하는 것이다. 둘째, 개념적 활용(conceptual utilization)은 어떤 문제에 대한 정책결정자의 사고방식이나 관념에 변화를 일으켜서 간접적으로 정책이나 사업에 영향을 미치는 것이다. 예컨대, 비행청소년의 선도를 위한 상담사업을 평가한 결과 효과없음이 밝혀지자, 청소년비행의 원인이나 조건에 대한 새로운 인식을 하는 것과 같다.

한편, Johnson(1998: 94 – 110)은 평가활용유형을 Rich의 도구적 활용과 개념적 활용에 과정활용과 상징적 활용을 추가하였다(이윤식, 2018: 151 – 152). 첫째, 도구적 활용은 평가결과를 행동의 조치로 사용하는 것으로서 주로 총괄평가의 결과로 실시와 미실시에 대한 결정에 적용하는 것이다. 둘째, 개념적 활용은 평가결과가 현존정책이나 미래사업에 대한 정책결정자나 이해당사자의 사고나 인식에 영향을 주는 것이다. 셋째, 과정활용(process utilization)은 평가활동에 직접 참여한 사람들이 그들의 행위나 인식에 변화를 일으키는 것이다. 넷째, 상징적 활용(symbolitic utilization)은 개인이 자신의. 정치적 이해관계를 위해 평가정보를 사용하는 것이다.

따라서 정책평가의 환류란 정책평가에서 산출한 정보를 이전의 정책과정의 활동에 활용하는 것이다. 이러한 환류를 토대로 정책결정자나 정책기관의 정책학습(policy learning)이 이루어지고, 정책과정이 종료하거나 재출발하게 되는 정책변동(policy change)이 일어나게 된다. 이를테면, 정책평가정보는 현존하는 정책을 지속, 수정, 또는 종결시키는 정책변동활동에 이용되는 것이다.

그러므로 정책평가는 정책과정의 마지막 단계이면서 새로운 정책과정의 출발점이기도 하고 정책변동의 토대가 된다.

## 3. 정책평가의 구성요소

위에서 정책평가는 왜 대두하였으며 그것은 무엇인가를 살펴보았는데, 그러면

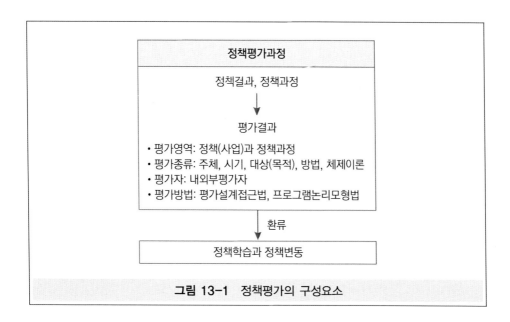

**그림 13-1 정책평가의 구성요소**

정책평가를 작동시키는 구성요소에는 어떤 것이 있는가? 이에 대하여는 그동안 발전하여온 정책평가의 여러 이론들을 통하여 설명할 수 있다.

정책평가를 연구하는 것은 환경에서 제기된 사회문제와 사회기회를 해결하기 위하여 만들은 정책이나 사업을 실현시키는 활동이 결과 또는 효과가 있었는지와 그 과정이 제대로 작동하였는가를 분석 검토하는 것으로서 여러 학문분야에서 학자들의 연구가 이루어져 왔다. 이를테면, 정책평가는 어떤 정책영역을 대상으로 어떤 종류의 평가를 하고, 그것을 검증하는 행위자는 누구이고, 어떠한 평가과정을 거쳐 진행하는가와, 그리고 어떤 평가방법을 사용하는가 등의 실체를 밝히는 작업이라고 할수 있다. 그런데 정책평가의 종류와 주체 및 과정 그리고 방법 등은 개별적으로 발전하여 왔다.

이러한 정책평가에서 논의되어온 평가의 구성요소들을 개괄적으로 정리하면 위의 그림과 같다(그림 13-1).

## 제 3 절 ｜ 정책평가영역: 정책(사업)과 정책과정

### 1. 정책평가의 대상으로 정책(사업)

초기의 정책평가에서는 정부가 목표를 달성하기 위하여 의도했던 정책결과가 발생하였는가를 검토하는 결과평가 또는 총괄평가에 초점을 두었으므로, 평가의 대상은 정책이나 사업이었다.

정책학자들의 정책(policy)의 개념화를 보면, 정책은 여러 가지 의미로 사용된다(김명수, 2000: 32-35)(표 13-2). 첫째, 정부가 선택한 행동노선(방향) - 정책은 정부가 많은 사람들에게 영향을 미치기 위하여 의도적으로 선택한 행동노선 또는 행동방향(a course of action)이다. 이것은 정부가 앞으로 추구할 목표(goals)로서 그 목표의 달성을 위해 앞으로 수행할 구체적인 활동에 대한 지침이 담겨져 있다. 둘째, 사회 내의 문제에 대한 정부의 대응책 - 정책은 사회 내에 존재하는 제반문제에 대해 정부가 취한 반응이나 조치(action) 혹은 무조치(inaction)라고 한다. 이것은 정부가 당면하는 여러 문제를 해결하기 위한 수단으로 보고 있다. 셋째, 목적과 수단을 포함하고 있는 가설 - 정책이란 원초조건과 예견되는 결과를 포함하는 가설로 본다. 이것은 명시적이건 아니건 간에 원초조건과 미래에 나타날 결과 사이의 인과관계를 함축하고 있다. 넷째, 목적과 수단 및 실제적 조치 - 정책은 목적과 수단 및 실제적 조치까지 포괄한다. 이것은 세 번째 범주의 목적과 수단에 추가하여 그러한 수단이 현실적으로 수행된 것까지를 포함한다.

그리고 정책의 하위개념으로 사업(program/project)이 있다. Ripley & Franklin

〈표 13-2〉  평가대상으로 정책의 개념화

| |
|---|
| 1. 정부가 선택한 행동노선(방향) |
| 2. 사회 내의 문제에 대한 정부의 대응책 |
| 3. 목적과 수단을 포함하는 가설 |
| 4. 목적과 수단 및 실제적 조치 |

(1984: 4-6)에 의하면, 사업은 구체적인 정책이라고 한다. 이는 정책을 구체화한 것이 사업이라는 의미이다. 사업이란 정부가 일반국민에게 서비스를 제공하기 위하여 취하는 일단의 활동(Hatry et al, 1973: 8), 또는 정부가 공동의 목표를 달성하기 위해서 취하는 일단의 활동(Havens, 1981: 480)을 말한다.

예컨대, 공공정책이란 기본적으로 정부가 수행하고자 하는 어떤 것으로 국회를 통과한 법률이나 경제사회발전5개년계획과 같은 정부의 중장기계획이 그예이다. 이러한 정책은 사업으로 구성되고 여러 사업들을 통해 집행된다. 그 예로서 존슨 행정부의 빈공퇴정책의 초석이라고 할 수 있는 1964년의 경제기회법(Economic Opportunity Act)은 각종의 지역사회사업, 청소년사업, 농촌지역빈곤퇴치사업, 소기업대부사업 등을 포함하고 있다(Cook & Scioli, 1975: 96-97; 김명수, 2000: 44).

따라서 정책과 사업은 동일범주에 속하면서 정책을 구체화시킨 것이 사업이므로 양자는 동일하게 사용되기도 한다. 이를테면, 정책과 사업의 계층제에서 상층부로 가면 정책이라 불리어야 할 경우가 많고 하층부로 가면 사업이라 불러야 하는 경우가 대부분이다. 예컨대, 기술개발이라는 정책목표를 달성하기 위하여 추진하는 정책수단인 기초과학육성이나 기술혁신지원 및 우수인력양성은 보통 기초과학육성사업, 기업기술지원사업, 우수인력양성사업이라고 부른다. 또한, 기업기술혁신지원사업을 위한 하위사업들인 산학협동장려, 연구개발투자 조세감면, 연구소설립지원 등도 마찬가지이다(그림 13-2).

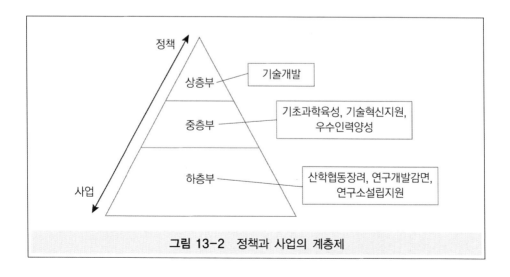

**그림 13-2 정책과 사업의 계층제**

위의 그림에서 보듯이, 정책평가에서 평가의 대상이 되는 정책의 구체적 내용은 사업(program/project)인 경우가 대부분이다. 실제로 정책평가의 대상이 되는 것은 사업이라는 의미이며, 결국, 특정한 정책을 구성하고 있는 여러 사업들에 대한 평가를 통하여 정책평가가 이루어진다고 할 수 있다. Cook & Scioli(1975: 97)가 진술한 바와 같이, 정책평가의 가장 기초적인 분석단위는 사업이고, 따라서 정책의 전반적인 성공여부는 그것을 구성하고 있는 사업들의 평가를 통하여 나타나는 성공여부의 함수라고 할 수 있다. 따라서 정책평가(policy evaluation)와 사업평가(program evaluation)는 동일하게 사용되는 경우가 많다.

## 2. 정책평가의 대상으로 정책과정

초기의 정책평가가 정책, 구체적으로는 사업의 결과(성과)평가에 초점을 두었다면, 1970년대 이후 정책평가연구가 증가함에 따라 학자들은 총괄평가뿐 아니라 과정 평가에 대해서도 관심을 갖게 되었다. 이에 따라 정책평가의 대상으로 정책 또는 사업에 첨가하여 정책과정도 포함시키는 것으로 확대되었다.

정책과정은 정책의제설정, 정책결정, 정책집행, 정책평가 등 네 가지 정책활동의 연속적이고 순환적인 과정이다. 사회문제가 정책의제설정활동을 거쳐서 정책문제(정책의제)가 되고, 이러한 정책문제를 받아들여 정책결정활동을 전개한 결과로서 정책(사업)이 산출되고, 이것을 실현하기 위한 정책집행활동에 의하여 정책결과가 나오게 되는데, 이러한 정책결과와 전개된 정책과정을 검증하는 정책평가활동이 이루어지게 된다.

이를테면, 정책활동의 제 단계 중에서 정책의제설정이나 정책결정은 정책분석론에서 다루는 것이 일반적 견해이고, 정책평가론에서는 정책결정 이후의 정책집행으로 나타나는 정책결과와 집행과정만을 평가대상으로 보고 있다. 여기서 정책결과를 검증하는 작업을 총괄평가라고 하고, 정책집행과정에 대한 검증을 하는 작업을 과정 평가라고 한다.

## 제 4 절 ┃ 정책평가의 종류: 주체, 시기, 대상(목적), 방법, 체제이론

정책평가의 종류는 어떠한 기준 내지 범주에 입각하여 분류하느냐에 따라 여러 가지 형태가 나타날 수 있다. 가장 많이 논의되고 평가의 종류는 평가주체, 평가시 기, 평가대상(목적), 평가방법, 그리고 체제이론을 토대로 분류할 수 있다(표 13-3).

〈표 13-3〉 정책평가의 종류

| 분류기준 | 정책형가유형 |
|---|---|
| 1. 평가주체 | 내부평가(자체평가 포함), 외부평가 |
| 2. 평가시기 | 사전평가, 사후평가 |
| 3. 평가대상(목적) | 총괄평가, 과정평가, 상위평가 |
| 4. 평가방법 | 비과학적 방법과 과학적 방법(실험적 방법과 비실험적 방법), 양적 방법과 질적 방법 |
| 5. 체제이론 | 투입평가, 과정평가, 결과평가, 영향평가 |

### 1. 평가주체에 의한 분류

정책평가는 평가를 담당하는 주체(행위자) 또는 평가자의 소속에 따라 내부평가 와 외부평가로 나누어진다(김명수, 2000: 100-101).

첫째, 내부평가(inside evaluation)는 정책의 결정과 집행을 담당하고 있는 사람들 이나(이 경우에는 자체평가, self evaluation이라고도 한다), 이들이 소속한 조직의 다른 구성원이 수행하는 평가를 말한다. 이러한 내부평가를 자체평가와 내부평가로 구분 하는 학자도 있다. 여기서 자체평가는 정책(사업)의 집행을 담당하고 있는 사람들 자신이 행하는 평가이다. 예컨대, 시군에 소재하는 어느 모자보건센터가 자체적으로 그것의 운영성과를 측정하는 것이다. 그리고 내부평가는 정책(사업)의 집행자 자신 이 아니라 그것의 시행에 책임을 지고 있는 기관의 직원이 행하는 평가이다. 예컨대, 시도의 보건사회국 보건과가 관할지역의 모자보건센터가 효율적으로 운용되고 있는가를 측정하는 경우이다.

둘째, 외부평가(outside evaluation)는 정책의 결정과 집행의 담당기관이 아닌 제3자가 수행하는 평가 또는 제3자적 위치에 있는 외부전문가가 수행하는 평가를 말한다. 예컨대, 보건사회분야의 교수나 연구자 등 전문가집단이 모자보건센터의 운영성과를 평가하는 것이 이 유형에 속한다.

이런 평가주체에 대한 구체적인 논의는 다음의 평가행위자부분에서 상술한다.

## 2. 평가시기에 의한 분류

정책평가는 평가시기에 따라 사전평가와 사후평가로 구분한다.

첫째, 사전평가(ex ante evaluation)는 평가대상인 정책이나 사업이 확정되었으나 집행되기 전에 수행하는 평가로서 가장 보편적으로 이루어지는 것이 정책의 사전타당성조사나 검토이다. 이것은 집행할 정책이나 사업을 이미 확정해두고 정책의 영향이나 비용규모 등을 고려하여 그 효과를 사전에 파악해서 실제로 집행할 때 예상한 효과가 제대로 나타날 수 있는지를 확인하는 활동이다. 따라서 이것은 정책을 최종적으로 확정하기 전에 최선의 정책대안을 결정하기 위한 사전분석인 정책분석과 다른 것이다(이윤식, 2018: 61).

둘째, 사후평가(ex post evaluation)는 정책이나 사업이 이미 확정되어 집행된 결과나 과정을 검토하는 것으로서 총괄평가나 과정평가 및 메타평가가 이에 해당한다.

## 3. 평가대상 또는 평가목적에 의한 분류

정책평가를 평가영역(대상)이나 평가목적에 의해 분류한 학자들을 보면 다음과 같다.

우선, Suchman(1967: 61−71)은 노력평가(evaluation of effort−정부가 수행하는 활동의 양과 질에 따라 정책의 상태를 판단한다), 성과 또는 효과평가(evaluation of performance or effects−정부의 노력의 결과, 즉 문제를 해결하고자 했던 목표의 달성정도로 측정한다), 능률성평가(evaluation of efficiency−정부의 노력과 성과의 비율로 측정한다), 과정평가(evaluation of process−어떤 정책이나 사업이 정해진 지침에 따라 집행된 정도를 검토한다), 영향평가(impact evaluation−어떤 정책이나 사업이 의도한 방향으로 변화를 야기시킨 정도를 검토한다)로 구분하였다.

다음으로, 김명수(2000: 107-121)는 효과평가(evaluation of effects or impacts-정책이나 사업의 실시결과로 얻어진 산출이 국민생활에 미친 모든 영향을 측정하는 것), 능률성평가(evaluation of efficiency-정책의 투입과 효과의 비율을 측정하는 것), 집행평가(implementation evaluation-정책이나 사업의 집행과정에 대한 평가), 집행구조평가(evaluation of implementation structure-정책설계에 포함되는 정책이나 사업을 구성하는 구체적인 내용을 평가하는 것)으로 나누고 있다.

또한, 정정길(2002: 39-56)은 총괄평가와 과정평가로, 이윤식(2018: 52-58)은 총괄평가와 과정평가 및 메타평가로 나누고 있는데, 여기서는 이들의 논의를 살펴본다.

## 1) 총괄평가

### (1) 총괄평가의 의미와 특징

총괄평가(summative evaluation)는 정책이 집행되고 난 후에 정책이 사회에 미친 효과나 영향을 추정하는 판단활동(정정길, 2002: 46), 또는 특정한 정책이나 사업이 실시되는 가운데 초래될 것으로 기대되거나 완전히 실시 완료된 후에 초래된 제반 영향을 체계적으로 분석하는 활동(이윤식, 2002: 125)으로서, 그 정책이나 사업이 전반적으로 성공했는지 실패했는지를 판단하는 것을 주목적으로 하는 전형적인 양적 접근방법이다. 이것은 정책집행의 결과나 영향을 사후적으로 추정하는 활동이라고 하여 결과평가(outcome evaluation) 또는 영향평가(impact evaluation)라고도 한다.

위의 총괄평가에 대한 정의에서 다음과 같은 특징을 도출할 수 있다(이윤식, 2002: 126-128; 2018: 52-54). 첫째, 총괄평가는 특정한 정책이나 사업이 집행되기 전에 이루어지는 것이 아니라 실시되고도 일정한 기간이 지난 다음에나 또는 실시가 완료된 후에 평가를 하는 사후적이고 회고적 평가이다. 왜냐하면 특정한 정책이나 사업이 완전히 집행되지 않은 상태에서 그것을 평가하여 얻은 결론이란 그 정책이나 사업의 영향에 대한 전반적이고 총체적인 분석을 할 수가 없기 때문이다. 이런 총괄평가에서는 특정한 정책이나 사업이 초래한 긍정적 영향(positive impact), 즉 그것이 제안될 때 의도했던 효과를 분석하는 것뿐만 아니라, 그 정책이나 사업을 실시하지 않은 경우에 정책대상집단에게 미치는 부정적 영향(negative impact)도 아울러 측정 분석해야 한다.

둘째, 총괄평가는 정책이 초래된 제반 효과나 영향을 검토하기 위해 양적 분석 또는 계량적 분석을 한다. 그런데 이런 효과나 영향을 검토할 때에는 정책이나 사업이 아닌 다른 요인들 때문에 발생한 변화를 통제하여 순수한 정책효과나 영향을 파악하는 것이 중요하다. 이것은 정책실험설계에서 제3의 변수에 의해 야기되는 내적 타당성에 관련되는 문제이다. 이런 측면에서 총괄평가는 정책과 그것의 집행결과간의 인과관계를 검증하기 위하여 회귀분석이나 경로분석과 같이 계량적 연구방법을 이해하고 활용하는 것이 요구된다.

셋째, 따라서 총괄평가를 하는 평가방법은 주로 실험설계를 적용한다. 총괄평가의 주임무는 특정한 정책이 전체적인 면에서 성공했는지 아니면 실패했는지를 결정하는 것인데 이러한 결정이 용이한 것만은 아니다. 총괄평가상 어려운 점은 특정한 정책이나 사업이 실시되지 않을 경우에 정책대상자에게 초래되는 영향은 정책의 효과성을 측정하기 위한 비교기준이 되어 정책효과측정의 정확도를 좌우하게 된다. 이 같은 문제는 정책의 긍정적 혹은 부정적 효과를 측정하기 위한 통계적 기법의 문제 이전에 그런 효과를 측정하는 준거가 되는 평가설계의 문제이기 때문에 원만한 총괄평가를 하기 위해서는 적절한 실험설계를 하는 것이 중요하다. 따라서 총괄평가를 할 때에는 정책실험설계법을 사용하고 있다. 정책실험설계법은 사회실험의 구성요소인 실험집단과 통제집단의 배정과 정책처리(간여)의 공식 유무에 따라 실험설계방법과 비실험설계방법으로 나눌 수 있다. 이것은 정책평가법에서 상술한다.

### (2) 총괄평가의 범주

총괄평가는 그 평가대상과 내용에 따라 효과성평가, 능률성평가, 공평성평가로 나눌 수 있다(정정길, 2002: 46 – 51; 정정길 외, 2010: 634 – 638).

첫째, 효과성평가(effectiveness evaluation)는 총괄평가의 가장 핵심적인 작업으로서 정책목표의 달성정도(정책문제의 해결정도)를 검토하는 것이다. 왜냐하면 대표적인 효과성개념은 정책목표의 달성정도를 의미하기 때문이다. 예컨대, 경제안정화정책의 실시로 물가가 안정되었는지, 교통정책의 실시로 교통지옥이 해결되었는지, 그리고 사회복지정책의 실시로 소득불공정이 해소되었는지를 판단하는 것이다.

그래서 효과성평가는 다음과 같은 내용을 포함한다. ① 의도했던 정책효과가 그 정책으로 인하여 나왔는지 여부, ② 발생한 정책효과의 크기는 정책목표와 대비하여 어느 정도인지의 판단(이것은 효과성의 성취성 판단에 해당한다). ③ 정책효과의 크기는 해결하고자 했던 원래의 정책문제 해결에 충분할 정도인지의 판단(이것은 효과의 적절성 판단에 해당)이다. 이 중에서 가장 중요하고 어려운 판단은 ①의 것이며, 이것이 효과성 판단의 핵심이다. 이런 효과성 판단은 의도했던 정책효과뿐 아니라 의도하지 않았던 부수효과(side effect)에 대해서도 판단할 수 있다. 이러한 효과성평가결과는 정책의 중단 축소 현상유지 확대 등의 정책변동을 위한 환류정보로 활용된다.

둘째, 능률성평가(efficiency evaluation)는 앞의 효과성에 추가하여 정책추진비용까지 고려하여 검토하는 것이다. 왜냐하면 능률성개념이 투입과 산출(효과)의 비율이라고 하듯이, 효과와 비용을 고려하려면 먼저 정책효과가 얼마만큼 발생했는가를 판단해야 하고 그리고 정책비용(정책추진으로 인해 발생하는 사회적 희생)을 추정하는 것은 정책효과의 판단에 중요하기 때문이다.

그래서 능률성평가는 효과성평가에서의 내용을 제외하면 다음과 같은 내용을 포함한다. ① 정책의 직접적인 비용은 얼마만큼인가? ② 부작용이나 사회적 충격을 포함한 사회적 비용은 얼마만큼인가? ③ 정책효과는 비용을 상쇄할 만큼 큰 것인가? 등이다. 이와 같은 능률성평가결과는 현재 평가되는 정책의 추진여부만이 아니라 정책내용의 수정에도 필요한 정보를 제공한다.

셋째, 공평성평가(equity evaluation)는 정책집행 후에 나타난 정책의 효과나 비용의 사회적 배분이 공평(공정)한지를 검토하는 것이다. 앞의 효과성과 능률성 평가는 정책효과가 사회적으로 얼마만큼 발생하고 정책비용이 사회전체적으로 얼마나 소요되었는지를 측정하여 밝히려는 것으로서 정책효과와 정책비용이 누구에게 얼마만큼 돌아갔는가는 측정에서 제외된다. 공평성평가는 이런 제외된 문제를 고려하는 것으로, 경제적 측면에서 보면 그리 중요하지 않지만 정치적 측면에서는 매우 중요한 가치이다. 예컨대, 건강보험의 경우 보험료의 부담 측면과 혜택 측면에서 어느 정도 사회정의에 부응한 배분인지를 평가할 수 있다.

그래서 공평성평가는 다음과 같은 내용을 포함한다. ① 정책의 주된 혜택집단은 누구인가? ② 정책혜택이 지역별, 계층별 등의 기준에 따른 필요를 적절하게 충족시켰는가? ③ 정책비용이 부담되는 경우 부담능력에 따른 적절한 비용분담이 이루어졌는가? 이러한 공평성평가결과는 정책의 수정이나 폐지 등의 정책변동에 활용된다.

## 2) 과정평가

### (1) 과정평가의 의미와 특징

과정평가(process evaluation)는 총괄평가가 정책활동이나 집행과정에 대한 분석이 결여되어 있다는 한계를 보완해주는 평가로서 정책의 집행과정을 추정하는 활동, 구체적으로는 특정한 정책이나 사업의 투입(input)이 어떻게 해서 결과(outcomes)를 초래하였는가에 대한 인과관계 내지 인과경로를 검토하는 활동으로서 사업의 집행 절차와 설계를 개선하거나 사업의 질자체를 개선하는 것을 주목적으로 하는 전형적인 양적 또는 질적 접근방법이다. 이것은 논자에 따라 과정분석(process analy‐sis)(Judd & Kenny, 1981) 또는 질적 분석(qualitative analysis)(Cook & Reichardt, 1979)이라고도 부른다.

위의 정의에서 과정평가의 특징을 다음과 같이 도출할 수 있다. 첫째, 과정평가는 특정한 정책이나 사업이 집행완료된 후나 집행 도중에 행해진다. 특히 실시된 사업의 결과의 성패요인을 규명하기 위해서 수행하는 사후적 과정평가는 주로 사업이 일정한 결과나 영향을 남기고 종료한 후에 이루어진다. 그 반면에, 사업의 활동이 본래의 의도한대로 전개되고 있는지 여부를 검증하는 집행과정평가는 사업진행 도중에 주로 실시된다. 이것은 사업이 실시되는 각 단계마다 환류를 얻기 위해서이다(이윤식, 2002: 227).

둘째, 과정평가는 정책이나 사업의 활동상태나 집행과정에 대한 양적 또는 질적 분석을 한다. 사후적 과정평가는 총괄평가 중 효과성평가를 보완하기 위하여 정책효과의 인과경로를 역으로 추적하는 하므로 양적 분석방법을 사용한다면, 집행과정평가는 질적 분석방법을 적용한다.

셋째, 과정평가를 하는 방법은 집행완료 후의 사후적 과정분석방법인 하위목적설계접근법이나 프로그램논리모형법과 그리고 집행 도중의 분석방법인 모니터링을 적용할 수 있다. 여기서 하위목적설계접근법(subobjective design approach)은 프로그램개입(program intervention)이나 프로그램활동(program activities)과 프로그램결과(program outcomes) 간의 인과관계를 하위목적이라고 부르는 두 변수 간의 매개변수를 고려하여 양적 분석을 하는 사후적 과정평가방법이다. 이 접근법은 두 단계의 인과관계 경로분석, 즉 첫 번째 단계는 프로그램 개입이나 활동과 하위목적 간의 인과관계를 분석하는 것이고, 두 번째 단계는 하위목적과 프로그램결과 간의 인과관계를 분석한다(이윤식, 2002: 237). 그리고, 프로그램논리모형법은 체제평가모형의 논리인 투입, 전환(집행활동), 산출, 결과의 인과논리를 통하여 집행과정을 질적으로 분석하는 평가방법이다.

또한, 모니터링(monitoring)은 하나의 정책이나 사업이 집행되는 과정에서 전개되어지는 사건들에 대한 점검을 하는 질적 분석방법으로, 정책이나 사업을 집행하는데 관련된 활동들(activities)을 기술하는 것과 그 활동으로 인한 산출(outputs)을 가능한 정확하게 밝혀내는 것을 주목적으로 한다. 이것은 사업의 투입으로부터 결과까지의 경로에서 발생하는 제반 현상이나 사건을 분석 관찰할뿐 아니라 사업에 이해관계가 있는 사람들의 행태분석을 하게 된다. 모니터링의 종류로는 사업의 투입이나 과정을 관찰하는 것을 중시하는 것을 집행모니터링이라고 하고, 결과 또는 성과 분석을 주안점으로 하는 것을 성과모니터링이라고 한다(이윤식, 2002: 254-258).

### (2) 과정평가의 범주

과정평가는 그 평가의 시기와 목적 및 내용에 따라 사후적 과정평가와 집행과정평가로 나눌 수 있다(정정길, 2002: 52-56; 이윤식, 2002: 236-237).

첫째 사후적 과정평가(ex post process evaluation)는 총괄평가, 보다 정확하게는 효과성평가의 보완을 위하여 이루어지는 것으로서 특정한 정책이나 사업이 어떤 경로를 거쳐서 정책결과를 초래하였는가 하는 인과경로를 검증 확인하려는 활동이다. 즉 하나의 프로그램이 집행완료된 후에 나타난 프로그램의 결과나 영향을 분석하는 과정에서 실시된 프로그램과 그것의 실시로 초래되었다고 믿어지는 프로그램결과 간의 인과관계가 어떠한 진행경로나 과정을 거쳐서 성립되고 왜 그러한 결과나 영향이 야기되었는가를 규명하려는 정책효과에 대한 원인분석적 접근방법이다.

이러한 정책활동과 정책결과 간의 인과관계분석에 초점이 주어지는 경우, 그러한 인과관계를 구성하는 독립변수(정책수단)와 결과변수(정책결과), 그리고 도중에 개입하는 매개변수(제3의 변수)를 파악하여 검토하여야 한다. 정책의 집행이 이루어졌는데 그 효과가 나타나지 않았다는 것은 정책수단에서 정책결과에 이르는 인과관계가 잘못되었다고 가정할 수 있다. 이런 경우에는 효과발생 여부만이 아니라 어디에서 오류가 있었는가를 검증하는 것이 필요하다. 또한, 정책효과가 나왔을 때에도 그 인과과정을 밝히는 것은 정책오류수정이나 미래예측을 위해서 중요하다.

그래서 사후적 과정평가는 다음과 같은 내용을 포함한다. ① 정책효과는 어떠한 경로를 거쳐서 발생하였는가? ② 정책효과가 발생하지 않은 경우에 어떤 경로에 잘못이 있는가? ③ 보다 강한 영향을 미치는 경로는 없는가? 이러한 질문에 답을 하는 사후적 과정평가는 효과발생의 경로를 밝혀서 총괄평가를 보완하고 다른 상황에 대한 정책의 적용여부와 정책실패의 중요한 요인인 인과경로의 오류를 규명할 수 있다. 이를 통해서 정책의 내용이나 구조를 수정변경할 수 있다.

둘째, 집행과정평가(implementation process evaluation)는 정책집행과정을 검토하는, 즉 정책이나 사업이 집행 도중에 원래 의도한대로 정확하게 그리고 충실하게 실행(운영)되고 있는지를 점검(monitoring)하는 활동으로서 사전적 또는 과정적 집행분석접근방법이다. 이것은 정책집행과정에서의 정확성문제에 대한 해답을 제공하는 것으로서 과정평가(Nachmias, 1975), 형성평가(formative evaluation)(Patton, 1979), 노력평가(effort evaluation)(Suchman, 1967), 사업점검(program monitioring)(Epstein & Tripool, 1977), 집행검토(implementation assessment)(Williams, 1975) 등 다양한 명칭으로 사용되고 있다.

그래서 집행과정평가는 다음과 같은 내용을 포함한다(김명수 2000: 118; 정정길, 2002: 56). ① 원래의 사업계획(program plan)에 명시된 활동이 이루어졌는가?(activity) ② 계획된 양과 질의 자원이 투입되었는가?(input) ③ 원래 의도한 정책대상집단에 실시되었는가?(coverage) ④ 관련된 법률이나 규정에 순응하고 있는가?(compliance). 이러한 집행과정결과는 정책집행이 원래 집행계획에 따라 이루어지고 있는가를 확인하여 여기서 벗어난 부분을 수정할 수 있다.

### 3) 메타평가(상위평가)

상위평가 또는 메타평가(metaevaluation)는 평가의 평가(the evaluation of evaluation)나 평가의 종합(synthesis of evaluation), 즉 평가계획이나 진행중인 평가, 그리고 이미 완료된 평가를 다른 평가자(상위평가자)가 평가를 하는 것으로서 종합평가(synthetic evaluation)라고도 한다. 이런 상위평가를 하는 목적은 평가 자체의 실제를 이해하고 이를 향상시키기 위한 것이다.

상위평가의 구성요소로는 평가투입평가, 평기실시과정평가, 그리고 평가결과평가를 포함된다(김명수, 2000: 190-202). 첫째, 평가투입평가는 평가에 투입되는 자원들(예컨대, 평가자의 자질, 평가예산, 기본자료 등)을 검토하는 것이다. 둘째, 평가실시과정평가는 실제로 평가를 수행하는 활동(예컨대, 평가방법상의 절차나 평가보고서 등)을 검토하는 것이다. 셋째, 평가결과평가는 평가가 미친 영향 전체, 즉 평가결과의 활동에 대한 전반적 검토, 예컨대, 사업의 수정이나 종결여부를 말한다.

상위평가의 방식은 특정한 평가자체를 평가하는 것이기 때문에 평가의 구성요소인 평가투입, 평가과정, 평가결과 등의 구성요소를 포함하는 메타분석틀을 설계하여 실행한다.

이상에서 논의한 평가목적에 따른 여러 평가유형의 평가방법은 정책평가과정과 정책평가방법 부분에서 구체적으로 살펴본다.

## 4. 평가방법에 의한 분류

정책평가는 평가방법에 따라 비과학적 방법과 과학적 방법으로, 그리고 과학적 방법은 다시 양적 방법과 질적 방법으로 나눌 수 있다.

정책평가를 한다는 것은 상식적 의미의 평가가 아니라 과학적이고 체계적이며 경험적인 평가를 하는 것이므로 비과학적 방법보다는 과학적 방법이 바람직하다. 이런 과학적 방법은 크게 두 가지로 나눌 수가 있는데, 실험적 방법과 비실험적 방법이다. 이들 두 가지 방법은 총괄평가와 과정평가 모두에 적용되는 것이지만 총괄평가의 경우에 더욱 필요한 방법이다. 총괄평가는 특정한 정책이나 사업이 집행된 후에 정책효과를 가져왔는가에 대한 인과관계를 판단하는데 목적이 있기 때문이다.

또한, 과학적 방법은 양적 방법과 질적 방법으로 나눌 수가 있다. 양적 방법은 양적 자료를 이용하는 실험적 방법과 그것의 변형들 및 비참여조직적 관찰법과 표준화 면접법 등을 통한 자료수집과 기술통계와 추측통계라는 통계적 분석을 한다. 질적 방법은 질적 자료를 활용하는 참여관찰법과 심층면접법을 통한 자료수집과 이에 대한 통계분석과 비통계분석을 한다. 평가대상 중에서 총괄평가는 양적 방법에 의존하고, 과정평가는 양적 방법뿐 아니라 질적 방법에 많이 의존한다.

이런 평가방법에 대한 구체적인 논의는 정책평가방법부분에서 상술한다.

## 5. 체제이론에 의한 분류

체제이론에 의한 정책평가(systems theory-based program evaluation)은 일반체제이론의 구성요소들인 투입, 전환, 산출과 결과에 기초하여 정책활동에 대한 평가유형을 투입평가, 과정평가, 결과평가, 영향평가로 분류하고 있다. 이러한 체제이론에 기초한 정책평가의 틀은 전체적인 평가체제를 전제로 평가활동의 핵심과 목적을 이해하는데뿐 아니라 조직관리자들이 이런 평가활동을 이용할 수 있게 한다.

그러면 체제이론에 의한 정책평가유형을 구체적으로 살펴보자(Franklin & Thrasher,

1976: 140-164; 이윤식, 2018: 63-70). 첫째, 투입평가(input evaluation)는 두 가지 유형의 평가가 있는데, 노력평가(effort evaluation)와 욕구평정(needs assessment)이 있다. 전자의 노력평가는 특정한 정책이나 사업에 투입된 자원과 고객의 배정에 주된 관심이 있고, 후자의 욕구평정은 정책이나 사업을 통해 제공하는 서비스와 관련된 모집단의 상태를 측정하는 것에 관심이 있다.

둘째, 과정평가(process evaluation)는 정책이나 사업이 어떻게 진행되는지를 검토하는 것으로서 집행과정분석을 주된 내용으로 한다. 이런 과정평가를 수행하는 데는 사업모니터링(program monitoring-어떤 서비스가 제공되고 어떤 서비스는 제공되지 않는지를 열거하는 것), 고객추적(client tracking-시스템을 이용하여 고객의 활동과정을 모니터링하는 것), 비용회계(cost accounting-고객에 대한 서비스전달비용을 검토하는 것), 순응도(compliance-정책이나 사업에 대한 고객의 수용여부를 검토), 사업적합성(adequacy of programs-조직의 구조나 기능, 인력의 규모나 구성, 회계절차, 그리고 서비스 접근성 등의 적실성), 목표지향성(goal directedness-정책이 목표를 활발하게 추구하는 정도) 등을 평정기법으로 사용한다.

셋째, 결과평가(outcome evaluation)는 정책의 산출 및 결과를 평정하는 것으로서 고객들이 서비스를 받은 후에 어떻게 변했는가의 문제에 대한 해답을 구하는 것이다. 가장 흔하게 사용하는 결과평가기법은 추적조사(follow-up survey)인데, 이는 서비스를 받는 표본고객과 접촉하여 그들이 그런 서비스를 받을 수밖에 없었던 문제나 생활형편이 근원적으로 변화를 가져 왔는지를 알아보는 것으로서 고객만족도조사(a measure of client satisfaction)가 그 예이다.

넷째, 영향평가(impact evaluation)는 정책이 집행되어 서비스 수혜자뿐 아니라 공동체와 사회전체에 미치는 영향을 검토하는 것으로서 가장 많이 이용하는 방법으로 사회지표(social indicators)가 있다. 정책영향평가에서 사용할 수 있는 두 번째 분석도구는 서베이 접근법(survey approach)이다. 이것은 욕구수준을 정책을 집행하기 전과 후의 두 시점 사이의 실제적인 변화로 측정하기 위해 주기적으로 서비스수혜자를 직접 조사하는 방법이다(표 13-4).

〈표 13-4〉 체제이론의 정책평가유형

| 체제모형 | 투입 | 전환<br>(집행과정) | 산출 | 결과(효과) | 영향 |
|---|---|---|---|---|---|
| 평가유형 | 투입평가 | 과정평가 | 결과평가, 영향평가 | | |

## 제5절 | 정책평가자: 내외부평가자

### 1. 정책평가행위자 개관

정책평가의 복잡성은 정책우주(policy universe)나 정책하위체제(policy sub-system)에 포함되는 상이한 행위자들이 여러 종류의 공식적 비공식적인 평가활동에 동시적으로나 지속적으로 관련된다는 사실에 기인한다. 이들의 노력이 무엇이든지 간에 정책평가에 관련되는 행위자들과 그들이 무엇을 하는가를 이해하는 것은 현존하는 여러 종류의 정책평가를 설명하는데 중요하다.

정책평가는 공식화된 그리고 종종 제도화된 방법으로 문제가 된 정책을 다루는 (예컨대, 지속적인 사업과 예산을 검토하는 것과 같다) 정부 내에서 관료(bureaucrats)나 정치인(politicians)에 관련된다. 또한, 씽크탱크(think thanks)나 이익집단(interest groups)과 같은 정책하위체제의 조직화된 비정부행위자들도 그들 스스로나 덜 공식적인 방법으로 정부의 정책행동과 그 효과성을 검토하게 된다. 더욱이, 평가에는 선거에 투표를 할 때 정부의 정책보고에 최종적인 의견표현을 하는 공중(the public)의 구성원들도 관련될 수 있다(Brewer & deLeon, 1983: 319-326).

이를테면, 하나의 극단으로 행정부처에서 활용하는 정책분석가들은 프로그램산출을 계량화하고 프로그램결과를 평가하기 위해 비용편익분석이나 성과측정과 같은 다양한 종류의 공식적 기술을 사용한다. 이들 분석가들은 평가과정에서 여러 중요한 역할을 하기 때문에 정책결정 이후단계에서도 실질적인 영향을 가질 수 있다. 그들은 프로그램산출의 다양한 수단들, 지표들, 그리고 벤치마킹을 어떻게 개발하고 적용하는가에 의해서 또는 문제에 대한 특별한 접근의 비판자나 옹호자로서 정책의 성공과 실패의 준거틀을 만들고 평가를 하는데 영향을 줄 수 있다. 그들은 정책결정자와 집행자를 연결하는 중개자로서 또는 사회문제에 대한 새로운 지식과 기술을 산출하는 공식적인 정부의 외부행위자로서 활동을 할 수 있다.

다른 극단으로 정책의 영향을 받는 개인이나 이익집단에 의한 공공저항은 비록 이런 종류의 평가가 사후적이고 비공식적이며 정부외부에서 이루어진다고 할지라도 현존하는 정책의 가치에 대한 평가를 제시하는 것이다. 이러한 평가는 정책의 실체나 과정에 대한 비판에 관련될 수 있고, 행정조직이나 절차의 변화를 이끌 수 있다.

두 가지 극단 사이에서 정부와 시민사회에 존재하는 공식적 비공식적 정책평가자들은 정책평가를 위하여 다양한 수단을 사용한다. 그들은 서베이, 탐구(조사, in-quiries), 시민판단, 동의회의, 자문위원회와 같은 도구들을 사용하여 정책이나 사업을 평가한다.

따라서 정책평가의 행위자범주는 주류평가학문에서 관료나 외부민간전문가 그리고 씽크탱크가 평가를 집중적으로 한다고 말하는 것보다 훨씬 넓다고 할 수 있다(Howlett, Ramesh & Perl, 2009: 183-185).

## 2. 내외부평가자

정책평가자란 앞의 정책평가의 종류에서 평가주체에 대한 기술을 확대한 것이다. 이렇게 볼 때 정책평가자는 정책하위체제에 자리잡고 있는 위치를 기준으로 체제내부에 존재하는 내부평가자와 체제외부에 존재하는 외부평가자로 분류할 수 있다.

### 1) 내부평가자

내부평가자(internal policy evaluator)는 제도적으로 정책결정과 정책집행 및 정책평가에 대한 권한을 가지고 있는 공식적 행위자들로서 의회와 대통령직속 평가기관 및 행정부가 포함된다. 이들 내부평가자들은 정책이 어떻게 집행되어 어떤 결과가 야기되었는가와 집행의 성공여부를 검토하여 집행과정과 정책결과를 개선하는 건설적 제안을 산출할 수 있다(Simon, 2010: 122). 이런 내부평가가 직면하는 도전은 평가되는 기관의 구성원으로서 평가자의 주관성이 개입할 수 있고 집행기관에 손해가 되는 자료를 무시할 수 있다.

첫째, 의회는 정책과정에서 정책형성의 주체인 동시에 정책집행의 주체가 된다. 또한, 의회는 공식적인 정책평가자로서 행정부가 수립하여 자신이 의결한 정책을 행정부가 제대로 집행하였고 의도한 대로 정책결과가 나타났는가를 검토하게 되어 정책견제역할을 수행한다.

이런 의회의 행정부견제(legislative oversight)는 의회가 행정부의 정책이나 사업의 집행결과뿐 아니라 집행과정에 대한 심사활동을 말한다(김명수, 2000: 256). 그 사례로는 국정감사나 결산심사가 있다.

둘째, 대통령소속 평가기관은 행정부라는 거대한 조직의 최고책임자가 대통령이므로 그 소속으로 독립성을 가지고 모든 행정부의 정책과 예산을 검토하는 상위평가(종합평가) 역할을 수행한다. 다수의 국가에서 정책평가를 담당하는 여러 기관을 대통령직속기관으로 설치 운영하고 있는데, 그 형태와 기능은 나라마다 조금씩 다르다.

미국의 경우는 국가정책평가기능을 담당하는 기관인 GAO가 의회에 소속되어 있어서 사실상 대통력직속의 전문정책평기관은 없다. 그러나 한국의 경우 대통령소속으로 감사원이 설치되어 있는데, 이 조직은 전문적인 국가정책평가기능을 수행한다. 감사원은 헌법 제97조에 의하여 설치된 전문정책평가기관으로서 세입과 세출의 결산, 국가 및 법률이 정한 단체의 회계검사, 행정기관 및 공무원의 직무에 대한 감찰을 할 수 있는 역할이 부여되어 있다. 따라서 감사원은 회계감사와 직무감찰 기능을 수행하고 있다(안해균, 2000: 489-491).

셋째, 행정부는 정책형성의 주체인 동시에 정책집행의 주체가 된다. 또한, 행정부는 공식적인 정책평가자로서 자신이 수립하여 집행한 정책과 예산의 결과나 영향을 자체평가를 하게 된다. 한국의 경우 중앙정부나 지방정부는 자신들이 수행한 정책과 예산에 대한 성과평가를 한다.

## 2) 외부평가자

외부평가자(external policy evaluator)는 공식적인 정책평가의 주체는 아니지만 비공식적으로 정책평가에 참여하는 행위자들로 이익집단이나 전문가집단 및 언론기관이나 시민 등을 들 수 있다. 이들의 외부평가는 보다 정확하고 객관적인 검증을 할 수 있는 장점이 있다.

첫째, 이익집단은 정책과정에서 요구투입의 주체로서 정책형성과정에 직간접적으로 참여하고, 그리고 정책대상집단으로서 정책이나 사업의 직접적인 영향을 받으므로, 특정의 정책이나 사업에 대한 평가에 상당한 노력을 하게 하게 된다. 이런 이익집단이 수행하는 정책평가는 주로 자신의 특정이익과 관련된 정책이나 사업을 대상으로 하며 정책평가의 결론은 자신의 이익을 증진하는 방향으로 유도하는 경우가 많다(안해균, 2000: 495).

예컨대, 미국의 노동총연맹산업별회의(AFL-CIO)라든가 전국유색인종협회(NAACP), 의사협회, 상공회의소, 전국제조인협회, 전국교육연합 등과 한국의 전국경제인연합회와 대한상공회의소, 한국노총과 민주노총, 의사협회, 약사협회, 변호사협회 등은 전문적인 기업형 평가자로서 자신과 이해관계가 있는 정책이나 사업에 대한 평가를 하고 이를 정부에 환류하는 정책의 비판과 견제 역할을 한다.

둘째, 전문가집단은 외부평가장치 중에서 가장 객관적이고 전문적인 정책평가를 하는 역할을 한다. 이들 전문가집단의 대표적인 것으로는 일명 씽크탱크라고 부르는 정부관계연구기관이다. 이를테면, 미국의 랜드연구소(RAND Institute)나 브루킹스연구소(Brookings Institute) 등과 한국의 한국개발연구원, 산업연구원, 한국행정연구원, 한국과학기술원, 한국교육개발원, 한국노동연구원 등을 들 수 있다.

이들은 대부분 정부부처가 수행한 정책이나 사업에 대한 평가의뢰에 의하여 특정 정책이나 사업에 대한 평가를 하게 되는데, 과학적인 평가방법을 통하여 평가를 하고 이에 대한 평가보고서를 작성하게 된다. 그런데 이들 전문집단의 평가는 원칙적으로 객관적이고 중립적인 시각에서 이루어져야 하지만, 때로는 평가용역을 준 정부부처의 입맛에 맞는 편향적이고 정치적인 평가결과를 산출하여 비판을 받고 있기도 하다.

셋째, 언론기관은 주로 특정한 정책이나 사업이 환경이나 사회 또는 대상집단에 미친 영향, 특히 긍정적 효과보다는 부정적 효과를 야기시킨 것에 대하여 정책비판적 입장에서 대중에게 보도하는 역할을 한다. 이것은 언론이 대중의 공기로서의 역할을 함을 의미한다.

지금까지 기술한 정책집행에서 내외부행위자의 기능(역할)을 종합하면 다음과 같다(표 13-5).

〈표 13-5〉  정책평가에서 행위자의 기능(역할)

| 평가행위자범주 | | 기능(역할) |
|---|---|---|
| 내부평가자 | 의회 | 정책견제 |
| | 대통령직속기관 | 상위평가(종합평가) |
| | 행정부 | 자체평가, 성과평가 |
| 외부평가자 | 이익집단 | 정책의 비판과 견제 |
| | 전문가집단 | 과학적 객관적 평가, 단, 편향적이고 정치적 평가 |
| | 언론기관 | 정책비판 |

## 제 6 절 ┃ 정책평가과정

## 1. 정책평가과정모형 개관

앞에서 정책평가의 다양한 종류를 살펴보았는데, 그러면 구체적으로 이런 평가를 어떻게 진행할 것인가? 가 문제이다.

이를테면, 총괄평가와 과정평가에서 정책평가의 핵심과제는 특정 정책이나 사업이 환경(사회문제나 사회기회) 또는 정책대상집단에 미친 결과(효과, 영향)를 측정하는 활동이다. 정책평가를 하려면 어떤 주어진 정책이나 사업을 통해 달성하려고 하는 것이 무엇이고(정책목표), 그것을 달성하기 위하여 어떻게 해야 하며(사업집행계획), 그리고 사업을 집행하여 얻게 되는 것이 무엇인가(결과나 영향)를 아는 것이 필요하다. 어떤 정책효과(결과변수)를 측정할 때에는 경제성장이나 고용증가와 같이 현실적으로 일어난 변화뿐 아니라 그 변화가 민간경제의 변화와 같은 다른 요인(제3의 변수)에 의해서가 아니라 그 정책활동(원인변수)에 의한 것이라는 것을 검증하는 것이 요구된다(Anderson, 1984; 이종수·이대희 역, 1999: 215). 이것은 정책평가작업

〈표 13-6〉 정책학자들의 정책평가과정모형

| 학자 | 평가과정(단계) |
|---|---|
| Nichmias (1979) | ●정책목표 식별, ●영향모형 작성, ●연구설계, ●평가기준 설정, ●측정, ●자료수집, ●자료분석 및 해석 |
| 김명수 (2000) | ●해당관련자의 파악, ●의사결정자의 결정상황 파악, ●평가성사정, ●평가설계(평가방법 결정, 자료의 수집과 분석, 평가보고서 작성) |
| 안해균 (2000) | ●정책목표 식별, ●평가모형 작성, ●연구설계, ●평가기준 설정, ●측정, ●자료수집, ●자료분석 및 해석 |
| 정정길 외 (2010) | ●정책평가의 목적확인과 평가유형결정, ●정책(사업)구조의 파악과 평가대상 확정(사업모형), ●평가방법의 결정, ●자료의 수집과 분석, ●평가보고서 제시 |
| 이윤식 (2018) | ●평가목적의 식별과 평가기준의 설정, ●정책구조의 분석(평가모형 수립), ●평가방법 및 기법의 선정, ●자료의 수집과 분석, ●평가결과의 종합 및 정책제언 |

을 하려면 정책산출과 그것이 야기한 정책결과(효과, 영향) 간의 인과관계를 규명하는 것이 중요하다는 것을 암시하는 것으로, 정책평가과정의 논의와 연결된다.

정책평가의 이론이 발달하는 동안에 국내외의 정책학자들은 다양한 정책평가과정(모형)을 제시하고 있는데, 이들을 예시하면 앞의 표와 같다(표 13-6).

## 2. 학자들의 통합적 정책평가과정

위의 표에서 학자들이 제시하는 정책평가과정은 유사점도 있고 차이점도 있으나, 여기서는 주로 유사점을 중심으로 정책평가과정의 진행을 평가목적의 확인, 평가대상의 선정과 평가모형(사업모형)의 작성, 평가방법의 선정, 자료의 수집과 분석, 그리고 평가결과의 제시와 활용 등의 순서로 살펴보고자 한다.

### 1) 평가목적의 확인

정책평가를 하는데 가장 먼저 해야 할 일은 평가를 통해서 알고자 하는 것이 무엇인지, 즉 평가목적을 확인하는 것이다. 이것은 정책이 달성하고자 하는 목표가 무엇인가와는 달리, 집행되었거나 집행 중인 정책을 측정함으로써 알고자 하는 것이 무엇인가를 식별하는 방법이다. 왜냐하면 평가목적에 따라 무엇을 어떻게 평가할 것인지가 결정되기 때문이다.

정책평가의 목적은 첫째, 정책결정이나 집행과정에서 필요한 정보를 제공하여 이들 과정을 바람직스럽게 추진하도록 하는 정책과정상의 환류기능이며, 둘째, 정책담당자가 정책과정에서 수행하는 활동에 대하여 국민에 대한 책임을 지도록 하는 책임성 확보기능이고, 셋째, 정책 속에 내재된 변수간의 인과관계를 검증하여 이론구축을 통한 학문적 기여기능을 하는 것이다. 이 중에서 세 번째의 것은 학자들이 가장 중요하게 생각하는 것이고, 두 번째의 것은 국민 전체가 직접적으로 추구하는 목적이고, 첫 번째의 것은 정책평가에 의해서 합리적 정책결정을 위해 필요한 정보와 효율적 정책집행을 위해 필요한 정보를 제공하기 위한 것으로 정책행위자에게 요구되는 것이다(정정길, 2002: 40-45).

따라서 정책결정자와 집행자들은 정책평가를 통해서 추구하는 목적이 무엇인가를 확인할 필요가 있다. 이를테면, 정책평가의 가장 핵심작업인 총괄평가와 과정평가를 하는 목적은 정책의 집행과정이나 집행 후에 나타난 정책결과에 대해서 평가하

〈표 13-7〉  정책평가의 종류와 목적

| 평가종류 | 평가내용 | 평가목적 |
|---|---|---|
| 총괄평가 | 효과성, 능률성, 공평성 | • 정책의 추진여부결정<br>• 정책의 내용수정 |
| 과정평가 | 집행설계, 과정 및 활동분석 | • 정책의 추진여부결정<br>• 정책의 내용수정<br>• 효율적 집행전략수립 |

여 획득한 정보를 환류시켜 정책의 추진여부나 정책의 내용수정 및 효율적인 집행전략을 수립하는데 활용하기 위한 것이다(표 13-7).

따라서 평가의 종류와 목적에 따라 평가대상이 달라지며, 이로 인해 평가방법이 결정된다. 예를 들면, 총괄평가와 과정평가에 따라, 그리고 총괄평가도 효과성, 능률성, 공평성 평가에 따라, 과정평가도 사후적 과정평가와 집행과정평가이냐에 따라서 평가작업이 달라진다.

## 2) 평가대상의 선정과 평가모형(사업모형)의 작성

정책평가의 목적을 식별하고 나면, 평가대상으로 특정한 정책이나 사업의 구체적 대상을 파악하여 측정대상인 정책이나 사업이 그 목표를 얼마나 달성하였는가 그리고 집행과정은 적실하였는가를 실증적으로 분석하기 위한 평가모형을 작성한다.

우선, 평가대상의 선정은 평가목적과 관련하여 평가에서 다루게 될 대상과 공간 및 시간을 결정하는 것이다. 이를테면, 평가대상을 선정하는 작업은 평가대상의 범주로 특정한 정책이나 사업을 규정하는 것으로부터 시작한다. 그리고 평가대상의 공간범주는 정책이나 사업이 시행된 지역이 전국적이냐 아니면 특정지역이냐 여부를 선택하는 것이고, 시간범주는 사업의 기간이 단기인가 중기인가 또는 장기인가 하는 측면을 확인하는 것이다. 이처럼, 평가대상으로 특정한 정책이나 사업의 공간과 시간을 명확히 규정하여야 구체적인 평가모형을 작성할 수 있게 된다.

다음으로, 평가모형(evaluation model)을 설계하는 과정은 평가하고자 하는 대상에 대한 변수들을 선정하고 그 변수들 간의 관계를 제시하여 하나의 이론적 틀을 수립하는 작업이다. 평가모형의 작성은 구체적으로 평가대상인 특정한 정책이나 사업의 구성요소들(변수들) 간의 관계를 표현하는 사업모형을 수립하는 것과 같다. 사업모형(program model)은 사업의 투입과 활동에서부터 사업목표에 이르기까지 사업

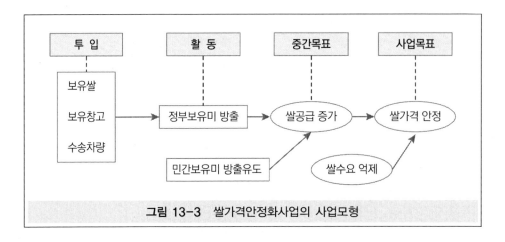

**그림 13-3 쌀가격안정화사업의 사업모형**

의 구성요소들 간의 인과관계를 묘사한 것이다. 여기서 사업의 정의는 사업의 목표와 수단 등 사업의 내용을 확정하는 것이고, 이것은 결국 사업의 범위를 규정하는 것과 같다. 사업의 내용은 목표와 수단의 계층제에서 보듯이, 투입이나 활동부터 시작하여 많은 중간목표들이 있고 종국에는 사업목표로 연결된다.

예를 들면, 농가소득 증대를 위한 쌀가격안정사업의 사업모형은 정부미 방출을 수단으로 하는 쌀가격안정화사업을 단순화시킨 것으로, 사업목표인 쌀가격 안정을 달성하기 위하여 중간목표로 쌀공급 증가를, 이를 달성하기 위한 활동으로 정부보유미 방출, 그리고 보유쌀의 인과관계로 구성된다(그림 13-3).

이러한 쌀가격안정화사업의 사업모형을 일반화하면 다음 [그림 13-4]로 나타낼 수 있다.

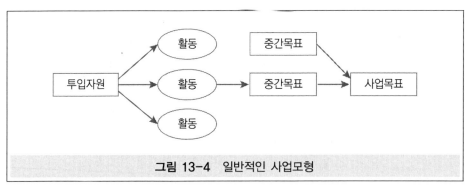

**그림 13-4 일반적인 사업모형**

자료: 정정길 외(2010: 652).

위의 사업모형은 정책평가에서 검증하는 중요한 평가대상을 모두 포함하고 있다. 그러므로 사업모형의 설계는 평가대상과 평가종류 및 평가방법을 구체적으로 확인하는 것이라고 할 수 있다. 이를테면, 각 평가대상에 대하여 평가종류별로 평가방법을 정리하면 다음과 같다.

첫째, 총괄평가(효과성평가)는 사업목표(쌀가격 안정)의 달성여부를 검토하는 것으로 양적(계량적) 방법을 사용한다.

둘째, 사후적 과정평가는 사업의 투입과 활동 및 목표 간의 인과관계를 검증하는 것으로 계량적(양적) 방법을 사용한다.

셋째, 집행과정평가는 사업의 투입과 활동 및 중간목표 등의 성과점검을 하는 것으로 질적 방법을 적용한다.

## 3) 평가방법의 선정

평가모형(사업모형)이 구성되면 이 모형에 포함된 변수들 간의 관계를 어떻게 평가할 것인가 하는 방법을 결정해야 한다. 정책평가의 과학적 방법은 양적 방법과 질적 방법으로 나눌 수가 있다.

우선, 양적 방법은 양적 패러다임(quantitative paradigm)의 실증주의적 관점에 입각하여 연구대상의 속성에 숫자(numerals)를 부여한 양적 자료를 수집하고 그 자료를 분석하는데 기술통계와 추측통계라는 통계분석기법을 사용하는 방법이다. 이러한 양적 방법에는 실험설계법(실험적 방법과 비실험적 방법), 비참여조직적 관찰법, 및 서베이법(표준화 면접법) 등이 있다.

다음으로, 질적 방법은 질적 패러다임(qualitative paradigm)의 해석적 관점과 비판이론적 관점에 입각하여 연구대상의 속성을 숫자로 표현하는 것이 아니라 단어(words)형태로 표현된 질적 자료를 수집하고 자료를 분석하는데 비통계적 분석기법을 사용하는 방법이다. 이런 질적 방법으로는 참여관찰법과 심층면접법과 사례연구, 해석학연구, 행위연구, 현상학 등이 있다.

그런데, 정책평가의 과학적 방법은 평가종류에 따라 달라진다. 특히 총괄평가는 양적 방법(quantitative method)에 의존하므로 실험적 방법과 비실험적 방법을 사용한다. 그리고 과정평가는 질적 방법(qualitative method)에 많이 의존하므로 비실험적 방법을 주로 사용한다.

이를테면, 총괄평가는 정책이나 사업의 정책효과(정책목표의 달성으로 얻게 되는 바람직한 상태)를 발생시켰는지를 판단하는 작업, 즉 특정한 정책(사업)과 그것의 정책(사업)효과 사이에 존재하는 인과관계를 검증하는 것이므로 정교한 조사설계와 통계적 분석을 하는 고도의 계량적 방법을 적용해야 한다. 반면에, 과정평가를 보면, 사후적 과정평가에서는 정책이 집행된 후에 실제로 인과관계가 존재하였는지를 검증하는 것이므로 계량적 방법을 적용하지만, 집행과정평가는 집행설계나 정책활동의 점검을 하는 것이므로 주로 질적 방법에 의존한다(정정길, 2002: 71).

### 4) 자료의 수집과 분석

정책평가를 위한 자료수집방법으로는 양적 방법의 양적 자료와 질적 방법의 질적 자료가 있다. 양적 자료의 수집방법으로는 실험이나 서베이 등이 있고, 질적 자료로는 문헌과 면접 및 관찰 등을 통해 수집할 수 있다.

그리고 자료분석은 평가설계와 평가방법의 영향을 받는다. 이것은 평가설계에 따라 수집된 자료들을 분석하는 제약을 받기 때문이다. 이를테면, 총괄평가와 사후적 과정평가에서 변수들 간의 관계를 검증하기 위해서는 양적 자료를 가지고 통계분석하는 것이 필요하다. 또한, 집행과정평가에서는 주로 질적 방법을 적용하여 비통계분석을 하게 된다.

### 5) 평가결과의 제시와 활용

앞에서 평가의 실천적 목적은 특정한 정책이나 사업의 집행과정과 그 효과에 대한 객관적 검증을 토대로 정책평가정보를 산출하여 정책결정자나 집행자에게 제시함으로써 정책이나 사업을 개선하려는 것이라고 하였다.

정책평가자는 평가모형(사업모형)에 포함된 변수들 간의 관계를 양적 방법과 질적 방법을 적용하여 평가결과를 산출한다. 이러한 평가결과는 대부분 공식적인 정책평가보고서의 형태로 나오게 된다. 정책평가보고서는 정책결정자나 정책평가자가 평가목적을 달성하기 위하여 수행한 평가의 과정과 결과에 대한 평가정보를 활용하는 이해당사자(정책결정자, 정책집행자, 정책대상집단, 전문가, 이익집단, NGO, 언론 및 시민 등)에 제공하기 위하여 작성한 공식적인 기록문서를 말한다. 이런 정책평가보고서는 학술연구보고서의 구조로 작성을 한다(표 13-8).

이처럼, 정책평가자에 의하여 평가결과로 산출된 정보는 정책담당자들이나 이해관계자에게 환류(feedback)시켜 정책학습을 하게 하여 기존정책을 수정하거나 중지

〈표 13-8〉 정책평가보고서의 구조

| 구조 | 보고서 내용 |
|------|------------|
| 1. 서론 | • 평가제목<br>• 평가자의 이름, 소속, 지위<br>• 서문<br>• 목차(내용, 표, 그림 목차)<br>• 요약문 |
| 2. 본론 | • 평가문제와 평가목적<br>• 평가방법론<br>• 평가결과와 해석<br>• 결론과 함의 |
| 3. 부록 | • 참고문헌<br>• 인용색인 |

하는 정책변동을 가져올 수 있고, 그리고 새로운 정책의제설정과 정책결정에 활용할 수 있다.

따라서 정책평가는 정책담당자나 이용자들이 실제에 활용하기 위하여 이루어진다. 정책평가의 활용이란 내부평가자이든 외부평가자이든 정책평가자들이 정부에서 수행한 정책이나 사업에 대한 사정을 토대로 산출한 평가정보를 여러 행위자들이 이용하는 것을 말한다. 앞의 정책평가의 개념적 특성에서 기술한 바와 같이, 정책평가의 활용유형으로는 Rich(1977: 200)의 도구적 활용과 개념적 활용과, 그리고 Johnson(1998: 94-110)의 도구적 활용과 개념적 활용 및 과정활용과 상징적 활용으로 나눌 수 있다. 첫째, 도구적 활용은 평가결과를 정책의 수정이나 중단 등과 같은 행동의 조치로 사용하는 것이다. 둘째, 개념적 활용은 평가결과가 현존정책이나 미래사업에 대한 정책결정자나 이해당사자의 사고나 인식에 영향을 주는 것이다. 셋째, 과정활용은 평가활동에 직접 참여한 사람들이 그들의 행위나 인식에 변화를 일으키는 것이다. 넷째, 상징적 활용은 개인이 자신의 정치적 이해관계를 위해 평가정보를 사용하는 것이다.

그러나 현실에서 평가결과정보는 정책과정에 제대로 활용되지 않는 경우가 빈번하게 나타나고 있다. 평가정보가 활용되지 못하는 이유로는 평가결과가 신뢰성이 없는 경우, 평가결과가 적시성이 결여된 경우, 정책담당자가 평가결과정보에 저항(거부)하여 이용하지 않는 경우, 평가결과정보가 정책결정자나 집행자의 요구에 부합하지 못하는 경우, 그리고 평가결과정보가 정치적 요인에 의하여 무용지물이 되는 경우에 발생한다.

따라서 정책평가정보의 실무적인 활용도를 증진시키기 위하여는 첫째, 정책담당자들이 과업을 수행하는데 요구되는 평가정보를 산출한다. 둘째, 정책담당자가 필요한 시기에 사용할 수 있는 평가정보를 제출한다. 셋째, 정책평가정보는 주관성보다는 객관적인 지식을 산출한다. 넷째, 정책평가자와 평가정보이용자 사이의 의사소통을 강화하는 것 등이 중요하다.

## 제 7 절 | 정책평가방법: 정책실험설계, 프로그램논리모형

정책평가방법은 앞에서 기술한 평가종류에서 평가방법과 관련되는 것으로, 비과학적인 방법을 사용할 수도 있지만 과학적 방법을 사용하는 것이 학문적으로나 실무적으로 의미가 있다. 왜냐하면 정책평가를 하는 목적은 정책학의 학문적 발전과 정책과정을 개선하기 위한 것이기 때문이다.

여기서는 정책평가의 과학적 방법으로 총괄평가를 하는 정책실험설계(실험적 방법과 비실험적 방법)와 과정평가를 하는 프로그램논리모형을 살펴보고자 한다.

### 1. 정책실험설계: 실험적 방법과 비실험적 방법

#### 1) 총괄평가와 정책실험설계의 의미와 타당성

#### (1) 정책실험설계의 의미

총괄평가는 특정한 정책이나 사업이 집행된 후에 의도했던 정책효과를 가져왔는지를 판단하는 활동이므로 총괄평가를 위한 방법으로는 정책실험설계가 있다. 따라서 총괄평가를 하기 위해서는 인과적 추론을 하기 위한 실험적 틀(experimental framework)을 사용해야 한다. 이런 총괄평가를 하기 위한 실험적 틀은 바로 평가를 위한 실험설계(experimental design)인데, 이는 어떤 정책이나 사업의 효과에 대한 인과관계 또는 특정한 정책이나 사업의 처리(treatment)가 어떤 잠정적인 효과나 결과 (outcome)에 미치는 영향을 측정하기 위해 사용된다(이윤식, 2002: 130-131).

이와 같이, 총괄평가는 특정한 정책이나 사업의 효과를 측정하는데 목적을 두고 있으므로 평가의 핵심을 이루고 있는 아이디어는 인과관계(causality)이다. 인과관계 란 원인이 되는 사건(정책이나 사업)과 그 결과(정책효과) 사이에 추론하려는 관계를 말하는데, J. S. Mill은 인과관계추론의 조건을 세 가지 제시하였다. 첫째, 원인은 결 과보다 시간적으로 앞서야 한다(시간적 선행성). 둘째, 원인과 결과는 공동으로 변화 해야 한다(공동변화 또는 공변관계). 셋째, 결과는 원인에 의해서만 설명되어야 하고 다른 변수의 설명가능성은 배제되어야 한다(제3의 변수 또는 경쟁가설 배제). 따라서 인과적 평가의 가장 핵심적인 과제는 특정한 정책이나 사업을 집행함으로써 정책환 경이나 대상집단에 의도했던 변화가 발생한다는 논리, 즉 추정된 정책변수(X)와 결 과변수(Y) 사이에 인과관계가 존재하는지를 경험적으로 검증하는 것이다.

총괄평가를 위한 실험설계는 세 가지 인과관계추론조건을 충족하도록 설계한다 (Nachmias & Nachmias, 1981: 82-84; 김병섭, 2008: 240-241). 첫째, 비교(comparison) 는 원인변수와 결과변수 간의 공변관계를 확인하기 위하여 한다. 실험처리의 전과 후를 비교하던지 아니면 실험집단과 통제집단을 비교하든지 간에 비교할 수 있는 장치를 만든다. 둘째, 조작(manipulation)은 원인변수와 결과변수 간의 시간적 선행 성을 확보하는 것으로 실험처리를 통하여 결과변수를 나온다고 본다. 셋째, 통제 (control)는 연구 중인 원인변수와 결과변수 사이에 개입하는 제3의 변수의 경쟁적 설명을 배제하는 것이다. 원인변수 외의 제3의 설명가능성이 있는 변수를 Campbell & Stanley(1966)은 내적 타당성의 문제(the problem of internal validity)로 인식하고 있다. 이런 내적 타당성을 저해하는 요인을 통제하는 방법으로는 그러한 요인들을 제거하는 방안, 그러한 요인들을 독립변수에 포함시키는 방안, 그리고 실험집단 외 에 비교가능한 집단을 통제집단으로 삼고 실험처리 외의 변인에 대해서 이들 두 집 단을 같은 집단으로 동등하게 만드는 동등화 방법(equalization method)이 있다. 이 세 가지 방안 중에서 집단을 동등하게 하는 것이 통제의 핵심이다. 이렇게 실험설계 에서는 실험처리로 시간적 선행성을 확보하고 공변관계는 비교를 하면 되기 때문에 통제에 노력을 집중하게 된다. 그동안 내적 타당성의 확보를 위하여 실험집단과 통 제집단을 동등하게 하는 통제정도를 기준으로 실험설계를 실험적 방법과 비실험적 방법으로 분류하고 있다.

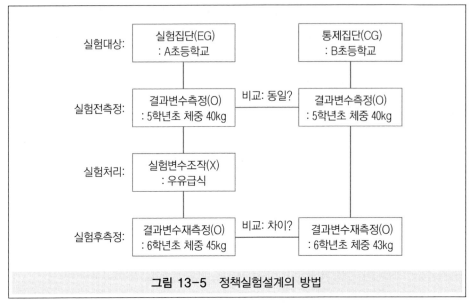

**그림 13-5 정책실험설계의 방법**

주: 실험집단(Experimental Group, EG); 실험적 처리가 이루어지는 집단.
    통제집단(Control Group, CG); 실험집단과 비교되는 집단.
    무작위배정(Random Assignment, R): 연구대상을 실험집단과 통제집단에 할당.
    실험처리(Treatment, X): 실험적으로 조작된 처리를 하는 원인변수.
               처리의 종류가 많은 경우는 아래첨자를 써서 구분
               (예: $X_1$, $X_2$, $X_3$, … 로 구분)
    관찰 혹은 측정값(Observation, O): 결과변수에 대한 측정값
                   측정이 여러차례 이루어지는 경우는 아래첨자를 써서 구분
                   (예: $O_1$, $O_2$, $O_3$, … 로 구분)
    실험효과(Effect, E): 실험변수의 처리효과크기

    따라서 총괄평가에서 인과적 추론을 위한 정책실험설계를 하려면 첫째, 실험대상을 실험집단과 통제집단으로 구분하고(집단의 선발과 배정), 둘째, 실험집단(정책대상집단)에는 원인변수(정책처리)를 도입하고 통제집단(비교집단)에는 이를 도입하지 않고(처리의 조작), 셋째, 실험집단과 통제집단의 결과변수의 변화정도를 비교하는 것이다(정책처리효과).

    위의 [그림 13-5]에서 우유급식을 받지 못한 통제집단의 학생들은 B초등학교 6학년초의 평균몸무게가 43kg인데 비하여, 우유급식을 받는 실험집단의 A초등학교 학생들의 평균몸무게는 45kg으로 우유급식의 효과가 2kg으로 증가하였다.

    그러나 이 논리는 우유급식이 없었을 때의 실험집단과 통제집단의 체중이 동일할 경우에만 타당하다. 즉 두 집단이 동질적인 경우에만 이 논리가 타당하다. 이처럼, 실험집단과 통제집단의 동질성을 확보하고 행하는 실험을 진실험(true experiment)이라고 하고, 두 집단의 동질성을 확보하기 않고 행하는 실험을 준실험(quasi ecperiment)이라고 한다. 그리고 두 집단의 동질성을 전제하지 않고 행하는 실험을 전실험(pre-experiment)이라고 한다.

### (2) 정책실험설계의 타당성

앞에서 논의한 총괄평가에서 또 다른 주요관심사는 실험설계의 타당성이다. 총괄평가를 위한 실험설계는 그들의 목적인 특정한 정책이나 사업의 처리에 대한 효과가 나타났는가를 평가하는 기준으로 그것의 타당성(validity)을 조사하게 된다. 실험설계의 타당성이란 정책이나 사업의 평가를 위한 실험설계가 얼마나 정확하게 특정한 정책이나 사업의 효과에 대한 인과관계를 분석했느냐의 정도(이윤식, 2002: 132)를 말한다. 이것은 경험적 평가를 통하여 원인변수(정책이나 사업)과 결과변수(의도했던 상황이나 조건의 변화) 간의 인과관계를 얼마나 진실(truth)하게 추론하느냐의 정도(Cook & Campbell, 1979: 37)를 의미한다고도 할 수 있다.

이런 실험설계의 타당성은 크게 내적 타당성과 외적 타당성으로 구분한다. 내적 타당성(internal validity)은 원인변수인 집행된 처리(treatment as implemented)로서의 정책이나 사업과 결과변수로 측정된 효과(effect as measured)로서의 정책효과 간에 인과적 추론의 정확성을 말한다. 이런 정의에서 내적 타당성문제는 정책이나 사업의 처리와 결과 간의 관계가 인과적인지 아닌지의 문제뿐 아니라 측정된 정책효과의 크기가 바이어스되지 않았는지에 문제까지도 포함한다.

여기서 원인과 결과 사이의 관계를 위협하는 제3의 변수로는 허위변수와 혼란변수가 있다. 허위변수(spurious variable)는 원인과 결과의 두 변수가 관계가 없는데도 어떤 상관관계가 있는 것처럼 나타내도록 두 변수 모두에 영향을 미치는 변수이고, 혼란변수(confounding variable)는 이들 두 변수 모두에 영향을 미쳐서 관계크기를 왜곡시키는 변수를 의미한다. 이처럼, 제3의 변수범주에 속하는 내적 타당성을 저해하는 요인들을 내적 타당성의 위협(threats to internal validity)이라고 하는데, 이것이 평가대상인 두 변수 간의 인과관계에 관한 그럴듯한 대안적 설명을 하는 왜곡변수라고 할 수 있다.

Campbell & Stanley(1966: 3)은 내적 타당성을 저해하는 요인을 외재적 요인(extrinic factors)과 내재적 요인(intrinsic factors)로 나누고 있다. 외재적 요인은 실험집단과 통제집단이라는 연구참여자들의 상이한 추천으로부터 나타는 바이어스

(biases)로서 선정(selection)요인과 회귀(regression)요인이 있다. 내재적 요인은 연구 (실험)기간 동안 발생하는 개인이나 단위에서의 변화를 말하는 것으로 역사(history) 요인, 성숙(maturation)요인, 상실(attrition,mortality)요인, 검사(testing)요인, 측정도구 (instrumentation)요인 등이 있다(Nachmias & Nachmias, 1981: 84-87). 내적 타당성의 위협요인 중에서 내재적 요인은 실험설계에서 비교집단(통제집단)을 두는 것만으로 도 이들 요인의 제3의 설명가능성으로 작동하지 않도록 통제가 되나, 외재적 요인은 비교집단을 두는 것만으로 되지 않고 두 집단을 동등하게 구성해야 통제가 가능하 다. 따라서 내재적 요인은 준실험설계로 통제가 가능하지만, 외재적 요인은 준실험 설계로는 통제가 불가능하고 진실험설계수준까지 올라가야 통제가 가능하다. 이것

〈표 13-9〉 내적타당성의 위협요인과 통제방안

| 위협(저해)요인 | | 의미 | 통제방안 |
|---|---|---|---|
| 외재적 요인 | 1. 성숙요인 | 표본의 배정과정에서 이미 차이가 있는 두 집단을 선정하여 나타나는 차이 | • 무작위배정<br>• 사전측정 |
| | 2. 회귀요인 | 어떤 극단적 사례를 선정할 때 발생하는 것으로, 실험대상을 반복측정 시 평균값으로 수렴하는 경향으로 나타나는 차이 | • 극단적 측정값을 갖는 집단 회피<br>• 신뢰성 있는 측정도구 사용 |
| 내재적 요인 | 3. 역사요인 | 외부사건에 의한 대상집단의 특성변화 | • 통제집단의 구성<br>• 실험(조사)기간의 제한 |
| | 4. 성숙요인 | 시간의 경과에 따른 대상집단의 특성변화 | • 통제집단의 구성<br>• 실험(조사)기간의 제한<br>• 빠른 성숙을 보이는 표본회피 |
| | 5. 상실요인 | 실험대상의 중도포기나 탈락으로 나타나는 변화 | • 무작위배정<br>• 사전측정 |
| | 6. 검사요인 | 실험대상이 검사의 영향을 받아 변화(예: 사전검사에 대한 친숙도가 다른 측정에 미치는 영향) | • 사전검사를 하지 않는 통제 집단과 실험집단 활용(예: 솔로몬4집단설계)<br>• 사전검사의 위장<br>• 눈에 띄지 않는 관찰방법 |
| | 7. 측정수단요인 | 측정수단(예: 설문지, 관찰, 점수)의 변경에 따른 변화 | • 표준화된 측정도구 사용 |

자료: 남궁근(2017: 225).

은 내적 타당성의 문제가 진실험보다는 준실험이나 비실험을 사용할 때에 다양하게 나타난다는 것을 암시한다(표 13-9).

따라서 내적 타당성의 위협요소들을 모두 제거하는 경우는 현실적으로 불가능하지만 신뢰할만한 인과적 추론을 가능하게 한다. 반대로, 내적 타당성의 위협이 그럴 듯한 대안적 요소로 존재하는 경우에는 어떤 측정된 정책효과가 그 정책처리에 기인한다고 판단하는 것은 미흡하게 된다. 이에 내적타당성의 위협요소를 통제하는 방안을 모색하게 되는데, 내적 타당성을 증가시키는 일반적 방법은 실험대상들을 무작위로 프로그램처리에 배당하는 것이다. 그러나 문제는 무작위배정을 성공적으로 하기가 어렵다는 것이다. 더욱이, 그런 무작위배정을 하는 진실험은 처리전달에 따른 오염의 위험에 의해 영향을 받는다는 약점이 있다. 한편, 진실험과 달리, 준실험에서는 내적타당성을 배제하기 위한 방법으로 준실험설계의 개선, 위협이 그럴듯한지의 여부를 나타내는 자료를 추가로 고찰, 이론 내지 상식에 비추어 특정한 위협이 특정한 평가에서는 그럴듯하지 못하다는 가정을 한다(이윤식, 2002: 150).

한편, 외적 타당성(external validity)은 어떤 특정상황에서 내적 타당성을 확보한 정책평가결과, 즉 추정된 두 변수 간의 인과적 추론의 결론이 다른 상황이나 시기 및 모집단(정책대상집단)에 적용하여 일반화가 가능한 정도를 말한다. 이런 외적 타당성이슈는 내적 타당성에서와 같이, 정책평가결과에 대한 타당성의 문제임과 동시에 실험설계에 관한 타당성의 문제이기도 하다. 따라서 평가결과에 대한 외적 타당성이 결여되어 있다는 것은 바로 그 평가결과에 대한 타당성이 없다는 것이 된다(이윤식, 2002: 151).

그러므로 평가에서 외적 타당성을 확보하는 방안을 모색해야 한다. 첫째, 실험상황에서 일반화를 위하여는 다른 유형의 상황에 대한 반복연구를 하거나 복수의 집단을 실험에 포함시킨다. 둘째, 시기의 일반화를 위해서는 다른 시기에 반복연구를 통하여 확인을 한다. 셋째, 모집단의 일반화를 위해서는 평가대상집단의 표본의 대표성을 제고한다.

## 2) 정책실험설계의 종류

총괄평가방법으로서의 정책실험설계는 실험집단과 통제집단의 선발과 배정, 정책간여(처리)의 조작, 그리고 제3의 변수의 통제유무에 따라 실험설계방법(진실험과 준실험)과 비실험설계방법(전실험)으로 나눌 수 있다. 이러한 실험설계구분의 기준은 실험에서 요구되는 비교(comparison), 통제(control), 조작(manipulation) 및 일반화조건을 잘 갖추었느냐의 정도문제이다(김해동, 2000: 208). 여기서 비교는 실험집단과 통제집단을 선정하여 두 집단의 동등화에 관한 것으로, 특정한 정책이나 사업에 노출된 실험집단과 노출되지 않은 통제집단을 대상으로 실험처리가 정책효과에 관련이 있는가를 알아보기 위한 수단이다. 통제는 제3의 변수라는 내적 타당성에 관련되는 문제로서 실험처리(정책이나 사업)와 결과변수(정책효과) 간의 관계에 대한 인과관계를 저해하는 여러 가지 외재적 요소들을 제거하는 것이다. 그리고 조작은 실험변수의 처리가 일정한 효과를 가져왔는가(인과관계)를 말한다.

이하에서는 정책실험설계로 실험설계(진실험설계와 준실험설계) 및 비실험설계(전실험)을 살펴보고자 한다(Campbell & Stanley, 1966: 6 – 13; Nachmias & Nachmias, 1981: 75 – 126).

### (1) 실험설계

실험설계(experimental design)는 실험설계의 구성요소인 인과적 추론의 모든 조건을 갖추고 있는 상태, 즉 실험집단과 통제집단의 선발과 배정, 제3의 변수의 통제, 정책간여의 조작이 가능한 상태에서 원인과 결과 간의 인과적 추론을 하는 방법으로, 진실험설계와 준실험설계로 나눌 수 있다.

#### ① 진실험설계

진실험설계(true experimental design)는 실험대상을 무작위(난선화, random – ization)로 실험집단과 통제집단에 배정하여 두 집단 간의 동질성을 확보한 후에 실험집단에 특정한 처리를 하여 일정시간이 경과한 후 두 집단의 결과차이를 처리효과로 추정하는 방법이다.

이런 진실험은 인과관계규명을 위한 실험설계 중에서 가장 발달된 방법으로서 연구자가 사전에 계획하여 실험집단과 통제집단을 배정하고 실험처리를 하여 처리효과를 추정하므로 미래지향적(prosective)인 성격을 가지고 있어, 정책처리가 이루어진 후에 그것의 효과를 추정하는 회고적 성격을 가지는 준실험과 차이가 있다. 또한, 진실험이 준실험과 가장 큰 차이는 실험집단과 통제집단을 무작위로 선발배정하여 두 집단 간에 완전한 동질성을 확보한다는 점이다. 이는 내적 타당성을 저해하는 내재적 요인을 통제할 수 있는 비교집단을 두고 외재적 요인을 통제할 수 있는 무작위배정까지 하여 내적 타당성을 가장 완벽하게 통제한다(김병섭, 2008). 그러나 무작위배정이 모든 교란요소를 외재적 요소로 전환시켜 줄 수 있는 것은 아니며, 실험 자체의 조건과 관련된 특정한 요소들은 무작위배정에 의해서도 제거하기가 어려운 경우가 많기 때문에 평가자는 항상 이러한 변수가 영향을 미쳤을 가능성을 유의해야 한다. 또한, 현실사회에서의 실행가능성여부라는 외적타당성문제가 심각하게 대두된다(이윤식, 2018: 100 − 101).

이한 진실험설계의 유형에는 통제집단사후측정설계, 통제집단사전사후측정설계, 솔로몬4집단실험설계가 있다.

### (i) 통제집단사후측정설계

통제집단사후측정설계(posttest only or after − only control group design)는 실험집단과 통제집단을 거의 완벽하게 무작위배정하고 실험집단에 실험적 처리(독립변수의 조작)를 한 후 사후측정으로 두 집단의 차이를 비교하는 방법이다. 이것은 사전측정이 없는 고전적 실험설계의 형태로서 평가환경의 통제가 가능한 실제상황에서 가장 많이 활용되는 진실험설계유형이다.

$$EG : (R) \ X \ O1$$
$$CG : (R) \qquad O2$$
$$E \ = \ (O2 − O1)$$

이 설계의 통계분석은 실험집단과 통제집단의 관찰값의 차이를 t − test를 통하여 검증한다.

### (ii) 통제집단사전사후측정설계

통제집단사전사후측정설계(pretest − posttest control group design)는 실험집단과 통제집단을 무작위배정에 의하여 다른 조건이 동일한 상태가 되도록 한 후에 실험집단에 실험적 처리(독립변수의 조작)를 하고 통제집단에는 그것을 처리하지 않고서 두 집단 간의 차이를 전후비교하여 얻은 결과를 다시 비교하여 정책효과를 파악하는 방법으로서 이는 고전적 실험설계(classic experimental design)라고도 한다.

$$EG : (R) \ O1 \ X \ O2$$
$$CG : (R) \ O3 \qquad O4$$
$$E = (O2 − O4) − (O1 − O3)$$

이 설계의 통계분석은 분산분석(ANOVA)을 통하여 측정값의 집단 간 차이에 대한 통계적 유의성검증을 한다.

### (iii) 솔로몬4집단실험설계

솔로몬4집단실험설계는 고전적 설계가 하나의 통제집단을 가정함으로써 사후측정의 영향과 독립변수와의 상호작용의 영향으로 인해 순수한 독립변수의 조직결과를 측정할 수 없다는데 초점을 두고 발전시킨 것으로, 두 개의 실행집단과 통제집단 중 하나는 사전측정을 하고 다른 하나는 사전측정을 하지 않은 상태에서 실험조작 후에 실험집단과 통제집단의 독립변수조작의 정책효과를 추정하는 방법이다. 이 설계의 실험처리효과는 두 개의 실험집단인 O3와 O5를 비교하고 통제집단인 O4와 O6을 비교한다.


$$EG1 : (R) \ O1 \ X \ O3$$
$$CG1 : (R) \ O2 \quad\ \ O4$$
$$EG2 : (R) \quad\ \ X \ O5$$
$$CG2 : (R) \quad\qquad O6$$


이 설계는 위의 두 실험설계유형을 결합한 것으로서 두 가지 설계의 장점을 모두 가지고 있어서 가장 이상적인 설계유형이다. 그러나 현실적으로 볼 때 비용이나 실험집단과 통제집단의 선정과 관리가 어렵기 때문에 실제 적용에는 한계가 있다.

### ② 준실험설계

준실험설계(quasi-experimental design)는 진실험설계의 적용이 불가능하거나 실용적이지 못한 경우에 사용하기 위하여 실험설계의 요건 중 비교(두 집단의 동등성)와 통제(내적 타당성)의 조건이 약화된 실험설계로, 무작위배정(난선화)을 사용하지 않고 짝짓기(matching) 등 다른 방법을 통하여 가능한 유사한 실험집단과 통제집단을 구성하고 실험집단에 실험처리(독립변수의 조작)하여 일정기간이 경과한 후 두 집단의 결과상의 차이를 처리효과로 추정하는 방법이다. 이것은 진실험과 유사한 설계를 한다고 하여 유사실험(類似實驗) 또는 의사실험(擬似實驗)이라고도 한다.

이런 준실험은 연구자가 과거에 발생한 실험처리를 추정하는 연구가 많기 때문에 회고적(retropective)인 성격을 가지고 있다. 총괄평가나 사후적 과정평가는 정책집행이 이루어진 후에 이루어지는 것이기 때문에 회고적이어서 준실험에 의하여 평가를 많이 하게 된다. 이런 준실험은 실험집단과 비교할 수 있는 통제집단을 두어 내적 타당성의 저해요인 중 내재적 요인을 통제할 수 있으나, 무작위배정을 사용하지 않으므로 모든 가능한 교란변수나 허위변수가 등등하게 영향을 미치도록 집단을 구성해야 하는 어려움이 있다. 이렇게 하기 위해 평가자는 그들 특성 하나하나를 면밀하게 식별하고 측정해야 하며 이에 따라 비교집단을 구성해야 하는 문제가 있고, 또한 변수측정이 문제가 되지 않더라도 허위변수나 교란변수들을 모두 동등하고 오직 처리변수만 다르게 하여 대상들을 배정하기가 어려울지 모른다. 이런 부분이 준실험을 어렵게 하는 요소이다. 그럼에도 불구하고 가장 이상적인 진실험의 문제점인 실행가능성 때문에 현실적으로 준실험을 많이 사용한다(이윤식, 2018: 102 – 103).

이러한 준실험설계의 유형으로는 비동질적통제집단설계, 단절적 시계열설계, 단절적 비교시계열설계, 회귀불연속설계 등이 있다.

### (i) 비동질적통제집단설계

비동질적통제집단설계(non – equivalent control group design)는 기본적으로 고전적 실험설계와 유사한 것으로, 실험집단과 통제집단의 무작위배정을 통한 동질화가 이루어질 없는 상황에서 짝짓기(matching)를 통하여 가능한 실험집단과 유사한 통제집단을 구성하고 실험집단에 정책변수를 처리하고 통제집단에는 처리를 하지 않고 사전측정과 사후측정을 하여 처리효과를 추정하는 방법이다. 여기서 비교집단인 통제집단은 실험집단과 동질적이지 않으므로 비동질적 통제집단이라고 한다.

$$EG : \quad O1 \quad X \quad O2$$
$$CG : (M) \; O3 \qquad O4$$
$$E = (O1 - O2) - (O4 - O3)$$

이 방법에서 비교집단(통제집단)에는 사전측정값과 사후측정값의 큰 변화가 없는 반면에, 실험집단에서는 사전측정값과 사후측정값의 상당한 변화가 있을 때 인과성이 존재하는 것으로 추론한다.

〈예시〉 코네티컷주의 과속규제사업평가

- 사업내용: 1955년도에 코네티컷주가 엄격한 과속규제사업 시행
- 사업기간: 3년(1959년 이후의 실시여부는 미확인)

> - 평가기준: 교통사고사망률(인구 100,000명당 교통사고사망자수)
> - 평가설계: 정책실시지역과 미실시지역의 비교
> - 평가결과; 사업의 시행과 함께. 교통사고사망자수가 줄어든 것으로 나타남. 비교결과 코네티컷주의 교동사고사망률이 인접주의 그것에 비해 상대적으로 감소됨. 이런 사망자감소는 과속규제사업의 효과라고 할 수 있음.

자료: 김명수(2000: 154-156).

### (ii) 단절적 시계열설계

(단일의) 단절적 시계열설계(single, interrupted time-series design)는 한 집단을 대상으로 여러 시점에서 관찰된 자료를 통하여 정책효과를 추정하는 방법으로서 시계열실험설계(time-series experimental design)라고도 한다. 이것은 각 시점에서 관찰된 단일단위가 정의될 수 있고, 계량적인 관찰이 가능하며, 이런 관찰이 정책을 실시하기 이전과 이후의 상당수의 시점에 걸쳐서 가능할 때 적용가능한 평가설계이다(이윤식, 2018; 104-105).

처음 이 설계를 사용하였을 때에는 비교집단을 이용하지 않는 전실험설계에서 얻은 시계열적 자료의 분석방법이었으나, 실험처리(정책이나 사업)가 개입하여 시계열적 추세를 깨트리고 이를 불연속적으로 만들고 있으므로 정책에 의해서 방해를 받은(interrupted) 시계열자료를 분석한다고 하여 붙여진 이름이 단절적 시계열분석이다. 이것은 본질적으로 비동질적 통제집단설계와 유사하다. 다만, 차이점은 비동질적 통제집단설계에서 결과변수의 측정이 실험 전과 후의 두 개밖에 없는데 비해서, 이것은 실험 전후의 많은 시점에서 결과변수를 측정하고 있다는 점이다(정정길, 2002: 190-193).

$$EG : O1 \quad O2 \quad O3 \quad O4 \quad X \quad O5 \quad O6 \quad O7 \quad O8$$

이 평가설계는 정책효과의 횡단면적 자료분석을 통해 정책처리와 정책결과 간의 인과관계를 분석할 수 있는 이점이 있으나, 정책효과의 혼란변수가 되는 역사요인를 통제하지 못하는 한계가 있다.

〈예시〉 인디에나폴리스의 경찰차량이용계획(police fleet plan) 평가

- 사업내용: 경찰차라고 표시된 승용차를 경찰관이 상시(출퇴근 포함) 이용하도록 함
- 사업기간: 6년
- 평가기준: 사업의 집행결과로 억제될 가능성이 있는 여러 유형의 범죄건수
- 평가설계: 단절적 시계열설계
- 평가결과: 사업실시이전 6년 간의 자료에 의하여 추세치를 구한 후에, 이것과 새로운 사업이 실시된 후에 추세치(측정치)를 비교.

자료: 김명수(2000: 151).

### (iii) 단절적 비교시계열설계

단절적 비교시계열설계(interrupted comparative time-series design)는 전술한 단절적시계열설계를 보완하기 위하여 동등하거나 유사한 집단은 아니더라도 상이하지만 비교할 수 있는 몇 개의 집단을 확보할 수 있는 경우에, 실험집단과 비교집단이 시간적으로 처리된 관찰치를 비교하는 방법이다. 이것을 Nachmias & Nachmias (1981)는 통제집단시계열설계(control group time-series design)로, Campbell & Stanley(1963)은 다중시계열설계(the multiple time-series design)라고 부른다.

$$EG : O1 \ O2 \ O3 \ O4 \ X \ O5 \ O6 \ O7 \ O8$$
$$CG : O9 \ O10 \qquad\qquad O14 \ O15$$

이 방법은 단절적 시계열법이 갖는 역사요인의 영향을 극복하는 장점이 있는 반면에, 실험집단과 비교집단의 선발과 배정에 내재되어 있는 선발효과를 극복하지 못하는 한계를 가지고 있지만, 이것을 통한 평가는 정책효과의 인과적 파악에 크게 기여하고 있다(이윤식, 2018: 105-106).

### (iv) 회귀불연속설계

회귀불연속설계(regression discontinuity design)는 실험집단과 통제집단을 구분할 때 분명하게 알려진 배정기준(assignment rule) 또는 자격기준(eligibility criterion)을 적용하여 구분하고 정책처리를 한 실험집단과 처리를 하지 않은 통제집단 등 두 개 집단의 정책결과측정치를 비교하는 방법이다.

예컨대, 평균 3.5점을 장학금기준으로 설정하고, 평균 3.5점 이상이면 실험집단에, 그 이하면 통제집단에 포함시키고, 1년 후에 장학금을 지급받은 학생의 성적

3.355점과 받지 않은 학생의 성적 3.185점에 대하여 각각 회귀분석을 하여 두 회귀직선의 불연속크기, 즉 3.355−3.185＝0.170을 정책효과로 추론하는 것이다(Cook & Campbell, 1979: 131−141).

### (2) 비실험설계

비실험설계(non−experimental design)는 실험설계의 구성요소인 인과적 추론의 조건을 모두 갖추지 못한 상태, 즉 실험집단과 통제집단의 선발과 배정이 어렵고, 제3의 변수의 통제와 정책간여의 처리를 할 수 없는 상황에서 자연적 상황에서 발생하는 관찰을 토대로 원인과 결과의 관계를 추론하는 방법으로, 전실험설계(pre−experimental design)라고도 한다.

이런 비실험설계도 실험처리를 하고 그 효과를 추정하므로 실험적 성격을 가지나 비교집단을 두지 않으므로 내적 타당성을 위협하는 제3의 변수의 설명가능성을 배제하기가 어려워 인과관계를 규명하는데 상당한 어려움이 있다(김병섭, 2008: 245). 이 설계는 모든 실험설계들 가운데서 가장 문제가 많은 설계인데, 그 이유는 대부분의 내적 타당성과 외적 타당성의 근원들을 통제할 수 없기 때문이다(김병진, 1993: 164).

이러한 비실험설계의 유형으로는 단일사례연구설계, 단일집단전후연구설계, 통계적 통제설계, 인과경로모형설계 등이 있다.

### ① 단일사례연구설계

단일사례연구설계(one−shot case study design)는 단일한 시점에서 단일한 사례(집단이나 사건)에 대하여 실험처리(독립변수의 조작)를 한 후에 그것의 효과를 추정하는 방법이다. 여기서 사례란 하나의 사건에 대한 연구나 복수의 사건에 비합산적 연구를 말한다. 예컨대, 이연구는 도시재생사업 후에 공동체의 관찰이나 선거 후에 정치체제의 관찰 또는 혁신적인 교육방법에 노출된 학교의 관찰을 들 수 있다.

EG : X O

이 설계는 각 사례를 통해 발견된 사실들을 단순히 서술하는 방법(이윤식, 2018: 109)으로서, 사전측정이 없으므로 변화를 추정할 수 없고 실험조작을 하지 않는 통제집단이 없으므로 내적 타당성의 위협요인을 제거하기가 어려워서 인과관계를 추론하기가 어렵다(김병섭, 2008: 245).

### ② 단일집단전후연구설계

단일집단전후연구설계(one group pretest-posttest design)는 단일집단사례연구에서 실험처리의 효과를 비교할 수 없는 한계를 보완하기 위하여 고안한 것으로, 하나의 실험집단의 상태를 두 시점, 즉 정책실시 이전과 이후로 나누어 일정한 시간이 경과한 후에 나타난 결과변수의 값을 비교하는 방법이다. 이 설계에서는 정책실시 후에 측정된 결과변수값(O2)에서 정책실시 전에 측정된 결과변수값(O1)을 뺀 차이를 정책효과로 간주한다.

$$EG : O1 \ X \ O2$$
$$E = O2 - O1$$

이 방법은 정책결과에 대한 정책처리 전의 정보를 파악하여 정책의 효과를 측정할 수 있으나, 효과변화가 정책처리가 아닌 다른 제3의 요인에 의하여 일어날 수 있다는 문제가 있다. 이것은 비교집단의 부재로 인한 역사요인이나 성숙요인 및 회귀요인 등 내적 타당성을 저해하는 요인을 통제할 수 없는데 기인한다.

### ③ 통계적 통제설계

통계적 통제설계는 어떤 결과변수에 영향을 미친다고 인식되는 변수들(원인변수나 제3의 변수)을 식별하여 인과모형을 구성하고 회귀분석을 통하여 인과관계를 추론하는 방법이다. 이를테면, 어떤 결과변수(Y)에 영향을 미친다고 추정되는 원인변수(X)와 제3의 변수들(Z1, Z2, Z3)가 있을 때, 다중회귀방정석은 다음과 같다.

$$Y = a + b1X + cZ1 + cZ2 + cZ3$$

여기서 회귀계수 b1의 값은 제3의 변수, 즉 통제변수인 Z1, Z2, Z3의 영향을 통제한 후에 원인변수(정책변수) X가 미친 영향의 크기를 나타낸다.

### ④ 인과경로모형설계

인과경로모형설계는 여러 변수들 간에 원인과 결과의 관계가 복잡하게 얽혀있는 다중관계에 있는 경우에 인과적 모델링에 의해서 인과경로모형을 구성하고 경로분석을 통하여 변수들 간의 인과관계를 검증하는 방법이다.

이런 인과모형의 작성단계는 첫째, 연구자가 연구문제와 관련된 변수들을 선정하고, 둘째. 변수들 간의 다중인과관계를 구성하고, 셋째, 이들 간의 관계를 도표나 기호로 표현하여 경로모형을 작성한다.

### (3) 정책평가설계의 비교

지금까지 논의한 정책실험설계는 과학적 연구의 두 가지 기본문제들, 즉 인과적 추론(inferring causation)과 발견의 일반화(generalization)에 초점을 두어 왔다. 이것은 내적 타당성과 외적 타당성의 문제에 관련된다. 내적 타당성이 강한 실험설계는 외적 타당성을 약화시키는 경향이 있고, 그 반대의 경향도 존재한다(표 13 – 10).

아마도 실험설계에서 내적 타당성의 가장 심각한 위협은 외재적 요인과 내재적 요인의 적절한 통제(control)이다. 일반화에서 가장 주요한 쟁점은 연구모집단과 현실사회상황의 대표성이다. 외적 타당성은 표본과 실험상황의 이질성이 증가하는 것에 의해 저해된다. 이런 점은 다양한 정책실험설계의 장점과 약점을 비교하는 토대가 된다. 진실험은 내적 타당성에 대한 강한 통제와 약한 대표성을 가지고 있는 반면에, 준실험은 통제가 약하고 대표성이 강하다고 볼수 있다. 이를테면, 진실험은 외재적이거나 내재적인 요인에 대하여 무작위배정(난선화, randomization)을 통해 상당한 통제를 하고 독립변수의 처리에 의하여 인과방향을 결정함으로서 타당한 인과적 추론을 할 수 있다. 이러한 이점은 준실험과 그리고 보다 더 비실험의 단점으로 작용한다.

그러나 진실험이 탁월한 인과추론의 방법이라고 할지라도 그것은 또한 단점을 가지고 있다. 진실험의 가장 큰 비판은 인공적이고 현실상황과 유리되어 있다는 것이다. 현실은 실험상황으로 복사할 수 없고 따라서 그곳에서 분석될 수 없다는 것이다. 두 번째 문제는 실험대상표본이 구체적인 상황을 대표하기 어렵다는 것이다. 많은 진실험에서는 자원자를 포함하거나 우연한 표본을 가지기 때문이다. 비대표적 표본은 연구자가 발견한 결과를 일반화하기 어렵게 한다. 그러나 진실험이나 비실험은 자연적 상황에서 수행되고 확률적 표본을 고용하여 통계적 추론을 가능하게 함으로서 현실상황에 일반화를 허락한다(Nachmias & Nachmias, 1981: 123 – 124).

종합정리하면, 진실험과 준실험을 비교할 때 첫째, 내적 타당성 면에서 진실험이 우수하고, 둘째, 외적 타당성 면에서 비슷하지만 준실험이 약간 우수하다고 볼 수 있고, 셋째, 실행가능성 면에서 준실험이 우수하다고 할 수 있다(정정길, 2002: 202). 이들 두 실험에 비해 비실험(전실험)은 내적 타당성과 외적 타당성 모두에서 떨어지

〈표 13-10〉 실험설계유형과 내적, 외적 타당성 저해요인

| 실험설계유형 | | 특징 | 내적 타당성 | | | | | | 외적 타당성 |
|---|---|---|---|---|---|---|---|---|---|
| | | | 역사 | 성숙 | 검사 | 회귀 | 선정 | 상실 | |
| 진실험 | 사후검사 통제집단 | ● 난선화 (표본동일)<br>● 사후비교 | + | + | + | + | + | + | +(?) |
| | 사전사후검사 통제집단 | ● 난선화 (표본동일)<br>● 사전사후비교 | + | + | + | + | + | + | −(?) |
| | 솔로몬4집단 | ● 난선화 (표본동일)<br>● 사전사후비교 | + | + | + | + | + | + | +(?) |
| 준실험 | 비동질적 통제집단 | ● 난선화 (표본유사)<br>● 통제집단간여<br>● 전후비교 | + | + | + | ? | + | + | −(?) |
| | 단절적 시계열 | ● 비난선화 (표본유사)<br>● 통제집단결여<br>● 전후비교 | − | + | + | + | + | + | −(?) |
| | 단절적 비교시계열 | ● 난선화 (표본유사)<br>● 통제집단간여<br>● 전후비교 | − | − | + | + | + | − | + |
| 비실험 | 단일사례연구 | ● 난선화와 통제집단 결여<br>● 변동추정불가 | − | | | | − | − | − |
| | 단일집단전후 | ● 난선화와 통제집단 결여<br>● 변동추정가능<br>● 실험처리효과결정불가 | − | − | − | ? | + | + | − |

주: +보호: 해당되는 타당성 저해요인을 해결가능.
　 − 부호: 해당되는 타당성 저해요인을 해결불가능
　 ? 부호: 문제의 소지가 있음.

자료: Campbell & Stanley(1966: 8: 40); 김경동·이온죽(1994: 289−291).

지만 실행가능성은 오히려 크다고 할 수 있다.

결국, 어떤 실험설계도 통제와 일반화의 문제를 동시에 해결할 수 없으므로, 연구자는 어려운 선택의 문제에 직면한다. 실제의 연구에서 이런 선택을 요구받는다면, 내적 타당성의 도달이 외적 타당성의 도달보다 더 중요한 것으로 받아들여지고 있다. 그리고 진실험과 준실험은 개선될 수 있다는 것이다.

## 2. 프로그램논리모형

### 1) 과정평가와 프로그램논리모형의 의미

대부분의 정책평가는 정책집행과정에 대한 체계적인 검증이 등한시된 채 결과지향적 총괄평가에 초점을 두어 왔다. 그러나 정책이나 사업이 집행되었을 경우, 그 정책이나 사업은 본래의 의도에 부합하도록 집행되어야 하고 아울러 기대하는 결과와 영향을 증대시키기 위하여 집행된 사업의 활동과 나타난 결과 간의 인과관계를 밝혀줌으로서 그 사업의 미비점을 보완 개선하는 과정평가의 필요성이 증대하였다(이윤식, 2002: 228).

과정평가는 사업의 활동상태 및 집행과정에 대한 질적 분석을 하는 것으로, 이런 과정평가를 하는 방법으로 프로그램논리모형이 1990년대 이후 등장하여 활용되고 있다. 프로그램논리모형(program logic model)은 체제이론평가모형의 논리를 적용한 집행과정평가의 방법으로서 특정한 정책이나 사업의 진행과정에 관련되는 요인들 간의 관계를 논리적으로 표현한 흐름도 또는 모형이라고 할 수 있다. 이 모형에 대한 학사들의 정의를 예시하면, 프로그램이 확인된 문제를 해결하기 위하여 어떠한 조건하에서 작동하는가를 묘사하는 모형(McLaughlin & Jordan, 1998: 66), 또는 제안된 프로그램결과를 안내하는 과정과 구성요소를 확인하는 도구, 보다 정확하게는 프로그램이 참여자의 소망스런 결과를 달성하기 위해서 어떻게 이론적으로 작동하는가를 기술하는 모형도(Royse, Thyer & Padgett, 2010: 108 – 109) 등이 있다.

이러한 프로그램논리모형은 평가자에게 중요한 프로그램 구성요소를 개념화하는데 도움을 줄뿐 아니라 또한 다음과 같은 이점을 가지고 있다(Royse, Thyer & Padgett, 2010: 109). 첫째, 프로그램결과를 달성하기 위해 무엇이 일어나야 하는가를 이해하는데 도움을 준다. 둘째, 리엔지니어링이 발생할 수 있도록 핵심과정을 확인하여 프로그램이나 조직 변동의 지도를 제공한다. 셋째, 소망스런 고객결과를 달성하는 대안적 전략을 분석하기 위한 틀을 제공한다. 넷째, 프로그램성과에 기여하는 사건과 과정의 연속에서 이해관계자들을 명료화한다. 다섯째, 프로그램과 정책 논리의 중요한 시험을 할 수 있다. 여섯째, 예산, 활동, 산출, 그리고 결과를 연결하는 것에 의해 소망스런 결과를 성취하기 위한 초점(focus)을 제공한다.

### 2) 프로그램논리모형의 구성요소

위의 프로그램논리모형의 개념정의에서 보는 바와 같이, 이 모형은 프로그램의 목표를 달성하기 위해 관련되는 여러 요인들과 관계를 체계적으로 묘사한 것으로서 모형의 구성요소에 대하여 Royse, Thyer & Padgett(2010: 109)는 투입, 활동, 산출, 고객결과를 들고 있고, McLaughlin & Jordan(1998: 66−67)은 투입(inputs), 활동(activities), 산출(outputs), 고객(clients), 결과(outcomes), 그리고 관련된 외부요인(external factors)을 제시하고 있다(그림 13−6).

첫째, 투입(inputs)은 프로그램에 들어가는, 즉 프로그램을 지원하기 위해 요구되는 모든 자원들로서 예산, 인력, 장비, 정보 등을 들 수가 있다.

둘째, 활동(activities)은 프로그램을 구성하는 행동이나 과업 또는 계획된 사건, 즉 프로그램산출을 생산하기 위하여 필요한 모든 행동으로서 프로그램인력이 어떤 것을 수행하는 것(카운셀링 제공, 워크샵 등)이 그 예이다.

셋째, 산출(outputs)은 활동으로부터 초래된 생산품으로 즉 프로그램의 영향을 받는 고객에게 제공하는 재화나 서비스를 말하는 것으로, 배포된 교육자료나 서비스를 받는 참여자들이 그 예이다.

넷째, 고객(customers)은 프로그램의 산출을 직접적으로 사용하거나 적용받는 개인이나 집단으로서 정책대상집단이라고도 한다.

다섯째, 결과(outcomes)는 프로그램의 활동과 산출로부터 야기되는 변화나 편익이다. 여기서 단기결과는 사업산출이 원인이 되어 일어난 최초의 효과이고, 중기결과는 단기효과로부터 파생되는 행태의 변화이고, 그리고 장기결과는 사회적 경제적 정치적 환경에 미친 영향을 말한다.

마지막으로, 외부요인(external factors)은 프로그램의 성공이나 실패에 직간접적으로 영향을 주는 맥락적 요소로서 정치적·경제적·사회적·기술적 환경변화를 말한다.

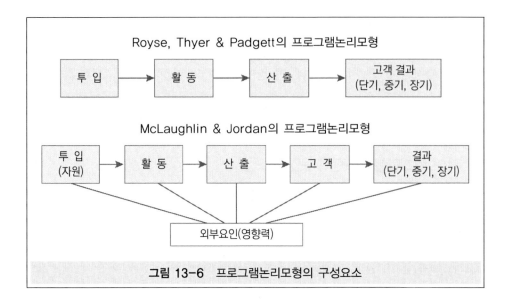

그림 13-6   프로그램논리모형의 구성요소

### 3) 프로그램논리모형의 진행과정

그러면 프로그램논리모형은 어떻게 진행되는가를 살펴보자. 논리모형은 다섯 가지 단계로 구성된다(McLaughlin & Jordan, 1998: 66–70).

#### (1) 1단계: 관련 정보수집

새로운 프로그램을 설계하든 또는 현존프로그램을 기술하든지, 관리자와 작업집단은 다양한 원천으로부터 프로그램에 관련된 정보를 수집한다. 정보는 프로그램이슈나 프로그램 내외부의 중요한 이해관계자와 면접을 통하여 수집한다. 전략적 계획, 매년 성과계획, 이전 프로그램평가. 석절한 입법과 규제, 그리고 대상집단의 면담결과는 논리모형을 구성하는데 이용할 수 있다. 다른 사람이 비슷한 문제를 해결하기 위하여 수행한 통찰력을 얻기 위하여 문헌검토를 하는 것과 프로그램을 설계하여 집행하는데 고려하는 중요한 맥락요소들은 선택된 프로그램을 올바르게 하는 강력한 증거를 제시할 수 있다.

#### (2) 2단계: 문제와 그것의 맥락의 명료한 정의

프로그램의 요구를 명료하게 정의하는 것은 논리모형을 개발하기 위한 토대가 된다. 프로그램은 그것을 필요하게 하는 문제의 이해에 기반해야 한다. 이런 이해는 고객이 직면하는 문제와 어떤 요인들이 그 문제의 원인인가를 파악하는 것을 포함한다. 프로그램은 문제를 해결하기 위하여 고객에게 작동하는 목표(goal)를 달성하려고 한다.

논리모형을 개발하는 작업집단이 직면하는 가장 큰 도전은 프로그램의 결과를 기술하는 것이다. 그리고 그 문제를 해결하는 프로그램결과에 영향을 주는 외부요인(영향력)을 파악해야 한다. 예컨대, 고객이나 파트너 및 다른 프로그램의 활동은 프로그램의 결과에 영향을 준다.

### (3) 3단계: 논리모형의 구성요소정의

논리모형의 설계는 수집된 정보로부터 출발한다. 수집된 정보범주에는 투입(자원), 활동, 산출, 결과, 그리고 외부요인으로 명명을 한다. 우리는 프로그램이 어떻게 작동되는가에 대한 모형을 만드는 것이기 때문에 프로그램의 상세한 내용을 확인하고 목록화하는 것이 아니라, 프로그램의 이해관계자가 프로그램이 어떻게 작동되는가를 이해하는 것이 핵심이다.

다음 <표 13-11>은 에너지프로그램을 위한 논리모형의 구성요소를 제시한 것이다. 논리모형의 구성요소들이 수집되면, 관리자와 작업집단은 계속적으로 위의 표에 포함된 정보의 정확성과 완전성을 검토해야 한다. 점검과정은 중요한 이해관계

〈표 13-11〉 에너지기술프로그램의 논리모형 구성요소

| 투입(자원) | 활동 | 산출 | 고객 | 결과 | | |
|---|---|---|---|---|---|---|
| | | | | 단기 | 중기 | 장기 |
| ● 예산액 ● 인력능력 ● 파트너크기 ● 비용액수 ● 기술로드맵 ● 매년경험 | ● 자금보조 ● 재료의 인구특성 ● 기술도움 제공 ● 조달정책 설정 | ● 보상유형 ● R&D개선 보고서 ● 실험과 상 업모형 ● 제공된 자문 ● 조달액수 | ● 연방과 민 간연구자 ● 산업기업 ● 제조업자 ● 관련생산 품의 현재 와 미리 소 비자 | ● 거절된 벤처 자본 ● R&D개선 ● 실험모형 시 작과 결과 ● 개정된 기술 로드맵 ● 고려된 자문 | ● 벤처자본 획득 ● 완성된 설 험모형 ● 설계된 상 업모형 ● 채택된 효 율적 과정 ● 판매된 기 술 | ● 에너지 사용감소 ● 비용감소 ● 환경개선 |
| 외부요인(영향력) | | | | | | |
| 원유가격, 다른 에너지공급, 경제성장, 글로벌 기후변화의 위험인지. 기술가정, 시장가정 | | | | | | |

자집단의 대표자들에 의해 그들이 투입으로부터 장기적인 문제를 해결하는데 프로 그램의 논리흐름도를 파악하도록 최상으로 행해질 수 있다.

### (4) 4단계: 논리모형의 도형화

논리모형은 어떤 성과이야기에 존재하는 논리적인 흐름과 연결을 포용한다. 이 모형은 청중이 가설화된 연결을 이해하고 평가하도록 정보를 조직화하여야 한다. 자 원과 활동 및 산출과 결과를 그 이야기의 개별범주에 목록화할 때, 그들은 모형에서 청중이 이해할 수 있도록 활동이 어떤 산출을 가져오고 단기와 중기 및 장기적인 결과를 야기하는가를 정확하게 볼 수 있도록 구체적으로 연결되어야 한다.

아래 <표 13-12>는 에너지기술프로그램의 논리모형의 흐름도를 나타낸다.

**〈표 13-12〉** 에너지기술프로그램의 논리모형 흐름도

| 투입<br>(자원) | 활동 | 산출 | 고객 | 결과 | | |
|---|---|---|---|---|---|---|
| | | | | 단기 | 중기 | 장기 |
| • 예산<br>• 인력<br>• 관리 | • 연구수행<br>• 기술개발<br>• 기술생산과<br> 시장교육 | • 기술변화<br> 아이디어<br>• 실험모형<br> 보고<br>• 정책, 유<br> 인, 정보<br>• 시장에서<br> 기술제조 | • 산업연구자<br>• 제조업자<br>• 기술구매자 | • 에너지기술<br> 적용<br>• 산업모형<br> 적용<br>• 구입한 기<br> 술적용 | • 문서화된<br> 기술변화<br> 잠재성<br>• 상업화가<br> 가능한<br> 기술<br>• 사용결과 | • 경쟁적 경제<br>• 환경개선 |

### (5) 5단계: 이해관계자의 논리모형검증

프로그램논리모형이 만들어지면, 그 모형을 만든 작업집단은 그 프로그램이 그 것의 단기와 중기 및 장기적 목표를 달성하기 위하여 어떤 조건하에서 작동하는가 하는 프로그램논리를 검증하여 평가를 해야 한다. 검증과정은 프로그램논리흐름도 에 관련된 이해관계자들이 하게 된다.

프로그램의 검증과정에서 중요한 평가질문은 다음과 같다. 프로그램논리는 이론 적으로 타당한가? 모든 구성요소들은 논리적으로 연결되어 있는가? 프로그램결과를 달성하기 위한 다른 방법은 있는가? 모든 관련된 외부맥락요소들은 확인되었고 그들 의 잠재적인 영향력은 기술되었는가? 등이다.

## 제8절 | 정책평가와 정책실패

### 1. 정책평가의 결과: 정책실패의 확인

정부는 항상 많은 정책산출을 결정하고 집행하고 평가하여 종결을 한다. 지난 1980년 이후 정부영역의 축소에 대한 미사여구에도 불구하고 그들의 환경 또는 사회에 대한 개입은 우리삶의 거의 모든 측면을 포함하고 있다. 이러한 열망과 활동이 정부의 정책결정에 의해 계획되어 실행되었다.

만일 정부가 계획하여 실행한 정책을 성공(success)이라고 간주하려면 무엇을 다른 범주로 구성해야 하는가? 그들 모두는 실패(failure)로 규정해야 하는가? 정책결정자와 정책집행자 및 정책평가자와 같은 사람들이 공공정책의 성과를 판단하는 작업은 불완전한 작업이라고 할 수 있다. 그것은 진공상태에서 발생하지 않는다. 정책과 그것의 결과를 평가하는 데는 많은 원천들이 있다. 가치, 이익, 시간, 그리고 문화는 정책평가를 하는데 영향을 준다.

결국, 정책평가(policy evaluation)는 정책의 결과 또는 성과를 평가하는 기준을 전제하는 측면에서 규범적 실행(normative exercise)이고, 정책이나 사업의 어떤 목표에 도달하는 것은 그것에 관련되거나 영향을 받는 사람들에게 중요한 영향을 줄 수 있다는 측면에서 정치적 실행(political exercise)이다. Bovens & t'Hart(2016: 655-658)는 이런 측면을 정책평가의 프로그램적 차원과 정치적 차원으로 구별하고

〈표 13-13〉 정책평가의 두 가지 논리와 평가결과유형

| 평가기준 | | 정치적 평가: 명성 | |
|---|---|---|---|
| | | 긍정 | 부정 |
| 프로그램적 평가: 성과 | 긍정 | 정책성공<br>(policy success) | 정책비극<br>(policy tragedy) |
| | 부정 | 정책웃음거리<br>(policy farce) | 정책낭패<br>(policy fiasco) |

자료: Bovens & t'Hart(2016: 657).

있다. 첫째, 프로그램적 평가(programmatic evaluation)는 사실의 세계와 사회적 대차 대조표, 즉 관찰할 수 있는 비용과 편익이나 처음의도와 그것의 정책결과에 관련된다. 이것은 정책의 성과(performance)를 측정하는 것이다. 둘째, 정치적 평가(political evaluation)는 인상의 세계, 즉 생활경험, 이야기, 프레임, 영웅과 악당 등에 관련된다. 이들은 정책을 자신의 이해관계에 따라 인식하고 논의하는 방법을 구성한다. 이것은 정책의 명성(reputation)으로 측정하는 것이다. 이상에서 논의한 정책평가의 두 가지 논리들을 결합하면 네 가지의 이념적인 평가결과유형을 도출할 수 있다.

앞의 <표 13-13>에서 네 가지 정책평가결과유형 중에서 두 개의 대칭적인 평가결과(정책성공과 정책낭패)는 두 개의 비일관적이고 비대칭적인 평가결과(정책웃음거리와 정책비극)에 대조된다. 하나는 칭찬받을만한 결과를 가지나 공공적 또는 정치적 신뢰가 약하거나 없는 정책으로 구성되는 정책비극이다. Pressman & Wildavsky (1973)가 말하는 건강정책의 정치적 역할 — 좋게 행하고 나쁘게 느끼는(doing better, feeling worse) — 은 이것을 말한다. 정반대로, 정책결정자가 그의 약속을 전달하는데 실패를 하지만 그것의 명성을 유지하는 정책웃음거리가 있다. 이것에는 여러 포퓰리즘정책이 포함된다. 위의 네 가지 범주에서 정책성공 이외의 세 가지 평가결과유형은 넓은 의미에서 정책실패라고 할 수 있다.

따라서 시간흐름 속에서 어떤 정책이 성공했는가 아니면 실패했는가 여부는 위의 두 가지 평가기준과 평가결과유형을 가지고 검증을 할 수 있다고 본다.

## 2. 정책실패의 의미

정책실패(policy failure)의 개념은 정책과정단계의 상이한 영역에서 실무자들에 의하여 빈번하게 사용되어 왔다. 이 개념은 정치영역에서 정치가들에 의하여 정기적으로 사용되어 왔고, 관료나 전문가 및 이익집단이나 언론 등에서도 채택하고 있다. 그것은 정책이나 정치에 대한 논의와 관련하여 가장 빈번하게 사용되어 왔다. 그러나 정책학에서 학문적으로 정책실패현상은 충분한 주의를 기울이지 않은 영역이다. 이런 정책실패는 시간과 공간 및 국가 그리고 정책영역에서 반복되어 발생하는 것을 관찰할 수 있다. 그러면 이것은 왜 발생하고 정책의 성공과 실패에 대한 학습 (learning)이 실제로 실현되지 않는가? 는 중요한 연구질문으로 등장한다.

정책실패의 초기연구는 정책의 성공과 실패(policy success or policy failure)대상

〈표 13-14〉 정책의 성공과 실패

| 기 준 | 정책성공 | 정책실패 |
|---|---|---|
| 기본목표 | 성취 | 비성취 |
| 대상집단영향 | 긍정적 영향 | 부정적 영향 |
| 결과 | 문제 개선 | 문제 악화 |
| 지지/반대의 원천 | 핵심집단 지지 | 핵심집단 반대 |
| 관찰비교 | 우수한 성과 | 나쁜 성과 |
| 대차대조표 | 높은 편익 | 높은 비용 |
| 혁신수준 | 새로운 변화 | 과거 반응 |
| 규범적 관점 | 옳은 행동 | 나쁜 행동 |

자료: McConnell(2010: 106-128). Howlett, Ramesh & Wu(2015: 212)

을 다루는데 관련되는 어려움을 극복하여 쉽게 해결할 수 있는 기술적 쟁점으로서 (Kerr, 1976; Wolman, 1981), 너무 많은 변수들과 맥락을 포함하는 고도로 복잡한 정치행정적 현상으로서(Pressman & Wildavsky, 1973), 또는 어떤 의미있는 방법으로 다루기가 곤란한 상대적인 구성물이나 해석으로서(Ingram & Mann, 1980) 인식하였다. 이후에, 1980년대와 1990년대의 학자들은 순수하게 기술적이거나 상대적인 관점을 거절하고 초기의 세 가지 관점을 결합하려고 하였는데, 이들의 연구에서는 다음과 같은 진보가 이루어졌다(Howlett, Ramesh & Wu, 2015: 211-213).

첫째, 정책의 성공과 실패는 정책결과의 특정한 측면에 대한 다양한 요소들을 고려하여 보다 실질적 방법(substantive ways)으로 정의하고 있다. 이것은 기본목표가 성취되었는가, 정책이 대상집단에 긍정적 혹은 부정적 영향을 주었는가, 문제가 해결되었는가, 그리고 문제영역의 다른 중요한 차원들을 포함시키고 있다. 특히 McConnell(2010a)은 일정한 기준을 토대로 정책의 성공과 실패를 나누고 있다(표 13-14).

둘째, 정책실패의 개념정의를 명료화하려고 하였다. 학자들은 정책실패와 유사한 개념들, 즉 정책낭패(policy fiasco)(Bovens & t'Hart, 1996), 거버넌스실패(governance failure)(Vining & Weimer, 1990; Bovens, t'Hart & Peters, 2001), 정책사건(policy accidents)(Kingdon, 1984), 정책재난(Policy Disasters)(Dunleavy, 1995), 정책위해(policy catastrophes)(Moran, 2001), 그리고 정책변이(policy anomalies)(Hall, 1993) 등을 확인하고 정책실패의 명료한 조작정의를 시도하였다. 이를테면, Howlett(2012: 551)는 정

〈표 13-15〉  정책실패의 개념범주

| | | 정책형성에서 사용된 이론과 증거 | |
|---|---|---|---|
| | | 엄격히/잘 수용된 | 조잡한/분쟁적인 |
| 정책집행 | 효과적 집행 | 정책변이<br>(policy anomalies) | 정책실수<br>(policy mistakes) |
| | 비효과적 집행 | 정책사건<br>(policy accidents) | 정책낭패<br>(policy fiasco) |

자료: Howlett(2012: 551), Howlett, Ramesh & Wu(2015: 213).

책실패를 정책형성과 정책집행이 잘못되어 나타나는 다양한 현상으로 보고 그것의 개념적 범주 또는 유형을 정책변이, 정책실수, 정책사건, 정책낭패 등 네 가지로 구분하였다(표 13-15).

셋째, 정책실패는 정책과정에서 발생하는 단계로 구분하여 정의하였다. 정책실패는 정책결정과 정책집행의 단계를 넘어서 정책의제설정과 정책평가단계에서도 일어난다. Howlett, Ramesh & Perl(2009: 182)에 의하면, 정책의 성공이나 실패는 정책과정(policy cycle)의 여러 단계에서 발생할 수 있고, 반드시 동일한 단계에서 그들의 원인을 가지고 있는 것이 아니라고 한다. 예컨대, 정부는 사악한 또는 난해한 문제(wicked problems)를 해결하기 위하여 정책의제를 설정하고, 그 이후의 연속적인 정책과정단계에서도 정책실패를 초래할 수 있다. 정책실패는 정책결정단계에서 실수(laps)나 잘못된 판단(misjudgement)으로부터 초래될 수 있다(Bovens & t'Hart, 1996; Roots, 2004). 또 다른 위험은 정책집행단계에서 정책결정자의 목표가 적절하게 또는 정확하게 전달하는데 실패하는 다양한 집행실패를 통하여 발생한다(Kerr, 1976; Ingram & Mann, 1980). 그리고 정책실패는 정책을 집행하는 사람들에 대한 정책결정자의 효과적인 감독(oversight)의 부족으로부터 일어난다(McCubbins & Schwartz, 1984). 마지막으로, 정책실패는 정책평가와 정책학습 단계에서 정책평가자가 정책과정을 효과적으로 평가하지 않거나 과거경험으로부터 유용한 학습을 하지 않는 것으로부터 일어난다(Busenborg, 2001)(표 13-16).

지금까지의 논의를 종합하면, 정책실패학문은 정책실패의 개념화작업을 지속적으로 진행하여 왔지만 명확한 개념정의가 부족한 상태에 있다고 할 수 있다. 정책연구자들은 공공정책과 그것의 내용 그리고 과정에 대하여 어떤 구성요소에 초점을 두는가에 따라 다양한 개념정의를 하여 왔다.

〈표 13-16〉 정책과정단계와 관련된 정책실패

| 정책과정 | 관련된 정책실패 |
|---|---|
| 정책의제설정<br>(agenda setting) | 초과부담이 되거나 도달할 수 없는 정책의제를 설정하는 도를 넘는(over-reaching) 정부 |
| 정책공식화<br>(policy formulation) | 적절히 탐색하거나 연구된 정책원인이나 또는 정책대안의 가능한 효과를 검토하지 않고 난해한 문제(wicked problems)를 다루려는 시도 |
| 의사결정<br>(decision making) | 부정적이거나 다른 정책결과를 예측하는 실패나 체제실패의 위험 |
| 정책집행<br>(policy implementation) | 정책결정자의 집행자에 대한 감독, 즉 자금부족, 정당성이슈, 주인-대리인문제, 감독실패, 그리고 기타요인을 포함하는 집행문제를 다루는데 실패 |
| 정책평가<br>(policy evaluation) | 비효과적이고 부적절한 정책검토(policy monitoring) 그리고 환류과정의 부족에 기인한 정책학습실패 |

앞에서 본 바와 같이, Bovens & t'Hart(2016: 657)는 정책평가를 프로그램적 차원과 정치적 차원으로 나누고 양자를 결합하여 도출한 네 가지 평가유형 중에서 정책성공 이외의 범주인 정책비극, 정책웃음거리, 정책낭패를 포함하는 것으로 정책실패를 보아 개념적 정의를 하고 있지 않다. 그러나 정책실패를 구체적으로 개념화를 시도한 학자인 McConnell(2015: 224)은 문제를 해결하지 못하고, 공익을 실현하지 못하며, 민주적 정치에 기여하지 못하는 정책으로 애매한 정의를 하였다가, 이후에 McConnell(2016: 671)은 정책이 비록 어떤 최소한 측면에서 성공을 거두었다고 할지라도 제안자들이 설정한 목표를 기본적으로 달성하지 못하거나(사업/결정실패) 그것에 대한 반대나 지지가 없는 상태(정치실패)를 포함하는 조작적인 정의를 하였다.

한편, 국내학자인 민진(1995: 244-245)은 정책실패를 정책목표를 어느 정도 달성하지 못하거나 불충분한 경우로 보고 프로그램실패와 이론실패를 포함시킨다. 여기서 프로그램실패는 정책목표와 정책수단 간의 인과관계가 확실한 행동으로 취하지 못한 경우이고, 이론실패는 정책목표와 정책수단 간의 인과관계 자체가 타당하지 못하여 행동으로 취해졌으나 소기의 목표를 달성하지 못한 경우라고 하였다. 김형렬(1999: 2)은 정책실패를 일정한 시점에서 조직의 목적과 목표를 성취하지 못한 상태로 정의하였다.

최근에 김현구(2022: 35)는 정책실패의 개념을 넓은 의미에서는 McConnell(2016:

671)의 정책실패개념을 도입하여 정책이 비록 최소한의 성공을 거두었다고 하더라도 근본적으로 정책입안자가 의도한 정책목표를 달성하지 못하고 나아가 정책에 대한 반대가 크거나 실질적인 지지가 없는 것으로 보아 사업실패와 정치실패를 포함시키고 있고, 좁은 의미에서는 사업실패, 즉 사업이 기대하는 바의 성과목표를 달성하지 못하거나 달성했다고 하더라도 그 성과가 무색할 정도의 비용이나 부작용이 되는 것으로 정의한다.

이처럼, 정책실패는 다의적 개념이라는 것을 알 수가 있는데, 본저자는 정책실패를 모든 정책과정에서 정책행위자들의 인식이나 사고 및 행동에 기인하여 발생하는 오차나 의도하지 않은 결과나 영향을 의미하는 것으로 정의하고자 한다. 이러한 넓은 의미의 개념정의는 정책실패의 원인을 총체적으로 진단하고 파악하는데 도움을 줄 수 있다.

## 3. 정책실패의 원인

위에서 정책실패의 개념을 살펴보았는데, 이러한 개념정의 속에는 정책실패를 초래하는 원인이나 요인을 암시하고 있다. 이하에서는 정책실패가 왜 초래되는가? 하는 원인을 논의하고 있는 국내외학자들의 견해를 살펴본다.

### 1) McConnell의 정책실패

McConnell(2015: 232 – 255)은 정부는 보다 좋은 사회(better society)의 열망을 가지고 행동한다는 전제하에, 정부가 수행하는 행동을 과정(process – 정부는 공공정책을 생산하는 과정에 관여한다), 사업(programmes – 정부는 정책이나 사업을 산출한다), 그리고 정치(politics – 정부는 공공정책을 제정하고 갈등을 관리하는 역할을 한다)로 구분하고, 정책실패의 형태와 요인(원인)을 구성하였다.

정책실패의 형태는 관용적 실패(tolerable failure – 정책결정자가 달성하기 위하여 설정한 목표달성을 기본적으로 방해하지 않고 반대가 약하거나 비판이 존재하는 특성을 가지는 실패), 갈등적 실패(conflicted failure – 정책결정자들이 정책의 목표나 수단에 대하여 심한 대립이 존재하는 상태), 그리고 완전한 실패(outright failure – 정책결정자가 달성하기 위하여 설정한 목표달성이 불가능하고 반대가 강하거나 지지가 존재하지 않는 상태)로 나누고, 실패범주들을 과정과 사업 및 정치 차원에서 제시하였다(표 13 – 17).

〈표 13-17〉 McConnel의 정책실패원인

| 실패범주 ＼ 실패형태 | | 관용적 실패 | 갈등적 실패 | 완전한 실패 |
|---|---|---|---|---|
| 과정으로서의 정책 | 1. 정책목표와 수단유지 | 목표를 달성하는 확신하에 유지되는 목표와 수단 | 유지하는데 논쟁적이고 어려운 목표와 수단 | 소망스러운 정책목표와 수단을 생각할 수 없는 정책 |
| | 2. 정당성보장 | 정당성의 도전 | 정책정당성을 둘러싼 난해하고 혼잡한 이슈 | 정당하지 못한 정책과정 |
| | 3. 동맹형성 | 부동의의 신호를 가진 동맹 | 강한 부동의와 분할 가능성을 가진 동맹 | 동맹불형성 |
| | 4. 과정에 지지유인 | 과정에 대한 반대가 낮고 압도적인 지지 | 과정에 대한 지지와 반대가 균등함 | 과정에 대한 반대는 보편적이고 지지는 존재하지 않음 |
| 사업으로서의 정책 | 5. 정책목표의 집행 | 소수의 실패나 변이에도 성취되는 목표 | 일정한 성공과 기대하지 않은 실패가 동반하는 혼합결과 | 의도한 집행이 시도되지만, 고도로 논쟁적이고 방어하기 어려운 만성적 실패가 나타나는 사업 |
| | 6. 소망스런 결과달성 | 소수의 단점에도 성취되는 결과 | 의도한 결과의 부분적인 성취와 원하지 않는 결과의 달성 | 소규모적로는 달성되지만 압도적으로 성취하지 못하는 결과 |
| | 7. 대상집단혜택 | 소수의 단점에도 의도한 대상집단에 편익제공 | 부분적으로 대상집단에 편익제공 | 대상집단에 소규모 편익이 있지만 손해나 불공평이 발생 |
| | 8. 사업에 지지유인 | 사업의 목표와 수단에 대한 반대가 있지만 지지가 압도적임 | 사업의 목표와 수단에 대한 반대와 지지가 공존함 | 사업의 목표와 수단에 대한 반대가 지지보다 압도적임 |
| 정치로서 정책 | 9. 선거전망 | 약간의 차질에도 선거전망이 호의적 | 선거전망에 비추어 정책의 지지와 반대가 공존 | 전반적인 선거전망에 의해 좌우되는 정책 |
| | 10. 통치역량 | 흔들리지 않는 통치역량 | 논쟁적인 통치역량 | 불신하는 통치역량 |
| | 11. 정부의 소망스런 궤적추진 | 어떤 개선이 요구되지만 방해받지 않는 궤적 | 정책방향을 가지고 있으나 약간의 재사고가 요구됨 | 타협의 필요가 있는 정부의 전체궤적 |

| | 정부에 대한 정 | | |
|---|---|---|---|
| 12. 정부에 정치적 편익제공 | 치적 반대가 있지만 지지가 압도적임 | 정부에 대한 반대와 지지가 공존 | 정부에 대한 반대가 지지보다 압도적임 |

자료: McConnell(2015: 232-235).

## 2) 민진의 정책실패

민진(1995: 248-260)은 정책실패의 원인을 정책과정(정책결정과 정책집행)과 정책의 구성요소(정책목표, 정책수단, 정책주관기관, 정책대상집단) 및 정책환경 등의 여러 측면에서 도출하고 있다(표 13-18).

첫째, 정책목표-정책실패의 원인은 정책목표에서 비롯된다. 정책결정단계에서 정책목표의 내용이 명확하지 않거나 추상적일 때 집행이 곤란하게 되어 집행이 실패할 가능성이 높다. 정책목표는 실현가능성이 있어야 성공적인 집행이 가능하지만 실현가능성이 희박할 경우 실패할 수 있다. 그리고 정책목표의 정당성이 부족할 때 실패할 수 있다.

〈표 13-18〉  민진의 정책실패원인

| 정책과정<br>정책구성요소와 환경 | 정책결정 | 정책집행 |
|---|---|---|
| 정책목표 | • 정책목표의 내용부적합<br>• 추상적인 목표<br>• 실현불가능한 목표<br>• 규범적 정당성의 부족 | • 정책집행의 지침결여, 불명확<br>• 정책목표의 수정과 탄력성 결여 |
| 정책수단 | • 정보의 부족<br>• 시간의 부족 | • 조직과 절차 결여<br>• 예산 부족<br>• 권한 결여<br>• 사후관리 부족 |
| 정책주관기관 | • 무능력, 소극적 태도<br>• 리더십 부족, 단절 | • 무능력, 소극적 태도<br>• 리더십 부족 |
| 정책대상집단 | • 참여 저조<br>• 소극적 무관심 태도 | • 집행의 불응<br>• 소극적, 무관심 태도 |
| 정책환경 | • 불확실성과 여건불비<br>• 정책결정통제력 부족 | • 집행환경의 악화<br>• 집행의 관심과 감시 부족 |

자료: 민진(1995: 260).

또한, 정책집행단계에서 정책목표는 정책집행지침으로 이동하는데, 집행지침은 정책목표를 구체적으로 집행하게 된다. 집행지침이 결여되거나 구체적이지 못하면 성공적인 집행을 어렵게 할 수 있다. 정책목표를 달성하기 어려운 경우 수정하게 되는데, 적절한 목표수정이 없는 경우 정책은 실패할 수 있다.

둘째, 정책수단－정책결정을 위한 수단은 정책결정에 필요한 정보와 시간이 있다. 정보의 질이 나쁘거나 양이 부족할 때 정책의 성공을 기대할 수 없다. 결정할 시간이 부족하거나 촉박한 상황에서 정책결정을 하는 경우 시행착오의 가능성이 커진다.

또한, 정책집행수단으로는 집행기구와 절차, 예산 등 재원, 설비, 권한 등이 있는데, 이러한 수단이 부족하면 집행이 실패할 수 있다.

셋째, 정책주관기관－정책주관기관은 정책의 결정과 집행을 수행하는 기관으로서 정책결정기관과 정책집행기관이 있다. 정책결정기관(정책결정자)의 리더십(능력이나 자질)이 부족하거나 소극적 태도를 가질 때 실패할 수 있다.

또한, 정책집행기관(정책집행자)의 능력과 자질 부족과 행태나 성향의 소극적 태도는 실패를 초래할 수 있다.

넷째, 정책대상집단－정책대상집단은 정책결정에 참여하는 집단과 정책의 집행을 받는 집단으로 나누어진다. 정책결정과정에 대상집단의 참여가 부족할수록 정책은 실패할 가능성이 높다. 또한, 정책집행과정에서 대상집단의 순응이 낮거나 저항이 클수록 정책의 효율적인 집행이 어려울 것이고 정책실패의 가능성은 높아진다.

다섯째, 정책환경－정책은 환경의 산물이므로, 정책의 성공이나 실패 여부는 상황의 영향을 받는다. 정책결정에서 불확실성이 크거나 여건이 구비되어 있지 못하면 정책이 실패할 가능성이 크다. 불확실하거나 정당하지 못한 정책결정을 제어할 수 있는 정책외부집단(감사원, 국회, 사법부, 언론, 전문가, 시민 등)의 정책통제력이 부족하면 정책실패를 가져올 수 있다. 정책결정 시 예측하지 못하였거나 예측을 초월한 경제적 사회적 기술적 자연적 환경의 악화는 정책집행을 실패하게 할 수 있다.

또한, 정책집행이 효과적으로 이루어지려면 언론이나 시민 등 정책외부집단의 관심이 요구되는바, 이들의 무관심과 감시의 중단은 정책실패를 가져올 수 있다.

### 3) 김형렬의 정책실패

김형렬(1999: 2－26)은 정책실패의 요인 또는 원인으로 정책과정과 관련하여 인

〈표 13-19〉 김형렬의 정책실패요인

| 분석기준 | | 정책실패요인 |
|---|---|---|
| 인적요소 | 정책형성자 | • 도덕성 결여<br>• 취약한 지도자<br>• 즉흥적 정책결정<br>• 정책형성자들 간의 갈등 |
| | 정책집행자 | • 신뢰성 결여<br>• 집행자의 불응<br>• 집행자들 사이의 불화<br>• 생산성 향상에 실패 |
| | 정책대상집단 | • 대상자의 비협조(불응) |
| 자원요소 | 시간 | • 정책형성과 집행과정에서 제한된 시간 |
| | 정보 | • 정보 및 자료 부족 |
| | 사람 | • 인적자원 부족 |
| | 재정 | • 예산 부족 |
| 절차요소 | 정책목표 | • 잘못된 정책목표 |
| | 집행계획 | • 미비된 집행계획 |
| | 정책조정 | • 정책조정의 실패 |
| | 공공관계 | • 부실한 공공관계 |
| 기타요소 | 우연성 | • 우연적 요소에 따른 실패 |
| | 정책유산 | • 정책실패의 부정적 상승작용 |

자료: 김형렬(1999: 2-26) 요약.

간실패, 자원공급실패, 절차실패, 그리고 기타 요인으로 범주화하여 제시하고 있다 (표 13-19).

첫째, 인적 요소(정책형성자, 정책집행자, 정책대상집단) - 어느 조직이나 정책형성자는 정책형성에 핵심적인 역할을 수행하므로, 정책형성자의 비윤리성이나 무능력은 정책실패의 원인이 된다. 정책형성자가 합리적인 사고과정을 거치지 않고 즉흥적으로나 감정적으로 정책결정을 하는 경우에 정책실패의 가능성이 높다. 정책형성에 참여하는 행위자들은 정책에 대한 기본방향과 목표 및 예견되는 정책결과에 대하여 어느 정도의 의견일치가 이루어지면 실패할 확률이 낮아지지만 그렇지 못할 때에는 실패할 가능성이 높아진다.

정책결정의 산출물인 정책의 집행은 행정관료에 의해 이루어지는데, 집행자의 신뢰성이 결여되면 정책이 제대로 이루어질 수 없다. 왜냐하면 고객들이 집행자를 믿지 않으면 잘 협조하려고 하지 않기 때문이다. 정책결정자가 결정한 정책을 집행자가 순응하지 않고 불응하려고 할 때에는 정책실패는 불을 보듯이 뻔한 일이다. 그리고 집단이기주의나 부처이기주의와 같은 정책집행자간의 갈등은 정책이 실패할 수 있다.

또한, 정책대상집단인 정책수혜자가 정책산출을 적극적으로 수용하는 것에 불응하는 경우에 정책실패는 명백하게 된다. 예컨대, 국민이 특정항목의 세목에 대해 납세를 거부하는 것이다.

둘째, 자원 요소(시간, 정보, 사람, 재정) – 정책과정에서 필수적인 요소는 자원이다. 왜냐하면 자원의 뒷받침없이 정책의 결과를 기대할 수 없기 때문이다. 여기서 자원이란 정책과정에 필요한 시간, 정보, 사람, 예산 등을 포함한다.

정책형성자는 시간적 변수를 고려하여 문제를 해결하기 위한 정책을 제시하는데, 적기(timeliness)에 정책이 결정되지 못하면 정책이 실패할 수 있다. 마치 환자가 초기에 약을 써야하는데 그 시기를 놓치면 병을 고치기 어려운 것과 같은 이치이다. 예컨대, 1930년대 초에 미국에서 경제대공황이 발생하였을 때 Hoover 대통령은 보수적 정책을 추구하여 공황을 해결하는데 실패하였다. 이런 정책형성에는 충분한 시간이 전제되어야 하는데, 그렇지 못할 때에는 실패하기 쉽다. 일단 정책이 형성되었으면 집행단계로 진행하는데, 계획된 기간에 정책이 완료되지 못하면 실패하기 마련이다.

지피지기면 백전백승이라는 말이 있듯이, 적실한 정보는 정책실패예방에 중요하다. 정확한 통계자료가 부족하거나 없는 상황에서 정책이 형성되어 집행되는 경우에 정책실패의 가능성이 높은 것이다.

정책결정이나 집행은 사람이 하므로 능력있는 결정자나 집행자가 부족하거나 없을 때에는 정책실패가 나타난다. 그리고 기름이 없으면 자동차가 움직일 수 없듯이, 예산이 없으면 정책을 집행할 수 없으므로 실패할 가능성이 높게 된다.

셋째, 절차적 요소(정책목표, 집행계획, 정책조정, 공공관계) – 어느 조직이든 조직의 목표를 달성하기 위한 정책목표가 정당해야 하는데, 정당성이 결여된 목표는 실패할 가능성이 크다. 예컨대, 미국정부가 월남전에 개입하는데 국민의 동의를 받지 않고 정부지도자들이 일방적으로 결정한 것이 실패의 원인이 되었다.

정책집행자는 정책의 기본취지, 범위, 대상자 등에 대한 집행계획을 세우지 않으면 정책실패의 가능성이 커지게 된다. 또한, 여러 분야 간의 정책조정이 이루어지지 않으면 정책실패로 이어질 가능성이 크다. 정부와 시민 간의 공공관계가 부족하거나 부존재하는 경우에 정책실패가 나타난다.

넷째, 기타 요소(우연성, 정책유산) - 정책형성과 집행은 많은 시간을 요구하는데, 이 사이에 우연한 외부사건이 개입하는 경우 정책이 실패할 수 있다. 이러한 우연적 요소는 인간의 능력으로 예측하기 어려운 사건으로, 정치 경제 사회 기술 자연적 환경에서 표출되는 변수이다. 예컨대, 대형재난으로 인한 정부정책이 실행할 수 없는 경우이다.

또한, 실패한 정책유산(policy legacy)은 정책의 형성이나 집행의 실패를 가져올 수 있다. 정책실패의 부정적 상승작용이란 작은 실수가 누적되어 큰 실수로 이어지고 이것이 반복되면서 정책실패로 나타나는 것을 말한다. 예컨대, 어느 기업이나 정부에서 안전사고를 가볍게 처리하여 그 사고가 반복되어 큰 사고로 나타나는 것을 생각할 수 있다.

### 4) 정광호 외의 정책실패

정광호·최슬기·장윤희(2009: 3-6)는 정책실패의 원인을 정책형성, 정책집행, 정책학습과 환류단계로 나누어 기술하고 있다(표 13-20).

첫째, 정책형성단계 - 우선, 정책외부환경은 정책의 의제설정과 결정 및 집행 그리고 환류에 밀접한 관련을 갖고 있다. 이러한 정책외부조건은 정책을 둘러싸고 있는 환경조건으로서 정책의 성공이나 실패에 영향을 준다. 이를테면, 정책불신이란 정부가 결정한 산출물에 대한 부정적인 평가정향(시민의 정책불신과 행동)이고, 정책과정의 과도한 개입은 정책과정에 정치적 요소가 지나치게 개입하는 것이다. 그리고 정책분야간 연관성 증대는 정책의 연계가 높아지면서 개별정책의 독자적인 추진이 곤란한 것을 말한다.

또한, 정책결정단계에서 정책처방과 이로 나타난 결과 사이의 인과경로에 대한 잘못된 판단은 정책실패를 가져올 수 있다. 정책처방의 우선순위나 작동순서에 대한 판단오류 및 상호모순되는 정책내용 등을 가지는 정책설계의 오류는 현실과 괴리된 정책으로 나타날 수 있다.

그리고, 유관집단의 의견수렴 부족은 이해관계가 있는 집단들의 의견을 충분히 반영하지 못하여 절차적 정당성이 부족한 것을 말한다. 충분하지 못한 의견수렴은

〈표 13-20〉 정광호 외의 정책실패원인

| 정책과정 | 정책실패의 원인 |
|---|---|
| 정책형성 | • 정책외부조건<br>• 정책불신<br>• 정책과정에 과도한 정치개입<br>• 정책설계의 오류<br>• 현실과 괴리된 정책<br>• 유관집단의 의견수렴 실패 |
| 정책집행 | • 중복된 집행주체/모호한 역할분담<br>• 집행인력의 부족<br>• 관료적 타성<br>• 기관장의 리더십 부족<br>• 정책목표에 대한 공감대 부족<br>• 전문성 부족<br>• 집행조직의 유기적 연계 부족 |
| 정책학습과 환류 | • 정책학습과 환류의 실패 |

자료: 정광호 · 최슬기 · 장윤희(2009: 10).

절차적 정당성을 훼손시키고, 정책설계에서 필요한 정책가치를 누락시킬 수 있다.

둘째, 정책집행단계 – 정책집행영역에서도 정책집행을 일으키는 요인들이 주목을 받아 왔다. 집행조직은 어떻게 설계하여 운영할 것인가, 서비스 제공을 어떤 방식으로 할 것인가, 그리고 어떤 정책수단을 사용할 것인가 등이 주요쟁점이 된다. 이를테면, 집행주체의 불분명은 정부조직간 또는 공사조직간에 발생하는 역할정의의 모호성에 대한 실패를 말하고, 집행인력의 부족이란 정책에 필요한 인적 자원을 확보하지 못하여 나오는 정책능력의 감소이고, 관료적 타성이란 관료들의 변화를 두려워하고 현실에 안주하려는 행태를 말한다.

그리고 정책집행에서 나타나는 실패는 정책을 집행하는 기관장의 관리적 리더십이 부족한데 기인하기도 하고, 정책목표에 대한 공감대 부족, 관료의 전문성 부족, 정책담당조직의 유기적 연계가 이루어지지 않는 경우에도 나타난다.

셋째, 정책평가단계 – 정책학습의 실패는 선행정책의 실패로부터 교훈을 제대로 학습하지 못한 것을 말하고, 정책환류의 실패는 과거조직의 정책문제인식, 정책목표, 정책대상집단에 대한 학습결과를 정책과정에서 활용하지 못하는 것을 말한다. 이러한 정책실패는 다시 정책학습의 기회를 제공하고 정책발전으로 이루어질 수 있다.

이상의 일반화된 정책실패의 원인을 탐색하기 위하여 1990년 1월부터 2007년 12

〈표 13-21〉 정책실패의 원인분석결과

| 정책과정 | 항목(실패원인) | 빈도 | 영역내 비율(%) | 전체대비 비율(%) |
|---|---|---|---|---|
| 정책형성단계 (의제설정＋결정) | 정책외부조건 | 86 | 18.61 | 11.14 |
| | 정책불신 | 53 | 11.47 | 6.87 |
| | 정책과정에 정치개입 | 38 | 8.23 | 4.92 |
| | 유관집단간 연관성 증대 | 20 | 4.35 | 2.59 |
| | 정책설계의 오류 | 219 | 47.40 | 28.37 |
| | 현장과 유리된 정책 | 19 | 4.11 | 2.46 |
| | 유관집단의 의견수렴 | 27 | 5.84 | 3.50 |
| | 합 계 | 462 | 100.0 | 54.85 |
| 정책집행단계 | 중복된 집행주체 | 64 | 23.35 | 8.29 |
| | 집행인력의 부족 | 13 | 4.74 | 1.68 |
| | 관료적 타성 | 40 | 14.60 | 5.18 |
| | 기관장의 리더십 부족 | 18 | 6.57 | 2.33 |
| | 정책목표의 공감대 부족 | 1 | .36 | 0.13 |
| | 전문성 부족 | 60 | 21.90 | 7.77 |
| | 집행조직의 유기적 연계 부족 | 53 | 19.34 | 6.87 |
| | 혁신조직문화 부족 | 9 | 3.28 | 1.17 |
| | 부정부패 | 16 | 5.84 | 2.07 |
| | 합 계 | 274 | 100.0 | 35.49 |
| 정책평가단계 | 정책학습과 환류의 실패 | 30 | 100.0 | 4.66 |
| | 전체 합계 | 772 | 100.0 | 100.0 |

자료: 정광호 외(2009; 14).

월 31일 사에 발생한 국내 주요일간지(11개 신문)에 보도된 정책실패사례를 분석하였는데, 분석결과는 위의 표와 같다(표 13-21).

위의 표에서 정책실패의 원인을 정책과정단계별로 보면, 정책형성단계에 관련된 요인이 59.89%로 과반수 이상을 차지하고, 그 다음으로 정책집행단계에 관련된 요인이 35.49%, 정책평가에 관련된 요인이 4.46%로 나타나고 있다. 이것은 정책실패가 발생할 수 있는 정책과정단계는 정책형성(정책의제설정＋정책결정)과 정책집행이라는 것을 암시한다. 환경에서 발생하는 사회문제를 해결하기 위한 정책의제설정과 정책결정에서는 정책설계의 오류가 발생하고, 여기서 산출된 정책집행과정에서는

〈표 13-22〉 정책영역(유형)별 정책실패빈도

| 영역(유형) | 경제정책 | 교육정책 | 사회정책 | 환경정책 | 안보외교통일정책 | 기타정책 |
|---|---|---|---|---|---|---|
| 빈도(%) | 166 (44.39) | 43 (11.50) | 60 (16.04) | 20 (5.35) | 29 (7.75) | 56 (14.97) |

자료: 정광호 외(2009: 15).

집행조직의 체계가 미흡하고 관료의 능력이 부족하거나 예산이 부족하다면 정책실패가 일어날 가능성이 크다는 것을 입증하고 있다.

다음으로, 정책실패를 정책영역(유형)별로 범주화하여 보면, 위의 표와 같다(표 13-22). 표에서 정책영역별로 나타나는 정책실패빈도는 경제정책이 44.39%로 가장 비중이 높고, 그 다음으로 사회정책, 교육정책, 안보외교통일정책, 환경정책 순으로 나타나고 있다.

지금까지 논의한 여러 학자들의 정책실패의 요인 또는 원인을 종합하면, 다음과 같은 정책실패의 분석틀을 설계할 수 있다(그림 13-7).

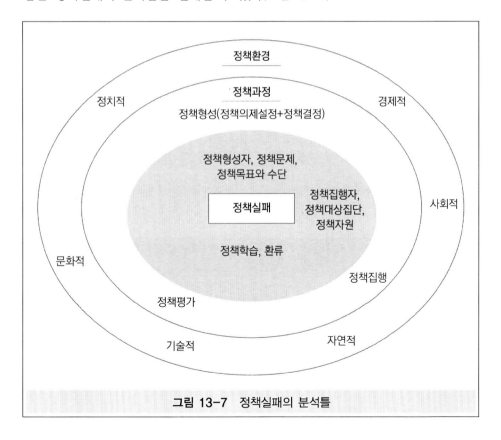

그림 13-7  정책실패의 분석틀

# 제 9 절 | 정책평가의 사례연구

## 1. 교육정책: 2000년대, 초등학교열린교육사업의 효과분석(총괄평가, 효과성평가)[6]

### 1) 열린교육의 기본모형

이 연구의 목적은 초등학교 열린교육의 실태와 효과를 분석하여 그 과제와 개선방안을 모색하는 것이다. 열린교육은 한국에서 추구해야 할 학교교육의 개혁방안인가? 아니면 또 하나의 시행착오인가?

열린교육이란 학습자의 관심과 흥미 및 욕구를 충족시킬 수 있도록 자율적이며 자기주도적이고 능동적인 학습을 할 수 있는 교육체계를 말하는 것으로, 다음과 같은 내용을 포함한다.

〈표 13-23〉 열린교육의 기본모형 내용

| |
|---|
| • 개인의 지적, 정서적, 신체적, 사회적 욕구에 대한 관심 |
| • 전체학습에 대한 최소한의 과제 부여 |
| • 다양한 시간, 기간, 종류의 유연한 계획 |
| • 통합된 교육과정 |
| • 유연한 학습집단 |
| • 창조적 활동 |
| • 교사와 학생 및 학생들 상호간의 열린 관계 |
| • 학생들의 의사결정참여와 활동의 자유로움 |
| • 풍부한 자료 |
| • 실험과 참여 강조 |
| • 신뢰, 수용, 다양성 존중 |
| • 최소한의 성적과 기록 |

---

6) 송광용·서인원. (2000). "초등학교 열린교육사업의 운영실태와 효과분석", 「교육행정학연구」, 18(1): 1-29.

## 2) 열린교육사업의 효과평가

〈표 13-24〉 열린교육의 효과측정도구

| 변 수 | 설문문항 |
|---|---|
| 학업성적<br>(수학검사) | • 생일파티에 남학생과 여학생이 합하여 10명이 참가하였다.<br>　조금 있다가 남학생의 절반이 돌아간 후 6명이 남았다. 함께한 여학생은<br>　몇 명이었는가?<br>• 철호는 한 개에 300원하는 사과와 배 5개를 사고 5000원짜리 돈을 내었<br>　더니 1900원을 거슬러 받았다. 배 한 개의 값은 얼마인가? |
| 학생만족도<br>(수업만족도) | • 수업여건 – 나는 우리학교의 수업환경이 마음에 든다.<br>• 교육내용 – 나는 배우는 교육내용이 만족한다.<br>• 교수방법 – 나는 선생님의 가르치는 방법이 마음에 든다.<br>• 학생평가 – 나는 선생님의 학생평가방법에 만족한다. |
| 학습풍토 | • 참여 – 우리반 학생들은 한가족처럼 일체감을 느낀다.<br>• 지원 – 우리반 아이들은 기꺼이 서로 도우려고 한다.. |
| 학습시간 | • 수업시간 중에 공부하는 내용이 내 수준에 적절하였다. |

〈표 13-25〉 열린교육과 전통교육의 효과성 비교

| 평가준거 | 열린교육(n=503) | | 전통교육(n=590) | | t |
|---|---|---|---|---|---|
| | 평균 | 표준편차 | 평균 | 표준편차 | |
| 수학점수 | 64.8 | 14.2 | 66.3 | 19.9 | −1.45 |
| 수업만족도 | 0.72 | 0.44 | 0.65 | 0.51 | 2.45++ |
| 학습풍토 | 0.82 | 0.47 | 0.61 | 0.96 | 4.75++ |
| 학습시간 | 0.45 | 0.31 | 0.54 | 0.73 | −2.64+ |

주: +: $p < 0.05$, ++: $p < 0.01$.

위의 표에서 열린교육과 전통교육의 운영효과를 비교하면, 전통적인 수업방법에 비해 열린교육의 수업방법에 대한 학생만족도가 높고, 학습풍토도 더 자유스럽고 편안한 분위기인 것으로 나타났지만, 학업성적에서는 열린교육이 전통교육보다 낮은 것으로 나타났다.

## 2. 다문화정책: 2000년대, 재한외국처우기본법의 성과분석(총괄평가, 효과성평가)[7]

### 1) 다문화정책집행의 현황

제12장 정책집행의 사례연구에서 기술.

### 2) 다문화정책집행의 효과평가

앞의 정책집행사례에서 우리나라 중앙정부의 다문화정책의 집행실태를 살펴보았다. 이러한 다문화사업이 집행되었다면 정책효과가 나타날 것인데, 그러면 정책효과는 의도했던 정책목표를 달성했는가하는 문제가 대두된다.

그동안 중앙정부에서 시행한 다문화정책사업의 성과를 파악하기 위해 「2010년도 외국인정책시행계획 추진실적 평가결과」(법무부, 2011)의 자료를 분석하였다. 2010년 12월말 기준, 중앙부처의 다문화정책사업의 평가대상은 11개 중앙행정기관

〈표 13-26〉 2010년 다문화사업의 평가결과 및 예산집행률

| 사업범주 | 평가결과 | | | | | 예산집행 | | |
|---|---|---|---|---|---|---|---|---|
| | 과제<br>총수 | 목표<br>달성률(%) | 우수<br>(비율) | 보통<br>(비율) | 미흡<br>(비율) | 과제수 | 예산액<br>(억원) | 집행률<br>(%) |
| 합 계 | 173 | 92.2 | 147<br>(85) | 8<br>(4.6) | 18<br>(10.4) | 78 | 1,388.70 | 99.0 |
| 적극적<br>개방 | 47 | 93.0 | 45<br>(85.1) | 3<br>(6.4) | 4<br>(8.5) | 19 | 499.88 | 97.6 |
| 질 높은<br>사회통합 | 81 | 92.2 | 71<br>(87.7) | 2<br>(2.5) | 8<br>(9.9) | 45 | 741.51 | 99.9 |
| 질서있는<br>이민행정 | 27 | 94.4 | 24<br>(88.9) | 1<br>(3.7) | 2<br>(7.4) | 9 | 37.55 | 99.8 |
| 외국인<br>인권옹호 | 18 | 87.2 | 12<br>(66.7) | 2<br>(11.1) | 4<br>(22.2) | 5 | 59.76 | 99.7 |

자료: 법무부(2011).

---

7) 임동진·장우영. (2012). "다문화정책의 집행실태 및 개선방안연구: 재한외국인처우기본법을 중심으로", 「정책분석평가학회보」 22(2): 95-127.

(10부·1청)이며, 평가대상사업은 중앙행정기관이 추진하는 173개 사업, 1,339억원이다.

우선, 중앙부처의 다문화사업의 성과평가결과, 목표달성률은 92.2%이고 예산집행율은 99.0%로 전반적으로 우수한 것으로 나타났다. 전체사업의 성과평가결과 중 우수한 사업(목표달성율 90%이상)은 85.0%이고, 보통인 사업(목표달성율 80~90%미만)은 4.6%이고, 미흡한 사업(목표달성율 80%미만)은 10.4%인 것으로 나타났다. 4대 중점사업별 목표달성률을 보면 '질서있는 이민행정'이 94.4%로 가장 높고, 그 다음으로는 '적극적인 개방'이 93.0%, '질 높은 사회통합'이 92.2%, '외국인 인권옹호' 87.2%의 순으로 나타났다. 예산집행률은 '질 높은 사회통합'이 99.9%로 가장 높고, 그 다음으로 '질서있는 이민행정' 99.8%, '외국인 인권옹호' 99.7%, '적극적인 개방' 97.6%의 순으로 나타났다.

다음으로, 다문화사업의 평가결과를 부처별로 구분하여 살펴보면, 평가결과가 우수한 부처로는 교육과학기술부, 행정안전부, 농림수산식품부, 지식경제부, 국토해양부, 중소기업청 등으로 나타났는데, 교육과학기술부와 행정안전부를 제외한 부처들이 비교적 정책사업규모가 작은 부처들임을 알 수 있다. 평가결과가 '미흡'한 비율이 높은 부처로는 보건복지부 28.6%, 문화체육관광부 18.8%, 법무부 15.4%, 여성가족부 4.0%의 순으로 나타났다. 부처별로 예산집행률을 살펴보면, 농림수산식품부가 100%를 달성하였고, 다음으로 여성가족부 99.9%, 법무부 99.8%, 중소기업청 99.7% 순으로 나타났다. 상대적으로 예산집행률이 미흡한 부처로는 지식경제부 92.7%, 고용노동부 95.1%, 보건복지부 96.0% 등이 있다.

〈표 13-27〉 2010년 개별부처별 다문화사업의 평가결과 및 예산집행률

| 사업범주 | 평가결과 | | | | 예산집행 | | |
|---|---|---|---|---|---|---|---|
| | 과제<br>총수 | 우수<br>(비율) | 보통<br>(비율) | 미흡<br>(비율) | 과제수 | 예산액<br>(억원) | 집행률<br>(%) |
| 합 계 | 173 | 147<br>(85) | 8<br>(4.6) | 18<br>(10.4) | 78 | 1,388.70 | 99.0 |
| 교육과학부 | 13 | 13<br>(100.0) | 0 | 0 | 10 | 403.26 | 98.6 |
| 법무부 | 78 | 63<br>(80.8) | 3<br>(3.8) | 12<br>(15.4) | 18 | 81.34 | 99.8 |

| | | | | | | | |
|---|---|---|---|---|---|---|---|
| 행정안전부 | 8 | 8<br>(100.0) | 0 | 0 | 6 | 8.20 | 97.8 |
| 문화관광부 | 16 | 12<br>(75.0) | 1<br>(6.1) | 3<br>(18.8) | 16 | 73.57 | 98.1 |
| 농수산식품부 | 2 | 2<br>(100.0) | 0 | 0 | 2 | 11.76 | 100 |
| 지식경제부 | 2 | 2<br>(100.0) | 0 | 0 | 2 | 31.50 | 92.7 |
| 보건복지부 | 7 | 5<br>(71.4) | 0 | 2<br>(28.6) | 1 | 1.00 | 96.0 |
| 고용노동부 | 20 | 17<br>(85.0) | 3<br>(15.0) | 0 | 3 | 55.63 | 95.1 |
| 여성가족부 | 25 | 23<br>(92.0) | 1<br>(4.0) | 1<br>(4.0) | 19 | 652.34 | 99.9 |
| 국토해양부 | 1 | 1<br>(100.0) | 0 | 0 | 0 | 0 | 0 |
| 중소기업청 | 1 | 1<br>(100.0) | 0 | 0 | 1 | 20.10 | 99.7 |

자료: 법무부(2011).

## 3. 산업정책: 2000년대, 중소기업기술혁신사업의 효과분석(총괄평가, 비동질적 통제집단설계)[8]

### 1) 중소기업기술혁신사업의 현황

2008년에 시작된 세계적인 금융위기로 인하여 많은 중소기업이 경영의 어려움을 겪고 있다. 한국의 생산부문에서 49.4%, 종사자수에서 87.5%를 차지하는 중소기업의 어려움을 목격하면서 중소기업이 맞이하는 당장의 어려움을 어떻게 극복할 것인가에 대한 사회적 관심이 증가하는 동시에 중소기업의 경쟁력을 강화하기 위한 정부의 노력이 과연 어떠한 성과를 거두고 있는지에 대한 관심도 함께 높아지게 되었다.

중소기업의 경쟁력 강화를 위한 정부의 지원 중 국가R&D사업은 중소기업의 기술혁신을 촉진하여 다른 중소기업이나 대기업과 차별화된 기술이나 역량을 갖추도

---

8) 국가예산정책처. (2009). 중소기업기술혁신개발사업평가.

〈표 13-28〉 중소기업기술혁신개발사업의 연도별 예산현황

| 구 분 | 1997 | 1998 | 1999 | 2000 | 2001 | 2004 | 2005 | 2006 | 2008 | 2009 | 합계 |
|---|---|---|---|---|---|---|---|---|---|---|---|
| 사업예산 | 300 | 323 | 450 | 600 | 861 | 1,101 | 1,422 | 1,596 | 2,361 | 2,620 | 15,924 |
| 과제수 | 683 | 647 | 857 | 1,013 | 1,313 | 1,883 | 1,912 | 2,034 | 2,057 | 1 700 | 19,475 |
| 과제당평균 지원금액 | 0.44 | 0.50 | 0.53 | 0.59 | 0.66 | 0.69 | 0.74 | 0.78 | 1.15 | 1.54 | 0.82 |

록 하는 것을 목표로 하고 있다. 중소기업청의 중소기업기술혁신개발사업(이하 '기술혁신개발사업')은 중소기업기술혁신촉진법 제9조(중소기업의 기술혁신촉진지원사업)과 제10조(기술혁신중소기업에 대한 출연)에 근거하여 중소기업에 대한 직접출연방식의 R&D사업으로서 1997년 300억원 규모의 사업으로 시작하여 2009년 현재 2,350억원 규모의 대형사업으로 성장하였으며, 2009년까지 총 1만 9,475개의 중소기업을 대상으로 총 1조5,924억원의 R&D자금을 지원하여 왔다. 동사업은 중소기업의 기술혁신에 대한 높은 정책적 관심에 힘입어 출범한 이후 꾸준한 사업비 증가를 보여왔으나 사업의 효과나 추진체계의 적절성에 대한 많은 비판도 제기되어 왔다.

## 2) 중소기업기술혁신사업의 총괄평가: 비동질적 통제집단설계

본 평가에서는 비동질적통제집단설계와 회귀분석을 적용하였다. 우선, 비동질적통제집단설계는 준실험설계방법으로 실험집단과 유사한 통제집단을 선정하는 방법이다. 분석대상 중소기업의 연구개발투자를 기술혁신개발사업 참여기업(실험집단)과 비참여기업(비교집단)으로 구분하고 두 집단 간의 연구개발투자의 차이를 분석하였다.

〈표 13-29〉 중소기업기술혁신개발사업 참여기업의 R&D투자 증가현황〉

| R&D투자 | 기술혁신개발사업 참여여부 | |
|---|---|---|
| | 비참여기업(%) | 참여기업(%) |
| t+1년도의 3년평균 대비 R&D투자 증가여부 | 11,585(59.7) | 1,299(64.1) |
| t+1년도의 현재년 대비 R&D투자 증가여부 | 9,214(47.5) | 1,107(54.6) |

주: 2004－2006년 총 21,443개 중소기업대상분석.

위의 표에서 평균 연구개발투자액은 참여기업보다 비참여기업이 높지만, 기술혁신개발사업의 참여기업과 비참여기업 간의 연구개발투자가 전년도에 비하여 증가한 빈도는 사업참여중소기업이 높은 것으로 나타났다. 예컨대, 3년 평균 대비 연구개발투자 증가빈도는 참여기업이 64.1%로 비참여기업 59.7%보다 높고, 전년도 대비 연구개발투자 증가빈도도 참여기업이 54.6%로 비참여기업 47.1%보다 높은 것으로 발견되었다.

다음으로, 총 2,250개의 중소기업을 대상으로 2005년 중소기업기술혁신개발사업에 참여한 기업과 참여하지 않은 기업을 비교하기 위하여 2006년과 2007년 중소기업의 연구개발투자에 나타난 차이를 회귀분석한 결과는 참여기업은 2005년에 참여한 후에 2006년과 2007년에 연구개발투자를 비참여기업에 비해 증가시키는 효과를 보이고 있다. 단, 이 회귀분석모형에서는 분석대상 중소기업의 특성이 연구개발투자액에 미치는 영향을 통제하기 위하여 벤처기업 여부, 기업규모(종업원수). ROA, 산업더비 등을 활용하였다. 따라서 기술혁신개발사업은 참여중소기업에게 기술혁신촉진을 위한 연구개발투자 증진에서 적실한 효과를 가지고 있다고 판단할 수 있다.

〈표 13-30〉 중소기업기술혁신개발사업 참여기업의 R&D투자 효과분석〉

| 변수 | 중소기업 R&D투자액 | | | |
|---|---|---|---|---|
| | 모형1 | 모형2 | 모형3 | 모형4 |
| 2005Y<br>(사업참여여부) | −0.093<br>(0.087) | −0.296***<br>(0.106) | −0.168*<br>(0.092) | −0.175 *<br>(0.098) |
| 2005Y×2006Y | | 0.247**<br>(0.101) | | |
| 2005Y×2007Y | | 0.402***<br>(0.114) | | |
| 2005Y×2006Y<br>×벤처기업 | | | 0.303*<br>(0.155) | |
| 2005Y×2007Y<br>×벤처기업 | | | 0.454 *<br>(0.184) | |
| 2005Y×2006Y<br>×중소기업 | | | | 0.121<br>(0.112) |
| 2005Y×2007Y<br>×중소기업 | | | | 0.271**<br>(0.127) |

| | | | | |
|---|---|---|---|---|
| 2006Y(2005년 더미) | 0.169 ***<br>(0.032) | 0.142 ***<br>(0.034) | 0.159 ***<br>(0.032) | 0.160 ***<br>(0.033) |
| 2007Y(2006년 더미) | 0.243 ***<br>(0.035) | 0.202 ***<br>(0.037) | 0.231 ***<br>(0.035 ) | 0.223 ***<br>(0.036) |
| 벤처기업더미 | 0.225 ***<br>(0.058) | 0.223 ***<br>(0.058) | 0.255 ***<br>(0.059) | 0.210 ***<br>(0.059) |
| 기업규모(종업원수) | 0.606 ***<br>(0.028) | 0.605 ***<br>(0.018) | 0.605 **<br>(0.027) | 0.606 ***<br>(0.028) |
| ROA(총자산 대비 영업이익) | 0.049 ***<br>(0.018) | 0.046 **<br>(0.018) | 0.048 ***<br>(0.018) | 0.047 **<br>(0.018) |
| 산업더미 | y | y | Y | y |
| 상수항 | 4.923 ***<br>(0.112) | 4.940 ***<br>(0.113) | 4.917 ***<br>(0.112) | 4.935 ***<br>(0.113) |
| R2 | 0.34 | 0.34 | 0.35 | 0.34 |

주: *** $p<0.01$, ** $p<0.05$, * $p<0.1$.

## 4. 지방정책: 1990년대, 시군통합의 효과분석(총괄평가, 단절적 시계열설계)[9]

### 1) 시군통합의 효과가설

시군통합의 이론적 논리는 효율성, 분배의 형평성, 민주성, 경제성장의 네 가지 측면에서 논의가 이루어져 왔으나, 여기서는 통합을 지지하는 논리를 효율성과 경제성장에 집중하여 논거를 제시한다. 통합의 효과로는 첫째, 행정적 효율성(조직, 기구, 인력의 중복을 줄인 결과로 야기되는 비용절감), 둘째, 재정적 효율성(기구, 인력 등의 축소에 따른 행정비용 절감과 대규모시설의 설치에 수반되는 규모경제(단위당 평균비용하락)으로 인한 비용 절약), 셋째, 경제성장효과(통합으로 지역경제의 성장을 촉진하고 지역경쟁력을 강화하는 효과) 등을 들 수 있는데, 가설을 설정하면 다음과 같다.

● 행정적 효율성(행정비용 절감) 가설
　H1: 통합이후 일인당 일반행정비가 줄었을 것이다.

---

9) 유재원·손화정. (2009). "시군통합의 효과에 대한 경험적 분석: 단절적 시계열모형(ARIMA)의 적용", 「한국행정학보」 43(4): 285－306.

H2: 통합이후 공무원수가 줄었을 것이다.

● 재정적 효율성(규모의 경제) 가설

H3: 통합이후 1인당 투자사업비가 줄었을 것이다.

H4: 통합이후 1인당 경제개발비가 줄었을 것이다.

● 경제성장효과(지역성장) 가설

H5: 통합이후 1인당 지방세수가 늘었을 것이다.

H6: 통합이후 인구수가 늘었을 것이다.

H5: 통합이후 제조업체수가 늘었을 것이다.

H5: 통합이후 제조업종사수가 늘었을 것이다.

## 2) 시군통합의 총괄평가: 단절적 시계열설계

본 연구는 1997년 지방자치의 본격적인 실시를 앞두고 중앙정부주도의 대대적인 시군통합정책으로 1995년에 탄생한 통합시를 대상으로 시군통합의 효과를 경험적 으로 검증하는데 있다. 연구질문은 1995년에 출범한 통합시가 통합되기 이전에 시군 으로 분리되어 있는 경우에 비하여 효율성과 경제성장이 강화되었는가? 이다. 이런 질문에 답변을 하기 위하여 1995년을 분기점으로 통합전 12년, 통합후 12년 총 24년 에 이르는 1984-2006년에 이르는 기간을 연구대상으로 선정하고, 단절적 시계열분 석법을 적용하였다. 단절적 시계열분석은 통합과 같은 특정한 사건이 기존의 시계열 추세에 미친 영향이 유의한지를 분석하여 검증하는 준실험방법이다.

1995년에 이루어진 시군통합으로부터 얻은 자료를 가지고 ARIMA모형을 통하여 시계연분석을 한 결과는 시군통합의 영향이 $p < 0.05$수준에서 8개 가설이 모두 기각 되어 시군통합이 기대한 세 가지 효과를 달성하지 못한 것으로 나타났다. 예컨대, 통합이후 조직이나 공무원의 감축이 주목할 정도로 크게 이루어지지 않았다. 규모의 경제효과가 크게 나타날 것으로 기대했던 예산영역인 일인당 투자사업비와 경제개 발비가 크게 줄지 않았다. 시군통합이후 상호 약점을 보완하면서 지역전체의 경제성 장과 경쟁력을 향상시킬 것이라는 경제성장효과의 기대가 충족하지 못하고 있다. 통 합이후 지방세수나 인구 및 제조업 등이 유의미할 정도로 늘어난 것은 아니다.

이 연구는 시군통합이 지방정부의 효율성과 경제성장에 이바지할 수 있다는 믿 음이 실증적 근거가 없는 신화적 존재에 가깝다는 것을 보여준다. 그러면 지방정부 의 효율성과 경쟁력을 방안은 무언인가? 이것은 한국의 지방소멸이 중요한 문제로 등장하고 있는 시점에 고민해야 할 정책과제이다.

## 5. 지방정책: 2000년대, 소하천정비사업의 집행과정분석(집행과정평가, 프로그램논리모형)[10]

### 1) 소하천정비사업의 현황

소하천정비사업은 1972년 하천법의 적용을 받지 않던 비법정하천을 당시 내무부가 소하천정비계획을 추진한 것이 시초이다. 1990년대 산업화의 영향으로 소하천이 수해발생의 주요원인으로 지적되자 1995년 '소하천정비법'이 제정되어 1995년부터 2016년까지 총 22년의 사업기간동안 약 11조7,001억원의 예산을 투입하여 소하천 22,664개소 총연장 35,815km의 약 72.1%에 해당하는 25,528km의 사업구간을 정비하는 것을 통하여 재해예방과 농촌 생활환경개선을 사업목표로 하였다.

### 2) 소하천정비사업의 과정평가: 프로그램논리모형

정부가 소하천정비의 필요성을 인정하면서도 그동안 추진하였던 사업계획이 제대로 실행되었는지에 의문이 제기되었고, 이에 따라 정부예산을 심의의결하는 국회에서 국회예산정책처는 소하천정비사업의 집행과정에 대하여 프로그램논리모형을 적용하여 검증을 하였다.

〈표 13-31〉 소하천정비사업의 프로그램논리모형 적용검증

| 구성요소 | 사업목표 | 투입 | 활동 | 산출 | 결과 |
|---|---|---|---|---|---|
| 주요내용 | • 재해예방<br>• 농어촌 생활환경개선 | • 예산<br>• 인력 | • 정비계획 수립<br>• 정비 및 유지보수<br>• 법령 및 제도 정비<br>• 국고보조<br>• 정비사업평가 및 보상<br>• 담당자 교육<br>• 관리감독 | • 소하천정비율 제고 | • 단기: 수해재발율 저감<br>• 중기: 인적 물적 피해 저감<br>• 장기: 재해예방의 효과성, 능률성 증대 |

---

10) 국회예산정책처. (2008). 소하정비사업평가.

〈표 13-32〉   소하천정비사업 예산현황(단위: 백만원, %)

| 특별회계 \ 사업연도 | 2006 | 2007 | 2008 |
|---|---|---|---|
| 농어촌특별세관리특별회계 | 49,686 | – | – |
| 농어촌구조개선특별회계 | – | 58,983 | 66,842 |
| 국가균형발전특별회계 | – | 280 | 327 |
| 합   계 | 49,686 | 59,263 | 67,169 |

첫째, 소하천정비사업의 투입요소는 예산과 인력이다. 소하천정비사업은 1995년부터 2004년까지 지방양여금으로 추진되다가 2005년에 폐지됨에 따라 농어촌특별세관리특별회계로 추진되었으나 2007년에 폐지되고 농어촌구조개선특별회계로 통합되었다. 그 이후 2008년부터 현재까지는 농어촌구조개선특별회계와 함께 국가균형발전특별회계를 재원으로 추진되고 있다(표 13-32).

그리고 이런 소하천정비사업은 소방방재청과 광역지방정부 및 기초지방정부 등이 관할하므로 투입인력은 이들 기관의 담당공무원들이 담당하고 있다.

둘째, 소하천정비사업의 활동요소를 보면, 먼저 소방방재청은 소하천정비사업계획을 수립하고 사업에 필요한 예산을 제시한다. 이어서, 지방정부가 자체사업계획을 수립한 후 국비를 신청한다. 국고보조금이 확정되면 정비사업추진지침이 시달되고 예산지원기관인 소방방재청은 국고보조금을 교부한다. 지방정부는 사업자금을 받아서 소하천의 정비와 유지 및 보수 업무를 수행한다. 소방방재청은 사업추진과정에서 지방정부의 사업추진상황을 지도하고 점검하고 평가를 한다.

셋째, 소하천정비사업의 산출은 소하천정비율이다. 하지만 이런 정비율은 소하천정비사업이 추구하는 목표의 최종적인 결과가 아니다. 소하천정비사업의 결과는 단기와 중기 및 장기로 나눌 수 있다. 단기결과는 소하천정비로 지역에서의 수해재발율을 축소하는 것이고. 중기적인 결과는 재해의 인적 물적 피해규모를 줄이는 것이며, 그리고 장기적 결과는 재난관리의 효과성과 능률성을 증대시키는 것이다.

국회예산정책처는 소하천정비사업의 사업계획과 실행과정을 검토하여 개선방안을 제시하고 있다. 이를테면, 사업을 추진할 때 가장 중요한 것은 사업목표를 명확히 하는 것이다. 이것이 중요한 이유는 이를 기초로 투입요소가 결정되기 때문이다. 소하천정비사업은 재해예방과 농촌 생활환경개선을 사업목표로 추진하고 있는데, 농어촌구조개선특별회계를 통해 추진함으로서 재해예방이라는 목적이 부각되지 않는다. 이에 소하천정비사업의 본래목적인 재해예방목표가 잘 반영되는 재원조달체계를 설계하는 것이 필요하다. 또한, 국고보조금 배분에서 선택과 집중을 하고 지방정부의 자율성을 보장할 필요가 있다. 그리고, 소하천정비사업에 관련되는 법령이나 지침의 보완과 정비사업계획의 타당성을 재검토할 필요가 있다.

## 6. 교육정책실패: 2000년대, 역사교과서국정화사업의 실패분석[11]

### 1) 역사교과서국정화사업의 추진현황

역사교과서를 둘러싼 정책갈등은 1997년 제7차 교육과정 개편으로 기존 국정제에서 검정제로 변경된 이후 지속적인 과제로 등장하였다. '2002년 발표된 '한국 근·현대사' 교과서에 대한 당시 정권의 찬양 및 전 정권에 대한 비하 논란', '2004년 금성출판사의 한국 근·현대사에 대한 좌편향 논란', '2008년 교육부의 한국 근현대사 교과서에 대한 수정권고 및 집필진의 거부 논란', '2013년 교학사의 검정통과 및 채택 논란', 그리고 최근 '올바른 역사교과서'를 위한 발행체제의 국정제 추진과 실패 등 역사교과서문제는 지속적으로 교육정책 핵심과제 중의 하나로 대두되고 있다.

현행 「교과용도서에 관한 규정」에 의하면 '교과용도서'에는 교과서와 지도서를 의미하는 것으로 교과서(지도서)는 "학교에서 학생들의 교육을 위하여 사용하는 학생용(교사용)의 서책·음반영상 및 전자저작물 등"으로 규정하고 있다. 교과서는 학교교육의 수단·통로인 동시에 당시의 사회상황을 반영하는 표상이다. 역사, 특히 한국 근·현대사를 둘러싼 역사교과서논쟁은 국가내 정파적 갈등의 반영이라 할 것이다. '친북, 반미, 반재벌', '친일독재미화'의 명칭에서 보듯이 역사교과서를 둘러싼 정책갈등이 지속적으로 발생하고 있다.

이에 정부는 2015년 '올바른 역사교과서'라는 미명 하에 국정제에 의한 단일교과서를 통해 이의 문제해결을 시도하였다. 그러나 교과서 발행체제 변경은 또 다른 정책갈등을 유발하며 무산·실패하였다. 본연구대상인 '국정역사교과서' 논란은 정책사례로서 중요한 몇 가지 특징을 가지고 있다. 첫째, 국정제 발행체제 변경과정에서 지방선거, 총선, 그리고 대통령의 탄핵 등 정기·비정기 정치적 사건이 발생하였다. 둘째, '올바른 역사교과서'를 위한 국정제 전환선언 이후에도 이의 정당성에 대한

---

11) 김주환·하동현. (2018). "역사교과서의 국정화를 둘러싼 정책실패연구", 「정책분석평가학회보」 28(1): 99–128.

문제제기가 지속적으로 제기되었다. 셋째, 교재편찬이 종료한 시점에서 '2017년 연구학교 지정, 2018년 국검정 혼용'으로 정책변동이 발생하면서 국정교과서의 독점적 지위가 변경되었다. 넷째, 중고교 중 연구학교 지정이 한 곳도 이루어지지 못하였다. 다섯째, 신임대통령의 선출과 함께 역사교과서의 국정제로 발행체제 변경이 폐기되었다.

이와 같은 특징들은 정책과정을 구성하는 중요한 단위들을 내포하고 있다. 정치적 사건이라는 정책환경, '올바른 역사교과서'라는 정책내용, 그리고 '연구학교-국·검정 혼용' 등의 정책변동과 연구학교의 무산이라는 일선 정책대상집단의 불응 등은 정책실패의 원인을 밝혀줄 연구의 중요한 분석대상이라 할 수 있다. 이에 본연구는 국정역사교과서정책사례를 중심으로 정책실패란 다양한 정의가 있으나 긍정적 외부효과가 차단된 상태에서 정책의도가 실현되지 못한상태로 정의하고 그것의 원인을 분석하고자 한다.

〈표 13-33〉 역사교과서국정화사업과 관련된 주요사건

| 연월일 | | 주요 내용 |
|---|---|---|
| 2013 | 10 | 여당의원, 국정감사에서 역사교과서국정화로 전환촉구 |
| | 11 | 국무총리, 역사교과서국정화의 필요성 제기 |
| 2014 | 01 | 당정협의회, 역사교과서 발행체계 전면개편 합의 |
| | 06 | 지방선거, 교육감 17명 중 역사교과서 검정제 10명, 국정제 1명 찬성 |
| 2015 | 08 | 교육부장관, 여당대표, 역사교과서국정제로의 전환필요성 제기 |
| | 09 | 교육부, 역사교과서국정화의 관보게시 |
| 2016 | 04 | 20대 국회의원선거, 여당총선 참패와 여소야대 국회구성 |
| | 06 | 국회 야3당, 역사교과서 국정화금지법안 발의 |
| | 10 | 최순실 국정농단사태 발생 |
| | 11 | 국정교과서 현장검토본 공개 |
| | 12 | 국회, 박근혜 대통령 탄핵가결 |
| 2017 | 03 | 국회, 역사교과서 국정화 추진중단 및 폐지촉구 결의안 통과 |
| | 05 | 헌법재판소, 대통령 탄핵결정 |
| | 09 | 신임 문재인 대통령, 국정역사교과서 폐기발표 |

## 2) 역사교과서국정화사업의 정책실패

이렇게 진행된 역사교과서국정화사업이 실패한 원인은 다음과 같이 요약할 수 있다.

〈표 13-34〉 역사교과서국정화사업의 정책실패원인

| 정책실패의 원인 | 정책결과 |
|---|---|
| ● 정책환경 ─ 비우호적 환경(교육감, 총선 패배와 대통령 탄핵)<br>● 정책내용 ─ 추상적 정책목표(올바른 대 비인격적 해석)<br>● 정책주도집단 ─ 비일관적 행태(국정제 1년 연기와 국검정제 혼용)<br>● 정책대상집단 ─ 일선학교의 불응(연구학교 지정) | ● 역사교과서 국정화 폐기 |

# 제14장 | 정책평가결과의 환류: 정책학습과 정책변동

## 제1절 | 정책환류(정책학습과 정책변동)의 대두배경

정책학의 창시자인 Lasswell을 비롯한 정책연구의 많은 지적 개척자들은 정책학의 총체적인 정책과정을 강조하였을지라도, 정책과정은 정책환류(정책학습이나 정책변동)와 연결이 되지 않는 활동(disjointed activities)로 보아 왔다. 이러한 지식부족은 1970년대 많은 사회프로그램들의 실패(failure)와 이런 실패를 만족스럽고 포괄적인 방법으로 설명하지 못하는 지적 무능력과 함께 명료하게 인식되었다. Lasswell(1971)과 Brewer(1974)는 정책과정의 현존모형의 개념적 결점을 인식하고 정책과정의 구체적 단계를 본질적으로 통합하는 분석틀을 제시하였다. 정책연구자들과 정책결정자들은 새로운 공공부문프로그램의 가치(merits)를 검증하는데 필수적인 정책평가로 회귀하였고, 정책평가와 관련하여 정책환류(정책학습과 정책변동)를 논의할 필요성을 제기하였다(deLeon, 1983: 631-632).

### 1. 정책학습의 대두배경

정책평가학문은 정책평가의 활용에 관심을 가져왔다. 이러한 정책평가결과의 활용(the utilization of policy evaluation results)을 연구하는 데는 평가활동과 정책학습이 본질적으로 연결된다고 가정하였다(Preskill & Boyle, 2008). 평가학문에서 정책평가는 두 가지 일반적인 가정에 토대를 두고 있다. 첫째, 평가과정에 참여하는 다양한 행위자들은 상이한 관점을 가지고 있는데, 이것은 학습과정을 반영한다. Van der Meer & Edelenbos(2006)에 의하면, 모든 정책행위자들은 어떤 정책평가를 균등하게 적실하고 유용한 것으로 인식하지 않을 것이고, 평가로부터 어떤 통찰력은 그것이 현존하는 제도적 패턴에 적실하지 않다면 학습효과를 가져오지 않을 수 있다고 한다. 둘째, 행위자들은 평가로부터 상이한 학습을 한다. Balthasar & Rieder(2000)는 평가활동으로부터 초래되는 두 가지 학습유형을 확인하였다. 평가에서의 발견과 권고에 의한 환류정보에 기인하는 직접학습과 평가에 간접적으로 관련되는 자극과 강한 정치주장에 의한 간접학습이 그것이다. 그러나 조작적 수준에서 평가활동으로부터 학습은 직접적 학습에 치중한다고 본다(Borras & Hojlund, 2014: 100－102).

그러므로 정책평가접근에서 바라보는 정책학습은 특정한 정책이나 사업 또는 다른 정부개입에 대한 평가의 산물로 나오는 것으로 인식한다. 1970년대 이후에 시도된 정책학습에 대한 경험적 연구는 매우 희소한 상태이다(Bennett & Howlett, 1992; Freeman, 2006; Dunlop & Radaelli, 2013). 정책학자들의 정책학습접근(policy learning approach)에 의하면, 정책과정에서 정책변동이란 국가가 그들의 과거경험으로부터 학습하고 이전의 행동(정책)에 대한 해석의 토대 위에서 현존행동을 수정하는 것으로 본다. 그러나 학습의 기본요소들은 불명확한 채로 남아 있는데, 정책변동의 경험지향적 학습행동에 대한 연구가 이루어져 왔다고 볼 수 있다. 이를테면, 학습에 기반한 정책변동의 설명이론으로는 Heclo(1974)의 정치적 학습(political learning), Etheredge & Short(1983)의 정부학습(governmental learning), Sabatier(1987, 1988)의 정책지향적 학습(policy－oriented learning), Hall(1993)의 사회학습(social learning), 그리고 Rose(1991)의 교훈학습(lesson－drawing) 등이 있다(Bennett & Howlett, 1992: 275－276).

## 2. 정책변동의 대두배경

한편, 정책과정에서 정책평가 및 정책학습과 관련되는 또 다른 중요한 이론 또는 개념으로 정책변동이 있다. Lasswell(1956)은 그의 저서 '의사결정과정: 기능적 분석의 7단계 범주'에서 정책과정의 마지막 단계로 정책의 수정이나 폐기를 의미하는 정책종결을 제시하였다. 그러나 그 이후의 정책학자들은 정책과정의 단계로 정책의제설정, 정책결정, 정책집행, 정책평가 등을 제시하였으나 정책변동까지 논의하지는 않았다.

따라서 1960년대부터 1970년대 중반까지는 정책종결을 포함한 정책변동에 대한 학자들의 관심과 연구가 부진하였다. Brewer & deLeon(1983: 389–392)은 정책종결에 대한 연구가 부진하였던 이유를 네 가지 제시하였다. 첫째, 정책종결은 인간이나 조직의 삶에 비유하자면 사망이나 파산 등의 부정적 의미를 가지고 있었다. 둘째, 정책종결은 일반화할 수 있는 충분한 사례들이 부족하였다. 셋째, 정책종결은 개념적으로 체계화되지 않았다. 넷째, 정책종결에 대한 연구유인이 부족하였다. 그러나 일부 정책학자들은 1970년대 중반 이후에 정책과정의 통합된 부분으로 정책종결을 포함시키기 시작하였다. 그들은 정책결정자들에게 정책종결에 대한 개념적 지식이 필요하다고 주장하였다. 이러한 학자들의 정책종결에 대한 중요성 인식은 정책평가와 정책종결, 그리고 이들 간의 관계를 연구하게 하였다.

정책종결연구의 출발점은 1976년 6월호의 'policy sciences'라는 학술지에서 Herbert Kaufamn 등 여러 정책학자들의 사례연구들을 게재한 정책종결에 대한 정책심포지엄이 자극제가 되었다(유훈, 2009: 137). 이러한 자극이 계기가 되어 deLeon(1978)이 정책종결의 이론을 제시하는 등 정책종결연구가 관심대상으로 부각되었다. 특히 정책변동에 대한 연구는 정책집행연구자들에 의해 이루어졌다. 예컨대, McLaughlin(1976)은 정책과정에서 상호작용과정으로서의 집행을 주장하였는데, 정책집행의 성공을 위해 집행자들이 새로운 환경과 정책에 적응해야 할 뿐 아니라 정책 자체도 현실에 맞게 수정하는 정책변동의 필요성을 말하였다. Pressman & Wildavsky(1973, 1984: 144)는 미국 오클랜드지역개발사업의 연구에서 정책집행 중에 정책변동이 이루어질 수 있다고 하였다.

이처럼, 정책연구자들은 정책종결을 포함하는 정책변동을 정책과정의 중요한 단계로 인식하고 연구를 확산하게 되었다. 이러한 측면은 Hogwood & Peters(1982: 초록)의 다음과 같은 진술에서 알 수가 있다.

> "대부분의 정책분석가가 가정하는 정책모형은 현대 서구정치체제에서 대부분의 새로운 정책이 사실상 과거정책을 대체하고 있다는 사실을 소홀히 한다. 비슷하게, 정책종결에 대한 관심은 대부분 정책종결이 정책승계를 가져온다는 사실을 잘못 인식하고 있다. 따라서 정책변동의 맥락에서 정책승계에 관련되는 과정을 연구할 필요가 있고, 이런 정책변동의 연구로부터 정책결정에 대한 함의를 도출해야 한다."

## 제2절 | 정책환류(정책학습과 정책변동)의 정책순환논리

### 1. 정책환류(정책학습과 정책변동)와 정책순환 개관

우리는 정책평가단계에 오면 정책의 종착역에 도달하였다고 생각할 수 있다. 그러나 이런 인식은 정책평가의 결과와 현존정책이 새로운 정책순환을 인도하는 것을 소홀히 할 수 있다. 정책평가 후의 다음의 정책순환단계는 정책학습과 정책변동이다 (Lester & Stewart, 2000: 144). 이러한 정책순환논리에 대하여 Nakamura & Smallwood(1980: 27)는 그의 저서 '정책집행의 정치'에서 정책과정은 정책형성, 정책집행, 정책평가로 구성되는 단일방향적 과정일뿐 아니라 상호순환적 과정으로 보아 정책평가단계에 정책변동을 포함시키고 있다. 또한, Ripley & Franklin(1986: 5-9)은 정책과정단계를 정책의 형성과 합법화, 정책집행, 정책평가, 그리고 정책변동으로 구분하였다.

Lester & Stewart(2000: 5-8)도 정책순환단계를 정책의제설정, 정책결정, 정책집행, 정책평가, 그리고 정책변동으로 구분하였다. 정책순환의 첫 번째 단계인 정책의제설정(policy agenda setting)은 정치의 관심을 받을만한 가치가 있는 정당한 정책문제로서 체제의제와 제도의제를 포함한다. Kingdon(1984)에 의하면, 정책의제설정은 문제흐름과 정책흐름 및 정치흐름이라는 세 가지 흐름의 결과로 나오는 것이다.

두 번째 단계인 정책결정(policy formation) 또는 정책채택(policy adoption)은 어떤 과거 정책문제를 치료하거나 미래 정책문제를 방지(예방)하기 위하여 설계된 정책을 말한다. 이런 정책결정은 엘리트론과 다원론에 의하여 설명되어 왔으나, 이후에는 정책산출에 영향을 주는 역사/지리적 조건, 사회경제적 조건, 공공여론과 이익집단 및 정당을 포함하는 정치행동, 행정부와 입법부를 포함하는 정부제도, 그리고 엘리트의 인식과 행동 등과 같은 다양한 힘들(forces)의 결과로서 보고 있다.

세 번째 단계인 정책집행(policy implementation)은 정책을 실행하는 것, 즉 정책문제를 해결하도록 하는 행동을 말한다. 여러 정책학자들은 집행을 하나의 과정 (process)과 산출(output) 그리고 결과(outcome)에 관련되는 것으로 기술한다. 집행

산출은 사업목표를 추구하기 위한 수단을 언급하고, 집행결과는 사업이 의도한 사회문제에서의 변화를 말한다.

　네 번째 단계인 정책평가(policy evaluation)는 정책의 결과 또는 정책이 집행된 후에 발생한 변화에 관심을 갖고 있다. 이것은 정책의 실질적인 영향 또는 정책이 그것의 의도한 결과를 달성했는가에 초점을 둔다.

　다섯 번째 단계인 정책학습(policy learning)과 정책변동(policy change)은 정책순환에서 새로이 관심을 갖게 된 단계로서 정책의제설정과 정책결정 및 정책집행의 여러 단계에 관련된다. 이단계는 정책이 평가된 이후에 전체 정책과정을 새로이 시작하는 재설계과정이다. 예컨대, 진부한 또는 부적절한 정책을 폐지하는 등의 정책종결을 한다.

　이상의 정책순환논리를 종합하면, 공공문제를 해결하기 위한 필요성이 인식되고 여러 가능한 해결책이 고려되고 그들 중 어떤 것이 선택되어 실행하게 되면, 정부는 그 정책이 어떻게 작동되었는가에 대해 평가를 한다. 정책평가는 공공정책의 성공과 실패를 판단하는 정책과정의 마지막 단계로서 정책의 결과를 검증하는 것으로, 특히 정책발의(policy initiatives)가 성공했는가 아니면 실패했는가를 판단하는 문제라고 할 수 있다. 정책과정의 정책평가단계에서는 산출되는 세 가지 평가결과들이 있다. 첫째, 정책은 그것의 현재상태를 승계하고 지속을 할 것인가를 판단할 수 있다. 둘째, 정책은 어떤 측면에서 원하는 것을 판단하여 그것의 개혁을 제한할 수 있다. 셋째, 정책은 그것의 종결을 가져오는 성공이나 실패를 판단할 수 있다.

　이러한 정책평가결과는 정책과정의 다른 단계로 정책환류(policy feedback)가 되어 정책학습(policy learning)과 정책변동(policy change)의 토대가 된다. 여기서 정책환류란 특정시점(t)에서 정책활동의 평가결과로 얻게 되는 학습정보를 다음시점(t 十 1)의 정책과정의 여러 활동에 투입하는 것을 말한다. 많은 사례들에서 평가결과는 의제설정단계로 환류되지만 순환적이고 반복적인 정책순환(policy cycle)을 하게 된다(Pierson, 1993; Anglund, 1999). 따라서 정책평가는 주로 정책집행 이후에 이루어지고, 상이한 정책학습을 초래한다. 이들 학습결과는 정책과정의 단계로 환류된다. 특히 정책평가를 통한 정책학습결과는 정책의 재형성이나 종결과 같은 정책변동을 가져온다(Howlett, Ramesh & Perl, 2009: 178: 191: 195).

　다음 [그림 14-1]은 정책평가를 통한 정책환류(정책학습과 정책변동)가 정책순환의 각 단계에 미치는 영향을 묘사하고 있다. 정책평가결과의 정책순환단계에서 환

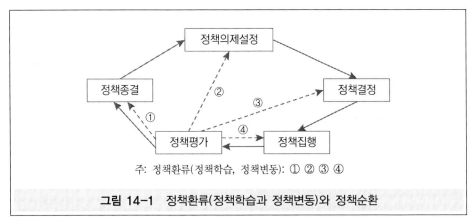

주: 정책환류(정책학습, 정책변동): ① ② ③ ④

**그림 14-1** 정책환류(정책학습과 정책변동)와 정책순환

자료: 노화준(2012: 550).

류는 정책학습을 통하여 정책변동을 가져온다. 첫째, 과거와 현존하는 정책의 종결 여부를 결정한다(①). 둘째, 정책의제설정에 영향을 주어 정책문제에 대한 새로운 사 고를 하게 한다(②). 셋째, 정책결정에 영향을 주어 정책내용(목표와 수단)을 재설계 한다(③), 넷째, 정책집행에 영향을 주어 집행방법을 개선할 수 있다(④). 이와 같이, 환류활동은 정책체제의 정책학습활동에 해당되는데, 이런 학습을 토대로 정책변동 이 일어난다. 정책변동은 정책의제와 정책내용 및 집행방법의 변화를 포함한다.

## 2. 정책학습과 정책순환

정책평가를 분석하는 하나의 방법은 정책평가를 정책학습의 전체과정에서 매우 중요한 단계로 간주하는 것이다. 아마도 정책평가의 가장 큰 편익은 그 자체로 특정 정책의 성공과 실패에 대한 정의적 평가를 산출하는 직접적 결과뿐 아니라 정책문제 에 관련되는 정책결정자나 다른 행위자들에게 자극을 주는 교육적 동학이다. 이런 정책평가로부터 초래되는 교육의 결과와 관련되는 개념이 정책학습이다. 정책평가 에 관련되는 행위자들은 정책학습과정에 참여를 하는 것이고, 이런 학습을 통해 정 책과정에서 정책결과를 개선할 수 있다. 학습(learning)개념은 정책평가로부터 초래 되는 교육의 의도적이고 인지적인 결과와 관련된다. 또한, 정책학습(policy learning) 은 정책결정활동이 의도하거나 의도하지 않은 결과뿐 아니라 현존상태에서 특정정 책의 긍정적 부정적 함의와 그것을 변동시키려는 노력을 포함하는 넓은 의미의 개념 이다(Howlett, Ramesh & Perl, 2009: 179-180).

따라서 정책학습은 정책평가와 정책변동을 연결시키고 정책순환을 하게 하는 촉매제라고 할 수 있다. 정책평가의 기본은 의문이 있는 정책변동에 영향을 주는 것이다. 이런 정책평가와 정책변동 간의 결합(nexus)을 이해하기 위해서는 정책학습과정을 이해해야 한다. 학습시각에서 정책평가는 정책문제의 본질과 그것의 해결책에 대한 정책행위자들의 적극적 학습의 반복적 과정으로 인식하고 있다(Howlett & Ramesh, 1995: 175). 정책평가를 통한 정책학습은 지금까지 수행해온 정책을 종결할 것인가 아니면 유지할 것인가에 대한 정책변동을 판단하는 토대가 된다. 예컨대, 정책의제설정과 결정과정에 참여하는 행위자들은 정책개입에 관련되는 집행도구 차원에서 수단적 학습을 통하여 미세조정하는 재설계를 하기도 하고 정책이나 프로그램의 사회구성에 대한 사회적 학습을 토대로 정책목적을 재설정하거나 새로운 정책을 도입하기도 한다(노화준, 2012: 551).

## 3. 정책변동과 정책순환

위에서 논의한 정책평가와 정책학습을 통하여 정책과정에서 정책변동이 일어나게 된다. 이를테면, 정책평가의 결과는 정책행위자들의 학습을 통하여 정책환경으로 환류되고 따라서 정책이 창조되는 맥락의 중요한 측면들인 제도적 규칙과 운영, 사회에서 부와 권력의 분포, 정책에 관련되는 이념과 이익, 그리고 정책문제를 다루는 개인의 선택 등을 변경시킨다. 또한, 정책평가의 환류과정은 정책문제의 확인과 채택, 잠재적 해결책의 검토, 그리고 해결책에 대한 대상집단의 반응 등 정책이 형성되고 집행되는 조건을 변화시킨다. 이를테면, 정책평가결과는 문제와 선택이 시작되고 검토되는 의제설정이나 정책결정과 같은 초기단계들로 환류되면서 정책의 문제와 해결책에 대한 새로운 사고를 가져올 수 있다.

따라서 정책순환의 새로운 반복은 평가와 학습과정의 전형적인 산출로서 종종 현존하는 정책과 정책과정의 작은 또는 대규모의 변동에 관련된다. 이런 정책순환의 반복은 현존하는 정책틀이나 정책레짐 하에서 이루어지는 것이 보편적이다. Lindblom과 같은 점증의주의자들이 주장하는 바와 같이, 정책결정의 미래활동은 현존활동의 토대 위에서 이루어지고, 그 결과로서 성공적 정책활동과 그들의 산출은 새로운 정책활동형태를 개발하기보다는 현존정책의 많은 측면에 통합되게 된다. 비록 정책에서 극적인 변동이 발생하더라도, 오로지 소수의 변화만이 일어난다. 이것은 현존하는 정책과정의 일반적인 배열 — 하위체제 구성원, 정치적 그리고 다른 관련 정치제도, 정책이념, 담론과 프레임, 그리고 국가와 사회의 역량과 제약조건 등 — 이 정책 순환의 반복을 실질적으로 변화시키지 않기 때문이다. 따라서 Pierson(2000, 2004)이 주목하는 바와 같이, 정책순환의 정책평가단계로부터 발현하는 전형적인 정책환류 과정은 현대국가에서 정책결정의 역사적 또는 경로의존적 본질에 의해 이루어진다고 할 수 있다. 따라서 정책은 정책순환의 반복을 통하여 발달을 하게 되는 것이다 (Howlett, Ramesh & Perl, 2009: 199 – 201).

## 제 3 절 | 정책학습

### 1. 정책학습의 의미

위에서 기술한 바와 같이, 정책평가가 정책행위자들에게 정책환류를 시키는 중요한 장치의 하나는 정책학습이다. 이를테면, 정책평가를 통하여 검증한 정책결과가 성공했느냐 아니면 실패했느냐, 그리고 성공했다면 그 원인은 무엇이고 실패했다면 왜 실패했으며 그 원인이 무엇인가를 밝혀내면, 정책결정자와 집행자는 물론 해당정책에 이해관계가 있는 행위자들과 일반국민들은 그 평가결과를 통하여 정책학습을 하게 된다(노화준, 2012: 548 – 549). 이를테면, 정책의 성공과 실패에 대한 검증결과는 정책행위자들에게 학습기회를 제공해 주는 것이다.

그러면 정책학습(policy learning)이란 구체적으로 무엇인가? 정책학에서 정책학습이 무엇이고 그것의 원인과 동기가 무엇인가에 대해서는 다양한 해석이 존재하지만 두 가지 대조적인 관점을 통하여 살펴볼 수 있다(Howlett & Ramesh, 1995: 175; Howlett, Ramesh & Perl, 2009: 180). 하나의 관점으로 Heclo(1974: 306)는 정책학습을 정책환경에서의 외부적 혹은 외생적 변화에 대한 정부의 반응으로 일어나는 덜 의식적인 외생적 활동으로 정의하였다. 이런 정의는 학습을 정부가 환경이나 사회의 자극에 대한 경험으로부터 발생하는 행동변화로 인식한다. 또 하나의 관점으로 Hall(1993: 278)은 정책학습을 거버넌스의 궁극적 목표를 달성하기 위하여 과거정책의 결과나 새로운 정보에 비추어 목표나 기법을 조정하려는 의식적인 시도로 정의하였다. 이러한 정의는 학습을 정부의 보다 좋은 목표달성의 확립에 기여하는 것으로 본다.

이들 두 가지 정책학습정의는 정책학습과 정책변동의 관계본질을 기술하고 있다. Heclo의 정책학습은 대개 외부정책환경의 변화에 대한 반응으로 정책결정자가 취하는 활동으로 본다. 이것은 환경이 변화함에 따라 정책결정자가 그의 정책을 성공시키려면 적응을 해야 한다는 것이다. 반면에, Hall의 정책학습정의는 정책결정자가 어떤 정책발의를 성공하고 다른 것은 실패하였는가를 이해하려고 시도하는 공식적인 정책과정의 한 부분으로 본다. 만일 정책이 학습의 결과로 변동한다면 변화의 자극은 정부의 공식적 정책과정에서 나오는 것이라고 한다.

## 2. 정책학습의 유형

위에서 정책학습의 개념으로 Heclo의 정의와 Hall의 정의를 살펴보았다. 이러한 두 가지 대조적인 개념정의는 정책학습이 외생적으로 발생하는가 아니면 내생적으로 발생하는가에 대한 중요한 문제를 제기한다. 이러한 두 가지 정책학습개념은 학습의 주체와 대상을 상이하게 바라보고 있는데, 이들을 결합하면 정책학습의 유형을 외생적 학습과 내생적 학습으로 범주화할 수 있다(표 14-1).

〈표 14-1〉  정책학습의 주체와 대상 그리고 유형

| 학습유형 | 내생적 학습 | 외생적 학습 |
|---|---|---|
| 학습주체 | 소규모의 기술적으로 전문화된 정책공동체 | 대규모의 공적으로 참여하는 정책공동체 |
| 학습대상 | 정책설정 또는 정책수단 | 문제인지 또는 정책목표 |

자료: Howlett & Ramesh(1995: 176).

### 1) 내생적 학습

위의 표에서 내생적 학습(endogenous learning)은 소규모의 기술적으로 전문화된 정책공동체에서 발생하는 것으로, 정책설정(policy settings)이나 정책수단(policy instruments)에 대해 배우고자 하는 목적을 가지고 있다. 이런 내생적 학습의 형태로는

Rose(1991)가 말하는 교훈배우기(lesson drawing)가 있다. 이것은 공식적인 정책과정에서 정책결정자가 그들의 목표를 달성하기 위하여 사용하는 가능한 수단이나 기법의 선택에 영향을 미친다. 이런 교훈은 정책과정의 상이한 측면에 대한 실질적인 제안에 관심을 가지고 있다. 예컨대, 정책이 작동됨에 따라, 정책도구는 어떤 환경에서 성공하거나 실패하였는가 또는 어떤 쟁점이 의제설정과정에서 공적 지지를 받거나 받지 못하는가에 대한 것을 배울 수 있다.

### 2) 외생적 학습

대조적으로, 외생적 학습(exogenous learning)은 전문가뿐 아니라 일반대중을 포함하는 보다 광범위한 정책공동체에서 이루어지는 것으로, 문제의 파악과 그것을 해결하기 위하여 설계된 정책목표에 의문을 제기한다. 이런 외생적 학습의 형태로는 Hall(1993)이 말하는 사회적 학습(social learning)이 있다. 이것은 정책과정 밖에서 시작되어 사회를 변화시키기 위하여 정책결정자의 제약이나 역량에 영향을 미치게 되는데, 정책목표와 정책밑바탕에 흐르는 사고(thinking)의 변화가 동반된다. 이것의 예로는 1980년대 많은 국가에서 추진한 민영화를 들 수가 있다.

---

## 제4절 | 정책변동

---

## 1. 정책변동의 의미

정책변동이란 정책과정의 마지막 단계이면서 새로운 정책과정의 시작단계라고 할 수 있다. Jones(1977: 11－12)는 그의 저서 '공공정책연구의 소개'에서 '정책종결: 끝이 시작이다'라는 장을 설정하여 정책변동의 유형에 속하는 정책종결을 기술하고 있다. Anderson(2000: 293－296)은 그의 저서 '공공정책결정: 소개'의 제7장 부분 '정책영향, 평가, 그리고 변동'에서 정책평가와 연결하여 정책변동을 논의하고 있다.

그러면 정책변동(policy change)이란 무엇인가? 정책학자들은 정책변동개념을 다양하게 정의하고 있다. 우선, 외국학자들의 정책변동개념을 보면, Howlett &

〈표 14-2〉  정책학자들의 정책변동개념

| 정책학자 | 개념정의 |
|---|---|
| Howlett & Ramesh (1995: 184) | 정책학습의 토대 위에서 정책이 정형적으로나 비정형적으로 변화가 일어나는 것 |
| Lester & Stewart (2000: 145) | 하나 또는 그 이상의 현존정책을 하나 또는 그 이상의 다른 정책으로 대체하는 것 |
| 정정길 외 (2010; 699 – 700) | 정치체제의 환류활동이나 학습활동을 토대로 정책내용(정책목표와 정책수단 및 대상집단 등)뿐만 아니라 정책집행방법(서비스집행체계변화를 비롯한 표준운영절차변화 등)의 변화가 일어나는 것 |
| 노화준 (2012: 597) | 정책이나 사업의 내용이나 집행방법이 변화하는 것 |
| 남궁근 (2017: 499) | 정책환류와 정책학습의 결과에 따라 정책내용(목표와 수단 및 대상집단 등)과 정책집행방법에 변화가 발생하는 것 |

Ramesh(1995: 184)는 정책학습의 토대 위에서 정책이 정형적으로나 비정형적으로 변화가 일어나는 것으로, Lester & Stewart(2000: 145)는 하나 또는 그 이상의 현존정책을 하나 또는 그 이상의 다른 정책으로 대체하는 것으로 정의하였다.

한편, 국내학자들의 정책변동개념으로 정정길 외(2010: 699 – 700)는 정치체제의 환류활동이나 학습활동을 토대로 정책내용(정책목표와 정책수단 및 대상집단 등)뿐만 아니라 정책집행방법(서비스집행체계변화를 비롯한 표준운영절차변화 등)의 변화가 일어나는 것, 즉 정책결정에서 일어나는 정책의 수정이나 종결뿐 아니라 집행단계에서 일어나는 변화로 정의하였다. 또한, 노화준(2012: 597)은 정책이나 사업의 내용이나 집행방법이 변화하는 것으로, 남궁근(2017: 499)은 정책환류와 정책학습의 결과에 따라 정책내용(목표와 수단 및 대상집단 등)과 정책집행방법에 변화가 발생하는 것으로 개념화하였다.

이상에서 기술한 여러 학자들의 개념정의에서 공통점도 발견되는데, 정책변동이란 정책체제가 정책환류와 정책학습을 토대로 정책의제설정이나 정책결정 및 정책집행에서 변화를 추구하는 것으로 정의할 수 있다.

## 2. 정책변동의 유형

정책변동을 연구하는 학자들은 정책변동의 유형을 범주화하고 있는데, 여기서는

Hogwood & Peters의 정책변동의 내용에 의한 분류와 Howlett, Ramesh & Perl의 정책변동의 지속싱에 의한 분류로 나누어 살펴본다.

## 1) 정책변동의 내용에 의한 분류

Hogwood & Peters(1982: 227-234)는 정책변동의 이념적 유형으로 정책혁신, 정책유지, 정책승계, 정책종결의 네 가지로 구분하고 있다. 이런 유형은 실제 정책변동을 기술하기 위한 작업틀(working framework)이라고 할 수 있다.

### (1) 정책혁신

정책혁신(policy innovation)은 정부가 (지금까지) 관여하지 않았던 분야에 개입하기 위하여 새로운 정책을 도입하는 것이다(유훈, 2002: 515). 이것은 기존의 정책이나 사업 및 예산과 조직이 없는 상태에서 새로운 것을 만들어내는 것이므로 새로운 정책형성이라고 할 수 있다. 예컨대, 국민의료보험정책, 영구임대주택사업, 환경개선부담금제도 등을 들 수 있다.

이러한 정책혁신은 국내외의 환경변화로 인하여 새로운 사회문제가 발생하거나 정책대상집단의 요구가 있거나 또는 정책결정자의 발의에 의하여 이루어진다.

### (2) 정책유지

정책유지(policy maintenance)는 현존하는 정책, 사업, 또는 조직이 동일한 과업을 지속하는 것을 말한다. 이런 정책유지의 본래개념은 현재의 정책(정책목표와 수단)이 가진 특성을 그대로 지속시키는 것(정정길 외, 2010: 705)으로 정의한다. 또한, 이 개념의 범주에는 현재의 정책을 기본적으로 유지하면서 정책수단의 부분적인 변화만 이루어지는 것(남궁근, 2017: 506), 또는 정책을 구성하는 정책목표와 정책수단을 크게 바꾸지 않고 사업산출(program outputs)을 조정하는 적응적 변동(유훈, 2002: 516)을 포함시키기도 한다. 모든 정책이나 사업은 시간흐름에 따라 그 내용이나 그에 수반되는 예산 및 대상집단의 규모 등이 어느 정도 변경될 수 있기 때문이다. 예컨대, 영국의 실험보험제도에서 제도목표가 유지되면서 실업수당이 1979-80년도의 6억5,000만 파운드에서 1980-81년도에는 10억 7,000만 파운드로 증액하였다. 한국의 영구임대주택사업에서는 1993년 수혜대상자를 청약저축가입자 모두에서 확대시켰다.

이러한 정책유지는 다음의 방법으로 초래될 수 있다. 첫째, 관성의 결과-기존정책이 평가되거나 도전받지 않는다. 둘째, 명백한 결정의 결과-지배동맹이 기존정책의 지속성이 정당하다고 결정한다. 셋째, 실패한 정책종결의 결과-정책을 종결시키려는 시도가 의제설정이나 정책결정 및 집행단계에서 실패하였다. 넷째, 실패한 정책승계의 결과-기존정책을 새로운 정책으로 대체하려는 시도가 실패한다.

### (3) 정책승계

정책승계(policy succession)는 이전의 정책이나 사업 또는 조직이 동일한 문제와 고객을 지향하는 새로운 것으로 대체되는 것을 말한다. 이 개념에 대하여 국내학자들은 현존하는 정책의 기본적인 특성(성격)을 변동시키는 것(정정길 외, 2010: 706)이라고 하기도 하고, 또는 동일한 정책분야에서 정책목표는 유지하되 이전의 프로그램과 조직이 새로운 것으로 대체되는 것(남궁근, 2017: 507)으로 정의하기도 한다.

이러한 정책승계는 다음과 같은 몇 가지 형태로 세분할 수 있다. 첫째, 선형승계(linear succession)는 정책승계의 가장 순수한 형태로서 기존의 정책이나 사업을 완전히 종결하고 동일한 목표를 추구하기 위한 새로운 정책이나 사업을 도입하는 것으로서 정책대체(policy replacement)라고도 한다. 예컨대, 공공부문이 직접 수행했던 청소업무를 민간위탁으로 전환하거나 자동차운전 단속을 교통경찰관이 하다가 감시 카메라를 설치하는 것이다.

둘째, 정책통합(policy consolidation)은 두 개 또는 그 이상의 사업을 완전히 또는 부분적으로 종결하고 원래의 목표나 또는 유사한 목표를 추구하기 위하여 새로운 단일사업을 만드는 것이다. 예컨대, 해운정책과 항만정책을 해운항만정책으로, 외교정책과 통일정책을 외교통일정책으로 결합하는 것이다.

셋째, 정책분할(policy splitting)은 현존하는 사업이나 조직이 둘 또는 그 이상 부분으로 분리되는 것이다. 이것은 기존 조직이 두 개 이상으로 분리되는 경우 나타나는데, 미국의 교육부가 보건 교육 복지부로 분리된 것과 한국에서 보건사회부 내에 있던 환경청이 환경처(→환경부)로 분리승격된 것을 들 수 있다.

넷째, 부분종결(partial termination)은 기존 정책의 일부를 지속하면서 다른 일부를 완전히 폐지하는 것으로, 즉 기존의 정책이나 사업에 들어가는 자원의 실질적인 감소를 말한다. 이것은 실패한 정책종결의 결과로서뿐 아니라 정책결정자가 일부러 추구하는 정책승계의 형태로 볼 수 있다. 예컨대, 미국 존슨 행정부는 1967년에 항공우주국(NASA)이 후원하는 대학지원프로그램 폐지를 결정하였는데, 항공우주국이 즉각적인 종결에 반대하여 일시적으로 종결을 하였고 예산감소로 3년 만에 완전종결을 하였다.

다섯째, 비선형적 승계(non-linear succession)는 두 개의 사업들에서 종결, 중복, 그리고 혁신의 특성이 결합되는 것, 즉 기존 정책의 어떤 부분은 폐지하고 다른 부분을 유지하며 새로운 요소가 추가되는 경우로 복합적 정책승계라고도 한다.

여섯째, 우발적 승계(incidental succession)는 정책혁신을 발의하거나 새로운 사업에 관련된 정책승계가 일어나는 경우에 현존 사업의 대체나 변동이 발생하는 것, 즉 현재의 정책을 유지하거나 대체하면서 동시에 기존의 다른 정책을 결합하는 방식으로 새로운 정책을 구성하는 것이다. 제안된 정책이 기존 사업에 어떤 직접적 효과를 가지는 것으로 나타나지 않을 때, 제안된 새로운 사업은 기존 사업과 실질적 또는 잠재적인 경쟁관계를 구성할 수 있다. 예컨대, 1976년 '암과의 전쟁'은 국가건강기관의 기존 사업에 경쟁을 만들었다.

### (4) 정책종결

정책종결(policy termination)은 확립된(기존의) 것을 대체하지 않고 특정한 정책이나 사업 또는 조직을 폐지(abolition)하는 것, 즉 현존의 정책이나 사업을 완전히 종료하면서 이를 대체하는 새로운 정책도 없게 되는 정책변화를 말하는데, 이것은 관련된 법률, 사업, 예산, 조직 등이 없어지는 형태를 가진다.

Brewer & deLeon(1983: 394-396)은 정책종결을 정부의 제도, 기능, 그리고 사업뿐 아니라 정책의 중지를 포함하는 우산용어로 보고, 그것의 형태를 정책기능종결, 정책사업종결, 정부조직종결 등으로 분류하였다. 첫째, 정책기능종결은 정부의 시민에 대한 서비스 제공을 중단하는 것이다. 그러나 정부기능은 그것의 이해관계자들을 위하여 수행하므로 조직보다 훨씬 더 지속적이다. 예컨대, 기관은 폐지되었으나 그것의 활동은 종결되지 않고 다른 단위들에 재할당되거나 수행되었다.

둘째, 정책사업종결은 정부가 특정한 영역에서 수행하던 정책이나 사업을 종료하는 것이다. 정책은 그들 자신의 목표를 가지고 있는 사업들의 집합체이다. 사업(programs)은 그들을 보호하는 가장 적은 정치적 자원을 가지고 있고 조직에서도 가장 적은 투자를 하기 때문에 종결이 쉽다. 반면에, 정책(policies)은 다른 구성사업들보다 정치적 자원과 몰입의 양이 크기 때문에 종결활동에 크게 저항을 한다.

셋째, 정부조직종결은 정부의 기능이나 정책 또는 사업을 수행하는 조직들을 폐지하는 것이다. 대규모 공공기관들은 폐지에 대한 저항이 크므로 소규모의 조직들만이 종결되는 것이 보편적인 현상이다.

한편, Bardach(1976: 124-126)은 정책종결의 유형을 종결이 소요되는 시간에 따라 폭발형, 점감형, 혼합형으로 분류하였다. 첫째, 폭발형은 특정한 정책이나 사업이 일시에 종식되는 것이고(예: 대부분의 사업종결), 둘째, 점감형은 장기간에 걸쳐 소요예산의 감축에 의해 서서히 종식시키는 것이며(예: 미국 월남전 종결), 셋째, 혼합형은 두 가지 유형이 혼합된 형태로서 비교적 단기간에 걸쳐 단계적으로 종식하는 것이다(예: 미국 항공우주국의 대학연구소지원 사업종결).

## 2) 정책변동의 지속성에 의한 분류

Howlett & Ramesh(1995: 184-191)과 Howlett, Ramesh & Perl(2009: 202-206)은 정책변동의 유형을 정책의 지속성을 기준으로 정형적 정책변동과 비정형적 정책변동으로 구분하였다.

### (1) 정형적 정책변동

정형적(normal) 정책변동은 정부정책이 과거 정책의 기본골격을 토대로 경로의존적인 변화를 하는 것을 말한다. 정부에서 만들어진 대부분의 정책들은 과거 정책의 연속이기 때문에 높은 정도의 지속성(continuity)을 가진다. 종종 새로운 정책발의로 묘사되는 것도 현존 정책의 단순한 변이인 경우가 많다. 이것은 정책결정의 기본요소들, 즉 관련되는 행위자, 이념, 제도와 그들이 작동하는 제약과 역량이 매우 느리게 변화하기 때문이다. 특히 정책하위체제의 구조는 정책문제들의 인식, 그들을 해결하기 위한 선택구성, 그리고 실제로 해결을 성취하기 위한 수단들의 집행과 평가를 결정하는 정책이념의 중요한 집합에 영향을 준다.

Baugmartner & Jones(1993)를 위시하여 Rhodes(1997) 등의 정책학자들에 의하면, 모든 정책하위체제는 어떤 대상에 대한 해석과 일반적 접근에 대한 정책독점(policy monopolies)을 가지고 있어 정책안정성(policy stability)이 크게 강화된다고 한다. 정책독점이 새로운 구성원의 출현이나 과거 구성원의 떠남에 의해 와해되면, 우리는 어떤 중요한 의미에서 실질적인 정책변동을 기대할 수 있다(Dudley & Richardson, 1998; Kubler, 2001). 이러한 폐쇄적 네트워크(closed networks)는 정책안

**〈표 14-3〉 국가정책방식의 모형**

| | | 문제해결접근 | |
|---|---|---|---|
| | | 예측적/적극적 | 수동적/소극적 |
| 정부와 사회관계 | 동의 | 독일: 합리적 동의방식 | 영국: 협상방식 |
| | 강요 | 프랑스: 협력방식 | 네덜란드: 협상과 갈등방식 |

자료: Richardson, Gustafsson & Jordon(1982: 13). Howlett & Ramesh(1995: 186).

정성의 중요한 원천이다. 그것은 정책의 토론과 논쟁에 새로운 행위자들의 진입을 저지하는 기존 정책행위자들의 능력에 의존한다. 예를 들면, 이것은 정부가 자문위원회에 저명한 비평가를 임명하는 것을 거절하고 그런 위원회의 창설을 하지 않거나 또는 특정한 쟁점을 추구하는 이익집단의 행동을 정책네트워크에서 제한할 때 발생한다.

정책변동에 대한 이러한 해석은 정형적 환경에서의 정책문제의 해결이 현존하는 접근맥락에서 다루어진다는 것을 의미하는데, 이것을 학자들은 '정책방식(policy style)'이라고 한다. 이 용어의 사용자들은 각 국가가 정책결정의 특별한 패턴을 가지고 있다고 한다. 정책방식의 가장 지배적인 연구는 정부의 문제해결방법과 정부와 사회집단의 관계패턴의 두 가지 차원을 결합하여 정책방식을 분류하고 있다.

이를테면, Richardson, Gustafsson & Jordon(1982: 13)은 정책방식을 정부의 문제해결접근과 정부와 사회관계의 결합으로 보고, 전자의 문제해결접근으로는 예측적/적극적(anticipatory/active)인 것과 수동적(reactive)인 것이 있고, 후자의 정부와 사회관계는 동의(consensus)와 강요(imposition)로 나누어진다. 이들 두 가지 기준을 결합하면 독일정책방식은 합리적 동의방식이고, 영국정책방식은 협상방식, 프랑스정책방식은 협력방식, 그리고 네덜란드방식은 협동과 갈등방식으로 나타난다(표 14-3).

### (2) 비정형적 정책변동

앞의 정형적 정책변동과 대비되는 것은 덜 빈번하지만 정책방식에서 급격한 변화(dramatic change)이다. 이러한 비정형적(atypical) 정책변동은 과거의 정책으로부터 새로운 정책으로 변동이 이루어지는 것을 말한다. 이런 변동은 정책방식과 정책패러다임을 포함하는 정책레짐(policy regimes)의 구성요소의 실질적 변화에 관련된다. 이것은 상대적으로 오래 지속된 정책하위체제를 변경시키는 사회학습(social learning)과정으로부터 초래된다. 어떤 정책하위체제를 구성하는 정책공동체의 변동과정을 과학공동체의 일반적 변화과정 — 과학적 사고 또는 패러다임의 주요한 요소들의 이동과 관련된 현상 — 과 유사한 것으로 본다.

패러다임(paradigm)은 물리학자나 경제학자 그리고 정책결정자와 같은 지식공동체의 구성원들이 공유하는 공통의 인식론적 비전을 말하고, 패러다임이동은 과거로부터 근본적인 파괴(break)를 하는 특별한 변동패턴이다. 이것은 단절적균형모형(punctuated equilibrium model)로 대표된다. 이 모형에서 변동은 점증적 적응에 관련되는 안정기의 오랜 기간과 혁명적 격변의 짧은 기간 사이의 변경에 관련되는 것으로 본다. 과학적 혁명은 오랜 균형기간을 단절하고 어떤 현상을 인식하는 방법에 실질적 변화를 가져온다. Kuhn에 의하면, 현존패러다임에 의해 설명할 수 없는 비정형(anomalies)의 축적과 현상의 관찰은 전적으로 인식론적 공동체의 구성원들이 가지고 있는 가치와 신념에 의하여 새로운 사고로 현상을 이해하게 함으로서 새로운 패러다임의 출현을 가져온다.

따라서 패러다임변동관념은 급격한 정책변동을 기술하기 위한 은유로서 정책결정에서 공공문제의 본질과 그들의 해결책에 대한 기본적인 신념, 가치, 그리고 태도의 근본적이고 장기적 변화를 설명하는데 적용되고 있다. 이런 패러다임변동개념을 정책분석에 적용한 Peter Hall(1993: 59)은 1970년대부터 1980년대까지 영국 경제정책의 변동과정을 분석하기 위하여 정책패러다임변동모형을 제시하였다.

그에 의하면, 정책패러다임(policy paradigm)이란 정책 속의 넓은 목표들, 정책결정자가 그것에 도달하기 위하여 해결하려는 문제들 또는 수수께끼들, 그리고 이들 목표를 달성하기 위하여 사용하는 수단들을 확립하는 틀로 성의하였다. 이런 정책패러다임은 정책하위체제에 밀접하게 연결되는 지적 구조물이다. 그것은 본질적으로 관련된 정책하위체제의 구성원들이 가지고 있는 일련의 이념들 — 경제정책하위체제의 사례에서 케인즈안이나 통화주의와 같은 학파 — 이다. 이것은 정책결정자가 추구하는 넓은 목표와 공공문제를 인식하는 방법, 그리고 채택하기로 고려한 해결책을 형성한다.

Hall은 Kuhn의 패러다임변동모형을 수용하여 정책변동은 단절적 균형으로 진행된다고 하면서, 정책패러다임의 변동과정을 패러다임안정 → 변이축적 → 실험 → 권위분절 → 경쟁 → 새로운 패러다임의 제도화 등 6단계로 기술하고 있다.

다음의 <표 14-4>에서 보는 바와 같이, 정책패러다임이동은 비정형이 패러다

〈표 14-4〉 Hall의 정책패러다임변동과정

| 단 계 | 특 징 |
|---|---|
| 1. 패러다임안정 | 지배적인 정설이 제도화되어 있고 그리고 정책모형은 전문가나 공직자의 폐쇄집단에 의하여 만들어진다. |
| 2. 변이(비정형)축적 | 현실세계의 사건이 지배적인 집단에 의하여 예측하거나 설명할 수 없다. |
| 3. 실험 | 기존패러다임에서 변이를 설명하기 위한 노력이 이루어진다. |
| 4. 권위분절 | 전문가가 공직자의 불신임을 받고 새로운 참여자들이 기존패러다임에 도전한다. |
| 5. 경쟁 | 논쟁이 공공영역으로 확대되고 선거와 당파적 고려를 포함한 큰 정치적 과정에 관련된다. |
| 6. 새로운 패러다임 제도화 | 단기간이나 오랜 기간 후에, 새로운 패러다임의 옹호자들은 권위를 가지게 되고 새로운 패러다임을 제도화하기 위하여 현존하는 조직인 의사결정배열을 변경한다. |

자료: Hall(1993: 275-296), Howlett & Ramesh(1995: 191).

임과 그것이 기술하려는 현실 간에 만들어지기 때문에 일어난다. 그 이동은 변화하는 환경에 반응하는 정책하위체제 내의 혁신적인 개인들—정책선도가로 기술되는—에 의해 촉진된다. 공공문제를 다루는 과정에서 정책하위체제의 구성원들은 공통된 인식론이나 세계관 또는 패러다임을 발달시킨다. 패러다임변동과정은 정책하위체제에서 갈등하는 이념들이 출현하여 경쟁하기 때문에 꽤 불안정하다. 그 과정은 새로운 이념들이 기존 것에 승리를 하고 하위체제의 가장 영향력 있는 구성원들에 의해 수용될 때 완성된다. 새로운 패러다임의 지배는 결국 확립되고 정당성을 얻게 된다.

정책패러다임변동의 중요한 사례로는 2차 세계대전 이후 경제정책으로 케인지안(Keynesian)이 지배하여 정부의 적극적인 역할이 강조되다가, 1980년대에 통화주의(Monetarism)로 대체되어 정부보다 시장의 역할을 강조하였다.

한편, Thelen(2003)과 Hacker(2004)는 정책목표와 정책수단의 결합관계를 기준으로 유럽과 다른 지역에서 제도변동이나 정책변동을 연구하여 준최적의 정책결과를 가져오는 네 가지 정책변동과정으로 층화, 표류, 전환, 그리고 대체 또는 재설계를 확인하였다.

다음의 <표 14-5>에서 첫째, 층화(layering)는 새로운 목표와 수단이 현존하는 것들에 추가되는 것이다. 둘째, 표류(drift)는 정책목표는 변화하지만 그 수단은 불변

〈표 14-5〉  Thelen과 Hacker의 정책변동과정

| | | 현존수단에 새로운 정책수단관계 | |
|---|---|---|---|
| | | 일관적 | 비일관적 |
| 현존목표에 새로운 정책목표관계 | 응집적 | 대체 또는 재설계 (최적정책) | 표류 (비효과적 정책) |
| | 비응집적 | 전환 (잘못된 정책) | 층화 (잘못된 그리고 비효과적 정책) |

자료: Thelen(2003), Hacker(2004), Howlett, Ramesh & Perl(2009: 204).

하는 것이다. 셋째, 전환(conversion)은 정책목표에 적응하기 위하여 정책수단들의 조합을 변화시키는 것이다. 넷째, 대체 또는 재설계(replacement or redesign)는 정책 목표와 수단을 근본적으로 재구조화하는 것이다.

그런데 많은 현존하는 정책레짐들은 새로운 목표나 수단이 기존의 것에 덧붙여 지는 층화과정을 통하여 만들어져 왔다. 이러한 층화는 정책과정과 정책결과의 통제 를 지속하는 정책독점의 토대가 되어 정책실패를 야기할 수 있다고 한다.

## 3. 정책변동의 모형

위에서 정책변동의 유형을 살펴보았는데, 그러면 정책변동에 영향을 미치는 요 인은 무엇이며 정책변동은 어떠한 과정을 통하여 이루어지는가? 여러 정책학자들은 이러한 정책변동의 요인이나 과정을 설명하는 이론 또는 모형을 제시하여 왔다. 정 책변동모형은 앞에서 논의한 정책의제설정이나 정책결정 및 정책집행과 연계하여 제시된 모형이 대부분이다. 이를테면, Kingdon의 다중흐름모형, 정책네트워크모형, 옹호연합모형, 그리고 Mucciarni의 이익집단위상변동모형 등이 그것이다.

### 1) 다중흐름모형

Kingdon(1984)이 제시한 다중흐름모형은 원래 정책의제설정을 분석하기 위한 것이었으나, 정책결정과 정책변동의 분석모형으로 확대되었다. 이 모형은 환경에서 서로 연계가 없는 문제흐름, 정책흐름, 정치흐름 등의 세 가지 흐름이 결합되는 정책 의 창이 열리게 되면서 정책의제설정이나 정책결정 및 정책변동이 이루어진다고 한다.

이 모형의 구체적 내용은 정책의제설정부분을 참고하면 된다.

## 2) 정책네트워크모형

정책네트워크모형은 거버넌스패러다임의 정책결정모형에 해당하는 것으로, 정책과정에서 국가와 사회의 다양한 공사행위자들의 상호작용과 관계패턴을 포용하는 이론적 틀 또는 개념적 틀로서 정책결정과 정책변동을 기술하고 설명할 수 있다.

이런 정책네트워크모형의 구체적 내용은 정책결정모형에서 기술하고 있다.

Rhodes & Marsh(1998)는 '정책네트워크연구의 새로운 방향'이라는 논문에서, 정책네트워크는 어떻게 그리고 왜 변화하는가를 조명하고 이들 변화를 네트워크환경변화에 의하여 설명해야 한다고 보았다. 여러 사례연구에서 확인된 네크워크환경변화의 네 가지 요인으로는 경제적/시장, 이념적, 지식/기술적, 그리고 제도적 환경이 있다.

첫째, 거의 모든 사례연구에서 경제적 변화(economic change)는 네트워크에 불안정의 원천이라는 것을 인정하고 있다. 예컨대, Saward(1992)는 1970년대 초반 경기침체기에 원자력정책에서 전문가공동체로부터 생산자네트워크로 이동한 주요한 요인은 중요한 행위자와 조직의 상업적 풍토의 채택을 들고 있다.

둘째, 지배집단의 이념(ideology)은 네트워크변화의 동인이 된다. 만일 경제적 요인이 네트워크변화의 촉매제라면, 반응의 형태는 지배정당의 이념에 의해 커다란 영향을 받는다. 보수당과 신좌익의 이념은 1980년대 정책발의의 분수령이 되었고 정책네트워크의 확립된 루틴에 지속적인 도전을 하였다.

셋째, 네트워크변화에 영향을 주는 요인으로 지식(knowledge)이 있다. 특정정책에 대한 지식이나 정보의 변화는 네트워크에 영향을 준다. 담배네트워크에서 변동의 원천은 담배와 나쁜건강 간의 관계에 대한 지식의 발달과 확산이다. 유사하게, 다이어트와 건강 간의 관계에 대한 지식은 건강네트워크에 관한 긴장을 주었다. 또한, Saward(1992)에 의하면, 기술(technology) 자체의 변화는 특히 새로운 이익이 새로운 기술과 관련된다면 네트워크변화를 초래할 수 있다고 한다.

마지막으로, 제도(institutions)는 여러 정책영역에서 중요한 행위자이고 변화의 촉매제가 된다. Peterson(1992)에 의하면, 유럽공동체는 협력연구개발계획에서 중요한 역할을 하였다. 이런 제도는 유럽정책네트워크가 되었고 정부간 흥정과 국가이익을 고려하는 정책결정은 EU정책결정의 특성이다.

한편, 정책네트워크의 변화는 내생적(endogenous)일 수 있다. 정책네트워크에서 행위자간의 동의는 동맹형성을 특징으로 하는 지속적이 협상과정의 산물이다.

지금까지 정책네트워크의 변동요인을 살펴보았는데, 대부분의 사례연구는 정책네트워크가 네트워크외부의 환경요인이나 내부요인의 영향을 받느냐에 따라 점진적인 정책변동과 단절적 정책변동이 나타날 수 있다고 한다. 따라서 이러한 정책네트워크모형을 적용하여 정책변동분석은 현실성이 있는 것이라고 할 수 있다.

### 3) 옹호연합모형

Sabatier(1988)가 개발한 옹호연합모형은 환경에서 발생하는 복잡한 정책문제를 분석하기 위하여 설계한 정책과정과 정책변동의 이론적 모형으로서 정책결정모형에서 기술하였다. 이 모형은 네 가지 기본전제를 가지고 정책변동과 같은 정책현상을 분석하고 설명한다.

첫째, 정책변동을 설명하기 위해서는 10년 이상의 장기간이 필요하다. 둘째, 정책변동을 설명하는 분석단위는 정책하위체제이다. 이것은 다양한 정책영역에서 정책활동을 하는 행위자들이다. 셋째, 정책하위체제는 그것을 둘러싸고 있는 외생변수의 영향을 받는다. 외생변수로는 상대적으로 안정적인 변수(문제의 속성, 자원본포, 기본적인 사회문화적 가치와 사회구조, 법이나 제도 등)와 역동적 변수(사회경제적 조건변화, 정치체제의 지배연합변화, 다른 하위체제의 정책결정과 영향)가 있다. 넷째, 정책하위체제를 구성하는 행위자들, 즉 옹호연합들은 외생변수의 영향을 받으면서 자신의 정책신념과 자원 및 전략을 토대로 활동을 하게 되고, 여기서 정책산출과 정책변동이 발생하게 된다.

### 4) 이익집단위상변동모형

Mucciaroni(1995: 10 – 13)은 1995년의 저서 '행운의 반전: 공공정책과 민간이익'에서 이익집단의 위상(권력)과 정책변동 간의 관계를 분석하는 이익집단위상변동모형을 제시하였다.

그는 이익집단의 위상변화에 따른 정책변동을 설명하는 요인으로 쟁점맥락과 제도맥락을 들고 있다. 첫째, 쟁점맥락(issue context)은 이념적이든, 경험적인 것이든, 환경적이든 간에 정책변동에 영향을 미치는 모든 것을 말한다. 이것은 주로 정책체제외부의 환경적 요소에서 나타나는 사회문제를 말한다. 둘째, 제도맥락(institutional context)은 공식적이 정부제도들인 의회나 행정부가 특정한 정책이나 사업에 대하여

〈표 14-6〉 쟁점맥락과 제도맥락의 이익집단위상과 정책변동 관계

| | | 제도맥락 | |
|---|---|---|---|
| | | 유리 | 불리 |
| 쟁점맥락 | 유리 | 집단위상 증가<br>(유리한 정책) | 집단위상 저하<br>(불리한 정책) |
| | 불리 | 집단위상 유지<br>(유리한 정책) | 집단위상 감소<br>(불리한 정책) |

가지고 있는 신념이나 이익 및 행태를 의미한다.

　이러한 두 가지 변수는 이익집단의 위상에 영향을 주고 정책변동을 초래하는 동인으로 작동한다. 쟁점맥락과 제도맥락이 모두 특정이익집단에 유리할 때에는 그 이익집단에게 이익이 되는 정책이 채택되거나 지속될 것이다. 반면에, 쟁점맥락과 제도맥락이 모두 특정이익집단에 불리할 때에는 그 이익집단에게 불이익이 되는 정책이 채택되거나 기존의 정책이 폐지되거나 수정될 것이다. 그런데 두 가지 요인 중에서 이익집단의 위상에 보다 영향을 주는 것은 쟁점맥락보다 제도맥락이 더 중요하다고 한다. 이를테면, 이익집단에 쟁점맥락이 불리하더라도 제도맥락이 우호적이면 유리한 정책이 만들어질 수 있고, 반면에 쟁점맥락이 유리할지라도 제도맥락이 불리하면 불리한 정책이 만들어질 수 있다(표 14-6).

## 제5절 ㅣ 정책변동의 사례연구

### 1. 산업정책: 2000년대, 노인일자리사업의 정책변동(다중흐름모형)[12]

#### 1) 세 가지 흐름

2000년 이전에도 노령층을 대상으로 '일'을 제공하고자 하는 파편적인 시도들이 있었지만, 보건복지부가 노인복지정책을 '노인일자리사업'이라는 독자적인 프로그램

[12] 지은정. (2016). "다중흐름모형의 관점에서 본 노인일자리사업의 정책변동", 「행정논총」 54(4): 225-268.

을 구성할 수 있었던 것은 2004년부터이다. 이렇게 노인일자리사업이 도입될 수 있었던 것은 크게 3가지 요인으로 볼 수 있다.

첫째, 문제흐름의 영향을 들 수 있다. 1990년대 초~중반만 해도 노인일자리에 대한 사회적 문제인식이 적었다. 예컨대, 1991년 고령자고용촉진법을 제정하였지만, 1990년대 중반까지는 정책적으로 일하고자 하는 노인에게 관심이 있었던 것은 아니다. 그러나 1990년대 말 이후 노인들은 일하고자 하지만 일자리가 없어서 혹은 기업이 채용하지 않는다는데 의견이 모아져 정부가 노인일자리 창출을 지원해야 한다는 사회적 분위기가 형성되었다.

더구나, 노인의 4고(苦)인 빈고(貧苦) 고독고(孤獨苦) 무위고(無爲苦) 병고(病苦)가 주요사회문제로 부각되어 노인이 소득을 올리면서 건강을 유지하고 외롭지 않게 활기찬 노년생활을 보낼 수 있는 노인일자리가 필요하다는 문제의식이 커졌다. 그리고 저출산문제까지 겹쳐서 생산가능인구의 감소, 국가생산력과 잠재성장률이 하락할 것으로 예측되어 정책결정자의 주목을 받게 되었다.

두 번째, 정책흐름을 들 수 있다. 2000년대 초반은 1997년 말 외환위기 이후 발생한 경제·사회문제가 심각해서 실업보험, 국민기초생활보장제도, 국민연금과 같은 사회안전망이 핵심화두였다. 전국민연금을 실시하였고(1999년 4월), 1998년 외환위기 이후 국민기초생활보장제도를 개편하여 자활사업을 도입하였지만, 노인은 근로무능력자로 분류되어 자활대상에서 제외되었다. 이와 같은 상황은 노인에게 소정의 활동비를 지급하며 사회참여기회를 제공하는 방안(노인일자리사업)을 참신한 대안으로 부각시켰다.

세 번째, 정치흐름을 들 수 있다. 노인일자리사업은 16대 대선후보 중 노무현과 이회창 대통령후보공약에 포함되어 사회적 주목을 받으며 정책의제가 되었다. 이회창 후보는 공공근로의 성질을 띠는 특별일자리대책을 마련하여 저소득노인에게 일자리 제공을 약속하였고, 당시 민주당 노무현 후보는 노인이 큰 수익이 아니라도 보람있는 일을 할 수 있는 일자리 50만개 창출을 약속하였다. 정책참여자 중 가장 강력한 대통령후보공약에 노인일자리사업이 포함되어 정책의제가 되고 소규모·분절적으로 시행되던 사업을 국가사업으로 끌어올린 것이다. 또한, 대통령 업무보고 시(2003.1.25.; 2003.4.4.) 기초노령연금과 노인장기요양보험과 함께 노인일자리를 보고하며, 노인일자리 2만개 창출로 구체화하였다(보건복지부, 2003). 노인일자리사업이 도입될 수 있었던 정치적 흐름은 정책참여자의 변동(노무현 대통령당선)과 국정과

제 선정으로 볼 수 있다.

이와 같이, 노인일자리사업의 도입은 비교적 문제흐름, 정치흐름, 정책흐름이 명확했던 것으로 판단된다.

## 2) 정책의 창과 정책선도가 그리고 정책변동

노인일자리사업이 도입된 정책의 창은 노무현 대통령의 당선과 국정과제 선정을 들 수 있다. 1990년대 초부터 지속적으로 노인의 일자리 욕구에 대한 문제는 제기되었지만, 정책의제가 되지는 못했다. 그러나 외환위기를 거치면서 노인문제가 악화되고 2000년대 고령화사회에 진입하면서 노인문제에 대한 의식이 커졌다. 그러나 이것만으로는 정책의 창이 열리지 않았다. 주요정책참여자인 대통령후보가 대선(16대)이라는 정치적 큰 흐름에 공약으로 내세우고, 당선 후 국정과제로 선정하였다. 물론 대한노인회와 한국시니어클럽협회(구 CSC)의 촉구도 영향을 미쳤지만, 대통령이라는 정책선도가의 역할이 노인일자리사업 도입에 결정적인 역할을 하였다.

반면, 노인일자리사업이 변동되던 정책의 창은 다르다. 정책문제는 있었지만 노인일자리사업을 개편해야 한다는 국민적 공감대나 국가적 분위기는 형성되지 않았다. 그럼에도 정책의 창이 열릴 수 있었던 것은 첫째, 노인표를 의식한 국회의원의 정부압박이 영향을 미쳤다. 둘째, 근로자성문제가 악화되고 노인일자리사업의 고용노동부 이관·지방이양 논의가 본격화되어 더 이상 문제를 방치할 경우 정책추진에 어려움이 있기 때문이다. 정부입장에서는 관심집중사건이 발생하면 정책실패의 증거가 되고 세간의 많은 관심을 받게 되기 때문에 문제가 더 심각해지기 전에 해결하고자 한 것으로 보인다. 셋째, 노인일자리사업종합지침을 발표해야 하는 연말이 다가와 시간이 촉박해서 종합지침 개정이라는 기회를 활용한 것으로 판단된다.

이와 같은 정책의 창을 활용하여 정책변동을 주도한 것은 노인일자리사업 주관부처였다. 앞서 살펴본 바와 같이 정책흐름이 있었지만, 이해관계자에 따라 견해차이가 있었고 어느 대안도 최적의 대안이 아니었다. 모호성과 불확실성이 높은 조건에서 선택이 어려운 것은 당연하지만, 노인일자리사업이 당면한 환경도 복잡해서 불확실성이 높았다. 정부로써는 결단해야 하지만 어떤 대안을 선택하더라도 이해관계자의 상이한 의견을 모두 반영하기 어려웠다. 노인일자리사업도 국회의원과 수행기관의 제도개선 압력, 그리고 더 이상 문제를 방치할 수 없는 주관부처의 의지, 법적 근거없이 실시되어 지침만 수정하면 변경할 수 있는 여건이 결합하여 순식간에 변동되었다.

이와 같은 과정을 거쳐 산출된 정책변동은 '노인사회활동지원사업(2015년)'이며, 변동내용은 크게 3가지로 요약할 수 있다. 첫째, 사업목표를 '어르신이 활기차고 건강한 노후생활을 영위할 수 있도록 다양한 사회활동을 지원하여 노인복지 향상에 기여'하는 것으로 수정하였다. 100세 시대 노인의 사회참여를 활성화하여 활기찬 노후를 지원하고 노인일자리사업이 당면한 생계목적의 근로와 사회봉사 목적의 공익활동이 혼재되어 발생한 사업정체성 및 근로자성 문제를 해결하고자 한 것이다. 둘째, 노인일자리사업을 '노인사회활동지원사업'으로 변경하였다. 사업명칭으로 발생한 근로라는 시각을 축소하고 노인일자리사업 본연의 취지를 살리기 위함이다. 셋째, 전체적으로 복지정책으로써의 성격을 강화하였다. 공익활동 중 전국형 사업(老－老 케어)은 근로자성이 약하므로 봉사활동으로 자리매김하고, 노인의 자발성 제고를 위해 활동시간과 내용 측면에서 자율성을 부여하였다. 그리고 시장형 사업단은 사업자등록을 의무화하고 참여노인이 근로기준법상 근로자에 해당될 경우 노동관계법령, 취업규칙 및 사업단 운영규칙, 세법 등 관계법령을 준수하도록 명시하였다(보건복지부, 2015).

그러나 이와 같은 변동은 미완성의 정책을 산출하였다. 2004~2014년까지 사용된 '노인일자리사업'은 2015년 1월 '노인사회활동지원사업'으로 바뀌었다. 일자리라는 사업명칭은 노인일자리사업을 일반노동시장의 근로로 바라보는 시각을 양산하였기 때문이다. 그러나 2016년 '노인 일자리 및 사회활동 지원사업'으로 재수정되었다 (보건복지부, 2016).

## 2. 과학기술정책: 2000년대, 국제과학비즈니스벨트사업의 정책변동 (정책네트워크모형)[13]

### 1) 국제과학비즈니스벨트사업결정과 정책네트워크

제1장 정책결정의 사례연구에서 기술

---

13) 배응환. (2015). "의사결정의 네트워크모형: 국제과학비즈니스벨트계획을 중심으로", 「한국행정학보」 49(3): 79－125.

## 2) 정책변동

앞의 정책네트워크모형을 적용하여 분석한 국제과학비즈네스벨트사업 정책결정 사례에서 기술한 바와 같이, 박근혜 정부에서 추진한 원안과 이명박 정부에서 추진한 수정안의 정책결과에서 정책변화가 일어나고 있음을 발견할 수 있다.

우선, 박근혜 정부에서는 정부부처와 국회상임위 및 과학기술전문가단체의 정책공동체에서 만들어진 초기 국제과학비즈니스벨스사업의 정책산출이 이루어졌다. 다음으로, 이명박 정부에서는 개방적인 이슈네트워크에서 관할 중앙정부는 다양한 반대하는 이익을 무시하면서 자신이 비합리적으로 제시한 정책수정안에 대하여 이를 지방정부가 수용하는 형태로 과학벨트기본계획 수정안을 만들고 있다. 이는 미래창조과학부와 대전시의 상호 이해관계가 맞아 거래를 하는 형태의 정책결과라고 할 수 있다.

이처럼, 국제과학비즈니스벨트계획의 정책결정에서 정책변동을 하게 된 이유는 다음과 같은 논의를 통해 설명할 수 있다. 그동안 우리나라의 정책결정특징은 정부부처를 중심으로 한 국가중심적 의사결정이 지배적이었으나(김시윤, 1997; 박천오, 1999; 배응환, 2001), 1987년 6.29 민주화 선언 이후 의사결정과정이 개방되고 사회적 행위자들의 증가와 영향력이 커지면서 국가와 사회의 네트워크구조가 변화를 하게 되었다(김선미, 2003; 유재원, 2004; 나찬영·유재원, 2008: 236). 국제과학비즈니스벨트계획은 혁신시스템 차원의 혁신클러스터를 추구하고 있으므로 국가부문과 사회부문의 행위자들의 참여를 전제하고 있다. 초기 정책결정에서는 행위자의 범주와 이익 및 이들 간의 상호작용이 안정적이고 지속적인 상태에서 정부정책을 주도하는 정부부처 외에 관련 국회상임위와 과학기술전문기관이 참여하여 정책결론을 도출하였

〈표 14-7〉 국제과학비즈니스벨트사업의 정책산출과 정책변동

| 정권변화 | 정책산출과 변동 |
|---|---|
| 이명박 정부 | 2009.1.13. 국제과학비즈니스벨트종합계획<br>2009.2.12. 과학벨트특별법<br>2011.5.16. 과학벨트조성사업추진계획<br>2011.12.2. 국제과학비즈니스벨트기본계획(2012-17)<br>2012.3. 과학벨트시행계획 |
| 박근혜 정부 | 2013.7.3. 과학벨트기본계획 수정안(과학벨트업무협약) |

다. 그러나 수정안 정책결정과정에서는 부지매입비문제 등이 공식의제로 부상함에 따라 기존행위자의 범주와 이익이 변화를 하게 되었다. 관할 정부부처가 교육과학기술부에서 미래창조과학부로, 관할 국회상임위도 교육과학기술위원회에서 미래창조과학정보통신위원회로 변경이 되었고, 과학벨트계획이 입지하는 지방정부나 지역시민사회단체 및 여야 정당 등이 새로운 행위자로 참여를 하게 됨에 따라 이들 행위자들의 이익은 종전의 수렴에서 대립하는 이익으로 분절되었다. 이들 행위자들 간의 상호작용 또한 비공식적이고 불안정하게 이루어졌다. 이른바, 국제과학비즈니스벨트계획 정책결정은 안정적이고 폐쇄적인 정책공동체에서 불안정하고 개방적이며 '원자화된 정치'로 특징되는 이슈네트워크로 변화를 하게 되었다.

## 3. 사회정책: 1990-2000년대 의약분업사업의 정책변동(옹호연합모형)14)

### 1) 외적 요인

우선, 문제의 속성 면에서 의약분업은 국민의 건강권 보호라는 측면에서 당위성이 강하였으며, 의·약 간의 영업권을 획정하는 것으로서 이해당사자에게 매우 민감한 사안이었다. 그리고 문제의 속성이 전문적이고 복잡하였다.

〈표 14-8〉　의약분업을 둘러싼 의약 간 쟁점

| 쟁 점 | 의사계의 주장 | 약사계의 주장 |
|---|---|---|
| 약사의 임의조제 | 임의조제에 해당하는 낱알판매는 안 되며, 통약판매만 허용 | 임의조제 자체는 안되지만, 낱알판매는 허용 |
| 약사의 대체조제 | 불허 | 허용 |
| 의약품 처방 | 상품명 처방 | 일반명 처방 |
| 주사제 포함여부 | 의약분업에서 제외 | 의약분업에 포함 |
| 의약품 분류 | 전문의약품을 많게 함 | 일반명 약품을 많게 함 |
| 분업형태 | 기관분업(병원협회-직능분업 주장) | 기관분업(병원도 의약분업 포함) |

다음으로, 제도적 제약의 측면에서 의약분업은 1980년대 초의 시범사업지역 내 의약분업, 1990년대 초의 한약조제권분쟁 등이, 그리고 의보통합은 1980년대의 통

---

14) 김순양. (2010). "보건의료정책과정에서의 옹호연합의 형성과 작동: 의약분업과 의료보험통합 논쟁 사례의 비교분석－의약분업사례", 「한국정책학회보」 19(2): 1－44.

합논쟁과 1997년의 부분통합 등이 중요한 역사적 경로였다. 또한, 해당분야 관련 법규와 정부 및 국회에서의 의사결정 관련 법규 등 다양한 법규들이 행위자들의 행동과 선택을 제약하였다.

정치적 기회구조, 특히 지배집단의 변화로 김대중 정부의 등장은 논쟁을 핵심적인 보건의료개혁의제로 등장시켰으며, 진보적 시민단체, 노동단체, 그리고 신권력엘리트 간에 개혁의제를 매개로 한 진보적 연합을 가능하게 하였다. 이들은 주창옹호연합의 주도적 행위자들로서 두 사례를 추진함으로써 기득권세력을 약화시키고자 하였다. 선거 역시 정책의제화 및 정책산출에 큰 영향을 미쳤다.

사회적 요인 면에서 민주화의 진전 및 시민사회의 활성화가 정책하위체제의 성격, 시민단체 및 노동단체의 역할 및 전략채택 등 여러 면에서 영향을 미쳤다. 특히 활성화된 시민사회는 논쟁을 정책의제화하는데 기여하였다. 그리고 사회적 요인으로 의료기관과 약국의 분포상황, 전문직종의 집단이기주의, 의료수혜 격차 등 보다 직접적인 보건의료환경 역시 주창옹호연합이 정책을 추진하는 데서 큰 영향을 미쳤다. 반면에, 경제적 요인은 큰 영향을 미치지 못하였다.

## 2) 정책하위체제: 옹호연합의 작동과 정책중개자

의약분업논쟁은 지역의사회의 시위참여 등 지방단위에서도 어느 정도 활성화되었으나, 주된 논쟁의 장은 정부부처 및 국회였으며, 특히 정부부처가 중요한 논쟁의 장이었다.

의약분업논쟁과정에서 각 행위자들은 각자의 신념과 이해에 기초하여 대립적인 옹호연합을 형성하였다. 우선, 분업주창옹호연합은 정부, 여당, 시민단체로 구성되었다. 정부와 여당은 의약분업을 보건의료분야의 개혁정책의 하나로 추진하였으나, 의료단체의 반대에 직면하여 의약분업시행시기를 연기하고 내용을 완화하는 등 타협을 모색하였다. 반면에, 시민단체는 강력하게 의약분업올 주장하였으며. 1998년 3월 시민대책위원회를 구성하였다. 의료파업이 본격화되는 2000년 들어서는 "국민건강권수호와 의료계파업철회를 위한 범국민대책회의(이하 범국민대책회의)"와 의료개혁시민연합을 결성하였다. 그러나 정부와 시민단체 간에는 연대기구를 구성하지는 못하였다. 대신에, 정부는 주요 정책결정과정에 시민단체를 참여시킴으로써 이들이 정부정책을 지지하는 우군의 역할을 하게 하였다.

분업반대옹호연합도 대한의사회를 중심으로 연대를 형성하였다. 논쟁 초기인

1998년에는 의약단체 모두 의약분업에 반대하며 연기를 주장하였다. 이후, 의약분업의 연기가 어렵게 되자, 의약단체는 1992원 시민단체의 중재를 통해서 자체안을 만들기로 하고 시행을 1년간 연기할 것을 주장하였다. 이에 대해서 정부·여당이 수용하고, 의와 약은 1999년 5월 시민단체중재안을 수용하였다. 그러나 양자의 공동보조는 여기까지였다.

이후, 중재안을 의사들이 거부하면서 향후의 논쟁은 의약분업을 주창하는 정부·여당 및 시민단체와 이에 반대하는 의사단체 간의 대립으로 전개되었다. 이때부터 의사회, 전공의협의회, 개원의협의회 등은 강력한 연대를 형성하고 의약분업을 저지하였다. 특히, 2000년 1월에는 의사회 내에 의권쟁취투쟁위원회를 발족하였으며. 동 위원회가 이후의 반대투쟁을 주도하였고 병원협회도 공동보조를 취하였다.

이처럼, 의약분업논쟁의 옹호연합은 크게 정부와 여당 및 시민단체가 중심이 된 찬성옹호연합과 의료단체가 주도하는 반대옹호연합으로 구분된다. 약사회는 대세에 순응하면서 이해를 극대화하고자 하는 별개의 행위자였다. 그러나 옹호연합 내의 주도적 행위자는 시기별로 상이하였다. 제1단계인 1998년 3월부터 12월 중순까지의 분추협주도단계의 주요행위자는 복지부, 의사단체, 약사단체, 시민단체였으며, 1998년 12월부터 1999년 2월까지 국민회의주도의 제2단계는 국민회의, 의사단체, 약사단체가 주요행위자였다. 이후 제3단계인 1999년 3월부터 5월까지 시민단체중재기의 주요행위자는 시민단체, 의사단체(병원협회), 약사단체였다. 반면에, 1999년 6월 이후의 제4단계는 정부와 의사단체 간의 대립기였다.

의약분업논쟁에서 전략의 기조는 주창자와 반대자 모두 의약분업 자체를 반대하기보다는, 주창자는 예외를 최소화하는 완전의약분업을 조기에 시행하는 것이었으며, 반대자는 예외를 많이 인정하고 시행시기를 늦추는 것이었다. 이를 위하여 행위자들은 제도적 참여에서부터 불법시위나 파업에 이르기까지 다양한 전략을 동원하였다. 정부의 구체적 전략은 통합중개(분추협, 의약분업실행위원회, 의약정협의체 등), 제재(시위주동자 고발. 영업개시명령 등), 유인(수가인상, 의사단체 방문, 정책오류 사과 등)을 동원하는 것이었다. 시민단체는 기자회견과 약가차액 폭로 등 다양한 대중수준의 전략을 동원하였다. 반면에, 의사단체는 정부기구에 참여하는 한편, 궐기대회, 의료기관 폐문, 청원서제출, 기자회견 등 다양한 방식을 동원하여 압박하였다. 그러나 의약단체는 직접적인 이해당사자이지만, 활동방식 면에서는 직접대립보다는 정부를 상대로 압력을 행사하였다.

의약분업논쟁에서 다양한 협의기구들(분추협, 의약분업실행위원회, 의약정협의체 등)이 정책지향학습을 촉진하고자 하였으며. 정책중개자의 면에서 다양한 형태의 중개행위가 있었으나, 주된 중개자는 시기별로 분추협, 국민회의, 시민단체, 정부부처 등 상이하였다. 초기에는 중개가 큰 효과가 없었으나, 궁극적으로는 정부의 중개를 통하여 논쟁이 일단락되었다.

### 3) 정책변동

의약분업논쟁의 경우 2000년 8월부터 의약분업을 실시하게 되었지만, 내용 면에서는 주창자들이 처음 의도한 완전의약분업과는 상당한 거리가 있었다. 또한, 논쟁과정에서 의료보험수가가 크게 인상되는 등 공익이 침해되었으며, 개정된 약사법이 시행도 되기 전에 재개정되는 등 정책이 변동하였다.

〈표 14-9〉 의약분업정책산출의 변동과정

| 정책안 | 정책내용 |
| --- | --- |
| 분추협 최종안<br>(1998.10) | 모든 전문의약품대상(주사제 포함), 일반명 또는 상품명 처방, 약사의 대체조제 허용, 대형병원은 의약분업에서 제외 등 |
| 국민회의 중재안<br>(1999.2) | 일반의약품의 범위축소, 약품의 낱알판매금지, 기관분업실시(3차 의료기관 일정기간 유예) 등 |
| 시민대책위원회 중재안<br>(1999.5) | 모든 의료기관 및 의약품 대상, 일반명 및 상품명 처방, 포장상태로만 일반의약품 판매허용, 일부 대체조제 허용 등 |
| 여야 합의안<br>(2000.7) | 의사동의 없는 대체조제 금지, 통약판매 강제화, 상용처방약을 600품목 이내로 제한, 지여의약협력위원회를 통한 조정 |
| 의약정 협의체 최종합의안<br>(2000.11) | 제약회사 행정지도 및 임의조제 금지, 일부 대체조제 허용, 주사제의 의약분업 제외 등 |

## 4. 지방정책: 1980-1990년대, 수도권과밀부담금제도의 정책변동(이익집단위상변동모형)[15]

우리나라에서 수도권의 과잉집중을 억제하기 위한 정책은 건설부와 무임소장관실이 중심이되어 1960년대부터 추진되었으며 1970년대에는 더욱 박차를 가하였으

---

15) 유훈. (2002). 정책학원론, 법문사. −수도권정비정책의 변동(과밀부담금제도의 도입): 536−539.

나 수도권정비계획법이 제정된 것은 1982년이다. 건설부는 이를 토대로 1984년에 수도권정비기본계획을 수립하고 실행에 들어갔다.

### 1) 이슈맥락

그러나 국제화가 가속화되어 수도권이 다른 나라의 수도권과 경쟁할 수가 없고 지방자치의 시행도 수도권의 집중완화에 기여할 수 있다고 보아 수도권정비정책의 전환을 요구하는 목소리가 거지게 되었다. 마침내 1994년 수도권정비계획법의 전면 개정이 이루어져 수도권정책은 전환을 하게 되었는데, 종전의 수도권 인구분산과 수도권 집중억제의 목표가 지역균형발전과 수도권문제 해결의 목표로 정책변화가 이루어졌다.

### 2) 제도적 맥락

새로 설정된 수도권정책의 목표의 하나인 지역균형발전을 위해서는 많은 투자재원이 소요되는데 이를 조달하기 위하여 과밀부담금제도의 도입을 추진하였다. 이 제도의 추진과정에서 변동추구집단에 유리하게 전개되지 않았다. 여당의 정책위원회가 정책대상집단인 서울시에 우호적인 태도를 견지하고, 이익집단인 서울시의 저항으로 건설부안은 크게 수정되었다.

### 3) 정책변동

결국 수도권과밀부담제도는 도입되었으나, 정책추진자인 건설부안은 대폭적인 수정으로 정책변동이 일어나게 되었다.

## 참고문헌

**[국내문헌]**

강성철·김판석·이종수·최근열·하태권. (2008). **인사행정론**. 서울: 대영문화사.

강신택. (1995). **사회과학연구의 논리: 정치학. 행정학을 중심으로**. 서울: 박영사.

강신택. (2000). **재무행정론: 예산과정을 중심으로. 전정판**. 서울: 박영사.

강신택. (2022). **행정학의 논리**. 서울: 박영사.

강지선. (2019). 공론화연구의 경향분석: 신고리 5·6호기 공론화사례연구의 경향과 연구과
제를 중심으로. **정부학연구**, 26(1): 165-207.

국회예산정책처. (2008). **소하천정비사업평가**.

국회예산정책처. (2009). **중소기업기술혁신개발사업평가**.

국회예산정책처. (2021). **2021 조세수첩**.

권기헌. (2019). **정책학강의**. 서울: 박영사.

권향원·김성민·한수정. (2017). 숙의거버넌스의 저해요인연구: 한국의 사례들의 메타분
석. **한국거버넌스학회보**, 24(2): 189-216.

기획예산처. (2005). **나라살림예산개요**.

기획예산처. (2007). **공공기관혁신의 새로운 장을 열다: 참여정부의 공공기관 혁신성과**.

기획재정부. (2012-2022). **나라살림예산개요**.

기획재정부. (2021). **2021년도 공공기관 지정 보도자료**.

기획재정부·한국조세재정연구원. (2007-2020). **공공기관 현황편람**.

김경동·이온죽. (1994). **사회조사연구의 방법: 사회연구의 논리와 기법**. 서울: 박영사.

김경주. (2003). 김대중정부의 모성보호정책네트워크분석. **한국행정학보**, 37(3): 23-44.

김권식·이광훈. (2013). 다부처연구개발업무추진체계의 조직론적 탐색: O'Toole &
Montony의 조직간 집행이론의 관점에서. 사회과학(강원대), 52(2): 21-39.

김명수. (1978). 정부계획사업의 평가모형, **한국행정학보**, 12: 194-204.

김명수. (1982. 2000). **공공정책평가론**. 서울: 박영사.

김병섭. (2008). **편견과 오류 줄이기: 조사연구의 논리와 기법**. 서울: 법문사.

김병진. (1993). **현대조사방법론**. 서울: 삼영사.

김순양. (2007). 정책과정 및 정책네트워크의 동태성분석: 의약분업논쟁사례의 적용. **지방
정부연구**, 11(3): 43-86.

김순양. (2009). 권위주의적 발전국가의 사회정책형성과정분석: 제2차 의료보험법 개정과
정을 중심으로. **한국행정논집**, 21(1): 69-104.

김순양. (2010). 보건의료정책과정에서의 옹호연합의 형성과 작동: 의약분업과 의료보험통합 논쟁사례의 비교분석. **한국정책학회보**, 19(2): 1−44.

김순양. (2012). 5.16 군사정부하의 사회정책형성의 동태성: 사회보험의 입법과정. **사회복지연구**, 43(4): 151−193.

김승욱·김재익·조용래·유원근. (2004). **정부인가? 시장인가?**. 서울: 부키.

김신복. (1993). 정책개발의 과정과 방법. 강신택·노화준·김광웅·유훈·김신복·정정길(공저), **정책학: 과정과 분석**. 서울: 법문사.

김영래. (1994). 전환기적 이익집단정치의 특성과 과제. **한국과 국제정치**, 10(2): 1−26.

김영종. (2005). 방폐장입지선정과정의 정책네트워크분석: 경주지역유치활동을 중심으로. **한국정책과학학회보**, 9(4): 287−316.

김영평. (1993). **불확실성과 정책의 정당성**. 서울: 고려대학교출판부.

김옥일. (2008). 정책네트워크의 변화와 정책변동에 관한 연구: 교육정보시스템(NEIS)사업을 중심으로. **한국정책학회보**, 17(2): 208−233.

김용복. (1997). 업종전문화정책에 나타난 한국 산업정책과정의 특징. **한국정치연구**, 6: 103−140.

김운태외(공저). (1999). **한국정치론**. 서울: 박영사.

김운태. (1999). 제1장 한국정치연구의 주요대상과 방법론. 김운태외(공저), **한국정치론**. 서울: 박영사.

김운태. (1999). 제2장 한국정치의 상황적 조건과 역사문화적 맥락. 김운태외(공저), **한국정치론**. 서울: 박영사.

김익식. (2000). Scharpf의 조직간 조정에 의한 정책형성론, 오석홍·김영평(편저), **정책학의 주요이론 2판**. 서울: 법문사.

김정수. (2016). **정책학입문**. 서울: 문우사.

김정인. (2018). 정책결정과정에서의 공론화 적용가능성에 관한 연구: 공론조사의 국가적 특수성, 대표성과 집합적 합리성을 중심으로. **정부학연구**, 24(1): 343−376.

김종순. (2002). Herby A. Simon의 의사결정이론. 오석홍·손태원·하태권(공저). **조직학의 주요이론 2판**. 서울: 법문사.

김주환·배봉준. (2021). 공론화결론의 수용요인 비교분석: 신고리 5·6호기와 제주녹지국제병원공론화 비교연구. **지방행정연구**, 35(3): 127−160.

김주환·하동현. (2018). 역사교과서의 국정화를 둘러싼 정책실패연구. **정책분석평가학회보**. 28(1): 99−128.

김주환·하동현. (2019). 공론화를 통한 정책결정의 한계연구: 제주 녹지국제병원사례를 중심으로. **정부학연구**, 25(1): 133−163.

김준기. (1999). 한국 비영리단체(NPOs)의 사회경제적 역할에 관한 연구. **행정논총**, 37(1): 111−136.

김준기. (2006). **정부와 NGO**. 서울: 박영사.

김창수. (2019). 숙의민주주의 기반 공론조사와 정책딜레마: 부산광역시 중앙버스전용차로제 시민공론조사 사례분서. **지방정부연구**, 23(2): 271−296.

김태룡. (2017). **새한국행정론**. 서울: 대영문화사.

김태은・오혜진. (2017). 한국 다문화정책의 입법현황: 의원발의안을 중심으로. **다문화사회연구(숙명여대)**, 10(1): 97−125.

김태일. (2009). 교정적 부담금의 특성과 쟁점에 관한 논의. **행정논총**, 47(4): 25−48.

김하룡・한배호・김용기・서진영・강성학(공저). (1998). **정치학원론**. 서울: 박영사.

김학준. (1983). **한국정치론**. 서울: 한길사.

김해동. (2000). **조사방법론: 이론과 기법**. 서울: 법문사.

김현구. (2022). 정책실패의 일반론 구축: 환류망의 잃어버린 고리. **한국행정학보**, 56(2): 31−60.

김형렬. (1999). 정책실패요인에 관한 고찰. **사회과학논집(연세대)**, 30: 1−36.

김호정. (2017). 제2권 접근방법과 패러다임: 실증주의분야. 한국행정학회, **한국행정학 60년: 1956−2016**. 서울: 조명출판사.

남궁근. (2017, 2021a). **행정조사방법론**. 서울: 법문사.

남궁근. (2017, 2021b). **정책학**. 서울: 법문사.

노화준. (1983. 2001). **정책평가론**. 서울: 법문사.

노화준. (2010). **(기획과 결정을 위한) 정책분석론**. 서울: 박영사.

노화준. (2012, 2017). **정책학원론**. 서울: 박영사.

문태현. (2010). 심의민주주의적 정책결정의 논리와 한계. **한국행정논집**, 22(3): 629−650.

민진. (1995). 공공실패원인에 관한 연구. **한국행정학보**, 19(1): 243−261.

민효상・양재진. (2012). 무의사결정의 재등장?: 2009년 한국 공무원연금개혁과정을 중심으로. **현대사회와 행정**, 22(1): 127−150.

박광국. (2000). Robert Spitzer의 정책유형이론. 오석홍・김영평(편저), **정책학의 주요 이론**. **제2판**. 서울: 법문사.

박대권・최상훈. (2019). 정책결정방식으로서의 공론화에 대한 성찰적 검토: 대입제도개편을 위한 공론화위원회 사례를 중심으로. **교육행정학연구**, 37(3): 141−166.

박동서・최병선・이달곤・권해수. (1992). 작은정부의 개념논의. **한국행정학보**, 26(1): 39−55.

박상필. (2008). **NGO와 정부 그리고 정책**. 서울: 한울.

박성복・이종렬. (1998). **정책학**. 서울: 대영문화사.

박재완. (2002). Lasswell을 넘어서. **한국정책학회보**, 11(1): 333−366.

방석현. (1989). **행정정보체계론**. 서울: 법문사.

배득종・유승원. (2014). **재무행정**. 서울: 박영사.

배봉준. (2018). 공공사업의 로컬거버넌스 특성연구: 서산 가로림만 조력발전소사례. **한국행정학보**, 52(4): 201−238.

배봉준. (2018). 공공정책결정의 협력거버넌스: 천안·아산 지역행복생활권-사례를 중심으로. **한국행정연구**, 27(3): 1-41.

배봉준. (2020). 한국 노동영역의 정책네트워크: 코포라티즘의 지속 혹은 변형: 최저임금의 정책결정을 중심으로. **한국행정학보**, 54(4): 441-476.

배봉준. (2020). **한국지역발전의 진화: 맥락과 제도 그리고 정책**. 대전: 충남대학교출판문화원.

배봉준. (2020). 비교정책연구와 옹호연합모형: 두 가지 공공시설 명칭갈등사례를 중심으로. **한국행정연구**, 29(3): 1-39.

배봉준. (2021). 한국정부에서 지역발전사업평가제도의 특성과 변화 연구: 역사적 제도주의 관점의 적용. **한국행정학보**, 55(4): 433-470.

배봉준·김주환. (2022). 공론화결정의 정책네트워크특성 비교연구: 신고리 5·6호기사례와 제주녹지국제병원사례. **행정논총**, 60(1): 61-101.

배봉준·윤영채·한치흠. (2019). **협력거버넌스: 이론과 실제**. 서울: 대영문화사.

배용수·주선미. (2016). 2015년 제4차 공무원연금개혁정책의 형성과정분석: 복합흐름모형의 적용. **국정관리연구**, 11(2): 109-140.

배응환. (2000). 정치체제변화에 따른 정부와 경제이익집단의 정책네트워크연구: 산업정책에 있어서 전경련과 대한상의를 중심으로. **고려대학교 행정학박사논문**.

배응환. (2001). 정책네트워크모형의 행정학연구에 적용탐색. **한국행정연구**, 10(3): 258-298.

배응환. (2006). 정책형성의 비교연구: 1차와 2차 청주청원행정구역통합정책. **한국정책학회보**, 15(4): 1-38.

배응환. (2010). 신지역주의와 협력거버넌스: 광역경제권 설계의 전제. **한국행정학보**, 44(4): 203-232.

배응환. (2015). 의사결정의 네트워크모형: 국제과학비즈니스벨트계획을 중심으로. **한국행정학보**, 49(3): 79-125.

배응환. (2016). 협업행정의 실증분석: 님비사업 의사결정의 성공요인- 청주시 화장장건립사례. **한국행정연구**, 25(3): 1-38.

백완기. (1979). 한국행정에 있어서 평가제도의 도입연구. **법률행정논집(고려대)**, 17: 209-248.

서울대 정치학과 교수(공저). (2002), **정치학원론**. 서울: 법문사.

송광용·서인원. (2000). 초등학교 열린교육사업의 운영실태와 효과분석. **교육행정학연구**, 18(1): 1-29.

송희준·송미원. (2002). 이동통신 정책네트워크와 사업자선정의 상호관계에 관한 연구. **한국정책학회보**, 11(4): 360-384.

신무섭. (2010). **재무행정학**. 서울: 대영문화사.

신무섭·주상현. (2021). **재무행정학**. 서울: 대영문화사.

안병영·정무권·한상일. (2007). **한국의 공공부문: 이론, 규모와 성격, 개혁방향**. 춘천: 한림대학교 출판부.

안병준. (1979). 정책평가에 대한 소고. **연세행정논집**, 6: 143 – 153.

안해균. (2000). **정책학원론**. 서울: 다산출판사.

앤더슨. (1984). (이종수·이대희 역). (1999). **정책형성론**. 서울: 대영문화사.

염재호. (1994). 국가정책과 신제도주의. **사회비평**, 41: 10 – 33.

오석홍. (2008). **행정학**. 서울: 나남출판.

오석홍. (2011). **조직이론 7판**. 서울: 박영사.

오철호. (2017). 제2권 접근방법과 패러다임: 연구방법론 한국행정학회, **한국행정학 60년: 1956 – 2016**. 서울: 조명출판사.

오효정. (2022). 립스키의 일선관료제모형에 근거한 위(Wee)프로젝트집행에 관한 연구. **상담학 연구**, 23(1): 67 – 90.

유위준. (2002). 초중등학교 교육과정 정책의제형성과정. **교육과정연구**, 20(2): 284 – 305.

유재원·손화정. (2009). 시군통합의 효과에 대한 경험적 분석: 단절적 시계열모형(ARIMA)의 적용. **한국행정학보**, 43(4): 285 – 306.

유훈. (1986, 2002). **정책학원론**. 서울: 법문사.

유훈. (2009). **정책변동론**. 서울: 대영문화사.

윤영진, (2021). **새재무행정학**. 서울: 대영문화사.

윤영채·배응환. (2008). 초점조직과 과업환경조직간 관계성 연구: 원자력발전소를 중심으로. **행정논총**, 46(4): 145 – 174.

윤재풍. (2014). **조직론**. 서울: 대영문화사.

이계식·문형표. (1995). **정부혁신: 선진국의 전략과 교훈**. 서울: 한국개발연구원.

이광석·권기석. (2017). 제2권 접근방법과 패러다임: 주관주의분야. 한국행정학회, **한국행정학 60년: 1956 – 2016**. 서울: 조명출판사.

이광재(2011). 노인장기요양보험 정책과정에 관한 연구. **노인복지연구**, 54호: 7 – 34.

이극찬. (2000). **정치학 제6전정판**. 서울: 법문사.

이대희. (2000). 이익집단. 하태권외(공저), **현대한국정부론**. 서울: 박영사.

이대희. (2000). 정당. 하태권외(공저), **현대한국정부론**. 서울: 박영사.

이시원·하상근. (2002). 정책대상집단의 불응에 대한 경험적 연구: 국민연금정책을 중심으로. 한국행정학보, 30(4): 187 – 204.

이윤식. (2002). 제7장 과정평가, 정정길·성규택·이장·이윤식(공저), **정책평가: 이론과 적용**. 서울: 삼영사.

이윤식, (2018). **정책평가론 3판**. 서울: 대영문화사.

이윤식. (2002). 제4장 총괄평가의 개념 및 절차. 정정길·성규택·이장·이윤식(공저). **정책평가: 이론과 적용**. 서울: 삼영사.

이종수. (1988). 행정가치개념의 분석, 관학행정학회(편), **행정과 가치**. 서울: 법문사.

이지훈. (1993). **사회과학의 메타분석방법**. 청주: 충북대학교출판부.

임도빈·이시원·정준금. (2008). 정책결정의 소요시간에 관한 연구: 참여정부의 대통령 주요정책을 중심으로. **한국정치학회보**, 42(3): 191-217.

임동진·장우영. (2012). 다문화정책의 집행실태 및 개선방안연구: 재한외국인처우기본법을 중심으로. **정책분석평가학회보**, 22(2): 95-127.

임승빈. (2009). **정부와 NGO**. 서울: 대영문화사.

임학순. (1993). 준정부조직의 성장원인에 대한 이론과 논의. **한국사회와 행정연구**, 4: 91-111.

전상경. (2005). **정책분석의 정치경제. 3판**. 서울: 박영사.

정광호. (2007). 바우처 분석: 한국과 미국을 중심으로. **행정논총**, 45(1): 61-109.

정광호·최슬기·장윤희. (2009). 정책실패의 연관요인탐색: 중앙일간지 사설의 내용분석을 중심으로. **한국거버넌스학회보**, 16(1): 1-29.

정규호. (2005). 심의민주주적 정책결정의 특성과 함의. **시민사회와 NGO**, 3(1): 29-54.

정용덕. (2001). **현대국가의 행정학**. 서울: 법문사.

정정길. (1993). **정책결정론**. 서울: 대명출판사.

정정길. (2000). **행정학의 새로운 이해**. 서울: 대명출판사.

정정길. (2002). 제1장 정책평가의 목적과 정책평가론. 정정길·성규택·이장·이윤식(공저), **정책평가: 이론과 적용**. 서울: 삼영사.

정정길. (2002). 제5장 정책평가의 방법1: 실험설계. 정정길·성규택·이장·이윤식(공저), **정책평가: 이론과 적용**. 서울: 삼영사.

정정길·성규택·이장·이윤식(공저). (1987. 2002). **정책평가: 이론과 적용**. 서울: 삼영사.

정정길·최종원·이시원·정준금·정광호. (2010). **정책학원론**. 서울: 대명출판사.

조돈문. (2006). 해방 60년 한국사회 계급구조변화와 노동계급 계급구성변화. **한국사론**, 43: 3-36.

조돈문. (1994). 한국사회 계급구조의 변화, 1960-1990: 계급구조의 양극화 고찰. **한국사회학**, 28(1): 17-50.

조석준. (1980). **한국행정학**. 서울: 박영사.

조석준. (1986). **조직론 제2전정판**. 서울: 법문사.

조석준·임도빈. (2010). **한국행정조직론**. 서울: 법문사.

지은정. (2016). 다중흐름모형의 관점에서 본 노인일자리사업의 정책변동. **행정논총**, 54(4): 225-268.

최광. (2012). 큰정부 대 작은정부: 정부의 규모와 역할에 대한 우파 좌파의 논쟁. **제도와 경제**, 6(2): 57-98.

최병선. (1993). 준공공부문 조직연구의 방향모색. **행정논총**, 31(1): 208-231.

최병선. (1993). **정부규제론**. 서울: 법문사.

최태현. (2018). 참여 및 숙의제도의 대표성: 신고리 5·6호기 공론화위원회 사례를 중심으로. **한국행정학보**, 52(4): 501-529.

칼 마르크스. (1844). 경제학철학초고. 최인호(번역). (1991), **칼 마르크스 프리드리히 엥겔스**

**저작선집, 제1권**. 서울: 박종철풀판사.

클라우스 슈밥. (2016). (송경진역). (2017). **클라우스 슈밥의 제4차 산업혁명**. 서울: 새로운
현재.

폴 슈메이커. (조효제역). (2010). **진보와 보수의 12가지 이념**. 서울: 후마니티스.

하연섭. (2019). **정부예산과 재무행정**. 서울: 다산출판사.

하태권. (2000). Charles E. Lindblom의 정책결정이론. 오석홍 · 김영평(편저), **정책학의 주
요이론. 2판**. 서울: 법문사.

한배호. (2000). **비교정치론 3판**. 서울: 법문사.

행정안전부. (2010 – 2022). **행정안전통계연보**.

행정자치부 공기업과. (2016). **2016 지방공기업 현황: 지방공사 · 공단**.

행정자치부. (2007). **행정자치통계연보**.

허범. (2002). 정책학의 이상과 도전. **한국정책학회보**, 11(1): 293 – 311.

홍성만 · 김광구. (2012). 숙의거버넌스 실패사례연구: 굴포천유역지속가능발전협의회의 사
회적 합의시도를 중심으로. **한국거버넌스학회보**, 19(3): 199 – 220.


**[외국문헌]**

Aberach, Joel D., Putman, Robert D. & Rockman, Bert. A. (1981). **Bureaucrats and
Politicians in Western Democracies**. Cambridge: Harvard University Press.

Akerlof, G. (1970). The Markets for Lemmons. **Quarterly Journal of Economics**, 84(3):
488 – 500.

Aldrich, Howard E. (1979). **Organizations and Environments**. Englewood Cliffs, NJ:
Prentice Hall.

Allison, Graham T. (1969). Conceptual Models and the Cuban Missile Crisis. **APS**R, 63(3):
689 – 718.

Allison, Graham T. (1971). **Essence of Decision: Explaining the Cuban Missile Crisis**.
Boston: Little, Brown & Co..

Allison, Graham T. & Zelikow, Philip. (1999). **Essence of Decision: Explaining the Cuban
Missile Crisis. 2nd ed**. Boston: Eddison Wesley. 김태현(역). (2005). **결정의 에센스:
쿠바미사일사태와 세계핵전쟁위기**. 서울: 모음북스.

Almond, G. A. (1956). Comparative Political System. **Journal of Politics**, 18(3): 391 – 409.

Almond, Gabriel A. & Powell, Bingham. (1978). **Comparative Politics: System, Process, and
Policy. 2nd ed**. Boston: Littel, Brown & Company.

Almond, Gabriel A. & Powell, Bingham. (1996). **Comparative Politics: A Theoretical
Framework. 2nd ed**. NY: Harper Collins.

Almond, G. A. & Verba, S. (1963). **The Civic Culture: Attitudes and Democracy in Five**

**Nations**. Princeton: Princeton University Press.

Anderson, James E. (1972, 1975, 1984, 2000, 2011). **Public Policy Making: An Introduction. 7th ed.** Wadsworth: Engag & Learning.

Anderson, James E. (1979, 1984). **Public Policy Making. 3rd ed.** NY: Holt, Rinehart and Winston. 이종수·이대희(역). (1994). **정책형성론.** 서울: 대영문화사.

Anglund, S. M. (1999). Policy Feedback: The Comparison of Effect and Small Business Procurement Policy. **Policy Studies Journal,** 27(1): 11-27.

Ansell, Chris. & Gash, Alison. (2007). Collaborative Governance in Theory and Practice. **Journal of Public Administration Research and Theory.** 18: 543-571.

Anton, T. (1989). **American Federalism and Pubic Policy.** NY: Random House.

Axelrod, Robert M. (1984). **The Evolution of Cooperation.** New York: Basic Books.

Bachrach, Peter. & Baratz, Morton S. (1962). Two Faces of Power. **APSR,** 56(4): 947-952.

Bachrach, Peter. & Baratz, Morton S. (1963). Decisions and Nondecisions. **APSR,** 57(3): 632-642.

Bachrach, Peter. & Baratz, Morton S. (1970). **Power and Poverty.** NY: Oxford University Press.

Balker, R.F., Michales, R. & Preston, E, S. (1975). **Public Policy Development.** NY: John Wiley & Sons.

Bakunin, Michael. (1964). **The Political Philosophy of Bakunin.** NY: Press.

Bardach, E. (1976). Policy Termination as a political Process. **Policy Sciences,** 7(2): 123-131.

Bardach, Eugence. (1977). **The Implementation Game.** Cambridge: MIT Press.

Barthasar, A. & Reider, S. (2000). Learning form Evaluations: Effects of the Evaluation of the Swiss Energy 2000 Programme. **Evaluation,** 6(3): 245-260.

Baumol, W. J. (1952, 1965). **Welfare Economics and the Theory of the State. 2nd ed(1st ed: 1952).** Cambridge: Harvard University Press.

Baumgartner, F. R. & Jones, B. D. (1993). **Agendas and Instability in American Politics.** Chicago: University of Chicago Press.

Benn, J. I. & Gaus, G. F. (1983). The Liberal Conception of the Public and the Private. In Stanley I. Benn and Gerald F. Gaus(eds.), **Public and Private in Social Life.** London: Croom Helm Ltd.

Bennett, C. J. (1991). What is Policy Convergence and What Causes It?. **British Journal of Political Science,** 86(2): 301-324.

Bennett, S. & Howlett, M. (1992). The Lessons of Learning: Reconciling Theories of Policy Learning and Policy Change. **Policy Sciences,** 25(3): 275-294.

Benson, J. K. (1988). A Framework for Policy Analysis. In D. Rogers, D. Whitten and Associates, **Interorganizational Coordination**. Ames, Iowa: Iowa University Press.

Bentley, Arthur. F. (1908). **The Process of Government**. Chicago: Chicago University Press.

Berger, Peter L. & Luckmann, Thomas. (1966). **The Social Construction of Reality: A Treatise in the Sociology of Knowledge**. New York: Doubleday.

Birkland, T, A. (2001). **An Introduction to the Policy Process: Theories, Concepts, and Models of Public Policy**. New York: M. E. Sharpe.

Bobbio, N. (1989). **Democracy and Dictatorship: the Nature and Limits of State Power**. Minneapolis: University of Minnesota Press.

Bobrow, Davis B. & Dryzek Johns. (1987). **Policy Analysis by Design**. Pittsburgh: University of Pittsburgh Press.

Bogason, P. (2006). Networks and Bargaining in Policy Analysis. In B Guy. Peters and Jon. Pierre(ed.), **Handbook of Public Policy**. London: Sage.

Borras, S. & Hojlund, S. (2014). Evaluation and Policy Learning: The Learner's Perspective. **European Journal of Political Research**, 54(1): 99−120.

Bovens, Mark. & t'Hart, Paul. (1996). **Understanding Policy Fiascoes**. New Brunswick, NJ: Transactions.

Bovens, Mark. & t'Hart, Paul. (2016). **Revisiting the Study of Policy Failures. Journal of European Public Policy,** 23(5): 653−686.

Bovens, Mark., t'Hart, Paul. & Peters, B. Guy. (2001). **Success and Failure in Public Governance: A Comparative Analysis**. Chelteon Homa: Edward Elgar.

Braun, D. (1999). Interests or Ideas? An Overview of Ideational Concepts in Public Policy Research. In D. Braun and A. Busch(ed.), **Public Policy and Political Ideas**. Cheltenham: Edward Elgar.

Braybrooke, David. & Lindblom, Charles. E. (1963). **A Strategy of Decision: Policy Evaluation as a Social Process**. NY: Free Press.

Brazer, H. (1959). **City Expenditure in the United State**s. NY: National Bureau of Economic Research.

Brewer, G. D. (1974). The Policy Sciences Emerge: To Nurture and Structure A Discipline. **Policy Sciences**, 5(3): 239−244.

Brewer, G. D. (1978). Termination: Hard Choices, Hard Questions. **Public Administration Review,** 38(3): 338−344.

Brewer, G. D. & deLeon, P. (1983). **The Foundations of Policy Analysis**. Homewood: The Dorsey Press.

Brudney, J. L. & Herbert, F. J. (1987). State Agencies and Their Environments:

Examining the Influence of Imperfect External Actors. **Journal of Politics,** 49: 186－206.

Bryson, J. M., Crosby, B. C. & Stone, M. M. (2006). The Design and Implementation of Cross－Sector Collaborations: Propositions from the Literature. **Public Administration Review,** 26(Special Issue): 44－55.

Buchanan, James. (1978). **The Economics of Politics.** London: Institute of Economic Affairs.

Buckaert, G. & Halligan, J. (2006). Performance and Performance Management. In B Guy. Peters and Jon. Pierre(ed.), **Handbook of Public Policy.** London: Sage.

Busenberg, G. J. (2001). Learning in Organizations and Public Policy. **Journal of Public Policy,** 21(2): 173－189.

Cahn, M. A. (1995). Part Three. The Players. In Stellaz, Theodoulou and Maldhew. A. Cahn(ed.), **Public Policy: The Essential Readings.** New Jersey: Prentice－Hall.

Cairney, Paul. (2012). **Understanding Public Policy: Theories and Issues.** NY: Palgrave Macmillan.

Cairney, P. & Zahariadis, N. (2013). Multiple Streams Approach: A Flexible Metaphor Presents an Opportunity to Operationalize Agenda Setting Processes. In Nikolaos. Zahariadis(ed.), **Handbook of Public Policy Agenda Setting.** Cheltenham: Edward Elgar.

Campbell, J. L. (1997). Recent Trends in Institutional Political Economy. **International Journal of Sociology and Policy,** 17(7/8): 15－56.

Campbell, J. L. (1998). Institutional Analysis and the Role of Ideas in Political Economy. **Theory and Society,** 27(5): 377－409.

Campbell, D. T. & Stanley, J. C. (1966). **Experimental and Quasi－experimental Designs for Research.** Chicago: Rand McNally College Publishing Company.

Castles, F. G. & Merill, V. (1989). Towards a General Model of Public Policy Outcomes. **Journal of Theoretical Politics,** 1(2): 177－212.

Cater, D. (1964). Power in Washington. NY: Vintage Books.

Chadwick, A. (2000). Studying Political Ideas: A Public Political Discourse Approach. **Political Studies,** 48: 283－301.

Clark, B. (2004). Agenda Setting and Issue Dynamics: Dam Breaching on the Lauer Snake River. **Society and Natural Resources,** 17: 599－609.

Clarke, M. (1992). Implementation. In Martin. Harrop(ed.), **Power and Policy in Liberal Democracies.** Cambridge: Cambridge University Press.

Coase, R. H. (1960). The Problem of Social Cost. **Journal of Law and Economics,** 11(3): 1－44.

Cobb, R. W. & Elder, C. D. (1972, 1983). **Participation in American Politics: The Dynamics of Agenda Building. 2nd.** Baltimore: Johns Hopkins University Press.

Cobb, R. W., Ross, J. H. & Ross, M. H. (1976). Agenda Building as Comparative Political Process. **APSR,** 70(1): 126−138.

Cohen, M. D., March, J. D. & Olsen, J. P. (1972). A Garbage Can Model of Organizational Choice. **Administrative Science Quarterly,** 19(1): 1−25.

Cook, T. D. & Campbell, D. T. (1979). **Quasi−Experimentation: Design and Analysis Issues for Field Settings.** Chicago: Rand McNally.

Cook, T. D. & Reichardt(eds.). **Qualitative and Quanitative Methods in Evaluation Research.** Beverly Hills, CAL: Sage.

Cook, Thomas J. & Scioli, F. D. (1975). Impact Analysis in Public Policy Research. In Kenneth Dolbeare(ed.), **Public Policy Evaluation.** Beverly Hills, California: Sage.

Crenson, M. A. (1971). **The Unpolitics of Air Pollution.** Baltomore: Johns Hopkins University Press.

Cutright, P. (1965). Political Structure, Economic Development and National Security Programs. **American Journal of Sociology,** 76(5): 537−550.

Cyert, Richard M. & March, James G. (1963, 1992). **A Behavioral Theory of the Firm.** New Jersey: Prentice Hall.

Dahl, Robert A. (1956). **A Preface to Democracy Theory.** Chicago: University of Chicago Press.

Dahl, Robert A. (1961). **Who Governs? Democracy and Power in and American City.** New Haven: Yale University Press.

Daugbjerg, Carsten. (1998). Similar Problems, Different Policies. In David. Marsh(ed.), **Comparing Policy Networks.** Buckingham: Open University Press.

Davies, J. C. (1962). Toward a Theory of Revolution. **American Sociological Review,** 27(1): 5−15.

deLeon, P. (1978). Public Policy Termination: An End and a Beginning. **Policy Analysis,** 4(3): 369−392.

deLeon, P. (1983). Policy Evaluation and Program Evaluation. **Policy Studies Review,** (4): 631−647.

deLeon, P. (1988). **Advice and Consent.** New York: Russell Sage Foundation.

deLeon, P. (1994). Reinventing the Policy Sciences: Three Steps Back to the Future. **Policy Sciences,** 27(1): 77−95.

deLeon, P. (1997). **Democracy and the Policy Science.** Albany: Suny Press.

deLeon, P. (2006). The Historical Roots of the Field. In Michae. Meran. Martin. Rein and Robert E. Goodin(eds.). **The Oxford Handbook of Public Policy.** Oxford: Oxford

University Press.

deLeon, P. & Martell, C. R. (2006). The Policy Sciences: Past, Present, and Future. In B. Guy Peters and Jon Pierre(eds.), **Handbook of Public Policy**. London: Sage.

deLeon, P. & Vogenbeck, D. M. (2007). The Policy Sciences at the Crossroads. In Frank Fisher, Gerald J. Miller and Mara S. Sidney(ed.), **Handbook of Public Policy Analysis: Theory, Politics, and Methods**. Taylor & Francis Croup: CRC Press.

Denison, O. S., Rosenstock, I. M. & Getting, V. A. (1960). Evaluation of Program Effectiveness. **Public Health Reports**, 75(4): 323−335.

Denison, O. S., Rosenstock, I. M., Welch, W. & Getting, V. A. (1968). Evaluation of Program Efficiency. **Public Health Reprots**, 83(7): 603−610.

Denzin, N. K. & Lincoln, Y. S. (2008). Introduction: The Discipline and Practice of Qualitative Research. In N. K. Densin and Y. S. Lincoln(eds.), **The Discipline of Qualitative Research 3rd ed**. Thousand Oaks, CA: Sage.

Deutch, Karl. (1974). **Politics and Government: How People Decide Their Fate**. Boston: Houghton Mifflin Company.

Diesing, P. (1962). **Reason and Society**. Urbana: University of Illinois Press.

Diesing, P. (1964). **Pattern of Discovery of the Social Science**. London: Routledge & Kegan Paul.

Downs, A. (1957). **An Economic Theory of Democracy**. NY: Harper.

Dror, Y. (1968. 1983). **Public Policy Making Reexamined**. San Franscico: Chandler Publishing.

Dror, Y. (1971). **Design for Policy Sciences**. New York: Ekevier.

Dror, Y. (1971). **Ventures in Policy Sciences**. NY: Elsvier.

Dryzek, J. S. (1990). **Discursive Democracy: Politics, Policy and Political Science**. Cambridge: Cambridge University Press.

Dryzek, J. S. (2000). **Discursive Democracy and Beyond**. New York: Oxford University Press.

Duchacek, Ivo D. (1973). **Power Maps: Comparative Politics of Constitutions**. Santa Barbara: American Political Center−Clio Press.

Dudley, G. & Richardson, J. (1998). Arenas without Rules and the Policy Change Process. **Journal of European Public Policy**, 7(1): 122−140.

Duncan, R. B. (1972). Characteristics of Perceived Environments and Perceived Environmental Uncertainty. **Administrative Science Quarterly**, 17(3): 312−327.

Dunleavy, P. (1995). Policy Disasters: Explaining the UK's Record. **Public Policy and Administration**, 10(2): 52−70.

Dunlop, C. A. & Radelli, C. M. (2013). Systematising Policy Learning: From Monolith to Dimensions. **Political Studies**, 61: 599−619.

Dunn, William M. (1981). **Public Policy Analysis: An Introduction**. Englewood Cliffs, N.J.: Prentice−Hall.

Dunn, J. & Perl, A. (1994). Policy Networks and Industrial Revitalization: High Speed Rail Initiatives in France and Germany. **Journal of Public Policy**, 14(3): 311−343.

Dunn, William M. (2012). **Public Policy Analysis: An Introduction. 5th ed.** Boston: Pearson,

Duverger, Maurice. (1972). **Party Politics and Pressure Groups**. New York: Cromwell.

Dye, Thomas. R. (1966). **Politics, Economics and the Public Policy: Policy Outcomes in the American States**. Chicago: Rand Mcnally.

Dye, Thomas R. (1972, 1975, 1978, 1981, 1984, 2005). **Understanding Public Policy**. Englewood Cliffs: Prentice Hall.

Dye, Thomas R. (2008). **Understanding Public Policy. 7th ed.** New Jersey: Prentice Hall.

Dye, T. R. & Zeigler, H. (1981). **The Irony of Democracy**. Worth, TX: Harcourt Brace.

Easton, David. (1953). **The Political System: An Inquiry into the State of Political Science**. NY: Alfred Knopf.

Easton, D. (1965). **A Framework of Public Analysis**. Englewood Cliffs, NJ: Prentice Hall.

Easton, David. (1965, 1979). **A Systems Analysis of Political Life**. Chicago and London: The University of Chicago Press.

Easton, David. (1969). The New Revolution in Political Science. **American Political Science Review,** 63(4): 1051−1061.

Easton, David. (1991). Political Science in the United States. In David. Easton, John G. Gunnell and Luigi Graziano(ed.), **The Development of Political Science: A Comparative Survey**. London and New York: Routlege.

Edleman, M. (1988). **Constructing the Political Spectacle**. Chicago: University of Chicago Press.

Edwards, W. (1954). The Theory of Decision Making. **Psychological Bulletin,** 51(4): 380−417.

Elmore, R. F. (1978). Organizational Models of Social Program Implementation. **Public Policy,** 26(2): 185−228.

Elmore, R. F. (1979). Backward Mapping: Implementation Research and Policy Decisions. **Political Science Quarterly,** 90(4): 601−616.

Elmore, R. F. (1985). Forward and Backward Mapping. In K. Hanf and T. Toonen(eds.), **Policy Implementation in Federal and Unitary Systems**. Dordrecht: Martinus Nijheff.

Elster, Jon. (1986). **Rational Choice**. Cambridge: Cambridge University Press.

Elster, Jon. (1991). The Possibility of Rational Politics. In D. Held(ed.), **Political Theory Today**. Oxford: Oxford University Press.

Elster, J. (1998). Introduction. In John. Elster(ed.), **Deliberative Democracy**. Cambridge: Cambridge University Press.

Emerson, K., Nabatchi, T. & Balogh, S. (2011). An Integrative Framework for Collaborative Governance. **Journal of Public Administration and Research**. 22(1): 1−29.

Epstein, Irwin. & Tripool, Tony. (1977). **Research Techniques for Program Evaluation**. NY: Calumbia University Press.

Esping−Anderson, Gosta. (1981). From Welfare State to Democratic Socialism: The Politics of Economic Democracy In Denmark and Sweden. In M. Zeitlim(ed.), **Political Power and Social Theory**. Princeton: Princeton University Press.

Etherege, L. M. & Short, J. (1983). Thinking about Government Learning. **Journal of Management Studies,** 20: 41−58.

Etzioni, A. (1967). Mixed Scanning: A Third Approach to Decision Making. **PAR**, 27(5): 385−392.

Eyestone, Robert J. (1978). **From Social Issues to Public Policy**. New York: John Wiley and Sons.

Fabricant, S. (1952). **The Trend of Government Activity in the United States since 1960**. NY: National Bureau of Economic Research.

Finer, Samuel E. (1970). **Comparative Government**. London: Allen Lane, Penguin.

Fiorina, Morris P. (1989). **Congress: Keystone of the Washington Establishment**. New Haven: Yale University Press.

Firestone, W. A. (1987). Meaning in Method: The Rhetoric of Quantitative and Qualitative Research. **Educational Research**, 16(7): 16−21.

Fischer, F. (1998). Beyond Empiricism: Policy Inquiry in Post Positivist Perspectives. **Policy Studies Journal**, 26(1): 129−146.

Fischer, Frank. (2003). **Reframing Public Policy: Discursive Politics and Deliberative Practices**. Oxford: Oxford University Press.

Fischer, F. & Forester, J(ed.). (1998). **The Arguementative Turn in Policy Analysis and Planning**. DurhaM, NC: Duke University Press.

Franklin, Jack. & Thrasher, Jeun. (1976). An Introduction to Program Evaluation. NY: John Wiley & Sons. Inc..

Freeman, J. Leiper. (1955). **The Political Process**. NY: Random House.

Freeman, R. (2006). Learning in Public Policy. In M. Moran, M. Rein and R. E. Goodim(eds.), **Handbook of Public Policy**. Oxford: Oxford University Press.

Friedrich, Carl J. (1963). **Man and His Government**. NY: Magraw−Hill.

Fung, A. & Wright, E. O. (2001). Deepening Democracy: Innovations in Empowered

Participatory Governance. **Politics & Society**, 29(1): 5−41.

George, A. L. (1969). The Operational Code: A Neglected Approach to the Study of Political Leaders and Decision Marking. **International Studies Quarterly**, 13: 190−222.

Gerston, L. N. (1997, 2004, 2010). **Public Policy Making: Process and Principles**. Armonk, NY: M.E. Sharpe.

Goggin, M. L., Bowman, A., Lester, J. P. & O'Toole, L. J. (1996). **Implementation Theory and Practice: Toward a Third Generation**. NY: Harper Collins.

Goldsmith, S. & Eggers, W. D. (2004). **Governing by Network: The New Shape of the Public Sector**. Washington: Brookings Institution,

Goldstein, Juith. & Keohane, Robert O. (1993). **Ideas and Foreign Policy: Beliefs, Institutions and Political Change**. Ithaca, NY: Cornell University Press.

Goodnow, Frank J. (1900). **Politics and Administration: A Study of Government**, NY: Russell and Russell.

Grant, W., Peterson, W. & Whitston, S. (1989). **Government and the Chemical Industry: A Comparative Study of Britain and West Germany**. Oxford: Clarendon Press.

Gutmann, A. & Thompson, D. (2004). **Why Deliberative Democracy?** Princeton: Princeton University Press.

Hacker, J. S. (2004). Review Article: Dismentaling the Health Care State: Political Institutions, Public Polices and the Comparative Politics of Health Reforms. **British Journal of Political Science**, 34: 693−724.

Haggard, Stephen A. & Simmons, Beth A. (1987). Theories of International Regimes. **International Organization**, 41(3): 491−517.

Hajer, M. A. (1993). Discourse Coalitions and the Institutionalization of Practice: The Case of Acid Ram in Britain. In Frank. Fisher and John Forester(eds.), **The Argumentative Turn in Policy Analysis and Planning**. Durham: Duke University Press.

Hajer, M. A. & Wagenaar, H.(ed.). (2003). **Deliberative Policy Analysis: Understanding Governance in the Network Society**. Cambridge: Cambridge University Press.

Hall, P. A. (1986). **Governing the Economy: The Politics of State Intervention in Britain and France**. NY: Oxford University Press.

Hall, P. A. (1993). Policy Paradigms, Social Learning and the State: The Case of Economic Policy Making in Britain. **Comparative Politics**, 25(3): 275−296.

Hall, Peter A. & Taylor, Rosemary C. R. (1996). Political Science and the Three New Institutionalism. **Political Studies**, 44: 936−987.

Hall, R. H. (1982). **Organizations: Structure and Process**. Englewood Cliffs: Prentice Hall.

Hancock, M. D. (1983). Comparative Public Policy: An Assessment. In A. W. Finifter (ed.). **Political Science: The State of the Discipline**. Washington: American Political

Science Association.

Hanf, K., Hjern, B. & Porter, D. O. (1978). Local Networks of Manpower Training in the Federal Republic of Germany and Sweden. In K. Hanf and F. W. Scharpf(eds,), **Interorganizational Policy Making**. Bererl Hills: Sage.

Hanf, K. & O'Toole, C. J. (1992). Revisiting Old Friends: Network, Implementation Structures and the Management of Inter—organizational Relations. **European Journal of Political Research**, 21(1/2): 163—180.

Hanf, Kenneth. & Scharpf, Fritz W. (1978). Introduction. Kenneth. Hanf and Fritz W. Scharpf(eds.), **Interorganizational Policy Making: Limits to Coordination and Control**. London: Sage.

Hardin, G. (1968). The Tragedy of Commons. **Science**, 162: 1243—1248.

Hatry, H., Winnie, R. & Fisk. D. (1973). **Practical Program Evaluation for State and Local Government Officials**. Washington, D. C.: The Urban Institute.

Havens, H. (1981). Program Evaluation and Program Management. **PAR**. 41(4): 480—485.

Hayes, M. T. (1978). The Semi—sovereign, Pressure Groups: A Critique of Current Theory and An Alternative Typology. **Journal of Politics**, 40(1): 339—371.

Heclo, H. (1974). **Modern Social Politics in Britain and Sweden: From Relief to Income Maintenance**. New Haven: Yale University Press.

Heclo, H. (1978). Issue Networks and the Executive Establishments. In A. King(ed.), **The New American Political System**. Washington, DC: American Enterprise Institute.

Heichel, S., Pape, J. & Sommerer, T. (2005). Is There Convergence in Convergence Research: An Overview of Empirical Studies of Policy Convergence. **Journal of European Public Policy**, 12(5): 797—816.

Held, David. (1996). **Models of Democracy. 2nd ed**. Stanford: Stanford University Press.

Herweg, N., Hub, C. & Zohlnhofer, H. (2015). Streightening the Three Streams: Extensions of the Mulitple Streams Framework. **European Journal of Political Research,** 54: 435—449.

Herweg, N., Zahariadis, N. & Zohlnhofer, H. (2018). The Multiple Streams Framework: Foundations, Refinement, and Empirical Applications. In Paul A. Sabatier(ed.), **Theories of the Policy Process. 4th ed**. New York: Westview Press.

Hilgartner, S. & Bosk, C. L. (1981). The Rise and Fall of Social Problems: A Public Arenas Model. **American Journal of Sociology**, 94(1): 53—78.

Hill, Michael, & Hupe, Peter. (2002) **Implementing Public Policy: Governance in Theory and Its Practice**. London: Sage.

Hintze, Otto. (1975). **The Historical Essays of Otto Hintze**. NY: Oxford University Press.

Hjern, B. & Porter, D. O. (1981). Implementation Structures: A New Unit of

Administration Analysis. **Organization Studies,** 2(3): 211 – 217.

Hogwood, Brian W. & Gunn, Levis A. (1984). **Policy Analysis for the Real World.** New York: Oxford University Press.

Hogwood, B. W. & Peters, B Guy. (1982). The Dynamics of Policy Change: Policy Succession. **Policy Sciences,** 14(3): 220 – 235.

Hood, C. (1986). **The Tools of Government.** Chatham, NJ: Chatham House.

Hood, C. (1991). A Public Management for All Seasons? **Public Administration,** 69(1): 3 – 19.

Howlett, M. (1991). Policy Instruments, Policy Styles and Policy Implementation; National Approaches to Theories of Instrument Choice. **Policy Studies Journal,** 19(2): 1 – 21.

Howlett, M. (2012). The Lessons of Failure: Learning and Blame Avoidance in Public Policy Making. **International Political Science Review,** 33(5): 539 – 553.

Howlett, M. & Ramesh, M. (1995). **Studying Public Policy: Policy Cycles & Policy Subsystem.** Oxford: Oxford University Press.

Howlett, Michael. & Ramesh, M. & Perl, Anthony. (2009). **Studying Public Policy: Policy Cycles and Policy Subsystems.** Oxford: Oxford University Press.

Howlett, M., Ramesh, M. & Wu Xun. (2015). Understanding the Persistence of Policy Failures: the Role of Politics, Governance, and Uncertainty. **Public Policy and Administration,** 30(3/4): 209 – 220.

Hunter, F. (1963). **Community Power Structure.** NY: Doubleday and Company Inc..

Huxham, Chris. (2000). The Challenge of Collaborative Governance. **Public Management,** 2(3): 337 – 357.

Ikenberry, G. J. (1988). Conclusion: An Institutional Approach to American Foreign Economic Policy. **International Organization,** 42(1): 219 – 243.

Ingram, Helen M. & Mann, Deann E. (eds.). (1980). **Why Policies Succeed or Fail.** Berverly Hills, Calif: Sage.

Innes, J. E. & Booher, D. E. (2003). Collaborative Policy Making: Governance through Dialogue. In M. Hajer & H. Wagenaar(eds.), **Deliberative Policy Analysis: Understanding Governance in the Network Society.** Cambridge: Cambridge University Press.

Jacob, H. & Lipskey, M. (1968). Outputs, Structures and Power; An Assessment of Changes in the Study of State and Local Politics. **Journal of Politics,** 30: 510 – 538.

Jenkins, W. I. (1978). **Policy Analysis: A Political and Organizational Perspective.** NY: St. Martin's Press.

Jenkins – Smith., Hank, C. & Sabatier, P. A. (1993). The Dynamics of Policy – oriented

Learning. In H. C. Jenkins—Smith & P. A. Sabatier(ed.), **Policy Change and Learning: An Advocacy Coalition Framework**. Boulder: Westview Press.

Johnson, R. B. (1998). Toward A Theoretical Model of Evaluation Utilization. **Evaluation and Program Planning**: 93–110.

Jones, Charles D. (1971, 1977). **An Introduction to the Study of Public Policy. 2nd ed.** North Scituiate: Duxbury Press.

Jones, Charles O. (1984). **An Introduction to the Study of Public Policy. 3rd ed.** Monterey, California: Brooks/Cole Publishing Co.

Jordan, A. G. (1981). Iron Triangles, Woolly Corporatism, or Elastic Nets: Images of the Political Process. **Journal of Public Policy,** 1(1): 895–124.

Jordan, A. G. (1990). Subgovernments, Policy Communities and Network: Refilling the Old Bottles. **Journal of Theoretical Politics.** 2(3): 319–328.

Jordan, G. & Schubert, K. (1992). a Preliminary Ordering of Policy Network Labels. **European Journal of Political Research,** 21(1–2): 7–27.

Judd, C. M. & Kenny, D. A. (1981). Process Analysis: Estimating Mediation in Treatment Evaluations. **Evaluation Review,** 5(5): 602–619.

Katz, Danel. & Kahn, Robert C. (1978). **The Social Psychology of Organizations**. New York: John Wiley.

Keman, H, & Pennings, P. (1995). Managing Political and Social Conflict in Democracies: Do Consensus and Corporatism Matter? **British Journal of Political Science,** 25: 271–281.

Kennis, P. & Schneider, V. (1991). Policy Networks and Policy Analysis: Scrutinizing a New Analytical Analysis. In. B. Marin & R. Mayntz(ed.), **Policy Networks: Empirical Evidence and Theoretical Considerations**. Campus Verlag: Westview Press.

Keohane, R. & Nye, J. (1989). **Power and Interdependence**. Glenview: Scott, Koresman.

Kerlinger, C. (1986). **Foundations of Behavioral Research**. NY: Harcourt.

Kerr, Clark. (1983). **The Future of Industrial Societies: Convergence or Continuing Diversity.** Cambridge, Mass: Harvard University Press.

Kerr, D. H. (1976). The Logic of Policy for Successful Policies. **Policy Sciences,** 7(3): 351–363.

Kerwin, C. M. (1999). **Rulemaking: How Government Agencies Write Law and Make Policy.** Washington: Congressional Quarterly Press.

Kettl, Donald F. (2002). **The Transformation of Governance: Public Administration Twenty—First Century America**. Baltimore and London: The Johns Hopkins University Press.

Key, V. O. (1940). The Lack of Budgetary Theory. **American Political Science Review,** 34:

1137−1144.

Key, V. O. (1949). **Southern Politics**. NY: Random House.

Keynes, J. M. (1936). **General Theory of Employment, Interest, and Money**. NY: Harcourt, Brace and Company.

Kickert, W. J., Klijn, Erik−Hans. & Koppenjan, J. F(eds.). (1997). **Managing Complex Networks: Strategies for the Public Sector**. London: Sage.

Kingdon, John W. (1984, 1995). **Agendas, Alternatives, and Public Policies**. Boston: Little Brown and Company.

Kingdon, John W. (2003, 2011). **Agendas, Alternatives, and Public Policies**. New York: Longman.

Kiser, L. L. & Ostrom, Elinor. (1982). The Three Worlds of Action: A Metatheoretical Synthesis of Institutional Approaches. In Elinor. Ostrom(ed.), **Strategies of Political Inquiry**. Beverly Hills: Sage.

Kiviniemi, M. (1986). Public Policies and Their Targets: A Typology of the Concept of Implementation. **International Social Science Journal**, 38(2): 251−266.

Kjer. Anne Metle. (2004). **Governance**. Cambridge: Policy Press.

Kooiman, J. (1993). Social−Political Governance: Introduction, In J, Kooiman(ed.), **Modern Governance: New Government−Society Interactions**. London: Sage.

Kooiman, J. (1999). Social−Political Governance. **Public Management**, 75: 731−752.

Kooiman, J. (2000). Societal Governance: Levels, Models, and Orders of Social Political Interaction. In J. Pierre(ed.), **Devating Governance: Authority, Steering and Democracy**. Oxford: Oxford University Press.

Koppell, J. G. (2003). **The Politics of Quasi−Government: Hybrid Organizations and the Dynamics of Bureaucratic Control**. Cambridge: Cambridge University Press.

Kraft, M. E. & Furkng, S. R. (2010). **Public Policy: Politics, Analysis, and Alternatives**. Washington, D.C.: Copress.

Krasner, Stephen D. (1982). Structural Causes and Regime Consequences: Regimes as Intervening Variables. **International Organization**, 36(2): 185−205.

Krasner, S. D. (1988). Sovereignty: An Institutional Perspective. **Comparative Political Studies**, 21(1): 66−94.

Kubler, D. (2001). Understanding Policy Change with Advocacy Coalition Framework: An Application to Swiss Drug Policy. **Journal of European Public Policy**, 8(4): 623−641.

Kuhn, Thomas S. (1962). **The Structure of Scientific Revolutions**. Chicago: University of Chicago Press.

Landau, M. (1977). The Proper Domain of Policy Analysis. **American Journal of Political**

Science, 21(2): 423−427.

Lasswell, H. P. (1935, 1958). **Politics: Who Gets What, When and How.** Gloucester, MA: Peter Smith Publisher.

Lasswell, H. P. (1951). The Policy Orientation. In D. Lerner and H. D. Lasswell(eds.), **The Policy Sciences: Recent Development in Scope and Method.** Standford: Standford University Press.

Lasswell, Harold D. (1956). **The Decision Process: Seven Categories of Functional Analysis.** College Park: University of Maryland Press.

Lasswell, H. P. (1971). **A Preview of Policy Sciences.** New York: American Elsever.

Lasswell, H. P. & Kaplan, A. (1950. 1970). **Power and Poverty: A Framework for Political Inquiry.** New Haven: Yale University Press.

Latham, Earl. (1956). The Group Basis of Politics: Notes for a Theory. **APSR,** 46(2): 376−397.

Leibenstein, H. J. (1976). **Beyond Economic Man.** Cambridge: Harvard University Press.

Lester, J. P., Bowman, A. O., Goggin, M. L. & O'Toole, L. J. (1987). Future Direction for Research in Implementation. **Policy Studies Review,** 7(1): 200−216.

Lester, James P. & Stewart. Jr. Joseph. (2000). **Public Policy: An Evolutionary Approach.** Belmont, CA: Wadsworth.

Lewis, V. B. (1952). Toward a Theory of Budgeting. **Public Administrative Review,** 12: 43−54.

Light, Paul C. (1999). **The President's Agenda: Domestic Policy Choice from Kennedy to Clinton.** Baltimore, MD: Johns Hopkins University Press.

Lindblom, Charles. E. (1959). The Science of Muddling Through. **Public Administration Review,** 19(2): 79−88

Lindblom, C. E. (1968). **The Policy−Making Process.** Englewood Cliffs, NJ: Prentice Hall.

Lindblom, C. E. (1977). **Politics and Markets: The World's Political Economic Systems.** NY: Basic Books.

Linder, S. H. & Peters, B. G. (1990). Research Perspectives on the Design of Public Policy: Implementation, Formulation, and Design. In Denis J. Palumbo and Donald J. Calista(eds.), **Implementation and Policy Process: Opening Up the Black Box.** New York: Greenwood Press.

Lineberry, R. & Sharkansky, J. (1971). **Urban Politics and Public Policy.** NY: Harper & Row.

Lipsky, M. (1980). **Street−level Bureaucracy: Dilemmas of the Individual and Public Service.** NY: Russel Sage.

Lober, D. J. (1997). Explaining the Formation of Business−Environmentalist

Collaborations: Collaborative Windiows and the Paper Task Force. **Policy Sciences,** 30: 1−24.

Lockard, D. (1959). **New England State Politics.** Princeton, NJ: Princeton University Press.

Lowi, T. J. (1964). American Business, Public Policy, Case Studies and Political Theory. **World Politics,** 16(4): 687−691.

Lowi, T. J. (1969). **The End of Liberalism: Ideology, Policy and the Crisis of Public Authority.** NY: Norton.

Lowi, T. J. (1972). Four Systems of Policy, Politics, and Choice. **Public Administration Review,** 32(4): 298−310.

Lowndes, V. (2010). The Institutional Approach. In D. Marsh and G. Stoker(ed.), **Theory and Methods in Political Science.** Basingstoke: Palgrave Macmillan.

MacRae, D. & Wilde, J. A. (1979). **Policy Analysis for Public Decisions.** California: Wadworld, Inc.

MaLaughlin, M. (1976). Implementation as Mutual Adaptation. In Walter. Williams and Richard. Elomre(eds.), **Social Program Implementation.** NY: Academic Press.

Mannheim, Karl. (1936). **Ideology and Utopia.** New York: Harcourt Brace.

March, James H. & Olsen, James P. (1984). The New Institutionalism: Organizational Factors in Political Life. **APSR,** 78(3): 734−749.

March, James H. & Olsen, James P. (1989). **Rediscovering Institutions: The Organizational Basis of Politics.** NY: Free Press.

March, James H. & Olsen, James P. (1995). **Democratic Governance.** NY: Free Press.

March, James H. & Olsen, James P. (1996). Institutional Perspectives on Political Institutions. **Governance,** 9(3): 247−264.

March, James H. & Simon, Herbert A. (1958). **Organizations.** NY: John Wiley and Sons.

Marsh, D, (1998). Introduction: The Development of th Policy Network Approach. In David Marsh(ed.), **Comparing Policy Networks.** Buckingham: Open University Press.

Marsh, D. & Rhodes, R. A. W. (1992). Policy Communities and Issue Networks: Beyond Typology. In David. Marsh and R. A. W. Rhodes(eds.), **Policy Networks in British Government.** Oxford: Clarendon Press.

Mazmanian, D. A. & Sabatier, P. A. (1980). A Multivariate Model of Public Policy Making. **American Journal of Political Science,** 24(3): 439−468.

Mazmanian, D. A. & Sabatier, P. A. (1983). **Implementation and Public Policy.** Illinois: Scott, Foresman and Company.

McCombs, Maxwell E. & Shaw, Donald L. (1977). **The Emergence of American Political Issues: The Agenda Setting of the Press.** West: St'Paul Martin.

McConnell, A. (2010). **Understanding Policy Success: Rethinking Public Policy.** Basingstoke:

Palgrave Mcmillan.

McConnell, A. (2015). What is Policy Failure? A Primer to Help Navigate the Maze. **Public Policy and Administration,** 30(3/4): 221−242.

McConnell, A. (2016). A Public Policy Approach to Understanding the Nature and Causes of Foreign Policy Failures. **Journal of European Public Policy,** 23(5): 667−684.

McCool, D. (1995). **Public Policy Theories, Models & Concepts: An Anthology.** Englewood, Cliffs, NJ: Prentice Hall.

McCubbins, M. D. & Schwartz, T. (1984). Congressional Oversight Overlooked: Policy Patrols versus Fire Alarms. **American Journal of Political Science,** 28(1): 165−179.

McFarland, A. S. (2004). **Neopluralism: The Evolution of Political Process Theory.** Lawrence: University Press of Kansas.

McFarland, A. S. (2007). Neopluralism. **Annual Review of Political Science,** 10: 45−66.

McLaughlin, M. (1976). Implementation as Mutual Adaptation: Change in Class Room Organization. In Walter William and Richard Elmore(eds.), **Social Program Implementation.** NY: Academic Press.

McLaughlin, M. W. (1985). Implementation Realities and Evaluation Design. In R. Lance. Shotland and MelvIn. M. Mark(eds.), **Social Science and Public Policy.** Beverly Hills: Sage.

McLaughlin, John A. & Jordan, G. B. (1998). Logic Models: A Tool for Telling Your Program's Performance Story. **Evaluation and Program Planning,** 22(1): 67−52.

Meehan, E. J. (1965). **The Theory and Method of Political Analysis.** Homewood, Illinos: Dorsey.

Merriam, C. (1926). Progress in Political Research. **Amrerican Political Science Review,** 20(1): 1−13.

Metcalfe, L. & Richards, S. (1991). **Improving Public Governance.** London: Sage.

Meuleman, L. (2009). The Cultural Dimension of Metagovernance? Why Governance Doctrines May Fail?. **Public Organization Review,** 10(1): 49−70.

Mezey, Michael L. (1979). **Comparative Legislature.** Dunham: Duke University Press.

Miliband, R. (1969). **The State in Capitalist Society.** London: Weidenfeld & Nicolson.

Miliband, R. (1977). **Marxism and Politics.** Oxford: Oxford University Press.

Miller, P. M. & Wilson, M. J. (1983). **A Discovery of Social Science Methods.** NY: John Wiley & Sons.

Mills, C. (1956). **The Power Elite.** NY: Oxford University Press.

Moe, Terry M. (1984). The New Economics of Organization. **American J ournal of Political Science,** 28: 739−777.

Montgomery, J. D. (2000). Social Capital as a Policy Resource. **Policy Sciences**, 33: 227−243.

Montjoy, R. S. & O'Toole, L. J. (1979). Toward a Theory of Policy Implementation: An Organizational Perspective. **Public Administration Review,** 40(5): 465−476.

Moran, M. (2001). Not Steering but Drowning: Policy Catastrophes and the Regulatory State. **The Political Quarterly,** 72: 414−427.

Mucciaroni, Gray. (1995). **Reversals of Fortune: Public Policy and Private Interests.** Washington, D. C.: Brookings Institute.

Musgrave, R. A. & Musgrave, P. B. (1980). **Public Finance in Theory and Practice.** 3rd. **ed.** Tokyo: Macgraw−Hill.

Nachmias, David. (1979). **Public Policy Evaluation: Approaches and Methods.** New York: St. Martin's Press.

Nachmias, C. & Nachmias, D. (1981). **Research Methods in the Social Science 2nd ed.** New York: St Martin's Press.

Nagel, S. S. (1980). **The Policy Studies Handbook.** Lexton: Heath.

Nagel, S. S. (1987). Evaluating Public Policy. **Policy Studies Journal,** 16(2): 219−232.

Nagel, S. S. (1988). **Policy Studies: Integration and Evaluation.** Connecticut: Greenwood Press.

Najam, A. (1999). Citizen Organizations as Policy Entrepreneurs. In David Lewis(ed.), **International Perspectives on Voluntary Action: Reshaping the Third Sector.** NY: Earhscun Publisher.

Nakamura, Robert T. & Smallwood, Frank. (1980). **The Politics of Policy Implementation.** New York: St. Martin's Press.

Newstadt, R. E. (1990). **Presidential Power and the Modern Presidents: the Politics of Leadership from Roosebelt to Regan.** NY: Maxwell Macmillan.

Niskanen, William A. (1971). **Bureaucracy and Represent Government.** Chicago: University of Chicago Press.

North, Douglas C. (1981). **Structure and Change in Economic History.** New York: Norton.

North, Douglas C. (1990). **Institutions, Institutional Change and Economic Performance.** Cambridge: Cambridge University Press.

O'Toole, L. J. (1986). Policy Recommendations for Multi−actor Implementation: A Assessment of the Field. **Journal of Public Policy,** 6(2): 181−210.

O'Toole, L. J. (1988). Strategies for Inter−governmental Management: Implementing Programs in Interorganizational Networks. **Journal of Public Administration,** 25(1): 43−57.

O'Toole, L. J. (1989). Alternative Mechanisms for Mulitiorganizational Implementation;

The Case of Wastewater Management. **Administration & Society,** 21(3): 313 — 339.

O'Toole, L. J. (1993). Interorganizational Policy Studies: Lessons Drawn from Implementation Research. **Journal of Public Administration Research and Theory,** 3(2): 232 — 251.

O'Toole, L. J. (2000). Research on Policy Implementation: Assessment and Prospects. **Journal of Public Administration Research and Theory,** 10(2): 263 — 288.

O'Toole, L. J. & Montjoy, R. S. (1984). Interorganizational Policy Implementation: A Theoretical Perspective. **PAR,** 44(5): 491 — 523.

Olson, Mancur. (1965). **The Logic of Collective Action: Public Goods and the Theory of Groups.** Cambridge: Cambridge University Press.

Osborne, S. P. (2010). Introduction: The New Public Governance: A Suitable Case for Treatment. In Stephen P. Osbornce(ed.), **The New Public Governance? Emerging Perspectives on The Theory and Practice of Public Governance.** London: Routledge.

Ostrom, E. (1990). **Governing the Commons: The Evolution of Institutions for Collective Action.** NY: Cambridge University Press.

Ostrom, Vincent., Feeny, Davis. & Picht, Harmut. (1993). Rethinking Institutional Analysis and Development Framework. In Paul A. Sabatier(ed.), **Theories of the Policy Process.** Bouldwer: Westview Press.

Palumbo, D. J. (1987). **Public Policy in America.** NY: Harwurt Brace Jovanwich Publishers.

Parsons, Wayne. (1995). **Public Policy: An Introduction to the Theory and Practice of Policy Analysis.** Aldershot, UK: Edward Elgar.

Patton, M. Q. (1979). Evaluation of Program Implementation. **Evaluation Studies Review Journal,** 4: 318 — 346.

Peters, B. Guy. (1996). **The Future of Governing: Four Emerging Models.** Lawrence: Kansan University Press.

Peters, B. Guy. (1999). **Institutional Theory in Political Theory: The New Institutionalism.** London: Pinter.

Peters, B. Guy. (1996, 2013). **American Public Policy: Promise and Performance.** 9th ed. Washington, D. C.: CQ Press.

Peters, B. Guy. & Pierre, Jon(ed.). (2006). **Handbook of Public Policy.** London: Sage.

Peterson, J. (1992). The European Technology Community. In D. Marsh and R. A. W. Rhodes(eds.), **Policy Networks in British Government.** Oxford: Oxford University Press.

Pierre, John. (2000). Introduction: Understanding Governance. In John Pierre(ed.), **Debating Governance.** Oxford: Oxford University Press.

Pierre, John. & Peters, B Guy. (2000). **Governance, Politics and the State**. Busmgstoke: Pulgrave Macmillan.

Pierson, P. (1993). When Effect Becoems Cause: Policy Feedback and Political Change. **World Politics,** 45: 595−628.

Pierson, P. (2000). Increasing Returns, Path Dependence, and the Study of Politics. **APSR,** 94(2): 251−267.

Pierson, P. (2004). **Politics in Time: History, Institutions, and Social Analysis**. Princeton, NJ: Princeton University Press.

Pigou, A. C. (1932). **The Economics of Welfare. 4th ed**. London: Macmillan.

Poland, O. F. (1971). Why Does Public Administration Ignore Evaluation. **Public Administration Review,** 1971(March/April): 201−208.

Polsby, Nelson W. (1963). **Community Power and Political Theory**. New Havens: Yale University Press.

Poulantzas, N. (1973). **Political Power and Social Class**. London: New Left Books.

Preskill, H. & Boyle, S. (2008). A Mulitidisciplinary Model of Evaluation Capacity Building. **American Journal of Evaluation,** 29: 443−459.

Pressman, Jeffrey. & Wildavsky, Aron B. (1973. 1984). **Implementation: How Great Expectations in Washington as Dashed in Oakland. 3rd ed**. Berkeley: University of California Press.

Pryor, F. L. (1968). **Public Expenditures in Communist and Capitalist Nations**. Homewood: R. D. Irwin.

Pulzel, H. & Treib, O. (2007). Implementing Public Policy. In Frank. Fischer, Gelald J. Miller and M. Sidney(ed.), **Handbook of Public Policy: Theory, Politics, and Methods**. London: CRC Press. .

Quade, E. S. (1975, 1982, 1989). **Analysis for Public Decisions. 3rd ed**. NY: North Holland,

Quigley, J. V. (1993). **Vision: How Leaders Develop It, Share It & Sustain It**. NY: Magraw−Hill.

Radway, L. & Maass, A. A. (1949). Gauging Administrative Responsibility. **PAR,** 9(3).

Rawls, John A. (1971). **A Theory of Justice**. Cambridge, Mass: Bellconap Press.

Reynolds, P. D. (1979). **A Primer on Theory Construction**. Indianapolis: The Boobs−Merrill.

Rhodes, R. A. W. (1984). Power−dependence, Policy Communities, and Intergovernmental Networks. **Public Administration Bulletin,** 49: 4−31.

Rhodes, R. A. W. (1986). **The National World of Local Government**. London: Allen & Urwin.

Rhodes, R. A. W. (1988). **Beyond Westminster and Whitehall: The Sub−Central**

*Government of Britain.* London: Allen & Urwin.

Rhodes, R A, W, (1990). Policy Network: A British Perspective. **Journal of Theoretical Politics,** 2(3): 293–317.

Rhodes, R A. W. (1996). The New Governance: Governing without Government. **Political Studies,** 44(4): 652–667.

Rhodes, R A. W. (1997). **Understanding Governance: Policy Networks, Governance, Reflectivity and Accountability.** Buckingham: Open University Press.

Rhodes, R. A. W. & Marsh, D. (1992). Policy Networks in British Politics: A Critique of Existing Approaches. In David. Marsh and R. A. W. Rhodes(eds.), **Policy Networks in British Politics.** Oxford: Clarendon Press.

Rhodes, R. A. W, & Marsh, D. (1998). New Directions in the Study of Policy Networks. **European Journal of Political Research,** 21: 181–205.

Rich, A. & Weaver, R. K. (1996). Think Thanks and the Politicization of Expertise. In Allan J. Cigler and Burdett A. Loomis(eds.), **Interest Group Politics. 5th ed.** Washington, DC: CO Press.

Rich, R. (1977). Uses of Social Science Formation by Federal Bureaucracies: Knowledge for Actions and Knowledge for Understanding. In L. Weiss(ed.), **Evaluation Research.** Englewood Cliffs: Prentice Hall,

Richards, David. & Smith, Martin J. (2002). **Governance and Public Policy in the United Kingdom.** Oxford: Oxford University Press.

Richardson, J. J. & Jordan, A. G. (1979). **Governing Under Pressure: The Policy Process in a Post–Parliamentary Democracy.** Oxford: Martin Robertson.

Richardson, J., Gustafsson, G. & Jordan, G. (1982). The Concept of Policy Style. In Jeremy J. Richardson(ed.), **Policy Styles In Western Europe.** London: George Allen and Unwin.

Ridde, V. (2009). Policy Implementation in an African State: An Extension of Kingdon's Multiple Streams Approach. **Public Administration,** 87: 938–954.

Ripley, R. B. & Franklin, G. A. (1976. 1980. 1984. 1986). **Congress, the Bureaucracy, and Public Policy. 4th ed(1st ed: 1976).** Chicago: Dorsey Press.

Ripley, Randell B. & Franklin, Grace A. (1980). **Congress, the President, and Public Policy.** Homewood: Dorsey Press.

Ripley, R. B. & Franklin, G. A. (1982. 1987). **Bureaucracy and Policy Implementation.** Ontario: Dorsey Press.

Robson, W. (1928). **Justice and Administrative Law.** London: Macmillan.

Rochefort, D. A. & Cobb, R. W. (1993). Problem Definition, Agenda Access, and Policy Choice. **Policy Studies Journal,** 21(1): 56–71.

Roe, E. (1994). **Narrative Policy Analysis**. Durham, NC: Duke University Press.

Roots, R. I. (2004). When Laws Backfire: Unintended Consequences of Public Policy. **American Behavioral Scientist**, 47(11): 576 − 594.

Rose, R. (1991). What is Lesson − Drawing? **Journal of Public Policy**, 11(1): 3 − 30.

Ross, Peter., Freeman, Howard. & Wright, Sonia. (1979). **Evaluation: A Systematic Approach**. Beverly Hills, California: Sage.

Royse, D.A., Thyer, B. A. & Padgett, D. K. (2010). **Program Evaluation: An Introduction to an Evidence based Approach**. 6th ed. Boston: Cenage Lewig.

Sabatier, P. A. (1986). Top − down and Bottom − up Approaches to Implementation Research: A Critical Analysis and Suggested Synthesis. **Journal of Public Policy**, 6(1): 21 − 48.

Sabatier, P. A. (1987). Knowledge, Policy − oriented Learning and Policy Change. **Knowledge**, 8: 649 − 692.

Sabatier, Paul A. (1988). An Advocacy Coalition Model of Policy Change and the Role of Policy Oriented Learning Therein. **Policy Sciences**, 21(Fall): 129 − 168.

Sabatier, Paul A(ed.). (1992, 1997, 2000). **Theories of the Policy Process**. Boulder, Colo.: Westview Press.

Sabatier, Paul A. (1993). Policy Change over a Decade or More. In Paul A. Sabatier and Hank C. Jenkins − Smith(eds.), **Policy Change and Learning: An Advocacy Coalition Framework**. Boulder: Westview Press.

Sabatier, Paul A. (1995). Political Science and Public Policy. In Stella Z. Theodoulou and Matthew A, Cahn, **Public Policy: The Essential Readings. New Jersey: Prentice Hall.**

Sabatier, Paul A. (1999). The Need for Better Theories. In Paul A. Sabatier(ed.), **Theories of the Policy Process**. Boulder Colo.: Westview Press.

Sabatier, Paul. A. (2007). The Need for Better Theories. In Paul A. Sabatier(ed.), **Theories of the Policy Process. 2nd ed.** Boulder, CO: Westview Press.

Sabatier, Paul A. & Jenkins − Smith, H. C. (1993). **Policy Change and Learning: An Advocacy Coalition Approach**. Boulder, CO: Westview Press.

Sabatier, P. A. & Mazmanian, D. A. (1986). The Implementation of Public Policy: A Framework for Analysis. **Policy Studies Journal**, 8: 538 − 560.

Sabatier, Paul A. & Weible, C. M. (2007). The Advocacy Coalition Framework: Innovation and Clarifications, In Paul A. Sabatier(ed.), **Theories of the Policy Process. 2nd ed.** Boulder, CO: Westview Press.

Salamon, L. M. (1981). Rethinking Public Management: Third Party Government and the Changing Forms of Public Action. **Public Policy**, 29(3): 255 − 275.

Salamon, L. M. (1987). Partners in Public Service: The Scope and Theory of

Government – Nonprofit Relations. In Walter W. Powell(ed.), **The Nonprofit Sector: A Research Handbook**. New Haven: Yale University Press.

Salamon, L. M. (ed.). (2002). **The Tools of Government: A Guide to the New Governance**. New York: Oxford University Press.

Salamon, L. M. & Anheier, H. (1996). **The Emerging Nonprofit Sector: An Overview**. London: Manchester University Press.

Social Origins of Civil Society: Explaining the Nonprofit Sector Cross – Nationally. **Comparative Nonprofit Sector Project Working Paper**, John Hopkins University Institute for Policy Studies.

Salamon, L. M. & Lund. M. S. (2002). The Tools Approach: Basic Analysis. In L. M. Salamon(ed.), **The Tools of Government: A Guide to the New Governance**. New York: Oxford University Press.

Samuelson, Paul. (1954). The Pure Theory of Public Expenditure. **Review of Economics and Statistics**, 36(November): 387 – 389.

Sarpkaya. S. (1988). **Lobbying in Canada: Ways and Means**. Dan Mills: CCH.

Saward, M. (1992). The Civil Nuclear Network in Britain. In D. Marsh and R. A. W. Rhodes(eds.), **Policy Networks in British Government**. Oxford: Oxford University Press.

Schalger, E. (1999). A Comparison of Frameworks, Theories and Models of Policy Process. In Paul A. Sabatier(ed.), **Theories of the Policy Process**. Boulder Colo.: Westview Press.

Schattschneider, E. E. (1960). **The Semi – sovereign People: A Realist's View of Democracy in America**. NY: Holt, Rineehart and Winston.

Schick, Allen. (1998). **A Contemporary Approach to Public Expenditure Management**. Washington, DC: The World Bank.

Schmitter, Phillp C. (1977). Modes of Interest Intermediation and Models of Social Change in Western Europe. **Comparative Political Studies**, 10(1): 7 – 58.

Schneider, L. & Ingram, H. (1997). **Policy Design for Democracy**. Lawrence: University Press of Kansas.

Schultze, Charles L. (1977). **The Public Use of the Private Interest**. Washington, D.C.: Brookings Institute. 정용덕(역). (1986). **사익의 공공활용**. 서울: 성균관대 출판부.

Scott, John. (1991). **Social Network Analysis**. London: Sage.

Seeliger, R. (1996). Conceptualizing and Researching Policy Convergence. **Policy Studies Journal**, 24(2): 287 – 310.

Self, Peter. (1985). **Political Theories of Modern Government: The Role of Reform**. London: Allen & Unwin.

Sharkansky, Ira. (1971). Constraints on Innovation in Policy Making: Economic Development and Political Routines. In Frank Marini(ed.), **Toward a New Public Administration: The Minnobrook Perspective**. Scrantor: Chandler.

Sharkansky, J & Hofferbert, R. I. (1969). Dimensions of State Politics, Economics and Public Policies. **American Political Science Review**, 63: 867−880.

Siaroff, A. (1999). Corporatism in 24 Industrial Democracies: Meaning and Measurement. **European Journal of Political Research,** 36: 175−205.

Simmons, Robert H. et al. (1974). Policy Flow Analysis: A Conceptual Model for Comparative Public Policy Research. **Western Political Quarterly**, 27(3): 457−468.

Simon, Chrtistopher. A. (2010). **Public Policy: Preferences and Outcomes**. NY: Longman.

Simon, H. A. (1955). A Behavioral Model of Rational Choice. **Quarterly Journal of Economics,** 69(1): 99−118.

Simon, H. A. (1957). **Models of Man, Social and Rational: Mathematical Essays on Rational Human Behavior in a Social Setting**. NY: John Wiley.

Simon, H. A. (1957, 1976). **Administrative Behavior: A Study of Decision Making Processes in Administrative Organizations. 2d ed**. NY: Free Press.

Simon, Hebert A. (1969). **The Science of the Artifical**. Boston, Mass: MIT Press.

Simon, Hebert A. (1977). **The New Science of Management Decision**. Englewood Cliffs, NJ: Prentice−Hall.

Simon, H. A. (1978). Rationality as Process and as Product of Thought. **American Political Science Review,** 68(2): 1−16.

Simon, James. (1993). The Brokers: The Impact of Think Thanks on British Government. **Public Administration,** 71(4): 491−506.

Sinclair, D. C. (1997). Self−regulation versus Command and Control? Beyond False Dichotomies. **Law and Policy,** 19(4): 529−559.

Skocpol, Teda. (1985). Bringing the State Back In: Strategies of Analysis in Current Research. In Peter B. Evans, Dietrich, Rueschemeyer and Teda, Skocpol(ed.), **Bringing in the State Back In**. NY: Cambridge University Press.

Smith, M. J. (1991). From Policy Community to Issue Network: Salmonella in Eggs and the New Politics of Food. **Public Administration,** 69(2): 235−255.

Smith. M. J. (1990). Pluralism, Reformed Pluralism and Neopluralism: The Role of Pressure Groups in Policy Making. **Political Studies,** 38(June): 302−322.

Smith. M. J. (1993). **Pressure, Power and Policy: State Authority and Policy Networks in Britain and the United States**. London: Harvesh.

Smith, T. B. (1973). The Policy Implementation Process. **Policy Sciences,** 4(3): 202−210.

Spector, Malcolm. & Kitsuse, John I. (1987). **Constructing Social Problems**. New York:

Aldine de Gruter.

Spitzer, R. J. (1987). Promoting Policy Theory: Revising thev Arenas of Power. **Policy Studied Journal**, 15(5): 675－689.

Steinbrunner, John D. (1974). **The Cybernetics Theory of Decision**. New Jersey: Princeton University Press.

Stirner, Max. (1963). **The Ego and His Own**. NY: Liberman Book Club.

Stoker, G. (1998). Governance as Theory: Five Propositions. **International Social Science Journal**, 15(5): 17－28.

Stokey, E. & Zeckhauser, R. (1978). **A Primer for Policy Analysis**. NY: W.W. Norton & Co..

Stone, D. A. (1989). Causal Theories and the Formation of Public Agendas. **Political Science Quarterly**, 104(2): 281－300.

Suchman, Edward A. (1967). **Evaluation Research: Principles and Practice in Public Service and Social Action Programs**. NY: Russelll Sage Foundation.

Theodoulou, Stella Z. & Cahn, Matthew A. (1995)l. **Public Policy: The Essential Readings. New Jersey: Prentice Hall.**

Thelen, P. (2003). How Institutions Evolve: Insights from Comparative Historical Analysis. In J. Mohoney and D. Ruescheeneyer(ed.), **Comparative Historical Analysis in Social Sciences**. Cambridge: Cambridge University Press.

Thelen, K. & Steinmo, S. (1992). Historical Institutionalism in Comparative Politics. In Sven. Steinomo, Kathleen. Thelen. & Frank. Longstreth(eds.), **Structuring Politics: Historical Institutionalism in Comparative Analysis**. New York: Cambridge University Press.

Therborn, G. (1986). Neo－Marxist, Pluralist, Corporatist, Statist Theories and the Welfare State. In A. Kazancigil(ed.), **The State in Global Perspective**. Aldershot, UK: Gower.

Thomas, Norman C. (1966). **Politics, Administration and Civil Rights**. NY: Random House.

Tiebout, C. (1956). A Pure Theory of Local Expenditure. **Journal of Political Economy**, 64: 416－424.

Torgerson, D. (2003). Democracy through Policy Discourse. In Maarten A. Hajer and Hendrik. Wagenaar(ed.). (2003). **Deliberative Policy Analysis: Understanding Governance in the Network Society**. Cambridge: Cambridge University Press.

Tracy, S. J. (2020). **Qualitative Research Methods: Collecting Evidence, Crafting Analysis, Communicating Impact. 2nd ed.** NY: John Willey & Sons.

Truman, David, R. (1951, 1964). **Governmental Process: Political Interests and Public Opinion**. NY: Knopf.

Tullock, G. (1967). The Welfare Costs of Tariffs, Monopolies and Theft. **Western Economic Journal**, 5(3): 224−232.

Turner, M. & Hulme, D. (1997). **Governance, Administration and Development: Making the State Work**. Huntford, CT: Kumarian Press.

Van der Meer, F−B. & Edelenbos, J. (2006). Evaluation in Multi−actor Policy Process: Accountability, Learning and Cooperation. **Evaluation**, 21(2/3): 129−168.

Van Meter, D. S. & Van Horn, C. E. (1975). The Policy Implementation Process: A Conceptual Framework. **Administration & Society**, 6(4): 445−487.

Vedung, E. (1998). Policy Instrument: Typologies and Theories. In Bemelmans−Vides, M. May, C. Rist and Event Vedung(ed.), **Carrot, Stick and Sermons: Policy Instruments and Their Evaluation**. New Brunswick, NJ: Translation Publishers.

Vedung, Evert. (2006). **Public Policy and Program Evaluation**. New Brunswick, New Jersey: Transaction Publishers.

Verba, S. (1955). Comparative Political Culture. In Lucian W. Pye and Sidney, Verba(ed.), **Political Culture and Political Development**. Princeton: Princeton University Press.

Vining, A. & Weimer, D. L. (1990). Government Supply and Government Production Failures: A Framework based in Contestablity. **Journal of Public Policy**, 10(1): 1−27.

Waarden, F. (1992). Dimensions and Types of Policy Networks. **European Journal of Political Research**. 21(1/2): 29−52.

Walmsley, E.. L. & Zald, M. N. 1973). **The Political Economy of Public Organizations**. Indiana: Indiana University Press.

Wasserman, Stanley. & Haust, Kathenne. (1994). **Social Network Analysis: Methods and Applications**. Cambridge: Cambridge University Press.

Weber, Max. (1978). **Economy and Society: An Outline of Interpretive Sociology**. Berkeley: University of California Press.

Weible, Chrisrtopher M. & Sabatier, Paul A(ed.). (2018). **Theories of the Policy Process. 4th ed**. NY: Wetview Press.

Weimer, D. L. & Vining, R. (1992, 2005). **Policy Analysis: Concepts and Practice**. Englewood Cliffs, NJ: Prentice Hall.

Weingast, B. R. (1996). Chapters Political Institutions: Rational Choice Perspectives. In Robert E. Goodin and Hans−Dieter. Klingemann(ed.), **A New Handbook of Political Science**. Oxford: Oxford University Press.

Weiss, Carol. (1972). **Evaluation Research: Methods of Assessing Program Effectiveness**. Englewood Cliffs, New Jersey: Prentice−Hall.

Wholey, Jpseph S., Scanlon, John W., Duffy, Hugh., Fukumoto, Jones S. & Vogt, Leona.

(1973). **Federal Evaluation Policy.** Washington, D.C.: The Urban Institute.

Wildavsky, Aaron. (1961). Political Implications of Budgetary Reform. **Public Administrative Review,** 21: 183−190.

Wildavsky, Aaron. (1964). **The Politics of the Budgetary Process.** Boston: Little, Brown and Company.

Wildavsky, Aaron. (1979). **Speaking Truth to Power: The Art and Craft of Policy Analysis.** Boston: Little Brown and Company.

Wilensky, H. L. (1975). **The Welfare State and Equality: Structural and Ideological Roots of Public Expenditure.** Berkeley: University of California Press.

Wilks, S. & Wright, M. (1987). Conclusion: Comparing Government−Industrial Relations: States, Sectors, and Nwtworks. In Stephen. Wilks & Maurice. Wright(ed.), **Comparative Government−Industry Relations: Western Europe, the United States, and Japan.** Oxford: Clarendon Press.

Williamson, Oliver E. (1985). **The Economic Institutions of Capatialism.** New York: Free Press.

Williamson, Oliver E. (1996). Transaction Cost Economics and Organization Theory. In Oliver E. Williamson(ed.), **The Mechanisms of Governance.** NY: Oxford University Press.

Williamson, W. (1975). Implementation Analysis and Assessement. **Policy Analysis,** 1(3).

Wilson, W. (1987). The Study of Administration. **Political Science Quarterly,** 17(1): 100−136.

Winter, S. C. (1990). Integration Implementation Research. In Denis J. Palumbo and Donald J. Calista(eds.), **Implementation and Policy Process: Opening Up the Black Box.** New York: Greenwood Press.

Winter, S. C. (2006). Implementation. In B Guy. Peters and Jon Pierre(ed.), **Handbook of Public Policy.** London: Sage.

Wolf, C. J. (1989, 1993). **Markets or Governments: Choosing between Imperfect Alternatives.** Cambridge, Mass: MIT Press

Woll, C. (2007). **Leading the Dance? Power and Political Resources of Business Lobbyist. Journal of Public Policy,** 27(1): 57−78.

Wolman, H. (1981). The Determinants of Program Success and Failure. **Journal of Public Policy,** 1(4): 433−464.

Wood, B. D. & Peake, J. S. (1998). The Dynamics of Foreign Policy Agenda−Setting. **APSR,** 92(1): 173−184.

Wright, Erik Olin. (1985). **Classes.** London: Verso.

Wright, Erik Olin. (1997). **Class Counts.** Cambridge: Cambridge Unicersity Press.

Wright, M. (1988). Policy Community, Policy Network and Comparative Industrial Policies. **Political Studies**, 36: 593−612.

Young, O. R. (1979). **Compliance and Public Authority**. Baltimore: Johns Hopkins University Press.

Zahariadis, N. & Allen, C. S. (1995). Ideas, Networks and Policy Streams: Privatization in Britain and Germany. **Policy Studies Review**, 14(1/2): 71−98.

# 찾아보기

## 저자 소개

**배봉준**(구명: 배웅환)

고려대학교에서 행정학 박사학위(정책이론전공)를 취득하고, 주요 학문관심분야로는 중앙과 지방의 조직영역과 정책영역이다.

[주요 저서]

- 한국지역발전의 진화: 맥락과 제도 그리고 정책(단독, 충남대학교 출판문화원, 2020)
- 협력거버넌스: 이론과 실제(공저, 대영문화사, 2019)
- 지방거버넌스와 지방정책: 네트워크관점에서 본 지방정책사례(공저, 다운샘, 2004) 등

[주요 논문]

- 공론화결정의 정책네트워크특성 비교연구(서울대 행정논총, 2022)
- 한국정부에서 지역발전사업평가제도의 특성과 변화 연구(한국행정학보, 2021)
- 한국노동영역의 정책네트워크(한국행정학보, 2020)
- 비교정책연구와 옹호연합모형(한국행정연구, 2020)
- 네트워크거버넌스에서 지방정부의 행동연구(서울대 행정논총, 2019)
- 공공사업의 로컬거버넌스특성 연구(한국행정학보, 2018)
- 의사결정의 네트워크모형(한국행정학보, 2015) 등 50여 편 다수

E-mail: ehbaekr@naver.com

## 정책학

2023년 2월 20일  초판인쇄
2023년 2월 25일  초판 1쇄발행

저 자 　배　　봉　　준
발행인 　배　　효　　선

발행처　도서출판　法　文　社

주 소 　10881 경기도 파주시 회동길 37-29
등 록 　1957년 12월 12일/제2-76호(윤)
전 화 　(031)955-6500~6　FAX (031)955-6525
E-mail 　(영업) bms@bobmunsa.co.kr
　　　　(편집) edit66@bobmunsa.co.kr
홈페이지 　http://www.bobmunsa.co.kr

조 판 　(주) 성 지 이 디 피

정가 35,000원　　　ISBN 978-89-18-91379-7